陈兴良刑法学
CHEN XINGLIANG CRIMINAL LAW

陈兴良 /著

口授刑法学

（上册）

（第二版）

Oral Criminal Law

中国人民大学出版社
·北 京·

总　序

一个人开始对自己的学术生涯进行总结的时候，也就是学术创造力衰竭的时候。“陈兴良刑法学”这一作品集就是对我的刑法学研究生涯的一个总结，因此也是我的学术创造力衰竭的明证。

刑法学研究是我毕生从事的事业。与刑法学的结缘，始于 1978 年，这年 2 月我以 77 级学生的身份入读北京大学法律学系。1978 年被称为中国改革开放的元年，这一年 12 月召开的中国共产党第十一届三中全会确定了改革开放的方针。至于说到法制的恢复重建，是以 1979 年 7 月 1 日刑法等 7 部法律通过为标志的。从 1949 年到 1979 年，在这 30 年的时间里我国是没有刑法，也没有民法的，更不要说行政法。1979 年刑法是社会主义中国的第一部刑法，从 1950 年开始起草，共计 33 稿，至 1979 年仓促颁布。这部刑法的起草经历了我国与苏联的政治蜜月期，虽然此后我国与苏联在政治上决裂，但刑法仍然保留了明显的苏俄痕迹。同时，从 1950 年代成长起来的我国刑法学家，基本上都是接受苏俄刑法学的学术训练，他们在荒废了 20 年以后回到大学重新执教，恢复的是苏俄刑法学的学术传统，我们是他们的第一批正规学生。1979 年 7 月 1 日通过的刑法，生效日期是 1980 年 1 月 1 日。而根据课程安排，我们这个年级从 1979 年 9 月开始学习刑法这门课程。也就是说，我们是在刑法尚未生效的时候开始学习刑法的，课程一直延续到 1980 年 7 月。一年时间，学完了刑法的总则与分则。对于刑法，我们只是粗略地掌握了法条，对其中的法理则不知其然，更不用说知其所以然。至于司法实务，更是因为刑法刚开始实施，许多罪名还没有实际案例的发生，所以不甚了然。大学期间，我国学术百废待兴，刚从"文化大革命"中走出来，受到摧残最为严重的法学学科几乎是一片废墟，我们经历了这个过程。现在很难想象，我们在整个大学四年时间里，每一门课程都没有正式的教科书，我们是在没有教科书的情况下完成学业的。也正是如此，我们阅读了大量非法学的书籍，基于本人的兴趣，我更是阅读了当时在图书馆所能借阅的大量哲学著作，主要是西方 17 世纪以来的，包括英国、法国、德国的哲学著作，对康德、黑格尔的德国古典哲学尤其着迷。因为原来就有一定的马克思主义哲学的基础，所以我对于马克思主义来源之一的德国古典哲学理解起来较为容易。这段阅读经历，在一定程度上培养了我的哲学气质，也对我此后的刑法研究产生了重大影响，我在 1980 年代后期至 1990 年代初期的刑法哲学研究，就是这段读书经历的衍生物。我在 1981 年年底完成的学士论文题目是《论犯罪的本质》，这就是一个具有本体论性质的题目。从这个题目也可以看出当时我的学术偏好。但这篇论文很不成功，只是重复了马克思主义关于犯罪的阶级性等政治话语，缺乏应有的学术性。因此，论文的成绩是良好而没有达到优秀。我的本科刑法考试成绩也只是良好，当时我的兴趣并不在刑法，后来只是因为一个偶然的原因才走上刑法的学术道路。

在我 1982 年 2 月大学毕业的时候，正是社会需要人才的时候，我们班级的大部分同学被分配到最高人民法院、最高人民检察院和中央机关，也有部分同学回到各省的高级法院和检察院，还有部分同学到各个高校担任教师，从事学术研究。而我们这些较为年轻的同学则考上了硕士研究生，继续在大学学习。我考上了中国人民大学法律系（从 1988 年开始改称法学院）研究生，师从我国著名的刑法学家高铭暄教授和王作富教授，开始了我的刑法学习生涯。

1982年2月，我从北京大学来到中国人民大学。中国人民大学成为我接受法学教育的第二所大学。正是在这里，我接受了最为经典的带有明显苏俄痕迹的刑法学的学术训练。我的硕士论文是王作富教授指导的，题目是《论我国刑法中的正当防卫》，这是一篇贴近司法实务的论文，也是我最初的论文写作。该文答辩时是4万字，后来扩充到20余万字，于1987年以《正当防卫论》为书名在中国人民大学出版社出版，成为我的第一部个人专著。到1988年3月获得法学博士学位的时候，我娴熟地掌握了已经在中国本土化的苏俄刑法学，这成为我的刑法学的学术底色。

1984年12月，我在硕士毕业的时候就已经办理了在中国人民大学法律系留校任教的手续，因此博士学位相当于是在职攻读。当然，当时课时量较少，没有影响博士阶段的学习。1988年3月博士论文答辩获得通过，论文是高铭暄教授指导的，题目是《共同犯罪论》，有28万字。这是我第一次完成篇幅较大的论文。博士论文虽然以我国刑法关于共同犯罪的规定为基本线索，但汲取了民国时期所著、所译的作品，例如较多的是日本20世纪30、40年代的作品，试图将这些学术观点嫁接到我国刑法关于共同犯罪的理论当中。其中，以正犯与共犯二元区分为中心的理论模型就被我用来塑造我国刑法中的共同犯罪的理论形象。后来，我的博士论文被扩充到50余万字，于1992年在中国社会科学出版社出版。以上在硕士论文和博士论文基础上修改而成的两部著作，是我早期学习以苏俄刑法学为基础的刑法知识的产物，由此奠定了我的学术根基。

从1984年开始，我在中国人民大学法学院任教，从事刑法的学术研究。在中国人民大学法学院，我完成了从助教到教授的教职晋升：1984年12月任助教、1987年12月任讲师、1989年9月任副教授、1993年6月任教授、1994年任博士生导师。及至1998年1月，我回到母校——北京大学法学院任教。在大学担任教职，培养学生当然是主业。但对于研究型大学的教师来说，学术研究也是其使命之所在、声誉之所系。因此，我将相当的精力投入刑法的学术研究，见证了我国刑事法治的演进过程，也参与了我国刑法学术的发展进程。在我自己看来，我在提升我国刑法研究的学术水平与拓展我国刑法研究的理论疆域这两方面作出了努力，有所贡献。我的研究领域主要在以下五个面向：

（一）刑法哲学

1992 年由中国政法大学出版社出版的《刑法哲学》一书，可以说是当时篇幅最大的一部刑法著作，也是我的成名作，这一年我 35 岁，距离大学本科毕业正好 10 年。《刑法哲学》一书可以说是我对过去 10 年学习与研究刑法的总结之作，完成了我对以苏俄刑法学为源头的我国刑法学的理论提升与反思，并且确定了我进一步研究的学术方向。这是我国整个法学界第一部采用哲学方法研究部门法的著作，因而受到瞩目。在《刑法哲学》的基础上，我于 1996 年在中国方正出版社出版了《刑法的人性基础》一书，并于 1998 年在中国人民大学出版社出版了《刑法的价值构造》一书。以上三部著作构成了我的刑法哲学研究三部曲，成为我的刑法学术研究的一个独特面向。

我的刑法哲学研究是在一种十分独特的学术生态环境下进行的，也是我在极度贫乏的我国刑法学中试图突破，寻求前途的一种学术能力。如前所述，当我在 1980 年代中期进入刑法学术界的时候，我国刑法理论还是苏俄刑法学的“拷贝”，当然也结合刚刚颁布的我国刑法进行了一些阐述。但从总体上来说，我国当时的刑法理论是十分肤浅的，这对于正处于知识饥渴阶段的我来说，是很不解渴的。1988 年当我获得博士学位的时候，现有的刑法知识我已经完全掌握了。当时我国学术尚未对外开放，在一个自闭的学术环境中，我基于对拘泥于法条的低水平解释的刑法理论现状的不满，以为刑法理论的出路在于从刑法解释学提升为刑法哲学。因此，在刑法哲学的名义下，我对现有的刑法知识进行了体系化的整理，并试图探索我国刑法学的出路。在刑法哲学的三部曲中，《刑法哲学》一书是在对苏俄刑法知识的系统化叙述的基础上，以罪刑关系为中心建构了一个刑法学的理论体系，可以看作是对苏俄刑法知识的哲理化改造。如果说，《刑法哲学》一书还是以叙述刑法本身的知识为主的，那么，《刑法的人性基础》与《刑法的价值构造》两书则是对刑法的形而上的研究，实际上可以归属于法理学著作而非刑法学著作。这是在学术境况晦暗不明的情况下，从哲学以及其他学科汲取知识，寻求刑法学的突破的一种努力。刑法哲学的研究从 1990 年持续到 1996 年，这是我从 33 岁到 38 岁这样一段生命中的黄金季节。尽管刑法哲学的研究给我带来了较高的声誉，但这只是我进入真正的刑法学研究的学术训练期。正是刑法哲学的研究使我能够把握刑法的精神与哲理，从思想的高度鸟瞰刑法学术。

（二）刑法教义学

1997 年我国完成了一次大规模的刑法修订，从这时起，我将学术目光转向刑法条文本身。1997 年 3 月，我在 40 岁的时候于中国人民公安大学出版社出版了《刑法疏议》一书，这是一部以法条为中心的注释性的刑法著作，是我从刑法哲学向刑法解释学的回归。《刑法疏议》一书中的"疏议"一词，是一个特定的用语，不仅仅具有解释的意思，而且具有疏通的含义。我国唐代有一部著名的著作，称为《唐律疏议》，流传千古，被认为是我国古代最为重要的律学著作。《刑法疏议》这个书名就带有明显的模仿《唐律疏议》的色彩，这也表明我试图从我国古代律学中汲取有益的知识。我国古代的律学，是一门专门的学问。律学与现在的法学还是有所不同的，法学是清末从国外移植的学术，主要是从日本，以及通过日本而吸收德国的刑法知识。因为该书是对刑法条文的逐条注释，随着时间的推移，该书的内容很快就过时了。该书成为我的著作中唯一一部没有修订再版的著作，这次也同样没有收入"陈兴良刑法学"作品集。

2001 年我在商务印书馆出版了《本体刑法学》一书，这是继《刑法疏议》之后又一部关注刑法本身的著作。但《本体刑法学》完全不同于《刑法疏议》：后者是逐条逐句地注释刑法条文的著作；前者则是没有一个刑法条文，而以刑法法理为阐述客体的著作。《本体刑法学》是《刑法疏议》的后续之作，力图完成从法条到法理的提炼与升华。《本体刑法学》这个书名中的"本体"一词来自康德哲学，具有物自体之义。我将法条视为物之表象，把法理看作是隐藏在法条背后的物自体。因此，《本体刑法学》是纯粹的刑法之法理的叙述之作。这里应该指出，在整个1980年代我国刑法学还是在一种与世隔绝的状态下进行学术研究的。只是从1990年代初开始，随着我国对外开放，与国外的学术交流也随之展开。尤其是英美、德日的刑法学译著在我国的出版，为我国刑法学者打开了一扇学术之窗。从刑法的对外学术交流来看，最初是与日本的交流，后来是与德国的交流，这些都在相当程度上为我国的刑法学研究提供了学术资源。刑法学界开始对我国传统的刑法学进行反思，由此开启了我国当代的刑法知识的转型之路。

2003年我在中国政法大学出版社出版了《规范刑法学》一书，这是我的第一本刑法教科书，或者也可以称为刑法体系书。该书以我国的刑法条文为中心线索，完整地展开对刑法总论和刑法各论的知识铺陈，以适应课堂教学的需要。该书到目前已经出版了第三版，篇幅也做了较大规模的扩充。《规范刑法学》对于刑法总则的法理阐述是较为简单的，其重点是对刑法分则的分析。我国刑法是一部所谓统一的刑法典，所有罪名都规定在一部刑法之中，有近500个罪名，其他法律中都不能设立罪名。《规范刑法学》对这些罪名逐个进行了构成要件的分析。对于重点罪名分析得尤为详细，这对于正确把握这些犯罪的法律特征，具有一定的参考价值。除了刑法规定以外，我国还存在司法解释制度，即最高人民法院和最高人民检察院可以就审判与检察中涉及的法律适用问题作出解释。这种解释本身就有法律效力，可以在判决书中援引。自从刑法实施以来，最高人民法院和最高人民检察院作出了大量的司法解释，这种解释实际上成为一种准法律规范。《规范刑法学》一书中所称的“规范”，不仅包括刑法规定，而且包括司法解释。因此，《规范刑法学》尽可能地将司法解释融合到法理叙述当中，并且随着司法解释的不断颁布该书也不断进行修订。

2010年我在中国人民大学出版社出版了《教义刑法学》一书，这是一部以三阶层的犯罪论体系为中心线索，并对比四要件的犯罪论体系，系统地叙述德日刑法知识的著作。该书所称的教义刑法学，是指教义学的刑法学。该书以教义或曰信条（Dogma）为核心意念，以三阶层的犯罪论体系为逻辑框架，在相当的深度与广度上，体系性地叙述了刑法教义的基本原理，充分展示了以教义学为内容的刑法学的学术魅力。该书对三阶层的犯罪论体系和四要件的犯罪构成理论进行了比较研究，是对三阶层的犯罪论体系的本土化的知识转换，为引入三阶层的犯罪论体系清理地基创造条件。该书是我为推动我国当代刑法知识的转型，以德日刑法知识取代以苏俄刑法学为底色的刑法知识所做的一种学术努力。

（三）刑事法治

1998年对于我来说又是人生道路上的一个转折点，这一年1月我回到了母校——北京大学法学院任教。与此同时，从1997年到1999年我在北京市海淀区人民检察院兼职担任副检察长，这段挂职经历使我进一步了解司法实务工作，尤其是对于我国刑事诉讼程序的实际运作情况有了切身的了解，这对于我此后进行的刑事法治研究具有重要助益。这也在一定程度上使我的学术视野超出刑法学，建立了刑事一体化，即整体刑法学的观念，从而开阔了理论视域。2007年我在中国人民大学出版社出版的《刑事法治论》一书，就是这一方向的努力成果。这是一部面向法治现实之作，而且是以刑事司法实际运作为结构，贯穿了刑事司法体制改革的中心线索。该书讨论了刑事法治的一般性原理，基于刑事法治的理念，我对警察权、检察权、辩护权和审判权都进行了法理探究：寻求这些权力（利）的理性基础，描述这些权力（利）的运作机理，探讨这些权力（利）的科学设置。同时，我还对劳动教养和社区矫正这两种制度进行了研究。尤其是劳动教养，它是中国独特的一种带有一定的保安处分性质的制度。但由于保安处分的决定权被公安机关所独占，其被滥用日甚一日。我在该部分内容中明确提出了分解劳动教养，使其司法化的改革设想。

刑事法治，是我在过去20多年时间里始终关注的一个现实问题，也是基于对我国的社会现状所进行的刑事法的理论思考，为推进这个领域的法治建设所做的一份学术贡献。尽管现实与理想之间存在巨大的差距，这种差距难免使我们失望，但学术努力仍然是值得的。我国目前正处在一个法治国家建设的关键时刻，既需要改革的勇气，也需要改革的思想。

（四）刑法知识论

2000 年我在《法学研究》第 1 期发表了《社会危害性理论：一个反思性检讨》一文，这是我对深受苏俄影响的我国刑法学反思的开始。社会危害性是苏俄刑法学中的一个核心概念，被认为是犯罪的本质特征。正是在社会危害性的基础之上，建构了苏俄刑法学的理论体系。我国刑法学也承继了社会危害性理论，以及在此基础上的四要件的犯罪构成体系，由此形成我国刑法学的基本理论框架。对社会危害性理论的批判，成为我对苏俄刑法学的学术清算的切入口。2006 年我在《政法论坛》第 5 期发表《刑法知识的去苏俄化》一文，明确地提出了去除苏俄刑法知识的命题，从知识社会学的角度展开对苏俄刑法学的批判，并对我国刑法知识的走向进行了探讨。其结论反映在我发表在《法学研究》2011 年第 6 期的《刑法知识的教义学化》一文当中，这就是吸收德日刑法知识，建构我国的刑法教义学知识体系。在这当中，完成从苏俄的四要件到德日的三阶层的转变，可以说是当务之急。当然，我国的知识转型并没有完成，四要件的犯罪构成体系仍然占据着通说的地位，但三阶层的犯罪论体系已经开始普及，走向课堂，走向司法。围绕着以上问题的思考，我于 2012 年在中国人民大学出版社出版了《刑法的知识转型（学术史）》和《刑法的知识转型（方法论）》两书，为 10 年来我对我国刑法知识的研究画上了一个句号。刑法知识论的研究，使我从具体的刑法规范与刑法法理中抽身而出，反躬面向刑法学的方法论与学术史。这是一个刑法学的元科学问题，也是我的刑法学研究的最终归宿。

（五）判例刑法学

在我的刑法研究中还有一个独特的领域，这就是判例刑法学。我国传统的刑法学研究都是以刑法的法条为中心的，这与我国存在司法解释制度但没有判例制度具有一定的关联性。然而，判例对于法律适用的重要性是不言而喻的。因此，深入的刑法学研究必然会把理论的触须伸向判例。前些年，我国虽然没有判例制度，但最高人民法院公报以及最高人民法院刑事审判庭出版的案例选编等司法实际素材，为刑法的判例研究提供了可能性。我在法学院一直为刑法专业的硕士生开设案例刑法研究的课程，作为刑法总论与刑法各论学习的补充，受到学生的欢迎。在这种情况下，我以最高人民法院刑事审判庭出版的有关案例为素材，进行判例刑法学的研究，于2009年在中国人民大学出版社出版了《判例刑法学》（上下卷）一书。该书从案例切入，展开法理叙述，将案例分析与法理研究融为一体，成为刑法学研究的一个新面向。

2010年中国正式建立了判例制度，这是一种具有中国特色的判例制度，称为案例指导制度。这种判例制度完全不同于德日国家的判例制度，它是以最高人民法院不定期颁布指导性案例的方式运行的。最高人民法院颁布的指导性案例在下级法院审判过程中具有参照的效力。这里的参照，既非具有完全的拘束力，又不是完全没有拘束力，而是具有较弱的拘束力。这些指导性案例虽不能在判决书中援引，但判决与指导性案例存在冲突的，可以作为上诉的理由。尽管这一案例指导制度仍然具有较强的行政性，它是以颁布的方式呈现的，而不是在审判过程中自发形成的规则秩序；但它毕竟是一种新的规则提供方式，对于我国司法实践具有重要的意义。判例制度的关键功用在于通过具体判例形成具有可操作性的司法裁判规则，因此，对于裁判规则的提炼是一项重要的工作。我作为首席专家，从2010年开始承担了《中国案例指导制度》的国家社科重大项目，并于2013年年初在北京大学出版社出版了《人民法院刑事指导案例裁判要旨通纂》（上下卷）一书。该书在对既有的刑事指导案例进行遴选的基础上，提炼出对于刑事审判具有指导意义的裁判要旨，并对裁判要旨进行了法理阐述，以此为司法机关提供参考。

刑法学属于部门法学，它与公民权利具有密切的联系。因此，刑法学者不仅是一个法条主义者，更应该是一个社会思想家；既要有对于国家法治的理想，又要有对于公民社会的憧憬；既要有对于被害人的关爱之情，又要有对于被告人的悲悯之心。

罪刑法定主义是我所认知的刑法学的核心命题：它是刑法的出发点，同时也是刑法的归宿。在我的刑法理论研究中，罪刑法定主义占据着极为重要的位置。中国1979年刑法并没有规定罪刑法定原则，反而在刑法中规定了类推制度。及至1997年刑法修订，废弃了类推制度，规定了罪刑法定原则，由此而使中国刑法走上了罪刑法定之路。在我国刑法规定罪刑法定原则的前后，我先后撰文对罪刑法定主义进行了法理上的深入探讨。这些论文编入《罪刑法定主义》一书，由中国法制出版社于2010年出版。在该书的封底，我写了这样一句题记，表达了我对罪刑法定主义的认知："罪刑法定主义：正义之所归，法理之所至。"罪刑法定主义应当成为刑法的一种思维方式，并且贯穿于整个刑法体系。我国刑法虽然规定了罪刑法定原则，但这只是一个开端，还会经历一段罪刑法定司法化的艰难进程。在相当一个时期，我国刑法学者还要为实现罪刑法定原则而奋斗。

整体刑法学的研究也是值得提倡的。李斯特提出了整体刑法学的命题，这对于今天我国的刑法学研究仍然具有指导意义。北京大学法学院教授、我的前辈学者储槐植教授提出了刑事一体化的思想，追求刑法的内在结构合理（横向协调）与刑法运行前后制约（纵向协调）。作为一种方法论，刑事一体化强调各种刑法关系的深度融合。应该说，整体刑法学与刑事一体化都是从系统论的角度看待刑法，反对孤立地研究刑法，提倡把刑法置于整个法律体系与社会关系中进行分析。对于这样一种刑法研究的方法论，我是十分赞同的。因为刑法本身的研究领域是较为狭窄的，必须拓宽刑法的研究领域，并且加深刑法的研究层次。对于刑法，应当以教义学为中心而展开。如果说，刑法教义学是在刑法之中研究刑法，那么，还需要在刑法之上研究刑法的刑法哲学、在刑法之外研究刑法的刑法社会学、在刑法之下研究刑法的判例刑法学，等等。除了对刑法的学理研究以外，刑法学者还应当关注社会现实，关注国家法治建设。只有这样，才能使刑法学不仅是一种法教义学，而且具有经世致用的功效。

刑法是具有国别的，刑法效力是具有国界的；然而，刑法知识与刑法理论是具有普世性的，是可以跨越国界的。因此，我始终认为我国刑法学应当融入世界刑法学的知识体系中去，而不是游离于世界刑法学之外。在这种情况下，我国应当向德、日、英、美等法治发达国家学习先进的刑法理论。相对而言，由于历史的原因，我国借鉴的是大陆法系的法律制度，包括法律技术与思维方法。因此，吸收与汲取德日刑法知识是更为便利的。从 1980 年代以来中国刑法学演进的路径来看，其也是在学术上的对外开放当中发展起来的。最初是引进日本的刑法知识，后来是引进德国的刑法知识；开始是以引进刑法总论知识为主，后来逐渐引进刑法各论知识；从翻译出版刑法体系书（教科书），到后来翻译出版刑法学专著，经历了一个发展过程。这些来自德日的刑法知识对于中国刑法学的发展起到了重要的促进作用，推动了我国刑法学的发展。我国学者将这些舶来的刑法知识用于解决中国刑事立法与刑事司法中的问题，其实践功能也是十分明显的。可以说，我国刑法学正在融入德日刑法知识的体系之中。

"陈兴良刑法学"作品集将对已经出版的个人著作进行修订整理，陆续出版。我的著作初期散落在各个出版社，首先要对各个出版社的编辑在我的著作出版过程中付出的辛勤劳动，表示衷心感谢。自 2006 年起，我的著作列入中国人民大学出版社的"中国当代法学家文库"，出版了 20 余种。现在，我的个人专著以"陈兴良刑法学"的名义修订出版，作为本人学术生涯的一个总结。对于中国人民大学出版社的编辑在我的著作出版过程中的敬业、细致和认真的职业精神，表示敬意。30 年来以学术为旨归，以写作为志业，虽劳人筋骨，伤人心志，亦执着以求，守职不废。这对于一个学者来说，当然是本分。然此盈彼亏，心思用于学问多，则亏欠家人亦多。因此，对于夫人蒋莺女士长久以来对我的理解与襄助，深表谢意。

自从 1987 年我在中国人民大学出版社出版第一本个人专著《正当防卫论》以来，正好 30 年过去了。这 30 年是我学术研究的黄金时节，在此期间，出版了数十种个人专著，主编了数十种著作以及两种连续出版物，即《刑事法评论》（40 卷）和《刑事法判解》（9 卷），发表了数百篇论文。收入"陈兴良刑法学"的，是我在这 30 年间出版的个人专著，共计以下 14 种，分为 18 卷（册），计一千余万字：

1.《刑法哲学》

2.《刑法的人性基础》

3.《刑法的价值构造》

4.《刑法的知识转型（方法论）》

5.《刑法的知识转型（学术史）》

6.《刑事法治论》

7.《正当防卫论》

8.《共同犯罪论》

9.《刑法适用总论》（上卷）

10.《刑法适用总论》（下卷）

11.《规范刑法学》（上册）

12.《规范刑法学》（下册）

13.《判例刑法学》（上卷）

14.《判例刑法学》（下卷）

15.《本体刑法学》

16.《教义刑法学》

17.《口授刑法学》（上册）

18.《口授刑法学》（下册）

学术是一个逐渐累积的过程，每个人都只是一门学科所形成的知识链中的一个节点。我作为从20世纪80年代开始登上我国刑法学术舞台的学者，学术生命能够延续到21世纪20年代，正好伴随着我国刑事法治的恢复重建和刑法学科的起死回生，以及刑法知识的整合转型，何其幸也。“陈兴良刑法学”所收入的这些作品在刑法学术史上，都只不过是“匆匆过客”。这些作品的当下学术意义日渐消解，而其学术史的意义日渐增加，总有一天，它们会成为刑法学术博物馆中的古董摆设，这就是历史的宿命。

在“陈兴良刑法学”作品集的编辑过程中，总有一种“人书俱老”的感叹。

我知道，这里的“书”并不是一般意义上的书，而是指书法的“书”。但在与“人”的对应意义上，无论对这里的“书”作何种理解都不重要，而对“俱老”的意识和体悟才是最为真实和深刻的。对于一个写作者来说，还有什么比亲笔所写的书，伴随着自己一天天老去，更令人激动的呢？

最后，我还要感谢中国人民大学出版社对我的厚爱。如前所述，我的第一本专著《正当防卫论》就是1987年在中国人民大学出版社出版的。从2006年开始人大出版社将“陈兴良刑法研究系列”纳入“中国当代法学家文库”，这次又专门为我出版“陈兴良刑法学”作品集。我还要感谢北京冠衡刑辩研究院院长刘卫东律师为作品集的出版慷慨解囊，提供资助。作为我指导的法律硕士，刘卫东在律师从业生涯中践行法治，成为业界翘楚。为师者，我感到十分荣幸。

是为序。

陈兴良

谨识于北京海淀锦秋知春寓所

2017年9月1日

出版说明

《口授刑法学》在我的著作中是一部十分独特的作品，它以课堂讲授的方式呈现出刑法学的基本内容，反映了北大法学院刑法本科教学的基本状况，是一种可供参考的教学资料。

我已经出版过多种刑法教科书，例如《本体刑法学》（北京，商务印书馆，2001）和《规范刑法学》（北京，中国政法大学出版社，2003）以及主编的《刑法学》（上海，复旦大学出版社，2003）。这些刑法教科书各有特色，共同之处在于都是以书面语言表述的，更强调的是刑法理论体系的完整性。刑法教科书对于刑法教学来说是不可或缺的，但如何写作刑法教科书却各有不同见解。例如，刑法教科书是篇幅大一些好还是篇幅小一些好，就会存在分歧意见。现行刑法条文就有 8 万多字，用 10 个字解释 1 个字，刑法教科书就得至少有 80 万字。80 万字，对于一门课来说篇幅是较大的。因此，也有将刑法教科书的内容尽量压缩的做法，以减轻学生的学习负担。篇幅大当然有其好处：它为学生提供足够丰富的知识信息，可以供学生自学，以弥补课堂教学之不足。但刑法教科书篇幅过大，重点不突出，并且使学生望而生畏，亦有其不足。而篇幅小也有其好处：提纲挈领，简明扼要，给学生的思考留下余地。但刑法教科书篇幅太小，难以容纳全部刑法知识，若是面面俱到则浮光掠影，难以反映刑法理论的博大精深。在这种情况下，如何掌握刑法教科书篇幅大小的分寸确实是一个难题。我的观点是：这个问题取决于如何看待刑法教科书的功能。其实，大学教科书与中学教科书的功能是不同的：中学教科书是课堂教学之所本，每课必讲，因而教科书更要适应课堂讲授的需求，与课堂讲授相契合。但大学教科书主要是呈现一门学科的完整知识，是一种体系书，它与课堂教学具有一定的差异性。换言之，刑法教科书不能等同于刑法的课堂讲义。刑法教科书为体现刑法理论的体系性，刑法中所规定的所有罪名都要论述，但课堂上因受到教学时间的限制，却并非每个罪名都要讲解。可以说，课堂上所讲授的是刑法学理论中的精华和重点。当然，由于授课时间安排上的差别，刑法课堂教学的内容的广度与深度上都有所不同。以现今北大法学院的刑法课时而言，只能选择性地讲解刑法理论中的重点问题而不可能面面俱到。

本书是一部口授式作品，在叙述风格上是采用口语的表述，体现课堂实录的氛围。这种口授式作品的优点是具有可读性，读者可以在一种较为轻松的状态下通读，不用作过度的思考就可以理解本书的内容。我过去也当过学生，在课堂上既要听课又要做课堂笔记，精神总是处于一种紧张状态。《口授刑法学》作为课堂讲授刑法的实录，在阅读的时候将听课转换为读书，接受者更为轻松。当然，读书毕竟不能等同于听课。另外，这种口授式作品也有其缺憾，就是难以精确地表达某种精致的思想。相对于书面语言，口头语言在表达情感与诉求方面是有其所长的，但在表达理性思维成果方面又有其所短。我本人更擅长于书面表达，甚至可以通过文笔理清思路，但口头表达则略微笨拙一些，并且口头表述的创造性远逊于书面语言。换言之，口头表达的大多是已经形成书面文字的思想，真正即兴的思想火花虽然偶尔也会在口头表述时迸发，但毕竟很少，大多是重复书面文字的内容。这也是我对自己的口授式作品并不十分上心的一个理由。本书的创作是一种尝试，读者若能从本书中读出不同于刑法教科书的味道，则乃本书之幸也。尽管本书是口语的实录，但为避免口语的啰嗦，在成书时还是作了一些文字上的处理，因而与纯口语的录音存在些微的差别。

《口授刑法学》一书的整理出版，不能不提到一个人，这就是广西师范大学出版社的赵明节先生。至今我与赵先生仍未谋面。2004年8月20日我收到赵先生的来信，因广西师范大学出版社正在编辑出版《大学名师讲课实录》，向我约稿，询问我下学期是否有合适的课程并且是否有意向，因为2004年下半年和2005年我都未给本科生开课，因而这一计划也就搁置了。直至2006年我为2005级本科生讲授刑法，才想到将全部讲授过程录音，并由助教整理出来。因为在中国人民大学出版社设立了“陈兴良刑法研究文库”，遂将《口授刑法学》一书纳入文库之中，而未能在广西师范大学出版社出版。尽管如此，对于赵明节先生的热情约稿并在客观上促成本书的出版，还是要深表谢意。

《口授刑法学》一书讲课历经一年，整理又是大半年时间，现在终于定稿可以交付出版了，这是令人欣慰的。

在此，我要衷心地感谢一学年来始终随堂听课并进行录音及其整理的两位助教：高洁和谢静，她们是我所带的2005级的刑法专业硕士生。没有她们的辛勤劳动，也就不会有本书的问世。在某种意义上说，她们也是本书创作的参与者。2006级刑法专业硕士生蔡桂生参与了本书的后期整理工作，对此表示感谢。我还要感谢北大电教室两位老师，辛勤地为课程录像，从而保留了课程的影像资料。最后，我还要感谢北京大学法学院2005级的本科全体同学，以及其他旁听的同学，尤其是收入本书的4篇作业的作者，他/她分别是：顾硕、任启明、刘煜暄、倪佳音。没有听众，就永远不会有舞台。同样，没有学生，也永远不会有讲台。也许我还会给本科同学讲授刑法，会给硕士生、博士生讲授刑法。但肯定没有一次授课对于我来说如此具有纪念意义，因为只有这一次授课的过程同时又是一本书的诞生过程。

是为出版说明。

陈兴良

谨识于北京海淀锦秋知春寓所

2007年5月29日

第二版前言

《口授刑法学》的第一版是我 2006 年在北京大学法学院为 2005 级本科同学讲授刑法课程的录音整理稿，于 2007 年由中国人民大学出版社出版。转眼之间，十年过去了。在此期间，我除了为 2006 级本科同学讲授过一个学期的刑法分论以外，一直没有再给本科同学讲授过刑法课程。直到 2016 年我才有机会再次为 2015 级本科同学讲授刑法课程，这也是我最后一次为本科同学开设课程，因而令我难忘。利用这次开课的机会，我对《口授刑法学》一书进行了修改、补充，由此形成本书的第二版。如果说，《口授刑法学》第一版完全是课堂讲授的实录，那么，第二版是在第一版的书面内容基础上的修订，因而更具有讲义的性质。

《口授刑法学》从第一版到第二版相距十年，在这十年当中，我国的刑事立法与刑事司法都发生了重大的变化，这些内容都需要在课堂讲授中反映出来。例如，从 2006 年以来我国立法机关颁布了 4 个《刑法修正案》和 4 个立法解释。尤其是《刑法修正案（八）》和《刑法修正案（九）》对我国刑法进行了较大幅度的修改，无异于是一次中等程度的刑法修订，对刑法总则规范和分则规范都作了重大调整。在这当中，也包含了某些重要的制度性变革，例如死刑罪名的减少，以及限制减刑制度和终身监禁制度的设立，对我国刑罚结构的影响可谓十分巨大。除了立法发展以外，在这十年之间司法解释也大量出台，为司法机关处理案件提供了更为充分的法律规范。值得指出的是，我国在 2010 年建立了案例指导制度，随着指导性案例（实际上相对于判例）的不断累积，它对司法实践的指导作用日益凸显，对法学教育也带来了重大的影响。刑法学属于部门法学，应用性是其学科特点，因此，在教学中也应当将指导性案例以及其他影响性案例引入课堂。这样，不仅可以使课堂教学生动活泼，而且也能够发挥案例教学法的优势，使讲授内容更加贴近司法实践。这些特点都在《口授刑法学》第二版中得到了一定程度的反映，因而使得这一版的内容更加丰富与充实。

除了刑事立法与刑事司法的发展对刑法课堂教学内容带来的变化以外，这十年来我国的刑法教义学也得到了长足的发展，因此，在课堂讲授当中无论是总则的刑法基本原理还是分则的各罪理论，都需要根据最新的学术研究成果进行更新。这里涉及学术发展与课堂教学之间的关系。就课堂教学，尤其是本科的课堂教学而言，主要是传授某一学科的基础知识，而这种学科的基础知识具有相对稳定性。但课堂教学内容又不可能一成不变，而是要在一定程度上反映该学科的理论进展。在这种情况下，法学的课堂教学内容总是需要经常性的更新。例如，在这十年当中，我对犯罪论体系的见解发生了变化。《口授刑法学》第一版中，还是把正当化事由放在罪体、罪责与罪量的体系之外进行讲授的。这种犯罪论体系的内容设计，未能将犯罪成立的积极条件与消极条件进行一体化的安排，因而难以体现犯罪论的阶层性。而在第二版中，所谓正当化事由不再置于犯罪论体系之外，而是作为罪体排除事由被纳入罪体之中。作出这种调整，使得犯罪论体系更加具有逻辑性。

课堂教学活动并不是教师的单方行为，而是教师与学生的一个互动过程，这也就是我们常说的教学相长。在为学生讲授过程中，同学的提问与讨论都会对老师的思考和研究具有启发与促进。因此，《口授刑法学》虽然是一份讲义，同时也包含着听课同学的一份贡献。在此，我要对《口授刑法学》第二版的授课对象——北京大学法学院 2015 级本科同学表示衷心感谢。

是为前言。

谨识于北京海淀锦秋知春寓所

2017 年 9 月 12 日

总目录

上　　册

第一讲　刑法的为学之道
第二讲　刑法概说
第三讲　刑法原则
第四讲　刑法效力
第五讲　犯罪概说
第六讲　犯罪论体系
第七讲　罪　　体
第八讲　罪　　责
第九讲　罪　　量
第十讲　未完成罪
第十一讲　共同犯罪
第十二讲　单位犯罪

第十三讲　竞合论
第十四讲　刑罚概说
第十五讲　刑罚体系
第十六讲　刑罚裁量
第十七讲　刑罚执行
第十八讲　刑罚消灭

下　　册

第十九讲　刑法分则概述
第二十讲　故意杀人罪
第二十一讲　过失致人死亡罪
第二十二讲　故意伤害罪
第二十三讲　强奸罪
第二十四讲　抢劫罪
第二十五讲　盗窃罪
第二十六讲　诈骗罪
第二十七讲　侵占罪
第二十八讲　贪污罪
第二十九讲　挪用公款罪
第三十讲　受贿罪
第三十一讲　重大责任事故罪
第三十二讲　非法经营罪
第三十三讲　寻衅滋事罪
第三十四讲　玩忽职守罪

上册目录

第一讲　刑法的为学之道 …… (1)
　一、法条与法理的关系 …… (1)
　二、总则与分则的关系 …… (10)
　三、规范与案例的关系 …… (15)

第二讲　刑法概说 …… (25)
　一、刑法的概念 …… (25)
　二、刑法的特征 …… (28)
　三、刑法的形式 …… (31)
　四、刑法的机能 …… (36)
　五、刑法的解释 …… (39)

第三讲　刑法原则 …… (54)
　一、罪刑法定原则 …… (54)

二、罪刑均衡原则 …… (67)

第四讲 刑法效力 …… (76)
一、刑法的空间效力 …… (76)
二、刑法的时间效力 …… (88)

第五讲 犯罪概说 …… (92)
一、犯罪：形式概念、实质概念与混合概念 …… (92)
二、犯罪：规范概念和事实概念 …… (97)
三、犯罪：刑法概念、证据法概念与程序法概念 …… (104)

第六讲 犯罪论体系 …… (112)
一、犯罪论体系概述 …… (112)
二、犯罪论体系的类型 …… (117)
三、犯罪论体系的逻辑性 …… (123)
四、犯罪论体系的功能 …… (129)

第七讲 罪 体 …… (135)
一、罪体概述 …… (135)
二、罪体构成要素 …… (138)
三、罪体排除事由 …… (195)

第八讲 罪 责 …… (214)
一、罪责概述 …… (214)
二、罪责构成要素 …… (216)
三、罪责排除事由 …… (239)

第九讲　罪　　量 ……………………………………………… (259)
一、罪量概述 ……………………………………………… (259)
二、数额 ……………………………………………… (260)
三、情节 ……………………………………………… (263)
四、数额+情节 ……………………………………………… (266)

第十讲　未完成罪 ……………………………………………… (268)
一、未完成罪概述 ……………………………………………… (268)
二、犯罪预备 ……………………………………………… (281)
三、犯罪未遂 ……………………………………………… (286)
四、犯罪中止 ……………………………………………… (303)

第十一讲　共同犯罪 ……………………………………………… (308)
一、共同犯罪概述 ……………………………………………… (308)
二、共同犯罪的定罪 ……………………………………………… (314)
三、共同犯罪的处罚 ……………………………………………… (335)
四、共同犯罪的认定 ……………………………………………… (342)

第十二讲　单位犯罪 ……………………………………………… (348)
一、单位犯罪概述 ……………………………………………… (348)
二、单位犯罪的定罪 ……………………………………………… (352)
三、单位犯罪的处罚 ……………………………………………… (359)

第十三讲　竞合论 ……………………………………………… (362)
一、竞合论概述 ……………………………………………… (362)
二、法条竞合 ……………………………………………… (367)
三、想象竞合 ……………………………………………… (376)

四、实质竞合 …………………………………………………………………… (378)

第十四讲　刑罚概说 …………………………………………………………… (382)
一、刑罚的特征 ………………………………………………………………… (382)
二、刑罚的功能 ………………………………………………………………… (394)
三、刑罚的目的 ………………………………………………………………… (399)

第十五讲　刑罚体系 …………………………………………………………… (402)
一、刑罚体系概述 ……………………………………………………………… (402)
二、主刑 ………………………………………………………………………… (404)
三、附加刑 ……………………………………………………………………… (415)

第十六讲　刑罚裁量 …………………………………………………………… (419)
一、刑罚裁量概述 ……………………………………………………………… (419)
二、累犯 ………………………………………………………………………… (426)
三、自首 ………………………………………………………………………… (429)
四、坦白 ………………………………………………………………………… (434)
五、立功 ………………………………………………………………………… (435)
六、数罪并罚 …………………………………………………………………… (436)

第十七讲　刑罚执行 …………………………………………………………… (442)
一、刑罚执行概述 ……………………………………………………………… (442)
二、缓刑 ………………………………………………………………………… (443)
三、减刑 ………………………………………………………………………… (450)
四、假释 ………………………………………………………………………… (456)

第十八讲　刑罚消灭 ………………………………………………（461）
一、刑罚消灭的事由 ………………………………………………（461）
二、时效 ………………………………………………（463）
三、赦免 ………………………………………………（465）

第一讲

刑法的为学之道

刑法的为学之道，就是如何学习刑法，也就是刑法学习方法的问题。刑法的学习方法是指在学习刑法的时候为更好地掌握刑法的基本原理而采取的方法。学习方法应当在学习过程中逐渐地摸索和积累，具有因人而异的特点，并不存在抽象的学习方法。当然，学习刑法也具有一定的规律。在此，我想就学习刑法的时候应当处理好的三大关系进行讲解。

一、法条与法理的关系

在学习刑法的时候，首先要处理好法条与法理的关系。这里的法条是指法律条文，法律条文是法律规范的基本存在方式，刑法的法条也就是刑法的规定，包括总则规定和分则规定。这里所讲的法理是指法律的基本原理，刑法的法理就是指刑法的基本原理。

在学习刑法的时候我们会遇到一个观念问题：我们是学习刑法的法条还是学习刑法的法理？在某种意义上说，我们既要学习法条，更要学习法理。正确的回答是：通过刑法法条，学习刑法法理。因此，需要正确处理法条与法理的关系。可以说，学习法条是解决“所然”的问题，而学习法理则是解决“所以然”的问题。

法条是用语言来表达的，语言是法条的载体。刑法（不包括刑法修正案）一共452个条文，也不过八万多字。仅仅从字面来看，只要粗通汉语，刑法八万多字都能认识。然而，认识刑法条文的文字并不等于掌握了刑法的实质内容。刑法条文所规定的内容，需要通过学习刑法来逐渐掌握。因此，学习刑法的过程就是一个了解刑法内容、明确刑法之所然的过程。

在理解法条的时候，应当注意：刑法的文字规定，具有不同于日常用语的专业内涵。例如，刑法中的洗钱罪，对于“洗钱”不能望文生义，按刑法条文的字面来理解，即把肮脏的钱币清洗干净。这里的洗钱是一个专门的刑法术语，是指隐瞒或者掩饰违法犯罪所得的来源和性质。因此，洗钱罪的基本含义是通过学习法条后才能掌握的。

在理解法条的时候，应当注意：刑法条文规定的背后，反映的是某种规则和制度。只有将刑法规定置于这样一种特定的法律语境，才能正确理解刑法条文的内容。例如，我国刑法规定了以伪造为行为特征的犯罪，这就是所谓伪造型犯罪。这里的“伪”就是假，“造”就是制作。伪造就是造假，这是伪造的基本含义。我国刑法第280条第2款规定了伪造事业单位印章罪。如果一个人私刻了一枚北京大学的印章，那么这一行为就构成了伪造事业单位印章罪。请同学们注意，在此我使用了私刻一词，是指未经批准而私自刻制。将伪造印章理解为私刻印章，是以我国单位印章管理制度为前提的。根据我国现行单位印章刻制的行政管理制度，凡是单位刻制印章都要到公安机关备案、获得批准。即使是私刻本单位印章，也是违法的，当然不构成犯罪。如果是私刻其他单位印章，则违反印章管理制度，而且侵犯了被假冒单位的名称权，因此，该行为构成伪造事业单位印章罪。那么，如果甲刻制了一枚燕京大学的印章，是否构成伪造事业单位印章罪呢？答案是否定的。因为燕京大学虽然在历史上曾经存在过，但燕京大学在20世纪50年代初已经被撤销，所以，尽管甲刻制了燕京大学印章，但由于燕京大学并不是真实存在的，所以这一行为就不构成伪造事业单位印章罪。

如果我把案件稍微改变一下，假设乙私刻了一枚北京大学法律学系的印章，是否构成伪造事业单位印章罪呢？在1999年以前，存在北京大学法律学系，但

1999年撤系建院，成立了北京大学法学院。如果在1999年之前私刻北京大学法律学系的印章，当然构成伪造事业单位印章罪。如果在1999年之后私刻北京大学法律学系的印章，在这一印章中，虽然北京大学是真实存在的，但法律学系已经被法学院取代，并不是真实存在。在这种情况下，私刻的印章中一部分内容是真实的，另外一部分内容是虚假的。这种虚假是指印章所指向的具体单位虽然存在但已经改名，对于不知改名的人来说仍然具有一定的蒙蔽性。另外，假设丙私刻了一枚北京大学商学院的印章，北京大学没有商学院，只有经济学院和光华管理学院。在这种情况下，私刻的印章中一部分内容是真实的，但另外一部分内容是虚假的，这种虚假是指印章所指向的单位并不存在。以上两种虚假的程度还是有些细微的区分。在上述情况下，两种行为都不构成伪造事业单位印章罪。也就是说，只有私刻真实存在的事业单位的印章，才能构成伪造事业单位印章罪。

在理解法条的时候，应当注意：刑法条文是需要解释的，这种解释应当根据特定的语境有所变通。例如，相同的文字在一般情况下应当作相同的理解，这是一个解释规则。但这个规则并不是一成不变的，在某些情况下，相同的文字完全可以而且应当作不同的解释。例如，我国刑法分则在规定犯罪的时候，经常采用暴力一词。抢劫罪中存在暴力手段，而暴力干涉婚姻自由罪中也存在暴力手段。抢劫罪的法定最高刑是死刑，而暴力干涉婚姻自由罪的法定最高刑是7年有期徒刑。在这种情况下，抢劫罪的暴力与暴力干涉婚姻自由罪的暴力能作相同理解吗？显然不能。抢劫罪的暴力包括杀人，而暴力干涉婚姻自由罪的暴力只能包括轻伤和过失致人死亡。

我国刑法第280条第3款规定了伪造居民身份证罪。这里的伪造能否沿用前面的伪造的含义，必须是伪造真实的人的身份证呢？例如李四是一个真实的人，张三伪造李四的身份证，被伪造者是真实存在的，这当然可以构成伪造居民身份证罪。但如果伪造一个子虚乌有、根本不存在的人的身份证，例如伪造一张孙悟空的身份证，能否构成伪造居民身份证罪？如果按照伪造事业单位印章罪中对伪造的理解，在这种情况下被伪造者并非真实存在，那就不能构成伪造犯罪。但对伪造居民身份证罪中的伪造，不能沿袭上述理解。伪造居民身份证罪中的伪造，既包括伪造真实存在的人的身份证，也包括伪造并非真实存在的人的身份证，还包括对本人的身份证有关内容进行篡改。在司法实践中，伪造居民身份证案件，主要是伪造并不存在的人的身份证，由此获得虚假的身份。可见，刑法规定的相同用语，在不同的法律语境中可能会有不同的含义。

伪造居民身份证罪中的伪造显然具有不同于伪造事业单位印章罪中的伪造的特殊含义。前者更看重的是对被伪造单位的名称权的侵犯，而后者更关注的是对公安机关的身份证制作权的侵犯。如果侵犯了公安机关的身份证制作权，即使身份证的内容是真实的，也可能构成伪造身份证罪。例如，在某年研究生入学考试中，一名报考清华大学的硕士研究生的女生本来有一张真实的身份证，由于使用时间较久，字迹有些模糊，担心监考老师会误认为该身份证是假的而不让她参加考试，该女生就花了100元钱让他人制作了一张身份证，身份证的内容都是真实的。该女生在参加考试的时候，被监考老师发现这是一张私自制作的身份证，就取消了她的考试资格。取消的规范根据是：使用伪造的证件、证明文件及其他材料参加的，应当取消考试资格。监考老师认为该女生的行为属于伪造证件。该女生辩解说这个身份证的内容是真实的，但这一辩解没有被采信，该女生当场被阻挡在考场门外，与入学考试失之交臂。这种身份证是形式虚假、内容真实，即“假的真身份证”。在逻辑上还可能存在“真的假身份证”，例如到公安机关去申领身份证，申报的个人信息是虚假的，但身份证是由公安机关颁发的。这种身份证是形式真实、内容虚假，即“真的假身份证”。在刑法理论上，把前者称为形式伪造，将后者称为实质伪造。于是，伪造就有形式伪造与内容伪造之分。制作形式虚假、内容真实的身份证能否构成伪造居民身份证罪？答案是肯定的。然而，对于制作形式真实、内容虚假的身份证能否构成伪造居民身份证罪，在刑法理论上是存在争议的。这里存在对法条的理解问题：法条所要规范的到底是什么行为？这就直接关系到一种行为能否被认定为犯罪。如果认为伪造居民身份证罪所要保护的是公安机关对身份证的制作权，则不能认为这种制作形式真实、内容虚假的身份证构成伪造居民身份证罪。这就是法条的所然问题。法条的含义到底是什么？这是需要我们通过学习刑法首先来解决的。

我们说法条是一种语言，是用语言来表达的，但语言是一种形式，语言是有内容的，语言是在表达一种立法意图，而立法意图才是法条的真实内容。立法意图是通过语言来表达的，因此，我们学习法条并不是学习语言本身，而是通过语言了解立法者在制定法条时所想要表达的真实意图。这里就存在着言和意的关系问题。言即语言，意即意图。法条是一种言，立法意图是一种意，这种立法意图是一种主观的、精神的东西，是无形的。这种意图必须要通过语言表达出来，这就要通过语言来掌握立法的意图。如果不通过语言这种载体我们就无从了解某种立法意图。所以法律总是有载体的：在大陆法系国家法条就是一种基本载体，在英美法系国家判例也是一种载体。无论是法条还是判例，总是用语言来表达，这就是成文法的问题，法律必须成文。当然在成文法之前，也有一个习惯法的时代，那时，法律不是用语言表达出来，而是用习惯或其他方式表达的。但是在现代任何一个法治国家，法律必须成文，尤其是刑法，涉及犯罪与刑罚，必须要用文字明确地记载下来，使每个公民都能够理解。这是现代法治的基本要求，即罪刑法定主义。但立法者在用某种语言表达立法意图的时候，可能表达得好，也可能表达得不好。也就是说立法意图的表达本身存在一个立法技术问题。立法者应当通过语言十分明确地把自己的意图传递给社会公众，但立法者的立法技术并不总是完美无缺的，因此，立法者制定的法条，就反映立法意图而言，有时表达得好，有时表达得不好。在表达不好的情况下，就会出现言不达意甚至言与意违的情况，即想表达的意思与语言的意思不相符合，甚至恰好相反，这样就会造成误解。就如一个人想表扬另一个人，但被表扬者听了以后以为是在批评他；或者想批评一个人，但被批评者听了以后以为是在表扬他。这种情形就是一个人的语言与他所想要表达的意思正好相反。这种现象是客观存在的。

这是从表达者的角度来说的。另外，从法条接受者的角度来说，同样有一个立场问题，法条接受者可能曲解法律。法律本来这样规定，但由于规定不是那么妥切，接受者就基于自己的需要，对立法意图进行歪曲。这就要求立法者在表达某种立法意图的时候，要做到非常明确、不容曲解。例如 1996 年刑事诉讼法规定，律师在侦查阶段可以为犯罪嫌疑人提供法律援助，可以会见犯罪嫌疑人。但法律刚颁布的时候，公安机关对这一规定存在抵触，认为律师介入妨碍了对刑事案件的侦查，因此不安排会见，甚至出现了律师到法院起诉看守所的案件，指称看守所违法，法律规定安排会见而不安排。在这种情况下，中央六部委（中央政法委、最高人民法院、最高人民检察院、公安部、国家安全部、司法部）专门颁布了一个文件，明确规定，律师提出会见犯罪嫌疑人的要求，公安机关应当在48小时内安排会见。对于这个规定大家认为内容已经十分明确：48小时内安排会见就是指让律师在48小时内会见到犯罪嫌疑人。但公安机关理解为在48小时内作出会见的安排，至于会见到犯罪嫌疑人可能是一个月以后。因此，公安机关认为48小时是限制安排时间而不是限制会见时间的。我认为这完全是一种曲解。应该说六部委文件已经规定得如此清楚了，为何还会出现这种曲解？如果法律的用语改变一下，要求公安机关在接到律师的会见要求后应当安排在48小时之内会见，就不容易曲解了。可见言和意的关系问题是一个极为复杂的问题，法律要规定得尽可能清楚，否则，受法律规范或者限制的人就会想方设法曲解法律。

如果说法条的言和意的关系是一个所然的问题，那么法理就是一个所以然的问题。我们不仅应当知道法条之所然，而且应当知道法条之所以然，法条为什么要作这样的规定。这就上升到法理的层次。法条之所然只是表面的、现象的东西，而法条之所以然才是一个本质的东西，是需要透过法条之表象而深刻把握的。因此，只知道法条的内容还是不够的，还要知道法条背后的法理，而正确地掌握法理恰恰能够帮助我们正确地理解法条的内容。

我在前面所说的伪造犯罪，为什么伪造事业单位印章罪中的伪造要求被伪造单位真实存在，而伪造居民身份证罪中的伪造却不要求被伪造者真实存在？为什么同是伪造一词在不同的法条中需要作不同的理解？这就涉及刑法保护法益的问题，这就是法理。之所以两罪中的伪造一词应作不同理解，就是因为两罪侵害的法益是不同的。伪造事业单位印章罪侵害的法益是被伪造单位的信誉，因此只有当被伪造单位真实存在的情形下，该单位的信誉才会被侵害。如果被伪造单位是虚构的，也就不存在该单位的信誉受到侵害的问题。而伪造居民身份证罪侵犯的法益是居民身份证管理制度，只有公安机关才有权制作居民身份证，因此，只要非法制作居民身份证，不管被伪造者是否真实存在，都不影响伪造居民身份证罪的成立。从这两种犯罪所侵害的法益不同这一逻辑前提出发，我们就可以就同是伪造犯罪为什么会对伪造一词作两种不同的理解这一问题作出科学合理的解释，这就是所以然的问题。

法理是法条之理，是法律之理，它和一般的哲理是有区分的，不能将法理等同于哲理。法理与法条有着密切联系，它是隐藏在法条之中或者存在于法条背后的原理。当然，法理与哲理是特殊与一般的关系，法理实际是一般的哲理在法律当中的运用，是从哲理当中引申出来的。二者尽管不同，但哲理对于法理是具有指导意义的。例如因果关系问题在哲学上是一个重要范畴，在刑法中为了将某一结果归属于某一人的行为，也需要讨论行为与结果之间的因果关系。但刑法中的因果关系和哲学上的因果关系还是有所不同的，不能将两者混为一谈。以往我国刑法学界在讨论因果关系的时候，存在着机械地套用哲学因果关系原理的现象。这是错误的。现在，随着德日因果关系理论和客观归责学说被引入我国，我国刑法学界越来越强调刑法因果关系的特殊性。

就法理和法条的关系而言，一方面，法理具有对法条的依附性；另一方面，法理又具有对法条的相对独立性。相对于法理来说，法条是变动的，法律总是处在不断的废、改、立这样一个变动的过程当中。相对于法条的变动性，法理具有相对的稳定性。因此，如果我们学习刑法，只是会背诵刑法条文，而没有掌握刑法条文背后的刑法法理，那么，刑法修改以后，我们又要重新学习刑法。这样学习刑法，就是劳而无功。这里存在一个法学教育何以可能的问题。法律教育之所以可能，就是因为存在法理。如果法学只是法条之学，如果学习法律只是背诵法律条文，那么正如那句格言所说："立法者三句修改的话，全部法律藏书就会变为废纸"。如果法学只是对法律的解释，完全依附于法律，没有自己独立的理论品格，那么立法者三句修改法律的话，全部的法学著作都会变为废纸。法律教育之所以可能，就是要通过法条传授法理。我们掌握了法理就能够举一反三，以不变应万变。这里的法理，我认为，实际就是某种法律的思维方法。

学习刑法，更根本的是要掌握刑法的思维方法。刑法的思维方法当然是法律的一般思维方法在刑法中的具体运用。因为刑法也是法，刑法的思维方法和其他法律的思维方法在很大程度上具有相似性；但另外一方面，刑法的思维方法又具有它的特殊性，对许多法律问题的分析，刑法的思维方法与民法的思维方法是不同的。因此，我们既要掌握刑法思维方法的一般性，又要掌握刑法思维方法的特殊性。这就是学习法理的重要性。当然我们强调学习法理，并不是脱离法条学习法理，而是通过法条来学习法理。正是法理使得法学成为一门科学，独立于立法者和司法者。

法理不仅解决法律之所以然的问题，而且从某种程度上来说，还解决应然的问题。法理具有对法条的依附性，同时又具有相对独立性。解决法律之所以然问题的法理，更大程度上具有对法条的依附性，它是建立在法条之所然的基础之上的；而具有相对独立性的法理，则在更大程度上超越法条。这里面涉及实然和应然的范畴。我们不仅要理解法条之实然，这里的实然包括所然与所以然，而且要掌握法条之应然，这里的应然超越实然。这种对应然性的追求具有某种反思性、批判性，它与实然的描述性是不一样的。实然主要是一种描述，把内容的真实状况反映出来；应然则不满足于对法条内容的客观反映，而且要对法条内容进行价值的评判。这个法律规定得好或者不好，是一种应然性的考察，解决法律应该是怎么样的问题。

法律应该怎么样与法律实际怎么样是两个不同层次的问题。我们首先要掌握法律实际是怎么样的，然后进一步提升，反思法律应当是怎么样的。解决法律之实然的问题主要是规范刑法学的任务，解决法条之应然的问题主要是理论刑法学甚至刑法哲学的任务，涉及某种价值的评判。实然的立场与应然的立场当然是有所不同的，在刑法的语境中，应当将两者明确地加以区分。在我国刑法研究中，存在着实然的立场与应然的立场的语境混乱。例如，在《刑法修正案（六）》设立破产诈骗罪不久，某位学者写了一篇关于破产诈骗罪的论文，在阐述破产诈骗罪的成立条件以后，以论文的主要篇幅讨论破产诈骗罪立法规定的不足。这种做法在我看来并不妥当。一般来说，在某个法律颁布之初，学者的主要使命是解释这个法律规定的内容，为这个法律的适用提供理论指导。在法律适用了一段时间以后，学者对司法实践经验进行总结归纳并作出理论的回应。如果具备条件，应当进行实证性的研究。只有经过相当长的时间以后，法律适用中暴露出越来越多的问题，学者才会对法律规定的不足进行探讨，为此后的法律修改创造条件。在破产诈骗罪刚刚设立，司法实践中还没有出现一个破产诈骗案例的情况下，撰写论文大谈立法不足是毫无意义的，因为：法律刚颁布，不可能马上修改。何况，在法律未及适用的情况下，法律的所谓不足只能是一种主观杜撰，而不是现实的反映。在此，存在一个法学论文面向的读者问题：我们的法学论文到底是写给谁看的？一般来说，主要是写给司法者看的，为司法活动提供理论资源。我们不是不可以批评法律，问题是这些批评法律的话应当向立法者去说，向法官说有什么用？这和法官没有关系。法官的使命是适用法律，某个法律制定得好法官要执行，制定得不好法官也要执行，法官的使命就是司法。法官不能说法律制定得好我执行，法律制定得不好我就不执行。这显然不行。只有在修改法律的时候才需要研究法律的不足。法律刚制定不可能马上修改，这些批评法律的话语是没有意义的。因此，我们应该更多地关心法律的实然问题，至于法律的应然问题，只有在特殊情况下才具有探讨的价值。

学习刑法，尤其是初学刑法，我认为，应当以规范刑法学的知识为内容、为主线，适当辅之以理论刑法学的内容。也就是说，我们首先要掌握刑法条文的基本内容，并且能够对刑法条文的内容进行所以然的分析。这是我们首要的使命。在此基础上，适当地给同学们灌输刑法价值性的东西、理念性的东西，尤其是进行刑法思维方法的训练，使大家能够从应然的角度来对刑法作一个超法规的审视。这两者要适当地结合，但必须以规范刑法的知识讲授为主。如果本末倒置，还未掌握刑法的具体内容，上来就批评刑法典这里有问题、那里有问题，这可能会造成同学们的思想混乱。

这里有一个如何正确对待法条的问题。在认识上，一方面，我们要反对法律教条主义，也就是光会死记硬背法条，仅知法条之所然，而不知法条之所以然，更不知道法条之应然，这种法律教条主义的学习方法我们是应当反对的；另一方面，我们也应当反对法律虚无主义甚至以指责法律为能事：某个法律这里规定得不好、那里规定得不好。这种做法同样是错误的。正确处理法条与法理这两者之间的关系应做到：既要正确理解法条的基本内容，掌握法条之所然和所以然，又要能够超越法条，从价值角度对法条进行评判。这两者分寸的拿捏，我认为是十分重要的。关键的问题是，我们要把两种立场、两种语境加以明确的界定，而不要发生语境的混乱。也就是说，当我站在司法的立场上来理解刑法时，刑法就不是被指责、被嘲笑的对象，而是被信仰、被崇拜的对象。对于司法来说，法律就是至高无上的。就像我前面所说，法律制定得好法官要执行，法律制定得不好法官也要执行，这就是一种司法的立场。在这种立场下，就不能随便批评法律，我们首先要建立这样一种立场。但是，我们又不能固守这样的立场，如果在另外一个场合，需要对法律的优劣进行考察，进行更高层次的价值评判，那么我们就应当对法律规定进行反思——哪里规定得好、哪里规定得不好，以便将来如何规定得更好；甚至对整个刑法制度、整个刑事司法体制进行反思——如何推动刑法的改革，推动刑事司法体制的改革。这是一个立法的层次、一个应然的语境。司法的立场与立法的立场，这两者的语境是有所不同的。我们站在什么立场上首先必须明确，而不能发生错位。上面谈到的那篇论文指出破产诈骗罪的各种不足，应该在立法者召开破产诈骗罪的法律论证会时向立法者去说。可见，立法语境与司法语境的错位是最致命的。

在学习刑法当中，首先需要正确地处理好法条与法理的关系，使法条与法理两者能够和谐相处。只有这样才能把刑法真正掌握好，将来无论是从事刑法的专门研究还是从事刑事司法活动，我想，都是会有帮助的。

二、总则与分则的关系

在学习刑法的过程中，除了要处理好法条与法理的关系外，还要注意处理好刑法总则与分则的关系。刑法可以分为总则与分则，与此相对应，刑法学也可以分为总论与分论。总论是对刑法总则进行研究的基本理论体系，分论是对刑法分则进行研究的基本理论体系。这学期我们学习刑法总论（简称刑总），主要是学习刑法总则的基本原理；下学期学习刑法分论（简称刑分），也就是学习刑法分则的基本原理。但在学习刑法之前，首先对刑法的总则与分则两者之间的关系要有一个基本的了解。

刑法总则是对犯罪和刑罚的一般内容的规定，是一般性的规定；刑法分则是对具体犯罪及其法定刑的规定。刑法总则和分则的关系就是一般与特殊的关系。从刑事立法史的角度考察，真正确立总则和分则分立的刑法体例的是 1810 年《法国刑法典》，这是刑事立法漫长演变的结果，在这个意义上说，1810 年《法国刑法典》是刑事立法史上的里程碑。

从刑法规定来看，存在着从个别规定到一般规定的发展过程。刑法是最古老的法律，犯罪产生以后就出现了刑法。最初的刑法规范表现为个别性规定，一般性规定是立法发达以后的产物。这种个别性规定反映为一事一立法。例如 1975 年在我国湖北省云梦县的睡虎地秦墓挖掘出了大量的秦代竹简（简称秦简），秦简反映了秦朝法律的制度，其中也包括大量刑法的规定。我们可以从秦简中看到秦朝的法律是如何规定的，秦简中有这样的记载："盗采人桑叶，臧（赃）不盈一钱，可（何）论？赀繇（徭）三旬。"意思是：偷采他人的桑叶，赃值不到一钱，如何论处？答曰：罚服徭役一月。对偷采桑叶行为专门作出规定，可见规定之细琐。如果偷采桑叶行为需要专门规定，那么偷伐树木行为势必也要作专门规定。由此可见古代刑事立法的烦琐和细碎。

不仅我国古代刑法存在大量这种个别性的立法，而且外国古代刑法同样存在大量这种个别性的立法。例如，《萨利克法典》是法兰克人征服罗马高卢以后建立法兰克王国时期，用拉丁文写成的第一部成文法。《萨利克法典》中有这样两个法律条文：一是若有人偷窃一头小猪而被破获，罚款 120 银币，折合 3 金币。二是如有人偷窃一头公牛或带犊的母牛，应罚款 1 400 银币，折合 35 金币。如果刑法都是这样规定的话，那我们现在刑法中的一个盗窃罪的内容就需要几百个、几千个法律条文才能容纳。

为什么最初的立法是这种个别性的立法呢？这主要和人类的逻辑思维能力有关。当时人类缺乏抽象概括能力，故对各种犯罪现象只能作出个别性规定。

随着人类逻辑思维能力的提高，在刑法中出现了一般性规定，表现为某些抽象的罪名。例如，“盗”这个概念，在我国春秋时期已经出现。当时魏国的李悝撰写了《法经》一书，开篇第一句就是“王者之政莫急于盗贼”。这里就有“盗”的说法，但还不是一个内容明确的罪名。我国晋代著名法学家张斐在注解《晋律》的时候，对“盗”作出了这样的界定：“取非其物谓之盗”。在“盗”的这一定义中，首先把“盗”理解为“取非其物”，这是对盗的行为特征的描述。偷采桑叶的动作是“采”，偷小猪的动作是“赶”。不管是什么动作，都是“取非其物”，也就是拿了不是自己的东西，侵犯了他人的财产所有权，这就是“盗”的行为。然后界定“物”这个概念，这是对“盗”的行为客体的规定。“物”一词把各种各样具有财产价值的财物都包含进来，既包括树叶、树木等植物，也包括牛、羊等动物。“物”的概念舍弃了具体物的外在特征和现象形态，达到了一种高度概括的程度。中国古代在《晋律》中出现了“盗”这样一般性的罪名，这是漫长的立法经验逐渐积累所能达到的极高境界。

我国古代的《唐律》又对“盗”作了进一步的区分。《唐律》将“盗”分为公取与窃取。根据《唐律疏议》的解释，公取、窃取皆为盗。明代律学家雷梦麟在其所著的《读律琐言》一书中，对公取与窃取作了这样的解释：“公取者，欺事主之不敌，公然而取之，盖强盗、抢夺之谓也。窃取者，畏他人有知，潜形隐面而取之，盖窃盗、掏摸之谓也。二者虽其所取不同，皆非其有而取之，故皆为盗也。”公取就是自恃强力公然使用暴力取得，窃取是潜行隐面而私下取之。这里的公取实际上就相当于我们现在所说的抢劫与抢夺，在犯罪学上称公然犯，属于以公然方式实施的犯罪；与公取相对应的是窃取，现在刑法上称盗窃，我国古代刑法称为窃盗。盗窃是秘密窃取，在犯罪学上称秘行犯，与公然犯相对应，是通过隐蔽的方法取得他人财物。公然犯与秘行犯这两种犯罪在行为方式上是有所不同的。

类型化的财产犯罪罪名出现后，可以容纳各种各样的侵犯他人所有权的财产犯罪。而刑法分则性规定的发达，为刑法总则性规定的出现奠定了基础。《唐律》共分 12 编，第一编就是《名例律》，它相当于又不完全等同于现代的刑法总则。

《名例律》中对刑法的基本概念、基本原则作了规定。《唐律疏议》在解释“名”“例”这两个字的时候就说：“名者，五刑之罪名；例者，五刑之体例”。名例就是关于刑罚的一般性的内容，从具体犯罪当中剥离出来，加以专门性的规定，对整个法律的适用具有指导意义。例如在《名例律》中，就有“共犯罪，分首从”的规定。每一种犯罪都有共同犯罪的问题，可以说共同犯罪是所有犯罪共同存在的问题，因此把它从具体犯罪中抽离出来，在《名例律》中加以规定，作为对共同犯罪处罚的基本原则，上升到制度的高度，使它和具体犯罪的规定相脱离。因此，刑法总则的规定与刑法分则的规定相对而言，总则为纲，分则为目，纲举才能目张。

刑法从个别规定到一般规定的演变过程，从整个刑事立法的发展来看，其脉络是极其清楚的。刑法总则所具有的抽象性、一般性的规定表现出更强的辐射性、概括力，能够更多地涵摄各种犯罪现象，从而使刑法规定变得更为简洁。过去需要用几十个、几百个法条才能包含的内容，现在只需要一个法条就能包含了。正是这种一般性规定的产生，使得刑法典的出现成为可能。

当然，我们也必须看到，法律规定如果过于抽象、过于概括，同样也会出现弊端。尤其是刑法对具体犯罪的规定如果过于抽象，可能使这种犯罪行为变得毫无界限，从而使刑法规定丧失限制机能，这就会破坏罪刑法定原则。

罪刑法定是刑法的基本原则，这是我们在刑法学习过程中需要反复强调的一个命题。我国古代的《唐律》中有这样一个罪名：“不应得为罪”。这种犯罪行为就是指：一个人做了不应该做的事情。这个罪名的涵括力是最强的，甚至可以把所有的犯罪行为包括进来。但是，什么应当做、什么不应当做，法律并没有具体规定，这样的罪名就过于概括。只要裁判者认为不应该做的一个人做了，其行为就构成犯罪。这样的罪名是个“筐”，任何行为想往里装就可以往里装，所以是典型的口袋罪。因此，法律规定的具体性和抽象性一定要有合理的界限，过于具体、过于个别当然是不可取的，但过于概括、过于抽象同样是不可取的。刑法如何科学设置罪名，使罪名既有一定的具体性又不过于抽象，能够达到合理的状态，是非常值得研究的问题。

总之，明确地将刑法分为总则与分则，始于1810年《法国刑法典》。1810年《法国刑法典》是近代刑法典的摹本与典范，后来大陆法系国家的刑法典都是模仿1810年《法国刑法典》制定的。

我们在学习刑法时，如何处理好总则与分则的关系？首先要强调对总则的基本原理的学习，因为总则性的规定涉及刑法的一般原则、一般制度，体现了刑法的基本精神。如前面所讲，刑法总则的规定是刑法之纲，把它学习好，就掌握了整个刑法的基本框架。刑法总则中的犯罪论体系，是我们学习的重中之重。犯罪论体系，也称为犯罪构成理论，实际上是一种认定犯罪的思维方法。我们掌握了犯罪论体系，就掌握了区分罪与非罪的一般标准，就能够划分具体的罪与非罪的界限。可见，对犯罪论体系的学习是非常重要的。从学习时间的安排来看，也应把对刑法总则的学习放在重要位置。

当然，对刑法总则的学习同样离不开对刑法分则的掌握。刑法分则的规定是对具体犯罪的规定，如果光知道关于犯罪和刑罚的一般性规定，而不知道刑法对具体犯罪的规定，同样解决不了司法实践中罪与非罪的界限问题。实际上，在现实生活当中并不存在一般的犯罪，我们看到的总是具体的犯罪，杀人、放火、强奸、抢劫等。如果进一步考察，在现实生活中也不存在一般的杀人、抢劫，我们只能看到张三杀李四、李某抢劫王某。犯罪是具体的，而法律规定是抽象的，所以，我们在掌握整个刑法的时候，应当将刑法的总则性规定与分则性规定两者有机结合起来，只有这样才能全面掌握一部刑法。

随着刑事立法的发展，刑法的分则性规定越来越多，而我们学习的时间又有限，因此我不可能就刑法分则中每个具体犯罪作逐个讲解。刑法分则当中有五百多个罪名，完全没有必要每个罪名都逐一讲解，因为：大量犯罪是备而不用的，在司法实践中没有发生过，也不存在实际案例。还有些犯罪是有共性的，属于同一类犯罪。我只能进行示范性的讲解，就一些具有代表性的、典型性的罪名进行讲解，其他罪名可以举一反三。我尤其要对司法实践中常见多发、疑难复杂的罪名进行重点讲解，可以把这种罪名称为重点罪名。虽然刑法当中有五百多个罪名，但是我估计不到二十个罪名就占到了整个刑事案件总数的百分之九十以上。

例如杀人、放火、强奸、抢劫这样一些的重点罪名是时时刻刻在现实生活中发生的，所占的比重很大。在这种情况下，我们当然要有重点地掌握这些常见多发、疑难复杂的罪名，而不是每个罪名都要掌握。因此，有针对性地掌握刑法分则中的重点罪名，对我们学习刑法来说是有帮助的。

综上所述，刑法总则和分则的关系就是一般性规定和个别性规定的关系，这种一般性规定与个别性规定两者之间又是不能割裂的。当然就总则与分则而言，总则是更为重要的，总则的基本原理需要重点掌握。当然我这样说并不意味着分则不重要，因为分则是对具体犯罪的规定，而犯罪总是具体的，因此我们在掌握总则性规定的基础上，还要重点掌握分则性的规定。通过对刑法总则和分则的学习，建立起刑法基本的规范框架和理论框架，这样就达到了我们学习刑法的目的。

三、规范与案例的关系

在学习刑法过程中，正确处理好刑法规范与刑法案例的关系，我认为也是非常重要的。刑法总则规定与分则规定都是指刑法的规范。当然，这里的刑法规范，从广义上来说，不仅是指立法机关通过的刑法法规，而且包括大量的司法解释。在我国刑事司法解释也具有法律的性质，也是我们需要掌握的。刑法是一种规范的存在，规范是刑法的载体，因此学习刑法要掌握刑法规范是毫无疑问的。但是仅掌握规范，而不结合具体案例来学习，是不能深入掌握刑法的。因此，我认为在刑法学习过程中，在掌握刑法规范的同时，还需要掌握大量的刑法案例，应当结合案例学习刑法。

“案例”一词是非常中国化的表述。从文字来看，案例可以包括“案”和“例”两部分。其中“案”是案件，“例”是成例，在“例”这个词中就包含了某种规范，例是指可以比照的、可以引用的具体规则。规范是一种法律规定，因此是抽象的。案件是一种规范性的事实，它是事实性的概念。在学习刑法过程中首先要将规范与案件加以区分。当我们说杀人时，是指杀人的规范还是杀人的行为要加以区分。如果是规范，指的是刑法关于杀人罪的具体规定；如果是行为，那就是指符合杀人规范的事实。这两者有所不同，但又有密切联系。因为杀人行为是规范性事实，只有符合刑法关于杀人罪规范的事实才能称为杀人行为。所以从逻辑上来说，行为是以规范为前提的，不是一种裸的事实，而是一种规范性事实。在某种意义上说，犯罪行为是根据一定的刑法规范加以认定的结果。某一行为经过司法认定构成杀人罪，杀人的事实被刑法规范确认。从这个意义上来说，刑法的规范是优先于行为事实的，因为刑法的规范是认定行为事实的法律根据，要根据刑法规范设定的标准来认定某一行为。正是在这个意义上，是规范决定行为而不是行为决定规范。规范是认定行为的依据，行为从属于规范，是被规范确认的某种事实。运用某一规范来认定一个具体行为的过程就是刑法的适用过程，刑法的一般规定适用于某一行为是从一般到个别的演绎过程。

我们还要看到，行为本身是一种事实性的存在，这种行为的事实性在某些情况下又具有优先于规范的性质。我经常讲这样一句话：犯罪人不是根据法律规定去犯罪的，恰恰相反，法律是根据犯罪事实来规定的。大家体会一下这句话的含义，一个人在犯罪的时候不会说法律怎么规定我就怎么去犯罪。犯罪毕竟不是表演，刑法也不是犯罪人的剧本。表演是演员根据剧本所设定的剧情进行演出，与之不同，犯罪就是犯罪。法律应当根据犯罪事实进行规定。从这个意义上说，规范又是从具体的案件事实中抽象出来的，在一定程度上决定于具体的行为事实。

因此，规范和事实的关系是一种辩证的关系，关键在于我们是从什么角度来看这个问题。这种角度不外乎实然的视角和应然的视角以及立法的视角和司法的视角。从司法的角度来说，规范是优于事实的，只能根据规范来认定某一个行为事实，来确认某一事实的性质。但从立法的角度来说，规范又要从事实中引申出来，要尽可能地符合这个事实、涵括这个事实，因此，规范又是为事实所决定的。这是两个不同的语境，两种不同的立场。

在司法过程中，将一个一般性的法律规定适用于具体案件的时候，必然存在一些疑难的问题，由此就出现了一些疑难案件。我们可以将案件分为普通案件与疑难案件。普通案件主要是指法律规定与案件事实是吻合的，这样的案件在认定有罪无罪的时候是非常简单的，一看便知。但有些案件是疑难的，这些所谓疑难案件就是它与法律的规定不完全吻合，或者只是部分吻合，或者处于法律规定的边缘。具有这些特征的案件就是司法实践中的疑难案件，它虽然所占的比重不大，但对司法人员的专业水平却是一个重大的考验。例如，刑法关于拐卖妇女罪的规定，被拐卖对象必须是妇女。这里的妇女是指14周岁以上的女性。为什么要加以14周岁的限制呢？因为不满14周岁的就是儿童，而刑法另外有关于拐卖儿童罪的规定。在现实生活中存在拐卖两性人的案件，两性人中又有以女性特征为主和以男性特征为主的两性人之分，这就出现一个问题：拐卖两性人到底是不是拐卖妇女？这种拐卖两性人的案件几十年才出一起，这就是疑难案件。最高人民法院的《刑事审判参考》就专门刊登过张某拐卖妇女案，该案的裁判理由明确指出："两性人不属于妇女。这里的两性人既包括以男性特征为主的和以女性特征为主的两性人。因此，明知是两性人而予以拐卖的行为不能认定为拐卖妇女罪；误认为两性人是妇女而予以拐卖的行为构成拐卖妇女罪的未遂，是对象认识错误的未遂。"这样一些疑难问题只有通过具体的案例，才能加以正确地解决。

案例的学习在整个刑法的学习中是非常重要的。如果我们光是注重规范的学习，对刑法的规范都能够切实地掌握，甚至能够把一些主要的刑法条文背得滚瓜烂熟，但碰到疑难案件不能进行正确的分析，缺乏实际分析能力，那就是"纸上谈法"。某些刑法条文的内容，在抽象地讨论的时候，其含义是十分清楚的，不存在疑问，但遇到一些具体案件，就会出现疑问。例如，英国刑法中有这样一个规定：在毒品交易中使用枪支的，应当从重处罚。对于这个规定，我们都觉得非常明白。但后来出现了这样一个案件：被告人在与他人进行毒品交易的时候，因为没有现金，就把一支枪折价为现金与他人交换毒品。那么，这是否属于在毒品交易中使用枪支呢？对此就存在两种不同意见：第一种意见认为：以枪支交换毒品属于在毒品交易中使用枪支，因为枪支在毒品交易中发挥了作用，如果没有枪支，就不可能完成毒品交易，因此，应当根据法律予以从重处罚。而第二种意见认为：在毒品交易中使用枪支是指以枪支作为武装掩护进行毒品交易。在本案中，虽然使用枪支进行毒品交易，但枪支是作为毒品交易的对价而使用的，不属于刑法所规定的在毒品交易中使用枪支。在此，对于"使用枪支"就存在是利用枪支的交换价值还是利用枪支的杀伤力的争议。按照通常理解，这里的"使用枪支"是指利用枪支的杀伤力，因此，我认为第二种意见是正确的。如果没有这个案例，对于在毒品交易中使用枪支的应当从重处罚这一法律规定的理解就不会发生争议，也不会在争议中使理解更加深入。

同样是使用一词，我国刑法第284条规定了非法使用窃听专用器材罪，那么，如何理解这里的"使用"呢？在一般情况下，对于这里的使用是容易理解的，但面对实际案例也会发生歧义。这里也有一个真实的案例：被告人郑某在区委书记陈某的公务车底盘下安装了具有跟踪、窃听功能的GPS便携数据终端。该电子设施同时具有跟踪和窃听功能，但郑某安装该电子器材的目的是跟踪，并没有使用窃听功能。那么，这一行为是否属于使用窃听器材呢？辩护律师认为，郑某安装的GPS便携数据终端虽然具有窃听功能，但郑某在客观上并没有开启这一功能，主观上也没有利用窃听功能获取语音信息的意思，因此，郑某的行为不构成非法使用窃听专用器材罪。对此，法院的有罪判决认为："从使用窃听专用器材罪的立法原意看，本罪侵犯的客体主要是社会管理秩序，即窃听专用器材的管理秩序。只要存在非法使用行为，即可认定为满足非法使用的构成要件，不论是否开启了GPS便携数据终端窃听功能，均属非法使用的行为。"由此可见，在本案中，被告人郑某是否有罪，关键在于如何理解"使用窃听专用器材"。辩护律师认为，这里的"使用"是指利用窃听专用器材获取语音信息；而法院认为只要把窃听专用器材安装到车上就是"使用"。对于以上两种意见，我认为，律师的辩护意见是正确的。在本案中，郑某的目的是对陈某进行定位跟踪。如果郑某安装的是单纯的跟踪器材，当然也就不存在构成非法使用窃听专用器材罪的问题。如果郑某安装的是单纯的窃听器材，构成非法使用窃听专用器材罪也就不存在争议。问题在于，郑某虽然是为了定位跟踪，但安装的是同时具有跟踪和窃听功能的器材。尽管没有开启窃听功能，从表面来看，确实是使用了该窃听器材。但如果把"使用窃听专用器材"理解为"以获取语音信息为目的的利用窃听器材"，则郑某并没有使用窃听专用器材。由此可见，只有遇到类似案例时，对法条的理解才会发生争议，也只有在争议中才能加深对法条的理解。因此，结合案例学习刑法，是学习刑法的必由之路。

在刑法学习中，不仅要注重规范学习，不仅要注重理论学习，而且需要去了解大量的在现实生活中真实发生的案例。无论是刑法总则还是刑法分则的问题，每个规范后面都有大量案例存在。不仅要掌握刑法规范，而且要掌握规范背后的刑事案例。只有这样，才能真正学好刑法。

当然，案例的学习是逐渐积累的过程，不是一朝一夕所能掌握的。我们要养成阅读案例的习惯，也就是说，我们不仅要阅读刑法教科书或者其他刑法书籍，也不仅要阅读法条，而且要阅读案例。阅读案例具有完全不同于阅读其他法律读物的感觉。一般来说，法律读物都是抽象的，阅读起来也是较为枯燥无味的甚至是难懂的，因此，阅读法律书籍的要领在于将抽象的内容转化为具象的内容，使法律变得生动化、现实化。与之相反，案例是较为具体的，初读时也许被其故事吸引。但案例中存在大量琐碎的细节，对于定罪量刑并没有影响，因此要予以删除。因此，阅读案例的要领在于从繁复的案件细节中提炼出对于定罪量刑具有重要意义的构成要件事实，我们可以称之为关键性事实，而将其他非关键性事实舍弃。在接触案件之初，我们会被大量琐碎的案件事实遮蔽，捕捉关键性事实就像大海捞针一样。只有在大量阅读案例以后，我们才能像熟练的猎人一样，很快能够追踪到猎物。所以，同学们需要大量阅读案例，尤其是各种司法文书，例如起诉书和判决书。

阅读案例要解决两个问题：一是厘清案情，二是法律适用。在遇到一个案件的时候，我们首先要掌握案情。有些案件的案情是较为简单的，但有些案件的案情确实极为复杂，主要是经济犯罪案件，其案情十分复杂。因为在这种经济犯罪案件中，存在各种纵横交错的法律关系，而且经营行为与犯罪行为交织在一起，要在短时间内厘清各种法律关系和案件事实，确实是较为不易的。一般来说，可以以案情推进的时间为纬线，以发生的行为为经线，由此确立案件的基本结构框架。例如，我曾经写过一本个案性的书籍：《立此存照：高尚挪用公款案侧记》（北京大学出版社 2014 年版）。该书以时间为维度，记述了发生在安徽省淮南市的一起挪用资金案，本案可以说是反映我国司法体制弊病大的一个难得的标本。这个案件不仅案情复杂，而且法律适用也疑难：一审判决无罪，检察机关抗诉以后，二审改判有罪。经过多年申诉，再审部分改判，但仍然维持有罪的结论。大家有兴趣，可以读一读这本典型的案例书籍。当然，更为系统的案例书籍也许更适合法律初学者。除了刑法教科书以外，为了适应教学的需要，我们还编辑了专门用于辅助教学的案例书籍。例如我主编的《判例刑法教程（总则篇）》和《判例刑法教程（分则篇）》（北京大学出版社 2015 年版），就是根据刑法教科书的体系编写的一套体系化的案例书籍，可以作为刑法教学的参考书。

在论及案例的时候，还有一个相关的概念，这就是判例。如果说，案例一词侧重点在于“案”，那么，判例一词的侧重点在于“例”：判例是可以作为先例的案例。一般认为，法官判决之前称为案件，经过判决以后成为判例。判例中所包含的裁判理由，是法律规范在具体案件中适用的结果，这种结果对此后同类案件的审判具有比照的作用。因此在判例中所包含的裁判理由，实际上是一些规范性的内容，同样也是一种具体的司法规则。英美法系国家实行判例法，它们的刑法存在于判例的裁判规则之中。当然，英美法系国家的刑法领域是成文化程度最高的一个领域，也有完整的法典。大陆法系国家实行法典法，因此刑法主要是以法典的方式存在，但判例同样具有对成文法的补充作用。

我国自古以来，以成文法为主，可以说是成文法发展十分成熟的国家。像 7 世纪颁布的《唐律》，是成文法的登峰造极之作。当然，我国古代也重视判例的作用。但是，我国古代的判例并不是以案例比对的方式发生作用，而是从案例中引申出“例”，然后以例入律，形成律例合一的成文化的法典。例如《大清律例》，就是一部律例合编的法典。相对于强大和顽强的成文法传统而言，中国古代判例法的传统是相当微弱的，只能成为成文法的点缀。

近些年以来，我国司法机关非常注重案例的指导作用，颁布了一些权威的案例，对司法实践进行指导。这里应当指出，在我国语境中，案例与判例这两个用语是混杂使用的。为了避免与英美的判例法混同，我国甚至回避使用判例一词。从刑法领域来说，现在这些权威性的判例，主要是指像《最高人民法院公报》所颁布的案例，这些案例都是经过最高人民法院审判委员会讨论通过的，因此具有指导意义，在一定意义上也可以称为判例。另外，还有最高人民法院的有关业务部门颁布的一些案例，较为权威的是最高人民法院刑事审判庭出版的《刑事审判参考》，每年由法律出版社出版 6 本。其中一些案例对裁判理由加以阐述，也是学习刑法的重要参考资料。另外还有最高人民法院应用法学研究所所编纂的《人民法院判例选》，每年由人民法院出版社出版，其中的刑事案例也具有参考价值。此外还有中国人民大学出版社出版的《审判案例要览》，每年 4 卷，其中一卷是刑事审判案例卷。这些权威性的案例真实地反映了司法实践的情况，尤其是有些案例中所确立的一些司法规则，实际上具有对刑法的补充作用。

这些权威性的案例实际上具有判例的性质。例如，前些年我国刑法学界对于"婚内强奸"的问题存在很大争议。丈夫强行和妻子发生性行为，能否构成强奸罪？对此，在我国刑法学界存在肯定说和否定说的争议。肯定说，认为刑法规定强奸妇女的构成犯罪，并没有对妇女的身份加以限制，妻子也是妇女，因此，丈夫强奸妻子可以构成强奸罪。否定说认为，这里的妇女是指妻子以外的其他妇女，不包括妻子，因此，丈夫强行与妻子发生性行为不构成强奸罪。在司法实践中如果出现了这样的案例，司法机关到底怎么处理？最高人民法院在《刑事审判参考》中就曾先后刊登两个案例：一个是王某案，另一个是白某案。这两个案例基本确立了以下规则：在婚姻关系正常存续期间，丈夫对妻子发生强制性交的行为，不构成强奸罪；但在婚姻关系非正常存续期间，丈夫强制与妻子性交的，则构成强奸罪。这里的"婚姻关系非正常存续"，是指婚姻已经进入解除程序，例如一审判决离婚，正在上诉，二审没有结束，这时从法律上说夫妻关系仍然存在。在这种情况下，丈夫强制与妻子性交的，可以构成强奸罪。在白某案中，由于双方没有进入离婚程序，尽管双方已经分居，白某强制与妻子性交，法院判决不构成强奸罪。但在王某案中，双方已经进入离婚程序，并且一审法院已经判决离婚，在上诉期间，因为二审判决没有生效，所以婚姻关系没有彻底解除。在这种情况下，王某强制与妻子性交，法院判决构成强奸罪。以上判决形成裁判规则，这个规则是刑法关于强奸罪的规定的重要补充。如果我们光知道刑法的规定，而不知道判例中所确立的裁判规则，仍然不能认为已经掌握好刑法了。可见，案例学习是非常重要的。

为了方便查询这些案例，我和张军（原最高人民法院副院长，现任司法部长）和胡云腾（原最高人民法院研究室主任，现任最高法院审判委员会专职委员、第二巡回法庭庭长）共同主编了《人民法院刑事审判指导性案例通纂》（北京，北京大学出版社，2014）一书，该书对这些刊物中刊登的指导性案例进行了编纂，从裁判理由中提炼出司法规则，对于司法活动具有参考价值。

2010年最高人民法院和最高人民检察院分别颁布《关于案例指导工作的规定》（以下简称《规定》），标志着案例指导制度在我国的正式建立。案例指导制度中的案例，又称为指导性案例。指导性案例区别于不具有指导性的普通案例，在某种意义上说，所谓指导性案例其实就是判例。因此，我们也可以把案例指导制度称为具有中国特色的判例制度。

案例指导制度的建立增加了法律规则的提供方式，对于完善我国法律规则体系具有重要意义。我国法学界有一种观点认为，只有立法才创制规则，司法解释和判例都不创制规则，而只是解释规则。虽然对规则进行解释也具有普遍指导意义，但是并不具有创设法律规则的地位和作用。实际上，这种观点值得商榷。从法律样态来说，宪法作为根本法，其规则具有纲领性；法律的规则具有原则性；司法解释的规则具有细则性；而案例指导规则具有具体性。就司法解释而言，它确实是对法律的一种解释。但解释法律的过程就是将法律予以细则化的过程，其本质就是一种创制规则的过程。案例指导制度也是如此：从指导性案例中提炼出来的案例指导规则本身就是一种比法律和司法解释更为具体的规则。因此，不能否认司法解释和案例指导制度都具有规则创制功能。与此相适应，在我国正式建立案例指导制度以后，我国的法律规则体系由法律、行政法规、司法解释、案例指导规则构成。案例指导制度实际上创制了一种新的规则提供方式，案例指导规则是一种全新的法律规则样式。

案例指导制度的建立对我国的司法解释制度带来一定的影响，个案性的司法解释将被指导性案例取代。我国的司法解释从性质来划分，可以分为抽象性的司法解释与个案性的司法实践。所谓抽象性的司法解释其实就是一种司法机关创制的规范，其形式无异于法律。而个案性的司法解释是针对具体案件如何适用法律所作的解释，这种解释具有个别性与具象性。随着案例指导制度的建立，个案性的司法解释将逐渐被指导性案例取代，这是必然的趋势。案例指导制度所创制的规则，相对于抽象性的司法解释来说是一种更加细则化的规则，因而能够为司法机关处理一些疑难复杂案件提供更为明确具体的指导规则。就此而言，它与以往针对个案所作的司法解释在性质上相趋同。从功能定位来看，个案性的司法解释将会被指导性案例取代，最终形成司法解释与指导性案例互补、共存的局面。前者以法律文本为客体进行语义、逻辑等解释，侧重于对法条用语的演绎，具有较强的抽象性与普适性；后者以个案案情为客体进行分析、总结等活动，侧重于对个案所反映的法律问题的归纳，具有较强的具体性与针对性。

案例指导制度的建立对司法活动会产生较大的影响，主要表现为法官的思维方式将发生深刻变化。通过指导性案例形成的法律规则，其机制具有自发秩序演化的特征。就指导性案例中的单个案例而言，法官是在处理个案，并非脱离个案去创制一般的法律规则。但从个案中引申出来的法律规则又具有超然于个案的一般性，可以为以后处理类似案件提供裁判规则。在这种情况下，法官在审理具体案件时，其思维方式势必将发生以下转变：

（1）更加重视对指导性案例的找寻。指导性案例公布以前，法官在遇到疑难问题时，首先会查阅有没有相关法律规定，没有法律规定时再去查阅相关司法解释，如果司法解释也没有，则去翻阅理论著作。在指导性案例公布以后，当没有相关司法解释时，法官就需要查阅有没有相关的指导性案例。实际上，无论是查阅法律规定、司法解释还是指导性案例，都是在寻找规则。案例指导制度建立以后，为法官提供了一种新的规则来源，必将引起法官的重视。

（2）将更加重视运用区分技术确定案件之间是否存在同一性。在案例指导制度确立以后，法官不再像以前那样是在与立法者对话，而是转为与整个司法系统对话，尤其是与法律传统对话；司法的重心也从阐释法律转变为案情对比。因为在案例指导制度施行以前，由于法律规则本身较为抽象，将一个抽象的法律规则适用于个案，重要的是对法律规则进行解释，为司法三段论的演绎推理提供逻辑起点。在案例指导制度下，由于裁判规则本身已经十分具体，已经不需要解释，关键问题在于后案与先例所依存的前案之间是否具有同一性，这与存在于判例法制度中的区分技术所要解决的问题相一致。

(3) 将更加重视指导性案例所确定的裁判规则。案例指导规则虽然是零散的，但却因为审级制度的存在而自发地形成一种法律规则效力体系。审级制度决定了指导性案例的效力等级，因而使指导性案例具有一种天生的被服从性，否则，不同于上级判决的判决就会被撤销。这里存在一个判决的淘汰机制与遴选机制，它们都是自动地发挥作用的，而不是人为的设计。可见，案例指导制度完全能够满足自上而下的控制，这主要是通过审级制度实现的。这种诉讼程序对于实体规则的牵引作用体现得十分明显。

案例指导制度的建立对法学知识形态也会带来重大影响，判例研究将成为法条研究之外的重要内容。最高人民法院和最高人民检察院颁布的指导性案例对于整个法学研究与法学教育都会产生重大影响，甚至对法学研究的理论形态也将产生重要影响。案例指导制度的影响是全方位的：不仅专门研究指导性案例的论文会大量涌现，而且对法学教科书、法学著作、法的教义学研究都将产生了巨大的影响。学者们在进行法学研究时，除了研究法律或司法解释以外，将会更加重视对指导性案例的研究。指导性案例能够更为现实地反映我国司法实践中存在的实际问题，学者需要对案例指导制度进行进一步的研究，来阐发它，把与法律规定、立法精神相符合的那些内容阐述出来、提炼出来，使它成为理论的根据。在更为直接地推动我国法学研究的进一步本土化的同时，指导性案例还能够增强法学研究的实践意义，最终对司法活动也将产生一定的积极影响。并且，指导性案例将会进入法学教科书，进入法学课堂，成为法学教育的主要素材。可见，案例指导制度建立以后，法学教育，包括教科书和教学方法，都要作出回应。

综上，刑法的规范与案例尤其是指导性案例，都是在刑法学习过程中不可或缺以及不可偏废的内容。

第二讲

刑法概说

刑法概说主要讲解什么是刑法的问题。刑法是我们的学习对象，需要明确刑法的概念和特征。这里的刑法是规范意义上的刑法，因此，我们在对各种刑法规范进行分析与归纳的基础上，对刑法进行一般界定。

一、刑法的概念

刑法是规定犯罪和刑罚的法律。从这一刑法概念可以看出，刑法具有两个基本范畴，这就是犯罪和刑罚。整个刑法都是围绕着犯罪和刑罚而展开的：没有犯罪就没有刑法；同样，没有刑罚也就没有刑法。从这个意义上说是，刑法是犯罪法或者刑罚法。刑法总则规定的是犯罪和刑罚的一般制度，刑法分则规定的则是犯罪和刑罚的具体形态。

当然，刑法在不同的国家，它的称谓是不同的。大陆法系国家都称为刑法，刑法实际上是刑罚法的简称，例如《法国刑法典》《德国刑法典》《日本刑法典》等。英美法系国家则称为犯罪法，英文是 criminal law。但 criminal law 在翻译成中文的时候，仍将它翻译为《英国刑法》，而不是《英国犯罪法》。因此，在英美法系国家，作为一个法律部门称为犯罪法。

在英美法系国家，尤其是在美国，刑法领域的法典化程度非常之高。英美法系国家实行的是判例法，与法典法相对应，法律主要体现在判例之中。但在刑法领域，英美法系国家基本实现了法典化。1962 年美国法学会编纂了一部《模范刑法典》，该刑法典不具有法律效力，是建议稿，为美国各州制定刑法的时候提供模本，各州都根据《模范刑法典》制定了刑法典。而在《模范刑法典》中，不再称为 Criminal Law，即中文的犯罪法，而称为 Penal Code，即中文的刑法典。

以往我们对英美法系国家的刑法存在误解，以为还是通过判例来规定犯罪的，实际并非如此。例如，美国加州高等法院的一位法官曾经送给我一部美国加利福尼亚州刑法典，厚厚的一大本，数以千页，若翻译成中文可能有上百万字。该法典包括了刑法、刑事诉讼法和监狱法的有关内容，对犯罪和刑罚都有明确的规定。所以，一定要打破英美法系国家实行判例法，因此没有刑法典的观念。就刑事领域而言，英美法系国家刑法现在已经完全成文化，甚至比大陆法系国家的刑法规定得还要完备详尽。并且，在美国作为一个部门法虽然还是称为 Criminal Law，但作为一部法典已经称为 Penal Code。

反过来说，大陆法系国家尽管传统上称为刑法，但从 20 世纪 30 年代开始，出现了一种所谓保安处分的刑事措施。保安处分主要针对某些非犯罪行为，例如精神病人和未成年人的危害社会行为。这些行为按照传统刑法不具有可谴责性，不认为是犯罪，因为传统的刑事惩罚是建立在报应基础之上的。为了防卫社会而出现的保安处分措施，对这些虽然不构成犯罪但具有社会危害性的行为，采取矫正性的或者治疗性的保安措施。保安处分不仅针对非犯罪行为，还针对惯犯、累犯等具有严重的人身危险性的特殊犯罪人。按照传统刑法，对惯犯、累犯只能判处与其犯罪相适应的一定期限的刑罚，但在刑罚执行完毕后，这些人还是没有悔改，回归社会以后还会再危害社会。传统刑法对这些人无能为力。现代刑法出于预防犯罪、防卫社会的需要对这些人采取保安处分措施。保安处分不是一种刑罚，它的出现在刑法领域是一场革命。尤其是 1931 年《意大利刑法典》首次将保安处分规定在法典中，出现了保安处分和刑罚双轨制的立法。据此，大陆法系国家有些刑法学者认为传统的刑法概念已经不能概括这个法律部门的内容，因为刑法典不仅规定刑罚而且规定保安处分。因此，将规定刑罚与保安处分的法律称为刑法，难以涵盖其全部内容。对此称为犯罪法更为合适，因为，在这部法律中，犯罪是基本内容，犯罪的法律后果不仅指传统意义上的刑罚，还包括保安处分。严格地说，称为犯罪法也不是十分贴切的，因为保安处分可以分为针对犯罪行为的保安处分和针对非犯罪行为的保安处分。随着预防主义思想的兴起，建立在报应主义基础之上的刑法概念受到冲击，甚至出现了所谓没有刑罚的刑法典。

由此可见，刑法这个概念本身也是随着社会思潮的发展而不断变化的。当然，到底是称为犯罪法还是称为刑罚法，这是一个约定俗成的问题，在实质内容上并没有根本区别。

以上以大陆法系国家和英美法系国家为视角，对刑法概念的演变情况作了一个概括性的介绍。就我国而言，刑法这个概念同样存在一个演变过程。在我国古代，最早的时候把规定犯罪和刑罚的法律称为“法”。例如战国时期，魏国李悝制定的《法经》被认为是中国古代最早的刑法。《法经》被认为是我国最为古老的刑法典，《法经》共有6篇：《盗法》《贼法》《囚法》《捕法》《杂法》《具法》。及至秦国商鞅变法，改“法”为“律”——刑法被改称为“律”，创制了秦律。传统观点认为我国古代的刑律始于汉代，即所谓汉律。但1975年在湖北云梦睡虎地出土了大量秦墓竹简，才确认了秦律的存在。刑律从秦律、汉律、晋律、唐律一脉相承，除了在宋代称为宋刑统以外，明代称为明律，清代称为清律。因此，我国一直沿用“律”这个称呼，而不是称“法”。

及至清末沈家本主持修订刑律，在1905年制定了《大清新刑律》，仍称为刑律。当然，在沈家本时代，“刑法”一词从当时日本传入，已经在我国通行。例如沈家本撰写的《历代刑法考》一书，就已经将我国古代的刑律称为刑法。1928年中华民国制定第一部刑法典，才开始正式采用刑法这个名称，延续至今。

现在的刑法实际是个广义的概念，它是指规定犯罪和刑罚以及相关内容的整个部门法。

二、刑法的特征

刑法是一个独立的部门法，部门法是相对于国家的法律体系而言的。把刑法置于法律体系中考察，会发现，刑法只是这个法律体系中的一个法律部门。部门法又称法律部门，是指一个国家根据一定的原则和标准划分的本国同类法律规范的总和。各个部门法根据一定的规则形成一个有机的整体，即法律体系。法律体系不是各种不同法律的简单堆砌，而是具有内在逻辑关系的有机整体。任何一个国家的法律体系中都存在一个基本法，这就是宪法。在宪法统领之下，第二层级的部门法包括刑法、民法、行政法、诉讼法。在这些法律之下又有一些层级较低的法律，例如刑法之下的监狱法等。由此形成一个国家的法律架构，这就是法律体系的概念。

在任何一个法治国家，都存在大量的法律，这种法律数以千计甚至数以万计。但这些法律在效力上并不是等同的，而是存在一定的位阶关系。不仅如此，而且这些法律在内容上也存在一定的从属关系。除了以上部门法的划分以外，还存在所谓综合性的法律，这些法律其实是由不同部门法的内容组合而成的。例如专利法，其中既有民法的内容，例如专利权的保护，又有行政法的内容，例如专利的申请和管理以及对专利违法行为的行政处罚，还有刑法的内容，例如对专利犯罪的处罚。当然，我国刑法并没有把专利犯罪规定在专利法之中，而是规定在刑法之中。在这种情况下，民法、行政法和刑法是最为基础性的法律，也是法学教育的重点。只要掌握了民法、行政法和刑法的分析方法，就可以以此为工具对专利法等各种各样综合性的法律进行分析。

在国家的法律体系中，刑法处于一个十分独特的地位。这里涉及部门法划分的标准问题。在一般情况下，法律部门是根据部门法所调整的社会关系的性质来划分的，调整同类社会关系的法律就归属于一个部门法。例如民法调整的是平等主体之间的人身关系和财产关系，凡是调整平等主体之间的人身关系和财产关系的法律都归入民法当中，由此而形成民法这样一个部门法。而调整国家和个人之间隶属关系的法律就构成了行政法，调整商业关系的法律构成了商法，调整劳动关系的法律构成了劳动法，如此等等。部门法都是根据法律调整的社会关系的性质来划分的，唯独刑法是个例外。刑法不是根据法律调整的社会关系的性质来划分的，而是根据法律调整的方法来划分的：只要是采用刑罚这种方法来调整某种社会关系就可以归入刑法的领域。

就调整的社会关系而言，刑法和其他法律是具有重合之处的。例如，婚姻关系是由婚姻法来调整的，但是当破坏婚姻关系的行为构成妨害婚姻家庭罪的时候就进入刑法调整领域；一般的财产关系是由民法调整的，但当侵犯他人财产所有权的行为构成侵犯财产罪的时候就进入刑法调整领域。刑法是其他法律的制裁力量，因此，刑法并不是和这些法律平行的法律，而是在这些法律背后、对这些法律起到某种保障作用的特别法律。可以把法律体系比喻为一个球场，把各个部门法比喻为足球场上的球员，如果说，民法、行政法、婚姻法以及其他法律类似于前锋、前卫、后卫，刑法就相当于守门员，是法律的最后一道防线。可见，刑法必然是以其他法律为前提的，一个行为只有违反其他法律才可能违反刑法构成犯罪。这就是刑法在国家法律体系中所处的一种独特的地位，在某种意义上刑法被称为保障法。

刑法具有以下三个特征。

（一）公法特征

公法和私法是对一个国家法律的基本划分。公法是涉及公共权力尤其国家权力的法律，公法的使命是规范国家的职能活动、对公权力加以限制。私法是涉及私人关系的法律，私法的使命是解决平等主体之间的法律纠纷、维护私人的合法利益。公法和私法之间存在着某种性质上的区分。在公法领域，主体是国家，国家行使公权力，公民个人处于被强制、服从的地位，因此，公法主要的任务是对国家的权力加以限制。而私法的主要任务是调整平等主体之间的关系，解决平等主体之间的纠纷。

在一个国家的法律体系中，刑法、诉讼法、行政法都属于公法的范畴，而民法、商法等属于私法的范畴。这两个法律领域的性质是不同的，因而通行的规则也有所不同，例如，公法通行的是法无授权即禁止的原则，罪刑法定原则就是该原则在刑法中的体现。而私法通行的是法无禁止即自由的原则，强调公民个人的意思自治。

国家既可以是公法的主体，也可以作为私法的主体。当它是公法的主体时，它是权力的行使者，它依照法律的规定行使某种职权。例如在刑事领域中，国家具有刑罚权，可以对公民的犯罪行为加以惩罚，甚至可以剥夺一个人的生命，也就是判处死刑。在公法领域，国家和公民之间的关系不是平等的，而是一种隶属关系。在私法领域，国家和其他主体之间的关系是平等的。例如在买卖关系中，国家在市场上购买商品和个人购买商品，其权利、义务是平等的，不能说在私法领域国家也享有高于个人的权利，这是违反私法原则的。

同样，公民既可以是公法领域的参与者，也可以作为私法领域的主体。

可见，在理解刑法的性质时要把它放到公法领域，看到刑法所具有的公法特征。

（二）刑事法特征

这里的刑事法是相对民事法、行政法而言的。这里的“刑事”是指犯罪，凡是与犯罪相关的法律就是刑事法。刑事法包括刑法、刑事诉讼法和刑事执行法，而刑事执行法主要是指监狱法。

刑事法是独特的法，主要对犯罪行为加以规制，具有共同的特征。在刑事法体系中，刑法又是主法，因为只有刑法才能规定什么行为是犯罪以及犯罪应该受到何种刑罚处罚。而刑事诉讼法和刑事执行法都是以刑法为前提的，对刑法具有一定的辅助性，也称为从法。

（三）强行法特征

强行法是相对于任意法而言的。国家的法律都具有强制性，都是以国家暴力为后盾，但就法律规范的内容而言又可以分为强行法和任意法。

任意法是在法定范围内允许法律关系的参与者根据自己意愿确定互相之间的权利和义务关系的法律。例如合同法允许签订合同的双方根据自己的意愿互相协商，达成一致，确定双方的权利和义务。一旦订立合同形成合同法律关系，这个合同就受法律保护，有关签订者就必须遵守合同，如果不遵守就要受法律的制裁。私法领域中大量的法律规范都表现为任意法，在任意法的领域遵从意思自治的原则。

而强行法是必须绝对执行的法律，相对于任意法而言，强行法的强制性表现得更为明显。刑法主要是强行法，一个人的行为构成了犯罪，就必须受到国家法律的制裁，这种制裁具有强制性。当然，刑法中也有个别的任意性规范。例如侮辱罪和诽谤罪，刑法规定告诉才处理，即被侮辱、诽谤者如果不提起刑事自诉，国家法律就不会主动去追究侮辱、诽谤行为。并且，即使提起了自诉，在案件的审理过程中还可以撤诉。这就是所谓不告不理，在这种情况下，刑法就具有一定的任意法的特征。

从总体来说，刑法主要是强行法。当然，现代刑法也出现了所谓公法私法化的趋势，例如，在刑事领域重视刑事和解，赋予被害人对犯罪人一定的处置权，如此等等。尽管如此，刑法的强行法的性质并未从根本上动摇。

三、刑法的形式

刑法的形式主要是指刑法的表现形式。以形式为标准，刑法可以进行四种分类：

第一，狭义刑法和广义刑法。狭义刑法指的是刑法典，广义刑法除了包括刑法典，还包括其他刑法规范。

第二，普通刑法和特别刑法。普通刑法是指效力及于一个国家内任何地区、任何个人的刑法规范，也就是说刑法的效力及于所有的人和所有地区。特别刑法是指刑法的效力及于特定的地区或特定的个人或特定的时间的刑法规范，例如，戒严法或者军事刑法是针对特定的人、特定的时间、特定的地区的法。

第三，单一刑法和附属刑法。单一刑法是指某一个法律的内容全部是刑法的规范。附属刑法主要是指某一个法律规范的内容主要是非刑事法规，但其中有一部分内容涉及刑法。

第四，国内刑法和国际刑法。国内刑法是指规定国内犯罪和刑罚的法律。与国内刑法相对的是国际刑法，国际刑法从某种意义上来说是国际法的一部分。现在，国家之间制定了大量有关惩治国际犯罪尤其是恐怖犯罪以及其他犯罪的法律规范，相对于国内刑法而言，它是国际刑法。

以上是刑法的分类中我们重点讨论刑法的三种形式：刑法典、单行刑法和附属刑法。此外，我国目前采取刑法修正案的方式对刑法进行修订。因此，对刑法修正案这种刑法的形式，尤其是与单行刑法的关系，也要进行分析。

（一）刑法典

刑法典是一个国家的刑法规范存在的基本方式，在大多数国家尤其在大陆法系国家都有刑法典。刑法典是对犯罪和刑罚的一般内容与具体罪名条理化、系统化地加以规定的法律。我们在课堂上一般讲到刑法的时候，指的就是刑法典。当然，到底是称为刑法典还是称为刑法，即在刑法的名称上有没有这个“典”字，各国的习惯并不相同，例如法国、德国、日本都称为刑法典，而我国一般不称刑法典而称刑法，从1928年的《中华民国刑法》到1997年的《中华人民共和国刑法》，都没有这个“典”字，但实质上就其内容而言，就是刑法典。刑法典是狭义上的刑法，是对刑法有关内容集约化的规定。这里应当指出，刑法典本身是具有内在逻辑的条文体系，而不是关于犯罪和刑罚的法律规定的简单堆砌。

（二）单行刑法

单行刑法是在刑法之外的，为补充或修改刑法典而颁布的刑法规范。在我国除《中华人民共和国刑法》外，还有单行刑法。例如在1997年刑法修订后，又颁布过单行刑法，例如1998年全国人大常委会《关于惩治骗购外汇、逃汇和非法买卖外汇犯罪的决定》。单行刑法对法律起着修改和补充作用，它是独立于刑法典的刑法形式，因此，在司法实践中援引法条的时候，就应该直接援引单行刑法的相关条款。例如，上述决定第1条设立了一个新罪，即骗购外汇罪，因此，就应该援引该决定第1条作为定罪量刑的根据。

（三）附属刑法

附属刑法是指规定在非刑事法律中的刑法规范。附属刑法的存在方式是特别需要加以注意的。大陆法系国家的刑法规范除了集中在刑法典当中外，还大量散见于各种非刑事法律，例如有关侵犯专利的犯罪规定在专利法里面，有关侵犯商标的犯罪规定在商标法里面。这样就使得刑法规范，尤其是关于具体犯罪的刑法规范，散见于各种其他法律。因此，大陆法系国家的刑法典是十分简单的，例如《日本刑法典》也就一二百条，其中规定的犯罪数量也是极其有限的，也就两三百个犯罪，都是常见多发的犯罪。但日本刑法中的罪名绝不仅限于这一二百个。有的学者甚至说在日本刑法中，罪名的数量有多少根本就没办法算清楚，可能会有成千上万个罪名。这些罪名并不规定在刑法典中，而是规定在其他非刑事法律中。因此需要提醒的是，在查某个国家的某个罪名时不能仅限于刑法典，不能说这个国家的刑法典里没有这个罪名就说这个罪名在这个国家的刑法中不存在。如果是这样认为就大错特错了。而是要去查相关的法律，大量的罪名都分散规定在非刑事法律中。

附属刑法的立法方式有利有弊。“利”在于规定起来简单，比如说在专利法中规定哪些是专利违法行为，同时就规定那些专利违法行为要受到何种刑罚处罚。“弊”在于这些刑法规范过于分散，查找起来有一定困难，不利于公民掌握这些刑法规范。

我国采取的是统一的立法方式，因而不存在附属刑法。立法者在制定某一个非刑事法律，其中涉及犯罪内容时，不是附带地规定在这个法律中，而是另外制定一个单行刑法或者规定一个刑法修正案。《刑法修正案（六）》规定了破产诈骗罪，与此同时正在制定破产法。如果按照附属刑法的立法方式，只要直接把破产诈骗罪规定在破产法中就行了，没有必要在《刑法修正案（六）》中另外规定。但我国的立法习惯不是这样的，民事处罚或者行政处罚可以在破产法中规定，但是涉及刑事处罚时就要通过一个刑法修正案加以规定，以便纳入刑法典。所以我们对于附属刑法在理解的时候一定要注意到我国特殊的情况。

（四）刑法修正案

最后有必要专门讨论刑法修正案。刑法修正案是对刑法典的章节条文直接进行修改、补充和删除的形式。这里的修改、补充和删除是刑法修正案的基本功能。刑法修正案和单行刑法都具有对刑法典的修改、补充和删除功能。刑法修正案的立法方式与单行刑法的立法方式相比具有较大的优越性，这种优越性主要可以从以下三个方面进行阐述。

1. 法外与法内

从形式上来说，单行刑法处在刑法典之外，这就是所谓法外。而刑法修正案处于刑法典之内，此谓之法内。这就是法外与法内的差别，这种差别对于刑法典的稳定性具有重大的影响。相对于刑法典而言，单行刑法具有独立性，是与刑法典并列的法律形式，因此，单行刑法的内容除非对刑法典进行全面修订，否则不能进入刑法典之中。司法机关在引用条文的时候，都要援引单行刑法的条文，因为在条文序号上，单行刑法与刑法典是两套不同的体系。而刑法修正案与之不同：刑法修正案的内容具有对刑法典的依附性。刑法修正案对刑法条文修改后，刑法修正案的条文将会替换刑法原条文。刑法修正案新增的刑法条文，其序号被标注为刑法某某条之一，由此插入刑法典的条文序号体系之中。在这种情况下，刑法修正案颁布以后，重新对刑法典进行编撰，将刑法修正案的内容吸纳到刑法典之中，刑法修正案就丧失了其存在的意义，因为司法机关不再引用刑法修正案的条文而直接引用修改或者新增的刑法条文。

2. 专门与综合

单行刑法是对刑法某一专门问题的规定，因此，单行刑法往往是有标题的，标题概括了该单行刑法的主要内容。例如，我国 1979 年刑法第 171 条规定了制造、贩卖、运输毒品罪，但 1990 年全国人大常委会颁布了《关于禁毒的决定》，该决定不仅将制造、贩卖、运输毒品罪的法定最高刑从 15 年有期徒刑提高到死刑，而且另外规定了非法持有毒品罪等其他毒品犯罪，而且该决定还对毒品犯罪的管辖、量刑等总则性问题一并作了规定。从某种意义上说，上述决定相当于一部毒品刑法。值得注意的是，在该决定中根本就没有提及原刑法第 171 条规定的存废，故在司法实践中，只能按照新法优于旧法的原则处理。由此可见，单行刑法是对某一刑法专门问题的特别规定，同时也具有特别法的性质。在一般情况下，一部单行刑法只会涉及一个专题，而不会涉及其他问题。只有在极个别单行刑法中，存在着所谓搭车立法的现象，即在一部单行刑法中对某一专题以外的问题作了规定。例如，1991 年全国人大常委会颁布的《关于严惩拐卖、绑架妇女、儿童的犯罪分子的决定》，该决定是对拐卖、绑架妇女、儿童的犯罪的专门规定，但该决定第 2 条第 3 款顺带规定了绑架勒索罪，这个罪名只在行为方式——绑架——这一点上与绑架妇女、儿童罪相关，在其他方面都没有关联性。可以说，绑架勒索罪本来不属于该决定所涉及的专题，但立法机关顺带地作了规定，这是典型的搭车立法。而刑法修正案具有综合性，其内容并没有专门限制，所以，刑法修正案是没有标题的，只有序号。例如《刑法修正案（九）》表明这是第九个刑法修正案。在这种情况下，可以规定任何相关问题，例如，《刑法修正案（九）》所涉及的内容就具有广泛性，既有刑法总则问题，又有刑法分则问题。

3. 烦琐与简便

单行刑法具有单行法或者特别法的性质，它是一部具有独立品格的法律，因此，在条文设计上，就要将某一专题的所有问题面面俱到地加以规定。于是，单行刑法显得较为烦琐。尤其是有些专题内容本来较少，但为了凑数，有些没有太大关联的内容也出现在单行刑法当中。例如，《关于禁毒的决定》第 8 条，其第 1 款是关于吸食、注射毒品行为的治安处罚的规定，第 2 款是关于吸食、注射毒品成瘾的予以强制戒毒的规定。这些规定属于行政处罚或者行政措施，都不属于刑法内容。但刑法修正案只规定刑法的内容，与刑法无关的内容不能出现在刑法修正案的条文当中。事实上，我国立法机关在对刑法采取修正案方式以后，仍然颁布过若干单行刑法，例如 2000 年颁布的《关于维护互联网安全的决定》：该决定的内容涉及网络犯罪，因此具有刑法的性质。但该决定既没有增设罪名，也没有直接对原有规定作出修改，而是对惩治网络犯罪的有关问题作了规定，其内容具有解释性和引导性。刑法修正案是针对刑法具体条文所作的修改，或者增加某些刑法条文，在内容上具有简便的特征。刑法修正案不需要过多地考虑体系性，而是根据需要设置条文，因此，刑法修正案的篇幅可长可短，也有长有短。例如，最短的《刑法修正案（二）》只有一个条文，因而未设条文序号。而最长的《刑法修正案（九）》有 52 个条文，几乎是刑法典条文的 1/10，因为刑法典只有五百条左右。

当然，刑法修正案的立法方式也存在着某些缺陷，例如，通过修正案的方式修改刑法，随着对某个条文内容的废除，就会出现“废条”，即没有内容的条文。例如刑法第199条是关于金融诈骗罪的死刑条款，但随着金融犯罪死刑的废除，该条文的内容被全部删除。在这种情况下，刑法第199条就变成了没有内容的空白条款。当然，对于这种条款以后能否“废物利用”，规定其他相关内容，还是一个值得研究的问题。

四、刑法的机能

刑法的机能是指刑法应有的作用或者功能，或者说刑法的任务。对刑法的机能在理论上有各种不同的理解，我国刑法第2条专门对刑法的任务作了规定。这里主要论及刑法的以下两种机能：刑法的社会保护机能和刑法的人权保障机能。

（一）刑法的社会保护机能

刑法的社会保护机能也称为秩序维持机能。德国著名刑法学家李斯特曾经指出，刑法的首要任务是法益保护。这里的“法益”是指法律所保护的利益。法益是刑法中一个特有概念，刑法保护的利益就是法益。可以说，刑法的社会保护机能就是通过法益保护而实现的。因此，只有从法益出发，才能揭示刑法的社会保护机能的性质和内容。

在刑法理论上，法益可以分为个人法益、社会法益和国家法益。如前所述，法益是为犯罪所侵害而为国家的法律所保护的利益。根据法益的分类，犯罪也可以分为以下三类：

第一类是侵害个人法益的犯罪。例如刑法分则第四章“侵犯公民人身权利罪”和刑法分则第五章“侵犯财产罪”，都属于侵害个人法益的犯罪。通过对这类犯罪加以惩罚，达到保护个人法益的目的。

第二类是侵害社会法益的犯罪。例如刑法分则第二章“危害公共安全罪”和刑法分则第六章“妨碍社会管理秩序罪”，都属于侵害社会法益的犯罪。通过对侵害社会法益的犯罪加以惩罚，达到保护社会利益的目的。

第三类是侵害国家法益的犯罪。例如刑法分则第一章“危害国家安全罪”和刑法分则第九章“渎职罪”，都属于侵害国家法益的犯罪。通过对侵害国家法益的犯罪加以惩罚，达到保护国家法益的目的。

刑法的社会保护机能，主要是指通过发挥刑法对违法犯罪行为的惩罚作用来达到法益保护目的，从而维护社会秩序。从这个意义来说，刑法是社会维护自我生存方式的法律，使社会有序、正常地存在和发展。应该说，刑法的社会保护机能是刑法最基本的机能。

（二）刑法的人权保障机能

人权保障机能又称为自由保障机能，主要表现为对被告人和犯罪人的权利进行保护。这里的“人权”特指被告人和犯罪人的权利，而非泛指所有人的权利。刑法通过罪刑法定原则，明确地规定犯罪与刑罚，从而限制国家刑罚权的发动，以达到保障被告人以及犯罪人的权利的目的。可见，人权保障机能主要是通过对国家刑罚权的限制而实现的。

在法治国家，保障人权是一项基本的宪法原则，所有的法律都具有保障人权的使命，但不同的法律保障的是不同人的人权。就刑法而言，它所保障的是被告人的权利和犯罪人的权利，通过限制国家刑罚权实现刑法的人权保障。

刑法的人权保障首先涉及一个观念问题，即：为什么要对被告人和犯罪人的权利加以保护？传统观念认为，法律应该保护善良守法的公民，而不能保护那些被刑事追究的人甚至犯罪人的权利。这种观念简单把法律的作用归结为保护好人而不应该保护坏人。我认为，这些观念都是模糊的，甚至是错误的。首先需要确定，被告人和犯罪人是否享有一定的权利？能不能说，一个人只要受到刑事追究，就没有任何权利了？一个人只要犯罪，就没有任何权利了？

一个人受到刑事追究并不意味着他是犯罪的人，受到非法的刑事追究的情况是极为常见的。如果一个人只要受到刑事追究，他的权利就不受法律保护，那这样一种司法制度是极为可怕的。

被告人和犯罪人的人权，在刑法中是指其实体性权利。这里的“实体性权利”是指不受非法的刑事追究的权利和被依法追究的权利。不受非法追究，是指在行为没有被刑法明文规定为犯罪的情况下，不受刑事追究。这就要求正确地区分罪与非罪，避免将无罪行为入罪，从而侵犯他人的合法权利。依法追究，是指在行为被刑法明文规定为犯罪的情况下，只能根据刑法规定进行追究，不得对轻罪以重罪进行追究，也不得适用刑法所没有规定的刑罚；除了依法判决没收财产或者违法所得以外的其他财产，同样受到法律的保护。如此等等，都说明即使是犯罪人的合法权利，仍然受到法律的保护。

对被告人权利的保护是对普通公民的权利保护的延伸，因为我们每个人都是一个潜在的被告人。即使犯罪人，他的权利也同样应该受到法律保护。在一个法治社会，其法治文明程度并不取决于法律对那些善良守法的公民的权利是如何保障的，而恰恰取决于对被告人、犯罪人之权利的保护程度。可见，人权保障机能是法治社会刑法的应有之义。

刑法的人权保障程度，是衡量一个国家的刑事法治水平的重要标尺。一个国家之刑法的人权保障程度越高，则这个国家的刑事法治水平越高。反之亦反。

（三）刑法双重机能的关系

刑法既具有社会保护机能，又具有人权保障机能，这双重机能之间存在着一种紧张的关系。关于刑法双重机能的关系，日本著名刑法学者大塚仁指出：“处于密切的互为表里的关系，又难免互相矛盾、互相牵制，如何使两者协调应该说正是刑法理论所包含的一个核心问题。”

刑法具有双重机能：一方面要保护社会，另一方面又要对被告人和犯罪人的权利加以保障。刑法的这两种机能本质上是统一的，都是刑法要追求的。但不可否认，这两种机能在许多情况下是冲突的。如果我们过于强调社会保护，也就是打击犯罪，那么就会降低人权保障的标准。如果我们强调人权保障，就会削弱打击犯罪。在此，应该掌握一个合理的尺度。

在司法实践中，我们面临的是办案的法律效果和社会效果的关系问题。一般认为，办案既要追求法律效果又要追求社会效果，要实现法律效果和社会效果的统一。但在客观上，两者的统一是十分困难的，两者的冲突是经常发生的。在办案的法律效果和社会效果发生冲突的情况下，到底是牺牲法律效果获得社会效果还是牺牲社会效果获得法律效果，这是一个两难的选择。在司法实践中，更多的是对社会效果的强调而在一定程度上牺牲了法律效果。例如发生在1997年的张某案，就是一个典型案例：被告人张某系河南省郑州市某公安分局局长，1997年8月24日张某酒后驾驶车辆逆行，迎面撞到苏甲和苏乙父子。苏乙被撞飞后重重地落在轿车的挡风玻璃上，再滚到马路上，被轿车后轮从身上碾过。苏甲则被卷进轿车底部，拖在车后的底盘上。轿车在出事后非但没有停下来，反而加速狂奔。结果，苏甲被拖行了15米，身受重伤，性命垂危。苏乙则在被送医院后医治无效死亡。对于这个案件，到底是定交通肇事罪还是故意伤害罪或者故意杀人罪？这是一个复杂的法律问题，因为：张某并不是故意驾车撞人，因此开始将苏甲、苏乙父子撞倒的行为构成交通肇事罪，是没有问题的。问题在于，将苏甲卷入车下底盘以后，仍然驾车行驶15米的行为定性：如果是明知而拖行致伤，则可能构成故意伤害罪。如果不知轿车底盘下面有人而拖行，则属于交通肇事的后果，只能定交通肇事罪。根据张某的供述，其喝醉酒后驾车上路，当时头脑一片空白，根本不知道车底盘下有人。但本案在被媒体披露以后，引起社会公愤，最终法院认定构成交通肇事罪和故意伤害罪，并以故意伤害罪对张某判决并执行死刑。这个案件的判决结果就是社会效果压倒了法律效果。

刑法的人权保障机能和社会保护机能之间的关系，对于处于社会转型时期的中国司法来说，确实是一个难题。对此，我们应该正确对待。

五、刑法的解释

刑法的解释是刑法适用的核心问题。任何法律不经解释，是无法适用的。可见，法律解释是法律适用的前提和基础。

(一) 刑法解释的立场

法律解释是对法律文本含义的揭示，因此，法律解释是受到法律文本制约的，不能超越法律文本的界限。刑法解释更是如此。刑法规定涉及对公民行为的定罪量刑，如何解释刑法直接关系到对公民的生杀予夺，因而刑法解释更应该受到刑法文本的限制。

在刑法解释的时候，存在一个解释立场问题。对此，存在主观解释论和客观解释论之争。这一争论涉及如何处理立法者与法律文本之间的关系问题，而这个问题恰恰是法律解释学的核心问题。解释，又称阐释或者释义，是一个人类认识论的问题，也是一个哲学方法论的问题。在宗教学中存在对宗教教义例如圣经的阐释问题。宗教中的极端主义者就主张严格按照宗教经典的意思进行解释，否则就会背离宗教教义。同样，在我国古代对儒家经典的解释中也存在“六经注我”和“我注六经”的争议。在文学中，作者与作品的关系，同样是一个解释学的问题。长期以来，作者被看成是作品的唯一和永久的主人，而读者仅仅拥有作品的受益权，即读者对作品只有选择和接受的权利，而没有参与创作的权利。法国当代著名文学理论家罗兰·巴特在1968年发表了《作者之死》一书，彻底瓦解了传统的作者主体地位：作者不再是作品唯一的主人。“作者死了”之后，读者获得了解放，作品的主体地位转移给了读者，因而，读者成为作品的上帝。罗兰·巴特摧毁了以作者为中心的“作者—作品—读者”的传统理论结构，建立起以读者为中心的“读者—文本—作者”的结构。这些理论对于我们理解立法者与法律文本的关系、树立正确的法律解释立场，具有重要的参考价值。

相对于文学中的“作者—作品—读者”的构造，在法学中存在“立法者—法律文本—解释者”这样一种结构。而主观解释论显然是一种以立法者为中心的法律解释理论。主观解释论认为：刑法解释是对立法者的立法意图的一种探求。这是一种保守的解释立场，一切解释都以立法原意为依归。凡是立法原意所不包含的内容，就不得解释为法律的含义。主观解释论强调了立法意图对于解释的制约性，对于防止任意解释刑法当然具有一定的意义。但主观解释论存在不足之处，主要表现为以下三个方面：

首先，在目前较为复杂的立法体制下，如何确定立法者？立法意图是指立法者的意图，那么，立法者到底是谁？这个问题，在目前较为复杂的立法体制下，是一个难以回答的问题。以我国目前的立法体制而论，全国人大及其常委会分别设立了法律委员会和法制工作委员会。全国人大常委法制工作委员会下设刑法室，负责刑法草案的起草。而全国人大法律委员会是对刑法草案进行审议的机构，对草案审议以后，将草案提交全国人大常委会或者全国人大进行审查表决。最终有投票权的是全国人大常委会的常委或者全国人大的代表。那么，在以上三个机构及其人员中，究竟谁是立法者？谁的意思是立法意图？这是不好确定的。毫无疑问，立法起草和审议过程中的发言和报告等立法资料，对于理解刑法的含义是具有重大参考价值的。但即使如此，还是难以确定所谓的立法意图。如果一定要以立法意图作为刑法解释探求的目标，就会缺乏解释的客观标准，难免会出现以解释者的意思冒充立法者的意图的现象。

其次，如果立法意图与刑法文本之间发生矛盾，究竟是服从立法意图还是依照法律文本？这对于主观解释论也是一个不好解决的问题。在立法当中，存在言不达意的情况，即立法意图与法律文本的意思之间的不一致，即，立法者想要表达的某种意思，在法律文本中并不存在。在这种情况下，我们所理解的法律含义到底是立法者的意思还是法律文本的意思？如果根据主观解释论，立法意图是指立法者的意思，则法律文本被虚置。法律含义不是存在于法律文本之中而是存在于法律文本之外，这将使法律文本的权威受到挑战。事实上，司法人员以及社会公众只能通过法律文本了解法律的含义，而不可能超越法律文本，从立法者那里了解法律的含义。

最后，法律的含义完全以立法者的意思为转移，会使法律文本的含义凝固而僵化，难以适应社会发展的需要。例如，在1810年《法国刑法典》制定的时候，电还没有被发明，更没有在日常生活中使用。这个时候，法律中的物还是指有体物，而没有出现无体物的概念。因此，“电”当然不可能包含在作为刑法盗窃罪之客体的财物概念之中。及至19世纪末、20世纪初，“电”逐渐在日常生活中普及使用，由此出现了窃电的行为。该行为能否被认定为盗窃罪，关键问题在于电是否可以解释为财物。根据主观解释论的立场，在制定刑法典的时候，立法者还不知电为何物，窃电也不存在。在这种情况下，盗窃罪当然不可能涵括窃电行为。因此，窃电行为不能被认定为盗窃罪。由此可见，根据主观解释论，法律文本的含义是凝固的，面对变动不居的社会生活，刑法难以从容应对。

与之相反，客观解释论主张以解释者为中心的法律解释理论，建立起“解释者—法律文本—立法者”的结构。客观解释论认为，刑法解释是对刑法文本中所包含的立法蕴含的一种揭示，而法律文本是脱离立法者而存在的，法律文本的含义也不取决于立法者的意思。正如在文学上，一旦作品发表，作者就“死了”，作品具有独立于作者的意义，在法学上，法律一经颁布，立法者也死了，法律文本具有独立于立法者的意义。法律并不是立法者的意思，而是法律文本的含义。因此，法律解释不是探寻立法者的意思，而是解读法律文本的内容。根据客观解释论，刑法解释不是受到立法者意思的拘束，而是为法律文本的语义所限制，法律文本的语义范围才是法律解释的边界。

例如，李某组织卖淫案，被告人李某以营利为目的，组织多名男性以公关先生的名义向男性顾客提供性服务。对于本案被告人李某的行为是否构成组织卖淫罪，辩护方认为，刑法及司法解释对同性之间的性交易是否构成卖淫未作明文规定，而根据有关辞典的解释，卖淫是指妇女向男性出卖肉体，因此，组织同性之间的性交易不属于卖淫。而法院判决认为，卖淫就其常态而言，虽是指女性以营利为目的，与不特定男性从事性交易的行为，但随着立法的变迁，对男性以营利为目的，与不特定的女性从事性交易的行为，也应认定为卖淫。随着时代的发展、社会生活状态的变化，卖淫的范围还可以也应当进一步扩大，亦即还应当包括以营利为目的，与不特定同性从事性交易的行为。

显然，在上述李某组织卖淫案中，法院判决对卖淫一词采用的是客观解释论。从主观解释论出发，确实不能把同性之间的性交易解释为卖淫。在我国1979年刑法中，把组织卖淫罪规定为组织妇女卖淫，这时卖淫的主体是妇女。后来，社会生活中出现了男性向妇女卖淫的现象。对此，当然不可能解释为卖淫，因为刑法已经明确规定了卖淫的主体只能是妇女。因此，1997年刑法将组织妇女卖淫修改为组织他人卖淫。在这种情况下，卖淫的主体既包括妇女又包括男性，因而可能把组织男性向妇女卖淫的行为包含进来。但当时在社会上还没有出现同性之间的性交易现象，对此刑法和司法解释确实未作规定。在出现了组织同性之间的性交易行为以后，对于这种行为能否认定为组织卖淫罪呢？从语义上看，卖淫只是对性交易的描述，并没有对卖淫主体加以限制，因此，同性之间的性交易完全可以包含在卖淫的语义范围之内。但这种现象确实并不包含在立法者的意思之中，因为立法的时候还未出现同性之间的性交易现象。在这种情况下，根据主观解释论就不能认定为组织卖淫罪，但根据客观解释论可以认定为组织卖淫罪。对于本案，法院作出了有罪判决。由此可见，我国司法机关采用的是客观解释论。法院在裁判理由中指出：对刑法用语，应当适应社会发展、结合现实语境，作出符合同时代一般社会观念和刑法精神的解释。一个词的通常的意义是在逐渐发展的、在事实的不断再现中形成的；法律制定以后，其所使用的文字还会不断产生新的含义；任何一种解释如果试图用最终的、权威的解释取代基本文本的开放性，都会过早地吞噬文本的生命；在解释刑法时，必须正视刑法文本的开放性，适应社会生活事实的发展变化，科学界定法律用语的准确含义，不能将“熟悉与必须”相混淆，否则，便会人为地窒息刑法的生命，使刑法惩治犯罪、保护法益的功能无法有效实现。在这一裁判理由中，判决提出了法律文本的开放性的命题。这是典型的客观解释论的思维。而主观解释论主张法律文本的封闭性。

德国著名的法学家拉德布鲁赫指出：“解释者对法律的理解可能比创立者对法律的理解更好，法律也可能比起草者更聪明，它甚至必须比它的起草者更聪明。”一个法律一旦制定出来，就独立于立法者，法律应当也必须比起草者更聪明，也就是说法律具有独立的生命。拉德布鲁赫还说：“这就像一艘船在出航时是由领航员掌舵穿过港口水域，引至规定的航道，然后再由船长引导在公海上寻找自己的航线。”立法者制定法律就像“一艘船在出航时是由领航员掌舵穿过港口水域，引至规定的航道”，立法者就相当于这个领航员。但这艘船到了航道上就由船长引导在公海上寻找自己的航线，司法者就相当于船长，船长应该自己去寻找航线。立法者只能规划出理想的航线，而不可能规定具体的航线，这艘船怎么航行是船长的使命。法律也是如此：立法者的任务在于制定法律，而法律怎么适用则在于司法者，它凸显的是法律解释的作用。当然，法律解释的作用也是有限的，特别是在刑法中，刑法解释要受罪刑法定原则的限制，不允许脱离可能的语义对法律作任意的解释，那样就会损害公民的自由。客观解释论与主观解释论之间存在对立性。当然，如何协调客观解释论与罪刑法定原则之间的关系，是另一个需要认真研究的问题。

（二）刑法解释的种类

1. 立法解释

立法解释是立法机关对刑法的有关内容作的解释。立法解释其实可以分为两种：一是法律文本之内的立法解释，二是法律文本之外的立法解释。

法律文本之内的立法解释实际上就是立法的一部分，具有法律效力。例如，我国刑法总则第五章“其他规定”，主要内容就是对刑法用语的解释：第 91 条是对公共财产的范围的解释，第 92 条是对公民私人所有财产的范围的解释，第 93 条是对国家工作人员的范围的解释。

法律文本之外的立法解释是指专门制定的立法解释。例如我国刑法第 294 条对组织、领导黑社会性质组织罪作了规定，1997 年刑法原条文的规定是：“组织、领导和积极参加以暴力、威胁或者其他手段，有组织地进行违法犯罪活动，称霸一方，为非作恶，欺压、残害群众，严重破坏经济、社会生活秩序的黑社会性质组织的，处三年以上十年以下有期徒刑；其他参加的，处五年以下有期徒刑。”在此，立法机关虽然对黑社会性质组织进行了描述，但所使用的语言具有文学性，而不具有规范性，因此，对于司法机关认定黑社会性质组织不能提供明确的法律根据。在这种情况下，司法机关对黑社会性质组织进行了司法解释，但最高人民法院与最高人民检察院对于黑社会性质组织的特征存在分歧。在这种情况下，2002 年 4 月 28 日全国人大常委会通过了《关于〈中华人民共和国刑法〉第二百九十四条第一款的解释》，这就是一个法律文本之外的立法解释。该解释规定了黑社会性质组织的四个特征，对于认定黑社会性质组织具有指导作用。及至 2011 年 2 月 25 日《刑法修正案（八）》第 43 条又将以上黑社会性质组织的立法解释直接纳入刑法文本，成为刑法本身的组成部分。对于以上两种立法解释，通常所说的立法解释，都是指法律文本之外的立法解释，因为，法律文本之内的立法解释实际上是立法的一部分，而只有法律文本之外的立法解释才是对已经颁布的法律所作的解释。

当然，在刑法理论上，对于立法机关是否有权解释法律存在争议。肯定说认为，法律是立法者制定的，立法者当然有权解释。否定说则认为，法律解释是司法权限，基于立法与司法分离的原则，立法者无权解释法律。这里涉及一个理论问题，这就是制定法律与解释法律到底存在什么区分。制定法律是创制规则，而解释法律是对法律含义的进一步明确，因此，两者的区分是明显的。如司法者以解释法律为名，而实际上是在创制规则，则这是越权解释，是禁止的。但立法者的职责是创制规则，而立法并不包括解释。从这个意义上说，立法者解释法律确实是侵犯了司法权。但我国宪法明确规定立法机关具有法律解释权，这种情况属于宪法的特别授权，因此，我国立法机关具有法律解释权。

2. 司法解释

司法解释是最高司法机关对法律适用中的问题所作的解释。根据我国法律规定，最高人民法院、最高人民检察院可以就在审判或者检察业务中出现的适用法律问题进行解释。最高人民法院、最高人民检察院通过司法解释来指导全国的审判工作和检察工作，这种司法解释本身具有某种法律创制的性质，因此，我国司法解释这种体制是非常独特的，也是其他国家所没有的。在其他大陆法系国家主要是通过判例制度来弥补成文法的不足，而它的最高司法机关是不能颁布这种司法解释的。在英美法系国家，更是通过判例来指导审判工作。我国最高司法机关广泛行使司法解释权，这种司法解释实际上就是法律，制定司法解释实际上就是在创制法律。可见，我们学习刑法，如果只学习刑法典的有关条文而对有关司法解释内容不了解是不可以的，大量的内容是由司法解释来加以规定的。而且在我国刑事审判中，司法解释是可以作为判决的根据、在判决中引用的。因此，我们应该全面掌握司法解释。

3. 学理解释

学理解释是指立法机关和司法机关之外的专家学者或者其他公民对法律作出的解释。在我国，立法解释和司法解释是有权解释，而学理解释是无权解释，学理解释的结论是不具有法律效力的。学理解释对刑法的适用同样是具有重要意义的，因为有很多问题在立法解释和司法解释中都没有作出具体规定，在这种情况下学理解释就能起到补充作用。

（三）刑法解释的方法

在刑法解释中，需要重点阐述的是刑法解释的方法。在论述刑法解释方法之前首先要明确刑法解释的基本原则。刑法解释的原则对刑法解释的方法是具有某种制约作用的，在解释时是不能违反原则的。刑法解释有一个原则：对刑法要进行严格解释。关于这点，1994 年《法国刑法典》中作出了“刑法应该严格解释之”的明确规定。所谓严格解释，是指刑法解释，当对刑法有疑问时，应当作有利于被告人的解释。在刑法解释过程中难免会出现对法律的不同理解，此时应当作有利于被告人的解释。这体现了刑法的人权保障机能。下面阐述文理解释和论理解释这两种主要的刑法解释方法：

1. 文理解释

文理解释，又称为语义解释，是刑法解释最基本的方法。刑法是通过语言来表达的，语言有些是具有确切含义的，不容易引起人们歧义；有些是容易引起人们歧义的，需要对刑法条文进行文理解释。甚至有些用语在一般人看来其内容是非常确切的，但仍然在理解时会出现误解，需要进行语义解释。

我国刑法第 263 条规定：“持枪抢劫的，处十年以上有期徒刑、无期徒刑或者死刑”。什么叫“持枪抢劫”？大家都会认为含义是清楚的，但在司法实践中还是会提出问题：有人持假枪例如玩具枪进行抢劫，到底能否被认定为“持枪抢劫”？对此就存在争议。有人认为持假枪抢劫不是持枪抢劫，因为假枪不会造成他人的人身伤亡。但另外也有人认为持假枪抢劫也应理解为持枪抢劫，因为在被害人不知情的情况下，假枪也能起到恐吓作用。

如果从一般语义上理解，枪当然是指真枪，假枪不属于枪。当我们指称真枪的时候，其实这个“真”字是多余的。而指称假枪的时候，这个“假”字是必须的。因此，在没有特别规定的情况下，枪就是指真枪。这是语义解释的必然结论。

至于持仿真枪抢劫是否构成持枪抢劫，这个问题就更为复杂。什么是仿真枪？这里应当注意，仿真枪不是假枪。凡符合以下条件之一的，可以认定为仿真枪：(1) 符合《中华人民共和国枪支管理法》规定的枪支构成要件，所发射金属弹丸或其他物质的枪口比动能小于1.8焦耳/平方厘米（不含本数）、大于0.16焦耳/平方厘米（不含本数）的；(2) 具备枪支外形特征，并且具有与制式枪支之材质和功能相似的枪管、枪机、机匣或者击发等机构之一的；(3) 外形、颜色与制式枪支相同或者近似，并且外形长度尺寸介于相应制式枪支全枪长度尺寸的二分之一与一倍之间的。由此可见，仿真枪是相对于制式枪支而言的。制式枪支是指已完成定型试验，并且经军队或国家有关主管部门批准投入装备、使用（含外贸出口）的各类枪支。因此，制式枪支是合法制造的枪支，而仿真枪是非法制造的枪支，它们都属于真枪的范畴。

持枪抢劫这么一个简单的问题都会存在争议。这里存在一个对“枪”的理解问题。这里首先涉及语义解释的问题。刑法中许多规定涉及枪支这一用语，例如走私枪支、弹药，非法制造、买卖、运输枪支、弹药。我国《枪支管理法》对枪支有专门的定义：“所谓枪支是指以火药或压缩气体等为动力，利用管状器具发射金属弹丸或者其它物质，足以致人伤亡或者丧失知觉的各种枪支”。在这种情况下，对“持枪抢劫”中的枪支就应该按照《枪支管理法》的规定来理解，而假枪显然不属于枪支的范畴，因此，持假枪抢劫不能认定为持枪抢劫。而持仿真枪抢劫的，因为这种所谓仿真枪符合枪支的实质特征，故应当认定为持枪抢劫。

语义解释有些基本规则，在解释的时候要遵循语言的一般含义，此即平义解释。但语言本身是复杂的，尤其在某些特殊案件中，一个法律概念和这个概念对应的事物之间的关系到底如何确定，有一个“词与物”的关系问题，“词”是语言，“物”是指客观存在的事物。任何语言都是用来反映客观存在的事物的，因此，两者之间存在某种对应性。但这种对应性不是绝对的，有时“物”发展了，甚至“词”所对应的事物已经不存在了，但“词”本身还存在。在另外一些情况下，随着“物”的发展，词义也发生了变化，甚至在不同的时代所反映的事物本身是不一样的，例如“小姐”这个词：在100年前，小姐是相对于丫鬟而言的，特指大户人家没有出嫁的年轻女子。在50年前，小姐这个词就被一般化了，相对于“先生”这个词而言，泛指所有没有出嫁的年轻女子。而现在，小姐成了妓女的代名词。因此，在刑法解释的时候，考察一个词和其所反映的物之间是否具有对应关系，需要根据语言发展的一般规则来确定。

当然，在对法律进行语义解释的时候，也要注意克服法条主义即法律教条主义的倾向。如果机械地遵循法律的语义，法律同样会被歪曲，甚至得出荒谬的结论。例如刑法中的重婚罪是指“有配偶者又与他人重婚的行为”，在现实生活中出现这样一个案例：一个男子同时与两个女子举行婚礼结婚。检察机关指控这名男子犯重婚罪，但法院判决无罪，理由是：刑法规定的重婚罪是指“有配偶而与他人结婚的”，但这名男子结婚时并非有配偶，因此不符合刑法关于重婚罪的规定。在对这个判决结果进行分析的时候，我们首先要对结婚这个词进行解释。结婚是指在婚姻登记机构进行婚姻登记的结婚，也就是所谓法律婚。如果没有进行婚姻登记即使举办婚礼，也不能认定为法律上有效的结婚。这种没有进行婚姻登记而同居的，称为事实婚。我国婚姻法不承认事实婚。但在刑法中，前有事实婚后又与他人登记结婚的，仍然可以构成重婚罪。因此，如果没有进行任何婚姻登记而与两个女子举办婚礼，在法律上并不认可，不能视为结婚。当然，也就不构成重婚罪。但如果是分别在不同的地方进行了婚姻登记，然后同时举办婚礼，还认为不构成重婚罪，这就是对刑法关于重婚罪规定的机械理解。从“有配偶而与他人结婚”这句话来看，确实存在先有配偶而后又与他人结婚的含义，这也是重婚罪的通常形态。这种同时与两个女子分别登记结婚的现象确实极为罕见。但重婚罪的要害是缔结双重婚姻关系，违反一夫一妻制。一个男子同时与两个女子登记结婚完全符合重婚罪的构成特征。当然，我们强调对法律不能进行机械理解并不是说可以任意解释，这是需要强调的。

2. 论理解释

论理解释也称为逻辑解释，是根据刑法条文的逻辑关系对法律条文进行解释。论理解释也是法律解释的重要方法。法律条文是用语言来表达的，因此在学习法律、适用法律时，应当具有对语言的敏感性。按照德国著名法学家考夫曼的说法，法学者应该是实践着的语言学家。法律不仅表现为语言，还表现为一种逻辑，对法律的理解、学习和运用过程也是一个逻辑分析过程。因此，法学者不仅应该是实践着的语言学家，而且应该是实践着的逻辑学家。我认为，对法律的条文作论理解释同样是非常重要的。论理解释可以分为以下五种：

（1）扩大解释。

扩大解释是指对刑法条文作扩大范围的解释方法，即将刑法条文用语的含义从通常含义扩大到边缘含义。任何用语都有一个意义域，处于这个意义域中间的是通常含义，相对于通常含义的是边缘含义。对用语按照通常含义进行解释是所谓平义解释，而扩大解释是将通常含义扩大到边缘含义的解释方法。

扩大解释在实践中也是常见的，例如我国刑法第49条规定，“审判的时候，怀孕的妇女不适用死刑”，这里存在如何理解“审判的时候”的问题，直接关系到这个条文的适用范围。我国刑事诉讼法规定，整个刑事追诉过程可以分为侦查阶段、起诉阶段、审判阶段和执行阶段，“审判的时候”的审判是否指法院审理和判决阶段？如果是，则不能包括之前的侦查阶段和起诉阶段，也不能包括之后的刑罚执行阶段。可是，这样理解“审判的时候”显然不利于对妇女的保护，尤其不利于对胎儿的保护。因此，最高人民法院的司法解释规定，这里“审判的时候”是指从羁押到执行的整个刑事诉讼过程，就包括侦查阶段、起诉阶段、审判阶段和执行阶段，只要在整个刑事审判过程中发现妇女怀孕的就不能适用死刑。可见，最高人民法院对“审判的时候”就采用了扩大解释的方法。

又如，我国刑法第196条规定的信用卡诈骗罪，这里的信用卡如何解释？在金融法中，具有透支功能的银行卡才是信用卡；如果不具有透支功能，则是借记卡而非信用卡。但2004年12月29日全国人大常委会对我国刑法中的信用卡作了以下立法解释：“刑法规定的‘信用卡’，是指商业银行或者其他金融机构发行的具有消费支付、信用贷款、转账结算、存取现金等全部功能或者部分功能的电子支付卡。”这一立法解释就对刑法中的信用卡作了扩大解释，于是，我国刑法中的信用卡的范围要比金融法中的信用卡的范围更大。当然，从字面来看，将没有透支功能的银行卡解释为信用卡，似乎已经超出了信用卡的语义范围。但这里有一个较为复杂的历史演变过程。从立法过程说，先有刑法关于信用卡的规定，这时刑法中的信用卡就包含借记卡。也就是说，在刑法立法过程中，阴差阳错地误用了信用卡这个用语。后来才有银行法中关于信用卡的规定，这个信用卡是不包含借记卡的，由此而出现了刑法与银行法对于信用卡含义的不同规定。

(2) 缩小解释。

缩小解释是与扩大解释相反的，是指对刑法条文作缩小范围的解释方法，即将刑法条文用语的含义解释得比通常含义更小。例如，我国刑法总则对数罪并罚制度作了规定，这里的数罪从语义上说，可以分为同种数罪和异种数罪，因此，不仅异种数罪应当并罚，而且同种数罪也应当并罚。但在我国司法实践中，同种数罪并不并罚。可见，对于这里的数罪作了缩小解释，只包括异种数罪而不包括同种数罪。

(3) 当然解释。

当然解释是指刑法条文的字面虽然没有明确规定，但已包含在法律条文的含义当中，根据轻重相举、理所当然的方式，对刑法条文所作的解释。

当然解释涉及“言”和“理”之间的关系，即道理是通过语言表达出来的，有时候语言并没有明确地表达，但已经包含其中，通过解释把它揭示出来。例如《唐律》规定，“诸断罪而无正条，其应出罪者举重以明轻，其应入罪者举轻以明重”。入罪举轻以明重是指，轻的行为都被规定为犯罪，重的行为虽然没有规定，当然也应被认为是犯罪。这就是当然解释之意。《唐律疏议》在解释“举轻以明重”时，以《唐律》“谋杀期亲尊长，皆斩”为例进行说明。这里的谋杀是指预谋杀害，即只要进行杀人的预谋就要处以斩刑。但《唐律》并没有规定预谋以后实施了杀害行为或者虽然实施了杀人行为但没有杀死、只是杀伤这些情形应当如何处理。对于这些情形就可以进行当然解释：既然预谋杀人都可以判死刑，那么，预谋以后实施杀人，无论是把人杀死还是没有把人杀死，都应该判处死刑。因为在这些情形中，都已经包含了谋杀的行为。

在我国刑法中，抢夺和抢劫是两个不同的罪名，而且，刑法对其他特定物品的抢夺和抢劫也分别设立了罪名，例如，我国刑法第 127 条分别规定了抢夺枪支、弹药、爆炸物、危险物资罪和抢劫枪支、弹药、爆炸物、危险物资罪。但对某些物品刑法只规定了抢夺而没有规定抢劫，例如，我国刑法第280条规定了抢夺国家机关公文、证件、印章罪，并没有规定抢劫国家机关公文、证件、印章罪。在这种情况下，如果发生了抢劫国家机关公文、证件、印章的行为，能否直接按照抢夺国家机关公文、证件、印章罪论处呢？从文字上看，抢夺和抢劫是两种不同的行为方式，但就抢夺和抢劫这两种行为方式而言，抢夺是非暴力的夺取，而抢劫是暴力的夺取，可见，抢劫包含但又超出了抢夺的内容。在这种情况下，根据当然解释，对抢劫国家机关公文、证件、印章的行为以抢夺国家机关公文、证件、印章罪论处并不违反罪刑法定原则。

(4) 沿革解释。

沿革解释，又称为历史解释，是通过刑法条文制定的历史背景、演变过程来解释刑法条文。法律是有生命的，是处于不断演变过程之中的，根据它的过去可以更好地理解它的现在。在某些情况下，沿革解释具有优于语义解释的性质，根据沿革解释可以对语义解释进行某种修正。沿革解释表明，在理解法律的时候必须了解法律的演变历史，只有这样才能更深刻地掌握法律的精神。

我国刑法第246条规定了侮辱罪，但刑法第237条又规定了侮辱妇女罪。如果仅从字面来看，对于这两个罪名之间的关系难以理解。侮辱罪中的侮辱当然既包括侮辱男性又包括侮辱妇女，那为什么又另外设立一个侮辱妇女罪呢？侮辱妇女罪与侮辱罪中的侮辱妇女之间存在什么差别？对于这些问题，必须从立法沿革去理解。1979年刑法第160条曾经规定了流氓罪，流氓罪是一个口袋罪，其中包括三种主要的流氓行为，这就是聚众斗殴、寻衅滋事和侮辱妇女。在1997年刑法修订的时候，废除流氓罪，将以上三种主要的流氓行为分别定罪。这就是侮辱妇女罪的来源，因此，侮辱妇女罪与侮辱罪中的侮辱妇女之间并不重合，两者存在性质上的区别：侮辱罪中的侮辱妇女是单纯对妇女人身权利的侵害；而侮辱妇女罪中的侮辱妇女是基于流氓动机，对不特定的妇女进行侮辱，它不仅侵害了妇女的人身权利，而且侵害了社会管理秩序。由此可见，只有对侮辱妇女罪的立法沿革有所了解，才能正确地把握该罪的内容。

（5）目的解释。

目的解释，又称为体系解释，是指根据刑法条文制定的立法目的阐明条文含义的解释方法。目的解释不是拘泥于某一法条的语义，而是从立法目的出发，基于对整个法律的体系性考量，对法律进行解释。这种解释虽然在对个别条文的理解上是与语义相背离的，但从整体上看是符合立法目的的。目的解释可以分为目的性限缩和目的性扩张。

目的性限缩是指基于规范保护目的，对法律条文增设限制性条件，使其实际含义小于法律文本的字面含义。例如，刑法第170条规定的伪造货币罪，刑法只规定伪造货币的构成本罪，因此，从语义来看，只要实施了伪造货币行为，就可以构成本罪。但在刑法理论上，有些学者认为：只有以使用为目的伪造货币的，才构成本罪。如果不以使用为目的伪造货币，就不构成本罪。这种将刑法条文所没有规定的使用目的解释为伪造货币罪的主观违法因素，就是对该罪的成立设定了刑法所没有明文规定的限制性条件，从而将那些不具有使用目的的伪造货币行为排除在本罪之外，由此限制了伪造货币罪的范围。

目的性扩张是指基于规范保护目的，扩张法律条文的含义，使其实际含义大于法律文本的字面含义。目的性扩张被认为是一种法律漏洞的填补方法，即法律条文对具体事项的规定存在不周延性，出现了所谓法律漏洞。在这种情况下，就可以采取目的性扩张的解释方法，对法律条文进行扩张性的解释，将法律的不周延变为周延。目的性扩张的解释方法使法律含义超出了法律文本的字面规定，例如我国刑法第125条规定了非法制造、买卖、运输、储存枪支罪，这里的枪支显然并不包括大炮。2004年11月3日最高人民检察院法律政策研究室《关于非法制造、买卖、运输、储存以火药为动力发射弹药的大口径武器的行为如何适用法律问题的答复》规定："对于非法制造、买卖、运输、储存以火药为动力发射弹药的大口径武器的行为，应当依照刑法第一百二十五条第一款的规定，以非法制造、买卖、运输、储存枪支罪追究刑事责任。"那么，什么是这里的"以火药为动力发射弹药的大口径武器"呢？说白了，就是大炮。因此，这一司法解释性文件实际上是将大炮解释为枪支。这显然是扩张了犯罪范围。罪刑法定原则的基本含义是法无明文规定不为罪，因此，通过目的性扩张的解释方法将刑法没有明文规定的行为解释为犯罪，是违反罪刑法定原则的。

这里存在一个问题，即为什么将抢劫国家机关公文、证件、印章行为认定为抢夺国家机关公文、证件、印章罪是当然解释，不违反罪刑法定原则，而将大炮解释为枪支不是当然解释而是目的性扩张，是违反罪刑法定原则的。从表面来看，将抢劫解释为抢夺和将大炮解释为枪支，似乎没有区别，但如果仔细分析，这两者之间还是存在性质上的区分的。对抢劫国家机关公文、证件、印章行为以抢夺国家机关公文、证件、印章罪论处，是因为在抢劫行为中包含了抢夺的内容，因为抢劫是以暴力抢夺，舍弃暴力，留下的抢夺就已经符合抢夺的构成要件。在这种情况下，根据举轻以明重的原则，认定为抢夺国家机关公文、证件、印章罪是没有问题的。而在枪支与大炮的关系中，虽然就杀伤力而言，也存在轻重关系，但之所以不能理解为当然解释，是因为枪支与大炮之间并不存在像抢劫与抢夺那种内容上的包含关系。因此，将大炮解释为枪支，是完全超出了枪支的构成要件，这是一种目的性扩张。

目的性限缩和目的性扩张这种目的解释的方法与缩小解释和扩大解释这种语义解释方法之间存在明显区分。尽管从表面上看，两者好像近似，因为两者都对法律文本的含义进行缩小和扩大的解释，但缩小和扩大的标准是根本不同的：缩小解释的缩小是小于通常语义，而扩大解释的扩大也是大于通常语义。无论是缩小解释还是扩大解释，都没有超越语义边界，是在语义范围内的缩小和扩大。而目的性限缩的缩小，是通过增设限制性条件的缩小，而不是通过对语义进行限制的缩小。至于目的性扩张，完全超越了法律文本的语义边界，已经属于类推解释，具有填补漏洞的性质。

第三讲

刑法原则

刑法原则，也称为刑法的基本原则，是指刑事立法与司法必须遵循的根本准则，它所体现的是刑法的内在精神。在大陆法系国家，刑法原则一般都是指罪刑法定原则。我国刑法第 3、4、5 条规定了三个刑法基本原则，这就是罪刑法定原则、罪刑均衡原则与罪刑平等原则。在本讲中，我只就罪刑法定原则和罪刑均衡原则的内容进行讲解。

一、罪刑法定原则

（一）罪刑法定原则的历史演变

罪刑法定是相对于罪刑擅断而言的。从罪刑擅断到罪刑法定，经历了一个历史演变过程，这个过程也就是罪刑法定原则诞生和发展的历史。

罪刑擅断是封建专制社会刑法的基本特征，是人治精神在刑法中的体现。在罪刑擅断的刑法中，刑法不具有可预期性。也就是说，一个人的行为在什么情况下是犯罪，某一个犯罪应当处以什么样的刑罚，或者在刑法中没有规定，或者虽然有规定但在司法过程中并不是按照刑法规定认定犯罪。也就是说，刑法是处于一种不确定的状态。行为是否构成犯罪是由当权者根据个人的主观好恶来决定的，所谓言出法随。在这种情况下，公民处于绝对的恐惧当中，缺乏应有的安全感。例如，在我国古代曾经有过一个不成文法的时代。在不成文法时代，犯罪和刑罚不仅没有明确的文字记载，而且不预先加以规定，即所谓临事议制，不预设法。直到春秋时期，我国才从不成文法向成文法转变。春秋时期，郑国的执政子产铸刑鼎，把什么行为是犯罪、犯罪应当受到何种刑罚，浇筑在铜鼎上。铸刑鼎是我国古代成文法的发端。子产铸刑鼎的举动在当时受到了保守势力的猛烈抨击，包括孔子也反对铸刑鼎。反对铸刑鼎的主要理由在于：刑法一经公布，就丧失了它的神秘性，因而老百姓就不再具有畏法之心。当时的统治者信奉所谓“刑不可知，则威不可测”的信条，这种观念认为刑罚的威慑力来自于刑法的不可知性和刑法的神秘性。刑法一旦公布，它的威慑力就大打折扣。这是一种典型的法律神秘主义，在人类历史早期曾经盛行一时，也成为反对公布成文法的主要理由。当然，随着人类法治文明的进步，从不成文法到成文法的发展是一个不可逆转的趋势。从我国战国时期开始，制定成文法已经蔚然成风。例如，李悝制定的《法经》，就是典型的成文法。当然，在整个我国封建社会，虽然存在相当成熟的成文法，但并没有实行罪刑法定主义。

罪刑法定出现的思想背景是近代的启蒙运动。启蒙思想家孟德斯鸠、洛克等人，基于人权保障的基本观念，认为应当将犯罪和刑罚在法律当中明确加以规定，从而限制法官的罪刑擅断。罪刑法定思想出现的历史背景是西方中世纪法官滥用权力，可以任意把一种行为确定为犯罪，而且任意地加以惩罚，公民的权利得不到保障。因此，启蒙思想家宣传罪刑法定的思想。意大利刑法学家贝卡利亚在1764年出版的《论犯罪与刑罚》这本经典著作中提出了罪刑法定的原则，认为只有法律才能为犯罪规定刑罚，超越法律限度的刑罚就不再是一种正义的刑罚。贝卡利亚还指出，任何一个司法官员都不得以热忱或公共福利为借口，增加对犯罪公民的既定刑罚。罪刑法定主义的基本含义是：只有法律才能规定什么行为是犯罪，以及这种犯罪应当受到何种刑罚处罚。法官只能根据法律来加以认定，并且对一种犯罪行为的惩罚不能超出法律限度。当然，罪刑法定作为一个刑法原则正式确定下来，主要应当归功于德国的刑法学家费尔巴哈。

费尔巴哈是基于心理强制说而确立罪刑法定原则的。心理强制说是一般预防的理论，这种理论认为刑罚具有对于社会上没有犯罪的人（这些人可以被称为潜在的犯罪人）的预防功能，这种预防就是一般预防，以区别于对于犯罪人的个别预防。因为潜在犯罪人尚没有实施犯罪，因此不能对其采取物理强制，例如羁押等措施。但可以对潜在犯罪人实行心理强制，使其对法律产生畏惧之心而不敢去犯罪。费尔巴哈有句名言："用法律进行威吓"。这种威吓就是费尔巴哈所称的心理强制。费尔巴哈认为，一个人之所以去犯罪，是因为他可以从犯罪当中得到某种利益，从犯罪当中得到某种快乐，因此，犯罪对一个人具有吸引力。如欲阻止人们去犯罪，就必须使犯罪当中包含某种痛苦，并且这种痛苦要大于行为人从犯罪当中所得到的快乐。在这种情况下，一个人就不会再去犯罪了。因此，费尔巴哈认为，应当在刑法典当中明确规定什么行为是犯罪以及犯罪应当受到何种处罚，给公民提供一张罪刑价目表。罪刑价目表意味着，当一个人在犯罪的时候，就知道这种行为是犯罪以及这种犯罪会受到何种刑罚处罚。在这种情况下，这个人就面临着刑罚的威吓。基于趋利避害的原则，该人在快乐与痛苦之间进行选择的时候，就会抑制自己的犯罪意念，从而达到预防犯罪的目的。

正是基于这种心理强制的需要，费尔巴哈认为应当确立罪刑法定原则。可以看出，费尔巴哈强调刑法的威慑力，这一点和我国古代统治者的目的是相同的，但两者的方法正好相反：我国古代统治者认为刑法的威慑力来自于刑法的不可预知性，而费尔巴哈认为刑法的威慑力来自于刑法的可预知性。这两种观点到底哪种正确，确实是可以从心理学上加以研究的问题：从人的心理来说，到底是在不能预知自己行为后果的情况下，刑罚的威慑力更大，还是在明确地预知自己行为后果的情况下，刑罚的威慑力更大？这里涉及威慑效用发生的心理机制，这个问题确实值得研究。但我们可以看到，为了达到相同的目的，中外所采取的方法恰好相反。这是非常有趣的文化现象。

1810年《法国刑法典》首次确立了罪刑法定的原则。现在大陆法系国家大多数都在刑法典第1条明确规定罪刑法定原则。有些大陆法系国家，不仅把罪刑法定原则作为刑法原则在刑法中加以确定，而且把它作为宪法原则在宪法中加以确定。在这种情况下，违反罪刑法定原则就不仅是违反刑法的问题，而且是违宪的问题，甚至可以用罪刑法定原则来对刑法进行违宪审查。在大陆法系国家，罪刑法定原则被认为是刑法的"铁律"或者"铁则"。铁律或者铁则是日本学者使用的一个概念，罪刑法定原则是铁的规则，是不可动摇的原则。

在英美法系国家，尽管实行判例法，但近代英美法系国家同样是实行罪刑法定的。因为在英美法系国家，在刑法领域成文化程度已经很高了。例如美国《模范刑法典》第1.05条就明确规定了"制定法主义"，第1.05条第1款规定，"犯罪或者违警罪必须由本法典或者本州其他制定法规定"。这就意味着，除非制定法将某行为规定为犯罪，否则，不得对某种行为以犯罪论处；判例法已经不再具有确立某种行为是犯罪的权力。从这个意义来说，英美法系国家同样实行罪刑法定原则。

罪刑法定原则是以成文法为前提的，可以说，成文法是罪刑法定原则的基本载体。需要指出的是，成文法只是罪刑法定原则的必要条件，而不是充分条件。不能简单地认为，只要存在成文的刑法就必然实行罪刑法定主义。这种观念是错误的。其实，存在成文刑法不一定就必然实行罪刑法定，因为罪刑法定的基本精神是对国家刑罚权加以限制，即所谓限制机能，以此保障公民的个人权利和自由，即所谓保障机能。在封建专制社会，虽然有刑法，甚至刑法规定还相当完备，但专制社会的刑法只是用来约束老百姓的，是国家单方面镇压犯罪的工具，刑法并不对专制统治者本身形成限制。在这种情况下，即使存在刑法也不存在罪刑法定原则。我国古代即是如此。我国古代的成文法是较为发达的，前面我们已经讲过，公元7世纪制定的《唐律》已经达到了成文法的登峰造极的程度。但我国古代并没有罪刑法定主义可言，我国现代的罪刑法定主义是一百年前才从西方引进的，首次被规定在《大清新刑律》之中。

（二）罪刑法定原则的基本精神

罪刑法定原则的基本内容可以用一句最著名的法律格言来表示："法无明文规定不为罪，法无明文规定不处罚"。这是罪刑法定的基本含义。罪刑法定的基本精神就在于倡导形式理性，通过限制国家刑罚权来保障公民个人的权利和自由。因此，罪刑法定的基本精神主要体现在以下三个方面：

1. 形式理性

形式理性是相对于实质理性而言的。这里的“理性”我们可以理解为合理性。任何一种社会制度或法律制度都追求某种合理性，这是毫无疑问的，但合理性可以分为形式合理性与实质合理性，这两种合理性是有所不同的。在一般情况下，形式合理性与实质合理性两者是统一的，例如，我们通过立法与司法既获得形式合理性，同时又获得实质合理性，两者兼而得之。但在某些情况下，在形式合理性与实质合理性之间存在着一种紧张关系，甚至存在互相之间的冲突：想要获得形式合理性就可能丧失实质合理性，反之，想要获得实质合理性就可能牺牲形式合理性。在这种情况下，就存在一种价值选择：到底是形式合理性优先于实质合理性，还是实质合理性优先于形式合理性？就罪刑法定而言，它倡导的是形式合理性，把形式合理性放在首位。

在形式合理性与实质合理性之间进行抉择，确实是一个两难的问题。但在某些情况下，形式合理性具有优先的价值。形式合理性与实质合理性的关系，如同一个人的肉体与灵魂的关系。一般都会认为肉体和灵魂同等重要，但非要二者择其一，究竟是选择肉体还是选择灵魂呢？这个问题似乎无法实验。不过，古代民间存在借尸还魂的传说，为我们提供了一个观察的机会。所谓借尸还魂是建立在肉体与灵魂分离的宗教信仰基础之上的，说人的肉体和灵魂是可以分开的，例如在我国南北朝时期就存在所谓形神之辩。当时著名学者范缜所著《形神论》一书，专门讨论形、神之间的关系。当然，范缜是主张神灭论的，认为“形存则神存，形谢则神灭”。当然，当时神形分离的思想还是占据主导地位。基于肉体与灵魂的分离进行推理，就会出现这种情形：一个人的肉身死了，但灵魂还活着。在这种情况下，张三的灵魂可以凭借李四的肉身而复活。在这种借尸还魂的情况下，该人的身份认定就成为一个问题：到底是依其肉身认定为李四，还是据其灵魂认定为张三？根据清代学者纪昀（纪晓岚）《阅微草堂笔记》的记载，对于民间出现的借尸还魂案件，“当时官为断案，从形不从魂。盖形为有据，魂则无凭”。也就是说，当时为官断案，根据肉身认定为李四而不是根据灵魂认定为张三。这个结论的根据在于，“形为有据，魂则无凭”。可见，当时的古人注重的是肉体而不是灵魂，因为：肉体有形，足以确定。而灵魂无凭，难以确认。肉体不能伪装，灵魂可以假托。因此，《阅微草堂笔记》说：“使从魂之所归，必有诡托售奸者，故防其渐焉。”

从日常生活经验来说，在李四的肉体而张三的灵魂的情况下，根据肉身认定为李四，其周围的人均认为他是李四，只有其本人自认为是张三，屈其一人而全其众人。反之，如果认定为张三，则只是符合其本人的心愿，而使众人难以适从。因此，即使从维持现有的社会心理秩序的功利目的来说，也应该“从形不从魂”。这一事例对于我们认识形式合理性与实质合理性的关系具有参考价值。形式合理性具有客观可以依据的标准，而实质合理性属于主观的价值判断，其标准难以统一。在这种情况下，如果两者发生冲突，还是应该选择形式合理性。

在刑法中同样存在着形式合理性与实质合理性之间的矛盾和冲突，这种矛盾和冲突实际上是法律本身所存在的悖论。我国古人曾云：“人之情无穷，而法之意有限”。社会生活的表现是无穷无尽的，但法律规定是有限的，因此，“以有限之法而御无穷之情，则法之所以不及人情也”。这句话就揭示了法的有限性和情的无穷性之间的矛盾，可以简单归结为“情无穷，法有限”。这种矛盾实际就是形式合理性与实质合理性的矛盾在法律领域的反映。

在刑法中，也存在这个矛盾。在社会生活中，犯罪现象是无穷无尽的，而且犯罪现象随着社会的发展处于一种永恒的变动之中：有些犯罪消失了，有些犯罪出现了；犯罪化和非犯罪化的历史演变生生不息。但刑法对犯罪的规定是极为有限的，而且立法者的概括能力是有限的，立法者不可能将社会中所有的犯罪行为在刑法中毫无遗漏地规定下来。与此同时，刑法本身具有稳定性的要求，不能朝令夕改。从这个意义上说，刑法总是滞后于犯罪的发展，刑法中所规定的犯罪只是我们社会生活中存在的犯罪的一部分，甚至是一小部分。在这种情况下，如果我们坚持严格按照法律的规定认定犯罪、惩治犯罪，那就意味着刑法没有明文规定但具有严重的法益侵害性的行为不能受到法律的惩治。这样，我们获得了形式合理性，但丧失了实质合理性。另外，如果我们对刑法没有规定但具有严重法益侵害性的行为按照犯罪来加以惩治，则我们获得了实质合理性，但却牺牲了形式合理性，两者存在着矛盾和冲突。

罪刑法定所强调的就是形式理性，坚持严格的法定主义。只有法律规定为犯罪的，才能按照犯罪加以惩治；法律没有规定为犯罪的，无论该行为的法益侵害性多么严重，都不能作为犯罪来处理。由此可见，形式理性是罪刑法定的基本精神。

2. 权力制衡

罪刑法定是以限制国家刑罚权为内容的，它建立在孟德斯鸠的“三权分立”的学说基础之上。在封建专制社会，在不存在分权的情况下，是不可能实行罪刑法定原则的。而在法治社会，按照孟德斯鸠的观点，应当将国家权力分为三种——立法权、行政权和司法权，这三种权力应当由三个不同的机关来分别行使，并且使这三种权力之间形成某种制衡，只有这样，才能保障公民个人权利和自由。如果这三种权力或其中两种权力掌握在同一个机关手里，例如立法权和司法权掌握在同一个机关手里，它就会制定暴虐的法律并暴虐地实施法律，那么公民的自由就没有了。罪刑法定原则就体现了通过权力制衡来保障公民权利和自由的基本思想。罪刑法定原则所具有的限制机能，主要体现在以下三个方面：

第一，罪刑法定原则首先体现在对司法权的限制。什么行为是犯罪，不能由法官决定，应当事先在刑法中明确加以规定，法官只能根据法律的规定来认定一个行为是否构成犯罪。如果法律没有规定为犯罪行为，就不得定罪处罚。罪刑法定原则所体现出来的对司法权的限制是十分明显的。

第二，罪刑法定原则也体现了对立法权的限制。立法权也必须受到法律的制约，立法者也不能随心所欲地把任何一种行为规定为犯罪。如前所述，在有些国家，罪刑法定原则是作为宪法原则来加以确认的。罪刑法定原则当中有明确性的要求，即法律对犯罪的规定一定要明确，不明确则无效。根据这样的罪刑法定的要求，就可以对刑法规定进行违宪审查。如果立法者制定出的某一刑法规范不符合罪刑法定原则就可以宣布其违宪，取消其效力。例如《意大利刑法典》第603条曾经规定，“用使人完全服从自己的方式将他人置于自己权力之下的行为，是犯罪行为”。意大利宪法法院在 1981 年 96 号判决中宣布，“这一刑法规范是违宪的，它违反了罪刑法定所要求的明确性原则。因为无论从行为或者结果的角度来看，都既无法确定也无法区分什么样的行为可能使他人处于完全服从的状态，不可能为完全服从制定一个客观的标准，立法中规定的完全在司法中从未得到证实”。这种刑法规定“使他人处于完全服从的状态”。什么叫“完全服从”？在立法上不可能提供明确的标准，在司法中也无从得到证实。因此，这个刑法规定是违反明确性原则的，是违宪的，宣布它无效。可见，罪刑法定原则对立法权也是有明确限制的。

第三，罪刑法定原则使立法权和司法权之间形成某种制衡的关系，互相制约。立法机关行使刑事立法权，什么行为是犯罪、应当受到何种处罚，由立法机关在刑法典中加以规定。而司法机关只能按照刑法规定认定犯罪、惩治犯罪。两者之间有明确的分工、有权力的边界，由此形成立法权和司法权之间的制衡。通过这种权力的制约关系，使公民的自由和权利得到法律的保障。

3. 人权保障

人权保障是罪刑法定原则所追求的最终的价值目标，前述形式理性、权力制衡之最终目的都是要实现人权保障的刑法功能。罪刑法定原则使刑法成为被告人的大宪章，成为犯罪人的大宪章。罪刑法定原则所追求的就是人权保障机能。

这里涉及一个问题：刑法为什么要对被告人权利、犯罪人权利加以保障，甚至把对被告人权利、犯罪人权利的保障放到一个非常重要的位置？我认为，这恰恰是法治社会刑法和专制社会刑法的根本区别之所在。在专制社会里，刑法是国家单方面镇压犯罪的工具。专制社会是个别人、少数人对多数人的统治，因此，这种统治必须要采取残酷的方式或者恐怖的方式，而刑法正是合法地制造恐怖的一种残酷手段，所以封建专制统治者往往利用刑法制造一些鲜血淋淋的恐怖场面，由此来强化专制统治。在这种情况下，刑法对于老百姓来说，是一种恐惧的力量、一种异己的力量、一种压迫的力量。而在法治社会里，刑法不再是国家单方面镇压犯罪的工具，由于刑法实行罪刑法定，通过刑法来对国家刑罚权加以限制，因而刑法成为公民保障自己权利的一种有效的法律手段。显然，人权保障的刑法功能正是通过罪刑法定而实现的。

（三）罪刑法定原则的派生原则

罪刑法定原则不仅仅是一种思想、一个原则，而且是刑法的内在精神。罪刑法定原则不是抽象的东西，而是在整个刑事立法与刑事司法中都有具体表现，这种表现主要体现为以下四个罪刑法定原则的派生原则。

1. 禁止类推及类推解释

罪刑法定原则和类推恰好是矛盾的。类推是同类相推，它是建立在同类事物之间类似的逻辑基础之上的。我国春秋时期著名学者荀况曾经指出："有法者以法行，无法者以类举"，这里的"类举"就是指类推。

类推是以法律没有明确规定为前提的，因为，在法律有明文规定的情况下，可以直接引用法律的规定对某一行为定罪。法律适用表现在刑法中就是定罪，这是建立在法律规定和案件事实之间具有同一性的基础之上的。因此，法律适用的逻辑基础是相同性。例如，刑法把杀人行为规定为犯罪，在现实生活中发生了一起杀人案件，那么，在杀人的案件事实与法律规定的杀人罪的构成要件之间具有同一关系。在这种情况下，就可以直接按照法律规定将该行为认定为杀人罪。而类推是以法律没有明文规定为前提的，它是建立在法律规定与案件事实之间具有类似关系的基础之上的。例如，交通规则禁止牛马通过，现在有一头骆驼通过，那么，能不能用禁止牛马通过的交通规则来禁止骆驼通过？在牛马和骆驼之间存在类似关系，因此，将禁止牛马通过的规定用来禁止骆驼通过就是典型的类推。

罪刑法定原则是禁止类推的。当然应当指出，罪刑法定原则之所谓禁止类推是指禁止有罪的类推。有罪类推是指将无罪的行为类推为有罪，这种类推是禁止的。但在刑法中，有利于被告的类推是不禁止的，因为罪刑法定原则所具有的限制机能，主要是限制司法者将法律没有明文规定的行为入罪，但并不限制有利于被告的类推。

罪刑法定原则不仅禁止类推，而且禁止类推解释。类推解释是指采用类推的方法对刑法条文进行解释，从而扩大刑法的适用范围。如果说类推是一种法律适用方法，它明确地将刑法适用于刑法没有明文规定的事项，那么类推解释就是一种解释方法，它将刑法没有明文规定的事项解释为刑法有明文规定。因此，就效果而言，类推解释对于罪刑法定的违反是隐性的。把法律没有明文规定的情况，通过类推解释将其包含到法律规定之中，这种类推解释当然是罪刑法定原则所禁止的。类推解释和扩张解释之间的界限如何划分是刑法理论中的焦点问题。某些学者甚至悲观地说，两者之间的界限实际是无法划分的。在很多情况下，确实是在扩大解释的名义下实行类推解释。这个界限相当难以划分，在具体的法律适用当中经常出现争议。

例如在德国有一个著名的盐酸案：被告人以非法占有为目的，将盐酸泼洒在被害人女会计的脸上，进而抢走她的钱包。这是一种抢劫行为，这是没有疑问的。这里的争议问题是被告人是否犯有加重抢劫罪，因为《德国刑法典》第250条规定："当行为人携带武器实施抢劫行为，而以武力或者武力胁迫，防止或压制他人反抗时，应当处以较重的刑罚。"这是对抢劫罪加重构成的规定，凡是具有使用武器进行抢劫情节的，应当判处较重的刑罚。这个案件就涉及一个问题：盐酸是否属于法律所规定的武器？这个问题涉及扩张解释和类推解释之间的争议。肯定论认为：将盐酸解释为武器是一种扩大解释。盐酸虽然不是常识意义上的武器，但在特定情况下可以作为武器来使用，因为它像其他武器一样，可以用来伤害别人。而且武器既包含物理武器也包含化学武器，盐酸可以说是一种化学武器。否定论则认为：将盐酸解释为武器是类推解释。盐酸本身并不是一般意义上的武器，当它用于伤害人的时候与武器具有某种类似性，因而将刑法关于使用武器抢劫的规定适用于泼洒盐酸抢劫的案件，是一种类推解释。这个案件在当时的德国引起了重大争议，最终德国联邦最高法院认定被告人犯有加重抢劫罪。但这个判决受到许多学者的批评，认为作出了类推解释。后来《德国刑法典》第250条作了修改，修改为"携带武器或其他器械或方法实施抢劫行为"，修改之后当然可以将该行为包含进来。从《德国刑法典》后来的修改可以看出，立法机关也认为当时这种解释是一种类推解释，把法律所没有的含义包含进来，于是通过立法修改把这种情况包含进去。

尽管扩张解释和类推解释之间的界限有时难以划分，但罪刑法定原则禁止类推解释这种精神是不能动摇的。这就是所谓严格的罪刑法定。

2. 禁止事后法

禁止事后法，是指刑法不得具有溯及既往的效力。这是对刑法效力的一种规定，也是"法无明文规定不为罪"的应有之义。刑法的效力问题是指：刑法颁布以后，它的效力能否及于刑法颁布之前的行为？例如某一行为发生在刑法颁布之前，也就是在行为的时候法律（行为时法，即旧法）并没有将该行为规定为犯罪，但行为实施后在审判的时候法律（审判时法，即新法）将这个行为规定为犯罪，也就是旧法认为不是犯罪、新法认为是犯罪。在这种情况下，新法是否具有溯及既往的效力？如果认为刑法具有溯及既往的效力，那么对于刑法颁布之前的行为就应当按照新法认定为犯罪；如果认为刑法不具有溯及既往的效力，那么对于刑法颁布之前的行为仍然应当按照行为时的旧法认为不是犯罪。

罪刑法定原则禁止事后法，也就是刑法不得具有溯及既往的效力。这也是基于罪刑法定原则对立法权的某种限制：立法者的规定只能对法律颁布以后的行为有效，而对法律颁布前的行为是无效的。当然，罪刑法定原则只禁止事后法，主要是禁止不利于被告人的事后法，而有利于被告人的事后法，法律并不禁止。关于这点，下文在刑法的时间效力中还会专门讨论。可见，罪刑法定原则中的"法"是指事先法而非事后法。这就是所谓事先的罪刑法定。

3. 禁止习惯法

罪刑法定原则要求某一行为是否构成犯罪应当有法律的成文规定，而不能根据习惯法认定某一行为构成犯罪或判处何种刑罚处罚。习惯法是在长期的社会生活当中形成的某种习俗，这种习俗对于法律适用当然是有影响的。尤其是在民事审判中，可能要考虑到这种习惯的影响。但在刑法中，罪刑法定原则和习惯法是相排斥的。罪刑法定原则要求只能把法律的明文规定作为刑法法源，而不得把习惯法作为刑法的法源。这是毫无疑问的。

罪刑法定原则之所以禁止习惯法，是因为习惯法是不成文法，没有文字记载，而只是世代相传的惯例，以此作为行为规范。习惯法作为一种社会规范虽然在社会生活中对于维系社会秩序起到了法律不可替代的特殊作用，例如，乡规民约等不成文法，都具有习惯法的性质，也是生活在其中的人们必须遵循的行为准则，但违反习惯法的行为不能构成犯罪，除非有刑法的明文规定。贝卡利亚作为罪刑法定原则的首倡者十分推崇文字的东西，指出："一个社会如果没有成文的东西，就绝不会具有稳定的管理形式。我们由此可以看到，印刷术是何等的重要，它使公众而不是少数人成为神圣法律的保管者。"习惯法没有这种成文的法律形式，因此不能作为定罪量刑的根据。这就是所谓书面的罪刑法定。

4. 刑法的明确性

刑法的规定必须明确性，不明确则无效。这是罪刑法定原则对立法的要求。如何理解这里的刑法明确性，可能是一个值得研究的问题。何者为明确？何者为不明确？罪刑法定原则的基本内容是"法无明文规定不为罪"，那么，何为法律有明文规定？何为法律没有明文规定？进而言之，对于这里的"明文规定"究竟如何理解？这些都是在理解罪刑法定原则的时候，必须思考的问题。

我认为，法律明文规定实际有两种：一种是显性的规定，另一种是隐性的规定。显性的规定是指通过刑法条文的文字就可以确定对于某种行为法律是有规定还是没有规定。在显性规定情况下，只要通过刑法文字的含义就可以知道刑法的内容。例如，刑法规定杀人是犯罪，这里的杀人就是显性的规定，基于社会生活常识容易判断。另一种规定是隐性的规定，是指通过法律的文字看不出对于某一行为法律到底是有规定还是没有规定，需要对刑法条文的内容进行逻辑的分析，甚至要对相关刑法条文进行体系的分析，才能最终确定对于某一行为法律到底有规定还是没规定。在隐性规定的情况下，就存在一个"找法"的问题。我们过去往往有个误解，好像法律规定是放在那儿等着我们去适用。其实不然，法律规定是需要我们去寻找的。最终能不能找到法律规定，要看司法人员的业务素质。

因此，对于刑法的明文规定要有正确理解。如果我们不能正确理解法律规定，可能就会出现对于某一行为法律本来是有规定的，但由于没有找到这一规定而误认为法律没有明文规定，这样就会放纵了犯罪；或者相反，对于一个行为法律本来是没有明文规定的，但找错了法律而误认为对于这个行为法律是有明文规定的，这样就会冤枉了无辜。所以，罪刑法定原则要求我们正确地理解法律规定。当然，立法者规定得越明确，则司法者越容易理解法律。从这个意义上说，立法和司法都受到罪刑法定原则的制约。这就是所谓明确的罪刑法定。

（四）罪刑法定原则的立法规定

我国刑法第 3 条规定："法律明文规定为犯罪行为的，依照法律定罪处刑；法律没有明文规定为犯罪行为的，不得定罪处刑。"这是我国刑法关于罪刑法定原则的规定。

我国刑法的罪刑法定原则是来之不易的，是我国刑法在民主与法治的道路上所迈出的重要的一步。我国 1979 年刑法规定了类推制度，其第 79 条规定：对于本法没有明文规定的行为，如果社会危害性达到犯罪程度，可以比照本法分则最相类似的条文定罪处刑。在这种情况下，1979 年刑法不可能规定罪刑法定原则。1979 年刑法关于类推的规定体现了当时的刑法理念：强调打击犯罪，把刑法更多地看成是一种专政工具。而在 1997 年刑法修订过程中，考虑到刑法对于人权保障的重要意义，因而取消了类推，在刑法第 3 条确立了罪刑法定原则。对于罪刑法定原则在我国刑法中确立的意义，无论如何评价都不会过分。

我国刑法关于罪刑法定原则的表述具有自身的特点。可以说，我国刑法关于罪刑法定原则之规定的逻辑与其他国家的并不相同。大陆法系国家刑法关于罪刑法定原则之规定，无论它的语言如何表述，它基本的逻辑就是："法无明文规定不为罪"。但我国刑法第 3 条一方面规定法律没有明文规定为犯罪行为的不得定罪处刑，这样一段话体现了"法无明文规定不为罪"的含义；另一方面又规定了法律规定为犯罪行为的，应当依法定罪处刑。由此，我国学者认为，我国刑法关于罪刑法定的规定可以分为积极意义上的罪刑法定和消极意义上的罪刑法定。"法律没有明文规定不得定罪处刑"是消极意义上的定罪处刑，而"法律规定为犯罪行为的应当依法定罪处刑"是积极意义上的定罪处刑；并且认为，大陆法系国家的刑法都只规定了消极的罪刑法定，而我国刑法不仅规定了消极的罪刑法定，而且规定了积极的罪刑法定，这是我国刑法关于罪刑法定之规定的创举。我并不同意这种观点。实际上罪刑法定原则所要解决的是不能把法律没有明文规定的行为作为犯罪处罚，但从来不排斥虽法律规定为犯罪行为但根据具体情况不作为犯罪处理。所以，罪刑法定原则只是限制入罪，从来不限制出罪。这也正是罪刑法定原则之人权保障的重要体现。因此，对于罪刑法定原则应该正确理解，避免不必要的误解。我国刑法第 3 条关于罪刑法定原则的前半段规定，不能理解为：**只要刑法规定为犯罪行为的，就应当依照法律规定定罪处刑。**而应当理解为：**只有刑法规定为犯罪行为的，才能依照法律规定定罪处刑。**

二、罪刑均衡原则

(一) 罪刑均衡原则的历史演变

罪刑均衡又称罪刑相适应，它是相对于罪刑失衡而言的。罪刑均衡原则主要体现刑法的公正性。刑法存在从野蛮到人道、从苛刻到合理、从任意到确定这样一个演变过程。

古代社会的刑法起源于原始社会的复仇，尤其是同态复仇。所谓同态复仇就是“以眼还眼，以牙还牙”，即“以其人之道，还施于其人之身”。在这种同态复仇的观念之中本身就包含了一种朴素的公正观念，当然，这种公正以报应为基础，是指侵害与复仇之间外在性状上的等同。在古代社会的刑法中，曾经存在原始社会同态复仇的遗俗。例如古巴比伦的法律就有同态复仇的规定，其逻辑演绎最后出现了非常荒谬的结果。古巴比伦法律规定，建筑师房子没盖好倒塌了，把自由民之子压死了，应当将建筑师之子处死。它追求一种对等：建筑师由于房子没盖坚固而把身为自由民的房主人的儿子压死，那么就要把建筑师的儿子处死，使其丧失儿子，由此而获得一种与被害人的对等。这种对等在我们今天看来是极为荒谬的：建筑师有罪，应该把建筑师处死，怎么能把他儿子处死呢？这样一种法律规则背后所包含的基本原理就是：在当时的法律语境中，未成年人、妇女、奴隶在法律上都不是人，没有人格，所以一个自由民的侵害行为造成其他自由民的儿子、奴隶的死伤，和造成该自由民的牛马死伤或者其他财物毁损的法律后果是一样的。所以，在当时看来这是完全合乎逻辑的。而现在未成年人、妇女都是具有法律上人格的，是受到法律保护的。在当今这种法律语境中，古巴比伦法律的这个规定就显得十分荒谬。

随着刑法镇压职能的凸显，刑法日益残酷，从而进入到刑法严苛的历史阶段。罪刑之间失衡，原始的同态复仇所具有的原始公正性也随之而丧失。根据记载，我国殷周时期就有所谓“刑弃灰于街者”的规定，也就是把灰倒在街上就要处刑。这里的“刑”到底是什么刑罚，从这句话中看不出来。但在古代社会，所有刑罚都是极重的，不是肉刑就是死刑。有人说这里的“刑”是指斩手，也就是将手砍断。弃灰于街，是轻微的违法行为。对此，为什么要处以斩手这么重的刑罚呢？对此，法家著名代表人物韩非指出：“殷之法，刑弃灰于街者，子贡以为重，问之仲尼。仲尼曰：‘知治之道也。夫弃灰于街必掩人，掩人，人必怒，怒则斗，斗必三族相残也。此残三族之道也，是刑之可也。’夫小过不生，大罪不至，是人无罪而乱不生也。”韩非以上叙述中所论及孔子的言论，未必是孔子所言。从这段话语中，我们可以发现法家重刑主义的逻辑推演过程。对此，以下还会论及。仅从“刑弃灰于街者”的规定，我们可以看出罪和刑之间的严重不对等。

我国古代春秋时期的法家，其代表人物包括商鞅、韩非等人，都主张重刑主义。这种重刑主义思想为后来我国两千多年的封建专制统治提供了理论基础。法家甚至公然反对罪和刑之间的对等，因为罪刑均衡的基本要求是重罪重判、轻罪轻判，也就是重重轻轻。法家反对重重轻轻，例如商鞅公然声称：“行刑，重其轻者，轻者不生，则重者无以至也。”也就是在行刑的时候，要对轻罪处以重刑，轻罪就不会发生，这样，重罪也就不会发生。韩非也指出，“夫以重止者，未必以轻止也；以轻止者，必以重止矣”。也就是说，某种犯罪行为，能够以重刑制止的，轻刑未必能够制止；而轻刑能够制止的，重刑必然能够制止。从此推导出来，法家认为应当重其轻者而轻其重者。我们说重其重者、轻其轻者，法家反而说重其轻者、轻其重者。为什么这样说呢？法家认为重其轻者，对轻罪处以重刑，这样可以制止轻罪；然后又说，因为在轻罪和重罪之间存在某种关联性，轻罪不犯，重罪也就不会去犯。既然不会去犯重罪，那么判以轻刑就可以了。就是这样一个逻辑。这种逻辑在我们看来是非常荒谬的，但从法家的逻辑出发，认为是言之有理的。这就是重刑主义思想。法家有一个说法："刑期于无刑"。这个思想是极好的，也就是用刑是为了最终无刑。但恰恰是从这种思想之中引申出了"以刑去刑，虽重刑可也；以杀去杀，虽杀可也"的结论，由此来论证重刑的正当性。也就是说，一种刑罚即使是重刑，只要是能够制止犯罪，那么就是正当的。这体现出一种强烈的功利主义色彩。这种极端化的追求预防犯罪效果的刑罚观念必然导致重刑主义，也就是我们所说的，只要目的正当，可以不择手段。这是一种危险而极端的思想。为了制止小偷，是不是可以把偷东西的人的手都给砍了？为了制止强奸，是不是把强奸犯的生殖器给阉割了？这就是重刑主义，根本不考虑罪和刑之间的对等性，不考虑刑法的公正性。

直到近代，罪刑均衡的思想才得以确立。其中意大利著名刑法学家贝卡利亚对罪刑均衡思想作出了重大贡献。贝卡利亚在《论犯罪与刑罚》一书中讨论了罪刑均衡问题，认为衡量犯罪的标尺是犯罪对社会的危害：犯罪对社会的危害越大，促使人们犯罪的力量就越大，制止人们犯罪的手段就应当越强有力。这就要求刑罚和犯罪要相对称。贝卡利亚天才地提出了罪刑阶梯的思想。在贝卡利亚之前，人们关于犯罪和刑罚的看法是十分混乱的，缺乏客观的评价标准；刑罚是任意和随意的，非常残酷。贝卡利亚首先提出，衡量犯罪轻重的标尺是犯罪对于社会的危害，对于危害大的行为应当适用重刑，对于危害轻的行为应当适用轻刑。贝卡利亚指出：最严重的犯罪是这个阶梯的最高一级，最轻微的犯罪是这个阶梯的最低一级，在这两级之间，包含了所有危害社会的犯罪行为，这些犯罪行为都沿着这无形的阶梯从高到低顺次排列，这样就形成了犯罪的阶梯。贝卡利亚又说，"如果说对于无穷无尽的、暗淡模糊的人类行为，人类行为组合可以应用几何学的话，也很需要有一个相应的由最强到最弱的刑罚阶梯。有了这种精确的普遍的犯罪与刑罚的阶梯，我们就有了一把衡量自由和暴政程度的共同标尺，它显示着各个国家的人道程度和败坏程度"。所以，对应于犯罪的阶梯，还有一个刑罚的阶梯：重罪重刑，轻罪轻刑。这样一个阶梯就包含了罪刑均衡的原则，也就是犯罪的严重性和刑罚的严厉性之间具有对等的关系。当然，如何衡量犯罪的严重性，以便设置严厉性相对应的刑罚，是罪刑均衡所要解决的迫切问题。恰恰是人们对于犯罪的严重性的评价标准不同，导致对罪刑均衡的不同理解。

（二）罪刑均衡原则的基本蕴含

罪刑均衡原则是以轻罪轻判、重罪重判为它的基本内容的，它的核心是刑法的公正性问题，也就是正义。我们知道，正义是法律的首要价值，如果法律没有正义，那就是恶法，就要被否定、被抛弃。美国著名的哲学家罗尔斯在《正义论》一书中曾经指出："一种社会制度，或者一种法律制度，无论其如何有效率，如何有条理，只要是不正义的，就必须进行改革。"因此，罗尔斯认为，正义是最主要的。正义虽然重要，但正义本身就是一个难以捉摸的概念。美国著名的法理学家博登海默曾经说正义有着一张普罗秀斯的脸。普罗秀斯是希腊的神话人物，他没有确定的形状，所以普罗秀斯的脸就是一张难以捉摸的脸。博登海默就说："正义有着一张普罗秀斯的脸，变幻无常，随时可以呈现出不同的形状，并具有极不相同的面貌。"因此，我们首先需要对正义这个问题进行讨论。当然，正义的问题是整个法哲学、政治哲学的核心问题，涉及许多理论问题，我们不可能展开来讲，但我们可以确定正义的基本含义，例如，比例性、平等性和对等性，即比例原则、平等原则、对等原则，这些是正义的最基本内容。

古希腊著名哲学家亚里士多德曾经把正义分为分配的正义和矫正的正义。这种对正义的分类对于我们理解刑法正义具有重要意义。亚里士多德指出：分配性的正义是按照所说的比例对公物的分配，而矫正的正义只是某种均等。倘若一个人打人、一个人被打，一个人杀人、一个人被杀，这样承受和行为之间就形成了不均等，于是就以惩罚使其均等，或者剥夺其利得。这是亚里士多德对于分配的正义和矫正的正义的一个简单的说明。按照我的理解，分配的正义是在社会成员之间进行权利、义务和责任的配置，因此，分配的正义基本上属于立法的范畴，是一种规范的创制，是一个立法问题。分配正义是按比例进行分配，这样才是公正的。矫正的正义是指当按照分配正义所确定的规范被一个社会成员违反时，要求这个违反者进行赔偿或对其进行惩罚，以恢复分配的正义。当一个人违反了分配正义时，就形成了不均等，就需要对违反者进行惩罚，由此恢复分配正义。这就是矫正正义。

刑法领域的正义，主要是矫正正义。这种矫正正义所体现的是报应的观念。分配的正义和矫正的正义都是受到某种限制的，例如分配的正义受到现有的公共财物的数量限制，矫正正义受到侵害行为的限制，因为矫正正义假定通过分配正义所确定的规范是公正的，违反规范就破坏了这种均等，因此要进行矫正。这种矫正有个限度，也就是要受到违反行为本身所造成的不均等的限制。这里就包含了一种报应观念，原始的同态复仇也符合这种矫正正义：以眼还眼，以牙还牙，这就是一种均等恢复。所以矫正正义所体现的是报应的观念，报应这个概念是刑法中最重要的概念之一，是刑法性质的最根本体现。

在某种意义上说，一种刑罚之所以是公正的，是正当的，原因恰恰就在于它具有报应的性质，因为，刑罚会对公民的生命加以剥夺，对公民的自由加以剥夺或限制，对公民的财产加以剥夺。这种剥夺或者限制为什么是公正的？因为它是一种报应，从而使刑罚区别于主动的侵害，它具有某种消极性，是对犯罪的消极反应：先有犯罪，才有刑罚，没有犯罪就不可能有刑罚。因此，刑罚对一个人的惩罚是消极的、被动的，不是主动发动的。这样的报应原理就意味着：一个人没有犯罪，国家不能惩罚这个人。在这种情况下，犯罪受到惩罚的制约，刑罚受到犯罪的限制。这是报应的基本功能。并且刑罚惩罚的程度也要受到犯罪严重性的制约，也就是要重罪重判、轻罪轻判。这也是报应的基本要求。因此，报应观念对于理解刑罚的公正性是具有重要意义的，在这基础之上就形成了一种报应主义的罪刑均衡观念。

报应主义的罪刑均衡观念的有力倡导者是德国著名刑法学家黑格尔。黑格尔主张法律报应，他使用了一个当时经济学中的概念——价值。黑格尔把价值这个概念引入刑法中来，以此衡量犯罪的严重性。黑格尔认为，犯罪在外在的性状上各有不同，但其内在的价值是可以衡量的。刑罚应当与犯罪的内在价值相适应，而不是和犯罪的外在性状相对等。由此超越了同态复仇的古典报应论。古典报应论是一种同态复仇，同态复仇追求犯罪和刑罚之间外在性状上的等同，也就是以眼还眼、以牙还牙。黑格尔认为，这是不可取的，因为法律不可能为每一种犯罪规定一种刑罚。犯罪有成千上万种，但刑罚无非几种，最多十来种，因此，绝对的犯罪和刑罚的外在性状上的等同是难以达到的，在某种情况下也是无法达到的。黑格尔曾经非常幽默地指出：以眼还眼，如果这个人两眼全瞎怎么办？是个独眼龙又怎么办？以牙还牙，如果这个人是个满口牙齿都脱落的人怎么办？在这种情况下，没有办法还眼或者还牙。但犯罪与刑罚之间内在的价值是可以等同的，无论是伤害他人的眼睛还是伤害他人的牙齿，都是对他人身体造成伤害，这种伤害的内在性质是可以衡量的。所以，黑格尔提出按照报应的观念确立犯罪和刑罚之间的法律上的对等。

这种建立在报应之上的刑法公正观念本身也是有它的局限性的，这就是它的机械性。与此相对应，在刑法理论上还存在一种建立在一般预防基础之上的罪刑均衡观念，这就是贝卡利亚所主张的刑罚功利主义的公正观念。这种公正观念以预防犯罪为基础，认为刑罚并不是对犯罪的机械反应，而是为了实现某种功利目的，这种功利目的就是一般预防。这里的一般预防是指使社会上那些没有犯罪的人因为他人犯罪受到法律制裁而受到某种恐吓或者威吓，而不敢去犯罪，从而达到一般预防效果。这种刑法理论所追求的是刑罚的功利目的，可以称为刑罚功利主义。

贝卡利亚认为，刑罚不是与所犯罪行相适应，而是与预防犯罪的需要相适应。贝卡利亚认为，刑罚是一种政治约束，它能够阻止犯罪的发生。因为犯罪对于人有吸引力，犯罪能够吸引人去犯罪，而刑罚是一种阻力，在刑罚这种阻力与犯罪这种吸引力两者相等的情况下，刑罚这种阻力就可以抵消犯罪的吸引力，人们就不会去犯罪。贝卡利亚还有一个逻辑假设：轻罪对人们的吸引力较轻，而重罪对人的吸引力较大。因此，较轻的刑罚只能制止较轻的犯罪，较重的刑罚才能制止较重的犯罪。这样，就在轻罪和重罪之间形成一种对等、一种比例关系，从而得出重罪重判、轻罪轻判这样一个结论，也就形成所谓罪刑阶梯。

贝卡利亚的这种建立在一般预防基础上的罪刑均等的观念，在外观上来看，与黑格尔的建立在报应主义基础上的罪刑均衡的观念是非常相似的，都是讲究罪和刑之间应当均等，但均等的标准是不同的：报应主义是将所犯罪行作为刑罚轻重的衡量标准，而一般预防主义是根据一般预防的需要来衡量罪刑之均衡。所以，两者外观上相似，但实际标准并不相同。对此，我们必须具有足够的认识。

黑格尔的刑罚报应主义与贝卡利亚的刑罚功利主义尽管存在重大差别，但在追究犯罪与刑罚之间的对等性上是相同的，并且都采用理性主义的研究方法，因此称为刑事古典学派，又称旧派。

除了刑法上的报应主义之外，在西方刑法理论上还存在个别预防主义。这种观点认为，刑罚的目的就不是报应，也不是一般预防，而是对犯罪人加以矫正。这种观念甚至认为，犯罪本身并不是一种行为，而是行为人的生理现象、遗传现象；认为犯罪人根本不存在意志自由、不能在犯罪和不犯罪之间进行选择，犯罪对这些人来说是必然的，这种必然性或者是社会造成的，或者是遗传的因素造成的。这种观点的代表人物是意大利刑法学家龙勃罗梭，龙勃罗梭创立了刑事人类学派。此后，意大利刑法学家菲利、加罗法洛和德国刑法学家李斯特，在刑事人类学派的基础上创立了刑事社会学派。刑事人类学派和刑事社会学派由于都采用实证主义的研究方法，因而又称为刑事实证学派，相对于被称为旧派的刑事古典学派而言，称为新派。

刑事实证学派认为，一个人生下来，只要在一定的环境中生活，这个人必然去犯罪。因此，刑事实证学派推翻了传统的建立在意志自由基础之上的古典刑法理论。无论是报应主义还是一般预防主义，都假定犯罪人是一个理性的人，能够对自己的行为进行选择，但个别预防主义完全推翻了这一定律。个别预防主义认为，刑罚不应该与行为人所犯的罪行对等，而是根据矫正的需要确立刑罚。这样就把刑罚的轻重与所犯的罪行脱钩了，刑罚与已经实施的犯罪没有关系。两个人的犯罪是相同的，但一个人是惯犯，另外一个人是初犯，对初犯可以判处较轻的刑罚，对惯犯则要进行长期关押，如果终生改造不好，就要关押终生。刑事实证学派主张刑罚个别化，而报应主义的罪刑均衡原则和一般预防主义的罪刑均衡原则都是主张罪和刑之间一般的均等，实行统一的标准。在某种意义上说，刑事实证学派实际上是推翻了罪刑均衡原则、否定罪刑均衡，而是主张个别情况个别处理，根据犯罪人的人身危险性确定刑罚。

由此可见，上述两种理论在对罪刑均衡的理解上是不同的，甚至在罪刑要不要均衡、要不要有一般的均衡标准的理解上都不相同。现在的刑法理论，基本上是主张一种折中的观点，也就是应当以报应为主，辅之以一般预防的考虑和个别预防的考虑。报应决定刑罚的上限，报应决定刑罚的有无。一个人没有犯罪，无论如何不能进行惩罚。刑罚的严厉性主要是由报应决定的，只有在报应所允许的范围之内，考虑一般预防的需要和个别预防的需要，由此确定罪和刑之间的均等。这种均等既不是报应的均等，也不是预防的功利的均等，而是综合的考虑。这是罪刑均衡原则的基本含义，主要体现刑法的公正性。

(三) 罪刑均衡原则的具体体现

罪刑均衡原则在刑法中应当具体表现出来。无论在立法上还是在司法上，刑法的规范都应当体现罪刑均衡。贝卡利亚曾经提出罪刑均衡的三个表现：第一个是刑罚和犯罪在性质上要对等，第二个是刑罚与犯罪在强度上要对称，第三个是刑罚与犯罪在方式上要对应。我认为，罪刑均衡原则主要体现在两个方面。

1. 刑罚与犯罪的法益侵害性相适应

这里的“法益侵害性”指的是犯罪对法益的侵害以及侵害程度。法益侵害性对于罪刑均衡有一个基本的衡量作用，犯罪的法益侵害性决定了刑罚的轻重主要体现了报应观念。报应观念所体现的是按劳分配的公正原则，就是按照所付出的劳动来获得应有的报酬。这就是多劳多得，少劳少得，不劳动者不得食。可以说，报应观念和按劳分配原则的基本逻辑是相同的：无罪不罚，对应于不劳动者不得食；有罪必罚、重罪重罚、轻罪轻罚，对应于多劳多得、少劳少得。因此，根据犯罪的社会危害性确定刑罚的轻重是报应公正的体现。因此，在立法的时候，对犯罪设置法定刑，应当考虑到报应问题。同样，在司法过程中，对犯罪作出刑罚处罚也应当在法定范围之内，充分考虑报应程度问题。

2. 刑罚与罪犯的人身危险性相适应

这里的“人身危险性”指的是犯罪人的再犯可能性和社会一般人的初犯可能性。根据人身危险性确定刑罚的轻重，以追求罪和刑之间的均等，实际上是按需分配。也就是说，根据犯罪人改造和矫正的需要和根据对社会一般人威慑的需要，确定对犯罪人应当判处的刑罚。一个人虽然犯罪较重，但人身危险性较小，可以处以轻刑。一个人虽然犯罪较轻，但人身危险性较大，应当处以重刑。这就是按照对犯罪人改造和矫正的需要分配刑罚，这种需要可以分为两种：一是按照再犯可能分配刑罚，主要是指按照个别预防的需要分配刑罚。二是按照初犯可能分配刑罚，主要是按照一般预防的需要分配刑罚。

当然，按照人身危险性的轻重确定刑罚的严厉性这种预防主义的观点本身应当受到报应的限制，否则就会导致不公正。这就反映出刑法中的一个基本矛盾，这就是报应和预防两者之间的悖论，两者之间具有统一性，同时又具有冲突性。我们应当坚持以报应为主、辅之以预防的考虑，只有这样，才能确定一种在程度上相对称的罪刑关系。

（四）罪刑均衡原则的立法规定

我国刑法第 5 条规定了罪刑均衡原则："刑罚的轻重应当与犯罪分子所犯罪行和承担的刑事责任相适应。"根据刑法的这一规定，刑罚应当和两个因素相适应：一个是所犯罪行，另外一个是刑事责任。所谓刑罚和所犯罪行相适应，就是报应。而刑罚和刑事责任相适应，就是预防，这里的预防包括一般预防与个别预防。所以，我国刑法第 5 条关于罪刑均衡的规定基本上体现了报应和预防两者相结合这样一个指导思想。在这个基础之上，确定犯罪和刑罚之间的对等关系。

犯罪分子所犯罪行和其所承担的刑事责任这两者，在确定罪刑均衡的时候，各自的地位不是等同的。应该说，所犯罪行是主要的，是首先需要考虑的。所犯罪行确定了刑罚的上限，不能超越这个上限。只能在所犯罪行的基础之上，再适当考虑其所承担的刑事责任，也就是考虑个别预防和一般预防的需要。只有这样，才能真正实现罪刑均衡。

我国刑法第 5 条关于罪刑均衡的规定，对于实现刑法的公正性具有重要意义，对此应当充分加以肯定。当然，罪刑均衡本身也是相对的，我们不能过分追求罪、刑之间绝对的均衡性或者绝对的对等性。如果追求罪、刑的绝对均等，恰恰会导致刑罚残酷。例如，我国古代死刑执行方法根据犯罪性质加以区分，根据犯罪轻重采取不同的死刑执行方法：较轻的是绞刑，保留全尸。较重的是斩刑，身首离异。更重的是凌迟，千刀万剐。这种做法看似在追求罪和刑之间的均等性，但实际上违反了刑法的人道主义，因此并不可取。

第四讲

刑法效力

刑法效力也称为刑法的适用范围，是指一个国家的刑法对一定的领域或一定的时间的效力问题。刑法效力分为刑法的空间效力和刑法的时间效力，下面分别加以讲解。

一、刑法的空间效力

刑法的空间效力，实际上是指国家的刑事管辖权的问题。所谓刑事管辖权是指一个国家根据主权原则所享有的对于在其主权范围内所发生的一切犯罪进行起诉、审判和处罚的权力。刑事管辖权是国家主权的一部分，因此，刑事管辖权的行使是个非常重要的问题，关系到国家主权的行使。

（一）刑事管辖权概述

在理解刑事管辖权的时候，应当把刑事管辖权和刑事诉讼法中的管辖加以区分。刑事诉讼法中的管辖是指根据刑事案件的不同情况和司法机关的职能分工，确定具体案件应由哪一个司法机关进行侦查、起诉和审判的制度。因此，刑事诉讼法中的管辖是一个程序法问题，它主要是解决某一个具体的刑事案件到底由哪个司法机关进行管辖。在我国的刑事诉讼法中，刑事诉讼管辖又可以分为立案管辖和审判管辖两种情况。立案管辖实际上是侦查管辖，主要解决公安机关和检察机关在案件侦查范围上的分工问题。审判管辖是指一个具体的刑事案件到底由哪个法院进行管辖。总体来看，刑事诉讼的管辖，主要解决诉讼程序问题。

刑事管辖权与刑事诉讼管辖有所不同，后者主要是国家刑法的效力问题，这是一个实体法问题。

刑事管辖权涉及一个国家的主权，因此往往和域外国家的刑事管辖权存在着某种冲突，这就是管辖冲突或者管辖竞合。在许多情况下，根据不同的管辖原则，两个或者两个以上的国家对同一个案件都有管辖权。例如一个中国公民在外国犯罪，我国根据属人管辖的原则（犯罪人是中华人民共和国公民）对该案有管辖权。同时，犯罪地所在国家根据属地管辖原则对该案也有管辖权，这就会发生管辖冲突。刑事管辖权在很大程度上就是要解决这种管辖冲突，在确定基本的管辖原则的基础上，协调解决各国之间的管辖冲突。因此，在刑法理论上也往往把刑事管辖权视为国际刑法的国内方面，即刑事管辖权的问题虽然由国内刑法来规定，但它涉及国际刑法。

刑事管辖权是在刑法的发展过程中逐渐形成的，最原始的刑事管辖权是属人管辖。最初的国家是从氏族分裂出来的，氏族是以血缘关系为纽带的，同一个氏族内的人受这个氏族有关的习俗和法律的管辖。在这种情况下，管辖的联系因素主要是血缘。

随着社会的发展，尤其是经济的发展，人员在不同地区流动。在这种情况下血缘关系就被打破了，地域统治逐渐确立，而国家主要是通过地域统治而形成的。一个国家的管制效力及于它所管辖的地域，在这种情况下就出现了地域管辖，地域就成为管辖的联系因素。

16 世纪以后，随着海洋的发现，出现航海业。当时，海洋是自由的，这和陆地的专属性不同。陆地被各个国家瓜分，受每个国家的统治权管辖。为此，荷兰著名法学家格老秀斯曾经提出两个国际法的基本原则：国家主权原则和海洋自由原则。当时国家主权的效力只及于陆地，海洋是自由的，不属于任何一个国家。随着主要的资本主义国家对海洋的争夺、海上霸权的形成，海洋自由逐渐受到限制。在这种情况下，一个国家的主权就不仅及于陆地，而且扩张到海域。

20世纪初，随着飞机的发明，科学技术推动了空间的开发，刑事管辖开始及于空域。

可见，管辖范围有一个逐渐扩大的过程。管辖范围越是扩大，各个国家的管辖冲突就越是加剧。为此，国际上形成了解决管辖冲突的基本原则，这对于我们正确理解刑法效力问题具有重要意义。

（二）刑事管辖原则

1. 属地管辖原则

属地管辖是指以地域为标准确定管辖的范围：凡是在本国领域内犯罪，无论是本国人还是外国人，都适用本国刑法；反之，在本国领域外犯罪，都不适用本国刑法。属地管辖确定管辖的联系的因素是地域。可以说，属地管辖是十分古老的管辖原则。当然，随着社会的发展，属地管辖的“地”发生了变化。属地管辖的“地”，原先是指陆地。后来除了陆地之外又出现了海洋和空间，因此，现在属地管辖的“地”是海陆空三位一体的概念。在这种情况下，有些学者认为，现在已经不能称为属地管辖，而应当称为“领域管辖”。当然，我认为这只是一个称谓问题。

从目前情况来看，属地管辖仍然是刑事管辖最基本的原则。在属地管辖中可能会出现一些问题，主要是指随着国际交往的发展，在公海上会出现一些特殊的案件。船舶在公海上航行时发生在船舶上的案件，到底应当由谁进行管辖？这个问题涉及国际法。为此，在国际法上出现了“浮动领土”的概念，也称虚拟领土。“浮动领土”最初是指船舶在公海上航行，相当于船舶所属国家领土的延伸，由此扩大了领土管辖的范围。“浮动领土”的原则是通过国际法上著名的“荷花号船案”确立的：荷花号船是一艘法国的邮船。1926年8月，法国的邮船在公海上撞沉了一艘土耳其的商船，土耳其船上的8人溺水而亡。当法国的邮船在土耳其的君士坦丁堡停靠的时候，土耳其当局就逮捕了法国邮船上值班守望的法籍船员，连同土耳其船的船长一并以杀人罪在法院提起刑事诉讼。土耳其刑法第2

条规定："任何外国人除某些特定的情况外，在国外犯有侵害土耳其及土耳其公民的罪行，应按土耳其的刑法处罚，如果在土耳其境内被逮捕。"土耳其法院就根据这一规定对荷花号邮船上值班守望的法籍船员行使刑事管辖权。这一审判行为引起了法国当局的不满，法国政府提出抗议，认为土耳其对公海上的外国人在外国船上的行为没有管辖权。双方由此发生了争执，法国政府和土耳其政府协商后把"荷花号船案"提交给国际法院，由国际法院进行裁决，确定土耳其对上述法籍船员的行为是否有刑事管辖权。国际法院经审理后认为："海洋自由必然会导致将公海上的船舶比作船旗国的领土，该国可以像对它自己一样行使权力，别国则不能。"这一判决就确定了"浮动领土"的说法，将船舶视为领土的延伸。国际法院的判决就把土耳其的船舶理解为土耳其领土的一部分，法籍船员虽然是在法国的船上，但法国的船舶撞沉了土耳其的船舶，导致了土耳其船舶上8名船员溺水而亡，就相当于犯罪结果发生在土耳其领土，因此，土耳其对"荷花号船案"享有管辖权。

从"荷花号船案"可以看出，随着各国交往的发展，国家管辖的范围也是处在不断变动之中。尤其是最近网络技术发展很快，出现了网络空间，又称为虚拟空间，在网络中出现了各种犯罪，对传统的属地管辖原则再次提出了挑战。

在网络空间中的犯罪如何确定刑事管辖权？网络涉及各个国家，因此它的管辖问题显得更为复杂。例如，在日本曾经出现一起猥亵图画案，大阪法院1999年2月23日作出判决：被告人利用设在美国的主机储存猥亵的影像资料，让日本国内的用户任意取得这些猥亵的影像资料，因而认为成立公然陈列猥亵图画罪。在日本刑法中设有公然陈列猥亵图画罪，通常情况下，该罪是指在橱窗里或在一个特定场所展示猥亵图画。在通常情况下，该罪的刑事管辖不成问题。但本案发生在网络空间中，并且行为和结果发生在不同的国家，由此提出了一个管辖权问题：日本法院对于这一行为到底有没有刑事管辖权？被告人的律师认为，储存猥亵影像的主机存在于国外，因此散布猥亵影像的地点不在日本国内，日本法院没有管辖权。日本法院经过审理认为，该案犯罪事实的重要部分发生在日本，因此有关犯罪应被视为国内犯罪而适用日本法律。这个案件就显示了网络犯罪所具有的跨国性、跨境性等不同于传统犯罪的特点。

总之，在理解属地管辖原则中的“地”的时候，要有所拓展。它已经不是传统的土地，而是包括了领陆、领水、领空、浮动领土和网络空间等领域。

2. 属人管辖原则

属人管辖原则是以人的国籍为标准确定管辖的范围：凡是本国人犯罪，不论是在本国领域内还是本国领域外犯罪，都适用本国法。属人管辖中所谓国籍，通常情况下是指被告人的国籍。从广义来说，被害人的国籍也应当是确定刑事管辖的联系因素，但我们不是把被害人的国籍作为属人管辖原则的联系因素，而是作为保护管辖原则的联系因素。

3. 保护管辖原则

保护管辖原则是以保护本国利益为标准确定管辖的范围：凡是侵害本国国家或者公民利益的，不论犯罪人是本国人还是外国人，也不论犯罪地在本国领域内还是在本国领域外，都适用本国刑法。

保护管辖原则是对属地管辖原则和属人管辖原则的补充。例如，一个外国人在国外伪造我国货币的案件：该案之犯罪行为发生在国外，根据属地管辖原则我国刑法无权管辖；该案之犯罪人是外国人，根据属人管辖原则我国刑法也不能管辖。但在该案中，伪造货币行为却侵害了我国国家的利益，根据保护管辖原则我国法院就可以对该案行使刑事管辖权。

此外，外国人在我国领域外侵害我国公民的案件，例如杀害我国公民：该案发生在我国领域外，根据属地管辖原则我国刑法无权管辖；该案的犯罪人是外国人，根据属人管辖原则我国刑法也不能管辖。但该案的杀人行为侵害了我国公民的人身权利，根据保护管辖我国法院就可以行使刑事管辖权。

4. 普遍管辖原则

普遍管辖原则是以保护各国的共同利益为标准确定管辖的范围：凡是国际条约所规定的侵害各国共同利益的犯罪，不论犯罪人是本国人还是外国人，也不论犯罪地在本国领域内还是在本国领域外，都适用本国刑法。

普遍管辖原则是国际刑法的原则。为了保护世界各国的共同利益，国际公约或条约规定了有关国际犯罪，有关国家只要加入了这些国际公约就应当履行管辖义务，这种基于国际公约承担的管辖义务就是普遍管辖。普遍管辖，从某种意义上说，已经不是行使国家权力，而是履行国家义务。

随着各国交往的不断发展，世界上就出现了国际犯罪，例如反人类的罪行、战争罪行、恐怖主义的犯罪和危害航空器的犯罪。这些犯罪严重侵害了世界各国的共同利益，国际条约就将之规定为国际犯罪。对于国际犯罪，国内法必须首先加以确认。在大多数国家，法院要认定一个行为是否被视为犯罪，是根据国内刑法来认定，而不能直接根据国际公约将一个行为认定犯罪。因此，这就存在一个国际犯罪国内法确认的问题，即把国际公约规定的犯罪行为转化为国内法上规定的犯罪行为，然后对这些案件进行管辖，而管辖根据就是普遍管辖原则。例如一个劫机案件，一个外国人在外国劫持了一架外国飞机，然后降落在外国。这个案件与我国是没有任何关系的：首先，犯罪的行为地和结果地都在外国，被告人是外国人，而且飞机上没有中国公民。根据属地管辖原则和属人管辖原则我国不能进行管辖。其次，这一犯罪行为也没有侵害到我国的国家利益或者我国公民的利益，因此，根据保护管辖原则我国也无权管辖。但当这个劫机犯进入我国境内，被我国司法当局控制时，我国根据国际公约就有义务进行管辖。这种管辖的根据就是普遍管辖原则。由此可见，普遍管辖是属地管辖、属人管辖、保护管辖之外的独立管辖原则。

国际公约规定，对国际犯罪采用的是“或起诉或引渡”原则。也就是说，对于国际犯罪，一个国家如果要管辖，就可以起诉；如果不愿意管辖，则可以引渡到相关国家，由其他具有管辖权的国家进行管辖。

这里需要指出，随着世界经济、政治的发展，全球一体化的趋势越来越明显，因此，国内的法律和国际的法律的关系也越来越密切。在16世纪格老秀斯确定国家主权原则的时候，国家主权是被视为至高无上的。现在国家主权逐渐受到某些国际法的限制，也就是说国内法在很多情况下都要考虑到国际法的规定，尤其是国家加入的有关国际公约所确定的某些法律规则会对国内法包括刑法产生某种法律效力，必须予以遵循。而且除了国际性的条约和公约外还有区域性的条约和公约，因此，现在不仅有国际刑法，而且有区域刑法。例如，欧盟各国虽然是独立的国家，但其刑法受到欧盟基本法的限制。在这种情况下，就出现了刑事法领域的国际优先原则，这是我们必须加以注意的动向。

法律上的管辖权和实际上的管辖可能性之间存在差别。对于许多案件，我国在法律上是有管辖权的，但并不一定都能实际进行管辖。能不能进行实际管辖，还要看被告人是不是为我国司法机关所控制。在存在管辖冲突的情况下，数个国家对案件都拥有管辖权，到底哪个国家对这个案件实际行使管辖权，主要还是看哪个国家先控制了这个被告人。所以，要把法律上的管辖和实际上的管辖加以区别。

（三）刑事管辖的立法规定

任何一个国家都不是单独采取某一个原则，而是同时采取这四个原则，对不同的案件根据不同的管辖原则来解决管辖根据问题。

1. 属地管辖的立法规定

我国刑法第 6 条对属地管辖原则作了具体规定。第 6 条第 1 款规定："凡在中华人民共和国领域内犯罪的，除法律有特别规定的以外，都适用本法。"这是我国刑法关于刑法空间效力的规定，在理解这一规定的时候，要注意以下问题：

（1）如何理解"中华人民共和国领域内"？

我认为，这里是指我国国境以内的全部空间区域，包括：领陆；领水；领空。领陆是狭义上的领土。领水包括内水和领海。领空，是指领陆和领水的上空，高到什么程度需要有个限制，一般来讲在大气层以内。大气层以外的空间是自由的，还不存在某个国家专属的问题。随着空间技术的发展，对大气层以外的空间的争夺也越来越激烈。将来可能月球会被瓜分，甚至其他的星球也会被某个国家占领，所以以后管辖就会延伸到地球以外的其他星球。随着人类社会的发展，法律也会发展。

（2）"中华人民共和国领域内"除包括上述三部分以外，还包括以下两部分（都属于我国领土的延伸）：

一是我国的船舶、飞机或其他航空器。这也就是所谓的浮动领土。我国刑法

第 6 条第 2 款规定："凡在中华人民共和国船舶或者航空器内犯罪的，也适用本法。"船舶、飞机或其他航空器处于一种浮动、不确定的状态，例如船舶在公海上航行，或在其他国家的港口航行；飞机可能飞越公海的上空，也可能飞越其他国家的领空。根据浮动领土的原则，凡是发生在我国船舶、飞机或其他航空器内的犯罪，根据我国刑法可以进行管辖。

二是我国驻外使领馆。根据我国承认的《维也纳外交关系公约》的规定，各国驻外使领馆不受驻在国的司法管辖而受本国的司法管辖。这些地方也可以视同我国领土，在其内发生的任何犯罪都适用我国刑法。这主要是基于对等互惠原则。我国派驻他国的使领馆内部发生案件不受驻在国的司法管辖而受我国的司法管辖，同样，他国驻我国的使领馆内发生的案件，不受我国的司法管辖而受他国的司法管辖。这是种特殊情况，也属于领土的延伸。

(3) 如何确定一个犯罪是否发生在"我国领域内"?

犯罪的情况是千变万化的，其中大部分的犯罪是行为和结果发生在同一地点，但刑法理论上存在一种"隔地犯"的情形，也就是某一犯罪的行为和结果不发生在同一地点，例如跨境犯罪和跨国犯罪。行为和结果发生在两个司法管辖区域的情况下如何确定我国的司法管辖，这是必须明确的。我国刑法第 6 条第 3 款规定："犯罪的行为或者结果有一项发生在中华人民共和国领域内的，就认为是在中华人民共和国领域内犯罪。"据此，这种隔地犯，只要行为或者结果有一项发生在我国领域内，我国就有管辖权。例如走私枪支、弹药的案件，把枪支、弹药从我国走私到境外，行为发生在我国领域内，尽管结果发生在领域外，也应受我国刑法管辖。另外，行为发生在境外，例如从境外邮寄一个毒品或炸药到境内，但结果发生在境内的，我国刑法对这样的案件也具有管辖权。

(4) 如何理解有特别规定的情况?

我国的属地管辖原则有个但书规定："法律有特别规定的除外"。这里所规定的是属地管辖的例外情况，主要有以下四个例外情况：

第一个例外情况：我国刑法第 11 条规定："享有外交特权和豁免权的外国人的刑事责任，通过外交途径解决。"所谓外交特权和豁免权，是指根据国际公约，在国家间互惠的基础上，为保证驻在本国的外交代表机构及其工作人员正常执行职务而给予的一种特别权利和待遇。这种外交特权和豁免权也是基于对等原则。享有外交特权和豁免权的外国人的犯罪，不受所在国的司法管辖，而应通过外交途径解决，一般来说驱逐出境或遣返回国。当然，如何确定哪些人享有外交特权和豁免权，应当根据有关的国际公约来确定。

第二个例外情况：我国刑法第 90 条规定，“民族自治地方不能全部适用本法规定的，可以由自治区或者省的人民代表大会根据当地民族的政治、经济、文化的特点和本法规定的基本原则，制定变通或者补充的规定，报请全国人民代表大会常务委员会批准施行”。这主要是对民族地区实行的民族区域自治。民族地区的犯罪具有自己的特点，适用全国性刑法可能不合适。它可以作出变通规定，报请全国人大常委会批准后可以实施，作为刑法属地管辖的一种例外。但是到目前为止，还没有任何一个民族地区有这种例外的规定。

第三个例外情况：刑法施行后国家立法机关制定的特别刑法的规定，包括单行刑法和附属刑法。这里主要涉及新法和旧法的关系：如果新法作出例外规定的，按照新法优于旧法的原则，在新法实施后根据新法的特别规定来解决。

第四个例外情况：我国香港特别行政区基本法和澳门特别行政区基本法作出的例外规定。香港和澳门是中华人民共和国的一部分，但是按照“一国两制”的原则，香港和澳门是特别行政区，作为一个独立的司法区，具有终审权，也就是说，全国性法律，除基本法列明的法律外，其效力不及于香港和澳门特别行政区。我国内地的刑事管辖权和香港、澳门特别行政区的刑事管辖权如何来划分也会出现一些问题，例如张某强案件：张某强是香港的公民，1997 年 9 月张某强在我国内地走私大量的炸药、雷管和导火索到香港，在香港实施了绑架、勒索的犯罪。1998 年年初，张某强在内地被抓获。整个案件有 36 名被告，18 名是内地居民，18 名是香港居民。这个案件在审理中就出现了管辖权的争议。香港某些法律界人士提出，张某强是香港居民，犯罪主要发生在香港，内地对张某强案进行管辖侵犯了香港的司法管辖权。内地学者认为，依我国刑法的规定，内地司法机关对张某强案行使管辖权是有根据的，因为张某强的一部分犯罪发生在内地。最终，广东司法机关对张某强案进行了管辖，并根据我国刑法对张某强判处死刑。

除了香港、澳门特别行政区外，还有台湾地区的问题。台湾地区是中国领土的一部分，由于历史的原因，台湾地区和大陆处于分治状态。台湾地区是一个独立的司法区。当然，台湾地区和大陆在打击犯罪方面存在司法协助，例如台湾地区的犯罪分子逃到大陆，被大陆的司法机关抓获后将通过一定管道遣送回台湾地区。从管辖来看，大陆和台湾地区属于两个独立的管辖区。

2. 属人管辖的立法规定

我国刑法第 7 条第 1 款规定："中华人民共和国公民在中华人民共和国领域外犯本法规定之罪的，适用本法，但是按本法规定的最高刑为三年以下有期徒刑的，可以不予追究。"第 7 条第 2 款规定："中华人民共和国国家工作人员和军人在中华人民共和国领域外犯本法规定之罪的，适用本法。"以上是中华人民共和国公民在中华人民共和国领域外犯罪的两种情况的规定，是把普通公民和国家工作人员、军人在中华人民共和国领域外犯罪加以分别处理。

中华人民共和国国家工作人员和军人在中华人民共和国领域外犯罪的，不论所犯何罪，也不论犯罪的轻重，都应适用我国刑法。其他中华人民共和国公民在中华人民共和国领域外犯罪的，虽然可以适用我国刑法，但所犯刑罚较轻，按我国刑法规定的最高刑为 3 年以下有期徒刑的，可以不予追究，也就是有个限度。这里应当注意，"可以不予追究"是一个相当有弹性的规定，可以不予追究，而不是一定不予追究。这个意思就是在某些特殊情况下，予以追究也是可以的。2005 年 5 月 11 日，最高人民法院和最高人民检察院颁布了《关于办理赌博刑事案件具体运用法律若干问题的解释》，这个司法解释的第 3 条就对"中华人民共和国公民在我国领域外周边地区聚众赌博，开设赌场，以吸收中华人民共和国公民为主要客源，构成赌博罪的"作了可以追究刑事责任的特别规定。因为我国刑法规定赌博罪处 3 年以下有期徒刑，如果按照刑法第 7 条第 1 款本来是可以不予追究的，而对于司法解释中的这种情况就可以追究。这是司法解释对刑法第 7 条第 1 款的一个例外规定。对于这个规定，需要加以注意。

中华人民共和国公民在中华人民共和国领域外犯罪，按照属人管辖原则，我国具有管辖权，但按属地管辖原则，犯罪所在地的国家同样有管辖权。一般来说，犯罪地的管辖当然是比较便利的。这样就出现了一个问题：一个公民在我国领域外犯罪已经受到了犯罪所在国的刑罚处罚，当该人回到我国境内的时候，我国刑法能否再对这个人的行为进行追究？在此，涉及对刑事诉讼法的“一事不再理”原则的理解。“一事不再理”是指一个犯罪行为经过一次追究不能再作第二次追究，同一个行为只受一次惩罚。一个公民已经受了外国的刑罚惩罚，我国刑法再对他的行为进行惩罚，是否违反了“一事不再理”原则，即是否受“一事不再理”原则的限制？如果受此限制，就不能再惩罚；如果不受此限制，就可以进行追究。这个问题的核心在于，对外国法院判决是否承认。对外国法院判决的承认问题是一个较为复杂的问题，涉及国家的主权、对等原则。对民事判决的承认还容易一点，因为只涉及私人的利益，而对刑事判决的承认就直接涉及国家主权的问题。目前各国对刑事判决的承认采取的立场是不一样的，大多数国家基于国家主权原则，还是不承认外国刑事判决的效力。在这样的前提下，尽管受了外国的刑罚处罚，但只要我国有管辖权，只要还能并且有实际管辖可能性，仍然要对这样的犯罪进行管辖；但是在外国已经受过刑罚惩罚，可以作为量刑的时候考虑的一个情节。对此我国刑法第 10 条专门作出了以下规定：“凡在中华人民共和国领域外犯罪，依照本法应当负刑事责任的，虽然经过外国审判，仍然可以依照本法追究，但是在外国已经受过刑罚处罚的，可以免除或者减轻处罚。”这个规定还是体现了原则性和灵活性的统一：一方面，坚持了国家主权原则，对外国的刑事判决不予承认；另一方面，又有灵活性，考虑到同一个犯罪行为已经在外国受到了刑罚惩罚，我国刑法在追究刑事责任的时候可以免除或者减轻处罚。

3. 保护管辖的立法规定

保护管辖原则是属地管辖原则和属人管辖原则的例外。我国刑法第 8 条对保护管辖原则作了专门规定："外国人在中华人民共和国领域外对中华人民共和国国家或者公民犯罪，而按本法规定的最低刑为三年以上有期徒刑的，可以适用本法，但是按照犯罪地的法律不受处罚的除外。"从这个规定来看，我国刑法中的保护管辖原则是有一定限制的，这种限制主要体现在两个方面：

一是刑罚轻重的限制。按照我国刑法规定，按照保护管辖原则来管辖的案件必须是最低刑为3年有期徒刑以上的犯罪，而最低刑为3年有期徒刑以上的犯罪一般来说是较为严重的犯罪，例如杀人、强奸、抢劫、绑架。最低刑为3年有期徒刑以下的犯罪，一般较轻，范围较广，都进行管辖也没有必要。因此，根据刑罚的轻重确定保护管辖的范围确有必要。

二是按照犯罪地的法律也应当受到刑罚处罚。这是一个双重犯罪的原则，也就是说根据保护管辖原则来进行管辖的案件，不但要根据我国刑法规定是犯罪，而且根据所在国的刑法规定也是犯罪，才能进行保护管辖。基于保护管辖原则进行管辖的案件一般发生在我国领域外，对这样的案件实际管辖是较为困难的。只有或者被告人通过旅游在境内被我国司法机关抓获，或者通过从犯罪地引渡到境内，才能进行管辖。因此，保护管辖实际上是存在极大限制的，我国保护管辖的案例几乎没有。因此，保护管辖的规定只是具有宣示的性质。

4. 普遍管辖的立法规定

我国刑法第9条对普遍管辖作了以下规定："对于中华人民共和国缔结或者参加的国际条约所规定的罪行，中华人民共和国在所承担条约义务的范围内行使刑事管辖权的，适用本法。"普遍管辖是国际刑法的原则。我国加入了某些国际公约，在这些公约中，规定了把某些侵害国际社会利益的行为规定为国际犯罪，因此，我国刑法也应该对这些犯罪行使管辖权。我国在修订刑法的时候，就会把我国加入的国际公约中所规定的犯罪在国内刑法中加以确认，把它从一个国际犯罪转化为国内犯罪，然后行使普遍管辖权并且根据我国刑法的规定对这些犯罪定罪处罚。当然，根据普遍管辖原则对国际犯罪进行管辖，是个非常复杂的问题，涉及与外国的关系问题，更重要的是国家主权的问题，所以需要我们在遵守国际公约和国内刑法的基础上正确处理这些犯罪。

二、刑法的时间效力

刑法的时间效力，主要涉及刑法的生效时间、失效时间以及刑法的溯及力问题。

（一）刑法的生效时间

刑法的生效时间，通常有两种情况：第一种是从公布之日起生效。第二种是在刑法公布后过一段时间才生效，刑法的公布时间和生效时间是两个不同的时间。我国1979年刑法是1979年7月1日通过的，从1980年1月1日开始生效，有半年时间用来宣传、学习、普及刑法。我国1997年刑法，是1997年3月14日通过的，从1997年10月1日开始生效。一般来说，比较重大的法律的生效时间和公布时间都有一定的间隔，以便大家来学习这个法律。

（二）刑法的失效时间

刑法的失效时间，是指刑法终止效力的时间，终止效力后就不能再适用。刑法的失效时间也可以分为两种：一种是明令失效，另一种是自然失效。

所谓明令失效是法律明确规定某个法律的失效时间。在这种情况下，法律终止效力的时间是确定的。自然失效是指新法实行后代替了同类内容的旧法，或者由于原来特殊的立法条件已经消失，旧法自行废止。这种自然失效的情况较为复杂，主要是基于新法优于旧法的原则：如果对某一个相同的问题，新法作出了一个新的规定，自然就取代了旧的规定。因此，新法的生效必然意味着旧法的失效。自然失效情况的复杂性在于，法律没有明确规定某个法律失效了，因此就有个判断问题，司法人员对旧法是否失效进行判断。在某些情况下，自然失效情况就更为复杂，因为对法律的修改，有的是直接修改，例如直接取消某个罪名，或者就某个犯罪的主体明确说哪部分人不再是犯罪主体；有的是间接修改，即没有直接修改某个罪的构成要件，但是新罪设立以后，自然就限制了旧罪的适用范围，这也意味着旧法所规定的某些内容就失效了。在后一种情况下，判断自然失效是较为复杂的。

（三）刑法的溯及力

所谓刑法的溯及力，是指刑法在生效以后，对其生效以前未经审判或者判决尚未确定的行为是否适用：如果适用，刑法就具有溯及力；如果不适用，刑法就不具有溯及力。这里的溯及力，是指刑法溯及既往的效力。在刑法的溯及力问题上，世界各国通常有以下原则：（1）从旧原则。新法对其生效前的行为，完全没有溯及力，完全适用旧法。（2）从新原则。新法对其生效以前未经审判或者判决尚未确定的行为一律适用，也就是新法具有溯及力。即使根据从新原则刑法具有溯及力，也仅是指对其生效以前未经审判或者判决尚未确定的行为具有溯及力，并不是指对新法生效以前已经审结的案件也有溯及力。例如，对于一个行为旧法认为是犯罪，新法认为不是犯罪，如果某一个案件在旧法期间已经判刑了，不能根据新法再把这个判决撤销。（3）从新兼从轻原则。新法原则上有溯及力，但旧法不认为是犯罪或者处刑较轻时，按照旧法。（4）从旧兼从轻原则。新法原则上不具有溯及力，但是在新法规定较轻、有利于被告人的情况下，承认新法有条件地有溯及力。旧法规定为犯罪而新法不认为是犯罪，如果从旧，要构成犯罪，如果从新，就不构成犯罪；或者新法、旧法都规定为犯罪，但是新法比旧法处刑较轻，也认为新法具有溯及力。

从罪刑法定原则出发，不承认刑法具有溯及力，也就是说罪刑法定原则排斥刑法有溯及力。罪刑法定原则的基本精神，是对国家刑罚权加以限制。法律只能为将来立法，而不能对过去立法，刑法生效以后的行为才受其管辖，因此，罪刑法定原则必然要求坚持从旧原则。罪刑法定原则具有的限制机能，只是限制司法机关将立法机关没有规定为犯罪的行为作为犯罪来处理，但从来不限制司法机关将立法机关规定为犯罪的行为不作为犯罪来处理。罪刑法定原则是一个有利于被告人的原则，罪刑法定所禁止的是不利于被告人的溯及力，如果新法有利于被告人，则适用新法。有条件地承认刑法的溯及力并不违反罪刑法定。

我国刑法规定了罪刑法定原则，因此，我国刑法在刑法的溯及力问题上采用从旧兼从轻的原则。我国刑法第12条第1款规定：“中华人民共和国成立以后本法施行以前的行为，如果当时的法律不认为是犯罪的，适用当时的法律；如果当时的法律认为是犯罪的，依照本法总则第四章第八节的规定应当追诉的，按照当时的法律追究刑事责任，但是如果本法不认为是犯罪或者处刑较轻的，适用本法。”据此，我国刑法关于溯及力问题，以下要点需要掌握：

（1）当时的法律不认为是犯罪，而修订后的法律认为是犯罪的，适用当时的法律，即修订后的刑法没有溯及力。

（2）当时的法律认为是犯罪，而修订后的刑法不认为是犯罪的，只要行为未经审判，或者判决尚未确定，适用修订后的刑法，即修订后的刑法具有溯及力。

（3）当时的法律和修订后的刑法都认为是犯罪，并且按照修订后的刑法总则第四章第八节的规定应当追诉的，原则上按当时的法律追究刑事责任，即修订后的刑法不具有溯及力。

（4）当时的法律和修订后的刑法都认为是犯罪，但修订后的刑法处刑较轻的，应适用修订后的刑法，即修订后的刑法具有溯及力。

我国刑法关于溯及力的规定，原则上坚持刑法不具有溯及力，但新法对被告人有利的，刑法就具有溯及力。

在此还要专门讨论跨时犯的刑法溯及力问题。所谓跨时犯，是指行为人的同一个犯罪行为跨越新、旧法。跨时犯涉及犯罪时间的确定问题，从而对刑法的溯及力的判断具有重要意义。跨时犯的刑法溯及力确定问题，可以分为以下情况加以考察：

（1）继续犯罪的跨时犯。继续犯罪的跨时犯是指犯罪行为从旧法时期继续到新法，例如非法拘禁，在旧法时期把被害人拘禁起来，一直关押到新法施行以后，同一个行为跨越了新、旧刑法。对这种情况来说，如果新法、旧法的法律规定没有变化，对其适用什么法律也就没有问题。但如果新法、旧法的法律规定有变化，就会产生到底适用新法还是旧法的问题。根据司法解释的规定，对跨越新、旧刑法的继续犯罪，应当适用新法。如果新法所规定的构成要件和情节较为严格或者法定刑较重，应当酌情从轻处罚。

（2）连续犯罪的跨时犯。连续犯罪的跨时犯是指连续犯罪跨越新、旧法，例如盗窃，在旧法期间有一部分盗窃行为，在新法期间又有一部分盗窃行为。对这种情况来说，如果新法、旧法的法律规定没有变化，对其适用什么法律也就没有问题。但如果新法、旧法的法律规定有变化，就会产生到底适用新法还是旧法的问题。根据司法解释的规定，对跨越新、旧刑法的继续犯罪，应当适用新法。如果新法所规定的构成要件和情节较为严格或者法定刑较重，应当酌情从轻处罚。

（3）同种数罪的跨时犯。同种数罪的跨时犯是指前后数种同种犯罪跨越新、旧法。对这种情况来说，如果新法、旧法的法律规定没有变化，对其适用什么法律也就没有问题。但如果新法、旧法的法律规定有变化，就会产生到底适用新法还是旧法的问题。根据司法解释的规定，对于跨越新、旧刑法的继续犯罪，应当适用新法。如果新法所规定的构成要件和情节较为严格或者法定刑较重，应当酌情从轻处罚。

（4）行为与结果分离的跨时犯。行为与结果分离的跨时犯是指行为发生在旧法期间，而结果发生在新法期间。这种情况也称为隔时犯。应该说，行为发生的时间和结果的发生时间，都是犯罪时间。因此，在这种情况下，无论新法和旧法有何变化，新法都具有效力，都应该适用新法。

第五讲

犯罪概说

犯罪是刑法的核心概念，整个刑法就是围绕着犯罪而展开的。没有犯罪，也就没有刑罚，当然也就没有刑法。犯罪概念有犯罪的法定概念和犯罪的理论概念之分：犯罪的法定概念是指刑法所规定的犯罪概念，而犯罪的理论概念是指刑法理论所确立的犯罪概念。在本讲中，分别对以上两种犯罪概念进行论述。

一、犯罪：形式概念、实质概念与混合概念

犯罪的形式概念、实质概念与混合概念是犯罪的法定概念。大陆法系刑法典大多都有对于犯罪的概念所作的规定，但这种规定的形式和内容是有所不同的。在此，我们可以将各国刑法中犯罪的法定概念分为犯罪的形式概念、实质概念和混合概念。

（一）犯罪的形式概念

犯罪的形式概念是指从犯罪的法律特征上描述犯罪而形成的犯罪的法定概念。根据犯罪的形式概念，犯罪是指刑法规定的应当受到刑罚处罚的行为。从犯罪的形式概念可以看出，它是以法界定犯罪，即刑法是否有规定；以刑界定犯罪，即是否应当受到刑罚处罚。应该说，大陆法系国家刑法典所规定的都是犯罪

的形式概念。例如1810年《法国刑法典》第1条规定："法律以违警刑惩罚之犯罪，称为违警罪；法律以惩治刑所惩罚之犯罪，称为轻罪；法律以身体刑所惩罚之犯罪，称为重罪。"这是在刑法典中首次规定犯罪概念，它以犯罪所应受到的刑罚界定犯罪。根据犯罪所应受到的三种不同刑罚确定犯罪的三种类型，这就是世界各国所通行的犯罪三分法，即违警罪、轻罪和重罪。此外，《瑞士刑法典》第9条规定："犯罪是法律所禁止的并以刑罚来制裁的行为。"这是一个更为典型的犯罪的形式概念，立法者没有对犯罪的实体内容加以描述，而只是单纯地描述了犯罪的法律特征。

犯罪的形式概念是以罪刑法定原则为前提的。根据罪刑法定原则，犯罪必须是有刑法明文规定的，如果法律没有明文规定就不认为是犯罪。因此，犯罪的形式概念直接来自罪刑法定原则，强调犯罪的根本特征在于形式违法性，也就是法律有明文规定。因此，犯罪的形式概念具有人权保障的功能，它将犯罪的范围严格限制在法律所规定的范围之内。在实行罪刑法定的国家，刑法所规定的都是犯罪的形式概念。也就是说，犯罪的形式概念是和罪刑法定原则相联系的。从表面上看，犯罪的形式概念的内容是空泛的，所以往往也被指责为一种法律的形式主义概念，回避了犯罪的实体内容。但实际上，犯罪的形式概念的最大意义就在于体现罪刑法定原则，这对于限制国家的刑罚权、保障公民个人的权利和自由具有重要意义。

（二）犯罪的实质概念

犯罪的实质概念是指从犯罪的社会内容上描述犯罪而形成的犯罪的法定概念。犯罪的实质概念与犯罪的形式概念是不同的：犯罪的形式概念所描述的是犯罪的法律特征，而犯罪的实质概念描述的是犯罪的社会内容。犯罪的实质概念是1922年《苏俄刑法典》首创的，该法第6条明确规定："威胁苏维埃制度基础及工农政权在向共产主义制度过渡时期所建立的法律秩序的一切危害社会的作为和不作为，都被认为是犯罪。"在这个犯罪概念中，描述了犯罪所具有的实质内容，但对犯罪的法律特征并没有加以具体的描述。这是典型的犯罪的实质概念。

犯罪的实质概念是以类推为前提的，并且与罪刑法定原则背道而驰，是对罪刑法定原则的根本否定。犯罪的实质概念产生于俄罗斯在十月革命以后所制定的社会主义的刑法典，因此，我们可以回顾一下俄罗斯刑法当中的犯罪概念的演变过程。在苏维埃十月革命以前，1822 年的《俄罗斯刑法典》规定的是犯罪的形式概念："犯罪是法律用刑罚威吓所禁止的行为。"在十月革命以后，苏俄出现了法律虚无主义思潮，把刑法典分为资产阶级刑法典与无产阶级刑法典，将资产阶级刑法典指责为形式主义并予以废除。在苏维埃成立之初，1920—1921 年期间，对于无产阶级国家将如何制定刑法典以及刑法典的性质产生过激烈的争论，当时比较流行的观点是要制定一部不包含犯罪的确切定义的刑法典。还有观点认为，只要在刑法总则中规定一个犯罪的实质概念，至于刑法分则就没有必要对各种犯罪行为加以列举，可以由法官根据刑法总则所确定的犯罪的实质概念来加以判断。至于刑罚，有的观点也认为刑法典分则的条文不应当包含法定刑，只需给法官开一个供自由选择惩罚方法的名目即可。当时苏俄著名的刑法学家斯图奇卡主张以问答的方式编纂刑法典，认为不应当采取逐条叙述内容的方法作为未来无产阶级法律的形式，那样的法律形式就不存在资产阶级制度的任何阴影了。从当时的讨论情况来看，苏俄刑法学者将资产阶级的刑法典当成形式主义，认为无产阶级的刑法，不仅在实体内容上和资产阶级刑法要有根本差别，而且在法律形式上也要和资产阶级刑法明显区分开来，也就是说，资产阶级刑法，不仅它的内容应当抛弃，而且它的形式也应当抛弃。

这是典型的法律虚无主义思想，它来自法的消亡理论。法的消亡理论最早是由马克思、恩格斯提出来的，他们认为：法律是一定的社会的产物，到了共产主义，法律就消亡了。随着法律的消亡，国家也同时消亡。苏联十月革命胜利以后，在当时的历史条件下是否具备了法的消亡条件？这是一个需要回答的问题。当时苏俄著名法学家帕舒卡尼斯，在《法的一般原理与马克思主义》一书中认为，法的基础不是生产关系而是交换关系，而在社会主义社会，这种交换关系就被消灭了。既然交换关系消亡了，建立在交换关系基础之上的法律也必然消亡。所以，帕舒卡尼斯直接提出了法的消亡这样一个命题。

在这样一种历史背景下，1922 年制定的《苏俄刑法典》就确立了犯罪的实质概念。犯罪的实质概念给出了犯罪判断的实质标准，但没有给出犯罪判断的法律标准。1922年的《苏俄刑法典》直接否定了罪刑法定原则，公然主张类推，从而为人治打开了大门。20世纪30年代，苏联出现了一场大清洗。这场大清洗导致了将近四百万人被逮捕判刑，四十万到五十万人惨遭杀害，带来了十分严重的后果。那个主张法律虚无主义、认为在苏维埃可以不要法律的法学家帕舒卡尼斯也在大清洗中被判处死刑，丧失了生命。后来美国著名学者庞德在评价这段历史的时候，不无讽刺地指出："如果俄国有法律而不只是有行政命令，那么他就有可能失去工作却不会丧命。"

这句话说得非常深刻。如果刑法中的犯罪概念，只是根据实质内容来判断，而没有法律的明确界限，就会无限度地扩大犯罪范围，从而使得公民的权利不能受到法律的应有保障。在这种情况下，那些无辜者受到清洗、受到镇压，也就是非常自然的后果。因此，在刑法中规定犯罪的实质概念是与罪刑法定原则相对立的，不利于保障人权，更不利于限制国家的刑罚权。

(三) 犯罪的混合概念

犯罪的混合概念是指犯罪的实质内容和法律特征相统一的犯罪的法定概念。在犯罪的混合概念中，既揭示了犯罪的实质内容，又强调了犯罪的法律特征，使犯罪的实质内容和形式特征混合起来，由此而形成了犯罪的混合概念。最为典型的犯罪的混合概念是1960年《苏俄刑法典》第7条之规定："凡刑事法律所规定的侵害苏维埃的社会制度、政治和经济关系，侵害社会主义所有制，侵害公民的人身权利和自由、政治权利和自由、劳动权利和自由、财产权利和自由及其他权利和自由的危害行为，都认为是犯罪。"在这样的犯罪概念中，既规定了犯罪是刑法所规定的，具有刑事违法性，又揭示了或描述了犯罪的实质内容，由此而把犯罪的形式特征和实质内容统一起来，形成了犯罪的混合概念。

犯罪的混合概念出现的历史背景是苏联对大清洗这段历史的深刻反思，逐渐清算法律虚无主义，开始健全社会主义法制。1960年《苏俄刑法典》就是在开始强调社会主义法制原则的背景下制定的，其中就规定了犯罪的混合概念。从1922年《苏俄刑法典》规定的犯罪的实质概念过渡到1960《苏俄刑法典》规定的犯罪的混合概念，可以生动地折射出苏俄刑法历史性进步的轨迹。

犯罪的混合概念既强调犯罪的实质内容，同时也强调犯罪的形式特征。不可否认，犯罪的混合概念本身也存在一种内在的矛盾。在犯罪的实质内容与犯罪的形式特征两者是统一的情况下，犯罪的混合概念当然可以为犯罪的认定提供标准。但在犯罪的实体内容与犯罪的形式特征两者相矛盾的情况下，到底是按照犯罪的实质内容还是犯罪的法律特征认定犯罪，就会出现一定的问题。

1991 年苏联解体之后 1996 年《俄罗斯刑法典》第 14 条对犯罪概念作了以下规定："本法典以刑罚威胁所禁止的罪过的实施的危害社会的行为是犯罪。"在这个概念中，把体现犯罪的实质内容的政治话语全部取消，只保留了罪过、危害社会的行为等特征。尽管还不是典型的犯罪的形式概念，但已经实现了去政治意识形态化，犯罪的法律形式和实体要件得到了强调。因此，这是实体要件和形式特征相结合的犯罪混合概念。

从《俄罗斯刑法典》关于犯罪概念的规定来看，从 1822 年到 1996 年，差不多一百五十年的时间，经历了从犯罪的形式概念到犯罪的实质概念，再到犯罪的混合概念，最后演变为实体要件和形式特征相结合的犯罪混合概念，这样一个历史的轮回。这背后所反映出来的社会历史的变化，可以说是沧海桑田。回顾这段历史，令人感慨。从表面来看，好像是犯罪概念在法律表述上的细微差别，但实际上背后所反映出来的巨大的社会变动以及由此所造成的社会影响是难以估量的，千百万人头由此落地绝非危言耸听。

我国刑法中的犯罪概念也可以归入犯罪的混合概念，或者说就是犯罪的混合概念。因为在我国刑法规定的犯罪概念中，同样既揭示了犯罪的法律特征又揭示了犯罪的实质内容。我国刑法第 13 条规定："一切危害国家主权、领土完整和安全，分裂国家、颠覆人民民主专政的政权和推翻社会主义制度，破坏社会秩序和经济秩序，侵犯国有财产或者劳动群众集体所有的财产，侵犯公民私人所有的财产，侵犯公民的人身权利、民主权利和其他权利，以及其他危害社会的行为，依照法律应当受到刑罚处罚的，都是犯罪，但是情节显著轻微危害不大的，不认为是犯罪。"在这个犯罪概念中，前半段主要揭示的是犯罪的实质内容，而后半段揭示的是犯罪的形式特征。也就是说，犯罪不仅是具有社会危害性的，而且是由法律明文规定的。

我国刑法中的犯罪概念，可以说是直接来自苏俄，是 1960 年《苏俄刑法典》中犯罪的混合概念规定的翻版。我国刑法的犯罪概念抄自苏俄刑法，但苏俄刑法已经不复存在，《俄罗斯刑法典》也已经摒弃了充塞犯罪侵害的客体内容的犯罪概念。在这种情况下，我们又有什么理由为我国刑法中不伦不类的犯罪概念歌功颂德呢？我认为，从罪刑法定的基本原则出发，刑法应当确立犯罪的形式概念。

二、犯罪：规范概念和事实概念

犯罪的规范概念和事实概念是从刑法理论上对犯罪进行考察的分类，属于犯罪的理论概念。犯罪现象十分复杂，可以从不同角度进行考察，犯罪的规范概念和事实概念从另外一个角度给我们深刻地理解犯罪提供了一个视角。我认为，犯罪具有规范与事实的双重属性，因而形成了对犯罪考察的规范和事实的双重视角。

（一）犯罪的规范概念

犯罪的规范概念是规范刑法学上的犯罪概念，它从犯罪的规范意义上揭示了犯罪的性质，从而对于理解犯罪的性质具有重要意义。虽然犯罪的规范概念是强调犯罪的规范性，但我们对这种犯罪规范性的理解，并不是局限于或满足于对犯罪的法律特征的描述，而是要深入犯罪的规范特征的背后，去揭示犯罪的规范特征的根源，从而使我们能够正确理解犯罪的实质。规范的犯罪的概念，在对规范内容的理解上，经历了一个历史的演变过程，主要有以下五种观点。

1. 契约违反说

契约违反说是贝卡利亚提出的。社会契约论是启蒙学家一个重要的思想来源，认为社会是公民通过社会契约建立起来的。这种社会契约就成为政治、法律的重要来源。贝卡利亚把社会契约论运用到刑法中，认为国家的刑罚权来自于公民个人权利和自由的转让，这种权利和自由的转让就是通过社会契约来完成的，由此来论证国家刑罚权的正当性以及它的限度。因为国家刑罚权来自于公民个人权利和自由的转让，所以国家刑罚权的唯一的目的就是维护公民个人的权利和自由。而犯罪也正是一种违反社会契约的行为，按照贝卡利亚的观点，法律是自由人之间的公约，只有法律才能为犯罪规定刑罚，司法官员只能判定是否出现了对契约的侵害。因此，犯罪是由法律规定的，司法官员也就是法官只能根据法律的规定来判断一个行为是否违反了契约、是否构成了犯罪。从贝卡利亚的契约违反说的观点中仍然可以看出来对犯罪的规范特征的重视和强调，这正是罪刑法定原则的应有之义。

2. 权利侵害说

权利侵害说是德国著名学者费尔巴哈主张的。费尔巴哈认为：犯罪是一种侵害权利的行为，这种权利是法律所赋予的。犯罪具有对法律的违反性，这种违反性主要就体现在对权利的侵害。权利侵害说立足于法律揭示犯罪的性质，证明了每一个刑法条款背后作为保护对象的个人和国家的权利，这种权利是由国家法律赋予的，因此，对权利侵害行为只能根据法律加以判断。在这个意义上说，费尔巴哈的权利侵害说同样强调了犯罪的法定性。如果说贝卡利亚的契约违反说对犯罪内容的揭示还较为抽象，那么费尔巴哈的权利侵害说较为具体地揭示了犯罪的实质内容。权利侵害说曾经流行于欧洲大陆，成为对犯罪的性质理解的一种通说。

3. 法益侵害说

法益侵害说是德国刑法学家毕伦巴姆提出来的。毕伦巴姆认为，犯罪并不是对权利的侵害，而是对法益的侵害。法益是指法律所保护的利益，就法律所保护的利益而言，似乎法益并不只是刑法的概念，所有的法律都保护一定的利益，因此，法益似乎应该是各个部门法所通行的概念。但实际上，法益是刑法领域所特有的概念，其他的部门法学并不通用法益概念。即使到目前，法益也是刑法领域非常重要的基石概念。尤其在揭示犯罪的性质以及对构成要件进行解释的时候，往往采用法益概念。可以说，法益不仅是一个描述性的概念，而且是一种十分有用的分析工具。就法益概念和权利概念比较而言，应该说法益概念是更为深刻的，因为权利本身还只是一种表面的现象，是一种形式的东西，某一种权利的背后是利益，权利不能脱离利益而存在。因此，法益侵害说进一步揭示了犯罪对于法律所保护的利益的侵害，由此而使我们对于犯罪的法律性质的认识更加深入，并且为司法机关认定犯罪提供了一种实质的根据。在认定了行为的违法性以后，还要作进一步的判断：某一种行为是否具有法益侵害性，以及这种法益侵害达到了何种程度？法益侵害说受到了当时欧洲大陆所通行的利益法学的影响，认为法律的目的是保护一定的社会利益，只有从一定的社会利益出发，才能正确地掌握法律的本质。在这样的前提之下，毕伦巴姆提出了法益侵害说。至今在欧洲大陆的刑法理论中，法益侵害说仍然占有统治地位。

4. 义务违反说

义务违反说是德国纳粹时代的刑法学家夏弗斯塔因提出的。义务违反说认为，犯罪的本质不是法益侵害，而是义务违反，也就是违反了某种法定的义务。只有从违反义务这个角度来理解犯罪，才能真正掌握犯罪的本质内容。当然，义务违反说和费尔巴哈的权利侵害说是有一定的类似性的，因为权利侵害的行为，同样是义务违反的行为。所以，相较于重视犯罪的实质内容的法益侵害说，义务违反说又回到了重视犯罪的形式意义。考虑到夏弗斯塔因的纳粹背景，一般认为义务违反说是为纳粹服务的。意大利刑法学家帕多瓦尼曾经对义务违反说进行了以下的评论：义务违反说认为行为体现了行为人违背忠诚行为的意志，以此作为判断行为是否构成犯罪的标准，而行为是否在实际上侵害了某种利益、使之置于危险之中，则是无关紧要的。如果坚持这种犯罪概念，立法者就不会以法益受侵害作为限度来确定犯罪的范围，这必然会从根本上导致刑事立法的无限扩张，完全改变关于刑事责任的看法，也就是不再以行为人的行为而是以行为人的整个生活方式作为刑事责任的根据。应当说这种批评有一定道理。因为法益是否受到侵害是一个可以客观判断的问题，具有客观性，所以帕多瓦尼把建立在法益侵害之上的这种犯罪概念称为犯罪的客观概念，而把完全根据是否违反国家所设置的义务来理解犯罪的实质的犯罪概念称为犯罪的主观概念，认为后者缺乏对犯罪判断的实质标准，从而导致对刑事责任的根本否定。

5. 规范违反说

规范违反说是德国著名刑法学家雅科布斯提出的。雅科布斯认为，犯罪不是法益侵害，而是规范否认。在雅科布斯看来，犯罪是反规范的，但规范不因为犯罪的反对而失效，恰恰相反，它通过对犯罪的惩罚来证明自身的有效性，从而维护社会的统一性。雅科布斯强调在现实生活中规范的有效性，这种规范是为犯罪所违反的，通过惩罚犯罪来证明规范是有效的。从这种规范有效性当中，雅科布斯提出了所谓的忠诚理论。传统理论上对于刑罚性质的说明，主要有报应和预防这两种理论：报应强调刑法的公正性，而预防强调刑法的功利性。雅科布斯认为，刑罚既不是为了报应，也不是为了预防，不是追求某种功利的目的，而是为了证明规范的有效，从而使公民产生对规范的一种忠诚，由此而超越报应和预防的理论。当然，雅科布斯的这种观点，即使在德国，也是极少部分人所主张的一种理论。这种忠诚理论是否能够真的超越报应和预防理论，在理论上还是值得研究的。

以上根据历史的演变过程，对于大陆法系国家关于犯罪的性质的理论观点作了介绍。目前来看，大陆法系国家主要通行的还是法益侵害说。当然，由于法益侵害说强调法益的侵害性，强调行为对社会造成的侵害的后果，因此对于那些没有造成一定侵害后果、仅仅行为具有某种危险性的犯罪，该理论在说服力上还是有所欠缺。因此，在大陆法系国家，也有少数学者倾向于规范违反说。

在我国过去相当长一段时间内，关于犯罪的性质的基本观点是社会危害性理论，强调行为的社会危害性，认为社会危害性是犯罪的本质特征。我国刑法理论根据刑法第 13 条关于犯罪概念的规定认为，犯罪具有三个特征：社会危害性、刑事违法性和应受刑罚惩罚性。在这三个特征中，社会危害性是犯罪的本质特征，而刑事违法性和应受刑罚惩罚性只不过是社会危害性在法律上的体现。这种关于社会危害性的观点，对于我们理解犯罪的实质内容是有一定意义的。但如果过于强调社会危害性，甚至把社会危害性凌驾于刑事违法性之上，那么就会和罪刑法定原则相矛盾。而且，在传统的社会危害性理论中，更多的是一种政治话语、一种意识形态的话语，缺乏规范的内容，也缺乏判断的标准。因此，我个人倾向于采用法益侵害说。相对于社会危害性这个概念而言，法益侵害这个概念具有实体性、实效性，并且具有规范性。首先，这里所谓的实体性是指，这种法益是具有一定实体内容的，它不像权利、义务、规范那些概念那么抽象。其次，法益侵害这样一种判断标准具有实效性，它是可以证明的，某种法益是否受到侵害以及受到侵害的程度，都可以从客观上加以证明。最后，法益侵害说具有规范性，因为法益侵害中的法益是指法律所保护的利益，而利益范围是以法律所规定的作为标准来判断的。因此，我赞同采用法益侵害说来说明犯罪的性质。

（二）犯罪的事实概念

犯罪的规范概念是以某一种行为已经被法律规定为犯罪为前提，而不满足于对犯罪法定性的理解，深入犯罪背后揭示犯罪的实质内容，从这个角度来理解犯罪，于是就出现了以上各种学说。而犯罪的事实概念是指从事实的意义上理解犯罪，使犯罪的概念事实化。这样的犯罪概念就是犯罪学上的犯罪概念。这里面涉及刑法学与犯罪学这两个学科之间的关系：刑法学主要是一种规范刑法学，而且刑法学主要是以刑法为研究对象的，因此，刑法学所研究的犯罪是法定的犯罪、规范的犯罪。犯罪学也研究犯罪，但犯罪学主要不是研究犯罪的法律特征，而是研究犯罪的事实特征。刑法学中的犯罪概念和犯罪学中的犯罪概念两者如何界定，始终是在理论上存在争议的。

刑法学所研究的犯罪概念和犯罪学所研究的犯罪概念之间的根本差别就在于规范和事实的差别。刑法学所研究的犯罪概念是规范的犯罪概念，或者说是法定的犯罪概念。刑法学所主要需要解决的问题是具备哪些条件构成犯罪，从而为司法机关正确认定犯罪提供某种法律标准。而犯罪学所研究的是事实意义上的犯罪，它主要是揭示犯罪的原因、研究犯罪的规律，从而为制定刑事政策起到某种参考作用。所以，犯罪学是一种经验科学、事实科学，与刑法学作为一种法律科学、规范科学在性质上是完全不同的。当然，犯罪学中的犯罪概念和刑法学中的犯罪概念还是有联系的，这种联系主要是指一个国家的犯罪学所研究的犯罪是以这个国家的刑法所确定的犯罪作为基本范围的。当然，犯罪学又不完全局限于刑法所规定的犯罪范围，它除了研究刑法所规定的犯罪以外，还研究前犯罪行为以及犯罪边缘行为。所谓前犯罪行为，也就是没有被规定为犯罪但有必要被规定为犯罪的行为。所谓犯罪边缘行为是指虽然不是犯罪，但与犯罪具有密切关联性的行为，例如卖淫嫖娼以及吸毒等。犯罪学之所以要研究前犯罪行为和犯罪边缘行为，是由犯罪学的特点所决定的。犯罪学研究犯罪的原因，描述犯罪的规律，从而为刑事立法提供某种参考，所以，犯罪学不能局限于法定的犯罪范围，还要把研究的触角伸向前犯罪行为和犯罪边缘行为。所以，犯罪学的犯罪概念和刑法学的犯罪概念相比较，它的范围较宽。当然，范围的宽窄只是一个方面，更主要的是它的着眼点不同，它不是研究犯罪的规范形式，而是研究犯罪的事实、性质以及犯罪产生的原因。如果说，规范刑法学对犯罪的研究是一种解释性的、建构性的，那么，犯罪学对犯罪的研究就是一种描述性的、实证性的。可见，两者是有所不同的。

犯罪学可以说是刑法学研究的过程中产生的，被称为犯罪学之父的是意大利著名刑法学家龙勃罗梭。在龙勃罗梭之前，刑事古典学派，包括贝卡利亚、费尔巴哈以及康德、黑格尔，所研究的主要是规范意义上的犯罪，研究的是犯罪的抽象特征以及其意义。从龙勃罗梭开始，对犯罪的研究，就从犯罪的抽象的、规范的特征转移到犯罪的具体的、事实的特征，尤其是转移到犯罪人。

龙勃罗梭是军医出身，具有医学知识背景。他曾经长期在意大利监狱对犯罪人进行身体的体格测量，所以掌握了大量的罪犯的一手资料。龙勃罗梭总是想寻找犯罪的原因、搞清一个人为什么会犯罪。有一天，龙勃罗梭解剖了在意大利臭名昭著的犯罪人维罗拉的尸体，这个人是个强盗，可以说罪恶滔天。龙勃罗梭打开维罗拉的头颅，发现他的头颅某个部位凹陷处有个中窝，这个特征和低等动物的是完全一样的，而和一般正常人的不一样。龙勃罗梭后来回想起当时的一刹那，好像一个雷电在脑海中闪过，他突然意识到自己发现了犯罪的真相，这就是返祖遗传。龙勃罗梭认为，犯罪人和正常人之间具有生理上的不同，犯罪是由遗传因素造成的，由此而提出了天生犯罪人论。龙勃罗梭认为犯罪人是天生的，一个人生下来就必然会去犯罪，由此而创立了刑事人类学，主要是从生物遗传的角度来揭示犯罪的特征。

龙勃罗梭的天生犯罪人理论在产生之后，在整个欧洲大陆引起了一场革命，对于当时的刑事古典学派可以说是重创。因为过去像贝卡利亚、费尔巴哈以及康德、黑格尔都假定犯罪人是理性人，是具有意志自由的，犯罪或者不犯罪是由行为人自己进行选择来确定的。例如，费尔巴哈的心理强制说就是建立在犯罪人的趋利避害这样一种理性选择基础之上。黑格尔的报应刑论也是假定犯罪是犯罪人的意志自由的结果。按照黑格尔的观点，犯罪人在选择犯罪的同时，实际上也就是选择了刑罚，因为刑罚是犯罪的必然后果，因此，法律惩罚犯罪人，正是对犯罪人理性的尊重，如果犯罪后不惩罚他，才是对他理性的不尊重，由此来证明刑罚的正当性。这些理论都是建立在犯罪人是理性人、具有意志自由的基础之上。龙勃罗梭的天生犯罪人论提出以后，就把犯罪人是理性人这样一个前提性的结论彻底推翻。犯罪人根本不是理性人，没有意志自由，不是刑事古典学派所设想的那样——他想犯罪就犯罪，他想不犯罪就不犯罪——而是生下来就是注定要犯罪的。这样，报应的理论、威吓的理论就没有用了。因为犯罪不是意志自由决定的，因此不能像报应刑论主张的那样对犯罪人进行道义的谴责。同样，因为犯罪是具有必然性的，因此对犯罪人进行威吓也是没用的。所以，从龙勃罗梭开始，在刑事政策上就抛弃了报应主义和一般预防主义，转而主张个别预防主义，认为刑罚的唯一功能就是对犯罪人进行救治、对犯罪人进行矫正，防止其再犯。这样一种个别预防理论对刑法学当然产生了影响，更重要的是创立了犯罪学这门学科。所以，龙勃罗梭的代表作《犯罪人论》（专门对犯罪人进行研究）被认为是犯罪学的经典著作，也是一本开创性的著作。这样，就从刑事古典学派对犯罪的规范的研究转向对犯罪进行一种实证的研究和事实的研究，从而推动了犯罪学的产生。

在龙勃罗梭之后，意大利著名刑法学家菲利的《犯罪社会学》一书创立了刑事社会学派。刑事社会学派与刑事人类学派有所不同：龙勃罗梭的刑事人类学派强调的是犯罪的生物学的特征，认为犯罪是天生的，因此，对犯罪人就应当像对待病人一样，对犯罪人不是惩罚而是救治，在刑事政策上以救治模式取代惩罚模式。而菲利更强调犯罪的社会性，认为犯罪是由一定的社会生活条件所造成的，犯罪对于一个社会来说是必然的。菲利提出了犯罪饱和论，认为：就像一定量的氢元素和一定量的氧元素互相结合必然产生一定量的水。犯罪也是一样，一定的社会条件相互作用，必然产生一定量的犯罪，而且犯罪会达到饱和程度。犯罪饱和论实际也是犯罪必然论：在一个社会里犯罪是不可避免的，是这个社会生活的一部分。这种观点主要是提出了犯罪的社会学概念。当然，后来还有些学者对犯罪人的心理特征进行研究，因此就产生了犯罪的心理学概念。无论是犯罪的生物学的概念还是犯罪的社会学的概念、犯罪的心理学的概念，都是从不同的角度研究犯罪，来把握犯罪的事实特征，从而为我们正确地掌握犯罪的产生、发展、消亡的规律提供了某种理论的视野，因此具有重要意义。

三、犯罪：刑法概念、证据法概念与程序法概念

犯罪是整个刑事法的核心，刑法、刑事证据法、刑事程序法都是围绕犯罪而展开，都是要解决犯罪问题。而犯罪不是自在之物，而是自为之物。犯罪包含各种评价，从不同的法律部门出发，视角是不一样的。我们在理解犯罪的概念的时候，还应该把它放到整个刑事法的中心，从不同的刑事法来观察犯罪这种现象。

(一) 犯罪的刑法概念

犯罪的刑法概念是指犯罪是由刑法明文规定的，没有刑法的明文规定也就没有犯罪。在犯罪概念中，具有法律特征和实体内容这两个方面的要素。所谓犯罪的法律特征就是刑法的明文规定性，而所谓犯罪的实质内容就是犯罪的法益侵害性。对于犯罪来说，这两者是必须同时具备的，缺一不可。我认为，在犯罪的刑法概念中，强调的是犯罪的法定性，也就是说，犯罪必须是法律有明文规定的行为，这也是罪刑法定原则的基本要求。某一个行为，即使具有再大的法益侵害性，如果没有刑法的明文规定，就不能被认为是刑法中的犯罪。这一理念是必须坚持的。

在司法实践中认定犯罪的时候，一个重要的问题就是正确判断一个行为是否

在刑法中有明文规定。这里涉及罪与非罪的界限。虽然在大多数情况下，这一犯罪界限是明确的，但是在某些案件中这个界限是不明确的，需要对刑法规定进行深刻的理解和把握。例如，我国刑法第228条规定了非法转让、倒卖土地使用权罪，是指未经批准而将土地使用权转让给他人。例如，基本农田具有特定用途，未经土地管理机关批准改变土地性质而转让就是一种非法转让，可以构成本罪。而非法倒卖土地使用权罪是指以牟利为目的，以低价获得土地使用权，然后加价予以卖出的行为。这种非法倒卖土地使用权的行为，是未经国家土地管理机关批准的，并且是侵犯国家土地管理制度的，因而构成本罪。在司法实践中存在这种情况，就是某个公司依法取得国有土地使用权以后，以股权转让的方式进行转让，其行为是否构成非法转让土地使用权罪？对此，在司法实践中存在较大争议，刑法理论上也存在分歧。第一种观点认为，以股权转让的方式转让土地使用权的，虽然不是直接转让土地使用权，但是一种变相转让土地使用权的行为：名为转让公司股权，实质上是转让土地使用权。对此应以非法转让土地使用权罪定罪处罚。而第二种观点认为，在这种案件中，转让的是公司股权而不是土地使用权，因此不能认定为非法转让土地使用权罪。以上两种观点的分歧就在于：刑法第228条规定的非法转让土地使用权的行为究竟是否包含这种以股权转让的方式转让土地使用权的情形。换言之，这种以股权转让的方式转让土地使用权的行为是否属于刑法第228条明文规定的情形。对此，我的观点是，公司股权不能等同于土地使用权，因此，以股权转让的方式转让土地使用权的行为，不能被认定为非法转让土地使用权罪。在通过转让股权的方式转让包括土地使用权在内的公司各项权益的情况下，土地使用权的所有者是公司，而公司财产与股东权益是有所不同的。股东权益转让后，土地使用权的所有者并没有改变，仍然是公司。因此，在通过转让股权的方式转让包括土地使用权在内的公司各项权益的情况下，转让的是公司股权，但土地使用权的主体并没有改变，还是公司。即使是在土地出让金没有缴齐的情况下，尽管股东改变了，但土地出让金的缴纳主体并没有改变。此外，应当把刑事违法行为与行政违法行为加以区分，不能把违反土地管理法规的行为等同于非法转让、倒卖土地使用权罪。依照有关土地管理法律法规的规定，土地使用权可以依法转让。但是，下列土地使用权不得转让：一是司法机关和行政机关依法裁定、决定查封或者以其他形式限制房地产权利的；二是依法收回土地使用权的；三是共有房地产，未经其他共有人书面同意的；四是权属有争议的；五是未依法登记领取权属证书的；六是未按照出让合同约定支付全部土地使用权出让金的；七是未按照出让合同约定的期限和条件进行投资开发、利用土地的；八是法律、法规禁止转让的其他情形。据此，有上述8种违反土地管理法律法规的行为之一的，方可根据违法情节严重程度考虑是否构成非法转让土地使用权罪。有关特定行为是否被认定为非法转让土地使用权罪，应当由司法机关根据具体案情依法确定。违反以上规定转让土地使用权的行为，当然属于违法行为，但并不能将这些违法行为作为犯罪处理。

犯罪的刑法概念涉及犯罪的司法认定，这是一个极为复杂的问题。只有在司法实践中坚持罪刑法定原则，才能有效地保障公民的合法权益不受侵犯。可见，犯罪的刑法概念具有至关重要的意义。

（二）犯罪的证据法概念

犯罪的证据法概念是指犯罪是有证据证明的，如果没有证据证明，也就不存在犯罪。证据证明是一个证据法的问题，因此，有证据证明是犯罪的证据法概念。

应当说，在现实生活中，95%以上的案件都是较为简单的，能够取得证据证明犯罪成立的。但5%左右的案件往往是难以得到证据证明的。在这些案件中，既存在有罪证据，同时又存在无罪证据，也就是说，有罪证据和无罪证据交叉在一起。这就是所谓疑难案件。疑难案件的特点是既不能证明有罪，又不能证明无罪。在证据法上来说，可能存在三种情况：第一种情况是能证明有罪，第二种情况是能证明无罪，第三种情况就是既不能证明有罪也不能证明无罪。前两种情况的处理较为简单：能够证明有罪就判有罪，能够证明无罪就判无罪。但第三种情况怎么处理是一个十分疑难的问题。对此，存在着有罪推定和无罪推定这两种不同的原则。基于有罪推定的原则，既然不能证明无罪，那就是有罪。因此，在有罪推定的逻辑之下，需要证明的是无罪，有罪是不需要证明的，只要不能证明你无罪那就是有罪。另外一种原则是无罪推定，无罪推定的逻辑是：不能证明有罪就是无罪，需要证明的是有罪，而无罪不需要证明。无论是有罪推定还是无罪推定，都是为司法追诉活动提供了一个逻辑起点。

现代法治社会都是主张无罪推定。无罪推定原则在刑事诉讼法中的意义和罪刑法定原则在刑法中的意义是相同的，具有同等的价值：都是为了保障无辜的人不受法律追究，作出有利于被告人的判断。这里存在一个司法认识论的问题。我们过去总是强调实事求是：有罪就是有罪，无罪就是无罪。但实际上人的认识能力是有限的，而犯罪是极为复杂的，犯罪分子想方设法逃避法律制裁。在这种情况下，司法认识能力有限，而且司法资源有限，不可能每个案件都能够找到能够证明被告人有罪的证据。在司法实践中，这种既不能证明有罪又不能证明无罪的疑案是客观存在的，关键是我们怎样处理。这里只有两个选择：一个是有罪推定，另一个是无罪推定。我认为，应当按照无罪推定原则进行处理，对于那些不能证明有罪也不能证明无罪的案件，应当按照无罪处理。

无罪推定原则强调的是犯罪必须要有证据证明。这样一种观念接受起来还是有一点难度的。以往有罪推定的观念作祟，结果导致冤案发生。现在司法机关逐渐接受无罪推定的观念，敢于对疑案判无罪。例如昆明陈某故意杀人案，就是一个典型的例子，这个案件被称为云南“辛普森案”。检察机关指控：2012 年 3 月 8 日深夜，陈某在昆明家中用钝器将穿着睡衣的女友胡某英杀死。第二天，他开车将尸体拉到寻甸县××庄园（另一住所）后掩埋。当天，他还拿着胡某英的手机给自己发了信息，故意作出胡某英失踪的样子，制造逃避罪责的假象。公诉人认为，大量的证据证明陈某构成故意杀人罪。陈某否认杀害死者，因此本案是一个零口供的案件。昆明市中级人民法院认为，本案没有证明被告人陈某故意杀人的直接证据，现有证据仅表明被告人陈某接触过被害人的血和在胶带纸上留有指纹，并不能形成陈某故意杀人的证据锁链。对于陈某及其辩护人的意见，法院予以采纳。而公诉机关指控陈某犯故意杀人罪，证据不足，指控证据不能得出陈某故意杀人的唯一结论，证据不具有唯一性和排他性，应认定公诉机关的指控证据不足，指控的犯罪不能成立。根据本案的证据，昆明市中级人民法院一审判决被告人陈某无罪。本案围绕以下争议问题展开：

(1) 死亡时间。

控方：公安技术部门的检验报告显示，胡某英的死亡时间应该在3月8日晚至9日凌晨。胡死前身着睡衣睡裤，而当晚与她共处一室的陈某有充分的时空条件。况且保安证实，9日中午，陈某驾车回过××东路的家，这是他运尸体下楼的时间。而监控视频证实，陈某当晚到过寻甸县××庄园，这是他抛尸的时间。

辩方：尸检报告只称是死亡5天“左右”，并“推断”是死前五六个小时，都只是推定，并没有说确定就在当天晚上。

法院：没有证据能认定被害人死亡的确切时间，对胡某英死亡时间只是根据尸检报告推断得出，而且只能得出一个不确切的时间段。公诉机关指控的死亡时间为3月8日夜间不具有确定性及唯一性。

(2) 案发现场。

控方：胡某英的死亡时间是2012年3月8日晚至9日凌晨，而此时胡在家中，作案地点应为胡与陈共同居住的昆明市××东路某住宿小区。

辩方：死亡时间是推断，作案地点也是推断。警方并没有在陈某家中发现任何证明案发的证据。

法院：目前没有证据能确凿认定本案的案发现场，本案案发现场只是推定，据此也无法得出是封闭现场还是开放现场，也无法确定现场的在场人员。

(3) 作案动机。

控方：陈某具有杀人动机。二人同居期间，因为子女、经济、感情上的问题存在相当尖锐的矛盾，有过多次激烈的冲突。在此期间，陈某还和其他女性发生关系。胡死后，陈某继续和谢某在一起，同时又和另一名年轻女大学生交往。

辩方：陈某说，自己和胡某英关系很好。有些矛盾也已经准备解决，二人都准备结婚了。至于威胁举报的问题，后来侦查人员也就经济问题对自己进行过调查，调查结果是没有经济问题。因此胡某英也就不存在所谓的对他的威胁。

法院：本案中被告人陈某的作案动机不明。

(4) 血潜手印。

控方：警方在捆绑胡某英尸体的胶带的正面、粘面均提取了4枚陈某的手印。正常情况下，没有人会把手指印在成卷的宽胶带粘面，除非是使用胶带捆绑尸体的人。且捆绑尸体的胶带上有2枚是“血潜手印”，说明陈某的手是先粘到了胡某英的血，然后才印在胶带上。这是证明陈某杀人抛尸的有力证据。

辩方：陈某说，胶带上有他的指纹印和DNA并不奇怪，因为他和胡某英是在一起生活的。自己在昆明和寻甸的家里都有很多宽胶带。有一次自己不小心也曾经将家里的胶带纸撕开后没用，又重新卷上了。胶带上有指纹，不能证明就是自己杀的人。有可能是凶手拿了自己家的胶带呢？

法院：在捆绑尸体的胶带纸上检出陈某的加层血潜手印，只能证明陈某接触过尸体和捆绑用的胶带纸，不能得出陈某杀人的唯一结论。

(5) 两部手机。

控方：陈某用胡某英的手机给自己发短信，自编自演胡失踪的假象。据电信运营商出具的情况说明，3月9日8时、15时，陈某与胡的手机有通话和短信，而两部手机都属于一个通信基站（其家和单位分属两个通信基站），也就是说两部手机处于同一位置或者相近位置。

辩方：陈某称，该说明只能证明两部手机在一个基站覆盖下，不能证明是在自己的控制下。

法院：根据手机分析系统显示，2012年3月9日被告人、被害人两个号码当日的通话及短信发送所处基站为在陈某的办公地点的基站，这只能证明两部手机可能在一个位置或位置相近，而不能得出就在一个位置的唯一结论。

(6) 相同物品。

控方：在埋尸处及覆盖、缠裹尸体的毛巾等多种物品上均发现了陈某的DNA，而这些物品与陈某家里的物品构成相同，说明这些物品是陈某从家里拿出来作案的。

辩方：陈某表示，自己和胡某英生活长达3年，她身上有自己的DNA很正常。而这些绑尸体的物品都很常见，与自己家里用的成分相同不能证明就是从自己家里拿来的。

法院：根据检验报告，包裹尸体头部的绿色毛巾和从陈某家提取的浅蓝色毛巾纤维成分相同，只能得出是同类物而不是唯一的结论。

(7) 逃避犯罪。

控方：公安机关在陈某的电脑中，发现其多次搜索“故意杀人罪”“手机定位”、指纹等有关犯罪的词汇，这是为其逃避犯罪做准备。

辩方：陈某承认其搜索过这些词汇，那是在胡某英失踪后，看能否找到相关线索。

法院：对陈某使用的电脑检出有搜索“故意杀人罪”“手机定位”等词，不能成为陈某杀人的证据。

(8) 证据失踪。

控方：本案作为零口供案件，陈某拒不交代事实，无法查清作案具体细节和作案工具，但大量的证据能形成完整证据链，证实了陈某杀人的罪行。

辩方：本案没有直接证据证明陈某杀人，且证据之间不能形成完整的证据链。没有证据证实陈某搬运了尸体，作案工具与被害人的手机到现在也没有找到。本案没有达到证据确实充分的标准，不能排除合理怀疑。

法院：本案中没有查获作案工具、被害人的手机，在被告人陈某使用的车辆上也没有检出被害人的血迹，即没有证据证明陈某行凶杀人及运尸掩埋的指控。

以上八个方面的争议，充分反映了本案的复杂性。应该说，在本案中存在着某些有罪证据，例如血潜手印，警方在捆绑胡某英尸体的胶带的正面、粘面均提取了 4 枚陈某的手印，这表明陈某接触过尸体，存在杀人的重大嫌疑。但本案的有罪证据存在重大遗漏：没有发现杀人的第一现场，没有找到杀人的根据，没有找到运输尸体的交通工具。在这种情况下，认定陈某故意杀人的证据没有达到排他性、唯一性的要求。我认为，昆明市中级人民法院判决陈某无罪是正确的。当然，对此检察机关提出了抗诉。

没有证据证明的无罪是一种法律上的无罪，而不是事实上的无罪。有证据证明的无罪才是事实上的无罪，而不能证明有罪同时也不能证明无罪的案件作无罪处理是一种法律上的无罪。就以陈某故意杀人案为例，也许在客观上说，人就是他杀的。但我们现在没有找到能够证据他杀人的确实、充分的证据，在这种情况下，只能作无罪处理。这里有一个法律上无罪和事实上无罪的差别，这也就是法律真实和客观真实的差别。我们很难获得客观真实，我们只能追求法律真实，而法律真实也正是无罪推定原则的理论基础。

（三）犯罪的程序法概念

犯罪的程序法概念是指犯罪必须经庭审确认，也就是说犯罪认定活动必须要严格遵循刑事诉讼法规定的程序，体现的是程序正义的原则。如果未经庭审确认，则不能认定为犯罪。这存在着程序正义和实体正义的冲突。我们过去往往片面追求实体公正，为了达到实体公正可以违反程序。而程序正义强调程序的公正性，为了达到程序正义可以牺牲实体正义。这就是价值的选择问题。在刑事诉讼活动中，某些规则体现程序正义，比如非法证据排除规则，如果某一种证据是通过刑讯逼供或者其他非法手段取得的，即使能够证明一个人有罪，这样的证据也不能采用。如果没有其他证据证明，同样应当作出无罪判决。在这种情况下，从实体公正来说，他是有罪的。但由于取证的程序违法，根据程序正义的原则，对本案就应当作出无罪判决。我认为，在法治建设中强调程序的公正性具有非常重要的意义：只有这样，才能充分地保障那些无辜者不受法律追究，才能对司法权进行有效的限制。

第六讲

犯罪论体系

犯罪是刑法的基本范畴，而犯罪成立条件又是犯罪的基本内容，因为它是犯罪认定也就是定罪的根据。犯罪论体系是关于犯罪成立条件的体系化理论表述。在本讲中，我将对犯罪论体系的一般理论问题进行讲解。

一、犯罪论体系概述

犯罪论体系，又称为犯罪构成体系，是以犯罪成立条件为基础而建立的理论体系。基于罪刑法定原则，犯罪成立条件是刑法规定的，而不是刑法理论设定的。既然如此，在认定犯罪的时候，直接根据刑法规定不就完了吗，为什么还要犯罪论体系？这个问题较为复杂。犯罪成立条件确实是刑法规定的，例如故意杀人罪的成立条件，杀人在刑法分则第 232 条有规定，故意在刑法总则第 14 条有规定，刑事责任年龄和刑事责任能力也在刑法总则第 17 条、第 18 条都有规定。当然，这些规定是较为分散的。为了给犯罪的司法认定提供指导，就需要把刑法所规定的这些犯罪成立条件根据一定的逻辑关系排列起来，形成一个理论体系，这就是犯罪论体系。因此，犯罪论体系是在刑法规定的犯罪成立条件的基础上，对犯罪成立条件的理论归纳和逻辑排列，它对犯罪认定具有指导功能。

犯罪论体系是在近代德国形成的，至今不过一百多年，而人类定罪的历史却已经有数千年了。可以说，定罪活动的绝大部分都是在没有犯罪论体系的情况下开展的，不能说当时的定罪都是错的。正如电的发明只不过上百年历史，在电发明之前，人类也并不都生活在黑暗之中，因为还有火把，高级一些的还有煤油灯。定罪也是如此：在犯罪论体系创立之前，人类更多的是凭经验定罪。犯罪论体系的创立，使定罪活动更加理性，更能够保证定罪的正确。因此，虽然定罪是以刑法规定为根据，犯罪论体系的辅助作用还是不可或缺的。刑法总论中的犯罪论部分，涉及刑法总则关于犯罪成立条件的一般规定，以讲授犯罪论体系为主。可以说，犯罪论体系是刑法理论皇冠上的宝石。

在关于犯罪论体系的讨论中，需要对某些基本概念进行论述。这些概念是犯罪论体系的基石范畴，对于正确构造犯罪论体系具有十分重要的意义。

论及犯罪论体系，首先涉及构成要件的概念。可以说，大陆法系国家的犯罪论体系就是建立在构成要件概念的基础之上的。因此，为了说明犯罪论体系的产生，就必须考察构成要件概念的演变过程。

构成要件这个概念起源于 13 世纪意大利纠问式的诉讼程序。诉讼程序一般分为两种：一种是纠问式的，另一种是弹劾式的。在中世纪以前，采取的都是纠问式的诉讼程序。在纠问式的诉讼程序中，纠问可以分为一般纠问和特殊纠问。一般纠问是指通过一定的调查程序来确定某种犯罪的客观存在。例如杀人案件，首先就要确定尸体、凶器等能够证明杀人结果已经发生的事实要素的存在。一般纠问得到证明后，就要进入特殊纠问。对于杀人案件来说，特殊纠问就是要确定到底谁杀了人。从一般纠问中引申出“犯罪确证”这个概念，拉丁文是“constare de delicto”，它是一般纠问的结果。通过一般纠问能够确认犯罪存在，然后进行特殊纠问，因此，“犯罪确证”是特殊纠问的开端。后来又从“犯罪确证”中引申出“犯罪事实”的概念，指某种已经被证明的案件事实，拉丁文是“corpus delicti”。“犯罪确证”的概念和“犯罪事实”的概念之间存在某种内在联系，都是指某种客观存在的、能够证明犯罪已经发生的要素，是犯罪的客观外在表现。到 18 世纪，“犯罪事实”这个词被翻译成德文“tatbestand”，在德语中是指某种犯罪的客观状况，日本学者翻译为“构成要件”。我国沿用日本的译法，也称为构成要件。不过，我国某些学者不满日本的译法，自行译为“行为构成”。从德语原文来说，“行为构成”的译法是更为贴切的。但考虑到“构成要件”的译法已经流传数十年，我还是主张称为“构成要件”。

“构成要件”这个概念，经历了一个演变过程。德国著名刑法学家费尔巴哈首先把构成要件这个词从诉讼法引入刑法，并将构成要件定义为“违法的事实总和”。因此，构成要件的概念是一个纯客观的要件，并不包含行为人的主观心理。在刑法中，“构成要件”的概念又经历了从特殊的构成要件到一般的构成要件的演变。开始的构成要件是指特殊的构成要件，用来概括刑法分则所规定的具体犯罪的客观特征；后来上升为刑法总则所确认的关于犯罪一般成立的概念，形成了一般的构成要件。

“构成要件”这个概念，不仅经历了从特殊的构成要件到一般的构成要件的演变，而且经历了从客观的构成要件到主、客观统一的构成要件的演变。开始的构成要件是纯客观的，不包括行为人的主观心理。后来，学者提出了主观的构成要件的概念，于是构成要件不仅包含客观要素，而且包括主观要素，由此形成了主、客观统一的构成要件。关于构成要件理论的演变过程，在日本学者小野清一郎的《犯罪构成要件理论》一书中有详细的叙述。

构成要件不仅仅是刑法所使用的一个概念，实际上是在法学中广泛使用的一个概念，所以要把它放在法学里来理解。作为一个法学概念，构成要件是指为了发生一定的法律效果而必须具备的法律要件。一定的法律要件总是和一定的法律效果相联系，在刑法中，具备犯罪的构成要件，也就发生犯罪的法律效果，即刑罚。在其他法律中，同样存在着“构成要件”概念。可见，构成要件实际上是法律所规定的行为模式。在分析法律规范时，通常认为法律规范由两部分构成：一部分是假定，另一部分是制裁或者后果。假定是指实施法律所设定的一定行为，而制裁是指该行为所发生的法律后果。构成要件实际上就是假定的内容，假定具备了一定条件，就会发生相应后果。因此，我们要从行为模式角度来理解构成要件。

在民法中，存在一种所谓民事法律行为，它是民法调整某种民事法律关系的法律模式。因为民事法律关系的种类繁多，民法不可能对每一种情况下的权利、义务都作具体规定，于是就抽象出民事法律关系的行为模式。只要符合民事法律关系这样一种行为模式，法律就对后果予以确认，并且法律作为保护这种民事法律行为的强制力量而存在。例如，民法上买卖、交换、借贷、赠与、婚姻、合同等，是各种不同的民事法律关系的模式，在这些民事法律关系中包含了行为能力、意思表示、标的内容和行为方式等各种要素，例如，买卖关系的成立需要具备一定要素，包括行为能力要素，如果不具备行为能力，买卖关系就不能成立；一个未成年人购买价值重大的物品或者处分重大财产，就不符合买卖的法定要件，这种买卖是无效的。这些法定要素，就成为民事法律行为的要件。

民事法律行为的要件又分为一般要件和特殊要件，后者是在某些情况下法律特别加以规定的。例如，在行为中可以分为要式行为和非要式行为，即在某些情况下，民事法律关系的成立，行为方式是由法律特别加以规定的，对之具有特别的法律要求。例如婚姻的成立，以登记为形式要件，如果没有登记，在法律上婚姻是不能成立的。事实婚姻（即没有登记的婚姻）是不受法律保护的。再如合同行为是民事法律关系中最基本的行为模式，它只是规定合同成立的一些要件，符合这些法定要件，合同就成立了，合同就受到法律保护，违反合同就要受到法律制裁。当事人可以通过约定来确认合同签订双方的权利和义务，只要这种约定不违反法律的强制性规定，这种约定就是有效的。民法正是通过这样一种方式、通过民事法律行为这样一种模型来对平等主体之间的权利、义务进行间接调整，而不是进行直接调整。

实际上，刑法中的犯罪对应于民事法律行为来说，就是一种刑事法律行为。国家刑罚权发动的法定根据是犯罪，例如故意杀人罪、放火罪、强奸罪、抢劫罪等。任何犯罪的成立，例如放火罪的成立和民法中合同的成立，从模型的角度来说，其意义是一样的，都要具备法定条件才能成立。犯罪的法律效果是刑罚，而刑罚涉及公民的生杀予夺，因此，犯罪的法律模型必须由刑法具体规定。因此，在构成要件基础上形成的犯罪论体系，就是刑法中最为重要的理论。

犯罪构成要件理论所要解决的是犯罪成立需要具备哪些条件、这些条件之间是什么样一种逻辑关系的问题，从而为司法机关正确认定犯罪提供某种法律上的标准。从某种意义上甚至可以说，犯罪构成是一种思维方式，它为认定犯罪提供了某种思维模式。只有从这个意义上理解犯罪构成，才能正确把握犯罪构成的性质和功能。

在犯罪论体系中，除了构成要件的概念以外，还涉及另外一个与构成要件具有重要关联性的概念，这就是犯罪构成的概念。

我国刑法中的犯罪构成这个用语，是从苏俄刑法理论中引进的。苏俄刑法学家将犯罪成立条件的总和称为犯罪构成，将叙述犯罪成立条件的理论称为犯罪构成理论。这里的犯罪构成理论就相当于大陆法系国家的犯罪论体系。苏俄刑法学者认为犯罪构成的意义在于，只有查明了某人行为中的一切犯罪要件以后，才能确认其所实施的犯罪和承担的责任的性质与范围。苏俄著名刑法学家特拉伊宁在《犯罪构成的一般学说》一书中提出了“犯罪构成是刑事责任的唯一根据”的命题，这个命题是对犯罪构成和刑事责任之关系的一个最好说明：一个人要承担刑事责任，必须具备犯罪构成。如果不具备犯罪构成，就不能承担刑事责任。这里的“承担刑事责任”，主要是指受刑罚处罚。我国刑法中的犯罪构成概念，基本上沿袭了苏俄刑法理论中的犯罪构成概念。而且我国现在所通行的犯罪构成理论也是从苏俄引进的，至今没有太大的改变。

我们需要对苏俄的犯罪构成概念和大陆法系国家的构成要件概念之间的关系作个说明。在大陆法系的刑法理论中，通常使用构成要件这个用语，有时使用犯罪构成要件这个用语，例如，日本著名的刑法学家小野清一郎有一非常有名的著作《犯罪构成要件理论》。因此，犯罪构成要件和犯罪构成之间的关系，需要从理论上加以解释。

应当指出，在大陆法系的刑法理论中，只有构成要件这个概念，而通常并不使用犯罪构成这个概念。在大陆法系的刑法理论中，构成要件这个概念只是犯罪成立的一个条件，犯罪的成立除了须具备构成要件外，还要具备违法性和有责性。关于大陆法系的犯罪论体系，将在后面详述。而在我国和苏俄刑法理论中的犯罪构成这个概念，是犯罪成立所有条件的总和。在这点上，我国及苏俄刑法理论和大陆法系刑法理论之间存在重大差别。

二、犯罪论体系的类型

在这部分，我主要想对大陆法系的犯罪论体系、苏俄及我国的犯罪论体系，以及英美法系的犯罪论体系作简要的介绍。

（一）大陆法系递进式的犯罪论体系

大陆法系的犯罪论体系，主要是指德国和日本的犯罪构成体系。大陆法系的犯罪论体系主要是由三个要件构成的，即构成要件该当性、违法性和有责性，因此，也称为三阶层的犯罪论体系。在大陆法系的犯罪构成体系的三个要件之间存在着一种递进关系，也就是位阶关系，需要对犯罪成立条件进行逐个判断。只有在前一个要件具备的基础上，才能进入对下个要件的判断。如果前一个要件不具备，这种判断进程即告中断。

第一个要件是构成要件该当性。这里的“构成要件”是指刑法分则规定的某一犯罪成立的特殊条件。这里的“该当性”，是指“符合性”，即符合构成要件。构成要件该当性，是大陆法系犯罪论体系中的一个事实要件。构成要件的要素可以分为客观的构成要件要素和主观的构成要件要素。客观的构成要件要素是指客观的行为、构成要件的结果以及行为和结果之间的因果关系。主观的构成要件要素是指构成要件的故意和构成要件的过失。因此，构成要件该当性包含了客观要素和主观要素，但无论是客观要素还是主观要素，都是一种事实性的要素，是判断犯罪成立的第一个要件。这里需要加以说明，构成要件最初是纯客观要素，因为刑法分则通常是对犯罪成立的客观要素的规定。后来发现了主观要素，因为刑法分则对个别犯罪进行描述的时候包含明知、目的等主观要素，被称为主观违法要素，但这种主观违法要素属于例外的情形。只是到了后来，才有学者明确将故意或者过失等主观要素从责任要件纳入构成要件。即使现在在德日学者中，对于构成要件是否包含主观要素，还是存在争议。

第二个要件是违法性。违法性是一种法律的判断。行为具备构成要件该当性，还不一定构成犯罪，在此基础上，还要考察行为是否具有违法性。在一般情况下，具备构成要件该当性，就可以推定行为是违法的，因为行为类型是由法律规定的，立法者只能把违法行为规定为构成要件。但在某些特殊情况下，虽然具有构成要件该当性，但存在违法阻却事由，同样应该排除犯罪。例如杀人行为是符合构成要件的，立法者将杀人行为规定为构成要件当然是因为这种行为为法律所禁止，因而具有违法性。在一般情况下，只要具备杀人行为，就可以推断其违法。但在某些例外情况下，杀人是合法的，例如在遭受不法侵害的情况下，为保护自己的生命而将他人杀死。这就是所谓正当防卫杀人。刑法明确规定，公民具有正当防卫的权利。因此，正当防卫杀人可以排除行为的违法性。另外，依照法院的死刑判决，对死刑犯执行死刑，也是一种杀人行为，但这种杀人是执行职务，也是合法的，不具有违法性。因此，违法性要件的功能主要是排除那些具备构成要件该当性但不具有违法性的情形，即主要研究违法性阻却事由。

第三个要件是有责性。这里的有责性是对行为人的犯罪行为进行谴责的可能性。在大陆法系国家通行的一个命题是“违法是客观的，责任是主观的”。这个命题现在已经发生变化，因为主观要素被纳入构成要件。在这种情况下，有责性主要是责任条件，包括刑事责任能力、刑事责任年龄等内容，另外，还包含违法性认识和期待可能性等责任要素。当然，也有些学者仍然将故意或者过失等主观要素放在有责性中加以讨论。

（二）苏俄及我国耦合式的犯罪论体系

以苏俄及我国为代表的犯罪论体系，是由四个部分构成的——犯罪客体、犯罪客观方面、犯罪主体和犯罪主观方面，因此，也称为四要件的犯罪论体系。

第一个要件是犯罪客体。犯罪客体是指刑法所保护而为犯罪所侵害的社会主义社会关系。例如故意杀人罪侵害的是生命权，生命权是受刑法所保护的；盗窃罪侵害的是他人的财产权。犯罪客体决定了某种犯罪的性质，由此而形成犯罪客体的理论。苏俄刑法学家在马克思的一段话的基础上构建了犯罪客体的理论。马克思曾指出，盗窃林木这种犯罪行为，侵害的不是林木本身，而是它背后的国家所有权的神经。因此，苏俄学者就根据这段话把犯罪客体和犯罪对象加以区分，认为盗窃罪中盗窃行为所指向的财物是犯罪对象，但财物并不决定犯罪性质，决定犯罪性质的是财物背后所体现的所有权。又如，故意杀人罪的犯罪对象是人，但侵害的客体是人的生命权。

犯罪客体的判断是一种实质判断，决定某种犯罪的性质。苏俄学者认为，犯罪客体作为构成要件，也正是社会主义国家的犯罪论体系和资本主义国家的犯罪论体系之间的主要区别。社会主义国家刑法强调的是实质判断，大陆法系国家刑法理论中是不存在犯罪客体这样一个实质要件的，只有行为客体，实际上就相当于苏俄及我国犯罪论体系中的犯罪对象，例如故意杀人罪中的人，就是行为客体。在大陆法系刑法理论中，人的生命权并不是犯罪构成所要研究的，而是犯罪概念所要研究的，因这是一个法益保护的问题。

第二个要件是犯罪客观方面。犯罪客观方面是指危害行为、危害结果以及危害行为和危害结果之间的因果关系；在某些犯罪中，还包括犯罪的时间和地点。其中，危害行为是所有犯罪的要件，而危害结果以及犯罪的时间和地点是某些犯罪的要件。

第三个要件是犯罪主体。犯罪主体是指达到法定的刑事责任年龄、具有刑事责任能力，实施了危害行为的自然人或者单位。犯罪主体主要研究刑事责任年龄和刑事责任能力。

第四个要件是犯罪主观方面。犯罪主观方面是指对危害行为和危害结果的主观心理状态，主要指犯罪的故意和过失以及犯罪动机和犯罪目的。其中，故意和过失是所有犯罪的要件，而动机和目的是有些犯罪的要件。

（三）英美法系国家双层次的犯罪论体系

在英美法系国家，严格来说并不存在像大陆法系国家一样的犯罪论体系，它们将犯罪的成立所需要具备的一定条件称为刑事责任的条件。英美法系理论把刑事责任的条件分为两个层次，这就是刑事责任的本体要件和抗辩事由。

第一层次是犯罪的本体条件。本体要件是指行为和意图，即只要一个人具备犯罪的行为和意图，控方就可以起诉。

第二层次是抗辩事由。抗辩事由是指辩方在诉讼过程中提出的无罪辩护事由，例如被胁迫、警察圈套或者其他的抗辩事由。如果抗辩事由能成立，犯罪就被推翻；如果抗辩事由不能成立，犯罪才能成立。

英美法系国家双层次的犯罪论体系反映了英美法系的一个重大特点，这就是诉讼性，即控辩双方的对抗性。一个犯罪能不能成立，是在诉讼过程中认定的，被打上深刻的诉讼烙印；而且在犯罪认定过程中，把被告方的抗辩因素考虑进来。这种诉讼程序的因素在犯罪认定中起着非常重要的作用。

（四）犯罪论体系的比较

上文介绍了三种犯罪论体系。在此，我主要对三阶层的犯罪论体系和四要件的犯罪论体系进行对比。

根据三阶层的犯罪论体系，一个人的行为，只有同时具备构成要件该当性、违法性和有责性，才能构成犯罪。如果只具备构成要件该当性，不具备违法性，就不构成犯罪；或者只具备构成要件该当性、违法性，但不具备有责性，同样不构成犯罪。可见，这三个要件之间形成递进关系。构成要件该当性，主要是根据行为类型确定的，具备构成要件的行为，承担该当的法律后果，从而把不具备构成要件的行为从犯罪中排除出去。违法性的判断，一般是根据构成要件进行推定的，但如果存在违法性阻却事由，就应该把具有违法性阻却事由的行为从犯罪中排除出去。有责性的判断，主要是主观责任的评价。通过有责性要件，把具备构成要件、违法性，但不具备有责性的行为从犯罪中排除出去。例如精神病人杀人，存在着杀人行为，因而具备构成要件，也没有违法性阻却事由，因而是具备违法性的，但没有刑事责任能力，因而不具有有责性。另外，有的行为因为不具有期待可能性而不具有有责性，进而被从犯罪中予以排除。

根据三阶层的犯罪论体系认定犯罪，是一个不断把非罪行为从犯罪模型中排除出去的过程，是一个层层限缩的过程。非罪行为是有不同层次的：(1) 不具备构成要件而非罪；(2) 具备构成要件，因不具备违法性而非罪；(3) 具备构成要件、违法性，因不具备有责性而非罪。认定犯罪的过程是一个构成犯罪的范围层层缩小的过程，从而为辩护留下了广阔的空间，不具备任何一个要件的行为都可以从犯罪中予以排除。

三阶层的犯罪论体系中，各要件之间是层层递进的逻辑关系，存在着位阶性。这里的位阶性，是指前一要件独立于后一要件，不以后一要件的存在为前提，但后一要件以前一要件的存在为前提，若无前一要件则无后一要件。例如，没有构成要件该当性就不会有违法性，因此，构成要件是独立于违法性的，但违法性以构成要件该当性为前提。然后，构成要件和违法性是独立于有责性的，而有责性以构成要件和违法性为前提。

根据四要件的犯罪论体系，四个要件同时具备某种犯罪就成立，只要其中一个要件不具备则不能构成犯罪。这是我国刑法学界现在通行的、从苏俄引进的犯罪构成体系。这种犯罪构成体系有以下特点：(1) 主、客观要件相统一。这主要表现在，犯罪构成的四个要件中客体与主体、客观方面与主观方面呈现出一种对偶的关系。(2) 强调社会危害性。这主要表现为犯罪客体作为犯罪构成的一个要件。(3) 从逻辑上来说，这四个要件没有严格的位阶关系，因此，在这些要件之间存在一有俱有、一无俱无的逻辑关系。

据此，我们可以从各个要件的具体内容分析，就可以发现在一个要件中包含着其他要件的内容，而且以其他要件的存在为前提。例如，犯罪客体是以实施危害行为为前提的，具有对危害行为的依附性，因为犯罪客体是刑法所保护而为犯罪所侵害的社会主义社会关系，这里所谓“为犯罪所侵害”就是指已经实施了危害行为。又如，犯罪主体是达到法定的刑事责任年龄、具有刑事责任能力、实施了危害行为的自然人或者单位，在这一概念中包含“实施了危害行为”这一犯罪客观方面的内容。这说明，犯罪主体是以犯罪客观方面的存在为前提的，具有对危害行为的依附性。如果没有犯罪客观方面的存在，也就没有犯罪主体。可以设想，如果存在没有实施危害行为的犯罪主体，那么，我们每一个达到刑事责任年龄、具备刑事责任能力的正常人都会成为犯罪主体。不仅犯罪客体和犯罪主体以实施危害行为为前提，而且犯罪主观方面也以实施了危害行为为前提。犯罪主观方面是对危害行为和危害结果的主观心理状态，如果没有危害行为和危害结果，怎么可能存在犯罪主观方面呢？因此，犯罪主观方面也具有对危害行为的依附性。可以说，在犯罪构成四要件中，犯罪客体、犯罪主体和犯罪主观方面都是以犯罪客观方面为前提的。反之，犯罪客观方面也以其他犯罪构成要件的存在为前提。某个行为，只要是犯罪行为，就必然具有犯罪故意或者犯罪过失。如果没有犯罪故意或者犯罪过失，怎么会有犯罪行为呢？因此，犯罪构成四要件中各个要件之间是一存即存、一损俱损的逻辑关系。

综上所述，三阶层的犯罪论体系是以排除犯罪为前提的，不断地把非罪行为从犯罪范围中排除出去。因此，有罪是判断的结果，有罪的结论产生在判断之后。但四要件的犯罪论体系恰恰是以有罪假定为前提，前提是有罪，然后把这个犯罪分为四个要件。四要件的犯罪论体系就好比切西瓜，如果把犯罪比作西瓜，把西瓜切为四块，这个是犯罪客体，这个是犯罪客观方面，那个是犯罪主体，那个是犯罪主观方面。在假定犯罪存在的前提下，再对犯罪结构进行分析。但就犯罪判断的过程而言，根据四要件的犯罪构成体系所作的判断，就可能导致更多的行为被认定为犯罪。因为以假定犯罪存在为前提，再来寻找犯罪构成要件，总是较为容易找到这些要件。并且，在犯罪构成的各个要件中，只有存在一个要件，其他要件就都有了，这就更容易作出有罪判断。

（五）三位一体的犯罪论体系

犯罪论体系问题是目前研究的一个热点问题，讨论的中心是维持四要件的犯罪论体系还是引入三阶层的犯罪论体系。对此，存在互相对立的两种观点。部分学者对我国从苏俄引进的犯罪论体系持一种批判态度，认为这种犯罪论体系存在重大缺陷，应当予以摒弃；同时，三阶层的犯罪论体系具有逻辑性和实用性，应当积极采用。另一部分学者对四要件的犯罪论体系持一种肯定态度，认为这种犯罪论体系简单易懂，在我国的司法实践中发挥着重要作用，所以应当维持。

在这场讨论当中，我个人采取的是较为激进的观点，认为苏俄及我国耦合式的犯罪论体系应该完全推翻，应当直接引进大陆法系的三阶层的犯罪论体系。犯罪论体系是一种理论模型，虽然要件是法律规定的，但犯罪论体系本身是根据一定理论建构起来的。可以说，我国直接引进大陆法系的递进式的犯罪论体系，并不存在法律上的障碍，因为从刑法规定来看，我国刑法关于犯罪成立条件的规定和德国刑法、日本刑法的规定之间并没有太大的差别。

在主张引入三阶层的犯罪论体系的同时，我个人也提出了一个犯罪论体系的理论模型，这就是把犯罪论体系分为罪体、罪责和罪量这三大要件。(1) 罪体是犯罪成立的客观要件，可以分为行为事实和客观归责。罪体是行为事实和规范评价的统一，基本上属于犯罪的客观要件。(2) 罪责是犯罪成立的主观要件，可以分为心理事实和主观归责。行为事实和心理事实，就相当于大陆法系的构成要件该当性，指的是一种事实要件。在行为事实的基础上还要进行客观归责的判断；在心理事实的基础上还要进行主观归责的判断。这种归责的判断都是规范判断或者价值评判。(3) 罪量是我国刑法所特有的犯罪成立条件，因为我国的犯罪包含数量的要素。我国刑法中大部分犯罪的成立都要求达到"数额较大""情节严重"，如果不具备这样的条件，犯罪就不能成立。因此，罪量是某些需要具备一定数量条件才能成立的犯罪的必要条件。某些犯罪不需要罪量要件，例如故意杀人罪，只要实施了杀人行为就构成犯罪。在这个意义上说，罪量是选择性的要件。

这三个要件之间存在着位阶关系，罪体必须是最先判断的，而在罪体的判断中又必须事实判断优于规范判断：先进行行为事实的判断，然后进行客观归责的判断。在满足罪体的条件下，再考虑罪责。罪责，也要先进行心理事实的判断，再进行主观归责的判断。在罪体和罪责都具备的情况下，再来考虑罪量。可见，在这三个要件之间也存在位阶关系。我认为，位阶性是大陆法系国家三阶层的犯罪论体系的精髓之所在，只要犯罪成立的各个条件之间具有位阶性，是三要件还是二要件，都不重要。尽管我所设计的罪体、罪责和罪量这三个要件组成的犯罪论体系，在称谓上不同于三阶层的犯罪论体系，但因为在罪体、罪责和罪量之间存在位阶性，因此，从实质上看，它与三阶层的犯罪论体系具有共同性。

三、犯罪论体系的逻辑性

犯罪论体系是由各种主、客观要件组合而成的，但又不是主、客观要件的简单堆砌，而是根据逻辑性建立起来的理论体系。因此，犯罪论体系具有逻辑性。

犯罪构成的逻辑性首先表现为犯罪成立条件的层次性。一般来说，把犯罪构成当作第一个层次，第二个层次就是犯罪构成要件，可以分为罪体要件、罪责要件和罪量要件，第三个层次是犯罪构成要件要素，例如罪体中的主体、行为、客体、结果、时间、地点等，罪责中的责任能力、故意、过失等。犯罪构成是个整体的概念，构成下面是要件，要件下面是要素。一定的构成可以分解为一定的要件，一定的要件可以分解为一定的要素。另外，一定要件的有机统一就形成了犯罪构成。在这些要件或者要素中，有些是必要的、不可或缺的，有些则是可供选择的，例如，结果对于法律规定必须以某种结果作为成立要件的犯罪，即结果犯而言，才是不可或缺的；但在某些条件下，法律规定某些犯罪只要具有一定行为就构成犯罪而不需要发生一定结果，即对行为犯来说，结果这个要素就不是必要的。但不管是对行为犯还是对结果犯而言，行为这个要素都是不可或缺的。因此，要素又可以作必要的要素和选择的要素之分。

犯罪构成的逻辑性不仅反映在构成要件或者要素之间的层次性，更体现在构成要件或者要素之间的位阶性。犯罪构成要件之间存在着位阶关系，即一种先后的逻辑顺序。犯罪构成要件或要素之间的逻辑顺序是固定的，而不是随意排列的。在司法机关在认定犯罪的时候，必须按照先后逻辑顺序严格判断，而不能随意颠倒。在根据犯罪构成要件或要素判断犯罪是否成立的时候，应该严格按照构成要件或者要素之间的先后顺序，而不能错位。例如，刑法理论上有句格言："无行为，则无犯罪"。行为是任何犯罪必须具备的第一个要素，首先要判断有没有行为，没有行为就没有犯罪，不用再往下判断了。行为判断完了，再判断其他的。所以说定罪是一个渐次展开的过程。犯罪构成要件具有内在逻辑性，根据其位阶关系，我认为在定罪过程中，需要遵循以下四个原则。

（一）事实判断先于价值判断

在犯罪的构成要件中，有些属于事实性要件，有些属于评价性要件。这两种要件的性质是不一样的，在司法活动中必须遵循事实判断先于价值判断的原则，价值判断必须建立在事实判断的基础上。

事实判断是解决“有没有”的问题。这里的事实，既包括客观事实又包括主观事实：行为、结果和因果关系属于客观的行为事实；故意、过失属于主观的心理事实。价值判断不同于事实判断，它是对事实的价值评判，必须在事实判断之后进行。在某种意义上说，事实和价值的关系是评价客体与评价本身之间的关系：事实是评价客体，处于被评价的地位。而价值是一种评价，在一定程度上决定于主体的价值偏好，因此具有一定的主观性。既然事实与价值之间是评价与被评价的关系，那么，首先要有被评价的事实，然后才会有评价。正是事实与价值之间的这种逻辑关系，决定了事实判断与价值判断之间的位阶关系，即事实判断先于价值判断。

在理论上事实与价值之间是容易区分的，但在现实生活中两者往往被混淆。我曾经亲身经历过这样一件事：某日我乘高铁去杭州，手持车票上车寻找自己的座位。结果发现我的靠窗的座位上坐了一个人，我以为他坐错位置了，就上前告诉他：你坐的座位是我的。他看了一眼自己的车票，发现他的座位在我的座位的旁边，是靠过道的座位。这本来是一件小事，坐到他自己的座位上去就解决了，结果这个人嘴中嘟囔了一句：“两个座位不是一样的嘛。”意思是嫌我多事。这是一个日常生活细节，从中可以发现普通老百姓的逻辑思维中存在的混淆事实与价值的情形。本来，座位是谁的这是一个事实问题，根据车票记载可以予以明白无误的解决。而两个座位哪一个好，即是否一样，这是一个价值判断的问题，取决于个人的主观偏好。有人喜欢靠窗的座位，有人喜欢靠过道的座位，各有所好。这都十分正常。但这两者不同混同。我和他核对座位、各坐其座，这是一个事实判断。至于哪个座位好，这是价值判断。显然，这个人是以价值判断代替事实判断。所以，他那句嘟囔显得牛唇不对马嘴。

在生活中混淆事实判断与价值判断的关系显得别扭，给人际沟通带来困扰。而在定罪中混淆事实与价值的判断，那就不是别扭的问题，而是会混淆罪与非罪的界限，后果不堪设想。

(二) 客观判断先于主观判断

在犯罪成立要件中，既有客观要件也有主观要件，首先需要进行客观的判断，在客观判断的基础上进行主观判断。如果客观的判断的结果是无，即没有构成要件的行为，则这个判断进程就中断了，不需要再进行主观判断。只有在客观上判断，存在构成要件行为，才能再从主观上来判断是故意还是过失。这是一个基本的规则。以行为为核心的客观构成要件具有外在的性状，具有客观性，是可以感知的，所以首先需要加以判断。而主观心理状态，例如故意、过失，是依附于客观行为而存在的。例如故意杀人罪中的杀人故意，是指支配着杀人行为的主观心理状态。没有杀人行为，怎么会有杀人故意呢？因此首先需要判断有没有杀人行为，如果有杀人行为，再来判断杀人是否是在故意的主观心理状态的支配下实施的。这种先客观判断后主观判断的顺序极为重要，如果位阶关系搞错了，就会作出错误的判断。例如，在刑法著作中经常讨论这样一个案例：甲、乙两个人是兄弟，他们的父亲是富豪，有一大笔遗产可供继承。甲是哥哥，他希望独吞这笔遗产，就希望弟弟乙死去，那样甲就成了遗产的唯一继承人，可以继承父亲的全部遗产。当然，甲想让乙死去存在各种方法，甲所采取的是这样一种方法：当时一个航班的飞机经常失事，甲就想如果乙在这个航班上，飞机失事乙就死了，甲就成为了唯一的遗产继承人。为此，甲就经常给乙买这个航班的机票，让乙外出旅游。乙以为甲关心他，就去了。结果正好有一次，乙乘坐的航班果然飞机失事，乙如甲的愿望而死，甲就成为遗产的唯一继承人。这样的案件，毕竟是教学案例，在现实生活中即使是有，发生的概率也很小。只有甲良心不安，前去自首，才有可能案发。如果案发，甲的行为能不能被认定为故意杀人罪？这是一个值得探讨的问题。我们可以进行简单的判断：甲主观上有让乙死亡的故意，为此，甲买了这个航班的飞机票让乙去坐这个航班的飞机，乙因飞机失事死亡。如果不是甲给乙买了这个航班的飞机票，乙就不会坐这架飞机，飞机即使失事，乙也不会死亡。因此，按照一般的分析很容易得出如下结论：甲的行为是杀人行为。这里首先需要判断的是，甲买票给乙去乘坐经常失事的航班的飞机这个行为，到底是不是杀人行为。只有经过这个判断，得出这是一个杀人行为的结论，然后才能判断主观上有没有杀人故意。如果说这个行为不是杀人行为，那么考虑主观上有没有杀人故意是毫无意义的，因为有没有杀人故意是不能脱离杀人行为而成立的。如果我们把这种判断顺序给打乱了，先从主观故意出发，判断甲主观上想让乙死，再考虑客观上也造成了这样的后果，就很容易得出甲的行为构成故意杀人罪的结论。但这种判断结论恰恰是错误的。这种错误之所以发生，就在于在判断顺序上先作主观判断后作客观判断。如果先作客观判断——这种行为是不是杀人行为，再作主观判断——主观上是不是具有杀人故意，那么这种行为不是刑法中的杀人行为的话，判断主观上是否具有杀人故意就毫无意义，因为如果客观上不是杀人行为，主观上就不可能存在杀人故意。

另外，还要指出的是，除了主观判断和客观判断的逻辑顺序外，即使在同一个要件中，各种不同的要素也应该逐个判断。例如，在罪体要件中，包括行为、客体、结果、因果关系，首先要判断有没有行为，然后判断有没有结果，最后再来判断结果是不是行为造成的，而不能把顺序给颠倒了。

(三) 形式判断先于实质判断

实质判断先于形式判断的定罪方法，最终导致把一个无罪的行为变成有罪。这在司法实践中是较为常见的。例如，我曾看过一个故意毁坏财物的案例，这个案件当中，被告人因为与邻居有仇，想要报复他。这个邻居是炒股票的，被告人知道以后，就通过不正当的手段，非法取得了这个邻居的股票账号和密码，然后非法侵入该股票账户，对股票进行高买低卖的操作，最终使这个邻居的股票损失了 19 万元。对于案件，检察机关是以故意毁坏财物罪起诉，法院也认定被告人的行为构成故意毁坏财物罪。为什么这个行为构成故意毁坏财物罪？按照三阶层的犯罪论体系，首先需要讨论的是：这种采用非法侵入他人股票账户，采取高买低卖的方法进行股票操作，使他人受到财产损失的行为，是不是毁坏财物的行为？讨论这个问题，首先要对这个行为是不是毁坏行为进行形式判断。这里涉及对毁坏的理解。某人有一张名画，价值几十万元，你把这张画撕掉，这是一种物理性的毁坏。但如果没有把这张画撕掉，而是在上面泼洒墨汁，使这张画被污染了，那这张画的价值就丧失了，也就是财产受到了毁坏，这也是毁坏。或者像有些人所说的，一锅鲜汤里面，投放了一颗老鼠屎。还有，你在饭店吃饭，来了一个乞丐，他把脏兮兮的手往你碗里面一抓，他没拿走你的饭，但你一看脏手抓过就不吃了，最后他就拿去吃了。在这种情况下，财物没有遭受物理性的破坏，但财产价值丧失了，财物还是受到了毁坏。因此，除了对财物的物理性毁坏以外，对毁坏的理解还可以再作进一步的拓展：存在财物的效能丧失。还有学者从更广义上理解毁坏，诸如把他人鸟笼里的小鸟放飞到天上去了，这是不是毁坏？有些学者说这是毁坏：我是小鸟的主人，这个鸟放飞以后虽然还在天上飞，但已经不在我控制之下了。也有学者说：这不是毁坏。鸟不是还在天上吗，这怎么能是毁坏呢？又如，把他人的金戒指丢到海里，是不是毁坏？金戒指沉在海底，但我不能享有了。这里涉及的问题是：能不能把导致他人财物价值丧失的行为都界定为毁坏？有些学者甚至说，把他人财产藏匿起来，使他人找不着，这也是毁坏。如果这样的话，毁坏的含义就会无限扩张，使其丧失定型性，越来越实质化。例如，在浙江温州曾经发生过这样一起案件：邻居之间吵架，一方要报复另一方。因为当地大量生产纽扣，纽扣数量很大，有几十万个、几百万个；有不同质地的——有的是塑料的、有的是铜的；有不同颜色的，有半成品、成品，各种各样的。结果被告人就跑到人家院子里面，把十多麻袋不同的纽扣倒在地上，并进行搅拌，使各种不同品种、颜色、质地的纽扣混杂在一起。如果要把这些纽扣分捡开来，需要花费 3 万元钱。当地检察院就以故意毁坏财物罪起诉被告人。这种行为是故意毁坏财物行为吗？在此案中，纽扣都是好好的，无非是搅拌在了一起。如果把这种行为都理解为毁坏，将使毁坏财物的行为变成了一个使他人财产受到损害的行为。不管采取什么方法，只要他人财产受到损失了就是毁坏。在这种情况下，实际上是突破了毁坏的语义边界。毁坏财物罪并不是使他人财产受损失罪，只有当行为人采取毁坏这种方法使他人财产受损失时，才能定本罪。如果虽然使他人财产受到损失，但不是采用毁坏方法而是采用其他方法，则不能定本罪。

我们再回到前面所讲的高买低卖操作他人股票这个案件当中来：侵入他人的股票账户，高买低卖，使他人财产受到损失，是不是毁坏？法官的裁判理由对毁坏作了一个实质判断：毁坏财物的本质是使他人财产受到损失。这句话对不对？使他人受到财产损失确实是毁坏的应有之义，但使他人财产受到损失就一定是毁坏吗？法官先作实质判断，然后再来讨论高买低卖的行为是不是构成毁坏。既然法官已经把毁坏的本质界定为使他人财产受到损失，那么在这个案件当中，通过高买低卖的方法操作股票，是不是使他人财产受到损失？确实是使他人财产受到损失，于是这个行为就符合了毁坏的本质特征，因此，就构成了毁坏财物罪。法官这个定罪逻辑是用实质判断代替形式判断，于是就导致将法律本来没有明文规定的行为作为犯罪来处理。

(四) 定型判断先于个别判断

在构成要件中，有些构成要件要素是定型的，有些构成要件要素是个别的。这些定型的构成要件要素具有明确的规范标准，是容易判断的。那些个别的构成要件要素，则没有明确的规范标准，判断起来就不容易把握。因此，在既有定型的构成要件要素又有个别的构成要件要素的情况下，我们要遵循定型判断先于个别判断的原则。

在刑法中，大多数构成要件要素都是定型的，例如行为、故意、过失等，法律都有具体规定。这些定型性的判断，往往是一种形式判断，根据某些外在形式进行判断。而个别判断往往是实质判断，例如期待可能性就是实质判断，是一种根据个别人的具体情境所进行的非定型判断。个别判断必须以定型判断为前提，在定型判断的基础上，再来进行某种实质的、非定型的判断。只有这样才能保证判断过程的逻辑性，从而保证个别判断结果的客观性和合法性。

以上是构成要件的逻辑性，包括层次性、位阶性，为我们正确运用犯罪论体系认定犯罪提供了一种思维的方式。

四、犯罪论体系的功能

犯罪论体系具有辅助定罪的功能，这种功能具有方法论的意义。对于任何一门学科来说，方法论都是最为基本的。是否具有独特的方法论，成为一门学科是否成熟的标志。在法学中，法教义学是基本的方法论。例如，我国有学者提出了形式推理是法教义学的基本方法的命题，并对此进行了深入的阐述。根据该论者的观点，法教义学之所以强调形式推理，是因为“从法律实践的角度看，在经历了体系化、逻辑化的立法演进及判例积累之后，在面对具体案件时，大多可以容易地找到可据以裁判的规则，因此，法律适用者在裁判时依该规则作出决定时即可，而无须援引政治、伦理、宗教或其他外部的、实质主义的标准，后者作为一种推理方式，只包含‘对人类或法律秩序提出宗教或者伦理要求的因素，却不包含对现有的法律秩序进行逻辑上的系统整理的因素’”。在此，该论者区分了法教义学的形式判断与价值判断：法教义学的形式判断是以规则为依据的一种逻辑推理，而价值判断是不受规则约束的实质推理。当然，法教义学并不是排斥价值判断，事实上，法教义学规则本身就包含着价值内容，这是一种法内的价值判断，法教义学规则使这种价值判断得以规范化与确定化，从而降低法官的判断难度。但在法教义学之外还存在着法外的价值判断，它对法教义学起到补充作用的功能。

我国有学者认为私法是法教义学发挥作用的代表领域，而刑法具有其特殊性，其受到罪刑法定原则的限制。但是，正如有论者所言：“尽管刑法教义学的范围被‘罪刑法定’这一原则‘砍掉’了一个重要的枝干，但在‘罪刑法定’原则本身上却长出了极为复杂的法教义学的内容，形成一块几乎可与枝干相比的巨型‘树瘤’。”以上描述是极为生动的，也是十分传神的。我认为，这里所说的在罪刑法定原则机体上生长起来的法教义学的“树瘤”，应该就是指犯罪论体系。犯罪论体系与其说是法律规定，不如说是刑法定罪的方法论。例如，贝林的构成要件就是建立在罪刑法定原则基础之上，为罪刑法定原则的司法化提供保障的。以构成要件为基础建立的三阶层的犯罪论体系，对于定罪来说具有直接的指导意义。

犯罪论体系所具有的方法论意义，主要体现在以下三个方面。

（一）作为操作规程的犯罪论体系

犯罪论体系的方法论意义首先表现为操作规程，它是定罪的司法活动的操作规程。定罪活动是一种法律适用活动。所谓法律适用并非像司法机械主义所理解的那样是一个简单的在自动售货机中投入货币、取得货物的操作过程，而是一个法律规定与案件事实的耦合过程。这一司法过程既要遵循刑事实体法中的罪刑法定原则，又要遵从程序法中的无罪推定原则，因此是一个极为复杂的过程。犯罪论体系为这一定罪的司法活动提供了操作规程。犯罪论所具有的三个阶层之间存在的递进式的逻辑关系，其实是提供了一张定罪的司法路线图。只有严格地按照三阶层的逻辑径路进行演绎，才能保证结论的准确性。例如，对于不满 14 周岁的人是否构成故意杀人罪的问题，不满 14 周岁当然是不具备刑事责任年龄的，因而不可能构成犯罪。那么，能不能说对于指控不满 15 周岁的人故意杀人的案件，在庭审中发现其不满 14 周岁，就可以径直宣告无罪呢？按照我国刑法第 17 条的规定，15 周岁的人对于故意杀人罪是应当负刑事责任的，但当发现其不满 14 周岁，根据我国刑法对故意杀人罪不负刑事责任时，还要查清其是否实施了故意杀人行为并是否具有违法阻却事由吗？对此，我认为，还是要先审查是否具备故意杀人罪的构成要件，再考察是否具有违法阻却事由。只有在前两个要件都具备的情况下，才能根据不满 14 周岁、没有达到刑事责任年龄这一理由，宣告该人无罪。因为，一个人基于没有实施构成要件行为而无罪、违法阻却而无罪与不满刑事责任年龄而无罪，在刑法上的含义是完全不同的。实际上，当我们因为一个人不满 14 周岁而宣告他无罪的时候，我们已经确认该人实施了构成要件行为并且不存在违法阻却事由。由此可见，三阶层的犯罪论体系提供了一种定罪的操作规程，按照三个阶层进行逻辑推演，就能够圆满地完成定罪的职责。如果没有这样一套体系完整、逻辑严密的犯罪论体系作为定罪的操作规程，定罪活动的科学性就难以保障。

（二）作为检验工具的犯罪论体系

定罪活动在较为简单的刑事案件中不会发生差错，因此，即使没有犯罪论体系作为操作规程，也不会发生错误。但在那些较为复杂的刑事案件中，出现差错的可能性还是较大的。在这种情况下，涉及对定罪结论的检验问题。在上诉审程序中，这种检验更是必不可少的。而对定罪结论的检验离不开犯罪论体系。在这个意义上，犯罪论体系是一种检验定罪结论是否正确的根据。

例如，在李某放火案中，李某因为与工厂主管之间在工作上发生矛盾，遂起意报复。某日，李某潜入工厂仓库，点燃纸质包装箱，然后潜逃。大火燃烧以后，消防队前来灭火。正当火势被压制的时候，风向突然发生改变，致使大火失控，将两名消防队员烧死并将工厂烧毁，造成财产损失六千余万元。对于本案，检察机关以放火罪对李某提起公诉。在庭审中，律师对于李某烧毁工厂造成六千余万元财产损失并无异议，但对于烧死两名消防队员是否应当由被告人李某承担刑事责任进行了辩解，认为李某的放火行为与消防队员的死亡之间没有因果关系。但控方认为，李某的放火行为导致发生重大火灾，两名消防队员系在扑灭被告人李某造成的火灾时死亡，李某对于其放火行为所造成的危害后果具有放任的主观心理态度，因此被告人李某应当对两名消防队员的死亡承担刑事责任。对于本案，法院认为，消防队员救火完全按照救火规范进行操作，只是因为风势突然发生改变，致消防队员被烧死。对于消防队员的死亡，消防队员本身没有过错，因此被告人李某应当对此承担刑事责任。最终，法院以放火罪判处被告人李某死刑，立即执行。根据我国刑法第 114、115 条的规定，放火罪属于危害公安安全罪，分为危险犯与实害犯。放火罪的实害犯的实害结果是致人重伤、死亡或者使公私财产遭受重大损失，因此，致使两名消防队员死亡属于刑法所规定的放火致人死亡的实害结果，法院据此判处李某死刑。

本案对被告人李某的量刑是否准确，关键是李某是否应当对两名消防队员的死亡承担刑事责任？辩护律师以消防队员的死亡与被告人的放火行为之间没有因果关系为由，否认李某应对两名消防队员的死亡承担刑事责任。但控方则以李某对于两名消防队员的死亡具有放任的主观心理态度为由，肯定了李某对此应当承担刑事责任。法院对于李某是否应当承担刑事责任，主要考虑的是消防队员在救火过程中是否存在过错。根据法院的认定，消防队员在灭火过程中完全遵守操作规程，没有过错，因此李某对于两名消防队员的死亡应当承担刑事责任。

那么，如何判断以上控、辩、审三方关于本案被告人李某是否应当承担两名消防队员在救火时死亡的刑事责任的观点？我们可以看到，三方对此的切入点是不同的：辩护人是说没有因果关系，这是一个客观构成要件的问题；控方说具有放任心理，这是一个主观责任的问题；法院说消防队员没有过错，这是一个否定被害人的自我答责问题，属于客观构成要件。这三个问题，分别属于三阶层的犯罪论体系的不同环节。正确的检验方式是根据三阶层犯罪论体系提供的逻辑径路，依次进行验证。

关于辩护律师所说的没有因果关系，根据刑法因果关系判断的条件说，只要存在“若无前者，即无后者”的关系，即认为存在因果关系，那么，应该肯定本案中李某的放火行为与两名消防队员死亡之间的因果关系。至于放任心理，是以存在因果关系为前提的，在没有讨论是否具有因果关系的情况下跨越式地进入对主观要素的讨论，显然是不合适的。

本案的关键还是在于：在肯定李某的放火行为与两名消防队员死亡存在因果关系的基础上，考察能否将消防队员的死亡在客观上归责于被告人李某的问题。在这个意义上，法院的考察视角是正确的。但是，法院以消防队员的救火行为没有过错而将消防队员的死亡在客观上归责于李某，是存在疑问的。在客观归责理论中，对这个问题进行了充分的讨论。例如在罗克辛教授的刑法教科书中，这个问题被归入对他人责任范围的分配这样一个领域。罗克辛教授论及：假如一名过失造成火灾的房屋主人，在采取拯救措施时，造成一名消防队员死亡，对此应当由于过失杀人而受刑事惩罚吗？罗克辛指出，主流观点认为可以，因为在这个结果中实现了一种不能允许的危险，同时，主流观点认为，没有理由在构成要件的作用范围内不包括这种结果。但根据罗克辛教授的客观归责理论，构成要件的保护范围并不包括那种处于他人责任范围之内加以防止的结果。罗克辛教授指出：“在这类案件排除归责的道理在于，确定的职业承担者在自己的职权范围之内，以一种局外人不应干涉的方式，对消除和监督危险的渊源负责。但是，这样一种职权分配在刑事政策上富有意义的结果，应当是解除（entlasten）了第一个原因造成人对这个由职业承担者的损害性举止行为所造成的结果的责任。”因此，按照罗克辛教授的客观归责理论，过失造成火灾的人对于消防队员在救火中的死亡不应当承担刑事责任。但像本案这样放火行为，是否放火人对于消防队员的死亡结果也不承担刑事责任呢？这就是一个值得讨论的问题。至于被害人的自我答责，是另外一个理论问题。

总之，犯罪论体系为这些疑难、复杂案件的结论审查提供了各种法教义学的规则，因此具有重要的方法论意义。

（三）作为思维方法的犯罪论体系

犯罪论体系在司法实践中的实际功用究竟如何，也是一个经常争论的问题。否定者的意见是：在办案过程中，法官并不考虑三阶层的犯罪论体系。因此，犯罪论体系在法官办案过程中并没有实际功效。应该说，这种意见从表面来看似乎有一定道理。可以想见，一个司法经验丰富的法官在处理案件的时候，不会像一个入行的新手一样，严格地按照三阶层对定罪过程进行操作。

那么，能否由此而认为三阶层的犯罪论体系就没有实际功效了呢？我的意见是否定的。在此，涉及对犯罪论体系的功效的正确理解。我认为，犯罪论体系是一种定罪的思维方法，是在定罪过程中必须遵循的逻辑。虽然经验丰富的法官在定罪过程中并不考虑三阶层的犯罪论体系，但这并不能成为否定三阶层的犯罪论体系在定罪活动中具有实际功效的根据。正如形式逻辑是一般的思维方法，一种正确的思维过程都必须符合形式逻辑的各种规则。人们在思维过程中并不需要熟记各种形式逻辑的推理规则，那么，由此就可以否认形式逻辑在人类思维过程中的作用吗？显然不能。其实，对犯罪论体系的实际功效也应当作如是观。

第七讲

罪　体

一、罪体概述

（一）罪体的概念

罪体是犯罪构成的本体要件之一，是不法的构成要件。罪体具有以下特征：

1. 法定性

罪体是由刑法明文规定的，因而具有法定性。应当指出，这里的法定性是指刑法分则的规定，而不是刑法总则的规定。罪体是刑法分则规定的，这也是罪刑法定原则的应有之义。例如刑法第 236 条第 1 款规定："以暴力、胁迫或者其他手段强奸妇女的，处三年以上十年以下有期徒刑。"这一条文中的前段就是强奸罪的罪状，它对强奸罪成立的客观要件作了具体描述，为认定强奸罪提供了法律根据。这一规定涉及强奸罪的客观行为特征：手段行为是暴力、胁迫或者其他手段；目的行为是强奸妇女，即强行与妇女发生性关系。由此，强奸罪与通奸或者其他不违背妇女意志而与之发生性关系的行为得以区分。可见，罪体构成要素的法定性就表现为刑法分则具体罪状的规定性。

2. 类型性

罪体是犯罪的事实性呈现，表现为某一犯罪的外在形态，因而具有类型性。对于犯罪的类型性，德国学者贝林曾经形象地称为犯罪的客观轮廓，又称为犯罪的观念形象。罪体以一定的行为事实为其表现形态，对于犯罪的类型性把握具有统摄作用。例如刑法第 270 条第 1 款规定："将代为保管的他人财物非法占为己有，数额较大，拒不退还的，处二年以下有期徒刑、拘役或者罚金；数额巨大，或者有其他严重情节的，处二年以上五年以下有期徒刑，并处罚金。"在这一规定中，将代为保管的他人财物非法占为己有是侵占罪的类型性特征，从而为认定侵占罪提供了事实根据。在侵占罪的这一构成要件中，将他人财物非法据为己有，是所有财产犯罪的共同特征。而侵占罪区别于其他财产犯罪的特征就在于：非法据为己有的他人财物处于本人代为保管之中。换言之，其他财产犯罪所非法据为己有的他人财物处于他人的保管之中，这里的保管可以理解为占有。可见，侵占罪的类型性特征反映了该罪所具有的特殊性。如果说，其他财产犯罪是占有转移型的财产犯罪，那么，侵占罪就是非占有转移型的财产犯罪。

3. 侵害性

罪体是表明行为的法益侵害性而为犯罪成立所必须具备的构成要件，因而，罪体在性质上具有侵害性。这种侵害性反映了犯罪对法益的侵犯与损害，例如故意杀人罪对人的生命权的侵害，故意伤害罪对人的健康权的侵害等。侵害性是对行为事实的实质评价。如果虽然具备罪体构成要素，但却不具有法益侵害性，同样不具备罪体要件。例如正当防卫杀人和正当防卫伤害，虽然造成了他人死亡或者伤害他人的后果，但由于该行为本身是为制止正在进行的不法侵害而实施的，因而不具有法益侵害性，属于罪体排除事由。

(二) 罪体的内容

罪体的内容包括罪体构成要素和罪体排除事由这两个方面，因此是罪体构成要素与罪体排除事由的统一。

1. 罪体构成要素

罪体构成要素是罪体的积极要件，是指在定罪过程中应当加以正面认定的事实要素。罪体构成要素包括以下内容：

(1) 主体。

主体是指行为人。没有行为人就没有行为，因而也就没有犯罪。在罪体要件中，主体是基本的构成要素。

(2) 行为。

行为是刑法的基础，是犯罪成立的前提。“无行为则无犯罪”这一法律格言广为流传，表明行为对于犯罪成立的决定性意义。因此，行为是任何犯罪成立所必需的构成要素。

(3) 客体。

客体是指行为指向的人和物。尽管某些行为对法益的侵害是可以不以客体的存在为前提的，但大多数行为都是通过侵害客体来实现对法益的侵害的。因此，客体也是罪体的构成要素之一。

(4) 结果。

结果反映了行为对法益的实际损害，因而也是罪体的重要构成要素。当然，结果并非是任何犯罪成立的要件。只有对于结果犯来说，结果才是必不可少的。在行为犯的情况下，只要对法益具有侵害危险，犯罪即告成立，并不需要结果这一构成要素。

(5) 因果关系。

因果关系不是罪体的实体性要素，而是行为与结果之间的客观联系。它所要解决的是如何将一定的构成结果归因于一定的构成要件行为的问题，也属于罪体的构成要素。

(6) 客观归罪。

客观归罪的性质与因果关系的性质是较为相似的，也不是罪体的实体性要素，而是行为与结果之间的归责问题。客观归罪是在因果关系的基础上，进一步解决归责的问题，对于罪体的价值评判具有重要意义。

(7) 主观罪体要素。

主观罪体要素是指刑法分则规定的主观违法要素，例如明知、非法占有目的等。这些要素在性质上来说虽然是主观要素，但就其功能而言，它不是责任要素而是违法要素。因此，主观违法要素属于罪体的构成要素。

(8) 客观的附随情状。

客观的附随情状是指刑法分则规定的时间和地点等要素。虽然对于大部分犯罪来说，时间和地点并非犯罪成立的必备要素，但在少数犯罪中是不可或缺的构成要素。

2. 罪体排除事由

罪体排除是在具备罪体构成要素的基础上，对构成要件所进行的实质审查，审查的根据就是法益侵害性。虽然某一行为具备罪体构成要素，但存在罪体排除事由的，则仍然否定罪体的存在。

(三) 罪体的意义

1. 规制机能

罪体是由刑法分则明文规定的，它限定了犯罪的构成范围，因而对于司法机关具有规制机能。根据罪刑法定原则，法无明文规定不为罪，罪与非罪的区分取决于法律的明文规定，而罪体作为犯罪构成要件，是刑法分则条文规定的基本内容。由此，罪体限定了司法机关的定罪范围。

2. 统摄机能

犯罪是一个类型性的概念，在犯罪这一类型中，罪体是其基本框架，统摄各种犯罪构成要素。例如敲诈勒索行为，提供了一种既不同于抢劫罪又不同于诈骗罪的犯罪类型，主观上的敲诈勒索的故意在一定程度上依附于敲诈勒索的行为类型而存在。因此，罪体对于犯罪的类型性塑造起到了关键作用。

3. 区分机能

罪体作为犯罪的存在形式，对于每一种犯罪来说都是独特的，即各种犯罪都具有其特定的罪体。因此，根据罪体的内容可以区分此罪与彼罪，防止犯罪之间的混淆。

二、罪体构成要素

罪体构成要素是罪体的积极要素，主要是指刑法分则所规定的犯罪成立条件。以下对各种罪体构成要素分别进行具体论述。

（一）主体

这里的主体指的是行为主体，也就是实施了一定的构成要件行为的人，简称行为人。应当指出，这里的行为主体与四要件的犯罪论体系中的犯罪主体是有所不同的。行为主体是一个事实性的要素，反映了作为罪体构成要素的行为只能由一定的人所实施这一事实，从而排除了人以外的动物构成犯罪的可能性，由此限定了犯罪的主体范围。而四要件的犯罪论体系中的犯罪主体，是指承担刑事责任的主体。一个人只有实施了犯罪行为才有可能成为犯罪主体，如果没有实施犯罪行为就不可能成为犯罪主体，因此，犯罪主体作为承担刑事责任的主体，包含了刑事责任能力和刑事责任年龄等实体性内容。只有在刑法分则对某一犯罪的主体有特别规定的情况下，才需要对主体的身份问题专门进行研究。如果说犯罪主体是一个刑法总则性的概念，那么，行为主体就是一个刑法分则性的概念。

主体在通常情况下是指自然人。当然，在单位犯罪的情况下，单位也可以成为行为主体。我国刑法规定了单位犯罪，单位犯罪主体包括公司、企业、事业单位、机关、团体。单位犯罪在我国刑法中被规定为一类特殊的犯罪，以此区别于自然人犯罪。我在这里所讲的主体，是指自然人主体。

根据我国刑法的规定，行为主体可以分为一般主体和特殊主体。一般主体是指刑法对行为人没有身份上特殊要求的主体，因此，所有的自然人都可以成为一般主体。凡是刑法分则对主体未作特殊规定的，都是一般主体。比如刑法第232条规定："故意杀人的，处死刑、无期徒刑或者十年以上有期徒刑。"在这一规定中，刑法并未对故意杀人罪的行为主体作出特别规定。这就意味着故意杀人罪的行为主体是一般主体。也就是说，所有的自然人都可以成为故意杀人罪的行为主体，都可能实施故意杀人行为。

特殊主体是指刑法对行为人有身份上特殊要求的主体。因此，没有这种特殊身份，就不能成为某一犯罪的行为主体。在我国的刑法分则中，有相当一部分犯罪，法律对行为主体的身份都有特殊要求，例如，刑法分则第八章贪污贿赂罪的主体是国家工作人员，刑法分则第九章渎职罪的主体是国家机关工作人员，刑法分则第十章军人违反职责罪的主体是军人。对实施这些犯罪的行为主体在身份上具有特殊要求的，这种行为主体就是特殊主体。因此，特殊主体是和行为人的一定身份相联系的。

在刑法理论上，身份是指对定罪量刑具有一定影响的个人要素。这里所谓个人要素是指依附于个人而存在的某种情状。根据身份的来源，身份可以分为自然身份和法定身份。自然身份是指个人因自然的赋予而具有的某种个人要素，诸如性别、年龄等等。刑法中的某些犯罪，只能由某种特定性别的人构成。例如我国刑法中的强奸罪，它的行为主体是男性，因为我国刑法中的强奸罪是指强奸妇女罪，只有男性才能实施强奸妇女的行为。当然，在现实生活中也存在极个别的女性强奸男性的案件。有些国家和地区的刑法将强奸罪的行为主体设置为一般主体。还有一些犯罪，法律要求行为人与被害人之间具有某种特殊的血缘关系，也就是必须是家庭成员。例如刑法第260条规定："虐待家庭成员，情节恶劣的，处两年以下有期徒刑、拘役或者管制。"从该罪的罪状表述来看，刑法并没有对虐待罪主体的身份作出特别规定，但刑法规定的该罪行为是虐待家庭成员，它对行为客体的身份作了特殊规定，由此可以反推虐待罪的行为主体应当是和虐待罪的行为客体同处一个家庭关系之内的人，因此，虐待罪的行为主体是特殊主体。除了自然身份外，身份根据其来源还有法定身份。法定身份是指个人因法律的规定而被赋予的要素，例如职务、职责等等。应当说，刑法分则中大部分特殊主体的身份都是法定身份。例如我国刑法第400条第1款规定："司法工作人员私放在押的犯罪嫌疑人、被告人或者罪犯的，处五年以下有期徒刑或者拘役。"根据这一规定，私放在押人员罪的行为主体是司法工作人员，这也是特殊主体。司法工作人员这种身份是根据法律的规定而赋予的，是一种具有职责内容的身份。无论是自然身份还是法定身份，都在刑法分则中有明确规定。

在刑法理论上，这种由特殊主体而构成的犯罪，往往称为身份犯。身份犯又可以分为两种：一是纯正的身份犯。纯正身份犯中的身份是指对定罪具有影响的身份，简称为定罪身份。只有具有这种身份才能构成某种犯罪，如果不具有这种身份就不能构成某种犯罪，或者构成其他犯罪。例如，我国刑法第 385 条规定的受贿罪，其行为主体是国家工作人员。如果不具有国家工作人员的身份则不构成受贿罪，但有可能构成刑法第 163 条规定的公司、企业、事业单位人员受贿罪。二是不纯正的身份犯。它与纯正的身份犯是相对应的，不纯正的身份犯所具有的身份是指对量刑具有影响的身份，简称量刑身份。没有这种身份仍然可以构成某种犯罪，但如果具有这种特殊身份就加重其刑或者减轻其刑。例如刑法第 243 条规定的诬告陷害罪是一般主体的犯罪，所有自然人都可以构成诬告陷害罪。但刑法规定，国家机关工作人员犯诬告陷害罪的，应当从重处罚。国家机关工作人员所构成的诬告陷害罪就是一种不纯正的身份犯。没有国家机关工作人员的身份，同样可以构成诬告陷害罪，但具有国家机关工作人员身份的，应当从重处罚。这里应该指出，在罪体构成要素中涉及的身份是定罪身份，因为这是从行为主体的角度来讨论身份的。量刑身份在量刑的相关内容中讨论。

（二）行为

行为是整个犯罪构成理论的核心问题，可以说，整个犯罪论体系就是建立在行为基础之上的。在大陆法系国家，有些刑法学家甚至把行为作为前置性的犯罪构成要件，也就是说，行为在逻辑上是处于犯罪论体系之前的，在犯罪概念中专门讨论行为。例如，日本有学者指出：犯罪是构成要件该当、违法、有责的行为。然后，在犯罪论体系中分别讨论行为的构成要件该当性、行为的违法性、行为的有责性。而在一般的犯罪论体系中，还是把行为纳入构成要件中讨论，因为离开了行为，构成要件就变成一个没有内容的空壳。由此可见，行为要素对于构成犯罪来说是至关重要的，也是犯罪论体系的基石范畴。在大陆法系的刑法理论中有一句格言“无行为即无犯罪”，这句格言可以与格言“无法律即无犯罪”相提并论，都是刑法的至理名言。

行为要素在犯罪构成中的至高无上地位的确立，是具有历史进步意义的。在中世纪，没有形成行为这样一个明确的概念，当时构成犯罪的要素不受行为的限制。例如，中世纪存在思想犯罪，这是一种主观归罪。我国古代的腹诽罪，就是指在心里诽谤某人，当然，这个人不是一般的人而是君主，在中国就是皇帝，所以，腹诽罪是针对皇帝的一种犯罪。腹诽罪的设立就是把人的内心当作罪体加以处罚。在欧洲中世纪同样存在这种情况，孟德斯鸠在《论法的精神》这本书中曾经专门讨论了罪体，并举例说：在欧洲中世纪某个国家，某人在梦中杀死了某个暴君，结果这个国王知道这个梦后将其处死，指控的罪名是梦杀。梦杀与腹诽，堪称绝配。在这种情况下，刑罚成为专制的工具。这种处罚人的内心思想的专制刑法被称为心情刑法。在近代启蒙思想兴起之后，刑法理论发生了一场重大革命，这就是将罪体确定为一定的行为，如果没有实施一定的行为，就不能构成犯罪。行为使得犯罪有了明确的界限，因为行为是客观存在的，是看得见、摸得着的，是可以依照法律规定来进行认定的。在这种情况下，刑法就从心情刑法转变为行为刑法。这里的心情刑法是指规范人的内在心理的刑法，是一种主观主义的刑法；而行为刑法是指规范人的外在行为的刑法，是一种客观主义的刑法。在刑法理论上，对行为作了大量的研究，形成了各种不同的行为论。

1. 行为论

(1) 因果行为论。

因果行为论属于客观主义的行为论，强调行为的客观性。因果行为论认为行为是内心意思到客观外在变动之间的因果历程。根据因果行为论对行为的描述，首先要有一定的内心意思，在内心意思的支配下实施了一定的身体动作，从而造成了客观外界的某种变动，由此构成行为。因果行为论把行为描述为因果过程，“因”是内心意思，“果”是外在变动。因果行为论受到了自然主义的影响，把行为看成是一定的物理过程，表现为人的身体举止。因果行为论认为，行为包含了心素和体素。体素具有有形性，强调行为的物理性，从物理的角度考察行为。在这种情况下，行为就是看得见、摸得着的，具有可靠的外在形状。因果行为论过于强调行为的物理性，对于心情刑法来说矫枉过正，走向了另一个极端。例如德国学者李斯特在 1913 年为《德国刑法典》修正案提建议，主张以自然科学的语言精确地描述犯罪行为，因此，侮辱罪应当这样规定：“一连串的喉结抖动，血脉贲张，引致他人不愉快的情绪者，为侮辱罪。”其实，因果行为论的最大问题还是难以说明不作为。作为有一定的身体外部动作，按照因果行为论可以加以描述。但不作为是没有做法律要求做的事，如果仅从身体举止的角度看，是什么也没做。什么也没做怎么能根据因果行为论认定为一个行为？所以，因果行为论的最大缺憾就是难以说明不作为的行为性。

（2）目的行为论。

目的行为论强调目的对于行为的支配性，认为行为是人的主观目的的客观化，人的行为都是受目的支配的。目的行为论与因果行为论之不同在于：因果行为论强调的是作为的客观层面、行为的客观外在的形状；而目的行为论强调的是行为的主观层面，它认为人的外在行为是受主观目的支配的，是目的的一种外化，对于行为来说，更重要的是内心层面。目的行为论对于有目的的、故意的行为具有较强的说服力，但目的行为论最大的问题是难以解释过失行为。过失行为没有目的，怎么根据目的行为论来解释过失行为？对此，目的行为论的主张者认为过失行为本身也是有目的的，认为过失是一种盲目，盲目本身也是目的。其实，盲目就是没有目的，说没有目的也是目的，这种解释就有点强词夺理了。在这个意义上说，目的行为论也有它的缺陷。

（3）社会行为论。

社会行为论的主要特点是在行为的概念里引入了规范要素，因此，它是一种规范论的行为论、一种价值论的行为论。前面所讲的因果行为论中的因果、目的行为论中的目的都是指客观存在本身，是行为的自在要素，因此，因果行为论和目的行为论都是存在论的行为论。而社会行为论认为，行为并不是一种自在的存在，而是和评价有关的，具有重要社会意义的身体举止才能被评价为行为。社会行为论跳出了从物理的、自然的角度来把握行为的局限，从社会规范和社会价值的意义上界定行为，在行为概念中引入了规范评价要素。

行为是犯罪的核心，犯罪概念有客观主义的犯罪概念和主观主义的犯罪概念之分：客观主义的犯罪概念强调犯罪的客观性，认为犯罪是人的一种活动，是客观的东西。但如果把犯罪完全看成是一种自在的存在，是不符合犯罪实际情况的，因为犯罪不是一种自在之物，它是法律之物，是评价结果，所以在犯罪概念中必然包含评价要素。犯罪是违法的、具有法益侵害性的行为，某一行为是否具有法益侵害性是由立法者和司法者来评价的，所以犯罪概念中当然包含评价要素。但主观主义的犯罪概念使这种评价要素完全脱离犯罪的客观事实，认为某种行为是否构成犯罪完全取决于立法者和司法者的评价。例如，在犯罪学上有一种标签理论，认为犯罪只是一种标签，在犯罪现象中包括定义者与被定义者。其中，定义者是最为重要的，而这里的定义者就是指贴标签的人即立法者和司法者。至于具体的犯罪人只是一个消极的客体，无关紧要。这种观点使对犯罪的评价丧失了客观根据，使立法者、司法者的评价变成无源之水、无本之木，为立法和司法的擅断提供了理论基础，与法治国理念是相悖的。我认为，犯罪是客观性和主观性的统一，是事实性和规范性的统一，犯罪的这种事实性和规范性的统一主要就表现在行为这个概念上，所以，一方面我们要看到行为是行为人的所为，另一方面要看到这种行为之所以成为构成要件的行为是基于规范的评价。

社会行为论引入了规范的评价的要素，对某些行为现象就可以作出较为合理的解释，比如说不作为：不作为是不是一种行为？社会行为论认为不作为虽然在物理意义上是一种"无"，是"什么也没做"，但这种"什么也没做"是以法律上要求行为人实施一定的作为为前提的，因此，不作为在规范的意义上是"有"。例如对家庭成员的遗弃，遗弃也就是不扶养，就扶养而言，它是一种"无"——没有抚养，但没有抚养是以具有扶养义务为前提的，因此，在规范意义上它是一种："有"——使家庭成员的抚养制度遭受破坏。社会行为论能较好地解决不作为的行为性问题，因此，现在刑法理论上通行的是社会行为论。

2. 行为的特征

行为是指行为主体基于其意志自由而实施的身体举止，因此，行为具有以下特征：

(1) 行为的举止性。

这里的举止也就是指身体的动静，是行为的体素。应当强调，举止是就行为的客观外在特征而言的。在通常的情况下，行为往往表现为一定的身体外部动作，但在不作为的情况下，从物理的意义上看，它是一种"无"，但这种"无"

本身即身体的静止状态，是具有社会意义的，因此，仍然可以在刑法上被评价为犯罪。行为的举止性既包括身体的动作，也包括身体的静止，从而能把作为与不作为都包含进去。

(2) 行为的自愿性。

行为的自愿性是指行为人的主观意思，是行为的心素、行为的主观要素。只有在意志自由情况下所实施的行为，才可归因于行为人。行为是在意志自由的情况下实施的，我们才能说这个行为是行为人的行为，这个行为所造成的结果才能归因于行为人。由此可见，心素对于行为的认定具有重要意义。

根据行为自愿性的特征，我们就可以把那些不具有主观意思的身体动作排除在刑法中的行为概念之外。这里所谓“不具有主观意思的身体动作”包括以下三种情形：

第一是反射动作，是指无意识参与作用的动作。身体反射是一种纯生理的现象，没有经过行为人的主观意识，因此不能被认为是刑法中的行为，即使造成了一定的损害也不能归咎于行为人。

第二是机械动作，是指受他人物理强制，在完全无法抗拒的情况下所实施的动作。比如说甲站在悬崖旁边，乙推了甲一把，在乙之力的物理作用下，甲又推了丙一把，将丙推下悬崖，造成丙的死亡。在这个案件中，直接把丙推下悬崖致死的是甲，但甲的动作是在乙之力的物理强制下所实施的，因此要去追究最初推他的乙的责任，甲只不过是乙用来实施犯罪的工具。甲的这个动作是一个机械动作，不具有自愿性。

第三是本能动作。本能动作是指疾病发作、触电或者神经反射而产生的动作，例如梦游。梦游当然是一种疾病，有的人在梦游中可能实施各种动作，甚至杀人也是有可能的，但醒来以后根本就想不起来。在梦游的情境下所实施的动作不具有主观上的自愿性，因此不是刑法中的行为。

以上三种情况由于不具有主观意思而不属于刑法中的行为，而以下五种行为应当视为在行为人意志支配下所实施的，因而属于刑法中的行为：

第一是自动化行为。自动化行为是指在一定的思维定式支配下反复实施而成为习惯的行为。自动化的行为是受思维定式的支配，也就是说在实施这个行为的时候已经不需要经过大脑思考了，是一种习惯性的行为。例如驾驶车辆熟练了以后，碰到什么情况应当作出什么反应根本就不需要思考。这种自动化的行为和那机械动作或者反射性动作表面上看似相同——都不经过大脑，但自动化行为是经过长期训练所形成的一种习惯性的动作，应当视为一个人的行为。

第二是冲动行为。冲动行为是指在激情状态下实施的超出行为人理智控制的行为。由于受到某种外界因素的刺激产生某种激愤，在激愤情绪的促动下导致情感爆发，冲破了平时所形成的道德观念、法律观念对一个人行为的约束，这个人控制不了自己的理智，丧失了理智，在这种情况下所实施的行为仍然应当被视为刑法中的行为。因为一个人对自己的行为进行约束、进行控制本身就是法律的要求，如果没有做到这一点而实施了一定的法益侵害行为，就应当承担刑事责任。现在我们所说的路怒症，是指在交通阻塞情况下开车压力与挫折所导致的愤怒情绪。尤其是在驾驶车辆时，受到他人某些不良或者违章的驾驶动作的触动，路怒症会暴发，行为人从而实施攻击性或者侮辱性的行为，引发交通道路上的纠纷，甚至导致人身侵害案件。例如 2015 年 5 月 3 日，被告人张某因对被害人卢某（女）驾车违规变道不满，也驾车违规变道追赶卢某，后将卢某的车辆逼停，将其拖出车辆驾驶室，对卢某进行殴打，致其轻伤。该殴打场面被行车仪录下，在网上播发以后引发民愤。最终，张某被指控触犯伤害罪，最终被判处有期徒刑 8 个月，缓刑 1 年。这个案件就是典型的路怒症引起的伤害案件，虽然被害人也有过错，但张某应该对伤害后果承担刑事责任。

第三是精神胁迫行为。精神胁迫行为是指在他人暴力的间接强制下所实施的行为，仍然应当被认为是刑法中的行为，只是在量刑的时候可以考虑减轻刑罚。它和物理强制下的行为是不一样的：在物理强制下，一个人没办法按照自己的意志自由去实施行为，因此就不算是这个人的行为。但在受到精神胁迫的情况下，虽然一个人的意志自由受到某种抑制，但他并没有完全丧失意志自由。当然，如果胁迫达到一定程度，可以构成紧急避险。但紧急避险在什么情况下可以成立？这是一个较为复杂的问题，也是一个关涉是否有罪的问题。紧急避险可以免除行为人的刑事，其中有很多法律规则。比如说，在劫机的时候，劫机犯用枪指着机长，让他到非预定地点着陆。在这种情况下，机长受到精神胁迫，如果机长按照劫机犯的指令飞到某个地点着陆，其行为是否构成犯罪呢？根据有关民航的法律规定，机长应当无条件地服从劫机者的指令，降落到劫机者指定的地点。这是免责的。但如果一个人用枪或用刀指着你，让你去杀另一个人，如果你去杀了，那你仍然构成犯罪，只不过是一种在胁迫下实施的犯罪。这一犯罪具有一定的不情愿、不自愿性，但犯罪毕竟是你实施的。但胁迫作为辩护理由，在量刑的时候应当予以考虑。

第四是忘却行为。忘却行为是指被期待有所行为时，由于丧失行为意识，而造成某种危害结果发生的情形。忘却行为构成的犯罪称为忘却犯，忘却犯实际上是一种过失的不作为犯。这种不作为不是行为人故意不履行作为义务，而是忘记了要履行一定的作为义务，因此，行为人主观上对于因为未履行作为义务而产生的法益侵害后果具有过失。例如铁道上的扳道工，根据职责其应当按时扳道岔，如果不按时扳道岔，火车就会相撞。某扳道工由于某种原因，忘记按时扳道岔，从而导致火车相撞。在这种情况下，该扳道工在主观上对火车相撞事故的发生具有过失，在客观上是不作为。这就是典型的忘却犯。这种忘却行为仍然是刑法中的行为，行为人应当对由此造成的法益侵害后果承担刑事责任。

第五是原因上的自由行为。原因上的自由行为是指行为人在行为的时候处于丧失辨认或者控制能力的状态，但这种丧失辨认或者控制能力的状态本身是由本人故意或者过失造成的情形。例如刑法规定在精神病发作情况下实施危害社会的行为是不构成犯罪的，因为在精神病发作的情况下，精神病人丧失了辨认或者控制自己行为的能力。有些精神病是可以主动引发的，例如病理性醉酒。醉酒分为生理性醉酒和病理性醉酒，通常所说的醉酒都是指生理性醉酒，而病理性醉酒是一种精神病。有些人对酒精过敏，只要饮酒就处于丧失辨认或者控制能力的状态。这就是病理性醉酒。甲知道自己患有病理性醉酒的疾病，为了杀死仇人乙，就故意饮酒，使自己处于病理性醉酒状态，把乙杀死。这种情形，在刑法理论上称为原因上的自由行为。原因上的自由行为的最大特点是行为时处于丧失辨认、控制能力的状态，但这种丧失辨认、控制能力的状态是由本人故意或者过失造成的。也就是说，它在原因上是自由的，在实施行为时是不自由的，因此称为原因上的自由行为。关于原因上的自由行为对法益侵害后果承担刑事责任的根据问题，在理论上存在各种不同的观点。一般认为，它是“实行行为与责任能力同在”原则的例外。“实行行为与责任能力同在”原则是指当一个人客观上实施某一犯罪实行行为的时候，该人必须具有责任能力，这种责任能力和实行行为在时间上具有共时性。但在原因上自由行为的情况下，两者发生错位：在实施实行行为的时候，行为人不具有责任能力。这就违反了“实行行为与责任能力同在”的原则。这种不具有责任能力的状态又是由行为人故意或者过失造成的。因此，这种原因上的自由行为仍然被认为是刑法中的行为，要对其所造成的后果承担刑事责任。这被视为“实行行为与责任能力同在”原则的一种例外。

(3) 行为的实行性。

所谓行为的实行性，是指构成要件的行为具有实行行为的性质。实行行为是指刑法分则所规定的某一具体犯罪的构成要件行为，也是指一种正犯行为，从而区别于其他的非实行行为。实行行为和非实行行为是相对应的概念：实行行为是指由刑法分则所规定的构成要件行为；而非实行行为是指由刑法总则规定的对刑法分则的实行行为进行补充或者扩张而构成的犯罪行为。例如刑法总则规定的犯罪预备行为就是一种非实行行为，另外，共同犯罪中的组织行为、教唆行为、帮助行为都是非实行行为。也就是说，刑法分则所规定的行为是实行行为，例如故意杀人罪中的“杀人”指的就是实行行为，是非法剥夺他人生命的行为。刑法总则中规定了预备行为，因此，杀人的预备行为就是非实行行为，行为人应当按照预备犯承担刑事责任。另外，杀人的教唆行为、帮助行为都是杀人的非实行行为，行为人按照共同犯罪的规定承担刑事责任。因此，在刑法中，实行行为是基础行为，也是前提行为。正确地认定实行行为，对于正确地认定犯罪具有重要意义。我们必须明确实行行为这个概念，它在整个刑法中是一个非常重要的核心概念。实行行为是刑罚惩罚的基本对象，而非实行行为是刑罚扩张事由。

在实行行为中，故意犯的实行行为与过失犯的实行行为具有不同的特点。

故意犯的实行行为是受故意支配的行为，具有较强的定型性，例如，杀人行为是非法剥夺他人生命的行为，盗窃行为是秘密窃取他人财物的行为。因此，故意犯的实行行为是较为容易认定的。与之不同，过失犯的实行行为如果从存在论的角度来看，其定型性较弱；但如果从规范论的意义上分析，过失犯的实行行为仍然是可以把握的。过失犯在我国刑法中可以分为两种类型：一是纯正的过失犯，二是不纯正的过失犯。纯正的过失犯是指只能由过失构成的犯罪，例如交通肇事罪、重大责任事故罪等业务过失犯罪和职务过失犯罪。不纯正的过失犯是指既可以由故意构成又可以由过失构成的犯罪，当由过失构成时，该过失犯就是不纯正的过失犯。因此，不纯正的过失犯存在与之对应的故意犯。例如，放火罪与失火罪中失火罪就是不纯正的过失犯，故意杀人罪与过失致人死亡罪中过失致人死亡罪就是不纯正的过失犯。在以上两种过失犯中，不纯正的过失犯与对应的故意犯共用一个构成要件，其实行行为是相同的。但纯正的过失犯具有独立的过失实行行为，对此不能简单地从存在论角度加以理解，而应当从规范论意义上加以考察。例如，交通肇事罪是典型的纯正的过失犯，其罪状表述为：违反交通运输管理法规，因而发生重大事故。这里的“因而发生重大事故”是对该罪的结果的描述，其实行行为表现为“违反交通运输管理法规”。在此，并没有对具体行为特征的描述，而且，“违反交通运输管理法规”的范围是极为宽泛的，例如闯红灯、不系安全带行车、酒后驾车等，但不能认为只要具有这些交通违法行为就具备了交通肇事罪的实行行为，而是要看这些交通违法行为是否“因而发生重大事故”，只有造成重大事故的上述交通违法行为才能成为该罪的实行行为。为此，在刑法理论上，对于纯正的过失犯的实行行为，并不是按照其事实特征进行描述，而是抽象概括为违反结果回避义务或者称为违反客观注意义务。对于故意犯与过失犯在实行行为上的差异，我们必须加以注意。

3. 行为的表现方式

行为具有三种表现方式，这就是作为、不作为和持有。在这三种行为的表现方式中，不作为是研究的重点，需要认真理解。

(1) 作为。

作为是表现为一定身体外部动作的行为。通常所讲的行为，主要是指作为。在刑法中，绝大部分犯罪，甚至可以说百分之九十以上的犯罪，都是由作为构成的。作为最基本的特征就是它的有形性：作为通常表现为一定的身体外部动作。我们可以对作为的具体表现形式作以下的列举：

第一，利用自身的身体动作实施的作为。

作为通常是指利用自己的肢体作用于某一客体，从而造成某一法益侵害结果。这是一种最典型的作为。例如拳打脚踢，对他人造成伤害，这种伤害就是由于行为人的肢体动作而造成的。因为人的肢体是受大脑神经支配的，因此，一个人的身体动作可以看作是该主体的行为，可以把一个人的肢体所造成的结果归咎于行为主体。

第二，利用机械力实施的作为。

机械力实际上是一种工具，是肢体的延伸。由于人的肢体的作用总是有限的，因此人们往往利用一定的机械力实施犯罪。像用枪杀人或用刀杀人，人是被枪的子弹给打死的或者人是被刀砍死的，但枪和刀都是一种机械。这种工具是受人支配、受人操纵的，所以我们同样可以把枪打死或者刀砍死这样的死亡后果归咎于对枪和刀以及类似机械力进行操纵的主体。

第三，利用自然力实施的作为。

自然力是指自然的破坏力，比如大风、暴雨、洪水、大火等等。自然力当然会造成破坏，因为自然力对人类来说，既有有用的一面，又有破坏的一面。如果自然力本身对人类社会造成破坏，当然不能归咎于任何人。但如果一定的人利用自然的破坏力造成一定的法益侵害结果，那么就可以把法益侵害结果归咎于一定的行为人。比如说放火就是利用火的破坏力毁坏财物，决水就是利用水的破坏力毁坏村舍，火和水的破坏力是受人操纵的，因此，人要对该自然力所造成的危害后果承担责任。

第四，利用动物所实施的作为。

动物本身并没有意志，因此动物本身不能成为刑罚惩罚的对象。如果动物是出于它的天性而造成了某种侵害结果，则不能把动物看作是刑罚惩罚的对象，说它构成犯罪。当然，也有少数国家的法律把动物规定为犯罪主体，例如大象把人踏死了，说大象犯了杀人罪，要把它处死。这种现象是蒙昧时代刑法的遗存，文明国家的刑法已经没有这样的规定。不过，如果行为人把动物当作一种工具，对他人进行伤害或者造成他人财产损失，那么就应该把动物所造成的损害结果归咎于该行为人。这就是利用动物所实施的一种作为。这种情况下，从表面上看，损害结果是由动物造成的，但动物是受人操纵的，这种操纵动物造成损害结果的行为就是犯罪，操纵者应当对此承担刑事责任。

第五，利用他人实施的作为。

所谓利用他人实施犯罪，实际上就是间接实行的问题，也就是刑法理论上所谓间接正犯的问题。犯罪可以分为直接实行和间接实行：直接实行构成的犯罪是直接正犯，比如杀人，一个人亲自用刀把被害人捅死，这个人就是故意杀人罪的直接正犯。所谓间接实行，是指利用精神病人来把他人杀死。按照法律规定，精神病人在丧失辨认或者控制能力情况下所实施的行为不负刑事责任，但利用者是间接实行，构成故意杀人罪的间接正犯。在这种情况下，精神病人就是行为人用来犯罪的一种工具。当然，间接正犯问题本身十分复杂，它包括各种不同的类型。在间接正犯情况下，被利用者并不构成刑法中的犯罪，因此，利用者对犯罪后果承担直接责任。间接正犯是犯罪实行的间接性和刑事责任承担的直接性的统一。

对于作为的类型问题，我国刑法理论过去很少论及，但我认为在理论上还是有必要来加以研究的。我认为作为可以分为以下两种：

第一种是纯正的作为。

所谓纯正的作为是指单纯地违反禁止性法律规定而构成的犯罪，也就是纯正的作为犯。例如，根据刑法第 385 条第 1 款的规定，国家工作人员利用职务上的便利，索取他人财物或者非法收受他人财物，为他人谋取利益的，是受贿罪。这种受贿行为就是纯正的作为，它违反的是国家工作人员职务行为的廉洁性。根据廉政的要求，国家工作人员是禁止利用职务便利为他人谋取利益而收受他人财物或者索要他人财物的，于是受贿行为就违反了法律对国家工作人员的禁止性规定，从而构成了受贿罪。受贿行为都是作为，这种作为是一种纯正的作为，它是单纯地违反法律的禁止性规定而构成的行为。在刑法中，绝大部分作为都是纯正的作为。

第二种是不纯正的作为。

所谓不纯正的作为是指以作为的形式而犯不作为之罪。刑法对这种犯罪设置了作为的构成要件。在这种情况下，如果从违反前置法来看，是不作为，但从刑法规定的构成要件来看，又是作为。我认为，刑法规定具有对前置法的优越性，因此，这种情形应当被认定为作为。但它不同于纯正的作为，可以说是一种不纯正的作为。不纯正的作为犯的典型例子是抗税罪，刑法第 202 条规定："以暴力、威胁方法拒不缴纳税款的，处三年以下有期徒刑或者拘役，并处拒缴税款一倍以上五倍以下的罚金。"抗税罪就其行为方式而言是一定的作为，即使用暴力、威胁而构成的，暴力、威胁当然是一种作为，具有一定的身体外部动作，但通过抗拒的方法要达到的不缴纳税款是不作为。

我之所以把纯正的作为犯和不纯正的作为犯区分开来，主要是因为，纯正的作为犯的构成要件较为简单，而不纯正的作为犯实际上是要以作为的方法犯不作为之罪，从刑法角度来看，仍然是作为，我们说它是不作为是从前置法的角度来说的。我认为，这种纯正作为和不纯正作为的划分，对于正确理解作为的表现方式的多样性具有一定的意义。

(2) 不作为。

不作为，是相对于作为而言的，指行为人负有实施某种积极行为的特定法律义务并且能够实行而不实行的行为。因此，不作为是一种特殊的行为方式。不作为和作为在逻辑上是相反的关系。

对于不作为首先需要理论上解决不作为的行为性问题，因为作为的行为性是无须证明的。在一般的社会观念中，往往是把行为和一定的动作联系在一起，而作为符合人们关于行为的一般看法，因为它本身表现为一种外在的身体动作。但不作为从客观层面来看，没有一定的身体动作，因此，往往难以把它和行为联系起来。大陆法系的刑法理论中有一个基本命题“无行为则无犯罪”，因此要将某种不作为当作犯罪处理，必须要证明它是一种行为。这就是不作为的行为性问题。显然，不作为的行为性不能从物理上来证明，因为它没有一定的身体动作。但不能因为不作为在物理上没有一定的身体动作就认为它不是一种行为。我认为，不作为的行为性可以从社会规范和人格态度两方面予以证明。

从社会规范的角度来说，人和人之间的关系是一种社会关系，这种社会关系经由法律的确认而形成一种法律关系，这种法律关系的内容是权利与义务，这种权利和义务之间是一种对应关系，也就是说，一个人行使一定的权利必然以另一个人履行一定的义务为前提。在这种情况下，如果一个人不履行一定的义务，就会使他人的权利无法行使，甚至会对他人的权利造成一定的侵害。正是在这个意义上，一定的义务不履行本身就是一种权利侵害行为。例如在借贷合同中，债权和债务相对而存在，债权是权利，债务是义务。如果不履行债务，不把钱还给人家，他人的债权就无法实现，这种债权无法实现就意味着债权受到了他人的侵害。从这个例子可以明显地看出来，从社会规范的角度来看，一定义务的不履行是会对他人的权利造成侵害的，这种侵害和作为的性质是相同的。例如生命权，既可以通过作为的方式来侵害他人的生命权，比如说用刀把人杀死，同样也可以通过不作为的方式侵害他人的生命权，比如母亲对婴儿不喂养，使其饿死。

我们还可以从人格态度的角度论证不作为。不作为从物理的意义上、从客观层面来看，它是一种“无”，但从主观上来看，它是一种“有”。也就是说，这种义务的不履行是行为人故意或者过失造成的。这种义务不履行的状态本身，是行为人人格态度的反映。

基于以上两方面的理由，我认为，不作为是具有行为性的，应当按照行为来看待。

在证明了不作为的行为性的基础上，我们要对不作为构成犯罪的条件加以具体论述，这就是所谓的不作为的构成问题。我认为，不作为的构成需要以下三个条件：

第一，不作为的作为义务。

具有一定的作为义务是不作为成立的逻辑前提。也就是说，不作为从物理上看是一种“无”，之所以在法律上来看是一种“有”，原因就在于行为人负有某种作为义务，这种作为义务表明，行为人违反了法律的命令性规范。法律规定应当做什么、应当做的内容就是作为义务。违反法律规定，没有履行作为义务，由此构成不作为。由此可见，是否存在一定的作为义务，是认定不作为是否存在的关键之所在。在某些情况下，两个人或者三个人都是没有做什么，但根据一定的作为义务，就可以对行为人的行为加以法律上或者道德上不同的评价。例如，幼儿园的保育员甲带领幼儿去野外踏青。在野外行走的过程中，某个幼儿不小心掉到了粪池里面去了。如果甲及时跳下去，将幼儿捞上来，可以挽救这个幼儿的生命。但甲怕脏怕臭，没有跳到粪池里去进行抢救，而是大声呼喊。这时候旁边路过一个二十多岁的年轻人乙，看到这种情况后乙也因为怕脏怕臭，没有跳下去救幼儿。又过了一会儿，路过一个老农丙，看到情况危急丙就跳到粪池里把幼儿捞了上来。可是由于时间过去久了，捞上来后这个幼儿还是死了。在这个事件中，丙的行为当然是一种值得肯定的见义勇为行为，尽管最后没能挽救幼儿的生命。乙听到呼唤后过来但没有及时抢救，这种行为是违反道德的行为，但不能说乙的行为是犯罪行为，因为乙没有法定的作为义务，只有道德上的作为义务，应该受到道德谴责。而甲的身份本身就决定了当幼儿处于危险状态时甲负有抢救义务，但甲没有履行作为义务，因此甲的行为构成刑法上的不作为，甲应该对幼儿死亡的后果承担刑事责任。在这个事件中，除了丙的行为外，甲和乙的行为从客观外观来看是相同的——都是没有救人，但最后的法律评价是不同的。之所以有这种不同，原因主要是义务不同：乙没有法律上的抢救义务，而只有道德上的抢救义务，因此其未能积极抢救只是一种违反道德的行为。而甲负有抢救的法定义务，其没有履行义务，就要承担法律上的责任。

从这个案例可以看出来，不作为的作为义务应当是一种法定的义务，而不是道德上的义务。道德上的义务不履行并不构成法律上的不作为，对于这点我们是应当明确的。在理论上有的人说，违反道德上的义务也可以构成刑法上的不作为，就是要把这种不作为的作为义务加以宽泛的解释。这种观点，我认为是不能成立的。如果把不作为的作为义务解释得过于宽泛，把一些道德上的义务、习俗上的义务都解释为不作为的作为义务，就会不适当地扩大不作为的范围。

不作为的作为义务还应当是特定的义务。所谓特定义务是指不作为的作为义务必须与具体的情况相联系，不是一般义务。特定义务与一般义务在法律上也是有区分的：特定义务往往是针对某种特定情况而设立的义务，而一般义务则是基于身份或者职务而具有的义务。因此，要正确区分这两种作为义务，只有这样才能为正确认定不作为提供法律根据。

在作为义务中，我要重点讲授的是作为义务的来源，也就是作为义务的表现方式问题。一般认为，作为义务主要有以下四种情况：

其一，法律明文规定的作为义务。

法律明文规定了某些不作为的犯罪。在这些不作为的犯罪中，它的作为义务是由法律明文规定的。比如说，刑法规定的遗弃罪，其作为义务是扶养义务，不履行扶养义务的构成遗弃罪。这种扶养义务是婚姻法规定的，刑法将遗弃行为规定为犯罪，是以婚姻法规定的扶养义务为前提的。

其二，职务或者业务所要求的作为义务。

这种作为义务和行为主体所担任的某种职务或者所从事的某种业务紧密相连，由于行为人担任某种职务或者从事某种业务，基于这种职务和业务而产生了某种作为义务。例如在前面所讲的例子中，保育员甲对幼儿有一种救助的义务，这种义务是她担任保育员、从事保育工作而产生的，可见，这种义务是基于一定的身份而产生并与该身份紧密相连的。在认定这种义务的时候，要和职务或者业务紧密联系起来。

其三，法律行为产生的作为义务。

这里的法律行为是指民事法律行为。民事法律行为是一种民法的调整方式。民事法律行为可以在法律上设定一定的权利和义务，比如公民之间可以通过签订合同来设立彼此之间一定的权利和义务。这种通过民事法律行为所设定的作为义务如果不履行，同样可能产生刑法上的不作为的责任问题。比如说家庭雇请保姆来照看小孩，形成一种雇佣关系，基于这种雇佣关系，保姆就负有照看小孩的义务，如果不履行这种义务，造成小孩的死亡或者发生其他严重后果，同样会产生刑法上的不作为问题。

其四，先行行为产生的作为义务。

由于行为人的先前行为即先行行为使某种合法权益处于可能遭受严重损害的危险状态，该行为人就负有某种积极阻止损害结果发生的义务。这种义务就是先行行为引起的作为义务。这种先行行为，既可以是合法行为，也可以是违法行为，甚至可以是犯罪行为。比如说交通肇事，将行人撞成了重伤，在这种情况下就产生了一种救助义务。如果不救助，致使伤员死亡，同样有一个刑法上的不作为问题。

以上作为义务的来源，只是说明了不作为的形式根据。那么，能不能说，只要具备了这种义务，就一定要承担不作为的刑事责任呢？问题不是这么简单。构成不作为还要在形式的作为义务的基础上，进一步考察实质的作为义务。如果只是根据形式的义务来源来判断不作为就容易扩张不作为的范围。例如，一个人失火以后负有灭火的义务，但该人没有积极灭火，而是从火灾现场逃跑。在这种情况下，能不能说因为没有履行灭火义务，就构成了不作为的放火罪呢？如果仅从作为义务推导，这个结论是能够成立的。但这样一来，只要在失火以后逃跑，都转化为不作为的放火罪。依此类推，过失伤害他人以后逃跑的，也转化为不作为的故意伤害罪。这显然不妥。事实上，在司法实践中对不作为犯的认定从形式的作为义务出发，确实存在不作为的扩大化现象。例如，有一对夫妻，男的叫宋某祥，女的叫李某。夫妻经常吵架，李某就说要自杀。一天，双方发生激烈吵架，邻居把他们劝好了，劝好以后邻居就走了，之后两人又开始吵架。这时李某又说要自杀，宋某祥没有管，把门一关就出去了。半个小时后，宋某祥回家，发现李某已经上吊自杀。法院以不作为的间接故意杀人罪判处宋某祥有期徒刑4年。在这个案件中，宋某祥没有履行救助义务。妻子李某自杀，生命发生危险，宋某祥应该制止但没有制止。不过，我国刑法并没有把这种救助义务的不履行规定为犯罪。在这种情况下，宋某祥的行为为什么构成故意杀人罪？怎么解释这里的作为义务呢？本案的裁判理由认为，夫妻之间具有扶养义务，既然夫妻之间具有扶养义务，那么当一方遇到生命的危险时，另一方就有救助义务，如果不履行这种救助义务，就要对发生的后果承担责任。法院由此认定被告人宋某祥具有不作为，并且把这种不作为评价为杀人的不作为。在这个案件中，李某是上吊自杀。一般来说，存在自杀就不可能同时构成他杀，因为杀人是他杀。这种自杀如何转化为他杀？这是要具备严格条件的，即逼迫他人自杀：表面上是自杀，实际上是他杀。但在这个案件中，自杀是死者自己所为，不能把和自杀相关的行为或者把阻止自杀义务的不履行认定为杀人行为。不阻止自杀和杀人是两个概念。例如，有个歹徒在强奸一个妇女，妇女大声呼救，这时路过一个警察，这个警察有制止强奸犯罪的法定义务，但他没有履行这个义务，导致这个妇女被强奸。可见，警察没有履行制止强奸的义务，这里存在一个不作为的问题。但我们只能把这种不作为评价为一种玩忽职守，是职务上的不作为，不能由此就认定这个警察的行为构成了强奸罪。因此，要对不作为的作为义务进行实质考察，避免无原则地扩大不作为的作为义务的范围。

第二，能够履行而没有履行。

这就是一个履行能力问题。行为人首先必须要有作为义务，但仅有作为义务并且不履行这一作为义务，还不能构成不作为。还要分析行为人在当时特定的条件下，是否具有履行作为义务的能力。只有在当时的条件下，行为人具有履行的可能性而不履行，才能构成刑法上的不作为。如果有这种作为义务，在当时特定的条件下，不具有履行的可能性，也就是不具有履行的能力，同样不能构成不作为。

第三，造成一定的法益侵害结果。

不仅一定的作为义务的不履行是在能够履行的情况下不履行，而且作为义务的不履行已经或者可能造成一定的法益侵害结果。应该指出，不作为构成的犯罪和作为构成的犯罪还是有一定差别的。作为构成的犯罪，往往区分为行为犯和结果犯。行为犯是实行一定的行为就可以构成犯罪，而结果犯不仅要求实行一定的行为，还要求行为发生一定的结果。因此，作为既可能是行为犯，也可能是结果犯。但对不作为而言，一般来说，都是结果犯，都要求发生一定的结果，主要是因为，如果是单纯的不作为，没有一定的结果发生，这种不作为实际上是很难证明的。因此，刑法上一般都不会只规定不作为就构成犯罪，还要求发生一定的结果。当然，结果没有发生，在某些特定的条件下，可能构成未遂，但这种未遂是很难证明的。像母亲不喂养婴儿是不作为，如果把婴儿饿死了，她就构成不作为杀人罪。但如果她开始想饿死婴儿，后来反悔不饿了，或者其他人喂了婴儿，婴儿就没有饿死。在这种情况下，如果不是这个母亲自己坦白，实际上是很难证明的。或者即使她坦白了，但没有其他证据，在法律上也不能认定。基于不作为在法律上证明的困难性，通常要求不作为要有一定的结果。

在以上不作为的构成条件中，作为义务是不作为最主要的构成要素。作为义务是不作为的逻辑前提，没有作为义务就不存在不作为。因此，对作为义务要特别加以注意。

不作为也像作为一样可以分为两种类型：一种是纯正的不作为，另一种是不纯正的不作为。

一是纯正的不作为。所谓纯正的不作为是指某一种犯罪只能由不作为构成，而不可能由作为构成。例如刑法分则规定的遗弃罪，就是纯正的不作为。由于纯正的不作为是由刑法分则明文规定的，并且刑法专门为纯正的不作为设立了构成要件，因此，对纯正的不作为只要根据刑法的规定加以认定就可以了。

二是不纯正的不作为。所谓不纯正的不作为是指某一种犯罪既可以由作为构成又可以由不作为构成，当这种犯罪是由不作为构成的时候，这种犯罪就是不纯正的不作为。例如故意杀人罪，可以由作为构成，如用刀杀人、用枪杀人，也可以由不作为构成，像母亲不喂养婴儿，导致婴儿死亡。当杀人是由不作为构成的时候，就是不纯正的不作为。

不纯正的不作为问题在刑法理论上较为复杂，是不作为的核心问题。因为不纯正的不作为，是学者基于法律的规定在理论上进行逻辑演绎的结果。在我国刑法中，总则没有对不作为作出明确规定。而有些国家的刑法，例如德国刑法典，其总则对不作为的构成条件专门作了规定，就为认定不纯正的不作为提供了某种法律依据。在我国刑法对不作为没有明确的法律规定的情况下，我们只能根据对某个法律规定的解释推导出不纯正的不作为。有些学者认为，不纯正的不作为是违反罪刑法定原则的。但我认为，不纯正的不作为本身并不违反罪刑法定原则。例如杀人，刑法规定杀人构成犯罪，刑法并没有把杀人限制于作为杀人。根据逻辑分析，杀人就是非法剥夺他人生命，而非法剥夺他人生命既可以用作为方式构成也可以用不作为方式构成，故把不作为的杀人解释为杀人，并不违反罪刑法定原则。当然，刑法对不纯正的不作为没有明文规定，在解释的时候容易作出过于宽泛的解释，因而存在违反罪刑法定原则的潜在危险。

这里有个重要的问题，就是在不纯正的不作为的情况下，作为和不作为共用一个构成要件。在纯正的不作为的情况下，它本身具有单独的构成要件。而在不纯正的不作为时，作为与不作为共用一个构成要件。苏俄刑法学家特拉伊宁曾经形象地说“刑法分则的罪状是犯罪构成的住所”。犯罪构成就像房屋一样，纯正的不作为有一所单独的房子；而在不纯正的不作为情况下，作为和不作为共用一所房子，这个房子又主要是为作为设计的，当它用于不作为时就会产生不宜居的问题。

对不纯正的不作为的判断，还要考察不纯正的不作为是否具有与作为的等置性，这里的等置性指的就是价值上的等同性。日本刑法学家日高义博曾经形象地说过：在不纯正的不作为情况下，作为和不作为共用一个构成要件，这两者之间存在某种缝隙，要把这个缝隙给填平，也就是要解决作为和不作为在价值上的等置性问题，因而可以用同一个法律来加以评价。就像母亲不喂养婴儿将其饿死，不履行喂养义务而导致婴儿的死亡，在性质上与作为杀人是等同的，我们可以把它评价为杀人行为。等置问题，是一个判断问题，而不是一个法律规定，是我们基于一定的价值观念来加以判断，因此，这种判断有时候就会出现一定问题：罪和非罪或者作为与不作为的混淆。母亲不喂养婴儿将其饿死，可以评价为杀人，但母亲把幼儿遗弃到一个人烟稀少的地方，结果这个幼儿因没人发现就饿死了那么这样一种情况到底是遗弃还是不作为的杀人，判断起来就比较困难，要根据案件的具体情况进行判断。不履行抚养义务，实际上可以采取两种方法：一是杀人的方法。不想抚养一个人，把这个人给杀死了，当然就不用再抚养了。二是遗弃。不履行抚养义务也不是非杀人不可，也可以采取遗弃的方法：把小孩丢在那儿，别人发现了就领养，或者由保育院抚养。因此，要根据当时的情况作出具体的判断。如果行为人丢弃幼儿的地方是没有人烟的地方，也知道被丢弃的幼儿是没有自我生存能力的，那么在这种情况下就可能构成不作为的故意杀人罪，尽管行为人主观上并不一定具有杀人目的，可以是间接故意。当然，如果是把幼儿遗弃在车站、码头或者收容站等场所，就只能构成遗弃罪。

这里还需要指出，不作为是一种作为义务的不履行，在通常情况下，从身体动作上来说是一种“无”，是一种静止状态，但这里的“无”是就作为义务而言，也就是说没有履行某种特定的作为义务。但并不能由此认为在不作为的情况下，行为人都是处于一种身体的静止状态。比如说，遗弃是典型的不作为，但行为人为了达到遗弃的目的往往会有所作为，例如抱小孩并把他丢弃在火车站广场，这里就有一系列的动作：抱小孩、到火车站广场、趁四周无人丢下就走。这些动作并不是法律所评价的对象，它本身从行为举止上来说是“有”，但对法律所要求的“抚养义务”而言就是“无”。

不纯正的不作为是以不作为而犯作为之罪，由此，可以和我在前面所讲的不纯正的作为联系起来。不纯正的作为指的是以作为的方式犯不作为之罪，而不纯正的不作为是以不作为而犯作为之罪，两者之间存在一定的对应性。应当指出，这里所谓的“以不作为而犯作为之罪”是一种形象的说法，例如杀人通常是以作为来构成，在以不作为构成的时候，说是以不作为犯作为之罪。但在逻辑上是不成立的，因为杀人本身就既可以由作为构成也可以由不作为构成，怎么能说以不作为而犯作为之罪呢？

(3) 持有。

持有是指行为主体对法律所禁止的物品存在着某种支配关系。持有最根本的就是支配关系。我国刑法中规定了某些持有型犯罪，有些犯罪明确使用了“持有”这个词，例如刑法第128条规定的非法持有枪支、弹药罪，第172条规定的持有假币罪，第282条规定的非法持有国家绝密、机密文件、资料、物品罪，第348条规定的非法持有毒品罪，第352条规定的非法持有毒品原植物种子、幼苗罪等。另外，刑法还规定了以“携带”方式构成的犯罪，例如，刑法第130条规定的非法携带枪支、弹药、管制刀具、危险物品危及公共安全罪，第297条规定的非法携带武器、管制刀具、爆炸物参加集会、游行、示威罪，第352条规定的非法携带毒品原植物种子、幼苗罪等等。这些犯罪通常也被认为是持有型犯罪，“携带”是持有的另外一种表现。我国刑法第395条还规定了巨额财产来源不明罪，也就是国家工作人员拥有巨额财产但不能说明来源或者拒不说明来源。它也被认为是一种持有型犯罪。由此可见，持有型犯罪是我国刑法所规定的一种犯罪类型。

这里应当指出，传统刑法理论认为行为方式只有两种——作为和不作为，并且在作为和不作为之间存在着一种相反关系：某种犯罪要么是作为，要么是不作为。此后，在刑法中出现了持有型犯罪，那么如何对持有这种行为方式进行解释呢？英美法系国家的刑法理论简单地认为持有是一种事态犯罪，因为英美刑法将事态与行为加以区分，事态是与行为相并列的，只要存在着某种法律明文规定的事态，就可以构成犯罪。但在大陆法系国家刑法理论中，受“无行为即无犯罪”原则的影响，要将持有认定为犯罪，必须把它解释为一种行为。那么如何解释持有这种行为呢？对此在刑法理论上存在三种观点：第一种观点认为，持有是作为。就法律所禁止物品的来源而言，这种状态不是无缘无故造成的，管制刀具是从哪儿来的、毒品是从哪儿来的，获取这些物品当然是作为。因此，持有是一种作为。第二种观点认为，持有是不作为。这是就后果而言的。例如，盗窃枪支而隐匿的，就枪支的来源而言，构成盗窃枪支罪，这当然是一种作为的犯罪。但就隐匿枪支而言，是一种不作为的犯罪。所以，对于不作为，刑法惩罚的是某个行为所造成的结果状态。后来出现了第三种观点，认为持有既不是作为也不是不作为，而是第三种行为方式。目前较为通行的是第三种观点。确实，持有具有不同于作为或者不作为的特点，把持有理解为第三种行为方式，更合乎持有这种行为的特征。

持有这种犯罪实际上是对某种法律关系的前置性保护，比如说枪支关系到公共安全，利用枪支杀人、抢劫的，可以按照故意杀人罪、抢劫罪处理。但立法者考虑到枪支这种物品具有危险性，规定并非仅当犯罪分子使用枪支构成犯罪时才予以处罚，而是只要持有枪支就构成犯罪，就要受到刑罚处罚。可以作为对比的是，在美国公民享有合法持有枪支的权利。由此可见，在不同国家之间行为的合法与非法甚至犯罪之间，存在如此大的反差。这当然有不同国情的问题。另外，毒品犯罪也是这样：制造、贩卖、运输毒品都构成犯罪，但鉴于毒品对社会具有重大危险性，立法机关设立了持有毒品罪。

持有型犯罪在刑法中的大量出现，极大地扩张了刑事惩罚的范围，当然也强化了对某些重要法律关系的保护。不过，持有型犯罪设立不能过滥，否则会不适当地限制公民的权利。

（三）客体

1. 客体的概念

客体是指行为所指向的有形的人或物。客体是相对于主体而言的，哲学上客体和主体是一对相对的范畴。应当注意，现在刑法教科书中存在对象概念，并且把对象和客体加以区别。在四要件的犯罪论体系中，把犯罪客体当成犯罪构成的一个条件，认为犯罪客体是为犯罪所侵害而为刑法所保护的社会关系。在犯罪客体之外又确立了犯罪对象，犯罪对象是犯罪行为所指向的有形的人或物。但我在这里所讲的客体和对象是等同的，客体指的是行为客体，是和一定的行为紧密联系的。因此，客体对于说明一定的行为具有重要意义。

客体是否为任何犯罪构成所必要，这在刑法理论上是存在不同理解的。有些学者认为，任何行为都是针对一定客体的，因此没有客体就没有行为。这种观点认为，客体是任何犯罪成立的必备条件。而另一些学者认为，鉴于行为的不同——有些行为是针对一定客体的而有些行为没有客体，客体并不是任何犯罪成立的必备条件而是某些犯罪构成的条件，客体是选择性的要素。我认为，对于这个问题，要从行为的性质上进行分析。实际上，行为可以分为两种：及物行为和不及物行为。行为的及物性和不及物性，是语言学的概念：动词可以分为及物动词和不及物动词。而动词就是用来表达某种行为的，及物动词后面可以跟宾语，不及物动词后面不可以跟宾语。我们可以把及物动词和不及物动词这个概念引入刑法当中来说明行为：行为可以分为及物行为和不及物行为。

及物行为必然作用于一定的客体。应该说，刑法中的绝大多数行为都是及物行为，例如杀人行为，针对的就是“人”这个客体。如果“杀”的行为针对的是“猪”而不是“人”的话，那就是“杀猪”而不是“杀人”。因此，行为所针对的客体决定着行为的性质。因此，“杀”这个行为是及物行为。甚至，“人”这一客体一经嵌入行为之中，组合为“杀人”这一包含客体的特殊行为类型。此外，盗窃这个行为也是及物行为，盗窃的客体是财物，没有财物也就不存在盗窃行为。

不及物行为是指不指向一定客体的行为。刑法中的行为在少数情况下是不及物行为，也就是说行为不是作用于一定的客体，行为的性质不需要由客体来说明。例如脱逃行为，是指解除某种合法的拘禁状态。脱逃行为就是不及物行为：我们只能说从监狱里脱逃，不能说脱逃监狱，监狱并不是脱逃的客体。当然也有人说，脱逃也是有客体的，客体是一定的警戒线或者某种拘禁状态。这种观点认为，任何行为都是有客体的。但我认为，对客体作如此宽泛的解释，可能会丧失客体这个概念本身的含义，日常生活中理解的客体还是一个有形的东西。

2. 客体的类型

及物行为有两种客体：

(1) 人。

人是一定的社会关系主体，是人身权利的载体，因此，侵犯人身权利的犯罪往往是以人为客体的。作为行为客体的人，在不同的情况下，有不同的范围。比如杀人行为中的“人”，指的是一切人，对人的身份并没有任何限制，因此，故意杀人罪的规定是对所有人的生命权的保护。但在某些情况下，对人的身份是有一定的限制的，例如强奸罪，强奸行为是及物行为，而客体是有一定范围的——妇女，就是具有特定性别的人。

(2) 物。

作为行为客体的物，是行为所指向的一切的物体或者物品，例如盗窃行为所指向的是财物。当然，在某些情况下的物，也可能是特定的物，例如销赃罪是明知是犯罪所得的赃物而代为销售，因此，销赃罪的赃物就是特定的物。

在某些情况下，犯罪可能有双重客体，既以物为客体，同时又以人为客体。

例如抢劫罪，抢劫行为既侵害了人身权利，以人为客体，又侵害了财产权利，以物为客体。

（四）结果

行为作用于一定的客体，从而发生一定的结果。结果在刑法中具有重要意义，它是法益侵害程度的标志。我们说行为具有对法益的侵害性，这种对法益的侵害性主要就是通过结果反映出来的。例如杀人，把人杀死，人的死亡就是杀人的结果，这种结果是杀人行为造成的。结果也和一定的行为及客体相联系，有些犯罪行为是不及物行为，没有客体，也就不存在对客体造成的结果，因此，这种犯罪是行为犯。另外一些犯罪行为是及物行为，存在客体，行为就会对客体造成法益侵害结果。

构成要件的结果到底是一个物理的概念还是一个规范评价的概念，在刑法理论上其说不一。在很多情况下，结果是有形的、物质性的结果，是与客体相联系的。例如，杀人的结果是把人杀死，人的死亡现在一般是指心脏停止跳动。这是一种物理性的结果，是可以加以检测的。同时，结果还可以是非物质性的，非物质性的结果是一种无形的结果，这种结果认定起来就较为困难。例如盗窃罪的结果表现为对他人财产的非法占有，因此，盗窃罪的结果是对财产占有状态的改变。财产本来是在财产所有人或者保管人的合法控制之下，行为人通过盗窃行为，使财产转移到其本人的非法控制之下。财产占有状态的非法转移，就是盗窃罪的结果。这种结果到底是无形的还是有形的？从物理上的转移来说，是有形的，但就占有状态的改变而言，是一种无形的、非物质性的结果。此外，在某些情况下，这种无形的、非物质性的结果还表现为一种精神性的结果，例如，侮辱罪中的侮辱是指使被侮辱人的人格受到损害。

物质性结果是可以通过科学鉴定的方法判断的，例如，杀人结果可以通过医学的手段进行判断。伤害到什么程度，是重伤还是轻伤或者轻微伤，也可以通过医学手段进行判断。但非物质性结果的判定难度较大，例如侮辱罪，尽管侮辱的结果具有客观性，但该结果又在很大程度上具有被侮辱人的主观感受性。同样骂人的一句话，对甲而言根本无所谓，甲没觉得自己的名誉受损害了，但对乙而言却是莫大的人格侮辱，因此乙反应激烈。同样的行为针对不同的客体，主体的感受完全不同。正因为如此，刑法对侮辱罪规定“告诉才处理”，即根据被侮辱人的主观感受决定是否追究行为人的刑事责任。除此之外，盗窃罪中财物的占有转移，也是较难判断的。根据刑法规定，在结果犯的情况下，结果是否发生是既遂与未遂的区分标准：结果发生了就是既遂，结果没发生就是未遂。结果有没有发生，就与结果的形态有关。例如关于故意杀人罪既遂与未遂的标准从来不会有争议，因为人是否死亡是有客观标准的。当然，这个标准本身也还是存在争议的。例如对于人的死亡是采取心死亡的标准还是采取脑死亡的标准，在医学界和法学界还是存在争议的。盗窃罪就与之不同，关于盗窃罪的既遂与未遂的区分就有各种标准的争论，例如控制说、失控说、失控加控制说等。总之，结果是和行为客体相联系的，是客体改变的某种状态。

（五）因果关系

1. 因果关系的概念

因果关系是指行为与结果间决定和被决定、引起和被引起之间的关系。应当指出，因果关系作为罪体构成要素和行为、行为主体、行为客体、行为结果在性质上是不同的。行为、行为主体、行为客体、行为结果都是一种实体性存在，而因果关系并不是和行为、行为主体、行为客体、行为结果并列的实体性存在，而是行为与结果之间的一种客观联系，因此，要把因果关系和行为、行为主体、行为客体、行为结果等区分开来。

如前所述，有些犯罪只是行为犯，没有结果或者法律不要求结果，所以这些犯罪就不存在因果关系问题。另外一些犯罪，法律要求发生一定的结果，这是一种结果犯。在结果犯的情况下，要求查清行为和结果之间有没有因果关系。如果没有因果关系，就不能将结果归因于这个行为。可见，刑法中的因果关系主要解决归因的问题。

2. 因果关系的特征

(1) 因果关系的客观性。

因果关系是行为和结果之间的客观联系，这种客观性是不言而喻的。因果关系的客观性是指，因果关系是独立于判断者的主观认识而独立存在着的。因果关系的客观性表明，因果关系是不以判断者的主观认识为转移的。即使没有认识到，因果关系还是客观存在的，只是依据目前的科学手段还没有达到能够认识的程度。例如环境污染案件，污染和疾病的发生之间到底有没有因果关系，在很多案件中都不好确定，因而出现了基于推定的疫学的因果关系。疫学的因果关系是刑法理论中的一个专有名词，也是一种独特的因果关系类型，是指虽然没有确凿的科学根据能够确定在污染行为与疾病之间的因果关系，但采用推定的方法，可以确定污染和疾病之间存在紧密联系的，视为具有刑法上的因果关系。即使是疫学的因果关系也是客观存在的。总之，在刑法中对一个人追究刑事责任，必须建立在因果关系基础之上：一个结果必须是由行为人的行为造成的。

(2) 因果关系的相对性。

整个客观事物是处在普遍联系之中的，因此形成了一个因果链条，即一种现象的结果是另一种现象的原因或者一种现象的原因又是另一种现象的结果，甚至存在着互为因果的情况。为了确定刑法中的因果关系，我们必须采取简化的原则，从因果链条中抽取出具有相对确定性的原因和结果，以此作为判断客体。这就是刑法中因果关系的相对性问题：不能无限地追溯。因为事物是普遍联系的，可以无限追溯：原因还有原因，可以追溯到无边无际。但在刑法中必须要截断，不能无限追溯。例如甲持刀把乙杀死，这一杀人行为是致人死亡的原因。但甲用来杀人的刀具是从哪里来的？刀具是从商店买的，营业员的卖刀行为也是致人死亡的原因。商店的刀具又是从哪里来的？是铁匠制作的，铁匠制作刀具的行为也是致人死亡的原因。杀人犯甲又是哪里来的？是父母生的，如果父母没有生下这个杀人犯，被害人乙就不会被杀。因此，杀人犯的父母也是致人死亡的原因。如此一来，形成无限循环。为了准确地追究刑事责任，只能截取其中一个因果链条，也就是杀人行为和被害人死亡结果之间的关系，把这个因果链条从事物的普遍联系中抽取出来，确定刑法的因果关系。而且，因果关系不仅可以往前追溯，还可以向后延伸。例如被害人被杀死，被害人的老父亲听说儿子死了，悲伤过度，也死了。被害人的老婆、孩子没人养，也饿死了。因此，从道理上说杀人犯不仅杀死了被害人，也造成了被害人的父亲、老婆、小孩的死亡。但在刑法上不能这样推理：前后只能截取一段，其他因素只能在追究刑事责任的时候作为量刑情节予以考虑。

（3）因果关系的顺序性。

因果关系在时间上具有原因在先、结果在后的严格顺序关系。在刑事司法过程中，一般都是由果溯因，只能到结果发生之前的行为中去寻找原因。这是一个基本原理。如果一个行为是在结果以后实施的，那它肯定不是该结果发生的原因。但不能反过来说，只要发生在结果之前的行为都是这个结果的原因。关键要查明，行为和结果之间是否存在引起和被引起的关系。

（4）因果关系的特定性。

因果关系是原因和结果间决定和被决定、引起和被引起的关系，这种决定和被决定、引起和被引起是抽象的理论模型。但是现实生活中的因果关系，不是抽象的而是具体的，是在特定的条件下发生的，因此，我们在讨论因果关系的时候，不能脱离一定的条件。例如，两起交通肇事案件，后果都是把人撞成重伤，但其中一起案件的肇事地点距离医院较近，被害人得到及时救治，没有发生死亡结果，故肇事者只是对重伤后果承担刑事责任。另一起案件的肇事地点距离医院较远，被害人未能被及时送到医院救治，发生了死亡结果。在这种情况下，肇事者就该对死亡结果承担刑事责任。那么，关于后者能不能说，如果肇事地点离医院较近的话，被害人本来是不会死的，就是因为距离医院较远，被害人才死了，因此，肇事者不应对这一死亡后果负责。显然不能这样说。从这里可以看出，一个人承担责任都是有一定偶然性的，通俗来说“活该倒霉”，没有绝对的公正。杀人也是这样：对被害人打一拳，如果被打的这个人是个彪形大汉，可能他会毫发无伤。但如果被打的这个人有心脏病，一拳打过去，引起他心脏病发就死了。在这种情况下就不能说，这一拳打过去如果是个身强力壮的大汉，他本来是不会死的，因此，打人者不应对这一死亡后果承担刑事责任。实际上，因果关系是特定的，都是在一定的条件下发生的，而这些具体的条件对一个人的刑事责任是有影响的。

(5) 因果关系的复杂性。

因果关系是原因和结果之间决定和被决定、引起和被引起的关系，这只是就单一的因果关系而言，也就是指一因一果。但在现实生活中，因果关系呈现出复杂状态：既有多因一果，例如三个人打一个人，将他打死了，也有一因多果，例如一枪打死了两个人，以及多因多果，例如甲、乙共谋杀死丙、丁。另外还有因果链条的延长，也就是间接的因果关系。例如在教唆犯罪中有间接教唆、辗转教唆如甲教唆乙去教唆丙杀人。雇用犯罪也是这样：甲雇用乙去杀人，乙又雇用丙去杀人，丙再雇用丁去杀人。在这种因果链条延长的情况下，我们不能简单地只抽取一段，因为每一段都有刑法上的意义，因此，我们要把它们结合起来加以考察。

总之，因果关系是刑法中一个复杂的问题，在某种意义上可以说是一个最复杂的问题。而且，因果关系是一个十分混乱的问题，不仅在理论上混乱，在实践中也相当混乱。因果关系问题在法律上一般都没有规定，因此它是一个理论问题。因果关系理论的复杂性导致司法实践中对因果关系的判断也非常混乱。而且，刑法上的因果关系和社会公众按照一般生活经验所认识的因果关系之间又有很大差异，因此，对同一个案件因果关系的看法就有很大的不同。例如，甲打了乙胸部一拳，乙正好患有心脏病，就死了。一般社会公众会认为就是甲把乙杀了，甲的行为就是杀人。但从刑法角度来看，这个案件的因果关系就不是那么简单，还要考虑到其他因素。根据主观和客观各种要素进行判断，就可能认为甲的行为不是杀人，甲对乙的死亡不承担刑事责任。在这种情况下，法律上的判断和社会公众的观念之间是有一定差距的。

3. 因果关系的形式

在现实生活当中，因果关系的表现形式是多种多样的，下面列举的就是较为常见的因果关系的形式：

(1) 行为→结果。

这是最简单的因果关系，一个行为合乎规律地引起一个结果的发生，例如甲开枪将乙打死。

(2) 行为+特殊条件→结果。

这种因果关系稍微复杂一点，加上特殊条件。例如一拳打过去，对方是个心脏病人，或者一把把他人推倒，该人的头撞到了石头上，结果这个人就死了。

(3) 行为→危险状态→结果。

这是指一个行为造成某种危险状态，这种危险状态引起了结果的发生。例如甲为了防盗而私自安装电网，乙行窃时触电而死。乙是被电网电死的，但电网是甲架设的，因此，甲的私架电网行为和乙的死亡结果之间有因果关系。甲的私架电网行为造成了某种危险状态，正是这种危险状态导致了乙的死亡。当然，这和直接用枪把人打死在表现上还是有差别的。

(4) 行为→行为→结果。

这是指一个行为引起另一个行为，由此引起一个结果。这是多因一果的一种情况。例如医生甲给病人乙开错了药，而药剂师丙没有细看就照方抓药，乙吃药后死亡。甲开错药方导致丙抓错药，从而引起乙吃错药而死亡。

(5) 一行为→危险状态+另一行为→结果。

这是指一个行为造成某种危险状态，加上另一行为，引起了结果的发生。例如甲骑自行车将路人乙撞倒在大街上，正好迎面驶过一辆汽车，司机丙由于超速驾驶而将乙轧死。

(6) 一行为→危险状态+自然力→结果。

这是指一个行为造成某种危险状态，加上自然力的作用，引起了结果的发生。例如甲骑自行车将路人乙撞倒在大街上，正好旁边有一辆马车，马车受惊猛跑，而将乙踩死。

以上六种情况是因果关系的直观表现。因果关系问题十分复杂，我们列举的是因果关系通常的情况。因果关系过于抽象，我们给出一些具体的因果关系模型，方便同学们对因果关系建立直观印象。

4. 因果关系的根据

因果关系的根据是指在司法实践中判断因果关系时所依据的标准。在英美法系国家，因果关系是按照“but for”公式来表达的，这个公式实际上是指“如无前者就无后者”，据此确定的原因范围较为宽泛。当然，英美法系国家把因果关系分成双层次，“but for”所确定的是一个事实的范围，然后在此基础之上，根据不同的标准选择出具有刑法意义的因果关系。

大陆法系国家在因果关系根据问题上存在着各种理论的聚讼，主要有条件说、原因说、相当因果关系说。下面分别加以介绍。

(1) 条件说。

条件说，又称全条件同价值说，认为一切行为只要在逻辑上是发生结果的条件，就是结果发生的原因。此说主张在行为和结果之间如果存在逻辑上必然的条件关系即“如无前者，即无后者”的关系，就存在刑法的因果关系，这种刑法的因果关系具有某种物理的性质。条件说认为，引起结果发生的所有的条件是同价值的，都是结果发生的原因，所以该说又被称为条件同价值说。条件说的基本立足点就为因果关系的判断确定了客观标准。根据条件说确定的刑事责任范围会十分宽泛，因此该说在刑法理论上受到批评，例如原因说指责条件说：根据条件说杀人犯的母亲也要为被害人的死亡结果承担责任，因为杀人犯的母亲如果不生杀人犯的话，被害人也不会死亡，所以杀人犯的母亲也是被害人死亡的原因。这个指责似乎有理，但还是难以成立的，因为因果关系只是故意杀人罪的一个要件，还有其他要件需要判断。尤其是，根据犯罪构成要件之间的位阶关系，在认定故意杀人罪的时候首先需要判断的是：是否存在杀人行为和是否发生死亡结果？只有在存在杀人行为并且发生了死亡结果的前提下，才考虑杀人行为与死亡结果之间是否存在因果关系。因此，虽然父母生出了杀人犯，毕竟被害人是杀人犯杀的，父母又没有实施杀人行为，怎么会承担故意杀人罪的刑事责任呢？所以，通过杀人行为就可以将杀人犯的父母从故意杀人罪中排除出去，根本不会扩大刑事责任的范围。

条件说确定的因果关系较为宽泛，因此在主张条件说的学者中又有人主张“因果关系中断说”，以此来限制过于宽泛的因果关系的范围。因果关系在发展过程中会基于第三者的故意或者过失行为而中断，或者因为自然力而中断。例如，甲把乙打成重伤，在送医院的过程中乙被丙交通肇事轧死。如果根据“如无前者，即无后者”的条件说，甲把乙打伤，乙才会被送医院，也才会被丙轧死。如果甲不把乙打伤，乙就不会送医院，也就不会被轧死，因此，甲对死亡结果承担责任。根据因果关系中断说，第三者行为的介入中断了因果关系，因此，甲只对乙的伤害结果承担刑事责任，而不对乙的死亡结果承担刑事责任。又假设乙被送到医院，医院发生大火，乙被烧死。这是自然力的介入，因果关系被自然力而中断。这种情况下，甲还是不对乙的死亡结果承担责任。可见，因果关系中断说对条件说的范围加以某种限制，因此还是有一定的合理性。

(2) 原因说。

原因说，又称原因与条件区别说，其最大特点是把原因与条件相区分：根据“如无前者，即无后者”公式确定范围，在这范围里再来区分原因与条件。并不是所有条件都是原因，条件分为原因条件和单纯条件，只有原因条件才是结果发生的原因，而单纯条件就不是结果发生的原因。原因说主要是基于某种客观方面的情况来对原因和条件来加以区分，但区分的标准不同，于是就产生了各种不同的学说，例如必生原因说、直接原因说、最重原因说、决定原因说等等，因此，原因说在条件和原因的判断标准上陷入混乱状态。原因说想要区分原因和条件的思路是正确的，主要问题是这种区分在客观上存在困难，导致在司法实践中很难操作。因此，世界各国一般都不采纳原因说。

(3) 相当因果关系说。

相当因果关系说也是一种对条件加以限制的学说，但相当因果关系说对条件限制的方法和原因说不同。如果说原因说主要是从客观性质上对条件加以限制，那么，相当因果关系说是想在原因和条件的区分当中引入规范的要素、引入社会评价的要素，也就是根据相当性来区分单纯条件和原因条件。这里的“相当性”指的是社会相当性。这种相当因果关系说也是以条件说所确定的范围为前提的，在这个前提下根据是否具有相当性区分原因和条件：如果具有相当性，那么就存在因果关系；如果不具有相当性，那么就不存在因果关系。

那么，这里的相当性如何判断？根据对相当性判断的标准不同，在刑法理论上又存在以下三种观点：

第一种观点是主观的相当因果关系说。这种观点认为，应当以行为人在行为时所认识或所能认识的事实为标准，确定行为和结果之间是否存在因果关系。由此可见，根据主观的相当因果关系说，在区分原因和条件的时候，应当将行为人的认识或者这种认识可能性作为一种区分的标准。“所认识”是指已经认识。在这种情况下，行为人自觉地把自己的行为当作追求某种结果发生的手段来采用。在这种情况下，应当认为存在刑法上的因果关系。而“所能认识”指的是行为人虽然没有认识，但根据当时的情况判断，具有认识的可能性。在这种情况下，同样认为行为和结果之间存在因果关系。由于这种“所认识”或“所能认识”是行为人主观的一种要素，所以根据这种主观要素来确定是否具有刑法上因果关系的观点又被称为主观的相当因果关系说。

第二种观点是客观的相当因果关系说。这种观点认为，刑法中的因果关系是否存在，应当作出客观的判断。这里所谓的客观判断指的是根据社会一般人的标准来衡量，而不是根据行为人的标准来衡量“所认识”或“所能认识”:如果在当时的情况下，社会一般人能够认识，就认为存在着刑法中的因果关系；如果社会一般人不能认识，那么就不存在刑法中的因果关系。由此可见，主观说是根据行为人的所认识或所能认识，而客观说是根据社会一般人的所认识或所可能认识。因为社会一般人相对于行为人来说是客观的，这种观点认为，刑法中因果关系的判断应当确立一个一般的、客观的标准，而不能完全以行为人为标本，因此又被称为相当因果关系的客观说。

第三种观点是折中的相当因果关系说，实际就是相当因果关系的折中说。这种观点认为，以行为时一般人所预见或可能预见的事实，以及虽然一般人不能预见而为行为人所认识或所能认识的特别事实为基础，判断刑法中的因果关系是否存在。由此可见，这种观点基本是以客观说为主，根据客观说一般人所认识或所能认识。但在某些特定的情况下，社会一般人不能认识，但行为人能够认识的，就应当以行为人的认识为标准判断。因此，这种观点是以客观说为主而以主观说为辅来判断刑法因果关系的有无。

目前，在以上三种学说当中，日本司法界广泛采用的是相当因果关系的折中说。我们可以看到，相当的因果关系说也是要对条件说所确定的条件范围加以限制，但它不像原因说那样从客观上加以限制，而是从主观上加以限制，引入了行为人或社会一般人“所认识”或“所能认识”这一评价因素。在社会一般人已经认识或者能够认识的情况下，采取客观说。在社会一般人没有认识或者不能认识的情况下，则根据行为人是否认识或者能否认识进行补强，从而兼采主观说。

这里所谓社会相当性是指这种因果关系通常是会发生的，其发生是符合规律的，因此可以作为行为人承担刑事责任的根据。这就排除了偶然的、完全超出行为人主观认识的那些因素，把通常可能发生的情况纳入刑法因果关系当中来。相当因果关系说在判断刑法中因果关系的时候，引入了主观的认识因素。这一点，在我国刑法理论中，曾经受到广泛的批评，被认为是一种主观唯心主义的因果关系理论。

这里就有一个问题，这种相当因果关系说在判断因果关系有无的时候，引入主观认识这样一种要素作为认识标准，是否违反了因果关系的客观性的基本原理。什么是因果关系上的唯物主义或者唯心主义？我认为这个问题值得我们思考。在因果关系的问题上所谓的客观唯物主义，就是承认因果关系的客观存在，它不以判断者的主观认识为转移。但在因果关系问题上的主观唯心主义认为，原因和结果之间的这种联系并不是一种客观联系，而是行为人的一种主观联系，因此，因果关系的有无取决于判断者主观上的认识。套用一句鲁迅的名言——“本来是没有路的，走的人多了就有路了”，也可以说：“本来是没有因果关系的，联想多了就有因果关系了。”根据这种观点，因果关系并不是事物之间的客观联系，而只是人类的主观联想。这种因果关系的唯心主义当然是我们所反对的，我们坚持在因果关系上的唯物主义，因此主张因果关系的客观性。我认为，相当因果关系说在因果关系判断当中引入行为人的主观认识作为一种判断标准，并不违反因果关系客观性的原理。之所以不违反因果关系的客观性原理，主要是因为行为人的主观认识本身，相对于判断者来说，相对于法官来说，它仍然是一种客观的东西。因此，根据相当因果关系说对因果关系进行判断时，这种因果关系之有无并不完全以判断者的主观认识为转移，并非判断者认识到了就有因果关系，判断者没有认识到就没有因果关系。这种行为人或社会一般人“所认识”或“所能认识”的事实，对于判断者来说仍然是客观的东西。更为重要的是，相当因果关系说以条件说所确定的因果范围为前提，而条件说已经解决了因果关系的客观性问题，只有存在着“若无前者，即无后者”这样一种关系者才能被纳入对相当性的判断之中。可见，相当因果关系说实际上是在因果关系的判断中引入了某种规范要素。在一定意义上说，根据相当因果关系说所确定的因果关系，已经不是一种纯事实的因果关系，而是一种法律的因果关系、能够为刑事责任提供根据的因果关系。因此，相当性的判断是法律的判断，而不是纯事实的判断。根据条件说所确定的因果关系是一种纯事实的判断，只要存在着“若无前者即无后者”的关系就具有事实的因果关系。但具有事实的因果关系还不等于就具有法律因果关系，是否具有法律因果关系还要根据是否具有社会相当性进一步地加以判断。也即通过相当性的判断使事实的因果关系转换为法律的因果关系，从而为刑事责任的追究提供某种客观根据。

相当因果关系说为解决司法实践中的某些疑难问题提供了法理根据。例如在社会生活中，经常出现被害者具有某种特殊体质的案件，例如有心脏病或者脑瘤或者其他隐性疾病，在他人较为轻微的打击下产生了死亡结果。在这些案件发生后，能不能追究行为人的刑事责任？一个重要的问题就是因果关系的判断。因为在这种情况下，存在一定的殴打行为，发生了死亡结果。如果具有因果关系，就一定追究行为人的刑事责任。比如说在深圳发生过一起案件：加害人甲与被害人乙并不认识。一天早上在买早点的时候，甲、乙双方发生争执，甲打了乙一拳，乙倒地以后因心脏病发作而死亡。在这个案件中，根据社会一般人的标准，都认为乙是被甲打死的。这样一种认为实际上是建立在条件说基础之上的，也就是说甲的打人行为与乙的死亡结果之间存在着“若无前者即无后者”的关系，也就是具有事实的因果关系。但具有事实的因果关系还不一定能追究行为人的刑事责任，还要具体判断有没有相当因果关系，依此最终确定有没有刑法上的因果关系。这种相当性的判断就要根据折中的相当因果关系说、根据社会一般人标准来衡量，也就是从社会一般人标准来看，在当时情况下甲打乙一拳，是否会认识到能把人打死。根据这一标准来衡量，显然打一拳在一般情况下不太可能发生致人死亡结果，也就是说，死亡结果的发生是超出常人预见的，是极为偶然的，所以甲对乙的死亡不应当承担刑事责任，因为没有刑法上的因果关系。这个案件中甲的打人行为和乙的死亡结果之间存在根据条件说所确定的事实上的因果关系，但不存在根据相当因果关系说所确定的法律上的因果关系。当然，根据社会一般人标准来衡量还是不够的，还要考虑行为人的特别认识。如果甲、乙两人正好是邻居，而且甲明知乙有心脏病，甲就想轻轻打乙一拳诱发心脏病致乙死亡，那么在这种情况下，甲具有特别认识。因此根据折中的相当因果关系说，虽然社会一般人没有认识也不能认识，但特定的人能够认识的，仍然应当承认具有相当的因果关系。在解决了因果关系问题以后，再来解决主观上是故意还是过失问题。

上述案件发生在深圳，深圳检察机关对甲作出不起诉的决定，认为甲不构成犯罪，但不构成犯罪的理由却是：甲打死乙属于刑法中的意外事件。我认为，这是混淆了因果关系和主观罪过的关系。意外事件是指某一行为在客观上产生了危害社会的结果，但行为人主观上既无故意也无过失，因此，行为人对这一危害结果不负刑事责任。由此可见，是属于意外事件还是存在故意或者过失，是一个主观责任的问题。但甲对于乙的死亡结果不负刑事责任是因为没有因果关系：不能归因。但深圳检察机关是根据主观上没有故意或者过失而排除甲的刑事责任：不能归责。这两种思维方法的结论是一样的，都认为甲无罪，但判断逻辑是不同的。我认为，深圳检察机关的无罪认定的根据是有问题的。因为说是意外事件、没有故意或者过失，是以承认有因果关系为前提的。如果连因果关系都没有，那就根本不需要判断主观上是故意还是过失或者纯属意外事件。可见，因果关系判断发生在主观上的故意或者过失判断之前，只有在有因果关系的基础上再来判断主观上的故意或者过失。也就是说，存在因果关系还不一定承担刑事责任，但没有因果关系一定不能承担刑事责任。可见，有罪无罪的判断是非常复杂的，不能认为最终判断结果正确——都是有罪或者都是无罪——就可以了，为什么有罪、为什么无罪、在什么地方把它从犯罪当中排除出去的，也必须要判断准确，如果这一点判断不准确，那么在这个案件当中结论可能是正确的，但另外一个案件中就不能保证结论一定正确。假如这个案件中行为人主观上是有故意或者有过失，而在因果关系问题上不能排除，故意或者过失也无法排除的，那就可能作出有罪判断。可见，罪与非罪的判断，根据构成要件理论进行认定，是一个复杂的思维过程，要遵循一定的位阶关系，例如，归因与归责之间的位阶关系一定要明确。

应当说，深圳检察机关对上述案件的处理，尽管在判断理由上存在瑕疵，但结论是正确的。在北京发生过一起类似案件，结论就大相径庭：甲（男）与乙（女）是初中同学，两人是同桌。甲、乙互相之间发生了一点纠纷，互相扭打，在扭打中甲踢了乙的腹部几脚，乙当时就休克昏迷，送到医院后抢救无效死亡。后来发现乙患有脾肿大的病症，甲踢中了乙的脾蒂，导致乙脾破裂，从而大出血休克死亡。从外伤来看，只有表皮的擦伤，但脾破裂大出血造成了死亡。这样一起案件，北京市某基层法院就以故意伤害（致人死亡）罪对甲判处有期徒刑 4 年。这 4 年有期徒刑还是减轻处罚的结果，因为甲刚满 16 周岁，是未成年人。如果甲是成年人，则要判 10 年以上有期徒刑。在这个案件中，同样存在因果关系问题。事实的因果关系当然是有的，即存在着“若无前者即无后者”的关系。但在这种情况下，是特殊体质引起了死亡结果，根据相当因果关系的基本原理进行判断，就要看有没有相当性。根据社会一般人的观念，踢腹部几脚，看来不是特别重，因为只是表皮擦伤，死者本来就是脾大，引起脾破裂导致休克死亡。那么，法律的因果关系是否存在？我认为因果关系的相当性并不存在，因此像这样的案件作为犯罪来处理是有问题的。

由此可见，在我国目前的司法实践中，因果关系问题是一个较为混乱的问题，甚至可以说是相当混乱的问题。这和我国刑法理论上的混乱是有关系的。

（六）客观归责

客观归责是一个与因果关系密切相关的问题，当然，这两者又是存在区别的。如果说因果关系是一种事实判断，那么客观归责就是一种价值判断。所以，客观归责是以因果关系判断为前提的，是在这个前提之下所进行的一种价值判断，这种价值判断是一种实质判断。前面我已经谈到，因果关系是一个归因问题，而客观归责从字面上就可以看出来，它是一个归责问题。归因与归责是两个不同性质的问题，不能混为一谈。而且，客观归责是以因果关系的判断为前提的，确切地说，客观归责是以条件说作为因果关系的判断根据的，因为，条件说确定了因果关系的范围，在此基础上再进行客观归责。而相当因果关系也是以条件说为基础的，在条件说所确定的因果关系范围内进行相当性的判断。从这个意义上说，相当性的判断本身具有归责的性质。因此，采用相当因果关系说的日本是排斥客观归责的，因为它将归因与归责毕其功于一役：同时完成了。而在德国刑法理论中，将归因与归责加以区分：条件说解决归因问题，在此基础上再进行客观归责。因此，客观归责是德国所特有的一个理论问题。

客观归责理论主要有以下三个基本规则。

1. 制造法所不允许的风险

刑法是保护一定法益的，侵害法益的行为必然为刑法所禁止。因此，行为是否具有对法益的侵害性就成为认定犯罪的第一个环节。这种行为对法益的侵害性一般可以从法规范上得到确证。所谓“从法规范上得到确证”，是指刑法在将某一种行为规定为犯罪的时候，这种行为、这种行为类型本身通常是具有法益侵害性的，例如杀人、放火、强奸、抢劫。立法者之所以把这种行为类型规定为犯罪，就是因为这种行为本身具有法益侵害性。这是毫无疑问的。但是在某些情况下，虽然符合一定的行为类型，但还不能必然推断出这种行为本身具有法益侵害性。因此，我们还需要对行为事实进行实质判断。

在制造法所不允许的风险中，存在一个关键词，这就是“风险”。风险也称为危险，任何社会都存在风险。对于社会风险，一方面，我们有一种避免风险的冲动，因为风险总是会对社会造成某种损害；另一方面，我必须认识到，冒险是社会发展的动力，如果所有的风险都不让它发生，即只要存在一点风险就退避三舍、避之不及，那么，这个社会就停滞不前了。任何社会行为都是有风险的，这种风险和社会生活是共存的。例如所有现代交通工具都有风险——汽车可能会把人撞死，飞机可能失事，轮船可能颠覆——不能说现代交通工具有这些风险，我们就不利用现代交通工具了，都回到古代。赶马车？马车还会出事呢。干脆走路得了。不行，走路还会摔跤。最后，我们只能坐以待毙。因此，我们要承认风险，只不过要对风险加以某种合理管控。例如，北京以及其他地方禁止鸣放鞭炮，其中一个理由是放鞭炮会把人炸伤、引发火灾。如果这个理由能够成立，那么首先应该禁止的就是汽车，汽车每年致人死亡数以十万计，是和平时期致人死亡的主要原因。可见，不能说某种行为可能带来风险，就要对这种行为加以禁止，关键是要对风险加以管理，有效地避免，避免不了的尽量减少其损失。而且，在某些情况下还要鼓励冒险，因为冒险正是科学探索的必由之路。对未知世界进行探索就有可能会失败，失败就会有风险，这种风险包括资金的投入、人力的损失以及其他的一些社会财富的损失。如果害怕这些风险，不进行科学探索，社会就不会发展。因此，我们应当把风险分为两种：一种是法律所禁止的，另一种是法律所允许的。我们这里所讲的客观归责的第一个要素就是制造法所不允许的风险。反过来说，如果一种风险是法所允许的，那么即使风险发生了，也不能认为造成这种风险的行为就是刑法中构成要件的行为。这是一个基本的判断标准。

当然，某种风险是法所允许的还是法所不允许的，在具体判断上可能是非常复杂的。在故意犯罪与过失犯罪中判断标准是不一样的。有时候法律已经考虑到这种风险发生的可能性，因此设立了一些具体的标准，要求一个具体的行为人负有某种特定的注意义务，违反注意义务所发生的风险就是法所禁止的。如果遵循注意义务仍然发生这种风险，就是法所允许的。可见，风险的判断是非常具体的一种规范判断。根据制造法所不允许的风险的规则，我们可以进行以下三个具体判断：

(1) 降低风险。

虽然某种行为制造了某种风险，但这种行为降低了风险，也就是说如果不实施这个行为，发生的风险更大。在这种情况下，就不能认某一行为是法益侵害性行为，因而不具有客观上的可归责性。例如，甲看到一块大石头砸向乙的头部，出手去挡这块石头，以致砸伤了乙的脚。在这种情况下，乙的脚之所以被砸伤，是甲伸手挡石头的结果。甲伸手挡石头的行为造成了乙的伤害，而且两者之间具有因果关系。能不能说，甲要对乙的伤害后果承担责任呢？这里就有一个降低风险的问题。在这种情况下，虽然风险没有避免，但甲的行为不是提高而是降低了风险，因此不具有可归责性。也就是说，如果甲不伸手挡石头，石头可能砸中乙的脑袋，造成重伤甚至死亡后果。但甲这一挡避免了乙被砸出重伤或者被砸死，而只是被砸成轻伤，可见，甲的行为是一种降低风险的行为，由此而把它从伤害这样一种犯罪中排除出去。从表面来看，甲的行为是一种伤害，但从实质来看，甲的行为是一种降低风险的行为，不具有客观上的可归责性。

（2）没有制造风险。

所谓没有制造风险，是指行为人没有以在法律上值得关注的方式提高风险，因而不具有可归责性。这里“没有制造风险”这种语境当中，事实上是存在一种风险，但这种风险并不是行为人所制造的，也就是说这种风险并不是行为人所能控制的，因而也不具有客观上的可归责性。德国罗克辛教授曾经举了一个著名的案例：甲想让乙死去，就在下雨天派乙到附近森林去干活。根据一般的科学道理，下雨会有雷电，这时在森林里走动，人容易被雷劈死。因此在下雨的时候，甲就让乙到森林里干活，就希望乙被雷劈死。后来一次干活时乙果然被雷劈死了。这个案件和我们前面讲的案例，即哥哥为了让弟弟死去而独吞遗产，让弟弟去乘飞机希望飞机失事，道理是一样的。在这个案例当中，乙的死亡和甲的行为之间，根据条件说存在“如无前者即无后者”的因果关系。相当因果关系说是根据相当性来解决，认为没有相当性，一般人都认为不可能发生这种情况，即使发生了也排除在处罚范围之外。但根据客观归责理论，这是一个客观归责问题。也就是说，在这种情况下，关键并不是没有相当性，而是没有杀人行为。通过客观归责的判断，就使出罪的理由从过去的不存在相当因果关系，提前到不存在构成要件的行为。这是对行为进行实质审查的结果。也就是说，甲的行为不是一个制造风险的行为。这个风险不是甲所制造的，甲没有能力控制这种风险。在这种情况下，同样不存在客观上的可归责性。

（3）假定的因果过程。

这里所提出的问题是：能否以假定的因果过程而否定客观归责？这里所谓假定的因果过程，也称为假设的因果流程，是指存在一个代替性的行为人，如果行为人不实施某一法律所禁止的行为，他人也会合法或者非法地实施该行为。存在这种假定的因果过程，是否还能对行为人进行客观归责。也就是说，存在这样一个假设的因果过程，能不能排除行为人的客观归责？例如，在死刑执行的时候，甲推开死刑执行官，开动了电椅，将死刑犯乙给电死。在这个例子中，甲对于乙的死亡是否具有客观归责？这里的关键问题是：是否承认这种假设的因果流程？甲的行为不具有客观归责的主要理由，是存在着代替性的行为人。也就是说，这个罪犯马上就要被执行死刑，如果甲不杀死刑犯，死刑执行官也会把他杀死。因此，甲的杀人行为是不具有客观归责性的。又如，某人对财物疏于管理，同时被窃贼甲和乙盯上，结果甲捷足先登，窃得某人的财物。在这种情况下，如果甲不窃取，财物也会被乙窃取。能不能说，反正财物会被乙窃取，所以甲的盗窃行为就不具有客观可归责？根据客观归责理论，这种假设的因果过程不能成立。就杀死死刑犯而言，法律只授权死刑执行官合法地把死刑犯杀死，其他人没有权力，因此，甲杀死死刑犯同样是杀人行为，不承认假定的因果流程。甲、乙竞相窃取财物，也不能认为财物反正要被乙窃取，因此甲的盗窃行为就不构成犯罪。可见，客观归责理论不承认这种假设的因果过程。

假定的因果过程不能否定客观归责，但在某些情况下，如果自然因果性被修正，那么是否具有客观上的可归责性，就要区分不同情况来处理。这里的自然因果性被修正，是指没有改变因果流程，而只是改变了因果发生的时间或者地点。如果一个行为人仅仅修正了自然因果性，但是没有在本质上恶化被害人的状态，就应当排除客观归责。例如，在一段因为山崩而遭岩石堵塞的轨道上，甲开动火车因刹车不及时撞上岩石而死亡。铁轨有左右两条车道，甲撞上岩石的地点是在右车道。甲之所以驶上右车道是因为乙调整了铁路道岔：从左边调整到右边。但左右两边的铁道均被岩石堵塞，即使乙不将铁路道岔从左边调整到右边，甲也会在左车道上撞上岩石而死亡。在这种情况下，乙的行为使甲的死亡地点有所改变，但没有因此使甲撞上岩石的机会增加，因此，乙的行为不具有客观上的可归责性。另一种情况是行为人不是单纯地修改了自然因果性，而是通过一种独立的行为加以补充。在这种情况下，就具有可归责性。例如，假设甲在撞上岩石的一刹那，被乙开枪射杀。虽然不被射杀甲也会撞上岩石而死，但乙的射杀行为仍然具有可归责性，因为在这种情况下，乙的射杀行为是一种补充性的行为，这个行为引起了死亡结果。

在制造法所不允许的风险中，主要考虑三个因素：第一，是否降低了风险？第二，有没有制造风险？第三，这种假定的因果过程能否免除客观归责？

2. 实现法所不允许的风险

不仅要看行为人是否制造了法所不允许的风险，还要进一步考察法所不允许的风险是否实现。因此，法所不允许的风险是否实现，是在客观归责当中需要考虑的一个重要的问题。在实现法所不允许的风险这个规则中，又包括以下内容：

(1) 未实现风险。

虽然行为人制造了法所不允的风险，但这种风险并未实现。在这种情况下，如果是故意犯的话，应当以未遂犯论处。但在某些情况下，虽然行为人制造了风险，并且发生了某种法益侵害结果，但这一法益侵害结果是其他介入因素，包括自然力或者第三者的故意或者过失行为，造成的，则仍然应当认为风险未实现，不具有客观上的可归责性。例如，甲把乙打成重伤，乙在医院救治的过程当中，不幸在火灾中烧死。对于这个例子过去通常是按照因果关系中断的理论来解释的。在因果关系发生过程当中，可能造成重伤，也可能造成死亡，也就是说即使不被火烧死，乙也可能因伤势发作而死亡。但在这个死亡结果发生之前，火把乙烧死了。根据因果关系中断说，这种情况下的因果关系被中断了，所以甲不对乙的死亡结果负责，只对伤害结果负责。但根据客观归责理论，这不是一个因果关系的问题，而是客观归责的问题。另外，在传统的刑法理论中，还存在所谓的因果关系错误的例子。例如，甲出于杀乙的意图，勒乙的脖子，想把乙勒死，结果使乙处于昏迷假死的状态。甲误以为乙已死去，便将乙投入水中，致使乙死亡。事后经法医鉴定，实际上乙是死于溺水。在这种情况下对于甲的行为怎么定性？有人说甲的行为是故意杀人（未遂）罪和过失致人死亡罪的竞合，也就是将甲的行为分为两个阶段：前一阶段是杀人，但没有将人杀死，因此构成故意杀人罪的未遂。后一阶段是过失致人死亡罪。还有人说在这种情况下应当将甲的前后两个阶段的行为进行整体考察，只能定一个故意杀人罪。对于该案，过去往往是从主观方面来考虑，认为这是一个因果关系错误的问题。但根据客观归责理论，这是一个客观归责的问题。当未遂行为以一种在法律上具有重要意义的方式提高了紧接着的因果关系发生过程中的危险，也就是这个结果是适当地实现了由未遂创设的危险时，因果关系的偏离就是不为人所注意的。也就是说，这个死亡结果是应当归责的。根据这个原理，在这种情况下，甲的行为具有可归责性。也就是说，甲的行为提高了并且实现了某种因果的危险。根据客观归责的理论，这种情况不是一个主观认识错误的问题，而是客观上的归责问题。行为人需要对行为后果承担责任，承担责任的主要根据是：行为人先前的行为提高了后来结果发生的危险，也就是甲的杀人行为将乙置于昏迷假死的状态，正是甲把这种状态下的乙扔到水里面，致使乙窒息而死。在此不采用因果关系中断说，根据主观上认识错误把行为分为两段分别认定行为的性质，从而应当把乙死亡的结果归责于甲的杀人行为。根据客观归责理论，甲在这种情况下是实现了风险，而非未实现风险。因此，甲的行为构成故意杀人罪的既遂而非未遂。

(2) 未实现不被允许的风险。

未实现不被允许的风险，并不是说没有实现任何风险，而是虽然实现了风险，但法所不允许的风险没有实现。也就是说，即使实现了风险，还要看这种风险是法所允许的还是法所不允许的。在某些情况下，即使实现了风险，如果风险并非不被法允许，仍然不具有客观上的可归责性。只有实现法所不允许的风险，才具有客观上的可归责性。例如，在 18 世纪的德国，一个画笔厂从中国进口了一些山羊毛用来制作画笔。按照当时法律的规定，事先应当对山羊毛进行消毒。但山羊毛厂的厂长违反规定，事先未对羊毛进行消毒，就交给女工去加工。结果 4 名女工因为染上炭疽坏疽杆菌而死亡。在这个案件中，厂长没有按照规定对山羊毛进行消毒，因为没有消毒而导致 4 名女工染上炭疽杆菌而死亡，似乎可以将结果归责于他。但医学鉴定表明，规定的消毒措施对当时欧洲尚不知道的这种杆菌本来是没有作用的。因为这种杆菌当时欧洲还没有发现，即使这个厂长遵守规定对山羊毛进行消毒，这个后果仍然不可避免。按照罗克辛的说法，在这种情况下，如果对这个厂长进行惩罚，就要使他为一项履行了也没有用的义务的不履行而承担责任。罗克辛认为，一个人不能因为违反了一项即使履行了也不能避免危险发生的义务而受到刑事惩罚。

未实现不被允许的风险，我认为，在考虑客观归责的时候是具有意义的，而我们过去往往是忽视的。例如在城市交通主干道上驾车行驶，主干道上有三条车道：靠里面的是快车道或者超车道，中间是慢车道或行车道，旁边是大车的车道。这个交通规则要求不同的车行驶在不同的车道上。北京曾经发生过这样一个案例：甲驾驶一辆微型轿车，这种车辆按照规定不能行驶到快车道上去，只能行驶在第二条慢车道上。但甲违反规定，在快车道上行使。这时正好乙横穿主干道，结果甲躲避不及，将乙撞死。乙横穿主干道，本身也是违法的。在这个情况下，就存在一个归责的问题。我们能不能简单地说，甲本来应当行驶在慢车道上，但他行驶到快车道上去，违反交通规则在先，因此，该违反交通规则的行为引起他人死亡，就要对此承担责任？我认为不能简单这么说。如果即使司机遵循交通规则，在慢车道上行驶，同样也会把人撞死，那么，该违反交通规则行为就不具有客观上的可归责性，也就是说司机甲的违反交通规则行为和乙的死亡结果发生没有因果关系。即使甲遵循交通规则，乙的死亡结果同样会发生。在这种情况下，就应当认为没有实现一种不被法所允许的风险，这个风险是法所允许的。

(3) 结果不在注意规范保护范围之内。

“结果不在注意规范保护范围之内”主要是对结果进行审查：由于违反注意义务造成了某个结果，但这个结果并不在避免风险的注意规范的保护范围之内，所以同样不具有可归责性。例如，18 世纪欧洲城市的主要交通工具还是自行车，按照当时的交通规则，自行车都要安装照明灯。甲、乙两人，前后相随在夜间骑自行车，骑在前面的甲没有在自行车上装照明灯，结果把行人丙给撞死了。骑在后面的乙紧跟在甲后面，他也没有在自行车上装照明灯。如果乙在自行车上安装照明灯就可以照到骑在前面的甲，因此可以避免甲把行人丙撞死的结果发生。从某种意义上说，乙不履行在自行车上安装照明灯的义务和行人丙被甲撞死这个结果之间也具有因果关系，也是可归责的。客观归责理论认为，在这种情况下，不能简单地对乙不安装照明灯的行为，按照如果装了照明灯这个事故就可避免的逻辑，来解决它的归责问题。这个逻辑可以解决归因的问题，也就是如果乙他安装了照明灯，丙就不会被甲撞死，但不能解决归责问题，是否能够归责，还要看结果是否在注意规范的保护范围之内。这里所谓注意规范的保护范围，是指立法者设立一定义务所要保护的法益范围。法律要求安装照明灯，是为了防止自己的自行车把人撞死，而不是为了避免其他人的自行车把人撞死。在这个案件中，如果乙的自行车安装了照明灯，甲也不会把丙撞死，但法律要求乙在自行车上安装照明灯并不是为了避免甲把丙撞死，而是为了避免乙本人把丙撞死，但丙不是被乙撞死的，而是被甲撞死的。这就是结果不在注意规范的保护范围。在这种情况下，即使存在因果关系，也不具有客观上的可归责性。

（4）合法的替代行为和风险提高。

合法的替代行为主要讨论的是，即使行为人没有违反注意义务，也就是实施了合法行为，结果仍然会发生，在这种情况下，违法行为是否具有可归责性。前面所举的山羊毛案中厂长没有履行法律义务，按照当时的情况，即使履行了这个义务，结果仍然会发生，因此厂长的不履行义务行为不具有客观上的可归责性。它的原理就是：一个人不能因为违反一项即使履行了也没有用的义务而受到刑事惩罚。也就是说，如果一个人合法地履行了法律义务，以合法的行为替代违法行为，结果仍然会发生，那么违法行为不具有可归责性。但这种合法替代行为不是在任何情况下都可以排除归责。如果合法的替代行为并非肯定导致结果，也就是说违反注意义务的行为提高了风险，那该违反注意义务的行为仍然具有可归责性。例如，载重卡车的司机甲想要超越骑自行车的乙，但甲没有遵守应当保持一米距离的要求，在与乙骑的自行车距离最近的时候仅仅只有75厘米。在甲超车的过程中，喝醉了酒的乙在酒精作用下反应迟钝，反而把自行车向左边打过来，从而被挂车斗的后轮轧死。在这个案例中，最后证明即使卡车司机甲根据道路交通规定，与骑车人乙保持了足够的距离，这个事故也仍然极有可能发生。在这种情况下，甲的行为是否具有可归责性？能不能说，即使甲遵守了法律规定保持距离，乙也会被轧死，因此，甲没有保持距离把乙轧死，是不能承担责任的？客观归责理论认为，在这种情况下，卡车司机甲是可归责的。主要理由在于：甲即使保持了所要求的距离，乙也会死亡，在这个过程中实现了超车的风险。也就是说，在超车的时候都存在一定的风险，立法者通过自己的许可为司机接受了这种风险，因此在遵守规定的情况下这个风险本来是不可以归责的。相反，如果行为人超越了允许性的风险，并且发生了在超车中存在的危险所作用的结果，那么这个结果作为一种禁止性的风险的实现，是可以归责的。因此，在这种情况下，就不能说即使甲保持了法律所要求的距离乙也会轧死，从而免除甲的责任。因为在这种情况下，这种合法的替代行为不能排除这种归责。

实现法所不允许的风险，就是说在风险已经实现的情况下，要进一步来考察这种风险是法所允许的还是法所不允许的，从而解决是否具有客观可归责性的问题。

3. 构成要件的效力范围

构成要件的效力范围是指虽然行为与结果之间存在因果关系，但它不在构成要件的保护范围之内，因此不能进行客观归责。根据客观归责理论，刑法的规范保护不是没有限度的，超出这种保护限度的规范违反行为所造成的结果是不能客观归责的。这里存在一个对构成要件的效力范围与注意规范的保护范围应当如何区分的问题。我认为，构成要件的效力范围是指刑法所设置的行为类型的涵摄范围，而注意规范的保护范围是前置法所设定的注意义务所保护的范围。如果不在注意规范的保护范围之内，则一定不在构成要件的效力范围之内，但反之并不然，即虽然在注意规范的保护范围之内，却可能不在构成要件的效力范围之内。因此，这两者具有层次上的区分，不能混为一谈。

在构成要件的效力范围内主要讨论以下问题：

(1) 参与他人故意的自危。

在参与他人故意的自危的情况下，死亡或者伤害结果是由他人自身造成的，但引发他人自危的行为是否应当承担故意杀人或者伤害的刑事责任，这是需要研究的问题。例如，甲追赶乙，乙逃到公路上，被汽车撞死；或者乙慌不择路，跳河而被水淹死，等等，在这种情况下，甲的追赶行为本身是否构成杀人行为？如果甲不追赶，乙不会被汽车撞死，或者乙不会被水淹死，因此，甲的追赶行为与乙的死亡结果之间存在因果关系。在这种情况下，故意犯罪当然容易排除，甲不是故意要让车把乙撞死，或者不是故意把乙追到河里让水淹死。那么，过失犯罪，例如过失致人死亡罪，能不能成立？对此容易得出肯定的结论。往往说甲对乙的死亡是存在过失的，因为甲的追赶行为引起了乙的死亡结果，追赶行为与死亡结果之间具有因果关系。认定甲存在过失的同样要对其行为进行实质审查：这个行为是不是致人死亡的行为？在这种情况下，甲的追赶行为实际上只是造成乙处于危险状态。在这个案件中，乙的死亡结果是自己逃跑或者跳河的行为造成的，甲只不过是故意地参与了这个过程。根据客观归责理论，一个仅仅造成他人处于危险状态的人，并不会使自己由于伤害犯罪或者杀人犯罪而成为应受刑罚惩罚的人。在这种情况下，参与故意自危的行为，应当排除归责。也就是说，甲的追赶使乙被车撞死或者慌不择路而下河被水淹死，甲是不具有可归责性的。之所以不具有可归责性，主要是自我损害的人具有保护自己生命的义务，他本身就违反了这种义务，因此就可以使追赶人免除责任，不具有客观归责性。

(2) 同意他人造成危险。

所谓同意他人造成危险，是指一个人不是故意给自己造成危险，而是在意识到这种风险的情况下，让别人给自己造成危险。例如，乘客甲强迫掌握方向盘的司机乙违反禁止性规定而超速行驶，因为甲想要及时赶赴一个约会，结果由于车速太快导致车祸，造成甲的死亡。在这个案件中，超速行驶是违法的，由此造成甲死亡的后果，能不能对司机乙以过失致人死亡罪追究其刑事责任呢？当然，前提是司机乙没死而乘客甲死了。如果两人都死了，当然就不存在归责问题。对于这个问题，在刑法理论上存在争议。一种理论认为，乙要承担刑事责任，因为乙是司机，掌握方向盘，懂得交通规则。乙不能因为听从甲的请求违章，就不对甲死亡的后果承担责任。因此，这种理论认为司机乙有责任。另外一种理论认为应采用被害人承诺解决归责问题，也就是说，在这种情况下，乘客甲让司机乙超速行驶，甲知道超速行驶有这个危险，实际上甲是承诺使自己的生命置于危险状态，因此，发生死亡结果应当由甲自己负责。在很多情况下，被害人承诺可以免除加害人的责任。当然，对加害人责任的免除是有条件的。客观归责理论认为，同意他人造成危险仍然是客观归责的问题。乘客甲完全认识到超速的风险，并且有意识地造成了这个风险，在这种情况下可以排除对司机乙的客观归责。相反，如果是司机乙说服出于良好理由而犹豫不决的乘客甲，并对乘客甲隐瞒或者淡化了超速的风险，或者这场交通事故是由那种与被接受的风险无关的驾驶错误造成的，那就可以对乙客观归责。可见，对司机乙能否客观归责要根据具体情况进行具体分析。

(3) 第三者的责任范围。

第三者的责任范围是指，对于在他人责任范围之内加以防止的结果，对此行为人不可归责。例如，引发火灾的人是否应当对因救火而丧生的消防员负责？疏于注意义务，致使小孩落水的母亲是否应对因救人而丧命的救生员负责？如此等等。也就是说，由于不慎造成失火，消防队员过来救火，在救火当中消防队员被火烧死了；或者某个母亲对小孩疏于看管，小孩落到深水里面，救生员去救这个小孩，结果不慎被水淹死。在这种情况下，根据一般逻辑，如果没有失火，消防队员不会来救火；消防队员不来救火，消防队员就不会被烧死。如果母亲把小孩看好，小孩不落水，救生员不去救人，就不会死。能不能基于此对上述引发火灾的人以及没有尽到看管义务的母亲进行客观归责？客观归责理论认为，不能归责，因为这是第三人的责任范围。也就是说，消防员本身的责任就是救火，救生员的义务就是救人，因此在义务范围内发生的后果，应当自己负责。在这种第三人的责任范围的情况下引起某种后果，行为人不应当为此而承担责任，因不具有客观上的可归责性。

(七) 主观违法要素

罪体构成要素一般来说都是客观因素，因为不法在通常情况下是由客观因素决定的。而主观因素在一般情况下是责任要素，例如，故意或者过失都属于责任要素，这些主观因素是由刑法总则规定的。但我们可以看到，在刑法分则对某些具体犯罪构成要件的规定中，也例外地存在主观因素。例如，根据刑法第 243 条第 1 款的规定，捏造事实诬告陷害他人，意图使他人受刑事追究，情节严重的行为，是诬告陷害罪。这里的“意图使他人受刑事追究”，就是主观违法要素。除此以外，在我国刑法中所规定的某种目的以及明知等都是主观违法要素。当然，在我国刑法分则中对某些犯罪也规定了故意，例如根据刑法第304条的规定，邮政工作人员严重不负责任，故意延误投递邮件，致使公共财产、国家和人民利益遭受重大损失的行为，是故意延误投递邮件罪。在该罪的罪状中，明确标出了“故意”。类似情况还有刑法第232条规定的故意杀人罪。我认为，这里的故意并不是主观违法要素而是责任要素。刑法分则对某些犯罪规定的故意，是一种提示性规定，以表明该罪只能由故意构成而不能由过失构成。其实，这种规定本身是多余的，因为刑法第15条第2款已经规定：“过失犯罪，法律有规定的才负刑事责任。”据此，上述刑法对故意延误投递邮件罪的规定，即使没有规定故意，也不会将其错误理解为过失也能构成该罪。

主观违法要素理论涉及大陆法系国家的违法性理论，对此应当加以适当的讲解。大陆法系国家刑法理论中有一句刑法格言：“违法是客观的，责任是主观的”。这种坚持认为违法是客观的理论，称为客观的违法性论。客观的违法性论认为，一个行为是否违法，主要根据行为人的客观行为来判断，而行为人的主观心理状态是一个责任的问题，与违法无关。客观的违法性论把违法的判断标准确定为客观要素，根据客观行为以及结果判断一个行为是否违法，而不能根据行为人的主观心理状态来判断是否违法。显然，客观的违法性论是有利于人权保障的，它和主观归罪的中世纪的刑法制度划清了界限。客观的违法性论认为，刑法所规范的是人的外在行为，刑法不能规范人的内在心情。

但后来人们发现，违法性在一般情况下是客观的，但在某些特殊情况下，还存在着一种主观的违法要素。这种主观要素对于一个行为是违法还是合法产生了决定作用，这样就发现了主观的违法要素。在主观的违法要素基础之上，形成了主观的违法性论。应当指出，这里的主观违法性论并不是否定违法性的客观性，而是在承认违法性的客观性的基础之上，进一步揭示主观的违法要素对于违法性的决定作用。现在，主观的违法要素是为刑法所承认的，因此，主观的违法性论是有法律根据的。在这种情况下，“违法是客观的”这句话就被颠覆了。当然，我们说“责任是主观的”这句话也被颠覆了。我前面讲的客观归责理论说明归责不仅是主观的，也是客观的。

那么，为什么在有些情况下，主观的违法要素对于违法性起着决定作用？这里存在一个主观的正当化问题，也就是主观要素能够使得客观行为正当化。在有些情况下，客观行为是相同的，两者性质的区别主要取决于行为人的主观目的，主观目的不同，客观行为在法律上的评价也就有所不同，例如，触摸女性生殖器行为，如果是出于医疗的目的，那就是正当的医疗行为；如果出于猥亵的目的，那就构成猥亵罪。在这种情况下，是否具有猥亵的目的，就成为该行为是否具有违法性的决定因素。如果没有猥亵的目的，这一行为就不能构成猥亵罪，可能是一个正当的治疗行为。如果不具有违法的目的，而具有医疗的目的，就使行为获得了正当性。在这种情况下，这种行为的违法性并不取决于行为本身，恰恰取决于行为的目的，这种目的就称为主观的违法要素。主观的违法要素区别于客观的违法要素，就违法性的根据而言主要是客观的，但在某些特定的情况下它是主观的。

我国刑法规定的主观违法要素存在以下两种情形。

1. 目的

在我国刑法中，对于某些犯罪规定以一定的目的为构成要件，由此构成的犯罪在刑法理论上称为目的犯。这里的目的犯是指法律规定或者根据刑法理论，以具备一定的目的为构成要件的犯罪。目的犯的目的，就是刑法理论上的主观违法要素。在我国刑法中，目的犯可以分为法定的目的犯与非法定的目的犯这两种情形。

法定的目的犯是指法律明确规定以一定的目的为主观违法要素的犯罪。在我国刑法中，这种法定的目的犯是大量存在的：(1) 以非法占有为目的。例如刑法第 192 条规定，以非法占有为目的，使用诈骗方法非法集资，数额较大的行为，是集资诈骗罪。该罪的非法占有目的，使其与刑法第 176 条规定的非法吸收公众存款罪得以区分。(2) 以营利为目的。例如刑法第 218 条规定，以营利为目的，销售明知是本法第 217 条规定的侵权复制品，违法所得数额巨大的行为，是销售侵权复制品罪。根据这一规定，虽然实施了销售侵权复制品的行为，但主观上不以营利为目的的，就不能构成该罪。例外，刑法第228条关于非法转让、倒卖土地使用权罪的规定中也有以牟利为目的的表述。(3) 以勒索财物为目的。例如刑法第239条第1款规定，以勒索财物为目的绑架他人的行为，是绑架罪。如果行为人虽然实施了劫持他人的行为，但主观上并没有勒索财物的目的，则不能构成绑架罪，而可能构成非法拘禁罪。

非法定的目的犯是指法律没有明确规定以一定的目的为主观违法要素，但在刑法理论上，将一定目的解释为该罪的构成要件的犯罪。在这种情况下，采取了目的性限缩的解释方法。例如，刑法第205条规定的虚开增值税专用发票、用于骗取出口退税、抵扣税款发票罪，法律并没有规定该罪的成立以骗取税款为目的，但在刑法理论上，基于对该罪的立法意图的理解，认为该罪的构成应该以骗取税款为目的，如果没有这一特定目的的，就不能构成该罪。此外，我国刑法学界一般认为，盗窃罪、诈骗罪和侵占罪等财产犯罪，虽然在法条上没有规定以非法占有为目的，但这一目的是这些财产犯罪的不成文的构成要件。在非法定的目的犯的情况下，法律并没有规定某种特定目的作为本罪的成立要件，能不能被承认为目的犯，在刑法理论上是有争议的。例如我国刑法规定的伪造货币罪，在外国刑法中通常规定以行使为目的，这就是法定的目的犯。也就是说，伪造货币的目的必须是行使，如果不是为了行使而伪造就不能构成伪造货币罪。但在我国刑法中，没有规定以行使为目的，只是规定伪造货币的就构成该罪。在这种情况下，能不能在理论上把以行使为目的解释为伪造货币罪的主观要素，如果没有这个目的就认为不构成该罪。关于这个问题在刑法理论上存在以下两种观点的分歧：一种观点认为，既然法律上没有规定为目的犯，那就不能通过解释方法把行使目的确定为该罪的构成要件，因此，即使没有行使目的，只要实施了伪造货币行为就构成伪造货币罪。另一种观点认为，尽管法律没有规定，但应当通过解释方法把行使目的确定为伪造货币罪的构成要件。当然，这种解释又和对于伪造货币罪的性质的理解有关系，也就是伪造货币所侵犯的法益到底是货币流通制度还是货币发行权？如果认为伪造货币罪侵犯的是货币流通制度，那么就会赞同伪造货币罪应当以行使为目的的观点。如果认为伪造货币罪侵犯的是货币发行权，则会赞同伪造货币罪不以行使为目的的观点。我个人赞同伪造货币罪是非法定的目的犯的观点，因为我国刑法把伪造货币罪规定在破坏金融秩序罪这一节，其侵犯的法益应该是货币流通秩序。

非法定的目的犯实质上是对某一法律规定作了限制解释，这种限制解释只要是符合一定的立法原意并且对被告人有利的，那就可以了。对于伪造货币这种犯罪来说，非法定的目的犯的这种解释的必要性不是很大，也就是说不以行使为目的而伪造货币这种可能性太小了，可能几十万分之一。它主要是指有的人伪造货币是为了自己欣赏，或者当作道具，而不是为了使用，所以就不构成伪造货币罪。但对另一些犯罪来说，解释为非法定的目的犯，实际意义就较大。例如，前面已经说过的虚开增值税专用发票罪，该罪是否要求以骗取税款为目的，刑法是没有规定的，刑法第205条规定，只要虚开增值税专用发票就可以构成犯罪。在司法实践中，有些虚开不是为了骗取税款，而是为了虚增业绩。例如，有些上市公司的子公司之间互相虚开，但虚开之后并不到税务机关去骗取税款，而是用于增加业绩，表明自己公司产品销售量很大。在这种情况下，如果该罪不要求主观上以骗取税款为目的，那么就可以构成虚开增值税专用发票罪；但如果成立该罪要求以骗取税款为目的，那么就不能构成虚开增值税专用发票罪。我认为，虚开增值税专用发票是非法定的目的犯，应当以骗取税款为目的，因此，那些不以骗取税款为目的的虚开增值税专用发票的行为就不能构成该罪。这是一个法律解释问题，通过法律解释方法使法律规定更加合理。

目的犯分为两种情况：一种是断绝的结果犯，另一种是短缩的二行为犯。也有学者称之为直接目的犯与间接目的犯。

一是断绝的结果犯。断绝的结果犯是指行为本身具有一个结果，但法律并不要求结果发生。这种犯罪往往表现为阴谋犯。刑法规定的危害国家安全罪中存在阴谋犯的规定。阴谋犯是指只要实施某种阴谋策划行为，就可以构成犯罪，不需要等到行为实施，更不需要等到结果发生。阴谋策划必须是以推翻政府或者分裂国家为目的，但又不以目的实现作为犯罪的要件，只要基于这个目的实施了阴谋策划行为就可以构成阴谋犯，所以，这种情况就称为断绝的结果犯。对于断绝的结果犯来说，特定目的并不是直接故意的内容，而是行为人所要想达到的目标。我国1979年刑法曾经有过阴谋犯的规定，但在1997年刑法修订时删去了阴谋犯的规定。但在我国刑法中还有类似的规定，例如我国刑法第326条规定："以牟利为目的，倒卖国家禁止经营的文物，情节严重的处五年以下有期徒刑或者拘役，并处罚金；情节特别严重的，处五年以上十年以下有期徒刑，并处罚金。"根据这一规定，倒卖文物罪是目的犯，这里的目的就是牟利。如果没有牟利的目的，就不能构成倒卖文物罪。但对该罪的成立来说，并不要求行为人实际上获取利益。也许倒卖文物在经济上亏损，但同样构成该罪。所以说，牟利只是行为人所追求的目标并在这一目标的驱使下实施了倒卖文物的行为。在构成特征上，断绝的结果犯并不要求该结果的实现，只要具有实现该结果的行为就可以构成犯罪。

二是短缩的二行为犯。这里首先要明确二行为犯的概念。刑法中的犯罪通常是单行为犯，也就是单一行为构成的犯罪。例如故意杀人罪，它是单行为犯，其行为就是杀人行为。当然，杀人行为可能由数个杀人动作构成，但动作不等于行为，它是由数个动作构成的行为，就行为而言是单一的。除了单行为犯，在刑法中还存在复行为犯，也就是数个行为构成的犯罪。在复行为犯中，最主要的是二行为犯，也就是具有两个行为。例如抢劫罪就有两个行为：一个是手段行为，是指暴力、胁迫或者其他方法；二是目的行为，是指夺取财物。那么，短缩的二行为犯是什么意思呢？既然是短缩的二行为犯，那么就应该是单行为犯而不是二行为犯，也就是说两个行为中只要一个行为实行了就可以构成犯罪，但在主观上要求具有第二个行为的目的，却并不要求具有该目的的实现行为。例如，我国刑法第152条规定，"以牟利或者传播为目的，走私淫秽的影片、录像带、录音带、图片、书刊或者其他淫秽物品的，处三年以上十年以下有期徒刑并处罚金；情节严重的，处十年以上有期徒刑或者无期徒刑并处罚金或者没收财产；情节较轻的，处三年以下有期徒刑、拘役或者管制并处罚金。"这是走私淫秽物品罪的规定，从这个规定可以看出来，该罪具有走私淫秽物品的目的、走私淫秽物品的行为，这是它的基本构成要素；除此以外，还要求具有牟利或传播的目的。也就是说，除了走私淫秽物品的目的以外，还要有牟利或传播的目的，而牟利或传播的行为并非该罪所要求的。因此，走私淫秽物品罪是短缩的二行为犯。对于走私淫秽物品罪的成立来说，除了要证明主观上具有走私淫秽物品的目的、客观上实行了走私淫秽物品的行为以外，还要证明主观上具有传播或者牟利的目的。如果没有传播或者牟利的目的，仍然不能构成该罪。目的是对本罪的构成范围作出某种限制，并不是说只要有走私淫秽物品的行为就构成本罪，还要证明主观上具有牟利或者传播的目的，如果不具有这种目的该罪是不能构成的。这种目的犯的目的被称为超过的主观要素。在通常情况下，对于犯罪成立来说，要求主、客观相统一，即同时具备客观要件和主观要件，主、客观是一种对应关系，但在这种情况下，主观超过了客观，要有这种主观要素，但客观要素并不为法律所必需，所以这被称为一种超过的主观要素。所谓超过，就是主观超过客观。

2. 明知

在我国刑法中，对于某些犯罪规定以明知为构成要件，由此构成的犯罪在刑法理论上称为表现犯。这里的表现犯是指法律规定以具备对行为客体或者其他要素的明知为构成要件的犯罪。例如刑法第 312 条规定，明知是犯罪所得及其产生的收益而予以窝藏、转移、收购、代为销售或者以其他方法掩饰、隐瞒的行为，是掩饰、隐瞒犯罪所得、犯罪所得收益罪。这里的明知对于构成该罪具有重要意义：如果没有明知就不能构成该罪。

值得注意的是，我国刑法规定的故意概念中也有明知的内容，即明知自己的行为会造成危害社会的结果，并且希望或者放任这种结果发生的，是犯罪故意。犯罪故意中的明知可以称为刑法总则规定的明知，它属于故意的认识因素。而刑法分则规定的明知，属于主观违法要素。两者的性质是有所不同的。例如刑法第 236 条第 2 款规定了奸淫幼女构成的强奸罪，刑法并没有规定对奸淫对象是不满 14 周岁的幼女的明知。在这种情况下，明知并不是该罪的主观违法要素，因此，没有这种明知而与不满 14 周岁的幼女发生性关系的，仍然具备构成要件。但因为故意也要求这种明知，因此如果没有这一明知，则因缺乏奸淫幼女的故意而不构成该罪。但对于刑法分则要求以一定的明知为主观违法要素的犯罪来说，没有这种明知，则该罪的构成要件不具备。例如，刑法第214条规定，销售明知是假冒注册商标的商品，销售数额较大的行为，是销售假冒注册商标的商品罪。对于该罪来说，销售明知是假冒注册商标的商品是罪体构成要素。如果虽然在客观上实施了销售假冒注册商标的商品的行为，但主观上并不具有明知的，则该罪的构成要件不具备。

(八) 客观的附随情状

这里的客观附随情状主要是指犯罪的时间和地点。在一般的情况下，犯罪的时间和地点并不是某种犯罪成立的要件。例如杀人，无论在何时何地杀人都构成杀人罪，所以杀人的时间、地点对于杀人罪的成立是没有法律意义的，当然主要是指对定罪没有法律意义，在某些情况下对量刑可能具有一定的意义：在不同的时间、不同的地点实施某种犯罪，对量刑可能产生某种影响。但在某些特殊的犯罪当中，一定的时间和地点是这种犯罪成立的必备条件。如果不具备特定的时间和地点，那么这种犯罪就不能成立。

1. 犯罪时间

犯罪时间在某些情况下可以成为定罪的根据。这里所谓某些情况是指刑法规定行为只有发生在一定的时间才能构成的犯罪。例如我国刑法分则第十章规定的军人违反职责罪，把犯罪分为平时犯罪和战时犯罪。当然，还有些犯罪既可以发生在平时，也可以发生在战时，如果发生在战时则从重处罚。对于有些犯罪来说，平时实施这种行为不能构成犯罪，只有在战时实施这种行为才构成犯罪。例如战时自伤罪，自伤就是自我伤害、残害身体。这种自伤或者自残主要是为了逃避服兵役。虽然在平时这种自伤行为也具有一定的法益侵害性，平时通过自伤的方法逃避服兵役也是违法的。但法律不认为平时自伤构成犯罪，只是一般的违反兵役法的行为。但战时自伤以逃避服兵役是构成犯罪的。可见，这种犯罪就以特定的时间——战时作为它的构成要件。对于战时概念，刑法都有明确规定。

2. 犯罪地点

犯罪地点在某些情况下是定罪根据。这里的某些情况是指刑法规定行为只有发生在一定地点才能构成犯罪的场合。例如刑法第 444 条规定，“在战场上故意遗弃伤病军人，情节恶劣的，对直接责任人员处五年以下有期徒刑。”这是对遗弃伤病军人罪的规定，该罪的成立有特定地点的要求：在战场上。在非战场上也可能发生遗弃伤病军人的行为，但并不构成犯罪。只有在战场上遗弃伤病军人才能构成犯罪，这就是对于犯罪地点的特定要求。另外像我国刑法规定的非法捕捞水产品罪、非法狩猎罪等，这些犯罪行为是非法的狩猎行为、捕捞水产品的行为，也就是说，狩猎行为、捕捞行为本身当然不构成犯罪，但是在某些特定的时间、特定的地点，采取特定的方法进行捕捞或者狩猎，就是非法狩猎、非法捕捞，就要构成犯罪。例如非法捕捞水产品罪，是在禁渔期、禁渔区，禁止采用的方法捕捞水产品。

犯罪的时间和地点并不是所有犯罪成立必须具备的条件，而是某些犯罪成立需要具备的条件，因此犯罪的时间和地点是选择性要件。

三、罪体排除事由

罪体排除事由是指虽然具备罪体构成要素，但经过实质审查，其行为不具有法益侵害性，因而在定罪过程中予以排除的情形。某些罪体排除事由不仅不是犯罪，而且是对社会有益的行为，甚至是与违法犯罪作斗争的行为。我国刑法对正当防卫和紧急避险专门作了规定，这是法定的罪体排除事由。除此以外，还存在非法定的罪体排除事由。

罪体排除事由是在定罪过程中需要解决的一个重大问题。在不同的犯罪论体系中，罪体排除事由在犯罪论体系中的地位是不同的。在大陆法系三阶层的犯罪论体系中，罪体排除事由被称为违法阻却事由，在违法性这个要件中予以讨论。因此在三阶层的犯罪论体系中，某一个行为符合构成要件该当性，但在对该行为进行违法性审查的时候，由于存在违法阻却事由，因而将其排除在犯罪构成之外。这种能够阻却犯罪的情形就是违法阻却事由。可见，违法阻却事由是在犯罪论体系中予以考虑的。

在四要件的犯罪论体系中，罪体排除事由被称为排除社会危害性的行为，也称为排除犯罪性的行为。排除社会危害性的行为，在形式上看是具备犯罪构成要件的，但实际上它不具有社会危害性，因而被从犯罪中排除出去。从排除社会危害性的行为这样一种称呼可以看出，它是对犯罪构成进行实质审查的结果。因此，在四要件的犯罪论体系中，排除社会危害性的行为是放在犯罪构成要件之外予以考虑的，而不是放在犯罪构成要件之内予以考虑。

在罪体—罪责—罪量的犯罪论体系中，我倾向于把这类情形称为罪体排除事由，以与罪体构成要素相对应，在罪体要件中加以讨论。罪体排除事由并不是一般地不构成犯罪，而是在具有罪体构成要素的前提下，不具备法益侵害性。

(一) 正当防卫

我国刑法第 20 条第 1 款对正当防卫作了专门规定："为了使国家公共利益、本人或者他人的人身、财产和其他权利免受正在进行的不法侵害，而采取的制止不法侵害的行为，对不法侵害人造成损害的，属于正当防卫，不负刑事责任。"这就是我国刑法关于正当防卫的法定概念。根据刑法第 20 条第 1 款的规定，正当防卫必须具备以下条件。

1. 防卫意图

正当防卫是和正在进行的不法侵害作斗争的行为，因此，它具有主观目的的正当性。对此，刑法第 21 条第 1 款当中有明确的体现。根据刑法第 20 条第 1 款的规定，正当防卫行为人在主观上具有为了使国家公共利益、本人或他人的人身、财产和其他权利免受正在进行的不法侵害的主观意图。这是正当防卫成立的主观条件，也是正当防卫行为和不法侵害行为在主观内容上的重大区别。

防卫意图的主要内容是意识到自己或者他人的利益或者公共利益受到了正在进行的不法侵害，为了避免这种不法侵害，就采取一种对不法侵害人造成损害的这样的防卫行为。因此，防卫人主观上的防卫意图，也是由认识因素和意志因素这两者构成。从认识因素来说，只有在行为人意识到不法侵害正在进行这样一个前提下，才有可能产生防卫意图。如果他没有认识到不法侵害正在进行，尽管客观上实施了某种具有防卫性质的行为，也不能认为是正当防卫。从意志因素来说，行为人在认识到不法侵害正在进行的前提下，他意图通过防卫行为来制止不法侵害，保护本人、他人的利益或公共利益、国家利益。因此，这种防卫行为具有主观上的正当性。

根据防卫意图这个要件，在以下三种情况下我认为就不能认为成立正当防卫：

第一种情况是防卫挑拨。所谓的防卫挑拨也就是行为人故意地引逗对方来对本人进行不法侵害，然后利用正当防卫来造成对方的重大人身、财产的侵害。在这种防卫挑拨的情况下，存在着正在进行的不法侵害，行为人也对正在进行的不法侵害进行了所谓的防卫。但正在进行的不法侵害是行为人故意挑逗起来的，它实际上是利用正当防卫来加害于对方。从这个意义上来说，在防卫挑拨的情况下，行为人主观上实际上不具有防卫意图，而是具有侵害意图。因此，如果能够查明这种正在进行的不法侵害是因行为人主动挑逗而产生的，那么对这种行为就不得认定为正当防卫，而应当以故意犯罪加以处罚。

第二种情况是互相斗殴。互相斗殴也就是我们通常所说的打架。互相斗殴从它的外观来看，似乎和防卫是相类似的。因为互相打架，你打我，我又打你；我打你，你又打我，这是一个互动的过程。因此，如果把互相斗殴这样一个连续性的过程截断，拿出一个环节来看，甲之所以打乙，是因为乙打甲，似乎甲的行为是防卫；但是从乙这一方来看，也是因为甲打乙，乙才打甲，似乎乙的行为也是防卫。于是，甲、乙双方都是防卫。但实际上，在互相斗殴的情况下，行为人双方在主观上都具有斗殴意图，而不具有防卫意图，因而双方都不能被认定为正当防卫，而应当按照违法或者犯罪来处理。在我国刑法中，还专门设立了聚众斗殴罪。在这种互相斗殴的情况下，双方都是违法行为，是一种彼此俱罪的关系：双方都违法，都是犯罪。互相斗殴和正当防卫之间的区别表现在：正当防卫是正与不正的关系，一方是正当的，另外一方是不法的。而互相斗殴是不正与不正的关系，双方都是不正当的。所以，两者在性质上是具有根本区别的。当然，在互相斗殴当中，我认为，在一般情况下，双方都不得主张正当防卫。但在某些特殊的条件下，在互相斗殴当中仍然可能发生防卫的问题，主要有两种情况：第一种情况是一开始互相斗殴的程度比较低，比如说只是一般性的打斗，使用的斗殴工具也比较轻，比如说拳打脚踢，或使用一般的木棍，等等。但在斗殴中一方突然使用致命的工具，或者突然加重侵害的强度，使另一方的生命安全受到严重侵害。在这种情况下，另外一方仍然具有防卫权。第二种情况是在互相斗殴中，一方试图放弃斗殴，比如逃跑或者采取其他措施意图中止斗殴，而另一方穷追不舍，仍然要加害于对方。在这种情况下，也不能排除意欲放弃斗殴一方在特定条件下为了保护自己的人身权利可以主张防卫权。这两种情况都是比较特殊情况下的正当防卫。不能简单地说，只要是互相斗殴就一概不承认正当防卫，在特定条件下仍然有正当防卫的问题。

第三种情况是偶然防卫。所谓偶然防卫是指行为在客观上发生了防卫效果，但由于行为人在主观上没有认识到不法侵害的存在，因而不具备防卫意图。这样一种偶然防卫也不得认为成立正当防卫。通常所举的偶然防卫的例子是这样的：甲想要去杀乙，一天甲拿着一把枪，跑到乙的家里，一脚踹开乙的家门，对着乙就是一枪，把乙给打死了。但正在甲要把乙打死的时候，乙在家里正拿着一把斧头要砍丙。正当乙拿着斧头向丙砍去的时候，甲一枪把乙给打死了。在这个案件中，甲把乙打死，客观上使得丙避免了被乙伤害。因此，甲的行为在客观上具有防卫效果。但甲是在没有认识到乙正在加害于丙的情况下实施杀死乙的行为的，也就是说，这种杀人行为仍然是在杀人的犯罪故意的支配之下实施的，行为人主观上没有防卫意图。因此，这种偶然防卫也不得成立正当防卫。当然，对于甲的行为考虑到在客观上产生了防卫效果，可以按照故意杀人罪的未遂处理。

2. 防卫起因

所谓防卫起因是指客观存在的不法侵害。正当防卫是针对不法侵害而实施的，因此，不法侵害的存在是实施正当防卫的前提。如果不存在不法侵害，也就不可能产生正当防卫的问题。从这个意义上来说，不法侵害是防卫起因。是否存在不法侵害对于认定某一行为是否属于正当防卫是具有重要意义的。不法侵害作为防卫起因，我认为具有以下两个特征：第一个是法益侵害性，第二个是侵害紧迫性。

首先，作为防卫起因的不法侵害，它必须要有法益的侵害性。这里的侵害指的就是要对本人、他人的利益或公共利益或者国家利益造成重大损害。侵害性是所有的违法犯罪行为都具有的，那么能不能说所有的违法犯罪行为都可以成为防卫起因呢？我的回答是否定的。作为防卫起因的不法侵害的法益侵害性，只是排除了对合法行为实施正当防卫的可能性。

其次，作为防卫起因的不法侵害，除了必须具备法益侵害性以外，另外还需要具备侵害紧迫性。在一个法治社会中，一种权利受到侵害，主要是采取公力救助或者说公力救济。一个人当其人身、财产或其他权利受到犯罪侵害，就应当向司法机关告发，通过刑事司法程序追究侵害人的刑事责任，使他受到国家法律的制裁。公力救助是维护公民个人权利的主要途径。但在某些特殊的情况下，法律赋予公民个人以自力救助或者私力救助的权利。正当防卫就是一种私力救助的形式。这种私力救助发生在十分紧迫的情况下。这里所谓紧迫是指来不及请求国家进行公力救济。在这种紧迫的情况下，法律才允许公民通过行使防卫权来保护自己的人身权利或者财产权利。私力救助只是公力救助的补充，因此，必须对这种私力救助的形式严格加以限制，规定其适用的特定条件，否则，私力救助就会演变成为私刑。在古代社会所通行的复仇，实际上就是一种私刑。刑罚是从原始社会的复仇产生而来的，在国家行使刑罚权以后，个人的复仇就被禁止了，私刑就被禁止了。在现代法治社会，必须通过对犯罪进行追究的公力救济，达到保护公民个人权利的目的。但在非常紧迫的情况下，通过公力救济不可能及时有效地保障公民个人的权利，于是法律才允许公民个人进行私力救济。因此，只有针对这种具有侵害紧迫性的不法侵害才能进行正当防卫。如果能够通过公力救济途径来追究侵害人的刑事责任的，就不允许采取私力救济的方法。

只有具备以上两个条件的，才能认定为具备了防卫的起因，才允许实行正当防卫。由于不法侵害是正当防卫的起因，所以如果没有不法侵害也就没有正当防卫可言。但在某些情况下，本来是不存在不法侵害，但行为人由于对客观事实发生了错误的认识，误认为存在不法侵害，所以对他想象中的不法侵害实行了所谓的防卫。这种情形在刑法理论上就称为假想防卫。这种假想防卫在现实生活中也是时有发生的，主要是由于行为人对客观事实发生了错误认识。比如说有过这样一个假想防卫的案例：该案的被告人周某是一个18岁的男青年，一天晚上在家里沉睡当中，突然有人大声敲门，使周某从睡梦中惊醒。听到外面很大的敲门声，周某就以为有人来抢劫了。周某本来睡得迷迷瞪瞪，刚醒来头脑不是特别清楚，所以作出了这种错误的判断。为此，周某就拿了一个木棍，把门一打开，迎面就对敲门人打了几棍子，把来人打成重伤。事后发现，来敲门的人实际是周某父亲的同事，他父亲上夜班，当天正好发工资，就委托这个同事晚上把工资给送到家里来，结果发生了这样一个误解。这是一个较为典型的假想防卫案件：本来不存在不法侵害，但行为人由于认识上的错误而误认为存在不法侵害，并对想象当中的不法侵害人实行了所谓的防卫。

有时候甚至会发生互相之间的假想防卫：双方都产生了错误，互相之间进行所谓的防卫。比如某地曾经发生过这样一起案件：在一个居民楼里面，一个小偷半夜三更潜入某户人家里进行盗窃，结果把主人给惊醒了，主人就大声喊：抓小偷！这个小偷就拼命逃窜。隔壁邻居张某在睡梦当中听到有人喊抓小偷，惊醒以后就拿了一把刀出来追小偷。张某出门以后，看到前面有两个人拿着棍子匆匆忙忙往他这方向赶来，就以为这两人就是小偷。张某上去就跟对方打起来，把对方两个人中的一人砍成重伤，把另一人给砍死了。事后发现，死伤的这两个人是联防队员，事发时正在居民楼里巡逻，听到有人喊抓小偷，就匆匆忙忙赶过来。这两个联防队员也误认为拿菜刀的张某是小偷，所以互相打起来，造成了重大的人身伤亡。这个案件就是双方互相之间的假想防卫，双方都认为对方是不法侵害者，由此而实施了所谓的防卫行为。

在刑法中，对于假想防卫如何处理？我认为，关于对假想防卫的处理主要有以下三个要点：第一，假想防卫不能被认定为正当防卫。假想防卫之所以不能被认定为正当防卫，主要是因为在假想防卫的情况下，并不存在客观上的不法侵害，也就是不存在防卫的起因。所谓防卫只是行为人主观上的臆想，是主观认识错误的结果。第二，在假想防卫的情况下，可以排除故意犯罪。在假想防卫的情况下，行为人尽管对他所想象中的不法侵害人实施了加害行为，但这种加害行为是基于主观认识错误而实施的，不能认为是一种故意的犯罪行为，可以排除犯罪故意。第三，在假想防卫人主观上存在过失的情况下，应当按照过失犯罪来处理。如果主观上没有过失，那么就是意外事件。也就是说，如果假想防卫人对于认识错误的造成主观上具有过失的，应当按照过失犯罪处理。当然，前提是法律对某种过失行为具有处罚的规定。如果主观上没有过失，那就是意外事件，就不能追究行为人的刑事责任。例如在我前面所讲的两个例子：第一个例子中周某对假想的造成主观上是有过失的，因为周某是一个已满 18 周岁的成年人，尽管梦中被惊醒，也应当在把真相搞清楚以后再采取措施，而不能不分青红皂白，打开门就一顿乱棒，把人打死。可见，周某主观上显然是存在过失的。如果造成重伤的后果，就按照过失致人重伤罪追究刑事责任。当然，如果造成的是轻伤后果，在我国刑法当中，过失致人轻伤是不构成犯罪的，那就不能追究刑事责任，只是要承担民事赔偿责任。第二个例子中张某主观上的认识错误是意志以外的原因所造成的。在深更半夜，张某听到有人喊抓小偷就下来想要抓小偷，结果碰到两个联防队员匆匆忙忙拿着棍子赶过来，天又比较黑，也搞不清楚对方的真实情况。在这种情况下，互相打斗造成严重后果。应该说，张某主观上是没有过错的，不能对此按照犯罪处理。当然，这样一种惨重的后果，是由于双方的误解所造成的。因此，不能由于后果严重而一定要追究张某的刑事责任，而是要看张某主观上到底有没有过失。我个人认为，像这种情况下张某主观上是没有过失的，不能按照过失犯罪追究其刑事责任。

3. 防卫客体

所谓防卫客体是指正当防卫行为所指向的对象。正当防卫是对不法侵害人造成一定的损害，通过这种方法使国家公共利益、本人或者他人的人身、财产或其他权利免受正在进行的不法侵害，因此，只有对不法侵害人实行防卫，才有可能达到防卫的目的。不法侵害人是不法侵害行为的实施者，要想制止这种不法侵害，防卫行为必须是针对不法侵害人来实施的。因此，防卫的客体在通常的情况下是不法侵害人的人身。一个人正在进行不法侵害，防卫人将不法侵害人打死或者打伤，就能达到制止不法侵害的目的。除了不法侵害人的人身可以成为正当防卫的客体以外，在某些特殊的情况下，不法侵害人的财产也可以成为防卫客体。

防卫客体对于认定正当防卫来说是非常重要的，它是正当防卫成立的一个重要条件。在某些情况下，虽然存在着不法侵害，但行为人不是对不法侵害人进行防卫，而是对第三者进行所谓的防卫。这种情形，在刑法理论上称为防卫第三者。防卫第三者的行为，不能认为是正当防卫。例如有这样一个案例：甲对乙进行不法侵害，把乙打伤。在这种情况下，乙受到来自甲的不法侵害，乙有权对甲进行防卫。正当乙想对甲进行防卫的时候，甲逃跑了。这时，乙看见甲的 10 岁的小孩丙还在身边，就把丙痛打了一顿。这个行为就是防卫第三者，不能被视为正当防卫。乙只有对甲实行防卫，才能达到保护本人的人身权利的目的。在对甲无法实行防卫的情况下，对甲的小孩丙进行痛打，是一种故意伤害行为，不得被视为正当防卫。

4. 防卫时间

所谓防卫时间是指不法侵害正在进行。我国刑法第 20 条第 1 款关于正当防卫的概念规定当中明确指出，只有对正在进行的不法侵害，才能实行防卫。因此，如果虽然存在不法侵害，但不法侵害并非正在进行，而是尚未发生或者已经过去，就不能实行正当防卫。不法侵害的正在进行是正当防卫的时间条件。正当防卫的时间条件之所以重要，原因就在于正当防卫是在紧迫的情况下法律所赋予行为人的行使自卫权的行为。如果不法侵害尚未发生，尽管有发生的可能，行为人也应当向公安机关举报，或者寻求公安机关保护，以此制止不法侵害，避免不法侵害的发生。如果不法侵害已经过去，就应当向公安机关举报，通过公安机关追究犯罪人的刑事责任，而不能采取私力报复的方法解决对方的刑事责任问题。因此，不法侵害的正在进行对于认定正当防卫来说是非常重要的。如果不具备不法侵害正在进行这个条件，也就不能成立正当防卫。

当然，刑法理论上对不法侵害正在进行如何理解还是存在争议的。在某些犯罪当中，不法侵害正在进行表现得比较明显，也是较为容易认定的，像杀人、伤害或者强奸等犯罪。但在另外一些犯罪中，尤其是在某些犯罪行为有持续性的继续犯的情况下，如何认定不法侵害正在进行，从而能不能把某一种行为认定为正当防卫，是值得研究的。例如，在现实生活中存在这样的案例：一个农村少女甲被他人拐卖到内蒙古某地，卖给青年农民乙当老婆。乙在甲不从的情况下，对甲进行强奸，而且平时对甲进行打骂虐待，限制甲的人身自由。甲一直想逃脱，曾经逃跑过一次，但被抓回去后又被痛打。一天晚上，甲趁乙和丙睡觉的时候，用刀把两人杀死，然后逃跑。这个案件发生以后，人们对甲还是同情的：她本身也是被害人。但如何认定甲杀死乙和丙的行为？这里主要就是能不能认定这是一种正当防卫，而能否认定正当防卫的关键就在于如何看待不法侵害正在发生。在这样的案例当中，如果甲在乙对自己进行伤害或者强奸的时候采取防卫行为，认定为正当防卫当然没有问题。但在晚上睡觉的时候，甲把乙和丙偷偷杀死，这个时候能不能说不法侵害正在进行？伤害或者强奸当然不在进行当中，那么，非法拘禁的犯罪行为能不能说正在进行呢？这在理论上是有争议的。有观点认为在这种情况下，应当认为非法拘禁的行为正在进行，因此甲的行为具有防卫性质，即使防卫过当，也是一种防卫，在法律上应当获得从轻或者减轻的处罚。另有观点认为：在这样的案例中，尽管死者是有过错的，但不能认为不法侵害正在进行，对甲的行为不能认定为防卫过当，更不能按照正当防卫处理，只能按照一般的杀人来处理。考虑到杀人的特殊情况，在法律上可以适当予以从轻处理。

类似情况还发生在虐妻杀夫案中：妻子受到丈夫长期虐待，导致妻子利用丈夫熟睡的机会将其杀死。此类案件能否认定为正当防卫？如果按照关于不法侵害正在进行的传统理解，明显是存在法律障碍的。对此，北美社会学家在20世纪70年代末、80年代初，提出了受虐妇女综合征理论。受虐妇女综合征是指长期受丈夫暴力虐待的妇女表现出来的一种特殊行为模式。丈夫对妻子进行身体、性或者精神虐待之后，取得妻子的谅解，而后又实施虐待。如此反复，使得妻子因为周期性的虐待而形成一种习得性的无助感。受虐妇女杀夫案中，受虐妇女在实施杀夫行为时，并没有面临正在进行的不法侵害，不符合传统的正当防卫条件。为了解决这个问题，学者提出了暴力循环论，认为，由于家庭暴力周而复始地循环，受虐妇女长期过着提心吊胆、担惊受怕的生活，受虐妇女内心恐惧，有理由相信对她的伤害随时可能发生。由此，暴力循环论解释了受虐妇女认为自己的严重伤害即将来临的合理性，尽管其丈夫当时正在熟睡。受虐妇女综合征为将受虐妇女杀夫行为认定为正当防卫提供了理论根据，开始在北美的司法实践中采纳。近年来，受虐妇女综合征理论也引入我国，对此的理论研究逐渐展开，也对司法实践中处理受虐妇女杀夫案产生了一定影响。

我国学者一般认为，受虐妇女综合征尚不能作为出罪的事由，受虐杀夫可以作为故意杀人罪的酌定从轻或者减轻处罚情节。在目前我国刑法理论当中，尚不能把受虐杀夫行为理解为正当防卫。可见，在刑法理论上如何认定不法侵害正在进行还是存在争议的，需要我们进行研究。

不法侵害正在进行是正当防卫的时间要件，如果不具备不法侵害正在进行这个时间条件，则所实施的所谓防卫行为就是防卫不适时。防卫不适时有两种：一种是事前防卫，另一种是事后防卫。

所谓事前防卫是指不法侵害尚未发生，例如不法侵害正在预备过程中，行为人对正在预备的不法侵害人实施了所谓防卫。在事前防卫的情况下，不法侵害尚未进入实行阶段，因此不具备不法侵害正在进行的时间条件，其行为也不能被认定为正当防卫。例如，甲扬言要杀乙，正在磨刀，乙一刀将甲砍死了。这种情形就是一种事前防卫。虽然甲扬言要杀乙，并且也正在磨刀，也有可能将来会实施杀人行为，但是在甲的杀人行为还没开始的时候，乙就不能对甲进行防卫，乙可以报告公安机关，由公安机关对甲采取措施，来保护自己的人身权利。在通常情况下，这种事前的防卫还是比较好认定的。

事后的防卫是指在不法侵害终止以后，对不法侵害人所采取的所谓防卫措施。在事后防卫情况下，不法侵害已经结束，因此就不再具备防卫的时间条件。在这种情况下所采取的所谓的防卫措施，也不应当认定为正当防卫。当然在刑法理论上如何来判断一种不法侵害是否已经过去，存在着比较大的争议。例如，农村妇女甲，在临近过年的一天，回家探望亲戚，随身携带了一些礼物在山路上行走。在行走过程当中，遇到了一个歹徒乙。乙是杀猪的屠夫，身材魁梧，身强体壮。这一天乙的弟弟因为要举办婚礼，邀请乙去帮助杀猪，乙就携带了一把杀猪刀。在路上走的时候乙碰到甲，乙一时性起，心生歹意，就要强奸甲。甲一看，自己打斗不过乙，根本不是乙的对手，而且，案发地十分偏僻，四周没有人烟，即使呼救也得不到他人的救助。在这种情况下，甲假装同意和乙发生性关系，就说：往前再走一走，找一个平坦一点的地方。走了不远，前面有一个平坦的地方，旁边有个粪池，粪池里边有粪水，冬天天气比较冷，粪水上面结了一层薄薄的冰。甲在这个地方停下来，假意和乙发生性关系。甲先把自己的外套脱了，然后让乙也把衣服脱了。乙见甲自愿配合，就丧失了警惕，把刀搁在一边，把外衣脱掉。乙在外衣里面穿了一件套头毛衣，在脱套头毛衣的时候把头给包住了。这时甲就使劲朝乙推了一把，把乙推到粪池里。粪池比较深，而且是12月份天气比较寒冷，正好乙生活在山区，也不通水性，就在粪池里挣扎。在挣扎过程中，乙用手攀住粪池的边缘要往上爬，甲就用砖头砸他的手，不让他爬上来。这样相持了十多分钟，最终乙在粪池里被淹死了。在这起案件中，甲的行为是否属于正当防卫，关键就在于如何认定在本案中不法侵害正在进行。也就是说，在这个案件中，甲把歹徒乙推下粪池的时候，不法侵害是否已经终止？对此有两种不同的观点：一种观点认为：甲遇到乙的强奸，把乙推到粪池里，这个行为属于正当防卫没有问题。但把乙推到粪池里以后，不法侵害已经结束了，甲还用砖头砸乙的手不让他爬上来，结果导致乙被淹死，这个行为不能认为是正当防卫，因为这是在不法侵害已经终止以后所采取的一种加害措施。因此，甲应当对乙的死亡承担刑事责任。另一种观点则认为，对于不法侵害正在进行不能作这种机械的理解。在甲将乙推到粪池以后，尽管强奸犯罪结束了，但由于所处的是一个非常偏僻的地理环境，前不着村后不着店，所以尚不能认为甲受到不法侵害的危险已经排除。如果甲不采取措施，而让乙从粪池里爬上来，乙还会继续加害甲。在这种情况下，甲用砖头砸乙的手，不让他爬上来，最后导致乙的死亡，仍然应当认为是正当防卫。以上两种观点对于同一个行为在性质上能不能被认定为正当防卫存在明显的分歧，而争议的关键就是在这个案件中不法侵害到底有没有结束。我个人赞同第二种观点，认为确定不法侵害的终止时间不能简单地以不法侵害行为结束为标准，还要看对他人的危险有没有排除。如果这种危险没有排除，就不能认为不法侵害已经终止。为了排除这种危险而采取的加害措施，仍然具有防卫性质，还是应当认定为正当防卫。在本案中，由于所处的特殊环境，甲将乙推到粪池以后，危险并没有排除。如果这个案件不是发生在山区偏僻的环境里，而是发生在一个人多的地方，那甲把乙推到粪池里以后，就可以马上逃跑、马上呼喊，甲的人身权利就会受到保护。在这种情况下，甲还不让乙上来，还要把他淹死，那就属于事后防卫。由此可见，对一种行为性质的判断，是因案不同的，没有一个统一的判断标准。在不同的情境下，行为的性质是有所不同的。对此必须要加以注意。

不法侵害正在进行，我认为，和不法侵害本身的行为方式是有关的。这里还应当注意一个所谓事前设置防卫设施的问题。所谓防卫装置或者防卫设施，是指有些人事前为了防范某种不法侵害，主要是为了保护自己财产的安全，在隐蔽处所设置了防卫装置。后这种防卫装置因被触发而导致他人的人身伤亡。对于这种情况能不能认定为正当防卫？我认为，应当根据防卫装置的性质加以判断：如果设置防卫装置本身是违法的，是超出个人的权利范围的，由此造成侵害后果的，设置人就应当承担刑事责任，而不能认为是正当防卫。例如在现实生活中经常有这样的案例，自己家门口的菜地或者花生地或者西瓜地经常有小偷光顾，行为人就采取架设电网的方式来保护自己的财产。有的是白天把电关掉、晚上把电通上，有时早上起来忘记关电闸，邻居小孩不小心触电死了。这属于危害公共安全的犯罪，尽管动机是防贼。有的时候晚上通了电，正好小偷来偷东西，给电死了。这种行为能不能说是防卫？我认为，在这种情况下也不能说是防卫。在理论上，公民个人权利的行使不得超越一定的界限。一个人为了保护自己的财产可以采取防卫措施，但不能采用危害公共安全的方法来保护自己的财产。在司法实践中甚至有这样的案例：甲的西瓜被人家偷走，结果他在某个西瓜里面注射毒药，这个西瓜也被小偷给偷走了，结果导致吃西瓜的 5 个人死亡。这种情形就不能认定为防卫。但如果防卫装置没有危害公共安全，比如说放在家里，小偷入室盗窃就会受到伤害。在这种情况下，尽管在安装防卫装置的时候不法侵害并不存在，但当防卫装置发生效果的时候，却存在正在进行的不法侵害，因此也认为具备防卫的时间条件。而且，这种防卫装置是安放在家里，并没有危害公共安全。当然，如果防卫装置的杀伤力太大，例如将小偷炸死或者炸伤，则存在防卫过当的问题。

这里还有一个需要注意的问题就是，不法侵害有时候是具有连续性的，要把不法侵害看作是一个整体。与此同时，也要把防卫行为当成一个完整的过程，而不能人为、机械地对它进行割裂。例如妇女甲遭受男青年乙的强奸，在这种情况下，甲进行防卫，拿了一个棍子，打了强奸犯乙五棍子，就把他打死了。事后经法医鉴定，实际上甲在打第三棍的时候，已经把乙打成重伤，乙丧失了不法侵害能力。在这种情况下，能不能说甲的前三棍是正当防卫，后两棍是事后防卫？我认为，不能这样看。因为在这样的情况下，防卫是一个整体，这五棍是连续打的，因此要把它看作是一个完整的防卫行为。当然，如果在打击中明显存在时间上的间隔，就应当具体分析。例如妇女甲对强奸犯乙打了两棍，已经把他打昏了。后来甲看到乙又动了一下，而且越看越生气，又打了两棍把乙打死了。后来打的这两棍就是报复，属于报复侵害。报复侵害是一种事后防卫，应当按照故意犯罪处理，而不得被认定为正当防卫，也不得被认定为防卫过当。

5．防卫限度

根据我国刑法规定，正当防卫必须在必要限度内进行，正当防卫不能超过必要限度。也就是说，防卫是有限度的，不能超过必要限度。如果超过必要限度，那就转化为犯罪行为，就成为我国刑法所规定的防卫过当。在司法实践中和刑法理论上，如何认定防卫限度是一个重要的问题，是否超过防卫限度是正当防卫和防卫过当的区分之所在。

防卫限度的认定一定要根据案件的具体情况，从有利于防卫人出发进行考察，而不能用事后的客观立场来作机械的判断。比如说，曾经有过一个真实的案例，这个案件被刊登在《最高人民法院公报》1985年的第1期：有一天傍晚，被告人孙某亮去看电影，路过一个地方，孙某亮看到两个歹徒要调戏一个少女，他就前去制止。孙某亮并不认识这个少女，为了保护这个少女他谎称是这个少女的哥哥。但这两个歹徒不听劝阻，看到孙某亮前来制止，就对孙某亮进行加害，并且把孙某亮逼到一个墙角的小土堆上。这个时候，孙某亮正好随身携带了一把水果刀，就掏出水果刀进行防卫。在防卫过程中，孙某亮将对方一个人刺死、一个人刺成重伤。这个案件发生在1984年，正是在“严打”当中。当地检察机关以故意杀人罪将该案起诉到法院，法院改变定性，以故意伤害罪判处孙某亮有期徒刑15年。一审判决以后，检察机关认为定罪不准、量刑过轻，提起抗诉。后来省人民检察院撤诉了，抗诉没有成功。省人民法院在审查孙某亮案的时候，认为一审判决不当，在这个案件里面存在着防卫的性质，但又认为这属于防卫过当，结果是以故意伤害致人死亡罪改判孙某亮有期徒刑5年。实际上，从刑法理论上来说，我认为，孙某亮的防卫行为并没有超过正当防卫的必要限度，应当认定为正当防卫，而且是一种见义勇为的行为，不应当受到法律的制裁。

由此可见，正当防卫的必要限度在实践中如何把握，确实是一个比较疑难的问题。我们过去往往混淆了防卫行为与犯罪行为的界限：把一些防卫行为按照犯罪行为处理，或者把一些防卫过当行为按照普通的犯罪行为处理。可见，正确认定正当防卫的必要限度，对于保障公民的防卫权是非常重要的。因为正当防卫行为是和不法侵害作斗争的一种行为，是一种正义的行为，所以这种行为应当受到法律的保护。在我国目前社会治安形势不好，犯罪气焰较为嚣张的情况下，更应当鼓励公民大胆地对正在进行的不法侵害采取有效的防卫措施，以保护本人或者他人的人身权利或者其他权利。因此，正当防卫的必要限度在理论上需要有一个正确的界定，只有这样才能正确地认定正当防卫。

在我国刑法中，为了鼓励公民与正在进行的不法侵害作斗争，还专门在刑法第20条第3款规定了一种无过当的防卫：“对正在进行行凶、杀人、抢劫、强奸、绑架以及其他严重危及人身安全的暴力犯罪，采取防卫行为造成不法侵害人伤亡的，不属于防卫过当，不负刑事责任。”这个规定，在我国刑法理论上称为无过当的防卫。在无过当的防卫情况下，无论对不法侵害人造成多么严重的伤亡后果，都不认为是防卫过当。无过当的防卫是防卫的特殊情况，主要是为了鼓励公民大胆运用正当防卫的法律武器积极和不法侵害作斗争，以解除防卫人的后顾之忧。当然，无过当的防卫也是有条件的：它除了必须具备正当防卫的一般条件以外，防卫客体也受到了刑法的明确限制。也就是说，只有对刑法第20条第3款所规定的行凶、杀人、抢劫、强奸、绑架以及其他严重危及人身安全的暴力犯罪，才能采取无过当的防卫。如果不属于刑法第 20 条第 3 款所列举的这些暴力犯罪，尽管可以实行正当防卫，但它仍然受到必要限度的限制，如果超过必要限度，就构成防卫过当。如果是对刑法第 20 条第 3 款所规定的暴力犯罪进行防卫，就没有防卫过当的问题。

在正当防卫的五个条件中，需要重点把握的是正当防卫的限度问题。根据刑法规定，只有明显超出正当防卫必要限度的，才能认定为防卫过当。防卫过当是一种犯罪行为，应当按照犯罪处理。我国过去在相当长的时间里，对正当防卫必要限度的认定上存在一定的偏差，往往不利于防卫人。在这种情况下，在 1997 年刑法修订时，就对防卫过当的条件在法律上作了某种修改。根据刑法第 20 条第 2 款的规定，只有明显超过必要限度，造成重大损害的，才构成防卫过当。这里加了“明显”两字：不是一般的超过，而是明显超过。另外，必须造成重大的损害。这里的“重大损害”通常是指致人重伤或者死亡。只有在具备这些法律规定的条件的情况下，才能构成防卫过当。

应当指出，在我国刑法中，防卫过当并非一个独立的罪名，而是一种量刑的情节。构成防卫过当的，应当根据行为人所触犯的罪名或者定故意伤害致人死亡罪，或者定故意杀人罪。防卫过当在刑法中是法定的减轻或免除处罚的情节，因为刑法第 20 条第 2 款规定：“正当防卫明显超过必要限度，造成重大损害的，应当追究其刑事责任，但是应当减轻或免除处罚。”也就是说，在防卫过当的情况下，虽然行为人应当依法承担刑事责任，但考虑到这种过当是在正当防卫的情况下发生的，因此对于行为人应当减轻或者免除处罚。这一规定体现出刑法对于防卫过当的犯罪人在追究刑事责任的时候，考虑到特殊情况而予以从宽处理。

(二) 紧急避险

关于紧急避险的概念和紧急避险的构成条件，在刑法中都有明确的规定。由于时间关系，我就不再具体讲。在此，我重点讲紧急避险和正当防卫的区分。

紧急避险和正当防卫同属于罪体排除事由，但紧急避险和正当防卫还是有区分的，这种区分主要就体现在：正当防卫是一种正与不正之关系——防卫一方是正当的，而被防卫的是不法行为，两者是正当和不法的关系。紧急避险则不同：紧急避险是在十分紧迫的情况下所采取的一种避险措施。紧急避险的特征就在于：有两种合法权利可能受到损害，为了保护一个较重要的合法权益，而牺牲一个较小的合法权益。因此，紧急避险是正与正的关系，而不是像正当防卫那样是正与不正的关系。也就是说，在紧急避险的情况下，通过紧急避险所要保护的法益是正当的，在紧急避险中被牺牲掉的法益也是正当的。这种法益之所以在紧急避险中被牺牲，主要目的是保护更大的法益。通常所举的紧急避险的例子是：在航海当中遇到了大风暴，船上满载货物，如果不把一部分货物扔到海里，以减轻船的载重量，船就会被风暴给颠覆。在这种情况下，为了保护船的安全，就把一部分货物扔到海里面。这种行为就是一种典型的紧急避险。这种紧急避险行为从客观外表来看，是损害了一部分合法权益，船上装载的货物都是受法律保护的，是他人的合法财产，把它扔到海里权利人就受到了损害。但之所以要损害这部分财产，是为了保护一个更大的利益。所以，紧急避险是在两害相权取其轻的情况下，不得已而采取的避险措施。因为，如果不牺牲较小的合法权益就会使较大的合法权益受到损害，正是为了保护这种较大的合法权益，才牺牲较小的合法权益。这里存在一个法益权衡的问题：比较法益的轻重。

（三）非法定的罪体排除事由

除了我国刑法所规定的正当防卫、紧急避险这两种法定的罪体排除事由以外，在现实生活中，罪体排除事由实际上是广泛存在的。正当防卫和紧急避险只是罪体排除事由中的一部分，属于紧急行为，是在非常紧迫的情况下所采取的防卫措施或者避险措施。这里引用一句罗马法格言："紧急时无法律"。也就是说，法律是针对一般情况制定的，在非常紧迫的情况下，法律就失效了。对紧急时发生的行为不能按照一般的法律处理，这就是所谓"紧急时无法律"。"紧急时无法律"也是这类紧急行为正当化的主要根据和理由。除了紧急行为以外，在现实生活当中还存在着大量其他的正当行为，也具有排除罪体的功能。

1. 正当职务行为

正当职务行为，例如执行死刑的武警，根据人民法院签发的合法有效的死刑执行令，对死刑犯执行死刑。从表面来看，这是一种杀人行为，但这种杀人是合法的，所以是一种罪体排除事由。

2. 正当业务行为

正当业务行为，比如医生根据治疗需要，对一个高位瘫痪的病人施行截肢手术，以保全他的生命。截肢是治疗行为，治疗行为是一种正当的业务行为。从表面来看，截肢是一种伤害身体的行为，这种伤害身体正是为了保全病人的生命，所以不具有法益侵害性，是一种罪体排除事由。当然。也有观点认为：截肢等医疗行为本身具有正当性，不具备罪体构成要素。而不是在具备罪体构成要素的基础上，因不具有法益侵害性而属于罪体排除事由。

3. 竞技行为

体育上的竞技行为，像拳击，在拳击中可能把人打死，或者把人打伤，当然像泰森那样咬耳朵是不行的。还有像足球中在合理冲撞的范围内对他人所造成的伤害，都属于竞技行为。竞技行为，只要在遵守竞技规则的情况下，即使造成了对他人人身的伤亡后果，也是不负刑事责任的，属于罪体排除事由。

4. 执行命令行为

执行命令行为，例如军人服从命令，即使造成了一定的损害，由于它是服从命令的结果，因此免除刑事责任，属于罪体排除事由。执行命令行为的情况较为复杂，在第二次世界大战以后对战犯的审理中，战犯都以服从命令来为自己的屠杀行为辩护：无论是德国战犯还是日本战犯，都说是服从命令，上级命令杀人因此才杀人。所以执行命令行为在什么情况下能排除犯罪性、在什么情况下不能排除犯罪性，在刑法理论上还需要具体分析。

5. 承诺行为

承诺行为是被害人同意他人损害自己法益的行为。被害人承诺可以免除加害人的刑事责任。在被害人承诺、同意的情况下，对被害人的权利进行某种侵害，这种侵害是不构成犯罪的。比如说一个人因为患有某种传染病，医生征得病人的同意，将被病毒污染的衣物、棉被予以销毁。这种行为是损害他人财物的行为，但这种损害是征得财产所有人同意的，因此，医生是被免除责任的。承诺还可以分为一般的承诺和推定的承诺。在有些情况下，尽管没有获得被害人的明确承诺，但根据当时的具体情况，推定被害人会同意，尤其是在紧急的情况下。例如甲在家里面晚上睡觉，炉子灭火不彻底造成中毒。邻居乙早上发现甲没起床就来敲门，发现甲中毒了。在没有征得甲同意的情况下，乙就把甲家的门给打烂了、砸碎了，冲进去把甲送到医院抢救。这种把门打烂，进入人家住宅的行为，损害了他人财物，而且是未经他人同意而侵入住宅，但这种行为被认定为一种推定的承诺行为。也就是说，乙是为了要救甲，如果甲有表达能力他肯定会同意乙这样做，因此，可以免除乙之行为的不法性。

6. 安乐死

安乐死当然是一个更为复杂的问题，例如安乐死的合法化就是一个十分复杂的问题。因为安乐死和杀人在性质上是接近的。如果经过被害人同意，把被害人杀死，结束被害人的病痛，在这种情况下能不能合法化？如果承认安乐死的合法化，那么安乐死就是罪体排除事由。如果不承认安乐死的合法化，对安乐死的杀人仍然应当按照故意杀人罪处理。在这种情况下，安乐死就不能成为罪体排除事由。在安乐死的概念中包含着被害人承诺，当然，被害人是否有权利处置自己的生命这个问题是存在争议的。基于死的权利的理念，一个正常人应该具有决定自己死亡的权利，这被称为尊严死。

7. 义务冲突

在义务冲突的情况下，行为人同时有两项义务需要履行，但这两项义务不可能同时履行，履行其中一项义务就会使另一项义务不能履行而造成损害后果。在这种情况下，由于是义务冲突，因此对于由于不能履行另外一项义务而造成的损害结果，行为人不承担刑事责任。例如，急救室里只有一个医生和一套设备，同时送过来两个需要急救的病人。急救医生不可能同时抢救两个病人，而只能抢救一个病人，另外一个病人由于医生没有履行救助义务而死亡。在这种情况下，由于是义务冲突，医生对于另外一个病人由于没有得到及时抢救而死亡不能承担刑事责任。

8. 自救行为

自救行为是在自己的财产权利受到侵害的紧迫情况下，来不及寻求公力救济，而采取的私力救济行为。例如，在现场发现自己的财产被盗，追上去把自己的财产从盗窃犯手中抢回来。从形式上看，这是一种抢夺行为，但因为属于私力救济，因此不构成抢夺罪。

罪体排除事由实际上是在犯罪中开了一个口子，把一些表面看来对他人的人身或者财产造成损害，好像是犯罪，但实际上不具有法益侵害性，反而有利于社会的行为，从犯罪中排除出去。这些行为，除了正当防卫和紧急避险在刑法中有明确规定以外，其他的在刑法中没有明确规定，但在日常生活中我们应当把它从犯罪中排除出去。

第八讲

罪　责

罪责是相对于罪体而言的，并且是以罪体为逻辑前提的。只有在具备罪体的情况下，才涉及一个人的罪责问题。如何认定罪责，对于定罪具有重要意义。在本讲中，我就罪责构成要素和罪责排除事由进行讲解，以便同学们能够正确地掌握罪责要件。

一、罪责概述

如前所述，罪体是犯罪成立的不法要件。罪体对于认定犯罪来说，当然是非常重要的，因为正是罪体对某种法益造成了侵害。但在追究一个人的刑事责任的时候，还要求行为人主观上具有一定的可归责性，这就是罪责所需要解决的问题。大陆法系的刑法对罪责十分重视，在罪责的基础上形成了责任主义，并且把责任区分为故意责任与过失责任。尽管行为人在客观上所造成的法益侵害后果是相同的，但如果在主观上的罪过形式不同，那么行为人承担的责任也是有所不同的。

我们可以把刑法中的责任的追究和民法中的责任的追究进行比较，就可以发现刑事责任与民事责任之间的差别。民法强调在客观上造成的损害后果，而并不十分关注行为人的主观心理状态。例如，甲把乙的杯子打碎了，不管甲是故意打碎的还是过失打碎的，都要承担赔偿责任，并不因为甲是故意打碎而赔得更多，也不因为甲是过失打碎而赔得更少。在民法中，甚至存在所谓无过错责任，也就是说，行为人即使在无过错的情况下也要承担民事责任。例如，一个行人从5层的住宅楼下走过，从某个窗口扔出一块砖头，正好把这个行人砸成重伤，但查不清楚砖头是从哪一个窗口扔下来的，那么在民法上就可以要求一楼以上的所有住户承担赔偿责任，并不要求查清楚，实际上也查不清楚。在这种情况下，采取的就是无过错的责任，甚至可以说是株连责任，一层的住户可以免除责任，因为砖头肯定是从一楼以上扔下来的。但一层以上，还有五六十户人家，到底是哪户人家扔下来的查不清楚。在这种情况下，不能追究刑事责任，因为刑事责任是个人责任，而且要求主观上有罪过。但民事责任就可以是无罪过的责任，而且可以是连带的责任。由此可见，民事责任的承担和刑事责任的承担是有重大差别的。这种差别主要还是由民法和刑法的性质不同所决定的：民事责任只关系到公民财产的损益，是一种较为轻微的法律制裁。而刑事责任关系到对公民的生杀予夺，是一种十分严厉的法律制裁。因此，刑事责任的追究强调主观上的罪过，而否定客观责任或者结果责任。

刑事责任经历了一个演变过程，初期的刑事责任也是一种客观责任或者结果责任。例如，秦末爆发了一场改变中国历史进程的农民大起义，领导人是陈胜和吴广。这场起义的导火索就是秦律的不合理规定。陈胜、吴广被秦朝政府要求在指定的时间到一个指定的地点服劳役，走到大泽乡的时候，遇到了暴风雨，道路被冲毁了，因此他们不能按时到达指定地点。秦律规定："失期当斩"，就是说不能按时达到就要处以斩刑。陈胜、吴广就商量，反正现在已经不能按时赶到了，与其等死，不如起义，于是陈胜、吴广就发动了这场农民起义，为推翻秦朝统治奠定了基础。当然，我们不能把这场农民起义的原因简单说成是法律规定不合理，而是有它深刻的社会、经济原因。但这场农民起义的导火索的确是秦律的不合理规定。秦律规定"失期当斩"，这是一种客观责任。对于为什么未能按时到达指定地点，秦律没有作具体区分。失期的原因很多，有的是故意，有的是过失，还有可能是意外事件，例如暴风雨把路冲毁了。在最后一种情况下，实际上是不具有可归责性的，因为行为人并不是不想及时到达指定地点，而是道路被冲垮了，无法到达。本来应该区别对待，分不同情况来处理，但秦律没有加以细致的区分，因此导致了农民起义。由此可见，刑事责任的追究要建立在行为人主观罪过的基础上。

随着人类社会的进步发展，逐渐把行为人的主观罪过当作追究刑事责任的条件之一，由此发展出责任主义。可以说，责任主义是大陆法系刑法理论的一个重要支柱，也是刑法合理化的根本体现。

罪责的内容包含两个方面：一是罪责构成要素。罪责构成要素的主要内容是行为人的心理事实，这是追究刑事责任的事实基础，它表现为行为人的一种主观心理。罪责构成要素包括故意、过失、动机、目的等行为人的主观心理。二是罪责排除事由。罪责构成要素具有责任推定功能，在一般情况下，具备罪责构成要素，即可推定行为人具有罪责。但在某些情况下，如果存在罪责排除事由，则否定罪责。因此，在具备罪责构成要素的基础上，还要对罪责排除事由进行研究。

二、罪责构成要素

罪责构成要素的主要内容是心理事实。可以说，心理事实是罪责的事实基础，也是在确定一个人有没有罪责的时候首先需要查清的。罪责构成要素包含以下心理事实。

(一) 故意

故意，是指明知自己的行为会发生一定的结果，而希望或放任这种结果发生的主观心理状态。故意是常见的主观心理状态。故意包含着两个心理要素：一是认识因素，二是意志因素。根据认识因素和意志因素的不同，就形成了刑法中故意的不同类型。

1. 认识因素

认识因素是故意成立的一个前提条件。刑法关于犯罪故意的规定中，就有

“明知自己的行为会造成危害社会的结果”的表述，这里的“明知”就是一种认识因素。在理解认识因素的时候，首先要了解认识的内容。认识是主观对客观的一种反映，这在哲学上是一个认识论的问题。在刑法中，认识主要是指对罪体构成要素的认识，这种认识是一种事实性的认识。故意中的认识是对罪体构成要素的认识，这就限定了认识的范围。故意的认识主要包括以下内容：

(1) 对主体的认识。

主体是人，因而对主体的认识就是对自身是人的认识。这种认识是不言而喻的，因而似乎是没有必要论述的。但主体有一般主体与特殊主体之分，在一般主体的情况下当然不需要专门讨论对主体自身的认识，但在特殊主体的情况下，法律要求主体具有一定的身份，由此构成的犯罪称为身份犯，而对于身份犯来说，是否要求行为人具有对定罪身份的认识，是一个值得研究的问题。在一般情况下，行为人的特殊身份当然是在其认识之中的，例如受贿罪的主体是国家工作人员身份，在受贿的情况下行为人当然是明知自己所具有的国家工作人员身份的。但在某些特殊情况下，行为人客观上具有某种身份，但主观上并没有认识到这一身份，因而就不具有因这一身份所构成犯罪的某种故意。例如北京某一国有企业与港资企业成立了一家京港合资企业，原国有企业的负责人甲被任命为京港合资企业的董事长兼总经理。在任职期间，甲利用职务之便进行竞业经营活动。根据刑法规定，非法经营同类营业罪的主体是国有公司、企业的工作人员，而甲的身份是京港合资企业工作人员，并不符合非法经营同类营业罪的主体要求。但检察机关经调查，当时与国有企业合资的港方企业，实际上是某省计委在香港以个人（实际上是该省派遣的国家工作人员）名义注册成立的企业，属于国有企业性质，因而检察机关认为某公司名为京港合资企业，实际上是国有企业，以此认定甲是国有企业工作人员，指控其构成非法经营同类营业罪。这一指控，在客观上来看似乎是能够成立的，但问题在于：甲主观上是否具有非法经营同类营业罪的故意？如果故意要求行为人对特殊身份的认识，那么甲始终以为自己是京港合资企业的工作人员，并不存在对非法经营同类营业罪的主体——国家工作人员——的认识，因而不具有非法经营同类营业罪的故意。反之，如果故意不要求行为人对特殊身份的认识，那么只要行为人在客观上具有这种特殊身份，就具有身份犯的犯罪故意，那么，甲就具有非法经营同类营业罪的故意。我个人赞同身份犯的故意要求具有对特殊身份的认识，因而甲不具有对国家工作人员这一特殊主体的认识，也就不具有非法经营同类营业罪的故意。

(2) 对行为的认识。

行为是罪体构成要素中的基本要素，所以主观故意中的认识首先是对行为的认识。这里的“对行为的认识”，主要指对行为性质的认识。所谓对行为性质的认识，是对行为的自然属性和社会属性的认识，也就是说，对于自己在做什么要有明确的认识。这种对行为的自然属性和社会属性的认识与对行为的违法性的认识是有所不同的。关于对行为的违法性的认识，我将在后面讲述。

(3) 对客体的认识。

对客体的认识是指对客体的自然属性或者社会属性的认识。对故意来说，对行为客体的认识也是非常重要的。例如，杀人故意当然包含了对自己所杀的是人这一内容的认识，只有当一个人认识到自己的杀人行为所指向的对象是人时，才有杀人的故意。如果行为人认为自己指向的对象是猪，就只有杀猪的故意而没有杀人的故意。当然，杀人故意的分析还不具有典型性。因为杀人是一种特殊行为，它将一定的身体举止与行为客体结合而形成了一种独特的行为，因此，对于杀人故意中人这一客体的认识，也完全可以包含在对行为的性质的认识之中。较为典型的对客体的认识还是发生在行为与客体完全分离的场合。例如强奸故意，因为我国刑法中的强奸罪是指强奸妇女，因此，强奸故意中对客体的认识，必须明知被强奸的是妇女。

对客体的认识，是故意的认识因素，属于主观责任要素。在此，必须把故意中的明知与作为主观违法要素的明知加以区分。我在前面已经讲过表现犯的明知，这是在刑法分则中规定的，它属于主观违法要素而不是责任要素。例如刑法第259条规定：“明知是现役军人的配偶而与之同居或结婚的，处三年以下有期徒刑。”根据这一法律规定，明知是现役军人的配偶而与之同居或结婚的，就构成破坏军婚罪。对破坏军婚罪法律要求对军人配偶的特定身份是明知的，因此，如果不具备这个明知，就不具备破坏军婚罪的罪体构成要素，因而不构成破坏军婚罪。当然，如果行为人知道对方已经结婚而与之结婚，虽然不构成破坏军婚罪，但可以构成重婚罪。

在某些情况下，法律并没有规定对一定的特定事项要求明知，那么如果没有明知仍然具备该罪的罪体构成要素，但没有该罪的故意，则不构成该罪。例如刑法第236条第2款规定："奸淫不满十四周岁的幼女的，以强奸论，从重处罚。"这里刑法并没有规定"明知是不满十四周岁的幼女而奸淫的"，因此，奸淫幼女行为构成强奸罪，是否要求行为人对对方是不满14周岁的幼女，也就是有幼女年龄有认识，就存在很大争议。有些学者认为，如果要求这里的"明知"，法律上会有特别的规定，既然法律上没有特别的规定，那么就不要求这里的"明知"，因此即使不知道对方是不满14周岁的幼女，只要与不满14周岁的幼女发生性行为就构成强奸罪。而另外一些学者认为：尽管法律上没有规定要有这里的"明知"，但根据一般的刑法理论来分析，如果没有这里的"明知"就没有奸淫幼女的故意，而奸淫的故意与奸淫幼女的故意是有所不同的，奸淫幼女的故意必然是建立在对幼女年龄明知的基础上。而且根据我国刑法分析，立法者虽然没有对特定事项规定"明知"，但是通常来说，这里的明知是必须具备的。例如，刑法规定非法持有毒品的构成犯罪，在这种情况下，法律并没有规定明知是毒品而持有构成该罪，难道一个人不知是毒品而持有就构成非法持有毒品罪吗？显然不能。此外，刑法规定了盗窃枪支罪，法律只是规定盗窃枪支的构成该罪，那么能不能说不知道是枪支而盗窃也构成盗窃枪支罪呢？显然不能。因为盗窃枪支罪的成立，主观上必须要有盗窃枪支的故意，尽管在客观上盗窃了枪支，如果主观上没有盗窃枪支的故意，该罪也是不能成立的。按照后一种观点，尽管刑法没有规定必须明知对方是不满14周岁的幼女，但根据刑法理论，这种明知是必要的。在理论上对这个问题有很多争议，在司法实践中，各地做法不同，存在争议。2002年，在辽宁鞍山出现了一件奸淫幼女的案件，该案中的幼女徐某当时12岁，但她发育得早，身高有一米六八，体重一百多斤。徐某经常上网，先后在网上认识了7名男青年，并且隐瞒年龄，与这7名男青年发生了性关系。在这个案件的处理过程中，司法机关存在两种不同意见：一种意见认为，这些男青年构成奸淫幼女罪。当时，奸淫幼女还是一个独立罪名，现在奸淫幼女罪名被取消了，对奸淫幼女行为以强奸罪从重处罚。认定为奸淫幼女罪的理由是：被害人徐某案发时未满14周岁，根据我国刑法规定，只要在客观上对幼女实施了奸淫行为，就构成犯罪。另一种意见认为，尽管男青年与幼女发生了性行为，但能不能构成奸淫幼女罪，还要查明对于幼女年龄是否明知。只有对幼女年龄明知，才能构成奸淫幼女罪；如果对幼女年龄缺乏明知，尽管男青年与幼女发生了性行为，也不能按奸淫罪处理。因为这个案件存在争论，涉及法律适用问题，鞍山市基层人民法院向鞍山市中级人民法院请示，鞍山市中级人民法院又向辽宁省高级人民法院请示，辽宁省高级人民法院向最高人民法院请示。最高人民法院在2003年的1月8日，经过审判委员会讨论，对辽宁省高级人民法院作了批复，这个批复就相当于司法解释。批复指出："行为人明知是不满十四周岁的幼女而与其发生性关系，不论幼女是否自愿，均应依照刑法第236第2款的规定，以强奸罪定罪处罚；行为人确实不知对方是不满十四周岁的幼女，双方自愿发生性关系，未造成严重后果，情节显著轻微的，不认为是犯罪。"这个司法解释基本上肯定了，奸淫幼女罪的成立对行为人主观上要求对幼女年龄的明知。这个司法解释出台以后，在社会上引起了广泛的关注，有相当一部分民众尤其是妇女组织对这个司法解释持批评甚至批判的态度，也有个别学者对这个司法解释进行了批评，但刑法学者都赞同这个司法解释。从刑法理论上来说，要求行为人对幼女不满14周岁的事实明知这一点是没有问题的，也是责任主义的必然结论。当然，后来最高人民法院受到来自社会的舆论压力，专门在内部下发了一个通知，将这个司法解释暂停适用。及至2013年又废止了这一司法解释。这里所涉及的是刑法理论问题，同时也是司法实践问题，而且还涉及公共政策问题，例如对犯罪的惩治和对幼女的保护两者之间如何平衡的问题。这些问题是较为复杂的，确实值得我们认真研究的。

还有一个问题也是容易引起争议的，就是在财产犯罪中，对财产的价值是否要求有认识。例如盗窃，刑法要求盗窃的财物达到数额较大才能构成犯罪。这个问题在一般的情况下是不会引起争议的，但当行为人所预见的财产价值和财产的实际价值之间悬殊巨大的时候，就会引起争议。2003 年在北京市海淀区发生的天价葡萄案就是一个典型的案件。3 个农民工潜入到园林研究所的葡萄地偷摘葡萄，偷摘了 23 公斤葡萄。后来一查，发现这块葡萄地是园林研究所的试验田，这个试验项目前后投入资金四十多万元。也就是说，这三个农民工偷摘的葡萄不是一般的葡萄，而是科研试验品。而这三个农民工以为这是一般的葡萄，也就那么几块钱一斤，几十斤葡萄就几百块钱，没想到这个葡萄要值几十万元。在这种情况下，行为人所认识的财产价值和财产的实际价值之间悬殊巨大。如果按财物的实际价值认定盗窃数额，就可能出现对被告人不公平的现象。那么怎么解决这个问题呢？这是一个十分棘手的问题。在一般的财产犯罪中，我们并不要求行为人主观上对财产的实际价值必须有认识，而且这也不可能。只要主观上有盗窃故意，最终就是按照盗窃所得的财产数额进行处罚，因为在进行盗窃的时候，行为人对盗窃的财物总是唯恐其不多，例如扒窃钱包，当然希望钱包里的钱越多越好，故不能要求行为人明知道钱包里有 2 000 元而窃取才构成盗窃罪。因此，在盗窃故意中，只要认识到盗窃的客体是财物就应当认为具备了盗窃故意的认识因素，而不要求对财物的价值具有明确认识。但在特殊情况下，行为人所认识的财产价值和财产的实际价值之间差距过大，违反一般常情常理，社会一般人也认识不到。在这种情况下，能不能要求行为人按财物的实际价值承担财产犯罪的刑事责任呢？如果要求行为人按财物的实际价值承担刑事责任，就有过苛之嫌。因此，在这种情况下，以一般人认识的财物价值作为定罪的根据，而财物的实际价值在量刑时予以适当考虑，也就是作为一种例外的情况处理。适用这种例外的前提必须是，行为人所认识的财产价值和财产的实际价值之间悬殊巨大，远远超出社会一般人的认识水平。在这种个别情况下进行例外处理，而在一般情况下就不需要考虑行为人是否认识到财物的价值。

在有些情况下，行为人对财产价值的认识和实际情况之间有差距。例如，甲坐公共汽车，看到邻座的乙随身携带了一个网兜，网兜里有个钢精锅。甲于是想盗窃钢精锅。甲盗窃钢精锅得手以后，打开一看，里面有 3 万元人民币。甲本来是想盗窃钢精锅，没有想盗窃这么多钱，而且一般情况下也不可能有这么多钱。

在这种情况下，甲要不要对这3万元钱承担盗窃罪的刑事责任呢？如果甲事后采取一种容忍态度，发现这么多钱以后暗自高兴，认为自己发了一笔意外之财，并将这3万元占为已有，那么，甲就应当对这3万元承担盗窃罪的刑事责任，不能说盗窃的时候没想到有这3万元钱就可以不负刑事责任。如果甲主动上交了这3万元钱，就不能让甲为这3万元承担盗窃罪的刑事责任，因为，甲用行为来表明他没有盗窃这3万元的故意。可见，盗窃故意的认识因素是较为复杂的，并不要求行为人对盗窃财物的种类、价值具有明确的认识，只要知道盗窃的是财物就应当认为具有犯罪故意。只有在极个别情况下，才要求对财物的种类、价值的明确认识，如果没有认识就可以排除主观责任。

(4) 对结果的认识。

对结果的认识，是指对行为构成要件结果的认识，就是说，行为人对自己的行为会造成何种结果是有认识的。这种认识在很大程度上表现为，对自己行为的预见或者期待。正是行为人预见到自己的行为将会造成法益侵害结果，他还要实施该行为，表明行为人心理上对结果的发生是容忍的，一定的结果是在预料之中的，而不是出乎预料的。这也是故意认识的一个重要内容。

(5) 对行为和结果之间因果关系的认识。

对因果关系的认识，是指行为人预见到某种结果是本人的行为引起的，或者行为人是采取某种手段来实现预期的结果。在这种情况下，行为人对行为和结果之间因果关系就有某种认识。

(6) 对其他法定事实的认识。

这主要是指，在某些犯罪中，犯罪的时间、地点是犯罪的必要条件。对这些犯罪来说，要求行为人对特定的时间、地点有认识，如果没有认识，就不具有故意。例如非法捕捞水产品罪在客观上表现为采取法律所禁止的方法，在禁渔期内、禁渔区进行捕捞。如果行为人没有认识到自己捕捞的时间是禁渔期，或者没有认识到捕捞的区域是禁渔区，那么，即使行为人在禁渔期或者禁渔区实施了捕捞行为，也只能说具有捕捞的故意，而不能说具有非法捕捞的故意。在这些案件中，时间、地点也是主观认识的对象。这里的时间、地点涉及行为是否具有非法性，只有在规定的时间、地点实施，行为才具有非法性。这种对非法性的认识，还不是一种违法性的认识，而是故意的认识因素。

除了认识内容以外还有认识程度问题。这里的认识内容和认识程度是两个不同层次的问题。认识程度中有一个认识到结果可能发生和认识到结果必然发生的问题。

（1）认识到结果可能发生。

认识到结果可能发生，是指行为人认识到结果可能发生的认识状态。例如，行为人甲用木棒打乙，认识到木棒能把人打伤，这是对结果必然发生的认识。但木棒是否会把人打死，是不能肯定的。在这种情况下，甲用木棒将乙打死，甲对于用木棒将乙打死的认识就是对结果可能发生的认识。

（2）认识到结果必然发生。

认识到结果必然发生，是指行为人对于结果必然发生的一种认识状态。例如，行为人用枪打人，明知枪会把人打死，这就是认识到结果必然发生。应当指出，行为人虽然主观上认识到结果必然发生，但是客观上结果未必发生。例如，用枪打人，认识到枪会把人打死，但客观上由于枪法不准没有打中，或者没有打中要害。这里就存在着主观愿望和客观后果的分离。在这种情况下，成立犯罪的未遂。也就是说，后果虽然没有如行为人所希望的那样发生，但并不能由此否认行为人认识到结果必然发生。

认识程度上的差别还表现在对结果的范围存在认识程度上的差别，这种差别可以表现为这种认识是确定性的认识还是盖然性的认识。所谓确定性的认识，是指行为人对其造成的结果具有确切的认识，例如甲向乙开枪，甲对于开枪会造成乙的死亡具有确定的认识。所谓盖然性认识，是指行为人对其造成的结果具有概括的认识。例如甲向人群中丢一颗手榴弹，炸死好几个人。甲对于自己扔手榴弹会把人炸死的结果具有必然的认识，但对于多少人会被炸死的认识具有盖然性。当然，只要是甲扔的手榴弹把人炸死，炸死多少人都是在其认识范围以内的，甲都应当承担刑事责任。还有一种是择一性认识，例如甲向人群开枪射击，假如是单发射击而不是连发射击，甲知道肯定会有人被打死，但是张三被打死还是李四被打死他并不关心，因此，不管是张三被打死还是李四被打死，都是在其认识范围以内。以上三种认识情形，即确定性认识、盖然性认识和择一性认识，在认识程度上存在一定差别。

2. 意志因素

意志因素是在认识到结果会发生的基础上，对结果发生的一种主观心理态度。所以，意志不同于认识：意志是心理态度，而认识是主观对客观的反映。认识作为对客观的反映，是消极的；而意志作为一种心理态度，是积极的。意志对行为具有支配作用，行为是在意志支配下而实施的。这种支配可以分为两种情形：一种是发动，另一种是抑制。作为心理机制，发动是和一定的作为联系在一起的，指在意志的驱使下实施某种行为。抑制是指压抑自己内心的冲动而不去实施一定的行为，不作为通常是抑制的结果。因此，不作为故意和作为故意在其内容上也是存在差别的：作为故意是在一定心理态度的驱使下实施某种身体动作。而不作为故意是在一定心理态度的压制下不去实施某种身体动作。意志是内部意识向外部行为转化的关键，正是这种意志体现了人的能动性。

在刑法中，从意识对行为结果的支配关系上可以把意志分为两种形态：希望和放任。

(1) 希望。

希望是指行为人追求某一目的的实现。在刑法理论上，往往使用“追求”一词解释希望。希望是和一定的目的相联系的，具有目的性。在希望的心理中，行为人是有意识地通过自己的行为实现一定的目的，行为和结果之间的关系是手段和目的的关系，意志通过行为对结果起支配作用。例如杀人，首先产生一定杀人动机，然后形成杀人目的。为了实现杀人目的，行为人就实施了杀人行为，这个杀人行为正是实现杀人目的的手段。在通常情况下，故意的意志都是由希望构成。希望是具体性的、能动性的、攻击性的主观心理，反映了行为人的主观能动性。

(2) 放任。

放任是行为人对可能发生的结果持一种纵容的态度。我在此使用“纵容”一词解释放任。以前我国刑法理论采用“不闻不问、置之不理”八个字来形容放任。但后来有些学者认为，用这八个字来形容放任显得过于消极，难以揭示放任的心理内容，因为放任并不完全是对结果不闻不问、置之不理：行为人对结果的发生是明知的，在明知会发生这种结果的情况下，还要实施行为，可见，对这个结果是持纵容态度的，即容认其发生。

放任和希望这两种意志因素是有所区别的。两者相比较，在意志程度上存在差别：希望的犯意明显而坚决，放任的犯意模糊而随意。希望的意志是比较强烈的，放任的意志是比较孱弱的。因此，同是故意杀人，一个是希望结果发生，另一个是放任结果发生，这两者在量刑上也还要适当地加以区分。

3. 故意的类型

认识因素和意志因素的不同组合就构成了故意的不同类型。故意有很多类型，我们主要介绍一下故意的法定类型，也就是我国刑法所规定的故意类型。

我国刑法第 14 条第 1 款规定，“明知自己的行为会发生危害社会的结果，并且希望或者放任这种结果发生，因而构成犯罪的，是故意犯罪”。这是刑法对故意犯罪的规定，但从关于故意犯罪的规定中可以提炼出犯罪故意的定义。犯罪故意是指行为人明知自己的行为会发生危害社会的结果，并且希望或者放任这种结果发生的主观心理状态。在这种故意心态下所实施的犯罪就是故意犯罪。根据我国刑法的规定，我国刑法上的故意可以分为直接故意和间接故意。

(1) 直接故意。

直接故意是指明知自己的行为会发生危害社会的结果，并且希望这种结果发生的心理状态。这里的“结果会发生”，既包括结果可能发生，也包括结果必然发生。而希望结果发生就是对结果的发生持一种追求的积极态度。

(2) 间接故意。

间接故意是指明知自己的行为可能发生危害社会的结果，并且有意放任，以致发生这种结果的心理状态。间接故意的明知结果会发生，只能是结果可能发生，而不包括结果必然发生。当然，对此在刑法理论上是有争议的，争议在于：认识到结果必然发生的情况下，有没有可能对结果是放任的？有的学者认为，即使在认识到结果必然发生的情况下，也有可能对结果是放任的。根据这种观点，间接故意的认识因素既包括认识到结果可能发生，也包括认识到结果必然发生。而另外一些学者认为，只有在认识到结果可能发生情况下，主观上才可能产生放任的心理态度。如果是认识到结果必然发生，就不可能存在放任的心理态度。这里主要涉及对放任的认识前提的理解，即放任这种意志是建立在什么样的认识基础上的。我认为，放任这种心理状态是存在于认识到结果可能发生的基础上的，因此，间接故意又称为未必的故意或者可能的故意。“未必”和“可能”，都是指间接故意的认识状态。所以，只有在认识到结果可能发生也可能不发生的前提下，才有放任的问题。也就是说，放任是结果不发生不违反行为人的意志；结果发生也不违反行为人的意志，甚至行为人纵容结果的发生，也就是说行为人对结果是持一种容认的态度。但在认识到结果必然发生的情况下，还要实施某种行为，就没有放任的问题，就是希望结果发生，只是这时这种希望是一种附带的希望，因而也是一种较低程度的希望。例如，甲与乙有仇，想要杀死乙，而且杀死乙的心情十分迫切。一天，乙正在距离地面数十米高的脚手架上工作，这时候只要砍断绑住脚手架的绳索，乙就会从数十米高处摔下来，必然会摔死。甲就想趁此机会杀死乙。但这时丙也在脚手架上和乙一起工作，如果甲砍断了绳索，不仅乙会摔死，丙也会摔死。甲只是与乙有仇，想要杀死乙，与丙并没有仇。但甲杀乙心切，顾不了那么多，就把绑住脚手架的绳索砍断，结果乙和丙从脚手架上摔下来都摔死了。在这个案件中，甲对乙的死亡是直接故意，希望结果发生，这是没有问题的。但甲对丙的死亡是直接故意还是间接故意，是希望还是放任呢？一种观点认为，甲与丙无冤无仇，对丙的死亡结果是放任其发生，不是希望其发生，因此，甲对乙的死亡是直接故意，对丙的死是间接故意。另外一种观点认为，甲在明知砍断绳索乙和丙都会被摔死的情况下，不仅对乙的死亡是希望其发生，而且对丙的死亡也是希望其发生。丙的死亡结果是砍断绳索的唯一结果，就不存在放任的问题。如果是两种可能性——可能死也可能不死，才有放任的问题。只能说，甲对乙的死亡是积极追求的；对丙的死亡，是在积极追求乙死亡过程中附带的一个结果，也是直接故意。乙的死亡和丙的死亡具有同一性。在这种情况下，甲想要乙死亡也就必然会要丙死亡。如果丙不死，甲想要杀死乙的目的也就达不到。因此，甲对乙、丙两人的死亡都是直接故意的。这种观点，我认为是有道理的。

在某些情况下，如果附带追求的这个结果只是可能发生，就会出现对主要追求的结果是直接故意，对附带结果是间接故意的情形。例如，甲因为有了第三者就想杀妻，其妻乙正在抚养一岁多的幼儿。甲想用投毒的方法杀死乙，把毒药放在乙的食物当中。甲认识到乙给小孩喂饭，小孩也可能会被杀死，但甲为了杀死乙仍然在乙的食物中投放毒物，结果不仅妻子乙被毒死，小孩也被毒死。在这种情况下，杀妻是直接故意没有问题，对小孩的死亡到底是直接故意还是间接故意，就要根据具体情况来分析。如果根据当时的具体情况，小孩是可能死亡也可能不死亡，或者甲采取一定的措施能避免小孩死亡，但他认为即使小孩死亡了也是能容忍的，是需要付出的一定代价，就可以说对小孩死亡甲是放任的，其主观心理属于间接故意。

间接故意通常存在于以下三种情况：第一种情况是追求一个犯罪目的而放任另外一个犯罪结果发生。就像刚才所讲的，追求杀妻的目的，放任小孩死亡。第二种情况是追求一个非犯罪的目的而放任另外一个犯罪结果发生。例如甲在打猎，距离猎物不远处乙在割草，甲也知道自己枪法不太准，这一枪打出去，有可能把乙打死，但甲仍然向猎物开枪，结果把猎物旁边的乙打死。在这种情况下，甲对乙的死亡是一种间接故意，他在追求打猎这个非犯罪的目的的时候，放任了乙死亡这个犯罪结果的发生。第三种情况是对同一个标的的结果持放任态度。通常情况是，出于流氓动机对他人捅刀子，既可能把他人捅死，也可能只是捅伤。在这种情况下，行为人不计后果，捅伤、捅死都在容认范围之内。如果捅死，是间接故意杀人。如果捅伤，只能认定为间接故意伤害，不是杀人未遂，因为行为人并没有追求他人死亡的结果。

（3）直接故意和间接故意的区分。

一般认为直接故意和间接故意的区分就在于意志因素不同：间接故意的意志因素是放任结果发生，直接故意的意志因素是希望结果发生。但我们必须要看到，直接故意在认识因素上和间接故意也存在区分。直接故意在认识因素上，既可以是认识到结果可能发生，也可以是认识到结果必然发生。不论是认识到结果可能发生，还是认识到结果必然发生，只要希望结果发生就是直接故意。而间接故意只能是认识到结果可能发生。对此，我在前面已经讨论过。

应该指出，从刑法规定来看，无论是直接故意还是间接故意，都是针对结果的一种心理状态。但也有学者提出：这种故意概念，是结果本位的故意概念。在结果犯的情况下，根据行为人对结果是希望还是放任来描述故意是比较合适的。但刑法中还有行为犯，行为犯并不要求结果发生。行为故意和结果故意还是有所不同的，只要行为人明知行为的性质而有意实施，就具有故意，这种故意称为行为本位的故意。由此可见，故意的主观心理要素和客观的行为要素也是有联系的。在客观上根据罪体构成要素的不同，分为结果犯和行为犯。在结果犯的情况下，这种直接故意就是希望或者放任结果的发生。但在行为犯的情况下，只要行为人明知行为的性质而有意地实施，就足以构成直接故意，甚至不存在对结果的希望其发生的问题。

刑法中绝大部分都是故意犯罪，因此，对故意犯罪的类型研究是很有必要的。而故意和过失都涉及心理学的知识，刑法中主观罪过理论的发展是建立在心理学基础上的。这和人对自身心理的认识，以及这种认识程度的提高是有关的。当然，刑法所讲的犯罪心理，又和一般的心理不同，具有特殊性。刑法所讲的是犯罪人对于犯罪的行为和结果所具有的心理。它和犯罪心理学所讲的心理还是有不同的。犯罪心理学所讲的犯罪心理是要揭示犯罪的心理原因，刑法所讲的犯罪的心理是指行为人实施犯罪行为时的主观心理状态，为确定行为人的刑事责任提供基础。

（二）过失

过失是指应当预见自己的行为可能发生危害社会的结果，由于疏忽大意而没有预见，或者已经预见而轻信能够避免以致这种结果发生的主观心理状态。

过失的心理相对于故意的心理来说，在心理机制的描述上是有很大差别的。传统的心理学可以说都是故意心理学，讨论的都是意志行为。过去在心理学中有一种说法“心理的即是意识的”，把心理现象和意识现象等同起来。中国古代将人的心理描述为“知、情、意”：“知”就是认识，“情”就是情感，“意”就是意志。这都是对故意心理的描述。过失心理则与之不同。以前人们把过失理解为：没有故意就是过失，或者没有心理就是过失。在心理学上，对过失心理机制本身缺乏研究。直到19世纪后半叶，才出现无意识的心理学，尤其是弗洛伊德的精神病学。弗洛伊德提出“无意识”，认为人的心理除了意识以外，还存在无意识，无意识本身也是一种意识，也是人的心理的组成部分，甚至在很大程度上无意识对人的心理具有强有的支配力。意识只是浮现在表面上的心理特征，而意识背后是由无意识所支配的，人的心理是意识和无意识的统一。这种心理学称为深度心理学。弗洛伊德专门撰写了以《过失心理学》为书名的著作。即便如此，现在心理学对过失心理的揭示还是很不够的，现在心理学的著作一般还是以讲故意心理为主。但刑法理论恰恰要求对过失心理进行研究。与故意心理不一样，过失心理很不好把握，而且又是和一定的规范因素联系在一起的，例如，预见义务的问题，预见义务是个规范因素，如果预见义务都没有，就不会有过失心理。这样就给过失心理的确定带来困难。

故意的心理是由两种因素——认识因素和意志因素——组成的，也就是正面肯定有这种内容。但我们不能把对故意心理的描述用于对过失心理的描述。对于过失来说，不能说心理因素，只能说心理特征。因此，应当从认识特征和意志特征来描述过失心理。过去有些学者用认识因素和意志因素来描述过失，认为过失也有认识因素。但对于疏忽大意的过失来说，这种过失是没有认识，没有认识怎么能有认识因素呢？没有认识可以说是一种心理状态、一种认识特征，而不是一种认识因素。意志也是这样：对于疏忽大意的过失来说，这种过失就没有认识，因此也就不可能有意志，对此我们只能用意志特征来描述。

1. 过失的认识特征

在我国刑法中，过失可以分为疏忽大意的过失和过于自信的过失，我们可以把疏忽大意的过失简称为疏忽过失，把过于自信的过失简称为轻率过失。

疏忽过失，是一种无认识的过失，因而处于一种无认识的状态。正是在这一点上，疏忽过失不同于故意，故意都是以明知为前提的。中国古代对故意心理的描述是“明知故犯”：只有明知才能故犯。当然，明知未必一定故犯，但故犯必定明知。而对于疏忽过失来说，是一种无认识的过失。中国古代也有句话描述疏忽过失，称为不意误犯。不意就是没有认识，也就是因为没有认识而陷于某种错误。疏忽过失处于一种无认识的心理状态，这正是疏忽过失的认识特征。但这种无认识的状态还只是一个表象，我们还要透过这个表象进一步追问：为什么没有认识？这种无认识状态是如何造成的？不能因为没有认识就说存在过失。这里就涉及应当预见的问题。因此，关键在于是否应当认识。只有在应当认识的情况下没有认识，才可能成为刑法的非难对象。如果本来就不应当认识，那么没有认识就不可能成为非难的对象。因此，不能说因为没有认识就有过失心理。这里就涉及注意义务和注意能力的问题，也就是应当预见的问题。

应当预见由两个内容组成：预见义务和预见能力。在具有预见义务同时又具有预见能力的情况下，就是应当预见。只有在应当预见的情况下，没有预见才具有可归责性。

(1) 预见义务。

预见义务，也称为注意义务，是指行为人预见侵害法益结果发生的责任。预见义务本身就是一种责任。因此，在疏忽过失的预见义务中，这种预见义务是客观的预见义务，是在社会生活中存在的，因而是社会生活中的一般预见义务。确定这种预见义务是非常重要的，正是预见义务才使得这种缺乏认识的心理状态具有法律上的意义，才使这种状态成为刑法的非难对象。如果没有预见义务，这种没有预见的状态就不具有法律上的意义。因此，预见义务本身是一个事实性的因素，而不是一个法律的因素。

这里所谓预见义务，是指结果预见义务。结果预见义务由谁规定？这种义务的根据如何确定？关于这两点，应当根据过失的不同类型分别看待。疏忽过失有两种，一种是普通过失，一种是业务过失。

普通过失是指发生在社会生活中的过失。这种过失的预见义务来自于社会生活中的一般预见义务。这种一般预见义务具有不成文性，它并不是由法律规定，而是在社会生活当中人们约定俗成的，根据社会生活经验予以判断。例如，甲和乙两人开玩笑，互相打斗。结果甲出手较重，把乙摔倒在地，正好乙的头碰上地上一块石头，结果乙死了。在这种情况下，打斗是开玩笑。当然，甲不可能是希望乙死亡，也不是放任乙死亡。如果说甲对乙死亡有责任的话，也是过失责任，主要是一种疏忽过失。这里就要具体判断有没有一般预见义务。在这个具体案件中，预见义务要根据社会生活一般经验予以判断，也就是作为一个社会的正常人，在这样的情形中，是否应当预见到自己的行为可能造成某种危害社会的结果。

业务过失是指发生在某些特定的业务活动中的过失。在刑法中有相当一部分过失犯罪是业务过失，例如重大责任事故罪等。业务过失中的业务是一个广义的概念，还包括某些职务上的过失，例如玩忽职守罪等。这种业务过失都和一定的业务或者一定的职务存在关联。因此，在这种情况下，过失的预见义务是一种特别预见义务，这种预见义务往往是由法律、法规、行政规章以及单位内部的规章制度规定的，具有明文规定性。

可见，普通过失和业务过失是有所不同的。此外，在业务过失中还存在管理过失和监督过失等一些较为复杂的情形，我将在有关过失犯罪中再进行具体讨论。普通过失所具有的一般预见义务与业务过失所具有的特别预见义务，它们的认定根据有所不同。因此，在判断一个人有没有疏忽过失的时候，首先要判断他有没有预见义务。如果没有预见义务，就不存在过失的问题。但存在预见义务，还不一定就具有主观上的过失，还要看有没有预见能力。

(2) 预见能力。

预见能力是指结果预见能力。在确认行为人具有预见义务的前提下，还要进一步考察行为人是否具有预见能力。

这里的预见能力就有一个如何具体判断的问题。关于预见能力的判断，在刑法理论上有三种标准：第一是主观说。主观说认为应当根据个人的具体情况来判断预见能力，因此也称为个人标准说。第二是客观说。客观说认为应当根据社会一般人来判断预见能力，如果社会一般人具有这种预见能力，那么也要求行为人具有预见能力。如果社会一般人没有这种预见能力，也不要求行为人具有这种预见能力。因此，客观说也称为社会一般人说或者社会平均人说。第三是折中说。折中说认为应当把预见能力加以抽象化，确立类型标准，这种类型标准是根据社会相当性形成的。所以，折中说不是采取社会平均人的预见能力标准，而是要区分不同类型，对不同类型的人采用不同的预见能力标准。折中说既不完全等同于主观说，主观说是个人标准说，也不同于客观说，客观说是平均标准说。折中说基本上是一种类型标准说，它区分不同的类型，认为相同类型的人应当采用平均标准。我国刑法理论过去往往采用主客观统一说，这种主客观统一说实际上就还是主观说，它所说的客观情况只不过是判断行为人是否具有预见能力的判断资料，因为行为人主观上是否具有预见能力，要根据客观情况加以判断。

在预见能力的判断问题上，主观说和客观说都有缺陷。主观说根据个人具体情况判断，在业务过失中就会出现这样一个问题：例如，甲和乙两个人同时进入某一家企业，同时学习技术，但甲的技术掌握得比较好，因此，甲的预见能力比较高；乙的技术掌握得不好，因此，乙的预见能力就比较低。在这种情况下，技术掌握得比较好的甲，由于预见能力比较高，因此就可能对某个危害结果具有预见能力；而乙技术掌握得不好，预见能力低，因此可能不具有这种预见能力。可见，主观说不利于那些技术掌握得好的人，反而对那些技术掌握得不好的人是有利的。而客观说采用社会一般人标准，但每个人的预见能力又是不同的，有高有低。根据一般人标准来衡量，那些预见能力比较低的人，根据其主观情况，确实缺乏这种预见能力，但让他承担过失责任，是不公平的。所以这两种标准都有它的不足。我们考虑到刑法主要是追究刑事责任的问题，还是要作有利于被告人的解释。在这种情况下，采取主观说可能比较合适一些。所以在预见能力的判断上，还是要根据个人的具体情况进行判断。当然，这种个人的预见能力仍然是一种客观的状况，要根据具体情况，包括一个人的工作经历、生活经验、知识掌握情况、教育程度等，进行综合判断。

疏忽过失的认识特征表现出一个特点：实际认识与认识能力的分离。也就是说，就认识能力而言，行为人是具有这种认识能力。但在具有认识能力的情况下，行为人却没有认识。

对于轻率过失而言，是一种有认识的过失。也就是说，在轻率过失的情况之下，行为人已经预见到自己的行为可能发生危害社会的结果，对于危害结果行为人是有认识的。所以，轻率过失是一种有认识的过失。在认识特征上，轻率过失与疏忽过失这两者是完全不同的。

2. 意志特征

过失的意志特征与故意的不一样。故意是对某种结果的积极追求或者有意放任的心理态度，所以，故意的意志是一种积极的意志，而过失的意志是一种消极的意志。

对于疏忽过失来说，主要是没有履行结果预见义务，这种没有履行结果预见义务是行为人的疏忽造成的，因此，疏忽过失的意志特征，主要表现为意志的疏忽状况，行为人主观上有疏忽。这种疏忽主要表现在行为人没有发挥自身的认识能力而履行结果预见义务，行为人主观上是有疏忽的。因此，疏忽这个用语形象地描述了疏忽过失的意志特征。

而对于轻率过失来说，意志特征主要表现在没有履行结果回避义务。因此，轻率过失也可以简单概括为："没有回避而应当回避。"这正好和疏忽过失的"没有预见而应当预见"是相对应的。这里的"没有回避"是指，在已经预见到结果可能发生的情况下，没有能够避免结果发生。但这种没有能够避免结果发生的前提是应当避免。如何判断这里的"应当避免"？同样应当是避免义务和避免能力的统一，避免义务和避免能力也要根据行为人的主观情况进行判断。

应当指出，轻率过失的主观特征主要表现为主观愿望与实际结果相分离。就行为人的主观愿望而言，并不希望危害结果发生，而希望能够避免危害结果。但实际状况是危害结果还是发生了，没有能够有效避免。危害结果之所以没有能够避免，是和行为人主观上的轻率有关系。所以，轻率是对轻率过失的意志特征的生动描述。

就行为人的主观心理而言，如何确定法律所非难的客体？在认识和意志这两个特征中，认识特征并不是法律所非难的客体，因为认识是一个中性的概念，是主观对客观的反映，这种反映本身并不体现行为人的主观态度。在直接故意中，法律所非难的客体是行为人对危害结果的追求、希望其发生的心理态度；而在间接故意中，法律所非难的客体是行为人对危害结果放任其发生的心理态度，这里的心理态度表现为一种主体的主观倾向。在过失中，疏忽过失是没有认识的，但这种没有认识又是以应当认识为前提的。之所以没有认识，是行为人在意志上的疏忽所致，这种疏忽是意志特征。也就是说，行为人没有发挥认识能力，以至于没有履行结果预见义务。这在意志上是有缺陷的。正是这种疏忽，才是法律所非难的客体。对于轻率过失来说，行为人已经认识到危害结果可能发生，并且具有结果回避义务，但由于轻率而未能避免危害结果的发生。所以，这种轻率就是轻率过失的意志状况，这种意志状况是法律所非难的客体。

3. 过失的类型

过失在刑法理论上可以分为各种不同的类型，我国刑法把过失分为两种：一种是疏忽大意的过失，另一种是过于自信的过失。刑法第 15 条第 1 款规定："应当预见自己的行为可能发生危害社会的结果，因为疏忽大意而没有预见，或者已经预见而轻信能够避免以致发生这种结果的，是过失犯罪。"这是我国刑法中过失的法定类型。根据刑法规定，我们可以把过失分为以下两种：

(1) 疏忽大意的过失。

疏忽大意的过失，也就是我在前面所讲的疏忽过失，是指行为人应当预见自己的行为可能发生危害社会的结果，因为疏忽大意而没有预见，以致发生危害结果的主观心理态度。

因此，疏忽过失具有两个特征：

一是行为人没有预见其行为可能发生危害社会的结果。从这个意义上来说，疏忽过失是无认识的过失。

二是行为人应当预见自己的行为可能发生危害社会的结果。这里的"应当预见"，就是我在前面所讲的，预见义务和预见能力的统一。根据预见义务和预见能力，判断行为人到底是否应当预见。正是在应当预见的情况下，行为人没有预见，从而为追究行为人疏忽过失的刑事责任提供了主观心理根据。如果虽然行为人没有预见，但根据具体情况也不可能预见，这就是所谓意外事件。在这种意外事件的情况下，即使造成了危害社会的结果，行为人也不能承担刑事责任，因为行为人主观上没有过失。

(2) 过于自信的过失。

过于自信的过失，也就是我在前面所讲的轻率过失，是指行为人已经预见到自己的行为可能发生危害社会的结果，而轻信能够避免，以致发生危害结果的主观心理态度。

轻率过失同样有两个特征：

一是行为人已经预见到自己的行为可能发生危害社会的结果，因此，轻率过失是有认识的过失。但这种认识是指认识到自己的行为可能发生危害社会的结果，这里的"可能"是抽象的可能性，它和间接故意认识到自己的行为可能发生危害社会的结果有所不同，这种"可能"是一种现实的可能性。因此，这两者虽然都是可能性，但可能性的程度是不同的，这也正是轻率过失和间接故意的主要区分之一。在间接故意情况下，行为人已经认识到结果可能发生，这种可能是一种现实可能性，也就是只要实施这个具体行为，这种现实可能性就会转化为现实性，距离危害结果发生是很近的。而在轻率过失的情况下，虽然也是认识到结果可能发生，但这种可能性仅仅是一种抽象可能性，抽象可能性要转化为现实可能性，现实可能性还要转化为现实性，最后结果才会发生。可见，两者在认识程度上是有所不同的。

二是行为人轻信能够避免危害结果的发生。这里所谓轻信是指行为人过高地估计了避免危害结果发生的自身条件或者客观的有利因素。也就是说，行为人对于自身的避免结果发生的主、客观条件估计过高。因此，在轻率过失中，行为人不希望其发生危害结果，而且危害结果发生是违反行为人主观愿望的。这和间接故意的放任也是不同的，放任的特点是，结果没有发生不违反行为人的意志；结果发生了同样不违反行为人的意志，因为这种结果本身就在行为人的预想之中。行为人虽然不是去积极追求危害结果的发生，但容忍危害结果的发生。但对于轻率过失来说，危害结果的发生是违反行为人的意志的，是一种意与愿违。也就是说，行为人根本不希望危害结果的发生，只是由于过高地估计了避免结果发生的主、客观条件，才导致危害结果的发生。显然，结果的发生是违反行为人意愿的。所以，在意志特征上，轻率过失和以放任为意志特征的间接故意也是有区分的。当然，两者的区分是较为困难的。所以，在英美法系国家刑法中，对这两者就不加以区分，认为就是同一种主观心理态度、同一种罪过的形式。但在大陆法系国家刑法上，通常还是把这两者加以区分，只是在具体案件中，间接故意和轻率过失这两者区分起来确实有一定难度。我认为，在具体区分的时候，主要还是要根据客观情况加以判断。间接故意和轻率过失虽然是主观心理态度，但并不是完全以行为人的口供为转移的，而是要根据案件客观情况加以判断。在通常的情况下，间接故意的行为人已经认识到会发生危害结果，对此持放任的态度，而没有采取积极有效的措施防止危害结果的发生，因为其本身就没有避免危害结果发生的主观愿望，结果发生也好，不发生也好，都无所谓，都不违反行为人的本意。而在轻率过失中，行为人已经预见到危害结果可能发生，并采取了一定的措施以避免危害结果发生，或者认为根据自己的主、客观条件能够避免危害结果发生。因此，对于间接故意和轻率过失的区分，不能只是考虑主观心理内容上的区分，而是要结合案件的客观情况。唯有如此，才能正确地将两种主观心理状态加以区分。

（三）主观的附随情状

主观的附随情况主要包括两种情形：一是动机，二是目的。动机和目的也是行为人的主观心理事实，但它们和故意与过失显然是不同的。故意和过失对于追究刑事责任来说是不可或缺的，但动机和目的并不是追究刑事责任的不可或缺的主观要素，而只是对量刑具有一定的影响，或者在某些情况下对定罪有影响。所以两者的重要性是不能等量齐观的。以下分别对动机和目的加以论述。

1. 动机

动机是行为的心理动因。动机首先是一个心理学的概念，是一种心理事实。动机所要说明的是，一个人为什么会去实施某一个行为，实施某一个行为的心理动因是什么。因此，动机是行为的某种心理机制。两个人实施的行为是相同的，但两者的动机可能是不同的，例如杀人，根据动机不同可以区分各种不同的杀人类型：有的是报复杀人，有的是图财杀人，有的是奸情杀人。这里的报复、图财和奸情都是不同的杀人动机。在大多数情况下，犯罪动机对定罪没有影响，但对量刑会有影响。就像杀人，无论出于何种动机都是杀人，都定故意杀人罪，因为定罪主要考虑杀人的客观行为和主观故意，以及是否造成了死亡结果，但在量刑的时候，就要考虑到杀人的动机。

犯罪动机对量刑的影响，主要反映在以下三个方面：

一是动机的产生对量刑的影响。动机是内在需求和外在条件互相作用的结果，就动机的产生而言，在某些犯罪中主要是行为人的内在需求所决定的；在另外一些犯罪中外在的条件起更大的作用，也就是外在诱因起更大的作用。当然，在一般情况下，任何外因都要通过内因起作用。但犯罪动机到底如何产生，对于量刑还是有影响的。例如，在毒品犯罪中，有些毒品犯罪就是由于特情的引诱而产生的。在刑法中，存在诱惑侦查现象，利用特情进行侦查。在英美法系国家，存在所谓警察圈套，即犯罪是因警察的引诱而发生的。警察圈套在英美法系国家通常可以作为抗辩事由：如果能够证明行为人的犯罪是警察诱惑的结果，那么行为人就可以不负刑事责任。在我国司法实践中，尤其在毒品犯罪中，往往存在着利用特情侦破犯罪案件的现象。在特情侦破中，警方采取一种被称为诱惑侦查的手段，也就是引诱他人犯罪，然后实施抓获，由此出现了引诱犯罪的问题。有关司法解释规定，这种引诱犯罪分为两种：一种是犯意引诱，另一种是数量引诱。所谓犯意引诱，也就是说他人本来没有想去贩毒，在特情的引诱下，他人产生了贩毒的意愿，因而实施了贩毒行为。而数量引诱是指他人本来没有想贩卖较大数量的毒品，但在特情的引诱下，贩卖了较大数量的毒品。应该指出，这两种引诱是不同的。在犯意引诱的情况下，毒品犯罪的动机是在特情的引诱下产生的，因而行为人本人的主观责任较小。根据司法解释的规定，无论是犯意引诱还是数量引诱，都不能免除行为人的刑事责任，但对于在犯意引诱下实施毒品犯罪的被告人应当从轻处罚，而且无论毒品犯罪的数量多大都不能判处死刑立即执行。对于在数量引诱下实施毒品犯罪的被告人，同样应当从轻处罚，即使超过判处死刑的毒品数量标准，一般也不应判处死刑立即执行。根据我国的司法解释，在这种毒品犯罪中，由于他人引诱而犯罪的情况可以作为量刑时从轻处罚的情节，但不能免除行为人的刑事处罚。之所以能够对被告人从轻处罚，主要是考虑到这种毒品犯罪的动机产生主要是由于外界诱惑而引起的，从动机产生来看，行为人的主观恶性比较小。

二是动机的性质对量刑的影响。犯罪动机的性质是不同的，例如杀人，由各种动机引起，可能是报复，可能是图财，也可能是奸情，或者其他一些较为轻微的动机。有的杀人甚至是所谓大义灭亲杀人案，即行为人基于公义而将为恶作歹的亲属杀死。此外，在受虐妇女杀夫案中，妻子长期受到丈夫的虐待，甚至形成了所谓受虐妇女综合征，最后把丈夫给杀死。对于这种大义灭亲杀人案和受虐妇女杀夫案，在量刑上就应当从轻处理。之所以在量刑上应当从轻处理，理由当然是各种各样的，例如被害人有过错，被害人的过错可以导致对被告人从轻处理。另外，从动机的产生来看，大义灭亲杀人案的动机是所谓为民除害，而受虐妇女杀夫案的动机是使自己解脱这种受虐的生存状态。显然，这种动机和图财杀人的动机相较，是较轻的。可见，动机的性质不同，会影响到对行为人的量刑。

三是动机的强度对量刑的影响。动机强度也是不同的，有的动机比较强烈，有的动机比较微弱。动机的强弱同样影响到对被告人的量刑。

最后应当指出，犯罪动机一般只存在于直接故意犯罪中，在间接故意犯罪和过失犯罪中不存在动机。因为动机是促使行为人实施犯罪行为的心理动因，只有在直接故意犯罪中，才会有这种犯罪动机。而在间接故意犯罪或者过失犯罪中，虽然也是事出有因，例如打猎而放任将猎物旁边的他人打死，行为人是为了追求猎获；扳道岔的工人疏于履行职责，导致两辆火车相撞，是因为扳道工惦记家里生病的妻子而分心。但这些因素都不是犯罪动机，至多可以称为行为动机。

2. 目的

目的是主体对自己的行为所指向的客体的一种预见性的观念，因此，目的往往与一定的结果相联系。结果是目的的现实化，而目的是结果的观念化，因此，目的在前，结果在后。例如杀人，在实施杀人行为之前，行为人就产生了通过杀人行为剥夺被害人生命的目的，因而希望或者放任被害人死亡结果的发生。由此可见，目的对于行为起着支配作用。目的实际上指明了行为的目标，某个行为想要达到的结果是通过目的来明确的。正因为目的具有这样的特点，所以目的往往存在于直接故意犯罪之中。对于间接故意犯罪和过失犯罪来说，都不存在目的。

刑法中的目的可以分为两种：一种是为故意所包容的目的，另外一种是不为故意所包容的目的。这两种目的在性质上是完全不同的。“为故意所包容的目的”是指在直接故意中行为人所预期的结果，结果本身是犯罪构成的内容，因而作为这一结果的观念形态是故意的应有之义。例如杀人，在直接故意杀人中存在杀人的目的，而杀人的目的正是杀人的直接故意的应有之义，包含在杀人的直接故意中。如果没有这种目的，就不可能有杀人的直接故意，因而这种目的是为直接故意所包容的，是依附于直接故意而存在的，不具有单独的刑法意义。另一种是“不为直接故意所包容的目的”，是一种存在于故意之外的主观要素。这种不为故意所包容的主观目的，也就是作为主观违法要素的目的。对此，我在罪体构成要素中已经讨论，在此不赘述。

这里附带谈到刑法第 16 条关于意外事件和不可抗力的规定。这是指没有故意或者过失，即使行为在客观上造成了危害结果，也不能构成犯罪，行为人不能承担刑事责任。可见，意外事件和不可抗力本身并不是行为人的一种主观心理事实，而是没有这种主观心理事实的一种法律后果的规定。

三、罪责排除事由

在心理事实的基础之上还要进行主观归责，而主观归责也是一个十分复杂的理论问题。这里存在一个从心理责任论到规范责任论的演变过程。在刑法理论发展的早期，人们认为行为是客观的、责任是主观的。所谓责任是主观的，是指主观心理状态。所以心理责任论认为，只要行为人主观上有故意或过失这种心理，就可以归责。在这种情况下，就把归责的基础看作就是一种主观心理。后来出现了规范责任论，认为主观上有故意或者过失还不足以归责，在故意或者过失这种心理事实之外，另外还要确定一种主观的归责要素。规范责任论把心理事实和归责要素分开来。三阶层的犯罪论体系，将犯罪成立条件分为构成要件该当性、违法性、有责性。最初的三阶层犯罪论认为违法是客观的，构成要件该当是客观的要素，违法是对客观要素的规范评价，根据违法阻却事由确定行为的违法性；责任是主观的，是指主观心理事实，只要具有故意或者过失就应当承担责任。规范责任论出现后，三阶层犯罪论把故意和过失前置于构成要件该当性中讨论，认为构成要件该当性是一个事实的判断，包括客观的事实和主观的事实；主张违法性也不仅是客观的，而且是主观的，所以在违法性中不仅讨论客观的违法要素，而且讨论主观的违法要素；认为在有责性要件中，不再讨论故意和过失等心理事实，而是讨论主观归责要素。这样就实现了心理事实和主观归责的彻底分离。

我认为，这种心理事实和主观归责还是应当予以分离。两者分离有助于理清犯罪主观要件中的事实要素和规范要素。因此，在心理事实的基础上，需要讨论主观归责。主观归责的要素主要有以下三点：一是责任能力，有没有责任能力是归责的前提；二是违法性认识及其可能性；三是期待可能性。在具备故意或者过失的心理事实基础之上，再进一步判断是否具有责任能力、违法性认识及其可能性和期待可能性，以解决主观归责问题。只有同时具备主观归责要素，最后才能对一个行为人追究刑事责任。对于主观归责问题，既可以以主观归责要素的形式从正面进行论述，也可以以罪责排除要素的名义从反面加以讨论。为了与罪体排除事由相对应，我对主观归责要素以罪责排除事由的形式加以论述。

（一）无刑事责任能力

刑法中的责任能力是指刑事责任能力。责任能力是法律责任的基本前提，民法称为民事责任能力，刑法称为刑事责任能力，民事责任能力和刑事责任能力是有所不同的。责任能力的根据是辨认能力和控制能力，也就是说，在判断一个人是否具有责任能力的时候，我们主要是看是否具有辨认能力和控制能力。辨认能力主要是认识的问题，控制能力主要是意志的问题，并且两者需要同时具备。一个人既有辨认能力又有控制能力，才能认为具有责任能力，应当承担责任。因此，无刑事责任能力是罪责排除事由。

刑法中的责任能力与以下这些因素有关：

1. 刑事责任年龄

刑法上的责任能力首先和年龄有关，这里存在刑事责任年龄的问题。一个人的刑事责任能力并不是与生俱来的，只有达到一定的年龄，才能具备这种辨认能力或者控制能力。刑事责任年龄对于确认一个人的责任能力具有重要意义。责任能力通常是由刑法明文规定的。刑法关于责任年龄的规定，主要是将刑事责任年龄分为以下三个年龄阶段：

(1) 完全不负刑事责任年龄阶段。

根据我国刑法规定，不满 14 周岁是无刑事责任能力的阶段。也就是说，如果行为人不满 14 周岁，不管实施何种侵害行为，都不负刑事责任。对于刑事责任的起始年龄各国规定不同，大部分国家规定 14 周岁为承担刑事责任的起始年龄，也有的国家规定为 12 周岁，也有个别国家规定为 7 周岁。我国刑法规定，从已满 14 周岁开始承担刑事责任。

对于刑事责任的起始年龄，也是存在争议的。犯罪学界就有人提出犯罪低龄化的问题，由此而引发了是否需要降低刑事责任起始年龄的问题。例如，媒体刊登一篇文章，报道了以下案例：赵某，13 周岁，对本村的一个女孩进行了强奸，当天就被抓获。抓获以后，赵某供认了强奸的事实，但是因为不满 14 周岁，不负刑事责任，警察不得已将赵某释放。释放之后，被害人亲属向法院提起民事诉讼，认为赵某侵害了女孩的名誉权和其他权利，要求赔偿医疗费、交通费、精神损失费等各项费用九千余元。法院的判决下达之后，赵某非常生气，闯入被害女孩的家里，将被害女孩的母亲砍了 19 刀，残忍地将其杀死。赵某杀人时仍然不满 14 周岁，还是不能负刑事责任，因而被处劳教 1 年零 6 个月。这篇文章举了这个案例以后说，根据有关调查显示，少年实施严重危害行为的起始年龄最小是 10 周岁，较为普遍的是 12、13 周岁。从 10 周岁到 14 周岁这个年龄段的犯罪率正在上升，也就是出现了犯罪低龄化的倾向，因此提出降低刑事责任起始年龄的问题，引起社会关注。我个人是不赞同这个观点的，这篇文章反映出一种个案思维，即根据个别案件，作出一般性的判断。就赵某故意杀人案而言，赵某虽然只有 13 周岁，但其行为确实令人发指。但我们不能因为出现了这种个别性的案件，就把刑事责任的起始年龄降低。只有当这种案件比例很高的时候，才能考虑是否需要降低刑事责任的起始年龄。像赵某这种的案例，一年出现一两个这种可能性还是有的，不太可能大量出现，因此降低刑事责任的起始年龄就没有必要。

（2）相对负刑事责任的年龄阶段。

我国刑法第 17 条第 2 款规定，“已满十四周岁不满十六周岁的人，犯故意杀人、故意伤害致人死亡、强奸、抢劫、贩卖毒品、放火、爆炸、投毒罪的，应当负刑事责任”。据此已满 14 周岁、不满 16 周岁的人应当对刑法第 17 条第 2 款规定的八种犯罪承担刑事责任，对这八种犯罪以外的其他犯罪不承担刑事责任。在刑法理论上，将已满 14 周岁、不满 16 周岁这个年龄段称为相对负刑事责任的年龄。

刑法第 17 条第 2 款所规定的八种犯罪，到底是 8 个罪名还是 8 种犯罪行为？这在理论上是有争议的。过去认为这是 8 个罪名，因此，相对刑事责任能力人对这 8 个罪名以外的其他犯罪不负刑事责任。这就出现了一些问题，例如刑法第 239 条规定：“……杀害被绑架人的……处无期徒刑或者死刑”。杀害被绑架人是定绑架罪而不是定故意杀人罪，但实际上就是一个故意杀人行为。刑法第 17 条第 2 款并没有规定已满 14 周岁、不满 16 周岁的人犯绑架罪也要负刑事责任，那么，已满 14 周岁、不满 16 周岁的人绑架他人并杀害被绑架人的，要不要承担刑事责任，就成为一个问题。还有一种观点认为，已满 14 周岁、不满 16 周岁的人杀害被绑架人的要负刑事责任，但应当以故意杀人罪负刑事责任。另外一种观点认为，既然刑法第 17 条第 2 款没有规定绑架罪要负刑事责任，而根据法律规定杀害被绑架人的要定绑架罪，那么已满 14 周岁、不满 16 周岁的人绑架他人并杀害被绑架人的不应当负刑事责任。关于这个问题，全国人大常委会法制工作委员会专门出具了一个《关于已满十四周岁不满十六周岁的人承担刑事责任范围问题的答复意见》，这个意见明确指出：刑法第 17 条第 2 款所规定的是 8 种行为而不是 8 个罪名。因此，已满 14 周岁、不满 16 周岁的人杀害被绑架人的，应当负刑事责任。根据这个准立法解释的规定，刑法第 17 条第 2 款规定的不是 8 个罪名而是 8 种行为，只要实施了这 8 种行为，无论定什么罪名，相对刑事责任能力人都应当负刑事责任。因此，已满 14 周岁、不满 16 周岁的人绑架他人并杀害被绑架人的，应当定绑架罪，并且应根据刑法第 17 条第 2 款的规定追究刑事责任。

(3) 完全负刑事责任年龄阶段。

我国刑法第 17 条第 1 款规定："已满十六周岁的人犯罪，应当负刑事责任。"据此，已满 16 周岁是完全负刑事责任年龄的阶段。除此以外，我国刑法第 17 条第 3 款还规定，"已满十四周岁不满十八周岁的人犯罪，应当从轻或者减轻处罚"。这是未成年人犯罪从轻或者减轻处罚的法定情节。另外，我国刑法第 17 条第 4 款还规定，"因不满十六周岁不予刑事处罚的，责令他的家长或者监护人加以管教；在必要的时候，也可以由政府收容教养。"但如何根据一定的程序对少年犯进行收容教养，尚缺乏具体规定。就像我前面所讲的 13 岁的男孩赵某，如果强奸以后因未到法定刑事责任年龄而不负刑事责任但予以收容教养，可能就不会发生后面的杀人惨案。可见，主要是我国收容教养措施没跟上去，而不能说是刑事责任年龄规定有问题。

2. 精神病

刑事责任能力问题除了和年龄有关系之外，还和精神健康状况有关。一个人随着达到一定的年龄，就具有了刑事责任能力，但这种刑事责任能力可能会由于某种原因而丧失或者减弱，而精神病就是刑事责任能力丧失或减弱的事由。这里的精神病是指由于精神疾患而导致的精神异常状态。我国刑法第 18 条对精神病人的刑事责任能力问题作了专门规定。值得注意的是，我国刑法将这种影响刑事责任能力的精神异常状态称为精神病。严格来说，精神病这个概念并不准确，称为精神障碍才是科学的。因为精神病这一用语中的"病"这个字往往是用于描述生理上的异常状态，而精神上的异常状态不完全是"病"这个字所能概括的，例如精神发育不全，就很难说是一种病，而是一种精神障碍。因精神障碍而使得一个人的辨认能力或者控制能力丧失，这个人就不能承担刑事责任。因精神障碍使得一个人的辨认能力或者控制能力减弱，在法律上就可以减轻处罚。

对于由于精神障碍而对某个人不能追究刑事责任，不能给予刑法上的处罚，一般老百姓不太容易理解。精神病人不负刑事责任的刑法原则，是随着科学发达而形成的。在中世纪以前，由于科学不发达，尤其由于精神病学不发达，人们往往把精神病人当成犯罪人加以处罚，甚至给予十分残酷的处罚。随着科学的发达，人们认为精神病人或者精神障碍者是由于自己主观意志所不能支配的原因而实施危害社会的行为，不具有可责难性，因此不能进行刑法上的责难。精神病人是病人，就像生理上的病人一样，犯罪是其病态的表现，因此不能动用刑法加以处罚。这一刑法原则有时候不容易被一般老百姓理解，甚至有的人把它看成是法律的漏洞。当然，确实有人可能利用刑法这一规定逃避法律制裁，但不能说法律有漏洞。这里我可以介绍一部日本的电影，片名是《刑法第三十九条》。以一个刑法条文作为一个电影片名的，我看这是唯一的一部。刑法第 39 条指的是日本刑法典第 39 条，就是关于精神病人刑事责任的规定。日本刑法典第 39 条规定："心神丧失人不处罚，心神耗弱人减轻处罚。"这里的心神丧失人是指丧失辨认能力或者控制能力的人，刑法是不处罚的；心神耗弱人，是指辨认能力或者控制能力部分丧失的人，其刑事责任能力有所减弱，因此可以减轻处罚。这部电影描述的故事是：秦田牧和他的妻子某日遭人刺杀身亡，杀人嫌疑犯柴田因疑似患有精神分裂症而不负刑事责任。法医助手小川亲眼目睹柴田具有双重人格，因此怀疑柴田是假装精神病。如果小川的推论是正确的，那么柴田的杀人动机是什么呢？这时小川发现死者秦田牧曾经在 15 岁的时候杀死了一名女童，同样因为精神病没有受到刑罚处罚。至此真相大白，原来被秦田牧杀死的女童正是嫌疑犯柴田的妹妹，柴田为了报复而杀死了秦田牧，并假装精神病意图逃避法律的制裁。这个故事里有这么一句话："一个不被公众所觉察的一个法律漏洞"。从这里可以看出来，该电影还是把因为精神病而不负责任看成是一个法律漏洞。但实际上这里并不存在法律漏洞，而是有些人利用精神病逃避法律制裁。这和法律规定没有关系，法律本身并没有漏洞。如果一个人真是精神病，那就不应当负刑事责任。至于有些人假装精神病逃避法律制裁，那是另外一个问题。

精神病人的刑事责任问题，根据我国刑法的规定，具有以下三种情形：

(1) 完全不负刑事责任的精神病人。

刑法第 18 条第 1 款规定："精神病人在不能辨认或者不能控制自己行为的时

候造成危害结果，经法定程序鉴定确认的，不负刑事责任，但是应当责令他的家属或者监护人严加看管和医疗；在必要的时候，由政府强制医疗。”这是我国刑法关于完全不负刑事责任的精神病人的规定。根据这一规定，精神病人在丧失辨认能力或者控制能力的情况下实施危害行为的，完全不负刑事责任。但这并不意味着对这些精神病人的危害社会行为可以放任不管，而是应当责令他的家属或者监护人严加看管和医疗，在必要的时候，由政府强制医疗。

（2）限制刑事责任的精神病人。

限制刑事责任的精神病人，又称为减轻刑事责任或者部分刑事责任的精神病人。根据刑法第 18 条第 3 款的规定，“尚未完全丧失辨认或者控制自己行为能力的精神病人犯罪的，应当负刑事责任，但是可以从轻或者减轻处罚”。限制刑事责任的精神病人是由于精神障碍而使得辨认能力或者控制能力有所减弱，但没有完全丧失。例如，有些精神病人智力发育不成熟，存在智力障碍。智力障碍又可以分为轻度智力障碍、中度智力障碍和重度智力障碍，其中，轻度智力障碍并没有使人完全丧失辨认能力或者控制能力，而只是使辨认能力或者控制能力由于智力障碍而有所减弱。在这种情况下实施危害行为，行为人仍然要负刑事责任，但根据法律规定可以从轻或者减轻处罚。

（3）完全负刑事责任的精神病人。

根据我国刑法规定，并非一个人只要是精神病人就都不负刑事责任。是否负刑事责任，关键还是要看是否具有辨认能力和控制能力。即使是精神病人，如果在实施危害行为的时候具有辨认和控制能力，仍然应当负刑事责任。我国刑法第 18 条第 2 款规定：“间歇性的精神病人在精神正常的时候犯罪，应当负刑事责任。”间歇性的精神病人是指间歇发作的精神病人，其特征是：在精神病发作的时候，辨认能力或者控制能力丧失或者减弱；在精神病没有发作的时候，具有正常人的辨认能力或者控制能力。因此，对间歇性精神病人来说，在精神病发作的时候实施危害社会的行为，是不负刑事责任的；但在精神正常期间实施危害社会行为的，由于仍然具有辨认和控制能力，因而根据法律规定，应当负刑事责任。

应当指出，精神病人的刑事责任能力的解决，其中关键问题是精神病的鉴定。如何判断一个人是否具有精神病？前面讲到的日本电影《刑法第三十九条》反映出有些人通过伪装精神病来逃避法律的处罚。这个问题只能通过精神病的鉴定来解决，而不能认为法律规定本身有漏洞。根据法律规定，只要是因为精神病而丧失了辨认能力或者控制能力，就不负刑事责任。这个规定本身是完全正确的，至于有些人想利用这个规定来逃避法律制裁是另外一回事，不能和法律规定本身混为一团。基于精神病鉴定的实际情况，目前精神病的鉴定还没有达到完全科学的程度，精神病的鉴定还在很大程度上依赖于鉴定人员的经验性判断，还不是像有些疾病的诊断那样，可以作出非常客观的科学描述。精神病的鉴定问题是一个非常复杂的问题，有些案件在精神病的鉴定上翻来覆去，出现好几份互相矛盾的精神病鉴定：到这个医院说有精神病，到另外一个医院又说没有精神病。这给法院判决造成困难。我国法律规定精神病必须通过法定程序进行鉴定，哪些医院具有精神病的鉴定资格是由法律规定的，只有这些医院出具的鉴定意见才具有法律效力。如此，从程序上对精神病的鉴定问题加以严格控制。

3. 生理醉酒

我国刑法第 18 条第 4 款规定，“醉酒的人犯罪，应当负刑事责任”。醉酒可以分为两种：一种是病理性醉酒，另一种是生理性醉酒。病理性醉酒实际上是精神病的一种，有些人因为体质的原因，身体对酒精过敏，只要喝酒就会造成某种精神错乱，丧失辨认能力或者控制能力。因此，病理性醉酒属于精神病，其刑事责任问题按照精神病处理。刑法第 18 条第 4 款所规定的醉酒的人，是生理性醉酒。在生理性醉酒的情况下，行为人的辨认能力和控制能力会有所减弱；在某些情况下，醉酒的人甚至完全丧失辨认能力或者控制能力。但刑法仍然规定醉酒的人应当负刑事责任。法律如此规定主要是避免有些人故意使自己陷于醉酒状态，实行危害社会的行为，逃避法律。因此，如果由于醉酒而完全丧失辨认能力或者控制能力，在这种情况下实施危害社会行为，在刑法理论上，是原因上的自由行为。也就是说，这种丧失辨认能力或者控制能力的状态是行为人自己故意或者过失造成的，因此行为人仍然应当负刑事责任。因此，刑法第 18 条第 4 款关于醉酒的人犯罪应当负刑事责任的规定，具有一定的法律拟制的性质。

4. 生理功能丧失

生理功能丧失主要是指听能的丧失、语能的丧失和视能的丧失共三种情形。听能的丧失称为“聋”，语能的丧失称为“哑”，视能的丧失称为“盲”。在一般情况下，聋者必哑，因此称为聋哑人。因此，生理功能丧失的刑事责任主要是指聋哑人或者盲人犯罪的问题。听能、语能与视能这些生理功能与一个人的辨认能力和控制能力都是相关的。这种生理功能的丧失会使得辨认能力或者控制能力减弱。因此，我国刑法第19条规定：“又聋又哑的人或者盲人犯罪，可以从轻、减轻或者免除处罚。”如果是盲人犯罪，就可以从轻、减轻或者免除处罚。但是对于聋人和哑人来说，必须是又聋又哑，才能从轻、减轻或者免除处罚。如果只聋不哑或者只哑不聋的人犯罪就不能从轻、减轻或者免除处罚。当然，正如为在前面所说，聋者必哑。一般情况下，都是又聋又哑。

以上是对各种刑事责任能力情形的讲解，不具有刑事责任能力就不承担刑事责任，因此，无刑事责任能力属于罪责排除事由。

（二）缺乏违法性认识及其可能性

作为心理事实的故意或者过失的认识是对构成事实的认识，因此是一种事实性认识。如果没有事实性认识就没有故意或者过失的心理事实。而违法性认识是在具备事实认识基础上的归责要素。因此，缺乏违法性认识及其可能性属于罪责排除事由。

违法性认识是否属于主观归责要素，存在着一个从古代刑法的否认到现代刑法的肯定的演变过程。在古代刑法中，否认将违法性认识作为归责要素。例如在古罗马刑法中有一句格言：“不知法律不免责”。古罗马刑法的这句格言对现代的刑法产生了深远的影响。“不知法律不免责”体现的主要是一种国家主义的立场，也就是站在国家立场上，要求公民主动了解法律，而不能以不知法律免除一个人的责任。在这句格言背后反映的是国家和个人的关系，强调的是国家主义的立场。因此，受到古罗马法影响的大陆法系国家刑法今天仍然保留着“不知法律不免责”的立法例，例如意大利刑法典、日本刑法典和德国刑法典都有类似规定。因此，在相当长的一段时间里，违法性认识并不是归责要素。后来，随着国家和个人关系的演变，国家作用的逐渐减弱，尤其是强调公民的民主和自由，违法性认识逐渐成为归责要素。在这方面，刑法理论走得比较远。有些国家虽然刑法明确规定不得因不知法律而免责，但刑法学家通过对这个刑法规定的曲解，把违法性认识引入归责要素。显然，刑法理论走到了刑法前面。当然，有些大陆法系国家的刑法也在进行修改，主要是通过规定不可避免的禁止错误可以免责来消减“不知法律不免责”的僵硬后果，从而有限度地承认违法性认识。

在刑法理论上，违法性认识本身就是个争议比较大的问题，主要有以下观点：第一种观点是违法性认识的否定说。这种观点秉承古罗马以来的“不知法律不免责”的传统，主要理由是：不知法本身就反映了一个人的法敌对性。如果可以因为不知法而免责，公民就不会主动去了解法律。同样两个公民，一个公民知道法律，他要负责任；另外一个公民不知道法律，反而可以不负责任。这显然是不合理的。因此，不能把违法性认识作为归责要素。第二种观点是违法性认识的肯定说。这种观点强调：在追究一个人刑事责任的时候，要求具有违法性认识。因为只有当行为人认识到某个行为是违法的，他还要实施时，才具有法敌对性，才可以归责。如果行为人只有事实性认识，并不知道某个行为是被法律禁止的，即使实施了该行为，也是不可归责的。因此，第二种观点认为，把违法性认识作为一种归责要素，体现了法律的合理性。对那些由于客观原因确实不知法的公民予以宽恕，体现了刑法的合理性和对公民权利的尊重。第三种观点是折中说，主要有两种不同的观点：一是自然犯和法定犯的区别说。这种观点认为自然犯和法定犯在是否要求具有违法性认识的问题上是有区别的。对于自然犯来说，不要求具有违法性认识。对法定犯要求具有违法性认识。因为自然犯，诸如平时所说的杀人、放火、抢劫等行为，其犯罪性是众所周知的，不要求违法性认识。而法定犯是由于法律的规定而成为犯罪，通常经济犯罪都是法定犯。对于法定犯来说，确实不知道某个行为被法律禁止、被刑法规定为犯罪，即使行为人实施该行为，也不能认为具有可归责性。二是违法性认识可能说。这种观点认为，并不要求公民明确地知道某个行为是违法的，才具有可归责性，只要具有违法性认识的可能性就可以了。这里所谓违法性认识的可能性，是指在违法性认识上有过失，也就是行为人应当认识到某个行为违法而没有认识。违法性认识的可能性，与不可避免的禁止错误是相反的，是一种可以避免的禁止错误。违法性认识的可能性以没有违法性认识为前提，虽然没有违法性认识，是否还要考察对违法性应当认识？如果是，还是可以归责。如果行为人没有违法性认识，并且根据当时情况也不可能认识，就是不可避免的禁止错误，那么就不具有可归责性。这是一种折中的观点，也就是在违法性认识的要求程度上，不是那么机械，是有限度地承认违法性认识。

在上述各种观点中，我个人还是赞同违法性认识必要说，肯定违法性认识是归责要素之一。在一般情况下，如果没有违法性认识就不可归责，将缺乏违法性认识及其可能性作为罪责排除事由。

在理解违法性认识的时候，首先要把违法性认识和事实性认识加以区分。事实性认识是对事实本身的认识，例如故意杀人罪，在杀人故意中必须认识到所杀的是“人”，这就是事实性认识。这是对“事”的认识。而违法性认识是对“法”的认识，是对法律评价的认识，即认识到行为本身是为法律所禁止的。在一般情况下，区分违法性认识和事实性认识还是比较清楚的，但在某些特殊情况下，这种区分是有一定难度的。尤其是在某些构成要件中，存在着一种规范性事实，也就是某些事实本身是以规范为前提的。在这种情况下，对这种规范性事实的认识到底属于事实性认识还是违法性认识，就会存在争议。例如，我国刑法规定了传播淫秽物品罪，这里的“淫秽”本身就是一个规范性的概念，它是一个评价问题。但在法律上某种物品是否“淫秽”，是一个事实认识问题还是一个法律认识问题？我认为，这还是一种事实性认识。也就是说，在传播淫秽物品罪的主观故意中，首先要认识到传播的是淫秽物品，这是一种事实性认识。在传播淫秽物品罪中，违法性认识是指，传播淫秽物品这种行为是否为刑法所禁止，是否被刑法规定为犯罪。一个人不知道某个物品是“淫秽物品”，阻却的是故意，而不是排除责任，也就是说，这个人连传播淫秽物品的故意都没有。只有知道某个物品是淫秽物品，才具有传播淫秽物品的故意。但如果行为人不知道传播淫秽物品行为是为刑法所禁止的，那么，行为人虽然有传播淫秽物品故意，但不具有该罪的主观罪责，不具有可归责性。因此，缺乏违法性认识是罪责排除事由。

对于违法性认识中的“违法性”怎么理解？在刑法理论上又有不同的观点。有的说违法性指刑事违法性，也就是指被刑法明确规定为犯罪。有的说违法性指一般违法性，只要知道某个行为在法律上被评价为违法的就行了，这里的“法”不一定是指刑法。有的甚至认为违法性是指“前刑事违法性”，即违反道德或者其他社会规范。这种观点对违法性作了相当宽泛的解释，只要行为人知道某个行为是不正当的，是为社会规范所否定的，就具有了违法性认识。在这种情况下，要求违法性认识的观点和不要求违法性认识的观点就“同流合污”了，这两种观点没有什么区别。我个人倾向认为，违法性认识是被刑法禁止、行为被刑法规定为犯罪的一种认识，而不是一般的违法性认识。

在我国刑法的语境下违法性认识在法律上表述为“明知自己的行为会发生危害社会的后果”，这里有一个“社会危害性的认识”问题。我认为，这里的社会危害性的认识是我国刑法对违法性认识的另外一种表述。根据我国刑法的表述，故意的行为不仅要求行为人知道自己的行为的事实属性，还要求行为人知道自己的行为的社会危害性，也就是一种法律属性。如果没有社会危害性认识，就相当于没有违法性认识，因此，就不能归责。我个人认为，应当把社会危害性认识和违法性认识等同起来，而不是把社会危害性认识看作是违法性认识以外的另外一种认识。在故意中，由于故意是有认识的，要求成立故意必须对违法性具有认识。在过失中，应当区分疏忽过失和轻率过失。疏忽过失是没有认识的过失，这种无认识的过失不仅是指对事实性的构成要素没有认识，也包括对违法性没有认识。但对于疏忽过失来说，要求具有违法性认识的可能性。轻率过失是有认识的过失，已经认识到自己的行为可能会发生危害社会的后果。因此，对于轻率过失来说，要求违法性认识，既要求对事实具有认识，也要求对违法性具有认识。

（三）期待不可能

期待不可能是指没有期待可能性。如果说期待可能性是主观归责要素，那么，期待不可能就是罪责排除事由。因此，在期待不可能这一罪责排除要素中，我们主要讨论期待可能性的问题。

如果说，违法性认识主要和认识因素有关，那么，期待可能性就主要是和意志因素有关。这里的期待可能性，是指在行为当时的具体情形下，能够期待行为人作出合法行为的可能性。期待可能性的基本理念是建立在“法不强人所难”这一法律格言基础之上的。“法不强人所难”是法律合理性的表现，“强人所难”的法律是不合理的。我在前面讲过陈胜、吴广起义的导火索是“失期当斩”的法律，这就是强人所难的法律。不对失期的原因加以追究，只要失期就要斩首，这个法律就没有考虑期待可能性。期待可能性就是解决这个问题的：“法不强人所难”，只有在具有期待可能性的情况下，能够期待一个人作出合法行为，但他没有实施合法行为反而实施了违法行为的情况下，对这个行为人才能进行谴责。因此，没有期待可能性也就欠缺谴责可能性。期待可能性是谴责可能性的前提。在这个意义上说，期待可能性是主观归责要素，而期待不可能是罪责排除事由。

期待可能性的理论来自于德国判例。德国帝国法院在 1897 年 3 月 23 日曾作出一个判决，称为“癖马案”：被告人是驾驶马车的马车夫，自 1895 年以来，受雇于他人驾驭一辆双轮马车。其中一匹马被称为癖马，因为它素有以马尾绕缰绳并用力压低的毛病，容易导致马车的刹车失灵而出事。被告人曾要求雇主更换该马匹，雇主不仅不答应，反而以解雇相威胁。当时德国还是比较落后的，下层的贫苦老百姓生活很艰难，要找到一份工作养家糊口是极为困难的，一般人不敢轻易丢掉饭碗。马车夫为生计所迫，不得不继续驾驭这匹癖马。在 1896 年的一天，被告人驾车上街之际，该马癖性发作，将马尾绕缰绳并用力下压，被告人极力拉缰绳制衡，但均无效。马车惊驰而过，致使将某行人撞倒，致其骨折。检察官对被告人以过失伤害罪提起公诉，一审法院宣告被告无罪。检察官以判决不当为由，向德意志帝国法院提出抗诉。帝国法院经审理认为抗诉无效，维持原判。帝国法院在 1897 年 3 月 23 日作出的判决中维持原判的理由是：确定被告人之违反义务的过失责任，不能仅凭被告人曾认识驾驭癖马可能伤及行人，而同时必须考虑能否期待被告人不顾失去职业而拒绝驾驭癖马，此种期待对本案被告人来说是不可能的。在这个判决中，法官提出了一个无罪理由——缺乏期待可能性。就本案而言，被告人确实存在过失心理，因为已经预见到危害后果发生的可能性，而且也向雇主要求更换马匹。在雇主坚持不更换的情况下，被告人没有坚持要求更换。之所以没有坚持要求更换，是为生计所迫。在这种情况下，造成这个后果能不能追求被告人的刑事责任，一个很重要的考量就是：法律能不能期待被告人，即使被雇主解聘，也要求雇主更换马匹。帝国法院认为，这种期待在本案中是不存在的。

这个案件判决以后，德国刑法学家对它进行研究，由此形成了期待可能性理论。正是在期待可能性理论的基础上形成了规范责任论。期待可能性理论是规范责任论的核心。在规范责任论出现之前，大陆法系占统治地位的是心理责任论。心理责任论认为一个人只要具有故意或者过失心理就可以追究其刑事责任，据此，在本案中，追究被告人的过失责任是没有问题的。从规范责任论来说，不仅要求被告人具有心理意义上的故意或者过失，并且要求具有可归责性。可归责性就是建立在期待可能性基础上的，没有期待可能性就没有可归责性。期待可能性的理论产生以后，对大陆法系责任理论产生了重大的影响。对于期待可能性，日本著名刑法学家大塚仁教授曾经作出这样的评价："期待可能性正是对在强有力的国家法规范面前喘息不已的国民的脆弱人性倾注刑法的同情之调的理论。"正是通过期待可能性，使得刑事归责更加严格、刑事处罚更加合理。

期待可能性存在一个判断问题。期待可能性是个法律理论，不是一个法律规定，如何判断一个人是否具有期待可能性？在某种意义上说，期待可能性实际上是个意志自由问题，也就是行为时行为人是否具有意志自由，这种危害社会结果是否是行为人根据意志进行选择的结果。在肯定情况下，法律才能对一个人进行谴责。如果是在否定情形下，就不具有可谴责性。由此可见，期待可能性并不是一个抽象的东西。对期待可能性应该根据一定的客观要素加以判断，这种客观要素就是期待可能性的征表。期待可能性的征表，最初被看作行为时的异常状态。也就是说，如果客观情状是通常的，肯定具有期待可能性的征表，而存在异常状态就不具有期待可能性。后来学者逐渐认为，期待可能性征表未必是一种异常状态，即使是一种正常状态，也要根据具体情况来判断期待可能性是否存在。这种客观的外部情状之所以能成为一种归责要素，主要原因是它对行为人的主观精神、意志选择具有某种抑制性。

期待可能性还有一个判断标准问题，也就是根据何种标准判断一个人在行为时具有期待可能性。这也是有争议的。对此存在三种观点：第一种观点是行为人标准说。该观点主张根据行为时该行为人的具体情况进行期待可能性的判断，也就是把行为人本身的意志状态视为期待可能性的判断标准。第二种观点是平均人标准说。该观点主张根据社会通常人的情况，将能否作出与行为人同样的行为作为判断期待可能性的标准。在通常情况下，其他人也能和行为人作出一样的选择，这种行为就不具有可归责性。如果其他人没有作出这种选择，而是根据法律规定作出另外一种行为，那么行为人的行为就具有可归责性。第三种观点是国家标准说。该种观点从国家法秩序的立场出发，期待行为人作出合法行为，以此作为判断期待可能性的标准。在以上三种观点中，我倾向第一种观点，应当将行为人的自身客观状况作为判断期待可能性的标准。因为这一观点是站在行为人的立场上，设身处地考虑行为人作出意志选择的可能性，只有这样才能使归责更具有合理性。

期待可能性在故意和过失中的具体判断情况是不同的。在故意犯罪中，期待可能性主要是就一个人的意志而言。行为人希望或者放任危害结果的发生，是一种意志选择，因此，期待可能性主要是体现在意志选择本身。在一般情况下，具有责任能力的人在具有违法性认识的基础上实施某一行为，通常就可以推定期待可能性的存在。但在某些特殊情况下，期待可能性的判断仍然是必要的。例如，司法解释曾规定，有些已婚妇女，为生活所迫，流离失所，流落他乡，不得已而与他人重婚的，不应以重婚罪论处。在这样的情况下，之所以不以重婚罪论处，主要就是因为不具有期待可能性。这些妇女本来在家乡已经结婚，但由于发生了某种变故，流落他乡，生活无着，而与他人结婚。这些妇女在主观上知道自己是重婚，并且也认识到重婚是违法的，但缺乏期待可能性。在这种情况下，不可能要求妇女先回到家乡解除原有的婚姻关系再回来与他人结婚。正是因为她生活贫穷、难以为生，才会发生这种情况，因此，法律不能对这种情况进行谴责。由此可见，期待不能性是排除刑事责任的根据。

在过失的情况下，同样要求具有期待可能性。在疏忽过失中，期待可能性主要是通过信赖原则表现出来的。信赖原则是指在社会生活当中，应该给他人的行为予以充分的信赖。正是通过信赖关系，而构成了社会的连带关系，社会才能正常地运转。例如，医生给病人开药方，病人到药房去抓药，药房就把制药厂生产的药交给病人。这是现代医疗的过程，这和古代医生治病是不同的。古代医生都是自己看病、自己抓药、自己制药，对整个治疗过程都要负责。但现代社会分工细致，医生给病人开药的时候，信赖制药厂生产的药品是合格的。如果病人拿这个药品吃了以后，发生事故死亡，就不能让开药的医生负责，也就是不能要求医生对制药厂生产的药品质量承担责任。另外，司机在驾驶汽车时，也信赖其他司机和行人能够遵守交通规则、正常地行驶或者行走。正是在这种信赖的条件下，超出信赖内容，发生了某种危害社会的后果，就可以免除行为人的责任。例如，司机开车遵守交通规则，按照正常的速度、正常的线路行驶，而某个行人违反交通规则，突然横穿马路，结果司机把行人撞死了。在这种情况下，行人突然横穿马路的行为是反常的，是违反交通规则的。基于信赖原则，司机信赖这个行人会遵守交通规则，但行人违反交通规则而产生了死亡后果，因此就不能要求司机对行人的死亡后果承担刑事责任。可见，信赖可以成为免除疏忽过失的事由。但如果双方都有责任，就存在一个危险的分配问题，看谁承担主要责任、谁承担次要责任。在信赖原则中，还存在信赖过度问题。例如，对不满 14 周岁的未成年人就不能像对成年人一样信赖。司机开车，发现前面一个小孩在马路上走路，这个时候司机就要提防小孩会突然横穿马路，不能像对成年人那样信赖小孩。如果司机还是像对成年人那样信赖，小孩突然横穿马路，司机把小孩轧死了，就要承担过失责任。可见，信赖是有限度的。

在轻率过失的情况下，行为人的期待可能性主要是通过允许的危险原则体现的。轻率过失是已经预见到危害结果的发生，行为人由于没能避免结果的发生，因而要承担过失的责任。但在某些情况下，这种危险是法律所允许的。例如科学实验不是每次都能成功，完全可能失败。如果行为人为了避免过失，就不去做科学实验，社会就不会进步。因此，允许的危险原则就体现了对轻率过失行为人的期待可能性的判断。如果是允许的危险，就认为危害结果的发生不具有期待可能性，因而不能追究行为人的过失责任。

（四）罪体构成要素的认识错误

罪体构成要素的认识错误也就是所谓刑法上的认识错误，主要涉及是否阻却故意的问题。在我国的刑法教科书中，刑法上的认识错误一般分为法律认识错误和事实认识错误。在大陆法系的刑法理论中，刑法上的错误分为构成要件该当的错误、违法性的错误和期待可能性错误。在这里，我主要想分为两种错误：罪体构成要素的认识错误和罪责构成要素的认识错误。

这里首先需要对错误加以说明。什么是这里的错误？通常认为，所谓错误是指主观认识和客观状况不符合。错误又有狭义和广义之分：狭义的错误是指误认，例如把张三误认为李四，把人误认为猪。这种把两个客体相混淆的情况属于认识错误是没有问题的。广义的认识错误，除了误认以外，还包括不知。尽管不知和错误还是有差别的，但在某种意义上来说，不知也是一种错误。例如在违法性认识错误中，某一个行为是违法的，误认为它不违法；或者某一个行为是不违法的，误认为它是违法的，这种误认当然是违法性认识发生了错误。但如果不知某一行为是违法的，这是不是一个错误呢？这种不知行为违法，我们推断行为人误认为该行为是合法的。因此，从这个意义上来说，不知也是一种认识错误，但它和误认还是有差别。刑法上的认识错误是个广义的认识错误概念，不仅包括误认，还包括不知。

1. 罪体认识错误的判断标准

罪体构成要素的认识错误，是指行为人对客观构成事实认知上的错误。这种认识错误就是主观与客观的不相符合。罪体构成要素的认识错误，关系到是否阻却故意。这里涉及主观与客观的符合性的判断问题，它的判断标准直接决定着某种认识是否错误。

（1）具体符合说。

具体符合说对认识本身提出了较高的要求，认为：行为人所认识的构成事实与实际发生的事实完全一致时，故意才能成立。如果所认识的构成事实与实际发生的事实之间不相符合，就存在着认识错误。例如，甲想杀张三，结果把李四误认为是张三而杀死。在这种情况下，根据具体符合说存在着认识错误。甲想杀张三，具有杀害张三的故意，没有杀害李四的故意，因此，李四是不是故意所杀，只能是过失。想杀张三又没有把张三杀死，这是一个杀人未遂问题。在这种情况下，对甲要定两个罪：对于张三的故意杀人未遂和对于李四的过失致人死亡。如果将具体符合说运用到盗窃罪中，一个电视机的包装箱里实际上装的是录像机，行为人想偷的是电视机，结果拿出来一看，是一个录像机，则在此也有错误。

（2）抽象符合说。

抽象符合说认为，行为人所认识的构成事实与实际发生的事实存在抽象的一致时，即使在具体的内容上存在差异，也不认为存在认识错误。即使甲误把李四当作张三杀死，因为杀的都是人，甲具有杀人故意，只能构成故意杀人罪。这种观点认为，故意不是杀张三的故意或者杀李四的故意，而是杀人的故意，在杀人故意的支配下，不管杀的是张三还是李四，只要杀的都是人，就只能定故意杀人罪。如果把一头猪误认为是张三而杀死，则可以认为是认识错误。盗窃行为也是如此：只要在盗窃故意的支配下，无论盗窃的是何种财物，都构成盗窃罪。

（3）法定符合说。

法定符合说又称为构成要件的符合说，认为，在同一个构成要件之内的事实不存在认识错误问题，只有超出构成要件的事实才发生认识错误。例如，甲盗窃旅客乙的提包，主观上是想盗窃财物，结果打开提包一看，里面有一支枪。在这种情况下，甲是否构成盗窃枪支罪？按照抽象符合说，枪支也是财物，即使不知道提包里有枪而盗窃，仍然构成盗窃枪支罪。但按照法定符合说，盗窃罪和盗窃枪支罪是两个不同的罪名，盗窃枪支必须要有盗窃枪支的故意，尽管枪支本身也是财物，但在刑法有特别规定的情况下，应该按照特别规定处理。行为人没有盗窃枪支的故意，不能构成盗窃枪支罪。由此可见，法定符合说认为只有在同一个构成要件之内，才要求具体符合。

以上三种观点中，我赞成法定符合说，也就是说，在同一个构成要件之内的事实并不要求具体认识，只有超出构成要件的事实才要求具体认识。

2. 罪体认识错误的类型

罪体构成要素的认识错误具体可以分为以下四种情形：

（1）客体错误。

客体认识错误是最为常见的，像刚才我所讲的欲杀张三而杀死李四就是客体认识错误。客体认识错误还有误把猪当作人杀死，或者误把人当作猪杀死。那么，在客体认识错误情况下，是否阻却故意呢？这要看错误是否属于同一构成要件之内的：如果是同一构成要件之内的，即使认识错误，也不阻却故意。如果超出同一构成要件，就阻却故意。客体错误有时可以成立未遂，例如实践中发生的误把男性当成女性强奸，可以构成强奸未遂；或者误把猪当作人杀害，可以构成杀人的未遂。但如果误把人当作猪杀害，阻却故意，也就是不能构成故意杀人罪，至于是否无罪，还要看行为人主观上有没有过失：如果有过失，按照过失来定过失致人死亡罪；如果没有过失，就是意外事件。

（2）手段错误。

手段错误是指行为人实际采用的手段与预想的手段在性质上或者在作用上不相符合，从而未能发生预期的结果，并且形成某种犯罪的未遂，那种未遂就是手段不能犯的未遂。对于这个问题，我在未遂里面还要专门讨论。例如张三杀李四，采用投毒的方法，但误把白糖当作砒霜投放，李四吃了白糖当然不会死。在此，张三对犯罪的手段发生了认识的错误。在这种情况下，张三构成手段不能犯的杀人未遂，因为他主观上有杀人的故意，只是因为手段认识错误而在客观上未能达到目的。

（3）打击错误。

打击错误，又称为打击偏差，主要是指行为人想要侵害某一客体，由于失误而导致对另一客体的侵害。例如现场有张三、李四两个人，甲要杀的是张三，结果一刀捅过去把李四捅死了，发生了打击偏差。这种情形和前面所讲的误把李四当作张三而杀死不同。那是客体认识错误，把两个客体搞混了；这是在打击过程中发生的手段偏差：这一刀本来是向张三捅过去，结果李四正好转过身来，不小心把李四给捅死了。除了对不同客体的打击偏差外，还有就是对同一客体的打击偏差。本来打一棍，是想打一个较为轻微的部位，但被害人用手一挡，就打到脑袋，把人打死了。这种错误是否影响故意的成立，情况较为复杂。在我国司法实践中，往往不承认打击错误，也就是说，行为人只要是在故意的支配下实施打击行为，不管打击中有没有偏差，都要对打击后果承担责任。但从刑法理论上来说，要根据具体情况进行判断。对于不同客体的打击错误，例如甲要杀的是张三，不小心把李四打死，就不存在杀李四的故意，对李四的死亡要看有没有过失。对于相同客体的打击错误，例如只有轻伤的故意，但失手打成重伤。在这种情况下，重伤是否属于伤害故意的结果，要看伤害故意是不是还要分轻伤故意和重伤故意。基于轻伤故意而造成重伤的后果，是定故意重伤未遂还是都定故意伤害罪？我国现在司法实践中对此缺乏研究，基本上就是统而笼之地认为，都是按故意伤害罪处理。

（4）因果关系错误。

因果关系错误是指行为人对自己的行为和后果之间的因果关系发展情况的认识与实际的因果进程不相符合。较为典型的案例是甲基于杀人故意用棍棒打被害人乙，结果把乙打成重伤，乙休克而昏迷过去。甲以为乙被打死了，又实施另外一个行为，把乙丢到河里想要毁尸灭迹。后来法医鉴定表明，乙是溺水而死。在这种情况下，就存在因果关系认识错误。对于这种情况，如何定罪是有争议的：第一种观点认为，甲在杀人故意支配下实施棍棒打人的行为将乙打昏过去，但当时乙并没有死亡，因此是故意杀人未遂。而在乙昏迷的情况下，甲误认为乙已经死亡，将乙丢入河中，这是过失致人死亡罪。对于甲前后两个阶段的行为应当分而论之，因此，对甲要定故意杀人未遂和过失致人死亡两个罪。第二种观点认为，应该把甲前后两个行为看作一个整体，只要甲的故意杀人行为最终导致了乙的死亡，就应该定故意杀人罪。在司法实践中，通常是按故意杀人罪处理。但在刑法理论上如何解释，可能会有不同的观点。

第九讲

罪　量

罪量是在我国刑法中的犯罪存在数量因素这一特定法律语境下存在的一个犯罪成立条件。罪量要素在犯罪论体系中的地位，在我国刑法理论上是一个较为混乱的问题。我主张将罪量与罪体和罪责相并列，由此确定为犯罪成立要件。尽管罪量在定罪的重要性上不能与罪体和罪责相比，但在逻辑上还是应当与罪体和罪责相并列。在本讲中，我对罪量要素的内容进行讲解。

一、罪量概述

罪量是指在具备犯罪本体要件的前提下，表明行为对法益侵害程度的数量要件。可见，罪量要件是犯罪成立的一个数量要件。罪量与罪体和罪责有所不同：罪体和罪责是所有犯罪必须具备的犯罪成立要件，而罪量只是某些犯罪成立才需要具备的要件。在我国刑法分则中，有些犯罪是不需要罪量要件的，例如故意杀人罪，只要实施故意杀人的行为，并且主观上具有杀人故意，就可以构成该罪。但对有些犯罪来说，它以数额较大或者情节严重为犯罪成立要件。在这种情况下，具有罪体和罪责还不一定构成犯罪，还要看是否具有罪量这个要件。因此，罪量在犯罪论体系中是一个选择性的要件。对有些犯罪来说，罪量要件是必要的；对另一些犯罪来说，罪量要件又不是必要的。

关于罪量的性质，在刑法理论上主要存在构成要件说和处罚条件说的争论。构成要件说认为，罪量是犯罪成立的一个条件，如果缺乏罪量，犯罪就不成立。可见，构成要件说把罪量纳入犯罪论体系进行考量。而处罚条件说认为，罪量并不是犯罪是否成立的问题，而是犯罪成立后是否处罚的问题。也就是说，只要具备罪体和罪责这两个要件，犯罪就成立了。至于是否达到数额较大或者情节严重，是一个是否处罚的问题。我认为，应当把罪量看作是犯罪成立要件，而不是处罚条件。因为我国刑法第 13 条明确把"应当受到刑罚处罚"当作犯罪成立的条件。某一行为如果不应当受到刑罚处罚，那就不是犯罪。因此，某一行为即使具备了罪体和罪责，如果没有具备罪量，就表明了这个行为不应当受到刑罚处罚。既然不应当受到刑罚处罚，那就不成立犯罪。从这个意义上来说，我认为罪量是犯罪构成要件，而不是一个处罚条件。

罪量要件具有限制犯罪成立范围的功能，主要是基于刑事政策的考虑，对刑罚处罚的范围和行政处罚的范围所作的区分。在我国刑法中，实施相同的行为，达到某种法益侵害程度才作为犯罪加以处罚。如果没有达到某种法益侵害程度，就只能作为一般的违法行为按照《治安管理处罚法》予以行政处罚。可见，罪量要件对于犯罪的认定来说，同样是非常重要的。

二、数额

数额是犯罪成立的数量因素。在我国刑法中，某些犯罪是以数额作为犯罪成立条件的，这类犯罪可以称为数额犯。例如刑法第 173 条规定，"变造货币，数额较大的，处三年以下有期徒刑或者拘役，并处或者单处一万元以上十万元以下罚金"。这里的"数额较大"就是变造货币罪成立的一个条件。如果实施了变造货币的行为，而没有达到数额较大，就不能认定为变造货币罪，但可以作为一般的违法行为加以处罚。由此可见，数额要素对某些犯罪来说是非常重要的。在我国刑法中，财产犯罪和经济犯罪往往有一定的数额要求。刑法对数额的规定又可以分为以下三种类型：

第一种类型是违法所得数额。违法所得数额是指通过犯罪而实际得到的非法利益的数额。在财产犯罪中，违法所得数额就是犯罪的数额。例如在盗窃罪中，盗窃所得数额就是盗窃罪的违法所得数额；在诈骗罪中，诈骗所得数额就是诈骗罪的违法所得数额。可见，在财产犯罪中，违法所得数额和犯罪数额，两者具有同一性。但在经济犯罪中，违法所得数额和犯罪数额就不是同一个概念。例如在销售伪劣产品罪中，考虑到伪劣产品的进货成本，销售金额和违法所得数额就不是同一个数额。销售金额是100万元，成本是30万元，违法所得数额只有70万元，在这种情况下，违法所得数额和犯罪数额是有差异的。

第二种类型是经营数额。在经济犯罪如非法经营罪中，通常存在经营数额。经营数额是指整个犯罪行为所具有的数额，它和违法所得数额存在差别。经营数额反映了经济犯罪的规模，对于定罪量刑具有一定意义。

第三种类型是特定的数额。在我国刑法中，除了违法所得数额和经营数额以外，在某些情况下还存在特定的数额。例如，我国刑法第158条规定了虚报注册资本的数额，第159条规定了虚假出资、抽逃出资的数额，第160条规定了欺诈发行股票、债券的数额，这些都是特定的数额。

数额作为罪量要素，于某些犯罪的成立是不可或缺的。因为对于某些犯罪来说，即使实施了犯罪行为，如果没有达到法律所规定的数额标准，也不能构成犯罪。然而刑法中只是笼统地规定数额较大构成犯罪，至于数额较大的具体标准，则由司法解释加以规定。因此，应当根据司法解释的规定确定某种行为是否构成犯罪。

我国刑法对犯罪数额通常都规定为数额较大、数额巨大或者数额特别巨大，至于具体数额则由司法解释予以明确。但在1997年刑法刚修订时，个别犯罪的数额是由刑法明确规定的。例如我国刑法第383条对贪污罪的处罚规定了具体数额，这一数额标准同样适用于受贿罪。根据这一规定：（1）个人贪污数额在10万元以上的，处10年以上有期徒刑或者无期徒刑，可以并处没收财产；情节特别严重的，处死刑，并处没收财产。（2）个人贪污数额在5万元以上不满10万元的，处5年以上有期徒刑，可以并处没收财产；情节特别严重的，处无期徒刑，并处没收财产。(3) 个人贪污数额在5 000元以上不满5万元的，处1年以上7年以下有期徒刑；情节严重的，处7年以上10年以下有期徒刑。个人贪污数额在5 000元以上不满1万元，犯罪后有悔改表现、积极退赃的，可以减轻处罚或者免予刑事处罚，由其所在单位或者上级主管机关给予行政处分。(4) 个人贪污数额不满5 000元，情节较重的，处2年以下有期徒刑或者拘役；情节较轻的，由其所在单位或者上级主管机关酌情给予行政处分。从以上规定来看，刑法对于贪污罪和受贿罪的定罪量刑的数额标准作了十分具体的规定，这对于司法机关的定罪量刑具有指导意义。但这种对数额的具体规定也存在较大的弊端：首先，随着货币的贬值这一标准的合理性逐渐消解。大家可以想见，1997年5 000元、1万元、5万元和10万元的货币价值与20年后今天的货币价值相比，贬值比率以50%计算，就意味着刑罚严厉性提高了50%，即，1997年5 000元构成犯罪，相当于现在2 500元就构成犯罪。其次，现在比1997年货币收入水平大为提高，当时如果一个人每年收入1万元，那么现在每年收入10万元。在这种情况下，贪污罪和受贿罪的数额标准仍然保持1997年的标准，显然不合理。最后，现在贪污、受贿的案发数额也已经大幅提高。在1997年贪污、受贿10万元已经属于大案、要案，现在贪污、受贿数百万元、数千万元甚至数亿元已经屡见不鲜。在这种情况下，仍然保持1997年的贪污罪和受贿罪的数额标准，显然不合理。而且，从目前的数额设置来看，贪污、受贿5万元的，基本上是5年以上10年以下有期徒刑；贪污、受贿10万元的，基本上是10年以上有期徒刑。也就是说，贪污、受贿10万元以下的，1万元1年；但贪污、受贿10万元以上的，则10万元1年，甚至100万元1年，使得刑罚分布不合理。在这种情况下，应当取消贪污罪和受贿罪的具体数额规定，改为数额较大、数额巨大或者数额特别巨大的规定方式；至于具体数额，应由司法解释加以规定，并根据实际情况进行调整。

《刑法修正案（九）》废除了贪污、受贿罪的具体数额，而代之以数额较大、数额巨大和数额特别巨大，分别对应于3年以下有期徒刑、3年以上10年以下有期徒刑和10年以上有期徒刑、无期徒刑或者死刑这三个量刑档次。在这种情况下，贪污、受贿罪的数额标准就和其他大多数犯罪的规定一样。最高人民法院、最高人民检察院《关于办理贪污贿赂刑事案件适用法律若干问题的解释》规定，数额巨大是3万元以上不满20万元，数额巨大是20万元以上不满300万元，数额特别巨大是300万元以上。

三、情节

情节是我国刑法中特有的一个术语，这里的情节是指犯罪的情状。我国刑法分则条文中，相当一部分条文都涉及对情节的规定。在我国刑法理论上，一般来说，把犯罪情节分为两种：一种是定罪情节，另外一种是量刑情节。因此，在此首先需要对定罪情节和量刑情节加以区分。定罪情节是指区分罪与非罪的情节，也就是说一个行为人实施了某种行为，尚不能构成犯罪，只有具备了一定的情节才能构成犯罪，如果没有这样的情节就不能构成犯罪。这种对定罪具有影响的情节就是定罪情节。还有一种是量刑情节，也就是说是否具有这个情节并不影响定罪，但影响量刑，例如，作为加重处罚事由或减轻处罚事由的情节。在罪量要件中所讲的情节应当是指定罪情节，而不包括量刑情节。在我国刑法理论中，以一定的情节作为犯罪构成要件的犯罪被称为情节犯。

从我国刑法分则的规定来看，对于情节的规定主要有以下三种情况：

第一种情况是规定以情节严重作为犯罪成立的条件。这种情况在我国刑法分则当中是规定得较多的。例如，我国刑法第216条规定："假冒他人专利，情节严重的，处三年以下有期徒刑或者拘役，并处或者单处罚金。"根据这一规定，行为人实施了假冒他人专利的行为，应当将是否具备情节严重这一要件作为具体区分罪与非罪的标准。如果假冒他人专利的行为达到了情节严重的程度，就要作为犯罪处理；如果没有达到情节严重的程度，就按照一般的专利违法行为处理。由此可见，在假冒专利罪中，是否具有情节严重的要件，对于区分罪与非罪来说，是非常重要的。在有关的司法解释中，对定罪情节的具体内容作了规定。例如关于假冒专利的情节严重，2004年12月8日最高人民法院、最高人民检察院《关于办理侵犯知识产权刑事案件具体应用法律若干问题的解释》第4条明确规定，是指以下四种情形：（1）非法经营数额在20万元以上或者违法所得数额在10万元以上的；（2）给专利人造成直接经济损失50万元以上的；（3）假冒2项以上他人专利，非法经营数额在10万元以上或者违法所得数额在5万元以上的；（4）其他情节严重的情形。从这个规定当中可以看出，情节概念的内容比数额概念的内容更加宽泛一些，并且情节包含了数额。

第二种情况是规定以情节恶劣作为犯罪成立的条件。情节恶劣与情节严重只是两字之差，它们的含义基本上是相同的。但这里的“情节恶劣”从表述来说，更侧重于对某一种犯罪的一种道德伦理上的否定，因此，凡是规定以情节恶劣作为犯罪成立条件的，往往是和一定的伦理道德相关的某些犯罪。例如，刑法第260条规定：“虐待家庭成员，情节恶劣的，处两年以下有期徒刑、拘役或者管制。”这就是虐待罪。在虐待罪中，就规定为只有达到情节恶劣这个程度，才能构成犯罪。这是因为虐待行为不仅违法，而且违反家庭伦理道德。我认为，情节恶劣和情节严重在性质上并没有根本的区分，只是两者在表述方法上有所不同而已。

第三种情况是规定了某种特定的情节。以上我所讲的情节严重或者情节恶劣都是概括性的规定或者盖然性的规定。到底在什么情况下属于情节恶劣或者情节严重，立法者并没有加以明文列举，而是由司法机关根据案件的具体情况来进行裁量。因此，我国刑法分则中大量的犯罪，刑法都规定以情节严重或者情节恶劣作为犯罪成立的条件，实际上赋予司法机关在定罪方面以极大的自由裁量权。当然，由于我国特定的司法解释制度，在有关的司法解释中，往往对情节严重或情节恶劣加以列举。在刑法分则当中，除了规定情节严重或情节恶劣以外，在某些犯罪中对定罪情节作了具体规定。这同样为司法机关正确地认定犯罪提供了明确的标准。相对来说，由于这种特定情节所具有的特定性，它提供的定罪标准更加明确。例如刑法第129条规定：“依法配备公务用枪的人员，丢失枪支不及时报告，造成严重后果的，处三年以下有期徒刑。”这里它所规定的罪名就是丢失枪支不报罪。这个罪名的规定尽管本身很简单，但是引起了刑法理论上的重大分歧：到底如何理解这一规定？从这一规定来看，它的客观行为，也就是它所要处罚的行为，并不是丢失枪支，而是丢失枪支以后不及时报告。从这个意义上来说，该罪是不作为犯：丢失枪支以后未及时报告。至于及时报告还是未及时报告，应当根据有关枪支管理的规定确认。这里的“不及时报告”在某些情况下表现为不报告，在某些情况下表现为没有在规定的时间以内报告。无论是行为人没有报告还是没有按照规定时间报告，这种行为都是一种不作为。因为这种报告义务是特定性的，要求在一定时间内报告，在这个特定的时间内没有报告，就是没有履行报告的义务。该罪的复杂性在于，并非所有丢失枪支不及时报告的行为，都一概构成犯罪。刑法还另外规定了一个犯罪成立条件，这就是“造成严重后果”，也就是说，并不是所有丢失枪支不及时报告的行为都构成犯罪，还要看丢失枪支不及时报告是否造成严重后果。这里所谓造成严重后果是指，枪支被他人捡拾以后拿去用于犯罪或者用于其他违法活动。这里提出一个问题，这里所谓造成严重后果到底是该罪的结果还是情节？对这个问题的理解直接关系到对该罪的罪过形式是故意还是过失的理解。如果把造成一定的后果理解为丢失枪支不及时报告的结果，那么只要行为人对这种结果持一种希望或者放任的态度，就构成故意犯罪；如果行为人对结果应当预见而没有预见或者预见了而轻信能够避免，那就构成过失犯罪。在通常情况下，行为人对这种结果不可能持一种希望或者放任的态度，因此，如果把造成一定后果理解为该罪的结果，那么就会认为该罪是过失犯罪。但从该罪的行为来看，行为人是不及时报告的，这里的不及时报告应当是故意的。发现了枪支丢失，行为人没有按照规定时间报告，这显然是故意的。所以理解为过失犯罪和该罪的立法意图并不是十分符合。在这种情况下，我倾向于把这里的造成严重后果看作是构成犯罪的特定情节而不是结果。如果把它理解为一种构成犯罪的情节，那么它的最大特点就是不需要行为人对这种情节在主观上要有认识，或者持故意或者过失的心理状态，只要行为是故意的就可以了。我个人比较赞同第二种理解，也就是该罪的行为人不及时报告是故意的，因此是故意犯罪。至于造成严重后果并非该罪的结果，而只是该罪构成犯罪的一种特定情节，因此并不需要行为人对这个情节持希望其发生或者放任其发生的主观心理状态。在我国刑法分则中，像这种把特定情节作为犯罪成立条件的犯罪也是在逐渐增加。这也表明在1997年刑法修订中，按照罪刑法定的原则，对犯罪成立条件作了更加具体的规定。

四、数额＋情节

在数额与情节这两种定罪量刑的要素中，数额具有单一性，而情节具有综合性。换言之，数额只是单一的成立犯罪或者加重刑罚的条件，而情节可以容纳各种对定罪量刑具有影响的因素。例如，数额不能包括情节，但反之，情节可以包括数额。由此可见，情节所具有的包容性是数额所不具备的。这种以一定的数额或者情节作为入罪条件的立法体例，就决定了我国刑法的贪污、受贿罪不可能不受数额和情节的限制，这与大陆法系其他国家对贪污、受贿罪没有数额或者情节限制的立法体例是完全不同的。对于那些数额或者情节没有达到入罪条件的贪污受贿行为，并不是放任不管而是给党纪、行政处分留下一定的空间。因此，适当提高贪污、受贿罪的入罪门槛，与对贪腐犯罪零容忍的政策精神并不矛盾。

从以往我国刑法分则的规定来看，对于财产犯罪与经济犯罪一般都设置数额犯或者数额加重犯，对于其他犯罪一般设置情节犯或者情节加重犯。数额犯因其内容的单一性，具有较强的唯数额论的性质，逐渐被立法者摒弃。例如在1979年刑法中，财产犯罪一般都是数额犯，体现了计赃论罪的原则，即，将财产犯罪的可罚性及程度完全系之于数额。这种立法思想具有明显的唯数额论的痕迹。及至1997年刑法，财产犯罪这种单一的数额犯的现象已经有所改变。例如，在1997年刑法分则第五章财产犯罪中，除了抢劫罪、破坏生产经营罪没有数额与情节的规定以外，其他犯罪都有数额或者情节的规定，其中，诈骗罪、抢夺罪、职务侵占罪、挪用资金罪、敲诈勒索罪是数额犯，挪用特定款物罪是情节犯。此外，盗窃罪、侵占罪、聚众哄抢罪、故意毁坏财物罪采取了数额加情节的立法方式，其中，盗窃罪是数额加多次盗窃作为入罪条件，此后《刑法修正案（八）》

又增加了入户盗窃、携带凶器盗窃、扒窃的入罪情节；侵占罪是数额加拒不退回或者拒不交出；故意毁坏财物罪是数额加其他严重情节。在1997年刑法施行以后，立法者又进一步通过刑法修正案的方式，将财产犯罪中单纯的数额犯都修改为数额加其他情节的规定，例如抢夺罪增设了多次抢夺，敲诈勒索罪增设了多次敲诈勒索。这种数额加情节的立法方式。我认为是较为科学的，既能够以数额体现这些财产犯罪的性质，又能够包含其他对财产犯罪的定罪量刑具有重大影响的情节。

罪量要件与罪体和罪责这两个犯罪成立条件并不能相提并论，因为罪体和罪责是任何犯罪所不可或缺的，而罪量要件只是对于某些特定的犯罪来说才是犯罪成立条件。在其他犯罪中，只要具备罪体和罪责就可以构成犯罪，而不需要罪量要件。

以上我对犯罪构成的三个要件——罪体、罪责和罪量作了一个理论上的说明，这三个要件就构成了犯罪的认定标准。犯罪论体系不仅仅是认定犯罪的标准，更为重要的是，它是认定犯罪的思维方法。所以，我们更应当从思维方法的意义上理解犯罪论体系。标准是死的，而思维方法是活的，犯罪构成要件实际上是为我们提供了一种刑法所特有的法律思维方法。这种刑法的思维方法和民法思维方法以及其他法律的思维方法是有所不同的。犯罪论体系在刑法中之所以重要，主要原因就在于它能够给我们提供一种刑法所独有的思维方法。只有正确地掌握了犯罪论体系，才能运用这种思维方法，对刑法中的重大理论问题进行正确的思考。

第十讲

未完成罪

未完成罪是相对于完成罪而言的，是故意犯罪的一种特殊犯罪形态。在其构成特征上具有某种复杂性，刑法总则对此专门作了规定。在本讲中，以我国刑法规定为根据，对未完成罪的定罪与处罚问题加以论述。

一、未完成罪概述

未完成罪，又称为犯罪的未完成形态。根据某一犯罪的成立条件是否全部齐备，我们可以把犯罪分为两种：一种是某一犯罪的成立条件全部齐备的完成形态，另一种是某一犯罪的成立条件没有全部齐备的未完成形态。犯罪的完成形态也就是犯罪的既遂，刑法分则所规定的犯罪都是既遂的犯罪。这一命题出自刑法理论上的这句格言："刑法分则规定的犯罪是以一人犯一个既遂罪为标本的"。刑法分则所规定的犯罪是一种标准的犯罪，这种犯罪就是一人犯一个既遂罪。刑法分则所规定的法定刑是针对一人犯一个既遂罪而设立的，例如故意杀人罪的法定刑就是针对犯一个故意杀人的既遂罪所规定的。在现实生活中，除了标准的犯罪以外，还存在犯罪的特殊形态。针对"一人犯罪"而言，还存在着二人以上的共同犯罪。针对"犯一罪"而言，还存在着犯数罪的情况。针对"犯既遂罪"而言，又存在着犯罪的未完成形态。共同犯罪、数罪、未完成罪都是犯罪的特殊形态，它和标准的犯罪在成立条件上存在明显的区分，需要从刑法理论上加以专门研究。

犯罪的未完成形态，在我国刑法上规定了三种情况：犯罪的预备、未遂和中止。相对于犯罪的既遂而言，犯罪的预备、未遂和中止都是犯罪的未完成形态。为了从宏观上理解和把握犯罪的未完成形态，下面讨论若干与之相关的基本概念。

(一) 基本概念

1. 犯罪过程

我们可以用一条线来表示犯罪过程。犯罪过程是一个时间概念，任何犯罪都存在一定的时空当中，因此，可以从时间维度上对某一个具体犯罪加以把握。从时间上来说，少数犯罪所占用的时间非常短暂，从犯意的产生，到行为的实施，到结果的发生，只是一刹那的事情，这些犯罪就不存在一个逐渐的发展过程。但大多数犯罪，从预备到行为的实施，到结果的发生，存在一个发展过程。有些犯罪甚至不经过这样一个预备的过程，是难以进入实施阶段的，例如伪造货币罪，必须进行必要的预备活动才能开始实施犯罪。如果是用机器伪造货币，就要事先购买机器，购买油墨、纸张，没有这些预备行为，不可能实施伪造货币行为。还有一些犯罪，如果没有预备行为也可以实施，但是经过预备能够使犯罪更加顺利地实施。对这些犯罪来说，也存在一个预备过程。例如杀人，有些杀人是临时起意的杀人，这种杀人往往在十分短暂的时间内发生；有些杀人是预谋杀人，往往经过精心策划，所以预谋杀人的成功率可能会更高一些。

2. 犯罪阶段

犯罪过程可以分为若干个阶段。根据我国刑法规定，首先可以分为两个阶段：一个是犯罪的预备阶段，另一个是犯罪的实行阶段。犯罪阶段的划分对于正确理解犯罪的未完成形态具有非常重要的意义，因为不同犯罪的未完成形态处于不同的犯罪阶段，只有正确理解了犯罪阶段，才能科学地把握犯罪的未完成形态。

这里的犯罪阶段，是指根据犯罪的发展过程不同的法律意义而划分的时间段落，包括犯罪的预备阶段和犯罪的实行阶段。我们在认定犯罪的未完成形态的时候，首先需要确定它是处于什么阶段，然后再认定这种犯罪的未完成形态的性质。在一般的情况下，犯罪的预备阶段和犯罪的实行阶段是前后衔接的，也就是说犯罪的预备阶段终了，马上就进入犯罪的实行阶段，因此，着手实行行为的时间点就是预备阶段和实行阶段的分界点。但在某些情况下，预备阶段和实行阶段并非是从时间上无缝衔接的，在预备阶段和实行阶段之间还有一个时间的间隙，我们称之为“预备后阶段”。在有些情况下，预备行为实行完毕，接着就马上着手实行犯罪。例如甲预谋杀害乙，甲买来一把刀，然后磨刀，磨刀以后就去乙家中杀死乙。这种情况下，甲杀人的预备阶段和实行阶段是先后衔接的。但在某些情况下，预备阶段终止以后，并没有立刻进入实行阶段，在预备阶段和实行阶段之间还存在一个时间上的间距。例如甲欲杀乙，先去买刀，然后磨刀，刀磨好以后，杀人预备行为已经完成。但在杀人预备行为完成以后，还要去找被害人乙。因为乙在一个工厂上班，甲就到工厂门口等候乙。这是一种“守候”行为。假如，甲到工厂门口等候乙，见到乙出来，但当时周围人多，不利于下手杀人。甲就尾随被害人乙，等待合适的地点实施杀人行为。这是一种“尾随”行为。这里的“守候”行为和“尾随”行为都发生在预备后阶段。从某种意义上来说，“守候”行为和“尾随”行为不同于预备行为，但它又不是犯罪的实行行为。这种行为发生在预备后阶段，因此对这种行为的定性，我们认为需要特别地加以考虑。

在一般情况下，实行阶段的终点就是既遂。例如，甲用枪杀害乙，甲扣动扳机，子弹出膛，击中乙的心脏部位，乙就死了。在这种情况下，从行为的终止到结果发生是紧密相连的。对于这种犯罪来说，实行阶段的终点就是既遂。但在某些犯罪中，实行阶段的终点还不等于既遂。在实行行为实施以后，犯罪还没有达到既遂，从实行行为完毕到结果发生还有一个时间上的间距。这个时间上的间距，我们就称之为“实行后阶段”。例如投毒杀人，把毒药投入被害人的饭菜中，杀人的实行行为就实行完毕，实行阶段就结束了。但被害人不会马上死，被害人要吃下拌有毒药的饭菜，毒性发作，经抢救无效才会发生死亡的后果。可见，从投毒行为实施完毕到死亡结果发生有一个时间上的间距。

在一般的情况下，犯罪可以分为预备阶段和实行阶段，但在特殊情况下，还存在两个小的阶段，就是预备后阶段和实行后阶段。这两个小的阶段，对于正确地认定犯罪的未完成形态具有重要意义。

3. 犯罪行为

行为是犯罪的核心问题。犯罪的预备阶段和实行阶段，就是根据行为划分的，因此，行为是一条主线。罪体构成要素中的行为，是指犯罪的实行行为，也就是刑法分则所规定的某个犯罪成立条件的行为。实行行为是整个犯罪论体系的关键，离开了实行行为，就不存在犯罪。这里的实行行为，是指在犯罪的实行阶段所实施的行为。因此，实行行为是和实行阶段紧密联系的一个概念，实行行为是实行阶段的核心内容。未完成罪所讲的犯罪行为，除了实行行为外，还包括犯罪的预备行为。

预备行为是犯罪预备阶段所实施的行为。犯罪的实行行为是狭义上的犯罪行为。我们一般讲犯罪行为是指犯罪的实行行为，例如杀人行为，指的就是杀人的实行行为。而犯罪的预备行为，是广义上的犯罪行为，并不是刑法分则所规定的犯罪行为，而是由刑法总则规定的。也就是说，如果没有刑法总则关于预备行为的规定，根据刑法分则，这种预备行为是不可罚的。刑法分则所规定的杀人行为，只是指杀人的实行行为而不包括杀人的预备行为。从这个意义上来说，刑法总则规定的犯罪预备行为是一种刑罚扩张事由，把本来只处罚犯罪实行行为的刑罚扩张到处罚犯罪的预备行为，实质上是扩大了刑罚处罚的范围。根据罪刑法定原则，只有在刑法分则有规定的情况下，才能对某一行为进行处罚。刑法分则规定的是犯罪的实行行为，而不包括犯罪的预备行为。如果刑法总则没有关于犯罪的预备行为也要承担刑事责任的规定，那么预备行为是不可罚的。正是因为刑法总则关于处罚预备行为的规定为对预备犯的处罚提供了法律根据，也就是说，刑法总则关于处罚预备犯的规定适用于刑法分则所有规定，因此，从逻辑上说刑法分则所规定的每一种犯罪的预备行为都是可罚的。这样，就把本来只是对实行行为进行处罚的刑法分则规定，扩大为对预备行为进行处罚。正是从这个意义上来说，刑法总则关于处罚预备犯的规定是一种“刑罚扩张事由”。

预备行为相对于实行行为而言，是一种非实行行为。这里的非实行行为除了预备行为外，还包括我们后面要讲到的共犯行为，例如犯罪的教唆行为、帮助行为和组织行为。实行行为和非实行行为的最大区别就在于：实行行为的可罚性根据在于刑法分则的规定，而非实行行为的可罚性根据在于刑法总则的规定。当然，刑法总则规定的适用又必须结合刑法分则的规定，才能最终解决非实行行为的可罚性根据问题。

未完成罪中的行为还包括中止行为，即自动放弃犯罪或者自动有效防止犯罪结果发生的行为。严格来说，中止行为并不是犯罪行为，而是中止犯罪发生的行为。因此，犯罪的中止行为没有被纳入犯罪行为这个范畴当中来。

4. 犯罪状态

这里的犯罪状态是指犯罪的停顿状态，即犯罪在发展过程中的一种结局。犯罪的未完成形态，都是指犯罪的停顿状态。有些犯罪通过预备，进入实行，实行完毕，最终犯罪结果发生，达到既遂。这是一种犯罪的完成形态。应该说，绝大多数犯罪都达到既遂，因此属于犯罪的完成形态。但还有些犯罪，在犯罪过程中的不同阶段停顿下来，因此出现了各种不同的犯罪未完成形态。有的犯罪在预备阶段就停顿下来了，有的犯罪在实行阶段停顿下来，还有的犯罪在实行后的阶段停顿下来。根据停顿的阶段不同和停顿的原因不同，就可以区分为犯罪预备、犯罪中止、犯罪未遂这样一些犯罪的未完成形态。我们把犯罪比喻为跑马拉松，大部分人跑完了全程，有些人由于某种原因可能中途就退出了。对于跑完全程的人和没有跑完全程的人，评价当然是不同的。对于中途退出的人，还要看是在什么时间退出：有的跑了一会就退出了，有的跑到接近终点才退出。对不同的情况显然也要区分对待。另外还要考虑退出的原因，有的是因为体力不支退出的，有的是自己不想跑了退出的。对这些情况评价也不相同。犯罪的未完成形态指的就是，在犯罪的发展过程中没有达到犯罪既遂，在达到既遂之前由于主观或者客观的原因而停顿下来的犯罪形态。刑法中的未完成形态，指的就是这样一种犯罪状态。所以，犯罪过程，犯罪阶段，犯罪行为，最终都要落脚在犯罪状态。根据我国刑法规定，犯罪的未完成形态可以分为犯罪预备、犯罪未遂和犯罪中止。

以上四个概念能够使我们对犯罪未完成形态在整个犯罪过程中的发展有一个大概的了解，对于我们接下来具体了解犯罪预备、犯罪未遂和犯罪中止具有重要意义。在理解犯罪的未完成形态时还要作一点说明：犯罪的未完成形态受到罪体构成要素的限制，并不是所有的犯罪都存在犯罪的未完成形态。我们前面讲的罪体构成要素并不是每个犯罪都同时具备的，根据罪体构成要素具备的不同，可以将犯罪再划分为不同的类型。

（二）犯罪的未完成形态与罪体

1. 阴谋犯

阴谋犯指的是以阴谋策划为罪体构成要素的犯罪，通常都存在于危害国家安全的犯罪中。我国1979年刑法中的反革命罪在表述中就有关于阴谋的规定，1997年刑法把反革命罪修改为危害国家安全罪后，在罪状的表述上就取消了“阴谋”这个词。例如第103条规定的分裂国家罪，刑法条文表述为“组织、策划、实施分裂国家、破坏国家统一的行为”。这里的组织、策划、实施，实际上是对分裂国家罪不同阶段行为的表述，当然概括起来较为全面。但在外国刑法中，往往用阴谋来表述，例如内乱罪、外患罪类似于我国刑法中的分裂国家罪、颠覆政府罪，都是用阴谋来表述。阴谋是最低限度的行为。过去好像有个误解，认为只规定了阴谋没有规定实施，似乎刑法对犯罪行为的列举不完整。实际上只要规定了阴谋构成犯罪，阴谋以后再去实施当然更构成犯罪，因为实施是经过了阴谋阶段，也完全符合阴谋这个规定。在这种情况下可以采用“举轻以明重”的方法来解释。阴谋实际上就是预备，甚至比预备还要早。对这些犯罪法律之所以规定阴谋构成犯罪，主要是因为这些犯罪侵害的是国家安全这样一种重大的法益。它的性质很严重，法律对它的处罚就提前到阴谋策划就可以处罚。另外，对这些犯罪不能把它和普通的犯罪等同来看待。例如阴谋策划要杀人，阴谋顶多是一个杀人预备，可能杀人预备还算不上，只有把人杀死了才能构成既遂。这是比较正常的一种观察。但是对于颠覆政府这样的犯罪，如果等到政府被颠覆了，才构成犯罪的既遂，这是不可能的，因为政府都已经被推翻了，不能再对这种行为进行处罚。因此，刑法分则就把这种犯罪的预备行为规定为犯罪的实行行为。在刑法上就把以阴谋作为犯罪成立条件的犯罪称为阴谋犯。阴谋本来是一种预备犯，通过刑法分则规定以后就变成了一种实行犯、正犯，把实行行为的时间提前了。因此对于阴谋犯来说，就不存在一个犯罪未完成形态的问题，只要进行阴谋，就完成了这个犯罪，就既遂了，就不存在犯罪预备、犯罪未遂。当然，是否存在犯罪中止还是可以商量的。

2. 行为犯

行为犯是指以行为人实施一定的行为作为犯罪构成要件的犯罪。行为犯，是相对于结果犯而言，它不要求发生一定的结果，在客观上只要实施一定的行为就可以构成犯罪了。行为犯的情况是比较复杂的，大概有两种情况：一种是行为本身不可能有结果，也就是说行为本身是不及物的行为。这是纯粹的行为犯、纯正的行为犯。另一种是根据行为的自然性质，是有可能发生一定的结果的，只是法律不要求发生这种结果，结果不是罪体要素。这是不纯正的行为犯。从犯罪构成要件上来说，是截短的构成要件，行为本来有可能发生结果，但刑法只要求实施行为，构成要件就完全具备，而不要求结果发生，即使结果没有发生，也不影响犯罪既遂的成立。例如诬告陷害罪，其构成特征就是意图使他人受到刑事处分，而捏造事实向司法机关作虚假告发。捏造事实向司法机关作虚假告发有两种可能：一种是司法机关上当受骗，使被告发者受到刑事追究；另外一种可能就是司法机关识破告发者的阴谋，没有追究被告发者的刑事责任。刑法并不要求使被告发者受到刑事追究的结果发生，不把结果作为诬告陷害罪成立的构成要素，只要是意图使他人受到刑事处分，而捏造事实向司法机关作虚假告发，犯罪即告既遂。至于被告发者有没有受到刑事追究，只是作为一个量刑因素来考虑。

行为犯又可以进一步区分为以下情形：

(1) 举动犯。

对举动犯来说，只要着手实施某种犯罪，这种犯罪就成立了。刑法理论上认为，举动犯是没有未完成形态的，主要指没有未遂，只要一着手犯罪就完成了。只是在某些情况下，着手后的时间长短可以作为一个量刑因素来考虑，但是对于既遂与未遂是没有意义的。因此，举动犯没有犯罪未遂与中止的问题，可能会有预备的过程，因为某些犯罪即使一着手就既遂也会有个准备的过程。

(2) 程度犯。

程度犯，也不要求发生一定的结果，只要实施行为就可以构成，但又与举动犯有不同：举动犯只要一着手犯罪就完成，而程度犯是以行为实施到一定的程度作为既遂标准，也就是说，只有犯罪行为实施到一定的程度，才达到既遂。如果没有实施到一定的程度，仍然有一个未遂的问题。从刑法理论上来说，一般认为强奸罪是一个程度犯，要求强奸行为实施到一定的程度作为既遂的标准。在我国的司法解释中，奸淫幼女采取的是接触说，性器官有接触就视为既遂。对强奸妇女来说，采取的是插入说，要达到这样的程度。如果没有达到，就还只是个未遂。

(3) 危险犯。

危险犯也是行为犯，同样不要求一定的结果发生作为既遂条件。但危险犯和一般的行为犯又不一样。危险犯有两种：一种是具体危险犯，另一种是抽象危险犯。抽象危险犯，在某种意义上来说，实际上就是一种举动犯。具体危险犯和抽象危险犯怎样来划分？抽象危险犯的危险是立法推定的危险，不需要法官根据具体情况对案件再来作具体认定，因此，只要认定行为人实施了刑法要求的某种行为，这个危险就自在其中，不需要法官另外作判断。具体危险犯的危险，是司法认定的危险，法官不仅要查明行为人是否实施了刑法分则规定的某种构成要件的行为，还要另外来进行判断是否存在着某种危险的状态，因此，即使实施了某种构成要件的行为，但并不存在着危险状态的，仍然可能是未遂的问题。因此，具体的危险犯也称为危险状态犯。

在我国刑法分则当中，同样存在着具体危险犯的规定。例如刑法分则第二章危害公共安全罪的规定当中，刑法第 114 条规定了放火罪、决水罪、爆炸罪、投放危险物质罪和以其他危险方法危害公共安全罪：行为人实施放火、决水、爆炸、投放危险物质或者以其他危险方法危害公共安全的行为，尚未造成严重后果的，处 3 年以上 10 年以下有期徒刑。而第 115 条规定，行为人实施放火、决水、爆炸、投放危险物质或者以其他危险方法危害公共安全的行为，致人重伤、死亡或者使公私财产遭受重大损失的，处10年以上有期徒刑、无期徒刑或者死刑。刑法分则分两个条文对同一种犯罪的不同的状态作了规定，第114条规定的是具体危险犯，而第115条规定的是实害犯。实际上，这里的具体危险犯就是实害犯的未遂犯。大家是否理解这一点？也就是说，如果刑法分则没有在第114条对危险犯作规定，就是按照实害犯的未遂犯来处罚，就应该按照刑法总则关于未遂的规定来处罚。但是立法者考虑到放火、决水、爆炸、投放危险物质这样一种犯罪的性质比较严重，就把未遂就作为犯罪的一种独立形态在刑法分则中加以规定，并且给未遂规定了独立的法定刑。一般的未遂是比照既遂的法定刑从轻、减轻处罚，但是由于这种具体危险犯已经被立法者规定为一个独立的犯罪形态，因此刑法直接给它规定了一个量刑幅度："尚未造成严重后果的，处三年以上十年以下有期徒刑。"这就是一个具体危险犯的典型的例子。

对于具体危险犯，由于这种危险是要司法者来专门加以判断的，这种危险有没有、是否存在，就成为判断犯罪构成要素是否齐备的一个重要因素。在某些情况下，尽管行为人也实施了放火、决水、爆炸、投放危险物质的行为，但这种结果并没有发生，并且造成这种结果发生的危险都没有。在这种情况下，就是具体危险犯的未遂，是未遂犯的未遂。具体危险犯本来就是实害犯的未遂，把它规定为犯罪，它又有一个未遂，因此就是未遂犯之未遂犯。从这里可以看出，实行行为和预备行为、既遂行为与未遂行为，应当以刑法分则具体规定为转移，而不能以一个标准，根据我们的日常生活经验来判断。法律可以拟制，法律的拟制和事实本身可以是不符合的，但在法律上就赋予法律事实一种法律效力。例如，民法上有宣告死亡的制度，一个人失踪达到一定的法定时间，失踪者的家属就可以向法院申请失踪者死亡，只要符合条件，法院就作出判决宣告死亡。在这种情况下，这个失踪者也许死了，也许并没有死。在客观上死还是没死是事实问题，在法律上拟制了一个事实，法律上拟制的事实和客观的事实是不一样的。法律之所以采取拟制的方法，主要是为了维护一定的法律关系。法律拟制是一种立法技术，在我国刑法当中也到处存在着法律拟制性的规定。

举动犯、程度犯、危险犯都属于行为犯，只要具备构成要件该当的行为，就具备罪体。

3. 结果犯

结果犯是指以一定的构成要件结果为罪体要素的犯罪。因此，在结果犯的构成要件中，不仅要有行为，还要有结果，并且行为和结果之间还要有因果关系。结果犯又可以分为一般的结果犯和实害犯。实害犯是相对于危险犯而言，危险犯和实害犯是两个相对的概念。在结果犯的情况下，罪体要素既包括行为，也包括结果，还要求因果关系，因此，它的罪体要素要求是最多的。在结果犯情况下，显然有犯罪的未完成形态问题：结果发生了就是既遂，没有发生就可能是犯罪的未完成形态。

4. 结果加重犯

对结果加重犯来说，除了实施基本行为有一个本罪的结果，还要求发生加重结果。例如刑法分则规定的故意伤害罪，分为三种情形：一是故意伤害致人轻伤，二是故意伤害致人重伤，三是故意伤害致人死亡。故意伤害致人死亡就是典型的结果加重犯：行为人实施故意伤害行为，而过失造成了他人死亡的结果。在故意伤害致人死亡的情况下，行为人主观上具有复合罪过：对伤害来说是故意，对死亡结果是过失。

根据罪体要素的不同可以把犯罪分为阴谋犯、行为犯、结果犯和结果加重犯，阴谋犯对罪体要素的要求最少，而结果加重犯对罪体要素的要求最多。由于这些犯罪对罪体要素的要求不同，这些犯罪构成的具体内容就不一样。在这种情况下，通过判断犯罪的构成要件是否齐备，来区分犯罪既遂、未遂，区分犯罪的完成形态和未完成形态。

（三）犯罪的未完成形态与罪责

以上说明的是犯罪的未完成形态和罪体的关系，下面讨论犯罪的未完成形态和罪责的关系，主要是指和罪过形式的关系。

根据我国刑法的规定，罪过分为故意与过失，故意又分为直接故意和间接故意，过失又可以分为疏忽过失和轻率过失，那么，是不是在所有的罪过形式中都存在犯罪的未完成形态呢？我认为只有在直接故意犯罪中，才存在犯罪的未完成形态。在间接故意犯罪和过失犯罪中，不存在犯罪的未完成形态。因为直接故意犯罪是有目的的犯罪，行为人追求一种目的，因此对直接故意来说，行为的犯罪性是不以结果为转移的。即使结果没有发生，行为的犯罪性是能独立存在的。例如杀人，行为人在非法剥夺他人生命的主观意志支配下实施杀人行为，甚至实施了预备行为——磨刀，磨刀是为了杀人还是为了杀猪是可以查清的，因此，即使死亡结果没有发生，仍然可以判断这个行为是个杀人行为。在这种情况下，才有可能将犯罪的处罚从既遂提前到未遂，甚至提前到预备。而在间接故意的犯罪中，只有行为人所放任的那个结果发生了，犯罪才能成立；如果放任的那个结果没有发生，犯罪就不能成立。例如我们常说的打猎的例子：猎物旁边有个小孩，行为人知道自己枪法不准，有可能把小孩打死，他仍然不管不顾，一枪打出去把那个小孩打死了。我们说这是间接故意杀人，因为行为人在射击之前已经明知自己的行为可能会把那个小孩打死，而且果然打死了。但是如果一枪打过去，没有把小孩打死而刚好把猎物打死了，那么就不能说是杀人未遂。因为行为人本来就没有追求杀死小孩的结果发生，他本来就是打猎。因此，在间接故意犯罪中，行为的犯罪性是以结果发生为转移的。结果发生了，我们说这个行为是犯罪行为；结果没发生，这个行为本来就不是犯罪行为。当然，如果是追求一种犯罪结果而放任另一种结果，而行为人放任的结果没有发生，那么这个行为是另外一种犯罪行为。只有当行为人放任的那个结果发生了，这种行为才具有对他放任的那个结果而言的犯罪性。因此，间接故意犯罪不存在犯罪的未完成形态问题。

至于过失犯罪，就更明显地不存在犯罪的未完成形态问题。过失犯罪是结果犯，只有结果发生了，这种过失行为才应该受到刑罚处罚，不然的话，就是一般的过失，而不能构成犯罪。过失犯罪中情况较为复杂的是过失危险犯。我们都知道，危险犯是行为犯，是不要求结果发生的，因此，通常来说危险犯是故意犯罪，而且是直接故意犯罪。现在有些学者提出过失危险犯的概念，认为危险犯不仅可以是故意犯罪，而且可以是过失犯罪。过失危险犯的概念就意味着承认过失犯罪不一定以结果发生作为它的前提条件，只要危险发生了，就可以成立犯罪。

在德国刑法典中规定了过失犯的危险犯，在我国刑法中虽然也有学者认为存在过失犯的危险犯，但我还是持否定的观点。对于过失犯来说，在一般情况下仍然以结果发生作为必要条件。在某些情况下，如果这个行为本身具有危险性，需要处罚的话，我个人主张把行为本身犯罪化，把它规定为一种故意犯罪。因为在一般情况下，过失往往指的是对结果是过失的，但是对行为本身往往是故意的。例如交通肇事罪是过失犯罪，但对于违反交通法规的行为本身是故意的，像故意闯红灯、酒后驾车都是故意的，因此，外国刑法就把这个故意行为本身犯罪化，故意闯红灯、酒后驾车就是犯罪。但是在我国刑法上，只有发生了致人重伤、死亡的结果发生了，才将这些行为作为犯罪处理。如果认为只有当结果发生了才作为犯罪来处理并不足以遏制这种犯罪，就可以把故意行为本身犯罪化。例如，我国刑法第 136 条规定了危险物品肇事罪：违反爆炸性、易燃性、放射性、毒害性、腐蚀性物品的管理规定，在生产、储存、运输、使用中发生重大事故，造成严重后果的构成本罪。有些违反危险物品管理规定的行为本身就具有严重危险，即使没有发生肇事的结果，也需要加以处罚。在这种情况下，立法时可以选择，是作为一种过失危险犯加以规定，还是把违反危险物品管理规定的行为本身就予以犯罪化，然后把发生严重结果的作为一种结果加重来规定。我认为后者较为科学。总之，过失危险犯是一个立法技术问题。

综上，只有在直接故意的犯罪当中才存在犯罪的未完成形态，在间接故意和过失当中不存在犯罪的未完成形态。

(四) 犯罪的未完成形态与罪量

在我国刑法规定的犯罪中，相当一部分犯罪是将数额较大、情节严重作为犯罪构成要件的。那么对于这部分犯罪来说，是否存在未完成形态？在理论上还是有争议的：一种观点认为，在罪量要素作为成立犯罪条件的情况下，如果不具备这种罪量要素，即使是犯罪行为本身也不能构成犯罪，因此，这些犯罪没有犯罪的未完成形态。另外一种观点则认为，罪量要素是犯罪成立的一个重要条件，它和犯罪的未完成形态是两回事，在某些情况下，即使犯罪没有完成，但是性质严重的，同样可以构成犯罪。例如盗窃罪，刑法规定以数额较大作为犯罪成立条件，例如1 000元属于数额较大，只有盗窃数额达到1 000元才能构成犯罪。如果一个人进行盗窃，行为人所针对的盗窃的对象价值1 000元以上，但是一分钱也没有偷到手，能不能按照盗窃未遂来处理？有的人认为不行，因为盗窃必须要达到数额较大，而行为人一分钱都没有盗窃到。而另有人认为，即使一分钱都没有偷到，但是针对的是数额较大的财产的，也可以按照盗窃的未遂来处理。根据有关司法解释，如果盗窃针对的是数额较大的财物或者有其他严重情节的，即使东西没有偷到手，仍然可以作为盗窃的未遂来处理。可见，司法解释承认这种数额犯和情节犯有未遂。

当然情况也比较复杂。我举个例子，例如盗窃银行的保险柜，在把保险柜打开之前，当然不知道里面有多少钱，但对于盗窃的犯罪分子来说，希望里面的钱越多越好。行为人肯定知道保险柜里的钱比一个人皮包里面的钱要多一些，因此他所针对的财物是数额巨大甚至特别巨大的。如果一个盗窃分子打开保险柜，里面一分钱没有，怎么处理呢？按照有关司法解释的规定是盗窃未遂，应当以犯罪论处。而另外一个盗窃分子，打开保险柜，发现里面有200元，把200元偷到手了。这是什么呢？这是盗窃，但是数额没有达到1 000元，所以不构成盗窃罪。结果是没有偷到一分钱的构成盗窃罪，偷到了200元钱的反而不能作为盗窃来论处。这是值得研究一个问题。因此，在刑法中设置一个标准，但会出现各种特殊情况，对特殊情况怎么解释才合理是值得研究的。有人说，即使偷到200元钱也应该按照未遂来处理，行为人打开保险柜之前肯定认为里面不止200元，而是几万元、几十万元钱，相对于他主观的想象来说仍然是未遂，因此，把这200元钱看作没有，仍然按照盗窃未遂来处理。如果这样来判断，情况就变得复杂了。因为盗窃的故意我们都说它是概括的，最后是将实际取得财物作为犯罪成立条件的，实际取得多少就是多少，而不能再按照主观故意上想要盗窃的数额确定是否未遂。如果完全根据行为人主观的预想来认定犯罪未遂与否，那么，故意伤害罪，是不是还分轻伤的故意和重伤的故意？如果伤害故意分轻伤的故意和重伤的故意，那么如果想轻伤他人，但造成他人重伤，结果是：重伤是故意轻伤的结果加重。如果想重伤他人，却造成了轻伤，结果就成了：故意重伤的未遂。这个区分就太复杂了。因此我认为，只要是伤害，只要有伤害的故意，应该根据结果来定，结果是轻伤就定轻伤，即使主观想重伤。如果造成了重伤结果，即使主观想轻伤，也按重伤定。如果造成了死亡结果，即使主观想伤害，仍按照故意伤害致人死亡来定。可见，这种主观与客观不可能完全吻合，如果完全吻合，就会引起一些理论上的麻烦。因此，在这种情况下，我们不能认为是违反主客观统一，这个故意是概括的、笼统的，最终要根据结果来定，只要这个结果发生在故意范围以内。

以上我所讲的就是关于未完成罪的概述，实际上就是未完成罪的一般原理。下面根据未完成罪的一般原理，对各种具体的犯罪未完成形态进行讲解。

二、犯罪预备

(一) 犯罪预备的概念

犯罪预备是指已经实施犯罪的预备行为，由于行为人意志以外的原因而未能着手实行犯罪的情形。我在这里讲的犯罪预备的概念，是指作为一种犯罪的未完成形态的犯罪预备的概念。刑法第 22 条第 1 款关于犯罪预备的规定“为了犯罪，准备工具、制造条件的，是犯罪预备”，实际上是犯罪预备行为的概念，而不是作为一种形态的犯罪预备。也就是说，法律规定出现了一个逻辑上的错误。犯罪预备这个概念本身具有多义性：犯罪预备可以是一个阶段，这时我们说是一个犯罪预备阶段；犯罪预备还可以是一种行为，这时我们说是犯罪预备行为；犯罪预备还可以是犯罪的未完成形态。因此，我们谈到犯罪预备，到底是指预备行为还是指犯罪的未完成形态，或者指一个时间概念，要严格加以区分。刑法第 22 条第 1 款就把这个犯罪的预备行为和犯罪的预备形态混合起来了，它实际上定义的是预备行为，而不是作为犯罪的未完成形态的预备。因此，必须给作为犯罪的未完成形态的预备另外下一个定义，也就是刚才我所讲到的：已经实施犯罪的预备行为，由于行为人意志以外的原因而未能着手实行犯罪的情形。

根据这个概念，犯罪预备具有以下三个特征：

1. 已经实施犯罪的预备行为

这里的犯罪的预备行为就是指刑法第22条第1款规定的为了犯罪准备工具、制造条件的行为。从犯罪的预备行为这一概念可以看出，犯罪的预备行为是准备工具、制造条件。很多犯罪都需要准备一定的工具，例如杀人，没有工具，采取拳打脚踢的方法也能杀人，但大多数杀人还是要使用工具，例如用刀杀人、用棒杀人、用枪杀人、投毒杀人，因此，准备工具是绝大多数犯罪预备的一种表现方式。除了准备工具外，刑法还规定了另一种预备行为，这就是制造条件。与准备工具相比，制造条件是一个抽象的概念，它是指准备工具以外所有的预备行为，凡是准备工具以外的预备行为都可以概括到制造条件行为中来。从某种意义上来说，准备工具也是一种制造条件的行为，创造条件以便有利于犯罪的顺利进行。只要是能使犯罪顺利实施的所有准备工作都可以说是制造条件。在司法实践中，制造条件这样一种犯罪预备行为通常表现为排除犯罪障碍。例如，行为人要到一个人家里去杀人或者盗窃，那个人家里有一条狗，他就把狗给毒死；或者为了将来能够逃跑，他就把电话线给剪断了，或者把电线也给剪断了，这就是排除障碍。还有勘查犯罪的地点、了解被害人的行踪、拉拢共同犯罪人、制订犯罪计划等等，都属于犯罪的预备行为。

这里涉及尾随行为和守候行为。尾随行为和守候行为，从广义上来看，也可以理解为预备行为。这样，预备后阶段就没有了。但是从狭义上来看，这种尾随行为、守候行为和预备行为还是有一定的区分。我之所以要把预备后阶段独立出来，对尾随行为和守候行为专门加以讨论，主要因为在司法实践中，司法人员往往存在一种误解，犯罪人在尾随行为和守候行为中被抓获了，不少司法机关按照犯罪未遂来处理，因为司法人员认为在这种情况下预备阶段已经结束了，既然预备已经结束，那就是未遂。但这种理解是不对的。只有在着手实施犯罪以后才会有未遂，而尾随行为和守候行为阶段，虽然狭义上的预备行为已经结束，但并没有着手实行犯罪。尾随行为和守候行为虽然是预备以后的行为，但由于没有着手实行犯罪，所以在广义上来说，仍然处在犯罪预备阶段，在这个阶段被抓获，当然是犯罪预备。当然，如果在这个阶段放弃犯罪，则可以成立犯罪中止。

准备工具和制造条件是预备犯的构成要件，但准备工具和制造条件在客观上还不能反映其犯罪性质，因此，刑法第22条对预备行为还规定了主观要素，这就是“为了犯罪”，即以犯罪为目的。这里的“为了犯罪”，是预备犯的主观违法要素，属于构成要件要素而不是责任要素。预备犯之所以需要规定“为了犯罪”这个主观违法要素，是因为在认定犯罪预备行为的时候，仅仅客观方面还难以反映预备行为的犯罪性。例如一个人磨刀，磨刀到底是为了杀人还是为了杀猪？为了杀人，我们才能说是杀人的预备行为。如果为了杀猪，则是杀猪的预备行为，而杀猪不是犯罪行为，所以为了杀猪而磨刀不是犯罪的预备行为。

已经实施犯罪的预备行为这个特征把犯罪预备和犯意表示加以区分。行为人主观上产生了某种犯意，有时候会把这种犯意表达出来，用口头语言或书面语言表达“我想要做什么”。例如现实生活中存在“扬言杀人”的现象，扬言杀人只是犯意表示，表达了想要杀人的想法。犯意表示尚不构成犯罪预备，只有在“扬言杀人”以后，着手为犯罪准备工具、制造条件，才进入预备阶段。犯意表示是预备之前的一个阶段。我国刑法关于刑事责任的追究是从预备开始的，对预备之前的犯意表示是不能追究刑事责任的。

2. 未能着手实行犯罪

未能着手实行犯罪，是指行为人只是实施了犯罪的预备行为，还没有开始实施犯罪的实行行为。因此，未能着手实行犯罪是犯罪预备与犯罪未遂的一个主要区分。至于如何来认定“着手实行犯罪”，将在犯罪的未遂里面着重讨论。

3. 未能着手实行犯罪是犯罪分子意志以外的原因造成的

行为人实行犯罪的预备行为，但是在预备阶段由于犯罪分子意志以外的原因，他的犯罪在预备阶段就被迫停顿下来。也即这种犯罪的停顿犯罪分子意志以外的原因造成的。例如，一个人想杀人正在磨刀，被他人报告派出所，这个人就被派出所给带走了，犯罪就不能进行下去了，这就是犯罪的预备。犯罪分子意志以外的原因，对于区分犯罪预备和犯罪预备阶段的犯罪中止是非常重要的。对预备阶段的犯罪中止，将在犯罪中止中讨论。

未能着手实行犯罪是犯罪分子意志以外的原因造成的，因此，在某种意义上我们可以说犯罪预备是犯罪预备阶段的犯罪未遂。也就是说，犯罪预备和犯罪未遂有一点是共同的：犯罪被迫停顿下来都是犯罪分子意志以外的原因造成的。

(二) 犯罪预备的可罚性根据

犯罪预备的可罚性根据是一个很值得研究的问题。我在前面讲到，在中世纪刑法是十分残酷的，而且当时存在着主观归罪。也就是说，一个人心里想犯罪，一旦被发现了，就可以把它作为犯罪加以惩罚。18 世纪以后，随着启蒙思想的传播，刑法出现了一个轻缓化的发展趋势，刑法人权保障的观念得到一再强调。在这种情况下，以贝卡利亚为代表的刑事古典学派提出一个命题，认为刑事责任追究应当从着手实行犯罪之后开始，着手以后的行为才具有可罚性。着手实行犯罪以前的行为，也就是预备行为，更远一些，就是犯意表示，都是不可罚的。着手实行犯罪作为刑事追究的起点，就为刑事责任的追究提供了客观的根据。在大陆法系国家，至今仍然坚守这一原则。在大陆法系的刑法中没有关于处罚预备犯的一般规定，预备犯一般不可罚。在个别的犯罪中，由于该种犯罪性质十分严重，在立法上通过两种方法来解决：一种方法是设置阴谋犯，例如危害国家安全的一些犯罪，如果对这种犯罪的预备不处罚，将对国家的安全造成重大的隐患。通过设置阴谋犯，把这种特定犯罪的预备行为拟制为实行行为，从而加以处罚。另一种方法是设置特殊预备罪。某些特殊犯罪的预备需要处罚，专门在刑法分则中设置某种预备犯罪。例如，故意杀人罪的预备行为需要处罚，在普通杀人罪以外，专门设置预备杀人罪。抢劫罪的预备行为需要处罚，在普通抢劫罪以外，专门设置抢劫预备罪。刑法分则没有这种特别规定的其他犯罪预备行为，都不具有可罚性。从苏俄刑法开始，设置了预备行为可罚的一般原则。苏俄刑法规定，对预备行为加以处罚，并且对不检举、不揭发他人的行为都要予以处罚。这种刑法观念是为了适应当时阶级斗争的需要，把更为宽泛的对社会有害的行为纳入刑罚处罚范围以内。我国刑法是以苏俄刑法为摹本的，因此我国刑法也确立了预备犯可罚的一般原则，在刑法总则中规定了预备犯的处罚原则。

我国刑法这一节的标题是“犯罪的预备、未遂和中止”，在刑法教科书中概括为犯罪的未完成形态。而在大陆法系国家，由于它没有处罚预备的一般规定，因此在刑法总则中，这一节的标题称为“未遂犯”，然后又把中止犯看作是未遂犯的一种，这一节的内容就是未遂犯。我国刑法确立了预备犯可罚的一般原则，从而使得我国刑法当中的处罚范围变得非常宽泛。

从逻辑上来说，既然总则规定预备犯都要处罚，就意味着刑法分则规定的所有犯罪的预备行为在理论上都是可罚的。但实际上刑法分则规定的相当多的犯罪本身就很轻，也就判个一年、两年。这种轻微犯罪的预备行为是不可能处罚的，只有少量的严重犯罪的预备行为才可能处罚。因此，这里存在一个立法虚置的问题，也就是法律所规定的处罚范围比实际的处罚范围宽泛得多。在实际生活中，预备行为处罚范围也就限于杀人、抢劫、强奸等等。刑法规定的预备犯处罚的一般原则，就在很大程度上被虚置。一个外国人通过刑法文本来了解我国刑法，就会认为在我国预备犯都要被处罚，处罚范围很广。但实际上我国司法实践中预备犯被处罚的案例很少。可以说，我国预备犯被处罚的情况和德日并没有太大差别。我主张，参照大陆法系的刑法典进行立法，取消处罚预备犯的一般原则，在刑法分则中对那些需要处罚的犯罪预备行为作出特别规定。如果刑法总则要保留预备犯的条文，那么就增加一个条款，明文列举哪些犯罪的预备行为要被处罚，那些没有明文列举的犯罪预备行为就不应该被处罚。通过这些方法，使我国刑法关于预备犯的处罚规定更加精确、更加精致。

（三）犯罪预备的处罚原则

我国刑法第 22 条第 2 款规定，“对于预备犯，可以比照既遂犯从轻、减轻处罚或者免除处罚”。这就是我国刑法关于预备犯处罚的一般原则。根据这一规定，对于预备犯可以比照既遂犯从轻、减轻处罚或者免除处罚。我在前面讲了，刑法分则对某一个具体犯罪规定的法定刑，是针对这种犯罪的既遂来规定的。例如故意杀人罪的法定刑，是指把人杀死了应当处什么刑罚。如果是这种犯罪的预备，刑法并没有对这种预备专门规定法定刑，而是比照既遂来处罚：对于预备犯，可以比照既遂犯从轻、减轻处罚或者免除处罚。至于到底是从轻、减轻处罚还是免除处罚，就要根据犯罪预备的具体情况来确定。虽然都是犯罪预备，但是具体情况很不一样，有的犯罪预备要严重些，或者有的预备距离着手实行犯罪要近一些，因此要根据预备的具体情况来比照既遂犯从轻、减轻处罚或者免除处罚。

三、犯罪未遂

(一) 犯罪未遂的概念

根据我国刑法第23条的规定，犯罪未遂是指已经着手实行犯罪，由于犯罪分子意志以外的原因而未得逞的情形。犯罪未遂在整个犯罪的未完成形态中，最为常见，也最为复杂。它既区别于犯罪预备（它与犯罪预备的主要区分是在时间上，犯罪预备是在着手实行犯罪以前，而犯罪未遂发生在着手实行犯罪以后）又区分于我们后面所要讲的犯罪中止（犯罪未遂和犯罪中止的主要区分在于未能犯罪的原因，犯罪未遂是由于意志以外的原因而未能完成犯罪，而犯罪中止是由于犯罪分子本人放弃了犯罪）。

未遂犯的理论分为主观的未遂犯论和客观的未遂犯论。主观的未遂犯论强调的是行为人的主观恶性，因此，它的处罚范围往往比较宽泛，尽管是不能犯甚至迷信犯，只要行为人是有主观恶性的，是在杀人的故意支配下实施行为的，即使客观上没有发生法益侵害结果，仍要处罚。这是主观的未遂犯论。客观的未遂犯论认为，是否具有可罚性应当从客观上来考虑，尽管行为人主观上有犯罪意图，但客观上毕竟法益侵害结果没有发生，而且也不可能发生，因此不需要处罚。主观的未遂犯论和客观的未遂犯论不仅在未遂犯的处罚条件上有区分，而且在处罚原则上也有区分。主观的未遂犯论认为，对未遂犯与既遂犯同等处罚，因为这个结果没有发生并不是行为人不想发生，而是客观上发生不了，它实际上和既遂犯没有什么差别，基于对主观恶性的考虑要同等处罚。但客观的未遂犯论认为，结果是否发生，对法益侵害是不同的，因此应当区别对待，对未遂犯应当从轻或减轻处罚。可见，刑法的思想在未遂犯处罚背后起支配作用。

目前各国刑法一般都采用客观的未遂论，将未遂犯视为具体危险犯，不仅要考察未遂犯成立的条件，还要具体判断是否存在具体危险。这一点在对不能犯未遂的处罚上体现得十分明显。

根据我国刑法规定，犯罪未遂具有以下三个特征：

1. 已经着手实行犯罪

犯罪过程可以分为两个阶段：第一个是预备阶段，第二个是实行阶段。在预备阶段和实行阶段之间的这个点，就是实行行为的着手。因此，着手实行犯罪意味着已经完成了犯罪预备行为，进入到犯罪实行行为的时期。“着手”这个词，具有“罪从此始”的含义。在意大利著名刑法学家贝卡利亚那里，犯罪的着手被视为是刑事可罚性的起点，也就是刑事责任追究从着手实行犯罪开始。他认为，着手实行犯罪以前的行为是不具有可罚性的，预备行为不具有可罚性，只有着手实行犯罪以后的行为才具有可罚性。因此，贝卡利亚就用“着手”这个词来表示犯罪的起始。从苏俄刑法开始，刑事责任的追究提前到预备行为，在这种情况下，“着手”就不再具有“罪从此始”的含义，不再是罪与非罪区别的标志，而是预备行为和实行行为区别的标志。在从“着手”开始追究刑事责任的情况下，是否着手的判断就成为一个罪与非罪的判断：如果已经着手就是有罪的，如果没有着手就是无罪的。但我国刑法不仅处罚未遂犯，而且处罚预备犯。在这种情况下，是否着手的判断就是区分未遂犯与预备犯的界限。

这里的“着手”，是实行行为的着手，按照刑法规定是已经着手实行犯罪。那么这里就有一个如何确定实行行为着手的问题。实行行为着手和如何来理解实行行为本身是具有密切联系的。实行行为是刑法分则所规定的构成要件行为，每一种犯罪都有自身特定的实行行为，只有在明确某一种具体犯罪的实行行为的基础之上，才能对这种犯罪的实行行为的着手作出正确的判断。在我国刑法分则中，对具体罪状的描述在很多情况下都采取简单罪状的方式，也就是说没有对具体实行行为的具体特征加以详细的描述，而只是简单地概括了某种犯罪实行行为的基本特征。在这种情况下，某种实行行为的内容如何确定，就直接关系到对这种实行行为的着手的判断。实行行为着手的判断，在很大程度上取决于某一行为的定型化程度。在现实生活中，犯罪行为的具体表现是五花八门、千姿百态的。但立法是抽象的，抽象的立法最大的好处是概括力强，能够把现实生活中发生的各种各样的犯罪行为都涵括进去。伴随着这种抽象立法的一个缺陷是在适用的时候，行为界限不太容易把握。刑法规定的具体犯罪行为是一种类型化的行为，这种类型化是以定型为前提的——对行为的把握是一种定型性的把握，而这种定型性的把握又可能是不完全相同的。例如，有些犯罪，尤其是某些结果犯，即以结果发生作为犯罪主要处罚根据的那些犯罪，对于行为本身就没有严格的定型要求，只要是引起这个结果的行为，就是这个犯罪的实行行为。在这种情况下，它的定型化的程度相对来说就会差一点。一般认为，过失犯罪是过失地引起某种结果发生，只有这种结果发生了才能把引起这种结果发生的行为认定为某种犯罪的过失行为。对于这种过失行为本身，在刑法中并没有十分具体的描述，也就是说，这种过失行为本身是需要结果来证明的。在这种情况下，过失行为的定型化程度就较差。在故意犯罪中，如果是某种结果犯，那么它同样存在这个问题。可见，犯罪行为定型化的问题是一个值得研究的问题。

对于有些犯罪行为，刑法采取一种概括的立法方式，当我们来确定它的行为内容的时候，尽管这些犯罪是我们耳熟能详的，但实际上真要对这些犯罪的实行行为的内容进行描述，可能也是较为困难的。我就以大家都熟悉的盗窃罪为例：什么是盗窃行为？盗窃行为的着手如何来判断？这个问题就和对盗窃行为的把握有关。只要一提盗窃，我们都认为对盗窃这种犯罪行为是非常熟悉的，可能在所有的犯罪当中，除了杀人罪以外，盗窃罪是最熟悉的犯罪。刑法对于盗窃罪的罪状，也只是规定盗窃公私财物，并没有对盗窃这个概念本身再作具体的说明。在刑法理论上，一般都把盗窃界定为秘密窃取。秘密窃取中的秘密，当然是想揭示盗窃行为的秘行犯的特征。但窃取的“窃”本身就是秘密的意思，秘密窃取中的秘密两字就有点多余。什么叫窃取？实际上在具体的犯罪中，窃取的具体表现方式是不同的，因此，盗窃罪的实行行为的着手也没有统一的标准，而是应当根据具体的盗窃行为进行判断。有些盗窃行为是我们最为常见的，一般来说，只要行为人的手接触到财物并把它拿走，这就是窃取，而手与财物的接触就是盗窃罪实行行为的着手。在有些盗窃行为中，合法财产的所有人对财产进行了某种物理控制，那么，破坏这种控制的行为本身是不是盗窃行为的一部分？这个问题直接关系到如何确定盗窃行为的着手。例如，行为人为了窃取某种财物，例如通信设施，把正在使用中的通信设施诸如电线、电缆等等剪断，然后拿回家去卖给废品收购站。这个行为，从行为人主观上来说，当然具有非法占有公私财物的目的，是在非法占有的目的支配下所实行的行为。但这里却涉及两个罪名：一个是盗窃罪，另一个是破坏公用电信设施罪。在这种情况下，行为人把电线、电缆剪断这个动作，是不是盗窃行为的着手，就直接关系到对这个行为的定性。对此，一种观点认为，将通信设施剪断是一个破坏通信设施的行为，然后把剪断的电线、电缆拿回家是一个盗窃行为。根据这种理解，在这个案件中就有两个行为。另外一种观点则认为，行为人把正在使用中的电线、电缆剪断，剪断这个动作本身就是盗窃行为的着手，拿回家同样是盗窃行为的一部分。根据这种观点，在这个案件中并没有两个行为，而只有一个行为，属于两个犯罪的想象竞合。这里的核心问题还是如何来理解盗窃的实行行为。只有确定了盗窃罪之实行行为的具体内容，才能对盗窃这种犯罪行为究竟从何时着手这个问题进行正确的判断。这就需要对盗窃罪的实行行为进行完整的理解。我认为盗窃罪的实行行为的本质特征是，将他人合法控制之下的财物，通过窃取的手段，自己予以非法占有。这个财产所有权的非法转移过程，就叫作盗窃。也就是说，在犯罪人实施盗窃行为之前，财物置于财产所有人或者保管人的合法控制之下，通过盗窃行为这种财产的合法控制状态被破坏，财产被置于盗窃人的非法控制之中。如果抽象地解释盗窃行为，它实际是一种控制状态的转换，将他人合法控制的财物变成本人非法控制。如果再进一步理解，我们就会发现，破坏财产的所有人或财产保管人对财产的合法控制状态本身，就应该是盗窃罪之实行行为的组成部分。当然，财产的所有人或者财产的保管人对财产的控制方式是不一样的。在某些情况下，控制是较松的，例如一个人骑一辆自行车，在车筐里放了一个包，包里面有贵重财物。骑车人临时想起来到路边的小店去买个东西，就把自行车往路边一放，也没有把包拿走，转过身去或者走几米去买东西。在这种情况下，仍然应当视为财物所有人对财物处于控制状态。这个时候小偷把包拿走，就是盗窃。在另外一些情况下，财物所有人或者财物保管人对财物实施了物理控制，在这种物理控制的情况下，想要取得财物，首先必须破坏这种控制。这种对控制状态的破坏本身，就应当视为盗窃行为的不可分割的组成部分。应当指出，破坏控制的方式是多种多样的，根据财物所处状态不同而有所不同。例如在鱼塘里养鱼，为了偷鱼先往鱼塘扔炸弹将鱼炸死，这个扔炸弹的行为就应当被视为盗窃行为的着手。再如，动物园养了一只老虎，有人要去偷老虎皮，就先把老虎给毒死，然后把老虎皮给扒下来。可见，毒死老虎本身也应当被视为盗窃行为的一部分。像我刚才所讲的案例，把电线、电缆给剪断，这个剪断本身就是盗窃行为的着手，不能认为只有剪断以后把剪断的电线、电缆拿回家，盗窃才开始。可见，盗窃行为本身就是很复杂的，要根据具体情况来判断。

在某些情况下，可能行为人所实施的动作是相同的，但在不同的犯罪中，这个动作是否为着手具有不同的理解。可能对这个犯罪来说，这个动作就是着手，但是对另外一个犯罪来说，这个动作就不是着手。以破门为例：破门这个动作对于盗窃罪来说，就是盗窃罪的着手，但对于强奸罪来说，就不是强奸罪的着手。为什么对盗窃罪破门就是着手，而对于强奸罪破门就不是着手？这主要是跟这两种犯罪的实行行为的内容是有关系的。破门对于盗窃罪来说之所以被视为着手，因为破门意味着对于财产所有人对其财产的合法保管状态的一种破坏。财产所有人将东西放在家里面，关上门，门上了锁，那么这是对财物的合法控制，破门就意味着这种合法的控制状态被破坏，因此可以认定为盗窃行为的着手。而不能认为只有破门以后，行为人的手碰到要偷的财物，这个时候盗窃行为才着手。一旦破门，盗窃就着手了。因此，破门进去以后，即使一分钱没偷着，我们也可以说这是盗窃罪的未遂，因为盗窃行为已经着手。为什么对于强奸罪来说破门不是强奸罪的着手呢？因为强奸罪是一种侵犯人身权利的犯罪，这和作为侵犯财产权利犯罪的盗窃罪是不同的。强奸罪的构成要件行为是使用暴力、胁迫或其他方法，违背妇女意志，强行与之发生性行为。从强奸罪的构成要件行为可以看出，它是复行为犯，它有双重行为：一个是手段行为，即使用暴力、胁迫或者其他方法；另一个是目的行为，即强行与妇女发生性行为。从这两部分行为的内容来看，它都是针对特定的妇女的，因此，入室强奸的破门不是强奸罪的构成要件行为的着手。只有破门以后，面对一个具体的妇女开始实施暴力，这时才能认定为强奸行为的着手。如果行为人以强奸为目的破门，但破门以后发现室内没有人，对此就不能认定为强奸未遂，因为行为人还没有开始实施强奸罪的构成要件行为。

从这个例子就说明，这种着手的判断实际上是因罪而异，并且即使是同一个犯罪，也没有统一的标准，而是要根据具体的犯罪来加以判断。这里需要强调的不是实行行为着手的一般标准，而是判断实行行为着手的方法。这就是具体分析实行行为的内容，然后确定实行行为的起点，这个起点就是着手。

我们可以根据不同的犯罪类型进行具体分析。犯罪类型至少可以分为两种：一是行为犯，二是结果犯。对于行为犯来说，主要是要确定行为的具体内容，根据行为的内容来判断行为是否着手。对于结果犯来说，实行行为的着手通常是指开始实施能够引起结果发生的行为。因此在司法实践中，应当结合具体案件来对实行行为的着手进行判断。

如前所述，着手主要是和预备相区分，因此，如果不能准确判断着手，我们就会把犯罪预备和犯罪未遂混淆起来。例如预备后的阶段，在预备后阶段有守候行为、尾随行为，如果在守候或者尾随过程中被他人发现而被抓获，因此使得犯罪行为没有进一步发展，那么在这种情况下到底是犯罪预备还是犯罪未遂？我认为属于犯罪预备。之所以应当看作是预备，主要是因为犯罪的实行行为并没有着手。例如故意杀人罪，行为人磨好刀，杀人预备行为已经完成。然后，行为人在被害人每天都要经过的地方等候，准备当被害人出现时将他杀害。但被害人还没有出现，行为人就被他人发现，杀人行为也被制止。在这种情况下，仍然属于预备，因为守候行为是预备的表现方式。另外，杀人中的尾随行为，在尾随情况下，尽管已经看到被害人，但还没有对被害人下手，这里的下手就是着手的意思，所以仍然应当看作是预备。对于故意杀人罪来说，只有开始实施足以致人死亡的行为，杀人行为才算着手。当然，使用不同的工具杀人，杀人实行行为的判断有所不同。例如用枪杀人，买枪、买子弹、装子弹、瞄准，这些都只是预备行为，只有行为人扣动扳机的那一刹那，才是杀人实行行为的着手。用刀杀人，买刀、磨刀、寻找被害人，都是杀人的预备行为；对着被害人举起刀来，还是预备；只有手起刀落的那一刹那，才是杀人实行行为的着手。可见，实行行为的着手还是应该存在一个客观的判断标准。在具体案件当中，我们可能难以精确地作出判断，但大概的标准还是有的。

在司法实践中，主要还是应当结合犯罪行为进行着手的判断。例如，在司法实践当中经常发生这样的案例，数个行为人经过预谋以后准备抢出租车司机，事先准备了绳索和凶器，然后上了一辆出租车。上了出租车以后并没有马上进行抢劫，而是等到偏僻的地方再下手，但在过车辆检查站的时候就被发现了。那么，在这种情况下，抢劫行为有没有着手呢？一种观点认为：它已经完成了预备，经过预谋准备了凶器，当行为人上了这辆出租车的时候抢劫就着手了，因此，这个案件属于抢劫未遂。另一种观点认为：不能把上出租车视为着手，上出租车仍然是在预备过程当中，在寻找机会进行抢劫，但抢劫本身并没有开始。抢劫罪的构成要件行为是使用暴力、胁迫或其他方法，公然夺取他人财物，只有当行为人对出租车司机进行暴力或者胁迫的时候抢劫才开始。就这两种观点而言，我认为第二种观点是正确的。我们不能把行为人上了出租车就视为抢劫行为着手，因为这个时候行为人毕竟还没有实施抢劫罪的构成要件行为。

可见，着手的判断，是在司法实践当中容易引起争议的问题。我们所能提供的基本思路，就是首先要判断某一犯罪的具体构成要件行为，然后再来看在一个具体案件中，这种犯罪的实行行为到底有没有开始实施。如果开始实施，我们就说已经着手实行犯罪；如果根据具体案件判断，尚不能认为已经开始实施刑法分则所规定的构成要件行为，我们就认为犯罪尚未着手。

2. 未得逞

犯罪未得逞是犯罪未遂的非常重要的特征。犯罪未得逞，表明犯罪没有完成。我们把犯罪分为两种情形：一种是犯罪的完成形态，这就是犯罪既遂；另一种是犯罪的未完成形态，犯罪未遂是犯罪未完成形态当中一种主要的形态。因此，犯罪未得逞是犯罪未遂的基本特征。

这里的未得逞，它的正确的含义是指某一个具体犯罪的构成要件不齐备。这也正是犯罪既遂和犯罪未遂相区分的根本标准。犯罪既遂是指某个犯罪的构成要件都齐备，犯罪未得逞是某个犯罪的构成要件不齐备。我国刑法采用未得逞这个用语来表达犯罪未遂的特征，是容易造成误解的。因为得逞与否的问题，我们经常把它理解为主观的目的是否实现的问题。未遂往往被认为是主观目的没有达到，因为是否得逞属于主观范畴的问题，具有较强的主观色彩。但实际上未得逞的判断，不能根据或者不能仅仅根据行为人的主观愿望进行判断，主要是应当根据某个犯罪的构成要件是否完全齐备作出判断。

当然，在某些犯罪中，是否得逞问题确实和行为人的主观目的是否实现是有关系的。也就是说，在某些犯罪形态中，主观目的与犯罪结果两者是统一的，因此，如果主观目的没有达到，客观结果就没有发生，也就是犯罪的构成要件没有齐备，因此应当认定为犯罪未遂。例如故意杀人，行为人主观上具有剥夺他人生命的目的，客观上发生死亡结果，而这种死亡结果正是非法剥夺他人生命的主观目的的客观化，也就是杀人目的的实现。因此，对于故意杀人罪来说，行为人着手实施杀人行为，但客观上没有发死亡结果，这种死亡结果没有发生就是非法剥夺他人生命的主观目的没有实现。在这种情况下，杀人未得逞。在其他一些犯罪中，例如目的犯的情况下，就不能以目的是否实现作为是否得逞的标志。例如诬告陷害罪，行为人以陷害他人为目的，按照刑法条文的表述，就是意图使他人受到刑事追究；客观上实施了虚假的告发行为，这就是诬告陷害罪的构成要件。因此，诬告陷害罪是一个目的犯，行为人主观上要有诬陷他人的目的，而在客观上实施了虚假告发行为。在这种情况下，诬告陷害罪的构成要件就齐备了，至于被诬陷的人有没有受到司法机关的追究，这个诬陷的目的是否实现，并非本罪的构成要件。因此，某行为人意图陷害他人，向司法机关作了虚假告发，但被司法机关识破，于是被诬告的人并没有受到非法的刑事追究。在这种情况下，从行为人的主观上来说是未得逞，该人想要使他人受到非法的刑事追究，但并没有达到这个目的。但是我们不能认为这种诬告陷害罪是未遂，因为在这种情况下，法律所要求的诬告陷害罪的构成要件都已经具备，这个犯罪就完成了，因此应当是既遂而不是未遂。目的犯的目的之所以并不要求实现，是因为这里的目的只是主观违法要素，并不要求具体实现。那种认为在目的犯的情况下，目的没有实现就是未遂的理解，错误就在于将目的的实现行为视为目的犯的构成要件要素。

因此，我们要对犯罪的构成要件进行分析，如果对犯罪的构成要件内容有了错误的认识，某个要素并不是该罪构成要件的一部分，而把它理解为该罪构成要件的一部分，在它没有具备的情况下，就说构成要件没有齐备，这样就会作出错误判断。因此，在一定的意义上说，是否得逞的判断实际上取决于我们对某个犯罪的构成要件的正确理解。能不能作出正确判断，取决于能不能正确理解某个犯罪的构成要件。例如绑架罪，绑架罪中最常见的就是以勒索财物为目的绑架他人，也就是我们平常所说的绑架勒赎。绑架勒赎是指为了勒索财物将他人绑架，绑架以后要求被害人家属交付赎金，以此作为释放人质的对价。这是一个完整的绑架勒赎的犯罪过程。在这种情况下，我们说绑架勒赎是既遂，这不会发生问题。但在某些绑架案件中，绑架的进程并不像行为人所想象的那样顺利地进行，例如，行为人已经着手将他人予以绑架，也向被绑架人的家属发出了勒索的信息，但在没有取得财物的情况下就被抓获。在这个绑架案件中，绑架行为到底是既遂还是未遂，也就是是否得逞？对此也有不同看法。一种观点认为，虽然行为人实施了绑架行为，但是他所想要勒索的财物并没有取得，因此属于犯罪未得逞，是绑架罪的未遂。另外一种观点则认为，尽管行为人想要获得的赎金没有拿到，但是他已经在勒索财物目的的支配下实施了绑架行为，绑架罪的构成要件已经齐备，构成绑架罪的既遂而不是未遂。在这两种观点当中，哪个观点正确？它的判断标准还是如何来理解绑架罪的构成要件。绑架罪同样是目的犯，勒索财物是一种主观违法要素，也可以说是主观的超过要素，勒索财物目的的实现行为并不是绑架罪的构成要件行为。类似绑架罪这种犯罪类型，在刑法理论上称为短缩的二行为犯，它不是真正的二行为犯。如果是真正的二行为犯，只有绑架行为而没有取得财物，那就是构成要件不齐备。但它是短缩的二行为犯，只要具有实施第二个行为的目的就行了，而不要求第二个行为具体实施，换言之，第二个行为并不是本罪的构成要件行为。如果这样来理解，以勒索财物为目的而实施绑架行为，则绑架罪的构成要件就已经齐备，构成绑架罪的既遂。在这种情况下，我们就不能将行为人主观目的是否实现，作为判断是否得逞的标准。

我们在理解未得逞这个概念的时候，就容易被法律的语言引入一个误区，受到误导，好像行为人的主观目的没有实现就是未得逞。但实际上在很多犯罪中，是否得逞并不以行为人的主观目的是否实现为转移，那更不用说危险犯了。危险犯本来就是结果没有发生，只是具有发生的危险，只要具备了这种危险就是既遂。例如，放火造成公私财物的损失或者他人人身伤亡，这当然是实害犯。放火危害公共安全尚未造成严重后果，被法律规定为危险犯。危险犯本来是实害犯的未遂犯，刑法把危险犯作为一种既遂的形态加以规定，因此，危险犯的构成要件是齐备的，构成危险犯的既遂犯。当然，放火罪也不是说只要实施了放火这个行为就可以构成犯罪的既遂，刑法并没有把放火罪规定为单纯的举动犯，而是把它设置为危险犯，而且是具体危险犯，因此，法官还需要判断具体危险是否存在。如果行为人虽然实施了放火行为，但具体危险也不存在，那么它就是危险犯的未遂犯。具体危险是危险犯的构成要素，所以有的学者认为危险犯就是结果犯，危险犯的结果就是具体危险，具体危险对于危险犯来说就是一个法定结果。从具体危险犯的构造来说，它和结果犯确实相似，它要求具有具体危险，把具体危险理解为结果也不是不可以；如果没有具体危险，就相当于结果犯的结果没发生。我个人还是倾向于把危险犯理解为行为犯，具体危险实际上它还是一种行为的状态，而不是行为之外、可以脱离行为而存在的结果要素，因为结果是和行为分立的、分离的客观要素，例如杀人罪中的死亡结果是独立于杀人行为而存在的。但危险犯中的具体危险，它是对行为性质的一种判断，这里的行为性质是这个行为是否可能造成某种危险。我认为，具体危险的判断仍然是一个行为性质判断的问题，在行为范围之内，难以把它和行为相分离，视为独立于行为的结果。因此，我把具体危险犯归结为行为犯，而不是结果犯。

在司法实践中，有些犯罪是否得逞的判断相当复杂。例如盗窃罪，破坏财产所有人和保管人对财产的合法控制是盗窃行为的着手，那么，盗窃行为什么时候完成？盗窃行为完成的判断，实际上关于盗窃是否得逞的认定。在刑法理论上关于盗窃罪的完成的判断标准，分歧很大。其中有一种最极端的观点，就是接触说，认为只要盗窃犯的手接触到其所要盗窃的财物，就是盗窃既遂。这种观点实际上是把盗窃罪理解为举动犯，行为人的手只要一接触财物就是既遂。另一种观点是控制说，认为行为人只有控制了财物才是既遂，如果没有控制财物仍然是未遂。还有一种观点是失控说，认为行为人所实施的盗窃行为使财产所有人或者保管人丧失了对财物的控制，就是既遂；没有使财产所有人或者保管人丧失对财物的控制，才是未遂。当然，失控和控制这两种状况，在大部分情况下是统一的：行为人控制财物，那就意味着财产所有人或者保管人丧失了对财物的控制，被害人丧失控制正是行为人控制的原因。但在少数盗窃案件中，控制与失控这两者是不统一的：财产所有人或者保管人虽然丧失了对财物的控制，但行为人并没有实际控制财物，而只是破坏了财产所有人或者保管人对财物的控制。在这种情况下，失控说和控制说关于盗窃罪是否得逞的判断标准就有所不同。还有一种观点是失控加控制说，认为只有财产所有人或者保管人丧失控制并且行为人控制了财物，才是既遂。这些观点的区别显示出对盗窃行为的性质在理解上的不同。例如，失控说和控制说这两种观点：失控说侧重于从被害人的角度来说，行为人的盗窃行为使他人丧失了对财物的控制，就是既遂，因为在这种情况下已经造成被害人的财产损失。但从犯罪人角度来说，尽管被害人丧失了对财物的控制，造成了财产损失，但行为人主观上是想取得这些财物，却并没有取得这些财物，这就不能认定为盗窃既遂。在以上观点中，我个人倾向于控制说，这主要还是基于对盗窃罪的构成要件行为的理解。盗窃行为从破坏财产所有人或保管人对财产的控制开始，这种破坏行为造成了财产所有人或保管人对财产的失控，但丧失控制还不等于盗窃罪的构成要件已经齐备，还要行为人取得这些财物，盗窃罪的构成要件才齐备。

在明确了盗窃罪的既遂标准以后，碰到具体案件时，还会有很大的麻烦。例如，什么是控制？控制范围如何确定？在一个盗窃案件中，犯罪分子到某工厂的财会室盗窃保险柜，但因为盗窃犯盗窃技艺不精，快到上班时间了，保险柜还没有打开。盗窃犯又不愿意轻易放弃到嘴的肥肉，正巧保险柜较小、不重，盗窃犯就把保险柜搬离财会室，放到楼梯口隐蔽处。后来，工厂财务人员在发现失窃以后，在楼梯口找到了保险柜。像这样的案件是盗窃既遂还是未遂呢？从失控与控制的角度来说，工厂财务部门到底有没有丧失对财物的控制，犯罪人有没有控制财物？这些问题都是存在疑问的。我认为，在这种情况下，尽管盗窃犯将保险柜搬离了财会室，但还不能说该工厂财务部门丧失了对保险柜的控制，因为保险柜还是在厂区的范围之内。只要在这个厂区的范围之内，都不能说丧失了控制。在这种情况下，盗窃犯并没有控制财物。这里有一个标准，就是犯罪人要想取得保险柜，如果还要再次实施盗窃行为，就不能认为盗窃犯控制了财物。只有当盗窃犯将保险柜搬离厂区，放在一个别人不易发现的地方，第二次来取不再是盗窃，才是控制了财物。还有一个案件：在一条运输船上存放了大量铝锭，有个犯罪分子潜入船上盗窃铝锭。因为铝锭很重，要搬回家也挺困难的，他就把铝锭沉入几米深的水下。等到船开走以后再回来打捞铝锭。那么，这一盗窃行为是得逞还是没有得逞呢？我认为在这种情况下，盗窃行为已经得逞，行为人控制了铝锭。在本案中，船主丧失了对铝锭的控制是没有问题的，关键是盗窃犯有没有控制铝锭。盗窃犯对财物的控制并不是说把它放在兜里面才算控制，只有他知道铝锭沉到水下，船开走以后他还可以从容地来取铝锭，这就是控制，因此，盗窃属于既遂。

可见，犯罪既遂的判断确实是千差万别的，十分复杂，要进行个案的判断。

3. 意志以外的原因

意志以外的原因，也是犯罪未遂的一个重要特征。这个特征主要是将犯罪未遂和犯罪中止加以区分。犯罪未遂和犯罪中止都是未能完成犯罪，但未能完成犯罪的原因并不相同。犯罪未遂之所以未能完成犯罪，是由于犯罪分子意志以外的原因。而对于犯罪中止来说，之所以未能完成犯罪，是由于犯罪分子本人放弃了犯罪。所以这两者是不一样的。

如何理解这里的“意志以外的原因”？意志以外的原因，我们往往容易把它理解为一种客观原因，因为意志是一种主观的东西，意志以外就是客观的原因。确实，客观的原因是意志以外的原因当中的主要组成部分。例如放火，刚把火点着，一阵风刮来，把火苗给吹灭了，这里的风就是意志以外的原因；或者刚把火点燃，结果下了一阵大雨，把火给浇灭了，这里的雨也是意志以外的原因。这是自然力。还有人力：行为人用刀杀人，砍了好几刀把被害人砍伤，这时候有人过来，把他给制止了，因为他人的制止使得杀人行为没有完成。当然还有被害人的反抗：行为人拿刀杀人，结果他人夺过刀来把杀人的人给砍伤了。在这种情况下，杀人犯是未遂，被害人是正当防卫。但这里稍微复杂一点的是，如果被害人不是反抗而是哀求，在被害人的哀求下，犯罪人放弃了犯罪，那么到底是由于被害人的哀求这个意志以外的原因还是由于犯罪人本意而放弃犯罪？对此，在犯罪中止中会专门讨论。

客观原因是意志以外的原因的重要组成部分，但我们又不能把意志以外的原因仅理解为客观原因，它还包括主观原因。主观原因又可以分为两部分：一部分是主体能力上的不足，例如用枪杀人，结果枪法不准，没把人打死。这里的枪法不准就是主体能力问题。再如犯罪分子盗窃保险柜，技能不佳，打不开保险柜，空手而去。这也是主观原因。还有主观认识上的错误，最典型的就是将白糖误认为砒霜投毒杀人，被害人吃了白糖当然不会死。这种主观上的错误也是意志以外的原因。由此可见，犯罪分子意志以外的原因，它的表现方式是多种多样的。

从意志以外的原因的性质来看，这里的意志以外的原因，通常来说，都是不利于犯罪人完成犯罪的原因，对于犯罪来说这是一种外在的阻止或者阻挡。也就是说，行为人想要把犯罪完成，出现这种原因使得犯罪无法进行下去，因此是一种不利的原因。但在某些情况下，也可能是出现了一种有利的原因，这种原因使得犯罪分子不需要采用犯罪的手段就可以实现他想要达到的目的，因此就放弃了犯罪。这个原因对犯罪人来说是有利的，在这种情况下，行为人已经着手实行犯罪以后又放弃了犯罪，是否属于意志以外的原因呢？我认为，这也是一种意志以外的原因。这里存在一个犯罪的转化问题。刑法中的犯罪是规范意义上的犯罪，这种规范意义上的犯罪是对现实生活中存在的犯罪的规范描述。现实存在的犯罪是由犯罪学研究的，刑法学研究的是规范的犯罪。例如，行为人准备了凶器，要到商场去抢劫，来到商场，看到售货台上放了好多钱，营业员没有好好照顾。在这种情况下，行为人把钱一拿就走。也就是说，行为人本来是想抢劫，但到犯罪现场一看，不用抢劫就能拿到钱，就可能转化为盗窃，或者转化为抢夺。本来是想使用暴力来取得财物，但不使用暴力也可以取得财物，这样，犯罪就发生了转化。在这种情况下，严格来说，犯罪分子前面有一个抢劫的预备行为，但后来实际实施的是盗窃行为或者抢夺行为。在抢劫的预备过程中，由于犯罪分子意志以外的原因，未能着手实行抢劫。在这种情况下，犯罪分子之所以未能着手实行犯罪，是由于出现了有利的原因，不需要使用暴力抢劫，只要直接拿走就行了。当然，在这种情况下，我们一般不会认定为两罪——既定抢劫的预备，又定盗窃或者抢夺。

这是预备以后出现有利于行为人达到目的的原因，而没有继续着手实行犯罪。在着手实行犯罪以后，也可能出现一种有利于达到主观目的的原因，而使得行为人不需要犯罪就能满足自己的主观愿望，因而放弃了犯罪。例如曾经发生过这样一起案例，某工厂的工人甲要去强奸女工乙，晚上甲就潜入乙的宿舍，发现乙正在睡觉，甲就掀开被子欲行强奸。这时乙被惊醒了，因为都是同一个工厂的，乙平时就认识甲，平时就对甲有好感，就自愿和甲发生性关系。在这个案件中，男青年的强奸行为已经着手，但后来演变为双方自愿发生性关系，强奸罪的构成要件行为没有实施完毕。之所以没有实施完毕也是意志以外的原因造成的，这个意志以外的原因是有利于行为人的主观目的实现的原因。

意志以外的原因基本上是不利于行为人的原因，也可能是有利于行为人的原因。就不利于行为人的原因而言，它要达到一定程度。如果遇到一些轻微的不利原因，仍然是中止而不是未遂。例如在甲在大路上抢劫。看到前面一个人在行走，甲在后面大喊："你给我站住！"然后去拍这个人肩膀，结果转过来一看是一个熟人，见是熟人，甲就不抢了。在这种情况下，遇到熟人是一个意志以外的原因，如果不是熟人甲可能就抢了，但遇到熟人，甲就放弃了抢劫。在这种情况下，遇到轻微的不利而放弃犯罪，我认为是中止而不是未遂。

综上，如果具备以上三个特征，就可以成立犯罪未遂。

(二) 犯罪未遂的类型

1. 未了未遂与终了未遂

以实行行为是否实行终了为标准，未遂可以分为未了未遂与终了未遂。

未了未遂是犯罪分子自认为完成犯罪所必要的构成要件行为没有实行完毕。

例如用刀杀人，砍六刀能把人砍死，砍了三刀被他人制止，没把人砍死，就是未实行终了的未遂。这种未实行终了的未遂是构成要件行为没有完成，我们简单称为未了未遂。

终了未遂是指构成要件行为已经实施完毕，但犯罪分子预期的犯罪结果没有发生。终了未遂的情况是相当复杂的，在一般情况下实行行为实施终了，对结果犯来说，结果已经发生；对行为犯来说，行为已经实施完毕，表明犯罪的构成要件均已齐备，就是既遂。因此，有的学者指出，如果把犯罪实行阶段用一条线来表示，那么这条线的终点就是实行行为的完成，就是既遂。但在某些特殊情况下，存在实行后阶段，例如投毒杀人，犯罪分子把毒药投到被害人的食物当中，投毒行为终了，实行行为结束了，但这个时候，死亡结果并没有发生。要等到被害人吃下有毒食物，毒性发作，送医院抢救无效，才发生死亡结果。在这个过程当中，毒药投完，结果被害人发现食物中有毒药，就把毒药给倒了；或者虽然服用了毒药，但毒性发作后送到医院被抢救过来，没死。在这种情况下，投毒杀人处于未遂状态，这里的未遂就是终了未遂。由此可见，实行后阶段仍然是有意义的，在实行后阶段仍有可能发生实行终了的未遂。

终了未遂和未了未遂相比较，在相同的犯罪情况下，终了未遂比未了未遂距离犯罪构成要件的齐备更近一些，因此，终了未遂比未了未遂在性质上更严重一些。这只能是相同犯罪间比较，不同犯罪间不具有可比性。不同犯罪，例如一个犯罪分子用刀杀人，砍六刀能把人砍死，砍三刀已经把人砍成重伤了，没把人砍死是未了未遂；另一个犯罪分子投毒，毒药投下去了，实行行为实施完毕，但被害人发现毒药没喝，被害人毛发无损。在这种不同的情况下，就不能说终了未遂比未了未遂更重。只是说在相同情况下，终了未遂比未了未遂更重。

2. 能犯未遂与不能犯未遂

以犯罪实行行为能不能实施完毕为标准，未遂可以分为能犯未遂与不能犯未遂。

能犯未遂是指某种犯罪，按照它的客观情况，是能够实施完毕达到既遂的，但由于犯罪分子意志以外的原因未能达到既遂。大部分犯罪都是能犯未遂，例如犯罪分子用枪打人，由于枪法不准，没有把人打死，但如果枪法准的话是能够把人打死的，这是能犯未遂。

不能犯未遂是指犯罪实行行为本身所具有的某种特征，或者行为人的主观上的认识错误，使得某种犯罪不可能达到既遂状态。不能犯未遂涉及不能犯问题。不能犯与不能犯未遂，这是两个不同的概念。在日本，不能犯和未遂犯是相区分的，因为日本刑法明确规定，不能犯是不可罚的。因此，日本刑法中的未遂犯都是能犯未遂。如果是不能犯，就不构成犯罪。在这种情况下，未遂犯和不能犯的区分是罪和非罪的区分。但德国刑法规定，出于重大无知的不能犯，仍然是可罚的。这就是不能犯的未遂犯。大陆法系刑法理论对于不能犯的不能作了非常深入的研究，提出了事实不能与法律不能、绝对不能与相对不能等范畴，同时又把不能犯分为主体不能、方法不能和客体不能这三种类型。

我国对不能犯没有明文规定，刑法理论认为不能犯仍然是可罚的，比较接近于德国的体例。我国把不能犯称为不能犯未遂，作为未遂犯加以处罚。因此，在我国刑法中，不能犯与能犯并不是罪与非罪的问题，都是属于未遂犯，都要受到刑罚处罚。在这种情况下，能犯与不能犯区分的意义就较为有限：只是具有一点理论上的意义，没有太大的实际意义。在我国传统的刑法理论中，不能犯未遂的处罚范围是较为宽泛的，只要是不能犯都处罚。但近些年来，我国学者对不能犯采用客观危险说，认为不能犯是一种危险犯，而且是一种具体危险犯。如果完全没有危险，则不能犯就是不可罚的。在这种情况下，刑法理论上的不能犯处罚范围受到限缩。但在司法实践中，不能犯的处罚范围仍然较为宽泛。我国司法实践中有个不能犯的真实案例：甲将某人杀死以后，进行分尸，然后把尸块包装好。甲欺骗乙、丙二人，说包装箱里装的是毒品，让乙、丙二人将所谓毒品实际上是尸块运送到外地，并给乙、丙二人以报酬。乙、丙二人信以为真，受甲的指使，将尸块运到外地，存放在车站的行李寄存处，直到尸块腐烂才被发现。在该案中，甲的行为构成故意杀人罪，没有争议。乙和丙被司法机关以运输毒品罪追究刑事责任，认为这是客体不能犯的未遂。在这种情况下，误将尸块认作毒品进行运输，事实上不可能侵犯毒品管理秩序，因此从客观危险判断，确实是不能处罚的。这种处罚具有明显的处罚主观犯意的意蕴，具有主观主义刑法的色彩。

不能犯的未遂由于不能的原因不同可以分为不同类型，较为常见的是以下两种类型：

第一种是工具不能犯。工具不能犯往往又称为手段不能犯，也就是说，犯罪分子所使用的工具或所采用的手段，在客观上、实际上是无法达到犯罪既遂的。例如，将白糖误认为砒霜杀人，这种手段本身是不可能把人杀死的，这是一种工具不能犯或手段不能犯。在刑法理论上认为这种不能犯是不可罚的。但如果是出于杀人目的，对他人开枪，因为未装子弹而未把人杀死，则这种手段不能犯就是具有危险性的，因此是可罚的。

第二种是客体不能犯，即犯罪分子所针对的客体不可能发生行为人所预想的结果，由此未能完成犯罪。例如，误把男性当成女性进行强奸，或者误把野猪当成人加以杀害，都是未遂，而且是不能犯未遂。

这里应当指出，尽管我国刑法认为不能犯未遂是可罚的，但在不能犯未遂中又单独划分出一种迷信犯，认为迷信犯是不可罚的。迷信犯实际上是不能犯的一种，它是手段不能犯：犯罪分子所采取的犯罪手段建立在迷信的基础上，是违反科学规律的，因而是不可能发生某种犯罪结果的。通常所见的就是，有些人相信迷信，采用扎面人的方法想要杀死某一个人，进行诅咒，以为这样可以把人杀死。当然这完全是一种迷信，在事实上是不可能把人杀死的，这就是迷信犯。迷信犯和一般的手段不能犯相比较，都是不能犯。一般的不能犯是有危险存在的，这种危险是一种具体的危险，也就是如果不采取这种手段本来是可能把人杀死的，因此是可罚的。迷信犯也有危险，但这是一种抽象危险，这种危险无法实现，因此不需要进行处罚。可以说，迷信犯不处罚是我国处罚不能犯的一种例外。

不能犯是作为未遂犯来处罚还是不作为未遂犯来处罚，主要还是和刑法的思想有关系，即采主观主义还是客观主义。相对来说，我国刑法在不能犯未遂的处罚上还是具有主观主义的色彩。

（三）犯罪未遂的处罚

刑法第 23 条第 2 款规定："对于未遂犯，可以比照既遂犯，从轻或者减轻处罚。”可见，我国刑法在未遂犯处罚的问题上，还是采取某种客观主义的立场：考虑到在未遂犯的情况下，毕竟结果没有发生、构成要件还不齐备，因此不能把未遂犯和既遂犯同等对待，而是应当加以区别对待。

对于未遂犯，在通常情况下应当处以轻于既遂犯之刑。刑法规定，对于未遂犯是可以比照既遂犯从轻或者减轻处罚。这里，刑法使用的是“可以”一词。在刑法中，可以和应当都是逻辑学上的模态词，可以和应当是不同的：应当是必须，是一种命令式，必须如此，如果不如此就是违反法律规定。而可以不是命令式的，它具有一定的授权性。可以的意思也就是说，一般情况下应当如此，但个别情况下不如此也是可以的。例如可以从轻，就是说一般情况下都应当从轻，但个别情况下不从轻也不违反法律。所以对未遂犯的处罚，在一般情况下要比对既遂犯的处罚轻一些。当然，在个别情况下虽然只是未遂，但造成的后果非常严重时，不予从轻也是可以的。

四、犯罪中止

(一) 犯罪中止的概念

刑法第 24 条第 1 款规定：“在犯罪过程中，自动放弃犯罪或者自动有效地防止犯罪结果的发生，是犯罪中止。”据此，犯罪中止也是犯罪的一种未完成形态。犯罪中止和犯罪预备以及犯罪未遂是存在重大区别的，这种区分主要表现在：犯罪预备和犯罪未遂都是因为行为人意志以外的原因而没有完成犯罪。而犯罪中止之所以没有完成犯罪，是由于犯罪分子自动放弃犯罪，或者自动有效地防止犯罪结果发生。因此，从主观恶性上来说，犯罪中止显然要比犯罪预备和犯罪未遂更轻一些。

这里应当指出，在我国刑法中，中止犯、预备犯以及未遂犯是三种并列的犯罪未完成形态。但德日刑法中在犯罪的未完成形态上只有一种，这就是未遂犯。因此，德日刑法中的未遂与我国刑法中的未遂存在明显的区别。德日刑法中的未遂包含中止，把未遂分为障碍未遂和中止未遂。障碍未遂是我国刑法中的犯罪未遂，而中止未遂是我国刑法中的犯罪中止。这里涉及未遂的立法方式问题，也就是说，世界各国刑法典关于中止和未遂的立法方式分为两种：一种是把中止包含在未遂之中，另外一种是中止和未遂相并列。我国采取的是中止和未遂相并列的立法例，因此，我国的未遂是犯罪未得逞，而德日刑法中的未遂是构成要件不齐备，然后再根据构成要件不齐备的原因，分为意志以外的原因构成要件不齐备的障碍未遂和犯罪分子本人的原因而未能完成犯罪的中止未遂。

下面，根据我国刑法的规定，对犯罪中止的特征加以讨论。

1. 中止的时间性

根据刑法第 24 条第 1 款的规定，犯罪中止发生在犯罪过程中。从这句话可以看出来，犯罪中止在犯罪过程中的任何一个阶段都有可能成立，这个犯罪过程是从开始预备到最后的既遂。犯罪中止发生在犯罪过程当中，因此，在预备阶段有可能发生犯罪中止；在预备后阶段也有可能发生犯罪中止，例如在尾随或者守候过程中行为人放弃了继续实施犯罪；在实行阶段也有可能发生犯罪中止，没有实施完毕就放弃继续实施犯罪；在实行后阶段也可能发生犯罪中止，例如把毒药投完以后，被害人喝下毒药毒性发作，投毒的犯罪分子一看情况不好又反悔了，赶紧送被害人到医院，进行抢救以后保全了生命。

在我国刑法中，犯罪中止是跨越各个犯罪阶段的，整个犯罪过程当中都可以有犯罪中止。这一点和大陆法系国家的刑法存在很大区别，大陆法系国家刑法规定着手实行犯罪以后的行为才具有可罚性，因此，着手实行犯罪以前的预备行为都是不罚的。我国刑法规定，不仅着手以前的预备行为可罚，预备阶段的中止也要处罚。从刑法规定来看，显得我国的法律规定过于苛刻：犯罪预备过程当中，行为人中止了，刑法还要处罚。

2. 中止的及时性

中止的及时性是指在犯罪完成以前中止犯罪，也就是犯罪未完成。这个特征和犯罪未遂的特征是相同的，也就是犯罪中止也应当是犯罪没有完成。

3. 中止的自动性

犯罪之所以没有完成，是由于犯罪分子自动地放弃犯罪或者自动有效地防止犯罪结果的发生。犯罪的自动性这一点是犯罪中止和犯罪未遂区分的一个主要标志。我们用一句文言文来表达，犯罪未遂是“非不为，不能也”，犯罪中止是“非不能，不为也”。也就是说，犯罪未遂并不是行为人不想达到既遂，而是不能达到既遂。而犯罪中止并不是行为人不能完成犯罪，而是不想达到既遂，是基于本人的意愿而放弃犯罪，用刑法条文的话来表述叫作“自动放弃犯罪或者自动有效地防止犯罪结果发生”。

现在一般刑法的教科书都把自动放弃犯罪和有效防止犯罪结果发生称为中止的自动性和中止的有效性，并列为犯罪中止的两个特征。实际上这两个特征都是指犯罪的未完成，是由行为人的主观意愿所决定的。至于自动放弃犯罪和自动防止犯罪结果发生，是对中止的两种情况的描述。

所谓自动放弃犯罪，是指在实行过程中，由于实行行为没有实施完毕，因此要想成立中止，只要自动放弃犯罪，也就是在犯罪还可以实施的情况下不再实施。它是消极的中止。这里的消极不是说中止是消极的，而是只要消极地不作为就可以中止。杀人没把人杀死，不杀就可以了，用刀杀人不砍就行了。在实行阶段的中止，就是自动放弃，既包括在预备阶段时放弃预备行为，也包括在实行阶段时放弃实行行为。

在实行后阶段，就无可放弃了。因为犯罪行为已经实施完毕了，怎么放弃？投毒杀人，毒药都投完了，无法放弃。这时候要想成立中止，就要自动有效地防止结果发生。怎么防止？毒药投完了，在被害人喝毒药之前把毒药给撤了，就防止了死亡结果的发生。在被害人喝下毒药以后，赶紧送医院抢救，使被害人免于一死，死亡结果就避免了。这就是在实行后阶段的中止，必须要防止结果的发生。如果虽然采取了某种积极的防止措施，积极措施不能说一定有效，例如杀人后将被害人送医院去抢救但还是死了，依然构成既遂，但可以把送医院抢救的行为作为犯罪后的悔罪表现，在量刑时予以考虑，但仍不能改变犯罪既遂的性质，因为结果不以犯罪人主观意志为转移地发生了。

犯罪中止的自动性是犯罪中止和犯罪预备、犯罪未遂相区分的主要标志。预备阶段的中止和犯罪预备相比较，都是没有进入犯罪着手，但没有进入犯罪着手的原因不同：犯罪预备是由于意志以外的原因，而犯罪中止是由于行为人放弃了预备。在实行阶段，犯罪未遂是在着手实行犯罪以后，由于犯罪分子意志以外的原因而犯罪未完成；而对于犯罪中止来说，是在着手实行犯罪以后，基于犯罪分子自己的主观愿望而放弃犯罪。所以，这两者是有所不同的。

犯罪中止的以上三个特征中，最主要的是如何判断中止的自动性。如何判断犯罪未完成是自动地还是被动的？这个问题很复杂，要根据具体情况来分析。在某些情况下，从表面上看原因似乎是相同的，但仔细分析，性质还是不同的。例如犯罪分子盗窃保险柜，在撬保险柜的过程中，听到外面有人走过发出响动，他以为被人发现就跑了。从表面上看也是放弃犯罪，但这种放弃是因为误以为被人发现，因此它不是中止而是未遂。但如果犯罪分子在撬保险柜的过程中，主观上突然想到万一被抓了将来会受到法律制裁，基于这种抽象恐惧而放弃犯罪就是中止。因此，上述两种情形都是基于恐惧放弃犯罪：前者是害怕被抓坐牢而放弃，后者也是害怕被抓坐牢而放弃，但前者是一种具体的恐惧，后者是一种抽象的恐惧，这就导致放弃犯罪的法律性质的区分。

这里的放弃是在犯罪分子自认为还能把犯罪进行下去的情况下而放弃的。自认为不能进行下去，并不是客观上犯罪不能进行下去，而是犯罪分子主观上认为不能够进行下去。因此，即使客观上犯罪不能进行下去，但只要主观上认为还能进行下去而放弃，就是中止。例如盗窃保险柜，保险柜没有撬开，行为人害怕将来坐牢，因为抽象恐惧而放弃，但实际上即使撬开保险柜里面一分钱也没有，或者这个保险柜根本撬不开，但他自认为能够撬开，能够偷到东西而放弃，仍旧是中止。在自认为犯罪能够进行下去的情况下放弃，不管在客观上能不能进行下去，这一点是需要特别注意的。

（二）犯罪中止的处罚

刑法第 24 条第 2 款规定：“对于中止犯，没有造成损害的，应当免除处罚；造成损害的，应当减轻处罚。”这就是犯罪中止的处罚原则。

犯罪中止是犯罪人在犯罪过程当中比较好的一种表现，反映行为人主观恶性比较轻，因此，对中止犯减轻或免除处罚具有刑事政策的意义，像德国著名刑法学家李斯特所说的那样，“为犯罪分子架设了一座后退的金桥”。因此，中止是一座金桥，给犯罪分子一个退路，如果放弃了犯罪，就可以受到法律的宽大处理。按照我国刑法规定，犯罪中止没有造成任何损害的，可以免除处罚；如果造成损害的，可以减轻处罚。这就体现了我国刑法对于犯罪中止的犯罪分子的一种宽大处理的基本精神。

第十一讲

共同犯罪

共同犯罪是一种较为常见的犯罪形态，并且是一种较为复杂的犯罪形态。共同犯罪不仅案件事实较为复杂，而且涉及的法律问题更为复杂。在大陆法系刑法理论上形成了精致而体系化的共犯理论，其内容极为丰富。在本讲中，我想根据我国刑法关于共同犯罪的规定，并结合有关共犯理论进行讲解。

一、共同犯罪概述

共同犯罪是犯罪的特殊形态，确切地讲，是故意犯罪的特殊形态。共同犯罪和未完成罪是一样的，都把过失犯罪排除在外。过失犯罪不存在未完成罪，也不存在共同犯罪。共同犯罪作为犯罪的特殊形态，它的表现形态是非常复杂的，因此，刑法对共同犯罪的定罪和处罚问题都作了专门的规定。

共同犯罪理论的逻辑起点是正犯与共犯的区别。正犯是指实施了刑法分则所规定的构成要件行为的人。这里的构成要件行为也称为实行行为，因此，正犯也称为实行犯。基于限制的正犯概念，共犯是区别于正犯的一种行为人类型。这就是建立在正犯与共犯之间的区分基础之上的二元制。与之不同的是单一制，单一制是建立在扩张的正犯概念的基础之上的。根据单一制，刑法分则规定的构成要件行为本身不仅包含实行行为，而且包含共犯行为，例如教唆行为、帮助行为等，因此，没有必要区分正犯与共犯，甚至主张取消正犯与共犯的概念，称为参与犯。在以上两种理论中，我赞同二元制，认为正犯与共犯的区分不仅是必要的，而且是整个共犯理论的逻辑基础。如果否定正犯与共犯的区分，就难以对我国刑法中的共同犯罪制度进行合理的理论阐述。

二元制是建立在这样一个命题的基础之上的："刑法分则关于犯罪的规定是以一人犯一个既遂罪为标本的"。因此，在一般情况下，刑法分则规定的犯罪是单独犯罪，例如故意杀人罪、故意伤害罪都是就单独的故意杀人和单独的故意伤害而言。这种单独的故意杀人和单独的故意伤害就是正犯。但在某些特殊情况下，刑法分则规定的构成要件本身就是为二人以上共同故意犯罪而设立的，这样的犯罪就是所谓必要共犯。必要共犯是相对于任意共犯而言的。任意共犯是指某种犯罪既可以是一人单独构成，又可以是二人以上共同构成。当由二人以上共同构成时，这种共犯就是任意共犯。必要共犯则只能由二人以上构成，不可能单独构成。可以说，共同犯罪一般是指任意共犯，必要共犯只是一种例外的情况，而这种例外的情况又是广泛存在的。

在我国的刑法分则中共同犯罪存在三种情况：集团犯罪、聚众犯罪和对合犯罪。

（一）集团犯罪

集团犯罪是指以一定的集团性的方式来实施犯罪。集团犯罪有两种情形：一是总则性的集团犯罪，二是分则性的集团犯罪。这两种集团犯罪是有所不同的：前者是任意共犯，后者是必要共犯。在刑法分则中有两种犯罪是必要的集团犯罪：第120条规定的组织、领导、参加恐怖活动组织罪，第294条规定的组织、领导、参加黑社会性质组织罪。只要组织、领导、参加恐怖活动组织或者黑社会性质组织就构成犯罪，这样的犯罪是不可能由一个人构成的。刑法分则规定的集团犯罪是必要共犯，实际上是把任意共犯的集团犯罪的预备行为规定为犯罪的实行行为，以体现对这种犯罪的严厉打击。

（二）聚众犯罪

聚众犯罪必然是三人以上才能构成的，因为三人以上才能称为聚众。我国刑法规定的聚众犯罪可以分为两种情况：

第一种是聚集他人进行犯罪，只有聚集者才构成犯罪，而被聚集者不构成犯罪。例如刑法第303条规定的赌博罪中就包含聚众赌博的行为，这里的聚众赌博并不意味着参加赌博的人都构成犯罪，而是指聚集他人进行赌博的人才构成犯罪。如果聚集的人是一个人，就是单独犯罪；如果聚集的人是两个人或者二人以上，就是共同犯罪。因此不能简单地说聚众赌博的人都是共同犯罪，尤其不能把被聚集来进行赌博的人都看作是共同犯罪。对这种犯罪刑法往往只处罚首要分子，聚集他人进行赌博的人叫首要分子。刑法中这样的犯罪还有第290、291条规定的扰乱社会秩序罪、扰乱公共场所秩序罪和扰乱交通秩序罪。

第二种聚众犯罪是聚众性的犯罪。在这种情况下，不仅聚集进行犯罪的人构成犯罪，而且被聚集的人也构成犯罪。我们说刑法分则所规定的必要共犯的聚众犯罪，指的就是第二种情况。例如刑法分则第317条第2款规定的聚众持械劫狱罪就是必要共犯，参与者都构成共犯。这里的聚众是指三人以上参与犯罪，这种犯罪往往是较为严重的犯罪。

（三）对合犯罪

对合犯罪是指犯罪之间存在对合关系。这种犯罪的情况稍微复杂一点。重婚就是对合犯，因为只有两个人才能构成重婚，必须要有对方的配合。犯罪的对合可以引入犯罪学的视角进行分析。如果是毁坏他人财物，涉及人和物的关系，财物是他人的财物，尽管是人和物之间的关系，但反映的还是人和人之间的关系，侵犯了他人对财物的所有权。在这种情况下，犯罪学上还是表现为人和物之间的关系。但在某些犯罪中表现为人和人之间的关系，在大多数情况下，是加害和被害的关系。例如，甲将乙杀害或者伤害，甲是加害者，乙是被害者。在某些情况下两个人互相作为犯罪对象，而这种情况并不是加害和被害的关系，而是彼此俱罪的关系，彼此俱罪才存在犯罪的对合关系，具有对合关系的犯罪就称为对合犯。重婚，如果两个人都有婚姻关系，两个人之间构成的重婚罪就是对合犯。如果一方有婚姻关系，另一方虽没有婚姻关系，但明知他人有配偶而与之结婚，则双方也是彼此构成重婚。还有买卖枪支罪：甲把枪支卖给乙，甲是出卖枪支，乙是购买枪支。刑法规定买卖枪支的行为都构成犯罪，因此，这也是一种彼此俱罪关系。彼此俱罪之罪可以是相同之罪，如买卖枪支只构成一个罪名，重婚也构成一个罪名，但有时候对合的行为分别构成两个罪名，例如受贿和行贿，甲向乙行贿，甲是行贿，乙是受贿，法律规定行贿和受贿都构成犯罪。在这种构成两个罪名的情况下，当然不是法律意义上的共同犯罪。法律意义上的共同犯罪是两人以上共犯一罪。当然，存在这种对合关系的犯罪，并不意味着彼此都一定构成犯罪。有时候法律只是把对合的一方规定为犯罪，并未将另一方规定为犯罪，例如贩卖淫秽物品罪，法律只是把贩卖行为规定为犯罪，并没有把购买行为规定为犯罪。贩卖和购买是一种对合关系，它与杀人和被杀的关系显然不同。在贩卖和购买淫秽物品的情况下，购买淫秽物品的行为也是违法的，购买的人并不是被害人，只是刑法并没有将购买淫秽物品的行为规定为犯罪。在这种情况下，就不能把购买淫秽物品的行为理解为贩卖淫秽物品行为的共犯来处罚。这是不允许的。总之，对合关系构成的共同犯罪是必要共犯。

必要共犯是由刑法分则专门规定的。刑法分则对必要共犯规定了一定的构成要件，在这种情况下，可以直接将刑法分则条文作为对它定罪量刑的根据。例如，组织、领导、参加黑社会性质组织罪，无论是组织行为、领导行为还是参加行为，在刑法分则里都有规定，可以直接将刑法分则条文作为对它定罪量刑的根据。因此，对必要共犯并没有必要引用刑法总则条文作为对它定罪量刑的根据。

任意共犯远比必要共犯复杂。如果任意共犯是一种共同正犯，例如刑法分则规定的杀人，一个人砍六刀把被害人砍死了，在单独犯罪情况下是由一个人单独砍六刀把人砍死。如果是两个人杀人的情况，两个人都实施了杀人犯罪的实行行为，每人砍三刀，加起来六刀就把被害人砍死了。两个人的行为都符合刑法分则规定的犯罪构成要件行为，都是故意杀人行为。严格来说，这种行为具有正犯性，但又和一般的正犯不同。把两个人的行为分开来看，一个人砍三刀，这不是一个完整的杀人行为。因此，如果两个人不是共同犯罪，那么两个人都是未遂，因为三刀还不能把人砍死。在共同犯罪的情况下，把两个人的杀人行为视为一个整体，就可以认定为杀人既遂。可见，我们必须承认这种犯罪具有共犯性。因此，共同正犯是共犯性和正犯性的统一。从这个意义上来说，共同正犯也可以理解为共犯。

任意共犯在更多的情况下，是指在共同犯罪人之间就如何实施犯罪进行了分工，有的犯罪人实施犯罪构成要件行为，其他的犯罪人实施教唆行为、帮助行为或者组织行为。这就是狭义上的共犯，它和正犯最大的区分就在于，共犯行为不是刑法分则规定的构成要件行为，不是犯罪的实行行为，而是一种犯罪的非实行行为。

在未完成罪中，已经讲过一种犯罪的非实行行为——预备行为。另外一种犯罪的非实行行为就是共犯行为。共犯行为和预备行为的性质是一样的，都区别于犯罪的实行行为。共犯行为并不包括在刑法分则所规定的犯罪构成要件中，因此，如果没有刑法总则关于处罚共犯的规定，对于共犯的行为，例如教唆行为、组织行为、帮助行为，不能按照犯罪加以处罚。因此，刑法总则关于处罚共犯的规定，正如关于处罚预备的规定一样，也是一种刑罚扩张事由。例如刑法分则规定的故意杀人行为，它本来规定的是故意杀人的实行行为，但通过刑法总则的规定，将对故意杀人罪的处罚扩大到预备行为，又扩大到共犯行为，即对于杀人的预备行为和共犯行为，都应该按故意杀人罪处罚，因此，共犯和预备犯一样，所具有的是一种修正的构成要件。

犯罪论体系是标准犯罪的构成，也就是单独犯罪的构成。犯罪论中所讲的行为，都是犯罪的实行行为。而共犯行为，并不是犯罪的实行行为。因此，共犯的构成要件是修正的构成要件，是构成要件的特殊形态，是在标准犯罪构成的基础之上对某些要件加以修正。例如行为，从实行行为扩大到组织行为、教唆行为和帮助行为；主观故意，从实行故意扩大到组织故意、教唆故意和帮助故意，也是一种修正。对任意共犯定罪处罚的根据都在刑法总则里，如果没有刑法总则的规定，是不能根据刑法分则来加以处罚的。正是在这个意义上，我们把任意共犯的规定看成是刑罚扩张事由。

共犯制度从刑法分则中分离出来，作为刑法总则的内容加以规定，是刑事立法的重要进步。刑法总则的共犯制度是 1810 年《法国刑法典》首创的，而共同犯罪这种现象在犯罪产生时就有了。在古代的刑法中，还没有形成一般的共犯制度，因此，每一个关于具体犯罪的规定中都包含了共犯内容，例如在抢劫罪的规定中，要把抢劫罪的共犯包含在内；在杀人罪的规定中，又要把杀人罪的共犯包含在内；在强奸罪的规定中，又要把强奸罪的共犯包含在内。这样，法律规定就变得非常烦琐。1810 年《法国刑法典》首次将刑法分为总则规范和分则规范，总则规范是关于定罪量刑的一般规定，对未遂、共犯等制度作了专门规定。在总则中规定了对共同犯罪定罪处罚的一般原则以后，刑法分则关于具体犯罪的规定就变得十分简洁，只要规定正犯就行了，共犯的定罪根据由总则规定，而总则关于共犯的规定适用于刑法分则所有的犯罪。因此，从共犯立法的发展来看，是一个从复杂到简约的过程，是一个立法进步。当然，考虑到一些特殊的情况，在刑法分则中保留了一些必要共犯。在必要共犯的情况下，直接按照刑法分则处理，在刑法分则没有规定的情况下按照刑法总则的规定处理。从这一点，我们可以理解共同犯罪规定的重大意义。

在大陆法系国家的刑法理论中，在共犯的立法规定的基础之上，形成了共犯理论体系。这个共犯理论体系是和犯罪论体系相对应的，是一个相当复杂的理论体系，像迷宫一样。即使是大陆法系的刑法学者也认为这个理论体系太复杂了，称之为“绝望的一章”或者“黑暗的一章”。我国刑法关于共同犯罪的立法就更要复杂一些。我国《唐律》中有一篇叫《名例律》，相当于我们现在所讲的刑法总则，也只是相当而已，并不等同。在《名例律》里，对共同犯罪作了规定，这就是“共犯罪分首从”。现在的共犯就是从共犯罪这个用语演变而来的。在清末制定《大清新刑律》的时候，开始采用的就是共犯罪一词，后来才改为共犯。《唐律》这个规定主要解决的是量刑问题，它的定罪仍然是由刑法分则解决的，并不像大陆法系国家的共犯规定所起的主要是定罪的作用。《名例律》中“共犯罪”之“犯罪”，相当于我们现在刑法中的共同正犯，仍然是指刑法分则所规定的犯罪，它只是解决处罚问题。

我国刑法中关于共同犯罪的规定，一方面受到《唐律》的影响，在于解决共同犯罪的处罚问题；另一方面又受到苏俄刑法的影响，而距离大陆法系国家的共犯制度还非常遥远。我国刑法关于共同犯罪的规定甚至存在着逻辑上的矛盾。如果按照我国刑法关于共同犯罪的规定来理解，很难套用大陆法系国家的共犯理论。如果不理解大陆法系的共犯理论，共犯的定罪处罚问题很难真正得到解决。我国刑法第 25 条第 1 款对共同犯罪的概念作了规定："共同犯罪是指二人以上共同故意犯罪"。但在大陆法系国家的刑法典中，从来没有共同犯罪概念的规定。在大陆法系国家刑法中，最早的时候称为共犯，后来又称为共同正犯与共犯，主要是对共犯在狭义和广义上的理解。广义的共犯包括共同正犯和狭义上的共犯，就是教唆犯和帮助犯。因此。刑法这一章的标题是共犯。如果对共犯作狭义上的理解，章名就要加上正犯，称为共同正犯与共犯。共同犯罪中的犯罪是指二人以上共同故意犯罪，如果共同犯罪中的犯罪和单独犯罪中的犯罪相等的话，这里的共同犯罪只能是共同正犯。单独犯罪中的犯罪是指刑法分则规定的犯罪，是正犯。如果共同犯罪中的犯罪和单独犯罪中的犯罪相等，那么共同犯罪就是共同正犯，而不能包括共犯。可见，共同犯罪概念本身就有问题，它是《唐律》中的共犯罪规定的现代翻版。但问题在于：《唐律》是在刑法分则中解决共同犯罪的定罪问题，刑法总则解决共同犯罪的量刑问题。在我国刑法的共同犯罪规定中，定罪问题是由刑法总则来解决的，因此，我们就必须把刑法第 25 条规定的共同犯罪中的犯罪理解为共犯与正犯，共同犯罪不仅指刑法分则所规定的犯罪，而且包括共犯，所以，对这里的共同犯罪中的犯罪应作广义理解：不仅包括实行，还包括教唆和帮助。这点我们比不上《苏俄刑法典》：它虽然也有共同犯罪概念的规定，但在共同犯罪后面加上括弧，表述为"共同犯罪（实行、教唆或者帮助）"，而我们就把括弧给省略了，结果就出现了问题。这里的共同犯罪中的犯罪和单独犯罪中的犯罪并不相等，外延要更广，不仅包括实行，还包括教唆和帮助。

二、共同犯罪的定罪

共同犯罪的定罪问题是共同犯罪的核心问题，共同犯罪的立法主要解决共犯的定罪问题，因为正犯的定罪问题已经在刑法分则中得到了妥善的解决，而共犯的定罪是由刑法总则规定的。

共犯和正犯的概念在我国刑法中都没有明确的规定，当然，共犯的概念在总则里没有，但在分则里有规定，在司法解释里也有规定。在1979年刑法里都没有使用共犯这个概念，在分则里面也称共同犯罪，后来逐渐在分则里有了共犯一词。但共犯到底是什么含义，由于在刑法总则里没有规定，因此在刑法理论上没有得到妥善的解决。人们往往把共犯等同于共同犯罪，认为共犯是共同犯罪的简称。这种理解是完全错误的。共同犯罪包括共犯与共同正犯，共犯只是共同犯罪中的一种情形。共犯和正犯有一个最基本的区分：正犯是在刑法分则里有具体的规定，而共犯是在刑法总则中规定的。正犯行为是一种实行行为，而共犯行为是一种非实行行为。在共犯与正犯的关系当中，需要研究的一个重要问题就是，共犯的犯罪性问题。

共犯的犯罪性是哪里来的？正犯的犯罪性是不言而喻的，是法律赋予的，是刑法分则明确规定的。刑法分则把杀人规定为犯罪，杀人的实行行为就是一种犯罪行为。共犯的犯罪性又是哪里来的？我们说共犯是由刑法总则规定的，共犯的犯罪性能不能单独从总则规定而来？我认为，刑法总则不能给共犯完全的犯罪性，还要结合刑法分则的规定。因此，共犯的犯罪性还要从正犯那里获得，如果离开了正犯，就不存在共犯。从这个意义上说，共犯对正犯具有在犯罪性上的从属性。例如教唆行为是一种定型化的行为，那么能不能说所有教唆行为都是共犯行为？不能这样说。只有教唆犯罪的行为才是共犯行为，如果教唆的是非犯罪的行为，就不是共犯行为。教唆他人杀人，由于被教唆的杀人行为是犯罪行为，因此教唆行为才获得了犯罪性：教唆他人犯什么罪，对教唆犯就定什么罪：教唆他人去杀人，就定杀人罪；教唆他人去抢劫，就定抢劫罪。但是如果教唆他人实施的不是犯罪行为，例如教唆他人逃学，逃学不是犯罪行为，那么不能说是共犯行为。这里涉及教唆他人自杀是不是犯罪行为的问题。例如授意或者指使他人自杀，他人本来没有想要自杀，通过劝说使他人产生自杀念头，并且自杀身亡，这种教唆自杀行为是犯罪吗？教唆他人杀人，这里的杀人是他杀，故教唆者是杀人罪的共犯。而自杀不是犯罪，因此教唆自杀不是共犯。能不能把教唆他人自杀的行为直接理解为杀人？这才是问题的本质。回答是否定的，因为杀人与自杀是两个完全不同的概念，并且是互相排斥的，难以两立。

关于共犯的犯罪性问题，在大陆法系刑法理论中有各种学说，主要有共犯的从属性说和独立性说这两种观点，下面分别加以介绍。

1. 共犯从属性说

这种观点认为，共犯的犯罪性来自正犯，共犯具有对正犯的从属性，共犯是从属于正犯而成立的。当然，共犯在何种程度上从属于正犯，又有不同的观点，也就是具有从属程度上的差别。之所以存在从属程度上的差别，主要是和大陆法系的犯罪论体系有关。大陆法系的犯罪论体系由构成要件该当性、违法性和有责性组成。基于从属程度上的差别，主要有四种不同的观点：（1）最小限度的从属形式：只要正犯具有构成要件该当性，共犯的犯罪性就可以成立。这是最小限度的从属形式。（2）限制从属形式：正犯具有构成要件该当性和违法性，共犯才能成立。因此，如果正犯只是具有构成要件该当性而不具有违法性，则共犯就不能成立。（3）极端从属形式：只有正犯具有构成要件该当性、违法性和有责性，共犯才能成立。（4）最极端从属形式：不仅只有正犯具有构成要件该当性、违法性和有责性，共犯才能成立，而且正犯的从重、从轻处罚事由也影响共犯，也就是正犯从重共犯也要从重，正犯从轻共犯也要从轻；不仅定罪上从属而且量刑上也从属。

目前在大陆法系国家较为通行的是限制从属形式，也就是只要正犯具有构成要件该当性和违法性，共犯就可以成立。在这种情况下，有一个问题就是：正犯没有有责性，正犯不构成犯罪，但共犯构成犯罪。只有极端从属的情况下，才共犯和正犯同时成立犯罪。因此，大陆法系国家对共犯和正犯的定罪问题是分别考虑的，也就是说正犯不构成犯罪，共犯也可能构成犯罪，尤其是大陆法系国家采取限制从属形式这种观点的情况下。我国刑法规定二人以上共同故意犯罪，好像只有两个人都构成犯罪才是共同犯罪，如果一个人构成犯罪、另外一个人不构成犯罪，就不是共同犯罪。我认为，这种理解是不对的。实际上，共同犯罪要解决的就是共犯的定罪问题，而不是两个人是否同时构成犯罪的问题。大陆法系的犯罪论体系是递进的、分层次的，但是我国及原苏联的犯罪构成要件体系是一个有就其他都有、一个没有就其他都没有，所以是不具有这种层次性的，在这里面就反映出这种逻辑思维方法上的重大差别。

在这种情况下，我们用我国通行的犯罪构成体系来分析问题，大陆法系国家用它们的犯罪论体系来分析问题，就会出现某种观点上的冲突，就难以接轨。2001 年在武汉大学召开了中日刑事法第八次研讨会，那次的主题是共同犯罪。这次研讨会反映出中日之间的理论差异是十分巨大的。当时研讨会有个专题是间接正犯，由我来谈我国刑法中的间接正犯。我就讲到岳某故意杀人案：被告人岳某和再婚丈夫许某祥关系不和、积怨甚深，岳某的女儿许某某也对继父许某祥的歧视性言行怀恨在心，岳某就指使女儿许某某在许某祥的饭碗中投下“毒鼠强”，导致许某祥中毒身亡。在该案中实施投毒行为的许某某只有 13 岁，还没有达到法定的刑事责任年龄，所以是不构成犯罪的。在这种情况下，按我国刑法理论，母亲是间接正犯，只有这样解释才能把她的行为作为犯罪来处罚，所以最高人民法院的裁判理由采用了间接正犯理论来解决本案被告人岳某的定罪根据问题，认为岳某是间接正犯而不是教唆犯，因为教唆犯只有在女儿许某某的行为构成犯罪的情况下才能成立，但女儿许某某的行为不构成犯罪。在大陆法系的犯罪论体系中，不构成犯罪的情形有各个不同的等级。或者由于缺乏构成要件该当性而不构成犯罪，或者由于缺乏违法性而不构成犯罪，或者由于缺乏有责性而不构成犯罪。我国通行的犯罪构成体系中一个行为不构成犯罪就是不构成，没有区分那么多出罪的层次。日本学者就很奇怪我国采取这样的理论，他讲了日本最高法院的一个判例：一个母亲指使 12 岁的儿子去抢劫，母亲和儿子是共同犯罪，儿子由于没有达到法定刑事责任年龄不构成犯罪，母亲构成共犯而不是间接正犯。虽然我国的法院和日本的法院的裁判结果是一样的——母亲都构成犯罪，但是采用的理论根据是不一样的。为什么构成犯罪的理由存在如此大的区分呢？这是犯罪论体系的差别造成的：在日本刑法中，12 岁的男孩犯罪，具有构成要件该当性和违法性，但是缺乏有责性，而且日本刑法理论采取的是限制从属形式说，尽管正犯不构成犯罪，但是共犯是可以成立的。但按照我国的刑法理论，女儿未达到刑事责任年龄，就不构成犯罪，只有用间接正犯来解决母亲的定罪根据问题。

大陆法系刑法理论中共犯和正犯的定罪问题是分别来解决的，即使采取的是从属性说，共犯是否构成犯罪也并不完全以正犯成立犯罪为前提，所以共犯的认定是一种个别性判断。在我国刑法理论中，对于共同犯罪问题习惯于作整体性判断，而忽略了个别性判断。

2. 共犯独立性说

共犯独立性说认为，共犯的教唆行为或者帮助行为都是犯罪的主观恶性的表现，并且对于结果具有原因力，是独立实现犯罪，而不是从属于正犯的犯罪，应该根据本人的行为而受惩罚。根据这种观点，共犯对于正犯而言，不具有从属性。在共犯独立性说中有一种最极端的观点，称为共犯独立犯说，认为共犯是独立的犯罪。

这两种观点是不一样的，背后反映的还是刑法主观主义和刑法客观主义的差别。共犯制度的演变历史，是和人与人之间的合作关系有联系的。在古代广泛实行的株连制度，是古代的共犯制度的一种表现。中国在战国时期商鞅变法就有连保制度，到民国时期演变成保甲制度。它是一种地域上的株连，把十户定作一个地域单位，十户里面有人犯罪，必须要检举，不检举要与之同罪，匿奸而与奸同等看待，这里的“奸”是指犯罪人，包庇犯罪人和犯罪人受到同样的处罚。此外还有血缘上的株连，要株连到父母。当然，这种株连是以家族制度为前提的，因为法律已经赋予家长对于子女很大的管束权，家长甚至可以责打子女。因此如果子女犯罪了，家长也要受到株连。还有同僚的株连，就是一起当官的人之间互相株连。因为古代实行“举孝廉”制度，当官要有人推荐，被推荐人一旦犯罪，推荐人与之同罪。株连制度的广泛性恰恰反映了当时刑法制度的残酷性。在刑法上有族刑，甚至株连九族：如果犯了十恶之罪，要将九族之内的人全部杀死。这种株连制度的根本目的就是维护封建专制的统治。在资产阶级革命胜利以后，在刑法上发生了一个重大的转变，就是引入了刑法客观主义。刑法客观主义的基本思想就是维护公民个人的权利和自由，每个人都只对自己的行为负责，从而彻底地与株连划清了界限。由于每个人都为自己的行为负责，对他人行为不负责，仅仅在成立共犯的情况下，才对他人行为负责，所以对共犯要严加限制，只有从属于正犯的行为才能按照共犯加以处罚。后来出现了刑法主观主义，强调的是行为人的主观恶性。刑法主观主义认为，共犯行为本身就表明了行为人的人身危险性，其犯罪性并不从属于正犯。而共犯独立犯说是一种极端的理论，这种理论甚至主张将共犯规定为刑法分则的一种独立的犯罪，从而彻底否定了刑法总则中的共犯制度。当然，在个别的情况下，采取共犯独立犯说，把某种本来是共犯的行为规定为单独犯罪，也不是不可以，刑法分则中也有这种情况，但这只是个别的例外。所以在大陆法系国家，比较通行的还是共犯从属性说。

我国刑法理论往往采取一种折中的观点，叫作主客观统一说，也就是从属性与独立性相统一。过去我也主张这种观点，现在对这种观点进行反思。对这种观点的批评也越来越多：要么就是从属性说，要么就是独立性说，从属性与独立性如何统一？过去我们往往采取统一说的观点，现在看来这种观点在方法论上存在一定的问题。动不动就主客观相统一，这样是有一定的误导的。还有就是对主观主义、客观主义的含义本身理解错误。主观主义并不是不要客观，客观主义也并不是不要主观，例如违法性论中的客观违法性论和主观违法性论。我们往往就把主观违法性论看作违不违法只看主观、不考虑客观，实际并不是这个意思。因此要么就同意主观违法性说，要么就同意客观违法性说，不可能在违法性论上再来一个主客观相统一。

因此，共犯从属性说是有道理的，但它在解释论上有点问题。例如，刑法第29条第2款关于被教唆人没有犯所教唆的罪，对教唆者可以从轻或者减轻处罚的规定：如果按照共犯从属性说，教唆者是不构成犯罪的，因为被教唆者没有犯所教唆之罪，连构成要件该当性都不具备，对教唆者处罚是没有根据的。但我国的刑法却规定要处罚。因此，有人说我国刑法的这个规定是体现了共犯的独立性说，在被教唆的人没有犯所教唆的犯罪之时还要处罚。我们过去是按照二重性来理解，也就是如果完全主张独立性就应该按照教唆既遂来处罚，如果按照教唆未遂来处罚还是介于独立性和从属性之间的一种选择。这个问题值得进一步研究，目前对刑法第29条第2款的理解可以说是五花八门。

(一) 正犯

正犯是指实行了刑法分则所规定的犯罪构成要件行为的人。这里的犯罪构成要件的行为，又称为实行行为，因而正犯也称为实行犯。正犯的犯罪性，是刑法分则所赋予的，因此，正犯的定罪根据就是刑法分则的具体规定。这里需要重点讲解的是正犯的分类问题，我认为正犯可以分为以下两类：

1. 单独正犯与共同正犯

单独正犯与共同正犯是以正犯主体的数量来划分的。单独正犯的主体是一人，共同正犯的主体是二人以上。单独正犯和单独犯罪还是有区别的：单独正犯在外形上和单独犯罪是一样的。但是单独正犯指的是任意共犯中由一个人来承担犯罪的实行，这样的正犯就称为单独正犯。例如甲教唆乙杀人，丙又给乙的杀人提供帮助，甲、乙、丙是杀人的任意共犯，甲是教唆犯，乙是实行犯，也就是正犯，丙是帮助犯。在这里，直接去实施杀人行为的只有乙一个人，因此，乙是单独正犯。就单独正犯的客观行为而言，和单独犯罪是一样的。例如，单独杀人要砍六刀才能把人砍死，单独正犯用刀杀人也要砍六刀才能把人砍死。两者主要的区别是，在单独犯罪中，是一个人在完成这个犯罪；在单独正犯中是和共犯一起完成犯罪，正犯行为只是共同犯罪行为的一部分。

相对于单独正犯的是共同正犯，共同正犯的情况要复杂一些。共同正犯有两种：一种是纯正的共同正犯，共同犯罪就是由二人以上共同实行构成的，两个人或三个人去杀人，都参与了杀人的实行。另一种是不纯正的共同正犯，是任意的共犯，有五个人去杀人，有一个教唆犯、一个帮助犯，有三个人去实施杀人行为，不是由单独一个人去完成杀人的实行而是由三个人去完成。在这个共同犯罪里面除了实行，还有教唆与帮助。纯正的共同正犯和不纯正的共同正犯都具有共同正犯的特征，共同正犯的特征是正犯性与共犯性的统一。首先，共同正犯是具有正犯性的。共犯的行为不是构成要件行为，而正犯所实施的是刑法分则规定的犯罪构成要件行为。其次，共同正犯又具有共犯性。在共同实行犯罪过程中，行为人彼此之间有分工，有可能只是实施了构成要件行为的一部分，也有可能是实施了构成要件行为的全部。例如甲、乙两个人共谋去杀害丙和丁，由甲去杀害丙，由乙去杀害丁，把两个人都杀死了。但是甲并不是只对丙的死亡承担责任，乙也并不是只对丁的死亡承担责任，甲和乙都要对丙和丁的死亡承担责任。在行为人只实施了构成要件行为一部分的情况下，这种共犯性就体现得更为明显。前面讲过，刑法分则规定的犯罪可以分为单行为犯和复行为犯。在单行为犯的情况下，行为人彼此之间分工，每个人只实施了犯罪实行行为的一部分，数个人加起来就构成了一个完整的犯罪实行行为。例如用刀杀人，砍六刀能把人砍死，两个人去杀人，一人砍三刀，两个人砍六刀就把人砍死了。如果孤立来看每一个人的行为，只是实施了杀人罪的部分实行行为，因为三刀不可能把人砍死。如果在单独犯罪的情况下，他只对自己的行为负责，就是杀人未遂，因为没有实施完整的杀人行为。但是在共同犯罪当中，我们把它当作一个整体来考虑，所采用的归责原则是“部分行为之全体责任”，也就是说，虽然实施了部分行为，但要负全体责任。共同犯罪人不仅应当对本人的行为承担责任，而且应当对故意范围之内他人的行为承担责任。因此，共犯的责任原则是单独犯罪责任原则的一种例外、一种超越。在一般情况下，现代刑法是否定株连的。如果要彻底否定株连，那么我只能对我的行为负责，不对他人的行为负责。但在共同犯罪情况下，要对他人的行为承担责任。这不是株连，因为其中也包括了一部分本人的行为。当然，这种对他人的行为负责是有限度的，这个限度就是共同故意范围之内。这涉及我们后面要讲的实行过限问题。在复行为犯的情况下，表现就更为明显。例如，抢劫有手段行为——用暴力、胁迫或其他方法——和目的行为——夺取他人财物，如果一个人犯抢劫罪，则犯罪分子既要使用暴力、胁迫或其他方法，又要亲自去夺取他人财物。但在共同正犯的情况下，共同犯罪人之间可以有分工，一个人用暴力把人打伤，另一个人夺取财物。分别来看，一个人实施了伤害罪，一个人实施了抢夺罪。但是应该把两个人的行为看作是一个整体，对他们都应定抢劫罪，而不是对一个人定伤害罪、对另一个人定抢夺罪。在共同正犯的情况下，对他人的行为承担责任的边界的确是个值得研究的问题，这里面既有原则的合理性上的考虑，也有证明可能性上的考虑。

在共同实行中，分工能分到什么程度也是一个值得研究的问题。例如共同用刀杀人或共同用枪杀人，最后是哪个最终打死的并不重要，但关键是要有共同实行行为。在有些情况下比较复杂，需要进行具体分析。例如两个人去杀人，一个人按住被害人的手脚，另一个人用刀把人捅死，用刀捅死的这个人肯定是个正犯，但是按住手脚的这个人的行为怎么评价？也就是到底是共同正犯还是帮助犯（现场帮助）？这涉及帮助行为和实行行为的区分，后面讲到帮助行为时再来具体讨论这个问题。关键在于怎么理解犯罪的实行行为？按住手脚的行为在某种具体情况下可能是帮助行为，在另一种情况下则可能是实行行为，主要还是由行为性质所决定的。这就涉及正犯行为的可替代性。在有些情况下，正犯行为是可替代的；在另一些情况下，正犯行为又是不可替代的。所谓可替代，例如杀人，两个人都想杀死同一个被害人，两个人的目的是相同的，至于是你杀死还是我杀死并不重要，你把他杀死，我的目的也达到了。在正犯行为可替代的情况下，可能会对许多问题都有影响。如果两个人共谋去杀一个人，其中一个人偷偷溜走了，他想，反正另一个人也会去把那个人杀了，我就不用去了。最后被害人果然被杀死。在这种情况下，溜走的这个人的行为可不可以被认定为中止？因为他是想借助别人的行为来达到自己的目的，对此认定为中止或者未遂就会让这些人的阴谋得逞，因此不承认中止。即使不干，让别人去干也要对死亡结果负责。这是一种刑事政策上的考量，但这种考量是不是有道理，也是值得研究的。他要是知道法律上有这种考量的话，还不如去干，被害人就会被杀死。这于法律对被害人的保护反而是不利的，还不如即使你有什么阴谋诡计，法律也可以让你比实施杀人行为的人处罚轻一点。这里存在刑法客观主义与刑法主观主义的分野，如果考虑主观要素就要实行同等对待，如果考虑客观要素就要加以区别对待，因为他毕竟没有去杀人。此外，有的实行行为是不可替代的，虽然是共同犯罪，但不是想利用你的手达到我的目的，因为是不可替代的，可以分别使各自的目的实现，但你不能代替我实现目的。例如共同脱逃，虽然是共同实行，但逃跑是各跑各的，你逃走不等于我逃走。在这种情况下，法律评价的时候会更看重个人的行为，尽管还是共同犯罪。

2. 直接正犯与间接正犯

直接正犯是指直接实施了某种犯罪。这里所说的直接，其程度也是有所不同的。我们在讲行为的时候，讲了作为的方式，有拳打脚踢把人打死的，这是最直接的；有用枪去打的，枪支是在行为人的支配下而击发的，因此要把枪打死人的行为归咎于行为人；也有用自然力——火，放火烧死人的，但火是行为人点起来的，不是自然发生的；还有利用动物把人咬伤咬死的，但动物是在行为人的唆使下实施咬人的，这和在深山老林里老虎把人咬死是不一样的。在共同犯罪中，甲唆使乙去把丙打死，这还是一个直接的犯罪，因为从犯罪链条来看，先有甲的教唆行为，然后有乙的实行行为，再有丙的死亡结果，教唆对死亡来说好像是间接的，但甲乙是共同犯罪，甲的教唆和乙的实行是丙死亡的共同原因，因此仍然是直接的关系。这种直接实施犯罪行为、造成犯罪结果的共同犯罪就是直接正犯。在共同犯罪里，大多数情况都是直接正犯。

间接正犯就比较复杂一点。间接正犯是正犯的扩大，是对正犯行为作实质解释的结果。例如教唆 12 岁女儿去杀人，教唆者母亲所实施的是非实行行为，人是 12 岁女儿杀的，母亲并没有实施杀人行为，严格来说母亲不是正犯。但在这种情况下，我们说这是间接正犯，通过间接正犯的概念把母亲包含在正犯之中，对她直接按照刑法分则的规定进行定罪。由此可见，间接正犯是单独犯罪，但又和共同犯罪有关。在完全、彻底采取共犯从属性说的情况下，正犯不构成犯罪，共犯也就不成立犯罪。这样，就放纵了犯罪，显然不合理。母亲是在借刀杀人，其行为要比杀人行为性质更为严重。因此，大陆法系国家的刑法理论就创造了间接正犯这个概念来弥补共犯从属性说的缺陷。间接正犯在有些国家的刑法中是有规定的，但在大多数国家的刑法里是没有规定的。这是一个理论概念，从理论上来解决刑法未作规定的问题。由此可见，法律的规定是有限的，许多问题光靠法律规定是无法解决的，要靠刑法理论来解决。

间接正犯是共同正犯当中所涉及的一个刑法理论问题，但在某种意义上来说，间接正犯问题也是一个实行问题，因为所谓的直接正犯与间接正犯就是实行行为的直接实行和间接实行的问题，因此往往也可以放在实行行为当中来说。当然，在传统上，还是把它放在共同犯罪中附带地加以讨论。在某种意义上可以说，间接正犯问题并不是一个共犯的问题。

间接正犯可以分为以下六种情况：

第一种情况是利用未成年人实施犯罪。利用未成年人实施犯罪，由于被利用者没有达到法定的刑事责任年龄、不构成犯罪，因此利用者成立的是间接正犯。关于这一点，我国的刑法理论和德日的刑法理论之间存在一点差别。在德日刑法理论中，采用共犯从属性说中的限制从属性说，因此如果未成年人已经具有独立的认识能力和意志能力，仅仅因为没有达到法定刑事责任年龄而不构成犯罪，则他的行为实际上符合构成要件该当性，也具有违法性，仅仅是阻却责任而已。在这种情况下，德日刑法理论认为是一个共犯的关系，因此，利用者不成立间接正犯，而是共犯。当然，如果利用的是一个年龄很小的人，比方说不满 10 周岁，这个人缺乏认识能力和意志能力，不仅没有达到法定刑事责任年龄，而且他对某一个事实本身也缺乏正确的认识，则依然可以成立间接正犯。在我国刑法理论当中，由于我国的犯罪构成理论对于不构成犯罪并没有作出像大陆法系那样阶段性的区分，因此只要被利用者没有达到法定刑事责任年龄就一概不构成犯罪，在这种情况下，利用者都成立间接正犯。

第二种情况是利用精神病人实施犯罪。因为精神病人缺乏辨认或者控制能力，按照刑法规定不构成犯罪，但是利用者可以成立间接正犯。在精神病人这个问题上，我国刑法理论和德日刑法理论之间同样存在着和刑事责任年龄相同的问题。因为有些精神病人实际上具有一定的对事实的认识，在这种情况下，精神病人所实施的杀人行为仍然是一个构成要件该当的行为，并且是一个违法的行为，仅仅是免除责任而已。在这种情况下，根据大陆法系的犯罪共同说，在利用者和被利用者之间仍然构成共犯，因此，利用者不是间接正犯而是共犯。但在我国刑法理论当中，只要是精神病人都不构成犯罪，因此利用者都构成间接正犯。

第三种情况是利用他人的合法行为实施犯罪，主要是指利用他人的正当防卫或者利用他人的紧急避险这些排除犯罪性的行为来实施犯罪。在这种情况下，被利用者由于他的行为本身是排除犯罪性的行为而不构成犯罪，利用者可以成立间接正犯。

第四种情况是利用他人的过失行为实施犯罪。在这种情况下被利用者是过失，而利用者成立间接正犯。例如，甲拿了一把枪，枪里实际是装有子弹的，他欺骗乙说枪里面没子弹，让乙向丙开一枪，吓唬吓唬他。乙信以为真，向丙开了一枪，结果把丙打死。在这种情况下，乙是有过失的。虽然他有受他人欺骗的成分，但他还是要搞清楚枪里面到底有没有子弹，而枪支本身是危险物品，不能随便拿来向人开这种玩笑，因此，乙主观上具有过失。利用者是故意杀人的间接正犯，被利用者构成过失致人死亡。

第五种情况是利用他人无故意或者无过失的行为实施犯罪，也就是被利用者主观上既无故意亦无过失。比如说，医生为了采用投毒的方法毒死某个病人，他就在针剂里面加上了毒药，然后交给了一个护士，要求护士给病人打针，护士不知道里面有毒药，而且是医生交办的，从她的义务来说她应当履行义务，她正常地履行她的护士的义务，给病人打针，结果病人死亡。在这个案例当中，实行者本身既无故意，亦无过失，这是一个意外事件，行为人不负刑事责任。利用者是一个间接正犯、故意杀人罪的间接正犯，也就是人虽然不是他杀的，但仍然要负正犯的责任。

第六种情况是利用所谓有故意无目的或者有故意无身份的他人来实行犯罪。在这种情形当中，利用者和被利用者都构成一种故意犯罪，但是被利用者没有特定的目的或者没有特定的身份，因此他们所构成的是不同的犯罪，他们之间不构成共同犯罪。利用者构成的是间接正犯，利用者构成的是有身份的那个犯罪、有目的的那个犯罪的间接正犯。比如说，刑法当中的破坏通讯设施罪，甲的目的是要剪断电线电缆、破坏通讯设施，甲就欺骗乙说电线电缆已经废弃不用了，让乙去偷。乙在甲的教唆下盗割电线电缆，但乙主观上并没有破坏通讯设施的目的，因为乙是上当受骗，以为电线电缆是废弃不用的。在这种情况下，被教唆者乙所构成的是盗窃罪的正犯。那么对教唆者甲的行为怎么来分析呢？实际上教唆者的行为是一个想象竞合，也就是甲的一个行为具有两种性质、构成两个罪名：一方面，甲是盗窃罪的教唆犯，就盗窃罪而言，甲和被教唆者乙之间构成共犯关系。另一方面，甲又是破坏通讯设施罪的间接正犯。就破坏通讯设施罪的间接正犯而言，在这种情况下，被教唆者乙实际是被甲利用的工具，甲利用了被教唆者盗窃通讯设施的行为，来达到他破坏通讯设施的目的。这种情况是利用有故意无目的的工具，在故意的范围之内可以成立共犯。由于被利用者没有目的，因此在这个有目的犯罪中，利用者是间接正犯。与此相类似的情况还有利用有故意无身份的工具，也就是有些犯罪必须要有身份者来实施，没有身份的人是不能实施的。在这种情况下，利用者可能会利用有故意无身份的人来实现有身份的犯罪的目的。比如说在有些国家的刑法中，杀人罪是有不同区分的，也就是普通杀人和杀害尊亲属，杀害尊亲属比方说儿子杀害父亲母亲，或者杀害祖父祖母，这个犯罪必须要有身份的人才能实施，行为人必须和被杀害者之间存在这种亲属关系才能构成这个罪。假如说甲要杀害自己的父亲，但甲不是自己去杀害，而是教唆乙去杀害。如果甲明确告诉乙，你去杀的这个人是我的父亲，那么在这种情况下，两个人应该构成杀害尊亲属罪的共同犯罪。但甲并没有告诉乙被杀的人是甲的父亲，使乙认为杀的是一般人。在这种情况下，被教唆者乙构成的是普通杀人罪，因为乙并不知道杀害的是甲的尊亲属，但利用者甲所构成的应当是杀害尊亲属罪，甲是间接正犯，甲是利用有故意无身份的工具实现犯罪。

由此可见，间接正犯问题是一个相当复杂的问题。间接正犯的问题与实行有关系，是一种实行的特殊情况。另外，间接正犯又和共犯有区分，它和共犯之间是此消彼长的关系，也就是说，共犯的范围比较大，间接正犯的范围就比较小；共犯的范围小，间接正犯的范围就大。

这里面还需要补充一点，是和间接正犯相对应的一个概念，就是亲手犯，也称为自手犯。这个概念是为了限制间接正犯而提出的，也就是说某些犯罪必须由实行者本人亲自实行才能构成，如果不是亲自实行是不能构成的，这种犯罪就是亲手犯。从刑法理论上来说，亲手犯和间接正犯也是此消彼长的关系，如果某种犯罪是亲手犯就不能构成间接正犯，如果是间接正犯就不可能是亲手犯。但亲手犯的范围如何确定，这个问题比较复杂。一般来说，某些特定的目的犯或身份犯往往要求是亲手犯，但在某些情况下，目的犯或身份犯又可以构成间接正犯，因此，亲手犯又可以分为纯正的亲手犯和不纯正的亲手犯。可见，理论上的分析特别复杂，只有那些纯正的亲手犯才不可能构成间接正犯，如果是不纯正的亲手犯仍然有可能构成间接正犯。

（二）共犯

在共同犯罪的定罪中，重点需要解决的还是共犯的定罪问题。因为正犯，包括共同正犯，尽管它具有一定的共犯性，但总的来说它还是具有正犯的性质，因此它的定罪根据都是由刑法分则的具体条文来解决的。共犯就不一样，共犯行为是在刑法分则的条文中没有规定的，所以它的定罪问题主要是在刑法总则当中解决的。共犯可以分为组织犯、教唆犯和帮助犯。我分别对这三种共犯加以讲解。

1. 组织犯

组织犯是指在犯罪集团当中起组织、指挥、策划作用的犯罪分子。组织犯的组织行为本身并不是刑法分则所规定的犯罪的实行行为。例如盗窃集团，这个盗窃集团中的甲是个组织犯，甲并不直接去进行盗窃，而是组织、指挥、指使他人去盗窃。在这种情况下，这个甲本人并没有去偷东西，那么甲的定罪问题怎么解决？甲的定罪就不能像正犯那样用刑法分则条文来解决，只有把它归入共犯里面来，通过刑法总则的规定才能解决。

这里需要注意的是，组织犯的组织行为和刑法分则中所规定的以组织为特征的犯罪实行行为要正确加以区分。我国的刑法分则中，某一种犯罪的实行行为是以组织为特征的。这种情形有两种：一种是非犯罪的组织行为，被刑法分则规定为一种犯罪的实行行为。也就是被组织的行为不是犯罪，但刑法把这种组织行为规定为犯罪。比如刑法分则规定的组织他人卖淫：卖淫这个行为在我国刑法当中不是一种犯罪，但是立法者把这种卖淫的组织行为规定为犯罪。这种组织卖淫是一种实行行为，而不是刑法总则当中所规定的共犯当中的组织行为。另外一种是犯罪的组织行为，被刑法分则规定为一种犯罪的实行行为。它本来是一种犯罪的组织行为，但是被刑法分则规定为犯罪的实行行为。这种情况在刑法分则当中有两种：第一种是刑法第 120 条规定的组织恐怖活动组织罪。恐怖活动组织也是一种犯罪组织，但是根据刑法规定，组织、领导、指挥恐怖活动组织本身就构成一个犯罪，如果再去实施杀人、放火、强奸、抢劫等具体犯罪，按照刑法的规定，就要实行数罪并罚。另外一种是刑法第 294 条规定的组织、领导黑社会性质组织罪。组织、领导黑社会性质组织本身就被刑法规定为一个犯罪，如果黑社会性质组织再去进行杀人、放火、强奸、抢劫等具体犯罪，就要实行数罪并罚。我们可以来分析一下，组织恐怖活动组织的犯罪和组织黑社会性质组织的犯罪，这两种犯罪的组织行为本身就被犯罪化了，它和组织盗窃犯罪集团、组织走私犯罪集团，在性质上就不一样。组织盗窃集团、组织走私集团，这种组织行为本身没有被犯罪化，因此，这种组织行为只是一种共犯，要根据走私犯罪集团的犯罪行为和盗窃犯罪集团的犯罪行为来承担刑事责任。但组织恐怖活动组织和组织黑社会性质组织，这种组织行为本身就被立法者规定为刑法分则当中的一种犯罪，从而把它从共犯当中的组织犯当中独立出来，成为一种具体的犯罪。

组织犯没有实施刑法分则当中所规定的构成要件行为，为什么组织犯要承担责任，甚至承担主要的责任？也就是说组织犯的犯罪性是从何而来的？我认为组织犯之所以要承担刑事责任，它的根据就在于组织犯的组织行为和被组织者之间的犯罪行为之间存在着一种制约关系，这种制约关系指的是一种支配和被支配的关系。也就是说，被组织者的犯罪行为是在组织犯的组织、指挥下实施的，因此，组织犯要对被组织者的犯罪行为承担刑事责任。

2. 教唆犯

教唆犯是指教唆他人去犯罪的人，因此，教唆犯也是一种共犯。教唆犯的特点是他本人并不去犯罪，而是教唆他人去犯罪。教唆他人去杀人，教唆他人去强奸，他本人并没有杀人和强奸。但是在教唆犯的教唆下，被教唆人却实施了杀人和强奸的行为。

在认定教唆犯的时候，我们同样应当把共犯的教唆和刑法分则所规定的以教唆为特征的犯罪的实行行为区分开来。在刑法分则当中，某些犯罪的实行行为是以教唆为特征的，这种情形也可以分为两种：第一种情形是非犯罪的教唆行为，被立法者规定为一种犯罪，如刑法分则当中的引诱他人吸食毒品罪、引诱他人卖淫罪，这里的引诱其实就是一种教唆，教唆他人吸毒、教唆他人卖淫。在我国刑法当中，吸毒和卖淫本身并不是一种犯罪，因此，引诱他人吸毒、引诱他人卖淫不是一种犯罪的教唆。但立法者认为，这种教唆行为具有较大的社会危害性，因而把它规定为一种独立的犯罪。它和共犯的教唆显然是有区分的，它本身是一种正犯。第二种情形是共犯的教唆行为被立法者规定为一种犯罪的实行行为。例如我国刑法规定了军人逃离部队罪，这是军人违反职责的犯罪。刑法还规定了教唆军人逃离部队罪。本来军人逃离部队构行为构成犯罪，教唆军人逃离部队构行为应当是军人逃离部队罪的共犯，应当按照军人逃离部队罪进行处罚。但由于某种原因，主要是由于管辖上的原因——我国的军人犯罪是由军事法院来管辖，而军事法院并不管辖非军人的犯罪——为了司法方便，立法者将教唆军人逃离部队罪专门规定为独立的罪名，由地方法院管辖，规定在刑法分则第七章“侵犯国防利益罪”。于是教唆军人逃离部队罪就不再是教唆犯而是正犯，已经转化为犯罪的实行。

关于教唆犯承担刑事责任的根据，同样应当从教唆者和被教唆者的关系上来分析。被教唆者本来没有犯罪的意图，正是在教唆犯的唆使下，产生犯罪意图而去实施犯罪。因此，在教唆犯的教唆行为和被教唆者的犯罪行为之间存在着一种诱发关系，因此，教唆犯应当对在他唆使下被教唆者实施的犯罪承担刑事责任。这就是教唆犯承担刑事责任的根据。

当然，在现实生活当中，存在着一种比较特殊的教唆犯罪的情形，这就是雇佣犯罪。应当说，雇佣犯罪是教唆犯罪的一种特殊形态，而且是一种十分恶劣的教唆，是出钱雇佣他人来进行犯罪，例如雇凶杀人、雇凶伤害等等诸如此类的犯罪。有的国家对雇佣犯罪在刑法分则中专门作出规定。我国刑法没有对雇佣犯罪没有另外的规定，因此，对雇佣犯罪仍然应当适用刑法总则关于教唆犯罪的有关规定定罪处罚。当然，在雇佣犯罪当中，雇佣者和被雇佣者之间的关系比较复杂，因此在定罪和量刑中，往往产生一些比较疑难的问题，如雇佣者和被雇佣者之间，到底谁负主要责任？对于这个问题，刑法主观主义和刑法客观主义往往会作出不同的判断。刑法主观主义就会强调教唆者的责任，认为他人本来没有犯罪的意图，是在雇佣者的教唆下产生犯意并实施犯罪行为的，因此从主观恶性上来说，教唆犯更应当承担主要责任。但是从刑法客观主义的理论出发，它可能会强调实行者的责任，因为被教唆者毕竟是一个具有责任能力的人，犯罪行为是被教唆者直接实行的，人是被教唆者杀的，而不是教唆犯杀的，因此实行者也就是被教唆者应当承担主要责任。由此可见，刑法主观主义和刑法客观主义对这个问题的看法是不一样的。在我国的司法实践中，强调严厉打击犯罪，因此在像雇佣他人杀人的案件中，往往是对雇佣者和被雇佣者都判死刑，甚至在杀死一个人的案件中判两个、三个甚至四个死刑。如果这种案件中只能判一个死刑，那么在这种情况下，法官就需要考虑到底谁重谁轻。但如果可以判多个死刑，这种考量就变得没有意义了。

3. 帮助犯

帮助犯是指为他人实行犯罪创造便利条件的人。所以帮助犯的帮助行为也是一种共犯行为，也是一种非实行行为。比方甲想去杀人，正在寻找一把刀，乙明知甲去杀人，而为甲提供一把刀，乙就是杀人的帮助犯。帮助行为本身也具有复杂性，也有各种不同的区分。

第一种区分是从帮助行为的形式上来区分，可以分为物质性的帮助和精神性的帮助。物质性的帮助是有形的帮助，像刚才所讲的甲要去杀人，乙给甲提供一把刀，这是一种物质性的帮助。精神性的帮助指的是为他人实行犯罪出谋划策，提供精神上的鼓励支持。精神性的帮助和教唆怎么来区分？精神性的帮助和教唆最根本的区分就在于，教唆行为的本质特征是在他人没有犯意的情况下产生犯意，使他人的犯意从无到有，当然，在使他人产生犯意的过程当中，也可能包含一些精神性的帮助的内容，如为了使他人接受犯罪的教唆，可能会给他人出谋划策。假设甲教唆乙杀人，为了让乙能够接受甲的杀人提议，甲可能会给乙出谋划策——怎么杀。但是在那种情况下，甲仍然属于教唆犯罪。而精神性的帮助，是在他人已经有犯意这样一个前提下，使他人的犯意更加明确、更加坚定。他人已经有犯意了，通过精神性的帮助，使他人的犯意更加明确。他人本来犯意比较模糊，通过精神性的帮助使他人的犯意更加明确，或者本来他人已经有犯意了，但是犯意比较软弱，通过精神性的帮助使他人的犯意更加坚定。这是精神性的帮助。可见，教唆和精神性的帮助的根本区分就在于，在进行教唆或者帮助之前，他人的犯意是否已经存在：如果已经存在，那就是精神性帮助；如果没有存在，通过教唆行为使他人产生犯意，那就是教唆犯。

第二种区分是从时间上来区分，帮助可以分为事前帮助、事中帮助、事后帮助。

事前帮助比较好理解：在他人实行犯罪之前给他人提供便利条件，使他人更加顺利地实行犯罪。像前面所讲的甲想去杀人，乙给他一把刀，甲在杀人当中使用了乙提供的这把刀。这就是典型的事前帮助。当然，事前帮助有各种不同的形式，帮助他人踩点，帮助他人摸清被害人的行踪，为他人实行犯罪排除一些障碍，这都是事前帮助。

事后帮助稍微复杂一点。一般来说，帮助都是指的人家所要被帮助的事情没有干完之前才会有帮助，干完了就不存在帮助。甲杀人，乙在甲杀人之前，或者在甲杀人过程当中，乙给甲提供便利是杀人的帮助。但是甲杀人已经杀完了，在这种情况下不存在帮助。因此，他人犯罪完成以后的所谓的帮助，实际上并非是对他人先前已经完成的犯罪的帮助，而是帮助犯罪人逃避法律制裁。这种帮助是一种妨碍司法活动的行为。这种帮助行为在以往被称为一种犯罪的庇护行为，这种行为曾经在株连制度下被作为共犯来处理，在历史上曾经是共同犯罪的一部分。但是后来，随着刑法客观主义的思想在刑法中的贯彻，尤其是客观主义共犯理论的产生，就把这种犯罪的庇护行为从共犯当中给剔除出去，另外规定为一种妨碍司法活动的犯罪，这种犯罪在刑法理论上有一个专门概念，叫作连累犯，像我国刑法中所规定的包庇罪、窝藏罪、销赃罪、转移赃物罪，就是在他人犯罪完成以后，包庇犯罪人，窝藏犯罪人，帮助犯罪人进行销赃、进行转移赃物或者窝藏赃物，这些犯罪都是连累犯，是独立的犯罪，是一种妨碍司法活动的犯罪，而不是共犯。那么能不能由此得出结论说，只要是事后的帮助都属于犯罪的庇护行为，都属于连累犯，都构成独立的犯罪？还不能这么简单地得出结论。根据我国刑法的规定，如果事先有通谋，而在他人犯罪之后为他人逃避法律制裁提供各种便利条件的，应当以共犯论处。因此，这种事后帮助构成共犯是以事先通谋为条件的，也就是说如果事先有通谋，事先已经商量好了，甲杀人，在杀人以后乙帮助甲逃避法律制裁，进行包庇窝藏，那么在这种情况下，这种包庇窝藏的行为应当构成杀人罪的共犯。因此，事先有没有通谋就成为共犯和连累犯区分的主要根据。这里应当注意，这里的通谋并不是消极地知道，并不是明知，而是共同策划、互相分工，存在具体商量，就如何进行犯罪进行协商。从这个意义上来说，这种所谓事后帮助构成的共犯，实际上在事前已经提供了精神性的帮助，因为承诺事后为他人逃避法律制裁提供帮助本身就意味着对实行犯的一种精神上的鼓励，使实行犯能够放心大胆地去实行犯罪。由此可见，这种事后的帮助成立共犯是有条件的。由这种事后的帮助构成的帮助犯往往称为事后共犯，即事后的帮助犯。

事中帮助的问题就更复杂一些。例如两个人共谋去杀人，一个人到现场按住被害人的手脚，另外一个人用刀把被害人杀死。把被害人杀死这个行为是一个杀人的实行行为没有问题，但是现场按住被害人的手脚这个行为到底是杀人的实行行为还是事中的帮助行为，这就有点分歧。如果十分狭隘地理解犯罪实行，那么这种行为当然是一种帮助，因为毕竟没有动刀子。我们说杀人是用刀把人捅死，而如果只是按住手脚，为另外一个人用刀把人捅死创造便利条件，那么从这个角度说，按住被害人手脚的行为是事中的帮助。但是，在刑法理论上，对于犯罪的实行不能作如此狭隘的理解，尤其是在共犯的认定当中，在场与不在场是有很大区别的，如果亲临现场，那么就是一个比较严重的犯罪。因此，这个实行，不仅仅是狭义上的，以杀人为例不仅指狭义上的直接致人死亡的行为，在现场协助的行为也被视为杀人这一实行行为的一部分。与此相类似的是望风的行为：几个人去进行盗窃或者抢劫，他们之间有分工，有一个人在门口望风、站岗放哨，其他人到里面去翻箱倒柜，去找钱。从狭义上来说，盗窃行为是直接取得他人财物的行为，在门口望风这个人并没有去进行盗窃，但在刑法理论上，仍然把这种犯罪的望风行为看作是实行行为，而不是现场的帮助行为。但是，能不能就此而得出结论说，只要是亲临现场采取的行为都是实行，而不存在事中的帮助。这个问题稍微复杂一点，在刑法理论上争议比较大。我在前面讲到一个实行行为的可替代性问题，是否可替代对于解决这个问题具有重要的意义。我认为在实行行为可替代的情况下，不存在事中帮助。比如杀人，甲、乙的目的都是把人杀死，无论是甲杀死还是乙杀死，并不重要。这样一些犯罪实行行为是可替代的，因此只要亲临现场，都属于犯罪的实行行为。盗窃也是，不管几个人去盗窃，反正最后拿着偷来的三五个大洋来分赃，由于犯罪实行行为是可替代的，因此望风行为也是一种实行行为。

在实行行为不可替代的情况下，这个问题稍微复杂一点。不可替代的这种犯罪往往是一种身份犯，具有某种特定身份的人才有可能实施某个实行行为，不具有这个特定身份的人是不可能实施的。在身份犯的情况下，如果某个实行行为具有不可替代性，则这种现场帮助的行为仍然是一个帮助行为，而不是实行行为。对这个问题比较好理解的一个例子是脱逃罪，从监狱里面逃走。脱逃罪的主体有身份上的要求，是被逮捕、被关押的犯罪分子。被逮捕、被关押的人才存在脱逃的问题，因此，脱逃罪是亲手犯，必须行为人亲自实施，他人不能代替他实施。在这种情况下，如果监狱内的人和监狱外的人相互勾结，有一个监狱外的人到现场为监狱内的人脱逃提供帮助，那么，在这种情况下，就不能说这种事中帮助是一种实行，因为脱逃这种行为，不具有这种特定身份的人不可能实行。因此，它是一种事中帮助。另外，像受贿，国家工作人员利用职务之便为他人谋取利益而非法收受财物，所以受贿罪中的这个收受财物的行为，只有具有国家工作人员身份的人才能实施。但在一个具体案件当中，某一行贿人拿着财物到某国家工作人员家里来行贿，碰巧该国家工作人员不在家，他的妻子或者他的其他家属收受下了这个财物。从表面上来看，该国家工作人员家属收受财物好像是实施了受贿罪的实行行为，但由于收受财物这个行为只有具有受贿罪的主体身份的人才有可能实行，该国家工作人员家属并没有这种主体身份，所以这种收受实际上是一种代为收受。道理说得比较浅显一点，也就是行贿人这钱不是送给家属的，是送给该国家工作人员的。所以这种收受是代为收受，是代国家工作人员收受。在这种情况下，如果这个家属是明知他人向该国家工作人员行贿，她还要收受，那么这种收受就具有一种受贿的帮助性质。所以说她这种收受仍然是一种帮助而不是一个实行，因为她不可能实行，她不具有实行受贿行为的可能性。

但这种分析在强奸罪里面就比较复杂一点。事中的帮助和共同实行之间的区分，归根到底还是帮助行为和实行行为之间的区分，而关于帮助行为和实行行为之间的区分理论上有各种不同的学说、存在不同的观点，但不管是什么观点、什么学说，一个基本的要点就是实行行为是刑法分则所规定的构成要件行为，如果实施构成要件行为那就是实行行为，如果不是实施构成要件行为那就是帮助行为。但是在强奸罪中，尤其是根据有关的司法解释的规定，妇女不能成为强奸罪的正犯，但可以构成强奸罪的共犯，也就是妇女可以教唆或者帮助他人进行强奸。当然，妇女还可以成为强奸罪的间接正犯。妇女成为强奸罪的帮助犯的情况，指的就是现实生活中经常发生这样的案例：妇女按住另外一个被害妇女的手脚，让一个男性进行强奸。在这种情况下，这个妇女的行为是强奸的实行行为还是强奸的帮助行为，或者说她构成的是强奸的共同正犯还是强奸的事中帮助？关于这个问题争议就比较大。从刑法分则关于强奸罪的构成要件行为来看，使用暴力、胁迫或者其他方法，强行与妇女发生性行为的是强奸罪。该妇女所实施的按住被害人手脚的行为是强奸罪的暴力、胁迫的行为，因此她所实施的是强奸罪的实行行为的一部分，是实行了强奸罪的手段行为。从这个意义上来说，似乎应当把它理解为强奸罪的共同正犯。但从另外一个角度来说，这个妇女只能实施强奸罪的手段行为，她无法实施强奸罪的目的行为。在这种情况下，她到底构成强奸的帮助还是强奸的共同实行呢？从我国的司法解释来看，还是认为她是强奸的帮助犯，应当以强奸罪的共犯论处，而不能以强奸罪的共同正犯论处。但是在刑法理论上怎么来解释这个问题？在解释上就有一定的难度。怎么来解释？解释上可能还是从身份上来看，还是把她的行为和国家工作人员家属代为收受他人行贿的财物进行类比，也就是说，尽管她所实施的行为从形式上来看和正犯所实施的行为外表是一样的，但由于主体身份的不同，这种行为的性质是不一样的。也就是说，国家工作人员收受财物和他的家属收受财物，从收受财物这一点上是一样的，但是由于身份不一样，行为性质不一样，一个是实行、一个是帮助。同样，在强奸中使用暴力、胁迫，实行犯本身实施强奸手段行为和妇女实施强奸的手段行为，虽然从形式上来看是一样的，但是由于她的身份不同，她的行为应当被看作是帮助行为。作这样一个解释，不知道是不是还是有点牵强？这是一个需要深入研究的问题。

共犯的定罪和正犯的定罪最大的不同就在于，正犯的定罪根据是在刑法分则规定，共犯的定罪根据是在刑法总则规定。但是刑法总则规定又是和刑法分则有关系的，因为共犯和正犯是相对应而言的，共犯对于正犯具有从属性，共犯的可罚性根据在一定程度上应当从共犯和正犯的关系当中来获得。

三、共同犯罪的处罚

共同犯罪的处罚问题也是一个比较复杂的问题，它和单独犯罪的处罚不一样。在单独犯罪情况下，某一个犯罪行为都是由一个人来实行的，因此他对实行行为所造成的后果承担全部的责任。但是在共同犯罪情况下，某一个犯罪后果是由二人以上共同造成的，因此就出现了一个在共同犯罪人之间如何分担刑事责任的问题，存在一个刑事责任的分担问题、刑事责任的分配问题。那么，这个分配在刑法理论上应当坚持一个什么原则？这个问题是在刑法理论上也没有完全搞清楚。例如，一个人犯罪应当判10年，两个人犯这个罪，是不是意味着一个人判5年，两个人加起来10年，还是两个人犯这个罪，一个人判10年，加起来20年，也就是说两个人犯这个罪等于两倍的一个人犯这个罪？到底是哪一种分配？现在看来，既不是这种分配，也不是那种分配，可能是第三种分配：两个人是7年加7年，等于14年也就是两者之间有一个线，不能把共同犯罪看成是单独犯罪的简单相加，共同犯罪比单独犯罪要重一些。

另外在刑事责任的承担当中，我国刑法把共同犯罪人区分为主犯、从犯、胁从犯，也就是有一个共同犯罪人的分类问题。在刑法当中，共同犯罪人分类共有两种分类法：一种是分工分类法，按照共同犯罪人在共同犯罪中的分工来进行分类。这种分类法基本上就是共犯与正犯的分类。这种分工分类法能够比较好地解决共犯的定罪问题，因此在大陆法系国家，其刑法对共犯的分类，基本都是采取分工分类法，分为共犯与正犯，当然具体分法又不完全一样，大部分国家采取三分法，就是共同正犯、教唆犯和帮助犯。组织犯这一类是原苏联社会主义国家刑法所特有的一种分类，组织犯这种分类法也有它的一定合理性，因为组织犯和教唆犯、帮助犯都不一样。

另外一种是作用分类法，主要是将共犯分为主犯和从犯。作用分类法主要是解决共同犯罪人的处罚问题，也就是量刑问题。但是我们看到，作用分类法是以解决了共同犯罪人的定罪根据问题为逻辑前提的，只有在共同犯罪的定罪问题解决完了以后，才有量刑问题，因为量刑是以定罪作为它的前置性条件，定罪后才有量刑。这种作用分类法主要来自于我国古代《唐律》当中的关于共同犯罪人的分类，在《唐律》当中就有“共犯罪，分首从”这样一个规定。这里的“共犯罪”实际就相当于我们现在所讲的共同正犯，因为它那个犯罪指的就是具体条文里所规定的犯罪，所以它是以共同犯罪的定罪已经解决为前提。但是在现代区分总则和分则的刑法典之中，刑法总则当中的共犯首先需要解决的是它的定罪问题，因此大陆法系国家才有可能在刑法当中都采用分工分类法，而不是作用分类法。

当时在我国刑法制定过程中，关于共同犯罪人到底采取何种分类法曾经是一个争议最大的问题。从 20 世纪 50 年代的刑法草案到 1979 年刑法的最后一稿，即第 34 稿，关于共同犯罪的分类问题变化很大。最终我国刑法对于共同犯罪人的分类问题采取了一种折中的分类法，也就是以作用分类法为主、以分工分类法为辅这样一种分类法。我国刑法把共同犯罪人分为四类，这就是主犯、从犯、胁从犯和教唆犯。大家可以看到，主犯、从犯、胁从犯基本上按照作用来区分，但是教唆犯又是按照分工来分。刑法规定对教唆犯应当按照它在共同犯罪中所起的作用处罚，因此，认定为教唆犯以后，再看他在共同犯罪中的作用，如果是主犯就定主犯，如果是从犯就定从犯。过去曾经把这种分类法看成是我国刑法在共同犯罪分类问题上的一个创举，但是我认为这种分类法是不伦不类的，存在着重大的逻辑上的缺陷，无助于正确地解决共同犯罪的定罪量刑问题。

我认为，从理论上来说，还是应当同时采取两套分类法，一套是分工分类法，另外一套是作用分类法。我们在解决共同犯罪的定罪问题的时候，按照分工分类法来考虑：(1) 正犯，正犯里面又包括共同正犯；(2) 共犯，共犯里面又分为教唆犯、帮助犯、组织犯。定罪问题解决完了，在解决量刑问题的时候，我们再来采用作用分类法，区分为主犯、从犯、胁从犯。因此，一个共同犯罪人，往往具有两种身份：在定罪的时候它是教唆犯，在量刑的时候它是主犯，当然也有可能是从犯。在定罪的时候它是帮助犯，在量刑的时候它是从犯。在定罪的时候它是实行犯，在量刑的时候他是从犯或者胁从犯。因此，我们必须要同时采用这两套分类法，分别来解决共同犯罪的定罪和量刑问题。这是共同犯罪当中的一个最大的问题，大家一定不要把这两套分类法给混淆了。由于我国刑法的这种不伦不类的规定，加上我们现在的刑法教科书基本上是以解释这些刑法条文作为它的一个逻辑线索，因此我们在学习刑法当中往往容易把这两套分类法混淆。我们一定要把这两套分类法互相加以区分，明确这两套分类法分别所要解决的是共同犯罪的定罪问题和量刑问题。

下面我根据我国刑法的规定，对共同犯罪的处罚问题分别作一个说明。

(一) 主犯

我国刑法第 26 条第 1 款规定："组织领导犯罪集团进行犯罪活动或者在共同犯罪中起主要作用的，是主犯。"所以，我国刑法第 26 条第 1 款把主犯分为两种：一种是在犯罪集团中起组织指挥作用的。这些是什么人？这些就是组织犯，因此组织犯都是主犯。只要在定罪的时候认定为组织犯，那么就是主犯。另外一种是其他在共同犯罪中起主要作用的犯罪分子。这又主要有两种情况：一种情况是正犯，也就是实行犯，参与了犯罪实行并且在犯罪实行中起主要作用；另外一种是教唆犯，进行了教唆并且在共同犯罪当中起主要作用。这些都是主犯。

在关于主犯的认定当中可能还有一个问题，也就是说是不是在每个具体案件当中都能够区分出主犯或从犯？在有些案件当中，参与犯罪实行的人在共同犯罪中所起作用相差不多，很难区分出主犯和从犯。在这种情况下，按照我国司法实践的惯例，一般把共同犯罪人都认定为主犯，也就是在难以区分主从的情况下，一般都认为是主犯。

根据刑法第 26 条第 3 款和第 4 款的规定，对组织、领导犯罪集团的首要分子，按照集团所犯的全部罪行处罚；对其他主犯，应当按照其所参与的或者组织、指挥的全部犯罪处罚。第 3 款和第 4 款规定的是对主犯的处罚原则。关于主犯的处罚原则，我国刑法存在着重大的逻辑上的问题。1979 年刑法第 23 条第 2 款规定，主犯的处罚原则是，对于主犯，除本法分则已有规定的以外，应当从重处罚。应当说这个规定是符合实际情况、符合刑事政策的。但是在 1997 年刑法修订时，于对主犯的处罚原则作了修改，它分为两款：第 3 款是对于组织、领导犯罪集团的首要分子，按照集团所犯的全部罪行处罚。这是针对犯罪集团的首要分子也就是组织犯的处罚规定，它说对组织犯要根据犯罪集团所犯的全部罪行处罚。第 4 款规定对于第 3 款规定以外的组织犯，也就是其他主犯，应当按照其所参与的或者组织指挥的全部罪行处罚。据此，刑法第 26 条第 3 款、第 4 款关于主犯的处罚原则的规定就可以概括为，按照共同犯罪的全部罪行处罚。如果是犯罪集团，指的是犯罪集团的全部罪行；如果是一般的共同犯罪，指的是他所参与的全部犯罪，按照全部犯罪处罚。但是这里面存在一个问题：什么叫按照全部犯罪处罚？比如说，两个人共同杀人，就像我们通常所举的那个例子，一个人用刀把被害人捅死，另外一个人在旁边按住被害人的手脚，那么这两个人是共同实行，是杀人罪的共犯、共同正犯。显然，这两个人可以区分主犯、从犯，用刀子把人捅死的人是主犯，而现场帮助的人是从犯。那么在这种情况下，对主犯如何处罚？按照刑法第 26 条第 4 款的规定，说对主犯要对他所参与的全部罪行处罚，什么意思？它的意思就是说，这个人应该定故意杀人罪。据此，这个规定等于就是说主犯不需要从重处罚。因为，它说按照主犯所参与的全部罪行处罚，那么就是定故意杀人罪，但是主犯的处罚和从犯的处罚是相对而言的，主犯从重，从犯没有规定，或者从犯从轻，那么轻重之间有差别。

这种主犯与从犯的处罚从轻重差别当中体现出来，那么在这种情况下，刑法规定对主犯要按其所参与的全部罪行处罚。那么对从犯，也就是按住手脚的那个人，难道不是要按他所参与的全部罪行处罚吗？因此，按所参与的罪行处罚，实际上是一个定罪的问题、应当定什么罪的问题，是承担责任的范围问题。而量刑是要解决在这个范围之内承担较重的责任还是承担较轻的责任的问题。可见，这个规定没有体现出对主犯是从重处罚还是从轻处罚。但是，立法者的本意是要加重对主犯的从重处罚力度，它认为过去说对主犯从重处罚还不够，还要更为从重。但是，我们从刑法条文表述出来的语言当中看不出它的立法意图，反而觉得不是更重，而是连从重都不要了。这就是一个立法技术上的重大失误。就像我们过去所讲的，法律是通过语言来表达的，立法者在制定法律的时候是一种立法意图的表述，但是在表述它的立法意图的时候，有时候表达得好，有时候表达得不好，在表达得不好的情况下，就出现了意与愿违的情形，也就是听者从语言当中所领会的意思和言者想要表达的意思之间，存在完全相反的效果。就像我过去说的，本来想要表扬人家，但人家听了以为是在批评他；或者本来是在批评人家，但人家听了以为是在表扬他，出现这样的笑话。立法作这个修改本来是说对主犯更要从重，但是从刑法条文上来看，不仅不能更加从重，而且连从重的根据也没有了。我觉得这是在1997年刑法修订当中出现的一个最大失误。当然，这个逻辑错误的出现有一个前提，这里说来话长，有一个立法的演变过程。最根本的问题是，某一个法律规则在一定的法律语境之下是一个意思，但是法律语境变化了以后，同样的话语它的含义就会发生变化。当时，立法者在作这个修改的时候，就没有意识到这种语境的转变。一个法律规则的意思是以一个前提为条件的，如果这个前提没有了，这个意思就不一样了。所以这里面实际上是一个逻辑的问题，立法必须遵循一定的逻辑规律。

(二) 从犯

我国刑法第27条第1款规定，“在共同犯罪中起次要或者辅助作用的，是从犯”。由此可见，我国刑法中的从犯分为两种：第一种是在共同犯罪中起次要作用的。这里所谓的起次要作用的从犯指的就是次要的实行犯，也就是说他参与了犯罪的实行，但是在共同犯罪中所起的作用却比较小，因此可以认定为从犯。就像我在前面所说的，按住被害人的手脚让另外一个人把被害人杀死，那么按住手脚的这个人我们说他参与了犯罪的实行，是一个实行犯，但是在实行过程当中，他起的是次要作用，因此，在量刑的时候应当认定为从犯。第二种是在共同犯罪中起辅助作用的犯罪分子，这里所指的就是帮助犯。这里的辅助作用指的就是帮助，为他人实行犯罪创造便利条件的行为是一种犯罪的辅助行为。帮助犯在共同犯罪中起的都是辅助作用，因此只要在定罪的时候被认定为帮助犯，那么在量刑的时候就应当被认定为从犯。刑法第27条第2款规定，“对从犯应当从轻、减轻或者免除处罚”。从犯在共同犯罪中所起的作用比较小，因此，按照法律规定对它应当从轻、减轻或者免除处罚。这里的应当从轻、减轻、免除，是比照主犯而言，相对于主犯来说应当存在较轻的刑罚。

（三）胁从犯

我国刑法第28条规定，“被胁迫参加犯罪的，是胁从犯”。这个胁迫是从参加犯罪的原因角度来认定的，即参加犯罪不是自愿的，而是被胁迫的。被胁迫者如果不去把张三杀了，胁迫者就威胁把他杀了。胁从犯从参加犯罪的原因角度说是在他人的胁迫之下实行犯罪的，在犯罪中处于一种消极被动的地位。这种胁从犯，由于他是被胁迫参加犯罪，在共同犯罪中所起的作用是比较小的，因此根据刑法第28条的规定，对于胁从犯，应当按照它的犯罪情节减轻处罚或者免除处罚。所以在我国刑法关于共同犯罪人的分类体系当中，胁从犯比从犯还要轻。

（四）教唆犯

我国刑法第29条第1款规定，“教唆他人犯罪的，是教唆犯”。教唆犯主要是按照分工分类法对共同犯罪人作分类的结果，因此教唆犯主要是定罪需要解决的问题。我国刑法主要是从量刑角度来对教唆犯作了规定。根据刑法第29条的规定，对教唆犯的处罚中涉及三个问题：

第一，教唆犯处罚的一般原则：对教唆犯应当按照他在共同犯罪中所起的作用处罚。也就是说教唆犯如果起主要作用就定为主犯，如果起次要作用就定为从犯，教唆犯在某些非常特殊的情况下还有可能成为胁从犯。大家觉得这不太好理解。因为教唆里面有连锁教唆，张三教唆李四，让李四教唆他人，李四又教唆王五，让王五去教唆他人。这是一种连锁教唆、辗转教唆，所以是共犯之共犯，共犯里面还有共犯。教唆犯还有共犯，教唆犯可能是共同教唆和连锁教唆、辗转教唆，在连锁教唆、辗转教唆情况下，就有可能有这种教唆的胁从犯。在他人的胁迫下教唆他人去犯罪，那岂不是成立胁从犯吗？这种情况甚少，只能说在逻辑分析上不能排除这种可能。这是教唆犯处罚的一般原则。

第二，教唆不满十八周岁的人犯罪，按照刑法规定应当从重处罚。大家注意，在解释教唆不满十八周岁的人犯罪的时候，这个不满十八周岁是否包括不满十四周岁的人呢？不满十四周岁的人也是不满十八周岁的人，但是这里面大家需要注意，要对这个法律规定作一个限制解释。这里所谓教唆不满十八周岁的人犯罪，应当是指教唆已满十六周岁以上的人犯刑法分则所规定之罪，或者教唆已满十四周岁不满十六周岁的人犯刑法第 17 条第 2 款所规定之罪，这时才能成立教唆犯。如果教唆不满十四周岁的人或者教唆已满十四周岁不满十六周岁的人犯刑法第 17 条第 2 款规定之外的犯罪，则教唆犯应当成立间接正犯，应当以间接正犯论处，就不是这里所讲的教唆犯。按照刑法规定，教唆不满十八周岁的人犯罪，应当从重处罚。因为在这种情况下，教唆犯的性质是比较严重的。这些不满十八周岁的人，他的心理、生理还不太成熟，容易受外界影响，在外界的影响、勾引下去实施犯罪，因此对教唆犯应当从重处罚。但是在这种情况下，教唆犯又是主犯，就有两个从重处罚，双重从重。

第三，刑法第 29 条第 2 款规定了关于教唆犯的未遂的处罚："如果被教唆人没有犯被教唆的罪，对于教唆犯可以从轻或者减轻处罚。"这种情况指的是教唆犯的未遂，是教唆犯的未遂犯，也就是教唆犯教唆他人犯罪，但是被教唆的人没有犯所教唆的罪。如果严格按照共同从属性说，被教唆的人没有犯所教唆的罪，那么对教唆犯是不能处罚的。因此在刑法中，在这种情况下对教唆犯处罚，应当有一个专门规定。这个规定就是由此而来。当然，教唆犯和被教唆的人的关系很复杂，这里讲的是教唆犯的未遂犯，还有未遂犯的教唆犯，即被教唆的人未遂，教唆犯是什么？还有预备犯的教唆犯、中止犯的教唆犯。这里面就涉及共犯与未完成罪的关系问题，这里面就特别地复杂，需要把共犯的理论与未完成罪的理论结合起来。由于没有时间，这方面的内容我无法展开来讲，大家感兴趣的话可以看看有关共犯的专著。

四、共同犯罪的认定

最后，我想用简短的时间讲一讲共同犯罪认定当中的疑难问题。共同犯罪认定中存在许多疑难问题值得研究，由于时间关系一下我讲四个问题。

(一) 共犯与身份

共犯与身份问题是共同犯罪认定当中非常重要的问题，在大陆法系的刑法典之中，共同犯罪这部分内容中都专门有一个条文解决共犯与身份问题。在我国刑法总则当中，没有关于共犯与身份的规定，在刑法分则当中，在某些具体犯罪里面，涉及关于共犯与身份的问题。比如说刑法第 382 条第 3 款，第 382 条是关于贪污罪的规定，贪污罪是一个身份犯，国家工作人员才能构成，于是该条第 3 款规定，非国家工作人员伙同国家工作人家共同贪污的，以贪污罪的共犯论处。这就是一个贪污罪的共犯与身份的问题。另外在有关的司法解释里面，也专门对共犯与身份的问题作了规定，比如我国的刑法规定了贪污罪，又规定了职务侵占罪，贪污罪与职务侵占罪这两种犯罪的客观情况是一样的，都是利用职务便利侵吞本单位财物，它们的区别就在于主体身份的不同，贪污罪的主体是国家工作人员，而职务侵占罪的主体是国家工作人员以外的其他公司、企业或者其他单位的工作人员。如果在一个企业当中，既有国家工作人员，又有非国家工作人员，他们共同利用职务之便侵吞本单位财物，在这种情况下，他们构成一个共同犯罪，那么如何定罪？这里面就涉及共犯与身份的问题。关于这个问题，有关的司法解释里面有规定，例如，2000 年 7 月 8 日最高人民法院《关于审理贪污职务侵占案件如何认定共同犯罪几个问题的解释》讲了这样几个要点：第一，行为人与国家工作人员勾结，利用国家工作人员的职务便利，共同侵吞、窃取、骗取或者以其他手段非法占有公共财物的，以贪污罪共犯论处。这是指一般情况。第二，行为人与公司、企业或者其他单位人员勾结，利用公司、企业或其他单位人员的职务便利，共同将该单位财物非法占为已有，数额较大的，以职务侵占罪的共犯论处。这是指职务侵占罪的共犯。第三，公司、企业或者其他单位中不具有国家工作人员身份的人，与国家工作人员勾结，分别利用各自的职务便利，共同将本单位财物非法占为己有的，按照主犯的犯罪性质定罪。这是我国在司法实践当中解决有身份的人和无身份的人共同实行犯罪的定罪问题的一个基本原则，也就是按照主犯的身份定罪。但是，这样的一个司法原则我认为是不符合法律逻辑的。因为定贪污罪还是定职务侵占罪这是一个定罪的问题，而是主犯还是从犯这是一个量刑的问题。如果对共同犯罪按照主犯的身份定罪，那就是用量刑的概念来解决定罪的问题，这显然是不妥的。

关于共同犯罪和身份的问题，基本上有两部分内容：一个是身份与共犯的定罪，一个是身份与共犯的量刑。就身份与共犯的定罪而言，身份犯只有具有特殊身份的人才能实施，没有这种特殊身份的人，不能成为这种犯罪的正犯，但是可以成为这种犯罪的共犯。这是一个基本原则。比方说贪污，贪污的实行行为只能由国家工作人员来实施，没有国家工作人员身份的人不能成为贪污罪的正犯，但是可以教唆、帮助国家工作人员贪污，而成为贪污罪的共犯。这是一个基本原则。在共同正犯的情况下比较复杂，也就是说两个人都参与了犯罪的实行，但是法律按照行为人身份的不同分别规定了不同的犯罪，比如刚才所讲的国家工作人员和公司、企业管理人员共同利用职务之便贪污、侵占本单位财物。刑法规定，如果是国家工作人员就定贪污，如果是公司、企业管理人员就定职务侵占。在单独犯罪情况下，可以比较好地解决定罪问题。但是如果两个人是共同犯罪，怎么来判断？对于这个问题，理论上争议比较大。一种观点认为应该分别定罪，对国家工作人员定贪污罪，对非国家工作人员定职务侵占罪；另外一种观点认为都应该定贪污罪，因为贪污罪重，共同犯罪都应当按照贪污罪来处理；还有一种观点主张按照主犯的性质来定，如果国家工作人员是主犯，那么都定贪污罪，如果国家工作人员是从犯，那么都定职务侵占罪。这几种观点之间的分歧还是较大的。我个人还是赞同分别定罪的观点。之所以要分别定罪，因为分别定罪符合刑法对不同身份的人实施相同的行为予以不同的法律评价的立法精神。那么，分别定罪是否否定了他们之间的共犯关系呢？我认为在这种情况下，这种共同犯罪行为互相之间的结合是比较复杂的，这里涉及如何理解共同犯罪之所谓共同的问题。如何理解共同犯罪的共同？在刑法理论上存在行为共同说与犯罪共同说之争，犯罪共同说里面又有完全犯罪共同说与部分犯罪共同说等等不同理论。在这种情况下，我认为可以采用部分犯罪共同说，也就是当两个人的犯罪有一部分重合的情况下，那么在重合的这一部分成立共犯，但是最终的结果可能超出了重合的部分，因此分别定罪。这个分别定罪并不是对共同犯罪的否定，而是因为行为人的主体身份超出了共同犯罪的范围。因此，按照主体身份分别定罪的观点我认为是比较合适的。在这种情况下，公司、企业工作人员的行为其实具有想象竞合的性质，一方面是贪污罪的共犯，另一方面又是职务侵占罪的正犯，具有正犯和共犯的一种竞合关系，也就是一个行为既是一种犯罪的正犯，又是另外一种犯罪的共犯。在这种正犯与共犯竞合的情况下，按照正犯优于共犯，应当按照正犯定罪。基于这一点，才有一个分别定罪的问题。

共犯与身份还需要解决的第二个问题是共犯与身份的量刑。共犯与身份的量刑是指在共同犯罪中，有的人有身份，有的人没身份，这种身份可能是从重或者从轻处罚的身份，影响到对某个共同犯罪人的量刑。在这种情况下，刑法的基本规则是共同犯罪中每一个犯罪人本身所具有的从重或者从轻处罚的身份，其效力只及于本人，不及于其他没有这种身份的人。这个道理怎么讲？例如，甲和乙共同犯罪，甲是一个成年人，乙是一个未成年人，根据我国刑法规定，未成年人有从轻处罚的情节，乙之未成年人身份所具有的从轻处罚的效力只及于乙本人，而不及于甲。

共犯与身份问题所涉及的理论关系非常复杂，我只能把这个问题提出来，给大家一个基本概念，里面还有许多具体情况需要认真探讨。

（二）片面共犯

片面共犯是相对于全面共犯而言的。全面共犯，又称为双方的共犯，是指二人以上基于共同故意而实施犯罪，因此双方都成立犯罪。但在有些情况下，共犯是片面的共犯，只有一方构成犯罪。片面共犯主要是指片面的帮助犯，例如甲知道乙要去杀丙，正好甲对丙也很痛恨，他希望乙把丙杀死，但他又不想暴露自己，因此在乙要找一把刀去杀丙的时候，甲就悄悄地把一把刀放在一个比较醒目的地方，乙正好拿这把刀把丙给杀死了。在这种情况下，乙是单独犯罪，因为他并不知道后面有人在帮助他，他是基于单独犯罪的故意而实施了单独的犯罪行为。在这种情况下，甲就成立片面的帮助犯，也就是说甲有帮助他人犯罪的故意，并且有帮助他人犯罪的行为。但是在这种情况下，甲的行为只是一种帮助杀人的行为，他本身并没有实施杀人的实行行为。因此，对于甲的行为不能直接按照杀人罪来处理，必须要把他解释为共犯，才能解决甲的定罪根据问题。这就是刑法理论上的片面共犯，片面的帮助犯。

除了片面的帮助犯，还有片面的教唆犯。片面的教唆这个情况应该说还是有可能，但是这种案例可能比较少。片面的教唆是指暗中故意引起他人实行犯罪的故意，但是他人并不知道自己是在教唆下产生犯意的。也就是说，教唆犯是有意想使他人犯罪，但并不是直接跟他人去说让他去犯罪，而是在被教唆者没有明确意识到的情况下，在客观上使他人接受教唆。

争议比较大的是片面的实行。有没有片面的共同正犯？通常举的片面的共同正犯的案例是说，甲、乙两个人投毒杀人，甲基于单独杀人的故意去投毒，比如说要投十分毒才能毒死，甲投了五分，甲认为五分毒就能毒死了，但是五分毒不能把人毒死。乙知道甲投了五分毒，知道五分毒不能把人毒死，乙又加了五分毒投下去，把被害人给毒死了。在这样一个案例当中，甲成立杀人罪的未遂，因为甲投的五分毒不可能把人毒死，应该是杀人未遂。乙的行为，有的人认为是片面的共同正犯，因为仅就乙所投五分毒来说，不可能把一个人毒死。这不是一个完整的杀人行为，乙必须要利用甲所投的五分毒，才形成了一个完整的杀人行为，并且达到了致人死亡的目的。因此，有的人认为这是片面的共同正犯。但是我认为，在这种情况下，没有必要把乙解释为片面的共同正犯，因为乙利用他人已经投下的毒量本身仍然是一个完整的杀人行为。这里存在一个问题，就是杀人并没有标准的杀人行为，只要把人杀死就是杀人。对一个身体很弱的人，一拳就能打死他，不能说这一拳打另外一个人打不死，因此它不是一个杀人行为。因为行为人是利用了已经造成的这样一种客观状况，在这个基础上来实施杀人，因此，乙投五分毒仍然是一个完整的杀人行为，不是杀人行为的一部分。在这种情况下，对乙可以直接按照刑法分则中杀人罪的条文来定罪，而没有必要解释为片面的共同正犯，因为乙已经实施了刑法分则所规定的完整的杀人罪的构成要件行为。

（三）实行过限

实行过限的问题也相当复杂。共同犯罪人承担刑事责任有一个基本规则，也就是不仅要对自己的行为承担刑事责任，而且要对他人的行为承担责任。但是对他人的行为承担刑事责任，是在共同犯罪的故意之内，如果超出了共同犯罪故意的范围，就不能对他人的行为承担刑事责任。这里面就有一个实行过限的问题。比如两个人共谋去入室盗窃，分别进入两个不同的房间，其中有一个犯罪分子进入的是女主人的卧室，看到女主人正在睡觉，就把女主人给强奸了。对于这个强奸行为，应当由强奸者本人承担刑事责任，另外一个人就不应当对此承担刑事责任。这个强奸行为对于共同盗窃这个犯罪来说，是一个实行过限，即超过了盗窃故意的范围。因此，实行过限处理的基本原则是，过限的犯罪行为应当由实行者本人承担刑事责任，其他共同犯罪人对此不承担刑事责任。当然，在司法实践当中比较复杂的是如何来认定是否过限，尤其是在教唆犯罪当中，包括我在前面所讲的雇佣他人犯罪当中。因为教唆是用语言来表达，这个语言有的时候表达得很明确，“你把他给杀了!”这个犯意很明确，这时候判断过限还是没有过限比较好区分。但有时候语言表达很模糊，比方说“你去给他放放血”，“让他吃点苦头”，如果基于这种教唆把他人给杀了，那怎么办？这是不是一个过限行为？这里面情况就比较复杂。教唆行为本身存在盖然性教唆，这种盖然性教唆是一种不确定的教唆。在这种盖然性教唆的情况下，只要基于这种教唆，他人产生犯意并实施了一定的犯罪行为造成了侵害后果，教唆犯就应当对此承担刑事责任，不存在过限的问题。但是这种盖然性的教唆和选择性的教唆是有区分的。选择性的教唆是用这种语言表达的：“你或者把他打一顿，或者把他家的房子给烧了，或者把他东西给偷了”。在这种情况下，教唆者提供了几种犯罪的方案，让被教唆的人从中选择。被教唆的人在教唆者所提供的几种方案之中无论选择哪一种来进行犯罪，教唆犯都应当对此承担刑事责任。但是，如果被教唆的人实施了所提供的所有犯罪方案，在这种情况下就属于实行过限。教唆犯只是让被教唆的人在这几种方案中选一种实施，并没说所有方案都实施，即不是教唆他人犯数罪。还有另外一种情况：教唆犯提供几种罪，但被教唆人一种罪都没犯。这种情况属于刑法第 29 条第 2 款所规定的被教唆人没犯所教唆的罪，那么对教唆犯应当定哪种罪？我认为在这种情况下，对教唆犯都应当按照最重的罪来定，哪一种罪最重就定哪一种罪。如果被教唆的人几种罪都犯了，那对教唆犯应当按照最重之罪的教唆的既遂来认定。如果被教唆的人一种罪没犯，那么对教唆犯应当按照最重之罪的教唆的未遂来认定。

这是一个实行得过限的问题，在实行的过限里面还有很多复杂的问题。结合具体案件来考量，需要具体分析，也就是根据具体的案情来确定到底行为人的实行行为有没有过限，以及在过限的情况下行为人如何来承担刑事责任。

第十二讲

单位犯罪

单位犯罪是相对于个人犯罪而言的一种特殊犯罪形态，我国 1997 年刑法在总则中设立专节对单位犯罪作了规定。单位犯罪在定罪和量刑上都存在不同于个人犯罪的特殊性。在本讲中，我结合刑法规定和司法解释对单位犯罪的认定与处罚问题进行讲解。

一、单位犯罪概述

单位犯罪，在其他国家一般又称为法人犯罪。我国刑法把法人犯罪称为单位犯罪，所以单位犯罪是我国刑法特有的一个称谓，大致相当于法人犯罪。我国之所以称为单位犯罪，是因为单位犯罪的内涵和外延要大于法人犯罪，单位犯罪这个概念更符合我国法人犯罪的实际情况。

单位犯罪是指公司、企业、事业单位、机关、团体为单位谋取非法利益，以单位名义，经单位集体研究决定或者由负责人员决定，故意或者过失实施的犯罪。单位犯罪是相对于个人犯罪而言的，个人犯罪是一种自然人的犯罪，而单位犯罪是公司、企业、事业单位、机关、团体所实施的犯罪。有些刑法教科书在犯罪主体中讨论单位犯罪，认为犯罪主体包括自然人主体和单位主体。我认为单位犯罪不仅仅是个犯罪主体问题，单位犯罪不仅在主体上与自然人犯罪不同，在客观行为方面、主观罪过方面，尤其是在承担刑事责任根据方面，都和自然人犯罪有所区别。例如在单位犯罪的情况下，单位集体研究决定和负责人决定，这种决定本身就是单位犯罪行为的组成部分。正是基于这种决定，单位中的有关人员具体实施犯罪。具体实施犯罪这种行为才是犯罪的一种实行行为，而单位集体研究决定和负责人决定这种决定本身，严格来说并不是刑法分则规定的构成要件行为。从这个意义上来说，单位犯罪和共同犯罪具有一定类似性，在单位犯罪的行为中，有一部分是非实行行为，通过单位犯罪的规定使得这一部分决定行为也被纳入犯罪中来。

在大陆法系国家，长期以来所恪守的是古罗马法的传统："社团不能构成犯罪"。因此，大陆法系国家的刑法都是以自然人犯罪为前提的。尤其在18世纪和19世纪，当时近代刑法正式产生。这个时期正是资本主义自由竞争阶段，盛行的是个人主义思想。在当时的历史条件下，甚至认为社团是有害的，要建立起个人和国家的直接关系，强调个体主义，所以法人犯罪这种现象并没有在刑法中反映出来。随着资本主义从自由竞争阶段发展到垄断阶段出现了大量的公司，尤其是一些具有垄断性的公司。在这种情况下，世界从个人社会转变为法人社会。在法人社会里，个人和国家并不是直接发生关系，法人在个人和国家之间起中介的作用。法人在社会生活中发挥着重大的作用，法人往往具有自身的特殊利益，因此出现了法人的违法犯罪现象。这个时候人们才逐渐认识到对法人的行为也应该加以法律上的规制，否则，会对社会利益造成损害。法人犯罪随着法人社会的来临而出现，但大陆法系国家的刑法受到自古罗马法以来"社团不能构成犯罪"这一律条的束缚，所以在相当长的时间里，大陆法系国家刑法仍然是以个人责任为原则的。直到1994年《法国刑法典》，才第一次确定了法人的刑事责任。除了《法国刑法典》外，大陆法系其他国家的刑法典中仍然没有确定法人的刑事责任。

我国1979年的刑法也没有规定法人犯罪，是以自然人犯罪为原则的刑法。而且在过去计划经济的时代，我国是一个单位社会，每个人都归属于一个单位，由于这种单位本身不具有自身特殊的经济利益，因为在计划经济年代单位并不是一个在经济上具有独立主体资格的组织，因此当时就不可能出现单位犯罪的现象。自20世纪80年代开始，我国实行改革开放，其中一项重要内容就是建立现代企业制度，将公司、企业改造成为具有经济上独立自主活动能力的法人团体，成为市场经济的主体。在这种情况下，单位就逐渐具有了对自身特殊的经济利益的追求，因此也就出现了单位的违法犯罪现象。较早的单位犯罪出现在走私的犯罪中，当时走私犯罪案件中有相当一部分是由公司、企业实施的。在这种情况下，1987年我国《海关法》首次规定了国有公司、企业、事业单位可以成为走私罪的犯罪主体。这是我国在刑事立法中首次规定了单位犯罪。在1988年全国人大常委会《关于惩治走私罪的补充规定》当中，吸纳了《海关法》关于走私罪的规定，就对单位实施的走私行为如何定罪处罚作了专门规定。自此以后单位犯罪逐渐在我国刑法中得到确认。在1997年刑法修订中，首次在刑法总则中确定了对单位犯罪定罪处罚的基本原则，这就是刑法第30、31条的规定。

可以说在单位犯罪的立法方面，我国的刑法是走在世界各国前面的，是继1994年《法国刑法典》之后第二部正式确立单位犯罪承担刑事责任的刑法典。在我国刑法当中，单位犯罪的罪名还是较多的。当然，立法上的单位犯罪规定在司法中能否落实，单位到底有没有实际承担刑事责任，这两者间还是存在一些差距。立法比较超前，司法实践中相对比较滞后，其中一个重要原因就是在刑事诉讼法中没有规定单位犯罪的诉讼程序，也就是在单位犯罪的实体法和程序法之间存在一定的脱节。刑事诉讼法是在1996年修订的，1996年刑法中对单位犯罪还没有作出正式的规定，这样就给司法机关追究单位犯罪的刑事责任带来一定的障碍，这些问题通过司法解释得到了部分解决。2012年我国再次对刑事诉讼法进行了修订，但仍然没有规定单位犯罪的审理程序。值得欣慰的是，《最高人民法院关于适用〈中华人民共和国刑事诉讼法〉的解释》第十一章规定了对单位犯罪案件的审理，就对单位犯罪的审理程序作了具体规定。

从我国刑法对单位犯罪的规定来看，单位犯罪可以分为两种类型：纯正的单位犯罪和不纯正的单位犯罪。所谓纯正的单位犯罪是指只能由单位构成，而不能由个人构成的犯罪。有些犯罪是专门为单位而设立的，只有单位才能构成犯罪，而个人不能构成。这就是纯正的单位犯罪。例如我国刑法第 327 条规定:“违反文物保护法规，国有博物馆、图书馆等单位将国家保护的文物藏品出售或者私自送给非国有单位或者个人的，对单位判处罚金，并对其直接负责的主管人员和其他直接责任人员，处三年以下有期徒刑或者拘役。”这是刑法关于非法出售、私赠文物藏品罪的规定，这个罪名就是纯正的单位犯罪。因为刑法明确规定该罪的主体是国有博物馆、图书馆，只有单位才能构成本罪，个人不能构成本罪。纯正的单位犯罪除了这种情况之外还有另一种情况，即刑法分则对同一种犯罪分别对单位构成和自然人构成规定两个不同的罪名，例如行贿罪，专门规定了单位行贿罪和普通行贿罪。在这种情况下，单位行贿罪是纯正的单位犯罪。受贿罪也是如此：我国刑法分则既规定了单位受贿罪，又规定了普通受贿罪。之所以这样规定，是因为在行贿与受贿犯罪中，个人犯罪和单位犯罪存在较大的差别。因此分别设立为两个罪名，各自规定法定刑较好。除纯正的单位犯罪以外，我国大部分单位犯罪都是不纯正的单位犯罪。所谓不纯正的单位犯罪，是指既可以由单位构成，又可以由个人构成的犯罪，当它由单位构成时，这种犯罪就是不纯正的单位犯罪。不纯正的单位犯罪，是单位和个人共用一个犯罪构成要件，在绝大多数情况下，它的处罚也是相同的，即对单位犯罪中的主管人员和直接责任人员判处个人犯罪时的刑罚，对单位则另外规定判处罚金。

在我国刑法分则中，对不纯正的单位犯罪的规定有三种情形：第一种情形是，对某一个犯罪的法律规定分两款，第一款规定的是个人犯罪，第二款规定：单位犯前款之罪的，判处罚金，对主管人员和直接责任人员按照前款罪的规定来处罚。第二种情形是，在某一节规定的具体犯罪中并没有涉及单位犯罪，但在这一节的最后一个条款，对单位犯本节之罪作了统一规定。第三种情形是，在某一章的最后一个条款，对单位犯本章之罪有一个单独规定。在后两种情况下，对某一个具体犯罪是不是单位犯罪要格外加以注意，因为刑法条文本身并没有规定单位可以构成本条犯罪，但在某一章、某一节的最后一个条款专门对单位犯罪作了规定。

在不纯正的单位犯罪的情况下，单位和个人共用一个犯罪构成要件，在一般情况下它的处罚也是相同的，所以，从刑法规定来看，刑法的严厉性程度是相同的。实际上，根据有关司法解释的规定，在不纯正的单位犯罪中，对于个人构成犯罪和单位构成犯罪的立案标准不一样，通常来说，个人构成犯罪的立案标准低一些，单位构成犯罪的立案标准高一些。对此必须加以明确。

二、单位犯罪的定罪

单位犯罪实际上是特殊的犯罪形态，因此，单位犯罪在定罪和处罚两个方面都具有自身的特点。在此，首先讨论单位犯罪的定罪问题。

（一）罪体

1. 主体

单位犯罪的主体也就是我国刑法第 30 条所列举的 5 种单位：公司、企业、事业单位、机关、团体。在公司、企业、事业单位、机关、团体这五种单位犯罪的主体中，在理论上曾出现过以下需要讨论的问题：

（1）单位犯罪中的单位是否包括单位的内设机构或者单位的分支机构？

单位的内设机构是指单位内部的职能部门，单位本身是法人，其内设机构并没有独立的法人资格。工厂有科室，科室不是法人；大学是法人，院系不是法人。如果内设机构或者分支机构犯罪，能不能按照单位犯罪来处理？这些问题在理论上都有争议，现在司法解释明确规定，单位的内设机构或者分支机构都可以成为单位犯罪的主体，可见，对单位犯罪中的单位还是作了较为宽泛的解释。当然，这个解释还是符合实际情况的。因此以分支机构的名义实施犯罪，虽然分支机构没有法人资格，但符合单位犯罪特征的，就应该按照单位犯罪处理。

（2）单位犯罪的主体是否包括一人公司？

一人公司是《公司法》修订以后出现的公司类型。从民法上来说，一人公司也是公司。那么，一人公司是否属于刑法中单位犯罪的单位呢？在一人公司犯罪的情况下，是以单位犯罪论处还是以个人犯罪论处？这是一个值得关切的问题。

在司法实践中存在对一人公司以单位犯罪论处的案件。例如，最高人民法院的《刑事审判参考》第82集刊登的周某合同诈骗案，就是一个将一人公司以单位犯罪论处的典型案例。上海市奉贤区人民法院经审理查明：2008年2月至2009年4月，被告人周某在担任一人有限责任公司Z公司、F公司法定代表人并直接负责生产经营期间，先后与上海M针织品有限公司、常州G针纺织品有限公司等多家单位发生玩具原材料买卖或加工合同业务，上述单位按约为周某所在公司供货或完成加工业务。周某经自己公司再生产加工，通过R公司等单位予以销售并收取货款后，采用将上述自己公司账户内的资金转入个人账户或以差旅费等名义提取现金等方式转移公司财产，却以尚未收到货款为由拒不支付各被害单位合计价值人民币（以下币种均为人民币）90万余元的原材料货款及加工费等。在被害单位多次催讨后，被告人周某采用隐匿等手段逃避。案发后，周某支付部分货款后仍造成被害单位直接经济损失合计89万余元。法院审理期间，周某积极筹款894 000元退赔被害单位的经济损失。上海市奉贤区人民法院认为，被告人周某身为单位直接负责经营管理的人员，在本单位与被害单位发生货物买卖或加工合同业务并收受被害单位交付的数额巨大的货物后，转移本单位财产并隐匿，其行为已触犯刑律，构成合同诈骗罪。经查，现有证据不足以证明周某在收取货款后系用于其个人开支，因此，公诉机关指控周某系个人犯罪的证据不足。上海市奉贤区人民法院认为被告人周某的行为符合单位犯罪的特征，属单位犯罪。为保护公私财产权利不受侵犯，依据《中华人民共和国刑法》第224条第4项，第231条，第72条，第73条第2款、第3款，第64条之规定，并综合考虑周某的犯罪事实、情节、性质、危害后果、认罪悔罪态度、退赔经济损失，判决如下：被告人周某犯合同诈骗罪，判处有期徒刑3年，宣告缓刑5年，并处罚金46万元；被告人周某的犯罪所得予以追缴并发还被害单位。

周某合同诈骗案的裁判理由指出：“刑法设置单位犯罪，根本上是因为单位具有独立的人格，具有独立于管理人或者所有人的意志。与其他单位一样，一人公司的行为能否构成单位犯罪的标准同样在于其是否具有独立人格。一人公司的特殊性仅仅在于其只有一名股东，该股东持有公司的全部出资。由于只有一位出资人，出资人与公司之间容易产生关联交易而导致人格混同，一人公司的人格因为其股东的单一性而具有不稳定性。因此，判断具体犯罪行为中的一人公司是否具有独立人格，应当根据以下五项标准：第一，是否具有独立的财产利益。公司的财产和出资人的财产必须能够分离，公司的财产状况必须是独立的。第二，是否具有独立的意志。在一人公司的股东与管理人分离的情况下，公司的独立意志是比较明显的。在股东与管理者系一人的情况下，一人公司的意志虽然来源于唯一股东，却与其自然人意志不可混为一谈。公司的意志体现为决策权限的法定性和程序性，如果股东为了公司利益在法律及公司章程规定的职权范围内依照一定程序实施特定行为，则这种行为就应当被视为公司的决策而不是股东的个人意志。判断一人公司是否有独立的意志，还要看公司形式是否被滥用，公司的人格只有在法律和公司章程规定的程序中才存在。如果滥用公司形式，违背公司的根本利益或者超出法定权限、程序，则股东的行为意志就与公司的意志相背离，公司就失去了独立的意志，而与股东、管理人员混同，这种情形下显然只需要处罚自然人。第三，是否具有公司法所要求的法人治理结构。依照法律规定，具有独立人格的公司必须要有一定的场所、人员和组织机构，股东行使公司法所规定的职权时必须以书面形式作出并置于公司备案。一人公司只有一个股东，公司行为与股东个人行为容易发生竞合，故公司的经营行为应当以公司的名义进行，一人公司必须拥有独立的名义。只有行为是以公司名义实施，且其目的是追求公司利益或履行公司职责，才能视为单位行为。第四，是否依照章程规定的宗旨运转。一人公司应当有自己的章程和特定宗旨，并在法律允许的范围内追求其利益。其收益首先应对公司所负债务负责，而不是直接转为股东的个人私利。一人公司成立的目的必须是依法从事经营活动，且客观上确实从事了一定的合法经营活动。第五，是否依照法定的条件和程序成立。”

(3) 单位破产或者合并等变更情况下是否构成单位犯罪？

单位犯罪主体还涉及许多复杂的问题，例如实施单位犯罪的主体后来发生了破产或者合并等变更，此时还能不能追究单位犯罪的责任？如果一个单位破产了，就相当于个人死亡了，一个人如果死亡了，是不能被追究刑事责任的。但如果单位是更名或者被合并到其他企业中去了，这种情况下要不要追究刑事责任是一个值得研究的问题。单位更名，从法律上来说原来那个单位已经不存在了，但不追究单位责任就会放任犯罪。在合并的情况下，单位还是要承担责任。单位在法律上已经不存在了，但事实上还是存在。因此从刑事政策的角度出发，在这种情况下追究刑事责任还是合适的。在单位破产的情况下，单位的直接责任人员和负责主管人员还是要被追究刑事责任，也就是说，如果实行的是双罚制，则既要追究单位的刑事责任，又要追究直接负责的主管人员和其他直接责任人员的刑事责任，并不一定要同时追究刑事责任。单位破产情形下，对单位可以不追究刑事责任，对个人还是要追究刑事责任。

(4) 不以单位犯罪论处的情形。

1999 年 6 月 18 日，最高人民法院颁布了《关于审理单位犯罪案件具体应用法律有关问题的解释》。这个司法解释对单位犯罪的主体作了以下两条限制性的规定：一是个人为进行违法犯罪活动而设立的公司、企业、事业单位实施犯罪的，或者公司、企业、事业单位设立后，以实施犯罪为主要活动的，不以单位犯罪论处。二是盗用单位名义实施犯罪，违法所得由实施犯罪的个人私分的，依照刑法有关自然人犯罪的规定定罪处罚。

根据这一司法解释，如果某个单位是为实施犯罪而成立的，或者成立以后主要活动就是犯罪，就不能按照单位犯罪来处罚，而要按照个人犯罪处罚。这个司法解释的规定，主要是针对过去存在的“皮包公司”，尤其是有一段时间虚开增值税专用发票相当普遍，有些人成立一个公司，从来也不从事业务活动，而是去税务局领取增值税专用发票，大肆进行虚开、代开增值税专用发票的犯罪活动，以此获利。在这种情况下，所谓公司就是虚开增值税专用发票的工具，这个公司本身没有任何的经营活动，因此不能按照单位犯罪处罚，而是按照个人犯罪来处理。另外一种情况下，虽然单位不是为了犯罪而成立的，但其成立以后主要是在进行犯罪活动，也不能认为是单位犯罪，而是直接追究个人犯罪的责任。

2. 行为

我国刑法第 30 条明确规定：“法律规定为单位犯罪的，应当负刑事责任”。

因此，单位犯罪行为也是由刑法分则来加以规定的。我们在理解单位犯罪行为的时候，应当认识到单位犯罪行为的构成是比较复杂的，和个人的犯罪行为还是不一样的。单位犯罪行为有一部分是分则规定的实行行为，还有一部分是集体研究决定或者负责人员决定，这种决定行为本身并不是刑法分则规定的行为，但是按照刑法关于单位犯罪的规定也要追究决定或者负责人员的刑事责任。从这个意义上来说，单位犯罪的规定实际上也是扩大了刑法分则追究刑事责任的范围，它和预备犯罪和共同犯罪的规定有一定的相似性，也是某种刑罚的扩张事由。这里涉及单位犯罪和共同犯罪的区分。这种单位犯罪的决定行为实际上也是单位犯罪中的共犯行为，但是又和共同犯罪有所不同。单位犯罪中的单位本身是一个正式的组织，在很多情况下都是法人，因此，单位犯罪应该和共犯行为加以区分。从这个意义上说，刑法关于单位犯罪的规定还是有意义的。

对单位犯罪还是实行罪刑法定原则，也就是说只有在刑法规定为单位犯罪的情况下才能追究相关主体的刑事责任。但在理解这个规定的时候出现了不同的观点，主要问题在哪儿呢？我们可以看到，刑法分则中对大量犯罪都规定了单位犯罪，但是对某些犯罪却没有规定单位犯罪，而在现实生活中这些犯罪往往可能由单位实施，在司法实践中比较常见的主要是两个罪名：一个是盗窃罪。刑法对盗窃罪并没有规定单位犯罪，但在现实生活中往往出现由单位实施的盗窃罪，最常见的就是单位组织员工实施窃电行为，盗窃数额非常大，几十万元、上百万元的都有，甚至几百万元的也有，后来被查获了。在这种情况下，刑法并没有规定盗窃罪可以由单位构成，当然不能对单位定盗窃罪，但能不能对单位中的指使者和实施者按照盗窃罪追究刑事责任呢？对于这个问题，最高人民法院和最高人民检察院的观点是对立的。这里的关键在于如何理解单位中的直接负责的主管人员和直接责任人员的刑事责任根据问题，或者说单位中的直接负责的主管人员和直接责任人员的刑事责任是否以单位构成犯罪为前提：如果是以单位构成犯罪为前提，在刑法规定单位不能成为犯罪主体的情况下，就不能追究单位中的直接负责的主管人员和其他直接责任人员的刑事责任。如果不以单位构成犯罪为前提，则即使刑法没有规定单位犯罪，对他们也是可以追究刑事责任的。这个问题的实质是另外一个问题：刑法规定单位犯罪的目的是什么？刑法对单位犯罪的规定是扩大还是限制刑罚处罚的范围？可见，这个问题在理论上还是值得研究的。

2014年全国人大常委会作出了立法解释，规定："公司、企业、事业单位、机关、团体等单位实施刑法规定的危害社会的行为，刑法分则和其他法律未规定追究单位的刑事责任的，对组织、策划、直接实施该危害社会行为的人依法追究刑事责任。"根据这一立法解释的规定，刑法没有规定单位犯罪，当然不能追究单位的刑事责任，但并不妨碍追究单位中直接负责的主管人员或者其他直接责任人员的刑事责任。

单位犯罪的决定行为如何认定，是值得研究的。单位犯罪的决定行为可以分为两种情形：第一种是集体研究决定，第二种是负责人员决定。这里所谓负责人员决定，是指在一长制的情况下，由个人决定。个人决定为什么不被看作是个人行为，而被看作是单位行为？这里主要的区分根据在于行为人的主观目的是不是为了单位的利益：只有在为了单位利益的情况下，个人决定才能被看作是他的职务行为，因而被认定为单位犯罪；如果不是为了单位利益而是为了个人利益，则个人决定不能被看作是职务行为，而是被看作个人行为。因此，主观上的目的到底是不是为了单位的利益，对于区分单位犯罪和个人犯罪是非常重要的。在司法实践中曾有过这样的案例：某单位收入了一笔400万元的钱款，收入按照规定要交税，但该单位的会计为了让单位少交税就采取"大头小尾"的办法，把400万元开成4万元，以此逃税。这个行为是会计个人决定的，并没有向单位领导汇报。像这样的案件发生后，从客观效果来说是单位的偷税行为。那么，能不能对单位追究偷税罪的刑事责任？单位会觉得冤枉：单位没有让会计去偷税，偷税是会计的个人所为。但会计之所为又确实是为单位利益考虑的，而且他行使的是职务行为。我认为，在这种情况下，尽管单位觉得冤，还是要按照偷税罪对单位追究刑事责任。因为会计是单位的雇员，他的行为就是单位的行为。在单位犯罪中，似乎涉及无罪过责任问题，即所谓严格责任。我们过去说严格责任是英美法的概念，大陆法系国家是不承认的。英美法系国家对法人犯罪实行严格责任，其中一个原则是"仆人犯罪，主人负责"，也就是承认一定程度的株连。雇员的行为只要是为了雇主的利益，就应当被视为雇主的行为，雇主尽管主观上没有过错也要承担刑事责任。一定程度的株连当然是有利于对企业的约束，使企业合法经营。那么，大陆法系国家刑法能不能承认严格责任？这个问题还是值得研究的。我认为在刚才所讲的案例里面，实际上会计代表单位，把会计的行为认定为单位的行为，对单位追究刑事责任应当说还是符合罪过原理的。当然，在单位犯罪的情况下，它的直接责任人员应当根据法律确定，而不能说只要在单位里面承担一定职务的人都一定要对单位犯罪后果负责，还要看他在单位犯罪中到底起什么作用。

（二）罪责

在单位犯罪的罪责中，首先涉及单位的刑事责任能力问题。单位是否具有刑事责任能力？这个问题在理论上存在争议。一种观点认为，单位不具有认识能力和意志能力，因此单位没有刑事责任能力，不能成为犯罪主体。而另一种观点则认为，虽然单位本身没有意识和意志，但单位中的自然人的意识和意志就是单位的意识和意志，因为单位正是通过直接负责的主管人员和其他直接责任人员的行为来完成犯罪的。从这个意义上来说，单位是否具有刑事责任能力主要取决于单位中的直接负责的主管人员和其他直接责任人员是否具有刑事责任能力。我国刑法确认了单位犯罪，因此应当承认法律上单位是具有刑事责任能力的。当然，单位的责任能力的表现方式和自然人的有所不同，需要在刑法理论上特别加以说明。

单位犯罪可以由故意构成，绝大部分犯罪都是单位的故意犯罪。单位能不能构成过失犯罪？这是有争议的。在故意犯罪的范围内，可以说自然人的行为是单位的行为，这是没有问题。但在过失的情况下，能不能把自然人的过失看作是单位的过失，由此而追究单位的刑事责任？这个问题是值得研究的。我个人倾向于否认单位的过失犯罪，也就是说，如果是业务过失或者职务过失，应当追究过失者个人的刑事责任，而不能追究单位的刑事责任。例如某单位的司机开车，是一种业务行为，在开车的过程中交通肇事，把人撞死了。在这种情况下，司机个人当然构成交通肇事罪。这个司机是单位雇用的，在民事上单位要承担连带的赔偿责任。但能不能说单位也构成了交通肇事罪？显然不能这样说。另外在职务犯罪中，例如渎职犯罪，是个人的过失犯罪，大部分情况下都使本单位的利益受到损害，本单位是一个受害人，例如发生重大责任事故，单位本身就是一个受害者。但从我国刑法的规定来看，不仅规定了单位的故意犯罪，也规定了单位的过失犯罪。应该说也不否定某些职务过失是对他人造成损害，例如环境污染罪，行为人对污染环境的严重后果是过失。在这些犯罪里面仍然有个解释问题，是把它解释为故意犯罪还是解释为过失犯罪，也是一个问题。在大陆法系刑法理论中有个原则："刑法以处罚故意为原则，以处罚过失为例外"，因此在一般情况下对过失犯罪，法律有规定的才处罚。比如说杀人，如果是过失杀人要负责任就必须由法律另外规定。这是立法技术上的要求。在我国刑法中，只有少数过失犯罪由刑法明确表明了，这种表明主要是有和它相对应的故意犯罪，也就是某些犯罪有故意犯罪也有过失犯罪，为了和故意犯罪相区分才表明是过失犯罪。但有些过失犯罪，没有与它相对应的故意犯罪，法律上就没有表明它是过失犯罪，而是我们理论解释上说这是一个过失犯罪。正因为有很多过失犯罪刑法对它的罪过形式没有表明，因此就产生争议：到底是故意还是过失？这个问题没有得到很好解决，例如交通肇事罪、重大责任事故罪，我们通常理解为过失犯罪，但法条里从来都没有说它是过失犯罪。例如环境污染罪到底是故意还是过失的犯罪，都是有争议的。就它的行为而言是故意的，故意排放污染环境的物质，但就造成污染环境的严重后果而言，是过失的。那么，到底是根据行为来判断是故意犯罪还是根据后果来判断是过失犯罪？现在我国刑法学界通常的观点还是认为这些犯罪是过失犯罪。如果这些犯罪是过失犯罪，那也就意味着这些犯罪的单位犯罪是过失单位犯罪，也就应当认为我国刑法规定了单位的过失犯罪。

三、单位犯罪的处罚

对单位犯罪的处罚原则主要有两种：单罚制和双罚制。双罚制是指既处罚单位又处罚单位中的直接负责的主管人员和其他直接责任人员。单罚制是指在单位犯罪中，只处罚单位中的直接负责的主管人员和其他直接责任人员，而不处罚单位。我国刑法第31条规定：“单位犯罪的，对单位判处罚金，并对其直接负责的主管人员和其他直接责任人员判处刑罚。本法分则和其他法律另有规定的，依照规定。”据此可以得出结论，我国刑法关于单位犯罪的处罚原则是双罚制为主、单罚制为辅的原则。之所以在大多数情况下对单位犯罪实行双罚制，主要是由单位犯罪的性质所决定的。单位犯罪有两个层面：一方面，单位犯罪是由单位集体研究决定或者负责人员决定的，是为单位谋取利益，因此，单位是犯罪主体，应当承担刑事责任。另一方面，单位毕竟是个法律上的人格体，是一个组织或者机构，单位的犯罪行为必然是通过自然人来完成的，其中直接负责的主管人员和其他直接责任人员起着重要作用，因此就需要对单位中的个人进行处罚。双罚制是符合单位犯罪的结构性特征的，有人形象地称单位犯罪是一个犯罪两个主体，因此在通常情况下都要对单位和个人追究刑事责任。

在特别情况下，不对单位追究刑事责任，而只对直接负责的主管人员和其他直接责任人员追究刑事责任。例如刑法第396条规定的私分国有资产罪：“国家机关、国有公司、企业、事业单位、人民团体，违反国家规定，以单位名义将国有资产集体私分给个人，数额较大的，对其直接负责的主管人员和其他直接责任人员，处三年以下有期徒刑或者拘役，并处或者单处罚金；数额巨大的，处三年以上七年以下有期徒刑，并处罚金。”根据这个规定，私分国有资产罪的主体是国家机关、国有公司、企业、事业单位、人民团体，主体是单位，但是就刑法对私分国有资产罪的处罚来说，只规定了对直接负责的主管人员和其他直接责任人员追究刑事责任，并没有规定对单位追究刑事责任。由此可见我国刑法对私分国有资产罪采用的是单罚制。这也只是一个例外规定，因为在私分国有资产罪中，刑法之所以采用单罚制，主要是因为单位本身就是私分国有资产罪的一个被害人，有关责任人员把国有资产给私分了，单位本来就受到了损失，因此不应该再对单位进行处罚。只有在单位犯罪对他人的财产造成损害的情况下，才需要对单位进行处罚。

根据我国刑法的规定，在双罚制的情况下，对单位判处罚金，是由单位的这种性质所决定的，只能对它判处罚金，而不能像对自然人那样判处死刑、剥夺生命，或者判处自由刑、剥夺人身自由。因此，对单位犯罪处罚的形式是比较单一的。当然，在刑法理论上，有些学者认为：对单位的刑事处罚也可以多元化：单位虽然没有像个人那样具有自然意义上的生命，但有法律上的生命，对单位同样可以判处生命刑，这里的生命刑是指解散或者吊销营业执照。同样，对单位也可以判处自由刑，禁止在一定的时间里进行营业活动。事实上对单位的违法行为，根据有关的工商行政管理处罚规定，既可以吊销企业的营业执照，解散法人，也可以对某些企业进行停业整顿。这些措施甚至比刑罚处罚措施还要重，它既然可以作为一种行政处罚措施，为什么不能作为一种刑事处罚措施呢？当然，如果作为一种刑事处罚措施，不能对五种单位都实施，只能对公司、企业实施。我认为这种观点是有一定道理的，现在刑法关于单位处罚的措施过于单一，可以考虑对单位判处除罚金以外的，类似于对自然人判处的生命刑、自由刑的处罚措施；甚至可以设置资格刑，也就是名誉刑，禁止公司、企业从事某种特定的营业活动。对单位处罚的多元化，可能会带来对单位犯罪的有效遏制。

第十三讲

竞合论

竞合论在我国现在的刑法教科书中称为单复数罪，也称为罪数论。它主要是解决一罪和数罪的问题，因此是一个罪数的问题。在本讲中，重点对法条竞合、想象竞合和实质竞合这三种竞合形态进行讲解。

一、竞合论概述

刑法中存在一个基本命题：刑法分则是以一人犯一个既遂罪为标本的。也就是说，在通常情况下，刑法分则所规定的某个犯罪的法定刑是为犯一个罪而设置的。但行为人在犯罪过程中，可能同时犯有数罪，犯有数罪的情况当然不能和犯有一罪的情况等量齐观。因此，我国刑法专门规定了数罪并罚制度，一个人犯有数罪要实行并罚。数罪并罚的前提是要正确地区分一罪和数罪，首先要解决行为人所犯的是一罪还是数罪的问题。这就是罪数理论所需要研究的问题。我们现在之所以把数罪理论或者单复数罪改为竞合论，主要是考虑到罪数论中所讲的一些概念是从外国刑法理论中引进来的，有些概念在我国刑法中不存在对应的立法例，因此这些概念在我国刑法当中实际上是没有现实意义的，只有知识论上的意义。为此，我想把这部分内容作一个删减，尽量讨论一些和我国刑法有关的内容，和我国刑法没有太大关系的一些内容不再涉及。

在竞合论中，首先需要解决的是行为的单复数问题，因为竞合论主要是要解决一罪和数罪问题，而一罪和数罪区分的前提是正确区分一行为和数行为。

那么，如何区分一行为和数行为呢？在刑法理论上，对于一行为和数行为的区分存在不同的观点，这些观点最主要的是自然行为论和法律行为论的争论。也就是说，我们在考察到底是一个行为还是数个行为的时候，是采用自然行为的观点还是采用法律行为的观点？这种自然行为论的观点把行为的问题看作是一个事实问题，从自然的意义上理解一个行为还是数个行为。而法律行为论的观点是把一行为和数行为的区分看作是一个法律问题，因此从构成要件的角度理解一行为和数行为。按照自然行为论的观点，我国刑法中的抢劫罪，实际上包含两种行为，第一种是使用暴力、胁迫或者其他方法这样一种手段行为，第二种是夺取他人财物这样一种目的行为，因此，我们说抢劫罪是一个复行为犯，是一种二行为犯。从法律行为的意义上来讲，抢劫就是抢劫，只是一种行为，这是一种符合构成要件的行为，也就是说，虽然在抢劫罪中存在手段行为与目的行为之分，但刑法将这两种行为设置为抢劫罪的构成要件，从抢劫罪的构成要件意义上来说，它是一个行为而不是两个行为。就这个问题而言，我认为还是要采用法律行为论的观点，因为一行为和数行为的区分，主要是要解决一罪和数罪的问题。一罪和数罪是一个规范的概念，是一个法律的概念，我们要用法律的标准来衡量到底是一个行为还是数个行为。从这个意义上来说，我认为在区分一罪和数罪的时候，应该采用的是构成要件的标准，按照构成要件区分一行为和数行为。从构成要件的行为标准出发，我认为以下情形都属于一个行为而不是数个行为。

（一）持续行为

持续行为是指犯罪行为在一定时间内处于一种继续状态，例如非法拘禁罪中的拘禁行为。这里所谓非法拘禁是指非法剥夺他人的人身自由的行为。拘禁行为从他人丧失人身自由开始直到人身自由的恢复，往往存在一个时间上的持续过程。例如将他人非法关押，过了三天才予以释放。在这三天的时间里，被拘禁人的人身自由都处于被剥夺的状态。这种持续行为是一个行为，只不过这一个行为具有某种持续性而已，这种时间的增加并不影响犯罪的数量，拘禁一个小时是非法拘禁，拘禁一年也是非法拘禁，拘禁十年还是非法拘禁。行为都是一个，只是持续的时间长短而已。这种犯罪在刑法理论上被称为持续犯。持续犯是一个行为这一点是极为明确的，因此，持续犯对于区分一罪与数罪并没有太大的意义。持续犯的主要意义在于确定刑法的追溯时效。刑法的追溯时效从犯罪之时开始计算，那么，持续犯的犯罪之时如何确定：是持续行为开始之时还是持续时间结束之时？对此，我国刑法明确规定，犯罪行为存在持续的，追溯时效从犯罪行为终了之日计算。

（二）接续行为

接续行为是指犯罪行为是以性质相同的数个举动连续完成的情形，例如甲入室盗窃，在这个房间偷了一台彩电，在另一个房间偷了一台电脑，在第三个房间偷了一个冰箱，连续偷了几个物品。在这种情况下，行为人所实施的只是一个盗窃行为，只不过这几个盗窃行为之间具有某种接续性。这种犯罪在刑法理论上被称为接续犯。尽管从自然的意义上来看行为人似乎具有三个盗窃行为，但从刑法的意义上来看，这三个盗窃行为只符合一个盗窃罪的构成要件，只不过是三个盗窃行为之间具有某种接续性，因此，它仍然是一行为而不是数行为。这就是接续犯的概念。接续犯只是在同种数罪要并罚的情况下才有意义，也就是如果实施同种数罪要并罚，那么我们把接续犯看作是一个犯罪，以此来限制同种数罪的范围。但在我国刑法中，同种数罪是不并罚的，因此，接续犯这个概念在我国刑法中实际上是没有意义的。但接续行为这种犯罪现象还是值得注意的，它与一般的行为不同。

（三）徐行行为

徐行行为是指犯罪行为是以徐缓方式实行的情形。也就是说，本来可以即时也就是马上达到预期目的的犯罪行为，行为人有意采取徐缓的方式陆续完成。例如甲为了毁坏乙的房屋，今天掀其一瓦，明天拆其一砖，长年累月地积累，最后导致他人房屋倒塌。这种以徐缓方式实施的犯罪，在刑法理论上被称为徐行犯。一个人要想毁坏他人的房屋，可以一下子把房屋扒倒，但行为人采取了一种徐缓的方式，今天掀一片瓦，明天拆一块砖。另外像投毒，投毒也可以采取徐缓的方式，本来一下子把毒药投下去就可以把人毒死，但为了掩盖自己的投毒犯罪行为，行为人每次投少量毒药，长年累月，当药物积淀达到一定的数量时，死亡结果就发生了。徐行犯是行为人故意采取一种徐缓的方式来实施犯罪，也就是这种犯罪本来是可以一下子完成的，但行为人故意地采取了徐缓的方式。可见，在这种情况下本来是一次性的行为，行为人分成若干次分别实行。从刑法理论上来说，仍然把徐行行为看作一个行为而不是数个行为。

（四）复合行为

复合行为就是我在前面所讲的复行为犯，复行为犯也就是一个犯罪由数种行为构成，数种行为是就自然意义上的行为而言的，在构成要件的意义上就是一个行为，所以，在复行为犯的问题上，自然行为论和法律行为论之间的冲突体现得最为明显。复行为犯的情况较为复杂，例如结合犯，结合犯也是一种复行为犯，也就是本来是刑法中两个不同的犯罪，但法律把这两个不同的犯罪结合成为一个犯罪。例如日本刑法一方面规定了杀人罪，另一方面规定了强奸罪，但刑法又规定了强奸杀人罪，强奸杀人罪就把强奸罪和杀人罪结合为一罪。另外还有抢劫杀人罪，也是结合犯。结合犯是在一个犯罪中实际上包含着两个犯罪，由于法律已经把它规定为一个罪，所以它还是一个行为。当然，典型意义上的结合犯在我国刑法中实际上是没有的。在结合犯的情况下结合行为也就是复合行为，但结合犯的复合行为和普通的复合行为还是有区别的：结合犯意义上的复合行为即使把其中的数个行为单独分开，从构成要件的角度来看，它也是两个行为，一个行为符合杀人罪的构成要件，另外一个行为符合强奸罪或者抢劫罪的构成要件，由于立法者把这两个犯罪合而为一个犯罪，因此从合为一个犯罪的角度来说，它仍然是一个犯罪而不是两个犯罪。这种情况属于法律上的拟制，它本来是两个犯罪，但立法者把它规定为一个犯罪，因此最终还是一个犯罪。从行为意义上来讲，仍然是一个行为，强奸杀人是一个行为，抢劫杀人也是一个行为。

（五）不可罚的事后行为

不可罚的事后行为是一种特殊的行为类型。刑法中的行为是否属于犯罪行为，在一般情况下，是由该行为的性质本身所决定的。但在某些犯罪中，行为是否属于犯罪行为却不是行为性质所决定的，而是取决于其他因素，例如，行为主体的因素，也就是说，某一种行为，法律规定由某人实施就构成犯罪，但如果由另外的人实施却可能不构成犯罪。例如，我国刑法规定的销赃行为，行为人明知是他人所得的赃物而代为销售的，该销赃行为构成掩饰犯罪所得财物罪。但如果是盗窃犯本人将自己盗窃所得的赃物予以销售，则不构成犯罪。盗窃犯本人的销赃行为，就是刑法理论上不可罚的事后行为。那么，为什么为他人销赃被刑法规定为犯罪，而本人销赃却不构成犯罪呢？这是因为，本人销赃是盗窃以后将财物变现的行为，它并没有增加对法益的侵害，可以被盗窃罪吸收，没有必要另外定罪。而单独的销赃行为，具有掩饰犯罪所得财物的性质，妨碍了对盗窃犯的司法追究，因此有必要独立设置为犯罪进行惩罚。此外，我国刑法中还有一个罪名，即帮助当事人销毁证据罪，这个犯罪的构成要件行为是帮助当事人销毁证据，但如果当事人本人毁灭证据却不构成犯罪，因此，销毁证据的行为对于当事人来说也是不可罚的事后行为。法律之所以作出这样的规定，是因为当事人本人毁灭证据是理所当然的，是人的本能的一种表现，法律不能要求每个犯罪人在犯罪后都主动向公安机关投案自首，把犯罪的赃物、自己的犯罪证据都交出去，这是不可能的。因此，法律只能对犯罪分子的投案自首、主动揭发检举给予奖励，但不能将隐瞒本人的犯罪行为或者逃避侦查的行为规定为犯罪。当然，如果销毁证据，可以作为从重处罚因素加以考虑，但不能把它规定为犯罪。这种现象还很多，如行为人盗窃了存折，存折本身不是钱，然后他拿了存折去银行冒领了 1 万元。这里存在两个行为：一个是盗窃存折的行为，另一个是冒领现金的行为。前一个行为是盗窃行为，后一个行为是诈骗行为，但能不能对两个行为都定罪，说这个人既犯了盗窃罪又犯了诈骗罪呢？不能。因为如果对这 1 万元既认定为盗窃罪又认定为诈骗罪，那么，对 1 万元的财产犯罪将存在两万元的赃物，相当于失主被窃 1 万元，银行被骗 1 万元，这显然不符合案件事实。所以，不能认为在这种情况下行为人犯有两个罪，只能是把其后的冒领行为看成不可罚的事后行为，是盗窃行为的一种后续行为。不可罚的事后行为是对刑法规定进行解释的一种工具，例如刑法规定了这样两个犯罪，一个是假冒商标罪，另一个是销售假冒商标的商品罪，这里就有一个问题：行为人假冒商标，然后又去销售假冒商标的商品，在这种情况下，是不是构成两个犯罪呢？从刑法规定来看，明知是假冒商标的商品而予以销售的构成假冒商标商品罪。这里的明知，在解释论上能否将假冒者本人予以排除：假冒者本人销售假冒商标商品的只定假冒商标罪，其后的销售行为看作是不可罚的事后行为。只有假冒者本人以外的人，明知是假冒商标的商品而予以销售的，才构成销售假冒商标的商品罪？这在解释论上是要予以考虑的。

行为的个数是竞合论的前提。因为如果只是一个行为，在一般情况下只能认定为一罪，只有在数个行为的情况下，才有可能认定为数罪。但在某些情况下，如果在法律或者行为发生竞合的情况下，如何区分一罪与数罪是一个较为复杂的问题。在竞合论中，涉及三种竞合情形：第一种是法条竞合，第二种是想象竞合，第三种是实质竞合。

二、法条竞合

(一) 概念

法条竞合是指一个行为，因法条的错综规定，符合数个法条所规定的构成要件，数个法条所规定的构成要件之间具有逻辑上的从属或交叉关系的情形。这就是法条竞合的问题。例如我国刑法规定了两个犯罪，一个是盗窃罪，另外一个是盗窃枪支罪。当行为人实施盗窃枪支行为的时候，这个行为符合盗窃枪支罪的构成要件，没有疑问。与此同时，这个行为也符合盗窃罪的构成要件，关于这个结论可能会有疑问。我们仔细分析，在盗窃枪支案件中，行为人实施了盗窃行为，这是没有疑问的。盗窃罪的客体是财物，而财物是一个抽象的概念，各种各样的物品，只要具有一定的经济价值的，并且对它进行有效控制、具有管理可能性的，都是财物，因此，枪支也是财物。正因为如此，盗窃枪支行为既符合盗窃枪支罪的构成要件，同时也符合盗窃罪的构成要件。应该说，在我国刑法中，法条竞合现象是非常普遍的，可能得有几十个、上百个。在法条竞合的情况下，涉及法律适用问题：一个行为既符合甲罪的构成要件，同时又符合乙罪的构成要件，那么，到底是定甲罪还是定乙罪？这里就存在一个如何定罪的问题。在以往的刑法教科书中，也把它放在定罪一章，作为一个定罪问题加以讨论。但对于法条竞合在犯罪论中的地位、到底放在什么地方，各个刑法教科书具有不同的安排。我认为，法条竞合是一种刑法竞合现象，把它放在竞合论中讨论较好。

（二）特征

1. 实施一个行为

法条竞合的逻辑前提是行为人实施了一个行为。例如，在盗窃枪支罪和盗窃罪的法条竞合中，行为人就实施了一个盗窃枪支的行为，这是一个前提。如果实施的是两个行为，分别符合两个犯罪的构成要件，那就构成数罪而不存在法条竞合的问题。

2. 符合数法条所规定的构成要件

符合数法条所规定的构成要件，是法条竞合区别于单纯一罪的关键点，因为一个行为如果符合一个犯罪的构成要件，那就是单纯的一罪，不需要再进行理论上研究。现在是一个行为同时符合数法条所规定的构成要件，这才发生了竞合问题。竞合这个词，指的是同时符合或者争相符合，这里的“竞”有竞争的意思。

3. 构成要件之间存在着逻辑上的从属或者交叉关系

构成要件之间存在着逻辑上的从属或者交叉关系，是法条竞合和想象竞合的主要区分之所在。在法条竞合的情况下，一个行为符合数法条所规定的构成要件，这些法条之间存在着逻辑上的从属或者交叉关系，这是法条竞合的逻辑本质。

这里涉及概念之间的逻辑关系。刑法分则所规定的罪名都是一个概念，我们可以称之为罪名概念，例如故意杀人罪就是一个罪名概念，强奸罪也是一个罪名概念，这些罪名概念都高度概括了某一类犯罪的本质特征。概念是一种思维方式，它是对客观事物的本质特征所作的抽象概括，每个概念之间都存在着十分复杂的关系。这主要是由概念所反映的客观事物之间的普遍联系性所决定的：事物是普遍联系的，人们在对某一事物在进行界定的时候，在确定一个概念的时候，尽管力图通过这种概念使此事物和彼事物区分开来，但由于此事物和彼事物之间的客观联系，事实上这些概念之间是存在某种关联的。这种概念之间的关系在形式逻辑上可以分为不同的种类，至少可以分为四种：第一种是全同关系，也就是两个概念概括的是同一个或者同一种事物。这种全同概念是经常会有的，例如电脑与电子计算机，实际上是同一个事物，只是称呼不同而已。第二种是全异关系，也就是两个概念概括的是不同事物。当然，即使是不同事物也是相对而言的，例如牛和马是两种不同事物，但它们都是动物，在动物这个概念层次上，它们是同一事物。第三种是从属关系，也就是一个概念的内涵或者外延是另一个概念的内涵或者外延的一部分。例如，中国人和北京人，北京人从属于中国人，北京人是中国人的一部分，这是一种从属关系。第四种是交叉关系，也就是两个概念有一部分内涵或者外延是重合的，例如北京人和运动员这两个概念，有一部分北京人是运动员，在北京籍的运动员这一点上存在重合。

概念之间存在的这些关系，在罪名概念上并不都存在。例如不存在全同关系的罪名概念，也没有两个罪名是内容完全相同的。罪名概括一般都是全异关系，例如强奸罪和抢劫罪就是两种完全不同的犯罪现象，它们之间是全异关系。全异关系的罪名概念不是我们所要研究的，法条竞合所要研究的主要是概念之间的从属关系和交叉关系。法条竞合中一个行为同时符合数个法条所规定的构成要件，在这数个法条所规定的构成要件之间存在着逻辑上的从属关系。这是法条竞合存在的逻辑根据，我们必须从逻辑上对这些罪名概念进行分析。

（三）种类

法条竞合的种类主要是根据互相竞合的两个法条之间的逻辑关系对法条竞合所作的理论分类。根据构成要件之间的逻辑关系，我们可以将法条竞合分为以下两类四种：

1. 从属关系

具有从属关系的法条竞合是指一个行为符合数个法条所规定的构成要件，在数个法条所规定的构成要件之间存在着逻辑上的从属关系。从属关系的法条竞合又分为两种：

(1) 独立竞合。

独立竞合是指特别法与普通法之间的竞合。例如，盗窃枪支罪和盗窃罪这两者之间就存在着特别法和普通法的竞合关系，盗窃罪的规定是普通法，盗窃枪支罪的规定是特别法，盗窃枪支罪是盗窃罪的外延的一部分，盗窃罪的构成要件的外延包含盗窃枪支的内容。

在我国刑法中，这种特别法和普通法的法条竞合现象是普遍存在的。例如，我国刑法除了第266条规定的诈骗罪以外，还在刑法分则第三章第五节专门规定了金融诈骗罪，包括贷款诈骗罪、集资诈骗罪、信用卡诈骗罪、信用证诈骗罪、金融凭证诈骗罪、保险诈骗罪等，另外刑法第224条还规定了合同诈骗罪。这些诈骗罪相对于刑法第266条所规定的普通诈骗罪来说，就是一些特别诈骗罪，是诈骗罪的特别法。这些诈骗行为实际上既符合诈骗罪的特征，又符合某一种特别诈骗罪的构成要件，因此，诈骗罪和这些特别诈骗罪之间存在法条竞合关系。不仅如此，这些特别的诈骗罪互相之间又存在法条竞合关系。例如我国刑法规定了金融凭证诈骗罪，将使用金融凭证进行诈骗的行为规定为金融凭证诈骗罪，它所强调的也是诈骗手段的特殊性。但当行为人采用金融凭证的诈骗方法诈骗银行贷款的时候，这个行为既符合金融凭证诈骗罪的构成要件，因为诈骗手段是利用伪造的金融凭证，但从骗取的客体来看，骗取的是银行贷款，因此又符合贷款诈骗罪的构成特征。在这种情况下，金融凭证诈骗罪和贷款诈骗罪之间也存在法条竞合关系。

另外，我国刑法分则第九章的渎职罪，整章罪名都是采用普通法和特别法的法条竞合设置的。刑法第397条规定了两个基本的渎职罪名——玩忽职守罪和滥用职权罪，后面规定的具体渎职罪名都是这两个犯罪的特别法，有些是特殊的玩忽职守罪，有些是特殊的滥用职权罪。由此可见，这种特别法和普通法的法条竞合现象是极为普遍的。

(2) 包容竞合。

包容竞合是指部分法和整体法之间的竞合。部分法是整体法的一部分，部分法被整体法涵摄，成为整体法的组成部分。部分法和整体法的法条竞合现象在刑法中也是普遍存在的，例如刑法第 233 条是关于过失致人死亡罪的规定，在这个规定最后有这么一句话："本法另有规定的，依照规定"。这句话是什么意思？这句话的意思是指在我国刑法中，并不是所有的过失致人死亡的行为都定过失致人死亡罪，如果在其他犯罪的构成要件中包含了过失致人死亡的内容，应当按照其他犯罪认定。那么，这里的"本法另有规定"是哪些规定呢？例如刑法关于交通肇事罪的构成要件中就有致人死亡的规定，因此交通肇事致人死亡的，就应当以交通肇事罪论处，对过失致人死亡不另行定罪。由此可见，在交通肇事罪和过失致人死亡罪之间存在部分法和整体法的法条竞合关系，交通肇事罪是整体法规定，过失致人死亡罪是部分法规定。在我国刑法分则中，只要规定致人死亡的，都包含过失致人死亡的内容，类似条款多达数十条，因此，过失致人死亡罪作为部分法被整体法包含的立法现象极为常见。

除此以外，刑法第 234 条"故意伤害罪"最后也有一句话："本法另有规定的，依照规定"。因此，故意伤害罪也可能为其他的犯罪所包含。我国刑法规定的为数不少的犯罪，都是使用暴力实施的，例如抢劫罪、强奸罪、妨碍公务罪、暴力干涉婚姻自由罪等，这里的暴力都包括伤害的内容。当然，根据某个犯罪的法定刑的轻重，我们再来分析包括何种程度的伤害。我国刑法规定的伤害分为轻伤害、重伤害和伤害致死这三种情况，使用暴力的犯罪，如果法定最高刑是死刑的，则伤害包括重伤，甚至包括伤害致死。如果法定最高刑较低的，例如刑法第 257 条规定的暴力干涉婚姻自由罪的法定最高刑是两年以下有期徒刑，这里的暴力显然不包括重伤，只包括轻伤，但该条第 2 款规定："犯前款罪，致使被害人死亡的，处二年以上七年以下有期徒刑。"这里的"致使被害人死亡"指的是过失致人死亡，因此，暴力干涉他人婚姻自由罪的构成要件中包含了轻伤，在一定条件下还包含了过失致人死亡。由此可见，暴力干涉他人婚姻自由罪是整体法，而故意伤害和过失致人死亡是部分法。

另外，刑法第 235 条规定的过失致人重伤罪同样有"本法另有规定的，依照规定"这句话。因此，过失致人重伤罪也可能为其他犯罪的构成要件所包含，由此而与其他犯罪之间发生法条竞合关系。

那么，能不能就此而得出结论：只有在刑法规定了“本法另有规定的，依照规定”的情况下才存在法条竞合关系，如果没有这条规定就不存在法条竞合关系呢？我认为，不能得出这样的结论。最明显的是刑法第 232 条关于故意杀人罪的规定，在法条中并没有“本法另有规定的，依照规定”的内容，但故意杀人罪仍可以为其他罪名所包含。例如，刑法第 239 条规定了绑架罪，该条第 2 款明确规定：“犯前款罪，杀害被绑架人的，处无期徒刑或者死刑，并处没收财产。”这里的“杀害被绑架人”当然是指故意杀人，因此，绑架罪的构成要件中包含了故意杀人罪，在绑架罪和故意杀人罪之间同样存在整体法和部分法的法条竞合关系。故意杀人罪不仅为绑架罪所包含，还为放火、爆炸、决水、投放毒危险物质这些危害公共安全罪所包含，因为在危害公共安全罪中，都有致人重伤、死亡的内容。这里的致人重伤、死亡既包含故意也包含过失，而且在绝大部分情况下都是故意。例如向人群扔一颗手榴弹，这就构成爆炸罪，炸死了五个人，炸伤了三个人，在这种情况下，能不能说要定三个罪名：定一个爆炸罪，定一个故意杀人罪，再定一个故意伤害罪？不能这样。根据我国刑法规定，就定一个爆炸罪，爆炸罪已经包含了故意杀人和故意伤害的内容。当然，这种立法例本身是否合适，是值得研究的。因为故意杀人罪是刑法中最重的罪名，要判死刑。如果大量的故意杀人罪为其他犯罪所包含，那么这些包含故意杀人罪的犯罪势必也要规定死刑。这也正是我国刑法中死刑罪名太多的一个原因。

2. 交叉关系

(1) 交互竞合。

交互竞合是两个罪名概念各有一部分相交，由此形成法条竞合。我们通常举的例子是诈骗罪和招摇撞骗罪。诈骗罪是指虚构事实、隐瞒真相，骗取公私财物。招摇撞骗的特点也是欺骗，但这种欺骗是采用冒充国家机关工作人员的手段进行的，骗取的客体除了财物以外，还包括其他内容。由此可见，诈骗罪和招摇撞骗罪有一部分是重合的：当一个犯罪分子冒充国家机关工作人员骗取他人财物数额较大或者数额特别巨大的时候，该行为既符合诈骗罪的构成要件，又符合招摇撞骗罪的构成要件。但一个犯罪分子冒充国家机关工作人员骗取他人财物，没有达到数额较大的时候，该行为不构成诈骗罪，但却可以构成招摇撞骗罪。因此，诈骗罪和招摇撞骗罪之间各有一部分相交，这是一种交互竞合。

(2) 偏一竞合。

偏一竞合也是两个罪名概念之间有部分相交，但是个别行为已经超出相交部分，完全符合其中一个犯罪的构成要件。在偏一竞合的情况下，两个罪名概念之间存在着补充法和基本法的关系。对于偏一竞合，经常举的例子是拐卖儿童罪与拐骗儿童罪。拐卖儿童罪是以拐卖为目的，采用欺骗手段使儿童脱离监护人而予以出卖。拐骗儿童罪不是以出卖为目的，而是为了本人收养或出于其他目的，采用欺骗手段使儿童脱离监护人。在这两个罪名中，拐骗儿童罪的危害程度较低，处罚较轻。拐卖儿童罪的危害较重，处罚也较重。但拐卖儿童首先要经过拐骗环节，因此拐卖儿童与拐骗儿童，在拐骗这一点上是相交的。拐骗以后的出卖行为，超出了拐骗儿童罪的构成要件，完全符合拐卖儿童罪的构成要件，所以这是一种偏一竞合。

(四) 适用原则

在对法条竞合的种类作了分析之后，我再来讲法条竞合的最后一个问题，也是最重要的问题，这就是法条竞合的适用原则。我已经给出了法条竞合这种现象，最终的目的是要解决在法条竞合的情况下如何定罪的问题。刑法中有禁止重复评价的原则，也就是说，对一个行为只能作一次评价，不能作两次评价。因此，在法条竞合的情况下，尽管一个行为同时符合两个法条所规定的构成要件，但最终只能定一罪、不能定两罪。

根据法条竞合的不同种类，就有不同的法条适用原则：

1. 独立竞合的适用原则

独立竞合的适用原则是特别法优于普通法，也就是在特别法和普通法竞合的情况下，特别法应当优于普通法，因为特别规定恰恰体现了立法者的特别立法意图。苏俄刑法学家特拉伊宁在《犯罪构成的一般学说》一书中，曾经把犯罪构成分为特殊的犯罪构成和普通的犯罪构成。就特殊的犯罪构成和普通的犯罪构成的关系，特拉伊宁说了这样一句话，我认为还是极为深刻的：特殊的犯罪构成相对于普通的犯罪构成来说，是占有优势的，应当优先加以适用。而普通的犯罪构成是在法律没有特殊构成的情况下，留作后备用的。普通法有点像是一个口袋，我们在理论上给它取一个名字，称为兜底的罪名，它起到兜底的作用。上面其他罪名被特别法拦截了，没有特别法拦截的，掉下来最终掉到普通法的口袋里。留作后备用的，就是起到兜底的作用。例如我国刑法分则第九章渎职罪，规定了玩忽职守罪和滥用职权罪这两个普通法的罪名，下面又规定一些特别的玩忽职守罪和滥用职权罪，两者之间存在特别法和普通法的竞合关系。如果玩忽职守、滥用职权行为符合特别法规定的，按照特别法处理；没有特别法规定的，才定普通的玩忽职守、滥用职权罪。

特别法和普通法的法条竞合关系在刑法理论上称为特别关系，这个特别是什么特别？存在不同的特别：有的是手段特别，有的是目的特别，有的是客体特别，还有其他各种不同的特别。在一般情况下，特别法和普通法只有一个特别，其他都相同。但在某些犯罪中，特别法和普通法的关系较为复杂，例如我国刑法第三章第一节“生产销售伪劣商品的犯罪”，第 140 条规定了生产、销售伪劣产品罪，第 141 条至第 148 条规定了各种具体的生产、销售伪劣产品罪。在这些罪名中，普通的生产销售伪劣产品的犯罪和特殊的生产销售伪劣产品的犯罪，它们之间不仅仅是客体的特别，而且在其他方面还有特别要求，就使得这些罪名之间的关系极为复杂。

2. 包容竞合的适用原则

包容竞合的适用原则是整体法优于部分法。在包容竞合的情况下，整体法和部分法两者之间存在吸收关系，部分法为整体法所吸收，因为部分法已经成为整体法的一部分，在对整体法设置法定刑的时候，已经把部分法的内容考虑进去了。在这种情况下，只要按照整体法来定罪就可以了，没有必要另外按部分法来定罪。

关键问题还是如何来确定部分法和整体法的关系。在有些情况下，部分法和整体法的关系比较明显，例如，绑架罪中的杀害被绑架人明显就是杀人行为，因此绑架罪是整体法，杀人罪是部分法。但在有些刑法规定中，这种部分法和整体法的关系并不明显，需要通过法律解释加以明确。例如我国刑法第263条关于抢劫罪的规定包含使用暴力，但这里的使用暴力是否包含故意杀人，在刑法理论上就有争议。在抢劫过程中，先把人杀死再去抢劫财物，这种情况到底是定一个抢劫罪还是定两个罪，即抢劫罪和故意杀人罪？这在理论上争议较大。这里的关键是：抢劫罪的暴力是否包含故意杀人？如果包含故意杀人，那就只能定抢劫罪，而不能在抢劫罪之外再定故意杀人罪。我认为，抢劫的暴力是包含故意杀人的，司法解释对此也对此作了明文规定：以杀人为手段的抢劫应当定抢劫罪，而不能另外再定故意杀人罪。除非是抢劫行为实施完毕以后，为了灭口而杀人。在杀人灭口的情况下，才能定两个罪，一个是抢劫罪，另一个是故意杀人罪。也就是说，行为人已经实施完了抢劫行为，抢劫罪已经构成，为了杀人灭口又把被害人给杀死。在这种情况下，故意杀人罪是独立于抢劫罪之外的一个犯罪，不能为抢劫罪所包含。

3. 交互竞合的适用原则

交互竞合的适用原则是重法优于轻法。在交互竞合的情况下，发生竞合的罪名之间实际上是一种择一关系，两个罪名选择其一而适用。例如诈骗罪和招摇撞骗罪，这两者之间是一种择一关系，应当按照重法优于轻法的原则来解决。因为招摇撞骗罪的法定最高刑是10年，而诈骗罪最高可以判到无期徒刑。在招摇撞骗数额特别巨大的情况下，如果定招摇撞骗罪最高只能判10年，但如果定诈骗罪可以判无期徒刑。在这种情况下，根据重法优于轻法的原则，应当定诈骗罪。

4. 偏一竞合的适用原则

偏一竞合的适用原则是基本法优于补充法，在基本法和补充法之间竞合的情况下，应当按照基本法定罪。例如，拐卖儿童罪与拐骗儿童罪的竞合，前者是基本法，后者是补充法，应当定拐卖儿童罪，只有不符合拐卖儿童的才回过头来定拐骗儿童罪。由此可见，基本法是应当优先考虑的，只有在不符合基本法的情况下，才能按照补充法定罪。

三、想象竞合

（一）概念

想象竞合又称为想象的数罪，是指一个犯罪行为触犯数个罪名的情形。关于想象竞合我举一个例子，大家记住这个例子就行了：一枪打死一个人，同时又打伤一个人。这就是想象竞合的一个最典型的例子，也就是一次扣动扳机，一颗子弹打出去，打死一个人，另外又伤害一个人。这是故意杀人罪和故意伤害罪的想象竞合。当然，一颗子弹打死两个人，实际上是一个行为两次触犯故意杀人罪，这也是想象竞合。

想象竞合和法条竞合如何区分，是我们重点讨论的问题。想象竞合和法条竞合是极为相似的，法条竞合也是一个行为触犯两个罪名。触犯两个罪名实际上也是指一个行为符合两个犯罪的构成要件。因此，在一个行为和符合两个犯罪的构成要件这两点上，想象竞合和法条竞合是相同的。两者的根本区分就在于：在法条竞合的情况下，一个行为符合数个法条所规定的构成要件，在数个法条所规定的构成要件之间存在着从属或者交叉的逻辑关系，而在想象竞合的情况下不存在这种逻辑关系。因此，如果一个行为触犯两个罪名，两个罪名概念之间存在着从属或者交叉的逻辑关系，那就是法条竞合，而不是想象竞合。只有当不存在这种逻辑关系时，才是想象竞合，而不是法条竞合。由此，我们就可以得出一个结论：法条竞合是法律竞合，是一种法律现象，它不以具体犯罪发生为转移，通过对两个罪名概念之间的内容进行逻辑分析，就可以判断这两个罪名概念之间是否存在从属或者交叉逻辑关系。而想象竞合是犯罪竞合，是一种犯罪现象，它是以具体犯罪发生为转移的。如果没有具体犯罪现象发生，这两个罪名概念之间本来是不存在任何关系的，仅仅是由于一个具体犯罪行为而本来不存在逻辑关系的两个罪名概念联系在一起。

例如，盗窃罪和盗窃枪支弹药罪，这两者之间的普通法和特别法的关系，不以具体犯罪发生为转移。通过分析这两个罪名概念的内容，我们就可以判断这两者之间存在这种逻辑关系。但在想象竞合的情况下，一枪打死一人、打伤一人，故意杀人罪和故意伤害罪这两个罪名概念之间本来是不存在逻辑关系的，是一种全异关系，是两个不同罪名，仅由于行为人实施了一个犯罪行为，把两个罪名联系在一起。因此，法条竞合是无条件的，是通过对法律所规定的构成要件的内容的分析可以得出结论的，不以具体犯罪发生为转移；而想象竞合是以具体犯罪发生为转移，是有条件的。这就是两者的根本区别。

在司法实践中，关于某些现象到底是法条竞合还是想象竞合往往存在争议，解决这种争议最关键的一点，就是看发生竞合的两个罪名概念之间逻辑上有没有重合关系：如果没有，就是想象竞合；如果有，就是法条竞合。因此，归根到底这是一个法律理解问题。例如，一个行为人使用放火的方法将人杀死，这个行为到底是认定为放火罪还是杀人罪？到底是法条竞合还是想象竞合？这就要对法条规定进行具体分析。如果放火虽然是想要烧死特定的人，但危害到了公共安全，那么就应当认定为放火罪，把人烧死的结果包含在放火罪之中。这种情形就是法条竞合。在这种情况下，由于放火罪的致人死亡包含了故意杀人，因此我们把它理解为法条竞合。但如果认为放火罪的致人死亡不包含故意杀人，那么就会把它理解为想象竞合。我认为，放火罪的致人死亡是包含了故意杀人的，因此，上述例子是法条竞合，而不是想象竞合。

（二）种类

想象竞合的类型有两种：一种是同种类的想象竞合，另一种是异种类的想象竞合。同种类的想象竞合是指一个行为所触犯的是同种罪名，例如一枪打死两个人；异种类的想象竞合是指一个行为所触犯的是不同的罪名，例如一枪打死一个人、打伤一个人。

在同种数罪并罚的情况下，同种类的想象竞合这个概念是有意义的，因为同种数罪要并罚，但是如果是同种类的想象竞合，就不并罚。但是在我国刑法中，同种数罪是不并罚的，因此，同种类的想象竞合这个概念实际上没有意义，因为是否为同种数罪不影响并罚。但是在逻辑上来说，同种类的想象竞合和异种类的想象竞合这两种区分还是能够成立的。

（三）处理

想象竞合是因为一行为而触犯数个罪名，从外观上来看，造成两个犯罪结果，具有数罪的特征，在刑法理论上，对想象竞合到底是按一罪处理还是按数罪处理是有争议的。一种观点认为，在想象竞合的情况下，应当按照数罪处理，因为一个行为既可以作为此罪的构成要件来评价，又可以作为彼罪的构成要件来评价。但另外一种观点认为，想象数罪只有一个行为，对一个行为不能作双重评价，不能作重复评价，因此想象竞合只能按照一罪来处理，不能按照数罪来处理。这里面归根到底是一个禁止重复评价的原则在刑法中是否被承认的问题。我认为，禁止重复评价是刑法中的重要原则，在想象竞合的情况下只有一个行为，应当按照一罪来处理。具体来说，就是从一重罪处断。也就是在一个行为所触犯的数罪名中，按照最重的那个罪名来定罪，并且加以处罚。至于触犯另一个罪名的情形，可以作为从重处罚的理由加以适当的考虑。像一枪打死一个人、打伤一个人，定杀人罪，将打伤一个人作为量刑情节考虑，它比一枪只打死一个人这种情况显然要重一些。

四、实质竞合

（一）概念

实质竞合就是数罪，实质竞合又称实质数罪，因此，实质竞合是指数个犯罪行为触犯数个罪名的情形。

（二）特征

1. 实施了数个犯罪行为

这是实质竞合与法条竞合、想象竞合的最根本区别。想象竞合、法条竞合下行为人都仅实施了一个行为，而实质竞合下行为人实施了数个行为。

2. 数个犯罪行为发生在刑罚执行完毕或者赦免以前

这也是实质竞合构成数罪的一个时间条件。如果数个行为，一个行为是发生在刑罚执行完毕以前，另外一个行为是发生在刑罚执行完毕以后，那么由于前一个行为已经刑罚执行完毕了，它的法定意义已经消灭了，只能对另外一个行为定罪。但是如果是在刑罚执行完毕或者赦免以前又实施另外一个行为，那么在这种情况下应当按照数罪并罚来处理。这里面关系到数罪并罚的一些制度，我在后面来讲。

3. 数个犯罪行为应当并罚

这也是实质竞合的一个根本特征。在实质竞合的情况下，它所构成的数罪应当予以并罚，如果不并罚就不是实质数罪。因此，在实质竞合的认定当中，应当注意以下两点：

第一是同种数罪。同种数罪是和异种数罪相对应的一个概念，也就是数罪可以分为同种数罪和异种数罪，同种数罪指的是犯两个杀人罪或者犯两个强奸罪；异种数罪指的是犯一个杀人罪、一个强奸罪。同种数罪与异种数罪都是数罪，它的区分在于所触犯的是同种罪名还是异种罪名。关于同种数罪如何处理，世界各国的做法是不太一样的。大部分国家对同种数罪是要并罚的，杀一个人就是一个杀人罪，杀两个人就是两个杀人罪，杀十个人就是十个杀人罪。但我国刑法对同种数罪是不并罚的，杀一百个人也只能定一个杀人罪。同种数罪并罚或不并罚当然各有利弊：并罚能够使得刑罚适用比较精确，它能降低刑法分则的法定刑，因为刑法分则的法定刑是为犯一罪来设置的，如果数次犯这一个罪，可以通过数罪并罚来加重法定刑。但是，同种数罪并罚所带来的问题是司法上的不便利：分为许多罪处理很麻烦，不管杀死多少人，只要判死刑就完了，杀一个人判死刑，杀一百个人也判死刑，就判一个死刑就完了。但是杀一百个人要判一百次死刑，再把它加起来，这就很麻烦，司法上不便利。因此在其他国家，在同种数罪并罚的前提下，为了限制同种数罪，又发明了一些概念，像连续犯、接续犯，这些概念都是为了限制同种数罪并罚的范围，即只有在同种数罪并罚的情况下这些概念才有意义。但是在我国刑法中同种数罪不并罚，因此这些概念是没有意义的。这个问题是需要大家注意的。同种数罪不并罚，它虽然带来了司法上的便利，但是它的最大问题是在立法上：立法者在对一个犯罪设置法定刑的时候，不仅要考虑行为人一次犯这个罪要规定多少法定刑，而且要考虑两次、三次甚至五次、十次犯这个罪要规定多少法定刑。于是，无形当中就会加重法定刑，而使得数罪并罚这种制度的优越性受限制。本来刑法分则对某一个具体犯罪规定的法定刑可以很低，因为是犯一次罪的法定刑，而且通过数罪并罚，可以加重对被告人的处罚。但现在呢，由于同种数罪不并罚，因此在立法的时候不能光考虑犯一个罪的法定刑，而且要考虑犯数个罪的法定刑，这样就使得刑法分则中法定刑加重。

第二是牵连犯。牵连犯这个概念在司法实践当中用的地方也是很多的，因此需要说明一下。在我国刑法里面没有牵连犯这个概念，但在司法实践当中又广泛使用这个概念。那么什么是牵连犯呢？牵连犯是指以实施某一犯罪行为为目的，而犯罪的方法行为或者结果行为又触犯其他罪名的情形。关于牵连犯，我举个例子大家就很清楚了：为了诈骗去伪造公文，伪造公文被刑法规定为伪造公文罪，诈骗被刑法规定为诈骗罪，这就是一个牵连犯：为了诈骗而伪造公文，目的行为是诈骗，手段行为是伪造公文。另外一个是盗窃枪支以后予以私藏，这是结果行为触犯另外一个罪名。我国刑法里面有盗窃枪支罪，又有一个私藏枪支罪，盗窃枪支以后予以私藏，原因行为构成盗窃枪支罪，但是结果行为构成私藏枪支罪，这就是牵连犯。显然，在牵连犯的情况下，行为人实施了数个犯罪行为，触犯了数个罪名，本来应当按照数罪来处理。但考虑到在牵连犯的情况下，行为人实施的数个罪名之间存在着一种牵连关系（这种牵连关系就是手段行为和目的行为的关系或者原因行为和结果行为之间的关系），故在刑法理论上，对牵连犯实行的是从一重罪处断的原则。牵连犯在实质上是数罪，但是在司法上科刑的时候，在裁判的时候把它作为一罪，是裁判的一罪。

在我国刑法当中，牵连犯的问题比较复杂。我国刑法对牵连犯既有要实行数罪并罚的规定，又有从一重罪处断的规定。在这种情况下，在我国刑法上，对牵连犯应当按照三个原则来处理：第一，法律规定牵连犯从一重罪处断的，按照法律规定从一重罪处断；第二，法律规定对牵连犯要数罪并罚的，按照法律规定数罪并罚；第三，法律没有规定的，也就是法律既没有规定数罪并罚也没有规定从一重罪处断的，应当按照刑法理论从一重罪处断。这就是牵连犯的处断原则。现在从整体的发展趋势来看，牵连犯数罪并罚的范围越来越扩大，我们可以想见，如果对所有的牵连犯都实行数罪并罚，那么牵连犯这个概念就不复存在了。牵连犯这个概念之所以存在，就是为了把它从实质数罪里面给分离出来，对它不实行数罪并罚，而如果牵连犯都数罪并罚了，那它和其他数罪的法律后果是一样的，就可以取消牵连犯这个概念了，牵连犯这个概念就没有存在意义了。

第十四讲

刑罚概说

刑罚是犯罪的法律后果，因此，刑法总论在讲完犯罪论以后就开始讲刑罚论。犯罪论的主要内容是犯罪构成要件，它关系到罪与非罪的问题。而刑罚论的主要内容是各种刑罚方法以及适用，它关系到对犯罪人的实际惩罚。在本讲中，我主要围绕着刑罚的基本原理进行理论上的讲解，属于刑罚论中较为抽象的内容。

一、刑罚的特征

犯罪和刑罚是刑法的两个基本范畴，就两者的关系而言，犯罪是原因，而刑罚是犯罪所引起的法律后果，两者之间往往具有一种因果关系。从刑法理论上来说，刑罚是国家创制的、对犯罪分子适用的特殊制裁方法，是对犯罪分子某种利益的剥夺，并且表现出国家对犯罪分子及其行为的否定评价。

通过刑罚的概念，可以清楚地看出刑罚作为一种法律制裁方法的基本特征。例如，刑罚是国家创制的，具有国家专属性和垄断性。这是刑罚创制主体的特殊性，也是刑罚这种制裁方法区别于其他制裁方法的重要特征。又如，刑罚是对犯罪分子适用的，对于没有构成犯罪的行为不能适用。这是刑罚制裁客体的特殊性，也是刑罚这种制裁方法区别于其他制裁方法的重要特征。再如，刑罚表现为对犯罪分子某种利益的剥夺，并且表现出国家对犯罪分子及其行为的否定评价。这是刑罚内容的特殊性，刑罚涉及对生命权、自由权和财产权的限制、剥夺，这是其他法律惩罚所不具有的。下面我从三个方面来谈一下基本的理论问题。

（一）刑罚权

刑罚权在刑罚当中是一个基本的问题，这个问题的核心就在于国家为什么享有对公民进行刑罚处罚的权力，也就是刑罚权的正当化根据问题。刑罚权是国家垄断的，国家的刑罚权从何而来？国家为什么有权力对公民进行生杀予夺？

关于刑罚权最初的理论是一种神学的观点，认为国家的刑罚权是上天赋予的，是君权神授的思想在刑罚权问题上的体现，对犯罪人处罚是替天行罚。这种观点的荒谬性是显而易见的。当然，在古代社会，给刑罚权披上神圣的外衣，对君主统治的维护起到了一定作用。随着近代启蒙思想的兴起，尤其是随着社会契约论的广泛接受，刑罚权就从宗教神学的光环当中解放出来，越来越世俗化，也就是用世俗的观点来论证刑罚权的正当性，其中一个主要的观点就是社会契约论的观点，贝卡利亚在《论犯罪与刑罚》中作过精彩的论述。贝卡利亚认为这种君主的刑罚权实际上是公民的自然权利的转让，因此君主行使这种刑罚权必须是为了公民的福祉。由此可见刑罚权的来源对刑罚的理论具有直接的制约性，因为刑罚权是公民的自然权利转让出来的，国家行使刑罚权必须是为了全体公民的福祉，这种刑罚权才是正当的，不能超越这样一个目的。所以社会契约论就使刑罚权的来源获得了一种全新的理论根据。社会契约论实际上也就是自然法学说，根据自然法学说，人类曾经经历了一个自然的阶段，这个阶段里既没有国家也没有法，每个人都有天赋的权利——自然权利，这里面就包含了当一个人受到危害的时候进行自卫的权利，甚至把自卫的权利看作一种本能，因此每个人都有在受到侵害时进行反击的权利，这种权利就是复仇的权利，这种复仇的权利都是由被侵害者个人来行使的。尽管每个人都可以行使这种复仇的权利，但是由于个体之间的强弱是有差别的，因此完全由个人来行使这种自卫权就会造成恃强凌弱的状态。为了使社会更好地发展，使人与人之间的关系更加和谐，公民就把受侵害时自卫的权利转让出来，由一个专门的机关来行使这种权利，这个专门的机关就是国家。用社会契约论的观点来解释刑罚权的起源，在历史上并没有事实的根据，而是一种论证上的策略。应该说，这种论证上的策略还是具有一定的合理性的，对于我们理解刑罚权的本质也具有一定意义。

国家在垄断了刑罚权后，就禁止私刑。也就是说，一个公民受到他人侵害，必须由国家来行使刑罚权、进行公力救济，而不允许私力救济，只有在某些特殊情况下才允许私力救济，例如正当防卫。当然，国家行使刑罚权最开始的时候是由君主一个人来行使，没有对刑罚权的内容进行具体的细分。随着法治的发展，刑罚权由国家统一来行使，但是国家在行使该权力的时候又进行进一步的分解，由不同的机关来行使其中一部分权力。在现代法治国家，一般都把刑罚权进一步分解为以下四种权力：

1. 制刑权

制刑权是刑罚的立法权，即创制刑罚的权力。基于罪刑法定原则，刑罚必须由国家法律来规定，任何其他个人或者机关都无权进行任何法外的制裁，因此，制刑权是国家刑罚权的重要内容。

2. 求刑权

求刑权是一种追究犯罪人刑事责任的权力。求刑权最初往往是由被害人通过一种自诉的方式来行使。在这种情况下，刑事诉讼和民事诉讼并没有明显的区分。后来，就专门设立国家的追诉机关来行使国家的求刑权，这个专门机关就是检察机关，由检察机关专门行使对犯罪提起诉讼的权力，这就是一种公诉权。因此在目前的法治社会里，求刑权主要表现为公诉的形式，但在个别的案件中保留了自诉的形式。

3. 量刑权

量刑权是在认定一个人的行为构成犯罪的基础上，裁量应受处罚的程度。法院根据事实和法律裁量具体的刑罚。因此，量刑权是由法院来行使的，是审判权的一个重要组成部分。

4. 行刑权

行刑权是执行刑罚的权力。某种刑罚只有被实际执行才有现实意义的，才能使对犯罪人的惩罚具体落实。刑罚一般由专门机关来执行，这就是监狱。当然，监狱执行的是监禁刑，非监禁刑则往往由其他机关来执行。

这四种权力由不同的机关来具体行使，不同的机关之间形成一种制约关系，以保证国家刑罚权的正确行使。

(二) 刑罚的内在属性

刑罚是国家创制的对犯罪分子适用的特殊制裁方法，是对犯罪分子某种利益的剥夺，并且表现出国家对犯罪分子及其行为的否定评价。据此，我认为，刑罚的内在属性主要包括两方面：惩罚与教育。可以说现代法治社会的刑罚是惩罚和教育的统一。

1. 惩罚性

刑罚具有惩罚性，或者说惩罚是刑罚的其中应有之义。这种惩罚主要表现为对犯罪人的某种利益的剥夺，正是被剥夺利益的不同反映出刑罚的轻重。在各种刑罚中，既包括生命刑，也就是死刑，即对人生命的剥夺，也包括自由刑，也就是对人身自由的剥夺或者限制，还包括财产刑，即对财产的剥夺，以及资格刑，即对人的某种资格的剥夺。可见，刑罚的惩罚性正是通过对一个人所具有的利益的剥夺而体现出来的，这种剥夺必然给犯罪人带来某种痛苦，使他的财产或者利益丧失。如果说某一种刑罚不能给被惩罚者带来痛苦，甚至不仅不能带来痛苦，反而带来快乐，那就不是惩罚。刑罚之所以有某种威慑效果，主要就是因为它能给人带来痛苦。当某种刑罚不能给人带来痛苦时，刑罚的效力就丧失了。因为如果刑罚能带来痛苦，大家就会对犯罪避而远之。如果刑罚不仅不能带来痛苦，反而给人带来快乐，那么人人都会去犯罪，因为犯罪就是追求幸福。美国小说家欧亨利在小说里就写到这种情况：一个老人在冬天没有吃的、穿的和住的，在这种情况下，这个老人认为监狱对他来说是过冬的最好场所：监狱有吃的、穿的，还有住的，尽管没有人身自由，但至少不至于饿死。因此这个老人故意砸碎了商店的玻璃，被警察送到监狱里，以此来度过寒冷的冬天。这种现象在我国现实生活中也有发生，是极为悲哀的。

当然，刑罚的意义并不在于能给人带来痛苦，关键还在于这种痛苦是如何造成的。在古代社会里，统治者总是利用各种方法制造某种痛苦，主要是肉体的痛苦。中国古代的刑罚称为五刑，这里的五刑又可以分为旧五刑和新五刑。以汉为界，五刑大致可分为两个阶段：秦以前为墨、劓、剕（刖）、宫、辟。墨是在罪犯面部、耳后、颈项、手臂上刺刻后涂以墨。劓是割掉鼻子。剕是断足。宫是剥夺犯人的生育能力：对男犯施行阉割；对女犯则用暴力打击其腹部，使其子宫脱垂，不能生育。辟是指大辟，即死刑，其名称和执行方式不尽相同，主要有炮烙、剖腹、醢、脯、戮、斩、焚、踣、黥、轘、辜等。可以看出，上古的五刑都是残害肢体的刑罚，它反映出蒙昧时期刑罚的野蛮。秦亡汉立后，随着生产力的发展、社会的进步、文明程度的提高及对人的生命的尊重，以墨、劓、剕（刖）、宫、辟为主的旧五刑逐渐为笞、杖、徒、流、死的新五刑所代替。相对而言，笞、杖虽然仍然是肉刑，但比墨、劓、剕其对身体的摧残程度还是要轻一些。

我国有学者曾经写过一本书，这本书的书名叫《臀部的尊严——中国笞杖刑罚亚文化》，就描述了中国古代以笞杖为主要手段的刑罚以及它的演变过程。中国古代以笞杖为主要手段的刑罚，具有浓厚的家长主义的特色。现在的父母对不听话的子女惩罚的时候，往往也是打屁股。经过长期的演变，肉刑逐渐被废除，但是死刑长期保留。死刑，是剥夺人的生命的方法。古代的死刑曾经和肉刑是结合的，但是肉刑废除了，而死刑却仍然保留。这里就有一个肉刑和死刑到底孰重孰轻的问题。为什么在历史上由于人道主义的兴起，肉刑被率先废除了，但是死刑却依然保留？这是一个非常值得思考的问题。

刑罚的惩罚性存在一个历史演变过程，这里有一个惩罚的技术问题。法国著名思想家福柯有一本非常有名的著作《规训与惩罚——近代监狱的诞生》，这本书对近代监狱的诞生作了一个非常深刻的描述，也就是为什么古代的肉刑到了近代逐渐消失，而代之以监狱、对个人进行监禁。以监禁为特征的刑罚是自由刑，剥夺他人的自由。自由刑被称为近代刑罚之花。以自由刑取代肉刑，是一个历史性的进步。福柯认为，在这背后虽然有人道主义的影响，但主要还是权力技术的转换。也就是说以前的刑罚是以肉体作为惩罚对象，但是转换以后刑罚主要是通过对人的精神进行控制、对人的肉体进行规训，使监狱成为对人的思想和行为进行矫正的场所，使人符合某种规范。这种思想对于我们理解刑法的进化具有一定的启发意义。

从历史的演变过程来看，刑罚往往存在一个由残酷到轻缓的发展过程。最初的刑罚是以死刑和肉刑为中心的，自从近代自由刑产生以后，就产生了以自由刑为中心的刑罚。现在西方国家的刑罚逐渐轻缓化，甚至已经发展到以财产刑为中心，正在逐渐实现非监禁化：自由刑都逐渐退出刑罚的中心位置，而代之以其他的非监禁方法，财产刑在其中占了很大的比例。相比较而言，我国目前的刑罚还是相当重的，在我国刑法中死刑还占有相当比例。我国刑法中共有 500 个罪名左右，经过两次刑法修正案的修订，目前我国死刑罪名是 46 个，约占 1/10。在某种意义上来说，我国的刑罚仍然是以死刑和自由刑为中心的刑罚结构，和西方刑罚轻缓化的趋势相比较，我国刑罚之重是显而易见的。

我国刑罚曾经经历过近代的一次转型，在清末，1905 年左右。当时刑罚非常重，死刑就有八百多个，而且死刑执行的方法非常残酷，甚至有凌迟这样摧残肉体的执行方法。大家对凌迟的执行方法可能不太熟悉，可以读一下莫言的一本小说《檀香刑》，该书对凌迟的执行方法进行了非常深刻的、艺术化的描述。当时西方的发达国家，经过资产阶级革命后的刑罚改革，刑罚已经实现了轻缓化。当时中国的刑罚之重和西方资本主义国家的刑罚之轻就形成了强烈的对比。当时正值西方帝国主义列强侵略中国，随着清政府被迫对外开放门户，外国公民越来越多地来到中国，在中国生活就难免会犯罪，犯罪就会遇到一个问题：到底适用中国刑法还是外国刑法？这就涉及一个刑事管辖权的问题。这个问题是一个国家主权的体现，但是由于当时我国的刑罚过于残酷，西方列强就提出来说我们的公民不能适用你们这么残酷的刑罚，由此而建立了治外法权，要适用犯罪人本国的刑法。我们通常都把治外法权看作是西方列强侵略中国的一个产物，但它背后存在一个法律上的原因，也就是说中国刑罚之残酷是产生治外法权的一个事由。西方国家在行使治外法权的同时也承诺：如果中国刑罚改轻了，我们就放弃治外法权。正是为了收回治外法权，清政府就进行了中国近代的刑法改革，通过改革基本上实现了中国刑罚的轻缓化。清末刑法改革的主导者就是沈家本先生，刑法改革的重要内容就是将刑罚改重为轻，其中包括大量减少死刑（刑法改革后死刑罪名从八百多个减少到二十多个），并且对死刑的执行方法进行改革，废除那些残酷的执行方法（原先死刑有两种法定的执行方法——斩刑和绞刑，另外还有法外的执行方法，例如凌迟）。刑罚改革后实现了“死刑唯一”，只保留了一种死刑执行方法，这就是绞刑。刑法改革的成果体现在 1910 年颁布的《大清新刑律》。一百多年过去了，西方的刑罚进一步地轻缓化，但是我国在这一百多年中，前近 50 年处于战乱当中，后五十多年又经历了“文化大革命”等，我国的刑法不仅没有进一步地减轻，反而进一步加重。我国刑法中现在的死刑罪名甚至是清末改革后的二十多个的 2 倍。而西方国家中已经有一半以上的国家在法律上或者在事实上废除了死刑。在这种情况下，我们国家的刑罚之重和西方国家的刑罚之轻，形成鲜明的对比，两者之间的差别甚至要超过清末时期。因此我国现在也面临着刑罚改革的巨大压力，其中最重要的是死刑的改革。

如何减少死刑，是当务之急。我国不仅在法律上规定了大量的死刑罪名，而且在司法实践中实际适用的死刑数量也很多。一份 2016 年的报告显示，2015 年全球执行死刑的案例至少有 1 634 起，创下自 1989 年以来的最高水平。从具体国家来比较，日本虽然还保留死刑，但实际适用得很少，日本每年执行死刑平均人数是 5 人左右。印度人口也不少，社会文化、经济水平也不比我国发达，但每年判决死刑的案件为三十多件，而且过去十多年间只执行了一起死刑。韩国从 1987 年到 1997 年这 10 年间平均每年执行死刑人数在 12 人左右，从 1998 年至今未再执行死刑，已经超过 10 年不执行死刑，成为事实上废除死刑的国家。美国是在 1976 年恢复死刑，1976 年前曾经废除过死刑，从 1976 年到现在（2016 年）40 年中，执行死刑人数 1 436 人，平均每年 36 人。而我国每年执行死刑的人数达到数千人。可见，我国死刑适用的情况在世界上来看，是偏重的。

实际上，刑罚是一种社会管理手段，而且是一种成本最高、代价最昂贵的社会管理手段，只能不得已而用之，在正常情况下是不应该采用的。在某种意义上可以说，死刑、重刑是社会管理不善的补偿，是社会治理的成本。大量适用死刑，只能说明社会治理能力低下。我国刑法第205条规定，虚开增值税专用发票罪也是可以判处死刑之罪。去年（2015年），北京市有一起重大的虚开增值税专用发票案件，致使国家税款损失达4亿元，最后犯罪人被判死刑。大家可想一下：如果我们的税收管理体制严密，怎么可能有这么大的漏洞？正是我们的税收管理体制存在重大的缺陷，因而才需要用死刑来进行威慑。在我国对于贪污受贿这样一些职务犯罪刑法也是规定有死刑的。随着“反腐倡廉”的深入进行，我国被判处死刑的贪污受贿犯罪分子的官职越来越高，从厅局长到副部长，再到副委员长，例如胡长清、成克杰。刑法对这些腐败犯罪规定死刑，表明我国还需要用杀人来维持我们执政党的廉政，这难道说不是廉政制度存在缺陷吗？如果廉政建设做得好，可以防腐败于未然，就不需要动用死刑了。我在10年前讲课的时候，提到媒体报道四川乐山市所辖的犍为县的县委书记田某在国有资产转让中，电厂总资产有近五亿元，净资产也有1.9亿元，但是他以8 000万元就将电厂转让给一个民营企业家，从中收受贿赂达1 500万元。我当时感叹数额这么巨大的受贿案件，在刑法对受贿罪规定了死刑的情况下，的确是不杀不足以平民愤。现在，受贿千万元的案件已经是屡见不鲜了，受贿上亿元的案件都稀松平常。广东潮汕某地级市的书记受贿数额达到1.2亿元，这个总数不是最高的，但其中单笔受贿数额就接近一亿元，创下单笔受贿最高纪录。当年田某因受贿1 800万元被判处“死缓”，但现在这种量级的受贿只能被判处13年左右有期徒刑了。因为根据目前法院掌握的标准，贪污受贿2 000万元以上才可能判处无期徒刑。至于判处死刑或者“死缓”，则要贪污受贿数额在1亿元以上。

那么，为什么会出现这种一次贿赂的数额就可以达到数千万元的情况呢？这不正说明我们的监督管理体制存在重大漏洞，使这些犯罪分子有机可乘吗？如果这种漏洞不能得到弥补，即使杀再多的人，类似犯罪还是会发生。我们现在死刑用得最多的还是普通的刑事案件，也就是扰乱社会治安的案件，这说明什么呢？又如，在我国刑法中死刑主要适用于那些严重破坏社会治安的犯罪，这只能说明我们的治安管理能力比较差，我们要用杀人来维持社会治安。如果说我们的社会治安管理能力很强，各种犯罪都能及时得到惩治，就不会发生这些非常重大的犯罪案件，因而也就不是非要用死刑来维持社会治安。而且这里面还有一个问题，就是现在公安机关的破案率较低。因为破案率低，为了维持相应的刑罚威慑力，就不得已用加重刑罚的方法来提高刑罚的威慑力。例如有10个犯罪分子，如果这10个犯罪分子都能够被抓获归案，这10个犯罪分子都受到相应的刑罚处罚，对每个犯罪分子的刑罚威慑力用1分来表示，那么这对10个犯罪分子的刑罚威慑力就可以获得10分，平均到每个犯罪分子身上，一个人1分。但是现在10个犯罪分子里面只有2个被抓捕归案、受到制裁，为了达到10分的威慑力，每个犯罪分子就要分到5分。这就是刑罚的确定性和刑罚的严厉性之间的反比例关系：刑罚越是确定，为了保持相同的刑罚威慑力就可以降低刑罚的严厉性；而刑罚越是不确定，为了维持相同的刑罚威慑力就需要提高刑罚的严厉性。而这种刑罚的确定性问题，涉及社会治安的管理能力和对犯罪的侦查能力等各方面的问题，这些问题不是靠死刑就能解决的。

尤其可怕的是，我们对死刑的功能有一种错误的认识，以为死刑能够解决一切问题。当前社会治安混乱、犯罪发案率高，民众首先想到的就是适用死刑，认为这样就可以镇压犯罪。死刑和犯罪率的高低之间有什么关系呢？两者之间的相关性远远没有我们想象的那么高，甚至在某种意义上来说，这种相关性非常低，主要原因在于犯罪是刑罚以外的其他原因造成的，也就是说，犯罪有它自身的发展规律，并不以刑罚轻重为转移。过去人们有这样一种误解：如果对杀人罪废除死刑，那么人人都会去杀人。实际上这完全是一种错觉，因为我们每个人之所以不去杀人不是因为刑法对杀人罪规定了死刑：不想去杀人的人，没有死刑也不会去杀人；而真正想要去杀人的人也不会因为有死刑就不去杀人。死刑仅仅对那些产生了强烈的杀人意愿，但是这种意愿又没有强烈到你死我活这种程度，还在犹豫当中的人具有一定的威慑效果。在这种情况下，因为刑罚对杀人罪规定了死刑，本来想去杀人但又有些犹豫的人就可能不去杀人；若刑罚对杀人罪没有规定死刑，他就可能去杀人。可见，死刑仅仅对这些少量的杀人案件具有威慑力。在100个杀人案件里面可能就只有那么一个属于这种情形，大部分杀人案件都是那些亡命之徒干的，他们根本不考虑刑法有没有规定死刑，刑法没有规定死刑他去杀人，刑法有规定死刑他照样杀人。另外像盗窃罪，即使在封建社会也是没有规定死刑的，但是在1983年“严打”中把盗窃罪增加为死刑罪名。根据20世纪90年代初有关司法解释的规定，个人盗窃公私财物3万元以上的就要判处死刑，所以当时在适用死刑的案件中，盗窃罪适用死刑的比例占到了五分之一强。在1997年刑法修订中，对盗窃罪要不要保留死刑，学者间争议是相当大的，最后立法者采取了一种折中的办法：对于盗窃罪只有在两种情况下才可以判死刑：一种是盗窃珍贵文物，情节严重的；另一种是盗窃金融机构数额特别巨大的。对其他盗窃行为就取消适用死刑。然而这两种盗窃案件在生活中是很少发生的，因此刑法作出这样的修改以后，盗窃罪的死刑基本上是虽存犹废、名存实亡。于是有些人表现出担忧，害怕盗窃罪实际上没有死刑了，盗窃案件就会大量增加。1997年刑法修改后，盗窃罪并没有像有些人想象的那样大量增长。据此可以看出，死刑和犯罪之间并没有太大的关系，死刑在遏制犯罪方面并没有太大的作用，死刑实际上是在满足我们某种心理需求，甚至是一种虚假的心理需求。

刑罚的惩罚性是刑罚的应有之义，只要有刑罚存在，刑罚就必然具有惩罚性，只不过是在不同的社会、不同的历史时期、不同的国家，这种刑罚的惩罚性的表现形态、轻重是不一样的。从刑罚史来看，刑罚轻重的历史演变是有规律可循的，总的来说，刑罚经历了一个从残酷到轻缓的历史发展过程。

2. 教育性

刑罚的第二个属性是刑罚的教育性。刑罚的教育性主要是通过刑罚的评价功能体现出来的，它不同于通过剥夺功能体现出来的刑罚的惩罚性。刑罚在具有剥夺功能的同时还具有评价功能，体现出法律对犯罪行为及犯罪人的否定的评价，这种否定的评价实际上就是一种谴责。从这个意义上来说，教育也是刑罚的内在属性之一。当然，它在刑罚当中的地位和惩罚性不一样，它并非刑罚与生俱来的特征，惩罚是刑罚与生俱来的一个特征，只要有刑罚就会有惩罚，而教育是刑罚进化的产物。最初的刑罚是不具有教育性的。在古代社会，刑罚的惩罚性占绝对主导地位，刑罚的教育性因素十分地微弱，即使是有，也是通过威吓来取得的。当然，古代的刑罚同样有感化的要素，这和我们现在教育的含义离得比较近。

近代西方刑法中兴起了教育刑，又称为目的刑，刑罚的教育性在刑罚中才占有越来越重要的地位。教育刑是德国著名刑法学家李斯特所倡导的，李斯特认为，刑罚并不是对犯罪人的一种报复，也不是社会对犯罪的机械的、本能的反应，通过刑罚主要是为了对犯罪人进行教育，这种教育主要是通过矫正的手段体现出来。李斯特有句名言："矫正可以矫正的罪犯，不可矫正的罪犯不使为害"。李斯特把罪犯分为可以矫正的与不可矫正的两种，对可以矫正的罪犯进行矫正，对不可矫正的罪犯不使他继续危害社会。这种刑罚矫正的方法也越来越技术化了、科学化了，例如行为矫正、心理矫正都要借助某种科学手段进行。这种刑罚矫正也越来越采取一种非监禁的方法进行，例如现在倡导社区矫正，社区矫正的一个最基本的特征是非监禁化。社区矫正的观念和做法在西方100年前就已经有了，现在已经非常发达，尤其是对青少年犯罪、初犯、偶犯广泛地采取社区矫正的方法。

我国的刑罚观念还是以报应为基础的，我国的传统刑罚文化是与监禁联系在一起的，所以就没有与非监禁化联系在一起的刑罚文化的本土资源。对犯罪分子判处非监禁刑，老百姓就认为等于没有判刑。我国的刑罚观念是和坐牢联系在一起的，最原始的刑罚观念甚至和杀头联系在一起，杀头、坐牢才算是受到了刑罚处罚。当然，这与我国刑罚中的非监禁刑不发达有很大关系。现在我国正在推行社区矫正，我认为这是非常重要的。刑罚的矫正可以分为两种：一种是监狱矫正，通过关押办法，在监狱里矫正；另一种是非监禁矫正，主要是指社区矫正。随着社会的发展、人类文明程度的提高，教育因素在刑罚中所占的比重越来越大。教育因素在刑罚中所占比重的大小，就成为一枚衡量国家刑罚文明程度的标尺。从总的发展趋势来看，刑罚教育性应该加强，惩罚性应该减少。如果有一天刑罚的惩罚性消失了，刑罚只剩下教育性，到那个时候刑罚消亡的时刻就来临了。那时，一个人犯罪了，社会就像对待病人一样对待这个人，刑罚就转变成为一种单纯的治疗模式。这也是实证学派的刑法学家所设想的一种刑罚形态。可见，以后监狱和医院就合二为一了。犯罪的原因有很多，有的是由于心理上有问题，有的是由于生理上有问题，也有的是由于社会有问题或者制度有问题。从这个意义上来说，犯罪的确是一种人和社会的病理现象。基于这样一种认识，刑罚的惩罚性应当改变为治疗性。意大利刑法学家菲利就主张对犯罪人应该进行矫正，他起草了一部没有刑罚的刑法典，就把这种思想发挥到了极致。

3. 惩罚与教育相统一

刑罚的内在蕴含中既包括了惩罚又包括了教育，但是惩罚与教育并不是处于一种分离状态，而是处于辩证的统一状态。这种辩证统一状态主要体现在：一方面，教育是以惩罚为前提的。刑罚具有惩罚的意蕴，它包含着对犯罪分子所带来的痛苦，包含了国家的强制性，因此，刑罚的教育和我们大学的教育是完全不一样的。另一方面，惩罚是以教育为目的的。刑罚同样离不开教育，惩罚里面必须蕴含着教育的因素，不然这种惩罚就会变成没有目的的盲目的行为，那也是很可怕的。因此，只有从惩罚与教育相统一的意义上，才能科学地揭示刑罚的内在属性。我们讲惩罚与教育的有机结合、对立统一都是从应然的意义上来讲，但从历史上来看，刑罚并不都是这样的，但是我们用惩罚与教育相统一这样一个分析框架就可以对历史上的刑罚作一个评价，看哪些刑罚符合应然的特征，这对于我们理解刑罚的本质具有重要的意义。

（三）刑罚的外在特征

1. 强制程度的严厉性

刑罚是最严厉的制裁方法，这是和其他制裁方法相比较而言的。法律的制裁方法有以下几种：行政法上的制裁方法，包括行政处罚和行政处分；民法上的制裁方法，主要指恢复原状、排除妨害、消除危险等；当然还有诉讼法上的程序性制裁方法。这些制裁方法都是轻微的。唯独刑罚这种制裁方法涉及对公民的生杀予夺，因而具有严厉性。

2. 适用对象的特定性

刑罚的适用对象是触犯刑律、构成犯罪的人。刑罚只适用于其行为已经构成犯罪的人，这是报应的基本要求，也是刑罚正当性的逻辑前提。我在前面已经讲过，在古代社会曾经通行株连的做法，一个人犯罪，不仅该人要受刑罚处罚，而且与之相关的其他人也要受到刑罚处罚。只有在近代法治社会，刑法才废除了株连制度，刑罚才只适用于实施了犯罪行为的人。

3. 法律程序的专门性

刑罚是一种十分严厉的制裁方法，为此国家设立了专门的机构，创制了专门的程序，对犯罪进行制裁。专门的机构指公安机关、检察机关、法院以及监狱等司法行政部门。专门的程序指刑事诉讼程序。刑事诉讼程序和民事诉讼程序是不一样的：民事纠纷的解决在更大程度上是基于当事人的意思自治，所以采用自诉的形式，具有诉权的人可以行使自诉权，如果当事人放弃诉权，那么法院是不干涉的，并且纠纷的双方可以调解、和解，所以民事纠纷的解决不一定非采取诉讼方法，可以采取非诉讼方法。另外，行政法的实施也规定可以采取行政诉讼方法，但行政诉讼只是一种比较极端的方法，大量的行政纠纷还是采取非诉讼的方法解决的。只有刑法对一个人追究刑事责任必须采取诉讼的方法，并且这种诉讼制度带有强制性，由国家垄断刑罚权。当然，随着贯彻宽严相济的刑事政策、推行刑事和解，法律越来越多地赋予被害人以一定的实体性权利和程序性权利，因而出现了所谓刑事诉讼民事化的趋势。但在我看来，这种说法本身有点危言耸听。其实，现在国家垄断刑罚权的状态并没有改变。

二、刑罚的功能

刑罚的功能是指国家创制、适用、执行刑罚所可能产生的积极的社会作用。所以我们在这里研究刑罚功能是专指积极的社会作用。刑罚的功能和刑罚的属性是有着内在联系的：刑罚的属性是从静态揭示刑罚的要素，而刑罚的功能是指刑罚的属性的发挥和实现，从动态揭示刑罚的性质。通过刑罚的功能，我们可以比较全面地了解刑罚这种法律制度所具有的作用。

刑罚主要具有以下功能：

（一）剥夺功能

这里的剥夺指的是对犯罪人的权利或者利益的剥夺。这是刑罚的惩罚性的体现。刑罚的剥夺功能是刑罚的首要功能，其他功能都是在此基础上派生的。因此，刑罚的剥夺功能对其他功能具有某种制约作用。刑罚的剥夺功能主要是通过剥夺的手段实现刑罚两个基本的理念。刑罚的剥夺是刑罚报应目的的体现，例如对杀人者判处死刑，通过剥夺杀人者的生命体现了杀人罪刑罚的报应性。这种刑罚的剥夺功能与刑罚的报应之间的联系非常密切，正是这种刑罚的报应性为刑罚的剥夺功能提供了正当性。为什么能对犯罪分子剥夺？因为他犯了罪，报应正是法律可以合法地剥夺一个人的权利和利益的正当性根据。剥夺功能不仅体现了报应，也体现了预防目的。在某种情况下，对犯罪人的权利和利益的剥夺是为了实现预防的目的。比如说对再犯能力的剥夺，对经济犯罪分子处以罚金、没收财产都体现了刑罚的预防功能。因为财产刑一方面本身就具有报应性，另一方面又具有预防性。经济犯罪往往是需要具备一定的经济条件才能够实施的，剥夺经济犯罪分子的经济条件，使其以后不能再利用一定的经济条件实施经济犯罪。另外像职务犯罪，对职务犯罪分子在判处主刑的同时，判处资格刑，主要是剥夺政治权利，同样具有预防职务犯罪的功能，因为职务犯罪是利用职务来进行犯罪的，对犯罪分子担任职务的资格予以剥夺，犯罪分子就不可能再利用职务来进行此类犯罪。

（二）矫正功能

矫正功能是刑罚的主要功能之一。矫正功能和刑罚的教育性是紧密联系的，刑罚的教育性主要就是通过矫正功能得到实现的。我国过去比较习惯采用的一个专用词汇是改造，并且习惯于称为劳动改造，把监狱称为劳动改造机关，“劳改”一词就是受到刑罚处罚的代名词。尽管矫正和改造两个词汇之间有着紧密的联系，但是矫正这个词汇更带有技术性和科学性、带有价值上的中立性，而改造这个词汇带有比较浓厚的政治意识形态的色彩。过去我国把劳动当作改造的惟一手段，这在理解上是有所偏差的。矫正并不是仅仅通过劳动来进行，把劳动当作一种惩罚的手段，在一定意义上，是对劳动的贬低。本来劳动是一件很光荣的事情，但是强迫他人劳动，就是对劳动的贬低。而刑罚矫正到底矫正什么，能不能对一个人的精神、思想也进行矫正，矫正的限度是什么，这些都是值得研究的问题。现在的国际公约中有酷刑的概念，有一种酷刑叫精神酷刑：强制性地让他人转换思想，也就是我们说的“洗脑”。但是精神酷刑如何定义，是一个需要划分界限的问题。我们让罪犯进行学习、改造思想，如果改造思想成为了一种精神酷刑，可能是难以接受的。改造也好，矫正也好，到底要改造什么？所要达到的目的是什么？我们往往说要将犯罪分子改造成为新人，使之脱胎换骨，但这些都已经超出刑罚的功能，是不切合实际的。刑罚只要使犯罪分子不再犯罪就行了，改造成为新人的目标太高了，刑罚做不到。刑罚要改变犯罪分子的人格，改变犯罪分子的行为方式，进行行为矫正，但思想主要是一个引导的问题。

当然，并不是说所有犯罪分子都可以矫正，有些犯罪分子还是不能矫正的。我们过去以为所有的人都可以改造，但实际上改造很难。我国监狱的改造效果并不理想，重新犯罪率较高，所以现在越来越发现监禁不能解决所有的犯罪问题，而且监禁成本太高。

（三）感化功能

感化功能也是与刑罚的教育属性相联系的一种刑罚功能，是针对犯罪人而言的。刑罚的感化功能主要是通过区别对待、宽大处理等一系列的刑事政策，使刑罚对犯罪分子产生某种心理上的感受和影响。感化功能主要是对犯罪人的心理和精神而言的。在感化里面包含着有条件的宽容，该重而轻，由此体现出刑罚的宽容性，从而让犯罪分子体会到感化，让他感觉到刑罚不只是严酷的、冷冰冰的，感受到刑罚里面所包含的某种期待或者精神上的感召。刑罚的感化功能应该说是具有根本性的，通过感化把犯罪分子真善美的一面激发出来。如果一个犯罪分子被刑罚感化了，他将来再犯罪的可能性就比较小。如果他只是被刑罚压制了，则将来犯罪的可能性就比较大。感化功能是刑罚里面软的一手，硬的一手是剥夺。软的一手和硬的一手结合起来，这样对刑罚功能才能有全面的认识。

(四) 威慑功能

刑罚的威慑性是历来为统治者所重视的。例如我国历史上的法家代表人物韩非就主张通过重刑进行威慑，商鞅的一个著名命题是“以杀去杀，虽杀可也；以刑去刑，虽重刑可也”（《商鞅·画策》）。我认为，人们在刑罚观念上最大的误解就是对刑罚威慑性的迷信。实际上刑罚的威慑性远没有想象的那么大，威慑并不是灵丹妙药。即使刑罚具有威慑性，但是威慑的实现需要多种条件，如果这些条件不具备，刑罚即使具有威慑性也发挥不出来。例如我在前面所讲的刑罚的确定性和刑罚的严厉性之间的关系。如果刑罚不确定，尽管刑罚很严厉，人们仍然会去犯罪，因为人们具有侥幸心理，自认为能够逃脱法律制裁，这就极大地抵消了刑罚的威慑力。这种侥幸心理又是如何产生的呢？就是因为刑罚不确定，不能做到有罪必罚，才使人心存侥幸。

另外，刑罚的威慑性是以犯罪分子是理性人为假定的。理性人的假定认为，行为人在犯罪之前会进行利害权衡，然后两害相权取其轻，从而不去犯罪，例如费尔巴哈所讲的心理强制说。但是在现实生活中有相当一部分犯罪分子不是理性人，有些人是不计后果的，在犯罪的时候根本就没有想到后果，犯罪结束以后才想到后果，开始后悔，这时后悔已经来不及了。还有些人是亡命之徒，根本不把自己的生命当作一回事，如老子所说的“民不畏死，奈何以死惧之”。可见，不是每个犯罪人都是理性的，即使是理性人，在某些情况下也不一定都会作出不去犯罪的理性选择，甚至还会作出犯罪的选择。意大利著名刑法学家菲利就曾经举了一个例子：在欧洲 16 世纪的时候纸币开始流行，出现了伪造纸币的犯罪。当时伪造纸币都是手工作业，要在白纸上绘画出一张纸币。法律为了威慑伪造者就在纸币上写了一句话“法律惩罚伪造者”，就像现在在香烟上写上“吸烟有害健康”一样。犯罪人在伪造纸币的时候不仅要把纸币的图案给临摹下来，而且要把“法律惩罚伪造者”这一句话也一丝不苟地仿写下来。这个犯罪行为本身就在提醒犯罪分子伪造货币的行为是要受到法律制裁的，但犯罪分子仍然去犯罪。菲利就以此否定刑罚的威慑性。当然，彻底否定刑罚的威慑性并不可取，但至少刑罚的威慑性没有我们所想象的那么大。

刑罚的威慑可以分为一般威慑和个别威慑。一般威慑是指刑罚对社会上其他人的威慑，是刑罚对社会上一般人的功能，刑罚起到一种以儆效尤的作用，也就是俗语所说的"杀鸡给猴看"。对犯罪分子处以刑罚，对于想要犯罪的人是有一定的威慑作用的。个别威慑是对犯罪人而言的威慑，他这一次因为犯罪而受到刑罚处罚，使他下一次就不敢犯罪了，因为感受到了刑罚的惩罚性。

（五）鉴别功能

鉴别功能也是刑罚教育性的体现，因为鉴别本身就是一种教育。鉴别功能是指通过刑罚惩罚使人们明确地知道哪种行为是犯罪、哪种行为不是犯罪。鉴别功能主要是针对那些对法律无知的人而言的，如果一个人很清楚地知道哪些行为是犯罪，那么这种鉴别不需要通过刑罚来实现，不用处罚就可以通过学习刑法来知道。只有对法律无知的人，看到某种行为受到刑罚后，才知道这种行为是犯罪、不能去做，从而受到教育。

（六）补偿功能

在绝大多数刑事案件中都存在被害人。被害人因为犯罪分子的犯罪行为而受到了某种物质上的损失，因而需要对犯罪分子适用刑罚：一方面惩罚犯罪人，另一方面使被害人得到补偿。这里的补偿功能主要是指在物质上对被害人的补偿。现在我国司法实践中试行刑事和解以及认罪认罚从轻处罚制度，都是要在惩罚与补偿之间进行某种程度的调整，也就是降低惩罚程度、提高补偿程度，使被害人获得一定程度的补偿。就目前的情况来看，社会抵触还比较严重。这种做法往往被认为是以钱赎罪，认为对无钱的被告人不公正，只是有利于有钱的人。对于那些报应心重的被害人来说，即便不能从被告人那里获得补偿，也要求对被告人判处重刑甚至死刑。

这里涉及刑事被害人的补偿问题。被害人应当获得一定的补偿，这种补偿甚至是国家的责任，这是一般的理念。因为国家负有保障公民安全的职责，公民受到犯罪的侵害，意味着国家没有对公民尽到这种职责。因此，国家应当给予公民补偿。但在我国，国家补偿的观念还没有被社会接受。同时，国家财力有限，完全进行补偿也缺乏物质基础。在有些经济较为发达地区，地方政府已经建立被害人的补偿基金，对那些特别困难的被害人进行补偿。当然，这种补偿还不是普遍性的而是个别性的，补偿额度也是极为有限的，具有救急的性质。在这种国家补偿不能到位的情况下，能否通过被告人或者其家属的民事补偿，使被害人或者其家属获得一定的经济补偿？当然，其代价就是适当减轻被告人的刑罚，以此作为一种交换。这当然是一种出路，在我国目前刑罚过重的情况下，其效果可谓一举两得：既可以适当降低刑罚处罚的程度，又可以使被害人或者其家属获得一定的补偿。我个人认为，这是在目前情况下可行的做法。当然，还存在思想上的抵触和制度上的缺失。

（七）安抚功能

安抚功能也是对被害人而言的。如果说补偿功能主要是指物质上对被害人进行补偿，那么，安抚功能是从精神上、心理上使被害人获得到某种慰藉。安抚功能能够平息民愤，使社会公众的复仇心理得到一定程度的满足，使被害人惩罚犯罪人的要求得到实现。如果没有安抚功能就容易引起私刑，既然法律不惩罚犯罪人，那被害人或者社会公众就会自己去惩罚。

（八）鼓励功能

鼓励功能是针对社会上所有的公民而言的。这里的鼓励主要是对守法的鼓励。犯罪人因为违法犯罪受到法律制裁，从而体现出守法的价值，对守法者来说是一种肯定，能够强化公民的法律意识。如果犯罪没有得到制裁就会使守法的价值贬值，看到他人犯罪得到好处、没有受到惩罚，守法者就会产生吃亏感，容易转化为违法者。我认为，刑罚的鼓励功能是非常重要的，于对社会秩序的维持与对法律规范的认同是非常重要的一种刑罚功能。

三、刑罚的目的

刑罚的目的是指刑罚的创制、适用和执行所欲达到的主观的目的。刑罚目的是刑罚理论中的核心问题。刑罚到底追求什么目的？过去我国刑罚理论把预防犯罪当作刑罚的唯一目的。我认为，刑罚的目的不仅在于预防，而且在于报应，报应本身也是刑罚的目的。因此，我提出了刑罚目的二元论命题，认为刑罚目的既在于报应又在于预防。

（一）刑罚的报应目的

刑罚报应的目的，主要是通过对犯罪人的惩罚来实现社会的公正，以满足社会的复仇心理。这种刑罚的报应和原始社会的复仇是不一样的：原始社会的复仇是通过个人的、非理性的、个别的方式来实现的。而刑罚的报应是通过一种制度性的安排、一种理性的方式来实现的。刑罚在某种意义上来说，是一种制度性地满足刑罚报应心理的有效手段。英国著名刑罚学家史蒂芬有句名言："报应之于刑罚，正如同性之于婚姻"。婚姻是通过一种制度性的安排来满足人类的性需求，而刑罚是通过一种制度性的安排来满足报应的本能和目的。刑罚与婚姻虽然性质上迥然不同，但在逻辑上具有可类比性：婚姻中如何处理性与爱的关系，正如同刑罚是以报应还是以预防为基础。刑罚中的报应相当于婚姻中的性，刑罚中的预防相当于婚姻中的爱。因此报应本身正是刑罚要追求的目的。刑罚在何种程度上能满足这种报应，是刑罚科学性、合理性的一个考察向度。在刑罚的报应里面包含道义的报应和法律的报应。道义的报应主要体现出刑罚的伦理性，所以刑罚和伦理的关系非常紧密。刑罚和伦理的关系是个很大的话题，是个很值得研究的问题，曾经在历史上引起过很多的纠葛。刑罚不能离开伦理，但是又不能把刑罚当作推行伦理道德的一种工具。法律报应主要是给出一个报应的客观标准，使报应不逾越一定的尺度、不超出法律的界限，使刑罚报应成为一种公正的报应。因此，不论是法律的报应还是道义的报应，都是刑罚的报应目的题中之意。

（二）刑罚的预防目的

刑罚的另外一个目的是预防犯罪，即通过刑罚惩罚达到个别预防和一般预防。个别预防是指对犯罪人本人进行矫正，使他成为一个守法公民。刑罚除了个别预防外，还有一般预防的目的。一般预防主要是通过一般威慑来实现的，当然也要借助于鉴别功能和鼓励功能。个别预防和一般预防的关系也是一个极其复杂的问题。个别预防与一般预防，单独考虑哪一个都不行，实际上在整个刑罚分配中，要把报应的因素和预防的因素结合起来，这就是刑罚目的二元论。如果片面追求一般预防，就会为了追求刑罚的威慑效果而不择手段，也就是一个人所犯的罪行并没有那么严重，但为了达到威慑其他人的效果而加重对犯罪人的惩罚，这显然是对犯罪人不公正的。这种做法我们过去经常采用，来一个“严打”运动，或者为了震慑一些人就对本来应该判较轻之刑的人判处较重之刑。这显然是不合适的。另外，如果只考虑个别预防，主要以犯罪人的人身危险性作为刑罚的根据，而不考虑所犯罪行的轻重而对犯罪人判以重刑，也是不合适的。对一个人进行惩罚和医生看病是不一样的，但是刑事实证学派的学者往往用医生看病来比喻对一个人进行惩罚。医生看病当然看到病好了为止，病好了才能出院。但刑罚并非完全如此。菲利抨击刑事古典学派的刑罚思想时指出，一个人因犯罪被判刑 5 年，5 年刑满的时候不管有没有改造好，都必须放出去，将来再犯罪，就再抓回来。菲利认为这是不合理的，应该关到矫正好了为止。但是菲利光考虑犯罪人的人身危险性，仅仅以此为根据分配刑罚，也是有所不妥的。所以现在总的看法是，报应的因素是决定刑罚的上限，对一个人判刑，不能超过报应的上限；预防的因素只能减轻一个人的刑罚而不能加重他的刑罚，即使加重也要在法定刑的幅度以内，不能超过法定刑幅度加重惩罚程度。

报应的因素和预防的因素，对于刑罚的适用起着直接的指导作用。所以说刑罚的目的是刑罚适用的灵魂，是刑罚适用的基本指导思想。只有建立起正确的刑罚目的观，并且科学地处理各种刑罚要素之间的关系，才能正确地适用刑罚。

第十五讲

刑罚体系

刑罚具有抽象与具象之分。抽象意义上的刑罚，是在形而上的层面作为一种刑罚理念而存在的。具象意义上的刑罚，则是在形而下的层面作为一种刑罚方法而存在的。在本讲中，我主要对刑罚方法构成的刑罚体系进行阐述，以便从具象上把握刑罚。

一、刑罚体系概述

刑罚体系是指按照一定的标准，对各种刑罚方法进行排列所形成的刑罚序列。刑罚是一个总称，是各种刑罚方法的总和。在任何一个国家，刑罚都不可能只是一种，而是存在各种刑罚方法。例如，我国古代就有五刑之称，就是指五种刑罚方法。刑罚方法也称为刑罚种类，刑罚种类又可以简称为刑种。这些刑罚方法是根据一定的标准来进行划分，并且按照一定的规律来进行排列的，由此而形成了一个国家的刑罚体系。这个刑罚体系应当具有它的内在逻辑性。

各种刑罚方法在性质上是不同的。根据刑罚剥夺的内容来划分，在刑法理论上可以把刑罚分为生命刑、自由刑、财产刑、资格刑。生命刑是指剥夺犯罪人的生命的刑罚，也就是我们通常所说的死刑。自由刑是指剥夺或者限制犯罪人的人身自由的刑罚方法，自由刑又可以进一步分为剥夺自由刑和限制自由刑：剥夺自由刑是一种监禁化的刑罚方法，限制自由刑是一种非监禁化的刑罚方法——对犯罪人不实行关押，因此并不剥夺犯罪人的人身自由，而是对人身自由加以限制。财产刑是指剥夺犯罪人一定财产的刑罚方法，罚金是最典型的一种财产刑。资格刑是指剥夺犯罪人的一定的权利、一定的荣誉或者一定的资格的刑罚方法，我国刑法中的剥夺政治权利就是一种极为典型的资格刑。这些刑罚方法互相搭配，就形成了一个刑罚体系，这是理论上的刑罚体系。

在刑罚体系的基础上，我们还需要进一步研究刑罚结构的问题。刑罚结构是指一个国家的刑罚方法的组合形式。任何一个国家的刑罚方法都不是单独发挥作用的，而只能在一定的体系中发挥作用。因此，刑罚体系是一个国家的刑罚结构的基础。刑罚体系是各种刑罚方法的有机组合，表现为各种刑罚方法的一定排列顺序和比例分配。这些刑罚方法按照一定的内在逻辑合理地结合，就形成一定的刑罚结构。

根据我国刑法的规定，刑罚可以分为主刑和附加刑。主刑是指主要的刑罚方法，附加刑在一般的情况下是附加适用，因此附加刑具有对主刑的一定的依附性。我国刑法中的附加刑有一个特点：按照刑法规定，附加刑既可以独立适用，也可以附加适用。所谓附加适用，是指在对一个人判处一个主刑的同时判处一个附加刑；所谓独立适用，是指某些犯罪较为轻微，不需要判处主刑，只要判处附加刑就可以了。主刑和附加刑是相对而言的，正因为附加刑既可以独立适用又可以附加适用，所以主刑就只能独立适用、不能附加适用。主刑独立适用的意思是一个犯罪只能判一个主刑，而不能判两个以上的主刑。根据我国刑法的规定，主刑一共有五种，这就是管制、拘役、有期徒刑、无期徒刑和死刑，这五种主刑由轻到重排列。附加刑一共有四种，这就是剥夺政治权利、没收财产、罚金和驱逐出境。在我国刑法规定的九种刑罚方法中，死刑显然属于生命刑，而管制、拘役、有期徒刑和无期徒刑都属于自由刑，在这四种自由刑中，管制是限制自由刑，拘役、有期徒刑和无期徒刑都是剥夺自由刑。剥夺政治权利和驱逐出境属于资格刑，而没收财产和罚金属于财产刑。由此可见，我国刑法中的刑罚种类还是较为全面的。

二、主刑

(一) 管制

根据我国刑法的规定，管制是指对犯罪分子不实行关押、实行社区矫正的刑罚方法。由此可见，管制的一个最大特点是对犯罪分子不予关押。管制是我国刑法中唯一的非监禁刑，这也是管制区别于其他自由刑的一个特色。

应当说，随着世界各国刑罚的轻缓化，出现了一个非监禁化的世界性趋势，这种非监禁化是刑罚发展的一个明显的趋势。之所以出现非监禁化这种趋势，部分原因是刑罚轻缓化、刑罚人道化这样一些因素在起作用，部分原因是监禁本身所带来的消极作用：监禁意味着将犯罪人与社会相隔离，这种隔离虽然有个别预防的效果，使犯罪人在一定的时间内没有危害社会的可能性，但长期监禁使得犯罪人将来出狱以后回归社会存在很大的困难。回归社会是一个再社会化的过程，长时间的监禁带来了再社会化的障碍。之所以造成这种再社会化的重大障碍，主要是现代社会的发展状况造成的。因为在古代社会里面，社会的进步是非常缓慢的，所以十年、二十年、五十年甚至一百年，这种社会的变化也不明显，因此一个人即使被关上个几十年再出来，也很容易重新融入这个社会，这个社会对他来说仍然是一个熟悉的社会。但在现代社会，科学技术日新月异，知识更新很快甚至是知识爆炸。在这种情况下，一个人在监狱里待上十年、二十年出来以后，这个社会对他来说完全是一个陌生的社会，完全不能适应这个社会的生存条件。因此这个人出来以后，如果社会保障措施跟不上，他仍然会去犯罪。所以这种监禁效果随着社会的剧烈变化，变得消极作用相当大。在这种情况下，为了克服监禁化所具有的弊端，就出现了非监禁化的趋势，大力推行非监禁刑，尤其是推行社区矫正：那些犯罪比较轻微的犯罪人不再被关到监狱里面，而是放到社区里面来进行矫正。这些措施对于减少监禁的消极作用应当说还是有效果的。

管制是我国刑罚中唯一的非监禁刑，但管制这种刑罚原先是具有政治性的，主要是对阶级敌人所采用的一种所谓群众专政的措施，后来逐渐在法律上得到确认，演变成为对那些犯罪较为轻微、不需要关押的犯罪人所采取的一种非监禁化的刑罚措施。当然，管制在我国刑法当中，从目前情况来看，它的适用率非常低。适用率之所以低，是因为我国缺乏对被判处管制这样一些非监禁刑的犯罪分子进行有效管束或者矫正的一套机制和措施。现在我国正在进行社区矫正的试点，把被判处管制的犯罪分子纳入社区矫正的范围之内。社区矫正的机制有效建立起来以后，将来可望对更多的比较轻微的犯罪分子适用管制，把他们放到社区里面来进行矫正。

根据我国刑法的规定，管制的期限是3个月以上、两年以下，数罪并罚时最高不能超过3年。这是管制的刑期。管制的刑期从判决执行之日起计算，判决执行以前先行羁押的，羁押1日折抵刑期2日。这是管制的一个刑期计算问题。所谓判决前羁押，指的是判决以前被采取强制措施，主要是指逮捕，逮捕就是对犯罪嫌疑人进行关押。管制是非监禁刑，因此先行羁押的时间就按照羁押一日折抵管制两日来进行折抵，折抵完以后剩下的刑期就是实际应当执行的刑期。

刑法第38条还规定，对于判处管制的犯罪分子，可以根据犯罪情况，同时禁止犯罪分子在执行期间从事特定活动，进入特定区域、场所，接触特定的人。这是刑法关于禁止令的规定。并不是所有被判处管制的犯罪分子都必须同时适用禁止令，而是根据犯罪情况，对某些犯罪分子适用禁止令。在我国刑法中，禁止令不是一种单独的刑罚措施，而是一种保安处分措施，与管制搭配适用。与此同时，刑法第38条还规定，违反禁止令的，由公安机关依照《治安管理处罚法》的规定处罚。

刑法第39条规定了被判处管制的犯罪分子在执行期间应当遵守的规定。这些应当遵守的规定就是管制的内容，就要迫使被判处管制的犯罪分子执行下列规定：第一，遵守法律、行政法规，服从监督；第二，未经执行机关批准，不得行使言论、出版、聚会、结社、游行示威自由的权利；第三，按照执行机关的规定报告自己的活动情况；第四，遵守执行机关关于会客的规定；第五，离开所居住的市、县或者迁居，应当报经执行机关批准。同时刑法还规定，如果判处管制的犯罪分子被附加判处剥夺政治权利的，剥夺政治权利的期限应当和管制的期限相同，并且应当和管制同时执行。因此，被附加判处剥夺政治权利的被判处管制的犯罪分子，既要执行管制的刑罚，又要执行剥夺政治权利的刑罚，两者同时执行。按照刑法的规定，管制期满，执行机关即应向本人和其所在单位或者居住地的群众宣布解除管制，并发给本人解除通知书；附加剥夺政治权利的，同时宣布恢复政治权利。

(二) 拘役

根据我国刑法的规定，拘役是指剥夺犯罪人短期人身自由，就近实行强制劳动改造的刑罚方法。因此，拘役在我国刑法当中，属于短期自由刑。剥夺自由刑根据剥夺自由的时间长短，可以分为短期自由刑、中期自由刑和长期自由刑。当然，这指的是有期自由刑的分类，另外还有无期自由刑，就是剥夺人身自由终身。短期自由刑是自由刑当中的一种，主要适用于那些犯罪较为轻微又需要关押的犯罪分子。但是短期自由刑具有明显的弊端：短期自由刑关押的时间较短，根本无暇对犯罪分子进行有效的教育改造，因此在关押期间教育改造措施无法落实，反而使得犯罪分子在监管场所容易传染一些恶习。世界各国刑法对短期自由刑加以限制，尽量不用短期自由刑；有些国家甚至对短期自由刑采取一种替代措施，这种替代措施是一种非监禁化的替代措施，在某种意义上说，缓刑也是为了限制短期自由刑的监禁效果而设计的一种非监禁化的措施；另外，有些国家还规定了一种刑罚易科制度，也就是说，对于被判处短期自由刑的犯罪分子，只要具备一定条件，就易科其他刑罚，通常指的是将短期自由刑易科其他的非监禁化的刑罚方法，用得最多的是易科罚金，也就是本来应当判处短期自由刑，由于具备一定的条件，就可以不判短期自由刑，改为判处一定的罚金。易科罚金制度主要是为了限制短期自由刑的消极作用，但是这种易科罚金的做法也受到一些批评，这些批评认为易科罚金是一种用钱赎刑，也就是有钱就可以不坐牢，因为易科罚金的话如果交不出罚金还是要坐牢，因此易科罚金被认为是一种刑罚的不平等，是对有钱人、对富人有利的一种刑罚，甚至被认为是阶级不平等在刑罚中的一种表现。这种说法可能有点“上纲上线”，是一种意识形态化的说辞。这里面涉及一个问题，就是刑罚平等问题。实际上任何平等只是相对的，从来没有绝对平等。在任何情况下，刑罚不可能对每个人都是平等的。我们现在对平等这个概念存在着很大的认识上的误区，实际上在社会当中各种偶然的因素都起到很大作用，没有绝对意义上的平等，绝对意义上的平等实际上就是不平等，过分地讲究平等实际上就变成了另外一种不平等。所以，易科罚金这种做法应当说还是有它的合理性。但是，我国刑法对于短期自由刑并没有采取刑罚易科的方法。当然，拘役这种刑罚主要是对那些犯罪比较轻微的犯罪分子适用的。

在我国刑法当中，拘役的期限是1个月以上6个月以下，数罪并罚时最高不得超过1年。拘役的刑期是从判决之日起计算，判决以前先行羁押的，羁押1日折抵刑期1日。根据有关的规定，被判处拘役以前，不仅被采取强制措施，而且由于其他原因被扣留或扣押、被剥夺人身自由的，都可以折抵刑期。

我国刑法规定，被判处拘役的犯罪分子由公安机关就近执行。这里所谓就近执行，主要有两种情况：一种情况是在所在地的县、市或者市辖区的公安机关设立的拘留所里执行。因此，在一般的公安机关、基层公安机关，在看守所里另外有块牌子，叫拘役所。被判处拘役的犯罪分子可以在拘役所里执行，就不用送监狱了。另一种情况是也可以在就近的监狱执行。从目前实际情况来看，主要是在公安机关的拘役所里执行。由于拘役所和看守所同处一地，因此要实行分管分押。因为看守所羁押的都是未决犯，即没有被判处刑罚的犯罪嫌疑人或者被告人，而被判处拘役的犯罪分子都是已决犯，由于他所判处的刑期比较轻，因此在拘役所里就近执行，但是要和未决犯分押分管。另外，我国刑法还对拘役的执行规定了两项特殊的待遇：第一，探亲。拘役罪犯每月可以回家一天到两天，路费自理，路途较远的可以累积使用假期。但探亲的规定实际执行起来有很大困难，真正本地执行的被判处拘役者很少，很多拘役地都距离拘役罪犯的家比较遥远。因此，现在公安机关通行的做法是把每月享有的一天或者两天的探亲待遇合计起来，最后作为提前释放的时间。这是一种变通的执行方法。第二，参加劳动的，可以酌量发给报酬。被判拘役的犯罪分子参加劳动的，可以酌量发给劳动报酬。从我国刑法关于拘役的这些规定来看，拘役是一种比较轻的刑罚方法：一方面，它的刑期比较短；另一方面，拘役虽然是剥夺自由，但法律对拘役罪犯规定了比较宽大的待遇。

从我国的司法实践来看，以往拘役的适用率较低，主要原因是我国审判前羁押的时间太长，存在着大量的超期羁押。实际上从世界各国来看，审判前羁押是一种例外，通常采取各种办法保释，保证犯罪嫌疑人、被告人在审判前处于一种自由状态。因为按照无罪推定原则，被告人未经法院判决有罪，就应当推定为无罪。既然是无罪的，就不能对他进行羁押，除非他有可能继续危害社会或有可能妨害诉讼，才在例外情况下进行羁押。在西方国家，一个人即使犯了杀人罪，只要交了钱也可以保释，审判前羁押是一种例外的情况，极为个别。但在我国，审判前羁押是原则，保释是例外。百分之九十五以上的被告人在审判前都是被羁押的，出现了所谓以羁代侦即用羁押来代替侦查。即使犯罪很轻微，羁押的时间至少都为六个月。所以羁押的时间很长，而司法机关办案的效率较低（因案件太多，司法人员的数量有限），因此出现超期羁押，使我国的看守所人满为患。这种审判前的羁押当然有它的一定的不得已性。西方国家之所以能够在审判前采取各种保释措施，是因为它们能有效地对被告人进行控制，能够保证他在开庭的时候够顺利出庭。但在我国缺乏这些保证措施，对犯罪嫌疑人的控制手段薄弱。尤其是北京、上海、广州些大城市，有相当一部分案件是外来人口犯罪，所以你一放他就跑了，根本就找不着了。这是一个客观的情况，没法进行保释。另一方面是司法机关主观上的原因，也就是把一个人关起来是最方便的，想要提审就提审，想要开庭就开庭。所以主观和客观的原因都有，使得我国审判前羁押的现象非常严重，甚至超期羁押，一关就关好几年。在这种情况下，使得判处拘役几乎就不可能了，因为一个案件到了法院已经关了五个月、六个月了，再判处拘役就等于马上放人。于是，判决前羁押对法院的判决造成一种挤压效应。可见，判决前羁押的问题是我国法治建设中亟待解决的一个问题。

当然，拘役适用率低这种情况，在《刑法修正案（八）》设立了危险驾驶罪以后，得到了根本性的改观。因为刑法对危险驾驶罪规定的唯一主刑刑罚就是拘役，在危险驾驶罪中醉酒驾驶的犯罪又占到了 99%。对于这种“醉驾”案件，因为只能判处拘役，因此不能进行长期的判决前羁押，只能利用 7 天的刑事拘留时间，将案件审理完毕。这 7 天时间，基本上是按照公安机关 3 天、检察机关两天、法院两天进行分配的。因为“醉驾”案件的数量特别大，大到什么程度呢？有些地方“醉驾”案件占到刑事案件比重的 30%，全国的平均水平是 10%。因此，拘役的适用率一下子提高了。

（三）有期徒刑

有期徒刑是指剥夺犯罪分子一定期限的人身自由，实行强制劳动改造的刑罚方法。应该说有期徒刑是我国刑法中适用最为广泛的一种刑罚方法，几乎百分之九十的犯罪分子最终都被判处有期徒刑。

有期徒刑按照我国刑法规定，它的期限是 6 个月以上 15 年以下，在通常情况下数罪并罚最高不得超过 20 年，但如果总和刑期超过 35 年的，有期徒刑的最高期限可以达到 25 年。有期徒刑的刑期较长，有一个刑罚幅度，因此它的适用性较强：既可以适用于那些比较轻的犯罪，也可以适用于那些比较重的犯罪。

刑法规定有期徒刑的刑期从判决执行之日起开始计算，判决执行以前先行羁押的羁押一日折抵刑期一日。因为先行羁押是剥夺人身自由，而有期徒刑也是剥夺人身自由，两者性质是相同的，所以可以采取先行羁押一日折抵刑期一日的方法进行折抵。

根据我国刑法规定，被判处有期徒刑的犯罪分子，在监狱或者其他执行场所执行。监狱是有期徒刑的主要执行场所。这里所谓的其他执行场所指的是少年犯管教所、看守所等。少年犯管教所是专门收押少年犯的，已满 14 周岁不满 18 周岁的犯罪人属于少年犯。这些人犯罪的，在少年犯管教所来执行刑罚。少年犯管教所可以根据少年犯的特征进行教育和改造，甚至可以设置一些文化课程。对少年犯实行单独关押，不把他们和成年犯关押在一起，可以避免成年犯对少年犯带来消极影响。另外，公安机关看守所也可以成为刑罚执行机关，主要是执行那些刑期很短的被判处有期徒刑的犯罪分子。按照有关规定，被判处有期徒刑的犯罪分子，如果余刑在一年以下的，也可以在看守所执行。因为我国现在判决前羁押时间比较长，有时候判个两年三年，经过刑期折抵以后所剩下的余刑也就是不满一年了，在这种情况下也就没有必要送到监狱去执行，就可以直接在看守所里面执行余刑。因此，我国的看守所实际上还承担了一部分的刑罚执行的任务。

根据刑法规定，被判处有期徒刑的犯罪分子，在刑法执行期间都应当参加劳动，接受教育和改造。

（四）无期徒刑

无期徒刑是剥夺犯罪分子终身自由并强制进行劳动改造的刑罚方法。因此，在我国刑法中，无期徒刑是较为严厉的刑罚方法，它介乎有期徒刑和死刑之间。无期徒刑主要适用于那些罪行严重，又不必判处死刑，但需要与社会永久隔离的犯罪分子。在我国目前还大量存在严重犯罪、刑法还保留死刑的情况下，无期徒刑在刑罚体系当中发挥重要的作用，将来要逐渐减少死刑，无期徒刑的作用还会进一步凸显。

当然，在我国刑法当中，无期徒刑并非名副其实，也就是说并非判处无期徒刑的犯罪分子都关押终身，关押终身的情况几乎没有，或者说是例外。无期徒刑最高实际相当于有期徒刑 22 年，但不包括判决前羁押的期限，因为无期徒刑的犯罪分子判决前羁押的时间是不计算在刑期之内的，是不能进行折抵的。无期徒刑为什么说最高实际上相当于有期徒刑 22 年呢？主要是考虑到它和“死缓”之间的协调，因为刑罚不是单个来考虑的，刑罚是一个体系，互相之间有一种挤压关系。后面我要讲到被判处“死缓”的犯罪分子，在两年以后要进行刑罚变更：如果故意犯罪，经最高人民法院核准要执行死刑；如果没有故意犯罪，就要改判。怎么改判呢？在一般情况下改判无期徒刑，如果表现比较好的或者有立功表现的，可以改判 15 年以上 20 年以下有期徒刑。因为“死缓”犯在两年后要进行改判，要根据改造表现对刑罚加以变更，因此，无期徒刑在两年以后也要进行刑罚变更，以便和“死缓”相协调。因为“死缓”犯中有一部分在两年以后可能被改判为 15 年以上 20 年以下，在这种情况下如果无期徒刑不改判显然就不协调了。所以无期徒刑在两年以后必须要予以减刑，最高减为 20 年，低的也可能减到 15 年，所以两年以后最高减为 20 年，相当于有期徒刑 22 年。实际执行只是在十五年左右，因为我国刑法当中还有减刑制度。根据刑法规定，被判处无期徒刑的犯罪分子，经过一次或几次减刑的，实际执行的刑期不能少于10年。所以从逻辑上来说，被判处无期徒刑的犯罪分子实际执行的最低刑是10年，相对的最高刑是22年。由此可见，现在我国的无期徒刑的严厉性不够，实际上像西方有很多国家的无期徒刑是不可以假释的，也没有减刑。西方很多国家的无期徒刑分为可以假释的和不可以假释的两种。不可以假释的无期徒刑就是关押终身，即使是可以假释的无期徒刑的实际关押时间也比我国的无期徒刑要长。我国无期徒刑的严厉性不足，也导致形成对死刑的挤压。因为无期徒刑实际上太轻了，对比较严重的犯罪分子就不判无期徒刑而判死刑，因此要想减少死刑，就要提高无期徒刑的严厉性，要使无期徒刑实际执行的时间延长，从现在实际最少执行15年提高到至少执行20年，然后要设置一些真正意义上的无期徒刑，终生关押。也就是说，对一些罪行非常严重的犯罪分子，即使不判处死刑，也要关押终身，这样就可以为减少死刑创造条件。

值得注意的是，《刑法修正案（九）》设立了终身监禁，这是一种关押终身的刑罚措施。但终身监禁实际上与我国刑法中的无期徒刑并没有关系，它是死刑的替代措施。对此，将在死刑中讨论。

（五）死刑

死刑在刑法理论上属于生命刑，是指剥夺犯罪分子的生命的刑罚方法。因此在所有的刑罚方法之中，死刑是最为严厉的刑罚方法，因此我国刑法把死刑称为极刑。

根据我国刑法第48条第1款的规定，死刑只适用于罪行极其严重的犯罪分子。这是关于死刑适用对象的总则性规定，但刑法并没有对什么是“罪行极其严重”作一个具体解释。因此，罪行是否极其严重就在于司法机关的判断，司法机关认为是罪行极其严重就可以判死刑，如果认为不是罪行极其严重就可以不判死刑。因此，我认为，刑法关于“死刑只适用于罪行极其严重的犯罪分子”这样一个规定具有两面性：如果想要广泛适用死刑，它可以为大量地适用死刑打开大门；如果不想适用死刑，它同样可以为不适用死刑而关上大门。因为它可以解释，可以解释得宽一点，也可以解释得严一点。为严格限制死刑的适用，我认为，应该对“罪行极其严重”作出严格的限制解释。当然，最好是由立法机关作出严格限制解释，如果立法机关没有做这个工作，最高人民法院也可以作出严格限制解释。

关于死刑的适用对象，刑法总则虽然有一个原则性的规定，但刑法分则中有一些具体的规定。例如，有些刑法分则条文规定以情节特别严重、情节特别恶劣、造成严重后果、危害特别严重等等作为对具体犯罪适用死刑的条件。在这种情况下，司法机关就应当结合刑法总则规定和刑法分则规定对某个具体案件是否适用死刑进行裁量。

我国刑法还对死刑的适用作了某种限制，这种限制主要是指以下三种情况：

第一是犯罪的时候不满18周岁的人，不适用死刑。这主要是从犯罪主体的年龄来考虑，因为不满18周岁的人属于未成年人，未成年人犯罪除了个人主观上的原因以外，还有一些社会原因和其他原因，即使犯罪非常严重，也不能适用死刑。这一规定主要体现了对未成年人教育、感化和挽救的政策。应该说，我们国家这些年来虽然贯彻“严打”的方针，刑罚是非常重的，但是在对未成年人犯罪方面，基本上还是采取了一种比较宽大的刑事政策。这一点还是应当肯定的。因为未成年人犯罪和成年人犯罪在性质上有很大区分，对犯罪的未成年人一定要采取宽大的处理措施。刑法规定对不满十八周岁的人犯罪不适用死刑，就体现了这样一个原则。

第二是审判的时候怀孕的妇女不适用死刑。这里“审判的时候”应当是指从立案、羁押一直到死刑执行之前的整个过程，也就是对这里的所谓审判的时候要作广义的解释。根据刑事诉讼法的规定，我国刑事诉讼程序是分为立案侦查、审查起诉、审判以及刑罚执行这样四个阶段，这里的“审判的时候”能不能理解为法院审理期间？从刑事诉讼法来理解审判是指法院审理，如果作这样的理解，意思就是如果在侦查期间发现怀孕，因为她不是在审判的时候怀孕，就仍然要适用死刑。当然，在侦查期间怀孕，一直怀孕到审判的时候，也就变成审判期间怀孕，就不适用死刑了。但是审判的时候没有怀孕，在执行死刑的时候发现怀孕了，能不能适用这个规定？可能就会出现不同理解。因此，根据有关司法解释的规定，就要对这里的“审判的时候”作一个广义的解释，包括侦查、审查起诉、审判和刑罚执行整个期间，只要在这个期间发现妇女怀孕的，都不适用死刑。这是对“审判的时候”的理解。另外，这里的“怀孕的妇女”怎么来理解？同样在刑罚理论上有些争议。这里的“怀孕的妇女”，按照有关司法解释的规定，无论其怀孕是否属于违反国家计划生育政策，也不论其是否自然流产或者人工流产，以及流产后移送审查起诉或者审判期间的长短，仍应视同审判时怀孕的妇女，同样不适用死刑。同时司法解释还规定，怀孕妇女因涉嫌犯罪在羁押期间自然流产后，又因同一事实被审查起诉交付审判的，应当视为审判时怀孕的妇女，依法不适用死刑。也就是说，只要是审判时怀孕，不管这种怀孕是违反计划生育还是不违反计划生育，也不管怀孕以后是自然流产还是人工流产，都视为怀孕的妇女，都不能适用死刑。过去在理解上曾经有过不同意见：有的人认为审判时怀孕的妇女，这个怀孕必须是不违反计划生育的怀孕，如果是违反计划生育的怀孕，这个怀孕就不能作为不适用死刑的条件。还有的人说审判时怀孕，如果自然流产或者人工流产了就不算怀孕的妇女，就应当适用死刑。如果这样就不算怀孕的妇女，那么法律的规定根本就落空了，因为可以对怀孕的妇女进行人工流产，只要流产了就不算怀孕妇女，就可以适用死刑。这样一些理解都不符合立法原意。我认为司法解释对“怀孕的妇女”作出这样比较宽泛的解释是符合立法原意的。

第三是审判的时候年满75周岁的人不适用死刑。这是《刑法修正案（八）》增加的一个规定。当然，刑法对此以但书的方式作了限制：以特别残忍手段致人死亡的除外。

我国刑法第48条第2款规定，死刑除依法由最高人民法院判决的以外，都应当报请最高人民法院核准。这是一个死刑核准权的问题。根据刑法的这一规定，死刑核准权应由最高人民法院来行使。刑事诉讼法规定对一般的刑事案件实行二审终审，但是又专门规定了死刑复核程序。实际上死刑复核程序相当于三审，也就是对普通的刑事案件实行二审终审，但对被判处死刑的案件实际实行的是三审终审，这体现了慎杀的政策精神。我国1979年刑法是1980年1月1日正式实施的，但是从1980年的二三月份开始，最高人民法院就根据全国人大常委会的决定，将对部分严重犯罪的死刑核准权下放，后来又将对毒品犯罪的部分死刑核准权下放。最高人民法院实际行使死刑核准权的案件，主要是危害国家安全的犯罪、一部分经济犯罪以及涉外犯罪。这些案件在整个死刑案件中所占的比重很小，绝大部分的死刑核准权都授予高级人民法院来行使。高级人民法院在行使死刑核准权的时候，它是把死刑的复核程序和死刑的二审程序合二为一，因此实际上是取消了死刑复核程序，死刑复核程序名存实亡。从2007年开始，最高人民法院收回了死刑核准权，由此而对死刑进行严格的程序限制。这对于减少死刑的司法适用起到了重要的作用。

刑法第48条第1款规定，对应当判处死刑的犯罪分子，如果不是必须立即执行的，可以判处死刑，同时宣告缓期两年执行。这就是我国刑法中的死刑缓期执行的制度，通常简称为"死缓"。"死缓"制度是为限制死刑而设置的一项制度，也就是虽然罪该处死，但不是必须立即执行，就可以判处"死缓"。但是从当前的实际情况来看，"死缓"制度并没有起到限制死刑的应有作用，这主要还是跟我国长期以来实行"严打"的刑事政策有关。

根据我国刑法的规定，"死缓"的适用条件共有两项：第一是罪该处死，也就是被判处死刑的人必须是其所实施的犯罪行为极其严重，符合死刑适用条件；第二是不是必须立即执行，这是区分死刑缓期执行与死刑立即执行的原则界限，也是"死缓"适用的本质条件。刑法规定"不是必须立即执行"，它并没有告诉法官在什么情况下必须立即执行、在什么情况下不是必须立即执行。因此，这是一个非常典型的弹性条款，所以我说这个规定是若有似无。也就是法律完全将是否必须立即执行的判断权授予法官、完全授予裁判者：你认为必须立即执行就立即执行，你认为不必立即执行就不立即执行。法律没有规定具体条件，我国的司法解释也没有对在什么情况下应当判处"死缓"作出一个具体规定。所以，死刑立即执行和死刑缓期执行之间缺乏一个规范性的标准，由此而造成了大量本来可以判"死缓"的犯罪分子被判处了死刑立即执行。

根据我国刑法的规定，被判处"死缓"的犯罪分子，在死刑缓期执行2年期满后，有三种处理方法：第一种是在死刑缓期执行期间如果没有故意犯罪，2年期满以后，减为无期徒刑；第二种是在“死缓”期间如果确有重大立功表现，2年期满以后，减为25年有期徒刑；第三种是在死刑缓期执行期间如果故意犯罪，情节恶劣的，报请最高人民法院核准后执行死刑。这三种情况中，从司法实践来看，死刑缓期执行期间故意犯罪而被执行死刑的情形占比非常小。

《刑法修正案（九）》在刑法分则第383条关于贪污受贿罪的处罚条款中规定，对犯贪污贿赂罪被判处死刑缓期执行的，人民法院根据犯罪情节等情况可以同时决定在其死刑缓期执行2年期满减为无期徒刑后，终身监禁，不得减刑、假释。这就是刑法关于贪污贿赂罪的终身监禁的规定。由此可见，这一终身监禁仅适用于贪污贿赂罪，并且只是规定在刑法分则中，所以它不是一种对所有犯罪都适用的刑罚制度。这里的终身监禁，是一种死刑替代措施，对于那些本来应当判处死刑立即执行的贪污贿赂犯罪分子，不判处死刑立即执行，而是判处死刑缓期执行，同时宣告终身监禁。

三、附加刑

(一) 罚金

罚金是指强制犯罪人向国家缴纳一定数金额钱的刑罚方法，因此，罚金是一种财产刑。根据我国刑法第52条的规定，判处罚金应当根据犯罪分子情节决定罚金数额。

在刑罚理论上，罚金数额是由犯罪情节确定的，因此，刑法规定根据犯罪情节来确定罚金这一规定本身是正确的，但问题在于，罚金这种刑罚方法和其他刑罚方法存在一个重大的区别，这就是其他刑罚方法所剥夺的客体都是客观存在的，实际执行起来比较容易。生命刑，不管穷人、富人，命总有一条，因此只要把一个人抓住了，剥夺生命是没有问题的。自由刑也是一样：不管有钱还是没钱，都有人身自由，都可以剥夺，只要抓到了就可以剥夺人身自由。但财产问题就较为复杂：有的人有钱，有的人没钱，这就发生了一个罚金的支付能力问题。在这种情况下，在确定罚金数额的时候，既要考虑犯罪的严重性程度，同时还要考虑被告人的经济状况。我国刑法只是规定根据犯罪情节来确定罚金数额，没有规定要考虑犯罪人的经济状况。但最高人民法院有关司法解释规定，法院应当根据犯罪情节，如违法所得数额、造成损失大小等，并结合考虑犯罪分子缴纳罚金能力，依法判处罚金。由此可见，犯罪分子经济状况在确定罚金数额的时候还是一个需要参考的因素。当然，它和犯罪情节两者不能本末倒置，决定罚金数额的主要是犯罪情节，而经济状况只是考虑的一个因素，如果完全考虑经济状况，特别有钱就判高额罚金，没钱就不判罚金或者只判少量的罚金，这显然是一个刑罚上的不公平。

根据我国刑法的规定，罚金的适用方式有四种：第一是单科制，也就是罚金的单独适用，例如单位犯罪，法律规定对单位判处罚金；第二是选科制，在罚金单独适用的情况下，刑法规定罚金和其他刑种并列，可供选择适用；第三是并科制，在罚金附加适用的情况下，刑法明确规定，在判处自由刑的同时，必须同时判处罚金；第四是复合制，指的是单科制和并科制的复合，在同一个法条中，对同一个犯罪，规定既可以附加适用又可以复合适用。由此可见，罚金的适用方法是多元的，根据犯罪不同情况，刑法分则当中作出了不同的规定。

关于罚金数额问题，我国刑法也专门作了规定。这里所说的罚金数额实际上是指法律规定的罚金限额。在我国刑法总则当中并没有对罚金限额作出一个具体规定，因此在我国刑法总则之中对罚金采取的是无限额罚金制。在某些情况下，在刑法分则中规定了限额罚金制，即对罚金规定了最高限额。

我国刑法中关于罚金数额的规定，还有以下三种情况：第一种是比例罚金制，也就按照犯罪数额的百分比确定罚金数额；第二种是倍数罚金制，按照犯罪数额的倍数确定罚金数额，例如犯罪的数额是20万元，罚1倍到5倍，最低罚1倍就是20万元，最高罚5倍就是100万元，即将犯罪数额作为基数来计算；第三种是倍比罚金制，同时以犯罪金额的比例和倍数来确定罚金数，既有倍数又有比例。这样一些规定都使得罚金刑的适用方法多元化，能够根据不同的犯罪、不同的案件情况来采取不同的罚金适用方法。

关于罚金的缴纳，我国刑法主要规定了以下五种情况：第一是限期一次缴纳。这种情况主要适用于那些罚金数额比较小，或者犯罪人有缴纳能力的。第二是限期分期缴纳，主要适用于那些罚金数额比较高，可以采取分期缴纳方法来完成。第三是强制缴纳。判处罚金时指定的期限届满，犯罪人有能力缴纳而拒不缴纳的，就可以采取强制缴纳的方法。第四是随时追缴，也就是说犯罪分子有财产而不缴纳罚金的，只要发现财产就可以追缴。第五是延期缴纳、减少或者免除缴纳。根据我国刑法规定，由于遭遇不可抗拒的灾祸等原因，缴纳确有困难的，可以延期缴纳、酌情减少罚金数额或者免除罚金。

（二）剥夺政治权利

剥夺政治权利是剥夺犯罪人参与国家管理和政治活动权利的刑罚方法，因此，剥夺政治权利在我国刑法中是一种资格刑。根据刑法第 54 条的规定，剥夺政治权利主要是剥夺犯罪分子以下四项权利：（1）选举权和被选举权；（2）言论、出版、集会、结社、游行、示威自由的权利；（3）担任国家机关职务的权利；（4）担任国有公司、企业、事业单位和人民团体领导职务的权利。这是剥夺政治权利的内容。

关于剥夺政治权利的适用方法，根据我国刑法的规定，剥夺政治权利既可以附加适用，也可以独立适用。所谓附加适用，主要是以下三种情况：第一是危害国家安全的犯罪分子，一律都要附加适用剥夺政治权利；第二是故意杀人、强奸、放火、爆炸、投放危险物质、抢劫等严重破坏社会秩序的犯罪分子，也要附加剥夺政治权利；第三是被判处死刑、无期徒刑的犯罪分子，也应当附加剥夺政治权利终身。这是三种附加适用的情况。此外是独立适用，剥夺政治权利独立适用是指对那些犯罪比较轻、不需要判处主刑的，只要判处一个剥夺政治权利就可以了。

剥夺政治权利的期限有两种：一种是定期的，有一定时间幅度的；另外一种是终身的。被判处死刑和无期徒刑的犯罪分子，应当剥夺政治权利终身。根据刑法规定，剥夺政治权利的期限主要有以下四种情况：第一，判处管制附加剥夺政治权利，剥夺政治权利的期限和管制的期限相同，同时执行。也就是说，在这种情况下，剥夺政治权利期限是 3 个月以上 2 年以下。第二，判处拘役、有期徒刑附加剥夺政治权利或者单处剥夺政治权利，是1年以上5年以下。第三，判处死刑、无期徒刑的犯罪分子，应当附加剥夺政治权利终身。第四，死刑缓期执行减为有期徒刑或者无期徒刑减为有期徒刑的，附加剥夺政治权利的期限改为3年以上10年以下。因为被判处死刑、无期徒刑的犯罪分子，是附加剥夺政治权利终身，但是“死缓”减为有期徒刑或者无期徒刑减为有期徒刑，它的附加剥夺政治权利终身也应当变更为3年以上10年以下。

剥夺政治权利，它的刑期的计算也是有特殊性的，根据刑法规定主要有以下四种情况：第一，判处独立适用剥夺政治权利的，它的刑期从判决确定之日起计算并执行；第二，判处管制附加剥夺政治权利的，剥夺政治权利的期限与判处管制的期限相同，同时起算，同时执行；第三，判处有期徒刑、拘役，附加剥夺政治权利的，剥夺政治权利的期限从有期徒刑、拘役执行完毕之日或者假释之日起计算，但是剥夺政治权利的效力当然及于主刑执行期间。大家注意这句话，也就是判处有期徒刑5年，附加剥夺政治权利两年，这两年是在5年刑期满了以后再计算两年，但是在5年执行期间都要剥夺政治权利，它的附加刑的效力当然及于主刑执行期间。第四，判处死刑包括“死缓”、无期徒刑附加剥夺政治权利终身的，刑期从判决发生法律效力之日开始计算。

（三）没收财产

没收财产是将个人所有的财产的一部或者全部强制无偿地收归国有的刑罚方法，因此，没收财产也是一种财产刑。但是它和罚金不同，它是一种重刑，它主要是对那些判处无期徒刑、死刑的犯罪分子以及罪行极其严重的分子，依法附加没收部分或者全部财产。

（四）驱逐出境

驱逐出境是指强迫犯罪的外国人离开我国国（边）境的刑罚方法。因此，驱逐出境是一种资格刑，它剥夺的是犯罪的外国人在我国的居留资格或者居留权。前面三种附加刑对一般的犯罪人都可以适用，只有驱逐出境这种附加刑是专门对犯罪的外国人规定的一种特殊的附加刑。

第十六讲

刑罚裁量

如果说，刑罚体系是从静态上对刑罚的研究，那么，刑罚裁量就是从动态上对刑罚的研究，它属于刑法适用的范畴。在本讲中，我主要对刑罚裁量的原则、情节和各种制度进行讲解。

一、刑罚裁量概述

(一) 刑罚裁量的概念

刑罚裁量是指量刑。刑事审判活动可以分为两个环节：一个是定罪，一个是量刑。整个司法活动除此之外还有刑罚执行，即行刑。在定罪、量刑、行刑三个刑事司法活动的环节中，量刑是一个承前启后的环节。在刑事审判过程中，首先需要解决的是有罪还是无罪，也就是定罪问题，定罪主要通过犯罪构成要件来解决，凡是符合犯罪构成要件的就是有罪，凡是不符合犯罪构成要件的就是无罪。解决了一个人有罪无罪以后，如果认定一个人有罪，那就还要进一步来解决量刑问题，也就是根据一个犯罪人所犯罪行，根据法律规定进行刑罚裁量。因此，量刑是一种刑罚裁量的活动，体现的是法官的刑罚裁量权。

我国刑法规定的法定刑是一种相对确定的法定刑。在以往刑法中，曾经有过绝对确定的法定刑。在18世纪的末期，当罪刑法定原则确定以后，最开始的法定刑是绝对确定的法定刑。1810年《法国刑法典》规定，故意伤害的，处10年有期徒刑；故意杀人的，处死刑。在这种情况下，法官就没有刑罚裁量权，刑罚都已经被法律规定好了，不需要法官裁量了。后来发现这种绝对确定的法定刑过于机械，不能适应案件的实际需要，因此绝对确定的法定刑就向相对确定的法定刑转变。在相对的罪刑法定下，刑法规定的法定刑就改变为一种相对确定的法定刑。在相对确定的法定刑的情况下，刑法规定了一个法定刑幅度，例如我国刑法规定：故意杀人的，处死刑、无期徒刑或者10年以上有期徒刑；情节较轻的，处3年以上10年以下有期徒刑。在法定刑的幅度内，法官可以根据案件的情况进行裁量。

（二）刑罚裁量的内容

刑罚裁量的内容主要解决三个问题：第一个内容是是否判刑的问题。一个人的行为构成犯罪后，他需要承担刑事责任，但是在我国刑法中还规定了一种免除刑罚处罚的情况，也就是通常所说的定罪免刑：由于犯罪情节比较轻，就可以免除刑罚处罚。在确定了应当判处刑罚以后，刑罚裁量的第二个内容是判处何种刑罚。因为刑罚里面有主刑，有附加刑，判处主刑还是判处附加刑，还是两者都判？如果是判处主刑，那么判处何种主刑，就有关于刑种的选择、裁量的问题。如果确定判处某一刑种了，而该刑种存在一定的刑度，就有判处多重的刑度的选择问题，这是刑罚裁量的第三个内容。在各种刑罚方法中，只有死刑和无期徒刑是没有数量因素的，当然，死刑还有一个死刑立即执行与死刑缓期执行的分别。其他大部分刑罚方法都具有可分性，例如自由刑都有一个时间长短即限制或剥夺自由时间的长短，财产刑也有剥夺财产的数额大小问题，因此都需要对刑罚进行裁量。

（三）刑罚裁量的原则

我国刑法第61条规定："对于犯罪分子决定刑罚的时候，应当根据犯罪的事实、犯罪的性质、情节和对于社会的危害程度，依照本法的有关规定判处。"从刑法这一规定中，可以归纳出我国刑罚裁量的原则，即"以犯罪事实为根据，以刑事法律为准绳”的量刑原则。我国宪法规定了“以事实为根据，以法律为准绳”的司法适用原则，这个司法原则在我国刑法中就体现为“以犯罪事实为根据，以刑事法律为准绳”的量刑原则。

“以事实为根据”的量刑原则中的犯罪事实包括了以下四个内容：第一是犯罪的事实，第二是犯罪的性质，第三是犯罪的情节，第四是犯罪对社会的危害程度。这是刑罚裁量的事实根据。从刑法第 61 条的规定可以看出，刑法裁量时所依据的事实比定罪的时候所依据的犯罪事实更为广泛一些。定罪的时候只解决有罪还是无罪的问题，因此那些和罪与非罪无关的事实就不作为定罪事实加以考虑。例如杀人，只考虑有没有把人杀死，至于什么时间、什么地点、什么原因把什么人杀死，杀死后引起什么后果，并不在定罪的考虑范围之内。但在认定一个人犯有杀人罪后，最高判处死刑还是最低判处 3 年有期徒刑，就要考虑：因为什么原因杀人——是为了报复还是由于被害人过错而激愤杀人；杀了什么人——是老人、小孩还是成年人；在什么时间杀人——在白天还是晚上；在什么地点杀人——在家里还是大庭广众之下杀人；采用什么方式杀人——是用刀、枪还是用拳头把人打死；杀人的后果——杀死的这个人是家里的主要劳动力、主要生活来源还是其他人。可见，量刑所依据的犯罪事实要比定罪所依据的犯罪事实宽泛一些。

量刑不仅要以犯罪事实为根据，而且要以刑事法律为准绳。对于具体情节，法律都有规定——在什么情况下应该从重、在什么情况下应该从轻、在什么情况下可以免除处罚，只有根据具体的法律规定，才能使量刑恰当。

(四) 量刑情节

首先可以把量刑情节分为法定情节和酌定情节。有些情节是法律明文规定的，称为法定的量刑情节。例如刑法对于各种情况都有具体规定，例如对犯罪中止，没有造成损害的，应当免除处罚；造成损害的，应当减轻处罚，所以中止犯是法定的减轻、免除处罚情节。又如国家工作人员利用职权诬告陷害的，应当从重处罚。我国关于量刑情节的法律效果分为以下四种情况：第一种是从重处罚，第二种是从轻处罚，第三种是减轻处罚，第四种是免除处罚。

从重和从轻都是指在法定刑内判处较重或较轻的处罚，因此，从重和从轻都是在法定刑的幅度内判处刑罚。例如，法定刑为3年以上10年以下有期徒刑，如果犯罪事实是平均的，有从重处罚情节，原则上应该在中线以上判处；有从轻处罚情节的，原则上应该在中线以下判处，但在具体裁量的时候，又不能简单地以中线为界，而是要看犯罪事实本身：如果没有从重或者从轻情节应该判多少，首先找到一个基准点，然后在基准点之上或者之下判处。例如，如果没有从重处罚情节，应当判处3年，那么，如果具有从重处罚情节，就应当判处5年，尽管在法定刑幅度中线以下仍属于从重处罚。如果没有从轻处罚情节，在3年以上10年以下的量刑幅度中应当判处9年，那么，如果具有从轻处罚情节，就应当判处7年，尽管在法定刑幅度中线以上仍属于从轻处罚。因此，从重和从轻不能简单地以中线来划，应该根据犯罪本身找到基准点，在基准点的基础上进行上下浮动。

减轻是指在法定刑以下判处。由于刑法的“以上”“以下”是包括本数以内的，因此这句话有问题：如果是3年以上，判3年是否减轻了呢？不包括本数在内就没有减轻，包括本数在内就算减轻了。因此这句话自相矛盾。我们应把减轻处罚理解为“判处低于法定最低刑的刑罚”。

我国刑法没有规定加重处罚，过去在单行刑法中曾经规定过加重处罚，加重处罚是指在法定最高刑以上判处刑罚。

此外还有免除处罚，也就是定罪免刑。

除了考虑法定的量刑情节以外，还要考虑酌定的量刑情节。酌定的量刑情节在司法实践中主要考虑以下7种情形：一是犯罪动机，反映一个人的主观恶性。二是犯罪手段，也就是采取的手段是否恶劣。三是犯罪时间、地点，虽然在一般犯罪的定罪时不予考虑，但在量刑时还是需要考虑的。四是犯罪后果，例如杀人把人杀死了，这是定罪时需要考虑的，但杀人还会引发其他后果，例如把小孩杀死了，小孩的母亲因为悲愤过度而自杀了，他的母亲不是行为人杀死的，但是和杀人行为具有一定的关联；或者强奸一个少女，这个少女自杀了，这个自杀后果也是在对犯罪分子量刑的时候应当考虑的。五是犯罪客体，这里的犯罪客体指的是侵害的客体，杀人，杀的什么人？一般人还是孕妇、小孩？这对杀人罪的量刑也是有影响的。六是犯罪人的一贯表现，即有没有前科劣迹，平时表现如何。七是犯罪后的态度，是认罪坦白还是拒不交代罪行。

在量刑时需要综合考虑法定和酌定的情节。在司法实践中有些案件同时具有数个情节，例如具有一个法定的从轻处罚情节，但同时又有一个酌定的从重处罚情节；或者具有一个法定的从重处罚情节，同时又有一个法定的从轻处罚情节；或者具有一个酌定的从重处罚情节，同时又有一个酌定的减轻处罚情节。在这种量刑情节竞合情况下，对刑罚如何进行裁量呢？这个问题较为复杂，但基本思路应当是：不能简单地抵消。一般情况下，先考虑从重，再考虑从轻。

(五) 量刑的规范化

量刑的规范化是最高人民法院推出的一项措施，旨在克服量刑的随意性，限制刑罚的裁量权。最高人民法院 2009 年正式出台了《人民法院量刑指导意见(试行)》（以下简称《量刑指导意见》）和《人民法院量刑程序指导意见（试行)》。前者主要针对实体刑法在量刑环节的规范化问题，后者主要针对量刑程序的规范化问题。

按照《量刑指导意见》，法官在量刑过程中应该从宏观上把握以下基本原则：第一，量刑应与被告人犯罪的社会危害性和人身危险性相适应，在刑法规定的法定刑幅度内进行。第二，量刑应当实现在地域和时间上的均衡。不同时期、不同法官之间对犯罪构成要件、量刑要素相同或相似行为的被告人作出的量刑结果应当基本平衡。第三，量刑既要考虑主刑的细化与均衡，又要考虑附加刑的细化与均衡。第四，合议庭、独任庭在适用该意见确定拟定的宣告刑后，综合考虑个案的社会危害性及人身危险性，可行使 10%以内的自由裁量权（仅指主刑），确定最终的宣告刑。

量刑规范化的基本内容表现在以下三个方面：

第一是量刑步骤的规范化。从实体法的角度看，一个完整的量刑过程，包括以下步骤：(1) 选定法定刑幅度；(2) 确定量刑基准；(3) 归纳、提炼个罪的量刑情节，对基准刑进行修正；(4) 拟定、宣告刑罚。根据这里的步骤 (2) 所得出的是基准刑。基准刑，是指在不考虑各种法定和酌定量刑情节的前提下，根据法律或司法解释、刑事政策、治安状况隐含的量刑要求，对某类案件基本犯罪（单独犯罪既遂状态）形态下基本犯罪构成事实所应当判处的刑罚。根据这里的步骤（3）所得出的是修正刑。修正刑是将基本犯罪构成事实以外的犯罪数额、犯罪次数、危害后果等能够反映行为的社会危害程度和行为人的人身危险性的具体事态和情况，量化为一定的刑罚量。根据这里的步骤（4）所得出的是宣告刑，即把被告人的基准刑与量刑情节对应计算出的结果。综合起来看，在一个完整的量刑过程中，可能先后出现的概念是“法定刑—基准刑—修正刑—宣告刑”。

第二是量刑基准的规范化。为防止量刑失衡，应当确立各罪的量刑基准，即按刑法分则构成规定，对已确定适用一定幅度法定刑的个罪，在排除各种轻重情节的情况下，依其一般既遂状态的基本事实判定刑罚。不同的犯罪案件的基准刑是不相同的，确定具体犯罪案件的基准刑往往难以一步得出，有一个逐步分析和确定的过程。首先，根据基本犯罪构成事实在相应的法定刑幅度内确定量刑起点。其次，根据影响犯罪构成的反映社会危害性的犯罪数额、犯罪次数、犯罪后果等犯罪事实，确定所应增加的刑罚量，在量刑起点的基础上确定基准刑。每种罪名的基本犯罪构成是刑法明确规定的，因此，根据不同罪名的基本犯罪构成事实所确定的量刑起点也是相对确定的。

第三是量刑要素的规范化。量刑要素既可以分为社会危害性要素和人身危险性要素，也可以分为法定要素和酌定要素。在具体适用过程中，法定量刑要素优于酌定量刑要素，“应当”型量刑要素优于“可以”型量刑要素。法定要素是法律明文规定在量刑时必须考虑的因素；酌定要素是虽无法律的明文规定，但根据刑事政策和审判实践经验，在量刑时可以酌情考虑的因素。法定的量刑要素由刑法总则和刑法分则分别规定。按照《量刑指导意见》，适用上述各种量刑要素时应注意以下三点：其一，无论是法定的还是酌定的量刑情节在量刑时都要有所体现，同为从轻或从重的量刑要素可以相加，从重和从轻量刑要素并存的可以相减。其二，对被告人的从轻或从重处罚，应以分则规定的量刑要素所决定的刑罚为基准，再依据所具有的从轻或从重的量刑要素比率确定宣告刑。在从轻处罚的场合，不得低于法定最低刑，不得将多个从轻量刑要素合并为减轻量刑要素。其三，在量刑要素未细化的前提下，对被告人的减轻处罚应在法定刑幅度以下选择适当的刑罚作为判定刑。只具有单个减轻处罚量刑要素的被告人，对其减轻处罚，一般只能下降一个法定刑，刑期不得低于基准刑的40％。具有两个以上减轻处罚量刑要素或者既有减轻处罚量刑要素又有法定从轻处罚量刑要素的被告人，对其减轻处罚的幅度可适当加大，但刑期不得低于基准刑的20％。

《量刑指导意见》对于刑法总则中涉及量刑的条文作了细致的量化规定。例如，对于未遂犯，《量刑指导意见》规定，应当综合考虑犯罪行为的实行程度、造成损害的大小、犯罪未得逞的原因等情况，可以比照既遂犯减少基准刑的50％以下。对于从犯，《量刑指导意见》规定，应当综合考虑其在共同犯罪中的地位、作用等情况，予以从宽处罚，减少基准刑的20％～50％；犯罪较轻的，减少基准刑的50％以上或者依法免除处罚。对于自首情节，《量刑指导意见》规定，综合考虑自首的动机、时间、方式、罪行轻重、如实供述罪行的程度以及悔罪表现等情况，可以减少基准刑的40％以下；犯罪较轻的，可以减少基准刑的40％以上或者依法免除处罚。恶意利用自首规避法律制裁等不足以从宽处罚的除外。对于坦白情节，《量刑指导意见》规定，综合考虑如实供述罪行的阶段、程度、罪行轻重以及悔罪程度等情况，确定从宽的幅度。（1）如实供述自己罪行的，可以减少基准刑的20％以下；（2）如实供述司法机关尚未掌握的同种较重罪行的，可以减少基准刑的10％～30％；（3）因如实供述自己罪行，避免特别严重后果发生的，可以减少基准刑的30％～50％。此外，关于累犯以及自首与立功等问题，《量刑指导意见》都作了非常详细和明确的规定。

最高人民法院在总结以往对交通肇事、故意伤害、抢劫、盗窃、毒品这五种犯罪进行量刑规范化试点经验的基础上，在《量刑指导意见》中针对人身犯罪、财产犯罪和贪污贿赂犯罪等30种常见、多发的犯罪规定了具体量刑规则。例如，关于故意伤害罪，《量刑指导意见》规定，（1）构成故意伤害罪的，可以根据下列不同情形在相应的幅度内确定量刑起点：1）故意伤害致1人轻伤的，可以在2年以下有期徒刑、拘役幅度内确定量刑起点。2）故意伤害致1人重伤的，可以在3年至5年有期徒刑幅度内确定量刑起点。3）以特别残忍手段故意伤害致1人重伤，造成六级严重残疾的，可以在10年至13年有期徒刑幅度内确定量刑起点。依法应当判处无期徒刑以上刑罚的除外。（2）在量刑起点的基础上，可以根据伤害后果、伤残等级、手段残忍程度等其他影响犯罪构成的犯罪事实增加刑罚量，确定基准刑。故意伤害致人轻伤的，伤残程度可在确定量刑起点时考虑，或者作为调节基准刑的量刑情节。再如，关于抢劫罪，《量刑指导意见》规定：（1）构成抢劫罪的，可以根据下列不同情形在相应的幅度内确定量刑起点：1）抢劫一次的，可以在3年至6年有期徒刑幅度内确定量刑起点。2）有下列情形之一的，可以在10年至13年有期徒刑幅度内确定量刑起点：入户抢劫的；在公共交通工具上抢劫的；抢劫银行或者其他金融机构的；抢劫三次或者抢劫数额达到数额巨大起点的；抢劫致一人重伤的；冒充军警人员抢劫的；持枪抢劫的；抢劫军用物资或者抢险、救灾、救济物资的。依法应当判处无期徒刑以上刑罚的除外。（2）在量刑起点的基础上，可以根据抢劫情节严重程度、抢劫次数、数额、致人伤害后果等其他影响犯罪构成的犯罪事实增加刑罚量，确定基准刑。此外，针对合同诈骗罪、盗窃罪、受贿罪以及玩忽职守罪等，《量刑指导意见》都作了非常详细和明确的规定。

二、累犯

累犯是指因犯罪受过一定的刑罚处罚，在刑罚执行完毕或者赦免以后，在法定期间内又犯一定之罪的犯罪人。累犯这个概念从字面上就可以理解为累次犯罪。这里还有再犯的概念，也就是再次犯罪。累犯都是再犯，但再犯不等于累犯，再犯中只有符合累犯条件的才是累犯。因此，累犯的范围要比再犯的小。另外，累犯与前科是有区分的：前科是指前一次犯罪，受过刑罚处罚的事实本身。前科是侧重于前次犯罪，而累犯是侧重于后次犯罪。前科这个概念与累犯有一定联系，但前科不等于累犯。在法律上应该把累犯和再犯、前科这些概念区分清楚。

累犯在我国刑法上分为两种：一种是普通累犯，另一种是特殊累犯。根据刑法第65条第1款，普通累犯是指被判处有期徒刑以上刑罚的犯罪分子，刑罚执行完毕或者赦免以后，在5年以内再犯应当判处有期徒刑以上刑罚之罪的。

(一) 成立条件

普通累犯的成立需要成立以下四个条件：

1. 刑度条件

于构成普通累犯对前后两罪在刑度上要求，即并不是说只要前后两罪都是故意犯罪的就可以构成累犯，而是对前后两罪还有判处刑罚要求：根据我国刑法，前后两罪都必须是判处有期徒刑以上：前罪是已经判处有期徒刑以上，后罪是可能判处有期徒刑。据此，前罪是判处拘役或者管制之罪，即使后罪判处有期徒刑以上之罪，也不能构成累犯；或者前罪是判处有期徒刑以上刑罚之罪，后罪是判处拘役或者管制之罪，也不能构成累犯。

2. 前提条件

根据我国刑法规定，普通累犯的前罪必须是刑罚执行完毕或者赦免以后，这主要是累犯和数罪并罚的区分。如果在刑罚执行完毕以前或者赦免以前再犯新罪，就不是累犯，而是数罪并罚。关于这个问题，各国刑法的规定不一样，有的是把刑罚执行期间再犯新罪的就规定为累犯，我国刑法把累犯的前提条件设定为刑罚执行完毕或者赦免以后再犯新罪。

3. 时间条件

前后两罪的法定时间距离根据我国刑法规定为，刑罚执行完毕或者赦免以后5年以内。

大家可以看出，时间条件的设定和累犯的范围有关系。时间设定越短，累犯的范围越小；时间设定越长，累犯的范围越广。在1979年的刑法中，当时规定的是3年。在1997年的刑法修订中，把3年改为5年，这样就扩大了累犯的适用范围，使刑法的严厉程度增加。

4. 排除条件

我国刑法中的累犯具有两个排除条件，即消极条件：

一是过失犯罪除外。根据我国刑法的规定，累犯的成立，前后两罪都必须是故意犯罪。在前罪和后罪中，如果有一罪是过失犯罪，就不能成立累犯。因为累犯强调的是犯罪人的主观恶性和人身危险性。对于过失犯罪来说，其主观恶性比较轻，如果前次是过失犯罪，后来又过失犯罪，前次犯罪可以作为前科考虑，也就是酌定量刑情节。如果是累犯，那就是法定的从重处罚情节。

二是不满 18 周岁的人犯罪除外。不满 18 周岁的人思想还不成熟，具有较大的矫正可能性，因此刑法明确规定，不满 18 周岁的人犯罪不能构成累犯。这里的不满 18 周岁的人犯罪不能构成累犯，是指前后两罪都必须是已满 18 周岁的人所犯。如果前后两罪都是不满 18 周岁的人所犯，或者前后两罪的其中一罪是不满 18 周岁的人所犯，都不能构成累犯。

以上四个就是普通累犯的成立条件。我国除了普通累犯以外，还规定了特殊累犯，刑法第 66 条规定："危害国家安全犯罪、恐怖活动犯罪、黑社会性质的组织犯罪的犯罪分子，在刑罚执行完毕或者赦免以后，在任何时候再犯上述任一类犯罪的，都以累犯论处。"据此，特殊累犯是以上三种犯罪之间构成的累犯。从逻辑上说，特殊累犯包括以上三种犯罪的同种累犯，即前后所犯是以上三种犯罪的相同之罪，例如前后都犯危害国家安全犯罪构成的危害国家安全罪的累犯，前后都犯恐怖活动犯罪构成的组织、领导、参加恐怖组织罪以及其他恐怖活动犯罪的累犯，前后都犯黑社会性质组织犯罪构成的组织、领导、参加黑社会性质组织罪的累犯。同时，特殊累犯还包括以上三种犯罪之间的异种累犯，例如前罪是危害国家安全罪，后罪是组织、领导、参加恐怖组织罪，两者构成累犯。由此可见，特殊累犯的条件要比普通累犯的条件更窄，主要是因为特殊累犯的犯罪都是刑法中最为严重的犯罪。因此，特殊累犯的构成没有前后两罪之间时间间隔的限制。以上三种犯罪都是故意犯罪，当然不会受到过失犯罪除外的影响。那么，是否受到不满 18 周岁的人这一主体条件限制的影响呢？也就是说，不满 18 周岁的人是否能够构成特殊累犯呢？从刑法规定来看是没有限制。当然，在现实生活中这种可能性极小。

（二）累犯的处罚

我国刑法第 65 条规定，"累犯，应当从重处罚"。因此，累犯是法定的从重处罚情节。

三、自首

自首是指犯罪以后自动投案，如实供述自己的罪行的行为，或者被采取强制措施的犯罪嫌疑人、被告人和正在服刑的罪犯，如实供述司法机关还未掌握的本人其他罪行的行为。自首是犯罪人在犯罪以后的表现。犯罪人在犯罪以后会有各种表现，有的会逃避法律制裁，包括湮灭犯罪的痕迹、销毁犯罪证据，或者逃跑以躲避司法机关的打击；有的在被司法机关抓获以后拒不认罪，死不交代；还有的在犯罪后主动向司法机关投案自首，或者被司法机关抓获以后主动坦白自己的罪行。犯罪人在犯罪后的态度、表现，也是应该加以考虑的。但在量刑时主要考虑犯罪事实，同时兼顾犯罪后的表现。

（一）自首的成立条件

我国刑法中的自首分为一般自首和特殊自首。一般自首是指犯罪以后自动投案，如实供述自己的罪行的情形。一般自首需要具备以下两个条件：

1. 自动投案

投案和自首的联系是非常紧密的，我们也把自首称为投案自首，因此在通常情况下投案都是自首的必备条件、逻辑前提。什么叫投案？投案是指在司法机关抓获之前，主动地来到司法机关，自愿接受司法机关的审查。因此，投案是主动归案，与抓获这种被动归案方式是不一样的。有些国家对某些特定犯罪有缺席审判制度，审判不以犯罪分子归案为前提。犯罪分子没有归案，逃跑了，也可以对犯罪分子追究刑事责任。但我国刑法没有规定缺席审判制度，因此任何刑事诉讼的展开都必须以犯罪分子归案为前提。自动投案是指犯罪事实或犯罪嫌疑人未被司法机关发觉，或者被发觉但犯罪嫌疑人尚未受到询问、未被采取强制措施时主动直接向公安机关、人民检察院或者人民法院投案。由此可见，我国刑法中的自动投案分为以下几种情况：（1）犯罪事实未被司法机关发觉的情况下的投案。例如张三把李四杀了，但司法机关并未掌握犯罪事实。在这种情况下，张三到公安局说我把李四杀了。(2) 犯罪后，犯罪事实已经被司法机关发现了，但犯罪嫌疑人未被司法机关掌握。例如张三把李四杀了，司法机关已经掌握犯罪事实，知道李四被杀这样一个事实，但不知道谁杀的。在这种情况下，张三到公安局说我把李四杀了。(3) 犯罪事实和犯罪嫌疑人均已被司法机关掌握，但尚未对犯罪嫌疑人进行询问或者采取强制措施。在这种情况下，犯罪嫌疑人主动到司法机关来投案。假设张三把李四杀了，司法机关已经知道张三把李四杀了，但没有进行传唤，也没有对之采取强制措施。在这种情况下，张三到公安局说我把李四杀了。

以上这些投案是较为明显的投案。在某些情况下，是否成立投案，情况就较为复杂。例如司法机关已经发现行为人有某种嫌疑，在对他进行询问的过程中，嫌疑人主动交代罪行，这种情况是否属于自动投案？这到底是属于坦白交代还是成立自动投案、认定为自首，在司法实践中就存在争议。例如大街上半夜看见两个人鬼鬼祟祟，巡逻的民警将之拦住，问干什么，这两个人交代说想抢劫，民警发现包里面有绳、有匕首，就把这两个人抓起来了。司法实践中认为，如果发现有嫌疑，对嫌疑人进行盘问，他身上有犯罪证据能证明犯罪的，在这种情况下交代的，也不认为是投案。但如果认为有嫌疑，对他进行盘问，他身上并没有犯罪证据能证明犯罪的，在这种情况下嫌疑人交代的。就认为是自首。

此外，国家工作人员涉嫌贪污受贿等职务犯罪，纪委找他谈话，纪委没有掌握具体的贪污受贿等犯罪事实，嫌疑人主动交代的，一般情况下，也认定为自首。如果纪委掌握了具体的贪污受贿等犯罪事实，嫌疑人交代的，就不能认定为自首。因此，自首的投案这个条件应当根据案件的具体情况加以区分。

2. 如实供述

按照司法解释的规定，这里的如实供述是指如实交代自己的主要犯罪事实。如果投案后不交代犯罪事实，也不能成立自首。如何理解如实交代自己的主要犯罪事实？根据案件不同，可能有不同的理解。在一般的情况下，如实供述是指如实交代自己的主要犯罪事实。如何理解这里的如实？犯罪人所供述的犯罪事实在客观上和实际所犯的犯罪事实是相同的、符合的就是如实。但这里的如实只是基本的事实相同，并不意味着在某些细节上完全一致，在细节上有所隐瞒也不影响自首的成立，比如用刀杀人，自首了，但是把刀丢到某个地方，隐瞒了；或者本来是自己先动手把人打死的，但是编造情节，说人家先动手他才出手把人打死的，甚至说自己是正当防卫。最后查明，所交代的情况和案件事实不一样。在这种情况下，是否还是认定为自首？我认为还是应当认定为自首。这里的如实的"实"指的是主要的犯罪事实，只要承认是他把被害人杀死了这样一个基本事实就可以了，尽管有一些辩解、编造、避重就轻，也不影响如实供述条件的成立，因此在司法实践中把握是较为宽松的。但在最后考虑从轻多少的时候，这些因素还是要考虑的。如果犯罪分子交代的事实和最后查明的犯罪事实完全相符，说明态度很好，在量刑时从轻幅度要大一些。如果在交代时编造、避重就轻，尽管也认定为自首，但在考虑从轻处罚时，从轻幅度会小一些。

如实交代并不意味着不允许犯罪人进行辩解，要把辩解和对事实的交代本身区分开来。犯罪分子把被害人给杀死了是一个事实，只要交代了这个事实，尽管辩解说"他先打我，我才打他"，也应视为如实交代。因为辩解是犯罪分子个人对行为性质的理解，这种理解司法机关不一定采信，但这不影响如实供述自己主要罪行这一自首条件的成立。

在犯有数罪的情况下，如何认定如实交代自己的主要犯罪事实？一个人犯了两个罪，他把两个罪都交代了，这当然属于如实交代自己的罪行。但是如果他只交代了其中的一个罪，有的甚至只交代其中一个轻罪，把重罪隐瞒了，该怎么认定？对这个问题有不同观点；有的人认为在犯有数罪的情况下，只有交代了数罪才是如实交代，才能认定为自首。有的人认为在犯有数罪情况下，犯罪分子交代哪个罪的，就对交代的那个罪认定为自首，对未交代的罪就不认定自首。还有的人认为，如果他交代的是重罪，自首的效力也可以及于轻罪；如果交代的是轻罪，自首的效力就不及于重罪。司法解释对此解释说：犯有数罪的犯罪嫌疑人仅如实供述所犯数罪中部分犯罪的，对如实供述部分犯罪的行为认定为自首。对没有如实供述的部分犯罪，不能认定为自首，无论供述的犯罪行为是重还是轻。

在共同犯罪的情况下，如何理解如实供述？仅供述本人罪行，没有供述其他共同犯罪人的罪行，是否属于如实供述？对于这个问题，司法解释规定，共同犯罪中的犯罪嫌疑人，除如实供述自己的罪行外，还应当供述所知的同案犯，主犯则应当供述所知的其他同案犯的共同犯罪事实，才能认定为自首。据此可见，共同犯罪中的自首不仅要供述本人的罪行，还要供述所知的同案犯的罪行。两个人共同杀一个人，只供述自己杀了这个人，而把另一个人给隐瞒了，就不算是自首。只有同时供述同案犯，承认是和他人一起杀害了被害人，才能认定为自首。当然，在共同犯罪中情况比较复杂，有主犯、从犯，法律对主犯、从犯供述的要求是不一样的。主犯应当供述所知的其他同案犯的共同犯罪事实。从犯只要供述所知的同案犯、说出谁是同案犯就可以了，之所以对共同犯罪的如实供述作出这样的规定，主要原因在于共同犯罪和单独犯罪不一样，例如对于共犯来说，除如实供述自己的罪行，还应当供述所知的同案犯，主犯则应当供述所知的其他同案犯的共同犯罪事实，才能视为如实供述了犯罪事实。

如实供述后又翻供的，如何处理？翻供是刑事诉讼法里的专门用语，指的是被告人推翻自己在侦查阶段或者审查起诉阶段所作的有罪供述。如果被告人翻供了，原来是符合如实供述这个自首条件的，但是翻供后就不符合这个条件了。但是如果翻供以后，后来又承认了，那么，在这种情况下，算不算自首？司法解释专门规定，犯罪嫌疑人主动投案，如实供述自己犯罪事实后，又翻供的，不能认定为自首；但在一审前又能如实供述的，应当认定为自首。如果在一审以后，又供述自己犯罪事实的，不能认定为自首。

我国刑法除规定了一般自首外，还规定了特殊自首。刑法第 67 条第 2 款规定："被采取强制措施的犯罪嫌疑人、被告人和正在服刑的罪犯，如实供述司法机关还未掌握的本人其他罪行的，以自首论。"据此特殊自首就是坦白交代余罪。

根据有关的法律规定，特殊自首的构成必须具备以下两个条件：一是自首主体是被采取强制措施的犯罪嫌疑人、被告人和正在服刑的罪犯。特殊自首的主体不具备自动投案的条件，自动投案以犯罪嫌疑人未被采取强制措施为前提，主动到司法机关交代罪行。但在特殊自首的情况下，犯罪嫌疑人、被告人和正在服刑的罪犯已经丧失了人身自由，因此就不可能再去实施主动投案的行为。既然被采取强制措施的犯罪嫌疑人、被告人和正在服刑的罪犯已经不可能主动投案，为什么还要视其为自首呢？主要是因为如实供述司法机关还未掌握的本人其他罪行。因此，特殊自首的第二个条件是如实供述司法机关还未掌握的本人其他罪行。例如一个犯罪嫌疑人因为盗窃被司法机关抓获，他就向司法机关交代了自己杀人的犯罪事实，就杀人的犯罪事实而言就属于特殊自首，但对盗窃罪来说由于已经被司法机关掌握、抓获，故不存在自首问题。

如何理解司法机关还未掌握的本人其他罪行？这里讨论的一个主要问题是：这里的“其他罪行”怎么理解？如果交代的是司法机关还未掌握的本人异种罪行，当然没有问题，比如以盗窃罪抓获，交代了杀人、强奸的事实。但如果交代的是司法机关还未掌握的本人同种罪行，怎么处理？一个杀人犯被抓获了，他说我不光杀了张三，还杀了李四，还杀了王五，即交代的其他杀人罪行和司法机关掌握的杀人罪行是同种罪行。一个盗窃犯因盗窃 1 辆自行车被抓获，交代还盗窃了 99 辆自行车，交代盗窃这 99 辆自行车算不算自首？或者一个盗窃犯因盗窃 99 辆自行车被抓获，交代还盗窃了 1 辆自行车，交代盗窃这 1 辆自行车算不算自首？对这个问题，我国刑法学界也是有争议的。一种观点认为，司法机关还未掌握的本人其他罪行，既包括异种罪行，也包括同种罪行，否则的话就不合理。一个人因盗窃被抓获，交代杀人，应当认定为自首。另一个人因杀甲被抓获，交代还杀了乙，交代杀乙就不能认定为自首。这不合理，也不利于对犯罪人感化。另一种观点与之相反，认为只有交代异种罪行才能认定为自首，如果交代同种罪行不能认定为自首，但交代同种罪行的，可以认定为坦白，予以从轻处罚。关于这个问题，应该怎么考量呢？从刑法理论上来说，交代同种罪行看作自首是合理的，不看作自首是不合理的。但把它看作自首，主要存在一个量刑上的障碍。例如在国外刑法中，杀一个人定一个杀人罪，杀两个人定两个杀人罪，同种数罪要并罚。在这样的法律制度下，杀张三不是自首，但是杀李四是自首，这没有问题。但在我国刑法中，同种数罪不并罚，不管杀多少人，都只定一个杀人罪，故而杀其中一个人不是自首，杀另外一个人是自首，定罪又是只定一个杀人罪，在量刑的时候无法考虑，存在操作上的困难。基于这一原因，司法解释作了以下规定：“被采取强制措施的犯罪嫌疑人、被告人和已宣判的罪犯，如实供述司法机关还未掌握的其他罪行，与司法机关已掌握的或者判决确定的罪行属于同种罪行的，可以酌情从轻处罚，如实供述的其他罪行较重的，一般应当从轻处罚”。根据司法解释，这种情况还不是自首，但可以从轻处罚。

必须注意，如果是正在服刑的罪犯主动交代了司法机关尚未掌握的同种罪行，就可以视为自首。为什么呢？后面我要讲到数罪并罚，发现漏罪或者再犯新罪，尽管是同种数罪，也要实行数罪并罚。在这种情况下，同种罪的漏罪，把它看作一个单独犯罪来处罚，所以把它认定为自首不会带来量刑上的困难。因此，应当视为自首。已宣判的罪犯还没有去服刑，如果交代了一个同种数罪这还不算服刑时交代的，因为宣判后交代的，就要撤销判决，重新来判，还是定一个罪。但是正在服刑的罪犯即服刑服了一部分的罪犯，如果他交代了司法机关尚未掌握的本人其他同种罪行，就应当按照自首来处理。

（二）自首的法律后果

我国刑法第 67 条规定“对于自首的犯罪分子，可以从轻或者减轻处罚。其中，犯罪较轻的，可以免除处罚。”根据这一规定，自首的处理可以分为两种情况：一是在通常情况下，对自首的犯罪分子可以从轻或者减轻处罚。二是在犯罪较轻的情况下，对自首的犯罪分子可以免除处罚。

四、坦白

坦白是指如实供述自己罪行的情形。我国历来就有坦白从宽、抗拒从严的政策，但在刑法中只规定了自首，而没有规定坦白制度。因此，长期以来坦白在我国刑法中只是酌定的从轻处罚原则，而不是法定的从轻处罚原则。《刑法修正案（八）》明确将坦白规定在刑法中，使坦白正式成为法定的从轻处罚原则。

在认定坦白的时候，要将坦白与自首加以区分。其实，在自首中包含了坦白的内容。犯罪分子投案以后，如实交代自己的罪行，这是自首的成立条件。其中，如实交代自己的罪行，就是坦白。而作为独立的量刑制度的坦白是以不具有自首情节为前提的。因此，我国刑法规定，坦白是指犯罪嫌疑人虽不具有自首情节，但是如实供述自己罪行的情形。

根据刑法规定，坦白可以从轻处罚；因其如实供述自己罪行，避免特别严重后果发生的，可以减轻处罚。

五、立功

立功是指犯罪分子有揭发他人犯罪行为，查证属实的，或者提供重要线索，从而得以侦破其他案件等立功表现。立功是我国刑法中对犯罪分子量刑的时候从宽处罚的一项制度，对于鼓励犯罪人检举揭发他人、破获犯罪案件具有重要意义。

我国刑法规定的立功存在两种情形：一是作为量刑情节的立功，二是作为行刑情节的立功。作为量刑情节的立功，是指犯罪分子到案以后、刑罚判处之前，对量刑具有积极影响的各种表现。而作为行刑情节的立功，是指在刑罚执行过程中，对行刑具有积极影响的各种表现。这两种立功是有所不同的，这里所讨论的立功，是作为量刑情节的立功。至于作为行刑情节的立功，将在减刑和假释中进行讨论。

我国刑法第68条以列举的方式规定了两种立功表现。但最高人民法院的司法解释规定了以下各种立功表现：(1) 犯罪分子到案后有检举、揭发他人犯罪行为，包括共同犯罪案件中的犯罪分子揭发同案犯共同犯罪以外的其他犯罪，经查证属实；(2) 提供侦破其他案件的重要线索，经查证属实；(3) 阻止他人犯罪活动；(4) 协助司法机关抓捕其他犯罪嫌疑人（包括同案犯）；(5) 具有其他有利于国家和社会的突出表现的，应当认定为有立功表现。

在以上立功表现中，涉及提供他人犯罪的线索，因此是否具有立功表现，在很大程度上取决于是否掌握他人犯罪的线索。为了获得他人犯罪的线索，有些人采取非法手段，甚至花钱买线索。同时，有些看守所工作人员采用张冠李戴的方式，将甲案犯提供的线索提供给乙案犯，为其立功创造条件。还有些案犯的亲属或者律师采取通风报信的方式，给案犯提供他人犯罪的线索。针对以上情况，司法解释对他人犯罪线索来源作了明确规定，指出：据以立功的线索、材料来源有下列情形之一的，不能认定为立功：(1) 本人通过非法手段或者非法途径获取的；(2) 本人因原担任的查禁犯罪等职务获取的；(3) 他人违反监管规定向犯罪分子提供的；(4) 负有查禁犯罪活动职责的国家机关工作人员或者其他国家工作人员利用职务便利提供的。

根据我国刑法第 68 条的规定，立功的处理可以分为两种情形：一是有一般立功表现的，可以从轻或者减轻处罚；二是有重大立功表现的，可以减轻或者免除处罚。这里的重大立功表现，根据司法解释的规定，是指以下情形：犯罪分子检举、揭发的他人重大犯罪行为、经查证属实；提供侦破其他重大案件的重要线索，经查证属实；阻止他人重大犯罪活动；或者协助司法机关抓捕其他重大犯罪嫌疑人（包括同案犯）；对国家和社会有其他重大贡献等表现的。其中，可能被判处无期徒刑以上刑罚，是指根据犯罪行为的事实、情节可能判处无期徒刑以上刑罚。案件已经判决的，以实际判处的刑罚为准。但是，根据犯罪行为的事实、情节应当判处无期徒刑以上刑罚，因被判刑人有法定情节经依法从轻、减轻处罚后判处有期徒刑的，应当认定为重大立功。

六、数罪并罚

数罪并罚又叫并合罪，是指对一人所犯数罪进行合并处罚的制度。按照罪刑均衡原则，一罪一罚，数罪并罚。只有这样才能符合刑罚公正原则。数罪并罚是以正确区分一罪与数罪为前提的。如何正确区分一罪与数罪，我在竞合论里讲过了，在此不重复。

数罪并罚，关键在如何实行并罚。在刑法理论中，数罪的并罚主要有以下四个原则：

（一）并科原则

并科原则是指将一人所犯的数罪所判处的刑罚绝对相加，并合执行，因此也称为相加原则，例如一个人犯两个罪，一个罪判20年，另外一个罪判10年，根据并科原则，就应该执行30年。例如美国，根据相加原则，在犯有数罪的情况下，判处几百年的有期徒刑是常见的。判处刑罚最长的世界之最是42万多年，在西班牙的某个小岛，一个邮递员遗弃了7万多封信件，按照该国的法律规定，丢失一封信就要判6年，一算就要判42万年以上。在刑罚相加的情况下，判处的刑期远远超过人的自然生命，因而实际是没有意义的，其效果也就相当于无期徒刑。并科原则是刑罚的机械相加，表面来看是一罪一罚、数罪数罚，好像很合理，实际上超过人的自然生命的那部分刑罚是没有任何意义的。

（二）吸收原则

吸收原则是指对一人所犯数罪分别定罪量刑，采取重刑吸收轻刑的原则，只执行重刑而不再执行轻刑。我国古代刑法处理数罪的传统是吸收原则，重刑吸收轻刑就相当于轻没有判。因此吸收原则对犯罪人是比较宽大的。但是和刑法公正这个原则也是违反的，也就是犯两个罪和犯一个罪的法律后果是一样的。因此，吸收原则也是有其局限性的。

（三）限制加重原则

限制加重原则指以一人所犯数罪中应当判处或已经判处的最重刑罚为基础，在一定限度内，对其予以加重作为执行的刑罚。例如说，一个人犯一个盗窃罪判7年，犯一个抢劫罪判10年，如果是并科原则，他应该判17年；如果是吸收原则，他应当判10年；如果是限制加重原则，就应当是在17年以下、10年以上来判处刑罚。限制加重应当在总和刑期以下、数刑中最高刑期以上，酌情决定执行的刑期。在例子中，17年是总和刑期，10年是数刑中最高刑期。根据限制加重原则，最终判处的刑罚总要比总和刑期低一两年，因此限制加重原则是介乎并科原则和吸收原则之间。

为什么说限制加重呢？是因为总和刑期受到限制。根据我国刑法规定，管制最高不能超过3年，拘役最高不能超过1年，有期徒刑总和刑期不满35年的，最高不能超过20年；总和刑期在35年以上的，最高不能超过25年。例如犯一个盗窃罪判15年，犯一个强奸罪判12年，那么总和刑是27年，刑法规定在数罪并罚的情况下有期徒刑总和刑期不超过35年的，最高不能超过20年，所以只能在15年以上、20年以下判处刑罚。这就是限制加重原则。我认为，限制加重原则是比较合理的。

（四）综合原则

根据不同的情况分别采取上述三种原则。绝大多数国家的刑法对数罪并罚采取的是综合原则，我国刑法也不例外。我国刑法第69条规定："判决宣告以前一人犯数罪的，除判处死刑和无期徒刑的以外，应当在总和刑期以下、数刑中最高刑期以上，酌情决定执行的刑期，但是管制最高不能超过三年，拘役最高不能超过一年，有期徒刑总和刑期不超过三十五年的，最高不能超过二十年。总和刑期在三十五年以上的，最高不能超过二十五年。如果数罪中有判处附加刑的，附加刑仍须执行。"这是我国对于一般情况下数罪并罚原则的规定，可以看出来，在分别不同情况下，采取不同原则：

第一是限制加重原则。根据我国刑法规定，当判决宣布的数个主刑为有期徒刑、拘役、管制的时候，采取限制加重原则合并处罚。又分三种情况：(1) 犯有两个以上罪，都被判处有期徒刑的，按照限制加重原则，有期徒刑总和刑期不超过35年的，最高不能超过20年；总和刑期在35年以上的，有期徒刑最高不能超过25年。(2) 犯有两个以上罪，都被判处拘役的，按照限制加重原则，拘役最高不能超过1年。(3) 犯有两个以上罪，都被判处管制的，按照限制加重原则，管制最高不能超过3年。

第二是吸收原则。当判决宣判的数个主刑中最重刑为死刑时，死刑吸收其他的刑罚。因为数刑中有一个是死刑，那么一个人被执行死刑后使得其他刑罚不能再执行。当然也可以并列，例如判处一个死刑和一个10年有期徒刑，可以先执行10年有期徒刑，再执行死刑。但这一方面违反了一个案件不能判处两个主刑的原则，另一方面是对犯罪人更宽大了，因为先执行10年有期徒刑再执行死刑，犯罪分子还能多活10年。如果有一个罪被判处死刑，另外再有一个罪被判处无期徒刑，先执行无期徒刑的话，死刑就永远不再执行了，这显然不合理。因此，如果宣告有期徒刑与无期徒刑并罚或者数个无期徒刑并罚时，也采取吸收原则，因为无期徒刑和拘役、管制没有办法同时执行，无期徒刑没有期限，因此采用吸收原则只执行一个无期徒刑。

此外，数罪中有判处有期徒刑和拘役的，如何进行并罚？以往我国司法实践中对此采取折抵的做法，即先按照拘役一日折抵有期徒刑一日，然后按照限制加重原则进行并罚。但《刑法修正案（九）》对此进行了修改，不再采取折抵以后限制加重，而是直接采取吸收原则，即只执行有期徒刑，拘役不再执行。在这种情况下，我国刑法扩大了数罪并罚中吸收原则的适用范围。

第三是并科原则。在某些特定情况下，可以对所判刑罚进行并科。我国刑法中的并科可以分为两种情况：一是主刑之间的并科，二是主刑与附加刑之间的并科。(1) 主刑之间的并科是指数罪中有判处有期徒刑和管制或者拘役和管制的，有期徒刑、拘役执行完毕后，管制仍须执行。对于这种情形，以往我国司法实践中也是在折抵以后按照限制加重原则并罚的。《刑法修正案（九）》对此修改为采取并科原则。当然，也有学者认为，在一个判决中执行两个主刑，模糊了主刑与附加刑之间的界限，这是存在问题的。因为我国刑法对主刑没有进行定义，而规定附加刑是可以附加适用的刑罚。从附加刑的定义引申出主刑不能与另一个主刑同时适用，以此作为主刑与附加刑区分的标志。现在，在一个判决中可以执行两个主刑，那么，主刑与附加刑之间就没有区分了。(2) 主刑与附加刑之间的并科是指数罪中有判处附加刑的，附加刑仍须执行。例如，罚金和有期徒刑 5 年可以同时执行。

以上是数罪并罚的一般原则，这个原则可以解决一般犯罪的数罪并罚问题。但在刑法中还有两种特殊的情况需要解决：

一是发现漏罪的数罪并罚。如果判决宣告以后、刑罚执行以前又发现漏罪（这里的发现漏罪也包括漏罪是犯罪分子自首的），如何进行并罚？我国刑法第 70 条规定："判决宣告以后，刑罚执行完毕以前，发现被判刑的犯罪分子在判决宣告以前还有其他罪没有判决的，应当对新发现的罪作出判决，把前后两个判决所判处的刑罚，依照本法第六十九条的规定，决定执行的刑罚。已经执行的刑期，应当计算在新判决决定的刑期以内。"这个规定可以概括为先并后减原则。

一个人犯了一个罪是判 10 年，执行 5 年的时候发现有个漏罪，这个漏罪要判 15 年。按照先并后减原则，先要把两个有期徒刑的刑期合并：总和刑期为 20 年，有期徒刑最高不能超过 20 年，超过 20 年的按 20 年计算，在本案中刚好是 20 年。数刑中最高是 15 年，在 15 年以上、20 年以下，最后决定判 18 年。然后减去已经执行的 5 年，还应当服刑 13 年。

二是再犯新罪的数罪并罚。如果在刑罚执行期间再犯新罪，如何进行并罚？我国刑法第 71 条规定："判决宣告以后，刑罚执行完毕以前，被判刑的犯罪分子又犯罪的，应当对新犯的罪作出判决，把前罪没有执行的刑罚和后罪所判处的刑罚，依照本法第六十九条的规定，决定执行的刑罚。"这个规定确认的再犯新罪的并罚原则是先减后并。一个犯罪人因为犯罪判 10 年，执行 5 年的时候再犯了一个应当判 15 年的罪，在这种情况下采用先减后并的原则。先减是指该案的第一个罪判了 10 年，已经执行了 5 年，还剩 5 年。然后是并：将前罪未执行完毕的 5 年和新罪 15 年进行限制加重，即在 20 年以下、15 年以上，决定执行 18 年。于是，先减后并的结果是还需要执行 18 年。

先减后并最终执行的有期徒刑会超过最高期限，例如上述案实际执行 23 年。在前后两罪所判的总和刑期超过 20 年的情况下，采用先减后并要比采用先并后减犯罪人实际受到的刑罚处罚要重一些。另外，于先减后并，犯前罪的时候距离犯新罪的时间越长，被减掉的越多，因此实际受到的刑罚处罚也会越重。现在执行 5 年的时候再犯新罪，这个 5 年被减掉了，如果是在执行 9 年的时候再犯新罪，这个 9 年被减掉了，就会再多执行几年。

先减后并要比先并后减重，是有前提的，这个前提就是总和刑期超过 20 年。如果总和刑期没有超过 20 年，都在 20 年以内，那么按照这两种计算方法，犯罪人实际受到的惩罚是一样的。假如一个罪是 5 年，在执行 3 年的时候，又发现一个漏罪或者（又犯新罪）应该判处 5 年。如果按照先并后减原则，在 10 年以下、5 年以上限制加重，假设决定执行 9 年，减掉已经执行的 3 年，还要执行 6 年。如果按照先减后并原则：5 年减掉 3 年还剩 2 年，在 2 年和 5 年之间限制加重，假设决定执行 6 年，6 年加上已经执行的 3 年，最后执行的是 9 年。总共执行的刑期，先并后减执行的是 9 年，先减后并执行的也是 9 年。因此，这两种方法在刑罚不超过 20 年的情况下，犯罪人实际受到的惩罚是一样的。需要掌握的是先并后减和先减后并的差别，什么情况下两者的结果是一样的，什么情况下两者的结果是不一样的。

最后需要指出的是，《刑法修正案（八）》对有期徒刑在数罪并罚情况下的最高刑期的标准进行了修改。原刑法规定，有期徒刑数罪并罚最高不能超过 20 年。但《刑法修正案（八）》修改为：有期徒刑总和刑期不超过 35 年的，最高不能超过 20 年；总和刑期在 35 年以上的，最高不能超过 25 年。这个规定，对于判决前的数罪并罚没有问题。但对于发现漏罪或者再犯新罪的数罪并罚就出现了问题。例如，被告人犯有抢劫罪、强奸罪和拐卖人口罪，各被判处有期徒刑 12 年，总和刑期是 36 年，已经超过 35 年，假设决定执行的刑期是 24 年。执行 1 年的时候，犯罪分子又犯故意伤害罪，被判处有期徒刑 9 年，按照先减后并的规定，应当在 23 年至 32 年决定应当执行的刑期。因为此时最高刑期没有超过 35 年，根据刑法规定，决定执行的刑期不能超过 20 年，只能执行 20 年。这时，问题出现了：没有再犯新罪，还要执行 23 年；再犯新罪，只要执行 20 年。如果这样的话，犯罪分子就都去再犯新罪了。这个问题如何解决？或者说，在刑法教义学的范围内能否解决呢？有一种观点认为，在这种情况下，应当将总和刑期理解为宣告刑的总和刑期，而不是执行刑的总和刑期。例如，在以上案例中，被告人犯有三罪，分别被判处 12 年有期徒刑，宣告刑的总和刑期是 36 年，决定执行的刑期是 24 年。在再犯新罪的情况下，不是以执行刑 24 年减去已经执行的 1 年，还剩 23 年进行计算，而是以 36 年减去执行 1 年，还剩 35 年计算。35 年加上再犯新罪的 9 年，就是 44 年。这 44 年已经超过 35 年，因此可以在 25 年以下决定应当执行的刑期，假设决定执行 25 年。这就避免了再犯新罪比未犯新罪时执行的刑期还要短的问题。这种做法是否可行，还有待实践检验。

第十七讲

刑罚执行

刑法适用除了刑法裁量以外，还包括刑罚执行。在某种意义上说，刑罚执行是刑罚的最终实现。在本讲中，我主要讲解各种刑罚执行制度。

一、刑罚执行概述

刑罚执行又简称为行刑，是刑事司法活动的一个重要环节。刑事司法活动通过定罪，然后量刑，最后进入行刑阶段，因此，行刑是整个刑事司法活动的最后一个环节，它对于实现司法活动的目的具有重要的意义。

行刑这个概念有广义和狭义之分，广义的行刑是指整个刑罚的执行，而狭义的行刑是指自由刑的执行。在某些情况下，行刑还特指死刑的执行。我在这里讲的行刑，是从广义来讲的，是指整个刑罚的执行。当然，由于自由刑在刑罚体系当中占有主导的地位，因此行刑在很大程度上是自由刑的执行。自由刑可以为监禁刑和非监禁刑两种，我们过去所讲的行刑主要的是指监禁刑的执行，监禁刑的执行主要是在监狱完成的。随着刑罚的轻缓化，非监禁刑在刑罚中所占的比重越来越大。非监禁刑如何执行，是一个非常重大的问题。我国监禁刑的执行体制本身是比较完善的，非监禁刑的执行还存在着很多问题，尤其在执行体制上还不完善。现在我国正在进行社区矫正的试点，社区矫正在某种意义上也可以说是一种非监禁刑执行的一项制度，所以对社区矫正我们应该予以足够的关注。

行刑的主要目的在于两个方面：一个是刑罚的实现。因为司法机关通过定罪量刑活动所确定的是宣告刑，也就是宣告某一个被告人应当执行多少年刑期。这种宣告刑最后要通过行刑活动来得到实现，正是通过行刑活动使犯罪人受到实际的刑罚惩罚。如果没有行刑活动，对犯罪人的刑罚惩罚就不可能得到实现。行刑本身包含着某种报应的内容，行刑是实现报应目的的一种有效的手段。所以，刑罚实现是行刑的题中应有之意。另一个是罪犯矫正，从而达到个别预防的目的。以罪犯矫正为内容的行刑理念是现代才有的。古代的行刑制度把刑罚的执行简单地看作是对犯罪人的惩罚，简单地看作是实现报应的目的。而现代的刑罚制度下，随着教育刑——通过行刑活动对犯罪人进行矫正思想的兴起，矫正在行刑活动中的地位越来越凸显。因此，我们要看到行刑活动的内容的双重性：一方面是实现刑罚，实现刑罚主要体现了刑罚的报应性；另一方面又通过行刑活动对犯罪人进行矫正，从而实现刑罚的教育性。这两者是辩证统一的，不可偏废。在行刑活动当中，既不能片面地强调对犯罪人进行惩罚而忽略了对犯罪人的矫正；另一方面也必须要看到，对犯罪人的这种矫正，它是建立在对犯罪人进行惩罚这样一个前提之上，因此两者是不能分离的。

从刑法的规定来看，在刑罚制度当中，我们重点需要研究的是行刑制度。我国刑法规定的行刑制度有以下三项：第一是缓刑制度，第二是减刑制度，第三是假释制度。下面我分别来进行讲述。

二、缓刑

缓刑是和实刑相对应的。缓刑的字面含义是指缓期执行，刑罚中的缓期执行是一种重要的制度。在死刑制度中讲“死缓”，“死缓”是死刑的缓期执行，因此“死缓”也是一种缓刑，但“死缓”这种缓刑制度是依附于死刑而存在的，它是死刑的一种特有的执行制度，因此它和我们这里的缓刑制度还是不一样的。此外，其他国家刑法中还有无期徒刑的缓刑以及罚金的缓刑等制度。我们这里的缓刑制度，它的适用对象是被判处 3 年以下有期徒刑或者拘役的犯罪分子。从实际的情况来看，这是一种自由刑的缓刑，不同于死刑的缓刑及其他刑罚的缓刑。

自由刑的缓刑是世界各国刑法所通行的一种缓刑制度。我们说缓刑，从字面来看是刑罚的缓期执行，缓期执行也就是并不马上执行，而是过一段时间再执行，因此给人感觉，这种刑罚还是要执行的，只不过缓期执行而已。但实际上，缓刑是附条件地不执行原判刑罚。因此，缓刑并不能简单地等同于缓期执行，而是一种附条件地不执行原判刑罚的制度。所以，缓刑的特点是不执行原判刑罚，它落脚在不执行。当然，这种不执行原判刑罚并非无条件地不执行，不是绝对地不执行，而是相对地不执行，是附条件地不执行。也就是说，在缓刑中，要设置某些条件，如果符合这些条件、满足这些条件，原判刑罚就不再执行；如果违反这些条件，那么原判刑罚仍要执行。这是缓刑的基本的含义。

从世界各国刑法来看，缓刑的“缓”指的是暂缓，也称为“犹豫”。在法律制度当中有许多这种犹豫制度存在，比如在起诉制度里面，有暂缓起诉或者叫起诉犹豫，也就是附条件的不起诉，它是刑事诉讼法中所规定的一种起诉制度。在刑法中规定的缓刑，是附条件地不执行原判刑罚的制度。缓刑可以分为两种，这就是刑罚宣告犹豫主义和刑罚执行犹豫主义。刑罚宣告犹豫主义是暂缓宣告刑罚，如果满足一定条件，那么刑罚就不宣告了，不仅刑罚不宣告，甚至原先被认定的犯罪也撤销了。刑罚执行犹豫主义也就是宣告刑罚，但对其所宣告的刑罚暂缓执行，附条件地不执行：如果符合条件，原判刑罚就不再执行；如果不符合这个条件，原判刑罚仍需执行。依刑罚执行犹豫主义，在一般情况之下，如果符合条件，原判刑罚不再执行，但犯罪仍然存在，有罪判决并没有被撤销，只是刑罚不执行而已。但在某些特定的情况下，如果满足了条件，不仅原判刑罚不执行，而且原先所作的有罪宣告也撤销了。可见，各种缓刑的性质不同，法律后果就不一样，有的仅限于原判刑罚不执行，有的不仅原判刑罚不执行，而且原先的有罪宣告也被撤销。

在我国刑法理论上，对于缓刑制度到底是量刑制度还是行刑制度，还是存在一些分歧。一种观点认为缓刑制度是一个量刑制度，主要是指在法院的量刑阶段来确定的，因为在量刑阶段不仅要确定对犯罪分子判多少年刑，而且要确定是否适用缓刑，因此把缓刑归入量刑制度。另一种观点是把缓刑归入行刑制度，因为量刑只是确定对犯罪分子应当判多少年刑，而缓刑是一个是否实际执行原判刑罚的问题，从逻辑上考虑，缓刑是行刑制度。我个人赞同第二种观点，我认为缓刑还是一个刑罚执行问题，从逻辑上来看应当归入行刑制度当中来，在刑罚执行中讨论。

我国刑法的缓刑分为两种：一种是一般缓刑，另一种是战时缓刑。一般缓刑是在刑法总则中规定的，而战时缓刑是在刑法分则第十章军人违反职责罪中规定的。当讲到刑法中缓刑制度的时候，我们通常是指刑法总则所规定的缓刑。我先来讲解一般缓刑，然后再简单地讲解战时缓刑。

（一）一般缓刑

根据我国刑法第72条第1款的规定，缓刑是指对于被判处拘役、3年以下有期徒刑的犯罪分子，根据其犯罪情节和悔罪表现，认为暂缓执行原判刑罚确实不致再危害社会的，规定一定的考验期，暂缓其刑罚执行。如果被判刑的犯罪分子，在考验期内没有再犯新罪，或者没有发现判决宣告前还有其他罪，也没有违反法律、行政法规及有关缓刑的监督管理规定的，缓刑考验期满，原判刑罚就不再执行的制度。

1. 缓刑的条件

根据我国刑法规定，一般缓刑的成立需要具备以下条件：

一是对象条件。根据我国刑法规定，缓刑适用于被判处拘役或者3年以下有期徒刑的犯罪分子。据此可以看出，我国刑法中的缓刑所适用的是那些犯罪较为轻微的犯罪分子，对这些犯罪较为轻微的犯罪分子采用的非监禁化的处遇措施。也就是说，通过缓刑制度使监禁刑非监禁化。我曾经讲过，刑法中的自由刑本身可以分为监禁刑和非监禁刑，例如管制，它是一种非监禁刑，也就是这种刑罚本身就是非监禁的；而其他的自由刑，像拘役、有期徒刑、无期徒刑，它是监禁刑，这种刑罚本身具有监禁性，但缓刑使这种监禁刑非监禁化。在监禁刑中，短期的监禁刑，也就是短期的自由刑，它的弊端是有目共睹的，短期监禁刑的矫正效果特别不好。因此，缓刑主要是为了克服短期监禁刑的弊端而创制的。如果一个人的犯罪性质比较严重，就不能适用缓刑。

二是实质条件。实质条件是指根据犯罪分子的犯罪情节、悔罪表现，适用缓刑确实不致再危害社会。符合判处拘役、3年以下有期徒刑的条件的犯罪分子很多，但并非所有被判处拘役、3年以下有期徒刑的犯罪分子都能够适用缓刑。在这些犯罪分子中，只有那些根据他的犯罪情节、悔罪表现，将来确实不致再危害社会的犯罪分子才能适用缓刑。那么，究竟具备哪些条件可以适用缓刑呢？《刑法修正案（八）》对此作了具体规定：(1) 犯罪情节较轻；(2) 有悔罪表现；(3) 没有再犯罪的危险；(4) 宣告缓刑对所居住的社区没有重大不良影响。以上四个条件必须同时具备，才能适用缓刑。

三是缓刑适用的禁止性条件，也称为消极条件或者限制性条件。在刑法某些法律制度中，它设置了适用这种法律制度需要具备的条件，在这些条件中，有的条件是积极条件，有的条件是限制性条件，这种限制性条件就被称为禁止性条件。根据我国刑法第74条的规定，对于累犯和犯罪集团的首要分子不适用缓刑。这就是缓刑适用的禁止性条件。根据这一规定，累犯和犯罪集团的首要分子，具备适用缓刑的禁止性条件，因而不能适用缓刑。

以上三条是缓刑适用的条件，只要符合这三个条件的，就可以适用缓刑。这里还要指出，根据我国刑法规定，符合上述条件，对于普通的犯罪分子是可以宣告缓刑。但对于不满18周岁的人、怀孕的妇女和已满75周岁的人，是应当宣告缓刑。这一规定体现了对于不满18周岁的人、怀孕的妇女和已满75周岁的人这三种人在缓刑适用上的特殊优待。

2. 缓刑的考察制度

缓刑是附条件地不执行原判刑罚，因此需要对缓刑的犯罪分子规定附加条件，规定一个缓刑的考验期，在缓刑的考验期内对犯罪分子进行考察：如果他遵守了缓刑期间需要遵守的条件，那么原判刑罚就不再执行；如果他违反了有关条件，原判刑罚仍需执行。因此，对判处缓刑的犯罪分子进行考察是缓刑制度的重要内容。也就是缓刑制度不仅包含缓刑的适用制度，而且包含缓刑的考察制度，在某种意义上甚至可以说，缓刑的考察在整个缓刑制度中的重要性是更为明显的。如果适用缓刑把犯罪分子放到社会上去了，放出去后没人管，没人来进行考察，那么这个缓刑制度是不完整的，甚至是失败的。因此，我们一定要强调缓刑考察制度的重要性。

缓刑的考察主要包含以下内容：

第一是缓刑的考验期。要对被判处缓刑的犯罪分子规定一个缓刑的考验期，这个缓刑的考验期应当和判处的刑罚成一定的比例。也就是原先所判的刑罚比较短，那么缓刑考验期也相对地比较短；如果原先所判刑罚比较长，那么缓刑考验期也相对比较长。但是，对缓刑考验期的最低限和最高限，也就是上限和下限，在刑法中应当作出明确的规定，以避免缓刑考验期过长或者过短。根据我国刑法第73条的规定，拘役的缓刑考验期限为原判刑期以上1年以下，但是不得少于2个月；有期徒刑的缓刑考验期限为原判刑期以上5年以下，但是不得少于1年。因此，在司法实践当中有“判一缓二”或者“判三缓五”的说法。这里“判一缓二”中的“判一”指的是被判处有期徒刑的刑期是1年，“缓二”指的是缓刑的考验期是2年。“判三缓五”是指判处有期徒刑的刑期是3年，缓刑的考验期是5年。刑法第73条第3款规定，缓刑考验期限从判决确定之日起计算。这是一个缓刑考验期的计算问题。缓刑考验期和刑期不一样。我们前面讲到刑期的计算是从判决确定之日起计算，但是判决确定之前先行羁押的，应当按照一定的原则折抵刑期。比如说判处3年有期徒刑，如果犯罪分子在判决宣告前已经被羁押了1年，那么这1年应当予以折抵，他实际执行2年就够了。但如果判处有期徒刑3年，适用缓刑，确定的缓刑考验期限是5年，那么这5年就不能折抵判决羁押前的时间，也就是从判决缓刑确定之日起计算。所以缓刑考验期和一般刑罚的起算时间、起算标准是一样的，都是确定之日起计算，但是它们的区别就在于：如果是判处刑罚立即执行的话，那么判决确定前先行羁押的时间是可以折抵的；如果判处的是缓刑，那么先行羁押的时间就不能折抵。

第二是禁止令。根据刑法规定，宣告缓刑，可以根据犯罪情况，同时禁止犯罪分子在缓刑考验期限内从事特定活动，进入特定区域、场所，接触特定的人。禁止令是由法院在宣告缓刑的同时宣告的，具有保安处分的性质。

第三是缓刑考验的主体。根据我国刑法第76条的规定，对宣告缓刑的犯罪分子，依法实行社区矫正。因此，被宣告缓刑的犯罪分子是社区矫正的对象之一，缓刑的考察被纳入社区矫正的范围中来。社区矫正是由社区矫正机构来进行，社区矫正机构是由司法行政部门设置的，因此，将来缓刑考察的主体主要是专门的社区矫正机构。从世界各国的情况来看，关于缓刑往往都专门成立了缓刑的考察机构，配备专门的缓刑考察人员来进行缓刑考察，只有这样，才能保证缓刑的考察效果。

第四是缓刑考察的内容，也就是被宣告缓刑的犯罪分子在缓刑考察期内应当遵守的一些规定。根据刑法第75条的规定，被宣告缓刑的犯罪分子，应当遵守下列规定：一是遵守法律、行政法规，服从监督；二是按照考察机关的规定，报告自己的活动情况；三是遵守考察机关关于会客的规定；四是离开所居住的市、县或者迁居，应当报经考察机关批准。这四项是被宣告缓刑的犯罪分子在缓刑考察期间应当遵守的规定，是缓刑考察的内容。

第五是缓刑撤销。缓刑的撤销也是缓刑制度的一项重要内容。因为缓刑是附条件地不执行原判刑罚，如果违反这个条件那么就要撤销缓刑，因此，缓刑撤销是非常重要的。根据刑法第70、71条的规定，被宣告缓刑的犯罪分子，在缓刑考验期限内再犯新罪，或者发现判决宣告以前还有其他罪没有判决的，应当撤销缓刑，对于新犯的罪或者新发现的罪作出判决，把前罪和后罪所判的刑罚依照本法第69条的规定决定执行刑罚；对宣告缓刑的犯罪分子，在缓刑考验期限内，违反法律、行政法规或者国务院公安部门有关缓刑的监督管理规定，或者违反人民法院判决书中的禁止令，情节严重的，应当撤销缓刑，执行原判刑罚。根据这一规定，缓刑撤销事由可以分为三种，也就是具备三个条件之一就可以撤销缓刑：一是再犯新罪，在缓刑考验期限内再犯新罪。因为在缓刑考验期限内还要犯罪，就说明这个犯罪分子不堪改造，在这种情况下就应该撤销缓刑，将新犯的罪和他原先犯的罪实行数罪并罚。二是发现漏罪，也就是说在缓刑考验期间内发现该犯罪分子在判决宣告以前还有其他罪没有被判刑。在这种情况下也应当撤销缓刑，对发现的漏罪进行判决，将所判刑期和原先所宣告的刑罚实行并罚。三是有严重的违法行为，包括违反禁止令。据此也可以撤销缓刑、收监执行。这是缓刑的撤销事由。当然，如果没有发现以上三种事由，缓刑考验期满原判刑罚就不再执行。原判刑罚不再执行的意思是，犯罪在法律上依然有效，而且宣告刑罚也存在，只是被宣告刑罚不执行而已。因此，在这种缓刑考察期满原判刑罚不再执行的情况下，如果他在缓刑考察期满以后 5 年以内再犯应当被判处有期徒刑以上之罪，能不能构成累犯？关键是要看是否符合累犯的条件，累犯的条件之一就是原判刑罚执行完毕或者赦免以后 5 年以内再犯应当被判处有期徒刑以上刑罚之罪，而如果缓刑考察期满没有发生撤销缓刑的事由，那么原判刑罚不再执行。因此，这里的原判刑罚不再执行和累犯所要求的原判刑罚执行完毕，是不同的。因此，如果缓刑考察期满以后 5 年以内再犯应当被判处有期徒刑以上刑罚之罪，也不能构成累犯，因为它不符合累犯的条件。

(二) 战时缓刑

刑法第 449 条规定了战时缓刑制度。战时缓刑是指在战时，对被判处 3 年以下有期徒刑没有现实危险宣告缓刑的犯罪军人，允许其戴罪立功，确有立功表现时可以撤销原判刑罚，不以犯罪论处的制度。由此可见，战时缓刑需要具备以下几个条件：第一是时间条件。战时缓刑必须发生在战时，在战争期间。因此在和平时期对犯罪军人仍然应当按照一般缓刑来执行，而不存在战时缓刑。第二是对象条件。战时缓刑适用的对象只能是被判处 3 年以下有期徒刑的犯罪军人。另外，根据刑法第 74 条的规定，对于累犯不适用缓刑。这样一个禁止性的规定，我认为对于战时缓刑同样有效。因此，战时缓刑的对象条件是被判处 3 年以下有期徒刑的犯罪军人，并且不能是累犯。第三个条件是实质条件。战时缓刑适用的实质条件是在战争条件下，宣告缓刑没有现实危险，如果有现实危险，同样不能适用战时缓刑。

战时缓刑的法律后果和一般缓刑的不同：战时缓刑在宣告缓刑的同时，让被宣告缓刑的犯罪分子戴罪立功，如果确有立功表现，不仅原判刑罚不执行，而且不以犯罪论处。而且刑法对于战时缓刑没有规定一个期限，没有规定像一般缓刑那样的一个缓刑考察期。只要是战争期间就可以戴罪立功，如果确有立功表现，不仅原判刑罚不执行，而且不以犯罪论处。这样一个规定体现出对于犯罪军人给他一个戴罪立功的机会，对他作出一种更为宽大的处理措施。当然，如果等到战争结束了还没有立功，在这种情况下，我认为它的法律后果应当按照一般缓刑来处理，也就是说只要没有撤销缓刑的事由出现，那么就应当原判刑罚不再执行，而不得享受不以犯罪论处这样一个宽大待遇。因为不以犯罪论处是以确有立功表现为前提的，如果没有立功表现，则仅仅是原判刑罚不再执行而已。

三、减刑

（一）减刑的概念

减刑是指对刑罚进行某种变更，所以减刑制度是刑罚的变更制度。也就是说，根据量刑阶段所确定的刑罚，在执行期间并非一成不变，还是可能发生变更的。这种刑罚的变更主要是根据犯罪人的矫正情况来进行的。这种变更在逻辑上说当然有两种：一种是减刑，也就是缩短原判的刑罚；另外一种是加刑，也就是延长原判的刑罚。这两种情况都是刑罚变更。但是，根据一般的公正观念，在刑罚执行期间，只能因为犯罪分子表现比较好而减轻其刑罚，但是不能因为犯罪分子表现不好而加重其刑罚。加刑是不允许的，减刑是可以的。只有他在刑罚执行期间再犯新罪，才可以加刑，但这里的加刑实际上是对所犯的新罪所判处的刑罚。如果在刑罚执行期间犯罪分子没有再犯新罪，即使表现不好，也不能对犯罪分子进行加刑。但减刑是可以的，这是对刑罚执行期间表现较好的一种奖励。

减刑是我国刑法中特有的一项刑罚制度。其他国家没有减刑制度，但其他国家有一种所谓不定期刑制度，这里的不定期刑是相对的不定期刑。我国现在所实行的都是定期刑的制度，也就是说法官在判刑的时候，最后宣告刑或者是 10 年或者 5 年，都是定期的。但是有些西方国家采取不定期刑制度，也就是宣告刑并非定期而是不定期，但是不定期又是相对的不定期而不是绝对的不定期。这里面有一个不定期刑制度和罪刑法定原则的关系问题。法定刑也有相对确定的法定刑、绝对不确定的法定刑和绝对确定的法定刑之分。根据罪刑法定原则，绝对不确定的法定刑是不允许的，因为罪刑法定也包括刑罚的法定。刑法不能规定犯罪的应当处刑，但是处什么刑不作具体规定。这是不允许的，是违反罪刑法定原则的。绝对确定的法定刑当然符合罪刑法定原则，但是绝对确定的法定刑并不利于根据案件的具体情况来裁量刑罚，所以后来就发展出相对确定的法定刑，既体现罪刑法定原则的基本精神，又能根据案件的情节进行具体的刑罚裁量。我国和大多数国家一样，采用的是相对确定的法定刑制度，3 年以上 10 年以下，10 年以上有期徒刑、无期徒刑或者死刑，都是相对确定的。但是我国经过审判以后确定的宣告刑是绝对确定的。也就是说我国的法定刑是相对确定的，但是最后通过量刑以后确定应当执行的刑罚即宣告的刑罚是绝对确定的，例如判刑 3 年或者判刑 5 年。但是有些西方国家的宣告刑也是相对确定的，比如判刑 3 年到 10 年，或者判刑 5 年到 10 年。这就是一种不定期刑，是一种相对的不定期刑。这种相对的不定期刑的好处就是，它不把应当执行的刑期确定死了，给出一个幅度，在这个幅度之内，就看犯罪人在刑罚执行期间的表现。比如说判刑 3 年以上 10 年以下，假设刑罚执行了 5 年，如果表现很好，那么就可以释放，但是表现不好还得执行，最长要执行到 10 年，执行了 10 年即使表现再不好也得释放，因为刑期已经满了。所以在相对的不定期刑制度下，可以鼓励犯罪分子积极矫正，有一个好的表现，争取早日出狱。不定期刑制度开始主要适用于那些未成年的犯罪人或者那些比较轻微的犯罪人，但后来适用范围逐渐得到扩张。但是这种不定期刑制度也有它的弊端。因为刑期是不确定的，这种不确定的刑罚法官怎么确定才能符合这个人的犯罪事实，所以不定期刑的确定本身也有难度。此外，不定期刑在执行上也有一定的不确定性，同样会带来一定难度。所以后来西方国家在犯罪率提高之后，也就慢慢地不再采用这种相对的不确定刑制度。

我国刑法规定了减刑制度，这种制度实际上使得我国刑法中的刑罚具有某种相对的不确定性。例如，我国刑法中的有期徒刑，根据刑法规定经过减刑以后实际执行的刑罚不得少于原判刑罚的二分之一。这样一个减刑制度存在实际上使得宣告刑具有一定的不确定性。一个人被判了10年有期徒刑，根据减刑的规定，实际执行不少于二分之一，也就是5年，因此，一个犯罪分子被判了10年，他的刑罚实际上是在5年和10年之间浮动，表现好5年就可以出狱，表现不好10年才能出狱。可见，这种减刑制度的存在本身实际上就已经使得我国刑法中的宣告刑具有一定的不确定性。在国外刑法中由于存在不定期刑的制度，更由于它广泛地适用假释制度，因此它就不存在减刑制度。而在我国刑法中，由于存在减刑制度，因此实际上就没有必要采用不定期刑制度，因为不定期刑和减刑这两种制度的功能是相当的，两者都设，就会重复。

根据刑法第78条第1款的规定，减刑是指对于被判处管制、拘役、有期徒刑和无期徒刑的犯罪分子，在刑罚执行期间由于确有悔改或者立功表现，因而将其原判刑罚予以减轻的制度。

（二）减刑的条件

根据减刑的概念，我国刑法中的减刑需要具备以下三个条件：

1. 对象条件

减刑只适用于被判处管制、拘役、有期徒刑、无期徒刑的犯罪分子。这是减刑的范围，因为减刑对象的多少直接决定了减刑范围的大小。从我国刑法关于减刑对象的规定来看，减刑的适用范围还是比较广泛的，可以说，减刑适用于所有的自由刑，它适用于管制、拘役、有期徒刑、无期徒刑。这是减刑的对象条件。

这里还存在这样一个问题：被判处缓刑的犯罪分子还能不能减刑？对于这个问题，在我国刑法并没有规定，司法解释曾经规定被判处缓刑的犯罪分子也可以减刑，也就是说如果在缓刑考验期间，犯罪分子有立功表现或者表现特别突出，就可以缩短实际被判处的刑罚，即将对犯罪分子实际判处的刑罚予以减刑，然后再相应地缩短缓刑考验期。也就是说对于被判处缓刑的犯罪分子的减刑，不能直接减少缓刑考验期，而应当先将实际判处的刑罚予以减轻，然后再相应的缩短缓刑考验期。如果一个犯罪分子被判处三年有期徒刑，缓刑考验期是5年，在缓刑考验期间，如果他有特别突出的立功表现，就将实际被判处的刑罚从3年比方说减到2年，然后把他的缓刑考验期从5年减到2年。这就是缓刑的减刑。当然在

1997 年刑法修订当中，并没有把缓刑减刑的内容吸收到刑法中来，也就是说对于缓刑减刑在刑法中仍然没有作出规定。因此在 1997 年刑法之前那个司法解释的规定是否有效，这个问题是可以讨论的。从总体来看，这种缓刑减刑的情况是极为个别的，1997 年刑法修订以后到现在可能一例也没有。

2. 实质条件

减刑的实质条件是指犯罪人在刑罚执行过程中确有悔改或者立功表现。从这里可以看出来，减刑实际上是对犯罪人在刑罚执行期间具有悔改或者立功表现的一种奖励制度。也就是在刑罚执行期间表现好，有悔改或者立功表现的，就予以减轻刑罚的奖励。因此，减刑制度对于鼓励犯罪分子积极进行矫正、争取早日出狱，还是起到了很好的作用。因此，减刑制度实际上是我国监狱管理部门在对犯罪分子进行管理的时候所采用的最重要的一种手段。也就是说监狱要管理这么多犯罪分子，怎么管？在很大程度上就是靠减刑在管，减刑对犯罪分子具有诱导性：如果表现好了，就可以获得减刑。而且各个地方监狱或看守所都实行百分考核制，也就是根据犯罪分子参加劳动、完成工作任务、遵守监规、政治学习等各方面的情况进行打分，如果表现不好再扣分，而且分数达到一定的程度，比方说达到多少分就可以减刑 1 天，达到多少分可以减刑 1 个月，达到多少分可以减刑 1 年，对犯罪分子进行量化管理。这样一种百分考核制还是行之有效的。这样一种做法，应当说对于鼓励犯罪分子积极改造还是起到了很大的作用。

在我国刑法中，根据减刑的实质条件不同，又可以分为相对减刑的实质条件和绝对减刑的实质条件。

相对减刑的实质条件是指在刑罚的执行期间，认真遵守监规、接受教育改造，确有悔改表现或者有立功表现的。在这种情况下，法律规定是可以减刑，我们把这种情况称为相对减刑。根据有关司法解释的规定，这里的“确有悔改表现”是指同时具备以下四个方面的情况：认罪服法、认真遵守监规；接受教育改造；积极参加政治文化技术学习；积极参加劳动完成生产任务。只要符合这些条件就是确有悔改表现。此外，这里的立功和我在前面所讲的量刑制度中的立功不是同一概念。这里讲的立功是指在刑罚执行期间，具有下列情形之一的：(1) 揭发、检举监内外犯罪活动的，或者提供重要的破案线索，经查证线索属实的；(2) 阻止他人犯罪活动的；(3) 在生产科研中进行技术革新，成绩突出的；(4) 在抢险救灾或者重大生产事故中表现积极的；(5) 有其他有利于国家和社会的突出事迹的。这些是立功表现。只要具有悔改表现或者立功表现就可以减刑。

绝对减刑在刑法中表述为应当减刑，也就是符合一定的条件就应当减刑。应当减刑就是指必须减刑。绝对减刑的实质条件是指在刑罚执行期间，犯罪人具有重大立功表现。因此，具有重大立功表现是绝对减刑的一个必要前提。根据我国刑法第78条的规定，重大立功表现主要是指：(1) 阻止他人重大犯罪活动的；(2) 检举监狱内外重大犯罪活动且经查证属实的；(3) 有发明创造或者重大技术革新的；(4) 在日常生产、生活中舍己救人的；(5) 在抗御自然灾害或者排除重大事故中有突出表现的；(6) 对国家和社会有其他重大贡献的。所以具备以上六个条件之一的，就可以视为具有重大立功表现，就应当减刑。

3. 限度条件

减刑的限度条件表明减刑是有限度的，不能无限度地减刑。这种减刑限度的设置主要是维护判决的稳定性，实现刑罚的报应性。因为刑法对于犯罪分子根据表现好坏予以减刑，主要是考虑到预防犯罪的需要。根据犯罪人的人身危险性的减少来给予一种奖励，主要体现了一种刑罚的预防性。但如果在减刑的时候，没有这种最低减刑限度的设置，将使得判决不稳定、判决不严肃，而且也会影响到刑罚报应性的实现，因此减刑应当有一定的限度。根据我国刑法的规定，减刑以后实际执行的刑期，可以分为以下三种情形：(1) 判处管制、拘役、有期徒刑的，不能少于原判刑期的二分之一。(2) 判处无期徒刑的，不能少于13年。(3) 人民法院依照刑法第50条第2款规定限制减刑的死刑缓期执行的犯罪分子，缓期执行期满以后依法减为无期徒刑的，不能少于25年；缓期执行期满以后依法减为25年有期徒刑的，不能少于20年。这里的限制减刑制度是《刑法修正案(八)》规定的，以此增强"死缓"的严厉性。

在减刑中，还有一些具体的适用条件，例如关于减刑的幅度，减刑的起始就是什么时间可以开始减刑，以及如果是多次减刑，两次减刑之间的间隔。这些问题在刑法中都没有作出规定，但在有关的司法解释里面都作了具体规定，这些具体规定也是在减刑过程当中需要认真遵守的。

（三）减刑的程序

减刑的程序主要包括以下内容：

第一，对犯罪人的考察。因为减刑是对犯罪人在刑罚执行期间是否具有悔罪表现、是否具有立功表现的一种奖励性的后果，所以对犯罪人在刑罚执行期间的表现进行考察是适用减刑的前提。这样一种考察工作通常都是由监狱管理部门来进行，因为监狱管理部门从事对犯罪人的日常管理工作，通过这种日常管理工作就可以直接对犯罪人的表现进行考察。这是一个考察的问题。

第二，提出减刑建议书。监狱以及其他的刑罚执行机构根据犯罪人在刑罚执行期间的这种表现提出减刑建议书。

第三，依法裁量减刑，是指法院依照法律规定和犯罪人在服刑期间的悔罪或者立功表现对一定之罪犯实行减刑。就是说减刑权是由法院来行使的，监狱管理部门只具有减刑建议权。当然，这个减刑权由谁来行使这个问题本身，也是有一定争议的。监狱管理部门往往认为是自己在管罪犯，对罪犯最了解，应当由它来行使这个减刑的决定权。但是减刑权涉及刑罚的变更，它实际上是量刑权的一种延伸，而刑罚本来是法院来决定，现在要把这刑罚缩短，同样应当由法院来决定。而且由法院来决定是否减刑，和监狱管理部门的减刑建议权之间也能够互相制约，有利于减刑的公正适用。当然，由于法院实际上不可能对每个被减刑的罪犯都进行实地的考察，因此这种减刑的决定权在很大程度上也只是书面审查而已。所以有时候监狱管理部门搞一些虚假材料，实际上法官很难审查出来。当然，现在为了避免这种情况的发生，有些法院在搞试点，也就是引入听证制度：将减刑的结果预先向监狱的犯罪分子公布，他们可以提出异议，然后进行听证，以最终保证减刑决定的公正性。这种做法当然有一些作用。

四、假释

（一）假释的概念

假释制度也是一项非常重要的行刑制度。在国外，假释是被广泛适用的一项制度。假释和缓刑在功能上具有一定的类似性，它也是使监禁刑非监禁化的一项措施。如果说缓刑是使那些短期的监禁刑非监禁化，那么假释就是使那些长期的监禁刑非监禁化。顾名思义，假释指的是假释放而非真释放，所谓假的释放就是附条件地提前释放。所以假释和刑满释放是不一样的，刑满释放是真释放，而且是无条件地释放。根据犯罪事实判处 10 年刑，犯罪分子已经服满 10 年刑了，监狱当然应当无条件地予以释放，所以真的释放是无条件的。但是假释是提前释放，也就是犯罪分子的刑期并没有服满，但提前给予释放，然而，提前释放又不是无条件地释放，而是附加一定的条件，是附条件的提前释放。如果说，缓刑是附条件地不执行原判刑罚，那么假释就是附条件地提前释放。根据我国刑法第 81 条第 1 款的规定，假释是指对被判处有期徒刑、无期徒刑的犯罪分子，在刑罚执行期间认真遵守监规，接受教育改造，确有悔改表现，不致再危害社会，因而附条件地将其提前释放的制度。这是我国刑法中的假释制度。

应当说有些刑罚制度实际上各国都是通行的，像假释制度、缓刑制度、累犯制度等等，但是每个国家所具体设置的条件是不一样的，因此，我们在学习这些刑罚制度的时候，既要掌握这些制度的一般的内容，同时更需要掌握我国刑法这些制度的具体条件。这是一个基本规律。我们不能只知道我国刑罚制度的适用条件，而不知道这个制度的一般性内容，更不知道外国刑法上怎么规定，这些都需要采取比较方法来学习。

（二）假释的条件

根据我国刑法的规定，假释必须具备以下三个条件：

1. 对象条件

假释只适用于被判处有期徒刑、无期徒刑的犯罪分子，但累犯以及因杀人、爆炸、抢劫、强奸、绑架等暴力性犯罪被判处 10 年以上有期徒刑、无期徒刑的犯罪分子除外。这是假释的对象条件。在假释的对象条件里面有两项内容，一项是假释的积极条件，一项是假释的消极条件。所谓积极条件是指，假释适用于被判处有期徒刑和无期徒刑的犯罪分子。它和减刑相比较：减刑除了适用于被判处无期徒刑、有期徒刑的犯罪分子以外，还适用于被判处拘役和管制的犯罪分子，即所有被判处自由刑的犯罪分子都可以减刑，所以减刑的适用范围是较为宽泛的。而假释只适用于被判处有期徒刑和无期徒刑的犯罪分子，因为拘役和管制刑期本身就比较短，对于被判处拘役的犯罪分子来说，如果犯罪情节较轻，表现较好，可以通过缓刑来解决非监禁化的问题；而管制本身就是非监禁刑。所以假释主要是针对那些刑期比较长、已经被关押了相当长一段时间、剩下的刑期不太多了的犯罪分子，若这些犯罪分子在刑罚执行期间表现较好，予以提前释放。所以，从总体上来看，假释主要适用于被判处刑期较长的犯罪分子。根据我国刑法规定，如果是累犯以及因杀人、爆炸、强奸、抢劫、绑架等暴力性犯罪被判处10年以上有期徒刑、无期徒刑的犯罪分子，不得适用假释。因为这些犯罪人，所犯罪行本身比较重，或者人身危险性比较大，故对他们不适用假释。这是对假释的一个禁止性规定。

2. 实质条件

犯罪分子认真遵守监规、接受教育改造、确有悔改表现，假释后不致再危害社会，是适用假释的实质条件。所以假释也是对犯罪分子在刑罚执行期间具有悔改表现或者具有立功表现的一种奖励措施，它有利于鼓励犯罪分子接受教育改造。但是，假释不仅仅有鼓励犯罪分子接受教育改造这样一种功能，它还具有一种再社会化的功能，也就是假释可以作为被长期关押以后、获得自由之前的一个过渡，使犯罪分子在刑满释放以后能够很快地融入社会，重新做人。所以在西方国家，假释更多的是作为一种再社会化的措施来适用。有些国家的刑法甚至规定，一个犯罪分子服刑达到一定程度，例如四分之三或者三分之二，就应当假释。也就是把假释分为法定假释和裁量假释。如果服刑达到一定的程度就必须假释，那么就是法定假释。除了法定的假释之外，还有裁量的假释，也就是由于犯罪分子在刑罚执行期间表现好，即使没有达到法定的程度，也可以予以提前释放。在我国刑法当中，并没有规定法定的假释，我国的假释都是裁量的假释，也就是有悔罪表现或有立功表现才给予假释。在我国的刑罚执行活动当中，更普遍适用的是减刑，减刑的比例非常大，假释的比例很小。因为假释是要放到社会中去（因此在假释里面有个条件就是适用假释不致再危害社会），管理不便，于是监狱管理部门更倾向于采用减刑措施而不是适用假释措施，以避免风险。我认为，对于那些刑期比较长的犯罪人采用假释措施，还是有它的独特作用的：进一步发挥假释这种非监禁化措施在犯罪分子回归社会以后再社会化方面所具有的这种功能，使假释成为犯罪分子被长期羁押以后回归社会的过渡性中间环节。因为假释和减刑的功能有点重合，如果光看到假释的奖励功能，就不如用减刑。所以我们要看到假释的另一个功能，它跟减刑就可以互补。

3. 时间条件

假释只适用于已经执行一部分刑罚的犯罪分子。被判处有期徒刑或者无期徒刑的罪犯，必须执行一部分的刑罚才能适用假释。根据我国刑法的规定，被判处无期徒刑的犯罪分子，实际执行 10 年以上才可以适用假释；对于被判处有期徒刑的犯罪分子，必须执行原判刑期二分之一以上才能适用假释。但是如果有特殊情况，经最高人民法院核准，可以不受上述执行刑期的限制。因为假释是根据犯罪分子在刑罚执行期间的表现所采取的一种举措，因此只有在犯罪分子的刑期执行到一定程度才能看出他的表现是好是坏。因此，必须在执行一定刑期以后，才能进行假释：根据我国刑法规定，有期徒刑必须在执行二分之一以上，无期徒刑必须执行 10 年以上。但实际上，一个被判处无期徒刑的犯罪分子，服刑两年就可能减为有期徒刑，不可能服刑了 10 年还没减为有期徒刑，却突然被假释。这种情况实际上不太可能发生。其实，无期徒刑的假释是跟外国学的，但外国没有减刑，所以它才规定无期徒刑执行 10 年以上才可以假释。但在我国无期徒刑执行两年以上就减刑了，所以这个规定就毫无意义。

（三）假释的程序

假释程序也主要涉及假释的决定权。假释的决定权和减刑的决定权一样，都是由法院来行使，因为假释它实际上也是涉及刑罚变更的问题。假释也是由刑罚执行机关向中级以上人民法院提出假释建议书，人民法院应当组成合议庭进行审理，对符合法定假释条件的裁定予以假释。同时，刑法还规定非经法定程序不得假释，因此假释必须严格按照一定的程序来进行。

（四）假释的考验

假释是一种附条件的提前释放，因此要对假释规定一定的条件，如果符合这些条件、遵守这些条件，那么原判刑罚就视为执行完毕；如果违反这些条件，出现了假释撤销的事由，那么就应当撤销假释、收监执行。

根据我国刑法的规定，假释的考验主要涉及以下几个问题：

第一是假释犯的考察机关。根据刑法第 85 条的规定，被假释的犯罪分子，在假释考验期间内，依法实行社区矫正。据此把假释纳入社区矫正当中来，由专门的社区矫正机构来对假释犯进行有效的管理。

第二是假释犯的考验期限。根据刑法规定，如果是有期徒刑，那么考验期限就是剩余的刑期。这里的剩余刑期也就是提前释放后没有执行的刑期。例如一个被判处 10 年有期徒刑的犯罪分子，执行到 8 年适用假释，还有两年没有执行，这两年就是剩余刑期，这两年就作为假释的考验期限。对于无期徒刑被裁定假释的，考验期限是 10 年。这是假释的考验期限。

第三是假释犯在假释考验期间应当遵守的规定。根据刑法第 84 条的规定，被宣告假释的犯罪分子应当遵守下列规定：（1）遵守法律、行政法规，服从监督；（2）按照监督机关的规定，报告自己的活动情况；（3）遵守监督机关关于会客的规定；（4）离开所居住的市、县或者迁居，应当报经监督机关的批准。这是假释犯在假释的考验期限内应当遵守的规定。

（五）假释的撤销

假释是附条件的提前释放，如果违反这个条件，就要撤销假释、收监执行。假释的撤销必须具备一定的假释撤销事由。根据我国刑法的规定，假释撤销的事由主要有以下三项：第一是在假释的考验期限内再犯新罪。在假释的考验期限内再犯新罪，表明这个犯罪分子并没有真正改造好，因此应当撤销假释，对所犯的新罪进行判刑，然后和原先尚未执行完毕的刑罚依法决定执行的刑罚。第二是在假释的考验期间发现漏罪。在假释考验期限内发现原先还有漏罪，并没有被判处，也应当撤销假释，对发现的漏罪进行判决，并且将判决确定的刑罚与原先尚未执行完毕的刑罚依法决定执行的刑罚。第三是在假释的考验期间违反法律、行政法规或者国务院公安部门有关假释的监督管理规定，情节严重的。也就是说有一般的违法行为并且情节严重，也是撤销假释的法定事由。因此被假释的犯罪分子如果在假释的考验期限内没有严格遵守有关规定，情节严重，那么就应当撤销假释，收监执行原判尚未执行完毕的刑罚。通过以上三项假释撤销的事由可以看出，我国刑法对于被判处假释的犯罪分子还是作出了较为严格的要求。如果出现了这些法定的事由，就应当撤销假释。

最后还应当说明，如果犯罪分子在假释考验期间内没有出现法定的假释撤销事由，那么它的法律后果是原判刑罚视为执行完毕。所以，它和缓刑的后果不一样，缓刑的后果是原判刑罚不再执行，它的后果是原判刑罚视为执行完毕。因此，在假释考验期满以后、5 年以内再犯应当被判处有期徒刑以上刑罚之罪，就应当构成累犯。因为累犯有个前提条件是原判刑罚执行完毕，那么假释考验期满假释没被撤销，视为原判刑罚执行完毕，这样就符合了累犯的前提条件。

第十八讲

刑罚消灭

刑罚消灭也是刑罚论中的一个重要内容。这里所谓的刑罚消灭是指由于法定的或者事实的原因，使国家的刑罚权归于消灭。刑罚的消灭主要有三种情况：第一种是刑罚请求权的消灭，第二种是刑罚裁量权的消灭，第三种是刑罚执行权的消灭。刑罚消灭制度主要是解决刑罚的人道性、刑罚的合理性的问题。根据绝对的报应观念，有罪必罚，不管出现什么情况都要处罚。这种绝对的刑罚观念会造成刑罚的苛刻、刑罚的不合理，同样它也不符合刑罚的预防犯罪这样一个目的。而刑罚消灭制度正是对这种罪刑关系进行某种调整，使得刑罚更加合理。如果出现了某些法定的或者酌定的事由，刑罚就归于消灭，就不再追究刑事责任。因此，刑罚消灭必须具备一定的事由，只有出现了这个事由刑罚才能被消灭。在本讲中，我主要讲解刑罚消灭的事由。

一、刑罚消灭的事由

1. 刑罚请求权消灭的事由

刑罚请求权通常是指起诉的权利。起诉可以分为公诉和自诉，公诉指的是由国家公诉机关提起诉讼，要求追究被告人的刑事责任；而自诉是由被害人本人提起诉讼，要求追究被告人的刑事责任。刑罚请求权消灭的事由主要有以下五种：（1）被告人死亡，也就是说在起诉之前被告人死了。比如说有的犯罪人杀人，杀完以后自杀了。虽然发生了一起杀人案件，但是犯罪人他自杀了，这种情况下就不能再对他适用刑罚，因此刑罚请求权就消灭了。（2）追诉时效完成，也就是说虽然有犯罪存在，但是在相当长一段时间里面，没有进行追诉。追诉时效期满，那就不能再追诉了，刑罚请求权被消灭。（3）自诉之罪，有权告诉的人不予告诉。自诉案件，有告诉权的人不告诉，这个刑罚请求权也被消灭。（4）犯罪后、起诉前，法律已经废止其刑。也就是某一个犯罪人实施了这个犯罪行为以后，可能已经被采取了一定的强制措施，但是在起诉到法院之前，这个罪名被法律非犯罪化了，即法律规定不再它是犯罪了。在这种情况下，刑罚请求权消灭。（5）大赦。

2. 刑罚裁量权消灭的事由

刑罚裁量权消灭的事由包括：（1）被告人死亡。在起诉以后、刑罚宣告以前，被告人死亡，那么就要终止诉讼。（2）对于告诉才受理之罪，自诉人撤回告诉。（3）犯罪后、判决确定前，法律已废止其刑。（4）大赦。（5）前科消灭。

3. 刑罚执行权消灭的事由

刑罚执行权消灭的事由包括：（1）大赦。（2）特赦。（3）在对犯罪人判处刑罚的判决确定后，刑罚尚未执行或执行完毕前，法律已废止其刑。（4）免除刑罚。（5）行刑时效完成。这也是时效，是行刑时效，是指在判决确定以后，刑罚必须在一定的时间内执行，如果在一定的时间内没有执行，这个行刑权就消灭了，就不能再对犯罪人执行刑罚了。（6）缓刑期满。（7）减刑。（8）假释期满。（9）刑罚执行完毕。（10）犯罪人死亡。（11）减、免刑罚执行。（12）复权。

从刑罚消灭的事由可以看出来，在不同的阶段，刑罚消灭的事由有所不同，但刑罚消灭的基本原理是相通的，都是由于出现了某些法定或者事实的原因，导致刑罚权不能再行使。在这些原因里面，有些是导致刑罚权客观上不能行使的原因，比如说犯罪人死了，死了法律就不能对他追究责任了。当然，死了也不是不能追究责任，过去在封建社会里刑罚很残酷，甚至人死了以后还要把尸体从坟墓里挖出来，进行鞭尸。现代刑罚制度具有人道主义的属性，既然人死了就不再对他追究责任，这样就使得刑罚不能再执行。另外还有一部分原因是一些宽大的措施，比如说赦免或者追诉时效、行刑时效等等。这是关于刑罚消灭事由的一般说明。

二、时效

虽然我国刑罚只规定了追诉时效，但在刑法理论上，时效可以分为追诉时效和行刑时效。下面在对追诉时效和行刑时效分别加以论述的基础上，我对我国刑法关于追诉时效的规定进行重点讲解。

（一）追诉时效

追诉时效是指刑法规定的国家对犯罪人行使刑事追诉权和刑罚执行权的有效期限，也就是说在犯罪以后一定时间之内这种追诉是有效的，如果超出这个时间就不能再追诉了。因此，追诉时效是对行使追诉权确定一个时间的限制。这种追诉时效，它也主要是刑法理论上目的刑的一种思想体现，它和报应主义的刑罚观念是绝对相反的。根据报应主义的刑罚观念，一个人只要犯了罪了，不管逃到天涯海角，不管过了多少时间，一定要进行刑事追究。这是一种报应刑的思想。但根据目的刑的思想，国家追究犯罪本身不是对犯罪人进行报应，而是为了达到预防犯罪的效果。既然一个人犯罪以后过了一定时间，他没有再去犯罪，社会关系也已经恢复了，那么就不需要再对他进行追究了，或者说对他进行追究也起不到一般预防和特别预防的作用。在这种情况下，这种刑事追究就变得毫无意义，因此就不需要再进行追究，于是法律就规定了追诉时效。

（二）行刑时效

行刑时效是指刑罚执行的时效，也就是在判决宣告确定刑罚以后，如果在一定的法定期限内，由于各种原因刑罚没有执行，那么原判刑罚就不得再执行。这种行刑时效在一般人看来，尤其根据报应主义的观点，是不能获得认可的。但行刑不受时间的限制，不仅使刑罚过于苛厉，而且也没有教育意义。因而行刑时效为目的刑思想所推崇。当然，一个人被判刑以后，一般来说都能马上被执行，但有个别的情况，当时由于种种原因没有执行，超过一定时间就不能再执行。行刑时效在国外刑法中往往都有规定，但在我国刑法当中只规定了追诉时效，没有规定行刑时效。

（三）我国刑法的规定

我国刑法规定了追诉时效制度，追诉时效的时间长短是和他所犯的罪行轻重相适应的，也就是说，所犯的罪越重，那么追诉时效的期限就越长；所犯的罪越轻，追诉时效的期限就越短。根据刑法第 87 条的规定，犯罪经过下列期限不再追诉：（1）法定最高刑不满 5 年有期徒刑的，经过 5 年。（2）法定最高刑为 5 年以上不满 10 年有期徒刑的，经过 10 年。（3）法定最高刑为 10 年以上有期徒刑的，经过 15 年。（4）法定最高刑是无期徒刑、死刑的，经过 20 年。如果 20 年以后认为必须追诉的，需报请最高人民检察院核准。这是我国刑法当中关于追诉时效期限的一个规定，这个规定体现了罪刑均衡原则。

在追诉时效中，还有几个问题需要注意：第一是追诉时效期限的起算。刑法规定追诉时效从犯罪之日起计算，也就是哪一天犯罪的，追诉时效期限就从哪一天开始计算；但是如果犯罪有连续或者继续状态的，从犯罪的连续或者继续状态终止之日起计算。比如说非法拘禁，非法拘禁是一种继续犯，追诉期限不能从拘禁之日起计算，不然，如果关了 20 年，过了 20 年就超过追诉时效了，就不能再追诉了，这显然是不合理的。根据我国刑法规定，犯罪有继续状态的，追诉期限应当从继续状态停止之日起计算。犯罪有连续状态，也是如此，从最后一次犯罪开始计算。第二是关于追诉时效的中断。追诉时效主要是对于犯罪人给予宽大处理，如果犯罪人在一定时间内没有再犯罪，那么超过这个时效就不再追诉。但是如果犯罪人在一定的期间内又实施了犯罪，那么追诉时效还应当计算。为此，刑法就设置了追诉时效的中断制度和追诉时效的延长制度。（1）追诉时效的中断是指，在追诉时效进行期间，因发生法律规定的事由，使已经经过的追诉时效归于失效，追诉期限从法律规定的事由发生之日起重新计算的制度。根据我国刑法规定，在规定期限以内又犯罪的，前罪追诉的期限从犯后罪之日起计算。也就是说如果在追诉时效进行期间，犯罪人再犯新罪，那么前罪已经经过的时效就无效了，从再犯新罪之日起计算前罪的追诉时效，对于后罪的追诉时效当然是从再犯罪开始计算。(2) 追诉时效的延长，是指在追诉时效进行期间，由于发生了法律规定的事由，致使追诉时效无限制地延伸的制度。根据刑法第88条的规定，我国刑法上追诉时效延长分为两种：第一种是逃避侦查或审判活动的，追诉时效无限制地延长；第二种是被害人在追诉期限内提出控告，人民法院、人民检察院、公安机关应当立案而不立案的，不受追诉时效的限制。这种追诉时效的中断制度和追诉时效的延长制度主要是为了起到一种救弊的作用，也就是弥补追诉时效不足的作用，使得追诉时效一方面体现对犯罪人的宽大精神，另一方面又能够防止某些犯罪人钻追诉时效制度的空子，充分发挥刑罚的惩治效果。

三、赦免

赦免是刑罚消灭事由之一，宪法对赦免权作了规定，但刑法对赦免并没有规定。赦免可以分为大赦与特赦。大赦是指一般的赦免，赦免范围及于所有罪犯。而特赦是指对特定人的赦免，赦免范围只及于特殊罪犯。从我国的司法实践来看，没有实行过大赦，只是实行过特赦，距离最近的是2019年的特赦：根据十三届全国人大常委会第十一次会议通过的全国人大常委会关于特赦部分服刑罪犯的决定，对参加过抗日战争、解放战争等九类服刑罪犯实行特赦。根据主席特赦令，对依据2019年1月1日前人民法院作出的生效判决正在服刑的九类罪犯实行特赦：一是参加过中国人民抗日战争、中国人民解放战争的；二是中华人民共和国成立以后，参加过保卫国家主权、安全和领土完整对外作战的；三是中华人民共和国成立以后，为国家重大工程建设做过较大贡献并获得省部级以上“劳动模范”“先进工作者”“五一劳动奖章”等荣誉称号的；四是曾系现役军人并获得个人一等功以上奖励的；五是因防卫过当或者避险过当，被判处3年以下有期徒刑或者剩余刑期在1年以下的；六是年满75周岁、身体严重残疾且生活不能自理的；七是犯罪的时候不满18周岁，被判处3年以下有期徒刑或者剩余刑期在一年以下的；八是丧偶且有未成年子女或者有身体严重残疾、生活不能自理的子女，确需本人抚养的女性，被判处3年以下有期徒刑或者剩余刑期在一年以下的；九是被裁定假释，已执行1/5以上假释考验期的，或者被判处管制的。

陈兴良刑法学
CHEN XINGLIANG CRIMINAL LAW

● 陈兴良/著

口授刑法学

（下册）
（第二版）

Oral Criminal Law

中国人民大学出版社
·北 京·

下册目录

第十九讲　刑法分则概述 …… 1

一、刑法分则的形成 …… 1

二、刑法分则的体系 …… 5

三、刑法分则的内容 …… 10

第二十讲　故意杀人罪 …… 20

一、故意杀人罪的概念 …… 20

二、故意杀人罪的构成 …… 22

三、故意杀人罪的认定 …… 42

四、故意杀人罪的处罚 …… 57

第二十一讲　过失致人死亡罪 …… 61

一、过失致人死亡罪概述 …… 61

二、过失致人死亡罪的构成 …… 62

三、过失致人死亡罪的认定 …… 68
四、过失致人死亡罪的处罚 …… 80

第二十二讲　故意伤害罪 …… 81
一、故意伤害罪概述 …… 81
二、故意伤害罪的构成 …… 85
三、故意伤害罪的认定 …… 96
四、故意伤害罪的处罚 …… 114

第二十三讲　强奸罪 …… 115
一、强奸罪概述 …… 115
二、强奸罪的构成 …… 123
三、强奸罪的认定 …… 148
四、强奸罪的处罚 …… 166

第二十四讲　抢劫罪 …… 167
一、抢劫罪概述 …… 167
二、抢劫罪的构成 …… 168
三、抢劫罪的认定 …… 184
四、抢劫罪的处罚 …… 208

第二十五讲　盗窃罪 …… 213
一、盗窃罪概述 …… 213
二、盗窃罪的构成 …… 214
三、盗窃罪的认定 …… 249
四、盗窃罪的处罚 …… 278

第二十六讲　诈骗罪 …… 279
一、诈骗罪概述 …… 279
二、诈骗罪的构成 …… 283
三、诈骗罪的认定 …… 296
四、诈骗罪的处罚 …… 354

第二十七讲　侵占罪 …… 355
一、侵占罪概述 …… 355
二、侵占罪的构成 …… 356
三、侵占罪的认定 …… 374
四、侵占罪的处罚 …… 391

第二十八讲　贪污罪 …… 393
一、贪污罪概述 …… 393
二、贪污罪的构成 …… 394
三、贪污罪的认定 …… 414
四、贪污罪的处罚 …… 430

第二十九讲　挪用公款罪 …… 431
一、挪用公款罪概述 …… 431
二、挪用公款罪的构成 …… 432
三、挪用公款罪的认定 …… 449
四、挪用公款罪的处罚 …… 454

第三十讲　受贿罪 …… 456
一、受贿罪概述 …… 456
二、受贿罪的构成 …… 458

三、受贿罪的认定……484
四、受贿罪的处罚……533

第三十一讲　重大责任事故罪……535
一、重大责任事故罪概述……535
二、重大责任事故罪的构成……538
三、重大责任事故罪的认定……551
四、重大责任事故罪的处罚……573

第三十二讲　非法经营罪……574
一、非法经营罪概述……574
二、非法经营罪的构成……576
三、非法经营罪的认定……603
四、非法经营罪的处罚……614

第三十三讲　寻衅滋事罪……616
一、寻衅滋事罪概述……616
二、寻衅滋事罪的构成……617
三、寻衅滋事罪的认定……627
四、寻衅滋事罪的处罚……642

第三十四讲　玩忽职守罪……643
一、玩忽职守罪概述……643
二、玩忽职守罪的构成……644
三、玩忽职守罪的认定……653
四、玩忽职守罪的处罚……657

第十九讲

刑法分则概述

刑法分则，是相对于刑法总则而言的。刑法总则是关于定罪量刑的一般原则和制度的规定，而刑法分则是关于具体犯罪及其法定刑的规定。在本讲中，我对刑法分则中的基本理论问题加以阐述，以便为个罪的研究奠定基础。

一、刑法分则的形成

从刑法史的角度来看，刑法规定存在着一个从个别立法到一般立法的演变过程。先有关于个别犯罪的规定，后来才有关于犯罪的一般规定。这里存在一个人类的认识能力逐渐提高的问题。最初，人的认识能力比较低下，在法律上首先规定的是就个别具体犯罪。后来随着人类抽象认识能力的提高、立法经验的积累，才出现对犯罪的一般规定。从个别立法到一般立法，这几乎是立法史的基本规律。现在一般把个别性的规定视为分则性的规定，把一般性的规定视为总则性的规定。就此而言，可以说首先有分则性的规定，其后才有总则性的规定。我们这样一种看法已经是建立在总则和分则相区分的基础上，但是实际上，由于古代刑法的总则和分则并没有明确的区分，刑法规定就是刑法规定，而无所谓总则和分则之分，总则和分则的区分是立法经验逐渐积累以后，在近代才出现的。

从我国刑法的演变来看，春秋时期李悝著《法经》，共有6篇：《盗法》《贼法》《囚法》《捕法》《杂法》《具法》。这样的排列是中国最初的法典的雏形。李悝认为“王者之政莫急于盗贼”，因而把《盗法》和《贼法》列于《法经》之首。这里的“盗”指的是侵犯财产的犯罪，这里的“贼”指的是侵犯人身的犯罪。在任何一个社会侵犯财产的犯罪和侵犯人身的犯罪都最常见多发，也是对社会危害最大的两类犯罪，因此被李悝列在《法经》之首。《法经》的最后一篇是《具法》，其作用在于“具其加减”，具有一种量刑指导的功能。从《法经》的排列来看，《盗法》《贼法》《囚法》《捕法》《杂法》都属于具体性的规定，也就是分则性的规定，而列于最后的《具法》具有我们现在所说的刑法总则的性质。因此，从《法经》的逻辑看，是把分则规定放在前面，把具有总则性质的规定放在最后。这样一种排列就反映了从个别到一般的思维习惯。到我国的曹魏以后，魏文帝下诏改定刑制，编成新律十八篇，将其中的《刑名》冠于律首，“集罪例以为刑名，冠于律首”，即把总则性的规定放在整个法律的最前面。这是一个重大的改变，反映了人类思维的变化，把一般性的规定放在前面，把具体性的规定放在后面。晋朝的著名律学家张斐曾经指出：“刑名所以经略罪法之轻重，正加减之等差，明发众篇之多义，补其章条之不足，较举上下纲领”。意思是说，《刑名》这一篇在整个刑律当中是纲领，对其他的规定起到指导、补充的作用。到了《唐律》，正式确定了《名例律》，置于12篇之首，相当于现代刑法的总则性规定。在解释为何把《名例律》置于各篇之首的时候，《唐律疏议》有这样一段话：“名者，五刑之罪名；例者，五刑之体例。名训为命，例训为比，命诸篇之刑名，比诸篇之法例。但名因罪立，事由犯生，命名即刑应，比例即事表，故以名例为首篇。”《名例律》源于《法经》中的《具法》，但它在整个刑法中的地位发生了重大变化：在《法经》中，《具法》置于末尾；在《唐律》中，《名例律》置于各篇之首。《名例律》虽然相当于我们现在的刑法总则，但《名例律》的内容以及名例和各篇的关系，和我们现在的刑法总则及其与刑法分则的关系还是有所不同。虽然《名例律》在《唐律》中已经把一些一般性的规定专列一篇置于篇首，但是还不能认为《唐律》已经明确地将刑法总则和刑法分则加以区分了，因为《名例律》和其他 11 篇是并列关系，而我们现在刑法的总则和分则的关系则是抽象和具体、一般和个别的关系，所以两者的逻辑关系并不相同。另外是罪刑关系的区别:《名例律》的“名”指的是刑名，乃“五刑之罪名”；“例”是“五刑之体例”，主要是关于刑罚适用的规定，例如十恶、八议、自首、共犯、数罪并罚等。在《名例律》中很少涉及关于定罪方面的内容，根本没有涉及关于犯罪成立的一般性条件。我国古代的刑法是以刑罚为本位，因此，我国古代的刑法应称为刑罚法而不是犯罪法。这里涉及“罪”和“刑”的关系：到底以“刑”为本位还是以“罪”为本位？古代刑法往往以“刑”为本位，现代刑法往往以“罪”为本位，强调犯罪成立条件，因为刑罚是建立在犯罪成立基础上的。对保障公民权利和自由而言，严格规定犯罪成立条件才是最为重要的。但是古代社会的刑法往往以“刑”为本。这是刑法体例上的古今之别，这种差别所反映出来的是刑法价值上的重大区别。

从我国古代刑法的发展历程可以看出从个别性规定到一般性规定的规律，但是刑法总则和刑法分则的分立是由 1810 年的《法国刑法典》正式确立的。一位德国学者对刑法典的划分作了这样的描述：刑法典划分为总则和分则是为了适应立法技术的需要，自 18 世纪以来，基本上所有欧洲国家刑法典的编纂中都有总则部分，最初见于《巴伐利亚刑法典》，后见于《普鲁士法》(1794 年)。被视为 19 世纪刑法典榜样并且具有特殊意义的是 1810 年的《法国刑法典》总则部分的第一篇和第二篇。《法国刑法典》中总则和分则的区分，是根据形式和实体的标准来进行的。从形式上看，总则涵盖了对分则部分的刑罚规定具有重要意义的所有规定，因此，应当置于重要的位置，而分则部分规定了具体的犯罪类型和涉及具体犯罪或犯罪类型的补充性规定。从实体内容上讲，分则包含了对犯罪的描述，因而也就包含了说明刑事不法行为的具体理由的规定，而总则中涉及不法行为的规定（例如合法化事由、未遂犯、共同犯罪等），对犯罪种类只是具有补充性功能，从来不会具有独立的说明不法行为的具体理由的意义。这一论断说明刑事不法行为的具体理由是由刑法分则来完成的：尽管在刑法总则中规定了关于犯罪的一般概念，但是到底什么样的行为构成犯罪、应该处以什么刑罚这样具体的任务应该由刑法分则来完成。所以离开刑法分则，对不法行为定罪实际上是不可能的。罪刑法定，从这个意义来说，主要是依赖刑法分则来实现的。苏俄刑法学者在十月革命以后，由于受到法律虚无主义影响，曾提出过这样的设想：只要有刑法总则，只需要在刑法总则中规定一个一般性的犯罪概念，而不需要有刑法分则，至于具体哪种行为构成犯罪，可以赋权法官根据刑法总则关于犯罪的一般性概念来具体判断。如果这样的思想付诸实施，是很危险的：刑法总则只能规定犯罪的一般概念，并不能为认定犯罪提供具体的标准，因而，必然会导致司法的擅断。在罪刑法定原则的实现过程中，刑法分则起到了巨大的作用。我们必须看到，罪刑法定原则之实现，必然要有一定的立法技术作为保障。由此可见，刑法总则和刑法分则的分立是近代刑法史上具有标志性意义的事件，对刑法分则规范应该在与刑法总则规范相对应的角度来加以理解。

通过对刑事立法史的考察可以看出，刑法总则和刑法分则的分立是人类经验积累的结果，是人们对犯罪和刑罚的认识不断提高的结果，其中立法技术起到了特别重要的作用。

我们说刑法总则和刑法分则是从刑法典的角度来说的，但是刑法典并不是刑法内容唯一的载体，除刑法典外，还包括单行刑法和附属刑法。但是，刑法的总则性规范都规定在刑法典当中，单行刑法和附属刑法主要规定刑法的分则性规范。因此在理解刑法分则规范的时候，不仅要看到刑法典中的分则性内容，而且要看到单行刑法和附属刑法中关于具体犯罪的规定。之所以刑法的总则性规范都规定在刑法典当中，是因为刑法的总则性规范具有稳定性，是定罪量刑的一般规则，而刑法分则的规范是关于具体犯罪的规范，往往具有变动性，因此，刑法分则规范散见于单行刑法和附属刑法当中。尤其在现代社会，各种新型的犯罪层出不穷，刑法典又不能经常进行修改。在这种情况下，大量附属刑法规范出现，从而使刑法的统一性遭到破坏。这是保持刑法的稳定性而必须要付出的代价。因此不管是大陆法系国家还是英美法系国家，刑法典的条文都很有限，大量的罪名都规定在单行刑法和附属刑法中。例如日本刑法典的条文比我国刑法典的条文还要少，刑法典规定的罪名也很少，只是些最常见的、对多数人都适用的罪名，但是在有关附属刑法中规定的罪名有上万个，因此，决不能得出这样的结论：某个罪名在刑法典里没有规定，就说在其刑法里没有规定。虽然在刑法典中没有规定，但在单行刑法或者附属刑法中可能有规定。因此，不能把刑法规定等同于刑法典的规定。我国的 1979 年刑法是我国的第一部刑法，规定的罪名也很有限。从 1979 年到 1997 年刑法修订之前，我国立法机关通过单行刑法的方式先后制定了 24 个决定或补充规定，大量增加和补充了有关的罪名，并且在附属刑法中也规定了有关的罪名。在 1997 年刑法修订过程中，当时立法者基于制定一部统一的刑法典的理念，就把刑法典之外的散见于各单行刑法和附属刑法中的罪名都吸纳到刑法典。我国在立法方法上，拒绝采用附属刑法的立法方式，因此在经济法、行政法中不能规定具体犯罪和法定刑。这是在立法体例上和外国刑法的重大差别。过去我国对刑法进行补充往往采取单行刑法的方式，例如通过决定或者补充规定对刑法的内容进行修改。现在我国大量采用的是刑法修正案的方式，已经通过了 12 个修正案。修正案到底是刑法本身的一部分，还是在性质上相当于一个单行刑法？我认为，修正案是刑法本身的一部分，在修正案通过以后就应当对刑法典进行重新编纂，把修正案的内容吸纳到刑法典当中，然后刑法修正案就丧失了独立存在的意义。在判决书中引用的时候，应该引用修改后的刑法典的条文。

在刑法典以外存在大量的单行刑法和附属刑法表现出来的刑法分则规范的情况下，存在一个两者关系如何处理的问题。意大利学者将刑法典以外的专门的与补充性的刑事立法的大量出现称为非法典化的过程，在如何处理刑法典与这些特别立法的关系问题上，主张强调刑法典优先的原则。这里的刑法典优先，既包括刑法总则的优先，也包括刑法分则的优先。我国刑法第 101 条规定："本法总则适用于其他有刑罚规定的法律，但是其他法律有特别规定的除外。"可以说，我国刑法的这一规定也体现了刑法典优先尤其是刑法总则优先的原则。

二、刑法分则的体系

刑法分则的条文如何排列，尤其是刑法分则规范排列依据什么内在逻辑关系，是在考察刑法分则体系的时候应当注意的一个问题。这个问题的实质是如何对犯罪进行分类，因为刑法分则规范只不过是犯罪分类的表述方式而已。

我国古代的犯罪分类存在一个从以刑统罪到以罪统刑的演变过程。最初对犯罪按照刑罚进行归类，处以同样刑罚的犯罪归为一类。这就是所谓以刑统罪。例如《周礼》记载："司刑掌五刑之法，以丽万民之罪，墨罪五百，劓罪五百，宫罪五百，刖罪五百。"这是说判处墨刑的罪名有500个，判处劓刑的罪名有500个，判处宫刑的罪名有500个，判处刖刑的罪名有500个。直到春秋时期，李悝著《法经》才改变了这种以刑统罪的立法传统，开始依据犯罪本身的性质和特征对犯罪进行分类。《法经》共有6篇：《盗法》《贼法》《囚法》《捕法》《杂法》《具法》。除《具法》以外，前5篇都是根据犯罪的分类所排列的法律条文。《盗法》是对侵犯财产犯罪的分类，《贼法》是对侵犯人身犯罪的分类，《囚法》是对关押犯人犯罪的分类，《捕法》是对捕获犯人犯罪的分类，而无法归入以上4篇的罪名都归入《杂法》。到了《唐律》，除了《名例律》是总则性的规定以外，另外11篇都是犯罪的类别。第二篇《卫禁律》是关于宫廷保卫方面的犯罪规定；第三篇《职制律》，是职务方面的犯罪；第四篇《户婚律》，是关于婚姻家庭方面的犯罪；第五篇《厩库律》，是关于公物管理方面的犯罪；第六篇《擅兴律》，是关于军事方面的犯罪；第七篇《贼盗律》，是关于侵犯人身权利和财产权利方面的犯罪；第八篇《斗讼律》，是关于违反诉讼法而构成的犯罪；第九篇《诈伪律》，是关于诈骗方面的犯罪；第十篇《杂律》，是无法归入其他犯罪的一些罪名；第十一篇《捕亡律》，是关于逮捕犯人中的犯罪；第十二篇《断狱律》，是关于审判犯人中的犯罪。从这里还是能隐约地看到《法经》的影子，例如《杂律》就相当于《法经》当中的《杂法》，《捕亡律》相当于《捕法》，《断狱律》相当于《囚法》，《贼盗律》相当于《盗法》和《贼法》。《唐律》是一个刑法的基本框架，就其内容而言涉及当时社会生活的各个方面，但是就其中任何一种违法行为最后都要处以刑罚，体现了当时的泛刑法主义。这不像我们现在有民法、商法、行政法、诉讼法，当时是诸法合体，但是任何一种违法行为最后都要处以刑罚。

在《唐律》的这11类犯罪中，它的分类标准是不太统一的。例如关于杀人罪，它将谋杀规定在《贼盗律》中，而在《斗讼律》中又规定了故杀、斗杀、戏杀、过失杀人等等。但是《唐律》关于犯罪的分类还是反映了当时实际的需要，体现了我国古代的政治制度和司法制度，主要反映了对封建皇权的保护。《唐律》的立法技术和当时其他国家的相比较也是达到了一个很高的水平，其编纂体系和分类类别为后来的《宋刑统》《明律》《清律》所继承。

近代刑法的分类始于意大利著名刑法学家贝卡利亚的刑法思想。贝卡利亚根据犯罪所侵害的法益将犯罪分为以下三类：第一类是直接侵害社会或社会的代表的犯罪，即侵害国家法益的犯罪。第二类是侵犯私人安全的犯罪，包括侵犯人身、财物的犯罪，即侵害个人法益的犯罪。第三类是扰乱公共秩序和公民安宁的犯罪，即侵害社会法益的犯罪。在贝卡利亚思想的影响下，1810 年《法国刑法典》对犯罪分类采用的是两分法，即侵害国家法益的犯罪与侵害个人法益的犯罪，并且将侵害国家法益的犯罪列于侵害个人法益的犯罪之前，以体现对国家法益的重点保护。当时国家法益和社会法益还没有很明确的区分，但无论是国家法益还是社会法益都是一种公法益，公民个人的法益是一种私法益。但 1871 年的《德国刑法典》对犯罪分类采用的是三分法：侵害国家法益的犯罪、侵害社会法益的犯罪和侵害个人法益的犯罪。这样的分类只是提供了刑法分则体系的一个大的框架，在侵害国家法益的犯罪、侵害社会法益的犯罪和侵害个人法益的犯罪下面又分别分了很多小类，这样就使得刑法分则体系逐渐地完善起来。特别是在 1871 年的《德国刑法典》中明确地把侵害国家法益的犯罪和侵害社会法益的犯罪加以区分，从而体现了市民社会的成熟、市民社会和政治国家的二元区分。在第二次世界大战以后，由于强调人权保障，因此犯罪在刑法分则中的排列顺序也发生了相应的变化：将侵害个人法益的犯罪排在最前面，其次是侵害社会法益的犯罪，最后才是侵害国家法益的犯罪。这也就印证了这样一个观点：刑法分则体系的排列顺序绝不仅是一个技术性问题，背后包含了一定的刑法价值理念。例如在 1994 年《法国刑法典》对犯罪就按以下顺序排列：侵犯人身之重罪、轻罪，侵犯财产之重罪与轻罪，危害民族、国家及公共安宁罪，其他重罪与轻罪。这个排列就是从个人到社会，再到国家的排序。尤其是 1996 年《俄罗斯刑法典》也把侵害人身的犯罪排在分则的最前面，其后是经济领域的犯罪、危害公共安全和社会秩序的犯罪、反对国家政权的犯罪、军职罪以及破坏人类和平和安全的犯罪。《俄罗斯刑法典》对分则的排列也是顺应了世界的潮流，把侵害个人的犯罪排在了最前面。有些国家的刑法典在犯罪的排列顺序上并没有作出变动，例如《德国刑法典》。《日本刑法典》也没有变化，还是沿用1907年的刑法典。但是在刑法理论上，这些国家的学者往往不是按照刑法典的排列顺序来对刑法分则的具体犯罪进行理论阐述，即尽管在刑法典中是按照侵害国家法益的犯罪、侵害社会法益的犯罪和侵害个人法益的犯罪来排列，但是在刑法教科书中已经把这个顺序颠倒过来了。例如日本学者大塚仁在论及应该怎样安排刑法各论的叙述顺序时指出：重视日本宪法中尊重个人的原理，同时考虑到讲学上的便利，其《刑法概说（各论）》一书按照针对个人法益的犯罪这种顺序来叙述。我国刑法分则基本是在模仿《苏俄刑法典》的基础上形成的，刑法分则各个犯罪种类的排列是以犯罪严重程度为依据，同时也考虑其他特殊情况，例如1979年刑法将犯罪分为八大类：反革命罪、危害公共安全罪、破坏社会主义经济秩序罪，侵犯公民人身权利、民主权利罪，侵犯财产罪、妨害社会管理秩序罪，妨害婚姻、家庭罪，渎职罪。我国学者在解释这一排列顺序时指出：这种分类突出我国刑法首先打击反革命罪和其他危险的犯罪。反革命罪是最危险的犯罪，在刑法分则体系中被放在各类犯罪的首位。危害公共安全罪往往危及不特定多数人的生命、健康和公共财产，具有公共危险的性质，在普通刑事犯罪中危害性最大，所以放在反革命罪之后、其他各类犯罪之首。此外，破坏社会主义经济秩序罪和侵犯公民人身权利、民主权利罪，都是危害性很大的犯罪，因而放在危害公共安全罪之后、其他各类犯罪之前。这明显地表现出我国刑法打击锋芒的主要所向。这样的排列顺序强调对国家和社会利益的重点保护。

在1997年刑法修订中，刑法分则中各类犯罪的排列是一个争议较大的问题。当然也有个别学者指出，宜对犯罪排列顺序作重大调整，应当按照侵害个人法益的犯罪、侵害社会法益的犯罪、侵害国家法益的犯罪的顺序排列。但这只是个别学者的观点，还不是讨论的重点，立法机关也并未关注这一点，当时更多的讨论集中在是采用大章制还是小章制。大陆法系的刑法分则大多采用小章制，犯罪分类可以分为若干层次。1994 年《法国刑法典》的分则有卷、编、章、节四个层次，例如第二卷侵犯人身之重罪、轻罪，第二编侵犯人身罪，第一章伤害人之生命罪，第一节故意伤害生命罪。1996 年的《俄罗斯刑法典》的分则也已经将侵害人身的犯罪放在了各章之首，并有“篇”和“章”两个层次。我国 1979 年刑法典中，罪名较少，分则只设章一个层次问题不大，但到 1997 年刑法典，罪名已经大量增加。在这种情况下，如何对犯罪进行归类排列就是一个值得研究的问题。当时有大章制与小章制之争。主张采用大章制的学者认为，为了保持刑法的稳定性，1979 年刑法是分为八大类，尽管后来通过全国人大常委会决定的方式对犯罪作了大量的补充，尤其是在刑法分则方面增加了很多罪名，但大章制可以保持稳定性，个别章节的罪名比较多的话可以采取章下设节的方式。采用小章制的一种观点主张章下不设节，把原来作为节来讨论的犯罪上升为章。最后立法机关经过权衡以后，还是基本上采用了大章制的体例。这样的刑法分则体系，具有一定的连续性，但从它的逻辑关系来说，还是存在一定的问题：有的章下设节，有的章下不设节，各章的篇幅悬殊。有些章罪名很少，只有十几个罪名；有些章罪名很多，例如第三章下设八节，第六章下设九节，所以显得不够协调。最后应当指出，尽管刑法分则体系保持大章制，并且按照侵害个人法益的犯罪、侵害社会法益的犯罪、侵害国家法益的犯罪的顺序排列，但是在刑法分则的教科书当中，对刑法分则的罪名如何来进行解释？现在，大多数的刑法分则教科书还是按照它的体例、刑法分则的罪名进行解释的，因此，绝大多数刑法分则教科书的体例和刑法分则的体例是一致的。这样的情况对于我们理解刑法分则条文有一定的帮助。现在已经有一部分学者已经不是按照刑法分则的体例进行分类，而是按照侵害个人法益的犯罪、侵害社会法益的犯罪、侵害国家法益的犯罪的顺序来解释分则，例如清华大学周光权教授的《刑法各论讲义》（清华大学出版社 2003 年版）以及我主编的《刑法学》（复旦大学出版社 2003 年版），已经按照侵害个人法益的犯罪、侵害社会法益的犯罪、侵害国家法益的犯罪来进行编排。这样的编排方法的主要好处是：常见多发的犯罪往往是侵害个人法益的犯罪，例如杀人罪、伤害罪、抢劫罪，把这样的犯罪放在前面来讲，而侵害社会法益的犯罪和侵害国家法益的犯罪，尤其是后者，虽然罪名很多、刑罚很重，但是实际上基本不用，属于备而不用，放在后面讲，具有合理性。

三、刑法分则的内容

一般来讲，刑罚分则的内容包括罪状和法定刑。由罪状和法定刑构成的法条称为罪刑式条文，也称正条。“法无明文规定不为罪”中的“法”主要指的是罪刑式条文，即正条。如果说，刑法总则规定的是一般的犯罪与刑罚，那么刑法分则规定的就是具体的犯罪与刑罚。我国刑法分则除了对罪状和法定刑的规定以外，还包括一些刑罚适用的引导性规定。下面分别加以论述。

（一）罪状

罪状是指刑法分则条文对具体犯罪的构成特征的描述。苏俄刑法学家特拉伊宁曾将罪状形象地称为犯罪构成的“住所”。应当指出，罪状并非是对某一具体犯罪特征的完整描述，凡是在刑法总则中规定的犯罪一般特征，例如主体，如果不是特殊主体，在刑法分则中不作规定，因分则规定的是某一具体犯罪区别于其他犯罪的独有的特征，因此，要结合刑法总则和刑法分则来了解某个具体犯罪的特征。例如，刑法分则规定的故意杀人，只是规定了故意、杀人——故意是主观罪过，杀人是客观行为——但是对主体并没有描述，对于故意杀人罪的主体特征就应该根据刑法总则的规定来加以理解。可见，故意杀人罪的特征不能仅限于刑法分则条文所表述的故意和杀人两个词。关于故意杀人罪的主体，可以参照刑法总则第 17 条、第 18 条进行认定，刑法第 17 条规定：“已满十六周岁的人犯罪，应当负刑事责任。已满十四周岁不满十六周岁的人，犯故意杀人、故意伤害致人重伤或者死亡、强奸、抢劫、贩卖毒品、放火、爆炸、投毒罪的，应当负刑事责任。已满十四周岁不满十八周岁的人犯罪，应当从轻或者减轻处罚。”刑法第 18 条关于精神病人的规定同样适用于故意杀人罪。另外，刑法分则中许多的具体犯罪都没有对主观的罪过形式作出规定，例如盗窃罪，刑法分则只表述了盗窃公私财物，对于主观上的罪过没有规定。因盗窃罪是故意犯罪，故对于其犯罪故意应当根据刑法总则第 14 条的规定来认定。可见，对于某一个具体犯罪的特征不是单纯地根据刑法分则条文规定的罪状来描述，必须要结合刑法总则的规定方能确定完整的犯罪特征。罪状可以分为以下四类。

1. 简单罪状

简单罪状是指对某一具体犯罪只标示其罪名，未对具体特征加以描述。因此，在简单罪状的情况下，罪状即罪名。例如，故意杀人罪、盗窃罪、抢劫罪，这些犯罪一般是自然犯，社会公众对这些犯罪的特征一般比较了解，为了保持刑法在语言上的简洁性，只要列出罪名就可以了，不需要对罪状加以具体的描述。简单罪状的适用范围有限，只适用于广为人知的犯罪。

2. 叙明罪状

叙明罪状是指对某一具体犯罪的构成特征进行详细的描述，主要适用于那些犯罪特征不为公众所熟知的犯罪。例如刑法第 305 条规定的伪证罪，就采用了叙明罪状："在刑事诉讼中，证人、鉴定人、记录人、翻译人对与案件有重要关系的情节，故意作虚假证明、鉴定、记录、翻译，意图陷害他人或者隐匿罪证……"在这一罪状中包括了主体——证人、鉴定人、记录人、翻译人；包括了主观故意且要有陷害他人的意图；有关于犯罪时间的规定——在刑事诉讼过程中；又有关于具体犯罪行为的描述。

3. 引证罪状

引证罪状是指引用其他条款来说明某一具体犯罪的构成特征。在一般情况下不能通过引用另一种罪状来说明一种罪状，但是在特殊情况下，例如某一种行为既可以由故意构成又可以由过失构成，由于在故意犯罪中已经对犯罪的行为进行了具体的描述，所以在规定过失犯罪的时候，就可以采用引证罪状，而不需要再一次采用叙明罪状进行描述。引证罪状往往在过失犯罪中采用，例如刑法第 115 条第 1 款规定了以危险方法危害公共安全犯罪的罪状，于第 2 款规定，"过失犯前款罪的，处三年以上七年以下有期徒刑"。这一规定即是引证罪状。引证罪状的主要功能在于减少刑法条文的烦琐和重复。

4. 空白罪状

空白罪状是指对某一个具体犯罪的构成特征没有直接规定，而是指明参照有关法规加以确定。空白罪状是特别需要注意的，因为尽管它没有直接规定，但是没有直接规定不等于没有规定，而是作出了某种间接规定。空白罪状主要适用于法定犯。法定犯是和自然犯相对的一个概念，它具有双重的违法性：它首先违反经济、行政法规，然后才违反刑法，因而具有经济、行政违法性和刑事违法性双重的违法结构。对于这些犯罪来说，违反经济、行政法规是前提，因此，它的具体特征就可以直接参照经济、行政法规来加以确定。由于空白罪状没有对某一个具体犯罪行为的特征进行直接规定，因此出现空白罪状是否违反罪刑法定原则的质疑。我认为，空白罪状虽然没有对某一个具体犯罪行为的特征进行直接规定，但是仍然作出了间接规定。在这种情况下，不能简单地就认为空白罪状违反罪刑法定原则。当然，空白罪状所参照的法规必须有一定限制，必须要有足够高的级别，例如由全国人大及其常委会或者国务院制定的法律、行政法规，才能作为参照法规。空白罪状最大的优点是能够保证刑法的稳定性。由于法定犯的犯罪性质往往容易发生变化，如果直接将这种行为规定为犯罪，当行为的性质发生变化时，就需要对刑法进行修改。如果采用空白罪状这种方式，只需要修改经济、行政法规就可以了，不需要修改刑法，修改了经济、行政法规就间接地修改了刑法。当然，罪刑法定原则要求法律具有明确性，因此，空白罪状的适用是有一定的限制的。

（二）法定刑

法定刑是指刑法分则条文对具体犯罪所规定的刑罚种类和刑罚幅度。刑罚种类可以简称为刑种，刑罚幅度可以简称为刑度。有些刑种是有刑度的，有的则没有。无期徒刑没有幅度，死刑也没有幅度，当然在一定程度上，我们可以把“死缓”看成是死刑的一种幅度，即死刑可以分为两个刑度：一种是死刑立即执行，另一种死刑缓期执行。但是从逻辑上来说，“死缓”只是死刑的一种执行方法，不是一个刑度。罚金、有期徒刑、拘役、管制都存在刑度。

我国刑法对法定刑的规定主要采用两种方法：

1. 相对确定的法定刑

在相对确定的法定刑的情况下，刑法规定了多个刑种供选择，同一刑种规定了多个刑度供选择。例如刑法关于故意杀人罪的规定："故意杀人的，处死刑、无期徒刑或者十年以上有期徒刑；情节较轻的，处三年以上十年以下有期徒刑。"构成故意杀人罪，有三个刑种供选择：死刑、无期徒刑、有期徒刑，而有期徒刑又有10年以上、10年以下的刑度供选择。我国刑法中的99%的犯罪都是相对确定法定刑，但是在个别的犯罪中，我国刑法分则规定了绝对确定的法定刑。

2. 绝对确定的法定刑

在绝对确定的法定刑的情况下，刑法只规定了一个刑种，没有刑度。例如，刑法原第239条曾经对绑架罪规定了绝对确定的法定刑："致使被绑架人死亡或者杀害被绑架人的，处死刑，并处没收财产"。绝对确定的法定刑过于刚性，实际上剥夺了司法裁量权。对死刑规定绝对确定的法定刑，导致死刑的无条件适用，不利于限制死刑。为此，《刑法修正案（九）》修改为："杀害被绑架人的，或者故意伤害被绑架人，致人重伤、死亡的，处无期徒刑或者死刑，并处没收财产。"改为相对确定的法定刑，我认为更为合理。

应将法定刑和宣告刑、执行刑加以区分。法定刑是指法律对某个犯罪规定的刑种和刑度；宣告刑是指司法机关在审判具体案件后，对某一具体犯罪所宣告的刑罚。例如，犯故意杀人罪的被告人因情节较轻被判处8年有期徒刑，这8年就是宣告刑。此外还有执行刑，宣告8年，执行并非8年，因为我国刑法规定了减刑制度，减刑后执行的刑罚不得少于原判刑罚的1/2，判8年意味着最少执行4年就可以了，如果执行5年就出狱了，这5年就是执行刑。因此，法定刑、宣告刑和执行刑是有区分的，要加以注意。

（三）引导性规定

在我国刑法分则中，除了关于罪状和法定性的规定以外，还存在一些关于刑法适用的一般性规定，我称之为引导性规定。这些规定对于正确地理解和适用刑法分则具有重要意义。

1. 特别法的引导性规定

特别法的引导性规定主要指刑法分则中“刑法另有规定的依照规定”这样一种表述，刑法第 233 条规定的过失致人死亡罪、第 234 条规定的故意伤害罪、第 235 条规定的过失致人重伤罪、第 266 条规定的诈骗罪、第 397 条规定的滥用职权罪、玩忽职守罪中都有“刑法另有规定的依照规定”的表述。在这种情况下意味着本条规定与其他规定之间存在法条竞合的关系，对此需要加以特别注意。

2. 转化型的引导性规定

转化型的引导性规定是指在犯某个罪的过程中出现了一个较重的情节，法律规定按照另外一种犯罪加以处罚。现将我国刑法分则关于转化型的引导性规定列举如下：

(1) 刑法第 144 条规定：“在生产、销售的食品中掺入有毒、有害的非食品原料的，或者销售明知掺有有毒、有害的非食品原料的食品的，处五年以下有期徒刑或者拘役；致人死亡或者对人体健康造成特别严重危害的，依照本法第一百四十一条的规定处罚。”这里的第 141 条的规定，是指生产、销售假药罪的规定。根据这一规定，在实施有毒、有害食品罪的过程中，致人死亡或者对人体健康造成特别严重危害后果的，就应转化为生产、销售假药罪。

(2) 刑法第 241 条第 5 款规定：“收买被拐卖的妇女，儿童又出卖的，依照本法第二百四十条的规定定罪处罚。”这里的第 240 条的规定是指拐卖妇女、儿童罪的规定。根据这一规定，在实施了收买被拐卖的妇女、儿童犯罪以后，又具有对上述妇女、儿童的出卖行为的，就转化为拐卖妇女、儿童罪。

(3) 刑法第 247 条规定：“司法工作人员对犯罪嫌疑人、被告人实行刑讯逼供或者使用暴力逼取证人证言的，处三年以下有期徒刑或者拘役。致人伤残、死亡的，依照本法第二百三十四条、第二百三十二条的规定定罪从重处罚。”这里的第 234 条、第 232 条的规定，是指故意伤害罪、故意杀人罪的规定。根据这一规定，在实施刑讯逼供罪或者暴力取证罪的过程中，发生了致人伤残、死亡后果的，就转化为故意伤害罪、故意杀人罪。

(4) 刑法第 248 条第 1 款规定：“监狱、拘留所、看守所等监管机构的监管人员对被监管人进行殴打或者体罚虐待，情节严重的，处三年以下有期徒刑或者拘役；情节特别严重的，处三年以上十年以下有期徒刑。致人伤残、死亡的，依照本法第二百三十四条、第二百三十二条的规定定罪从重处罚。”这里的第 234 条、第 232 条的规定，是指故意伤害罪、故意杀人罪的规定。根据这一规定，在实施虐待被监管人罪的过程中，发生了致人伤残、死亡后果的，就转化为故意伤害罪、故意杀人罪。

（5）刑法第 253 条规定：“邮政工作人员私自开拆或者隐匿、毁弃邮件、电报的，处二年以下有期徒刑或者拘役。犯前款罪而窃取财物的，依照本法第二百六十四条的规定定罪从重处罚。”这里的第 264 条的规定，是指盗窃罪的规定。根据这一规定，在实施私自开拆、隐匿、毁弃邮件、电报犯罪的过程中，又实施了盗窃行为的，就转化为盗窃罪。

（6）刑法第 259 条规定：“明知是现役军人的配偶而与之同居或者结婚的，处三年以下有期徒刑或者拘役。利用职权、从属关系，以胁迫手段奸淫现役军人妻子的，依照本法第二百三十六条的规定定罪处罚。”这里的第 236 条的规定，是指强奸罪的规定。根据这一规定，利用职权、从属关系，以胁迫手段奸淫现役军人妻子的，即使达到同居程度，也不定破坏军婚罪，而应当定强奸罪。

（7）刑法第 267 条规定：“抢夺公私财物，数额较大的，或者多次抢夺的，处三年以下有期徒刑、拘役或者管制，并处或者单处罚金；数额巨大或者有其他严重情节的，处三年以上十年以下有期徒刑，并处罚金；数额特别巨大或者有其他特别严重情节的，处十年以上有期徒刑或者无期徒刑，并处罚金或者没收财产。”“携带凶器抢夺的，依照本法第二百六十三条的规定定罪处罚。”这里的第 263 条的规定，是指抢劫罪的规定。根据这一规定，携带凶器进行抢夺的，属于转化型抢劫罪。这是一种立法推定。

（8）刑法第 269 条规定：“犯盗窃、诈骗、抢夺罪，为窝藏赃物、抗拒抓捕或者毁灭罪证而当场使用暴力或者以暴力相威胁的，依照本法第二百六十三条的规定定罪处罚。”这里的第 263 条规定，是指关于故抢劫罪的规定。根据这一规定，在实施盗窃、诈骗、抢夺罪的过程中，为窝藏赃物、抗拒抓捕或者毁灭罪证而当场使用暴力或者以暴力相威胁的，就转化为抢劫罪。这是一种准抢劫罪的规定。

(9) 刑法第 292 条第 2 款规定："聚众斗殴，致人重伤、死亡的，依照本法第二百三十四条、第二百三十二条的规定定罪处罚。"这里的第 234 条、第 232 条的规定，是指故意伤害罪、故意杀人罪的规定。根据这一规定，在实施聚众斗殴罪的过程中，发生了致人重伤、死亡后果的，就转化为故意伤害罪、故意杀人罪。

3. 共犯的引导性规定

我国刑法总则对共同犯罪作了专门规定，但在刑法分则中又对某些犯罪的共犯作了具体规定。这就是共犯的引导性规定。现将我国刑法关于共犯的引导性规定列举如下：

(1) 刑法第 156 条规定："与走私罪犯通谋，为其提供贷款、资金、帐号、发票、证明，或者为其提供运输、保管、邮寄或者其他方便的，以走私罪的共犯论处。"

(2) 刑法第 198 条第 4 款规定："保险事故的鉴定人、证明人、财产评估人故意提供虚假的证明文件，为他人诈骗提供条件的，以保险诈骗的共犯论处。"这是关于保险诈骗罪的共犯的规定。这里的共犯是指帮助犯，因为故意提供虚假的证明文件，为他人诈骗提供条件的行为并非保险诈骗罪的实行行为。

(3) 刑法第 310 条第 2 款规定："犯前款罪，事前通谋的，以共同犯罪论处。"这里的前款犯罪是指窝藏、包庇罪。这里的以共同犯罪论处，实际上是指以共犯论处，因这也是一种事后帮助行为。

(4) 刑法第 349 条第 3 款规定："犯前两款罪，事先通谋的，以走私、贩卖、运输、制造毒品罪的共犯论处。"这里的前两款是指包庇毒品犯罪分子罪和窝藏、转移、隐瞒毒品、毒赃罪。这里的共犯，也是指帮助犯。

(5) 刑法第 382 条第 3 款规定："与前两款所列人员勾结，伙同贪污的，以共犯论处。"前两款规定的是贪污罪。这里的共犯是否包括实行犯，在刑法理论上存在争议。

4. 数罪并罚的引导性规定

我国刑法总则对数罪并罚作了专门规定，但在刑法分则中又对某些犯罪的数罪并罚作了具体规定，这就是数罪并罚的引导性规定。现将我国刑法关于数罪并罚的引导性规定列举如下：

(1) 刑法第120条规定第2款规定："犯前款罪并实施杀人、爆炸、绑架等犯罪的，依照数罪并罚的规定处罚。"这里的前款罪是指组织、领导和积极参加恐怖活动组织罪。这是将组织行为规定为犯罪的实行行为，并将参加这种恐怖活动组织的行为也规定为犯罪的实行行为。在犯本罪的基础上，又犯有其他罪的，就应当实行数罪并罚。

(2) 刑法第157条第2款规定："以暴力、威胁方法抗拒缉私的，以走私罪和本法第二百七十七条规定的阻碍国家机关工作人员依法执行职务罪，依照数罪并罚的规定处罚。"以暴力、威胁方法抗拒缉私，是走私罪与妨碍公务罪的牵连犯，刑法规定对此实行数罪并罚。这是我国刑法关于牵连犯数罪并罚的特别规定。

(3) 刑法第198条第2款规定："有前款第四项、第五项所列行为，同时构成其他犯罪的，依照数罪并罚的规定处罚。"这是关于保险诈骗而故意造成财产损失的保险事故或故意造成被保险人死亡、伤残或者疾病的实行数罪并罚的规定。这也是我国刑法关于牵连犯数罪并罚的特别规定。

(4) 刑法第241条第4款规定："收买被拐卖的妇女，儿童，并有第二款、第三款规定的犯罪行为的，依照数罪并罚的规定处罚。"这里的第2款、第3款规定的犯罪行为指的是强奸、非法拘禁、故意伤害、侮辱等。对被拐卖的妇女、儿童有上述行为的，应当实行数罪并罚。

(5) 刑法第294条第4款规定："犯前三款罪又有其他犯罪行为的，依照数罪并罚的规定处罚。"这里的前三款罪，是指组织、领导、参加黑社会性质组织罪、入境发展黑社会性质组织罪和包庇纵容黑社会性质组织罪。

(6) 刑法第318条第2款规定："犯前款罪，对被组织人有杀害、伤害、强奸、拐卖等犯罪行为，或者对检查人员有杀害、伤害等犯罪行为的，依照数罪并罚的规定处罚。"这里的前款罪，是指组织他人偷越国（边）境罪。

（7）刑法第 321 条第 3 款规定："犯前两款罪，对被运送人有杀害、伤害、强奸、拐卖等犯罪行为，或者对检查人员有杀害、伤害等犯罪行为的，依照数罪并罚的规定处罚。"这里的前两款罪，是指运送他人偷越国（边）境罪。

5. 从重处罚的引导性规定

在我国刑法中，从重处罚是一种量刑情节。量刑情节可以分为法定量刑情节与酌定量刑情节两种。在刑法总则中规定了某些具有普遍适用性的量刑情节，在刑法分则中规定了某些只适用于具体犯罪的量刑情节。刑法分则中的从重处罚的引导性规定就是适用于具体犯罪的法定量刑情节。现将我国刑法关于从重处罚的引导性规定列举如下：

（1）刑法第 104 条第 2 款规定："策动、胁迫、勾引、收买国家机关工作人员、武装部队人员、人民警察、民兵进行武装叛乱或者武装暴乱的，依照前款的规定从重处罚。"

（2）刑法第 106 条规定："与境外机构、组织、个人相勾结，实施本章第一百零三条、第一百零四条、第一百零五条规定之罪的，依照各该条的规定从重处罚。"

（3）刑法第 109 条规定："国家机关工作人员在履行公务期间，擅离岗位，叛逃境外或者在境外叛逃，危害中华人民共和国国家安全的，处五年以下有期徒刑、拘役、管制或者剥夺政治权利；情节严重的，处五年以上十年以下有期徒刑。掌握国家秘密的国家工作人员叛逃境外或者在境外叛逃的，依照前款的规定从重处罚。"

（4）刑法第 243 条第 2 款规定："国家机关工作人员犯前款罪的，从重处罚。"

我国刑法中的引导性规定在刑法理论上可以分为以下三类：

（1）注意规定。

所谓注意规定指的是提示性的规定，例如关于共犯、数罪并罚的规定。共犯、数罪并罚的问题在刑法总则当中已经作出规定了，即使刑法分则不作这个规定，也应该按照总则的规定进行处罚。例如刑法第 382 条贪污罪第 3 款规定："与前两款所列人员勾结，伙同贪污的，以共犯论处。"在没有其他提示规定的情况下，同样可以按照刑法总则来追究刑事责任。例如，贪污罪有共犯的规定，而受贿罪没有共犯的规定，但是并不意味着对受贿罪共犯不能处罚，可以按刑法总则追究责任。

（2）特别规定。

特别规定是按特定的情况作出的规定，因此只能适用于有此规定的犯罪，例如刑法第 382 条第 2 款关于贪污罪主体的规定："受国家机关、国有公司、企业、事业单位、人民团体委托管理、经营国有财产的人员，利用职务上的便利，侵吞、窃取、骗取或者以其他手段非法占有国有财物的，以贪污论。"这是个特别规定，即受委托管理国有财产的人也可以成为贪污罪的主体。因此，受贿罪只规定了国家工作人员是受贿罪主体的，则受委托管理国有财产的人不能成为受贿罪主体。没有特别规定的犯罪就不能适用，因此特别规定是不能推而广之的。

（3）拟制规定。

拟制是一种法律拟制，实际上是立法类推，是指对不同情况作同样处理。例如刑法规定携带凶器进行抢夺的以抢劫罪论处，本来是抢夺，但在抢夺过程中携带凶器，就按照抢劫罪处理。我国刑法第 269 条规定："犯盗窃、诈骗、抢夺罪，为窝藏赃物、抗拒抓捕或者毁灭罪证而当场使用暴力或者以暴力相威胁的，依照本法第二百六十三条的规定定罪处罚。"抢劫是使用暴力取得财物，但是这种转换性抢劫是取得财物以后使用暴力，他使用暴力并不是为了取得财物，因此并不符合抢劫罪的特征，但法律规定就按照抢劫罪来论处。这是一种"准抢劫"，是法律的拟制。在拟制的情况下，可以和被拟制的犯罪作同样的处理。但是在有些情况下，到底是拟制规定还是注意规定就有争议。例如我国刑法第 238 条关于非法拘禁中使用暴力致人伤残或死亡的，法律规定按照故意伤害罪或故意杀人罪处罚。有学者认为是法律拟制，只要在非法拘禁中使用暴力致人伤残或死亡的，就定故意伤害罪或故意杀人罪，不一定主观上要有伤害的故意或杀人的故意。另外有学者认为，这是注意规定，定故意杀人罪、故意伤害罪必须完全具备故意杀人罪、故意伤害罪的全部构成要件，不具备的不能按此进行处理。我个人认为，这种情况还是一个注意性的规定，不是拟制性的规定，因此，只有在完全符合故意杀人罪、故意伤害罪的情况下，才能按这两个罪名来定罪处罚。

第二十讲

故意杀人罪

故意杀人罪是刑法中最基本的罪名之一。两千多年前刘邦入关“约法三章”的第一章就是“杀人者死”，遂使杀人者死的观念深入人心。在本讲中，我想就故意杀人罪的主要问题给同学们进行讲解。

一、故意杀人罪的概念

故意杀人罪是指故意地非法剥夺他人生命的行为。故意杀人罪也可以简称为杀人罪，是各国刑法当中一个最重要的罪名，因为杀人罪在各种犯罪当中，在某种意义上可以说是最严重的犯罪，也是最为广大公民所熟知的犯罪。我国刑法把杀人罪称为故意杀人罪，因为在刑法条文的表述当中，故意杀人采用的是一种简单罪状。我国刑法第 232 条规定，“故意杀人的，处死刑、无期徒刑或者十年以上有期徒刑。”这种故意杀人的对称，在 1979 年刑法里面称为过失杀人，但是在 1997 年刑法修订当中，把过失杀人改为过失致人死亡。在这种情况下，故意杀人罪可以简称为杀人罪。

在各个国家的不同历史时期，杀人罪都是一种最基本的犯罪，刑法对杀人罪都作了十分详尽的规定。例如，在我国古代的立法当中，对于故意杀人罪的规定就非常细致。我国古代的刑法，以《唐律》为标本，就规定了六种杀人罪，称之为“六杀”。这里的“六杀”包括：谋杀、故杀、斗殴杀、戏杀、误杀、过失杀。在这六种杀人罪中，前四种属于故意杀人，后两种属于过失杀人。第一是谋杀，这里的谋杀是指预谋杀人。它是阴谋犯，也就是只要对杀人进行预谋，就构成犯罪。所以我国古代刑法当中的谋杀，和我们现在所通常理解的谋杀，尤其是英美法系刑法中的谋杀，不是同一个概念。英美法系刑法中的谋杀指的是经过事先预谋以后再实施的杀人，这也是我们现在对谋杀的理解。但我国古代刑法中谋杀的“谋”指的是阴谋，也就是只要进行阴谋策划，就构成谋杀。因此，对杀人这种犯罪，是从阴谋开始进行处罚的。第二是故杀。故杀也就是一般的故意杀人。在我国古代刑法理论中，“知而犯之谓之故”，也就是说，明知自己的行为会引起他人的死亡而实施，就构成故杀。第三是斗殴杀。斗殴杀是在互相殴斗中引起他人死亡。我国古代刑法理论中，“相争为殴”，故在互相的争斗中致人死亡，就是斗殴杀。第四是戏杀。我国古代的刑法理论中，“两合相害谓之戏”，也就是两个人本来平时关系不错，但在互相开玩笑或其他不注意的场合，引起了他人死亡，这就是戏杀。第五是误杀。误杀实际上相当于过失杀人。这里的“误”是指“不意”，即没有认识到。我国古代的刑法理论中有“不意误犯”之说，是指没有预料到或者发生了主观上的认识错误而导致他人死亡。第六是过失杀，实际上是一种更为明显的过失杀人，也就是由于过失行为引起他人死亡。从我国古代刑法关于“六杀”的规定当中可以看出，立法者对于杀人行为作了非常细致的区分，这种区分既包括主观罪过方面的区分，也包括客观行为方面的区分，以及引起他人死亡的不同场合、被害人和加害人的不同关系，等等。例如斗殴杀，就是被害人和加害人之间本来就是一种恶性的、相争的关系而引起他人死亡；戏杀就是“两合相害谓之戏”，因此被害人和加害人之间关系本来是很好的，由于戏谑而引起他人死亡。这些规定在立法上还是达到了一种很高的水平。

在外国刑法当中，关于杀人罪的立法同样是十分细致的。在大陆法系国家，关于杀人罪的罪名，也都作了非常具体的规定，一般来说，都包括以下一些罪名：谋杀、故杀、过失杀人、受托杀人、杀害尊亲属、杀害元首、杀害外国元首或者外交人员，等等。这样一些罪名也都根据杀人的主观罪过，以及被杀者的身份对杀人罪进行分别定罪。在英美法系国家，一般把杀人分为谋杀和非预谋杀人，而谋杀又可以进一步区分为一级谋杀、二级谋杀等等。

相对于我国古代刑法和外国刑法关于杀人罪的规定，我国现行刑法关于杀人罪的规定较为简单，只是规定了故意杀人罪这样一个罪名。当然，另外还有一个过失致人死亡罪，就相当于过失杀人。实际上杀人的情况是非常复杂的，对各种不同的杀人行为作具体区分以表明立法的不同评价，还是非常必要的。我国刑法对杀人罪作这样一种简单的规定，当然给司法机关自由裁量留下了很大的余地。尽管刑法规定较为简单，但在司法实践当中仍然应当根据杀人的不同情况，予以不同的法律评价。

二、故意杀人罪的构成

（一）罪体

1. 行为

故意杀人的行为就是杀人。我们对杀人这个词非常熟悉，但是到底什么是杀人？如何给杀人进行界定？在我国刑法理论上通常把杀人界定为：非法剥夺他人生命。这里有一个理解上的问题，也就是非法剥夺他人生命能不能理解为致人死亡。从杀人这个概念本身来看，好像是侧重于对“杀”的界定，所以我国古代罪名称为“六杀”。但实际上杀人这个概念中，死亡后果占据着非常重要的地位。对于“杀”这一行为本身，倒是没有严格的界定。不管采取什么方法，只要致使他人丧失生命，就可以把这个行为界定为杀人。因此，杀人这样一个行为，它实际上是由死亡结果来界定的，是指致人死亡的行为。但致人死亡并不等于杀人，只有行为本身具有致使他人死亡的现实可能性才是杀人。因此，致人死亡和杀人，还是有区分的。我们过去经常举一个例子：甲为了使乙死亡，他就让乙在下雨天到森林里去散步，希望乙被雷击死。乙下雨天到森林里去散步，果然被雷击中而死亡。甲让乙到森林里去散步这样一个行为和乙死亡之间当然是有联系的，并且甲主观上也是希望乙被雷击死。但能不能说甲的行为，就是杀人的行为，说乙是被甲杀死的？不能这样说。为什么呢？因为乙是被雷击死的，但雷击是一个正常现象，并不受甲的控制。也就是说，甲让乙到森林里去散步这样一个行为本身并不具有致乙死亡的可能性。在这种情况下，我们就不能把这一行为评价为杀人行为，因为这种死亡的结果并不受甲的控制。如果甲在那个森林里面埋了一个地雷，然后让乙到森林里面去散步，乙在散步当中正好踩中地雷，被炸死了，那么在这种情况下，乙是被地雷给炸死的，但地雷是甲埋的，因此甲对乙的死亡具有某种可支配性。在这种情况下，我们才能说，甲的行为是一个杀人行为，是致乙死亡的行为。在这一点上，应当说还是有所不同的。由此可见，杀人行为本身必须要有致使他人死亡的现实可能性，或者说危险性，这种危险性是行为本身所包含的。

根据这种界定，采取迷信的方法意图致人死亡不能构成杀人行为。例如，甲相信迷信，甲非常恨乙，希望乙死，甲就按照乙的人形捏一个小面人，然后在小面人上扎针，进行诅咒，以为诅咒七七四十九天，乙就会死。甲的这个行为主观上也是在致使他人死亡的故意支配下所实施的，这种扎小面人的行为是不是一种杀人行为呢？从行为人主观上来说，甲把它看成是一种杀人行为，认为这样可以导致乙死亡，因此，甲自认为这是一种杀人行为。但从客观上来评价，这种捏小面人、在小面人上扎针的行为事实上是不可能引起乙死亡的，因此，我们不能把甲的行为评价为一种杀人的行为，因为这种行为本身不具有引起他人死亡的客观危险性。与之有所不同：甲是丈夫，他的妻子身体不太好，甲又相信迷信，误认为一个人死了以后可以上天堂、可以不受苦，因此甲就把他的妻子乙杀死了，希望她能够进天堂。在这种情况下，甲的行为是不是杀人行为呢？甲主观上是为妻子好，是为了她能够上天堂。但是，这种行为在客观上非法剥夺了妻子的生命，故这是一个杀人行为。由此可见，对于杀人这个行为本身首先要进行客观上的评价，看这个行为是否具有致人死亡的现实可能性。

我刚才讲了在理解杀人行为的时候，侧重是指这种行为有引起死亡结果的现实可能性或者危险性。至于采取何种方法杀人，法律上并未加以界定，也未加以限制。也就是说行为人可以采取任何一种方法，只要这种方法本身具有引起死亡的现实可能性。在现实生活中，杀人的方法或者杀人的手段是多种多样的：比如说枪杀，用棍棒杀人，或者投毒杀人，或者溺水杀人，在法律上并没有特殊限制。

借虎杀妻案

王某因妻子出轨，对妻子怀恨在心并打算杀掉她。王某上网搜索杀人方法大全，突然想到不久前某野生动物园老虎伤人致死的事件，再想到此前其与妻子数次在车上吵架，其妻子都有不愿与其同步而下车步行的习惯，且很晚回家（其实是去找情人去了），于是，王某经过深思熟虑，好言相邀其妻子共同去野生动物园游玩。当车子在野生动物园行进过程中，王某看到“禁止下车”的标牌时停下车，故意用语言刺激其妻子，其妻大怒，欲下车步行，但同时也看到了“禁止下车”的标牌，但是王某的妻子认为“禁止下车”和原来读书时教室写着“禁止玩手机”和商场里写着“禁止吸烟”以及社会上“禁止乱扔垃圾”的标语一样，效力不大，于是下车步行，刚走两步，就被正在散步的一对雌雄老虎叼走了。王某看着老虎远去的背影，心中窃喜，感觉胸中压抑多年的恶气总算出掉了。好爽啊。

王某的行为是否构成故意杀人罪？

出题者华东政法大学李翔教授的答案是：

第一，定罪的逻辑，从客观到主观，即首先要根据题目设计的事实，从客观行为出发，判断是否存在刑法上的行为。刑法上的行为分为作为和不作为两种类型。就试题设计的案件事实而言，行为人开车将被害人带到有凶猛动物出没的地方、语言刺激被害人等都不具有刑法上行为（作为）的属性，行为人的行为并未制造或者增加刑法上的危险，不能被评价为刑法上的杀人行为。

第二，不作为。刑法上的不作为和不作为犯罪是不同概念。在不作为的义务发生根据上，本案中行为人的先行行为并没有使被害人的法益处于危险状态，故不能根据先行行为进行判断。至于夫妻之间是否存在救助义务，不需要重点讨论。从作为的可能性上来说，缺乏结果回避可能性。故，不作为也难以成立。

第三，被害人自我答责理论。刑法上的被害人自我答责理论认为，当某种损害结果与其行为相关联时，就必须追问导致损害结果发生的行为是否是该人基于自己的自由意志而决定实施的，如果能够得到肯定回答的话，他就应该对该损害结果负责。本案中，被害人是具有自由意志且心智正常的人，在看到“禁止下车”的标牌时候，应当认识到客观危险的存在（不是行为人制造的危险）。虽然行为人有语言刺激行为，但是，被害人仍然可以自主决定是否下车，而被害人选择下车可以被评价为一种自陷风险的行为。此外，无论自我答责理论是否要求被害人认识到危险，都不影响本案的评价。

综上所述，尽管行为人主观上有杀人故意，但因为缺乏刑法上的杀人行为，并根据被害人自我答责理论，对行为人的行为难以评价为故意杀人罪。

“借虎杀妻案”是华东政法大学李翔教授在司法考试辅导中出的一个题目，正好切合了王宝强妻子与经纪人出轨和某女因故在北京野生动物园游览区下车被老虎咬伤并致使下车救人的其母被老虎咬死这两起热点事件，因此引起广泛讨论。李翔教授给出的答案更是引起激烈的争论。我认同李翔教授的分析思路，即从客观到主观进行判断，但并不认同李翔教授的最后结论。我认为，本案中的王某构成故意杀人罪。李翔教授的结论之所以出现错误，原因就在于对于王某采用语言刺激的方法使妻子在老虎出没的野生动物园下车的行为，是否属于杀人行为，作出了错误的判断。李翔教授认为，该行为没有制造法所不允许的风险，也没有增加风险，因此不能被评价为刑法上的杀人行为。对于这个结论。李翔教授并没有进行充分的论证，因此我们无从了解该结论之所以得出的逻辑路径。事实上，王某利用语言刺激的方法，使其妻子置于老虎出没的地方，该行为具有使其妻子被老虎咬死的现实危险性，因此，不能认为没有制造法所不允许的危险。王某的杀人行为是作为，因此没有必要再分析是否属于不作为杀人的问题。至于在本案中是否可以采用被害人自我答责理论予以出罪，我的回答也是否定的。在刑法理论上，所谓被害人的自我答责是指当被害人完全估计到自己的行为将会给自己造成危险却轻率地实施该危险行为，以致给自己造成损害结果时，就要由被害人自己负责。尽管被害人能够通过自己的行动避免危险，却以自己的任意实施了危险行为。因为被害人自己最终决定着自我损害行为的实施与否，所以，即使他人参与了被害人的这种危险行为，他人的行为也没有侵害被害人的自由，不具有不法性质，不对被害人遭受的损害结果承担责任。由此可见，被害人自我答责是对杀人行为的性质的否定，即，虽然某一行为在形式上符合杀人罪的构成要件，但存在被害人自我实施危险行为的情形，故可以使行为人出罪，也就是否定杀人的性质。因此，被害人的自我答责在某种意义上说，是在符合杀人罪的构成要件的基础上的一种出罪事由。但在已经否定杀人行为的情况下，也就没有适用被害人自我答责的余地。而且，在"借虎杀妻案"中，是王某的语言刺激使其妻子置于被老虎咬死的危险境地，虽然妻子下车有其自身的过错，但这种过错正是王某造成的，因此，不能适用被害人自我答责理论。

我们在理解杀人行为的时候，要把作为的杀人和不作为的杀人两者加以区分。作为的杀人，指的是行为人采取一种积极的方法而致使被害人死亡。我刚才讲的枪杀、棍棒杀人、投毒杀人这些杀人行为在通常情况下都是一种作为的杀人。在一般情况下，这种作为的杀人是比较容易认定的。另外一种是不作为的杀人。关于不作为的问题，我在刑法总论当中已经专门讲过不作为的基本特征。不作为的本质特征是，在能够履行的情况下，行为人不履行某种特定的法律义务而造成某种危害结果。所谓的不作为杀人，指的就是由于行为人不履行某种特定的法律义务，而引起他人死亡的结果。不作为的杀人和作为杀人之间必须要有一种等价性。不作为杀人的最典型的例子就是，哺乳的母亲不给婴儿喂养，导致婴儿饿死。因为在这种情况下，她和直接采取作为的方法将婴儿杀死，在性质上是等同的。之所以具有这种等同性，是婴儿的这种特殊情况所造成的：婴儿没有自主生活能力，如果母亲不给他喂养，婴儿必然死亡。但是，如果母亲不给一个十四五岁的小孩吃饭，饿他，结果他饿死了，那就不好说母亲是不作为的杀人，只能说是一种虐待致死。虐待致死主观上对死亡结果是过失，客观上实施的是一种虐待行为。这种虐待行为和不作为的杀人行为之间，表面来看是很相似的，都有某种义务的不履行。不让十四五岁的小孩吃饭，也是不履行抚养义务，也是一种义务的不履行，也引起了死亡结果，但不好说是杀人，而是一种虐待。但是如果母亲对一个婴儿不喂养，在某种意义上来说，也是一种不履行抚养义务，导致死亡。但是在这种情况下，却可评价为杀人、一种不作为的杀人。可见，这两种义务还是有所不同的。对于十四五岁的子女，不给他吃，饿他，仅是一种单纯的抚养义务的不履行。但对于婴儿，如果不给他吃，饿他，其中虽然也有抚养义务不履行的性质，但它已经不单纯是抚养义务的不履行了。因为婴儿没有自主生活的能力，母亲对于婴儿的生命是负有某种责任的，在这种情况下将婴儿饿死，就具有杀人的性质。所以，不作为的特征必须要加以注意。也就是说，并不是一般的义务不履行致人死亡都构成故意杀人。2015 年 3 月 2 日最高人民法院、最高人民检察院、公安部、司法部《关于依法办理家庭暴力犯罪案件的意见》，对故意杀人罪与遗弃罪的区分作了专门规定："准确区分遗弃罪与故意杀人罪的界限，要根据被告人的主观故意、所实施行为的时间与地点、是否立即造成被害人死亡，以及被害人对被告人的依赖程度等进行综合判断。对于只是为了逃避扶养义务，并不希望或者放任被害人死亡，将生活不能自理的被害人弃置在福利院、医院、派出所等单位或者广场、车站等行人较多的场所，希望被害人得到他人救助的，一般以遗弃罪定罪处罚。对于希望或者放任被害人死亡，不履行必要的扶养义务，致使被害人因缺乏生活照料而死亡，或者将生活不能自理的被害人带至荒山野岭等人迹罕至的场所扔弃，使被害人难以得到他人救助的，应当以故意杀人罪定罪处罚。"发生在南京的"乐某故意杀人案"，就是一个典型案例。

乐某故意杀人案

江苏省南京市中级人民法院经审理查明：被告人乐某系非婚生子女，自幼由其祖父母抚养，16 岁左右离家独自生活，有多年吸毒史，曾因吸毒被行政处罚。2011 年 1 月乐某生育一女李甲（殁年 2 岁，生父不详）后，与李乙同居。2012 年 3 月乐某再生育一女李丙（殁年 1 岁）。在李乙于 2013 年 2 月 27 日因犯罪被羁押后，乐某依靠社区发放的救助和亲友、邻居的帮扶，抚养两个女儿。乐某因沉溺于毒品，疏于照料女儿。2013 年 4 月 17 日，乐某离家数日，李甲由于饥饿独自跑出家门，社区干部及邻居发现后将两幼女送往医院救治，后乐某于当日将两女儿接回。2013 年 4 月底的一天下午，乐某将两幼女置于其住所的主卧室内，留下少量食物、饮水，用布条反复缠裹窗户锁扣并用尿不湿夹紧主卧室房门以防止小孩跑出，之后即离家不归。乐某离家后曾多次向当地有关部门索要救助金，领取后即用于在外吸食毒品、玩乐，直至案发未曾回家。2013年6月21日，社区民警至乐某家探望时，通过锁匠打开房门后发现李甲、李乙已死于主卧室内。经法医鉴定，两被害人无机械性损伤和常见毒物中毒致死的依据，不排除其因脱水、饥饿、疾病等因素衰竭死亡。当日14时许，公安机关将乐某抓获归案。经司法鉴定，乐某系精神活性物质（毒品）所致精神障碍，作案时有完全刑事责任能力。江苏省南京市中级人民法院认为，被告人乐某身为被害人李甲、李乙的生母，对被害人负有法定的抚养义务。乐某明知将两名年幼的孩子留置在封闭房间内，在缺乏食物和饮水且无外援的情况下会饿死，仍离家一个多月，不回家照料女儿。其主观上具有放任两女儿死亡的故意，客观上也实施了不抚养、不照料并断绝二被害人获取外援的可能性，最终致使二被害人死亡，其行为构成故意杀人罪。乐某多次放弃抚养义务，多次置被害人于危险境地，并屡教不改，其犯罪情节特别恶劣，犯罪后果特别严重。鉴于乐某审判时已怀孕，归案后认罪态度较好，依照《中华人民共和国刑法》第232条、第14条第1款、第2款，第49条第1款，第57条第1款之规定，江苏省南京市中级人民法院以被告人乐某犯故意杀人罪判处无期徒刑，剥夺政治权利终身。一审宣判后，被告人乐某未提起上诉，检察机关亦未抗诉，该判决已发生法律效力。

在本案审理过程中，对被告人乐某的不作为行为构成何罪，存在四种不同意见：第一种意见认为，乐某具有杀人的主观故意，其通过不作为放任危害结果的发生，构成故意杀人罪；第二种意见认为，乐某的行为属于遗弃家庭成员，并造成严重后果，应认定为遗弃罪；第三种意见认为，被害人系被告人的亲生女儿，被告人并无杀人故意，其少给被害人食物、饮水，造成严重后果，系虐待行为，应构成虐待罪；第四种意见认为，乐某作为两被害人的生母，虽有抚养义务，但主观上并无杀害被害人的故意，其行为属于过失犯罪，应认定为过失致人死亡罪。法院认为：遗弃罪是指对于年老、年幼、患病或者其他没有独立生活能力的人，负有抚养义务而拒绝抚养，情节恶劣的行为；而故意杀人是非法剥夺他人生命的行为。遗弃罪侵犯的是没有独立生活能力的被害人依法受扶助、照顾的权利，故意杀人侵犯的是被害人的生命权；在被告人对被害人具有特定抚养、照顾义务的情况下，应当作为而不作为，情节恶劣的，属于遗弃，但不会使被害人陷入生命危险境地，而应当作为而不作为，可能使被害人生命被剥夺的，属于不作为型的故意杀人罪；实施遗弃行为的行为人主观上并无追求或放任被害人死亡的故意。正是因为两种行为的客观危害不同、侵害的法益不同、行为人主观故意内容不同，刑法为遗弃罪和故意杀人罪配置了轻重差别十分明显的刑罚种类。在“遗弃”没有独立生活能力的婴幼儿的情形下，遗弃罪与故意杀人罪的区别主要在于：在特定的时空条件下，被害人之生命安危是否依赖于对其负有特定抚养义务的行为人，如果存在这种支配、依赖关系，而行为人不仅自己不履行抚养义务，还切断、排除了其他人对被害人进行救助的可能，主观上对被害人之死亡结果持放任态度，那么行为人就构成故意杀人罪；相反，抚养义务的不履行如果不会给被害人的生命带来必然的、紧迫的现实危险，客观上仍存在其他人介入，履行抚养义务的可能，行为人主观上既不希望也不放任死亡结果的发生，那么行为人就构成遗弃罪。例如，将婴儿扔在有人经常路过的地方，婴儿有可能被人施救，生命面临的危险尚不紧迫，行为人有合理依据相信婴儿无生命危险的，就属于遗弃行为；反之，如果将婴儿扔在偏僻处所，婴儿难以被人施救，生命面临必然、紧迫的现实危险的，那么行为人对可能造成的婴儿死亡后果持无所谓的放任态度，就应当认定属故意杀人。本案被告人乐某将两名年幼子女放在家里后独自离家，仅留下少量食物和饮水，外出一个多月不归，必然使两名年幼子女面临紧迫的生命危险，并且将门、窗封死，也排除了孩子外出以获得他人实施救助的可能，所以，乐某的行为不属于遗弃罪。虐待罪是指对共同生活的家庭成员，经常以打骂、冻饿、禁闭、有病不给治疗或者强迫从事过度劳动等各种手段，从肉体上和精神上进行摧残、迫害，情节恶劣的行为。虐待罪既可能以积极行为实施，如经常肉体折磨、精神摧残，也可能以不作为方式实施，如有病不给医治。根据刑法第 260 条的规定，虐待家庭成员情节恶劣的，处 2 年以下有期徒刑、拘役或者管制，可见，虐待罪是一种相对较轻的罪行，不会侵犯被害人的生命权利，一般表现为经常或者连续折磨、摧残家庭成员身心的行为。在本案中，被告人乐某曾经离家数日，致使两名幼女因饥饿被送往医院治疗，并于最后一次离家外出达一个多月，致使独自在家的两名幼女被活活饿死。其行为已非折磨、摧残幼女身心，而是使幼女处于生命可能被剥夺的严重危险，已超出虐待罪所能调整的范畴。在本案中，被告人乐某既有抚养义务，也有抚养能力。其将两名子女置于封闭房间内，仅预留少量饮食，且排除了子女得到其他人的救助而生存下去的可能，对两子女的生命安危处于具有支配关系的保证人地位：主观上，乐某为了外出吸毒、玩耍娱乐而离家长期不归，完全置子女的生命安危于不顾，最终导致两名子女因缺少食物和饮水而死亡，即对死亡结果的发生持放任态度，故乐某的行为并非过失致人死亡，完全符合故意杀人罪的构成要件。

需要强调的是，不作为犯罪是应作为而不作为，主要是从违反作为义务的角度对犯罪类型进行的区分，不排除行为人会实施一些积极的举动。本案中，虽然被告人乐某实施了封堵窗户、锁闭卧室门等积极行为，但主要是为了防止其外出期间两子女跑出，并非要置两子女于死地。其行为之所以构成故意杀人罪，主要是因为其不仅实施了上述积极行为，还外出长期不归，致使家中所留少量食物、饮水不足以支撑年幼子女的生存需要，以致子女饥渴而死。其不作为行为对本案性质起决定作用，故认定其系不作为故意杀人。

另外，在交通肇事当中，导致他人重伤的情况下，交通肇事的司机负有某种救助的义务。司机先前的肇事行为造成了被害人处于一种危险状态，因此法律设定了一种救助义务。但司机不救助而引起他人死亡的如何评价？能不能被评价为一种不作为的杀人？从理论上来说，好像评价为不作为的杀人也是可以的：因为是司机的肇事行为引起他人的重伤，使他人处于一种需要救治的状态，而这个肇事者不予救治，由此导致他人的死亡。所以是一种义务的不履行导致他人死亡，似乎也是一种杀人行为。但从法律上来说，将这种救助义务的不履行评价为杀人，对于司机来说有一点苛刻。因为司机不履行，他人有可能履行。也就是说司机把行人撞倒在马路上，司机跑了，不履行救助义务，但他人有可能履行。因此，死亡这种结果的产生不是必然的。可见，在交通肇事的情况下，把司机不履行救助义务的行为评价为杀人，有点过于苛刻。在我国刑法中，交通肇事逃逸致人死亡，被作为交通肇事罪的一种加重处罚的事由，也就是说一般的交通肇事，处 7 年以下有期徒刑；但是交通肇事逃逸引起他人死亡的，处 7 年以上有期徒刑。这里所谓的逃逸，我们感觉是一个积极的概念、一个作为的概念，实际上逃逸的本质是不作为，是救助义务的不履行。因此，如果交通肇事直接把人撞死了，撞死以后逃跑，那就不能看成是交通肇事逃逸致人死亡，因为逃逸之前这个人已经死了。只有当交通肇事的时候这个人没有死，由于司机逃逸、不履行救助义务，这个被害人得不到及时救治而死亡，在这种情况下才能适用这个条款。因此，在适用这个条款的时候，有一个重要的事实需要确定，那就是被害人是在逃逸之前死的还是在逃逸之后死的，这是非常重要的。当然，在理解上这里也有一个问题，也就是法律只是规定交通肇事逃逸致人死亡，但是致人死亡有可能是过失的，过失的可能性比较大，但能不能包括故意，至少间接故意，就是放任其死亡？关于这一点，在刑法理论上也是有争议的。有的人认为这里的交通肇事致人死亡只能是过失的，实际上相当于包含了一个过失致人死亡；但也有的人说在这种情况下也包含了间接故意，也就是对死亡的结果持一种放任态度：反正我跑了，你死不死跟我没关系。但是在这些解释当中，如果把间接故意也给解释进去，说交通肇事这样一个过失犯罪包含了杀人的内容，反正有点勉强。但是，单纯从法律上来说，它并没有要求区分行为人主观上是故意还是过失，只要在客观上发生了交通肇事逃逸致人死亡的结果就应当适用这个规定。但是，大家必须要注意，最高人民法院《关于审理交通肇事刑事案件具体应用法律若干问题的解释》的第 6 条有这样一个规定：行为人在交通肇事后，为逃避法律追究，将被害人带离事故现场后隐藏或者遗弃，致使被害人无法得到救助而死亡或者严重残疾的，应当分别依照刑法第 232 条（也就是故意杀人罪的规定）、第 234 条第 2 款（也就是故意伤害致人死亡罪的规定），以故意杀人罪或者故意伤害罪定罪处罚。这个司法解释的规定是一个补充性规定，也就是说如果交通肇事以后司机不是简单地逃逸或一跑了之，而是为了逃避法律追究，将被害人，它用了这样一个表述——带离事故现场后隐匿或者遗弃，隐匿就是把被害人放在一个隐蔽的、不易为人所发现的地方；遗弃就是丢弃在某个地方，致使被害人由于得不到及时救治而死亡，那么就应当定故意杀人罪或者故意伤害（致人死亡）罪。我认为这个司法解释还是有一定的合理性的。在这种情况下，实际上就是一种在交通肇事中的不作为的杀人。在这个不作为的杀人当中，根据司法解释的规定，它有一定的身体动作，就是带离事故现场，隐匿或者遗弃，但是它的本质还是救助义务的不履行。由于司机采取了这样一种行为，致使被害人得不到及时救治而死亡，所以不作为的杀人这样一种性质的认定，是非常重要的。我在这里只是举交通肇事罪当中的不作为杀人的例子，来说明这个问题。

2. 客体

故意杀人罪的客体是人。人的生命受法律保护，因而剥夺人的生命是构成犯罪的。杀鸡、杀猪是不构成犯罪的，但是杀人是犯罪。当然，某些珍贵的野生动物，它的生命也受法律保护，受《野生动物保护法》的保护，因此，猎杀某些受法律保护的珍贵动物，同样是要构成犯罪的。

在讲到故意杀人罪的客体——人——的时候，就有一个如何来理解这里的"人"的问题？同学们可能会觉得杀人这个"人"不是很简单吗，这有什么可讲的。但实际上，"人"这个概念本身就是一个历史的范畴。它不是一个生物学上的概念，而是一个法律的概念。在生物学上，"人"这个概念没有什么太大变化，但是从法律角度来讲，"人"这个概念存在一个历史的变化过程。

在古罗马时期，像儿童、妇女以及奴隶都不是"人"，没有完整的人格。法律对妇女、未成年人和奴隶在法律上是否加以保护呢？也加以保护，但不是作为人来加以保护，而是作为主人的财物来加以保护。它把主人称为自由民，把自由民的奴隶给杀死了，就相当于损害了自由民的财物，相当于把一头牛给杀死了，这个性质是一样的，侵犯了自由民对奴隶的所有权，这个所有权是类似于一种财产的所有权。所以，古罗马法律中的"人"的概念，是不健全的、不完整的。

在我国古代，儿童，所谓的子女，以及奴婢，也都是人，但这个人在法律上不具有平等的权利。我国古代是一个伦理的社会，等级观念非常严重。所以在法律上，子女和家长是一个对应的概念，它受法律的保护是不一样的。法律规定家长对子女具有一定的责罚权，也就是处罚的权力。在某些情况下，即使杀死子女也不受法律追究。因为家长负有一种株连的责任，如果子女犯罪了，家长也会受到法律追究。为了平衡这种株连所带来的不平等，法律就赋予家长对子女的很大的一种管教上的权力。因为子女出了问题家长是要负责任的，因此家长就有权力来管教子女。但是，如果子女杀害或者伤害父母、祖父母，也就是杀伤尊亲属，就要受到法律的非常严厉的制裁。可见，子女和家长之间，存在法律保护上的不平等。在我国古代法律中另外还有两对概念：良贱与主奴。在我国古代法律中，虽然没有把身份比较贱的人或者奴婢当成非人来看待，但他们显然是低等人，所以在法律上受到的保护也是不一样的，对他们的生命的保护程度是较低的。在《唐律》当中，关于良贱相害，就是良人与贱人之间互相伤害或者杀害，法律上为良人和贱人规定的责任是不一样的。良人伤害或者杀害贱人，受到的法律处罚比较轻。但是贱人伤害或者杀害良人，那就要受到非常严厉的法律追究。主仆之间的犯罪也是如此。这反映了一种法律上的不平等。

我们现在的社会已经不存在这个问题了，我们每个人的生命受法律同等保护，因此，无论杀害的是什么人，同样要受到法律的惩罚。但我们这个社会中，生命的价值也不可能完全等价，所以在赔偿上，就有城乡之间的不平等。农村户口的人死了获得的死亡赔偿金和具有居民户口的人获得的死亡赔偿金在司法解释中是规定得不一样的。这一点，也往往受到社会舆论的批评，认为在我们这样的一个社会主义社会，居然人的生命不等值。但是，我们不能简单地来批评这样一个司法解释，实际上它的背后是我们城乡之间的差距。现在城乡居民间，人的生命不等值，农村人的生命贱，死亡的时候获得的赔偿金少，城市人死亡时获得的赔偿金多。如果致使农村人死亡获得的赔偿金和城市的人死亡获得的赔偿金一样，会带来什么问题呢？如果一个农村人造成另外一个农村人死亡了，比如现在赔 5 万元，他可能赔得起，但是你现在要他赔 20 万元，他可能赔不起。所以这里有一个赔偿能力问题。我们光看到一个人死亡，他的价值不一样，但是我们没看到赔偿能力的差别。不知道大家理解这个问题没有。这个问题我过去也不太理解，觉得这个司法解释很不合理，但有一次跟最高人民法院的一个庭长交谈，他讲了这个道理，我听了觉得还是有道理的，也就是这里面不可能完全地平等，现在不平等有不平等的不合理性，但完全平等又有完全平等的不合理性。当然，那是一个民事问题，在我们刑事上还是对人的生命平等保护的。

关于人的问题，我在前面讲了平等和不平等、是否受法律的平等保护，这是一个法律问题。但是，关于人的问题，还有一个生物学的问题，就是人的生命的起始和终结的问题，也就是人如何来界定、在什么情况下成为一个人？这个问题对于杀人罪的认定，也是具有重要意义的。

第一个问题是关于人的生命的起始时间，也就是人的生命从什么时候开始。人的生命开始了，他就作为人受到法律保护，而不是作为其他东西受到法律保护。关于人的生命的起始，在理论上存在着各种不同的判断标准，有阵痛说，也就是怀孕的母亲开始阵痛，要生孩子了，这个时候人的生命就开始了；有部分露出说和全部露出说，也就是将生产时婴儿部分身体露出或全部露出作为判断标准；另外还有断带说，以脐带剪断作为人起始的标志；还有发声说，发出哭声这个婴儿就成为一个人了；还有独立呼吸说，看这个婴儿出生以后能够独立呼吸了，这时候才算一个人了。目前在我国司法实践中通常采用的是独立呼吸说，能够独立呼吸了就算一个人了，就按照人来保护。在这里面有一个问题：在人出生之前、人的生命起始之前它是一个胎儿，胎儿是不是人？按照独立呼吸说，胎儿就不是人，就不能按照人这样来保护。当然，在有些宗教观念当中，胎儿本身也是人，因此，流产堕胎就是杀人。但是，按照我刚才讲的判断标准，胎儿出生能够独立呼吸开始成为一个人，受到法律的保护。在此之前它不是一个人，但不是人并不意味着不受法律保护，只是不是按照人来受到法律保护。怎么保护呢？在人出生之前胎儿是母亲身体的一部分，对胎儿是作为母亲的身体来加以保护的。因此，伤害胎儿就相当于伤害怀孕母亲的身体，同样也要受到法律的制裁。这只是一种保护方式的不同。

第二个问题是关于人生命的终止时间。关于生命终止的判断标准，理论上也有各种不同的观点：有呼吸停止说，有脉搏停止说，还有大脑功能停止说。我国在日常生活当中，通常所采用的是呼吸停止说，以呼吸停止作为死亡的判断标准。也就是一个人呼吸停止了，我们就说这个人死亡了。有一句俗语，叫作“人活一口气”，没气了，这个人就死了。并且对死亡有一个通俗的表达，叫作“咽气”：气没有了，这个人就死了。这是一种非常直观的判断标准。但是，随着医学的发展，现在世界各国越来越多地在死亡的标准问题上采用脑死亡的判断标准，也就是以大脑功能停止作为死亡的标志。这就是一个脑死亡的概念。所谓脑死亡，指的是大脑陷于一种不可逆转的深度昏迷，脑神经死亡，也就是知觉丧失，而且这种丧失是不可恢复的。同是脑死亡的情况下，一个植物人甚至有呼吸还有脉搏跳动。这里涉及一个植物人的问题：植物人是不是一个人？植物人的情况比较复杂，有些植物人实际上是脑死亡，但有些植物人可能还没有达到脑死亡的程度，只是长久地丧失了这种知觉而处于深度昏迷状态，在有些情况下，这种知觉甚至能恢复。因此，不能一般地把植物人都看成是脑死亡，但在植物人里面确实有部分是属于脑死亡的。脑死亡概念的提出，具有医学上的重大意义。医学发达以后，人体器官的利用在医学上越来越普遍。但是人体器官的利用涉及一系列的伦理问题和法律问题。当人体器官被正当地利用时，一个人死后用他的器官来挽救另外一个人的生命，来提高另外一个人的生活质量，当然是好的。但是，如果人体器官带有某种商业色彩，同样会导致对于人伦的危害。人体器官的利用要求距离人的死亡时间越近越好，在脑死亡后还有呼吸或还有脉搏跳动的情况下，如果能够及时地利用他人的器官，这种人体器官的移植存活可能性就越大。所以，脑死亡这一死亡判断标准的提出有这样一个医学的背景，也就是人体器官利用问题。

脑死亡的标准提出后，给杀人罪的概念带来了一个挑战。也就是说，一个人还有呼吸，并且脉搏还在跳动，按照我们通常的死亡标准，认为还没死，但实际上这个人已经脑死亡了。在这种情况下，一个人实际上已经不是自主地维持生命，而是依靠某种医疗器械来维持呼吸和脉搏跳动。在这种情况下，医生撤掉维持呼吸和脉搏跳动这种生命体征的医疗器械，致使其丧失这种脉搏跳动、停止呼吸，这样一个行为到底是不是杀人？如果死亡标准采用呼吸停止说或者脉搏跳动停止说，那么这样一个撤离的行为就是一个杀人行为，因为这一撤离行为导致这个人停止呼吸，导致这个人脉搏停止跳动。但是，如果采用脑死亡的标准，那么这就不是一个杀人行为，而是一个正常的医疗行为，因为在这种情况下，这个人已经死亡了。脑死亡概念提出来以后，对杀人罪还是有一定的影响的。另外，像杀人行为，导致他人变成一个植物人，那么这个植物人算不算死亡？对于这一杀人行为是按照杀人既遂来处理还是按杀人未遂来处理？如果杀人行为导致一个人变成植物人，脑死亡了，由医生把维持这个人生命体征的仪器撤离，他就死了。在这种情况下，这个加害人到底是杀人既遂还是杀人未遂？如果按照呼吸停止说，这个人是医生杀死的，因这个死亡结果是医生的撤离行为造成的，所以只是杀人未遂。这些都是一些问题，值得我们研究。

3. 结果

杀人罪的结果是最为确定的，这就是死亡。死亡是可以用医学的标准进行明确判断的，所以杀人罪的结果是非常确定的，不像有些犯罪的结果是不确定的。

4. 因果关系

杀人行为和死亡之间必须要有因果关系。对于这种因果关系可以运用我们在刑法总论里面所讲的理论来作分析，也就是事实因果关系和法律因果关系，另外还要进行客观归责。当然，一个人的行为引起他人死亡这样的情况是经常发生的。但是，在什么情况下有因果关系，在什么情况下没有因果关系，这个问题确实比较复杂。

在讨论因果关系的时候，首先就是要确认这个行为本身要有引起结果发生的可能性，而且这种可能性要达到一定的程度。在故意杀人的情况下，这种杀人行为本身包含着引起他人死亡的结果，行为人具有对于死亡结果的可控制性、可支配性。故意杀人和过失致人死亡之间的因果关系可能还不完全一样。也就是说，对杀人这个行为在性质上的判断，要建立在科学的基础之上，是一个可以作科学判断的问题。例如，甲让乙在下雨天到森林里去散步，导致乙被雷击而死。假如森林里面有老虎，甲让乙到森林里面去散步，希望老虎把乙给咬死。如果森林里面的老虎只是偶然出现，出现的概率很小，甲基于这样的目的让乙去散步，但乙果然被老虎咬死了；另外一种情况是，森林里面老虎出没，甲让乙到森林里散步，乙被老虎咬死了。在这两种情况下，甲的行为是不是一种杀人行为，在判断上是不一样的。于前者是很偶然地会出现老虎，老虎出现的概率很小。在这种情况下，甲的这种支使行为，能不能说是一种杀人，可能就是有疑问的。但是于后者，甲让乙到森林散步，结果乙被老虎咬死了，把甲的支使行为评价为杀人，利用老虎来把乙给咬死，达到杀人目的，这种可能性是比较大的。

一种行为本身能否被评价为杀人行为，又要看这种行为引起死亡结果的可能性大小。这种可能性是一个可以科学判断的问题。比如，我们都说吸烟危害他人健康，甚至引起他人死亡；喝酒也会损害他人健康，引起他人死亡，因此能不能把给他人敬烟或者对他人劝酒都说成是杀人呢？这个行为确实有可能引起他人死亡。假设甲希望乙抽烟引起肺癌死亡，因此甲老给乙敬烟、买烟，最后乙真是抽烟引起肺癌死了，能不能说甲的行为是杀人？可能还不能这样说。可见，这种因果关系的判断还是较为复杂的。

(二) 罪责

1. 责任能力

在责任能力中，涉及刑事责任年龄问题。也就是，根据我国刑法规定，已满16周岁的人对刑法分则所规定的所有犯罪都要承担刑事责任。但是根据刑法总则第17条第2款的规定，已满14周岁不满16周岁的人，要是对刑法所规定的8种犯罪承担刑事责任。在这8种犯罪当中，就包括了故意杀人罪。这个规定是明确的，因此，已满14周岁不满16周岁的人犯杀人罪，是要被追究刑事责任的。

2. 责任形式

故意杀人罪的责任形式是故意，这种故意是指对杀人行为起支配作用的主观心理状态。因此，首先要判断这种行为是不是一种杀人行为，在此基础之上，再来考察这种行为是不是在故意支配之下实施的。如果这种行为本身不是一个杀人行为，那么主观上的心理状态就不能说是杀人的故意。因此，在判断的时候，客观的判断要优于、先于主观的判断，主观判断与客观判断之间存在位阶关系。因此，我们就不能把一般意义上的引起、希望他人死亡的故意，都说成是杀人故意。所以我前面讲的，甲让乙到森林散步，希望乙被雷击。甲具有希望乙被雷击死的故意，但我们在把甲的行为判断为杀人行为前，就不能说甲的故意是杀人故意。希望他人死亡的故意并不能等同于杀人故意。有的人可能经常恨一个人，希望这人死，诅咒这人死，难道说在这种情况下就有杀人的故意？没有，不是一种杀人的故意。这点大家一定要注意。可见，首先要对客观行为来作判断——是不是杀人，然后再来考察行为人主观上有没有杀人故意。如果客观上根本就不存在杀人行为，就不需要再对主观上的状态作考察。

(1) 故意。

杀人故意可以分为直接故意和间接故意。直接故意和间接故意它们之间的主要区分就在于，在直接故意情况下，行为人是希望自己的杀人行为致使被害人死亡，也就是对死亡这样一种结果持一种追求、希望其发生这样一种心理状态。而间接故意是在明知这一行为有可能造成他人死亡的情况下，对死亡结果持一种放任的态度。直接故意的杀人是比较常见的，也比较容易认定。间接故意杀人有时候不是太好判断，尤其是它和过于自信的过失致人死亡有时候不好判断。我们在判断间接故意杀人的时候，还是要看两点：一是认识因素，也就是说对于这种自己的行为引起的结果，有没有认识到，以及这种认识程度。对于间接故意杀人来说，只能是认识到自己的行为可能引起他人死亡。如果是认识到自己的行为必然造成他人死亡，那就不是间接故意杀人而是直接故意杀人。我在刑法总论课堂上也反复讲这个道理。我举一个例子就是说，甲痛恨乙，想要杀乙。有一天乙和丙同在建筑工地的一个脚手架上，这个脚手架距离地面好几十米。在这种情况下把脚手架上的绳索砍断，人从高处摔下来必然会摔死。但甲只是希望乙死，因与丙无冤无仇，实际上并没有想杀丙的思想准备。但是由于杀乙心切，甲就管不了那么多了，就把绳索砍断，结果乙和丙摔下来都死了。在这种情况下，甲对乙的死亡是直接故意没问题，那么甲对丙的死亡是直接故意还是间接故意？有的人认为是间接故意，也就是说甲实际上并不希望丙死，他只是希望乙死，只是不得已让丙一起死。但是我认为，在这种情况下，甲明知道砍断绳索后乙和丙两个人从高跌下来必然会死。在认识到死亡必然发生的情况下，甲还要实施这个行为，我认为，甲的主观心理状态就不是间接故意而是直接故意。这是从主观认识程度上来区分：对于直接故意来说，主观认识程度既可以是认识到结果可能发生，也可以是认识到结果必然发生。而对于间接故意杀人来说，只能是认识到可能导致他人死亡，而不包括认识到必然导致他人死亡，如果认识到必然导致他人死亡还要实施这一行为，那么就是一种直接故意。二是意志因素，在明知自己的行为会导致他人死亡的情况下，还要看对死亡结果是希望其发生还是放任其发生：希望是有一种积极追求，包含着一种杀人的目的在里面，因此，如果死亡结果没有发生，行为人就会感到失望，就构成未遂，犯罪目的没有达到。而放任就是一种两可——死了也不违背我的意愿，没死也不违背我的意愿。因此，在死亡结果没有发生的情况下就不存在未遂的问题。

另外还要说明的一点是，我国刑法中的故意分为直接故意和间接故意，过失分为过于自信的过失和疏忽大意的过失，这是根据大陆法系的刑法理论所作的一种分类。但在我国古代的刑法当中，虽然有故意与过失这样一个基本的分类，但没有我国现行刑法中这样一种严密的分类。因此，我国古代刑法关于"六杀"的规定中，主观故意不是那么明显，或者说它不是严格按照主观故意的类型来对杀人罪作分析的，而是根据发生杀人的场合、不同情况来进行分类的。比方说斗殴杀，是故意还是过失？不能简单说是故意还是过失。斗殴杀里面既有故意又有过失，但只要是斗殴而造成死亡就定斗殴杀，而不管主观上是故意还是过失。再比如说戏杀，戏杀里面大部分可能是过失，但也有可能有故意。可见，我们不能简单地将现在的故意与过失的概念套用在我国古代刑法关于杀人的规定上。这是我需要特别说明的一点。

张某故意杀人案

被告人：张某，女，1992年×月×日出生。2012年8月23日因涉嫌犯故意杀人罪被逮捕。

浙江省宁波市人民检察院以被告人张某犯故意杀人罪，向浙江省宁波市中级人民法院提起公诉。

被告人张某辩称其没有杀死被害人的故意。张某的辩护人认为张某的行为仅构成过失致人死亡罪，不构成故意杀人罪，请求法庭对张某从轻处罚。

浙江省宁波市中级人民法院经公开审理查明：被告人张某与被害人张某敏均在浙江省慈溪市务工，二人共同租住于慈溪市Z镇城中村×弄14号102室。2012年8月13日1时许，张某用手机上网时发现一条“用绳子勒脖子会让人产生快感”的信息，决定与张某敏尝试一下，并准备了裙带作为勒颈工具。随后，张某与张某敏面对面躺在床上，张某将裙带缠系在张某敏的颈部，用双手牵拉裙带的两端勒颈。其间，张某敏挣扎、呼救。两人的亲友、邻居等人闻声而至，在外敲窗询问，张某答称张某敏在说梦话。后张某发现张某敏已窒息死亡，遂割腕自杀，未果。当日8时许，张某苏醒后报警求救。经民警询问，其交代了自己的犯罪事实。案发后双方家属达成赔偿和解协议。浙江省宁波市中级人民法院认为，被告人张某与被害人张某敏相约做“用绳子勒脖子产生快感”的游戏，张某用裙带勒张某敏颈部，且在张某敏呼救时依然勒颈，放任张某敏死亡结果的发生，其行为构成故意杀人罪。公诉机关指控的罪名成立。张某作为成年人，理应对勒颈可以致人死亡的常识有所认识，且当被害人因被勒颈产生激烈反应，伴有脚踢床板、喊叫救命等行为时，张某更应明知其行为可能会产生致人死亡的结果，但仍放任被害人死亡结果的发生，其行为符合故意杀人罪的特征。鉴于张某案发后主动报警，如实供认自己的犯罪事实，构成自首，并积极向被害人的亲属赔偿经济损失且获得谅解，依法可以减轻处罚。据此，依照《中华人民共和国刑法》第二百三十二条、第六十七条第一款之规定，浙江省宁波市中级人民法院以被告人张某犯故意杀人罪，判处有期徒刑7年。

一审宣判后，被告人张某以定性不当为由，向浙江省高级人民法院提起上诉。

浙江省高级人民法院经公开审理认为，原判认定的事实清楚，证据确实、充分，定罪和适用法律正确，量刑适当，审判程序合法，遂裁定驳回上诉、维持原判。

张某杀人案是一个间接故意杀人的案例。间接故意和直接故意有所不同，行为人不是积极追求他人死亡的结果，而是对死亡结果持放任的态度。这种放任态度使得杀人行为具有一定的消极性和隐蔽性，容易与过失致人死亡罪相混淆。在本案中，张某对于张某敏的死亡确实并非积极追求，但在张某敏被勒住颈部而挣扎、呼救的情况下，仍然不放，这表明张某在明知其行为可能造成张某敏死亡的情况下，对这种死亡结果持一种放任其发生的主观心理态度。因此，张某构成故意杀人罪。

(2) 动机。

除了故意以外，另外还有一个动机的问题，也需要作一个简要的说明。对于故意杀人罪来说，有没有杀人故意当然是认定杀人罪的一个必要条件。动机，严格来说，不影响故意杀人罪的定罪。也就是说，无论行为人基于何种动机而实施杀人行为，都应当构成杀人罪。但动机可能影响到量刑，因为动机是否恶劣是量刑轻重的一个决定因素。在司法实践当中，通常的杀人动机有以下这些：第一是图财害命，也就是追求某种非法利益而杀人。这是一种财产性的杀人动机。第二是报复杀人。这种报复可能是因为政治上的原因而报复，可能是因为经济上做生意吃亏了而报复，也可能是基于其他方面的原因而报复。第三是奸情杀人。奸情杀人在杀人罪中也占有一定的比重。当然，这种杀人是和一定的社会制度密切联系的。例如，在不能离婚的婚姻制度下，奸情杀人较多。在离婚自由的婚姻制度下，奸情杀人就很少甚至没有了。因为在不能离婚的情况下，杀人就演变为婚姻解除的一种方法。此外，溺婴也是一种杀人。过去有很多溺婴，但是现在溺婴越来越少了，溺婴为什么越来越少呢？可能是对性别的选择观念有所变化。现在流产合法化、堕胎合法化，可以进行性别选择。现在有一种性别鉴定，在婴儿出生之前就可以通过科学的方法来知道胎儿的性别，然后进行性别选择。有关国家部门主张把非医学需要的性别鉴定规定为犯罪。性别选择对一个民族的人口是有很大危害的。但也必须看到，这种性别选择本身也体现了一种科学的进步：过去需要用杀人的方法来进行性别的选择，现在就不需要用杀人的方法进行性别选择，而是可以用科学的方法进行性别选择。可见，犯罪类型的变化和社会制度的进步之间有着密切的联系。第四是义愤杀人。义愤杀人也是较为常见的。

三、故意杀人罪的认定

在故意杀人罪的认定当中，有一些特别复杂的问题，需要我们特别加以注意。

（一）安乐死

安乐死是因为病人患有某种无法救治的疾病，并且处于精神上和肉体上不可忍受的痛苦的状态，为了解除病人的这种痛苦，而剥夺他的生命。现在世界上安乐死合法化还是非法化是有很大争议的。现在少数国家或者说个别国家，例如荷兰，实现了安乐死的合法化。但是安乐死在大部分国家还是非法的。安乐死的本质还是一种杀人，是剥夺他人生命，但这种剥夺生命是非法还是合法，是有争议的。

安乐死是否合法，关键是在安乐死的情况下存在一个病人的承诺，也就是病人同意他人剥夺自己的生命。这里就存在一个承诺是否阻却杀人的刑事责任的问题。这种剥夺生命是经过生命的所有者同意的，能不能说就不需要追究刑事责任？被害人承诺是一个非常值得研究的问题。被害人承诺在某些情况下可以阻却构成要件，例如，经过女方同意发生性行为，构成通奸，这个行为就不是强奸行为，构成要件的强奸行为就不存在。另外一些情况下承诺可以阻却违法，也就是行为存在，但承诺使得行为的违法性不存在，因此这种承诺是违法阻却事由。例如，财产所有人同意他人把自己财物给毁坏了，在这种情况下毁坏财物的行为就不具有违法性。安乐死，归根到底是一个阻却违法的问题。

法律上一般来说承认行为人对自己的利益具有一定的处分权，例如财物不要了，财物所有人可以放弃。在某种情况下，甚至得了很严重的病，没钱治，就不治了，死了就死了吧。这种放弃生命的行为，法律无权干预。即使是自杀，也不是违法的行为。但是，能不能允许他人来把自己杀死，采取这种方法来放弃自己的生命？在法律上一般来说是不允许的。在中世纪，当时一种观念认为生命是上帝赋予的，因此个人是不能放弃的。在那种情况下，甚至把自杀未遂也规定为一种犯罪。自杀就是一种犯罪，死了当然没办法，但自杀没死就要追究自杀未遂的责任。但现在这样的罪名当然是已经进入“历史博物馆”了。人对自己的处置权利越来越大，但采取允许他人剥夺的方法来处置自己的生命，这种权利有没有，能不能给？这个问题还是有很大争议的。有些国家它专门规定了一个罪名，例如日本刑法就有一个罪名，叫受托杀人罪。医生经过病人同意把他杀死，就构成受托杀人罪，这也是一种杀人。在我国刑法中，安乐死还是一种犯罪、一种杀人犯罪，当然是一种情节较轻的杀人罪。在我国发生的第一起比较有影响的安乐死的案件，是1987年发生在陕西汉中的一个安乐死案件。

汉中安乐死故意杀人案

1986年年初，汉中人夏某肝硬化伴严重腹水，多次昏迷。当年6月23日，夏某病危，被其子王某送往汉中市传染病医院治疗。6月25日上午，王某和妹妹向主管医生蒲某询问母亲病情，蒲某说治疗无望。王某不忍心让母亲再受病痛折磨，于6月28日要求蒲某给夏某实施“安乐死”，蒲不同意。后因王某和其妹一再要求，蒲某给夏某开了100毫克复方冬眠灵，由值班护士做了注射。夏某在6月29日凌晨5时死去。

夏某死后，汉中市（现更名为汉台区，下同）公安局遂对此案立案侦查。检察院于同年9月以故意杀人罪批准逮捕蒲某、王某，并于1988年2月8日向汉中市人民法院提起公诉。法院于1990年3月15日至17日公开审理了此案。一审开庭审理后，按照最高人民法院的指示，汉中市人民法院、汉中地区中级人民法院、陕西省高级人民法院逐级递交了审理报告，最高人民法院收到报告后于1991年2月28日批复陕西省高级人民法院：“你院请示的蒲某、王某故意杀人一案，经高法讨论认为：‘安乐死’的定性问题有待立法解决，就本案的具体情节，不提‘安乐死’问题，可以依照刑法第十条的规定，对蒲、王的行为不作犯罪处理。”

1991年4月6日，汉中市人民法院作出一审判决，宣告蒲某、王某二人无罪。汉中市人民检察院对一审判决两被告人的行为不构成犯罪提起抗诉；蒲某和王某则对一审判决认定其行为属于违法行为提起上诉。汉中地区中级人民法院于

1992年3月25日二审裁定：驳回汉中市人民检察院和蒲某、王某的上诉；维持汉中市人民法院刑事判决。

以上案例是病人家属通过医生对病人进行安乐死。在现实生活中，还存在病人亲属为减少病人的痛苦而实施杀人行为的案例，例如邓某故意杀人案。

（二）自杀相关行为

这个问题可能是在处理故意杀人罪的时候特别复杂的一个问题。自杀是自我剥夺生命，自己对自己的杀人。而我们讲的故意杀人，一般都是指他杀。因此，他杀和自杀是矛盾的，是自杀就不能成立他杀。一个人死了，经过调查是自杀，那就排除他杀，就不存在需要追究杀人者刑事责任的问题。但是自杀和杀人又有很密切的联系。在自杀是由他人的行为引起的情况下，对于引起他人自杀的行为，能不能按照杀人罪来追究刑事责任？这个问题就是一个比较复杂的问题。下面分别不同情况加以讨论。

1. 教唆自杀

教唆自杀是指采用引诱、纵容、欺骗等方法使他人产生自杀意图并进而实施自杀行为。教唆自杀的本质特征就在于，他人本无自杀之心，在教唆犯的教唆下，他人产生自杀的念头并实施了自杀行为而导致死亡。现在的问题是：教唆自杀是不是杀人，能不能等同于杀人？我国目前的司法实践和刑法理论上的通说都认为，教唆自杀就是杀人，应当按照杀人罪来处理。实际上关于这个问题，在日本专门有一个罪名，称为自杀相关罪。我国台湾地区刑法学上有一个罪名，称为加功自杀罪。加功当然包括帮助，是为他人自杀提供便利的意思。在日本刑法这样的语境下，它都不是把引起他人自杀行为简单看作是一种杀人，而是需要有刑法的特别规定。在没有特别规定的情况下，对教唆自杀的行为直接按照杀人来处理，在逻辑上是有问题的。

我个人认为，不能把教唆自杀直接等同于故意杀人。在刑法没有明文规定的情况下，不应当按照故意杀人罪来处理。因为虽然实施了教唆行为，但是他人是一个精神正常的人、一个具有刑事责任能力的人，他人还是自主地决定自己的生死。在这种情况下，他人的死亡还是自己的意志决定的，教唆虽然有一定作用，但是不能直接把这种教唆就看作是杀人。但是，如果教唆的是未成年人或者教唆的是精神病人，采取教唆的方法导致他人自杀，能不能看作是杀人，这个问题还可以研究。

2. 帮助自杀

帮助自杀是指在他人已有自杀意图的情况下，为他人实施自杀提供便利条件，也就是对自杀的一种加功。帮助自杀和教唆自杀不一样：教唆自杀是指使无自杀意图的人产生自杀的意图，而帮助自杀是他人已经有自杀的念头，而只是为他人实施自杀提供某种帮助。

帮助自杀实际有两种情况：第一种是基于自杀者的要求，对自杀者实施了杀人行为，使其实现自杀的意念。这种帮助自杀实际就是一种受托杀人：他人本来就想自杀，但不敢自己下手，于是委托另外一个人把自己杀死。在这种情况下，所谓帮助自杀的帮助者，实施了杀人罪的构成要件行为，因而是杀人罪的正犯，因此对这一行为按照故意杀人罪来处理是可以的。当然这是一个情节较轻的杀人行为，因为杀人毕竟是经过他人同意的。第二种是为他人自杀提供便利条件，比如说提供针剂、药物或者提供其他自杀工具，而自杀行为是他人本人实行的。甲想自杀，乙给他介绍哪一种药物自杀痛苦比较少或者帮他买这种药物，或者帮他寻找其他自杀的工具，这是一种帮助自杀。这种帮助自杀和我们前面讲的教唆自杀性质上是相似的，在没有法律明文规定的情况下，按照杀人罪来处理，是不合适的。但在我国司法实践中，目前还是认定为故意杀人罪，例如邓某故意杀人案。

邓某故意杀人案

被告人邓某是被害人李某之子。李某于1991年前后身患脑中风致右半身不遂，后经治疗病情有所缓解，但1996年前后病情再次复发，并伴有类风湿等疾病导致手脚疼痛、抽筋。除了邓某外，李某还生有3名子女，但一直是由邓某照料李某的生活起居并负责李某的求医诊疗。李某不堪忍受长期病痛折磨，曾产生轻生念头。2010年4月，邓某父亲病故后，邓某因家庭经济拮据需要依靠打工维持生计，遂将李某从四川老家带到广州市番禺区租住处加以照顾。其间，李某因病情拖累多次产生轻生的念头。2011年5月16日9时许，李某请求邓某为其购买农药。邓某顺从李某的请求，去农药店购得两瓶农药，并将农药勾兑后拧开瓶盖递给李某服食，李某喝下农药即中毒身亡。后公安机关接到举报后，赴现场查验尸体时发现死因可疑，经初步尸检后认为死者死于有机磷中毒，遂将邓某带回派出所调查，邓某如实交代了以上犯罪事实。

广州市番禺区人民法院认为：被告人邓某无视国家法律，明知农药能毒害生命，出于为母亲李某解除病痛的目的，在李某的请求之下，帮助李某服用农药结束生命，其行为构成故意杀人罪。鉴于邓某上述犯罪行为发生于家庭直系亲属之间，且系在被害人产生轻生念头后积极请求情况下所为，故其犯罪行为应当与普通严重危害社会的故意杀人行为相区别。邓某主观恶性相对较小，社会危害亦相对较轻，属于故意杀人罪中“情节较轻”情形，可以在“三年以上十年以下有期徒刑”法定刑幅度内量刑。同时，邓某归案后能够如实供述自己的罪行，依法可以从轻处罚。根据前述法定刑幅度和具体量刑情节，并综合考虑邓某犯罪的具体事实、认罪悔罪态度以及众多亲友联名求情等因素，决定对邓某从轻处罚并适用缓刑。遂依照《中华人民共和国刑法》第二百三十二条、第六十七条第三款、第七十二条、第七十三条之规定，广州市番禺区人民法院以被告人邓某犯故意杀人罪，判处有期徒刑三年，缓刑四年。

本案披露后，引起社会各界高度关注，新闻媒体更是将本案称为“孝子弑母”案。在具体审理过程中，主要涉及的一个争议问题是帮助他人自杀的行为是否构成故意杀人罪。通常认为，帮助自杀，是指他人已有自杀意图，行为人对其给予精神鼓励，使其坚定自杀意图，或者提供物质、条件上的帮助，使其实现自杀意图的行为。基于上述概念分析，帮助自杀与直接动手杀人不同。对于直接动手杀人，即便是应他人请求而为之，理论界和实务界普遍认为不应认定为帮助自杀，而是构成故意杀人罪。但对于仅提供帮助而未直接动手实施杀人的行为，是否应当认定为故意杀人罪，存在较大争议。有观点认为，帮助自杀行为不能等同于故意杀人行为，在刑法没有明文规定的情况下，认定帮助自杀行为构成故意杀人罪要特别慎重。但也有观点认为帮助自杀行为原则上构成故意杀人罪，具体理由是：帮助自杀行为符合间接故意杀人罪的特征，对死亡结果具有较大的原因力。目前，主流观点是认为帮助自杀行为构成故意杀人罪，主要理由是：帮助自杀行为与死亡结果之间存在因果关系，侵犯了死者的生命权。本案裁判理由认为，在本案中，被告人邓某明知农药有剧毒性，仍将勾兑好的农药递给李某，邓某主观上对李某的死亡持放任态度，符合故意杀人罪的主观条件。同时，邓某客观上也实施了非法剥夺他人生命的行为，符合故意杀人罪的客观条件。可见，本案的裁判理由从以下三个方面作了分析：

其一，邓某实施了非法剥夺他人生命的行为。邓某对李某负有赡养义务。在李某请求帮助自杀的情况下，邓某不但没有劝阻，反而为其购买农药，并在勾兑后拧开瓶盖把农药递给李某，为李某自杀提供了条件。在李某服下农药后，邓某没有积极实施救助，而是看着李某中毒身亡。虽然邓某没有实施灌药行为，但从性质上分析，其行为属于非法剥夺他人生命的行为。值得注意的是，邓某是否实施强行灌药行为，是法院判断其犯罪动机和其是帮助自杀还是直接动手杀人的重要依据。关于该问题，在直接证据方面仅有被告人供述，而在间接证据方面，现场勘验检查笔录、法医学尸体检验鉴定书等均证实被害人在死亡前没有进行激烈的反抗或者挣扎。因此，综合本案在案证据，法院认定邓某没有实施强行灌药行为。

其二，邓某的行为与李某的死亡结果之间存在刑法意义上的因果关系。案发前，李某因不堪病痛折磨而产生了轻生念头，只是由于卧病在床，无法自行实施自杀行为。在李某的请求下，邓某明知农药有剧毒性，仍向李某提供农药。虽然其只是将农药递给李某，但其明知李某得到农药服下后，必然导致死亡结果的发生。因此，邓某提供农药的行为与李某的死亡结果之间具有刑法意义上的因果关系。

其三，邓某的行为具有刑事违法性，且不存在违法性阻却事由。帮助自杀行为涉及刑法理论中的被害人承诺问题。被害人承诺，是指经权利人允许实施损害其权益的行为。法谚云："对意欲者不产生侵害"。这表明在传统观念中被害人承诺对违法性的认定存在一定影响。然而，在当代刑事理论体系中，被害人承诺作为违法性阻却事由，存在一定的限制。一般认为，除国家利益、社会公共利益外，即使是纯属于公民个体的私权，也并非完全由权利主体自由处分，如生命权就不可自由处分，经被害人承诺而杀人的，仍然构成故意杀人罪。我国刑法没有专门就被害人承诺问题进行规定，司法实践中对于有被害人承诺情形的故意杀人，原则上都不将被害人承诺作为杀人犯罪的阻却事由，但可以作为减轻刑事责任的理由。本案中，邓某帮助自杀的行为虽然系在李某的请求下实施，但由于其侵害的生命权超过了被害人承诺可处分的范围，故不能排除其行为的刑事违法性，仍然构成犯罪。

以上三个理由只有第一个理由对于解决帮助自杀行为是否构成故意杀人罪才是具有意义的，后两个理由都是建立在第一个理由的基础之上的。请注意以上裁判理由中的这句话："邓某虽然没有实施灌药行为，但从性质上分析，其行为属于非法剥夺他人生命的行为。"没有实施灌药行为，说明李某的死亡不是邓某直接造成的，亦即邓某没有实施故意杀人罪的构成要件行为，而只是帮助李某自杀。这种帮助自杀行为何被评价为非法剥夺他人生命的行为，裁判理由仍然没有进行论证。

3. 相约自杀

相约自杀是指两人以上互相约定，自愿共同实施自杀行为。相约自杀当中情况也比较复杂，不可能两个人同时产生自杀念头，而可能是一个人先产生自杀念头，然后劝另外一个人跟自己一起去自杀。因此这里面就包含了教唆他人自杀的内容。在两人自杀当中，也可能有一个人帮助另一个人即帮助自杀的内容包含在里面。如果相约自杀两个人都自杀死了，当然不存在刑事责任追究问题。但是一个人死了，另外一个人没死，那没有死的那个人能不能按照故意杀人罪来处理，就成为一个问题。

对于相约自杀当中的自杀未遂者，是不是按照故意杀人罪来追究刑事责任，也要根据不同情况。如果相约自杀的两个人只是各自杀自己，其中一个人死了，另一个人没死，那对没死的那个人就应当按照一般的自杀未遂来处理，不能追究杀人罪的刑事责任。但是相约自杀当中，有两种情况可能是需要注意的：第一种情况是相约自杀当中包含了受托杀人：其中一个人胆子太小不敢自杀，他把另外一个人杀死了自己不敢下手就活下来了。在这里他实施了一个杀人行为，应当按照杀人罪来处理没问题。第二种情况是采取欺骗手段使他人自杀，实际上自己并不想死。也就是相约自杀，说：你死吧，我陪你一起死。结果对方死了，他没死。这种情况比较复杂，这里面可能有教唆自杀。这种教唆自杀和单纯的语言教唆还不一样，行为人用自己也要自杀而死来强化他人的自杀念头，结果他人死了，他没死。这里面还有一种欺骗性。在这种情况下能不能按照故意杀人罪来处理？从构成要件上来说，行为人确实没有实施杀人罪的构成要件行为，但他对于他人自杀确实起到了直接作用。这种情况在法律没有特别规定的情况下，按照故意杀人罪来处理也还是有问题。但这种情况确实很可恶，我觉得在法律上作出明文规定比较好。如果要追究责任，就应作出明确规定。但在没有明确规定的情况下，即使这种行为很可恶，也不能简单地按照故意杀人罪来追究刑事责任。

4. 致人自杀

致人自杀是指由于某种原因引起他人自杀。当然，这个原因很复杂，有的是正当行为导致他人自杀，比如说老师批评学生，这个学生就去自杀了；家长骂几句小孩，小孩就去自杀了。在这种情况下，这个老师或者这个家长不能承担任何责任，更不能承担杀人罪的责任。还有一种是违法行为引起他人自杀，甚至犯罪行为引起他人自杀，例如，暴力干涉婚姻引起他人自杀，非法拘禁引起他人自杀，或者强奸引起他人自杀。在这种情况下，不能追究故意杀人罪的责任，只能看的他行为本身是否构成犯罪，而把他人自杀作为量刑时考虑的从重情节。在这种情况下，有一定的过失致人死亡这样一个意思在里面，但不是杀人，更不是故意杀人。

5. 逼迫自杀

逼迫自杀是指利用权势或者经济、亲属关系上的优势，故意迫使他人自杀的行为。在这种情况下，自杀并非死者所愿，因此名为自杀，实则杀人，应当按照故意杀人罪来追究有关逼迫者的刑事责任。当然，在这种情况下，这种逼迫必须要达到他人不得不自杀的程度。如果没有达到一定程度，虽然有让他人自杀的言语，比方说“你去死吧”或者“你还不如死了”，结果他人自杀死了，不能简单说这就是逼迫。只有那些把一个人关在一个小屋子里面，不让他出来，也不给他饭吃，然后给他一把剪刀或者给他一个绳索，说你去死吧，才是逼迫自杀，因为这种逼迫使他人处于不得不自杀这样一个境地。

(三) 刑法关于故意杀人的特别规定之一：包容规定

所谓包容规定是指，在其他的犯罪当中包含了故意杀人的内容。因此，故意杀人罪和包含故意杀人内容的那些罪名之间存在着整体法和部分法的竞合关系。在这种情况下，尽管行为人实施了故意杀人行为，也不能定故意杀人罪，而是应该按照包含故意杀人的那些罪名来定。

这种情况在我国刑法当中有以下这些情况：

(1) 刑法第 115 条规定的放火罪、爆炸罪、决水罪、投放危险物质罪、以危险方法危害公共安全罪。在故意杀人罪的认定中，经常出现与危害公共安全罪的区分，例如，与放火罪的区分，与爆炸罪的区分，以及与以危险方法危害公共安全罪的区分问题。在“放火、决水、爆炸以及投放毒害性、放射性、传染病病原体等物质或者以其他危险方法致人重伤、死亡或者使公私财物遭受重大损失的，处十年以上有期徒刑、无期徒刑或者死刑”这个罪状当中，就有致人死亡这样的内容。这里的致人死亡显然包含了故意致人死亡，也就是包含了故意杀人。例如向人群里扔一颗手榴弹、扔一个炸弹，把人炸死了。在这种情况下，只要定一个爆炸罪就可以了，爆炸就包含了杀人。当然，采取这种危害公共安全的方法进行杀人，是一种法条竞合，这种杀人的手段必须要有危害公共安全的危险性，如果虽然实施了刑法所实施的放火、投放危险物质等这样一些手段来进行杀人，但实际上并没有危害公共安全，那么在这种情况下，行为人的行为并没有触犯危害公共安全罪，只能按照故意杀人罪来处罚。例如放火杀人，被害人的房屋坐落在荒山僻岭，旁边并没有其他房屋，为了杀害房屋的主人，把房屋给烧了。在这种情况下，虽然也是一种放火杀人，但是这种放火没有危害公共安全，因此只能定故意杀人罪。只有当放火杀人危害到公共安全时，对放火杀人才能定放火罪而不是故意杀人罪。

王某故意杀人案

1996年6月17日晚，崇明县公安局在崇明县东西向的陈海公路上沿途设立若干关卡，执行车辆检查任务。翌日零时五十分，王某驾驶一辆蓝色桑塔纳轿车，沿陈海公路以100公里/小时的高速行驶，在接近大新公路高石桥关卡时，2名民警用手电筒示意王停车接受检查，但王拒不停车，闯过关口。零时五十五分，王又在大同公路附近闯关而过，接着在陈海公路侯家镇关卡闯关而过。凌晨1时许，崇明县公安局建设镇派出所民警陆某和其他3名公安人员接到消息后，在靠近建设路口的陈海公路由南向北，用摩托车、椅子、厂等设置路障，并将拦下的一辆出租车停在南侧路障后，车头向东，并让司机不时打开车灯照亮路障和公安人员。随后，陆某站在北侧慢车道与人行道交叉线上，其余3名公安人员则站在路中间和南侧，分别用手电筒光和手势向不断驶进的王某示意停车。王高速驾车见状后仍未停下，仅在靠近路障时从北侧快车道拐上北边慢车道，将车速减至50公里/小时，驾车快速向前冲去，撞中正在摇晃手电筒示意停车的民警陆某，将陆撞出二十余米，造成被害人右侧颅前窝等头颅多处受伤而死亡。王某撞人后先踩一脚急刹车，但未停车救人，反而立即加速逃离现场。接着王继续沿陈海公路向西行驶，在桥镇路口、港东关卡等处又闯关逃走。王某到达新村乡界河码头时，被公安人员抓获。

上海市第二中级人民法院认为：被告人王某拒不服从公安人员的停车检查指令，强行闯过公安机关设置的高石桥、大同路、侯家镇、建设路等数处车辆检查关卡，并在建设路口将正在执行公务的民警陆某撞击致死。其撞人后，继续驾车高速闯过城桥镇路口、港东路两关卡后逃逸。王某的行为构成以驾车冲闯的危险方法危害公共安全罪。遂对被告人王某判处死刑，剥夺政治权利终身。

一审宣判后，被告人王某不服，以没有驾车撞人及危害公共安全的故意、驾车撞死民警是过失所致、其行为构成交通肇事罪为由上诉于上海市高级人民法院。上海市高级人民法院经审理认为：一审判决认定的犯罪事实清楚，证据确实、充分，审判程序合法，但对王某的定罪不当。王某为逃避公安机关车辆检查，驾车连续高速冲闯公安机关设置的数处关卡，在建设路口驾车冲向执行公务的公安人员，置他人生命于不顾，将公安人员陆某冲撞翻过车顶，仍继续高速驾车强行闯过关卡，致使陆被撞击坠地后造成颅脑损伤死亡。对这种结果的发生，王某持放任态度，其行为已构成故意杀人罪，依法应予严惩。上诉人（原审被告人）王某犯故意杀人罪，判处死刑，剥夺政治权利终身。

在本案中，将王某的行为认定为是故意杀人罪还是以危险方法危害公共安全罪，是一个重要问题。我们可以看到，对此，一审判决与二审判决的认定是完全不同的。二审判决之所以将王某的行为认定为故意杀人罪，其裁判理由如下："王某已经认识到其危害行为的行为对象是特定的个人，而非不特定的某个人或多数人。在上述案件中，交通执法人员为对车辆依法进行检查而设置路障或关卡，并守候在旁边向车辆发生指令。此时，对于作为机动车司机的王某来说，在看到交通执法人员设卡检查时，要么停车，要么继续驾车，没有其他方面的选择；而继续驾车势必要闯关而过，也必然是抗拒交通执法人员的执法活动。王某已认识到，其所强行通过的正是交通执法人员为检查机动车辆而依法设置的关卡，且交通人员在关卡旁边守候，待机动车辆停下后进行检查。因而高速驾车强行通过的不仅仅是执法人员设置好的关卡，还包括了交通执法人员的依法阻拦。而且，在检查过程中，只有交通执法人员才有权在关卡处守候，以及向驶近的车辆发出停车信号，其他人员没有此项权利；关卡处并非一般的公众场合，非执法人员不可能随意出入或者停留，即便是非执法人员，只有在接受执法人员的停车命令后才能停留。因此，高速驾车冲撞行为针对的对象并不是处在公众场所的不特定个人或多数人，而是正在依法设置的关卡处依法履行检查车辆职责的交通执法人员，即行为的对象是特定的个人。特定的行为对象表明，危害行为侵犯的法益也是特定的，即正在执法的交通执法人员的人身安全。而行为人对此该因素的认识也决定了其不可能对其他法益有侵犯的意图。"

从以上裁判理由可以看出，二审判决将对不特定的多数人的危害视为危害公共安全罪的本质特征。在本案中，王某的行为虽然发生在公共场所，但其行为所针对的对象是特定的而不是不特定的，因此，本案应当认定为故意杀人罪而不是危害公共安全罪。

(2) 刑法第 119 条规定的破坏交通工具罪、破坏交通设施罪、破坏电力设备罪、破坏易燃易爆设施罪。在“破坏交通工具、交通设施、电力设备、燃气设备、易燃易爆设备，造成严重后果的，处十年以上有期徒刑、无期徒刑或者死刑”这一罪状中，都包含了造成严重后果的规定，这里的严重后果就包含了故意杀人。例如破坏易燃易爆设备，导致易燃易爆设备的爆炸，而把人炸死了。这里的炸死就包含在造成严重后果里面，不另外定故意杀人罪，直接定这些罪名就可以了。

(3) 刑法第 121 条规定的劫持航空器罪。刑法规定：“以暴力、胁迫或者其他方法劫持航空器的，处十年以上有期徒刑或者无期徒刑；致人重伤、死亡或者使航空器遭受严重损坏的，处死刑。”劫持航空器罪中包含了致人死亡，劫持航空器导致飞机坠毁致人死亡，法律规定可以判死刑。显然，这里的致人死亡包含了故意杀人。

(4) 刑法第 239 条规定的绑架罪。刑法规定：“以勒索财物为目的绑架他人的，或者绑架他人作为人质的，处十年以上有期徒刑或者无期徒刑，并处罚金或者没收财产；情节较轻的，处五年以下十年以上有期徒刑，并处罚金。犯前款罪，杀害被绑架人的，或者故意伤害被绑架人，致人重伤、死亡的，处无期徒刑或者死刑，并处没收财产。”在绑架罪的规定中包含了杀害被绑架人，这是在其他罪名中包含故意杀人罪的一个最明显的规定。这种杀害被绑架人实际上就是故意杀人，但法律规定按照绑架罪处以死刑。因此，绑架罪和故意杀人罪之间存在着整体法和部分法的这种竞合关系。

(5) 刑法第 263 条规定的抢劫罪。刑法规定：“以暴力、胁迫或者其他方法抢劫公私财物的，处三年以上十年以下有期徒刑，并处罚金；有下列情形之一的，处十年以上有期徒刑、无期徒刑或者死刑，并处罚金或者没收财产：（一）入户抢劫的；（二）在公共交通工具上抢劫的；（三）抢劫银行或者其他金融机构的；（四）多次抢劫或者抢劫数额巨大的；（五）抢劫致人重伤、死亡的；（六）冒充军警人员抢劫的；（七）持枪抢劫的；（八）抢劫军用物资或者抢险、救灾、救济物资的。”在抢劫罪的加重构成中也包含致人死亡，这里的致人死亡就包含了杀人，也就是说以杀人为手段的抢劫应当按照抢劫罪来处理，故意杀人罪不另外定罪。

(6) 刑法第 317 条第 2 款规定的暴力越狱罪、聚众持械劫狱罪。刑法规定：“暴动越狱或者聚众持械越狱的首要分子和积极参加的，处十年以上有期徒刑或者无期徒刑；情节特别严重的，处死刑；其他参加的，处三年以上十年以下有期徒刑。”这里的情节特别严重，也包括在暴力越狱、聚众持械劫狱当中的故意杀人行为。

(四) 刑法关于故意杀人的特别规定之二：转化规定

所谓转化规定，是指在犯其他罪的过程中，又涉及杀人行为，刑法规定按照故意杀人罪追究刑事责任的情形。转化规定包含以下几种：

(1) 刑法第 238 条第 2 款规定：“使用暴力致人伤残、死亡的，依照本法第二百三十四条、第二百三十二条的规定定罪处罚”。即非法拘禁使用暴力致人死亡的，依照故意杀人罪定罪处罚。这是从非法拘禁罪转化为故意杀人罪。

(2) 刑法第 247 条规定：“司法工作人员对犯罪嫌疑人、被告人实行刑讯逼供或者使用暴力逼取证人证言的，处三年以下有期徒刑或者拘役。致人伤残、死亡的，依照本法第二百三十四条、第二百三十二条的规定定罪从重处罚。”也即刑讯逼供、暴力取证过程致人死亡的，依照故意杀人罪定罪处罚。这是一个转化性的规定，在刑讯逼供、暴力取证当中致人死亡的，应当定故意杀人罪。

(3) 刑法第 292 条第 2 款规定，“聚众斗殴，致人重伤、死亡的，依照本法第二百三十四条、第二百三十二条的规定定罪处罚”。也即聚众斗殴致人死亡的，以故意杀人罪定罪处罚。

彭甲等故意杀人案

2006 年 4 月 11 日晚 8 时许，胡某、钱某与周某、魏某等人在回上海市金山区枫泾镇长征村暂住处途中，与彭某（在逃）因琐事发生争执，彭某回其打工的晶琴乐器公司后告诉同在该公司打工的老乡田某（在逃），田即通过魏某打电话联系胡某。双方约定通过打群架的方式解决双方纠纷。当晚10时许，田某纠集了彭甲、彭乙、向某等老乡共三十余人，胡某、钱某也纠集了何某等十余人。双方均持铁棒等凶器至金山区枫泾镇工业园区环东一路与钱明东路十字路口附近进行斗殴。胡某、钱某一方见对方人多，遂逃离现场，田某一方即进行追赶。田某、彭甲、彭乙、向某等人追上何某后，对何某进行殴打，何某被迫跳入路边池塘，彭甲、彭乙、向某、田某在池塘边捡起石块向池塘里冒出头的何某投掷，使何的头部不能浮出水面，致何某在该池塘因溺水死亡。案发后，胡某、钱某主动至公安机关投案。

一审法院认为，被告人彭甲、彭乙、向某积极参加聚众斗殴，并致一人死亡，其行为均构成故意杀人罪。被告人胡某、钱某因琐事纠集多人持械与他人斗殴，其行为均构成聚众斗殴罪。被告人彭甲、彭乙、向某均积极参加聚众斗殴，且实施了追赶被害人及向被迫跳入池塘的被害人投掷石块的行为，三人均系本案聚众斗殴致被害人死亡后果的共同加害人。彭甲、彭乙、向某追赶被害人及向在池塘中游泳的被害人投掷石块的行为，与被害人死亡的结果具有刑法上的因果关系，三被告人均应对聚众斗殴造成被害人死亡的后果承担相应的刑事责任。彭甲、彭乙、向某均积极参加聚众斗殴，且系被害人死亡结果的共同加害人，其行为不符合从犯的法定条件。被告人胡某、钱某纠集十余人持械至约定地点与他人斗殴，且斗殴行为已实际发生，并造成了人员伤亡的严重后果，其行为不属于聚众斗殴的未遂。彭甲、彭乙系未成年人，胡某、钱某具有自首情节。据此，依照《中华人民共和国刑法》第二百九十二条第一款第四项、第二款，第二百三十二条、第二十五条第一款、第十七条第三款、第六十七条第一款、第五十六条第一款，《最高人民法院关于审理未成年人刑事案件具体应用法律若干问题的解释》第14条之规定，作出如下判决：被告人彭甲犯故意杀人罪，判处有期徒刑八年；被告人彭乙犯故意杀人罪，判处有期徒刑八年；被告人向某犯故意杀人罪，判处有期徒刑十年，剥夺政治权利三年；被告人胡某犯聚众斗殴罪，判处有期徒刑四年；被告人钱某犯聚众斗殴罪，判处有期徒刑三年。

一审宣判后，被告人彭乙以其行为与被害人的死亡之间不具有刑法上的因果关系为由，其行为应构成聚众斗殴罪为由，向上海市高级人民法院提出上诉。其他 4 名被告人均未提出上诉。

二审法院认为，原判定罪量刑并无不当，上诉人的上诉理由不能成立，遂裁定驳回上诉、维持原判。

本案被害人为逃避追打被迫跳水而溺死是一起非典型的聚众斗殴案件。本案在审理过程中，对被告人彭甲、彭乙、向某在聚众斗殴过程中致被害人何某跳水逃避殴打而溺水死亡的行为应当如何定罪，出现认定聚众斗殴罪、故意伤害罪、故意杀人罪三种意见。本案判决认为，聚众斗殴致人死亡的，按照《刑法》第 292 条第 2 款的规定，应当以故意伤害罪或故意杀人罪定罪处罚，但至于认定为何种罪名，并非单纯按照重伤或者死亡的结果定罪，而是应当结合被告人的客观行为和主观故意进行综合判断，以确定其罪名。本案对被告人彭甲、彭乙、向某的行为应认定为故意杀人罪，理由是：第一，三人积极参加聚众斗殴，并实施了追赶、殴打被害人及向跳入池塘的被害人扔掷石块的行为。第二，三人追赶被害人并向跳入池塘的被害人扔掷石块的行为与被害人死亡结果的发生具有刑法上的因果关系。第三，三名被告人对死亡结果的发生持放任的主观心理态度。

本案裁判理由认为，聚众斗殴转化为故意伤害或故意杀人并不是全案转化，即对聚众斗殴的参与人并非均按照故意伤害或故意杀人的共同犯罪予以定罪处罚，而是对参与聚众斗殴的行为人，按照其在聚众斗殴中是否应当承担致人重伤或者死亡后果的责任来判断其是否构成转化的故意伤害罪、故意杀人罪。转化定罪的前提必须是该名行为人的行为已经构成了聚众斗殴罪，如果其行为尚不足以构成聚众斗殴罪，则不能认定转化的故意伤害罪或故意杀人罪。由于聚众斗殴罪的构成本身就对主体范围进行了限制，即构成聚众斗殴罪的并不是聚众斗殴的所有参与人，而是其中的首要分子和积极参加者，即积极参加者应当被理解为积极参加聚众斗殴并实际实施了斗殴行为的人，对聚众斗殴提供一般性帮助或者参与情节一般的行为人一般不应当被认定为积极参加者，不构成聚众斗殴罪，更不可能成立转化后的故意伤害罪、故意杀人罪。

因此，在聚众斗殴转化的故意伤害罪、故意杀人罪中，应当对聚众斗殴的首要分子和积极参加者是否应当承担致人重伤、死亡后果的刑事责任进行个别的判断，而不应对所有参与聚众斗殴的行为人均按照共同故意伤害、故意杀人定罪后，再来按照其在共同犯罪中的地位和作用来区分主、从犯。但这并不是说对构成聚众斗殴转化的故意伤害、故意杀人的行为人的罪责和刑罚不加区分，虽然不区分主、从犯，但仍然应当按照行为人在致人重伤、死亡中的具体行为对后果发生的原因力大小及其他犯罪情节分别裁量刑罚，以做到罪刑相适应。

(五) 刑法关于故意杀人的特别规定之三：并罚规定

在刑法有关条款当中还规定了犯某种罪而有故意杀人行为的，应当按照故意杀人罪和其他犯罪来进行并罚。

(1) 刑法第 120 条第 2 款规定了组织、领导、参加恐怖组织罪。刑法规定："犯前款罪并实施杀人、爆炸、绑架等犯罪的，依照数罪并罚的规定处罚。"

(2) 刑法第 294 条规定了组织、领导、参加黑社会性质组织罪、入境发展黑社会性质组织罪和包庇、纵容黑社会性质组织罪。同时规定："犯前三款罪又有其他犯罪行为的，依照数罪并罚的规定处罚。"这里的其他犯罪行为包括故意杀人罪。因此，这是关于故意杀人罪与其他犯罪实行数罪并罚的规定。

四、故意杀人罪的处罚

我国刑法第 232 条关于故意杀人罪分为两个罪刑单位："故意杀人的，处死刑、无期徒刑、十年以上有期徒刑；情节较轻的，处三年以上十年以下有期徒刑。"

将死刑放在第一个可供选择的刑种，这在刑法中是唯一的一个规定。其他都是从轻到重，处 10 年以上有期徒刑、无期徒刑或者死刑。在故意杀人罪的法定刑中把死刑放在第一位，表明刑法对故意杀人行为的一个严厉的否定性评价，因此，在司法实践中，故意杀人的，通常如果没有法定或酌定的从轻、减轻事由，一般来说都处死刑。但现在来看，刑法的死刑适用太多了。有的案件中故意杀一个人，结果两个人被判死刑、三个人被判死刑甚至四个人被判死刑，所以在杀人罪上，死刑适用过多过滥。即使是故意杀人罪，也要对死刑严加限制。只有对那些情节十分严重的故意杀人才判处死刑，其他一般情节较轻的故意杀人就不一定判死刑，可以判处“死缓”。可以说，故意杀人罪的死刑适用，是故意杀人罪的量刑中一个十分重要的问题。由于受到“杀人者死”的古老信条的影响，对故意杀人罪判处死刑的呼声很高。因此，我国司法实践中故意杀人罪适用死刑（这里的死刑是指死刑立即执行）的比重很高。在限制死刑的情况下，现实需要对故意杀人罪的死刑加以限制。为此，1999年10月27日最高人民法院《全国法院维护农村稳定刑事审判座谈会纪要》明确规定：“要准确把握故意杀人犯罪适用死刑的标准。对故意杀人犯罪是否判处死刑，不仅要看是否造成了被害人死亡结果，还要综合考虑案件的全部情况。对于因婚姻家庭、邻里纠纷等民间矛盾激化引发的故意杀人犯罪，适用死刑一定要十分慎重，应当与发生在社会上的严重危害社会治安的其他故意杀人犯罪案件有所区别。对于被害人一方有明显过错或对矛盾激化负有直接责任，或者被告人有法定从轻处罚情节的，一般不应判处死刑立即执行。”这个规定虽然是针对农村规定的，但对故意杀人罪适用死刑的精神被普遍适用。为此，2011年12月20日最高人民法院颁布的第一批指导性案例第4号王某故意杀人案，对于故意杀人罪的死刑适用就具有指导意义。

王某故意杀人案

被告人王某与被害人赵某（女，殁年26岁）在山东省潍坊市科技职业学院同学期间建立恋爱关系。2005年，王某毕业后参加工作，赵某考入山东省曲阜师范大学继续专升本学习。2007年赵某毕业参加工作后，王某与赵某商议结婚事宜，因赵某家人不同意，赵某多次提出分手，但在王某的坚持下二人继续保持联系。2008年10月9日中午，王某在赵某的集体宿舍再次谈及婚恋问题，因赵某明确表示二人不可能在一起，王某感到绝望，愤而产生杀死赵某然后自杀的念头，遂即持赵某宿舍内的一把单刃尖刀，朝赵的颈部、胸腹部、背部连续捅刺，致其失血性休克死亡。次日8时30分许，王某服农药自杀未遂，被公安机关抓获归案。王某平时表现较好，归案后如实供述自己罪行，并与其亲属积极赔偿，但未与被害人亲属达成赔偿协议。

山东省潍坊市中级人民法院于2009年10月14日以（2009）潍刑一初字第35号刑事判决，认定被告人王某犯故意杀人罪，判处死刑，剥夺政治权利终身。宣判后，王某提出上诉。山东省高级人民法院于2010年6月18日以（2010）鲁刑四终字第2号刑事裁定驳回上诉、维持原判，并依法报请最高人民法院核准。最高人民法院根据复核确认的事实，以（2010）刑三复22651920号刑事裁定，不核准被告人王某死刑，发回山东省高级人民法院重新审判。山东省高级人民法院经依法重新审理，于2011年5月3日作出（2010）鲁刑四终字第2—1号刑事判决，以故意杀人罪改判被告人王某死刑，缓期二年执行，剥夺政治权利终身，同时决定对其限制减刑。

山东省高级人民法院经重新审理认为：被告人王某的行为已构成故意杀人罪，罪行极其严重，论罪应当判处死刑。鉴于本案系因婚恋纠纷引发，王某求婚不成，恼怒并起意杀人，归案后坦白悔罪，积极赔偿被害方经济损失，且平时表现较好，故对其判处死刑，可不立即执行。同时考虑到王某故意杀人手段特别残忍，被害人亲属不予谅解，要求依法从严惩处，为有效化解社会矛盾，依照《中华人民共和国刑法》第五十条第二款等规定，判处被告人王某死刑，缓期二年执行，同时决定对其限制减刑。

王某故意杀人案的裁判要旨认为："因恋爱、婚姻矛盾激化引发的故意杀人案件，被告人犯罪手段残忍，论罪应当判处死刑，但被告人具有坦白悔罪、积极赔偿等从轻处罚情节，同时被害人亲属要求严惩的，人民法院根据案件性质、犯罪情节、危害后果和被告人的主观恶性及人身危险性，可以依法判处被告人死刑，缓期二年执行，同时决定限制减刑，以有效化解社会矛盾，促进社会和谐。"

此后，2012年9月18日最高人民法院第三批指导性案例第12号案例，即李某故意杀人案，再次对故意杀人罪的死刑适用公布指导性案例。该案的裁判要旨认为："对于因民间矛盾引发的故意杀人案件，被告人犯罪手段残忍，且系累犯，论罪应当判处死刑，但被告人亲属主动协助公安机关将其抓捕归案，并积极赔偿的，人民法院根据案件具体情节，从尽量化解社会矛盾角度考虑，可以依法判处被告人死刑，缓期二年执行，同时决定限制减刑。”

刑法规定，情节较轻的故意杀人，处3年以上10年以下有期徒刑。如何理解这里的情节较轻？这里的情节较轻主要有以下三种情况：第一是防卫过当杀人或者紧急避险过当杀人。第二是义愤杀人或者激愤杀人，因为受到欺辱在被害人有过错的情况下产生杀人之心把人杀死。第三是因受被害人长期迫害而杀人，这种因受被害人长期迫害而杀人当中包含了家庭暴力下的杀人，尤其是受虐妇女杀夫。这个问题在妇女界非常关注，受虐妇女杀夫案件也不少，但各地司法机关对此处理很不一样。有的判刑比较轻，甚至判缓刑；但有的判刑很重，判无期徒刑甚至“死缓”。我认为，受虐妇女杀夫是因为受到丈夫的迫害、虐待而杀人，应当看作是一种情节较轻的杀人，处以较轻的刑罚。2015年3月2日最高人民法院、最高人民检察院、公安部、司法部《关于依法办理家庭暴力犯罪案件的意见》对因为家庭暴力导致的故意杀人罪的死刑适用问题作出了专门规定，指出：“对于长期遭受家庭暴力后，在激愤、恐惧状态下为了防止再次遭受家庭暴力，或者为了摆脱家庭暴力而故意杀害、伤害施暴人，被告人的行为具有防卫因素，施暴人在案件起因上具有明显过错或者直接责任的，可以酌情从宽处罚。对于因遭受严重家庭暴力，身体、精神受到重大损害而故意杀害施暴人；或者因不堪忍受长期家庭暴力而故意杀害施暴人，犯罪情节不是特别恶劣，手段不是特别残忍的，可以认定为刑法第二百三十二条规定的故意杀人‘情节较轻’。在服刑期间确有悔改表现的，可以根据其家庭情况，依法放宽减刑的幅度，缩短减刑的起始时间与间隔时间；符合假释条件的，应当假释。被杀害施暴人的近亲属表示谅解的，在量刑、减刑、假释时应当予以充分考虑。”

第二十一讲

过失致人死亡罪

过失致人死亡，是我国刑法中十分常见的一种犯罪。由于我国刑法中的一部分犯罪中都包含了过失致人死亡的内容，因而过失致人死亡罪是我国刑法中第一个基本罪名。在本讲中，我对过失致人死亡罪的定罪量刑问题进行讲解。

一、过失致人死亡罪概述

过失致人死亡罪是指过失导致他人死亡后果的行为。过失致人死亡罪在我国1979年刑法中被称为过失杀人罪，与故意杀人罪相并称。在1997年刑法修订时，立法机关考虑到法律用语的科学性，将过失杀人罪修改为过失致人死亡罪。这里主要涉及对杀人中的“杀”字的理解。“杀”这个行为只能是故意的，因此，表述过失致人死亡行为用这个“杀”字来描述，不够科学。但实际上，“杀”字的基本含义就是致死，而不管主观上是故意还是过失。例如我国古代刑法中的“六杀”，不仅包括故意杀人，还包括误杀、过失杀。从我国古代刑法用语的沿袭来看，过失杀人这样的表述并不违反法律用语的科学性。这只是一个语言表达的习惯问题。对同一种行为，主观上故意和过失内容不同的，能不能概括为同一种客观行为？有时候可以，例如爆炸罪与过失爆炸罪：爆炸罪是故意犯罪，过失爆炸罪指的是由主观上的过失构成的爆炸罪。但另外有些词的用法是固定的，例如放火罪是故意的，如果过失引起火灾就不能叫过失放火罪，应当叫作失火罪，因为“放”这个字本身还是有故意的含义，因此放火也叫纵火。过失致人死亡的行为在现实生活中常常发生，而真正按照过失致人死亡罪定罪的案件却很少，主要是因为很多过失致人死亡的行为都被包含在其他的犯罪中。因此，这种行为本身很多，而这种案件却比较少。所以要把过失致人死亡罪与其他犯罪中的过失致人死亡的行为加以区分。

二、过失致人死亡罪的构成

（一）罪体

1. 行为

过失致人死亡罪的行为是指过失导致他人死亡后果的行为。从法律上来看，并没有对这个行为加以具体的界定。过失致人死亡罪具有典型的结果犯的特征，其行为性质是通过结果确认的：只要是造成他人死亡后果的行为，就属于这种行为，在其表现方式上并没有加以限制。在这点上，过失致人死亡罪的行为与故意杀人罪的行为在性质上是相同的。

我国刑法上的过失致人死亡包含了两种情况：（1）因过失行为直接造成他人死亡的结果。在这种情况下，过失行为和死亡结果之间的因果关系非常明显，死亡结果的发生和过失行为之间的联系非常紧密，因此，过失致人死亡行为的性质是比较容易认定的。（2）过失行为引起他人重伤，继而导致他人死亡。在这种情况下，死亡结果的发生和过失行为之间仍然是存在因果关系的。如果过失致人重伤，后来因为其他因素的介入，例如自然力或者其他人的行为介入，然后导致死亡结果的发生。这种情况下，过失行为和死亡结果的发生之间就没有因果关系，就不能定过失致人死亡罪，而只能定过失重伤罪。例如，甲过失致使乙重伤，乙在医院治疗期间，由于医疗事故或者火灾事故而死亡，这一死亡结果与甲的过失行为之间就没有因果关系，因而甲不构成过失致人死亡罪。过失行为引起他人重伤，过了一段时间他人由于重伤而死亡这种情况在认定的时候容易引起误解。这种情形和故意伤害致人死亡不一样：故意伤害致人死亡情形中，对伤害是故意，对死亡结果是过失，这是一种结果加重犯。我们这里讲的过失行为引起他人重伤，继而导致他人死亡，还不能讲是过失重伤致人死亡，而应当直接认定为过失致人死亡。以上两种行为尽管在过失行为造成死亡后果的时间间隔上有长短之分，但是在性质上都属于过失致人死亡。

2. 客体

这里的客体是人。关于人的界定与故意杀人罪中的人的界定是一致的，这里不再多说。

3. 结果

过失致人死亡罪的结果是死亡。如何来确定死亡，即人的生命何时终止？这与故意杀人罪中死亡的界定是一致的。由于过失致人死亡罪是过失犯罪，因此不存在未遂，只存在犯罪的成立与否：只有发生死亡结果，这种行为才能被称为过失致人死亡的行为。如果没有发生死亡结果，只有重伤的结果，这种行为就是过失致人重伤的行为。因此，死亡的结果对过失致人死亡罪的定性是具有十分重要的意义的。过失犯罪是典型的结果犯，只有发生这种结果，犯罪才能确定；如果没有发生这种结果，这种行为的性质就不能成立。这与故意犯罪中的结果犯是不一样的：在故意犯罪的结果犯中，例如故意杀人罪，导致他人死亡的后果对于故意杀人罪的成立来说也是一个重要的条件，但是杀人这种行为的性质本身并不靠杀人的结果来确定。即使这种后果没有发生，也可以确定这种行为是故意杀人行为，就有可能成立故意杀人罪的预备、未遂或者中止。如果死亡结果发生了，就是故意杀人的既遂。因此，死亡结果是否发生只是犯罪完成与未完成区分的一个标准，并不能决定行为的性质。但在过失致人死亡罪中，死亡结果是否发生是罪与非罪区分的一个标准，过失致人死亡的行为是要靠死亡的结果来加以确定的。

4. 因果关系

过失致人死亡行为和过失致人死亡结果间是否存在因果关系，要通过客观的事实来加以确定。在过失致人死亡情况下，如何来确定行为和结果之间的因果关系是个比较复杂的问题。在被害人存在特殊体质的情况下，如何判断因果关系往往存在一定的疑难性。例如在日常生活中，由于琐事发生争执，推了对方一把，把对方推倒在地上，由于被害人有某种心脏的疾病，诱发了其心脏的疾病，最后休克，抢救无效死亡。推一把，最终导致死亡，这两者之间到底有没有因果关系？按照一般的社会公众的观念来看，还是认为有因果关系的：这种死亡结果是推了一把引起的。从刑法角度来看，这里存在事实因果关系，即条件说所讲的“如无前者，即无后者”的因果关系。是否存在法律因果关系，通常通过相当因果关系说来判断，也就是说行为人对这种事实是否已经预见或者能够预见。如果行为人已经知道他有心脏病，推一把就是要诱发他的心脏病，那么因果关系是非常明显的。如果行为人能够预见，仍然存在法律因果关系。只有被害人的体质特殊，一般人都不可能预见，也不能要求行为人来预见，才不存在法律因果关系。这里首先是个因果关系的问题。但是在我国司法实践中，往往把它作为一个意外事件的问题来解决。如果因果关系都没有，就不存在意外事件的判断，因为意外事件的判断是以因果关系的存在为前提的。从这里可以看出，对犯罪成立条件的判断有严格的位阶关系。

（二）罪责

过失致人死亡罪的责任形式是过失，包括疏忽大意的过失和过于自信的过失。对于这种过失《唐律疏议》作过以下解释：“耳目所不及，思虑所不到，共举重物，力所不制，若乘高履危，及因击禽兽以致杀伤之属，皆是。”在此，对过失的描述采用了一种非常直观的语言。另外，在《唐律》中过失杀伤人的过失是十分宽泛的，只要是“耳目所不及，思虑所不到”所造成的死亡结果就是一种过失，故有客观归罪之嫌。这里的不及、不到，还要看能不能及、能不能到，如果根本不能及、不能到，仍然不应该认为是过失。因此，这里的过失实际上包含了我国刑法中的意外事件。《唐律》对过失杀伤人采取的是一种结果责任，或在一定意义上采用的是严格责任，是客观归罪的表现。

大陆法系刑法理论对过失的界定，采用的是一种义务的理论，认为过失是对义务的违反：疏忽大意的过失违反的是结果预见义务，而过于自信的过失违反的是结果回避义务。在疏忽大意的过失的情况下，所谓违反结果预见义务是指对危害社会的结果应当预见而没有预见："应当预见"是对这种结果发生有预见义务，同时包含着一种预见能力，只有在有预见能力的情况下没有预见，才认为主观上有疏忽大意的过失。过于自信的过失情况下违反的是结果回避义务：预见到危害结果可能发生，但是轻信能够避免，从而导致结果发生。"轻信能够避免"是指对危害社会的结果应当避免而没有避免：首先要有避免的义务，其次要有避免的能力。前者是预见义务与预见能力统一，后者是避免义务和避免能力统一。普通过失的预见义务是根据日常生活经验产生的，业务过失的预见义务是根据从事的业务和所担任的职务产生的。如果没有预见义务，当然就不存在预见能力的问题。有预见义务，同时还要看有没有预见能力。只有同时有预见义务与预见能力，才认为行为人是存在疏忽大意的过失。

可以将我国《唐律》当中关于过失的规定和大陆法系刑法理论中对过失的界定作一个分析，可以看出两种思维方法的不同。我国古代的思维是形象、直观、整体的思维，大陆法系刑法理论对过失的界定是抽象、个别、分析的思维。从实质内容来看，我国《唐律》当中关于过失的规定包含了客观归罪的因素，而大陆法系刑法理论中关于过失的理论严格遵循了责任的原则：即使发生结果，主观上有没有过失要另外加以判断。

我们现在采用的是大陆法系刑法理论，因此，在对过失致人死亡罪之过失判断的时候，于疏忽大意的过失要看行为人是否具有预见义务与预见能力，于过于自信的过失要看行为人是否具有避免义务和避免能力。也即要对主观过失作明确的判断，且这种判断要遵循一定的规则。

(1) 疏忽大意的过失致人死亡。

疏忽大意的过失致人死亡是指行为人应当预见自己的行为可能导致他人死亡的结果，却由于疏忽大意没有预见到，以致发生了他人死亡的结果。在这种情况下，行为人对他人的死亡主观上存在着疏忽大意的过失，例如，由于行为人的作为过失致使他人死亡：苏某和廖某某天晚上在公司的油库值班，不久之后停电了，苏某叫廖某一起去检查电路，在仓库里面检查发现都很正常，认为可能在仓库外某个线路出问题，于是苏某等人外出检查。他们来到油库外的一个变压器旁边，电力公司谭某等人正在维修线路故障，将电闸拉下，但是没有人看守，并且也没有在变压器旁设“正在维修”的告示牌，因认为晚上不会有人过来。苏某和廖某看变压器的电闸关着，认为停电就是因为电闸未打开，但也没有考虑为什么电闸会关着（这是高压线的电闸）。于是苏某用手电照明，廖某用绝缘棒将已被断开的开关推合上以通电，结果致使正在维修线路的谭某三人触电身亡。苏某和廖某是否应对谭某等三人的死亡结果承担责任？从因果关系来看是没有问题，有行为，有结果，行为和结果之间有因果关系。但是是否应当承担刑事责任，还要看行为人主观上是否存在过失。行为人没有预见到这种死亡结果会发生，问题在于是否应当预见。法院的判决认为：“苏某和廖某在合上电闸的时候存在疏忽大意的过失。因为一般人应当知道高压线路的管理属于专属管理，只能由供电主管部门管理，而且有严格的管理制度。一旦违反操作规程就可能发生事故，两被告人在发现停电的情况下，疏忽大意不考虑后果，擅自开通不属于其管理的变压器电线开关，以致造成三人死亡，构成过失致人死亡罪。”我们都是一般人，我们是否都知道高压线路的管理属于专属管理？我们似乎都不知道。因此这个判断可能就有点问题。如果说这两个人是电工，那么应当知道高压线路的管理属于专属管理，这个判断才比较合理。因此，这个案件主要是看被告人主观上是否存在疏忽大意的过失。辩护人的辩护意见为意外事件，但法院仍然认为被告人主观上存在疏忽大意的过失。在这个案件中，死者谭某等人也有过错存在：关闭电闸维修线路，按照一般的管理规程，应该有人看守，至少应当有告示牌，但是他们并没有遵循这样的规章制度。苏某和廖某，如果按比较严格的要求来说，确实应该考虑一下为什么电闸关闭，但是他们没有考虑到。如果按照《唐律》所讲的“思虑所不到”，那么就应该有过失。但是我们现在的刑法理论上还要看能不能思虑到：一般人在这种情况下，能不能想到？法院认为，如果一般人都能想到，他们有过失；如果一般人都不能想到，他们就没有过失。因此可以看出对于过失有时很难判断。而一般过失犯罪的案件中争议都比较大。这和客观行为不一样，客观行为比较好判断，主观过失判断比较难。

由于不作为导致他人死亡，例如被告人李某到被害人卢某（10岁）家里提出要带卢某去附近的水库游泳，卢某的父母就告诉李某卢某不会游泳，并且叮嘱李某一定要照看好卢某。下午3时许，李某带卢某到达水库，租了两个救生圈，然后下水游泳，一小时后一起上岸休息。休息片刻后，卢某又提出要再次下水。李某最初不允许，经卢某再三要求最后同意。卢某带救生圈下水，被告人李某则在岸上抽烟并与人聊天，并没有看管卢某。卢某下水后不久，因救生圈脱落而沉入水中。其他人见状后便大声呼喊，李某急忙下水施救，但找不到人。后卢某从水中飘起，被送往医院抢救无效死亡，经诊断为溺水死亡。法院认为："被告人李某带不会水性的儿童前往游泳，负有保护其安全的义务与责任，对卢某再次下水会溺水的结果应当预见，但因自己抽烟、与别人闲谈忽视了采取安全措施导致卢某死亡的严重后果，其行为构成过失致人死亡罪。"这是由于行为人不作为而引起他人死亡的案件。本案中，李某是负有某种义务，这种义务是由于行为人的先行行为而产生的义务。卢某是10岁的小孩，李某虽然不是他的监护人，但是带卢某出去从事游泳这种带有一定风险的行为就产生了一种看护的义务。由于李某没有履行这种义务，而导致了卢某的死亡。由此可见，有不作为，有死亡结果，两者之间有因果关系。那么行为人主观上是否存在过失？这种过失是疏忽大意的过失。根据当时情况，卢某再次下水，李某仍然有义务看管，而他却去抽烟、闲谈，主观上有疏忽，正是这种疏忽导致了卢某的死亡。在本案中，李某对卢某的溺水死亡应当承担过失致人死亡的刑事责任。

在现实生活中，大量存在疏忽大意的过失。必须具体地判断疏忽大意的过失是否存在，它的判断在作为和不作为的情况下的判断可能有区别。尤其要考虑到当时的具体情况，根据具体情况来作判断。这是非常复杂的司法判断过程。

(2) 过于自信的过失致人死亡。

过于自信的过失致人死亡是指行为人已经预见到自己的行为可能导致他人死亡，但却轻信能够避免，以致发生他人死亡的结果。"轻信能够避免"指的是，自认为根据主、客观情况，这种结果不会发生。在轻信能够避免的情况下，实际上是行为人对当时的情况作出了一个错误的判断。行为人应当对由此而导致的他人死亡后果承担刑事责任。例如，一个人打猎，枪法不是很准，在猎物旁边不远的地方有一个小孩在玩耍，由于猎物和小孩距离比较近，就有可能把小孩打死，对于这点行为人已经预见到了，但是他自认为他的枪法比较准，即使打不到猎物也不会把小孩打死，因此就没有采取措施来避免死亡结果发生，就开枪了，结果把小孩打死了。在这种情况下，行为人存在过于自信的过失。他对自己的枪法作出了过高的估计，这种估计是不符合实际的。正是这种过于自信的过失导致了小孩被打死，因此，他的行为构成了过于自信的过失致人死亡。在实践中，90%的都是疏忽大意的过失致人死亡，像这样过于自信的过失致人死亡的案件很少。

三、过失致人死亡罪的认定

(一) 疏忽大意的过失致人死亡与意外事件致人死亡的区别

我国刑法第16条规定："行为在客观上虽然造成了损害结果，但是不是出于故意或者过失，而是由于不能抗拒或者不能预见的原因所引起的，不是犯罪。"这种由于不能预见的原因所引起的损害结果，就是我国刑法理论中的意外事件。在司法实践中，疏忽大意的过失致人死亡与意外事件致人死亡如何区分是个比较疑难的问题。例如，前面讲的苏某和廖某合上电闸致谭某等三人死亡这个案件，辩护人作意外事件的无罪辩护，法院认为是疏忽大意的过失致人死亡。这里就有一个疏忽大意的过失致人死亡与意外事件致人死亡的判断问题。这种判断应该根据具体情况来判断，我们在理论上给出的是一个大致的判断规则，这种判断规则如何结合案件的具体情况来作出判断并得出正确结论是个比较复杂的问题。又如，被告人董某和被害人孟某在山坡打猎，在返回的途中发现山崖下面有一个斑鸠，董某就将一枚子弹装入小口径步枪的枪盘内，把枪交给董某去打斑鸠，董某持枪下山崖去寻找斑鸠未找到，就返回山崖的坎下。因为山崖陡且滑，孟某就叫董某把枪管送上来再往上爬，意图将董某拉上来。孟俯身趴在崖上，双手握枪管向上拉董某，董左手抓住枪管、右手扶崖坎往上爬，由于脚下一滑，左手触动扳机导致枪走火，击中孟某的肝脏部位致使孟某死亡。对于本案，一审法院认为：

"董某明知枪盘内装有子弹，应当预见自己的行为会造成严重后果，但他疏忽大意而没有预见，因此构成过失致人死亡罪。"而二审法院认为："孟某中弹死亡是董某在爬上来时脚下一滑突然扣动扳机所致，但是一审判决认定董某左手触动扳机无证据证实不能认定，董的行为在客观上虽然造成了孟某死亡的后果，但不是出于故意或者过失而是出于意外，由于意志以外的原因引起的，故不能认定犯罪。"在两种判断的后面有一个事实上的认定：一审法院认为，董某的枪走火是董某不慎将手碰到了扳机所致；二审判决却认为这样一个事实无法证明，因此这是一起意外事件。行为人董某主观上到底有没有疏忽大意的过失和证据认定有关：如果是脚底打滑，枪支走火导致死亡，认为是个意外事件比较妥当；如果在攀爬当中不小心左手碰到了扳机将孟打死，认定疏忽大意的过失比较妥当。由此可见，如何认定疏忽大意的过失致人死亡与意外事件是和就案件体事实的认定有很大关系的。在司法实践中，每起疏忽大意的过失致人死亡案件的律师都会作意外事件的辩护。这里就有一个讲理的问题，关键是所讲的道理能不能成立。

（二）过于自信的过失致人死亡与间接故意杀人的区别

在过于自信的过失致人死亡与间接故意杀人两种情况下，行为人都已经预见到死亡结果可能发生，但是这种预见的程度是不一样的：在过于自信的过失致人死亡情况下，行为人预见到的死亡结果可能发生只是一种抽象的可能性，这种可能发生距离实际发生比较远。而在间接故意杀人情况下，行为人预见到的死亡结果可能发生是一种具体的可能性，这种可能发生距离实际发生比较近。

行为人对造成的后果所持的主观心理态度是不一样的。在过于自信的过失致人死亡情况下，行为人对他人死亡的结果持否定的态度，不希望发生，如果发生了是违背行为人主观意愿的。而在间接故意杀人情况下，行为人对他人死亡的结果持放任的态度，也就是容忍，心理活动是采取听之任之、任其发生的态度：如果没有发生，不违背行为人的主观意愿；如果发生了也不违背行为人的主观意愿。正是在"发生了也不违背行为人的主观意愿"这点上，间接故意杀人和过于自信的过失致人死亡存在区别：正是行为人主观态度的不同，导致在客观的行为上，在过于自信的过失致人死亡情况下，由于不希望发生，往往是自认为不会发生，因而判断错误，或者是采取了一定措施来避免结果发生，但是所采取的措施不足以避免，也是判断错误。而在间接故意杀人情况下，行为人对他人死亡的结果持容忍的态度，因此，行为人就不可能采取措施去避免结果发生。这是两者的主要区分。例如被告人熊某是卡车司机，某日晚8时许，驾驶东风牌的货车行驶在狮山大道中段，见到前面约100米处其好友帅某在人行道上散步。熊某想和帅某开个玩笑吓唬他，于是挂挡高速向帅某冲去，结果不小心使帅某跌倒，致使其颅内大出血而死亡。从行为上来看，熊某是故意开着车向帅某撞去，似乎是故意杀人，但是行为人主观上作了这样的辩解："我和帅某是好朋友，只是想开车过去吓吓他。"判断行为人主观上到底是过于自信的过失还是间接故意，就要从案件的具体情况来看。他说"我和帅某是好朋友"，那么就要去调查他俩是不是好朋友、熊某有没有杀人的动机，如果是仇敌，这个举动就是间接故意杀人。后来一调查，他俩确实是好朋友，那么熊某就没有动机去故意杀害帅某，他的辩解似乎是能够成立的。熊某想吓唬帅某一下，显然对自己的车技作了过高的估计，没有想到会撞倒帅某，使其颅内出血而死亡，帅某死亡结果的发生是违背熊某意志的。在这种情况下，行为人主观上就存在着过于自信的过失，因此是过失致人死亡而不是间接故意杀人。

前面举例打猎把小孩打死了：行为人知道猎物距离小孩比较近，可能会把小孩打死，但自认为枪法比较好，不会打死小孩，结果却打死了。这是过于自信的过失致人死亡。如果行为人对于小孩的死亡放任不管，打死了小孩他也是能够容忍的，那么在这种情况下，把小孩打死了就是间接故意杀人。从客观行为来看，两者是比较难以区分的，要看被告人如何供述，看案件的具体情况，看猎物和小孩的距离到底是多近，看枪法到底有多准。过失的判断要件是开放性的，"应当预见"，什么叫"应当"？"应当避免"，什么叫"应当"？谁来判断是否应当？法律上并没有给出一个具体标准，而是给出一个抽象的判断规则，由法官进行具体判断。这种案件往往引起的争议比较大，所以法官一定要在判决书里把判决理由写清楚，说明为什么说是应当的。只有这样，才能使判断的合理性和正当性获得认同。

（三）过失致人死亡的特别规定

刑法第233条有“本法另有规定的，依照规定”的内容。在刑法总论中讲到这种表述实际上是法条竞合的引导性规定，这个规定就意味着在我国刑法中并不是所有过失致人死亡的行为都定过失致人死亡罪，只有在这种行为不为其他犯罪所包容的情况下才定过失致人死亡罪。因此，过失致人死亡罪和其他包含过失致人死亡行为的罪之间存在着部分法和整体法的法条竞合关系，按照整体法优于部分法的法条适用原则，应该按照其他犯罪定罪。

过失致人死亡行为的认定本身并不是那么复杂，只是在认定了该行为后，哪些过失致人死亡行为定过失致人死亡罪，哪些过失致人死亡行为定其他罪，可能是该罪认定中最为复杂的一个问题。我来作一个罗列，看哪些犯罪中包含了过失致人死亡的行为，然后就其中比较复杂的行为结合案例进行讲解。

（1）刑法第115条规定了失火罪、过失决水罪、过失爆炸罪、过失投放危险物质罪、过失以危险方法危害公共安全罪。这些过失危害公共安全罪都包含过失致人死亡的内容，区分的关键就在于不仅要看行为人的过失行为是否具有危害公共安全的性质，不仅要看行为人是否采取了刑法所列举的这些手段，还要看是否危害了公共安全，这种行为是否一经实施就会造成对不特定的多数人的生命、健康和财产的损害。不具备这种特征的这些行为就应该定过失致人死亡罪，而不应该定以危险方法危害公共安全罪。例如被告人王某家中失窃，为防止他人入室行窃，王某就采取一个防盗设施，将客厅灯泡内的火线接到前窗的铁栏杆上，通电后就形成了电网。王某在离家时锁了房门，用铁丝从院内把院门拴上并在院外上了锁，自信一般人不能进入、接触不到电网，因而未设任何危险标志。后来王的母亲到院内拿东西，将院门打开后忘了关上。邻居9岁男孩，见王某院门未锁就推门进入院内玩耍。男孩趴在窗台上，前额碰到了铁栏杆而当即身亡。对于本案，检察机关以过失以危险方法危害公共安全罪提起公诉。一审法院认为：王某具有一般安全用电常识，知道电灯上的电压是220伏，把电灯上的火线接到前窗的铁栏杆上能通电，造成窃贼伤亡，但没有想到他人进入其院内会触电而死。因此，王某私设电网防盗当时已经能预见到可能会发生他人进入、发生伤亡事件，但轻信能够避免，以致发生被害人致死的结果，其行为已经构成过失致人死亡罪。检察院认为构成过失以危险方法危害公共安全罪，而法院认为构成过失致人死亡罪，在这种情况下，到底如何定罪？关键问题就在于私架电网行为本身是否具有公共危险。本案实际上是对公共危险的判断问题。本案构成过失致人死亡罪的主要依据就是被告人私设的电网是在其院内住宅的前窗上而不是在公共场所，这种电网只会对破门或者翻墙入院的人造成影响，还不足以危害到社会上不特定多数人的安全。但问题是如何理解这里的“不特定多数人”。现在要问：如果这个案件不是邻家的小孩被触电死了，而是果然有个窃贼进来，触电死了，那么到底是否还构成犯罪？这和正当防卫的问题相关。在正当防卫中存在一种事先设置防卫设施的行为，被认为是一种为保护本人的人身或者财产而采取的一种防范行为，具有行使权利的性质。行使权利有没有界限？比如说保护财产权利能不能致他人死亡？虽然保护了本人的财产权利，但是设置了一种致人死亡的危险，如果他人来侵犯，就会死亡，那么法律是否允许？显然法律是不允许的。一个公民不能采取一种剥夺他人生命的方法来保证自己的财产权。这种权利行使已经超越了法律规定的界限，这种行为显然不能被认为是正当防卫。关键的问题是这是一种危害公共安全还是一种过失致人死亡，也就是说这里有没有公共危险性？这是值得研究的。不特定多数人只是一种危险可能性，最终受到危害的人可能是一两个确定的人，就不能说没有公共危险性。这里的不特定可能是张三，也可能是李四。多数人是指有可能危害到多数人，因此，这个案件到底定过失危害公共安全还是过失致人死亡仍然是存在疑问的。再比如，由于自家瓜田里的西瓜经常失窃，张某就在自己的西瓜里面注入毒药，并在瓜田挂一块牌子写明西瓜有毒，意在阻吓窃瓜贼。邻村的陈某经过瓜地，不相信瓜里有毒，仍然偷摘了一个西瓜，正好就是那个有毒的西瓜。陈某将西瓜拿回家后放在桌上并出去办事。陈某之妻以为是陈某买的，就切开给两个孩子吃，自己也吃了一块，于是三人均中毒身亡。对张某的行为是定投放危险物质罪还是定过失致人死亡罪？能不能说这种行为是针对偷瓜者这一特殊的人，因而定过失致人死亡罪？我认为，这一行为已经危害公共安全。尽管毒是投在瓜田里，瓜田是自己的，但是有可能不特定的多数人会接触到这个毒瓜，因此已经危害到了公共安全。因此前面的例子，在自家的窗台上私设电网，也有一定的公共安全危险性，认定为过失以危险方法危害公共安全罪比较恰当。

（2）刑法第 119 条第 2 款规定了过失损坏交通工具罪、过失损害交通设施罪、过失损坏电力设备罪、过失损坏易燃易爆设备罪。过失损坏交通工具罪是指过失损坏火车、汽车、电车、船只、航空器，使其发生颠覆、毁坏的严重后果，危害公共安全的行为。过失损坏交通设施罪是指过失损坏轨道、桥梁、隧道、公路、机场、航道、灯塔、标志等交通设施，使其发生倾覆、毁坏的严重后果，危害公共安全的行为。过失损坏电力设备罪是指过失致使电力设备毁坏，危害公共安全的行为。过失损坏易燃易爆设备罪是指过失致使燃气或者其他易燃易爆设备毁坏，危害公共安全的行为。上述罪名的结果都包括过失致人死亡，由于上述危害公共安全行为引起他人死亡的，不定过失致人死亡罪而是定上述各罪。

（3）刑法第 121 条规定了劫持航空器罪。劫持航空器罪是指以暴力、胁迫或者其他方法劫持航空器的行为。该罪中的致人死亡既包括故意致人死亡，也包括过失致人死亡。因此，在劫持航空器过程中过失致人死亡的，应定劫持航空器罪。

（4）刑法第 131 条规定了重大飞行事故罪。重大飞行事故罪是指航空人员违反规章制度，致使发生重大飞行事故，造成严重后果的行为。该罪的严重后果包括造成人员死亡，对此应定重大飞行事故罪而不定过失致人死亡罪。

（5）刑法第 132 条规定了铁路运营安全事故罪。铁路运营安全事故罪是指铁路职工违反规章制度，致使发生铁路运营安全事故，造成严重后果的行为。该罪的严重后果包括过失致人死亡，对此应定铁路运营安全事故罪而不定过失致人死亡罪。

（6）刑法第 133 条规定的交通肇事罪中的致人死亡情况比较复杂，并不是驾车过失致人死亡都一概定交通肇事罪，在某些情况下还是要定过失致人死亡罪。例如，沈某酒后驾二轮摩托车载了一个人从原三村到西湖村行驶的途中，与无证驾驶载有一人的二轮摩托车的刘某交会时发生碰撞，造成刘某死亡、其他二人受伤。检察机关以以危险方法危害公共安全罪对沈某提起公诉。法院经审理认为，沈某酒后无证驾车致一人死亡、二人受伤的严重后果，其行为已构成过失致人死亡罪。还有第三种可能是交通肇事罪，为什么法院没有定交通肇事罪而定过失致人死亡罪？根据就是 2000 年 12 月 24 日最高人民法院《关于审理交通肇事刑事案件具体应用法律若干问题的解释》规定，对在公共交通管理的范围外，驾驶机动车辆或者使用其他交通工具致人死亡而构成犯罪的，依照刑法第 233 条定罪处罚。而公共交通管理的范围是道路发生的各种事故。而这里的道路，依据 2003 年 10 月 28 日通过的《道路交通安全法》第 119 条第 1 款的规定，是指公路、城市道路和虽在单位管辖范围但允许社会机动车通行的地方，包括广场、公共停车场等用于公众通行的场所。而本案发生在农村的乡间路段，不属于公共道路管辖范围，发生的事故不属于交通事故，故应以过失致人死亡定罪论处。

（7）刑法第 134 条规定了重大责任事故罪和强令违章冒险作业罪，包括过失致人死亡的内容。重大责任事故罪是指在生产、作业中违反有关安全管理的规定，因而发生重大伤亡事故或者造成其他严重后果的行为。强制违章冒险作业罪是指强令违章冒险作业，因而发生重大伤亡事故或者其他严重后果，危害公共安全的行为。这两个犯罪的结果都包含了过失致人死亡，对此不另定过失致人死亡罪。

（8）刑法第 135 条规定了重大劳动安全事故罪。重大劳动安全事故罪是指安全生产设施或者安全生产条件不符合国家规定，因而发生重大伤亡事故或者造成其他严重结果，危害公共安全的行为。该罪的严重结果包含了过失致人死亡，对此不另定过失致人死亡罪。

（9）刑法第 135 条之一规定了大型群众性活动安全事故罪。大型群众性活动安全事故罪，是指举办大型群众性活动违反安全管理规定，因而发生重大伤亡事故或者造成其他严重后果，危害公共安全的行为。该罪的严重后果包含过失致人死亡，对此不另定过失致人死亡罪。

（10）刑法第 136 条规定了危险物品肇事罪。危险物品肇事罪是指违反爆炸性、易燃性、放射性、毒害性、腐蚀性物品的管理规定，在生产、储存、运输、使用中发生重大事故，造成严重后果的行为。该罪的严重后果包含了过失致人死亡，对此不另定过失致人死亡罪。

(11) 刑法第137条规定了工程重大安全事故罪。工程重大安全事故罪是指建设单位、设计单位、施工单位、工程监理单位违反国家规定，降低工程质量标准，造成重大安全事故的行为。该罪的后果包含了过失致人死亡，对此不另定过失致人死亡罪。

(12) 刑法第138条规定了教育设施重大安全事故罪。教育设施重大安全事故罪是指明知校舍或者教育教学设施有危险，而不采取措施或者不及时报告，致使发生重大伤亡事故的行为。该罪的后果包含了过失致人死亡，对此不另定过失致人死亡罪。

(13) 刑法第139条规定了消防责任事故罪。消防责任事故罪是指违反消防管理法规，经消防监督机构通知采取改正措施而拒绝执行，造成严重后果的行为。该罪的严重后果包含了过失致人死亡，对此不另定过失致人死亡罪。

(14) 刑法第141条规定了生产、销售假药罪。生产、销售假药罪是指生产者、销售者故意生产、销售假药的行为。该罪的加重结果包含了过失致人死亡，对此不另定过失致人死亡罪。

(15) 刑法第143条规定了生产、销售不符合安全标准的食品罪。生产、销售不符合安全标准的食品罪是指生产者、销售者明知是不符合安全标准的食品而生产、销售，危害人体健康的行为。该罪的后果特别严重包含了过失致人死亡，对此不另定过失致人死亡罪。

(16) 刑法第144条规定了生产、销售有毒、有害食品罪。生产、销售有毒、有害食品罪是指在生产、销售的食品中掺入有毒、有害的非食品原料的，或者销售明知掺有有毒、有害的非食品原料的食品的行为。在该罪的加重构成中包含了过失致人死亡，对此不另定过失致人死亡罪。

(17) 刑法第236条规定了强奸罪。强奸罪是指使用暴力、胁迫或者其他手段，违背妇女意志，强行与妇女发生性交，或者奸淫不满14周岁的幼女的行为。致使被害人死亡是该罪的加重事由之一，对此不另定过失致人死亡罪。

(18) 刑法第238条规定了非法拘禁罪。非法拘禁罪是指以非法拘禁或者其他方法，非法剥夺他人人身自由的行为。根据刑法规定，非法拘禁致人死亡的，处10年以上有期徒刑。因此该罪包含了过失致人死亡，对此不另定过失致人死亡罪。

李某非法拘禁致人死亡案

2004年7月15日下午，安徽省明光市居民刘某到凤阳县石门山境内的一赌场赌博，将随身携带的现金输完后，分别向明光市居民李某及王某（另案处理）各借20 000元的高利贷，并又赌博输完。当晚赌场赌博结束后，李某指使杨某带刘某回明光借钱还债。杨某（已科刑）和王某一起带刘某到刘某的朋友处借钱，因没借到钱，杨某和王某又将刘某带至明光市某浴池。到浴池后，杨某电话请示李某，李某又指使周某（已科刑）到某浴池找杨某，并指使杨某、周某当晚将刘某带至明光市毛巾厂综合楼402室看管，逼刘某还钱。次日9时许，刘某从毛巾厂综合楼402室坠楼身亡。周某、杨某发现刘某坠楼后即逃离。经明光市公安局法医鉴定：刘某为高坠伤造成严重颅脑损伤，肝、肾挫裂伤而死亡。

法院经审理后认为：被告人李某伙同他人为索取法律不予保护的债务，非法拘禁他人，并致人死亡，其行为已触犯刑律，构成非法拘禁罪，依法应予惩处。其曾因犯罪被判处有期徒刑，刑满释放后5年内又犯应处有期徒刑之罪，系累犯，依法应从重处罚。其在共同犯罪中起主要作用，系主犯，应按其所指使的全部犯罪处罚。其认罪态度较好，且积极赔偿被害人的经济损失，可酌情从轻处罚。对辩护人提出其非主犯、被害人有重大过错的辩护意见，与本案事实不符，不予采纳。最终法院以非法拘禁罪判处李某有期徒刑12年。

(19) 刑法第240条规定了拐卖妇女、儿童罪。拐卖妇女、儿童罪是指以出卖为目的，拐骗、绑架、收买、贩卖、接送或者中转妇女、儿童以及偷盗婴幼儿的行为。根据刑法规定，造成被拐卖的妇女、儿童或者其亲属重伤、死亡是该罪的加重处罚事由之一，因此，该罪包含了过失致人死亡的情形，对此不另定过失致人死亡罪。

(20) 刑法第257条规定了暴力干涉婚姻自由罪。暴力干涉婚姻自由罪是指以暴力手段，干涉他人结婚和离婚自由的行为。根据刑法规定，暴力干涉婚姻自由致使被害人死亡的，处2年以上7年以下有期徒刑。因此，该罪包含了过失致人死亡的情形，对此不另定过失致人死亡罪。

(21) 刑法第260条规定了虐待罪。虐待罪是指经常以打骂、冻饿、紧闭、有病不给治疗、强迫从事过度劳动等方法，从肉体上和精神上摧残迫害家庭成员，情节恶劣的行为。根据刑法规定，虐待致使被害人重伤、死亡的，处2年以上7年以下有期徒刑，因此，该罪包含了过失致人死亡的情形，对此不另定过失致人死亡罪。例如对家庭成员的体罚行为，即使造成死亡后果，也不能认定为虐待罪，而是应当认定为过失致人死亡罪。

肖某过失致人死亡案

2011年年底，肖某和丈夫将儿子庄某从老家接到某市的家中抚养。2012年5月30日21时许，因庄某说谎不听话，肖某用衣架殴打庄某大腿内侧位置并罚跪约一个小时。次日1时许，因庄某在床上小便，肖某就用衣架殴打庄某的大腿内侧，用脚踢其臀部。当日5时许，肖某和丈夫发现庄某呼吸困难，即将庄某送到H市人民医院抢救，庄某经抢救无效于当日死亡。医院警务室报案后，公安人员赶到医院将肖某带回公安机关处理。经鉴定，庄某符合被巨大钝性暴力打击致胰腺挫碎、睾丸挫碎、双侧后腹膜积血、全身多处皮下组织出血引起失血性休克合并创伤性休克死亡。案发后，被害人的父亲、祖父母对肖某的行为表示谅解，请求对肖某从轻处罚。

法院经审理认为：被告人肖某在管教孩子过程中，过失致小孩死亡，其行为构成过失致人死亡罪，依法应予惩处。鉴于肖某发现被害人呼吸困难后主动送被害人到医院抢救，且明知医院警务室报案后，仍在现场等候处理，归案后亦能如实供述其犯罪事实，可以认定为自首；肖某由于生活、工作上的各种压力，致使其与儿子之间缺乏沟通，采取错误、粗暴的方式教育小孩，导致悲剧的发生；被害人的父亲、祖父母对肖某的行为表示谅解。综合肖某的具体犯罪情节以及尚有一年幼女儿需要照顾的情况，对肖某从轻处罚并适用缓刑。据此，依照《中华人民共和国刑法》第232条，第67条第1款，第72条第1款，第73条第2款、第

3款之规定，法院以被告人肖某犯过失致人死亡罪，判处有期徒刑3年，缓刑4年。

从刑法理论上说，虐待行为具有持续性，具有继续犯的特征，即在经常时间内连续不断地对家庭成员进行打骂等人身伤害行为，由此致使家庭成员死亡的，属于虐待致人死亡。但如果是偶然或者一次性地对家庭成员进行体罚，造成家庭成员死亡后果的，其行为不构成虐待罪。由此，也不能把死亡后果认定为虐待致人死亡，而是应当以过失致人死亡论处。本案中肖某在对儿子进行管教的时候，采取了一定的暴力手段，该暴力行为具有一次性的特征，因此不能构成虐待罪。同时，肖某对儿子的暴力并不是主观上要故意伤害儿子的身体。因此，虽然发生致人死亡的严重后果，也不能认定为故意伤害罪。本案判决对被告人以过失致人死亡罪论处是完全正确的。

(22) 刑法第263条规定了抢劫罪。抢劫罪是指以非法占有为目的，以暴力、胁迫或者其他方法，强行夺取公私财物的行为。根据刑法规定，抢劫罪的加重事由“抢劫致人死亡”包含了过失致人死亡，对此不另定过失致人死亡罪。

(23) 刑法第300条规定了组织和利用会道门、邪教组织致人死亡罪，是指组织、利用会道门、邪教组织或者利用迷信蒙骗他人，致人死亡的行为。该罪是过失致人死亡的特别规定，对此不另定过失致人死亡罪。

(24) 刑法第318条规定了组织他人偷越国（边）境罪。组织他人偷越国（边）境罪是指非法组织他人偷越国（边）境的行为。该罪的加重构成事由包括造成被组织人死亡的情形，这是一种过失致人死亡的行为，对此不另定过失致人死亡罪。

(25) 刑法第321条规定了运送他人偷越国（边）境罪。运送他人偷越国（边）境罪是指非法运送他人偷越国（边）境的行为。根据刑法规定，在运送他人偷越国（边）境中造成被运送人死亡的，处7年以上有期徒刑，并处罚金。因此该罪包含了过失致人死亡，对此不另定过失致人死亡罪。

(26) 刑法第335条规定了医疗事故罪。医疗事故罪是指医务人员严重不负责任，造成就诊人死亡或者严重损害就诊人身体健康的行为。该罪包含了过失造成就诊人死亡的情形，对此不另定过失致人死亡罪。

(27) 刑法第 336 条第 1 款规定了非法行医罪。非法行医罪是指未取得医生执业资格的人非法行医，情节严重的行为。该罪包含了过失造成就诊人死亡的情形，对此不另定过失致人死亡罪。

(28) 刑法第 336 条第 2 款规定了非法进行节育手术罪。非法进行节育手术罪是指未取得医生职业资格的人，擅自为他人进行节育复通手术、假节育手术、中止妊娠手术或者摘取宫内节育器，情节严重的行为。该罪包含了过失造成就诊人死亡的情形，对此不另定过失致人死亡罪。

(29) 刑法第 358 条规定了组织卖淫罪和强迫卖淫罪。组织卖淫罪是指以招募、雇佣、强迫、引诱、容留等手段，控制多人从事卖淫的行为。强迫卖淫罪是指以暴力、强迫或者其他方法，迫使他人卖淫的行为。这两个罪名都包含了造成被强迫卖淫人死亡的情形，对此不另定过失致人死亡罪。

(30) 刑法第 397 条规定了滥用职权罪和玩忽职守罪。滥用职权罪是指国家机关工作人员违反法律规定的权限和程序，滥用职权，致使公共财产、国家和人民利益遭受重大损失的行为。玩忽职守罪是指国家机关工作人员严重不负责任，不履行或者不正确履行职责，致使公共财产、国家和人民利益遭受重大损失的行为。这两种犯罪的后果都包含过失致人死亡，对此不另定过失致人死亡罪。

(31) 刑法第 426 条规定了阻碍执行军事任务罪。阻碍执行军事任务罪是指军人以暴力、威胁等方法，故意阻挠或者妨碍指挥、值班、值勤人员以及其他军人执行职务的行为。该罪包含过失致人死亡的内容，对此不另定过失致人死亡罪。

(32) 刑法第 436 条规定了武器装备肇事罪。武器装备肇事罪是指军人违反武器装备使用规定的操作规程，情节严重，因而发生责任事故，致人重伤、死亡或者造成其他严重后果的行为。该罪包含过失致人死亡的情形，对此不另定过失致人死亡罪。

(33) 刑法第 445 条规定了战时拒不救治伤病军人罪。战时拒不救治伤病军人罪是指军队的医护人员战时在救护治疗职位上，有条件救治而拒不救治危重伤病军人的行为。本罪中的造成伤病军人死亡也是过失致人死亡，对此不另定过失致人死亡罪。

四、过失致人死亡罪的处罚

1979年刑法规定的过失杀人罪，法定最高刑是有期徒刑15年；而1997年刑法修订中，过失致人死亡罪的法定刑改为处3年以上7年以下有期徒刑；情节较轻的，处3年以下有期徒刑。于是，本罪的法定最高刑从15年有期徒刑降至7年有期徒刑。立法机关之所以作出如上修改，主要是为了与其他过失犯罪刑罚保持平衡。其他过失犯罪大多是业务过失，而刑法第233条规定的过失致人死亡罪是普通过失。业务过失重于普通过失，是各国刑法之通例。经过修改以后，部分业务过失犯罪的法定刑与普通过失犯罪的法定刑相同，个别业务过失犯罪的法定刑甚至重于普通过失犯罪的法定刑。这是完全正确的。

第二十二讲

故意伤害罪

故意伤害罪也是刑法中的常见罪名之一，尤其是故意伤害致人轻伤这样一些犯罪行为在现实生活当中经常发生。我国刑法第 234 条对故意伤害罪作了具体规定。在这一讲中，我根据刑法和有关司法解释的规定，对故意伤害罪的定罪量刑问题进行讲解。

一、故意伤害罪概述

故意伤害罪是指故意非法损害他人身体健康的行为。由此可见，故意伤害和故意杀人不同：故意杀人是故意非法剥夺他人生命，故意伤害是故意非法损害他人身体健康。身体健康是公民的一种人身权利，因此在我国刑法中，故意伤害罪属于侵犯人身权利的犯罪，它所侵犯的就是他人的身体健康权。

这里的身体健康，是我们通常的一种说法。从医学上来说，身体健康是指人的生理机能健全。而人的生理机能健全包含了以下三种含义：第一是人体器官的完整性。例如眼睛、耳朵、鼻子等身体器官，缺一不可，没有受到损害。在这种情况下，我们可以说这个人是身体健康的。第二是器官机能的健全性。前面讲的是人体器官的完整性，也就是说人体器官它是存在的。人体器官不仅存在，而且人体器官的机能是健全的。如果人体器官虽然没有受到损害，但人体器官的机能受到损害，仍然不能说这个人是身体健康的。例如耳朵是人的一种重要的听觉器官，如果把耳朵给割掉了，当然是一种伤害，损害了人体器官的完整性。但如果虽然没有把耳朵这种器官本身给损坏，造成耳朵的残缺，而是造成了耳朵听觉机能的丧失，例如耳膜穿孔，导致耳聋，那么在这种情况下，尽管耳朵仍然存在，但耳朵的正常机能已经丧失了，耳朵成为一种摆设，这仍然是一种损害他人身体健康权的行为。第三是神经系统的正常性。神经系统同样涉及人的身体健康。它是一种神经的健康，是身体健康的一部分。精神错乱也是一种健康受损的状态。因此，故意伤害罪不仅涉及对人肉体的损害，而且涉及对人精神的损害，也就是所谓精神伤害的问题。

故意伤害罪是刑法中的一个基本罪名，古今中外的刑法当中都涉及关于故意伤害罪的规定。大家都知道，在两千多年以前，刘邦入关后与民约法三章：杀人者死，伤人及盗抵罪。也就是说刘邦入关，删除了秦朝的所有罪名（因为秦朝罪名繁多，人民不堪痛苦），只留下了三个罪名，就是杀人、伤害和盗窃。在这三个罪名的情况下，还包含了伤害。可见，伤害是一个普遍适用的罪名。

在我国古代的《唐律》中有关于杀伤人罪的规定。这里的杀伤人罪并不是杀人罪和伤人罪的总称，而是指杀人中包含伤人，因此，杀伤人罪中的“伤”，实际是指杀人未遂，因为在《唐律》中，当时还没有未遂的概念。在现代的刑法中，未遂是作为刑法总则问题加以规定并适用于所有的刑法分则条文，因此，刑法分则规定的具体犯罪都存在未遂。杀人罪的未遂，有可能造成了伤害后果。例如，甲想杀乙，砍了6刀，但并没有把乙砍死，而是砍成了重伤。它的结果是伤害，但由于甲主观上具有杀人的目的，这种伤害实际是杀人的未遂。按照现在的刑法规定，是把它当作杀人未遂来处理的。但在《唐律》中，并没有形成现在刑法总则中的未遂概念，因此对于杀人未遂这种情况，是在杀人罪的具体规定当中加以包含的。例如《唐律》有这样的规定：“诸谋杀人者，徒三年；已伤者，绞；已杀者，斩。”这里的“谋杀人”这个谋杀，我过去曾经讲过，它并不是我们现在所讲的谋杀罪中的谋杀，而指的是预谋杀害。所谓谋杀，也就是杀人罪的预备。只要对杀人进行预谋，就要“徒三年”，即判处3年有期徒刑。如果经过预谋以后实施了杀害行为，造成了他人伤害，也就是所谓杀人未遂，就要处以绞刑。“已杀者斩”，这里所谓“杀”指的是死，也就是实施杀人行为，已经将人杀死，那么就处以斩刑。因此在《唐律》中，它把某种犯罪的预备、未遂，都是放在具体犯罪当中加以规定的。从这个立法例我们可以看出，《唐律》的刑事立法和现在的刑事立法相比较，还不够完善。因为如果杀人罪的预备、未遂都在杀人罪中规定，那么抢劫罪或者强奸罪或者其他犯罪的预备、未遂也要在具体犯罪当中加以规定，这样，具体犯罪的规定就变得过于烦琐。而现在的刑法，有了总则的规定以后，把犯罪预备和未遂放在总则中，总则的规定适用于分则中所有的犯罪，因此，在具体犯罪中就不需要再对犯罪预备和未遂加以规定，就把刑法分则的个别性问题变成了刑法总则的一般性问题。可见，我国古代的《唐律》，虽然它的刑事立法在当时的世界来看已经达到了很高的水平，但是和现在的刑事立法理念相比较，还是有所欠缺的。

在《唐律》中，故意杀人罪包含了伤害，但这种伤害指的是杀人未遂，而不是我们现在所讲的伤害罪。我们现在所讲的伤害罪规定在《唐律》的《斗讼律》中。《斗讼律》中的“斗”指的是斗殴。根据《唐律疏议》的解释，“相争为斗，相击为殴”，斗殴往往造成对他人的伤害。什么是“伤”？《唐律》当中有一个关于“伤”的定义：“见血为伤”。相争或者相殴导致他人见血了，这就是“伤”。当然，“见血为伤”这样一个关于“伤”的定义，反映了《唐律》所处的这个年代的医学水平，反映了当时医学对“伤”的认识。在我们现在看来，这样一个定义显然已经不适应法律的需要，因为我们现在有另外一句话，“杀人不见血”：杀人还可以不见血，怎么能将伤限于见血呢？我在前面讲的精神伤害，它是不见血的。即使是对人体器官机能的损害，它也未必见血。只有对肉体的损害才可能见血。《唐律》对于伤害，根据使用工具、造成伤情的不同，作了非常细致的规定。例如在《唐律》中对于伤害五官都有规定。《唐律》的《斗讼律》规定：“诸斗殴人，折齿，毁缺耳鼻，眇一目及折手足指，眇，谓亏损其明而犹见物。若破骨及汤火伤人者，徒一年；折二齿、二指以上及髡发者，徒一年半。”这些具体规定，我就不再念了。在《唐律》当中，还包含了斗殴杀人。这个斗殴杀人实际上相当于我们现在刑法所讲的故意伤害致人死亡。但在《唐律》中，斗殴杀人是放在杀人罪里面，而不是放在伤害罪里面。由此可见，杀人罪和伤害罪这两者之间，往往是有着密切的联系的。

在外国刑法中，伤害罪不仅包括造成伤害结果的犯罪，而且包括没有造成伤害结果的侵犯人身权利的行为，体现了对人身的严格保护。例如日本刑法中，除了通常的伤害罪以外，还有所谓暴行罪。《日本刑法典》第208条规定："在施加了暴行的人，未致伤害人，处二年以下的惩役，或者三十万以下的罚金，或者拘留，或者科料。"日本刑法中除了罚金以外，还有所谓科料。罚金和科料都是财产刑，根据判处金钱的数额不同作了一个区分：数额较大的叫罚金，数额较小的叫科料。就像我国刑法中的自由刑，我们把关押时间较短的叫拘役，把关押时间较长的叫有期徒刑，这意思是一样的。无论是罚金还是科料，都是一种判处向国家缴纳金钱的刑罚。这里所讲的暴行，指的是对身体实行不法的有形力，例如殴打、踹踢他人、用手推他人的肩膀使其跌倒在地等。暴行只要是对人的身体施加、能够威胁到人的身体就够了，并不需要接触到身体。日本判例认为，向人投石，或者用击棒打，只要包含了命中对方的现实危险性，即使没有实际命中或者打中，也是暴行。也就是说，把石头向他人扔过去，只要威胁到他人的身体，即使没有击中，也是暴行。还有一些国家，甚至把暴力威胁也规定为犯罪。例如《法国刑法典》第228－17条规定："对人以实行重罪或轻罪相威胁，如该罪致未遂，则受惩处。在反复进行此种威胁，或者以文字、图像或其他任何物品具体表示此种威胁的，处六个月的拘禁，并科五万法郎罚金。"这就是法国刑法中的威胁罪，也称为恐吓罪。也就是说，只要对他人的身体伤害实行恐吓，即使没有实际伤害，也构成犯罪，当然这是一种较轻的犯罪。由此可见，在外国刑法中，对人的身体实行非常严格的保护。相比较而言，我国对人的身体的保护只限于造成了伤害，而且这种伤害必须要达到轻伤的程度。如果没有达到轻伤的程度，只是造成了轻微伤，仍然不构成犯罪，而予以治安管理处罚。如果进行暴力威胁，没有实施这种暴力，根本不可能构成犯罪，甚至治安管理处罚都构不成。

二、故意伤害罪的构成

(一) 罪体

1. 行为

故意伤害中的行为，是指损害他人身体健康的行为。对这里的伤害行为怎么理解？这里的伤害是一种行为还是一种结果，或者既是一种行为也是一种结果？从我国刑法规定来看，表述为故意伤害。我们来看看法律是如何具体规定的。刑法第230条规定："故意伤害他人身体的……"从这个表述来看，伤害是一种行为。但这里的伤害，同样可以理解为行为的结果，例如对人的身体造成了某种伤害。因此，伤害这种行为主要还是由它的结果来确定的。例如，同样是用棍棒打一个人，一棒打下去，如果这一棒将他人打成重伤，我们就说这一棒是一种伤害行为。但若这一棒只把人打成了轻微伤，我们就只能说这一棒是一种殴打行为。因此，在伤害这个概念中，行为具有明显的结果性，也就是由结果来确定行为的性质。因此，某个行为是不是伤害就要看是不是造成了伤害结果：如果造成了伤害结果，我们就说这个行为是伤害；如果没有造成伤害结果，我们就不能说这个行为是伤害。

当然，这里指的是通常情况，在特殊的情况下，即使没有造成伤害结果，我们也可以说这是一种伤害行为。例如为了毁容而泼硫酸，如果把硫酸泼到他人的脸上，就会造成他人毁容，这样一种结果是很危险的。准备泼硫酸，但是没来得及泼出去，或者泼出去了但没泼到人，在这种情况下，即使没有造成实际的伤害结果，但我们仍然可以说这个行为是一种伤害行为。对伤害行为作这样一种理解，与伤害到底有没有未遂这个问题是有关系的。通常来说，杀人有未遂，但是伤害是没有未遂的。在某些特定情况下，伤害也可能有未遂。伤害在通常情况下之所以没有未遂，主要就是因为伤害行为本身的性质是由结果来确定的，在结果没有发生的情况下，就不能说它是伤害行为。从这个意义来说，所谓伤害行为，是指能够造成他人伤害结果的那种行为，这种行为也就是损害他人身体健康的行为。

伤害行为一般是采用有形的方法也就是暴力的方法来实施的。在这个意义上来说，可以把故意伤害罪归结为一种暴力犯罪。但伤害也可以采用无形的方法也就是非暴力的方法来实施，例如采取恐吓的方法，造成人的精神伤害。在这种情况下，这种伤害就是一种非暴力的伤害。例如被告人欧某，男，傅某，女，欧某和傅某是夫妻关系，因为是住在农村山区里面，欧某家把一些木柴堆放在附近的坟地，经常被窃，就怀疑是邻居王某之女偷的。傅某就提出抓住偷柴的王女，把她打一顿。欧某就说：我有个办法，比打她一顿还好，要弄得她魂不附体，再也不敢来偷。于是欧某扎了两个形象可怖的草人，夫妇各执一个，藏于坟地。有天晚上，等到凌晨一时许，王女果然来到该处，正在动手准备取柴时，躲在柴堆后的傅某忽然一面装鬼叫、一面晃动草人，王女惊呼有鬼，掉头便跑，未跑几步，又被欧某用草人截住，同时欧某不断向王女的面部撒沙石子，王女受到惊吓，当场晕倒在地，从此成天叫鬼、语无伦次，经某精神病院鉴定为精神分裂症。关于本案，在司法机关处理过程当中，存在两种意见：一种意见认为，司法部《人体重伤鉴定标准》没有对精神伤害作出规定，因此对于这种行为，不能把精神伤害视为伤害。另外一种意见则认为：《人体重伤鉴定标准》（已被《人体损伤程度鉴定标准》代替——编辑注。余同）虽然未对精神伤害作出规定，但精神分裂也是对人体健康的损害，甚至比肉体损害还要严重，理应视为伤害；同时，在《人体重伤鉴定标准》也有这样的明确规定：本标准未作规定的，可以按照本标准相应的条文作出鉴定。人体重伤鉴定标准有颅骨损伤导致严重器质性精神障碍的规定。虽然本案这种行为造成的不是一种颅脑损伤而是一般性的损伤，是造成器质性精神障碍的行为，同样可以作为一种重伤害的行为。最后，司法机关还是采纳了第二种意见，对本案的被告人欧某和傅某按照故意伤害罪来定罪处理。

日本刑法也把采用使人高度恐怖的意思表示造成精神障碍的行为视为一种无形伤害，这种无形伤害的标准比我们的要低得多。例如，日本判例就有将长期在夜间持续打无言的电话（所谓无言的电话，也就是把电话拨通了，人家拿起话筒接听，但拨打电话的人就是不说话）使被害人患上精神衰弱症的这样一种行为，都作为故意伤害罪来论处。当然，对于造成这种精神伤害的手段，也应当有一定的规定。并非所有引起精神伤害的行为，即引起他人精神分裂、精神失常等这样一些精神障碍的行为，都是伤害行为。例如，教人练气功，导致他人走火入魔、精神失常，就不能说这是一种伤害行为。又比如，蛊惑他人，使他人痴迷于邪教，导致精神失常，也不能说是一种伤害行为。也许有人会说，这是一个没有主观上的伤害故意的问题，也就是说，在这种情况下，行为人是教他人练气功，并没有想造成他人精神伤害，他人的精神失常是违反教功者的主观意愿的，所以这是一个故意问题，不是一个行为问题。但这种理解可能是有问题的。那能不能说一个人主观上就是具有使他人精神失常的故意而教他人练功，希望他人在练功当中走火入魔，造成精神伤害，这种情况就是一种伤害行为呢？也不能这样讲。因为，这种伤害行为本身必须包含造成他人伤害的现实危险性。装神弄鬼吓人，给他人造成精神失常的可能性是非常大的。当然，有的人胆子大，可能也不至于精神失常。但是在通常情况下，这种行为都会对人的精神造成严重的损害。但是教人练功，在通常的情况下都不会导致他人的精神失常，因此，即使在造成他人精神失常的主观故意的支配下实施这种行为，也不能认为这是一个伤害行为。这个意思和我在故意杀人罪里面所讲的一个例子类似：为了让他人死，让他人去乘飞机，希望他人因飞机失事而死亡。让他人乘飞机本身在通常情况下都不会造成他人的死亡结果，因此，行为人主观上有致人的死亡故意而实施这样的行为，但这个行为本身就不是一个杀人行为，因此不可能构成故意杀人罪。

另外，在刑法当中，还有某些特殊的造成他人健康损害的行为，刑法已经作了另外的规定。比如说故意地把艾滋病传染给他人，或者故意地把性病传染给他人，也会对他人的身体健康造成伤害，在某种意义上来说这也是一种伤害行为。但刑法对此已经作了某种特殊的规定，例如我国刑法就有明知自己有性病而卖淫嫖娼这样的规定。对于这种行为就不再按照普通的伤害罪来处理，而是按照特定的犯罪来认定。但这种通过自己的行为，故意地把某种对人体健康具有重大伤害的疾病传染给他人的行为实际也是一种伤害行为。过去有一段时间，社会上流传所谓“扎针”，就是将有艾滋病病毒的针扎到人身上。这种“扎针”，如果确实有这种情况，当然也是一种伤害行为。

2. 客体

故意伤害的客体是人，是伤害人体健康的行为；并且是他人。在理解故意伤害罪的客体的时候，我首先来讲一下人。表面来看故意伤害的客体是人这一点是不言而喻的，没什么可讲的，但实际上，这里面还是有很多理论问题值得研究。

这里有一个问题值得研究，即如何处理胎儿受伤害的问题。我在讲故意杀人罪的时候，也讲到杀人的客体是人。由于胎儿没有出生，因此胎儿不是人，胎儿不能成为杀人罪的客体。但如果对胎儿进行伤害，因胎儿是孕妇身体的一部分，因此对胎儿的伤害实际上是对孕妇的伤害，对此可以按照伤害罪来处理。因此，殴打孕妇，造成孕妇流产，不能说是杀害胎儿（胎儿不是人），不能构成杀人罪，但可以构成伤害罪。这样一个结论是没有问题的。但是，在某些情况下，行为人对胎儿造成了伤害，对母亲却没有任何伤害。在这种情况下，怎么处理？这里所谓对胎儿造成伤害，是指故意使用药物或者使用器械伤害胎儿，旨在使该胎儿出生后成为畸形儿，并且事实上造成了这种伤害。这样一种伤害在刑法中有一个特定概念，叫胎儿伤害。这种胎儿伤害并没有对胎儿的母体造成伤害，而是对胎儿造成伤害。这种胎儿伤害行为是否构成伤害罪？在这种情况下，不能说是对母亲的伤害。但如果由于生了一个畸形儿，导致母亲的精神失常，那么这种行为是不是对母亲的伤害还是可以讨论的。当然，在这种情况下肯定是对母亲的精神造成了伤害，但是我们通常讲的精神伤害并不是指的这个意思，而是指精神失常这种伤害，而在精神上造成痛苦不能说是伤害。这就涉及伤害和痛苦，伤害必然有痛苦，但有痛苦不一定有伤害，因为伤害是一个医学概念，而痛苦是一个精神上的概念。在这种情况下，如果把它界定为一种伤害，就与胎儿不是人这个概念相矛盾：胎儿不是人，怎么能说是伤害呢？

在刑法理论上，胎儿伤害有两种情形：第一种是所谓症状恶化型，也就是在胎儿时期受到侵害，在出生以后出现伤害的症状。第二种是症状固定型，也就是在胎儿时期受到侵害，出生的时候变成畸形。例如，在胎儿时期受到伤害，出生时就一只眼睛是瞎的，或者是脑瘫，或者不会说话。这两种伤害是有区分的：症状固定型的伤害之伤害结果在胎儿时期已经固定了，也就是说在胎儿时期眼睛就瞎了，出生以后果然是眼睛瞎的。但症状恶化型是在胎儿时期没有显示出伤害的结果，出生以后才出现这种症状。

关于对胎儿伤害到底能不能定伤害罪，有两种观点：一种观点认为，这是一种伤害；另外一种观点认为这不能构成伤害。根据我们的一般的社会生活经验或者一般的道德感情来判断，还是倾向于把这个行为判断为是一种伤害行为，但关键问题是怎么来解释、怎么来自圆其说。因为伤害是伤害人，但胎儿不是人，这个矛盾怎么来解决？关于这个问题，主张胎儿伤害构成伤害罪的观点认为可以把胎儿伤害看作是对人伤害的一种预备行为：胎儿出生以后出现了畸形，这个时候伤害行为才开始着手。而否定胎儿伤害是伤害的观点认为，胎儿不是人，对胎儿的伤害不构成伤害。这里存在一个两难的问题：如果胎儿伤害构成伤害罪，按照这种逻辑来推论，那么故意堕胎就应当构成故意杀人罪。故意堕胎，也就是故意剥夺胎儿出生的可能性这种行为不被规定为犯罪，反而把对胎儿造成某种损害的行为按照故意伤害罪来处理，显然是不合理的、不合乎逻辑的。因此有人主张，这个问题通过设立残害胎儿罪来解决。因为有些国家就有非法堕胎罪，非法堕胎不定故意杀人罪，而是单独设立罪名。同样，对残害胎儿的行为也应当设立罪名来处罚，而不应当包含在故意伤害罪当中。但在刑法没有设立残害胎儿罪的情况下，能不能通过一种法律解释的方法，把伤害胎儿的行为按照故意伤害罪来定？

我个人还是倾向于把这种胎儿伤害解释为伤害罪。在刑法理论上，怎么来解释？我认为可以用隔时犯解释。隔时犯也是隔离犯的一种，隔离犯分为隔时犯和隔地犯。所谓的隔离，指的是行为和结果之间的分离。在通常情况下，行为和结果是同时、同地发生的，这样的犯罪往往被称为即时犯或者即成犯。但在某些情况下，行为和结果之间有一定的时间上的距离，这就叫作隔时犯。在某些情况下，行为和结果具有一定的地理上的隔离，这就叫作隔地犯。例如行为发生在境内，结果发生在境外，就是一种隔地犯。隔地犯的问题涉及犯罪地点的问题，因而涉及刑事管辖权的问题。而隔时犯的问题涉及犯罪时间的确定，从而涉及追诉时效的问题。可见，隔时犯和隔地犯同犯罪时间、犯罪地点有关。犯罪时间、犯罪地点在一般情况下并不影响定罪，也不影响法律上的其他问题。但在某些特殊的情况下，它可能影响到追诉时效的确定，影响到刑事管辖权的确定。我认为，在对胎儿造成损害的时候，也就是在实施行为的时候，胎儿非人，胎儿不是人，因此在这种情况下，不能把这个行为说成是伤害。但在结果发生的时候，胎儿已经出生为人，那么伤害结果发生在人的身上，因此可以说对胎儿的伤害是一种对人的伤害。有人举出这样一个例子来论证这样一个观点是成立的：邻居甲为了杀害邻居乙的孩子，在邻居乙的孩子未出生时，就在附近设了一个陷阱，等到邻居乙的孩子出生后，会走路的时候，不小心掉入这个陷阱，导致死亡。行为人在设这个陷阱的时候，邻居乙的孩子还没出生，但邻居乙的孩子出生以后，掉进陷阱死了。这个案件中，能不能说邻居甲的行为不构成杀人罪？因为在他行为时，也就是挖陷阱的时候，邻居乙的孩子还未出生，因此该行为不是一个杀人行为。我认为，这种观点显然是不能成立的。因此用这样一个例子来作一个论证，尽管行为的时候客体还不存在，但结果发生的时候客体存在了。因此，这种行为仍然是一种杀人行为。当然，这样一个问题还值得讨论。

再简单说一下他人：故意伤害的人不仅是人，而且是他人。他人指的是除自己以外的人，因此就排除了伤害本人成立伤害罪的可能。对本人的伤害，称为自伤，自我伤害。自伤在通常情况下也不能认为是犯罪，只有在某些特定的情况下，自伤才有可能犯罪。比如为了逃避军事义务，而战时自伤的，我国刑法就专门设立了战时自伤罪。既然自伤不构成犯罪，那么教唆自伤或者帮助自伤也不构成伤害罪，除非是战时自伤罪的共犯：教唆他人为了逃避军事义务而战时自伤，可以构成战时自伤罪的共犯。

3. 结果

故意伤害罪的结果是伤害，因此，伤害不仅仅是一种行为，同时也是身体健康受到损害的一种状态，是一种结果。伤害存在着程度上的区分，在医学上可以把伤害区分为轻微伤、轻伤、重伤、伤害致死。我国刑法将故意伤害分成三种情形：第一种情形是故意伤害造成轻伤，称为轻伤害；第二种是故意伤害造成重伤，称为重伤害；第三种是故意伤害造成死亡，称为伤害致死。下面我们分别对这三种情况来作一个说明，这三种情况实际是伤害结果的三种状况、三种形态。

第一种伤害是轻伤害。《人体损伤程度鉴定标准》对轻伤害作了这么一个规定：使人肢体或者容貌损害，听觉、视觉或者其他器官功能部分障碍或者其他对于人身健康有中度伤害的损伤，包括轻伤一级和轻伤二级。《人体损伤鉴定标准》提出了具体标准，例如颈前部单个创口或者瘢痕长度 5.0cm 以上；多个创口或者瘢痕长度累计 8.0cm 以上。颈前部瘢痕，单块面积 $4.0cm^2$ 以上，或者两块以上面积累计 $6.0cm^2$ 以上。这些规定，为对轻伤的鉴定提供了具体根据。

第二种伤害是重伤害。刑法第 95 条对重伤害专门作了解释：重伤害是指有下列情形之一的伤害：（1）使人肢体残疾或者毁人容貌的；（2）使人丧失听觉、视觉或者其他器官机能的；（3）其他对人身健康有重大伤害的。这里讲了三项，实际上是四项，因为第一项可以分为两项：第一是肢体残疾；第二是毁人容貌；第三是器官机能丧失，如眼瞎耳聋，第四是其他对人体健康有重大损害的，这是一个兜底性的概括条款。这里的“使人肢体残疾”，是指各种致伤因素致使肢体缺失，或者肢体虽然完整但已丧失功能，例如任何一手的拇指缺失超过指尖关节，两足缺失五个以上足趾，肢体重要血管损伤，引起血液循环障碍，严重影响肢体功能等。这里面有很多医学上的知识。这里面所讲的“毁人容貌”是指，毁损他人面容，致使面容显著变形、丑陋或者功能障碍，例如一侧眼球缺失或者萎缩，鼻缺损、塌陷或者歪曲致使显著变形，面神经损伤造成一侧大部面积瘫痪形成眼睑闭合不全、口角歪斜等。这里的“丧失听觉”是指损伤后一耳语音听力减退在 91 分贝以上，或者两耳语言听力减退在 60 分贝以上；“丧失视觉”是指损伤后一眼失明，或者两眼低视力，其中一眼低视力为二级，或者眼损伤或者颅脑损伤致使视野缺损半径小于十度；“丧失其他器官机能”是指丧失听觉、视觉之外的其他器官的功能或者功能严重障碍的，例如女性两侧乳房损伤丧失哺乳功能，肾损伤并发肾性高血压、肾功能严重障碍等。这里的“其他对人体健康有重大伤害”，是指上述几种重伤害之外的，在受伤当时危及生命，或者损害过程中能够引起威胁生命的并发症，以及其他严重影响人体健康的损伤，例如开放性颅脑损伤，心脏损伤，胸部大出血损伤，胃、肠、胆道系统穿孔、破裂、烧烫伤后出现休克等。在《人体损伤鉴定标准》中，对重伤害作了更为详细的规定，例如面部的重伤害可以分为两级，一级重伤害是指容貌损毁，二级重伤害是指以下三种情形：第一，面部条状瘢痕（50％以上的位于中心区），单条长度10.0cm以上，或者两条以上长度累计15.0cm以上。第二，面部块状瘢痕（50％以上的位于中心区），单块面积6.0cm^2以上，或者两块以上面积累计10.0cm^2以上。第三，面部片状细小瘢痕或者显著色素异常，面积累计达面部30％。

在伤情的认定当中，有个问题可能是值得研究的，也就是伤情是指伤害造成当时的状态还是指恢复以后的状态。对于有些伤害来说，当时很严重，事后留下残疾，或者事后使某些器官的功能丧失。所以如果当时的伤情和事后的伤害结果性质是一样的，对这些伤害的结果在认定上不会发生问题。但有些伤害可能会有这两种情况。第一种是伤害当时身体伤害很严重，但是经过治疗以后恢复了，身体恢复得很好，甚至对身体没有任何影响。第二种情况正好相反，在伤害当时好像不是很严重，但是过了一段时间以后出现了后遗症。在这种情况下就出现了一个问题，也就是伤害这种结果，指的是伤害当时的结果还是事后的结果。对此《人体损伤鉴定标准》根据不同情况作了规定，指出："对于以原发性损伤及其并发症作为鉴定依据的，鉴定时应以损伤当时伤情为主，损伤的后果为辅，综合鉴定。对于以容貌损害或者组织器官功能障碍作为鉴定依据的，鉴定时应以损伤的后果为主，损伤当时伤情为辅，综合鉴定。"根据这一规定，在人体损伤鉴定的时候，到底是以当时的伤情为准还是以事后的伤害结果为准，应当区别对待：如果是原发性损伤，就以当时的伤情为主。如果是容貌损毁或者组织器官功能障碍，就以事后的伤害后果为主。

这里值得介绍的是中国古代的保辜制度。保辜制度是在古代医学不发达的情况下所制定的一种法律制度，是指行为人对他人造成一定伤害的，根据伤害的手段、伤害时使用的工具等来确定一定的时间，伤害时使用的工具越严重设定的时间越长，伤害时使用的工具比较轻微设定的时间就短。在保辜的期间之内发生死亡结果的，就定杀人；在保辜的时间外发生死亡结果的，行为人对这个死亡结果不负责任，还是定伤害。例如《唐律》规定："诸保辜者，手足殴伤人限十日，以他物殴伤人者二十日，以刃及汤火伤人者三十日，折跌支体及破骨者五十日。限内死者，各依杀人论；其在限外及虽在限内，以他故死者，各依本殴伤法。"这就是《唐律》规定的保辜制度。保辜制度是在古代医学不甚发达的情况下解决行为和结果之间因果关系问题的一种直观的、比较原始的方法，在当时的情况下还是有它的合理性的。这也就说明行为和结果的发生往往有一个时间上的间断。尽管我们现在科学已经很发达了，但仍然不能完全解决后果的预见性这个问题。

第三种是故意伤害致人死亡，简称伤害致死。伤害致死在客观上是伤害行为与致死行为的竞合。行为人对于伤害是故意的，但对于死亡结果是过失的，具有故意犯与过失犯竞合的性质。从客观上分析，在认定伤害致死的时候，首先应当确定行为人实施了伤害行为，这里的伤害行为是指能够对他人身体造成伤害的行为。伤害致死中的伤害一般有两种情形：第一种情形是行为人实施了伤害行为，但并没有造成伤害结果。第二种情形是行为人不仅实施了伤害行为，而且造成了伤害结果。在第二种情形中，伤害致死中的伤害是容易判断的。但在第一种情形中，行为人没有造成伤害结果，这时是否存在伤害行为是较难判断的。对此，应当结合具体案情，对于行为人所实施的究竟是伤害行为还是一般的殴打行为进行区分。只有在认定行为人所实施的是伤害行为的情况下，其造成死亡结果的情形才能认定为伤害致死。如果是殴打行为过失引起他人死亡的结果，则不能认定为伤害致死；如果符合过失致人死亡罪的要件的，应以过失致人死亡罪论处。

洪某故意伤害案

厦门市人民检察院以被告人洪某犯故意伤害罪，向厦门市中级人民法院提起公诉。厦门市中级人民法院经公开审理查明：被告人洪某与涉案的曾某都在厦门市轮渡海滨公园内经营茶摊，二人曾发生过矛盾。2004 年 7 月 18 日 17 时许，洪某同居女友刘某在酒后故意摔坏曾某茶摊上的茶壶，为此与曾某同居女友方某争吵。这时正在曾某茶摊上喝茶的陈某上前劝架，刘某认为陈某有意偏袒方某，遂对其辱骂，并与陈扭打起来。洪某闻讯赶到现场，挥拳连击陈某的胸部、头部，陈某被打后追撵洪某，追出两三步后倒地死亡。经鉴定，陈某原患有冠心病，因受吵架时情绪激动、胸部被打、剧烈运动、饮酒等多种因素影响，诱发冠心病发作，管状动脉痉挛致心跳骤停而猝死。

厦门市中级人民法院认为：洪某故意伤害他人身体，致使被害人死亡，其行为构成故意伤害罪。鉴于被告人洪某归案后能够坦白认罪，且考虑到被害人原先患有冠心病及有心肌梗死的病史，其死亡属多因一果的情形，可以从轻处罚。遂判决如下：被告人洪某犯故意伤害罪，判处有期徒刑十年六个月。

宣判后，洪某不服，其上诉称：其实施的仅是一般的殴打行为，一审判决定罪不准；被害人死亡结果与其只打两三拳没有关系，其不应负刑事责任，请求二审法院给予公正裁判。

福建省高级人民法院经审理认为：上诉人洪某故意伤害他人并致人死亡，该行为构成故意伤害罪。针对洪某关于原判对其定罪量刑错误的上诉理由，经查：首先，被上诉人拳击行为发生在被害人与被上诉人女友争执、扭打过程中，洪某对被害人的头部、胸部分别连击数拳，其主观上能够认识到其拳击行为可能会损害被害人的身体健康，客观上连击数拳，这是引致被害人死亡的诸多因素之一，因此，对被上诉人应当按照其所实施的行为性质定故意伤害罪。虽然死亡后果超出其主观意愿，但这正好符合故意伤害致人死亡的构成要件。所以原判定罪准确，洪某关于定罪不准确的上诉理由不能成立。其次，被上诉人的拳击行为与被害人的死亡结果之间具有刑法上的因果关系。被上诉人对被害人胸部拳击数下的行为一般情况下不会导致被害人死亡，但其拳击的危害行为，与被害人情绪激动、剧烈运动、饮酒等多种因素共同作用而诱发冠心病发作，导致了死亡结果的发生。被害人身患冠心病，被上诉人事先并不知情，这就介入一种偶然因素，被上诉人的拳击行为与被害人的死亡结果之间属于偶然因果关系，这是被上诉人应负刑事责任的必要条件。因此，被上诉人的行为与被害人死亡之间具有刑法上的因果关系，洪某关于对被害人死亡不负刑事责任的上诉理由不能成立。鉴于本案的特殊情况，原判对洪某量刑过重，罪、责、刑明显不相适应，可在法定刑以下予以减轻处罚。据此，撤销厦门市中级人民法院刑事判决中对被上诉人洪某的量刑部分，以洪某犯故意伤害罪，在法定刑以下判处有期徒刑5

年，并依法报送最高人民法院核准。

最高人民法院经复核后认为：被上诉人洪某殴打他人并致人死亡的行为，已构成故意伤害罪。被害人原已患有严重的心脏疾病，被上诉人洪某的伤害行为仅是引起被害人心脏病发作的诱因之一。遂裁定核准福建省高级人民法院以故意伤害罪、在法定刑以下判处被上诉人洪某有期徒刑五年的刑事判决。

在洪某故意伤害案中，其行为究竟是被认定为故意伤害罪还是过失致人死亡罪，关键在于洪某实施的是伤害行为还是殴打行为，对此控辩双方存在争议。死者存在特殊体质的情况对于洪某是否应当对死亡结果承担刑事责任更增加了判断上的困难。法院判决认为洪某对被害人的头部、胸部分别连击数拳，其主观上能够认识到其拳击行为可能会损害被害人的身体健康。在判断某一行为是否为伤害行为的时候，还是应当根据该行为是否可能造成伤害结果从客观上进行判断，而不能根据行为人主观上是否具有伤害故意进行判断。对被害人的头部、胸部分别连击数拳，虽然使用的只是拳头，但打击的部位是人体重要部位，因此将洪某的行为认定为伤害行为还是具有合理性的。

4. 因果关系

伤害行为和伤害结果之间必须要有因果关系，也就是这种伤害的结果必须是伤害行为造成的。对因果关系问题也需要根据具体的情况来进行判断。关于因果关系问题我们在刑法总论当中曾经作了专题性的解说，这里就不再多说。

（二）罪责

1. 责任能力

刑法第 17 条第 2 款规定，已满 14 周岁不满 16 周岁的人，犯故意伤害致人重伤或者死亡罪的，应当负刑事责任。据此，已满 14 周岁不满 16 周岁的人对重伤和伤害致死这两种情形应当承担刑事责任，对轻伤则不承担刑事责任。

2. 责任形式

责任形式指的是伤害的故意，伤害故意包括直接故意和间接故意。这里应当指出，伤害故意不能再区分轻伤故意和重伤故意。在某种意义上来说，或者说在通常情况下，伤害的故意都是一种概括的故意，只要主观上具有造成他人伤害的意图就可以了。在基于伤害故意的情况下实施伤害行为，造成轻伤的定轻伤，造成重伤的定重伤。而不能把重伤看成是轻伤的结果加重，也不能把轻伤看成重伤的未遂。因此，在通常情况下，伤害罪不存在未遂。但是，也不排除在个别的情况下，行为人出于明显的重伤的故意，没有造成重伤的结果，也可以按照伤害罪来承担刑事责任。就像前面我们讲的，出于毁容的故意（毁容是很明显的重伤），意图泼硫酸伤害他人，但硫酸没有造成毁容结果，也就是实施了泼硫酸的行为，但没有造成毁容。在这种情况下，可以按照伤害的未遂来追究刑事责任。当然，这是非常个别的。通常来说，造成重伤的定重伤，造成轻伤的定轻伤，没有造成伤害的就不定伤害罪。

伤害致死的责任形式是一种复合罪过，也就是说对于行为是故意，但对死亡的结果是过失。故意伤害致人死亡，从它的主观形态上来说是一种复合罪过，从它的客观形态上来说是一种结果加重，也就是它的基本行为是伤害行为，但伤害行为造成了死亡的结果。这是一种结果加重，称为结果加重犯。对于结果加重，我在刑法总论当中已经专门讲了，这里不再重复。

三、故意伤害罪的认定

（一）故意伤害罪与故意杀人罪的区分

1. 故意伤害与故意杀人未遂的区分

这里的故意杀人未遂指的是造成了伤害的故意杀人未遂，因为故意杀人未遂也可能没有造成任何的损害。例如投毒，被害人没有喝毒药，这也是一种杀人未遂。在这种情况下被害人没有受到任何损害，当然它和故意伤害就没有关系。但在另外一些情况下，行为人基于自己杀人的故意实施了杀人行为，没有造成他人死亡但是造成了他人的伤害。在这种情况下，从客观的结果形态上来看，是一种伤害行为。在这种情况下，如何正确区分故意杀人和故意伤害，可能就是一个值得研究的问题。

通常的观点认为，区分的关键在于行为人主观上是否具有杀人的故意。这个命题没有错，也就是行为人出于杀人的故意实施杀人行为，没有造成杀人结果但是造成伤害结果的，当然应该定故意杀人。如果行为人是基于伤害的故意，造成了伤害结果，当然应当定伤害罪。但是这里的关键问题是，如何来判断行为人主观上到底是出于伤害的故意还是出于杀人的故意。在通常情况下，应当根据侵害行为的起因、被害人与侵害人之间平时的关系、使用的工具和打击的部位以及侵害行为实施的方法等进行综合的分析判断。这也是一个很笼统的命题。至于在一个具体案件当中如何来判断，那就是一个非常具体的问题，需要结合具体案情来分析。

郭某故意杀人案

2012年12月19日23时许，被告人郭某酒后在上海市唐山路某弄某号底楼处（系与其朋友法某共同承租），因琐事与女朋友姚某发生争执后，郭某强行将姚某从床上拖拉到地上，并从厨房取出两把菜刀，先用刀背敲击姚某头部及肩部两下，致姚某头部流血后，继而用刀刃朝姚某头部、面部猛砍数刀。后见姚某头、面部大量流血，倒地后不再挣扎，郭某即弃刀逃离现场。次日凌晨，郭某在朋友吴某的陪同下主动至上海市公安局虹口分局某派出所投案，并如实供述了上述犯罪事实。案发后，经司法鉴定科学技术研究所司法鉴定中心鉴定：被鉴定人姚某被他人砍伤，致颅面部多处软组织创伤，致容貌毁损及7枚以上牙齿脱落或者折断，构成重伤。

上海市虹口区人民法院认为：被害人姚某的陈述，以及证人法某、张某、吴某的证言证实，当被告人郭某持刀对姚行凶，证人法某进行劝阻时，郭某称别管，否则连其一起杀；当郭某持刀猛砍姚某头面部数刀后逃离现场至表妹张某处时，又对张称其用刀杀了姚某；"验伤通知书""鉴定意见书"等书证证实，姚某的受伤部位均在头、面部等人体的要害部位，且从姚的伤势程度来看，也足以证实郭某行凶时用力之猛，有欲置姚于死地的心态。故郭某的客观行为反映出其主观上具有非法剥夺他人生命的故意，而非故意伤害他人身体的故意。郭某主动投案后曾多次交代，由于其患有癌症，案发时姚某与其发生争吵后提出分手并要离开他，其受不了折磨，认为自己活不长了，也不想让她活了，因此持刀砍杀姚某。郭某的上述关于犯罪动机的供述与其客观行为相吻合，系其真实意思的流露，且与证人证言及书证等证据相互印证，充分证实了郭某故意杀人的犯罪主观故意。因此，郭某的犯罪行为符合故意杀人罪的主、客观构成要件。关于其不想杀人的辩解及辩护人的相关辩护意见，与事实、法律不符，不予采纳。郭某持刀砍杀姚某的行为一气呵成，直至姚倒在血泊中不再挣扎后方扬长而去。郭行凶后逃至其表妹张某住处时也称自己杀了姚某，可见，郭某故意杀人的犯罪行为已实施完毕，其误以为已杀害姚某，从而逃离现场。由于他人报警，姚某被及时送往医院抢救，才未造成死亡结果的发生，并非郭某自动放弃犯罪，也非其自动有效地防止犯罪结果的发生。质言之，姚某未被杀死的结果系出于郭某意志以外的原因，即违背郭某砍死姚某本意的客观障碍因素造成，郭某的行为符合故意杀人犯罪实行终了的未遂的构成特征，应当以犯罪未遂论处。故辩护人关于郭某的行为系犯罪中止的辩护意见，与事实、法律不符，不予采纳。被告人郭某犯罪后主动至公安机关投案自首，如实供述了犯罪事实。庭审中，其对自己的客观行为予以了供认，仅对本案的定性提出了辩解，不影响对其自首的认定，可以从轻处罚。据此，依照《中华人民共和国刑法》第二百三十二条、第二十三条、第六十七条第一款、第五十五条第一款、第五十六条第一款及第六十四条之规定，上海市虹口区人民法院以被告人郭某犯故意杀人罪，判处有期徒刑十二年，剥夺政治权利三年。缴获的犯罪工具菜刀 2 把予以没收。

一审判决后，被告人郭某没有提起上诉，检察院亦未抗诉，该判决已发生法律效力。

在本案审理过程中，对于被告人郭某主观上是否具有剥夺被害人姚某生命的故意存在争议，这直接关系到其用菜刀砍被害人的行为是构成故意杀人罪还是构成故意伤害罪。

本案的裁判理由认为：根据刑法的规定，故意伤害罪是指故意非法损害他人身体健康的行为，故意杀人罪是指故意非法剥夺他人生命的行为。故意伤害罪与故意杀人罪（未遂或中止）的相同之处表现为故意实施了侵害他人身体的行为，区别在于两者故意的内容不同：故意伤害罪的行为人主观上仅追求损害他人身体健康的结果发生，而并不希望甚至排斥死亡结果发生；故意杀人罪的行为人实施侵害行为时积极追求或者放任死亡结果发生。本案被告人郭某刀砍被害人姚某的行为系杀人还是伤害，关键在于对其主观内容的认定。郭某与姚某系男女朋友关系，且有足够证据证实郭某对姚某具有较深的感情基础。从常理分析，说被害人的死亡结果违背被告人的意志，有较强的可信度。也正是从这个角度，本案辩护人认为被告人仅具有伤害而不具有杀人的故意。本案的裁判理由认为，仅以此认定被告人不具有杀人故意，理由并不充分，也于法无据。关于行为人的主观故意内容，必须将行为人置于行为实施时的特定情境中，综合各种情节要素进行认定。在本案中，被告人郭某所持的工具系足以剥夺他人生命的菜刀，伤害的部位为头、面部等人体要害部位，行为方式为连续多次砍击。如果被告人仅是使用菜刀刀背敲击被害人，那么推定有杀人故意尚存合理怀疑之处，但是被告人后来连续多次使用菜刀刀刃砍杀被害人的行为，足以使该怀疑得到排除。从被害人的伤势情况来看，相关证据足以证实郭某行凶时用力之猛，具有欲置被害人于死地的主观心态。综合以上客观事实，足以认定被告人砍人时具有剥夺他人生命的故意。且从作案动机分析，正是因为被告人对被害人具有较深的感情基础，被害人提出分手，被告人又身患绝症，故被告人自己活不了、“也不想让她活”的供述符合常理，足以使法官形成其具有剥夺他人生命故意的内心确信。即使由于被害人得到及时救治，故意杀人的结果并未发生，但这仅影响对故意杀人罪犯罪停止形态的判断，而不影响对被告人实施砍人行为时主观心态的认定。

以上裁判理由从使用的根据（足以致人死亡的菜刀）、打击的部位（头、面部等人体要害部位）、打击的方式（连续多次使用菜刀刀刃砍杀被害人），认定被告人主观上具有杀人故意，由此将本案认定为故意杀人罪。因为被害人没有死亡，因此认定为故意杀人罪的未遂。但我认为，在本案中，故意杀人未遂还是故意伤害的根本区别还是在于客观上是实施了伤害行为还是实施了杀人行为，而不是主观上是具有伤害故意还是具有杀人故意。本案的裁判理由围绕被告人郭某主观上是否具有剥夺被害人姚某生命的故意展开论述，在论及被告人主观上是具有伤害故意还是具有杀人故意的时候，又以客观行为进行论证。我认为，这一思路是错位的，将对客观行为性质的判断作为主观故意内容区分的根据。事实上，在区分故意伤害还是杀人未遂的时候，首先需要判断的是行为人实施的是伤害行为还是杀人行为。在本案中，被告人郭某之所以被认定为故意杀人未遂，并不是因为主观上具有杀人故意，而是因为被告人郭某客观上实施了杀人行为。

2. 故意伤害致人死亡与故意杀人既遂的区分

在故意伤害致人死亡与故意杀人既遂的情况下，客观后果是相同的，都造成了他人的死亡，区分的关键在于：被告人是实施了杀人行为致使他人死亡，还是实施了伤害行为致使他人死亡。

徐某故意杀人案

1998年11月27日下午5时许，被告人徐某与其弟徐乙为其母肖某的1 900元占地款发生争吵，被害人徐乙先持酒瓶砸徐某，引起二人厮打。在厮打中，徐某持单刃刀先后照徐乙颈部、腹部各刺一刀，致徐乙当场倒地死亡。经法医鉴定，徐乙系被他人持单刃锐器致伤腹腔、脏器致创伤失血性休克死亡。

河南省南阳市人民检察院以被告人徐某犯故意杀人罪，向河南省南阳市中级人民法院提起诉讼。被告人徐某对公诉机关指控其犯故意杀人罪不持异议。其辩护律师辩称徐某无杀死其弟徐乙的故意，应定故意伤害罪；被害人徐乙先持酒瓶找被告人徐某系寻衅滋事有一定过错，且被害人平时表现不好，不孝敬母亲。被告人有酌定从轻情节。

河南省南阳市中级人民法院依法经公开审理后认为，被告人徐某因家务琐事持刀致死人命，已构成故意杀人罪。检察院对被告人徐某所犯罪行的指控成立。辩护人辩称被害人徐乙有一定过错，被告人徐某有酌定从轻情节的辩护意见成立，予以采纳。根据相关规定，判决如下：被告人徐某犯故意杀人罪，判处无期徒刑，剥夺政治权利终身。

本案事实清楚，证据确实、充分。在案件审理过程中，对被告人的行为性质应如何认定，存在较大分歧，主要存在两种不同的意见：一种意见认为，被告人徐某没有杀死其弟徐乙的故意，而只有伤害的故意，应认定其行为构成故意伤害（致死）罪；另一种意见则认为，被告人徐某因家务琐事残忍地将其弟徐乙杀害，具有杀人的故意，其行为已构成故意杀人罪（既遂）。

本案的裁判理由认为，被告人徐某的行为构成故意杀人罪，主要理由如下：

故意杀人罪与故意伤害罪，从客观上看，二者的行为动作类似，都可能产生他人伤亡的结果；从主观上看，二者都出于故意。因此，两罪的界限往往不容易分清。那么，对于故意实施侵害行为而致他人死亡的案件应如何处理？应认定为故意杀人罪（既遂），还是应认定为故意伤害（致死）罪？对此，刑法理论上存在不同观点：(1) 目的说，认为故意杀人罪与故意伤害罪的区别在于犯罪目的不同；(2) 故意说，认为故意杀人罪与故意伤害罪的区别在于故意内容不同；(3) 事实说，认为区分故意杀人罪与故意伤害罪，应当以案件的客观事实为标准，而不能以犯罪人的主观故意内容为标准。上述观点中，故意说属于通说。目的说显然忽视了间接故意杀人与间接故意伤害的情况；故意说在实践中难以操作，且仅将故意内容不同视为故意杀人罪与故意伤害罪的关键区别，不无疑问；事实说则忽视了行为人的主观故意内容。近年来，有学者认为故意说与事实说并不对立，完全可以将二者统一起来作为区分故意杀人罪与故意伤害罪的标准，即：在杀人故意心理支配下，客观上实施了杀人行为的，应当认定为故意杀人罪；在伤害故意心理支配下，客观上实施了伤害行为的，应当认定为故意伤害罪。换言之，行为人主观上是否具有杀人的故意，要通过考察客观事实来认定。例如，行为人持枪瞄准被害人心脏开枪的，无论行为人怎样否认其杀人故意，司法机关都会将其行为认定为故意杀人罪；反之，行为人使用木棒，在完全可以打击被害人头部等要害部位的场合，却选择打击被害人背部、腿部的，即使他承认有杀人故意，司法机关也不应将其行为认定为故意杀人罪。在司法实践中，可以从行为人使用的犯罪工具、打击的部位、打击的强度，犯罪的时间、地点与环境，有无犯罪预谋等来判断行为人是出于杀人的故意还是出于伤害的故意：凡明显具有杀人故意，实施了杀人行为的（即使未致他人死亡），应按故意杀人罪论处；凡明显具有伤害故意，实施了伤害行为的（即使致他人死亡），应按故意伤害罪论处。这种观点较为全面，在实践中也具有可操作性。

在本案中，被害人徐乙先持酒瓶砸被告人徐某，才引起二人厮打，因此，被害人有一定的过错。但是，在厮打过程中，被告人徐某使用杀伤力较大的犯罪工具（单刃刀），特意选择被害人徐乙的要害部位（颈部与腹部）进行猛烈打击。从本案被告人的行为事实来看，其罪过形式是剥夺他人生命的故意，而不是伤害他人身体的故意。被告人徐某在杀人故意的支配下，残忍地将被害人徐乙杀害，其行为已构成故意杀人罪（既遂）。河南省南阳市中级人民法院认定被告人徐某犯故意杀人罪，是正确的。

在以上裁判理由中，论及关于故意杀人与故意伤害致人死亡区分的各种学说，并指出了通说是故意说。而故意说与事实说的统一说，其实就是主客观的统一说。这些观点还是沿袭了主观先于客观的判断思路，我认为并不可取。在故意杀人与故意伤害致人死亡的情况下，都发生了死亡结果，两者的根本区分就在于：到底是伤害行为造成死亡结果还是杀人行为造成死亡结果？因此，首先应当从客观上对行为性质是伤害还是杀人进行判断，而不是从主观上寻找区分。在本案中，被告人徐某采取了足以致人死亡的行为，在客观上造成了被害人徐乙死亡的结果，因此，认定为故意杀人罪是没有问题的。

（二）故意伤害（致人死亡）与过失致人死亡的区分

故意伤害致人死亡与过失致人死亡在致人死亡的后果上是相同的，并且行为人对于死亡后果都是过失。两者的区分主要在于：致人死亡的行为是否属于伤害行为。故意伤害致人死亡是故意伤害行为导致他人死亡的结果，而过失致人死亡是非伤害的过失行为导致他人死亡。在现实生活中，这两者之间的界限往往难以区分。同时，对于此类案件，在司法实践中也还存在一些值得研究的问题。

季某过失致人死亡案

2007年6月30日17时20分许，被告人季某在上海市宝山区塘祁路101号上海汇津装饰工程有限公司锅炉房，因打开水与被害人汪某发生争执，继而相互推搡扭打。在推搡扭打过程中，季某用放于锅炉房边上的桶（内有香蕉水）泼洒汪某，香蕉水瞬间起火燃烧，致使汪某因高温热作用致休克而死亡。

上海市宝山区人民法院认为：被告人季某间接故意伤害他人，并致一人死亡，其行为构成故意伤害罪；鉴于季某系初犯，且能赔偿被害人的经济损失，可酌情从轻处罚。根据《中华人民共和国刑法》第234条第2款之规定，以犯故意伤害罪判处被告人季某有期徒刑10年。

一审宣判后，被告人季某不服，提出上诉，提出：其不明知桶内装有香蕉水，没有故意泼洒被害人，桶是在其与被害人扭打过程中被打翻的，其行为属于过失犯罪而非故意犯罪。

上海市第二中级人民法院经公开审理查明：2007年6月30日17时20分许，上诉人季某到上海市宝山区塘祁路101号上海汇津装饰工程有限公司锅炉房门口打开水，因故与被害人汪某发生争执，继而相互推搡扭打。其间，季某拎起放于锅炉房边上的一个油漆桶甩向汪某，致盛放在桶内的香蕉水泼洒在汪某身上，香蕉水随即起火燃烧，汪某和季某均被烧着。嗣后，两人被送往医院救治，汪某因高温热作用致休克而死亡。

上海市第二中级人民法院认为，上诉人季某因过失致一人死亡，其行为已构成过失致人死亡罪。原审判决定性不当，应予以纠正。鉴于季某已赔偿被害人家属的部分经济损失，可酌情从轻处罚。据此，依照《中华人民共和国刑事诉讼法》第189条第2项及《中华人民共和国刑法》第二百三十三条之规定，判决如下：(1) 撤销上海市宝山区人民法院（2008）宝刑初字第36号刑事判决。(2) 上诉人季某犯过失致人死亡罪，判处有期徒刑4年。

对于本案，一审与二审查明的案件事实基本上是相同的，但一审法院认定季某构成故意伤害罪，而二审法院认定季某构成过失致人死亡罪。那么，为什么存在上述定性上的重大区分呢？本案的裁判理由认为：本案的关键是如何评价季某的主观罪过，继而对其行为定罪量刑。

本案裁判理由指出：

第一，季某在主观上具有疏忽大意的过失。在刑法理论上，过于自信的过失与间接故意之间比较容易区分：前者为行为人已经预见到自己的行为后果，轻信能够避免；后者为行为人也已经明知自己行为的结果，但放任该结果发生。两者同时都预见了危害后果，只不过行为人对于伴随结果的发生在意志上有所不同，在间接故意中是放任，在过于自信的过失中是轻信能够避免。根据刑法的规定，在对危害结果的认知因素上，间接故意行为人是认识到危害结果必然或可能发生，过于自信行为人只是认识到危害结果可能发生。因此，二者在认知因素和意志因素上都有所区别，但关键还是行为人意志上的区别。这种理论上的区分，要落实到司法实践当中往往非常难，因为“无法从其他感性或知性的心理过程中探索出来，因而只能描述它，无法定义它”，需要结合每个案件的具体情况予以认定。在本案中，被告人季某主观上系疏忽大意的过失。被告人作为一名油漆工，应该明知香蕉水是易燃物品，极易挥发，泼洒后将会造成大量的油气挥发，一旦遇到高温或者火种，即可着火燃烧。根据证人证言，被告人季某事先已经知道该锅炉房为烧锅炉点火方便，用香蕉水引火，且季某本人在案发前不久也曾给锅炉房提供过香蕉水，因此，足以认定季某对该桶内盛有香蕉水是明知的。季某在持桶殴打汪某时，该桶盖密封，只是因其用力将桶扔向被害人才致桶内香蕉水溢出。季某明知桶内有香蕉水，虽然见桶盖密封，但应当预见到用该桶殴打他人，可能导致桶内香蕉水溢出，从而在锅炉房这一特定的高温环境下会发生燃烧的后果，因其没有预见，在主观上应属于疏忽大意的过失。

第二，被告人的行为不构成故意伤害（致人死亡）罪。故意伤害（致人死亡）罪与过失致人死亡罪最大的区别在于行为人是否存在伤害的故意。明知自己的行为会发生危害社会的结果，并且希望或放任这种结果发生的，是故意。故意包括认识因素上的明知与意志因素上的希望或者放任两个方面。所以，即使是间接故意的行为人，其主观上也必须对行为的危害结果存在明知程度的认知，如果不明知其行为会发生该危害结果，就不能构成故意犯罪。就意志因素方面来说，故意犯罪中，无论是直接故意还是间接故意，危害后果的发生都不违背行为人的意志。而疏忽大意的过失犯罪中不要求行为人明知后果的发生，且危害后果的发生与行为人的意志相违背。在本案中，被害人最终由于香蕉水燃烧导致死亡，结合在案证据，对该结果不能认定为系季某故意所为。香蕉水是一种化学混合性溶液，又称稀料，工业用途非常广，主要用作喷漆的溶剂或稀释，常温下为无色透明，具有较强的挥发性，易燃，带有浓烈的刺鼻气味，类似香蕉味，故称香蕉水，主要由二甲苯、工业乙醇、醋酸乙酯、丙酮等配合而成，不溶于水。本案中，香蕉水从桶中溢出，系季某用桶扔向被害人时发生的结果，而季某在扔出该桶时，桶的盖子是密封的；季某明知该桶内有香蕉水，也并没有将桶盖掀开，直接用香蕉水泼洒被害人，因此，对香蕉水烧伤被害人的后果应该没有持希望的态度。季某对烧伤的后果也不能认定为放任。季忠虽明知桶内是香蕉水，但当时桶盖密封，扔出去未必就能导致桶内液体流出，季某抄起该桶即向被害人扔去，认定其具有用该桶本身伤害被害人的故意更符合其主观心态。对此，根据主客观相统一的原则，也只能要求季某对其用油漆桶攻击被害人所造成的直接后果承担责任，即如果油漆桶的撞击导致被害人构成轻伤以上结果，被告人对此承担故意责任，如果超出该范围，被告人不具有故意犯罪的主观罪过，否则，将违背刑法罪责相适应的原则。

那么，以上论证是否正确呢？我认为，这是值得怀疑的。这里涉及故意伤害（致人死亡）罪与过失致人死亡罪之间的根本区分问题。如前所述，我认为，两者之间的区分在于是否存在伤害行为。但裁判理由却认为主要区分在于主观罪过，并且从被告人具有疏忽大意的过失、被告人没有伤害故意两个方面进行了论述。然而，这种论证的逻辑是存在问题的。就被告人具有疏忽大意的过失而言，并不是故意伤害（致人死亡）罪与过失致人死亡罪之间的区分点，而恰恰是两罪的共同点：不仅过失致人死亡罪之行为人对于死亡结果是过失的，而且故意伤害（致人死亡）罪之行为人对于死亡结果也是过失的。因此，论证被告人主观上具有疏忽大意的过失，对于故意伤害（致人死亡）罪与过失致人死亡罪的区分没有任何意义。至于被告人主观上具有伤害故意也不是本案区分故意伤害（致人死亡）罪与过失致人死亡罪的关键之所在。试想：如果被告人客观上没有伤害故意，主观上怎么可能具有伤害故意呢？根据客观判断先于主观判断的原则，当然需要先对客观上是否存在伤害行为进行分析。事实上，本案之所以不能被认定为故意伤害（致人死亡）罪，根本原因还是在于被告人季某用放于锅炉房边上的桶（内有香蕉水）泼洒汪某这个行为本身不是一个伤害行为，由此引起的死亡结果当然不是故意伤害致人死亡。

对于什么样的行为是伤害行为的认定，直接关系到是故意伤害致人死亡还是过失致人死亡的定性。例如，对被害人进行殴打引起被害人的死亡，尤其是在被害人具有特殊体质的情况下，引发死亡结果，如果定罪，这种情况是构成故意伤害（致人死亡）罪还是构成过失致人死亡罪？这是一个较为复杂的问题，值得研究。

都某过失致人死亡案

2011 年 9 月 30 日 19 时许，都某及其子都乙在某市一高校宿舍区亲属家中吃过晚饭后，都某准备驾驶轿车回家。其间，适逢住在该宿舍区另一幢楼房的该高校教授陈某（被害人，殁年 48 岁）驾车回家取物。陈某将其驾驶的车辆停在宿舍区两幢楼房前方路口，堵住了车辆行进通道，致都某所驾车辆无法驶出。双方遂发生口角，继而打斗在一起。在打斗过程中，都某拳击、脚踹陈某的头部、腹部，致其鼻腔出血。后陈某报警。在此过程中，都乙与陈某的妻子邵某发生拉扯，并将邵某推倒在地。民警赶到现场后将都某父子带上警车，由陈某驾车与其妻跟随警车一起到派出所接受处理。双方在派出所大厅等候处理期间，陈某突然倒地，后经送医院抢救无效于当日死亡。经鉴定，陈某有高血压并冠状动脉粥样硬化性心脏病，因纠纷后情绪激动、头面部（鼻根部）受外力作用等导致机体应激反应，促发有病变的心脏骤停而死亡。

一审法院经审理认为，被告人都某过失致人死亡，其行为构成过失致人死亡罪，同时，都某依法应当承担民事赔偿责任。因被害人在案发起因上有一定责任，故都某仅应当承担主要民事赔偿责任。据此，依照《中华人民共和国刑法》第 233 条、《中华人民共和国刑事诉讼法》第 99 条第 1 款，以及《最高人民法院关于适用〈中华人民共和国刑事诉讼法〉的解释》第 155 条第 1 款、第 2 款之规定，以过失致人死亡罪判处被告人都某有期徒刑 3 年，并判处都某赔偿附带民事诉讼原告人医药费、丧葬费、交通费、住宿费等各项经济损失共计人民币 23 425.19 元。

一审宣判后，被告人都某不服，提起上诉。都某及其辩护人的主要上诉理由和辩护意见是：原审法院适用法律不当，应当依法改判都某无罪，并依照双方责任大小重新确定民事赔偿数额。

二审法院经审理认为，上诉人都某应当预见击打他人头部、腹部可能导致他人死亡的危害后果，因为疏忽大意而没有预见，仍拳击、脚踹被害人头部、腹部，以致发生被害人死亡的危害后果，行为和结果之间存在因果关系，其行为符合过失致人死亡罪的构成要件。相关上诉理由和辩护意见不能成立。原审判决认定的事实清楚，证据确实、充分，定罪准确，量刑适当，审判程序合法，裁定驳回上诉，维持原判。

本案涉及的法律争议问题是：行为人因民间纠纷与被害人互相厮打，对被害人实施轻微暴力，导致有特异体质的被害人发病死亡，对该行为应当如何定性？在本案诉讼过程中，针对都某的行为如何定性，主要存在以下三种意见：

第一种意见认为，被害人死亡的直接原因是有高血压并冠状动脉粥样硬化性心脏病，都某的行为与被害人的死亡结果之间不存在刑法上的因果关系，都某也不可能预见到被害人的特异体质，进而预见到危害结果的发生，因此，本案属于意外事件，都某的行为不构成犯罪，不应当负刑事责任。

第二种意见认为，都某对被害人实施了故意伤害的行为，并产生了致人死亡的后果，行为与后果之间存在刑法上的因果关系，其行为符合故意伤害罪的结果加重构成要件，因此，应当以故意伤害罪定罪处罚。

第三种意见认为，都某作为一名具备相当社会生活经验的成年人，应当能够预见拳击他人头部可能导致他人死亡的危害后果，但因为疏忽大意而没有预见到，导致发生了被害人死亡的危害后果，故应当以过失致人死亡罪定罪处罚。

本案裁判理由同意第三种意见，认为应当对都某以过失致人死亡罪定罪处罚，具体理由如下：

（一）被告人都某的行为与被害人的死亡结果之间具有刑法上的因果关系

本案的尸体鉴定意见表明，被害人陈某死亡的原因是有高血压并冠状动脉粥样硬化性心脏病，因纠纷后情绪激动、头面部（鼻根部）受外力作用等导致机体应激反应，促发有病变的心脏骤停而死亡。由该鉴定意见可知，本案被害人的死亡属于多因一果情形。死亡的直接原因是心脏病，而引发心脏病的原因是纠纷后情绪激动以及头面部（鼻根部）受外力作用等导致机体应激反应。因此，虽然被害人的特异体质是其死亡的内在原因，但不可否认的是，正是被告人的暴力行为导致被害人的身体产生应激反应，促发有病变的心脏骤停而死亡，并非被害人自身原因促发死亡。因此，被告人的行为是被害人死亡结果发生的必要条件，两者具有刑法上的因果关系。

（二）被告人都某没有造成他人身体器官损伤的主观故意

在司法实践中，常见的攻击、打斗行为表现为两种不同的情形：一种是一般争执过程中旨在造成他人身体一时疼痛的一般殴打行为，另一种是意图造成他人身体器官损伤的故意伤害行为。在司法实践中，不能将所有的“故意”殴打致人死亡的案件都认定为故意伤害致死。如有学者所言：“一般生活意义上的‘故意’不等同于刑法上的故意。行为人只具有一般殴打的意图，并无伤害的故意，由于某种原因或者条件引起了被害人死亡的，不能认定为故意伤害致死；如果行为人对死亡结果有过失，就应认定为过失致人死亡罪。”

综合本案主、客观方面的情况来看，被告人的行为属于一般殴打行为，并不属于意图造成他人身体器官损伤的故意伤害行为，因此，不宜认定被告人存在造成他人身体器官损伤的主观故意。具体理由是，从被告人的行为及其造成的后果来看，被告人在与被害人发生争执后互相殴打，被告人拳击、脚踹被害人的头部、腹部，其中用拳头殴打被害人鼻根部的行为导致被害人鼻根部及右眼下方见软组织出血。上述身体损伤只是一般的损伤，后果并不严重。鉴定意见也显示，被告人的行为并未造成严重的伤害结果。打斗结束后，被害人抓住被告人衣领不放，不让被告人离开，被告人也并未继续实施殴打行为。可见，从被告人打击被害人的部位、力度和造成的后果来看，被告人实施的尚属一般殴打行为。这表明被告人并没有积极追求造成被害人身体器官损伤的主观故意。综上，可以认定被告人只有殴打他人的故意，但不能认定被告人存在意图造成被害人身体器官损伤的刑法上的伤害故意，故不能认定被告人的行为构成故意伤害罪。如果行为人对被害人故意施暴，力度失控，进而导致被害人死亡的，就要结合案件情况承担故意伤害（致死）罪相应的刑事责任。本案不属于此种情形。

（三）被告人都某对其行为导致被害人死亡的结果存在疏忽大意的过失

被告人对其行为导致被害人死亡的结果存在疏忽大意的过失，具体理由如下：在一般争执过程中，行为人实施的暴力行为属于带有加害风险的行为，行为人通过殴打他人发泄愤怒情绪的同时，伴有导致他人受伤或死亡的可能。由于此类殴打行为源于愤怒情绪，不仅具有攻击性且力度容易失控，故致人受伤或者死亡的风险具有客观性，加之行为人通过殴打他人发泄情绪的行为应受谴责，不具有合法性，因此必然要求行为人承担避免因殴打行为力度较大而导致对方处于危险状态的注意义务，一旦发生危害结果，行为人就可能因未履行注意义务而构成过失犯罪。从本案情况来看，人的头部是敏感且较为脆弱的区域，被告人作为一个精神健全、身体健硕的成年人，应当预见到用拳头击打他人头部可能造成他人受伤或者死亡的风险，但其由于疏忽大意没有预见，最终导致被害人因纠纷后情绪激动、头面部（鼻根部）受外力作用等导致机体应激反应，促发有病变的心脏骤停而死亡，故被告人应当承担过失致人死亡的责任。也正是基于此，被告人都某提出的无罪主张不能成立。当然，如果行为人只有一般的殴打行为，并未殴打被害人重要部位且殴打力度轻微，并未导致被害人产生机体应激反应并促发特殊疾病等而死亡的，结合案件具体情况，行为人对被害人死亡结果没有过失的，则应当认定被告人无罪。

（四）认定被告人的行为构成过失致人死亡罪更符合公众的一般心理预期

为了合理明确刑法处罚范围，对于处在罪与非罪、重罪与轻罪交叉地带的行为，应适当结合一般人的生活和社会常理作出判断。在一般争执和殴打致人死亡案件中，被告人的行为并未直接造成被害人轻伤以上的后果，而是因被害人原有病症发作等复杂因素导致死亡，因果关系方面具有“多因一果”的特征，死亡结果具有某种程度的偶发性。对此种情形以过失致人死亡罪定罪处罚更能获得社会认同。

应该说，以上裁判理由对本案的认定作出了较为充分的阐述。在关于因果关系的论述中，裁判理由采取的是条件说，即具有条件关系就构成刑法因果关系。但对于基于条件说的因果关系的相当性或者客观可归责性，裁判理由并没有进行合理的论证。尤其重要的是，裁判理由没有抓住本案被告人都某的行为是构成故意伤害罪还是构成过失致人死亡罪的根本区分：到底是一般殴打行为导致被害人死亡还是伤害行为导致被告人死亡？由此可见，我国司法实践中在论证问题时的逻辑混乱。当然，本案的定性是正确的，尤其是本案在案发之初就被媒体披露，引起社会公众的广泛关注，对法院办案也带来很大的压力。在这种情况下，法院能够依法认定被告人的行为构成过失致人死亡罪，这是很不容易的。特别是本案的裁判理由提出"认定被告人的行为构成过失致人死亡罪更符合公众的一般心理预期"的命题，表明法院对本案的处理有对社会效果的考量。当然，对于本案到底是定故意伤害罪还是过失致人死亡罪，关键并不在于公众的一般心理预期，而在于本案被告人的行为到底是殴打还是伤害。这要根据行为本身是否具有致人伤害的现实危险性、结合其他情节进行细致的分析判断。

（三）故意伤害罪的未遂

关于故意伤害罪的未遂，实际我在前面的讲课当中已经有涉及。行为人存在伤害故意，但未造成伤害后果，像这种情形在逻辑上来说就是伤害未遂。例如用一根棒子猛击他人胸部，由于他人躲避未击中，或者由于他人躲避造成轻微伤。在这种情况下，从行为人所持的棍子和想要打击的部位来看，都是致命的，有可能造成他人的伤害后果。但在打击过程中因为其他因素导致这种伤害后果没有发生，或者没有击中或者只是造成了轻微的伤害。从逻辑上来看，这是伤害的未遂。但是对于这种情形，一般并不按照伤害的未遂来追究刑事责任。这不是一个逻辑的问题，而是一个刑事政策的问题，主要是考虑到在这种情况下虽然行为人实施的个行为的性质比较恶劣，但毕竟没有造成伤害的后果，所以就不予追究。但是在个别情况下，就是我在前面讲的，有毁容故意（这是一种明显的重伤行为），并且实施了这个毁容行为，只是未造成毁容的结果，则也可以按照伤害未遂来追究刑事责任。

另外，行为人出于重伤故意只造成轻伤后果的，能不能视为重伤未遂？行为人出于轻伤的故意却造成重伤后果的，能不能将重伤视为轻伤的结果加重也就是故意轻伤过失致人重伤？这些问题应当说在某些场合存在。在大部分情况下，行为人在伤害的时候实际上并没有那么明确的轻伤的故意、重伤的故意，大部分是笼统的伤害故意，只要按照结果来定就可以了。但是也不排除在个别情况下，行为人具有明显的轻伤故意或者重伤故意，但出于轻伤故意却造成了重伤，或者出于重伤故意却造成了轻伤。在这种情况下就提出一个问题：能不能把有轻伤故意造成重伤看成是轻伤的结果加重，而把有重伤故意却造成轻伤看成是重伤的未遂？这里的关键问题是，我国刑法中故意伤害的三种情形——轻伤、重伤与伤害致死，到底是不是三个独立的罪名？如果它们是三个独立的罪名，那么把出于轻伤故意造成重伤看成是轻伤的结果加重，把出于重伤故意造成轻伤看成是重伤的未遂，还是有一定道理的。但在我国刑法当中，轻伤、重伤、伤害致死并不是三个独立的罪名，而是故意伤害罪的三个不同的量刑情节，只有一个罪名，这就是故意伤害罪。因此，不能根据主观上是出于轻伤的故意还是出于重伤的故意来进一步地具体区分，也就是只要是出于伤害故意，造成什么结果就按什么样的档次来量刑。

（四）刑法关于故意伤害罪的特别规定

故意伤害罪在我国刑法当中也是一个基本的罪名，在其他的罪名当中大量地包含故意伤害的内容，因此，刑法第 234 条最后有一句话："本法另有规定的，依照规定。"这里所谓的"本法另有规定"，就是其他犯罪当中包含了故意伤害的情形。在这种情况下，就出现了一个故意伤害罪和其他犯罪之间的一个法条竞合。这种法条竞合在通常的情况下都是整体法和部分法的竞合，也不排除在个别情况下是特别法和普通法的竞合。下面我对我国刑法中故意伤害的特别规定来作一个系统的梳理，以便于大家对其他罪名的理解。

(1) 刑法第 115 条规定了放火、决水、爆炸、投放危险物质或者以危险方法危害公共安全罪。在上述罪名当中，都包含了故意伤害的内容：既包括了轻伤，也包括了重伤，还包括了伤害致死。因为在刑法第 115 条的规定当中，条文表述是致人重伤："放火、决水、爆炸以及投放毒害性、放射性、传染病病原体等物质或者以其他危险方法致人重伤、死亡或者使公司财产遭受重大损失的，处十年以上有期徒刑、无期徒刑或者死刑。"这个法条实际上也挺有问题：它这里讲的是致人重伤，那么致人轻伤怎么办？如果行为人放火致人轻伤，没有造成重伤，能不能按照刑法第 115 条来定？还是按照刑法第 114 条来定？第 114 条规定的是危险犯，是放火、决水、爆炸等这样一些危害公共安全罪的危险犯。第114条的规定是说，这种行为危害公共安全但尚未造成严重后果，这个轻伤看来应该包含在第114条，也就是说放火造成轻伤，按照第114条仍然视为尚未造成严重后果。只有放火造成了他人重伤或者造成他人死亡，才能按照刑法第115条定实害犯。因此，不仅第115条包含了故意伤害，而且第114条也包含了故意伤害，第114条包含的是轻伤，第115条包含的是重伤。如果一个案件里面既有轻伤又有重伤，即这显然应该按照第115条来定。

(2) 刑法第119条规定了破坏交通工具罪、破坏交通设施罪、破坏电力设备罪、破坏易燃易爆设备的实害犯。刑法规定："破坏交通工具、交通设施、电力设备、燃气设备、易燃易爆设备，造成严重后果的，处十年以上有期徒刑、无期徒刑或者死刑"。这里的"造成严重后果"，我认为，包含了故意伤害的后果。这里的"严重后果"都指的是重伤以上的后果。因此，如果实施了这一行为而造成了轻伤，就要根据这些犯罪的危险犯来定，即适用刑法第116条、第117条、第118条。

(3) 刑法第121条规定了劫持航空器罪。刑法规定："以暴力、胁迫或者其他方法劫持航空器的，处十年以上有期徒刑或者无期徒刑；致人重伤、死亡或者使航空器遭受严重破坏的，处死刑。"这里的"致人重伤"包含了故意伤害，也就是在劫持航空器过程中故意伤害致人重伤的，应当按照劫持航空器罪来定，而且是处死刑。

(4) 刑法第236条规定了强奸罪。根据刑法规定，在强奸罪的加重事由中就包含了致使被害人重伤。因此，犯强奸罪造成被强奸的妇女重伤的，应当按照强奸罪来定，也就是强奸罪的构成要件里面包含着重伤。这说明在强奸罪和故意伤害罪之间存在整体法与部分法的法条竞合关系。

(5) 刑法第240条规定了拐卖妇女、儿童罪。根据刑法规定，在拐卖妇女、儿童的过程当中，造成被拐卖的妇女、儿童或者其亲属重伤的，是拐卖妇女、儿童罪的加重事由。这里的重伤包括故意重伤。因此，拐卖妇女、儿童罪中也包括了故意重伤的内容。

(6) 刑法第 263 条规定了抢劫罪。根据刑法规定，在抢劫的过程当中，使用暴力手段致人重伤、死亡的，属于抢劫罪的加重处罚事由。这里的重伤包括故意重伤。因此，在抢劫罪中就包含了故意伤害和伤害致死的内容。

(7) 刑法第 358 条规定了强迫卖淫罪。根据刑法规定，该罪的结果包含造成被强迫卖淫的人重伤、死亡。因此，强迫卖淫罪中也包含了故意伤害的内容。

(五) 故意伤害的转化规定

关于伤害的转化规定是指在犯他罪的过程中，涉及故意伤害，主要指重伤。在这种情况下，法律规定应当以故意伤害罪定罪处罚。这是一种转化犯的规定。这一规定和前面的规定正好相反：前面的规定是一种包容的规定，我称为包容犯。而这一种是转化的规定，我称为转化犯。前面的情况是在犯他罪的过程当中实施了伤害行为，法律规定应当认定为他罪。转化规定是在犯他罪的过程当中涉及故意伤害，法律规定应当按照伤害罪来定。正好相反。

这一情形主要有以下一些：

(1) 刑法第 238 条规定了非法拘禁罪。根据刑法规定，在非法拘禁过程中，使用暴力致人伤残的，应当按照故意伤害罪来处罚。这是一个转化性的规定。在这种情况下，非法拘禁罪就不再定了，只定故意伤害罪。

(2) 刑法第 247 条规定了刑讯逼供罪、暴力取证罪。根据刑法规定，在实施上述两种犯罪行为的过程中，致人伤残的，依照故意伤害罪来定罪处罚。这是一个转化性的规定。在这种情况下，刑讯逼供罪、暴力取证罪就不再定了，只定故意伤害罪。

(3) 刑法第 248 条规定了虐待被监管人罪。根据刑法规定，在监狱或者看守所或者其他执行场所，监管人员体罚虐待被监管人，致人伤残的，不定虐待被监管人罪，而应当按照故意伤害罪定罪处罚。

(4) 刑法第 292 条规定了聚众斗殴罪。根据刑法规定，在聚众斗殴过程中，致人重伤、死亡的，不再定聚众斗殴罪，而是按照故意伤害罪来定。这也是一个转化性的规定。

(六) 刑法关于故意伤害罪的数罪并罚的规定

(1) 刑法第 318 条规定了组织他人偷越国（边）境罪。根据刑法规定，犯前款罪，对被组织人有伤害等犯罪行为的，或者对检查人员有伤害等犯罪行为的，数罪并罚。这是关于组织他人偷越国（边）境罪与故意伤害罪数罪并罚的规定。

(2) 刑法第321条规定了运送他人偷越国（边）境罪。根据刑法规定，犯前款罪，对于被运送人有伤害行为，或者对于检查人员有伤害行为，应当数罪并罚。这是关于运送他人偷越国（边）境罪与故意伤害罪数罪并罚的规定。

四、故意伤害罪的处罚

根据刑法第234条的规定，故意伤害的，处3年以下有期徒刑、拘役或者管制；致人重伤的，处3年以上10年以上有期徒刑；致人死亡或者以特别残忍手段致人重伤，造成严重残疾的，处10年以上有期徒刑、无期徒刑或者死刑。这是我国刑法关于故意伤害罪的法定刑的规定。从这个规定可以看出来，如果故意伤害造成轻伤的，应当处3年以下有期徒刑、拘役或者管制；故意伤害致人重伤的，一般是处3年以上10年以下有期徒刑，但是如果是以特别残忍的手段致人重伤的，造成严重残疾的，就要处10年以上有期徒刑、无期徒刑甚至死刑。因此在我国刑法中对故意重伤也可以处死刑，但是对于对故意重伤处以死刑的条件，刑法作了严格的限制，必须是采取极其残忍的手段。这里所谓极其残忍的手段，指的是像泼硫酸或者挖人的眼睛或者砍人的双腿等等这样一些残忍的手段，并要造成他人严重残疾。另外，在我国刑法之中，故意伤害致人死亡要处10年以上有期徒刑、无期徒刑或者死刑。因此，故意伤害致人死亡也是可以判死刑的。

从我国刑法关于故意伤害罪的法律规定来看，应该说是非常之重的。就可以处死刑而言，它和故意杀人没有区分。但是在司法实践当中，对故意伤害处以死刑要加以严格限制。

第二十三讲

强奸罪

强奸罪是侵犯女性（包括妇女和幼女）的人身权利的犯罪，也是一种性犯罪，是在司法实践中时有发生的犯罪。在本讲中我根据我国刑法的规定与司法解释，对强奸罪的定罪处罚进行讲解。

一、强奸罪概述

强奸罪是指使用暴力、胁迫或者其他手段，违背妇女意志，强行与妇女进行性交，或者奸淫不满14周岁幼女的行为。

强奸罪是古今中外刑法中都有规定的一种基本犯罪。当然，由于各个时期、各个地区性伦理的不同，强奸罪的内容是有所不同的，当然，也有一些共同之处。强奸罪是一种性犯罪、与性有关的犯罪。性是人类的生理需要之一。孔子曰："食、色，性也。"尽管性本身具有生物性与生理性，但性的满足却具有社会性。在性的基础上形成的性伦理、性秩序与性规则，是最为古老的社会规范和法律规范。在婚姻制度形成以后，婚姻就成为满足人的性需求的一种制度化安排。恩格斯在《婚姻、家庭和私有制的起源》一书中详细论述了关于人类婚姻、家庭的历史演变过程。婚姻、家庭的历史演变过程和人类性需求的满足的制度化演变过程之间有着密切联系。在人类的婚姻制度形成以前，处于一种性混乱的时期，就不存在性规范。后来随着性伦理的形成，就出现了调整人类性行为的规范，甚至形成某种禁忌，后来逐渐上升为法律，由此出现了性犯罪。由此可见，性犯罪是侵犯人类性秩序的一种犯罪，具有较强的反伦理性，是一种典型的自然犯。

中国古代就有所谓“不以义交谓之淫”的说法，即不按照性规范的性交就是“淫”，表明当时就存在对性伦理、性秩序破坏的犯罪。我国的《唐律》中就有关于奸罪的规定，主要作为一种维护封建的婚姻家庭的犯罪来加以确立，并不把保护妇女的性权利当作一种立法宗旨。这也是古代刑法和现代刑法在关于性犯罪的立法宗旨上的差异。《唐律》规定：“奸者，徒一年半；有夫者，徒二年”。为什么对有夫者相奸要比对一般奸者处罚要重？反映出当时的保护重点是婚姻家庭制度。《唐律》把奸罪分为两种：和奸和强奸。和奸就是现在所说的通奸，就是男女双方基于互相同意而发生性行为。根据《唐律疏议》的解释，“和”是指彼此合同者，“强”是指“不和”，因此，“强”与“和”是对立的。《唐律》规定：“强者，妇女不坐”。也就是在强奸的情况下，妇女不构成犯罪。从这些规定可以看出，封建社会关于强奸罪的规定并不在于保护妇女的性权利，而在于保护封建的婚姻家庭伦理秩序。只有到了现代社会强奸罪才变成一种保护妇女的性权利，因而将其归入侵犯人身权利的犯罪，并且将通奸非犯罪化。

强奸罪与性伦理、性秩序密切相关。一般来说，在一个性禁忌比较严重的社会里面，强奸罪往往多发，强奸就成为性禁忌的代价。而在一个开放的社会里，强奸罪往往会有所减少。我国就是这样：随着社会性风尚的变化，强奸罪比过去大为减少。

值得注意的是随着性观念、性伦理的发展，强奸罪的内涵发生了重大变化。这一变化主要是由性交这一概念的演变引发的。各个国家（地区）的法律关于性交的概念都发生了很大的变化。传统意义上的性交是指以满足性欲为目的，男性将阴茎插入女性阴道，也就是性器官的结合。这个概念和医学上的性交概念是一样的。最近十多年来，性交概念的外延发生了很大变化。英国刑法上性交就有一个演变过程：英国的1976年《性犯罪法》规定：“强奸罪的性交行为通常是指男女双方生殖器发生交合的行为，具体表现为男性的阴茎插入女性阴道。”英国的1994年《刑事司法与治安法》重新界定了性交行为，扩大了外延——“行为人的阴茎对受害人的阴道或肛门插入的行为”。据此，英国刑法就把鸡奸的行为，包括对女性的鸡奸和对男性的鸡奸，纳入性交的范畴。英国2003年《性犯罪法》对性交的规定进一步发生了变化，甚至不把性交行为作为强奸罪的要素，取而代之的是插入行为。根据该法的规定，“强奸罪是指男性在他人不同意且无理由确信其同意的情况下，故意将阴茎插入其阴道、肛门或口腔的行为”。可见，英国的立法者对强奸行为作了相当宽泛的规定。也许立法者已经感到把口交的行为纳入性交是不妥当的，因此去掉了性交一词。可见，从英国1976年《性犯罪法》到2003年《性犯罪法》性交的概念不断扩大外延。

尽管我国刑法对性交一词未作界定，但在刑法理论上对性交的理解还是维持一种传统的观念，是指的男性将阴茎侵入女性阴道。至于除了性交以外、满足行为人性欲的其他方法，都称为猥亵。如果是强制猥亵的或者猥亵儿童的，就应该按照刑法规定的强制猥亵罪或者猥亵儿童罪来处罚，由此而厘清强奸罪和猥亵罪之间的关系。

现在情况有些复杂，主要是由卖淫这个概念所牵动的。在我国刑法中，卖淫本身不是犯罪，但组织、强迫、介绍、容留卖淫构成犯罪。此外，卖淫虽然不是犯罪，但它是一种违反治安管理处罚法的行为。我国刑法和其他相关行政法规也没有对卖淫这个概念作过解释，而卖淫这个概念与性交是具有关联性的，因为所谓卖淫就是一种性交易，性是交易的内容。因此，对性交概念的理解，直接关系到对卖淫的理解，而对卖淫的理解又与对嫖娼的理解相关。虽然我国法律没有对卖淫概念作过解释，但在刑法理论上一般认为卖淫是指女性向男性出卖肉体，这里的出卖肉体就是指传统意义上的性交，即男女性器官的结合。但后来在司法实践中出现了男性向女性出卖肉体的现象，这时卖淫就不能被理解为女性向男性出卖肉体。为此，刑法将向妇女卖淫修改为向他人卖淫。这是第一次使卖淫的外延扩大。此后，在现实生活中又发生了同性之间的性交易，主要是男性向其他男性出卖肉体的现象。在这种情况下，同性之间性交易的组织者能否被认定为组织卖淫罪？

李某组织同性卖淫案

2003年1月至同年8月，李某以营利为目的，先后伙同刘某、冷某等人经预谋后，采取张贴广告、登报的方式招聘“公关先生”，制定“公关人员”管理制度，指使刘某、冷某对“公关先生”进行管理，并在其经营的“金麒麟”“廊桥”及“正麟”酒吧内将“公关先生”介绍给同性嫖客，由同性嫖客带至本市“新富城”大酒店等处从事同性卖淫活动。

2003年8月17日，李某被公安机关抓获归案。

一审法院认为被告人李某的行为构成组织卖淫罪，遂依照《中华人民共和国刑法》第三百五十八条第一款、第六十四条之规定，以组织卖淫罪判处被告人李某有期徒刑八年，罚金人民币6万元；违法所得1 500元予以追缴。

宣判后，被告人李某不服一审判决，以“组织同性卖淫不构成犯罪和量刑过重”为由，提出上诉。李某的辩护人在二审中提出的辩护意见是，李某不应对本案的犯罪事实承担全部的刑事责任，且社会危害性较小、归案后认罪态度好，愿意交纳罚金，请求二审法院对其从轻判处。

二审法院认为：上诉人李某以营利为目的，通过招募的手段，控制多人从事卖淫活动，其行为已构成组织卖淫罪，依法应予惩处。原审判决认定李某的犯罪事实清楚，证据确实、充分，适用法律正确。上诉人李某提出“组织同性卖淫不构成犯罪及量刑过重”的上诉理由及辩护人提出的“社会危害性较小、归案后认罪态度好，愿意交纳罚金，请求二审法院对其从轻判处”的辩护意见，经查，上诉人李某组织同性卖淫的行为符合组织卖淫罪的犯罪构成要件，且原审法院根据李某的犯罪事实及情节对其在法定刑幅度内处刑并无不当，故上诉人李某的上诉理由及辩护人提出的上诉辩护意见不予采纳。其辩护人提出“李某不应对本案的犯罪事实承担全部刑事责任”的辩护意见，经查，上诉人李某指使刘某、冷某对“公关先生”进行管理，将“公关先生”介绍给同性嫖客进行卖淫活动并收取费用的事实，有上诉人李某的供述、证人冷某、沈甲、林某、沈乙等证人证言以及相关书证予以证实，其应对全部犯罪事实承担刑事责任，故辩护人的上述辩护意见不予采纳。据此，依照《中华人民共和国刑事诉讼法》第189条第1项之规定，裁定如下：驳回上诉，维持原判。

值得注意的是，该案的一审与二审判决书，都没有对卖淫这个概念进行解释。其实，李某的行为能否定罪与如何理解我国刑法中的卖淫一词具有直接关系。如果把我国刑法中的卖淫理解为女性向男性出卖肉体，则李某的行为就不构成组织卖淫罪。只有把同性之间的性交易也理解为卖淫，李某的行为才能构成组织卖淫罪。事实上，李某案的审理过程也是一波三折。最初因为争议很大，所以南京警方无奈将李某释放。但警方并没有放弃努力，继续向上级有关部门汇报。江苏省公安厅获悉此事后，向省政法委作了汇报。在省政法委的召集下，省级政法部门召开了案件协调会。省政法委有关负责人认为，李某等人的行为已造成较为严重的社会危害，符合犯罪的基本特征。由于刑法对"组织卖淫罪"的规定过于笼统，而且没有相关立法或司法解释，因此，会议决定，由省高级人民法院立即向最高人民法院请示。

最高人民法院接到请示后，随即向立法机关全国人大常委会汇报。这年(2003年)的10月下旬，全国人大常委会法制工作委员会作出口头答复：刑法规定的"组织他人卖淫"中的"他人"既包括"女人"，也包括"男人"。

得到这样的答复后，警方再次行动，将李某等两名组织同性卖淫者擒获。该案起诉到法院以后，法院最终作出了有罪判决。有关的裁判理由对卖淫概念的变化作了说明，指出："卖淫"的本质特征在于，其是以营利为目的，向不特定的人出卖肉体的行为。至于行为人的性别是男是女，以及其对象是异性还是同性，均不是判断、决定行为人的行为是否构成"卖淫"所要考察的因素。之所以这样理解，是因为无论是女性卖淫还是男性卖淫，无论是异性卖淫还是同性卖淫，均违反了基本伦理道德规范，毒害了社会风气，败坏了社会良好风尚。从此角度看，将同性卖淫归入"卖淫"范畴，以组织卖淫罪追究组织同性卖淫行为人的刑事责任，不违背刑法有关卖淫嫖娼犯罪规定的立法精神。

虽然对李某组织同性卖淫案作出了判决，但也许大家都没有意识到，李某案的有罪判决不仅涉及对卖淫一词的理解，而且涉及对性交一词的理解。随着同性之间的性交易被认定为卖淫，传统的性交概念也悄悄地发生了变化，即：性交不仅指男女之间性器官的结合，而且包括了阴茎插入肛门，也就是所谓的肛交。如果说，在卖淫活动的认定中，性交不仅包括男女之间性器官的结合，而且也包括肛交，那么，在对妇女的强奸中，是否包括肛交呢？

在现实生活中，对卖淫的认定不仅涉及同性之间的性交易问题，而且还涉及某些形式的性服务，例如手淫，也就是通常所说的“打飞机”，是否能够被认定为卖淫的问题。对此，1995 年公安部《关于对以营利为目的的手淫、口淫等行为定性处理问题的批复》（公复字［1995］6 号，1995 年 8 月 10 日）中认为，“卖淫嫖娼是指不特定的男女之间以金钱、财物为媒介发生不正当性关系的行为”。该批复强调了发生性关系的男女的不特定性，且未限于男性给付金钱、财物，女性出卖肉体。这里的“出卖肉体”，一般认为是指性交。但 2001 年 2 月 28 日，该批复被公安部《关于对同性之间以钱财为媒介的性行为定性处理问题的批复》（公复字［2001］4 号，2001 年 2 月 28 日）废止。2001 年批复认为不特定的异性之间或者同性之间以金钱、财物为媒介发生不正当性关系的行为，包括口淫、手淫、鸡奸等行为，都属于卖淫嫖娼行为。在此，2001 年批复对性关系作了广义的解释：不限于异性之间的性交，而且包括与性有关的行为，例如手淫。从实际情况来看，还不仅包括手淫，其他各种满足他人性欲的具有猥亵性质的色情活动都被包含在卖淫的概念当中。在我国的治安管理处罚中，都是执行上述规定认定卖淫的，因此卖淫嫖娼的范围较为宽泛。那么，在组织、强迫、介绍、容留卖淫罪的认定中，是否适用公安部关于卖淫的界定呢？对此，我国理论上存在较大的争议，争议的焦点在于：刑法中对于卖淫的认定是否应当以公安部的 2001 年批复为根据？对此存在两种意见：第一种意见认为，在法律和司法解释对于卖淫没有明文规定的情况下，公安部 2001 年批复对卖淫的解释应当参照适用。而第二种意见认为，公安部的 2001 年批复只能对公安执法活动具有拘束力，对于司法机关认定犯罪不具有拘束力。在司法实践中，对这个问题的理解不同，判决结果也就不同。有些法院根据 2001 年批复将从事手淫等色情服务行为都认定为刑法中的卖淫，有些法院则严格坚持传统的性交概念，对于从事手淫等色情服务行为不认定为刑法中的卖淫。这样导致对相同行为在不同法院，有的判决有罪，有的判决无罪。

另外还有一个问题：强奸和卖淫中的性交的含义是否相同？一般认为，两者应该相同。强奸是在未经妇女同意的情况下，实施性行为。而卖淫是经他人同意，从事性交易。在这两个概念中性活动或者性行为的内容应该是相同的。那么，除了上述性行为以外，其他满足性欲的活动能否成为强奸罪或者卖淫的内容？显然，其他满足性欲的活动不能成为强奸罪的内容，而是强制猥亵罪的内容，由此而使强奸与猥亵这两个概念得到区分。现在的问题是：其他满足性欲的活动，例如手淫等猥亵活动，如果以此作为交易，是否构成卖淫？公安部2001年批复对性交作了广义的解释，不限于异性之间的性交，而包括与性有关的行为，例如手淫，甚至其他各种满足他人性欲的具有猥亵性质的色情活动，都被包含在卖淫的概念当中。我认为，应当把提供性服务的卖淫（性交易）活动与提供色情服务的色情交易活动加以区分，因此，刑法中的卖淫是指性交易，而不包括色情交易。即使是治安管理处罚中的卖淫也是性交易，不能出现刑法和治安管理处罚法中两个不同的卖淫概念。至于色情交易，应当进行处罚，但应当修改治安管理处罚法，而不是通过公安部的批复进行扩张解释。

我国刑法上设立强奸罪，从传统上保护性伦理和性秩序，到主要保护妇女的性权利，而性权利从主要是一种肉体上的权利到主要是一种精神上的权利，这是历史的进步。法国作家乔治·维加莱洛著有《性侵犯的历史》一书，在该书中他指出："通过这一漫长的历程，一个现代法律主体的形象诞生了，一部性侵犯史有助于对此加以描述：个人的痛苦受到了重视，隐蔽的伤害、精神上的折磨与扼杀被放到了突出的位置。所有这些都是具有决定性意义的，因为它使刑事处罚的传统形象和效力得到了改变。"从法律对待性侵犯的历史中，我们看到了这一历史所折射出的人类的精神观念的演变。

在以上对强奸罪的概述中，主要对强奸罪的历史演变以及性交概念的变化问题进行了较为充分的论述。其实，这里还涉及一个强奸罪自身的概念问题。现在我国刑法中的强奸罪实际上是强奸妇女罪，可以说强奸罪是强奸妇女罪的简称。

但在现实生活中也存在个别所谓女性强奸男性的案例，因此也有些人主张对男女的性权利应当平等保护，把强奸罪的主体扩大到女性。在我看来，这种意见虽然有一定道理，但在立法上不具有可行性。因为立法的对象通常来说是常态性事件，如果是极小概率的事件，就没有必要专门立法。这就是我们经常作为反面教材的立法中的个案思维，以此指导立法并不可取。

当然，与之相关的例外一个问题是所谓男性强奸男性的问题。如果我们对性交作传统的理解，即男女性器官的交合，则男性强奸男性的情况就不可能发生。但像我在前面所说的，现在已经把肛交也纳入性交的范畴，在这种情况下，男性强奸男性的案件就有可能成立。但在我国维持强奸罪是强奸妇女罪的法律语境中，不可能认定为强奸罪。这种所谓男性强奸男性的案件，在现实生活中也会发生，对此不能认定为强奸罪，但可能作为其他犯罪处理。

张某伤害案

2010 年 5 月 9 日深夜 11 点多，42 岁的保安张某在保安宿舍内对 18 岁的男同事李某实施“强奸”，“强奸”过程中导致李某轻伤。

2010 年 8 月 30 日，检方以故意伤害罪将张某提起公诉。经过审理，法院认为，张某故意将他人致伤，且造成轻伤的后果，其行为已构成故意伤害罪。法院审理期间，经调解，张某赔偿给李某 2 万元。

鉴于张某积极赔偿被害人经济损失并得到被害人的谅解，当庭自愿认罪，法院对其酌情予以从轻处罚，最终判处其有期徒刑 1 年。

在上述案件中，张某对男同事强奸导致被害人轻伤害，因此法院才能以故意伤害罪对张某判处刑罚。我们注意到，以上案情叙述中，对强奸这两个字是打了双引号的，也就是说本来不是强奸，而只是称为强奸；如果没有造成伤害，则无法入罪。但这种行为具有较大的危害性，而且在现实生活中时有发生，确实需要入罪。当然，对此，是在刑法中另立罪名，还是扩张强奸罪的范围，以强奸罪论处，这是一个值得研究的问题。

二、强奸罪的构成

（一）罪体

1. 主体

强奸罪的主体是男性，妇女不能成为强奸罪的正犯，但可以成为强奸罪的共犯，即教唆犯、帮助犯。

2. 行为

强奸罪的行为可以分为：强奸妇女的行为和奸淫幼女的行为。在我国刑法中，原先是把强奸妇女罪和奸淫幼女罪作为两个罪名来处理的，后来就取消了奸淫幼女罪，而把奸淫幼女行为并入强奸罪，作为一种特殊情况来考虑。所以在我国刑法中，强奸罪是个概括罪名，包括了各种情况。而在外国刑法中强奸罪是类罪名，在强奸罪下面，又根据不同的情况分列各种具体罪名。

(1) 强奸妇女的行为。

强奸妇女的行为是指使用暴力、胁迫或者其他手段，强行与妇女进行性交。强奸妇女的行为是一种复合行为，包括手段行为和目的行为。手段行为是使用暴力、胁迫或者其他手段。在强奸妇女的行为中，我们主要讨论手段行为。对于发生性交行为，因为在性交概念中已经论及，在此不再论述。

第一，暴力手段。

暴力是指对被害妇女使用殴打、捆绑、卡脖子、摁倒等危害人身安全和人身自由，使妇女不能抗拒的手段。这里应当指出，在强奸罪中，暴力强奸是性质最为严重的，并且可能造成被害妇女的人身伤害甚至死亡。但这种伤害或者死亡后果是强奸罪的应有之义，只定强奸罪，对于伤害或者死亡结果并不另外定罪。对此，我国刑法将造成伤害或者死亡后果规定为强奸罪的加重情节。

李甲强奸致人死亡案

被告人李甲系山东省日照市岚山区Z镇Y村村民。1998年1月5日，下午，李甲得知同村女青年李乙独自在家，遂产生强奸念头。当日19时许，李甲打开李乙家的大门后进入，李乙发现李甲后喊叫。李甲将李乙摔倒，并用石块、手电筒、拳头击打其头部，后掐其颈部，致李乙昏迷。随即，李甲将李乙抱至堂屋床上强奸。后李甲发现李乙已死亡，遂将其尸体藏于现场地窖内。经鉴定，李乙系被他人用质地较硬的钝器打击头部致严重颅脑损伤而死亡。

山东省日照市中级人民法院认为：被告人李甲为实施强奸进入被害人家中，采用暴力手段强奸妇女，其行为构成强奸罪。公诉机关指控李甲构成强奸罪的罪名成立，予以支持；李甲强奸妇女并致被害人死亡，属于强奸罪的结果加重情形，公诉机关指控其构成故意杀人罪的罪名不成立，不予支持。鉴于李甲归案后能够如实供述犯罪事实，认罪态度较好，并积极赔偿被害人亲属部分经济损失，对李甲可以酌情从轻处罚。据此，依照《中华人民共和国刑法》第二百三十六条、第五十条第二款、第五十七条第一款之规定，判决如下：(1) 被告人李甲犯强奸罪，判处死刑，缓期二年执行，剥夺政治权利终身。(2) 对被告人李甲限制减刑。

一审宣判后，被告人李甲在法定期限内没有上诉，检察机关亦未抗诉。山东省日照市中级人民法院依法将本案报请山东省高级人民法院复核。

山东省高级人民法院经复核认为：被告人李甲以暴力手段强奸妇女，其行为构成强奸罪。鉴于其认罪态度较好，并赔偿被害人亲属部分经济损失，故对其判处死刑，可不立即执行。但李甲在强奸犯罪中使用暴力致被害人死亡，情节极其恶劣、后果极其严重，应当限制减刑。原审判决认定的事实清楚，证据确实、充分，定罪准确，量刑适当，审判程序合法。据此，依照《中华人民共和国刑法》第二百三十六条、第五十条第二款、第五十七条第一款和《中华人民共和国刑事诉讼法》第二百三十七条之规定，裁定核准原判。

在本案审理过程中，关于被告人李甲实施的犯罪行为构成强奸罪一罪还是构成强奸罪、故意杀人罪两罪，存在以下两种意见：第一种意见认为，李甲出于灭口动机，在实施强奸过程中杀死被害人，其行为分别构成故意杀人罪和强奸罪。第二种意见认为，李甲为达到奸淫被害人的目的采取足以致死被害人的暴力手段，其实施的暴力行为系强奸罪的手段行为，故其行为构成强奸（致人死亡）罪一罪。本案裁判理由赞同第二种意见，主要理由如下：

（一）采取足以致人伤亡的暴力手段实施强奸，暴力手段行为造成的伤亡后果属于强奸罪的加重构成要件要素

行为人采取足以致人伤亡的暴力手段意图实现奸淫目的的，该暴力手段与奸淫目的并不矛盾，仍属于强奸罪范畴内的暴力手段，不另外构成故意杀人罪。该暴力手段导致被害人伤亡的，构成强奸罪的加重犯。首先，强奸行为人使用暴力或者其他手段对被害人进行加害，其目的是压制被害人的反抗，使其奸淫得逞。因此，通常情况下，行为人不会采用足以致死的暴力或者其他手段，先杀死被害人与后实施奸淫行为在逻辑上存在一定矛盾。但是，如果行为人使用的暴力或者其他手段并未立刻导致被害人死亡，则行为人完全可以在被害人丧失反抗能力但未死亡时实施奸淫行为，此时先实施的手段行为与后实施的目的行为并不矛盾。其次，刑法将强奸“致使被害人重伤、死亡”的情形规定为强奸罪的加重犯，意味着立法上已将足以致使他人伤亡的暴力或者其他手段纳入强奸罪的范畴。与抢劫、绑架等犯罪一样，强奸罪也是典型的复合行为犯，即由数个相对独立的行为复合而成的犯罪形态。强奸罪包括手段行为和目的行为，手段行为即使用暴力、胁迫或者其他手段压制被害人反抗的行为，目的行为即行为人对反抗能力被抑制的被害人实施奸淫的行为，二者共同构成了完整意义上的强奸行为。刑法规定的强奸“致使被害人重伤、死亡”，既包括目的（奸淫）行为导致被害人重伤、死亡的情形，也包括手段行为导致被害人重伤、死亡的情形。前者主要指因强奸妇女、奸淫幼女导致被害人性器官严重损伤，或者造成其他严重伤害甚至当场死亡或者因治疗无效死亡等情形，后者主要指因对被害人实施殴打、勒颈、麻醉等行为致被害人重伤、死亡。从行为人的主观心态分析，其对于致被害人重伤、死亡的结果可能出于过失，也可能出于间接故意，个别情况下不排除行为人具有直接故意。如行为人明知注射过量麻醉药会致人死亡，为奸淫被害人而对其进行过量注射，并在其死亡前实施奸淫。此时行为人采取的麻醉手段兼具压制反抗和灭口的性质，其对死亡结果持直接故意的心态。值得注意的是，在一般情况下手段行为实施在前、目的行为实施在后，但在强奸行为达到既遂后、实施完毕前行为人

仍有可能使用暴力或者其他手段持续压制被害人的反抗，使其强奸行为得以完成。此时行为人使用的暴力或者其他手段与目的行为并存，并且服务于目的行为，故仍属强奸罪的手段行为，由此造成被害人伤亡的，属于强奸罪的加重犯。例如，行为人在奸淫被害人时为阻止其呼救，持续捂压其口鼻致被害人死亡，构成强奸罪的加重犯。

在本案中，被告人李甲预谋入室强奸，被被害人李乙发现后将李某打昏，而后实施奸淫行为。鉴定意见证实李乙系被质地较硬的钝器打击头部致严重颅脑损伤死亡，李乙死亡的结果系强奸罪的手段行为导致，行为人对被害人死亡的结果持间接故意心态，属于刑法规定的强奸致人死亡的情形，不应再认定为故意杀人罪。

（二）在强奸案件中认定行为人是否构成数罪，需结合是否有报复、灭口的动机及暴力、其他手段的具体实施情况综合判断

首先，关于强奸犯罪的罪数认定，司法实践中长期以来遵循的标准是，对于强奸犯出于报复、灭口等动机，在实施强奸的过程中杀死或者伤害被害妇女、幼女的，应当分别认定为强奸罪、故意杀人罪或者故意伤害罪，数罪并罚。此处的强奸过程，既包括实施强奸罪的手段行为的过程，例如行为人因被害人反抗激烈，在实施奸淫前即将被害人杀害，也包括实施目的行为的过程，如奸淫过程中为灭口将被害人杀害，此种情形在实践中更为多见。也就是说，因实施强奸犯罪构成数罪的，一般均具有报复、灭口的动机，该动机是认定数罪的必要条件。其次，行为人具有报复、灭口动机的，并非一律构成数罪，需结合其采取的暴力、其他手段的具体实施情况综合判断构成一罪还是数罪。认定强奸行为构成数罪，原则上要求行为人实施了数个暴力或者其他行为，分别服务于奸淫目的和灭口动机，如果行为人仅实施了一个手段行为，即使该行为同时服务于奸淫目的和灭口动机，也只构成强奸罪一罪，否则，便是对该行为的重复评价。例如，行为人将被害人捆绑至偏僻山区的树上，实施奸淫后故意不放开被害人而自行离去，被害人因得不到救助而死亡，其行为仅构成强奸罪一罪。前文所举的对被害人过量注射麻醉药的例子也属于这种情况。

在本案中，被告人李甲潜入被害人李乙家中意图强奸，其与李乙素无仇怨，也没有证据显示其有报复动机。李甲被李乙发现后立即将李乙打昏，进而对其实施奸淫，奸淫后并未对李乙实施进一步的加害，对李乙的死亡持放任心态。其实施的暴力行为仅服务于奸淫目的，无论从报复、灭口动机的有无，还是从实施的暴力行为的个数分析，均达不到构成数罪的要求，故仅构成强奸罪一罪。

综上，本案的裁判理由认为：在强奸犯罪案件中采取暴力手段造成被害人死亡是认定一罪还是数罪，应当根据暴力行为实施的具体情况，结合是否具有报复、灭口等动机综合判定。

在以上对案件的分析中，裁判理由列举了两种意见：第一种意见认为以灭口为目的将被害妇女杀死的，除了定强奸罪以外还要定故意杀人罪，实行数罪并罚。而第二种意见认为采取足以致人伤亡的暴力手段导致他人死亡，应当以强奸罪一罪论处，不另外定故意杀人罪。其实，这两种意见都是正确的。因此，本案定性的关键问题在于：被告人到底是在强奸过程中或者强奸完毕以后杀人灭口，还是因为采取了足以致人伤亡的暴力手段导致他人死亡。因此，严格来说本案并不是一个法律适用问题，而是一个事实认定问题。本案的裁判理由在法律适用争议的名义下讨论事实认定争议问题，这是没有发现争议问题的症结之所在。

第二，胁迫手段。

胁迫是指对妇女进行威胁、恐吓以达到精神上的强制，使妇女不敢反抗的手段。威胁或者恐吓都是以言语或者手势等形式为载体的，难以留下物理痕迹，除非现场有录像或者录音，因此，对于这种以胁迫手段实施的强奸罪，在司法认定上往往存在较大难度。强奸罪中的胁迫具有各种不同的表现形式，可以分为暴力胁迫和精神胁迫这两种基本类型。在精神胁迫中，利用被害妇女的隐私或者毁坏被害妇女的名誉进行胁迫，是极为常见的。

从刑法理论上来说，无论行为人采取何种胁迫方式，只要使得被害妇女不敢反抗和拒绝，就可认定为胁迫手段。需要注意的是，1984 年 4 月 26 日最高人民法院、最高人民检察院、公安部联合发布的《关于当前办理强奸案件中具体应用法律的若干问题的解答》明确规定："有教养关系、从属关系和利用职权与妇女发生性行为的，不能都视为强奸。行为人利用其与被害妇女之间特定的关系，迫使就范，如养（生）父以虐待、克扣生活费迫使养（生）女容忍其奸淫的；或者行为人利用职权，乘人之危，奸淫妇女的，都构成强奸罪。行为人利用职权引诱女方，女方基于互相利用与之发生性行为的，不定为强奸罪。"由此可见，具有某种特定关系的人与妇女发生性关系是否构成强奸罪，关键还是要看行为人是否利用这种关系对妇女进行了胁迫。

宋某强奸案

被告人宋某系深圳某教育集团（××培训）总裁，被害人刘某系该集团员工。2010年5月3日下午，刘某提出辞职。当晚7时30分许，宋某挽留刘某未果后，提出要刘某到其位于深圳市罗湖区太白路某公寓3栋809室打扫卫生。随后宋某恐吓刘某并动手脱刘某衣服，刘某被迫按照宋某的指令拍裸照。宋某得知其处于月经期后仍强行与刘某发生了性关系。刘某次日6时许到深圳市南园派出所报案。5月12日，宋某投案。

一审判决认定被告人宋某构成强奸罪，判处有期徒刑4年。

被告人宋某不服一审判决，提起上诉。

二审法院经审理认为，本案现有的证据足以证实宋某强奸被害人刘某的事实，被害人的陈述稳定，对案发的细节包括双方的对话有着详尽的陈述，陈述的内容符合在被胁迫之下所作出的反应，能够得到相关证据的支持及解释。因此，二审法院维持了一审判决。

法院在判决书中，对本案中存在三个争议焦点问题进行了回应：

焦点1：被害人刘某是否自愿与宋某发生性关系？

宋某将刘某带至案发现场，是因为刘某决意辞职并明确拒绝宋某的挽留，这一事实可以排除刘某想通过宋某获取工作上好处的可能。刘某案发后主动告诉其男友被宋某性侵犯，并选择案发次日凌晨报警，可以排除刘某想从宋身上获取金钱好处的动机。刘某案发时正值月经期内，除非有其认为比健康更重要的如深厚感情、利益或受到强迫，否则不可能自愿、主动与他人发生性关系。

焦点2：宋某有否使用语言和拍摄裸照等行为威胁被害人使其不敢反抗？刘某陈述宋某打电话叫人来和拍其裸照进行威胁，虽没有得到宋某电话通话记录和宋某照相机内容的印证，但可作出合理解释：打电话和拍裸照都是宋某用来恐吓刘某的手段，只要使刘某内心产生恐惧就可以了，不必要求打电话确实发生和从照相机里查到裸照才能认定刘某的陈述是真实的。只要刘某的陈述符合常理、符合案件事实，虽未得到印证但有合理解释，同样可认定其真实并采用。

焦点3：没有马上报案及事后收到钱的事实，对于认定刘某不自愿与宋发生性关系有否影响？刘某在案发后没有立即报案，而是打电话向其男朋友哭诉，对于是否报案内心很矛盾，这完全符合其作为一名刚出校门涉世未深的年轻未婚女子的心态，公开个人隐私对其名誉和今后的生活都将有重大影响，表现犹豫是正常的。宋某所属公司汇到其账上的5 772元是其报案后的事情，其中部分是工资，多出部分可能是宋某自认为给予的补偿，不能以此认定刘某当时是为了钱自愿和宋某发生性关系。

上述宋某强奸案是一起典型的胁迫型强奸案。在该案中，被告人没有采取明显的暴力手段，而是采取了威胁等手段，致使被害人刘某不敢反抗。此类案件发生在特定场所，较为隐蔽，而且取证也较为困难。尤其是在本案中，被害人刘某取得了某集团的事后经济补偿，这些都成为定罪的干扰因素。但法院综合全案情况认为：被害人案发后次日报案称被宋某强奸；根据多位证人证实，被害人刘某案发后回到住所后的言行表现；主动告诉其男友被宋某性侵犯；将如此重要个人隐私公开的事实。以上证据可以证实被害人刘某没有自愿与宋某发生性关系的主观愿望。

第三，其他手段。

其他手段是指利用暴力、胁迫以外的使妇女不知反抗或者无法反抗的行为，通常是指利用妇女患病或者熟睡之机进行奸淫，利用烟酒、药物麻醉、药物刺激等方法进行奸淫，利用或者假冒治病等方法对妇女进行奸淫。强奸妇女中的目的行为是指强行与妇女进行性交。正由于行为人采取了上述强制手段，因而这种性交是违背妇女意志的。

唐某等强奸案

2003年4月28日凌晨1时许，唐某、杨某从该市“××卡拉OK”娱乐场所，将已经处于深度醉酒状态的女青年王某带至该市下关区黄家圩×号的江南池浴室，在111号包间内，趁王某酒醉无知觉、无反抗能力之机，先后对其实施奸淫。唐某在对王某实施奸淫的过程中，由于其饮酒过多未能得逞；杨某奸淫得逞。案发后，唐某协助公安人员抓获同案犯杨某。

江苏省南京市下关区人民法院经审理后认为：被告人唐某、杨某违背妇女意志，轮流奸淫妇女，其行为均已构成强奸罪，应依法予以惩处。唐某协助公安机关抓获同案犯，有立功表现，同时考虑到其个人奸淫目的未得逞，可以对其减轻处罚。两被告人及其辩护人关于发生性行为时，王某并没有达到酒醉无知觉、无反抗能力程度的辩解和辩护意见，经查与事实不符，不予采纳。依照《中华人民共和国刑法》第二百三十六条第二款第四项、第二十五条第一款、第二十三条、第六十八条第一款之规定，判决如下：被告人唐某犯强奸罪，判处有期徒刑七年；被告人杨某犯强奸罪，判处有期徒刑十年。

一审宣判后，两被告人不服，上诉于江苏省南京市中级人民法院。

在二审法院审理过程中，两被告人申请撤诉，二审法院裁定准许。

在以上案件中，裁判理由对于如何把握强奸罪中的其他手段进行了论述，指出：

强奸罪的本质是违背妇女意志。判断所发生的性行为是否违背妇女意志，首先要看行为人是否采取了强奸罪法条所规定的手段，即是否采用了暴力、胁迫或其他手段，进而与该妇女发生了性行为。在司法实践中，对于采用暴力手段强行与被害妇女进行性行为，或者用胁迫手段，迫使被害妇女不得不与自己进行性行为的，认定为强奸罪，一般不难，难点主要在于如何把握暴力、胁迫以外的其他手段。所谓其他手段，一般认为应当包括以下情形：(1) 采用药物麻醉、醉酒等类似手段，使被害妇女不知抗拒或无法抗拒后，再予以奸淫的；(2) 利用被害妇女自身处于醉酒、昏迷、熟睡、患重病等不知抗拒或无法抗拒的状态，乘机予以奸淫的；(3) 利用被害妇女愚昧无知，采用假冒治病或以邪教组织、迷信等方法骗奸该妇女的等。具体到本案，被告人唐某、杨某与被害妇女王某在一起饮酒，明知王某已醉酒到无知觉（无意志表达能力、不知抗拒或无法抗拒），仍将其带到他地乘机将其奸淫，符合强奸罪的构成。王某醉酒已达到无知觉状态（无意志表达能力、不知抗拒或无法抗拒），有被害人陈述、同案犯口供、有关目击证人证言相验证，足资认定。辩护人有关王某平常能喝酒，且对于当天自己与唐某、杨某在一起将会发生的"事情"（指默示同意发生性行为）应当明知的辩护意见，难以成立。因为，王某平常能否喝酒，与本案性行为发生时王某是否处于醉酒状态并无关系。王某当天独自一人与唐某、杨某在一起饮酒，并不能得出王某就是同意与被告人发生性关系。

第四，违背妇女意志。

在刑法理论中，一般都把违背妇女意志看作是强奸罪的本质特征。根据刑法的规定，强奸罪的本质是使用暴力、胁迫或者其他手段，强行与妇女进行性行为，而违背妇女意志正是行为人采取暴力、胁迫或者其他手段的一种结果。这种暴力、胁迫或者其他手段对妇女的意志施行了强制或者使之丧失了这种意志或者利用妇女丧失了意志的情况进行奸淫，因此不能把违背妇女意志看作是独立于暴力、胁迫或者其他手段以外的另外一个构成要素，而是暴力、胁迫或者其他手段的一种后果。因此，有没有违背妇女意志应该根据行为人采取的暴力、胁迫或者其他手段进行判断。如果没有采取暴力、胁迫或者其他手段，就不能视为违背妇女意志。如果行为人采取了暴力、胁迫或者其他手段，就违背了妇女意志。在某种意义上说，违背妇女意志是同意的反面。因此，违背妇女意志问题涉及刑法中的同意制度，这是一个非常复杂的问题。刑法中的同意可以分为构成要件的同意和违法阻却事由的同意。显然，强奸罪中的同意是一个构成要件的同意问题。如果在妇女同意的情况下与之发生性关系，就排除强奸罪的构成要件。而违背妇女意志则是否定妇女同意的标志。北大刑法学科十多年前毕业的博士生罗翔的博士论文《刑法中的同意制度——以性侵犯罪为切入》就是专门研究强奸罪中的同意问题，其实也就是研究强奸罪中的违背妇女意志问题，十分精辟。车浩老师和罗翔是博士生上下级同学，车浩的博士论文就是《被害人同意》，侧重于从公民自决权角度进行法理探讨。由此可见，刑法中的同意确实是一个十分诱人的题目。

违背妇女意志不仅在理论上是一个复杂问题，而且在强奸罪的具体认定中也存在一些疑难问题需要研究。以下结合相关强奸罪案例，对如何理解强奸罪的违背妇女意志问题进行分析。

A. 在妇女被欺骗的情况下违背妇女意志的司法认定。

在通常情况下，违背妇女意志是指行为人在没有获得妇女同意的情况下与妇女发生性关系，因此，判断是否违背妇女意志的时间节点是发生性关系时而不是发生性关系以后。这里涉及被他人欺骗而与之发生性关系是否构成强奸罪的问题。这里的因欺骗而发生性关系，也可以称为性欺诈。如果从同意的角度来说，因欺骗的同意是无效的。例如在合同等民事活动中，欺骗而无效是基本法理。那么，在强奸罪中，因欺骗而发生性关系是否能够认定为违背妇女意志，因而构成强奸罪呢？这是一个较为复杂的问题。从理论上来说，强奸罪相当于性抢劫，在抢劫的情况下，违背他人意志是极为明显的。性欺诈是一种性诈骗，也就是所谓骗奸。对于骗奸而言，在发生性关系的时候，妇女是自愿的。只是在发现被骗以后，才反悔，即对先前已经发生的性关系持否定态度。这是一种事后的不同意。

对于骗奸是否构成强奸罪，不能一概而论。我国有学者认为，在行为性质欺骗和个人身份欺骗的情况下，可以构成强奸罪。行为性质欺骗，例如以治病的名义与妇女发生性关系。这种情形与在治病过程中趁机与妇女发生性关系是不同的：前者欺骗妇女，使妇女错误地认为可以通过与行为人发生性关系进行治病。而后者只是在治病过程中利用妇女昏迷或者神志不清而发生性关系。此外，利用迷信手段进行欺骗而与妇女发生性关系，也属于行为性质欺骗，可以构成强奸罪。对此，1999 年 10 月 20 日最高人民法院、最高人民检察院《关于办理组织和利用邪教组织犯罪案件具体应用法律若干问题的解释》第 5 条规定："组织和利用邪教组织，以迷信邪教引诱、胁迫、欺骗或者其他手段，奸淫妇女、幼女的，依照刑法第 236 条的规定，以强奸罪定罪处罚。"其中就包含利用邪教欺骗而与妇女发生性关系构成强奸罪的内容。除了行为性质欺骗以外，还有个人身份欺骗。个人身份欺骗典型的例子是假冒被害妇女的丈夫而与之发生性关系。这种骗奸之所以构成强奸罪，原因就在于它是利用被害妇女不知反抗而与之发生性关系。

但并非所有因欺骗而发生性关系的情形都构成强奸罪，例如以结婚或者其他虚假承诺进行欺骗而与妇女发生性关系的情形，就不能构成强奸罪。此外，假冒“富二代”或者“官二代”而与妇女发生性关系的情形，也不构成强奸罪。在这些情况下，妇女也是因为被欺骗而与他人发生性关系的，那么，这些情况为什么不能认定为强奸罪呢？我认为，关键问题还是在于：在这些情况下，被害妇女虽然事后感觉被骗，但在发生性关系的当时，对行为性质并没有发生错误认识，因此，并不存在不知反抗的问题。例如，在以治病的名义与妇女发生性关系的情况下，被害妇女误以为发生性关系是一种治疗方法，对行为性质发生了误解。在假冒丈夫发生性关系的情况下，被害妇女误认为是在与丈夫发生性关系，这是一种合法的性关系，因此也存在对行为性质的误解。但在以结婚或者其他虚假承诺进行欺骗而与妇女发生性关系的情况下，被害妇女只是目的被骗，而不是行为性质被骗。同样，在假冒“富二代”或者“官二代”而与妇女发生性关系的情况下，被害妇女只是对发生性关系对象的地位或者身价产生错误认识，对行为性质并没有发生误解。

B. 在妇女没有明确意思表示的情况下违背妇女意志的司法认定。

在妇女明确表示不同意的情况下，强行与妇女发生性关系的，违背妇女意志是容易认定的。但在妇女没有明确表示不同意的情况下，如何认定违背妇女意志，就是一个较为棘手的问题。以往存在一种误解，认为没有表示不同意就是同意，即所谓推定同意或者同意推定。但现在对此观念发生了根本变化，即没有表示同意就是不同意，即所谓推定不同意或者不同意推定。因此，在妇女没有明确意思表示甚至半推半就的案件中，如何正确认定违背妇女意志，就是一种值得研究的问题。

孟某等人强奸案

2014 年 3 月 16 日凌晨 3 时许，孟某在武汉市洪山区鲁磨路的××酒吧内与被害人朗某（美国籍）跳舞相识，后孟某趁朗某醉酒、不省人事之际，骗取酒吧管理人员和服务员的信任，将朗某带出酒吧。随后，孟某伙同次某、索某、多某、拉某将朗某带至武汉东湖新技术开发区××小区“××KTV”的202包房。接着，多某购买避孕套，并向次某、索某和拉某分发。次某、索某和拉某趁朗某神志不清，先后在包房内与其发生性关系。孟某和多某欲与朗某发生性关系，但因故未得逞。当日，朗某回到任教学校后，即向公安机关报警。经鉴定，被害人朗某双上臂及臀部多处软组织挫伤。

一审法院认为，被告人孟某等5人在被害人处于醉酒、无意识状态下，骗取酒吧工作人员的信任，谎称系被害人的朋友，从酒吧带走被害人，预谋实施性侵害，并利用被害人不知反抗、不能反抗的状态和不敢反抗的心理，违背被害人意志，共同对被害人实施了性侵行为，其行为均已构成强奸罪。公诉机关指控的罪名成立。被告人孟某、次某、索某、拉某在共同犯罪中起主要作用，系主犯。被告人多某在共同犯罪中起次要作用，系从犯，依法应当对其从轻处罚。依据《中华人民共和国刑法》第二百三十六条第三款第（一）项及第（四）项、第二十五条第一款、第二十六条第一款、第二十七条第一款、第五十五条、第五十六条、第六十七条第三款的规定，判决如下：(1) 被告人孟某犯强奸罪，判处有期徒刑十五年，剥夺政治权利三年。(2) 被告人次某犯强奸罪，判处有期徒刑十三年，剥夺政治权利二年。(3) 被告人索某犯强奸罪，判处有期徒刑十三年，剥夺政治权利二年。(4) 被告人拉某犯强奸罪，判处有期徒刑十二年，剥夺政治权利一年。(5) 被告人多某犯强奸罪，判处有期徒刑十年，剥夺政治权利一年。

一审宣判后，五被告人均不服，以被害人无明显反抗行为，系自愿与其发生性关系为由，提起上诉。

二审法院认为，一审认定的事实清楚，证据确实、充分，定罪准确，审判程序合法，遂裁定驳回上诉、维持原判。

孟某等人强奸案中的法律争议问题是：被害人无明显反抗行为或意思表示时，如何认定强奸罪中的“违背妇女意志”？对此，本案的裁判理由指出：

违背妇女意志，是指未经妇女同意而强行与之发生性交的行为。判断是否违背妇女意志，关键要看妇女对于发生性行为是否同意，至于妇女表示同意是发生性交之前还是性交过程中，均不影响同意的成立。但女方无明显反抗行为或反抗意思表示时，不得据此推定为默示状态下的不违背妇女意志。对妇女是否同意不能以其有无反抗为标准。由于犯罪分子在实施强奸时的客观条件和采用的手段不同，对被害妇女的强制程度也相应地有所不同，因而被害妇女对犯罪行为的反抗形式和其他表现形式也会各有所异，有的因害怕或精神受到强制而不能反抗、不敢反抗或不知反抗。因此，不能简单地以被害妇女当时有无反抗意思表示，作为认定其是否同意的唯一条件。对妇女未作反抗或者反抗表示不明显的，要通观全案、具体分析、综合认定。一般而言，可以从以下三个方面来分析判断被告人的行为是否违背妇女意志：

(一) 案发时被害妇女的认知能力

被害人的认知能力是被害人意思表示的前提。在强奸犯罪中，被害人的意思表示直接影响犯罪的成立与否，但在判断其意思表示之前，首先需要对被害人的认知能力进行判断和识别。我国刑法学界的通说认为，不满 14 周岁的幼女和精神障碍者对性权利无承诺能力，即使存在承诺也不能阻却行为人构成强奸罪。这主要是由于幼女和精神障碍者存在心智方面的不足，不能正确理解对性权利承诺的内容和意义。同样，对于依其年龄、智力和精神状况足以作出本人真实意思表示的被害人，也要考虑其案发当时的神志状况能否正确表达其内心真实意愿。

在本案中，从被害人自身年龄和正常状态下的智力、精神状况来看，并不存在心智、认知能力方面的不足，但是，案发当晚，多名证人证实被害人在酒吧中由于饮酒过量而呕吐不止，这说明其已明显处于醉酒状态；被告人孟某寻找各种理由，欺骗酒吧管理、服务人员，伙同其他被告人将被害人带出酒吧。被害人被五名被告人带到案发现场时，需要由两名被告人搀扶才能行走。此时，被害人因为醉酒已失去了正常的分辨能力和认知能力，不能正确认知自身处境，不能正确表达内心真实意愿，其间可能对被告人的一些言行产生错误的理解和反应，但不应据此认定被害人对被告人要求发生性行为默示同意。

(二) 案发时被害妇女的反抗能力

强奸罪客观上通常表现为，行为人使用暴力、胁迫或者其他手段，使妇女处于不能反抗、不敢反抗、不知反抗状态或者利用妇女处于不知、无法反抗的状态而乘机实行奸淫。司法实践中，不同的被害妇女由于各自的生理、心理、性格等个人特征的不同，对暴力、胁迫或者其他手段的反应及其程度也不相同。妇女能否抗拒或是否敢于抗拒不可能有一个统一的认定标准：妇女有无反抗能力，不能单纯地从行为人使用暴力、胁迫手段的程度来评价，还要结合妇女自身对所处环境的认知和可能遭遇更大伤害的风险预估心理，以及妇女自身身体状况等因素综合考虑。

本案被害人系外籍妇女，即便在受到性侵的后阶段可能慢慢恢复意识，但其酒醒后身体控制能力弱，面对多名陌生异性青年，极易产生不敢反抗的心理，进而导致反抗不能。且根据各被告人供述，被害人在受到性侵的过程中神情呆滞，一直在哭泣，在事后乘坐出租车返校途中仍在哭泣，这些情况足以印证其不敢反抗的心理状态。综合全案情况判断，被害人陈述所言“我当时很害怕，而且很醉，感觉没有力气，我怕反抗了之后他们会伤害我，我只希望这个过程快结束”等，反映了被害人当时的真实心理状况。

（三）被害人未作明确意思表示的客观原因

在被害人未作明确意思表示的情形下，应当对其客观原因进行具体分析。由于实践中存在未作意思表示情形下的“半推半就”、默示同意和不敢反抗、不能反抗下的未作意思表示两种性质不同的现象，我们认为应当结合案件具体事实和相关证据，对其客观原因予以分析，进而对行为人的行为作出准确评价。应当从案发当时的环境、双方是否为熟人关系、被害人的身体状况、行为人的人数等因素，综合判定被害妇女是否具有选择表达不同意的意思自由。例如，行为人利用职权引诱女方，女方受到了一定程度的要挟，后在未作明确意思表示的情形下，基于互相利用之动机与行为人发生性行为。在此情形下，女方并未完全丧失意思自由，结合其利用之动机，即使发生女方被欺骗的情况，行为人也不构成强奸罪。也就是说，在有证据证明女方对发生性行为存有心理上的自愿认可时，可以阻却行为人构成强奸罪。本案中，被害人在到达案发现场前后，因醉酒对自身所处的环境、状况以及可能遭遇的危险并不能正确认知；在案发过程中神情呆滞伴有哭泣；在案发清醒后立即报案。这些情况可以证实被害人在心理上对性行为的发生并非持有自愿认可的态度。被害人之所以未作明确意思表示，是因为客观上不具备明确表达不同意的条件。

综上，本案被害人无明示反抗行为和反抗意思表示的情形不能推定为默示的同意。五被告人明知被害人处于认知能力减弱的醉酒状态，利用被害人不知反抗、不能亦不敢反抗的状态，与被害人发生性关系，其行为已违背被害妇女意志。因此，法院依法以强奸罪追究五被告人的刑事责任，定性是准确的。

在上述孟某等人强奸案中，就涉及被害妇女没有明确意思表示的问题，这里的没有明确意思表示还表现在没有明显的反抗上。但不能据此否定强奸罪的成立，还要考察这种没有明显反抗的原因，进一步分析在发生性关系的时候是否违背妇女意志。本案的裁判理由从三个方面对违背妇女意志的认定作了分析，我认为对于处理类似案件具有参考价值。

C. 违背妇女意志的证据认定问题。

是否违背妇女意志不以妇女的证言为根据，而是应当由客观证据予以证明。在这种情况下，对违背妇女意志的认定往往转化为证据认定问题。

陈某强奸案

被告人陈某与被害人同为某银行职员。2004 年 11 月 1 日中午，陈某与被害人在本单位举办的宴请活动结束后，随其余同事一道进入某酒店××号房间收拾礼品准备离去。被害人也打电话让男友接送。陈某闻听被害人男友有事不能即刻前来之后，乘其余同事离去之机，产生与被害人发生性关系的念头，并不顾被害人的哀求与挣扎，强行剥扯其衣服，与其发生性关系。当日下午 13 时 36 分许，被害人男友与服务员进入××号房间后，陈某逃离了作案现场。被害人男友征得被害人同意后报警，将陈某抓获。

一审法院认为：被告人陈某违背妇女意志，以暴力手段强奸妇女，其行为已构成强奸罪。被害人是否有激烈的反抗行为并非构罪的必要条件。虽然在本案中有多位证人证言及辩护人提供的照片、录像证明陈某与被害人在共同参与的集体活动中，相互之间曾有一些开玩笑及亲热的举动，但这与是否愿意发生性关系之间并无必然联系。案发当日，被害人与其他同事一起进入××号房间后随即电话告知并督促其男友马上来接，说明其当时并无与陈某发生性关系的意愿。即使被害人的先行行为使陈某产生了两厢情愿的误解，但在其他同事离去、陈某欲与被害人发生性关系，遭到被害人语言拒绝、行为抗拒的情况下，仍不顾被害人的躲避及哀求，强行与其发生性关系并致性行为成功，主观上具有强奸的故意，其行为应当认定为违背了妇女意志。被告人陈某及其辩护人提出的“发生性关系是双方自愿”的辩解及辩护意见与事实不符，不予采纳。遂依照《中华人民共和国刑法》第二百三十六条第一款之规定，判决如下：被告人陈某犯强奸罪，判处有期徒刑三年。

宣判后，陈某不服，以没有对被害人实施暴力、双方系自愿发生性关系为由提出上诉。

二审法院经审理认为，原判认定陈某采用暴力手段对被害人实施强奸的事实不清，证据不足，依照《中华人民共和国刑事诉讼法》第 189 条第 3 项之规定，裁定撤销原判、发回重审。

原审法院经重新审理后，作出了与原判决相同的事实认定，并依照《中华人民共和国刑法》第二百三十六条第一款之规定，再次判决：被告人陈某犯强奸罪，判处有期徒刑三年。

被告人陈某及其辩护人上诉提出：本案经二审法院发回重审后，无新的证据能够证实其构成强奸罪；重审判决单方面采信被害人的陈述判定其构成强奸罪，依据不足。请求二审法院宣告无罪。

二审法院经审理查明：上诉人陈某与被害人李某同系某银行某分行工作人员，分属不同部门。在案发之前，两人之间在本单位组织的几次业务培训、外出旅游等有关活动中有过几次接触。辩护人提供的书证显示两人行为亲昵。2004 年 11 月 1 日中午，上诉人和被害人以及其他同事在单位组织的“授信”活动结束以后，与客户一起在某酒店就餐。席间，上诉人陈某与被害人言行、神情亲密。有在场证人证言以及辩护人提供的书证和视听资料证实。在场证人并均证实两人当日均没有喝醉的迹象。至下午 12:50 时左右就餐结束。上诉人和被害人及其他几位同事即来到本单位订来用于存放礼品的某酒店××号房间。公安机关提取的视听资料显示，两人于12:54—12:56时手挽手出入电梯。进入房间后，其他同事将多余的礼品搬出房间后先后离开。期间被害人打电话让其男友来接送，电话中并将其所在的房间号码告知了其男友（通话时间显示为13:09时）。在其他同事离去之后，房间内仅留下陈某及被害人两人。陈某即将房门关上。之后，同事周某某因忘了拿衣服，又折回1809号房间并敲门。周某某证实陈某出来开门，面部表情较为尴尬，被害人坐在床上。周说了声“对不起，打搅了”就离去。陈某随即又把房门关上。再之后，上诉人与被害人在房间内发生了性关系。期间，被害人男友到达酒店，并打酒店总机电话。因总机服务员告诉其××号房间的电话一直是忙音，无法接人，其就到××号房间门口按门铃并敲门，见里面没有反应，就让酒店服务员开门（开门时间为13:36时）。上诉人和被害人听到门铃声后，两人即将被子盖在身上并保持安静。被害人男友进去后，发现两人裸体躺在床上，即与上诉人争执并扭打。上诉人逃离现场。后被害人男友责问被害人并欲离开，被害人用手去拉，被害人男友用力将被害人推倒在床上后离去。后由被害人男友打“110”报案。本案遂案发。

二审法院认为：认定上诉人陈某违背被害人意志使用暴力强行与之发生性关系，证据不足：(1)本案可以排除被害人酒醉导致不知反抗或不能反抗的情形。(2)本案可以排除上诉人采用胁迫手段迫使被害人不敢反抗而强行与之发生性行为的情形。无论上诉人还是被害人均无这方面的供述与陈述。(3)本案现有的直接证据无法证明强奸行为。能够证明上诉人陈某是否使用暴力手段强行与被害人发生性行为的直接证据只有被害人的陈述和上诉人陈某的供述。经查，被害人陈述矛盾之处很多，对一些细节无法说清，甚至对性行为到底有无完成都前后反复，而且事发前后表现反常，可信度令人怀疑；上诉人始终没有供认在违背被害人意志的情况下与其发生性行为，坚称被害人自愿与其发生性关系。(4)现有的间接证据不能排除合理怀疑：其一，被害人无反抗迹象。勘验、检查笔录证实被害人的衣物除裙子拉链损坏外，外衣、衬衫、胸罩、连裤袜、内裤均无损坏迹象，被害人佩戴的领结很整齐地放在枕头旁边。如果上诉人确系强行剥去被害人衣裤，只要其稍作反抗就应该会留下损坏的痕迹，特别是连裤袜；床单上也未留下痕迹。裙子拉链（背拉式）脱开不能必然推断出系被害人反抗所致。其二，被害人身上留下的轻微伤痕也不能必然推断出系上诉人暴力所致。被害人在11月1日的第一次陈述中称："陈某没有暴力动作，身上的伤怎么来的我不清楚。"这与陪同被害人进行身体检查的证人高某的证言能相印证。即使在11月2日的第三次陈述中被害人还称："我肩膀处的伤，可能是陈某扒我衣服时弄出来的。"也没有明确系上诉人所为。在被害人当时身上所穿的西服、衬衫、领花、胸罩等完好无损的情况下，是否系上诉人强行剥脱其衣服所造成令人怀疑；而且由于在事发后被害人与其男友有过推拉动作，伤痕是否因此形成的可能性也不能排除。

《中华人民共和国刑事诉讼法》第一百六十二条规定，认定被告人有罪必须达到"事实清楚，证据确实、充分"，"证据不足，不能认定被告人有罪的，应当作出证据不足、指控的犯罪不能成立的无罪判决"。原审法院在本案因事实不清、证据不足发回重审后，在没有发现新证据的情况下，再次作出有罪判决，违背了上述法律规定，应予纠正。上诉人陈某及其辩护人所提上诉意见有理，应予采纳。检察意见理由不足，不予采纳。据此，依照《中华人民共和国刑事诉讼法》第一百八十九条第（三）项之规定，判决上诉人陈某无罪。

在陈某强奸案中，被害人指控陈某对其进行了强奸。但从案件实际情况来看，并没有客观证据。例如，被害人说陈某不顾被害人的哀求，采用强行剥扯其衣物的暴力手段强行与被害人发生性关系，并造成被害人身体多处轻微伤。对此，被害人应当提供被扯破的衣物以及伤情证明等证据。但二审判决认定，被害人的衣物除裙子拉链损坏外，外衣、衬衫、胸罩、连裤袜、内裤均无损坏迹象。由此可见，没有剧烈的拉扯痕迹。被害人身上虽然留下的轻微伤痕，但也不能必然推断出系陈某暴力所致。这个案件中陈某与被害人确实发生了性关系，但很快被害人的男友赶到了现场，获知此事。因此，法院不能排除指控是虚假的，没有排除合理怀疑。因此，二审法院判决陈某无罪是正确的。从这个案件可以看出，在司法实践中如何根据现有证据正确判断被告人是否实施了强奸行为，是一个较为复杂的问题。在此，既要保护被害妇女的合法权利，同时也要保护被告人的合法权利。

(2) 奸淫幼女的行为。

奸淫幼女的行为是指与不满 14 周岁的幼女发生性交。奸淫幼女和强奸妇女在行为方式上有所不同。刑法并不要求行为人奸淫幼女采取暴力、胁迫或者其他手段，只要和不满 14 周岁的幼女发生了性关系，就属于奸淫幼女的行为。因为不满 14 周岁的幼女身心发育尚不成熟，缺乏辨别、反抗的能力，没有性承诺能力。无论幼女是否同意，与之发生性交就以强奸论处。所谓以强奸论处是推定为强奸或者准强奸。因为强奸的“强”是指违背意志的、未经同意的，而奸淫幼女的行为表现可能并不存在“强”，而是经过幼女同意的，但由于幼女没有性承诺能力，所以这种同意是无效的，因此在法律上将这种行为视同强奸。

3. 客体

强奸罪的客体分为妇女和幼女。强奸妇女行为的客体是妇女，奸淫幼女行为的客体是幼女。这里的幼女是指不满 14 周岁的幼女，法律有明确规定。

(二) 罪责

1. 责任能力

我国刑法第 17 条第 2 款规定：“已满十四周岁不满十六周岁的人，犯故意杀人、故意伤害致人重伤或者死亡、强奸、抢劫、贩卖毒品、放火、爆炸、投毒罪的，应当负刑事责任。”这里所谓“犯强奸罪”既包括强奸妇女也包括奸淫幼女。2000 年 2 月 13 日最高人民法院颁布了《关于审理强奸案件有关问题的解释》，规定：已满 14 周岁不满 16 周岁的人与幼女发生性关系的，依照刑法第 17 条、第 236 条 2 款的规定，以强奸罪定罪处罚。对于与幼女发生性关系，情节轻微，尚未造成严重后果的不认为是犯罪。这个规定出台以后，也引起了社会舆论的一些批评，认为不利于保护幼女。但是，虽然已满 14 周岁、不满 16 周岁的未成年人和幼女发生性关系在法律上是规定为犯罪的，但考虑到这些未成年人本身心理和生理发育的情况，这种行为仍然属于在法律上应该宽大处理的范畴。

2. 责任形式

强奸罪的责任形式是故意，即明知是强奸妇女或者奸淫幼女的行为而有意实施的主观心理状态。在主观心理状态中，对行为的客体——妇女和幼女——有明确认识，才能认识到自己行为的性质是强奸妇女或者奸淫幼女。

在这个问题上涉及一个重大的理论问题，也就是在奸淫幼女情况下，是否要求行为人对幼女年龄的明知。关于这个问题，在理论上一直存在争议。有的学者认为，刑法并没有规定只有明知是幼女而与之性交的才构成本罪，因此本罪主观上不要求明知，只要与幼女性交的就构成本罪。有的学者认为：本罪属于严格责任，因为刑法上只规定了“奸淫不满十四周岁的幼女的，以强奸论”，对于幼女年龄是否要明知并未规定。而在其他的犯罪中，要求对客体必须明知的话，通常是有明确规定的，例如对销赃罪就规定“明知是犯罪所得赃物而代为销售”，对破坏军婚罪就规定“明知是现役军人的配偶而与之同居或者结婚”。而对奸淫幼女构成的强奸罪没有规定明知是不满 14 周岁的幼女，那么就意味着只要在客观上与幼女性交的就构成本罪，不要求明知。这是一种严格责任，也是一种结果责任，这样的规定有利于对幼女的保护。还有学者认为：虽然刑法没有规定以对幼女年龄明知为条件，但从法理上来说，如果不明知发生性关系的客体是幼女则没有奸淫幼女的故意，因此要求行为人主观上明知才能构成犯罪。尽管刑法分则中没有规定奸淫幼女要求行为人主观上明知，但刑法总则关于故意的规定中要求行为人明知自己的行为会产生危害社会的后果中的明知就包括了对行为客体的明知，就包括了对法律所要求的行为客体的构成要素的明知。当然，这里的明知并不要求确切地知道，而包括已经知道和应该知道，应该知道即推定知道。而且明知是幼女并不要求知道幼女是何年何月出生的，而只要大体上知道她是幼女，或者根据推定知道她是幼女就可以了。

在司法实践中，对这类案件各地处理的情况也不相同。2003 年 1 月 24 日最高人民法院《关于行为人明知是不满 14 周岁幼女双方自愿发生性关系是否构成强奸罪的批复》规定：“行为人明知是不满 14 周岁幼女而与其发生性关系，不论幼女是否自愿均应按照刑法第 236 条 2 款的规定，以强奸罪处罚。行为人确实不知对方是不满 14 周岁幼女双方自愿发生性关系，尚未发生严重后果，情节显著轻微的，不认为是犯罪。”这个司法解释就确定了奸淫幼女构成强奸罪以明知对方是不满14周岁幼女为条件。这个批复颁布以后也引起了社会舆论广泛的批评，认为最高人民法院这个司法解释不利于对幼女的保护，是放纵犯罪。但是刑法学界的观点是完全一致的，完全赞同最高人民法院这个批复的精神。这里面有一个主客观统一的问题。这个问题在国外已经不是一个问题，因为在刑法中主观的认识必须要反映客观的存在。如果某一个要素是法律规定的要素之一，就要求行为人主观有认识，如果没有认识行为人就不应当对此承担刑事责任。这是刑法的基本原理，对此应该加以确认。

何某强奸案

2012年2月中旬，何某通过网络登录其堂妹的QQ号，结识被害人徐某（女，1998年4月5日出生）。何某分别于同年3月3日、4日在家中、宾馆与徐某发生性关系。同月5日，何某在明知徐某不满14周岁后，仍与徐某再次发生性关系。

一审法院认为：被告人何某明知被害人系幼女，仍与其发生性关系，其行为构成强奸罪。公诉机关指控的罪名成立。但公诉机关指控何某第一、二次与被害人发生性关系时已明知被害人系幼女的证据不足，对该部分指控事实不予认定。何某当庭自愿认罪，可以酌情从轻处罚。遂依照《中华人民共和国刑法》第236条第1款、第2款之规定，以被告人何某犯强奸罪，判处有期徒刑3年。

一审宣判后，检察机关提出抗诉，认为指控被告人何某强奸幼女三次的证据确实、充分，但原判仅认定强奸一次，属于事实认定错误，请提二审予以改判。

二审法院认为：二审中控辩双方均未提出新的证据，检察机关抗诉认为原审被告人何某与被害人发生三次性关系时，均系明知被害人不满14周岁的证据不足，故不予采纳。原判根据本案的事实情节，适用法律正确，定罪量刑并无不当。检察机关的抗诉理由不能成立。据此，二审法院裁定驳回抗诉、维持原判。

在本案中，涉及奸淫幼女案件中如何判断行为人“应当知道”被害人系幼女的问题。对此，本案的裁判理由进行了以下论述：

根据我国刑法第236条的规定，强奸罪分两种类型，即以暴力、胁迫或者其他手段强奸妇女和奸淫不满14周岁的幼女。后一种情形构成强奸罪，不要求采取强制手段实施。对于使用强制手段的，无论是否“明知”被害人系幼女，都应当以强奸论。对于采取非强制手段与幼女发生性关系、构成强奸罪，是否以行为人“明知”被害人系幼女为构成犯罪的要件，以及如何认定“明知”，司法实践中和理论上一直存在较大争议。本案中，被告人何某与幼女被害人徐某双方出于自愿发生性关系，审理过程中，检察机关与法院对于何某与徐某三次发生性关系时是否均明知徐某不满14周岁，存在不同认识。由于该问题严重影响到犯罪事实的认定以及对何某的量刑，故有必要分析讨论。

（一）采取非强制手段与幼女发生性关系构成强奸罪，要求行为人“明知”被害人是不满14周岁的幼女

有观点认为，刑法第236第2款仅规定，“奸淫不满十四周岁的幼女的，以强奸论”，并未要求行为人应当“明知”对方系幼女。我们认为，对此不能局限于刑法分则条文的字面规定作简单文义理解，而应当结合刑法总则关于犯罪故意的规定进行分析。

首先，刑法总则第14条规定，犯罪故意是指“明知自己的行为会发生危害社会的结果，并且希望或者放任这种结果发生”的主观心理态度。犯罪故意是认识因素与意志因素的统一。在刑法分则中，针对故意犯罪，有些条款明文规定了“明知”，如窝藏、包庇罪；而大部分条文未明文规定“明知”，如猥亵儿童罪、引诱幼女卖淫罪、拐骗儿童罪等。分则条文明文规定“明知”，主要是为了特别突出和强调，而不是分则没有明文规定“明知”的，构成犯罪就不要求具备“明知”。强奸罪系故意犯罪，因此，刑法总则关于故意犯罪“明知”的规定也必然适用于强奸罪。

其次，关于“明知”的内容，应当结合刑法分则罪名的具体罪状来判断。普通强奸罪中，行为人认识到自己的行为是违背妇女意志的，即符合主观要件，不需要特别认识对方年龄；强行与幼女发生性关系构成强奸罪，自然也不要求明知被害人系幼女。出于对幼女的特殊保护，即使幼女自愿与其发生性关系，也可能构成强奸罪，而此种情况下要构成强奸罪，“不满14周岁的幼女”这一客观要件就成为行为人必须认识的主观内容。如果行为人确系与幼女自愿发生性关系，且

行为人确实根本不可能知道对方系幼女，那么行为人主观上就缺乏可谴责性，即不具备犯罪故意所要求的“明知自己的行为会发生危害社会的结果，并且希望或者放任这种结果发生”的主观心理态度，从主客观相统一原则出发，对行为人不应以强奸罪论处。

基于上述分析，对于采取非强制手段与幼女发生性关系的，“明知”被害人系幼女是构成强奸罪的主观构成特征。最高人民法院、最高人民检察院、公安部、司法部2013年联合下发的《关于依法惩治性侵害未成年人犯罪的意见》（以下简称《意见》）第19条关于“知道或者应当知道对方是不满十四周岁的幼女，而实施奸淫等性侵害行为的，应当认定行为人‘明知’对方是幼女”的规定，再次肯定了“明知”被害人是幼女系构成该类强奸罪的主观要件。

（二）与不满12周岁的被害人发生性关系的，一律认定行为人“应当知道”对方是幼女

根据相关司法解释和刑法理论通说，“明知”分为“知道”和“应当知道”。“知道”是指行为人确然知道。对于这一主观心态，直接通过在案证据予以证实即可，无须参考一般人的意识能力。而关于“应当知道”，一般要参考一般人的意识能力，通过各种情状一般人均会确然知道，从而认定行为人应当知道。

通常而言，认定行为人是否“应当知道”被害人系不满14周岁的幼女，应当考虑行为人和一般人的认知能力水平，结合行为人作案时存在的各种客观情况，进行综合分析判断。《意见》第19条第2款规定，对不满12周岁的被害人实施奸淫等性侵害行为的，应当认定行为人“明知”对方是幼女。可以认为该司法解释性文件根据被害人不满12周岁这一基础事实创设了一项“推定明知”。究其原因，主要是：12周岁以下幼女基本都处在接受小学或者幼儿园教育阶段以及家庭看护中，社会关系简单，外在幼女特征相对较为明显；即使极个别幼女身体发育早于同龄人，但一般人从其言谈举止、生活作息规律等其他方面通常也能够判断出其可能是幼女。而且从对幼女进行特殊保护的立场考虑，也不应存在争议。故推定该情形中行为人知道被害人可能属于不满14周岁的幼女，是合乎经验常识的，也不违背刑法总则对犯罪故意的一般界定。也就是说，凡是对实际不

满12周岁的被害人实施奸淫等性侵害行为的，无论行为人提出何种辩解理由，均应当认定行为人“应当知道”对方是幼女。

（三）与已满12周岁不满14周岁的被害人发生性关系案件中，对行为人辩解“不明知”被害人是幼女的例外情况应当从严把握

根据《意见》第19条第3款的规定，对实际年龄已满12周岁不满14周岁的被害人，如果从其身体发育状况、言谈举止、衣着特征、生活作息规律等观察，该被害人可能是幼女，而实施奸淫等性侵害行为的，也应当认定行为人“明知”对方是幼女。我们认为，从司法解释性文件的条款设置及文字表述来看，该款属于对“明知”认定相对确定的规范指引，对已满12周岁不满14周岁的幼女实施奸淫等性侵害行为，若无极其特殊的例外情况，一般都应当认定行为人“明知”被害人是幼女。具体可以从以下三个方面把握：一是必须确有证据或者合理依据证明行为人根本不可能知道被害人是幼女；二是行为人已经足够谨慎行事，仍然对幼女年龄产生了误认，即使其他一般人处在行为人的场合，也难以避免这种错误判断；三是客观上被害人身体发育状况、言谈举止、衣着、生活作息规律等特征明显更像已满14周岁。例如，与发育较早、貌似成人、虚报年龄的已满12周岁不满14周岁的幼女在谈恋爱和正常交往过程中，双方自愿发生了性行为，确有证据证实行为人不可能知道对方是幼女的，才可以采纳其不明知的辩解。相反，如果行为人采取引诱、欺骗等方式，或者根本不考虑被害人是否是幼女，而甘冒风险对被害人进行奸淫等性侵害行为的，一般都应当认定行为人明知被害人是幼女，以实现对幼女的特殊保护，堵塞惩治犯罪的漏洞。

在本案中，被告人何某辩称自己在第二次与被害人发生性关系后才知道被害人的生日为1998年4月5日（即不满14周岁）。公诉机关则认为，何某是通过网络登录其堂妹的QQ号结识的被害人，知道被害人系其堂妹的同学，而其堂妹比其小5岁；何某还与被害人通过QQ聊天交流，被害人QQ个人资料显示为13周岁，因此何某与被害人发生三次性关系时均应明知被害人不满14周岁。在本案审理过程中，有意见认为，刑事案件的证据不仅要符合客观真实，而且要足以充分证明客观事实，排除一切合理怀疑，结论达到唯一性：公诉机关提供的证据

不能达到这个标准，只是一个推断，不能合理解释和排除疑点、矛盾，况且QQ个人资料一般并不完全真实，行为人也未必查看，初二学生也有很多已满14周岁，故公诉机关指控何某作案次数为三次的证据不充分，不能认定何某与被害人发生三次性关系时均明知被害人不满14周岁。

刑事诉讼法规定的有罪判决证明标准是案件事实清楚，证据确实、充分。这是对事实认定和证据审查一般，也是最高的要求。但司法实践经验表明，对犯罪构成的不同事实要素，在证明程度上是可以存在差异的。特别是诸如毒品犯罪、奸淫幼女等性侵害犯罪，实务部门对主观构成要素证明标准的把握，相对其他犯罪而言，可能略显宽松。这是由此类犯罪的特殊性决定的，同时也受到从严惩治此类犯罪的刑事政策的导向影响。在此类案件中，案件事实认定并不是一项纯粹的探寻客观事实真相的科学求证活动，而是一个以追寻客观真相为指引，同时又受价值取向、价值判断影响的事实重构和再现的过程。就奸淫幼女犯罪主观明知要件的立法定位和司法证明标准而言，无论是一些国家采取严格责任标准，还是一些国家对“明知”认定在实务操作中一般采取相对比较宽松的证明标准，均体现了在被告人之人权保障与保护幼女之公共政策之间的权衡，选择的结果通常是向特殊保护幼女的公共政策适度倾斜，尽可能堵塞惩治犯罪的漏洞。《意见》对“明知”问题所作的规定，体现了我国最高司法机关对这一主流政策价值取向的认同与坚守。

就本案而言，公诉机关与法院对“明知”的认定显然存在分歧。从现有证据来看，公诉机关提供的证据只能证实被告人何某第三次与被害人发生性关系时，确然知道被害人实际不满14周岁。而最初认识被害人并在第一次、第二次与被害人发生性关系时，何某掌握的信息包括：其一，被害人系其堂妹的初中二年级同学，而其堂妹比其小5岁（即其堂妹13周岁），根据一般人的常识，初二学生可能已满14周岁，也可能不满14周岁，但大体在14周岁左右。其二，何某与被害人通过QQ聊天交流，被害人的QQ个人资料显示为14周岁，根据一般人的常识，网友之间聊天大多会查看对方QQ个人资料信息，但也不排除不查看的可能；另外，QQ个人资料中填写的年龄可能是真实的，也可能不真实。因此，现有证据的确不能排除所有怀疑，证实何某前两次与被害人发生性关系时确然知道被害人不满14周岁。但是，诸多证据或者信息表明，作为一个已满18周岁、具有正常认知判断能力的男子，何某并非根本不可能知道被害人是不满14周岁的幼女，而是只要稍加谨慎、注意，完全可以认识到对方可能是幼女；此外，何某在确然知道被害人的实际年龄不满14周岁时，仍然继续与被害人发生性关系，反映出何某在整个与被害人交往并发生性关系的过程中，对于被害人是否系幼女持无所谓的放任态度。暂且不论被害人的身体发育状况、言谈举止、衣着、生活作息规律等外在特征是否确实更像已满14周岁，仅依现有证据并没有充足理由将何某归属于"根本不可能判断出被害人是幼女的极其特殊的例外情形"。一、二审法院以本案不能完全排除被告人前两次与被害人发生性关系时可能不知道被害人系幼女，而对相关事实不予认定，似与对奸淫幼女"明知"认定应当坚持的政策导向有所偏离。虽然不能据此认定是一个错判，但有必要在今后的司法实践中加以注意。

我认为，在以上案件中，裁判理由坚持只有具备对幼女年龄的明知而与幼女发生性关系的，才构成强奸罪，这是完全正确的。当然，如何判断是否明知幼女的年龄是一个较为复杂的问题，需要根据案件的具体情况进行讨论。

三、强奸罪的认定

（一）强奸和通奸的区分

强奸是违背妇女意志与妇女发生性行为，通奸是已有配偶的一方自愿与他人发生性关系的行为。强奸是犯罪，通奸不是犯罪。当然，在一些国家（地区），通奸仍被认为是犯罪。1984年4月26日最高人民法院、最高人民检察院和公安部《关于办理当前强奸案件具体问题的解答》第3条第2项曾经作出以下规定，在区分强奸和通奸的时候应该注意以下四点：（1）有的妇女与人通奸，一旦翻脸，关系恶化，或者事情暴露后，怕丢面子，或者为推卸责任、嫁祸于人等情况，把通奸说成强奸的，不能定为强奸罪。在办案中，对于所谓半推半就的问题，要对双方平时的关系如何、性行为是在什么环境和情况下发生的、事情发生后女方的态度怎样、在什么情况下告发等等事实和情节，认真审查清楚，作全面的分析，不是确系违背妇女意志的，一般不宜按强奸罪论处。如果确系违背妇女意志的，以强奸罪惩处。（2）第一次性行为违背妇女的意志，但事后并未告发，后来女方又多次自愿与该男子发生性行为的，一般不宜以强奸罪论处。（3）犯罪分子强奸妇女后，对被害妇女实施精神上的威胁，迫使其继续忍辱屈从的，应以强奸罪论处。（4）男女双方先是通奸，后来女方不愿继续通奸，而男方纠缠不休，并以暴力或以败坏名誉等进行胁迫，强行与女方发生性行为的，以强奸罪论处。这一规定基本上为我们正确区分强奸和通奸划清了界限。尤其需要注意的是通奸转化为强奸或强奸转化为通奸：根据这个规定，第一次是强奸但没有告发，女方同意继续保持性关系的，那么第一次的强奸就不以强奸论。这种规定实际上体现了刑事政策的考虑。另外一种就是通奸转化为强奸：最开始是通奸，后来女方不同意，男方继续纠缠不清，然后采用暴力、胁迫或其他手段强行与女方发生了性关系，就转化为强奸。可见这里要把法律界限划分清楚。

（二）奸淫精神病患者和痴呆病患者行为的认定

精神病患者和痴呆病患者由于患有某种精神疾病，不能正确辨认和表达，因而精神病患者和痴呆病患者与正常妇女是不同的，缺乏性承诺能力，刑法应当特别加以保护。有些国家的刑法专门对这类妇女的情况规定罪名，从而加以保护。而我国对明知是精神病患者和痴呆病患者而与之发生性行为的情况，刑法没有明确的规定。但是按照司法解释的规定，这种情况应该按照强奸罪处理。有些司法解释就明确规定，明知妇女是精神病患者和痴呆症（程度严重的）而与其发生性行为的，不管犯罪分子采取什么手段，都应以强奸罪论处。与间歇性精神病患者在其未发病期间发生性行为，妇女本人同意的，不认为是犯罪。那么按这条规定要构成强奸罪必须：第一，必须女精神病患者和女痴呆病患者丧失了辨认能力或者控制能力，也就是缺乏性承诺能力。女精神病患者在发病期间丧失辨认能力或者控制能力，对其奸淫的，构成强奸罪；对间歇性精神病患者在其未发病期间，或者对未丧失辨认能力或者控制能力的精神病妇女，或者对精神病已经基本痊愈的妇女，在女方自愿情况下发生性行为的，不以强奸罪论处。至于女痴呆病患者则应考虑智能障碍的严重程度，按照智能障碍的严重程度可以分为三类：最严重的是白痴，为重度智能缺损；其次是痴愚，为中度智能缺损；最后是愚笃或者笃钝，为轻度智能缺损。在上述三种情况中，前两类痴呆患者不能正常辨认、表达意志，生活不能自理，第三类痴呆患者有一定意志能力和独立生活能力。因此，对不能正确辨认和表达的痴呆病患者即白痴和痴愚，非法与其发生性行为的，不管犯罪分子采取什么手段、妇女是否愿意，都应以强奸罪论处。第二，必须行为人明知与之发生性行为的是精神病患者或痴呆病患者，包括已经知道或者应当知道。如果行为人确实不知道行为人是青春型精神病患者，也就是俗称的花痴，将女方的挑逗、追逐误认为女方品行不好，而与之发生性行为的，一般不以强奸罪论处。

（三）婚内强奸的定性问题

这个问题也是强奸罪中涉及的一个较为重要的理论问题。传统的强奸罪中强奸的妇女都是妻子以外的其他妇女。但是最近随着女权主义运动的兴起和人民权利意识的不断进步，婚内强奸越来越在法律上被提出来。从国外的情况来看，也越来越把婚内强奸认定为强奸罪，以此来保护已婚妇女。

在我国刑法理论上，婚内强奸是否构成强奸罪有两种观点：一种观点认为强奸罪的本质特征是违背妇女意志，强行与妇女发生性关系，因此，无论是婚内、婚外只要强行与妇女发生性关系，就应该构成强奸罪。这种观点对婚内强奸持肯定观点。另一种观点是否定观点。持否定观点的学者认为，强行与妻子发生性关系，与强奸罪有本质区分，因为强奸罪是对妻子以外妇女的强奸，而不包括与妻子强行发生性关系。我认为，婚内强奸的犯罪化问题，应当区分为两个不同层次：法律中应不应该把婚内强奸作为强奸罪来处理——应不应的层次；在现行法律的情况下，即法律没有修改的情况下，能不能通过法律解释的方法把婚内强奸作为强奸罪来处理——能不能的问题。应不应是法律是否应该规定，能不能是法律没有修改的情况下能不能通过法律解释的方法把婚内强奸犯罪化。就应不应的问题而言，绝大多数学者认为，应该把婚内强奸犯罪化。但是这里的能不能是一个立法论的问题，即能不能是在法律没有修改的情况下，通过法律解释把婚内强奸包括到强奸罪中。我个人认为是不能的，因为这超出了法律解释的能力。那种认为能够通过法律解释的方法把婚内强奸犯罪化观点的理由主要有两个：(1) 刑法关于强奸罪的规定对妇女的身份没有限制，并没有说强奸妻子以外的妇女，所以这个妇女是可以解释为既包括婚外的妇女也包括婚内的妇女即妻子。(2) 外国也就是在法律没有修改的情况下把婚内强奸解释为强奸。但是这两个理由都是不能成立的。这里最根本的是一个语言学的问题。法律是用各个国家的语言来规定的，在可能语义上各个国家的语言有不同的解释能力。当讲到刑法并没有把强奸罪中的妇女限制为婚姻以外的妇女，因此把妻子解释进去也是可以的时，似乎很有道理，但是这种观点只看到了妇女这个词刑法没有界定，没有看到强奸罪的“奸”这个字。这是我国古代刑法的用语，它本身的基本含义就是婚外性关系，婚内无奸。可见，“奸”字是有特定含义的，自古以来就是如此的。前面我讲过了古代刑法中的通奸、强奸都是破坏封建婚姻伦理的犯罪，因此，婚内是不存在“奸”这种行为的。可见，强奸罪中“奸”这个字所固有的含义就妨碍了将对婚内妇女的强制性行为解释为强奸罪。现在我们讲的婚内强奸本来就是一种借喻，婚内是没有“奸”的，婚内有“强”无“奸”。至于外国把婚内强奸解释为强奸，我国为什么不可以这样解释，原因是没有看到外国语言和中国语言之间的差异。例如英语里的强奸（rape）一词本来就是非法性交的意思，这个非法就是指违反法律规定。当我们把 rape 这个词翻译为强奸的时候，我们就已经“强奸”了这个词，因为我们把“强奸”这个词带有的历史的内容强行地加到了 rape 这个词中。可见，我们不能忽视语言之间的界限。

最高人民法院曾经颁布了两个婚内强奸的案例。

白某强奸案

白某与被害人姚某某 1994 年 10 月 1 日结婚，婚后夫妻感情不好，多次发生口角。姚某某于 1995 年 2 月 27 日回娘家居住，并向白某提出离婚要求。经村委会调解，双方因退还彩礼数额发生争执，未达成协议。

1995 年 5 月 2 日晚 8 时许，被告人白某到姚家找姚某某索要彩礼，双方约定，次日找中人解决，后白某回家。晚9时许，白某再次到姚家。姚某某对白某说：“不是已经说好了吗，明天我找中人解决吗?”并边说边脱衣服上炕睡觉。白某见状，亦脱衣服要住姚家。姚父说：“白某，你回老白家去。”白某说：“不行，现在晚了。”此时，姚某某从被窝里坐起来，想穿衣服。白某将姚按倒，欲与其发生性关系。姚某某不允，与白厮掳。白某骑在姚身上，扒姚的衬裤，姚抓白某的头发。白某拿起剪刀，将姚的内裤剪断。姚某某拿起剪刀想扎白某，被白某抢下扔掉，后强行与姚发生了性关系。姚某某与白继续厮打，薅住白的头发，将白的背心撕破。白某将姚某某捺倒，用裤带将姚的手绑住。

村治保主任陈某某接到姚父报案后，来到姚家，在窗外看见白某正趴在姚某某身上，咳嗽一声。白某在屋内听见便喊：“我们两口子正办事呢！谁愿意看就进屋来看！”陈某某进屋说：“你们两口子办事快点，完了到村上去。”陈给姚某某松绑后，回到村委会用广播喊白某和姚某某二人上村委会。此间，白某又第二次强行与姚某某发生了性关系。白某对姚某某蹂躏达五个多小时，致姚某某因抽搐昏迷，经医生抢救苏醒。姚家共支付医疗费301.8元。

法院认为：被告人白某在与姚某某的婚姻关系存续期间，以强制的手段，强行与姚某某发生性关系的行为，不构成强奸罪。遂依照《中华人民共和国刑事诉讼法》(1996年）第一百六十二条第（二）项的规定，于1997年10月13日判决如下：被告人白某无罪。

一审宣判后，在法定期限内被告人白某没有上诉，检察机关也没有提出抗诉。

本案涉及的问题是：丈夫违背妇女的意志，在婚姻关系存续期间，采用暴力手段，强行与妻子发生性行为，是否构成强奸罪？对此，本案的裁判理由指出：

关于丈夫强奸妻子能否构成强奸罪，我国刑法没有排除或者规定。在国外，某些国家的刑事立法明确规定，丈夫强奸妻子的不构成犯罪。例如，德国、瑞士刑法典就把强奸罪的对象限制为无夫妻关系的女性。美国某些州的刑法规定强奸仅指未经不是他妻子的女方同意，使用暴力与之发生性关系的行为。

我国由于地域辽阔、民族众多，不能简单地确定行为为罪或者不为罪。对丈夫强奸妻子案件的审理，应该依据刑法和婚姻法等有关法律规定，区分不同的婚姻状况以及行为人的暴力方式、方法，造成的危害后果等具体事实、情节，分别依法处理。其中，有的行为可以构成强奸罪，有的不构成强奸罪但可能构成其他相关的犯罪。本案中被告人白某的行为不构成强奸罪的主要理由是：

（一）婚姻状况是确定是否构成强奸罪中违背妇女意志的法律依据。

强奸罪是指以暴力、胁迫或者其他手段，违背妇女意志，强行与其发生性交的行为。是否违背妇女意志是构成强奸罪的必备条件，虽然婚内夫妻两人性行为未必都是妻子同意，但这与构成强奸罪的违背妇女意志强行性交有着本质不同，因而其社会影响也不同。同居和性生活是夫妻之间对等的人身权利和义务的基本内容，双方自愿登记结婚，就是对同居和性生活的法律承诺。因此，从法律上讲，合法的夫妻之间不存在丈夫对妻子性权利自由的侵犯，所以，如果合法婚姻关系存续期间，丈夫不顾妻子反对，甚至采用暴力与妻子强行发生性关系的行为，不能构成强奸罪。相反，如果是非法婚姻或者已经进入离婚诉讼程序，婚姻关系实际已处于不确定时，丈夫对妻子采取违背其意志强行与其发生性关系的行为，从刑法理论上讲是可以构成强奸罪的。

（二）白某与姚某某的婚姻关系合法有效。

白某与姚某某之间的婚姻关系是合法有效的。在案发前，虽然女方提出离婚，并经村里调解，但并没有向人民法院或婚姻登记机关提出离婚，没有进入离婚诉讼程序。夫妻之间相互对性生活的法律承诺仍然有效。因此，白某的行为不构成犯罪。

王某强奸案

1992年11月，被告人王某经人介绍与被害人钱某相识，1993年1月登记结婚，1994年4月生育一子。1996年6月，王某与钱某分居，同时向上海市青浦县人民法院起诉离婚。同年10月8日，青浦县人民法院认为双方感情尚未破裂，判决不准离婚。此后双方未曾同居。1997年3月25日，王某再次提起离婚诉讼。同年10月8日，青浦县人民法院判决准予离婚，并将判决书送达双方当事人。双方当事人对判决离婚无争议。虽然王某表示对判决涉及的子女抚养、液化气处理有意见，保留上诉权利，但后一直未上诉。同月13日晚7时许（离婚判决尚未生效），王某到原居住的××公寓3号楼206室，见钱某在房内整理衣物，即从背后抱住钱某，欲与之发生性关系，遭钱拒绝。被告人王某说："住在这里，就不让你太平。"钱挣脱欲离去。王某将钱的双手反扭住并将钱按倒在床上，不顾钱的反抗，采用抓、咬等暴力手段，强行与钱发生了性行为，致钱多处软组织挫伤，胸部被抓伤、咬伤。当晚，被害人即向公安机关报案。

法院认为：被告人王某主动起诉，请求法院判决解除与钱某的婚姻，法院一审判决准予离婚后，双方对此均无异议。虽然该判决尚未发生法律效力，但被告人王某与被害人已不具备正常的夫妻关系。在此情况下，被告人王某违背妇女意志，采用暴力手段，强行与钱某发生性关系，其行为已构成强奸罪，应依法惩处。公诉机关指控被告人王某的犯罪罪名成立。被告人关于发生性行为系对方自愿以及其辩护人认为认定被告人采用暴力证据不足的辩解、辩护意见，与庭审质证的证据不符，不予采纳。遂依照《中华人民共和国刑法》第二百三十六条第一款、第七十二条第一款的规定，于1999年12月21日判决如下：被告人王某犯强奸罪，判处有期徒刑三年，缓刑三年。

一审宣判后，被告人王某服判，未上诉。

在夫妻关系存续期间，丈夫以暴力、胁迫或者其他方法，违背妻子意志，强行与妻子发生性关系的行为，在理论上被称为"婚内强奸"。对于"婚内强奸"能否构成强奸罪，理论界认识不一致。在本案起诉、审判过程中也一直存在三种意见：

第一种意见认为，丈夫不能成为强奸罪的主体。理由是：夫妻之间有同居的权利和义务，这是夫妻关系的重要内容。夫妻双方自愿登记结婚就是对同居义务所作的肯定性承诺，而且这种肯定性承诺如同夫妻关系的确立一样，只要有一次概括性表示即在婚姻关系存续期间始终有效，非经合法程序不会自动消失。因此，在结婚后，不论是合意同居还是强行同居，均谈不上对妻子性权利的侵犯。

第二种意见认为，丈夫在任何情况下都能够成为强奸罪的主体。理由是：我国婚姻法明确规定，夫妻在家庭中地位平等，这一平等关系应当包括夫妻之间性权利的平等性，即夫妻双方在过性生活时，一方无权支配和强迫对方，即使一方从不接受对方的性要求，也不产生任何法律后果；而我国刑法第 236 条规定的强奸罪，是指违背妇女意志，以暴力、胁迫或者其他手段，强行与妇女发生性关系的行为，并未排除以妻子作为强奸对象，因而强奸罪的主体自然包括丈夫。

第三种意见认为，在婚姻关系正常存续期间，丈夫不能成为强奸罪的主体，而在婚姻关系非正常存续期间，丈夫可以成为强奸罪的主体。

本案的裁判理由认为：

夫妻之间既已结婚，即相互承诺共同生活，有同居的义务。这虽未见诸法律明确规定或者法律的强制性规定，但已深深植根于人们的伦理观念之中，不需要法律明文规定。只要夫妻婚姻关系正常存续，即足以阻却婚内强奸行为成立犯罪。这也是司法实践中一般不能将婚内强奸行为作为强奸罪处理的原因。因此，在一般情况下，丈夫不能成为强奸罪的主体。但是，夫妻同居义务是从自愿结婚行为推定出来的伦理义务，不是法律规定的强制性义务。因此，不区别具体情况，对于所有的婚内强奸行为一概不以犯罪论处也是不科学的。例如在婚姻关系非正常存续期间，如离婚诉讼期间，婚姻关系已进入法定的解除程序，虽然婚姻关系仍然存在，但已不能再推定女方对性行为是一种同意的承诺，也就没有理由从婚姻关系出发否定强奸罪的成立。就本案而言，被告人王某两次主动向法院诉请离婚，希望解除婚姻关系，一审法院已判决准予被告人王某与钱某离婚，且双方当事人对离婚均无争议，只是离婚判决书尚未生效。此期间，被告人王某与钱某之间的婚姻关系在王某的主观意识中实质上已经消失。因为是被告人主动提出离婚，法院判决离婚后其也未反悔、提出上诉，其与钱某已属非正常的婚姻关系。也就是说，因被告人王某的行为，双方已不再承诺履行夫妻间同居的义务。在这种情况下，被告人王某在这一特殊时期内，违背钱某的意志，采用扭、抓、咬等暴力手段，强行与钱某发生性行为，严重侵犯了钱某的人身权利和性权利，其行为符合强奸罪的主观和客观特征，构成强奸罪。上海市青浦县人民法院认定被告人王某犯强奸罪并处以刑罚是正确的。

从这两个判例可以看出，最高人民法院对婚内强奸的问题基本上形成这样一种规则：在夫妻婚姻关系正常存续期间，丈夫强行与妻子发生性行为的，不构成强奸罪；在夫妻婚姻关系非正常存续期间，丈夫强行与妻子发生性行为的，构成强奸罪。通过第二个判例，又把婚姻关系非正常存续期间理解为一审判决离婚，离婚判决尚未生效期间。对最高人民法院的裁判理由的基本精神我是赞成的，但是认为其对婚姻关系非正常存续期间的理解过于狭窄了，应扩大到分居，只要是分居期间，丈夫强行与妻子发生性行为的，就应该按照强奸罪处理。分居就意味着婚姻关系非正常存续，而且在分居期间夫妻已经不具有同居义务。婚内能不能构成强奸，在于如何来看待同居义务。在分居期间同居义务虽然没有解除，但是已经中止了，因此妻子不再负有同居义务。在这种情况下，丈夫强行与妻子发生性行为的，应该构成强奸罪。

（四）强奸未遂与强制猥亵罪的区分

强制猥亵罪是指以暴力、胁迫或者其他方法违背妇女意志，采用性交以外的其他淫秽手段对妇女进行猥亵的行为。在强奸过程中，行为人也伴随着猥亵，但行为人的最终目的是通过性交来满足性欲望，因此即使没有发生性关系，也应该以强奸未遂论处。可见，两罪的相同点都是性犯罪，都是以非法手段满足性欲。两罪的区别在于强奸罪是通过性交来满足性欲，但强制猥亵妇女罪是通过性交以外的方式来满足性欲。因此，在强奸未遂情况下，也包含着一些强制猥亵行为，但是应该以强奸罪来处理，是一种未遂状态。这里面涉及性交外延的澄清。在我国刑法上目前强奸罪中的性交只是一种狭义上的性交——性器官接触。在这种情况下，采取性器官接触以外的其他方法来满足性交的都被视为强制猥亵行为。当然，随着性交概念的扩大，猥亵的范围必然有所限缩。

段某强奸案

2013 年 4 月，被告人段某通过 QQ 认识未成年少女谭某，通过请吃饭、送礼等方式博得谭某好感。后二人发展为恋爱关系，且发生了性关系。恋爱期间，段某偷拍了二人的性爱视频以及谭某的裸照。2013 年 10 月，谭某提出与段某分手，但段某以分手就将谭某的裸照发给其同学和家人相威胁。谭某由于害怕，就没有跟段某完全断开关系。2014 年 3 月 22 日，谭某发手机短信给段某，称要对双方的关系作个了断，段某称作了断可以，但必须和他发生一次性关系后才将裸照删掉。3月23日，段某驾车来到万州区武陵镇，因谭某不愿上车，段某便威胁称若不上车，便将谭某裸照发给其同学，迫使谭某上了车。上车后段某将车开往武陵镇鲁班沟，停车后在车座第二排欲与谭某发生性关系，谭某不肯，要求先把裸照删除再说，段某掏出手机，删除了部分照片。谭某不信段某已将照片全部删完，夺过手机就把里面的裸照和她同学的通讯录全部删除了。在谭某删照片的同时，段某借机将谭某抱住。被摸了几分钟后，谭某借口上厕所，给同学发了求助信息。回到车上后，段某想发生性关系，谭某还是不肯，于是段某便将车开到了万州区武陵镇老码头岔路口的沿江公路上。途中，谭某暗中给同学打电话，故意大声向同学提醒其具体位置。段某发现这一情形后，翻到车座第二排用右手掐住谭某的脖子，左手掐摸乳房。因有人路过，段某怕被发现，便回到驾驶座。谭某想下车，但被段某强推了回去。段某将车开到老码头，又翻到车座第二排，发现谭某的手机仍通着，知道谭某朋友知道了这个事情，当天要和谭某发生性关系已无可能，于是就打了谭某几个耳光，用手强摸了乳房几分钟。2014年3月27日，段某因谭某家人报案而被抓获。

一审法院经审理后认为：被告人段某违背妇女意志，以与被害人发生性关系为目的，采用胁迫的方法欲与被害人发生性关系，因被害人反抗及担心被他人发现等原因而未进一步实施强迫性交行为，系犯罪未遂。其行为已构成强奸罪，公诉机关指控的强制猥亵妇女罪的罪名不当。遂以强奸罪判处被告人段某有期徒刑一年十个月。

一审宣判后，被告人段某不服，提起上诉。

二审法院经开庭审理后，裁定驳回上诉、维持原判。

强奸未遂与强制猥亵妇女罪的关系一直是司法实践中的难题。就本案而言，争议的焦点就在于对被告人行为的定性。在存在恋爱关系的场合，以裸照威胁企图发生性关系但未得逞的行为，到底是一般的恋爱纠纷，还是强制猥亵妇女，抑或属于强奸未遂？对此，裁判理由认为，应从被告人是否存在强奸目的以及强奸罪着手的认定这两方面进行探讨。

所谓强奸目的，是指行为人希望强行与妇女发生性关系的意图。就本质而言，强奸就在于违背妇女意志，实施强制性交。因而，有无违背妇女意志，就成为区分强奸罪与非罪的关键（奸淫幼女除外）。在与强制猥亵妇女罪的区分上，根据我国学者的说法，强奸的目的是奸淫，猥亵的目的不在于奸淫，基于强奸故意实施强制猥亵行为，由于犯罪分子意志以外的原因而未得逞的是强奸未遂，而非强制猥亵。因而，在判断是否为强奸未遂上，有无强奸目的就显得尤为重要。但犯罪目的往往深藏于行为人的内心，在司法实践中要认定特定目的的存在是一大难题。根据司法经验，认定犯罪目的的手段主要有三种：一是靠被告人的口供，辅之以客观行为。如若被告人的口供与其实施的客观行为吻合，综合其他因素，则一般可认定特定目的的存在。二是靠证人证言。这主要存在于共同犯罪以及对合犯中，比如受贿罪中，要认定受贿事实的成立往往离不开行贿人等证人证言。三是反向推定，用客观证明主观。这在实践中是经常使用的。比如在认定有无杀人故意时，得根据犯罪工具、打击部位、打击手段等进行综合判断。如若行为人打击的是脚、手等不至于致死的部位，则一般只能认定为有伤害的故意；如果打击的是致命部位，则必须进一步考虑作案工具、手段等其他因素。不过，上述三种认定特定目的的方法并非彼此独立，在司法实践中往往相互交叉，而且也允许被告人提出合理理由进行反证。

在司法实践中，裁判者必须以客观发生的事实为依据，根据生活经验、被告人供述、证人证言等就行为人的主观目的进行综合推定。就强奸未遂而言，首先根据客观情况来看，强奸未得逞的行为与强制猥亵行为几乎无法区分，抛开主观目的不论，在性侵入以前，所谓的强奸未遂事实上就是猥亵。强奸未遂与猥亵的这一特征，决定了仅凭客观行为就能做到大致推定主观是不可能的。而且，强奸行为往往具有极强的隐秘性，除被害人陈述以外，极少有其他证人证言。这也决定了在犯罪未遂的场合，要认定到底是强奸还是猥亵，是个难题。

就本案来看，情况有点特殊：行为人不仅对指控的事实供认不讳，而且也留下了短信等相应证据，在强奸目的的认定上给司法机关提供了便利。首先是被告人的供述。被告人声称其去武陵就是为了与谭某发生一次性关系，虽然据此不能推定有强奸的故意，但综合其与谭某系恋爱关系且之前发生过几次性关系的情况来看，被告人的供述具有较大的可采性，在一定程度上能证明被告人具有奸淫的意图。其次是被害人的陈述，与被告人的供述相互印证，进一步证实了被告人有发生性关系的想法。最后是被告人与被害人的短信以及通话记录，能证实被告人想发生性关系的供述属实。因而，完全可据此判断被告人存在奸淫的故意。但在认定存在奸淫故意之后，断不能据此就认定存在强奸目的，要认定强奸目的的存在，还得进一步审查是否违背妇女意志。如若女方也是一厢情愿，则只是成立通奸，而非强奸。本案中，在被害人想解除恋爱关系的时候，被告人以裸照相威胁，声称若分手便将被害人裸照发给其同学和家人，企图以此维持恋爱关系，达到长期奸淫的目的。由于被害人系未成年人，在思想上极不成熟，担心一旦其裸照泄露，将再无脸面面对家人跟同学，不得已而未与被告人完全断开关系，因而此时所谓的恋爱关系已然是畸形的，恋爱关系存续并不符合谭某的意志。而且在被害人再三要求作了断的情况下，被告人仍以裸照相威胁，声称要发生一次性关系才删除照片，解除双方关系。对于此种行为，完全可认定为违背妇女意志的胁迫行为，且达到了使被害人不敢反抗的程度。因而，综合全案事实，足以认定被告人主观上存在强奸的目的。因此，本案应当认定为强奸罪而不是强制猥亵罪。当然，本案的强奸属于未遂，对此下面再进行论述。

（五）强奸罪的既遂与未遂的区别

关于犯罪既遂与未遂的区别我在总论里面已经讲过，要看构成要件是否齐备，齐备的就是既遂，不齐备的就是未遂。而构成要件是否齐备又应当根据不同的犯罪类型来加以区分：在结果犯的情况下，要看结果有没有发生；在行为犯的情况下，要看行为是否完毕。在行为犯里面，有一种是程度犯，如果达到了一定的程度就是既遂，没有达到一定程度就只是未遂。一般认为，强奸罪属于行为犯里面的程度犯。我认为强奸分为两种情形：强奸妇女的情形和奸淫幼女的情形。强奸妇女的既遂标准应当采取插入说，也就是说如果达到了插入的程度就构成既遂，没有达到插入的程度就是未遂。奸淫幼女的既遂标准应当采取接触说，也就是说如果达到了接触的程度就构成既遂，没有达到接触的程度就是未遂。对强奸妇女的和奸淫幼女考虑到两种行为的不同特点，分别采取不同的标准，我认为是合理的。

例如在上述段某强奸案中，在认定构成强奸罪的基础上，还需要进一步对未遂问题加以认定。在本案中，被告人段某将被害人控制在车内，实施强制摸乳房的行为，是否可认定为强奸的着手？对此，裁判理由认为答案是肯定的："根据我国刑法的规定，以暴力、胁迫或其他手段强奸妇女的，构成强奸罪。也即，对强奸妇女而言，暴力、胁迫是强奸罪的构成要件，只要行为人在强奸故意的支配下，实施了暴力、胁迫等行为，便可认为行为人开始实施了符合强奸罪犯罪构成要件的行为。本案被告人段某主观上具备强奸故意，且在被害人不愿上车的情况下，实施了用裸照威胁、将被害人控制在车内、企图发生性关系的行为，应认定为实施了符合强奸罪犯罪构成要件的行为。且从客观情况来看，被告人将被害人控制在车内，由于被害人年龄较小，车内又是一个相对封闭的空间，在心理、身体等因素上，被告人都占绝对优势。在被告人要求与被害人发生性关系并使劲摸被害人乳房的情况下，被害人由于害怕，而不得不向其同学求救。若不是有人路过，以及被害人已向同学发出求救信号等事由，被告人的行为极有可能得逞。因而，可认定被告人已实施了强奸罪的着手行为，只是由于其意志以外的原因而未得逞。"

（六）轮奸

轮奸是刑法的加重处罚事由。这里的轮奸是指二人以上在同一时间、同一地点，对同一妇女进行强奸。因此轮奸是强奸的特殊情形，不是一个独立罪名，按照强奸罪来处理，适用较重的法定刑。

李某等强奸案

2008年5月8日晚，被告人李某伙同同案被告人楚某（已判刑）酒后骑摩托车在宜阳县某镇一村庄附近见到初中生陈某（女，时年13岁）、孙某（女，时年14岁）及孙某的弟弟。李某和楚某采取持棍棒及语言威胁的方法赶走孙某的弟弟及闻讯赶来寻找陈、孙二人的多名教师，强行将陈、孙二人带到一旅社。李某在108房间对陈某实施了强奸，楚某在105房间欲对孙某实施强奸，因自身原因未得逞。李某得知已有人报警后，骑摩托车送陈、孙二人返回，途中强奸了孙某。

一审法院认为：被告人李某违背妇女意志，以暴力、胁迫手段，强行与妇女发生性关系的行为构成强奸罪。李某强奸二人，其中一人还系幼女，依法应当从重处罚。据此，依照《中华人民共和国刑法》第二百三十六条第一款、第二款之规定，以被告人李某犯强奸罪，判处有期徒刑八年。

一审宣判后，检察院提起抗诉，主要理由是：被告人李某伙同楚某分别强奸陈某和孙某，其后李某知道楚某在旅社内强奸了孙某，在送二被害人回去的路上又强奸孙某，构成轮奸；李某还属于强奸犯罪情节恶劣，对其应当在10年有期徒刑以上量刑。

二审法院经审理认为：原审被告人李某在得知已有人报警的情况下，将二被害人送走，楚某亦明确表示让李某将二被害人送走，现有证据证实楚某不知晓李某在回去的途中还要强奸孙某，二人之间缺乏共同强奸孙某的故意，不构成轮奸。李某伙同楚某采取持棍棒及语言威胁的方法在学校附近赶走多名教师及孙某的弟弟，将两名初中学生带走强奸；李某已知有人报警，仍在送返二被害人的途中强奸孙某，情节恶劣，检察院提出的李某强奸行为属于情节恶劣的抗诉意见，予以采纳。原审认定的事实清楚，证据确实、充分，定罪准确，审判程序合法，但适用法律错误，且量刑不当，应予改判。据此，依照《中华人民共和国刑法》第二百三十六条第一款、第二款、第三款第（一）项和《中华人民共和国刑事诉讼法》（1996年）第一百八十九条第（二）项之规定，判决如下：(1) 撤销河南省宜阳县人民法院（2012）宜刑初字第37号刑事判决；(2) 被告人李某犯强奸罪，判处有期徒刑十年。

在本案审理过程中，对被告人李某的行为构成强奸罪没有异议，但二被告人是否构成轮奸存在以下两种争议意见：第一种意见认为，李某的行为不构成轮奸；第二种意见认为，李某的行为构成轮奸。本案的裁判理由赞同第一种意见，具体分析如下：

同案犯未经共谋在不同地点先后强奸同一被害人的，不构成轮奸。通说认为，轮奸指二人或者二人以上在同一时间段内，基于共同强奸同一妇女或者幼女的故意而轮流实施奸淫的行为。轮奸犯罪的行为人之间意思的沟通和行为的分担，强化了个体的犯罪决意，使得行为人更加胆大妄为，更易摧毁被害人反抗的精神意志、排除障碍，从而强奸更易得逞。从犯罪人的角度来看，轮奸犯罪完全无视被害人的自由与尊严，无视社会伦理规范的约束，侵犯妇女的性的自主权，主观恶性较一般强奸犯罪更深，人身危险性更大；对被害人而言，相对于遭受一人强奸，轮流遭受两人两次以上的强奸所受到的侵害，无论在身体上还是在精神上，都更为严重，社会危害性更大，刑法规定为加重处罚情节，是罪刑相适应原则的必然要求。因此，准确界定二人以上的行为是否构成轮奸，既是保护被害人合法权益、从严打击此类犯罪的需要，也是保障被告人合法权利、避免罪刑失衡的要求。

刑法第236条第1款规定："以暴力、胁迫或者其他手段强奸妇女的，处三年以上十年以下有期徒刑。"第3款第4项规定，二人以上轮奸，处10年以上有期徒刑、无期徒刑或者死刑。在我国刑法中，轮奸的法律性质有两个方面的特征：其一，轮奸是强奸罪的共同犯罪形态，需要依照共同犯罪的构成要件加以判断，同时，轮奸还是强奸罪的共同实行犯的唯一形式，即每个共同犯罪人均应是实行犯；其二，轮奸是强奸罪的加重处罚事由，一旦具备，即对被告人在10年以上有期徒刑、无期徒刑或者死刑的刑罚幅度内量刑。上述对轮奸的概念及法律性质的分析，为认定具体强奸犯罪中是否有轮奸情节，提出了具体的判断标准，包括：(1) 主观要件。各共同犯罪人必须具有共同实行犯罪的故意，各共同犯罪人的行为在它的支配下成为一个统一整体，即均有共同实施强奸的故意，不但本人有强奸的故意，还应知道自己与他人共同直接实行犯罪。(2) 客观要件。各共同犯罪人必须实行同一犯罪构成行为，即均对同一对象实施了强奸，并且行为人的行为在时间、空间上是有联系的，或相互补充，或相互协助，与犯罪结果之间都存在因果关系。共同犯罪故意支配着客观行为，客观行为体现了共同犯罪故意。

在本案中，被告人李某、楚某的行为均构成强奸罪，但主观上和客观上不符合轮奸的要件，理由如下：

(1) 李某和楚某主观上未有强奸孙某的共同故意。共同实行犯要求各行为人之间有共同实施实行行为的意思，即有为了实现某种犯罪而相互利用、补充对方的行为的意思联络。意思联络是共同犯罪人以明示或者暗示的方法表明愿意共同实施某种犯罪。就轮奸而言，各共同犯罪人在预谋阶段或者实施犯罪过程中达成或者默认共同强奸的故意，可以是有预谋的，也可以是临时起意，甚至可能是在轮奸之前或者过程中形成的心照不宣，但要求不仅自己具有强奸被害人的故意，同时明知其他人也有强奸被害人的故意，二者只要基于概括故意即可。

在本案中，李某和楚某共同将陈某、孙某带至旅社，并分别强奸陈、孙，二人的行为构成强奸罪。其后李某在得知已有人报警的情况下，送返陈、孙二人，楚某亦明确表示同意。无证据证实李某在旅馆时即有强奸孙某的意图。李某在返回途中将孙某强奸，楚某并不知情，也不能认定楚某在强奸孙某之后还知晓李某此后还会强奸孙某，故李某强奸孙某的故意超出了此前其和楚某分别强奸陈某和孙某的共同故意界限。综上，李某和楚某不论在旅馆时还是在送返二被害人的途中，均无共同强奸孙某的意思联络，不具备成立轮奸所要求的主观要件。

(2) 李某和楚某的行为不具备成立轮奸的时空要件。无论是单独犯罪还是共同犯罪，行为人对法益侵害结果承担责任均是因为自己的行为与法益侵害结果之间存在因果关系。轮奸也不例外：让行为人对轮奸结果负责，承担因具备轮奸情节而加重处罚的刑事责任，必须行为人的行为与轮奸的结果之间具有因果关系。换言之，因各共犯的行为紧密相连，相互协助或者相互补充，对轮流奸淫行为的完成具有原因力，故而行为人既要对自己直接实施的奸淫行为与结果承担责任，也要对共同故意涵盖范围内其他共同实行犯的奸淫行为与结果承担责任。反之，如果各共同犯罪人的行为之间无关联，不是作为一个有机、统一的犯罪活动，认定为轮奸以加重处罚，则失之公平。

不可否认，在司法实践中，共同犯罪人基于共同强奸同一被害人的故意，在多个地点分别实施强奸的情况的确存在，因此，在同一地点强奸并非认定构成轮奸的必要条件，在不同地点强奸也不能绝对排除构成轮奸的可能。这就要求从时间和空间的角度，考察各共同犯罪人的行为之间是否具有接续性、是否相互补充或者相互协助。只要各共同犯罪人具有轮流奸淫同一妇女的共同故意，对该妇女进行不间断的控制，即使二人或者多人前后实施奸淫的时间间隔相对较长，甚至不在同一地点实施奸淫行为，其犯罪的社会危害性、主观恶性、人身危险性同被害人在同一地点、同一时间段受到多人强奸的犯罪情形是相当的，被害人所遭受的痛苦和恐惧亦是相当的，故应视为与在同一地点轮奸情形无异。

在本案中，被告人李某伙同楚某以暴力手段将两名被害人带至旅社，李某将陈某强奸，楚某将孙某强奸。后李某送二被害人回家。至此，二人共谋的强奸行为已告终结，李、明二人已经成立强奸罪的共同犯罪。其后李某的送返行为割断了此前的共同犯罪和此后李某强奸孙某的行为在时间、空间上的联系。楚某未与李某进行过共谋，主观上不知晓李某在送二被害人回家途中的行为，客观上未参与，亦未对李某的继续强奸起到任何协助作用，即李某之后的行为与楚、李二人之前的共同犯罪行为已无任何关联。

在上述李某等强奸案中，应当根据时间分为两个阶段：第一个阶段是在旅馆，李某与楚某分别在两个房间对被害人进行强奸，是否构成轮奸？第二个阶段是李某在送被害人返家途中单独又对被害人进行强奸，是否与先前的强奸构成轮奸？对于这两个问题要以轮奸的概念为根据回答。轮奸是二人以上在同一时间、同一地点轮流对同一个被害人进行强奸。如果在同时对两个不同的被害人分别进行强奸，虽然构成强奸罪的共同犯罪，但并不构成轮奸。在旅馆中的强奸就属于这种情形：李某与楚某分别在不同房间对两名被害人进行了强奸，显然不属于轮奸。至于李某在送被害人返家途中又单独对其中一个被害人进行了强奸，更不可能与先前的强奸行为构成轮奸。因为这已经不是在同一时间和同一地点，不符合轮奸的成立条件。

（七）奸尸

奸尸是指对女性的尸体进行奸淫，不是强奸，因为被害妇女已经死亡了，客观上不存在强奸的客体。正如杀害死人不是杀人，是毁损尸体。如果将女性尸体误认为活人而加以奸淫的，属于事实认识错误，应当按强奸未遂论处。奸尸有两种情形：一种是先杀后奸，应该按照故意杀人罪处理。如果是先奸后杀，则以强奸罪和故意杀人罪数罪并罚处理。另一种是妇女自然死亡而对女尸进行奸污。这通常发生在太平间或其他陈尸场所。甚至还有掘墓奸尸的情形。我国刑法第302条规定的侮辱尸体罪包括了奸尸行为。杀人后奸尸的行为仍然是奸尸行为，被认为是一种不可罚的事后行为，通常对其不再另行处罚。

（八）刑法关于强奸罪的特别规定

我国刑法除了在第236条第1款、2款、3款作特别规定外，在其他条款中也涉及强奸罪的一些规定。

（1）刑法第240条规定的拐卖妇女罪，将奸淫被拐卖妇女作为该罪的加重情节。

（2）刑法第241条第2款规定：收买被拐卖妇女，强行与之发生性关系的，依照刑法第232条的规定。这是一种转化规定，在收买之后强奸的，定强奸罪，不再定拐卖妇女罪。

（3）刑法第259条第2款规定：“利用职权、从属关系，以胁迫手段奸淫现役军人妻子的，依照本法第二百三十六条的规定定罪处罚。”刑法第259条第1款规定的是破坏军婚罪，第2款的规定是一个提示性的规定，强奸军人的妻子和一般的强奸有所不同。

（4）刑法第300条第3款规定：“犯第一款罪又有奸淫妇女、诈骗财物等犯罪行为的，依照数罪并罚的规定处罚。”据此，利用会道门、邪教组织或者利用迷信奸淫妇女的，应当定强奸罪。

（5）刑法第318条第1款规定了组织他人偷越国（边）境罪，第2款规定：“犯前款罪，对被组织人有杀害、伤害、强奸、拐卖等犯罪行为，或者对检查人员有杀害、伤害等犯罪行为的，依照数罪并罚的规定处罚。”这是关于组织他人偷越国（边）境罪和强奸罪数罪并罚的规定。

（6）刑法第321条第1款规定了运送他人偷越国（边）境罪，第3款规定：“犯前两款罪，对被运送人有杀害、伤害、强奸、拐卖等犯罪行为，或者对检查人员有杀害、伤害等犯罪行为的，依照数罪并罚的规定处罚。”这是关于运送他人偷越国（边）境罪和强奸罪数罪并罚的规定。

（7）刑法第 358 条规定了强迫卖淫罪和组织卖淫罪，强奸后迫使卖淫的行为作为加重处罚事由，因此上述两罪也包含了强奸行为，这是一个包容规定。

（8）原刑法第 360 条第 2 款规定："嫖宿不满十四周岁的幼女的，处五年以上有期徒刑，并处罚金。"嫖宿幼女实际上就是奸淫幼女行为，但是刑法规定对此不按照奸淫幼女罪处罚，而是另外设定一个罪名——嫖宿幼女罪，按照特别法优于一般法的规定，应该按照嫖宿幼女罪定罪。对于嫖宿幼女罪，在我国社会上始终存在争议。有些人主张废除嫖宿幼女罪，对于嫖宿幼女行为直接按照强奸罪处罚，因为嫖宿幼女就是奸淫幼女，对此如果以强奸罪论处，最高可以判处死刑；如果以嫖宿幼女罪论处，最高只能处罚有期徒刑 15 年。在这种情况下，《刑法修正案（九）》废除了嫖宿幼女罪，对于嫖宿幼女的行为以强奸罪论处，并且从重处罚。

四、强奸罪的处罚

刑法 236 条第 1 款规定：犯本罪的，处 3 年以上 10 年以下有期徒刑。第 2 款规定：奸淫不满 14 周岁的幼女的，以强奸论，从重处罚。第 3 款规定强奸妇女、奸淫幼女，有下列情形之一的，处 10 年以上有期徒刑、无期徒刑或者死刑：（1）强奸妇女、奸淫幼女情节恶劣的。这里的情节恶劣包括了各种情况，有关的理论将此理解为强奸手段残忍、强奸多次等等。（2）强奸妇女、奸淫幼女多人的。这里的多人指的是强奸妇女、幼女 3 人以上。（3）在公共场所当众强奸妇女的。这里的当众强奸是指在车站、码头、电影院、运动场、公路、公共交通工具等公共场所当着不特定多数人的面公然强奸妇女的。（4）2 人以上轮奸的。（5）致使被害人重伤、死亡或者造成其他严重后果的。这是强奸的一种结果加重：由于强奸而造成了他人的重伤、死亡或其他严重后果。这里的死亡，有的是在强奸过程中间接故意导致的死亡，有的是在对被害妇女进行强奸之后，被害妇女由于羞耻或者其他原因而自杀。在以上情况下，对行为人都应该处 10 年以上有期徒刑、无期徒刑或者死刑。

第二十四讲

抢劫罪

抢劫罪是一种暴力取财的犯罪，属于财产犯罪。我在前面讲的都是侵犯人身权利犯罪，现在开始讲侵犯财产权利的犯罪。抢劫罪是侵犯财产犯罪当中最为严重的犯罪，也是司法实践当中常见多发的犯罪，因此需要对抢劫罪的定罪和处罚问题进行讲解。

一、抢劫罪概述

抢劫罪是指以非法占有为目的，以暴力、胁迫或者其他方法，强行夺取公私财物的行为。

在我国古代的刑法中，抢劫罪称为强盗罪。对于强盗这个词，大家可能很熟悉，它也是日常生活当中经常使用的一个词。强盗实际上是我国古代刑法中的一个罪名，相当于我们现在所说的抢劫罪。日本刑法称之为强盗罪。强盗罪的“强”，古人解释为，“取与不和谓之强”。所谓“盗”，古人解释为，“取非其物为之盗”。所以强盗也就是暴力取财，并非他人自愿的给付，而是在暴力、胁迫手段的作用下，非法获取他人财物。由此可见，抢劫罪是刑法中一个非常古老的罪名。当然，相对于盗窃罪和诈骗罪来说，抢劫罪也是一个缺乏技术含量的犯罪。

《天下无贼》那部电影里，连小偷都嘲笑抢劫犯，说打劫技术含量不高。诈骗是一种智力犯罪，可能是技术含量最高的犯罪。

在司法实践中，对抢劫罪如何定罪和量刑，确实是一个值得研究的问题。从抢劫罪的情况来看，它本身的构成要件在理解上比较简单，但抢劫罪和其他犯罪如何区分这个问题相当复杂。对此，我国有关的司法解释也作了一些具体的规定。我主要是围绕着刑法的规定和司法解释的规定，对抢劫罪的定罪量刑有关问题进行讨论。

二、抢劫罪的构成

(一) 罪体

1. 行为

抢劫罪的行为是指以暴力、胁迫或者其他方法，强行夺取财物或者迫使他人交付财物的行为。因此，抢劫是复行为犯。也就是说抢劫行为是由两部分内容构成的：一部分是方法行为，也就是暴力、胁迫或者其他方法。另外一部分是结果行为，也就是强行夺取他人财物或者迫使他人交付财物。下面我对抢劫行为的两部分内容进行讲解。

(1) 方法行为。

抢劫罪的方法行为包括暴力、胁迫或者其他方法。下面分别加以论述：

第一，暴力手段。

抢劫罪的暴力是指对被害人的身体实施袭击或者其他强暴手段，例如殴打、捆绑、禁闭、伤害、杀害等，足以危及被害人的身体健康或者生命安全，致使被害人不能抗拒的方法。应该指出，在我国刑法分则中，很多犯罪采用的方法都是暴力。抢劫罪中的暴力和强奸罪中的暴力，它的含义就不尽相同，表现在什么地方呢？主要就表现在暴力能不能包括杀人。在抢劫罪当中，暴力取财的暴力是可以包括杀人的，也就是将被害人杀死，然后取得被害人的财物。

罗某抢劫、故意杀人、脱逃（未遂）案

1995年10月间，被告人罗某在新疆维吾尔自治区泽普县结识了犯罪嫌疑人王某（在逃），两人商定用安眠药将运输棉纱的司机迷昏后劫取棉纱，并一同购买了安眠药。随后两人往返于库尔勒至乌鲁木齐之间，寻找作案机会。

1995年12月中旬，罗某、王某到新疆维吾尔自治区和硕县乌什塔拉镇。12月20日早晨，二人搭乘和田地区第一汽车运输公司杨某（被害人，男，20岁）驾驶的载有10吨棉纱、由当地驶往乌鲁木齐的东风半挂车（车辆价值4.5万元，棉纱价值23万元）。天黑时，车行至国道314线甘沟路段199.5公里处，王某趁杨某停车换轮胎之机，意欲杀害杨某，持石头朝其头部砸了一下，致杨某倒地。之后王某抬着被害人的头部，罗某抬着被害人的双脚（腿、脚还在动），将被害人扔到路基下。因怕被人发现，两人走下路基，抬着被害人继续往下拖了几米。王某又持石头朝被害人砸了几下，并用石头将被害人压住。然后由被告人罗某驾车，两人一起逃离现场。被害人杨某因头部受打击，造成严重颅脑损伤、脑挫裂伤死亡。1996年3月中旬，被告人罗某以21.7万元的价格将棉纱卖给他人，罗某得款14万元。案发后，公安机关追回赃款21.53万元、东风半挂车一辆，均发还受害单位。

被告人罗某在羁押期间，于1996年5月1日晚与同监舍另外3名在押人员挖洞，准备逃跑，被看守人员发现，脱逃未遂。

一审法院认为：被告人罗某目无国法，与他人一起抢劫东风半挂车一辆及车上的棉纱，价值27.5万元，其行为构成抢劫罪；在抢劫过程中，当王某持石头将被害人砸倒以后，罗某与王某将被害人两次拖丢至路基下，致被害人死亡，其行为构成故意杀人罪。在监舍挖洞潜逃未逞，其行为又构成脱逃（未遂）罪。公诉机关关于被告人罗某犯有抢劫罪、故意杀人罪、脱逃（未遂）罪的指控，事实清楚，证据确实、充分。遂依照《中华人民共和国刑法》第十二条第一款，1979年《中华人民共和国刑法》第一百五十条第二款、第一百三十二条、第一百六十一条、第五十三条第一款、第六十四条的规定，于1997年11月18日判决如下：被告人罗某犯抢劫罪，判处死刑，缓期二年执行，剥夺政治权利终身；犯故意杀

人罪，判处有期徒刑十二年，剥夺政权利二年；犯脱逃（未遂）罪，判处有期徒刑2年，决定执行死刑，缓期二年执行，剥夺政治权利终身。

一审宣判后，罗某服判，不上诉。检察院认为罗某抢劫数额特别巨大，致被害人死亡，手段残忍，情节、后果均特别严重，关押期间又脱逃未遂，应判处死刑立即执行，遂以原判被告人罗某死刑缓期二年执行、量刑畸轻为由提出抗诉。

二审法院经审理认为：一审判决认定原审被告人罗某犯抢劫罪、故意杀人罪、脱逃罪的犯罪事实清楚，证据确实、充分，定罪准确，审判程序合法，对故意杀人罪、脱逃（未遂）罪的量刑适当。但以抢劫罪判处其死刑，缓期二年执行不当，应予纠正。遂依照《中华人民共和国刑法》第十二条第一款，1979年《中华人民共和国刑法》第一百三十二条、第一百五十条第二款、第一百六十一条第一款、第五十三条第一款、第六十四条和《中华人民共和国刑事诉讼法》第一百八十九条第（二）项的规定，于1998年4月21日判决如下：（1）维持吐鲁番地区中级人民法院（1997）吐地法刑初字第72号刑事判决中对被告人罗某犯故意杀人罪、脱逃（未遂）罪的定罪量刑和抢劫罪的定罪部分；（2）撤销吐鲁番地区中级人民法院（1997）吐地法刑初字第72号刑事判决申对被告人罗某犯抢劫罪的量刑部分；（3）原审被告人罗某犯抢劫罪，判处死刑，剥夺政治权利终身；犯故意杀人罪，判处有期徒刑十二年，剥夺政治权利二年；犯脱逃（未遂）罪，判处有期徒刑二年，决定执行死刑，剥夺政治权利终身。

新疆维吾尔自治区高级人民法院依法将此案报请最高人民法院核准。

最高人民法院经复核认为：一、二审法院认定被告人罗某的犯罪事实清楚，证据确实、充分，对脱逃罪部分定罪准确，量刑适当，审判程序合法。但对被告人罗某在抢劫过程中杀人致人死亡的行为定杀人罪不准确，应予以纠正。遂依照《中华人民共和国刑事诉讼法》第一百九十九条，《中华人民共和国刑法》第十二条第一款，1979年《中华人民共和国刑法》第一百五十条、第一百六十一条第一款、第五十三条第一款、第六十四条的规定，于1999年9月6日判决如下：（1）撤销新疆维吾尔自治区高级人民法院（1998）新刑抗字第3号刑事判决和吐鲁番地区中级人民法（1997）吐地法刑初字第72号刑事判决中对被告人罗某故意杀人罪的定罪量刑部分；（2）核准新疆维吾尔自治区高级人民法院（1998）新刑抗字第3号刑事判决中认定被告人罗某犯抢劫罪，判处死刑，剥夺政治权利终身；犯脱逃（未遂）罪，判处有期徒刑二年，决定执行死刑，剥夺政治权利终身。

这个案例涉及的法律争议问题是：在抢劫过程中杀人，致人死亡的，应如何定罪处刑？从各级法院的认定来看，对此问题在当时是存在争议的。对于本案被告人罗某，检察机关是以抢劫罪和故意杀人罪起诉的，一审法院和二审法院都是以抢劫罪和故意杀人罪认定的。当时的分歧只是是否应当判处死刑立即执行的问题。为此，检察机关对一审法院作出的“死缓”的判决结果提出了抗诉。但最后最高人民法院在维持死刑立即执行的判决的同时，将抢劫罪和故意杀人罪两罪改为抢劫罪一罪。之所以作这样的改判，裁判理由如下：

本案被告人罗某和犯罪嫌疑人王某持石头把被害人杨某砸倒之后，当场劫取东风半挂车一辆及车上棉纱，价值27.5万元，其行为构成抢劫罪没有问题。但其行为是否同时构成故意杀人罪，实践中做法不一，理论界也有不同看法，确实值得研究。检察机关及一、二审法院均认定被告人罗某同时构成故意杀人罪，其主要根据是：被告人罗某和犯罪嫌疑人王某抬被害人杨某时，杨某的腿、脚还在动，他们不顾杨某的死活，两次把杨某抬下路基，置杨某于不易被发现的路基下，造成杨某不治而死亡。此时被告人罗某对被害人杨某的死亡持一种放任的心理状态。因此，罗某构成间接故意杀人罪。

抢劫罪是一种既侵犯他人财产权利又侵犯他人人身权利的暴力性犯罪。在抢劫过程中致人死亡，包括故意伤害致人死亡以及那种为抢财物不顾他人死活间接故意杀人、直接故意杀人致人死亡的，都是抢劫暴力犯罪的一种结果，是抢劫罪的组成部分。在抢劫财物过程中致人死亡的案件中，其杀人行为实际是实施抢劫行为的使用暴力部分，只定一个抢劫罪，符合抢劫罪的犯罪构成和基本特征，如果单独定罪，抢劫罪的犯罪构成已不完全；抢劫行为如仅只抢得少量财物，又很难判处重刑。这样一来，图财害命这种抢劫杀人犯罪的本质特征就不能通过正确的定罪量刑得到揭示。这种既不符合法律规定也不符合司法实际的分别定罪处刑的方法显然是不可取的。因此，凡在实施抢劫财物行为过程中，因使用暴力如殴打、伤害、捆绑、禁闭等行为而致人死亡的，或者直接使用暴力将人杀死的，均应定抢劫罪一罪，这样可以做到更加准确地定罪量刑。

本案被告人罗某和犯罪嫌疑人王某预谋抢劫而搭乘杨某拉棉纱的汽车，已经着手准备实施犯罪。在犯罪过程中，王某持石头将杨某砸倒，二人将杨某抬到路基下，王某又持石头多次砸向被害人，直接杀人的故意行为十分明显，而后，又用石头压住被害人，然后由罗某驾车逃离现场，致杨某死亡，这应属在实施抢劫财物行为过程中故意杀人致人死亡的情况。因此，最高人民法院的判决认定被告人罗某的行为只构成抢劫罪一个罪是正确的。

对于直接故意剥夺他人生命，再掠走其财物的行为如何定性，实践中、理论上做法不一，认识不同，可以再进一步研究、总结；对于已实施完抢劫行为，即财物已经到手后，再基于灭口等目的而实施杀人行为的，司法实践中的做法基本统一即定抢劫罪和杀人罪两个罪，理论界也予以认同，我们认为是正确的。因为对后一种行为，行为人是以两个故意、两个行为（抢劫、杀人）实施了两个独立的犯罪，符合数罪的特征。

我认为，以上裁判理由是正确的，这种以杀人为手段的抢劫行为，不能分别认定为抢劫罪和故意杀人罪，而只能认定为抢劫罪一罪，因为抢劫罪的构成要件中包含了故意杀人的内容。反之，如果将故意杀人行为独立定罪，则抢劫罪中的手段行为就空白了。为了充实抢劫罪的方法行为的内容，就势必要对故意杀人行为进行重复评价，这显然是不妥的。

第二，胁迫方法。

抢劫罪的胁迫是指以立即实施暴力相威胁，实行精神强制，是被害人产生恐惧而不敢反抗的方法。前面的暴力使被害人不能反抗，这里的胁迫使被害人不敢反抗。前面的暴力是一种物理上的强制，而这里的胁迫是一种精神上的强制。

第三，其他方法。

抢劫罪的其他方法是指上述暴力、胁迫以外，对被害人采取用酒灌醉、用药物麻醉等手段，使被害人不知反抗的方法。这里的不知反抗包括丧失反抗能力，用酒灌醉、用药物麻醉等手段使被害人失去知觉，不知反抗。也就是因为丧失了反抗能力而不知反抗。在司法实践当中将他人用酒灌醉，使他人处于醉酒状态，然后取得他人财物的行为就是比较常见的一种采用其他方法来抢劫他人财物的行为。这里应当注意，必须是为了非法占有他人财物而将他人用酒灌醉，这种取财行为才能认定为抢劫罪。如果是他人自己喝酒或者被他人用酒灌醉而处于一种丧失知觉的状态，在这种情况下行为人利用他人因酒醉丧失知觉而取得他人财物的，应该定盗窃罪而不是抢劫罪。

(2) 结果行为。

抢劫罪的结果行为是取财，也就是强行夺取他人财物或者使被害人被迫交付财物。结果行为都是取得财物。取得财物通常有两种情况：一种情况是对他人使用暴力之后去夺取财物，往往有个夺取行为。另外一种情况是被害人被迫交付财物。这两种尽管表现方式不一样，但都是抢劫罪当中的取财行为。

最后还应当说明，在抢劫罪的行为当中，方法行为和结果行为之间存在着因果关系。这一点也是非常重要的。只有当暴力、胁迫或者其他方法被行为人用作取财的手段的时候，抢劫罪才能成立。因此，在方法行为和结果行为之间存在着因果关系。

2. 客体

抢劫罪的客体是双重客体，包括人身和财物。正是在这个意义上，抢劫罪同时具有侵犯人身权利和侵犯财产权利的双重属性。因为抢劫罪是行为人采取暴力、胁迫或者其他方法来取得他人财物，它的手段行为侵犯了财产所有人或财产保管人的人身，而它的目的行为，也就是取财行为，侵犯了财产所有人和财产保管人的财产所有权，所以抢劫罪是一种具有侵犯人身权利和侵犯财产权利的双重属性的犯罪。当然，由于抢劫罪的行为人的主要目的在于非法占有他人财物，因此世界大部分国家的刑法都把抢劫罪规定在侵犯财产权利的犯罪当中。也就是说，虽然它有双重属性，但在这双重属性当中侵犯财产权利的属性是主要的，侵犯人身权利只不过是侵犯财产权利的一种手段而已。在这个意义上，我们更应当把抢劫罪当作一种侵犯财产权利的犯罪来加以认识。

抢劫罪当中的双重客体是指人身和财物。关于人身，这个问题比较简单。下面我重点来讲一下作为抢劫罪客体的财物。这里有以下三个问题值得研究：

第一个问题：抢劫罪的财物是否包括不动产以及财物以外其他的财产性利益或者财产上的不法利益？通常所见的抢劫罪都是夺取他人财物，这里的财物通常是指能够随身携带的具有财产上价值的物品，这种财物从民法上来说是动产。那么抢劫罪所抢的财物是否包括不动产？对这个问题，在不同的刑法当中有不同的规定。通常，我国刑法理论认为，抢劫罪的财物是不包括不动产的。但是有些国家或者地区的刑法，它明确地把不动产包含在抢劫罪的财物当中。像日本刑法学者就认为，以暴力、胁迫取得他人不动产，这种行为属于抢劫罪。但我国刑法理论却认为，抢劫罪的客体只能是动产，而不包括不动产。假如发生了以暴力、胁迫的方法来取得他人不动产，比如说采取暴力、胁迫方法，让一个房屋的所有者把他的房屋过户到我的名下，按照我们现在通行的观点，是不能定抢劫罪的。但是，万一发生了这种行为，应怎么来定？现在看来好像没有一个更好的办法。当然，过去之所以说抢劫罪的客体不包括不动产，可能是在现实生活当中尚未发生这种采取暴力、胁迫方法来取得他人不动产这种行为。没有这种行为，因此刑法理论上认为不包括。但如果发生这种行为，能不能把它定为抢劫罪？这个问题还值得研究。

第二个问题：抢劫罪的财物，除了一般的物品以外，是否包括其他的财产性利益，比如说债权、股权等等。根据我国的刑法理论，债权还是可作为抢劫罪的客体的。例如，使用暴力或者胁迫使他人被迫写下欠条，这是一种设立债务的行为，或者使用暴力、胁迫方法，销毁在他人手中的欠条，这是一种消灭债务的行为。这些使用暴力、胁迫或者其他方法设立债权或者消灭债务的行为都应当定抢劫罪。对于此类案件，最高人民法院曾通过“(2000)刑他字第9号批复”明确规定：被告人以暴力、胁迫手段强行夺回欠款凭证，并让债权人在被告人已写好的收条上签字，以消灭其债务的行为，符合抢劫罪的特征，应以抢劫罪定罪处罚。由此可见，在刑法的财产犯罪中，物权和债权这两者还是有所不同的。侵犯财产罪主要是侵犯物权，但是由于对于侵犯债权我们没有其他犯罪来加以约束，因此，往往侵犯债权的行为也包括在侵犯财产犯罪当中，一并加以处理。

习某珠抢劫案

2009年4月，被害人彭某根、习某华、彭某韦合伙经营位于江西省Y市渝水区下村镇的高山选矿厂。2010年4至5月间，被告人习某珠为迫使彭某根等人转让该厂，多次指使习某红、习某平，以每去一次每人发50元钱为条件，组织本村部分老人、妇女到厂里，采取关电闸、阻拦货车装货等方式阻碍生产，并对工人进行威胁。2010年11月、2011年4月，彭某根、习某华、彭某韦三人先后被迫将该选矿厂以390万元的价格转让给习某珠。习某珠陆续支付了彭某根222万元，但仍欠彭某根75万元，彭某根多次讨要。2011年7月3日21时许，在Y市暨阳××娱乐城301包厢内，习某珠指使艾某刚等人殴打彭某根，并逼迫彭某根写下收到习某珠购买高山选矿厂所欠75万元的收条。经鉴定，彭某根所受身体损伤构成轻微伤乙级。

2011年9月8日晚，被告人习某珠、习某兵等人与李某、被害人王某等人在Y市××茶楼商谈履行购矿合同一事。其间，李某要求习某兵离开，习某兵与王某发生争执。习某珠指使陈某峰（在逃）等人持刀将王某砍致轻伤。

一审法院认为：被告人习某珠等人以关电闸、阻拦货车装货等胁迫手段强迫被害人彭某根等人转让高山选矿厂，情节严重，其行为已构成强迫交易罪；习某珠等人故意伤害被害人王某的身体，致其轻伤，其行为又构成故意伤害罪。关于习某珠等人是否构成抢劫罪的问题，经查，虽无法认定彭某根书写收条的具体内容，但习某珠等人采取暴力手段逼迫彭某根书写收条，其目的是消除或减少习某珠所欠彭某根的债务，侵犯了彭某根的财产权利，故习某珠等人还构成抢劫罪。习某珠等人所犯数罪，依法应予并罚。在抢劫共同犯罪中，习某珠授意犯罪，系主犯。该抢劫犯罪因意志以外的原因而未得逞，系抢劫未遂，依法可减轻处罚。据此，依照《中华人民共和国刑法》第二百二十六条、第二百六十三条、第二百三十四条第一款、第二十三条、第二十五条第一款、第六十九条之规定，判决如下：被告人习某珠犯强迫交易罪，判处有期徒刑三年；犯抢劫罪，判处有期徒刑二年；犯故意伤害罪，判处有期徒刑一年，决定执行有期徒刑五年六个月。

一审宣判后，刁某珠提起上诉，主要理由是：本案事实不符合抢劫犯罪当场取得财物的特征；即便认定为抢劫罪，也应认定为犯罪中止而非未遂，更不应认定为既遂。检察院提起抗诉，主要理由是：本案证据可以证实，被告人刁某珠等人逼迫被害人彭某根所写收条的内容为“收到刁某珠购买高山选矿厂所欠75万元”，刁某珠等人的抢劫行为已实施终了，债务已经消灭，属于抢劫犯罪既遂，对刁某珠所犯该罪应在有期徒刑10年以上量刑。

二审法院经审理认为：上诉人刁某珠等人以暴力、胁迫手段逼迫被害人彭某根写下75万元收条的犯罪行为，当场完成了“归还”75万元欠款的全部手续，使彭某根难以向其追债，进而实现了消灭合法债务、非法占有彭某根合法财产的犯罪目的，符合抢劫罪的构成要件，且应认定为犯罪既遂。检察机关关于刁某珠等人构成抢劫既遂的抗诉意见成立，应予采纳。遂判决如下：上诉人刁某珠犯强迫交易罪，判处有期徒刑三年；犯抢劫罪，判处有期徒刑十一年，并处罚金人民币2万元；犯故意伤害罪，判处有期徒刑一年，决定执行有期徒刑十二年，并处罚金人民币2万元。

本案涉及的法律争议问题是：在拖欠被害人钱款情况下，以暴力、胁迫手段逼迫被害人书写收条的行为，应当如何定性？属于犯罪既遂还是未遂？对此，本案的裁判理由指出：

（一）在拖欠被害人钱款情况下，以暴力、胁迫手段逼迫被害人写下收条的行为，应当认定为抢劫罪

对本案被告人的行为能否认定为抢劫罪，关键要看财产性利益是否属于抢劫罪的犯罪对象。这一问题在理论上和实践中存在很多争议，导致了司法实践中的困惑以及司法不统一的现象。

许多国家都在刑法典中将财产性利益作为财产犯罪的对象，如德国、日本、韩国、英国等。日本刑法将财产罪分别规定为财物罪和利益罪两类，作为财产犯罪的对象，财物和财产性利益是并列存在的，不存在包容关系。日本刑法第236条第2款规定，“使用暴力、威胁而获得财产性不法利益，或者使他人获取该不

法利益的，处五年以下有期徒刑”。

我国现行刑法中并没有直接规定侵犯财产罪的犯罪对象包括财产性利益，也没有单独设立利益罪，但是，刑法理论界普遍的观点认为，财产性利益可以作为财产犯罪的对象。随着社会交易方式、财产形态的日渐多样化，作为刑法中的财产犯罪的对象，“财产”概念的内涵和外延也呈现逐渐扩张趋势。财产既包括有形的财物，也包括各种财产性利益。加强对财产性利益的法律保护，是市场经济发展的必然要求。

我国刑法第五章规定的侵犯财产罪，对相关罪名的罪状表述多采用“财物”这一概念，如“以暴力、胁迫或者其他方法抢劫公私财物的”，构成抢劫罪。单从文义来看，相关罪状表述似乎将财产犯罪的对象限定为有形的“财物”，但是，财产性利益具有财产价值，可以转化为现金或者其他财物，因此，从对财产权的法益保护角度来看，此处所谓的“财物”，不仅包括有形的“财物”，也应当包括以其他形式存在的财产性利益。抢劫有形财物与抢劫财产性利益所侵害的对象都是财产，如仅因财产的表现形式不同就加以区别对待，显然是不公平的。

此外，“侵犯财产罪”这一类罪的表述，已经明确将“财产”作为该类犯罪侵害的对象，广义的财产显然包括财产性利益。鉴于此，将抢劫罪罪状中的“财物”理解为包括有形财物之外的财产性利益，不属类推解释，不违反罪刑法定原则。本案中，被告人习某珠等人以暴力、胁迫手段逼迫被害人彭某根书写75万元收条，侵犯的就是彭某根的财产性利益。

(二) 以暴力、胁迫手段逼迫被害人写下收条的行为，属于抢劫既遂

一般认为，犯罪行为构成既遂，通常是以该行为满足某一罪名的全部犯罪构成要件为依据。抢劫罪侵犯的是复杂客体，从对财产权的侵犯角度来看，认定抢劫罪既遂与否一般应以行为人是否实际控制了他人财产为标准。本案中，被告人习某珠上诉提出，即便认定为抢劫罪，也应认定为犯罪中止而非未遂，更不应认定为既遂。也有意见认为被告人习某珠等人的行为属于抢劫未遂，理由是：习某珠等人拿到的仅仅是一张收条，该收条违背了民法的意思自治原则，按照合同法等相关规定，该行为属于无效或可变更、可撤销的行为，彭某根可以向法院提起

诉讼，请求撤销。换言之，75万元收条是否存在都不能消除彭某根的合法债权，彭某根仍可以凭原有的欠条向刁某珠主张民事权利。

本案裁判理由认为，被告人刁某珠等人以暴力、胁迫手段逼迫彭某根书写75万元的收条，进而消灭债务的犯罪行为，属于抢劫既遂。主要理由如下：

第一，被告人刁某珠通过强迫彭某根书写75万元的收条，已经实现了非法占有75万元的犯罪目的。从表面上看，刁某珠等人的暴力行为没有获取实实在在的财物，仅拿到了一张收条。收条本身虽不是有形财物，但却是双方债权、债务消灭的主要证明凭证，刁某珠拿到彭某根书写的收条，彭某根就难以再向刁某珠主张原有的75万元债权。对刁某珠而言，其拖欠彭某根75万元，实际上等同于事先占有了该笔款项，但这种占有是以刁某珠、彭某根二人的债权债务关系为前提条件的，即刁某珠负有向彭某根归还该75万元的义务。刁某珠之所以逼迫彭某根书写收条，目的就是消除双方的债权债务关系，消除彭某根日后行使返还该款项请求权的可能性，彻底占有其事先占有的75万元，不再归还。在刁某珠拿到彭某根收条的那一刻起，就已经实现了犯罪目的，原来刁某珠占有75万元就变为了"非法占有"，故应当属于犯罪既遂。

第二，以财产性利益为犯罪对象的抢劫案件，应当以财产性权益是否在客观上受到实际侵害作为判断既遂和未遂的标准。本案在犯罪既遂和未遂的问题上产生争议，主要是由于抢劫对象特殊，并非实实在在的75万元现金，而是能够体现消除75万元债权债务的收条。有观点认为，被害人可以通过提起民事诉讼的方式主张自己的合法债权，因此，被告人的行为并不能改变原有的债权债务关系，属于犯罪未遂。这种观点值得商榷。实际上，即使在以有形财物作为犯罪对象的抢劫犯罪中，被害人对被抢财物的所有权也没有丧失，只是丧失了占有而已。对此，显然不能以被害人可以通过提起民事诉讼主张自己对被抢财物的所有权为由认定本案情形属于犯罪未遂。此外，即使彭某根提起民事诉讼，是否能够胜诉，并不确定。因此，不能以被害人可以通过民事诉讼等方式获得救济为由认定本案情形属于犯罪未遂。

从对财产权的侵犯角度来看，对于以有形财物作为抢劫对象的案件，被害人拥有财产权的主要方式就是对财物的占有，一旦被害人因犯罪行为丧失对财物的占有，其财产权就遭到了实际侵害。对此类案件，应当以行为人是否实际劫取财物作为判断既遂和未遂的标准。对于以财产性利益作为抢劫对象的案件，被害人的财产权并不直接体现为对有形财物的实际占有，而是体现为各种财产权利、义务关系，如果因犯罪行为改变了原有的财产权利、义务关系，导致被害人丧失了财产性利益，则被害人的财产权就遭到了实际侵害。对此类案件，应当以行为人是否改变了原有的财产权利、义务关系作为判断既遂和未遂的标准。

在本案中，被告人习某珠等人以暴力、胁迫手段迫使彭某根书写75万元的收条，改变了原有的财产权利、义务关系，导致彭某根丧失75万元的债权，应当认定为抢劫犯罪既遂。公安机关及时侦破本案，恢复原有的财产权利、义务关系，就如同公安机关追回被抢财物返回给被害人一样，属于事后行为，可以在量刑时予以考虑，但并不影响抢劫既遂的认定。

在上述案件的裁判理由中，进一步明确了债权可以成为抢劫罪的客体，这是对我国刑法中的财物作了广义的理解。因此，以暴力手段强迫债权人写下收条，是一种消灭他人债权的行为，可以构成抢劫罪，而且属于抢劫罪的既遂。与此同时，在司法实践中还是存在使用暴力强迫他人写下欠条的案件，这类案件的特点是虚设债权。这种虚设债权的行为同样具有抢劫的性质，只不过如果没有实现这种虚设的债权，则属于抢劫罪的未遂。

第三个问题：抢劫罪的客体是否包含家庭共同财产？在一般情况下，抢劫罪的客体是他人的财物，因为抢劫罪是一种侵犯所有权的犯罪，这里的所有权当然是指他人财产的所有权。但在某些情况下，也会出现抢劫家庭共同财产的案件。于是，就产生抢劫罪的客体是否包含家庭共同财产的问题。

包某等故意伤害、抢劫案

被告人包某与其妻子陈女于1989年结婚，次年生育一女，夫妻感情一般。自1997年始，陈女就外出打工，每年只在春节期间回家。2000年1月26日，陈女从苏州打工回家后，表示要与被告人包某离婚。包某为了打消陈女的离婚念头且使其不能外出打工，即于次日上午找到被告人程某（系包某义侄），唆使程某找人将陈女的手指剁下两个或将陈女的耳朵割下一个，并将陈女带回的值钱物品抢走，以制造假象，防止引起陈女的怀疑；同时以抢走的钱物许诺作为程某等人的报酬。程某于当天找到被告人严某，告知详情。严某答应与其一同作案。当日晚，程某携带作案工具与严某一同前往包某家附近潜伏，并于次日凌晨1时许，在包某家院墙上挖开一洞，进入包某与陈女居住的卧室。严某按住陈女头部，程某向陈女要钱，陈女告知钱放在衣橱里。程某抢得陈女外出打工带回的人民币700元，以及手机一部和充电器一只，后又抢得陈女的金项链1条、金戒指1枚，价值人民币四千余元。之后，程某又持其携带的杀猪刀将陈女的左耳朵上部割下（经法医鉴定，构成重伤），随即逃离现场。

一审法院认为：被告人包某唆使他人故意非法损害他人身体健康、抢劫他人财物；被告人程某、严某受包某唆使，共同故意非法损害他人身体健康，致人重伤，并入户抢劫他人财物，三被告人的行为均已构成故意伤害罪、抢劫罪，应数罪并罚。在共同犯罪中，包某、程某系主犯；严某系从犯，可减轻处罚。检察机关指控三被告人犯故意伤害罪、抢劫罪的事实清楚，证据确实、充分。遂依照《中华人民共和国刑法》第二百三十四条、第二百六十三条第（一）项、第二十九条第一款，第二十六条第一、四款，第二十七条、第五十六条第一款、第五十五条第一款和第六十九条的规定，判决如下：(1) 被告人包某犯故意伤害罪判处有期徒刑7年，剥夺政治权利1年；犯抢劫罪，判处有期徒刑10年，剥夺政治权利3年，并处罚金人民币2000元，决定执行有期徒刑16年，剥夺政治权利4年，并处罚金人民币2000元。(2) 被告人程某犯故意伤害罪，判处有期徒刑7年，剥夺政治权利1年；犯抢劫罪，判处有期徒刑10年，剥夺政治权利3年，并处罚金人民币2000元，决定执行有期徒刑16年，剥夺政治权利4年，并处罚金人民币2000元。(3) 被告人严某犯故意伤害罪，判处有期徒刑5年，剥夺政治权利1年；犯抢劫罪，判处有期徒刑8年，剥夺政治权利2年，并处罚金人民币1000元，决定执行有期徒刑12年，剥夺政治权利3年，并处罚金人民币1000元。

一审宣判后，被告人包某、严某均以自己的行为不构成抢劫罪为由，提起上诉。

二审法院经审理认为：上诉人包某主观上具有教唆原审被告人程某、上诉人严某伤害、抢劫陈女的故意，客观上实施了教唆行为；上诉人严某在程某的教唆下，主观上有伤害、抢劫之故意，客观上实施了伤害、抢劫行为，因此，二上诉人的行为均已构成故意伤害罪、抢劫罪。其上诉理由不能成立，应当驳回。一审判决认定事实清楚，证据确实、充分，定罪准确，量刑适当，审判程序合法，应予维持。遂依照《中华人民共和国刑事诉讼法》第一百八十九条第（一）项的规定，作出裁定：驳回上诉，维持原判。

本案中，包某的行为能否构成抢劫（教唆）罪？在案件审理过程中，曾出现不同意见：一种意见认为，包某虽明确指使程某将陈女所带回的值钱物品抢走，但其主观上只是想通过以抢得的物品作为程某等人的报酬，促成程某等决意对其妻实施故意伤害行为，以达到其本人欲加害被害人目的和实现不让被害人外出打工的恶劣动机；同时以抢劫制造假相，防止引起陈女的怀疑，并无教唆他人抢劫的故意。因此，包某的行为只构成故意伤害罪，不构成抢劫罪。另一种意见认为，包某不仅教唆程某实施故意伤害行为，而且还教唆程某实施抢劫行为，因此，包某不仅构成故意伤害（教唆）罪，同时也构成抢劫（教唆）罪。

对此，本案的裁判理由认为：

依据刑法第29条的规定，教唆他人犯罪的是教唆犯，对教唆犯应按其所教唆的犯罪确定罪名，并按照他在共同犯罪中所起的作用处罚。构成教唆犯，在客观方面须有教唆他人犯罪的行为，教唆行为应当是具体的，教唆内容可以是一个罪，也可以是几个罪。主观方面须有教唆他人实施犯罪的故意，教唆故意包括两方面因素：一是认识到自己的教唆行为会引起被教唆人产生相应的犯罪意图或坚定其犯罪决心；二是希望被教唆人实施相应的犯罪（直接故意是常见形态），或者放任这种结果发生（间接故意是个别情形）。本案中，被告人包某不仅有“唆使被告人程某找人将陈女的手指剁下两个或将陈女的耳朵割下一个”的故意伤害教唆行为，而且也有指使程某“将陈女带回的值钱物品抢走”的抢劫教唆内容。尽管在包某看来，后一教唆内容是为其前一教唆内容服务的，即以抢劫所得的财物作为程某及其他共同犯罪人实施故意伤害陈女犯罪行为的报酬，同时制造假象以达到不引起陈女怀疑自己的目的，但从犯罪构成来看，其后一教唆内容已构成了区别于故意伤害的独立之罪，即包某客观上有实际的教唆他人抢劫的行为，主观上有教唆他人抢劫的故意，符合抢劫教唆犯的构成要件，已构成抢劫罪。值得注意的是，由于包某教唆的是“入户抢劫”，共同犯罪人即被告人程某、严某实际实施的也是“入户抢劫”，所以对上述各被告人应当按刑法第263条第1项规定量刑。

本案的特殊性在于：本案发生时被告人包某与被害人陈女并未离婚。根据婚姻法的规定，夫妻在婚姻关系存续期间所得财产，归夫妻共同所有。由此看来，本案被抢财物应属于被告人与被害人（夫妻）的共同财产。那么，教唆他人抢劫自己与妻子的共同财产，能否成为抢劫罪的主体？如能成为抢劫罪的主体，是否与抢劫罪侵犯的对象只能是“国家、集体或他人所有的财物”相冲突。所谓夫妻共同财产，是指男女双方从结婚登记确立夫妻关系开始，到双方离婚或一方死亡之时为止的期间内，双方或一方劳动所得和其他合法所得的财产。它不同于夫妻个人财产各为个人所有，而应由夫妻双方依法平等占有、使用和处分。夫妻任何一方，未经与他方协商同意（事前或事后），都无权擅自占有或处分夫妻共同财产，否则，就构成对另一方的民事侵权行为。如果以暴力为手段非法占有夫妻共同财产的，则有可能构成犯罪行为。

至于被抢财物的夫妻共同财产属性，并不影响被告人包某之犯罪行为性质的确认，即不影响其抢劫（教唆）罪名的成立，而仅可能影响本案具体抢劫数额的认定。因此，教唆他人抢劫自己与妻子的共同财产，同样可以成为抢劫罪的主体，与抢劫罪构成要件中的“犯罪对象范围或主观目的”并不矛盾。

《最高人民法院关于审理盗窃案件具体应用法律若干问题的解释》第1条第4项规定，“偷拿自己家的财物或者近亲属的财物，一般可不按犯罪处理”。此类似于中国古代刑法所说的“亲亲相盗不为罪”。那么，对“亲亲相抢”的本案被告人包某认定为抢劫（教唆）罪，与该规定是否相悖呢？有种观点认为，尽管上述规定仅是针对盗窃案件所言，并未就抢劫家庭成员或者近亲属的财物作出一般不以犯罪论处的解释，但对“亲亲相抢”而言，一般也可以不按犯罪处理，如实践中发生的家庭成员之间因财产争议相互抢夺的案件，因为其内在道理是一样的。

据此，对被告人包某也不宜以抢劫（教唆）罪论处。应当说，这种观点的前提有一定道理，但结论过于片面。“一般可不按犯罪处理”，并不等于绝对不按犯罪论处，具体案件仍要具体分析。无暴力特征的“亲亲相盗”与有暴力特征的“亲亲相抢”有质的不同，“亲亲相抢”为自己所有与唆使他人相抢并为他人所有亦有所不同。就本案而言，被告人包某在妻子要与其离婚的特殊背景下，教唆他人故意伤害自己妻子的同时，又明确指使他人抢走妻子带回的财物，教唆抢劫财物的范围特定，并将抢得的财物许诺作为被教唆人实施故意伤害行为的报酬，已明显不同于夫妻关系正常、稳定情况下的无明显暴力或仅有有限暴力但不想伤人的“亲亲相抢”，也不同于家庭成员之间因财产争议而相互抢夺。其社会危害性及主观恶性，都达到了应依照刑法定罪处罚的程度。

上述案件既涉及教唆的罪数问题，又涉及家庭共同财产能否成为抢劫罪客体的问题。在司法实践中，对于家庭共同财产存在较多的是近亲相盗或者近亲相骗的案件，对此司法解释都有处理规定。但这种近亲相抢的案件确实极为罕见。当然，本案被告人包某教唆他人对其妻子实施抢劫和伤害，本身不是为了财物，而是以此作为达到其他目的的手段，但当这种手段行为构成抢劫罪时，还是应当认定为抢劫罪。

（二）罪责

1. 责任能力

根据刑法第 17 条第 2 款的规定，已满 14 周岁不满 16 周岁的人，犯抢劫罪的，应当负刑事责任。同时，2003 年 4 月 18 日最高人民检察院法律政策研究室《关于相对刑事责任年龄的人承担刑事责任范围有关问题的答复》第 2 条规定，相对刑事责任年龄的人，实施了刑法第 269 条规定行为的，应当依照刑法第 263 条的规定，以抢劫罪追究刑事责任。这里所讲的第 269 条的规定，指的是一种转化型抢劫，我后面专门要来谈。也就是犯盗窃、诈骗、抢劫罪的过程当中，为了窝藏赃物、抗拒抓捕、毁灭罪证而当场使用暴力、胁迫，这种行为按照刑法规定要转化为抢劫。刑法第 17 条第 2 款只规定了已满 14 周岁不满 16 周岁的人犯抢劫罪应当负刑事责任，如果是转化型抢劫要不要负刑事责任？按照最高人民检察院有关业务部门的批复的精神，也要负刑事责任。此外，2006 年 1 月 11 日最高人民法院《关于审理未成年人刑事案件具体应用法律若干问题的解释》第 7 条规定：已满 14 周岁不满 16 周岁的人，使用轻微暴力或者威胁强行索要其他未成年人随身携带的生活学习用品，或者钱财数量不大且未造成被害人轻微伤以上或者不敢正常到校学习生活等危害后果的，不认为是犯罪。已满 16 周岁不满 18 周岁的人具有前款情形的，一般也不认为是犯罪。这种情况也就是在校学生，通常是指初中生或高中生，他们以同龄的在校学生为抢劫对象，使用的暴力比较轻微，取得财物数额比较小，没有造成很严重的后果，按照最高人民法院司法解释的规定，就不认为是犯罪。当然，如果造成了严重后果，造成了轻伤以上，或者导致被抢的学生不敢到校正常上学或生活，那么还有可能构成犯罪。这样一个规定就体现了对于未成年人犯罪从宽处理的精神。

2. 责任形式

抢劫罪的责任形式是故意，并且具有非法占有的目的。

三、抢劫罪的认定

抢劫罪的构成要件本身是较为简单的，但是抢劫罪在司法认定中存在许多疑难问题，尤其是和一些相似的犯罪之间的界限如何划分，是一个非常值得研究的问题。关于抢劫罪的认定，我讲以下问题。

（一）抢劫罪与绑架罪的区分

根据刑法第 239 条的规定，绑架罪是指以勒索财物为目的绑架他人，或者出于政治性目的或其他目的绑架他人作为人质，或者以勒索财物为目的偷盗婴幼儿的行为。由此可见，我国刑法中的绑架罪分为三种情况：第一种是以勒索财物为目的绑架他人，这就是所谓的“绑架勒赎”；第二种是出于政治性目的或者其他目的绑架他人作为人质；第三种是以勒索财物为目的偷盗婴幼儿。我这里所讲的绑架罪和抢劫罪之间的界限，主要是指“绑架勒赎”这种行为和抢劫罪之间的界限应当如何划分。

以勒索财物为目的的这种绑架行为，从它的行为来看是绑架行为，但这种绑架的目的是勒索财物，因此，“绑架勒赎”是一种目的犯，行为人只要实施了绑架行为，这个犯罪就完成了：勒索财物这个目的只要主观上有就可以了，而不要求付诸实施。因此，只要是绑架了他人，即使没有向他人发出勒索财物的指令就案发，或者虽然发出了勒索财物的指令但是没有获取财物就案发，也构成绑架罪的既遂。这种“绑架勒赎”是以绑架他人这种暴力方法（绑架他人实际也是一种暴力）来取得他人财物，因此从表面来看它也符合暴力取财这样一个目的。但是我认为，这两者是存在着重大区分的，这种区分主要就在于：于抢劫罪的暴力取财，被使用暴力的人和被迫交出财物的人是同一人，也就是行为人对张三使用暴力，然后张三被迫交出财物，因此，张三既是人身侵犯的受害者，又是财产犯罪的受害者，是同一个人。于绑架勒赎，这种取财是向被绑架人的亲属取财，并且是利用被绑架人的亲属或者其他的朋友对被绑架人的生命的担忧，使之不得已交付赎金。因此，“绑架勒赎”中的“赎”是一种赎金，交付这种财物的目的是使绑架人释放人质。所以这两者是有所不同的。

在司法实践当中，经常有这样的案件：张三绑架了李四，扣押他。李四身上也没钱，张三就让李四打电话给自己的亲属，让亲属交钱，或者让亲属往卡上打钱。如果李四是一个公司老板，就让他的职员，比如说他公司的财务、会计，以急需用款为名，拿出十万、二十万元来，或者往卡上打钱。但在这种情况下，被绑架人的亲属或公司职员，也就是送钱的人或者打款的人，并不知道李四被绑架、被扣押这样一个事实，以为真是做生意缺钱或者是出了事故急需要用钱，而往卡里打款或者送钱。在这种情况下，到底是一种“绑架勒赎”还是一种抢劫？今年（2016 年）的司法考试就涉及这个知识点。我认为，这种行为是一种抢劫行为，而不是绑架。从表面来看，甲把乙扣押了、绑架了，然后乙的家属或者其他人也送钱了，甲就把乙释放了。从客观上看，好像是符合绑架罪的特征。但是，绑架罪当中有一条，就是它不仅侵犯到被绑架人的人身安全，而且对绑架人的亲属还造成了某种侵害，使被绑架人的亲属对被绑架人的生命安全产生某种担忧，并因此而交付赎金。也就是“绑架勒赎”，这个“勒赎”是向被绑架人的亲属或者其他人“勒赎”。但是我们刚才讲的这个案件，在某种意义上也可以说是一种“勒赎”，但它是向被绑架人本人“勒赎”，虽然钱是他人送的，但他人并不知道李四被绑架，他人并不是以赎金名义送钱来的。所以“绑架勒赎”是一种他赎，我刚才所讲的情况是一种自赎、自我赎买，因此，这种情况应该定抢劫罪而不是绑架罪。这个问题是比较复杂的，一般人很容易误解。只是光看形式上好像被绑架了，好像交了赎金，但绑架罪的构成要件中有一个要件不容易被掌握，也就是绑架罪不仅要侵犯被绑架人的人身权利，而且要对被绑架人的家属造成某种伤害，使他产生对被绑架人的安危的担忧，从而不得已地交付赎金。

这里就涉及绑架罪和抢劫罪的区分，通常来说，抢劫罪是当场的，因此抢劫罪抢得的财物是他人随身携带的。比如我身上带了一千块钱，抢劫犯就把这一千块钱抢走了，像这种情况下定抢劫一般问题不大。但有时候，比如随身携带了一张信用卡或者银行卡，光拿到卡没用，抢的人要被害人说出信用卡的密码，然后到柜员机上去取出来，有的情况下甚至押着被害人到银行去取钱，把钱取出来。像这种情况是不是抢劫？我认为还是一种抢劫。另外，有时候被抢的人身上没有钱，让他写下欠条，也就是通过暴力手段让他人设立债权，也是一种抢劫。由此可见，抢劫罪虽然是当场取得财物，但是对“当场”不能作机械的理解。

陈某抢劫案

被告人陈某与林某某、朱某某经事先预谋后，于 2004 年 12 月 27 日 11 时许窜至南安市水头镇××酒店守候，当被害人柯某某欲进入闽 CF63××佳美轿车驾驶室时，被告人陈某持匕首与朱某某将柯某某挟持在车后座后，由林某某驾驶该车开往泉港区。途中，陈某及朱某某、林某某强行搜走柯某某身上和车内的人民币 31 700 元，又用纱布蒙住被害人柯某某的眼睛后威逼柯打电话叫家人拿钱，柯某某被迫打电话向林乙借款人民币 10 万元并要林乙送到泉州市第一医院。当天下午 5 时许，被告人陈某与林某某、朱某某继续挟持被害人柯某某到指定的地点接款，柯某某在泉州市第一医院里喷水池边的人行道接到林乙的 10 万元人民币后将款交给被告人陈某和朱某某。而后，被告人陈某及林某某、朱某某将车钥匙交还柯某某后三人逃离现场并进行分赃。案发后，公安机关从林某某处追回现金1 600元返还给被害人柯某某。

一审法院经审理认为：被告人陈某以非法占有为目的，伙同他人，采用暴力手段，劫取他人财物13万余元，其行为已构成抢劫罪，且抢劫数额巨大。据此，依照《中华人民共和国刑法》第二百六十三条第（四）项、第五十七条第一款、第二十五条第一款、第六十四条之规定，判决如下：(1) 被告人陈某犯抢劫罪，判处无期徒刑，剥夺政治权利终身，并处没收个人全部财产；(2) 责令被告人陈某继续退赔被害人柯某某经济损失人民币13.01万元。

一审宣判后，被告人陈某不服，提出上诉，理由是：同案人林某某、朱某某叫其去讨赌债，事前不知道要去抢劫，无预谋；没有殴打被害人，分赃少；归案后认罪态度好，原判量刑过重，请求从轻处罚。

二审法院经审理认为：一审判决定罪准确、量刑适当，审判程序合法。据此，依照《中华人民共和国刑事诉讼法》第一百八十九条第（一）项的规定，裁定如下：驳回上诉，维持原判。

本案涉及的法律争议问题是如何区分界定勒索型绑架罪与抢劫罪。在本案审理过程中，对被告人陈某行为的定性有两种不同的意见：第一种意见认为构成绑架罪，第二种意见认为构成抢劫罪。

本案的裁判理由认为：

在本案中，被告人陈某及其同伙虽然也是采取了暴力、胁迫手段挟持被害人，并实施了勒索财物的行为，但其实施的行为均只针对被害人柯某某，虽柯某某向其朋友林乙借钱，但被告人陈某等人并未告知林乙其已控制柯某某，需要用钱来赎回柯某某，故其行为没有指向第三人，因此，该行为不符合绑架罪中行为人向被绑架人的亲属或其他人发出威胁索取赎金的特征，不能以绑架罪定罪。被告人陈某辩解是非法拘禁，根据庭审查明，被害人柯某某否认存在赌债，同案人林某某的供述及被告人陈某在侦查阶段的供述均没有提到索要赌债的目的，只有被告人陈某在庭审时才提到此目的，故其辩解无事实依据，不能成立。综上，本案中被告人陈某结伙采用暴力、胁迫手段，当场实施了劫取财物的行为，并当场逼迫被害人打电话向朋友借钱后将钱款劫走，其行为符合抢劫罪的构成要件，

一、二审法院以抢劫罪对其定罪处罚是适当的。

对于这类案件在理论界和实务界讨论得都比较激烈。2007 年司法考试考了类似一道题，官方公布答案为构成抢劫罪。但不少考生，包括许多来自法院系统的考生，认为答案有误，行为人应构成绑架罪，其理由是行为人是通过第三人才使非法占有的目的得到实现的。

这里提及的 2007 年司考题是指陈某抢劫案，案情如下：陈某见熟人赵某做生意赚了不少钱便产生歹意，勾结高某，谎称赵某欠自己 10 万元货款未还，请高某协助索要，并承诺要回款项后给高某 1 万元作为酬谢。高某同意。某日，陈某和高某以谈生意为名把赵某诱骗到稻香楼宾馆某房间，共同将赵扣押，并由高某对赵某进行看管。次日，陈某和高某对赵某拳打脚踢，强迫赵某拿钱。赵某迫于无奈给其公司出纳李某打电话，以谈成一笔生意急需 10 万元现金为由，让李某将现金送到宾馆附近一公园交给陈某。陈某指派高某到公园取钱。李某来到约定地点，见来人不认识，就不肯把钱交给高某。高某威胁李某说："赵某已被我们扣押，不把钱给我，我们就把赵某给杀了。"李某不得已将 10 万元现金交给高某。高某回到宾馆房间，发现陈某不在，赵某倒在窗前、已经断气。见此情形，高某到公安机关投案，并协助司法机关将陈某抓获归案。事后查明，赵某欲爬窗逃跑，被陈某用木棒猛击赵某脑部，致其身亡。

在这个案例中，陈某将被害人赵某扣押，对其使用暴力索要财物。在迫不得已的情况下，赵某因为身边没有这么多钱，就打电话让其公司的出纳李某送来 10 万元钱。但赵某在让李某送钱的时候并没有告知自己被扣押，而是以公司做生意为名，让李某拿钱。在这种情况下，钱是第三者拿的，但第三者并没有被勒索，因此并不符合绑架罪的构成要件。因为绑架罪不仅侵犯被害人的人身权利和财产权利，而且侵犯第三人的自决权，即，利用被绑架人的亲属以及其他人对被绑架人的生命安危的担忧而索要财物。但在本案中，第三者并不知道赵某被绑架，因此也就不存在利用被绑架人的亲属以及其他人对被绑架人的生命安危的担忧而索要财物的问题，因而不构成绑架罪。这个案件严格来说，与典型的抢劫罪也是不相符合的，属于抢劫型勒索。对此德国刑法典专门有规定，我国刑法没有专门规定。但从构成要件来说，这与抢劫罪较为接近，应当认定为抢劫罪。

前述陈某抢劫案也是如此：该案具有绑架行为的部分特征，如以勒索财物为目的、控制被害人人身自由后要求被害人联系第三人、通过第三人运送财物，等等。然而在绑架罪中，第三人必须意识到被害人的人身安全存在危险，并在主观意识上是因为担忧被害人的人身安全才予以运送财物。而在非典型的抢劫罪中，第三人仅仅是作为一个运送财物的工具，第三人并没有意识到被害人的人身安危，也根本不会担忧被害人的人身安全。因此，在非典型抢劫罪中，意思主体只有犯罪人和被害人，而在绑架罪中意思主体有犯罪人、被害人、被害人亲友。在非典型抢劫罪中，第三人作为一种工具，不起意思决定作用，对财物数额起决定作用的是犯罪人与被害人；而在绑架罪中，被害人作为一种工具，不起意思决定作用，对财物数额最后起决定作用的是犯罪人和第三人。联系陈某抢劫案，意思主体只有被告人陈某与被害人柯某某，第三人林乙只是个送钱的工具，没有对财物数额起到意思决定作用，因此本案被告人的行为应认定构成抢劫罪。

（二）抢劫罪与招摇撞骗罪的区分

根据刑法第 279 条第 1 款的规定，招摇撞骗罪是指冒充国家机关工作人员进行招摇撞骗活动，损害国家机关形象、威信和正常活动，扰乱社会公共秩序的行为。招摇撞骗也是我国刑法中所特有的一个罪名，它是冒充国家机关工作人员，像冒充军警、冒充某些国家机关的领导干部，进行招摇撞骗。招摇撞骗的含义比较宽泛。招摇撞骗中的这个“骗”，既可以骗取他人财物，也可以骗取其他的一些非法利益，像骗取职务、骗取爱情甚至骗取婚姻，等等，所以它的范围比较广泛。招摇撞骗行为损害了国家机关的威信，破坏了国家机关的形象。在一般的情况下，招摇撞骗和抢劫这两种犯罪是容易区分的。因为招摇撞骗的一个主要特征是骗，是欺骗，而抢劫的主要特征是暴力取财，这两者是有所不同的，所以在通常情况下，这两种犯罪并不会发生混淆。但是在某些特殊的情况下，这两种犯罪的界限不好划分清楚。比方说，被害人正在进行某些违法行为的时候，有的犯罪分子冒充执法人员，非法占有他人财物，到底是招摇撞骗还是以胁迫为手段的抢劫，存在一定争议。也就是说，有些人正在进行一些违法行为，这行为本身是违法的，这时候犯罪分子就冒充执法人员，要非法占有他人财物。因为他人本身就是在进行违法行为，这时突然出现一个执法人员，他心里就感到害怕。比如有的以罚款为名说，要么给钱要么带到派出所去处理。这就对被害人有一种精神上的胁迫，迫于这种精神上的压力、这种强制，被害人不得不交付财物。像这种情况，到底是招摇撞骗还是以胁迫为手段的抢劫，这个界限就有点难区分了。这里面行为人实施了冒充国家机关工作人员取得他人财物的行为，但是，在这种情况下也好像是对被害人实行一种精神强制以非法占有他人财物。也就是说，行为人取得这个财物到底是骗来的还是通过对他人进行精神胁迫而取得的，这个界限就不好划分清楚。在司法实践当中较为常见的是，冒充正在执行公务的人民警察抓赌抓嫖。这个人正在赌博或者正在进行卖淫嫖娼，有人就冒充正在执行公务的人民警察来没收赌资或者罚款，不行就带到派出所去。像这种情况，根据有关司法解释的规定，如果行为人仅仅是冒充有关执法人员，利用他人对执法人员的恐惧，不得已而交付财物，那么应当以招摇撞骗罪从重处罚。如果行为人在实施上述行为时使用暴力或者以暴力相威胁的，就应当以抢劫罪定罪处罚。所以这个界限就划分在他所采取的行为，也就是他使用的手段：如果他是单纯地冒充正在执行公务的执法人员，以对违法行为处理为名非法取得他人财物，在这种情况下，他人之所以给予财物，因为是误认为这些人就是正在执行公务的警察，仿佛自愿地交付财物，所以在这种情况下，他这个财物取得，主要还是通过一种欺骗的方法，使被害人发生认识上的错误，从而取得财物。在这种情况下应当定招摇撞骗，以招摇撞骗罪从重处罚。但是如果在这个冒充的过程当中，被害人不服，他就使用暴力或者以暴力相威胁来取得财物，那么就应当定抢劫罪。

可见，犯罪之间的界限就应当这样来划分，要根据案件的具体情况来进行分析。在这种界限比较难以划分的情况下，在一个具体情况下，他当时怎么讲的、怎么做的，这种细节对于应当认定为此罪还是彼罪可能就会有重要影响。我们在刑法理论上只能提供区分此罪和彼罪的一个基本的原则，在运用这个基本的原则来对具体案件作分析的时候，还要根据具体的案情来进行认定。

（三）抢劫罪与强迫交易罪的区分

根据刑法第 226 条的规定，强迫交易罪是指以暴力、威胁手段强买强卖商品，强迫他人提供服务或者强迫他人接受服务，情节严重的行为。由此可见，强迫交易罪是一种以暴力威胁为手段的营利行为：强迫交易带有一种营利性，它属于一种不正当的经济行为，它是一种妨害经济秩序的行为。在有关的经济法当中，它被规定在反不正当竞争法当中，它是一种不正当的竞争行为。从本质上来说，它还是一种营利行为，也就是一种买卖关系，存在一种交易，只不过它是使用暴力或者威胁方法来实现这种交易，来非法获取这种利益。因此，它与以暴力威胁为手段的非法取财的行为，应当说性质上还是不一样的。因为抢劫是一种暴力取财，说得通俗一点，也就是说在抢劫的情况下它是一种无本的买卖。它是不需要付出成本的，不存在交易关系，它就是用暴力把钱拿过来，暴力取财。强迫交易毕竟存在一种商品交换关系，只不过这种交换是以暴力、威胁的方法来实现的。因此两者性质是不同的。

但有时候，两者的性质也是容易混淆的。在司法实践中，经常发生这样的案件：有的咖啡馆或酒馆，找些人去招揽客人，有些人甚至以一种不正当的手段，例如有些女孩在网上以网上聊天为名，去结识网友，然后约会，把他人带到某一个特定的咖啡馆或者酒馆来进行消费。有时候只喝杯咖啡或喝一瓶洋酒，最后一结账要几千块钱甚至上万块钱。实际上所谓洋酒，就是可乐兑点水。如果不交钱就使用暴力，把钱都搜出来，甚至让人回家去取钱，如果不给钱就不放人。往往有几个彪形大汉，进行暴力或者暴力威胁。像这样一种情况，到底是一种强迫交易还是一种抢劫，这个界限就不太好划分清楚。从表面来看，它确实是一个交易：在这里消费了，当然应当付费。但是这个费呢，确实比较高，超出了它的实际价值，甚至超出很多。如果不交呢，就使用暴力。这种行为和强迫交易具有一定的相似性，但是在这种情况下，我的实际消费也就是一百块、两百块钱，但你让我掏几千块钱甚至上万块钱，这跟抢劫有什么差别？没有什么差别。对于这种情况到底怎么来定，有关的司法解释也作了具体的规定。我们来看一下司法解释对此是如何规定的。根据司法解释的规定，从事正常商品买卖交易或者劳动服务的人，以暴力、威胁手段迫使他人交出与合理价钱费用相差不大的钱物，情节严重的，以强迫交易罪定罪处罚；以非法占有为目的，以买卖交易服务为幌子，采用暴力、威胁手段迫使他人交出与合理价钱费用相差悬殊的钱物的，以抢劫罪定罪处罚。从这个司法解释的规定来看，在这种情况下到底是定强迫交易还是抢劫，就看他所要获取的财物和他实际的价格之间是否相差悬殊，如果不悬殊就定强迫交易，如果悬殊就定抢劫。当然，这个司法解释也规定，在具体认定时，既要考虑超出合理价钱费用的绝对数额，还要考虑超出合理价钱费用的比例，加以综合判断。这样一个司法解释的规定，为我们正确地区分强迫交易罪和抢劫罪给出了一个基本的原则。

这里的关键是什么呢？关键还是要对交易行为本身作一个判断，也就是是否存在实际的交易行为。存在实际交易行为的，是一种强迫交易。如果虽然有这个交易行为，但这个交易行为只不过是非法占有他人财物的一个幌子，那就是抢劫。通常来说，如果消费不仅仅是价格高，而且在所消费的物品中弄虚作假，比方说像刚才所讲的用可乐兑点水就变成洋酒，或者其他这样一些行为，那实际上并不是进行交易，而是以交易为名来非法占有他人财物。在这种情况下，就应当定抢劫罪。上述司法解释说，根据他所获取的财物、钱财和合理的价格费用是否相差悬殊来进行界定，即什么叫相差悬殊？相差多少叫相差悬殊？对于这些问题上述司法解释并没有给出一个绝对的标准，我们在具体案件当中，自己要作出一个判断。判断的时候，上述司法解释就规定，不仅要看绝对的数额，还要看比例。

陈某忠等抢劫案

2010年2月起，被告人陈某忠、葛某等人合伙租用上海××经贸有限公司的部分KTV包房，招募被告人降某、姚某、陈某等人以提供色情服务引诱他人前来消费，强迫他人支付高额费用。2010年3月24日23时40分许，新加坡籍被害人洪某被引诱至上述地点，经陈某安排接受异性服务。在洪某结清陈某及卖淫女的费用后，被告人降某、姚某等人又将洪某带进另一处包房，持虚开的洋酒、零食等消费清单向被害人洪某索取人民币（以下币种均为人民币）1.7万余元。被害人洪某拒绝支付并欲离开，遭降某、姚某等人言语威吓、拳打脚踢、拉扯、捂嘴后，被迫通过移动POS机刷卡支付1.7万元。陈某忠按事先约定将该款予以分配。被害人洪某离开后即报警。陈某忠、葛某、降某、姚某、陈某均被当场抓获。陈某忠等人退出了全部赃款。经法医学鉴定，被害人洪某全身多处软组织挫伤，口腔内黏膜损伤，属轻微伤。

一审法院认为：被告人陈某忠、葛某、降某、姚某、陈某以非法占有为目的，采用暴力、胁迫手段当场共同劫取财物，其行为均构成抢劫罪。在共同犯罪中，陈某忠、葛某、降某、姚某起主要作用，系主犯；被告人陈某起辅助作用，系从犯，对其依法减轻处罚。陈某忠、葛某曾受过刑事处罚，对其可酌情从重处罚。陈某忠等人在事发后退出了全部赃款，又可酌情从轻处罚。遂依照《中华人民共和国刑法》第二百六十三条、第二十五条、第二十六条第四款、第二十七条、第六十四条、第五十五条第一款、第五十六条第一款、第五十三条之规定，判决如下：被告人陈某忠犯抢劫罪，判处有期徒刑 6 年，剥夺政治权利 1 年，并处罚金 6 000 元；被告人葛某犯抢劫罪，判处有期徒刑 6 年，剥夺政治权利 1 年，并处罚金 6 000 元；被告人降某犯抢劫罪，判处有期徒刑 5 年 4 个月，剥夺政治权利 1 年，并处罚金 5 500 元；被告人姚某犯抢劫罪，判处有期徒刑 5 年 4 个月，剥夺政治权利 1 年，并处罚金 5 500 元；被告人陈某犯抢劫罪，判处有期徒刑 2 年 2 个月，并处罚金 3 000 元；已退的赃款发还被害人。

一审判决后，被告人陈某忠、降某、姚某以不构成抢劫罪为由提起上诉。

二审法院经审理后，依法驳回上诉、维持原判。

本案涉及利用酒吧或者咖啡厅的消费宰客，甚至采用暴力、胁迫手段索要所谓高额费用行为的定性问题。被告人往往采取色情或者其他诱骗手段，勾引他人到特定消费场所，然后索要高额消费费用，能哄则哄，哄骗不成则恶语相向、小敲小打，最后大打出手，直至钱财到手。对这种讹诈行为如何定罪，在司法实践中通常涉及以下三个罪名：

(1) 诈骗罪。非暴力的讹诈宰客行为对应的往往是诈骗罪。在此阶段，行为人采用各种欺骗手段，不具有暴力或威胁。这是其定性的关键行为特征。例如安排女青年主动搭识男性被害人后，约至餐厅、酒吧消费，虚开高价，使被害人受到蒙蔽后支付钱财；被害人在此过程中未受到人身威胁，仅是财产权益受到侵害。行为人的诈骗金额达到数额较大的，可以认定构成诈骗罪。

(2) 强迫交易罪。从事正常经营的单位或个人，为增加盈利，采用讹诈宰客的手段拉生意，为促成交易使用较轻暴力、胁迫手段，强买强卖，如果其经营行为是基本正常的、稳定的，行为人追求和获取的经济利益主要源于商业经营活动，基本符合商业利润的发生规律，仅为获取更高经营利润而为之，情节严重的，可以认定构成强迫交易罪。其关键特征是具有实际的商业经营活动和经营行为，其刑事责任的根据在于行为人采用了侵害人身权利和市场秩序的交易手段。

(3) 敲诈勒索罪、抢劫罪。敲诈勒索罪和抢劫罪具有非法占有财物的故意，行为人并非从事正常经营，而是以经营活动为幌子或诱饵，追求的主要不是商业利润，而是商业利润环节之外的他人财产，并且是通过暴力或威胁取得。如果行为人使用的是非暴力的胁迫，或者是非当场兑现的暴力胁迫，则构成敲诈勒索罪。如果行为人以当场实施暴力相威胁或者直接实施暴力而劫取财物，则构成抢劫罪。

那么，本案被告人陈某忠等人的行为如何定罪呢？陈某忠等人及其辩护人均承认陈某忠等人实施的是一种通过非正当经营方式获取暴利的犯罪行为，但对起诉书指控的抢劫罪提出异议，其辩护人提出应认定强迫交易罪或敲诈勒索罪。本案裁判理由认为，该辩解不能成立。理由如下：

(1) 本案不构成强迫交易罪。强迫交易罪，是指以暴力、威胁手段强买强卖商品，强迫他人提供服务或者强迫他人接受服务，情节严重的行为。强迫交易罪侵害的犯罪客体是正常的市场商品交易秩序。行为人采取暴力、威胁手段的目的在于迫使消费者接受其商品或服务，从而获取经营利益，主观上不具有非法占有他人钱财的故意。最高人民法院《关于审理抢劫、抢夺刑事案件适用法律若干问题的意见》第 9 条专门就经营活动中强迫交易罪与抢劫罪的区别作了规定。实践中，主要可结合两点加以区分：一是行为人是否从事正常的经营活动，二是行为人是否为了获取基本合理的对价。本案中，陈某忠等人利用经营幌子索取被害人钱财，被害人接受异性服务的费用是单独与陈某和卖淫女结算，并已实际结清。陈某忠等人开出的账单项目绝大部分不是被害人实际消费的，而是虚构的，账单金额更是根据对被害人经济实力的判断虚开的。由此表明，陈某忠等人显然不具有正常经营的性质，其“吊模宰客”的行为不是为了获取基本合理的对价，而是为了非法占有被害人的钱财。因此，被告人的行为不构成强迫交易罪。

(2) 本案不构成敲诈勒索罪。抢劫罪和敲诈勒索罪在理论上的区分是比较清楚的，二者主要有两点实质的区别：一是抢劫罪的主要行为方式是实施暴力，如果是威胁，此威胁也是当场兑现暴力的威胁。抢劫罪的暴力是直接针对被害人发出的。而敲诈勒索罪的主要行为方式是要挟，包括将要针对被害人或其亲友实施暴力、揭露隐私、毁坏财物等，从而迫使被害人因顾虑可能发生的人身、财产损害而交付钱财。二是抢劫罪中实施暴力（或威胁当场兑现暴力）和取得财产这两个行为都是当场实施的，而敲诈勒索罪如果是通过实施较重的暴力敲诈勒索钱财，则暴力与取财不能都是当场。如果当场取得财物，则不能是当场实施暴力，而应当是威胁将来实施暴力，否则就是抢劫；如果当场实施暴力，则取财行为一般是之后，否则也是抢劫。本案中，陈某忠等人在犯罪过程中同时实施了以握有嫖娼把柄相威胁以及多人围堵、殴打的行为，外观上似乎符合敲诈勒索罪的构成特征，但综合案发环境、被害人反应等因素分析，陈某忠等人采用的暴力手段已经当场对被害人的人身造成了伤害。被害人被多人围在较为封闭的空间内无法脱身，一有反抗或不配合即遭殴打，其人身安全及行动自由均遭到严重侵害，处于现实的危险中。被害人客观上处于无力反抗的状态，主观上处于不得不从的心理劣势。在此情况下，被害人迫不得已刷卡支付所谓消费费用，脱身后立即报警。这说明被害人被迫交付钱财主要是急于摆脱正在遭受的人身危险，并非顾虑接受异性服务的负面影响。

综上，本案裁判理由认为陈某忠等人的行为系当场实施暴力并当场取得钱财，符合抢劫罪的罪质特征，应认定构成抢劫罪。

(四) 抢劫罪与抢夺罪的区分

根据刑法第 267 条第 1 款的规定，抢夺罪是指以非法占有为目的，趁人不备公然夺取公司财物，数额较大的行为。抢夺也是一种抢，抢劫也是一种抢，都是抢，但这两者是有所区分的：抢劫是采用暴力手段来抢，是一种暴力取财；抢夺虽然也是抢，但它是采用一种非暴力的手段来抢，通常是趁人不备而夺取他人财物。因此，抢夺罪不具有暴力取财的性质，这是两者的根本区分。

当然，在抢夺罪中，为了抢得他人财物，也会使用一定的力量，也要用力，但是这种力量是针对其所想要抢的财物的，是为了将他人控制下的财物转而为自己控制所必要的一种强制力量。比如说一个人手里拿了一个包，他去抢，人家就会紧紧抓住这个包不放，他为了取得这个包，他就要用力、使劲用力，或者把这个包的带子弄断了才能抢走，或者由于使劲用力包的所有人抓不住了，只能放手。所以虽有一定的力量，但是这个力量还是针对这个财物的，是为了取得这个财物，而不是为了对他人造成伤害。但是，在抢夺当中由于他要使用一定的力量，也可能对他人造成一定的伤害。比如说，在一个下雪天，一个老太太正在冰雪地上走，她有一个比较贵重的包，行为人就去抢这个包，老太太由于受到力量的作用，就摔倒在地，结果头正好碰在一个石头上，就摔死了。从客观上来说，抢包行为和老太太死亡结果之间是有因果关系的。但是在这种情况下，行为人在主观上并不是想通过致使老太太伤亡来达到取得包的目的。也就是说，这两者之间在客观上是有因果关系，但是行为人主观上并不是把这种伤害甚至死亡作为他取得财物的一个手段来使用的，而是由于这个犯罪附带地发生了这样一种死亡结果。他对这个死亡结果应该说主观上有过失。在这种情况下，按照有关司法解释的规定，就应当按照重罪来处断，也就是说哪一个罪重定哪一个，从一重罪处断。因此，基本上是把它看成一个想象竞合犯，也就是抢夺这一个行为触犯了两个罪名，一个是抢夺罪，一个是过失致他人死亡罪。我认为，这种情形规定为抢夺罪的结果加重犯比较好：由于抢夺而造成他人死亡或者伤害，作为结果加重来处理。但是这种情形在现实生活当中发生的可能性很小，所以法律上没有专门作出规定。如果发生这种案件，就按照想象竞合犯来处理，从一重罪处断，也还是可以的。

在这种情况下，对于抢夺和抢劫还是容易区分的。但是问题比较复杂的，是所谓的“飞车抢夺”的问题，也就是驾驶机动车辆或者非机动车辆来夺取他人财物。通常来说，驾驶摩托车，也有个别的驾驶小汽车，当然也有个别的是骑自行车，在高速行驶当中，突然抢他人财物，通常是抢包，在一些大城市，尤其是在广州，发生得非常严重。因此，有的人开玩笑说，在广州生活的人，没有不被抢过的。可见，抢夺发生太严重了。这两天好像深圳一个网友还拍了一段一个女孩被汽车抢的视频挂到网上。这样一种犯罪，它不仅仅是侵犯财产，关键在于它对社会治安造成很大的威胁，于是就成为打击重点。对于这种“飞车抢夺”这种行为，到底怎么来处理？因为它很严重，因此有些地方的司法机关就倾向于把它作为抢劫罪来从重惩治。在法律上怎么来解释，是值得研究的。关于飞车抢夺的问题，司法解释的规定有一个演变过程。2002 年 7 月 15 日最高人民法院《关于审理抢夺刑事案件具体应用若干问题的解释》第 2 条第 4 项就规定，利用行使的机动车辆抢夺的，作为抢夺罪的从重处罚的事由来加以规定。也就是说，这种驾驶机动车辆抢夺他人财物只是作为抢夺罪的一个从重处罚的情节来考虑。但是 2005 年 6 月 8 日最高人民法院《关于抢劫、抢夺刑事案件适用法律若干问题的意见》第 11 条规定，驾驶机动车、非机动车夺取他人财物的行为，一般以抢夺罪从重处罚，但具有下列情形之一的，应当以抢劫罪论处。这里列举了三种情形：第一，驾驶车辆，逼挤、撞击或强行逼倒他人，以排除他人反抗，趁机夺取财物的；第二，驾驶车辆强抢财物时，因被害人不放手而采取强拉硬拽的方法劫取财物的；第三，行为人明知其驾驶车辆强行夺取他人财物的手段会造成他人伤亡的后果，仍强行夺取并放任造成财物持有人轻伤以上后果的。在这三种情形当中，于前两种情形以抢劫罪论处，我看问题不太大，因为它虽然没有明显的暴力，但是它利用了机动车这种特殊的工具对行为人进行逼挤或者撞击，以排除障碍取得财物，定抢劫罪问题也不太大。但第三种情形下定抢劫罪可能会有点疑问。第三种情形是行为人明知其驾驶车辆强行夺取他人财物的手段会造成他人伤亡后果，仍然强行夺取并放任造成财物持有人轻伤以上后果。在这种情况下，实际上就是说只要飞车抢夺财物，给他人造成轻伤了，就定抢劫。这个司法解释的规定反映了对驾驶机动车辆进行抢夺从严惩治的政策精神，所以满足一定条件时把它作为抢劫罪来规定。

（五）抢劫罪与敲诈勒索罪的界限

根据刑法第 274 条的规定，敲诈勒索罪是指以非法占有为目的，采用威胁或者要挟的方法，强行索取公私财物，数额较大的行为。在行为人采取威胁方法强行索取他人财物的情况下，这种敲诈勒索和抢劫罪到底如何来区分？这是一个值得研究的问题。这种区分的关键就在于，抢劫罪所威胁的暴力是立即付诸实施的暴力（我在前面讲到抢劫罪的暴力威胁的时候，它是以立即实施暴力相威胁），是如果不从就立即实施的暴力，而敲诈勒索罪所威胁的暴力是事后将要实施的暴力。因此，我们就可以看到这两种暴力的威胁话语不同。比方说，一个犯罪分子对被害人说："把钱交出来，不然我就杀了你！"如果这样说，那就是抢劫。但如果犯罪分子对被害人说："把钱交出来，不交我就把你小孩给杀了！"但是小孩并不在身边，那这就是敲诈勒索，因为这个暴力不可能当场实施。或者说"你不交我就把你家里的房子给烧了"，这就是敲诈勒索，因为它这种暴力不可能当场实施。如果这个行为发生在他家里面，说"你不给我，我就把你房子给烧了"，马上就可以点火，那么这个就是抢劫。"如果你不给我钱，我就把你小孩给杀了"，这个小孩就在身边，可能马上实施，那就是抢劫。这是两罪的区分。

当然，这种当场的敲诈勒索的情形是很少见的。通常的敲诈勒索，最常见的就是寄敲诈勒索信，要求被害人给多少钱，把钱放哪儿或者往哪个账户上打多少钱，不打的话就要杀了被害人或者往被害人的商店里面投毒。这是典型的敲诈勒索。因此一般来说，抢劫罪都是被害人和犯罪人之间必须当面，抢劫罪是一种当场性的犯罪，是当面的犯罪。而敲诈勒索罪，在通常情况下它具有非当面性，它不是当面的，它是隐瞒的、隐蔽起来的，被害人不知道谁在敲诈。这是它通常的情形。在这种非当面的情况下，它和抢劫罪是容易区分的，但是在当面敲诈的情况下，它和抢劫罪就不太容易区分，这种区分的关键就在于这种暴力威胁是不是当场实施。

林某等敲诈勒索案

2004年6月中旬的一天凌晨，在佛山市禅城区××首饰厂工作并住该厂305宿舍的覃某发现自己放在宿舍的前几天花一百多元购买的皮带不见了。当天早上，覃某在佛山市禅城区××首饰厂403宿舍发现自己的皮带在被害人陈某仁的床上，怀疑系被害人陈某仁所偷。后覃某将此事告诉与其同住该厂305宿舍的工友。次日上午8时许，覃某与被告人林某、戴某、刘某、陈某、蒋某、陈乙（均住305室，另案处理）到403宿舍找到被害人陈某仁，责问皮带来源，并提出要报厂保安部门处理。因被害人提出要私了，被告人林某便叫被害人陈某仁一同出外吃早餐并解决该事。吃完早餐后，覃某因加班先回厂上班，被告人林某、戴某、刘某、陈某与被害人陈某仁一起回厂，路经佛山市禅城区某废品收购站门口时，被告人林某将被害人陈某仁叫到一边，并打了被害人陈某仁两耳光。被害人陈某仁承认盗窃皮带事实后，被告人林某又要求其赔偿305宿舍被盗其他财物的损失，陈表示同意。此后，被告人林某将被害人愿意赔偿305宿舍被盗财物一事告知被告人戴某、刘某、陈某，并要其他被告人报出各自在305宿舍被盗物品的情况，各被告人均称失窃了财物不等，根据被盗财物价值，被告人林某要求被害人赔偿5 000元，限定其当天给钱。被害人由于当时没有那么多现金，便写下欠条。当天下午4时许，被害人到305宿舍门口，交给被告人林某2 000元，并要求被告人戴某作证。当晚，被告人林某叫其他被告人等人一起吃饭，花去约200元，余款用于赌博输掉。

检察院以被告人林某、戴某、刘某、陈某犯抢劫罪，向法院提起公诉。

被告人林某辩解其行为属于敲诈勒索，不构成抢劫罪；被告人戴某、刘某、陈某辩解称要求被害人赔偿没有经过事前商议。

陈某的辩护人认为被告人陈某没有侵害被害人的人身权利，没有非法占有的故意，亦没有实施辅助行为，不构成抢劫罪。

法院经审理认为：被告人林某、戴某、刘某、陈某以非法占有为目的，伙同他人敲诈勒索他人人民币，其行为均已构成敲诈勒索罪；检察院指控被告人林某、戴某、刘某、陈某犯抢劫罪定性不当。被告人林某在共同犯罪中起主要作用，是主犯，依法应当按照其所参与的全部犯罪处罚，被告人戴某、刘某、陈某在共同犯罪中起次要作用，是从犯，依法应当从轻处罚。被告人戴某、刘某、陈某犯罪情节轻微，可免予刑事处罚。遂依照《中华人民共和国刑法》第二百七十四条，第二十六条第一、四款，第二十七条、第三十七条的规定，判决如下：（1）被告人林某犯敲诈勒索罪，判处有期徒刑8个月。（2）被告人戴某犯敲诈勒索罪，免予刑事处罚。(3) 被告人刘某犯敲诈勒索罪，免予刑事处罚。(4) 被告人陈某犯敲诈勒索罪，免予刑事处罚。

本案涉及的法律争议问题是：如何正确区分抢劫罪与敲诈勒索罪？本案在审理中，对于四被告人的行为如何定性存在不同的认识：一种意见认为公诉机关的指控成立，因为四被告人是以陈某盗窃他人皮带为借口，采用暴力手段，劫取被害人财物。被告人林某具有殴打被害人的行为，且是逼被害人当场写欠条，并于当天取得了财物，其行为符合抢劫罪的特征。另一种意见认为，虽然被告人林某具有殴打被害人的行为，且四被告人于当天取得了财物，但被告人林某殴打被害人是基于其对盗窃行为态度反复，出于气愤而殴打他的，被害人之所以愿意赔钱，是因为四被告人抓住了他盗窃皮带的事实，不想他们向单位告发。故四被告人是采用要挟的手段，敲诈勒索他人财物，故构成敲诈勒索罪。

抢劫罪与敲诈勒索罪在客观行为上具有一定的相似性：一方面，两罪侵犯的客体都是复杂客体，不仅侵犯了公私财产的所有权，还侵犯了他人的人身权利；另一方面，两罪在客观方面都可以采用“威胁”手段，且均可以当场取得财物。但是，其“威胁”的特定内容不同：(1) 从威胁的方式看，抢劫罪的威胁是当着被害人的面直接发出的；而敲诈勒索罪的威胁可以当面发出，也可以通过书信、电话或者第三者转达。(2) 从威胁的内容看，抢劫罪的威胁表现为如不交出财物，就要当场实施所威胁的内容；而敲诈勒索罪的威胁一般表现为，如不答应要求，将在以后的某个时间实施威胁的内容。(3) 从威胁的内容看，抢劫罪的威胁是以杀害、伤害等侵害人身相威胁；而敲诈勒索罪的威胁内容更为广泛，包括对人身的伤害行为或者毁坏财物、名誉等。(4) 从非法取得财物的时间看，抢劫罪是实施威胁当场取得财物，而敲诈勒索罪既可以当场取得财物，也可以在事后取得财物。可见，这两种犯罪中的威胁既有区别又有联系。如果案件事实与上述抢劫的各个特征相符合，应以抢劫罪处罚，如果其中有一条不符合，应以敲诈勒索罪论处。

在本案中，裁判理由认为：

区分抢劫罪与敲诈勒索罪主要看被害人交出财物的心理状态。抢劫是被害人迫于暴力或者将要实施的暴力而产生精神上的恐惧，被迫当场交出财物；敲诈勒索则是被害人迫于将要实施的暴力或者毁坏财物、名誉等产生精神上的恐惧，出于无奈，被迫于当场或者事后交出财物或者出让其他财产权利。本案是因被害人盗窃了被告人宿舍财物而起，事出有因。林某打被害人两巴掌是因为被害人对其盗窃305宿舍皮带一事态度反复，一会儿承认，一会儿又否认，出于气愤才殴打他的。被害人被打后，承认了盗窃皮带的事实。这时，被告人提出因为之前305宿舍曾多次失窃，要其赔偿305宿舍失窃财物损失的要求，并以要把其盗窃皮带一事向厂保卫部门报告相要挟，迫使被害人同意赔偿并且写下欠条，之后又一起回单位上班。当天下午，被害人主动到四被告人的宿舍门口，交给被告人林某2 000元。被告人非法占有被害人财物，既使用了暴力，又使用了要挟手段。从事发原因、案件的发展过程和被害人与被告人是同厂工友关系等情节分析，被害人并非因为被林某打了两巴掌被迫交出财物的，而是因为被告人掌握了其在单位盗窃皮带的事实，害怕他们告发，自己被单位除名才被迫交出财物的，即被告人主要是以要挟手段非法占有被害人的财物，其行为符合敲诈勒索罪的特征，法院对其以敲诈勒索罪定罪处罚是正确的。

(六) 抢劫罪和寻衅滋事罪的区分

根据刑法第293条的规定，寻衅滋事罪是指在公共场所无事生非，起哄闹事，进行骚扰，破坏公共秩序的行为。寻衅滋事是一种破坏公共秩序的犯罪。根据刑法的规定，寻衅滋事有四种行为，其中第三种是强拿硬要或者任意毁损、占用公私财物。这里的强拿硬要是指以蛮不讲理的手段强行索要市场、商店的商品以及他人的财物。这种强拿硬要一般发生在市场、商店，具有扰乱秩序的性质，但也可能发生在其他场所。一般来说，强拿硬要的物品本身的价值并不大。比如说，过去经常有这样的案例，看见他人戴了一顶帽子，非常地时髦，就强要，强要不给，就抢走，抢走一顶帽子。

那么这种强拿硬要和抢劫怎么来区分？强拿硬要也是通过一种强制的方法来取得他人财物，和抢劫的暴力胁迫来取得他人财物，在形式上是非常类似的。这两者的不同之处就在于，寻衅滋事行为人主观上具有逞强好胜、通过强拿硬要来填补其精神空虚的目的。这里所谓精神空虚，我们过去有一个专门术语，称为流氓动机。过去有个流氓罪，寻衅滋事罪是从流氓罪当中分离出来的。也就是该行为实际上具有流氓动机，并不是真要那个财物，不是真的看中了那个财物的价值，而是逞强好胜，你看我很能，你不得不服，来满足这种精神空虚，具有流氓滋事的性质。而抢劫，行为人一般只是具有非法占有他人财物的目的。这是在主观上的区分。从客观上来说，寻衅滋事的行为人客观上一般不以严重侵犯他人人身权利的方法强拿硬要财物。一般来说强拿硬要，并不采取非常严重的暴力。而抢劫，行为人是以暴力胁迫的方式作为劫取他人财物的手段。因此从主观上、客观上来说，两者都还是有所不同。但是在实践当中，对于这种案件，在定性上有时候还是不好区分的。

在司法实践当中，对于未成年人使用威胁或者实施轻微的暴力，强抢少量财物的行为，一般不以抢劫罪定罪处罚。如果他的行为符合寻衅滋事罪的特征的，就可以按照寻衅滋事罪来定罪处罚。

（七）抢劫罪的既遂和未遂的标准的认定

根据有关司法解释的规定，抢劫罪侵犯的是复杂客体，既侵犯了财产权利，又侵犯了人身权利，因此，具备劫取财物或者造成他人轻伤以上后果两种情形之一的，都属于抢劫罪的既遂。只有当既未劫取财物又未造成他人人身伤害后果时，才属于抢劫未遂。这个司法解释对于抢劫罪的既遂、未遂还是作了一个比较具体的规定，可以按照这样一个标准来认定。

（八）抢劫罪的罪数

根据有关司法解释的规定，行为人实施伤害、强奸等犯罪行为，在被害人未失去知觉时或者利用被害人不能反抗、不敢反抗的处境，临时起意劫取他人财物的，应当以此前所实施的具体犯罪与抢劫罪实行数罪并罚。在被害人失去知觉或者没有发觉的情形下，以及实施故意杀人犯罪行为后临时起意拿走他人财物的，应当以此前所实施的具体犯罪与盗窃罪实行数罪并罚。这里面涉及的是抢劫罪和盗窃罪的区分。开始实施伤害或者强奸等犯罪，这些犯罪本来就是有暴力的，在被害人没有失去知觉的情况下，在他能够察觉的情况下，行为人取得他人财物，那么这种取得财物是利用了前一个犯罪行为所造成的被害人受胁迫的这种状态，因此应当对后一个行为以抢劫罪论处，应当和前面所犯的罪实行数罪并罚。但是如果前面实施的是伤害或者强奸，使他人丧失了知觉或者在不察觉的情况下取得他人财物，或者在杀害他人以后临时起意取得他人财物，那么后面这个取财行为应当定盗窃，以盗窃罪和前面所犯的罪实行数罪并罚。

这样一个知识点我觉得还是比较重要的。在2004年的司考题中，有一道题目就涉及这样一个知识点。这道题目就是说，甲到学校进行抢劫，持水果刀闯入女教师乙的房间，发现房间里没有贵重财物，便以水果刀相威胁，喝令女教师也就是乙摘下手表给自己，这块手表价值2 100元，乙一边摘手表一边说："我是老师，不能没有手表，你拿走其他东西都可以，只要不拿抢我的手表就行。"甲立即将刀装入自己的口袋，然后对乙说："好吧，我不抢你的手表，也不拿走其他东西，让我看看你脱光衣服的样子我就走。"乙不同意，甲又以刀相威胁，逼迫乙脱光衣服。乙一边顺手将已摘下的手表放在桌子上，一边流着眼泪脱完衣服。甲不顾乙的反抗强行摸了乙的乳房，后对乙说："好吧，你可以穿上衣服了。"在乙背着甲穿衣服时，甲趁机将乙放在桌上的手表拿走。关于这个案例，当时给出的参考答案是，甲的行为构成以下几种犯罪：第一，甲以暴力相威胁，让乙摘下手表的行为，属于抢劫中止。因为他是使用暴力来抢手表，他是完全能够取得手表的，但是由于乙的请求就中止了抢手表的行为，因此是抢劫中止。第二，甲逼迫乙脱光衣服并猥亵乙的行为，构成强制猥亵妇女罪。第三，甲趁机拿走乙手表的行为构成盗窃罪，因为拿走手表已不属于抢劫罪当中的强取财物的行为，所以不能将取得手表的事实评价在抢劫罪当中，而应另外认定为盗窃罪。这个参考答案公布以后，引起了考生的异议。很多考生都认为，甲这个后面的行为不能定盗窃罪，而应该定抢劫罪。这个异议受到有关领导的重视，以至于最后批分的时候不得不把这两种答案都视为正确。但是从刑法理论来说，后面这个行为应当定盗窃罪。我赞同参考答案的观点。我前面讲的司法解释是后面才出来的，说前面实施一个犯罪，趁他人不备，趁他人没有察觉，取得他人财物的，应该定盗窃罪。当然，2004年的时候这个司法解释还没有出来，因此当时有很大争议，但是现在来看呢，应该说没有什么争议，像这种情况后面这个行为应该定盗窃罪。

（九）关于转化型抢劫的认定

转化型抢劫主要是指刑法第 269 条的规定：犯盗窃、诈骗、抢夺罪，为窝藏赃物、抗拒抓捕或者毁灭罪证，而当场使用暴力或者以暴力相威胁的，依照本法第 267 条的规定定罪处罚。转化型抢劫需要具备三个条件。

第一个是转化的前提条件，也就是犯盗窃、诈骗、抢夺罪。这里的犯盗窃、诈骗、抢夺罪，一般来说要达到数额较大。在某些特定情况下，即使盗窃、诈骗、抢夺没有达到数额较大，但具备一定条件的，也可以构成抢劫罪，也可以成为转化型抢劫的前提条件。根据有关司法解释的规定，这里的条件是指以下几个条件：其一，是盗窃、诈骗、抢夺接近数额较大的标准；其二，入户或者在公共交通工具上盗窃、诈骗、抢夺后，在户外或者公共交通工具外实施上述行为；其三，使用暴力致人轻微伤以上后果；其四，使用凶器或者以凶器相威胁；其五，具有其他严重情形的。在这五种情况下，即使数额没有达到较大的标准，也可以转化为抢劫。

第二个是转化的主观条件，也就是法律所规定的窝藏赃物、抗拒抓捕或者毁灭罪证。也就是说行为人使用暴力或者以暴力相威胁，他的主观目的并不是取得财物，而是抗拒抓捕、窝藏赃物和毁灭罪证。这一点非常重要。这种转化型抢劫本身并不是抢劫。因为抢劫是暴力取财，它的暴力是为了取得财物，暴力是取得财物的手段。但这种转化型抢劫，由于抢劫已经既遂了，或者已经未遂了，他使用暴力就不是为了取财，而是为了其他三个目的，这就是窝藏赃物或者抗拒抓捕和毁灭罪证。因此，这种转化型抢劫，按照中国古代的刑法规定和现在日本刑法的规定，是一种事后强盗。它实际上和抢劫罪的本质特征是不符合的，是一种准抢劫。如果在盗窃当中或者抢夺当中被人发现，使用暴力来取得财物，那么在这种情况下就不是转化型抢劫，直接定抢劫。

第三个是转化的客观条件，是使用暴力或者以暴力相威胁，而且是当场使用暴力或者以暴力相威胁。这里的当场是指实施犯罪的现场，但现场发现犯罪人并随之追赶的过程，仍应视为现场的延伸。但是，如果是轻微的暴力，不能构成转化型抢劫。在司法实践中，有的人的盗窃被事主发现或者被其他人发现，因而被追赶，在此过程中行为人会有一些挣扎行为，把抓他的人的手甩开，甚至踢一脚推一把。这种情况下不能认为就是转化型抢劫。这是一个反抗，这是一种人之常情。如果把这些情况都认定为转化型抢劫，那就是要求盗窃分子在被抓的时候，他就蹲下不动等着抓。但这不可能。因此这种轻微的挣扎行为不应当被视为暴力，不能转化为抢劫。

王某清等抢劫、故意伤害、盗窃案

2000年7月23日8时许，被告人王某清、李某保、李某玉在北京市海淀区某公园售票处商定，由李某玉负责望风，王某清、李某保混入购票的人群中行窃。王某清、李某保窃得游客曹某价值人民币1 595元的摩托罗拉牌移动电话机1部，欲逃离现场时，被发现。派出所民警袁某光与在场群众张某、何某即上前抓捕。当袁某光等人追赶王某清等人至某公园邮电局附近时，王某清掏出随身携带的尖刀刺破袁某光的腹主动脉，致袁某光因急性失血性休克死亡；将张某右臂及左胸刺伤，构成轻伤；将何某右前胸刺伤，构成轻微伤。李某保趁机逃跑，被在场群众抓获。后王某清、李某玉亦被抓获归案。

一审法院认为：被告人王某清在盗窃他人财物被发现后，以暴力抗拒抓捕，致1人死亡、2人受伤，其行为已构成抢劫罪，且抢劫情节、后果均特别严重，社会危害性极大，必须依法严惩；被告人王某清还持刀故意伤害他人身体，致人死亡，其行为又构成故意伤害罪。鉴于其在被抓获后供述了司法机关尚不掌握的故意伤害罪的犯罪事实，可视为自首，故对其所犯故意伤害罪应依法从轻处罚。遂依照《中华人民共和国刑法》第二百六十九条、第二百六十三条第（五）项、第二百三十四条第二款的规定，判决如下：被告人王某清犯抢劫罪，判处死刑，剥夺政治权利终身，并处没收个人全部财产；犯故意伤害罪，判处无期徒刑，剥夺政治权利终身；决定执行死刑，剥夺政治权利终身，并处没收个人全部财产。

宣判后，王某清不服，提起上诉。

二审法院经审理认为：上诉人王某清在盗窃他人财物被发现后，以暴力抗拒抓捕，致1人死亡、2人受伤，其行为应依照刑法对抢劫罪的规定定罪处罚；上诉人王某清还持刀故意伤害他人身体，其行为已构成故意伤害罪，且致人死亡。王某清所犯抢劫罪、故意伤害罪罪行极其严重。对其所犯故意伤害罪应与抢劫罪并罚。鉴于其被抓获后供述了司法机关尚不掌握的故意伤害的事实，可视为自首，对其所犯故意伤害罪依法予以从轻处罚。上诉人王某清的上诉理由没有事实依据，不予以采信。其辩护人的辩护意见没有事实和法律依据，不予采纳。原审人民法院根据王某清的犯罪的事实、犯罪的性质、情节和对于社会的危害程度所作的判决，定罪及适用法律正确，量刑适当，审判程序合法，应予维持。遂依照《中华人民共和国刑事诉讼法》第一百八十九条第（一）项的规定，裁定：驳回上诉，维持原判。并根据《最高人民法院关于授权高级人民法院和解放军军事法院核准部分死刑案件的通知》的规定，核准对被告人王某清以抢劫罪判处死刑，剥夺政治权利终身，并处没收个人全部财产；以故意伤害罪，判处无期徒刑，剥夺政治权利终身；决定执行死刑，剥夺政治权利终身，并处没收个人全部财产的刑事裁定。

本案主要涉及如何认定转化型抢劫罪的问题。本案被告人王某清在盗窃他人财物被发现后，以暴力抗拒抓捕，致1人死亡、2人受伤，其行为完全符合刑法第269条关于盗窃罪转化为抢劫罪的构成要件，应以抢劫罪定罪处罚。至于其是否知道“抓捕人是警察”不影响抢劫罪的成立。针对转化型抢劫罪的法定刑，刑法第269条规定，“依照第二百六十三条的规定处刑”。但刑法第263条规定了两个量刑档次，本案被告人王某清在盗窃后为抗拒抓捕使用暴力致抓捕人袁某光死亡的行为，是否属于刑法第263条规定的抢劫致人死亡，直接关系到对被告人王某清的量刑。本案裁判理由认为：

为抗拒抓捕而当场使用暴力或者以暴力相威胁，是盗窃罪转化为抢劫罪的条件，在盗窃罪转化为抢劫罪之后，盗窃的财物数额、对象和使用暴力的程度和后果，均应成为抢劫罪的量刑情节。也就是说，盗窃财物后为抗拒抓捕而当场使用暴力致抓捕人死亡的行为，应当认定为刑法第263条规定的抢劫致人死亡，并应对被告人在“十年以上有期徒刑、无期徒刑或者死刑，并处罚金或者没收财产”

的档次和幅度内量刑。一、二审法院根据本案被告人王某清在盗窃他人财物被发现后当场使用暴力抗拒抓捕致人死亡的犯罪事实、情节、后果和对社会的危害程度，依法以抢劫罪判处其死刑，是符合刑法规定的。

(十) 携带凶器抢夺转化为抢劫罪

犯盗窃、诈骗、抢夺罪，为窝藏赃物、抗拒抓捕或者毁灭罪证而当场使用暴力或者以暴力相威胁的，以抢劫罪论处。这称为转化型抢劫。携带凶器抢夺也应当转化为抢劫。刑法第 267 条第 2 款规定："携带凶器抢夺的，依照本法第二百六十三条的规定定罪处罚。"这个规定实际上具有立法推定的性质，是一种法律拟制的抢劫。实际上这种情形并不符合抢劫罪的特征，但法律规定就应当以抢劫罪论处。通过法律拟制使得把比较轻的一种犯罪评价为比较重的一种犯罪。

携带凶器抢夺可以分为两种情形：一是携带国家禁止个人携带的各种器械，例如枪支、爆炸物、管制刀具等，进行抢夺；二是为实施犯罪而携带其他器械进行抢夺。相关司法解释规定，行为人携带国家禁止个人携带以外的各种凶器抢夺，但有证据证明该器械确实不是为了实施犯罪准备的，不以抢劫罪定罪；行为人将随身携带的凶器有意加以显示，能为被害人察觉到的，直接适用刑法第 263 条的规定定罪处罚。行为人携带凶器抢夺后逃跑过程中为窝藏赃物、抗拒抓捕或者毁灭罪证而当场使用暴力或者以暴力相威胁的，适用刑法第 267 条第 2 款的规定定罪处罚。这个司法解释主要是要解决携带国家禁止个人携带以外的各种凶器抢夺，应该如何认定的问题。如果携带国家禁止个人携带的各种器械抢夺，只要发现这种器械就应当定抢劫，不再考虑其他主、客观情况。如果携带国家禁止个人携带以外的各种凶器抢夺，而这些凶器并不是专用的凶器，例如啤酒瓶，这个时候能不能认为只要对被害人实施暴力就一定转化为抢劫？根据相关司法解释的规定，如果携带的是国家禁止个人携带以外的各种凶器抢夺，那么主观上具有为犯罪而使用这样一种特定目的的时候才能转化为抢劫。另外，在抢夺当中行为人将随身携带的凶器有意加以显示，能为被害人察觉到的，直接定抢劫罪，而不是这里所讲的转化型抢劫。这种情形下行为人实际上就是想利用这种凶器对被害人造成某种精神上的强制，使被害人不敢反抗。这就直接符合抢劫罪的特征。行为人携带凶器抢夺后逃跑过程中为窝藏赃物、抗拒抓捕或者毁灭罪证而当场使用暴力或者以暴力相威胁的，符合转化型抢劫的特征，适用刑法第 267 条第 2 款的规定定罪处罚。

在司法实践中，凶器是否被被害人所察觉是一个存在争议的问题，因为这里本来就存在一种推论：使一种较轻的罪被评价为一种较重的罪。有的学者就认为是指携带枪支、爆炸物、管制刀具等国家禁止个人携带的各种器械并显露在外的行为。携带凶器本身就是违法行为，携带凶器显露在外能使被害人产生恐惧感或者使被害人产生精神上的强制，从而不敢进行反抗，这本质上就是一种胁迫行为。由于携带凶器进行抢夺不仅侵犯了公私财物所有权，而且对被害人人身也构成了威胁，因此刑法第 267 条第 2 款明确规定："携带凶器抢夺的，依照本法第二百六十三条的规定定罪处罚。"有学者对此想作一种限制解释：由于携带各种非法器械并显露在外对被害人产生了精神强制，是胁迫行为，因此才适用抢劫罪。但这样的解释限制了司法解释的适用范围，司法解释并不是这么理解的。司法解释认为，如果携带管制刀具等国家禁止个人携带的各种器械抢夺，就是转化型抢劫，不论有没有显示，不论被害人有没有察觉。本来是不符合抢劫罪的条件的，仅仅由于携带国家禁止个人携带的各种器械而转化为抢劫罪。由此可见对司法解释存在不同的理解。

四、抢劫罪的处罚

我国刑法对抢劫罪规定了两个罪刑单位：第一个罪刑单位为处 3 年以上 10 年以下有期徒刑，并处罚金。第二个罪刑单位就是抢劫罪的加重构成，以下八种情形就是八种加重构成的事由。有下列情形之一的，处 10 年以上有期徒刑、无期徒刑或者死刑，并处罚金或者没收财产：（1）入户抢劫的；（2）在公共交通工具上抢劫的；（3）抢劫银行或者其他金融机构的；（4）多次抢劫或者抢劫数额巨大的；（5）抢劫致人重伤、死亡的；（6）冒充军警人员抢劫的；（7）持枪抢劫的；（8）抢劫军用物资或者抢险、救灾、救济物资的。是否具有这八种加重构成的事由直接决定着是否处10年以上有期徒刑。

（一）入户抢劫

关键是如何理解这里的“户”。根据相关司法解释的规定，“户”是供他人生活的与外界相对隔离的住所，包括封闭的院落、牧民的帐篷、渔民作为家庭生活的渔船、为生活租用的房屋等。因此“户”的核心是居住场所。在认定“户”的时候，应该注意以下三个问题：(1)“户”的范围。“户”是指住所，表现为家庭生活的与外界相对隔离两个概念。家庭生活是“户”的功能；与外界相对隔离是一个场所的概念。在一般情况下，集体宿舍、旅店、临时搭建的工棚都不应当认定为“户”。但是在特定情况下，确实具有上述两个特征的，也可以认定为“户”，例如有些旅馆有供家庭生活的住所，里面有炉灶可以做饭，等等。因此“户”不仅仅是一个居住概念，比较核心的内容是“家庭生活”。根据“户”的概念排除了工作场所，但此类情形也确实比较复杂：有的工作场所白天用于工作、晚上用于家庭居住，从而抢劫的性质取决于抢劫发生在什么时间：如果发生在白天就是一般的抢劫；如果发生在晚上打烊以后就是入户抢劫。(2)第二个需要注意的问题是入户目的的非法性：进入他人住所必须以抢劫为目的。抢劫行为虽然发生在户内，但不是出于抢劫目的进入他人住所，而是临时起意进行抢劫的，不属于“入户抢劫”。而且，入户抢劫不是在户内抢劫，而是进入户内抢劫。(3)暴力或者胁迫必须发生在户内。

（二）在公共交通工具上抢劫

在公共交通工具上抢劫，是指在从事旅客运输的各种公共汽车、大中型出租车、火车、飞机、船舶等正在运行中的机动交通工具上，对旅客、司乘人员实施的抢劫，以及对运行中的机动交通工具加以拦截后对机动交通工具上的人员实施抢劫。在认定在公共交通工具上抢劫的时候要认识到旅客具有不特定多数人的特征，因此在未运营中的公共汽车或小型出租车上抢劫的，不属于在公共交通工具上抢劫。也就是说，这种抢劫必须是在正在运营中的大中型公共交通工具上抢劫。抢劫小型出租车有两种情形：抢劫小型出租车司机的钱财；直接抢劫小型出租车，把司机杀死了，开走出租车。这两种情形都不属于在公共交通工具上抢劫。在公共交通工具上抢劫就是我们通常说的车匪路霸，依相关司法解释，又可以分为两种情形：抢劫就发生在车上；拦截车辆后再上车进行抢劫。

（三）抢劫银行或者其他金融机构

抢劫银行或者其他金融机构是指抢劫银行或者其他金融机构的经营资金、有价证券、客户资金等。抢劫正在使用中的银行或者其他金融机构的运钞车的，应视为抢劫银行或者其他金融机构。抢劫银行或者其他金融机构并不是抢劫银行或者其他金融机构的所有物品，而是专指抢劫其中的经营资金、有价证券、客户资金等。这里也对法律规定作了一种限制解释，因为抢劫银行或者其他金融机构就是我们通常说的抢银行，但是抢的是经营资金、有价证券、客户资金，而不是彩电或者电脑。

（四）多次抢劫或者抢劫数额巨大

多次抢劫是指三次以上抢劫，应当以行为人每次实施的抢劫均构成犯罪为前提，综合考虑犯罪的产生、行为实施的地点等因素进行客观的分析。如果行为人是基于同一个犯意实施抢劫的，例如在同一地点，同时对在场的多人实施抢劫，或者在同一时间、同一地点连续实施抢劫的，例如在同一地点连续对途经此地的多人实施抢劫，或者在一次犯罪中对一栋楼房的几乎所有居民实施入户抢劫，一般认定为一次抢劫。可见，在同一时间连续对多人抢劫，表面来看属于多个犯罪，但作为刑法上的连续犯，在法律上被视为一次抢劫。抢劫数额巨大指的是抢劫数额在 3 万元以上。

（五）抢劫致人重伤、死亡

抢劫致人重伤、死亡可以分为两种情形：一种是在实施抢劫时使用暴力过失地使他人重伤、死亡，这种情况下行为人对他人重伤、死亡存在过失，是一种结果加重犯。另一种是以故意重伤他人作为抢劫手段而致人死亡，对他人的重伤、死亡是故意的。这就不是一个结果加重，因为我们通常理解的结果加重对加重的结果是过失的。在这种情况下，由于抢劫罪的暴力包含了故意重伤和故意杀人，因此对于故意重伤和故意杀人不另外再定一个故意伤害罪和故意杀人罪。如果将这种故意重伤和故意杀人另外定一个罪，那么抢劫罪的暴力手段就不具备了，抢劫罪的构成要件就不完备了。如果一方面把故意重伤和故意杀人作为抢劫罪的手段来加以评价，另一方面又把它单独作为故意重伤害罪和故意杀人罪本身来评价，就出现了一个行为作两个评价，违反了刑法中的禁止重复评价原则。因此，我将其理解为一种包容犯。在抢劫罪和故意伤害罪或者故意杀人罪之间存在着整体法与部分法的法条竞合关系，按照整体法优于部分法的原则，定一个抢劫罪就可以了，故意伤害罪和故意杀人罪被抢劫罪所吸收。

（六）冒充军警人员抢劫

冒充军警人员抢劫是指通过着装、出示假证件或者口述假冒军警人员实施抢劫。冒充军警人员抢劫的前提是有一个冒充行为，即冒充军警人员，然后实施抢劫。刑法规定冒充军警人员抢劫是种加重事由，但是对于真正的军警人员出示证件后抢劫应如何处理？冒充军警人员抢劫是非军人冒充军警人员抢劫，符合加重构成。但是真正的军警人员明确表示自己的身份再抢劫的，就不符合这个规定。对于这个问题，张明楷教授主张以下观点：从实质上来说，军警人员显示其真实身份抢劫比冒充军警人员抢劫更具有提升法定刑的理由，然而刑法使用的是“冒充”一词，冒充包括假冒和充当，其事实是指被害人得知行为人为军警人员，故可以将军警人员的抢劫认定为冒充军警人员抢劫。但这样的解释是否超出了国民的预测可能性、是否有类推解释之嫌，还大有研究的余地。那么能不能把冒充解释为假冒和充当，假冒是指非军警人员假冒军警人员抢劫，充当是指真军警人员作为军警人员抢劫。对于这点，我认为不是“超出国民的预测可能性”的问题，还是一个“是否包含在可能的语义范围内”的问题。按照汉语中对冒充的理解，冒充就是假冒，以假充真。真正的军人抢劫显然不能解释在冒充军警人员抢劫里，加重处罚冒充军警人员抢劫不仅是因为冒充军警人员使抢劫更容易得逞，而且因为冒充本身还包含着对军警人员形象的破坏这样一个特定的法益。如果真军警人员抢劫就不存在对军警人员形象的破坏，是自我败坏军警人员的名誉，与他人损害军警人员的名誉是两种不同的损害。

（七）持枪抢劫

枪支本身就是一种凶器，并且有较大的杀伤力，持枪抢劫的破坏性更大，因此刑法作为加重事由。这里的枪是指《枪支管理法》规定的那些枪支，而不包括所谓的仿真枪。这种解释还可以讨论。现在的仿真枪做得跟真枪一样，利用仿真枪来抢劫，对被害人来说就以为拿的是真枪，从而产生精神上的恐惧，使抢劫更容易得逞，因此在理论上有些学者就认为，应该构成持枪抢劫。但是我认为，在刑法理论上讲的持枪抢劫还是指持真枪，因为如果使用就可能对被害人造成人身伤害，而仿真枪则不会。

（八）抢劫军用物资或者抢险、救灾、救济物资

这是根据抢劫客体的特殊性质来规定的。军用物资或者抢险、救灾、救济物资有军事用途或者救济用途，这和一般的物品是不一样的。抢劫这种物品的犯罪性质是更为严重的，因此作为加重处罚事由。

第二十五讲

盗窃罪

盗窃罪是最为常见的犯罪，盗窃罪的发案率基本占所有犯罪发案率的50％左右。随着财产表现方式呈现出多元化的特征，盗窃犯罪的表现形态也日趋复杂。在本讲中，我根据刑法规定和司法解释，对盗窃罪的定罪处罚进行较为详细的讲解。

一、盗窃罪概述

盗窃罪是指以非法占有为目的，秘密窃取公私财物，数额较大，或者多次盗窃、入户盗窃、携带凶器盗窃、扒窃的行为。

盗窃罪是古老的犯罪之一，几乎是与私有财产同时产生的。在原始社会，不知盗窃为何物，因为所有的财物都是共有的。只有在出现了私有制以后，才有对私有财产的侵犯，因而产生了盗窃罪。从这个意义上说，惩治盗窃罪是对私有财产的刑法保护。

在我国以公有制为主体的情况下，同时还存在私有制，公有制并没有消灭财产的所有权，因而同样存在着对公有财产所有权的侵犯，因而我国刑法往往将盗窃罪界定为秘密窃取公私财物的行为，而在大陆法系往往将盗窃罪界定为秘密窃取他人财物的行为。由此可见，盗窃罪作为财产犯罪与财产关系和财产形态存在着密切联系。随着财产表现方式呈现出多元化的特征，盗窃犯罪的表现形态也日趋复杂。例如随着网络的发展，出现了虚拟财产，因此也就出现了窃取他人虚拟财产的犯罪。又如，最近在网络流传的一个案例，是否构成盗窃罪，就存在争议：被告人发现刷卡购物以后退货，可以退钱，但积分不会消除，于是采用这种方法累计了480万积分，按照10积分兑换1元人民币计算，换购了48万元的商品。对此，检察机关以盗窃罪对被告人提起公诉。这个案件中的被告人的行为是盗窃罪还是钻积分兑换规则的漏洞？积分是被告人采用盗窃手段取得吗？这些问题，都涉及对盗窃罪的构成要件的正确理解。

二、盗窃罪的构成

(一) 罪体

1. 盗窃行为

盗窃行为是秘密窃取公私财物。盗窃行为具有以下两个特征：

(1) 秘密。

盗窃行为是以秘密方式实施的，因此属于秘行犯。抢劫罪和抢夺罪是公然犯，是当着被害人的面，公开实施的。这也是盗窃罪与抢劫罪、抢夺罪的重大区别之一。在刑法理论上，对于盗窃罪的构成是否以秘密为必要，存在不同见解。我国刑法学界的通说还是主张盗窃罪的成立以秘密为要件，但也有极少数学者认为秘密不是盗窃罪成立的必要条件。例如，张明楷教授就提出了平和窃取说，否定秘密窃取说。根据这种观点，盗窃行为的特征不是秘密窃取而是平和窃取，因此，盗窃可分为秘密盗窃和公开盗窃。那么，这种观点所说的平和盗窃是一些什么样的盗窃案件呢？例如，张明楷教授曾经举过这样的例子：甲与乙共谋盗窃乙所在工厂的旧铝缸体。某星期日，甲与乙开车到工厂，因大门已锁上，乙叫值班员丙开门。甲、乙进去装旧铝缸体时，丙说："这是我的班，你们不能装，领导知道了会扣我的奖金。"乙说："没事，都是旧的。"丙表示："反正我也认识你们，你们爱装不装。明天跟领导汇报。”甲、乙运走了价值四千余元的旧铝缸体。丙事后向领导做了汇报。对于此案，张明楷教授指出：甲、乙的行为不可能成立其他财产罪，只能认定为盗窃罪。但如果固守秘密窃取，则会导致这种行为无罪。张教授由此进一步指出：司法实践中出现了许多类似现象：违反占有者的意思，公然将他人占有的数额较大的财物转移为自己或者第三者所有，但又不符合抢劫、抢夺、诈骗、敲诈勒索、聚众哄抢、侵占等财产罪的构成要件。唯有对盗窃概念进行同时代的解释，才不至于形成不应有的漏洞，从而实现刑法的目的。从以上论述可以看出，张明楷教授是从填补刑法漏洞的角度提出这个问题的。但问题在于：刑法中的漏洞说填补就填补，那么，罪刑法定原则还要不要遵守？以上案例，明显不符合盗窃罪的秘密性特征，不能认定为盗窃罪。至于是否符合抢夺罪的特征，那是另外一个问题。如果该行为也不符合抢夺罪的特征，根据罪刑法定原则，属于法无明文规定的情形，不能定罪。为什么一定说这是刑法漏洞，必须填补呢？我认为，只有民法才有需要填补的漏洞，而刑法不存在需要填补的漏洞。根据罪刑法定原则，只要刑法没有规定的，就不是犯罪，根本就不存在需要填补漏洞的问题。事实上，德日等国盗窃罪之所以没有秘密性的特征，主要是因为在德日刑法中没有抢夺罪，对于采取平和手段而转移他人财物的行为，不能定抢夺罪，而将之归于盗窃罪。如果采取的是超出平和限度的手段转移他人财物的，则归于抢劫罪。而我国刑法在盗窃罪与抢劫罪之间设有抢夺罪。在这种情况下，盗窃罪以秘密为特征，从而与公然取得的抢夺罪相区分。至于所谓在秘密窃取与公然夺取之间的处罚漏洞，如果真有的话，根据罪刑法定原则，也是不能处罚的。例如，上述甲、乙占有单位财物案，刚开始甲、乙主观上是想秘密窃取，但因为有人值班，因而无法采取秘密窃取方法占有财物，于是，甲、乙当着值班员的面将价值四千余元的旧铝缸体运走，值班员也没有加以制止。在这种情况下，甲、乙二人的行为也不符合公然夺取的特征，因此不构成犯罪。当然，是否可以对夺取行为进行适当的扩张解释，把未经他人同意而当面取得他人财物解释为夺取？这也是一个可以研究的问题。从这种行为的性质来看，我个人认为非偷非抢，而是通常所说的强拿硬要。而强拿硬要行为一般不是犯罪。刑法在关于寻衅滋事罪的规定中，将破坏社会秩序的强拿硬要行为规定为寻衅滋事罪。因此，不能为了把这种强拿硬要行为纳入盗窃罪而否定盗窃罪的秘密性，否则，就是削足适履。

在理解盗窃罪的秘密这一特征的时候，要注意以下三个问题：

第一，秘密的特定性。盗窃罪的秘密是指财物的所有人或者保管人不在场，或者虽然在场但未注意、未防备的情况下实施的盗窃行为。因而盗窃罪所谓的秘密是针对所有人来说的，是一种隐秘性的行为。

第二，秘密的主观性。盗窃罪的秘密是指行为人自以为采取了一种背着财物的所有人或者保管人的行为，在某些情况下行为人在众目睽睽之下扒窃，他以为别人没有发现，但实际上已在他人注视或监视下，仍然可视为秘密。

第三，秘密的相对性。秘密与公然之间是相对的，秘密窃取之秘密仅指行为人意图在财物的所有人或者保管人未察觉的情况下将财物据为己有，但不排除盗窃会在光天化日之下实施，例如行为人大摇大摆开车进入某工地，将建筑材料运载而去，这就是在人们误以为是合法运输而未察觉情况下实施的窃取。例如犯罪分子入户盗窃，或者雇用一个搬家公司，或自己假装搬家公司，然后到某户人家把门撬掉，把东西都搬走了，而邻居误以为他们是真的搬家公司来搬家。这是公然的、光天化日下的盗窃。但之所以这还是一种盗窃是因为这是背着财物的所有人或者保管人，就这一点而言是秘密的。另外，在建筑工地有保安在看管工地上的各种设备，但犯罪分子开一个大货车去工地装运设备，保安拦下询问，犯罪分子谎称是派来运设备的，于是保安未加阻拦。这种情况和诈骗是有点类似的，因为犯罪分子欺骗保安，说是公司派来的，但就实质而言仍然是盗窃。保安拦下询问，犯罪分子谎称是派来运设备的，这只是盗窃的掩盖行为。而且诈骗的本质特征是用欺骗的手段使他人陷于认识错误而自愿地处分财物，而这里的保安并没有财物的处分权，因此仍然是盗窃而非诈骗。

(2) 窃取。

窃取的“窃”仍然是秘密的意思，因此这里的窃取主要讲“取”，也就是在秘密状态下取得财物。窃取还包含了为了取得而排除某种障碍的问题。窃取是使他人丧失对财物的合法控制而将财物置于本人的非法控制之下。财物所有人往往对财物进行了某种控制，这个“取”的前提就是破坏他人对财物的合法控制状态，然后将财物置于本人的非法控制之下。这里有一个财物的占有状况的转移过程：从他人对财物的合法控制状态转变为本人的非法控制状态，这个过程就是窃取。因此，窃取也可以说是财产控制状态的非法转移。

在现实生活中，窃取的表现方式是多种多样，主要有以下八种情况：

1）单纯窃取型。

单纯窃取型是指单纯地通过窃取使财产所有人或保管人丧失对财物的合法控制，并将财物置于本人的非法控制之下。这里的单纯是指财产所有人或保管人没有对财物进行某种物理上的控制，在这种情况下要窃取财物只需要单纯地拿走就可以，例如我们通常所说的顺手牵羊。这里也包含着财产所有人或保管人对财物的疏于管理。对这种犯罪的处罚也比较轻。

2）入室窃取型。

入室窃取型也就是入室盗窃，这里的入室比入户的范围要广一些。我国刑法规定了入户盗窃，这里的“户”是和居室联系在一起的，具有家的蕴含。但入室盗窃除了入户盗窃以外，还包括进入办公室、旅馆、宿舍或其他室内场所进行盗窃。入室的“室”往往是有门的，意味着对财物的相对隔离，尤其是在给门上锁的情况下，财物处于所有人的控制之中。因此，入室盗窃往往要撬门溜锁，然后进入室内。入室盗窃是一种比较严重的盗窃，尤其是入户盗窃，不仅侵犯了他人的财产所有权，而且对他人的家庭、生活造成了侵害。在入户盗窃情况下还存在侵入他人住宅的问题，因此有人认为入户盗窃具有侵犯他人住宅和盗窃的牵连，也有人把侵犯他人住宅作为入户盗窃的事前的不可罚行为，还有人将此解释为吸收犯。

3）破坏窃取型。

破坏窃取型是指为实现非法占有的目的，在财产处于某种附属状态或固定状态的情况下，行为人采取破坏性手段非法占有财物的行为。在很多情况下，财产所有人或保管人都对财物进行某种物理上的控制，想要取得财物就要对财物的控制状态进行某种破坏，因此，这种破坏很可能会涉及其他犯罪，例如盗窃文物，文物是被固定在某一个场所的，例如石雕是固定在墙体上的，为了盗窃文物就把石雕的头像或者身体切割下来，它的手段行为可能会涉及另外的罪名——损坏文物罪。在这种破坏窃取型盗窃情况下，如果破坏手段本身涉及另外一个罪名，就应当进行数罪并罚。当然，在某些情况下，破坏手段本身并不是行为人故意实施的，而是过失实施的，因此对造成的破坏后果不另外定罪名，而作为盗窃罪的从重处罚情节。在盗窃过程中可能造成某种损害，例如一个装满原油的油罐车，一个人拿一个塑料桶只想盗窃一桶油，他打开油罐车的阀门后关不上去了，结果一车油都流失了。在这种情况下，如果按照他想盗窃的油量价值来看，没有达到盗窃的起刑点，但造成的损害后果可能十分巨大。由于行为人对财物的损害不是故意的，通常应当以盗窃罪定罪，造成损失的数额则作为量刑情节考虑。这种破坏型的盗窃在实践中较为常见，例如盗割电缆，破坏了通讯设施，或者盗窃电压器，造成了电力设施的损害。对于这种破坏性的盗窃，最高人民法院、最高人民检察院《关于办理盗窃刑事案件适用法律若干问题的解释》第 11 条规定："盗窃公私财物并造成财物毁坏的，按照下列规定处理：（一）采取破坏性手段盗窃公私财物，造成其他财物损毁的，以盗窃罪从重处罚；同时构成盗窃罪和其他犯罪的，择一重罪从重处罚；（二）实施盗窃犯罪后，为掩盖罪行或者报复等，故意毁坏其他财物构成犯罪的，以盗窃罪和构成的其他犯罪数罪并罚；（三）盗窃行为未构成犯罪，但损毁财物构成其他犯罪的，以其他犯罪定罪处罚。"

4）杀生窃取型。

杀生窃取型是指盗窃的对象是动物。盗窃动物并不一定要杀生，但在有些情况下需要先杀死。常见的是先把牛毒死，再偷走；有的把动物园的老虎先毒死，然后把虎皮给剥走；有的先扔炸弹，把鱼炸死了，然后再捞走；还有的先把牛给毒死，然后把牛肉偷走。在这种情况下，杀生的手段行为可以触犯其他罪名，例如毒死耕牛而窃取牛肉的，手段行为就构成破坏生产经营罪，其窃取牛肉的行为也就被吸收了。

5）信息窃取型。

信息窃取型是指采取某种手段窃取信息，然后利用这种信息来获取利益。随着信息社会的来临，信息本身具有财产性。窃取信息和窃取财物有不同，窃取信息后，再把信息转化为利益。

6）电信窃取型。

电信窃取型是指以牟利为目的，盗接他人通信密码，复制他人电信码号，或者明知是盗接、复制的电信设备设施而使用的行为。例如盗接电话线，行为人利用盗接的电话线打电话，这种情况下行为人所盗窃的财物是使用的电信资费，以此认定为盗窃数额。刑法第265条规定："以牟利为目的，盗接他人通信线路、复制他人电信码号或者明知是盗接、复制的电信设备、设施而使用的，依照本法第二百六十四条（盗窃罪）的规定定罪处罚。"

7）电脑窃取型。

电脑窃取型是指利用计算机实施的盗窃犯罪，是广义上的计算机犯罪，也就是以计算机为工具的犯罪。对这种行为我国刑法第287条明文规定："利用计算机实施金融诈骗、盗窃、贪污、挪用公款、窃取国家秘密或者其他犯罪的，依照本法有关规定定罪处罚。"

8）扒窃窃取型。

扒窃也是盗窃的一种特殊类型，是采用割包、掏包的方式窃取他人随身携带的财物。扒窃是比较常见多发的，往往发生在公众场所或者公共交通工具上。因此，扒窃行为不仅具有侵犯他人财产所有权的性质，还具有侵犯社会治安的性质。

以上对盗窃行为的描述，侧重于从现象形态的角度，对较为常见的盗窃行为进行归纳。在司法实践中，盗窃行为的表现是各种各样的，我们只有抓住盗窃行为的本质特征，即秘密窃取，才能正确地认定盗窃罪。不可否认，在现实生活中，确实存在一些十分复杂的案件，对于这些案件是否构成犯罪以及是否构成盗窃罪，存在极大的分歧，甚至在刑法学界也其说不一。

许霆盗窃案

中华人民共和国最高人民法院

刑事裁定书

（2008）刑核字第18号

被告人许霆。2007年7月11日被逮捕。现在押。

广东省广州市中级人民法院审理广州市人民检察院指控被告人许霆犯盗窃罪一案，于2007年11月20日以（2007）穗中法刑二初字第196号刑事判决，认定被告人许霆犯盗窃罪，判处无期徒刑，剥夺政治权利终身，并处没收个人全部财产。宣判后，许霆提出上诉。广东省高级人民法院于2008年1月9日以（2008）粤高法刑一终字第5号刑事裁定，撤销原判，发回重审。广州市中级人民法院依法另行组成合议庭进行重新审理后，于2008年3月31日以（2008）穗中法刑二重字第2号刑事判决，认定被告人许霆犯盗窃罪，在法定刑以下判处有期徒刑5年，并处罚金人民币2万元。宣判后，许霆提出上诉。广东省高级人民法院经依法公开开庭审理，于2008年5月23日以（2008）粤高法刑一终字第170号刑事裁定，驳回上诉，维护原判，并依法报请本院核准。本院依法组成合议庭，对本案进行了复核。现已复核终结。

经复核确认：2006年1月，被告人许霆被广州市H物业有限公司聘任为保安员。同年4月21日21时许，许霆持自己不具备透支功能、余额为176.97元的银行卡，到位于广州市天河区黄埔大道西平云路163号的广州市商业银行自动柜员机前准备取款100元，同行的郭某（已判刑）在附近等候。当许霆在自动柜员机上无意中输入取款1 000元的指令后，柜员机即出钞1 000元。许霆经查询，发现其银行卡中仍有170余元，意识到银行自动柜员机发生故障，能够超出账户余款取款且不如实扣账。于是，许霆先后于21时57分至22时19分、23时13分至19分、次日零时26分至1时06分的三个时间段内，在该自动柜员机170次主动指令取款174 000元，而其账户实际被扣账174元。郭某从许霆处得知该台自动柜员机出现异常后，亦采用同样手段先后取款19 000元。同月24日下午，许霆辞职后携款逃匿。2007年5月22日，公安人员在陕西省宝鸡市将许霆抓获归案。许霆至今未退还赃款。

另查明，2006年4月21日16时许，运营商广州某公司对涉案的自动柜员机进行系统升级。4月22日、23日是双休日。4月24日上午，广州市商业银行对全行离行式自动柜员机进行例行检查时，发现涉案的自动柜员机出现异常，即通知运营商一起到现场开机查验。经核查，发现该自动柜员机在系统升级后出现异常，1 000 元以下（不含1 000 元）取款交易正常；1 000 元以上的取款交易，每取1 000 元按1元形成交易报文向银行主机报送，即持卡人输入取款1 000 元的指令，自动柜员机出钞1 000 元，但持卡人账户实际扣款1元。

上述事实，有第一审、第二审开庭审理中质证的被告人许霆的银行开户资料，广州市商业银行提供的涉案的自动柜员机的“完整流水记录数据”“账流水清单”、银行监控录像，运营商广州某公司“关于调取许某盗窃案中相关证据的复函”，证人黄某、卢某、赵某的证言，同案被告人郭某的供述，公安机关关于抓获被告人许霆的证明材料等证据证实。被告人许霆亦供认。足以认定。

本院认为，被告人许霆持不具有透支功能的银行借记卡在银行的自动柜员机取款时，发现自动柜员机发生故障，在明知自己的银行卡内只有170 多元的情况下，乘银行工作人员尚未发现之机，非法取款174 825 元，并携款潜逃的行为，已构成盗窃罪。许霆盗窃金融机构，数额特别巨大，依法本应判处无期徒刑以上刑罚。但考虑到许霆是在发现自动柜员机发生故障的情况下临时起意盗窃，其行为具有一定的偶然性，与有预谋、有准备盗窃金融机构的犯罪相比，主观恶意性相对较小；许霆是趁自动柜员机发生故障之机，采用输入指令取款的方法窃取款项，与采取破坏手段盗取钱财相比，犯罪情节相对较轻，对许霆可以适用刑法第63条第2款的规定，在法定刑以下判处刑罚。第一审判决、第二审裁定认定的事实清楚，证据确实、充分，定罪准确，量刑适当。审判程序合法。依照，《中华人民共和国刑法》第六十三条第二款和《最高人民法院关于执行〈中华人民共和国刑事诉讼法〉若干问题的解释》第二百七十条的规定，裁定如下：

核准广东省高级人民法院（2008）粤高法刑一终字第170 号维持第一审以盗窃罪在法定刑以下判处被告人许霆有期徒刑5年，并处罚金人民币2万元的刑事裁定。

本裁定自宣告之日起发生法律效力。

审判长　任某

代理审判员　卢某

代理审判员　邹某

二〇〇八年八月二十日

以上是一份最高人民法院的刑事裁定书。对于许霆的行为，可以简单地归结为：利用银行自动柜员机的故障，恶意取款。在本案案发以后，广州市中级人民法院以盗窃罪判处许霆无期徒刑。因为许霆的行为属于盗窃金融机构，而根据当时刑法规定，盗窃金融机构，数额特别巨大的，处无期徒刑或者死刑。司法解释又规定，盗窃金融机构数额 10 万元以上的，属于盗窃金融机构数额特别巨大。因此，广州市中级人民法院认定许霆盗窃金融机构数额为 17 万余元，判处无期徒刑已经是最低刑。一审判决以后，许霆提出了上诉。在上诉期间，新闻媒体报道了许霆案，由此引起整个社会的广泛关注。社会公众的较为一致的看法是许霆的行为不构成盗窃罪，因为主要过错在银行。这种看法背后深层次的社会心理是：如果我遇到这种情况，我也会作出像一样的行为。如果许霆构成犯罪，那么，我们每个人都可能构成犯罪。在这种心理的支配下，社会舆论一边倒地同情许霆，由此对法院产生巨大压力。广东省高级人民法院对许霆案经过审理以后，以事实不清、证据不足发回重审。广州市中级人民法院经重审，仍然认定许霆犯盗窃罪，但适用刑法关于特殊减刑的条款，即刑法第 63 条第 2 款："犯罪分子虽然不具有本法规定的减轻处罚情节，但是根据案件的特殊情况，经最高人民法院核准，也可以在法定刑以下判处刑罚。"重一审判决以后，许霆再次提出上诉。广东省高级人民法院重二审维持了一审判决，提请最高人民法院对特殊减轻进行核准。最终，最高人民法院作出了核准的裁定。即使如此，也还是没有平息社会舆论。2008 年 4 月 2 日，广东省高级人民法院对许霆案作出重二审判决以后，《广州日报》发表了作者王文琦的一篇评论，具有代表性。这篇评论的题目是《许霆案是不是葫芦僧判葫芦案》：

许霆案终于等来了终审判决。从一审判决的无期减到二审判决的 5 年，刑期大大缩短。同时，表面上，在许霆案中，舆论、民意在与司法的较劲中似乎获得了胜利。但从法律上看，这个"胜利"恰恰使法律本身失掉了尊严。

一个案子，可以判有罪，也可以判无罪；可以判此罪，也可以判彼罪。怎么判？这就是许霆案的特殊之处。

从罪名上看，两审定的是同一罪名：盗窃金融机构罪。也就是说，二审在

“许霆有罪无罪”和“此罪还是彼罪”这个问题上，没有任何差别。而这一点，恰又是民众和法律学界对一审判决争议最大的。从一开始，许多专家就认为，许霆取款的行为并非盗窃，不具备秘密窃取的性质；而ATM机，也不是现有刑法中规定的“金融机构”。可是法庭在判后的答疑中巧妙地解释通了。按照其说法，许霆采取了“主观上自认为不被……发觉的方法，暗中窃取财物的行为”。经这样一解释，任何人大大方方地取钱，都可以被解释成“秘密”，那么“秘密”的定义看来要变了。事实上，秘密不秘密，不仅是“主观自认秘密”，客观上也要实施“秘密”行为。许霆公开在处于公共场所的ATM机取款，前后都有取款人，甚至有银行工作人员，谈何“秘密作为”？不是“秘密”，非得解释为“秘密”，这样似乎太忽视人们的基本常识，更不要说对法律的不恭。

其次，ATM机算不算金融机构？这也是定罪时最大的争点，但在二审中仍然没有进展。这一点，现有法律并没有明文规定。法庭是这样解释的：自动柜员机是银行对外提供客户自助金融服务的设备，机内储存的资金是金融机构的经营资金。可是，人们通常理解的金融机构是什么呢？它应该是一个场所、一些人员和一些物的总和。ATM机充其量是金融机构的一个电子服务窗口。硬把一个电子窗口说成全部金融机构，这明显以偏概全，这是现代法律早已废弃的落伍手段。我们看到，“法无明文不为罪”，这个基本的刑法原则，在二审和法庭的解释中被巧妙地绕过了。

定罪没有变，量刑有大幅下降。盗窃金融机构的法定刑本在10年以上，为何判5年？这是二审判决又一个叫人看不懂的地方。法庭一面解释许霆如何属于盗窃金融机构，并指出，许霆盗窃金融机构，数额特别巨大，且没有法定减轻情节，可又在后面强调，许霆主观恶性相对较小，犯罪情节相对较轻，故在法定刑以下量刑。连法庭自己都感到明显前后矛盾。虽然刑法第63条第2款允许在法定刑以下量刑，但是，这个特别条款是针对定罪正确的特殊案件，许霆案根本谈不上“盗窃金融机构”，又何必动用“第63条第2款”呢？

总之，二审没有任何真正属于法律意义上的进展。如果有的话，也只是在强大的舆论压力下，法庭找到了减轻刑期的依据。可它不但没有回答人们关于“可否彼罪”的疑问，也没有回答“可否无罪”（“英国许霆案”[①]发生后，是银行先行道歉）的疑问。这一结果也许符合一部分公众的期望，但对于法律而言，两次甚是迥异又理由说不清楚的判决，不但不会促进社会更加规范，相反还引来人们对法律更深广的怀疑。更为重要的是，它将依旧掩盖当今司法运作的随意性。这正如一位法学家的感慨，表面上看，法官手中无实质性的权力，但当他通过习惯操作获得或者通过法律文本获得宽广的自由裁量权的时候，他的权力也就随之可能大到惊人。如果许霆案给我们留下什么反思，则自由裁量分寸的把握和收缩，应该是第一个。

从这篇评论可以感觉到社会公众的情绪。对于许霆案，不仅社会公众议论纷纷，而且法学界也意见不一。某些法理学家提出许霆的行为不构成犯罪。即使在刑法学界中，也有人认为许霆的行为不构成犯罪。当然，大多数刑法学界还是认为许霆的行为构成盗窃罪，少数人认为许霆的行为构成侵占罪或者诈骗罪。一时之间，许霆案成为一个社会和法律的热点话题。刑法学界围绕许霆案发表了大量论文，这些论文被编成两本书出版：一本是赵秉志教授主编的《中国疑难刑事名案法理研究》第四卷·许霆案件的法理争鸣，2008 年 12 月北京大学出版社出版。另一本是谢望原、付立庆教授主编的《许霆案深层解读——无情的法律与理性的诠释》，中国人民公安大学出版社 2008 年出版。

许霆案的核心问题还是许霆的行为是否构成盗窃罪。显然，许霆的行为和一般盗窃是不同的。一般盗窃是将他人占有的财物秘密转移为本人占有，但在许霆案中，存在一个前提，是银行自动柜员机发生故障，使得许霆在自己的银行卡中只有 170 多元的情况下，能够从自动柜员机中取出 17 万余元。许霆是插入自己

① 据英国媒体 2012 年 5 月 19 日报道，英国一台 ATM 机发生故障，顾客取款时会吐出双倍数额的现金。此消息不胫而走之后，很多人赶来提款。故障持续两个多小时，两百多名顾客取走现金。事后银行称错在自己，顾客不必为银行的工作失误负责，不用归还多余的钱。看到这则新闻，自然想到“许霆案”。同样的原因，都是 ATM 机出错，拿走了本属于银行的钱，但结局截然不同。英国的银行很大度，“错在自己，不必归还”；许霆却因为盗窃罪，一审被判处无期徒刑，在社会的广泛关注和激烈辩论之下，二审改判有期徒刑 5 年。“许霆案”发生之后，该不该还钱，我国社会是没有争议的，只是究竟该定性为民法上的“不当得利”还是定性为刑法上的“侵占”或者“盗窃”，至今仍存争议。

的银行卡，输入正确的密码，银行自动柜员机主动吐出人民币。这还是秘密窃取吗？这是银行主动送钱给许霆，许霆怎么就犯罪了？社会公众怎么也想不通。确实，这里涉及对秘密窃取的认定问题。这里造成错觉的主要是自动柜员机的故障，如果没有这一点，可以不会发生这么大的争议。因此，我们首先要对自动柜员机的故障的法律效果进行分析，由此而考察这种故障是否阻却盗窃罪的成立。对于自动柜员机故障的法律效果，民法学家陈甦做过十分精辟的分析，在《失灵柜员机取款案的民法分析》一文中，作者指出：“柜员机发生失灵，利用柜员机提供服务的银行确有过错，但是，银行的过错要根据该过错所在的法律关系来认定。对于许霆而言，银行过错不是侵权法上的过错，因为银行并未侵害许霆的权利；这个过错也不是违约上的过错，因为银行对许霆不构成违约上的责任。所以在许霆取款过程中，银行并没有违反对许霆的义务。许霆完全可以足额取走其借记卡上的实际拥有款项，至于柜员机少扣划的账户记载，日后由银行更改借记卡记录即可。银行的过错仅仅是在许霆第一次取款时，因柜员机失灵造成许霆不当得利。至于后来许霆实施侵权行为时，银行对许霆没有任何过错。如果脱离了待判定的过错所在的法律关系，将柜员机失灵与许霆盗取款项混为一个法律关系上的问题，就会得出银行反倒对许霆的侵权行为有过错的结论，而这种结论是非常错误的。”我认为，以上从民法角度对银行柜员机故障的过错与许霆盗取行为之间关系的分析是极为到位的。我可以用一个更为通俗的比喻来对银行柜员机故障与许霆盗窃行为之间的关系进行分析。银行柜员机的故障相对于财物所有人出门的时候忘了关家门，小偷见财起意，入门盗窃。在这种情况下，虽然财物所有人具有对财物疏于保管的过错，但不能由此说如果财物所有人把门关好，小偷原本是不会偷的，因此小偷无罪。这种见解当然是错误的，对于这一点大家不会有太大的争议。其实，银行柜员机故障导致许霆利用该故障恶意取款的法理逻辑是相同的，都是盗窃。在这种情况下，不能因为银行柜员机的故障在先而成为许霆无罪的理由。只有在银行过错而将款项打入他人的银行卡账户，对于盗窃行为才发生影响。这就是所谓错误汇款问题。在错误汇款的情况下，行为人的故意取款行为是否构成盗窃罪，取决于对银行卡包括账户中的款项的占有关系的理解。银行占有说认为，账户中的款项属于银行占有，而不是持卡人或者存款人占有。根据这种观点即使他人错误地将款项汇入账户，包括银行因为故障而将款项错误地划入账户，行为人明知是他人的汇款而支取的，仍然构成盗窃罪。而持卡人占有或者账户所有人占有说则认为，账户中的款项既是银行占有，也是持卡人或者账户所有人占有。根据这种观点，他人错误地将款项汇入账户，包括银行因为故障而将款项错误地划入账户，行为人明知是他人的汇款而支取的，只是一种不当得利，而不构成盗窃罪。

何某盗窃案

2003年3月2日，被告人何某持只有10元钱的农行金穗储蓄卡到设在云南民族学院分院的建行自动柜员机上查询存款结余，未发现卡上有钱，何某即按键取款100元，时逢农行云南省分行计算机系统发生故障，造成部分自动柜员机失控，自动柜员机当即按何某指令吐出现金100元。何某发现这一现象后，当即继续按键取款，共6次取出现金4 400元。当晚，何某返回学校请假，并到翠湖旁边政协宾馆住宿一夜，于3月3日上午持卡到中国银行翠湖储蓄所、胜利广场储蓄所、云南省分行、北市区支行、东风支行以及王行武城分理处等7台自动柜员机上，连续取款215次，共取出现金42.53万元。两日合计取款221次，计42.97万元。当天下午，何某将钱送回陆良县家中藏匿，在路上打电话通知其母亲到农行为金穗储蓄卡挂失，并连夜返回昆明。之后，何某以其同学伏某的名字存入交通银行7 300元，以金某的名字存入4 700元，又购买了手机等物品挥霍，并将金穗储蓄卡丢入下水道。

云南省曲靖市中级人民法院认为：被告人何某以非法占有为目的，利用银行电子计算机系统出现故障，自动柜员机丧失识别能力之机，使用仅有人民币10元的储蓄卡，从自动柜员机里窃取了银行的人民币42.97万元。从本案情况看，被告人何某恶意占有银行财物的主观故意是明显的，其理由是：在第一天取钱4 400元后，他已明知银行计算机系统发生故障，但仍在第二天连续不断地取钱42.53万元，并将款交给其母藏匿，同时叫其母将金穗卡挂失。从客观方面看虽然其取款的每笔交易均在银行留下记录，表面上看不属秘密窃取的方式，但从其挂失、抛弃储蓄卡这一情形看，其主观目的是要造成一种银行资金损失不是其行为所致的事实，也就是将公开的记录转变为秘密窃取的过程，所以其行为方式实质上属于秘密窃取。因此，其行为已构成盗窃罪，且盗窃数额特别巨大，公诉机关指控的罪名成立。遂根据《中华人民共和国刑法》第二百六十四条第（一）项、第五十七条第一款之规定，作出如下判决：被告人何某犯盗窃罪，判处无期徒刑，剥夺政治权利终身，并处没收个人全部财产。

对于何某的行为如何适用法律，在审理过程中存在两种不同意见：第一种意见认为，何某的行为应构成金融凭证诈骗罪。理由是：其一，犯罪嫌疑人何某明知自己的储蓄卡上只有10元人民币，却利用银行计算机系统的错误，先后221次将银行款42.97万元取出的行为，首先侵犯的是金融机构的结算制度。然后其藏匿赃款、毁损储蓄卡，非法占有的行为及故意明显，又侵犯了国家财产所有权，符合金融凭证诈骗罪的客体要件。其二，何某多次输入与实际不符的取款金额，实质是伪造交易，可以视为伪造凭证，符合金融凭证诈骗罪客观方面的构成要件。第二种意见认为，对何某的行为应以盗窃罪定罪，主要理由是：其一，犯罪嫌疑人何某明知自己的储蓄卡上只有10元人民币，依然多次将银行款项取出，因此，非法占有的故意明显。其二，犯罪嫌疑人何某非法占有银行款项的事实并非因银行计算机系统故障造成的，而是其利用了计算机系统故障这一机会，积极实施取款行为，以秘密窃取的手段，非法占有银行款项四十余万元，应以盗窃罪论处。其三，考虑到赃款已全部退出，没有造成损失，认罪态度好等情节，可以考虑从轻处罚。

何某案的裁判理由认为：

在本案中，何某的行为侵犯了国家的财产所有权，并且在明知自己的银行卡只有10元钱的情况下，反复恶意逾额多次取款。这表明，他具有非法占有的目的和动机。因此，对于何某的行为，究竟应该如何适用法律，关键在于，他利用计算机系统的故障反复恶意取款的行为到底属于秘密窃取的手段，还是属于诈骗的行为。如果认为何某实施了秘密窃取的手段，那么，应该适用盗窃罪法条；如果认为何某实施了诈骗行为，自然，对其应按照诈骗犯罪的规定定罪量刑。何某的行为构成盗窃罪，理由是：其一，我们应该正确理解本案中的财物保管人或所有人。在本案中，自动柜员机不是也不可能是财物的所有人或保管人，它充其量只能是金融机构与储户之间借以完成结算的交易工具，而真正的财物所有人或保管人只能是金融机构。因此，在金融机构对自动柜员机这一交易工具失控的情况下，何某利用这一时机疯狂反复取款的行为，其实质是自认为金融机构不知道的情况下的秘密窃取行为，应认定为盗窃，而非诈骗。其二，有证据表明，在何某交易时，金融机构没有也不可能知道。因此，在受害人不知情的情况下，何某取得现金，自然不属于诈骗，而应认定为秘密窃取。其三，利用计算机系统的紊乱这一机会盗取现金的行为，事实上与行为人利用主人离家忘记锁门而给行为人留下可乘之机的情况是一样的，对于后者，谁也不会否认行为人属于秘密窃取，因此，对于前者也应该认定为盗窃。事实上，在国外，将这种行为认定为盗窃既是理论上的通说，也是司法机关的基本立场。如日本刑法学界和司法实务部门较为普遍地认为，把与硬币相似的东西投入自动售货机，非法取得商品的，应当构成盗窃罪。因此，与此同理，对于何某的行为，也应当依照盗窃罪法条定罪处罚。

何某的行为是否构成盗窃罪，涉及自动柜员机故障的性质。如果如同何某案判决书所描述，自动柜员机的故障是自动柜员机失控，持卡人可以任意取款不受限制，那么，何某利用自动柜员机的故障恶意取款的行为构成盗窃罪是没有问题的。但如果自动柜员机因为计算机故障将数额特别巨大的款项错误划入何某的银行卡，在这种情况下，何某从自己的卡里取款。那么，如果持银行占有说，何某的行为仍然构成盗窃罪；如果持账户所有人占有说，则可能构成侵占罪。那么，自动柜员机的故障到底是哪一种呢？我们看一下以下这篇媒体全面介绍何某案情的报道，不仅涉及对自动柜员机故障的性质描述，而且对何某个人的命运，从案发一直到许霆案发生以后对何某带来的影响，都作了详细的披露。

取钱经过

何某原系云南省公安专科学校学生。自 2000 年 9 月入学后，家里人为了使其取钱方便，在陆良县城农行为他办理了一张金穗储蓄卡。2001 年 3 月 2 日，何某拿着这张余额为 10 元的金穗储蓄卡，到农业银行的一台自动柜员机上查询存款余额。时逢农行云南省分行计算机系统发生故障，造成部分自动柜员机失控。何某看到，原本仅有10元钱的卡上却突然冒出了许多“0”，何某随即按键取出了100元。何某惊喜不已，又连续按键6次，取出现金4 300元。次日上午，何某再次持卡到其他几家银行的7台柜员机上连续取款215次，共取现金425 300元。两天里取款金额相加，共取现金近43万元。

抓捕入狱

［一抓一放］抓捕罪名：涉嫌恶意透支　释放理由：未构成信用诈骗

何某从取款机内取出巨款后的第三天，陆良县警方带着陆良县农业银行工作人员找到何某。第二天，何家收到逮捕令，何某被抓捕，罪名为：涉嫌恶意透支。2001年3月12日，何某贵接到警察电话让他去一下公安局。根据何某贵回忆，一名办案人员把何某叫了出来，说何某可以回家了。签发于2001年3月12日的释放证明书上这样记录释放何某的理由：未构成信用诈骗，无罪释放。

［二抓二放］抓捕罪名：涉嫌盗窃　释放原因：取保候审

2001年4月6日上午8点，何家接到陆良县检察院电话：“有事问一下何某，叫他过来。”当天，何某被送入陆良看守所。交到何某贵手上的逮捕令上，何某这次被抓的罪名变为“涉嫌盗窃”。11月13日，何某贵一家又开心了一次，这次何某获释是被取保候审。

［三抓被判］抓捕理由：取消取保候审　此后何某被判无期徒刑

“2002年3月11日”，经过这么多年，何某贵还是很清晰地记得这个日子，何某再次进入看守所。同年4月9日，何某案在陆良县人民法院刑一庭开庭。7月12日，一审判决无期。何家不服，上诉至云南省高级人民法院。10月17日，云南省高级人民法院未开庭，维持原判。

家人申诉

之后，何某父母开始走上了漫漫申诉路。2007年年底，何某已经在监狱中度过了5年。这一年，广东许霆案件的出现，给何某案带来了一线转机。随着许霆案的重审，何某的父母也重新燃起了希望。2008年4月，何某父母赶到了广州旁听许霆案的宣判。宣判当天，很多媒体随即报道了何某案件，由于何某和许霆案很相似，何某被媒体称为“云南许霆”。最后，广州许霆被改判为5年。这一案例，给何某父母带来了更大的希望。

2008年4月10日，何某父母又赶到云南省高级人民法院，提出申诉。云南省高级人民法院和曲靖市中级人民法院非常重视何某案，并多次进行了专题研究。

再审改判

云南省高级人民法院再审认为：原判决定罪准确，但本案被告是在发现柜员机出现故障时临时产生的犯意，按照柜员机的操作规程取款，这与有预谋的、采取破坏性手段盗窃相比有一定的偶然性。犯罪情节较轻、主观恶意较小，且全部退赃，没有造成实际损失。按照原判在法定量刑幅度判决过重。根据“罪、责、刑”相适应的法律原则，对何某可在法定量刑以下判处刑罚。

据此，2009年11月18日，云南省高级人民法院作出再审判决，判决书认定的事实和罪名与之前的判决虽然一样，但刑期由无期徒刑改判为8年零6个月。由于该案判决在法定量刑幅度以下，依据《刑事诉讼法》的规定，要报请最高人民法院核准后才能生效。也就是说，一旦最高人民法院核准了判决，扣除其被关押的时间，何某将于2010年1月16日获释。2011年1月16日，“云南许霆”何某深夜出狱，谈到伤心处仰天长叹，欲止住眼泪。

对比以上媒体资料的介绍，何某在查看银行卡时，发现原本只有10元的卡上冒出许多个0，应当是因为银行计算机故障，使何某的银行卡原本只有10元，变成100万元。因此，何某才能取款43万元。对于这一点，判决书的叙述事实是不同的。判决书表述为何某“查询存款结余，未发现卡上有钱”，但因为自动柜员机失控，使何某能够随意取款。显然，这与事实是不相符合的。因为，如果自动柜员机失控，那么，任何人都可以从自动柜员机中随意取款。而且，何某是从7处自动柜员机取款，难道这7处自动柜员机都失控？如果自动柜员机都失控，为什么只有何某能够随意取款，其他人却不能随意取款？由此可见，判决书对自动柜员机故障与何某取款之间的关系没有如实叙述。建立在虚假事实之上的案件法律分析，是不可靠的。实际上，判决书所说的“未发现卡上有钱”，是指除了何某自己所存的10元钱以外，何某知道卡上没有自己的钱。因此，这里的

“未发现卡上有钱”意思是“未发现卡上有自己的钱”。但何某难道没有发现卡上有银行的钱吗？在这种情况下，卡是自己的，钱是别人的。取还是不取？显然，何某没有抵挡得住金钱的诱惑，肆意取款。这种取因银行计算机系统错误而打入自己卡上的钱的行为，是否能定盗窃罪，就取决于对于错误汇款是持银行持有说还是账户所有人持有说。

2. 客体

盗窃罪的客体是公私财物，财物如何理解是财产犯罪所涉及的共同的问题，刑法理论上对财物如何理解存在很多争议：(1) 有效说。这种观点认为只要具有经济价值、具有用途和效能的物品都是财物。(2) 有形说。这种观点认为刑法上的财物是具有形体的物品，而电力、煤气等无形物不能成为盗窃罪的客体。(3) 动产说。这种观点认为盗窃罪的客体只限于动产，不动产不能成为盗窃罪的客体。因为盗窃具有移动的含义，不动产不能移动，不能成为盗窃罪的客体；如果不动产中有可移动的物品，仍然可以成为盗窃罪的客体。即使霸占房屋也不能称为盗窃，但是把房屋的窗户给破坏、分离而强行取走，构成盗窃罪。土地不能成为盗窃的对象，但是相邻的土地之间有界碑或者界桩，一方土地的所有者偷偷地把界碑或者界桩移过去一部分，多出的一部分成为自己的了。这样的行为能不能称为盗窃，可能还值得研究。(4) 持有说。这种观点认为只要事实上可以支配、控制的财物就可以成为盗窃罪的客体。(5) 管理说。这种观点认为只有那些具有管理可能的客体才能成为盗窃罪的客体。这些观点都是从某一个方面来界定盗窃罪的客体，因此存在偏颇。

我认为，盗窃罪的客体一般来说，是体现财产所有权的物质形态，因此只有从财产所有权入手才能科学地界定盗窃罪的客体的性质。盗窃罪的客体首先应当具有某种财产价值，财产价值本身又比较复杂：有的财产是本身具有财产价值，例如一部手机可以用于通讯，具有财产价值。但有的物体本身没有财产价值，或者说财产价值可以忽略不计，但其所记载的内容具有财产价值。例如财产的权利凭证，记载某种财产，因此具有财产价值。只有具有财产价值，才能对他人财产权利进行侵犯。至于是否有形，这是一个财产价值的载体形式问题。例如，无形物如果具有财产价值，并且具有可控制性，也可以成为盗窃的客体。无形物作为盗窃的客体在刑法中没有规定，但在有关司法解释中作了规定。无形物作为盗窃的客体也是随着社会进步，科技发展而出现的。

除了财产价值以外，盗窃罪的客体还要具有管理的可能性，也就是财产所有人或者保管人可以对财产进行有效的控制。窃取是指对控制的取得，如果某种物体具有财产价值，但对它不能有效控制，他人就不需要通过窃取而使用。例如空气是有价值的，但空气不能为某个人所有，因此，一般意义上的空气是不能成为盗窃罪的客体的。但如果把新鲜空气灌装在一个瓶里，使得可以作为商品出卖，那么在这种情况下，空气是可以成为盗窃罪的客体的。在这个意义上，管理说还是有一定道理的，本质是对某种财物进行有效控制。

即使是具有财产价值的财物，也只有在他人占有的情况下，才能成为盗窃罪的客体。如果处于一种无人占有的状态，例如无主物，是不能成为盗窃罪的客体的。在理解占有的时候，不仅仅是通过物理的控制，在某些时候还需要通过日常生活经验来判断，这个物品是不是被某人所控制。例如，山区农民种田，田地离农民的住所都比较远，有的要走 10 里地，农民耕地完后就把农具搁放在田头了。假设犁地的犁耙被人拿走了，那么这个叫不叫盗窃？把农具搁放在田头是不是处于农民的占有、控制中？根据日常生活经验，尽管把农具搁放在田坎，但并不意味着农民就把农具给遗弃了，因此尽管不存在物理上的控制，还是认为犁耙处于农民的占有之中，如果有人拿走了，就是对占有状态的破坏。

在讨论盗窃罪的客体的时候，还有一个与其相关的问题，这就是盗窃罪的保护法益问题。

夏某盗窃案

被告人夏某系某开锁公司职员。2015 年 4 月 8 日，刘某给夏某供职的开锁公司打电话要求开锁。夏某到达刘某指定的某小区后，刘某称其和被害人任某在此居住，房本、钥匙等都锁在屋里，并向夏某承诺开门后出示相关证件。夏某打开房门后，刘某在房间中一直没有找到房本和相关证件。夏某怀疑刘某的身份，并要求刘某离开房屋。夏某给公司经理徐某打电话说明情况，徐某在赶往开锁现场的途中报警。刘某和夏某在楼道等待期间，刘某到五层和六层之间的设备间方便过一次，时间为七八分钟。刘某将窃取的手表存放在设备间电线盒内。徐某和民警到达现场后，夏某给房门安装了新锁，并在派出所将钥匙交给刘某。刘某在公安机关接受调查时，夏某返回刘某去过的设备间，夏某在设备间墙上的电线盒内发现7块手表，并将手表取走。同日13时许，刘某用钥匙打开房门盗窃香烟、电脑等物品，并给夏某打电话询问是否窃取了手表。同日17时许，任某将刘某扭送至派出所，刘某如实供述了盗窃犯罪事实。同年4月9日，夏某主动投案并供称于4月8日将藏在设备间电线盒内的7块手表窃取，涉案的7块手表现已全部起获并发还被害人。

一审法院判决被告人夏某犯盗窃罪，判处有期徒刑3年、罚金人民币3 000元。

一审判决后，检察院未提出抗诉，夏某以其行为不构成盗窃为由提起上诉。

二审法院判决：上诉人夏某犯盗窃罪，判处有期徒刑1年、罚金人民币1 000元。

本案的争议焦点是夏某的行为构成盗窃罪还是掩饰、隐瞒犯罪所得罪。第一种观点认为：涉案7块手表系被盗窃的物品，不能作为盗窃罪的犯罪对象。且设备间系公共场所，夏某在设备间取得财物不构成盗窃罪。第二种观点认为：夏某的行为构成掩饰、隐瞒犯罪所得罪。根据现有证据表明，夏某已经对刘某的身份及行为产生怀疑，夏某认为设备间的7块手表是刘某盗窃后暂时存放的，其主观上对赃物的性质明知；所有权人已经丧失对财物的控制权；设备间是公共区域，夏某从设备间里拿走财物不符合盗窃罪秘密窃取的特征，因此夏某的行为应认定为掩饰、隐瞒犯罪所得罪。第三种观点认为：夏某的行为构成盗窃罪。本案侵犯的是私人财产的所有权，被害人任某虽然丧失了对财物的实际控制，但财物的所有权归属没有改变，财物被非法侵占的次数和方式手段并不影响财物的权利归属；从客观方面来看，夏某所实施的行为系秘密窃取，设备间的电线盒属于相对秘密的空间，一般情况下，不会有人想到去设备间察看。夏某对刘某的行为产生一定的合理怀疑后，在不为人所知的情况下拿走手表，其行为应认定为秘密窃取；从主观方面来看，夏某具有非法占有的故意。事发当日，刘某电话询问夏某是否见过涉案的手表，侦查机关亦向夏某了解涉案手表的情况，夏某均否认取走手表，且夏某于次日通过快递转移涉案赃物，夏某在侦查机关的供述也供称意图将手表据为己有。综上，夏某主观上具有非法占有的目的，客观上实施了秘密窃取财物的行为，赃物可以作为盗窃罪的犯罪对象，其行为应以盗窃罪论处。

本案被告人夏某应当如何定罪，首先涉及盗窃罪与掩饰、隐瞒犯罪所得、犯罪所得收益罪的区分问题，在此基础上，还要进一步考察赃物能否成为盗窃罪的客体的问题。根据刑法第 312 条的规定，掩饰、隐瞒犯罪所得、犯罪所得收益罪是指明知是犯罪所得及其产生的收益而予以窝藏、转移、收购、代为销售或者以其他方法掩饰、隐瞒的行为。该罪侵害的客体是司法活动秩序，因为这种对赃物的窝藏、转移、收购、代为销售或者其他掩饰、隐瞒行为，具有包庇犯罪分子，妨碍司法机关对犯罪的追究的性质。就本案而言，夏某将刘某盗窃的财物予以转移，在客观上确实妨碍了对刘某的司法追究。但夏某的行为并不符合掩饰、隐瞒犯罪所得、犯罪所得收益罪的构成要件，因为该罪是帮助犯罪分子逃避刑事追究，因此，对赃物的窝藏、转移、收购、代为销售都是受犯罪分子的委托或者出于本人的营利目的，而在本案中，夏某将刘某盗窃的财物转移是为了非法占有该赃物。

至于赃物能否成为盗窃罪的客体，顾虑在于：盗窃罪的保护法益是合法财物的所有权，而赃物是犯罪分子非法占有的，如果赃物可以成为盗窃罪的客体，那不就是保护非法财物的使用权了吗？这个问题，确实涉及盗窃罪的保护法益。当然，从法律根据上来说，司法解释对此已经作了明确的规定。根据 2015 年 5 月 29 日最高人民法院《关于审理掩饰、隐瞒犯罪所得、犯罪所得收益刑事案件适用法律若干问题的解释》第 6 条规定："对犯罪所得及其产生的收益实施盗窃、抢劫、诈骗、抢夺等行为，构成犯罪的，分别以盗窃罪、抢劫罪、诈骗罪、抢夺罪等定罪处罚。"根据该解释，犯罪分子不法占有的财物也可以成为盗窃罪的客体。但从刑法理论上来说，此类案件涉及盗窃罪以及其他财产犯罪的保护法益问题，还是需要加以说明。这里应当指出，盗窃罪的客体属于盗窃罪的构成要件问题，是第一阶层的问题，而盗窃罪的保护法益属于盗窃罪的违法性问题，是第二阶层的问题。

我国刑法理论一般认为，盗窃罪的保护法益是他人的财产所有权。这就是所谓所有权说，该说当然具有将盗窃罪与侵害财产使用权的使用盗窃加以区分的意思。但如果把盗窃罪的保护法益限定在财产所有权，则对于将类似盗窃赃物以及基于其他不法原因给付物的行为认定为盗窃罪就会存在法律上的障碍。例如嫖客支付给妓女的嫖资，行为人确定是嫖资而予以窃取的行为。如果按照所有权说，因妓女对于嫖资并没有所有权，且嫖客在支付嫖资以后也丧失了所有权，则在行为人窃取嫖资的情况下，并无所有权受到侵害，因此不构成盗窃罪。对于黑吃黑的案件，例如盗窃他人犯罪所得的赃物，抢劫输掉的赌资等，都涉及这个问题。这些行为不构成财产犯罪是不妥的。在我国刑法理论上，提出一种观点，认为在这些情况下，财物是不法的，例如嫖资或者赌资，对此刑法不能保护。但这并不意味着这些财物是无主物，这些财物在法律上是应当没收的，因此属于国家所有。对这些财物的盗窃，侵犯了国家财产所有权。当然，这种解释也是牵强的。如果这些财物已经被国家没收，所有权当然是国家的，对此的盗窃可以认定为对国家财产所有权的侵害。但当这些财产还处于不法人员占有之中的时候，就说这些财产的所有权是国家的，那么不法分子将这些财产消费了，是否还存在一个侵犯国家所有权的问题？回答是否定的。为此，日本刑法理论提出了占有说。在日本刑法学界，占有说是相对于本权说而言的，这里的本权说就是我国刑法理论中的所有权说。最初，日本刑法学界对于盗窃罪以及其他占有型的财产犯罪的保护法益，都是采取本权说，但后来发现，本权说所确定的盗窃罪的范围过于狭窄，不利于财产的稳定，因此提出了占有说。根据占有说，只要对他人所实际占有的财物实施盗窃的，就构成盗窃罪。至于他人对于所占有的财物是否具有所有权，在所不问。在这种情况下，上述盗窃嫖资、赌资以及其他不法给付财物的行为，都构成盗窃罪。而且，将他人所占有的本人财产采用盗窃方式取回的，也侵犯了他人对财产的占有，同样构成盗窃罪。

占有说明显地扩张了盗窃罪的范围，具有一定的合理性。但在占有说中，又有纯粹的占有说和平稳的占有说之分。纯粹的占有说将所有的占有都视为盗窃罪的保护法益，因此，当场抢回盗窃犯所窃取的本人财物的自力救济行为，也视为财产犯罪。由此可见，纯粹的占有说是禁止对侵犯财产的犯罪进行自力救济的。因此，日本刑法理论提出了一种较为折中的观点，这就是平稳的占有说，将所有人从盗窃犯手中夺回财物的行为排除在处罚范围之外。我国学者张明楷教授也主张这种平稳的占有说，认为只有侵犯了需要通过法定程序恢复应有状态的占有，才构成盗窃罪。这就对占有说的占有作了某种限制，限于需要通过法定程序恢复应有状态的占有。而在相对于本权者的场合，如果占有者欠缺与本权者相对抗的合理理由，那么，对于本权者而言，其恢复权利的取得行为不成立财产犯罪。我认为，这种行使权利的行为，是一种违法阻却事由：从构成要件上，还是符合财产犯罪的构成要件的，只是在违法性阶层不具有对财产犯罪的保护法益的侵害，因此予以出罪。

我国刑法和司法解释对某些特定财物作了专门规定：

(1) 信用卡。

刑法第 196 条第 3 款规定："盗窃信用卡并使用的，依照本法第二百六十四条的规定定罪处罚。"信用卡本身并不值钱，但是信用卡是财产凭证，可以获得财产性利益。盗窃信用卡就是盗窃行为，但是盗窃信用卡和盗窃现金或者其他财物毕竟有所不同。对于盗窃信用卡数额怎么计算在后面介绍。如果卡上金额有 100 万元，但只取了 5 万元；或者盗窃信用卡后没有使用而丢弃了；或者盗窃随意透支的信用卡，信用卡上的数额和实际获得的数额是否可以等同看待？信用卡是可以挂失的，虽然取得信用卡，但是未必能实际占有信用卡中的财产。因此根据有关司法解释，信用卡的数额按照实际取得的数额计算。这也是处理其他一些信用卡犯罪计算数额的基本原则。例如盗窃电话卡，也是按照实际发生数额计算。这些解释都是有利于被告人的解释。盗窃信用卡后去使用，到银行冒领，这里就有两个行为：取得信用卡的行为和去骗取信用卡下的钱的行为。有人认为这是盗窃信用卡的盗窃行为和使用的诈骗行为之间的牵连。但是我们通常不这样理解。使用信用卡的行为，尽管有冒名使用，但这种只是盗窃者自己使用，是实现盗窃结果的手段，因此是不可罚的事后行为。如果甲盗窃了一张信用卡，甲告诉乙，由乙去使用，乙的行为就构成了信用卡诈骗罪。从刑法理论上分析，对甲定盗窃罪和教唆他人信用卡诈骗罪，对乙定诈骗罪。如果甲盗窃后自己直接使用，这一使用行为属于事后行为，不可罚，只定盗窃罪，但如果给他人使用这个行为还要另定一个罪，就有些不合理。因此在定罪的时候，尽管甲盗窃了一张信用卡，甲告诉乙，由乙去使用，对甲还是只定一个盗窃罪就可以了。

(2) 增值税专用发票或者可以用于骗取出口退税、抵扣税款的其他发票。

刑法第210条第1款规定："盗窃增值税专用发票或者可以用于骗取出口退税、抵扣税款的其他发票的，依照本法第二百六十四条的规定定罪处罚。"增值税专用发票或者可以用于骗取出口退税、抵扣税款的其他发票只是一种发票，本身并不具有财产价值，但是可以利用这些发票进行其他犯罪，例如骗取增值税或者出口退税款。立法者把这种盗窃增值税专用发票或者可以用于骗取出口退税、抵扣税款的其他发票的行为本身就规定为盗窃罪，实际上这种规定和盗窃罪的本质特征已经不符合。这种财产凭证具有间接的财产价值，但是把盗窃发票都作为盗窃罪来处置，已经是法律的拟制了。从理论上来说，将这种行为单独规定一个罪名比较好，盗窃罪是按照数额较大、数额巨大、数额特别巨大处理，但是发票的数额很难计算。根据相关司法解释发票的数额按照盗窃发票的张数来计算，因此它的计算标准和普通盗窃的不一样。

(3) 违禁品。

违禁品是指法律禁止持有、携带、流通的物品。违禁品是禁止流通的物品，因此严格来说违禁品没有财产价值，财产价值是从流通中体现出来，有流通才有价值。不能流通没有合法价值，但并不等于不能流通没有非法价值。违禁品成为盗窃罪客体的问题比较复杂。对于违禁品作为盗窃对象的问题，可以分为两种情形：第一种情形是刑法将此规定为独立罪名，由此而与盗窃罪之间形成法条竞合关系。例如盗窃枪支、弹药、爆炸物罪，刑法就有专门的规定。第二种情形是刑法没有规定为独立罪名，对于盗窃这些违禁品的行为，仍然以盗窃罪论处。例如刑法并没有规定盗窃毒品罪，对盗窃毒品行为应该按照盗窃罪处理。在这种情况下，盗窃罪侵害的法益是什么？因为毒品的持有是非法的，盗窃毒品视为对他人财产所有权的侵犯，于是就会出现一个难题：难道法律保护非法财物的所有权吗？个人持有毒品是非法的，那就意味着毒品是要没收、上交国家的，因此张三盗窃李四的毒品并不是对李四的毒品所有权的侵犯，而是对国家的财产所有权的侵犯。采取这样迂回的解释方法，勉强能够回答这个问题。但实际上，对盗窃毒品行为还是刑法另外规定一个罪名合适一些。盗窃毒品行为按照盗窃罪量刑的时候，不同于盗窃其他财物，不是根据财物的数额，而是根据毒品的数量，毒品在非法流通情况下的价值只作为量刑情节考虑，因为毒品在不同的地方，价格相差很大。在一般情况下，如果盗窃财物后又出售的，属于销赃行为，是事后的不可罚行为。盗窃了毒品又销售也是一种销赃行为，但该销售毒品的行为符合贩卖毒品罪的规定，因此，对这种毒品销赃行为就应该定贩卖毒品罪。

(4) 财产凭证。

财产凭证是指有价支付凭证、有价证券或有价票证。财产凭证是财产权利的表现，是一定财产价值的转化物，可以代表债权或者物权或者股权。这个凭证背后是对财产权利的记载，可以通过某种方式转化为财产价值。较为常见的财产凭证是存单、定期存折、国库券、债券和股票。按照司法解释的规定，财产凭证可以成为盗窃罪的客体，但情况比较复杂。尤其是在盗窃存折的情况下，能不能将盗窃存折的数额作为盗窃数额？司法解释将财产凭证分为两类，即记名、挂失的财产凭证和不记名、不挂失的财产凭证：不记名的财产凭证是指在凭证上不指定特定的权利人，而以持票人或者来人为权利人的财产凭证。记名的财产凭证是指在凭证上指定特定的权利人。此外还有凭证挂失不挂失的问题。有的凭证是来人就付款，不进行审查，这样一些凭证的使用方法和现金差不多；另外一些是可挂失的财产凭证，在使用上有一定的要求。窃取不记名、不挂失的财产凭证就意味着占有了该财产凭证所记载的数额的财产，因此，不记名、不挂失的财产凭证可以被视为货币，直接将财产凭证上的数额作为盗窃数额。而对于记名的财产凭证，行为人在获得该财产凭证后，要非法占有该财产凭证所代表的一定数额财产还要以记名人的身份支取其财物。在这种情况下，行为人最终占有财物还需要实行一定的支取行为，这一支取行为具有一定的诈骗性质，实际上是冒名领取。这种冒领是盗窃罪的延续，不另定诈骗罪，定一个盗窃罪就可以了。盗窃的数额也不能按照财产凭证上记载的数额，而应该按照支取的数额。如果没有支取，将财产凭证销毁了，那么财产凭证上记载的盗窃数额就不能作为盗窃数额，而只能作为盗窃罪的量刑情节来考虑。

(5) 电信码号、电信卡、上网账号、密码等电信资源。

电信码号、电信卡、上网账号、密码等电信资源是随着电信事业发展而出现的一种新型的财产形态。在现实生活当中，随着这些电信资源的出现，就出现了秘密窃取他人的电信资源的犯罪行为。对于这种盗窃他人电信资源的犯罪行为，能不能按照盗窃罪来处理？在按照盗窃罪来处理的时候，这些电信资源的财产价值如何来计算？这些问题都是一些需要研究的新问题。根据刑法第265条和2000年4月28日最高人民法院《关于审理扰乱电信市场管理秩序具体应用法律若干问题的解释》第7条和第8条的规定，上述电信资源都可以成为盗窃的客体。

(6) 不能成为盗窃罪客体的物品。

盗窃行为几乎可以针对所有的物品来实施，但是并非实施一定的盗窃行为就一定可以构成盗窃罪。某些物品不能成为盗窃罪的客体，因此盗窃这些物品就不能构成盗窃罪。某些物品之所以不能成为盗窃罪的客体，原因可能是多方面的。有的是由于立法上的原因，也就是在立法上将盗窃某些物品的行为另外规定为犯罪，而不作为盗窃罪来处理。在这种情况下，通过立法的方式就将某些物品从盗窃罪的客体当中排除出去。还有的是由于物品自身的原因，而不能成为盗窃罪的客体。下面我们对于不能成为盗窃罪客体的这些物品来分别加以介绍。

第一，刑法特别规定的物品，也就是由于刑法的特别规定某些物品不能成为盗窃罪的客体。这些物品包括了以下一些情形：

A. 刑法第127条规定了盗窃枪支、弹药、爆炸物、危险物质罪，因而上述物品不能成为盗窃罪的客体。尽管枪支、弹药、爆炸物和危险物质本身也具有财产价值，但是由于这些物品关系到公共安全，因此刑法专门规定了盗窃枪支、弹药、爆炸物和危险物质罪。在这种情况下，上述物品就不能成为盗窃罪的客体。

B. 刑法第 302 条规定了盗窃尸体罪，因而尸体不能成为盗窃罪的客体。尸体是人死以后的遗体，这种盗窃尸体的行为侵犯了人的尊严，扰乱了社会管理秩序，因此刑法专门规定了盗窃尸体罪。当然，盗窃尸体的主观动机是多种多样的，也不能否认在某些情况下盗窃尸体是为了牟利，因为尸体在某些情况下也有某种价值，比如为了制作人体标本，可能盗窃尸体出售给医院或者其他制作尸体标本的厂家来牟利。还有就是，现在是推行火葬，大部分地方是禁止土葬的。在现实生活中曾经发生过为了掩盖土葬的事实，从某些地方盗窃尸体来顶替死者拿去火葬。这里应当指出，这里的盗窃尸体是指整具的尸体，而不包括尸体的遗骸，也不包括骨灰。

C. 刑法第 438 条规定了盗窃武器装备、军用物资罪。武器装备、军用物资当然也是具有财产价值的，但是它是在国防军事当中使用的，因此盗窃这些物质不仅仅侵犯了这些武器装备和军用物资的所有权，而且侵犯了国家的国防利益，因此刑法专门加以规定。

在上述三种情况下，由于立法者另外定了罪名，因此这些物品就不能再成为盗窃罪的客体。当然，盗窃罪和这些犯罪之间在一定条件下存在着法条竞合关系。关于这一点我后面还要专门讨论。

第二，某些财物本身不具有财产价值，不能反映财产所有权关系，因此盗窃这些物品没有被刑法规定为盗窃罪，因为它不符合财产犯罪的特征，而是被规定为其他犯罪。这些情形主要有以下这些：

A. 刑法第 111 条规定的为境外窃取国家秘密、情报罪中的国家秘密、情报。国家秘密、情报也可以通过窃取这种方法来取得，这种取得是非法的，但是国家秘密和情报并不是一种财物。在某些情况下，可以通过国家秘密和情报来获取某些非法利益，比如出卖国家秘密、出卖情报，可以从中获利。但是这种国家秘密和情报本身不具有财产价值，刑法对这些物品的保护不是按照财产所有权来保护，而是按照国家的秘密来加以特殊的保护。因此，刑法对于盗窃国家秘密和情报专门规定了一个罪名。

B. 刑法第 280 条第 1 款规定的盗窃国家机关公文证件印章罪中的公文、证件、印章。公文、证件、印章，它所体现的是国家机关、企事业单位的一种管理秩序，因此刑法对公文、证件、印章的保护也不是按照财产来加以保护，主要是把盗窃它们看作是一种妨碍社会管理秩序的犯罪行为来加以规定的。

C. 刑法第 329 条规定的窃取国有档案罪中的国有档案。国有档案尽管可以成为盗窃的客体，但是不能成为盗窃罪的客体，因为刑法专门对它规定了一个罪名。

D. 刑法第 375 条规定的盗窃武装部队公文、证件、印章罪中的公文、证件、印章。

E. 刑法第 431 条第 2 款规定的为境外窃取军事秘密罪中的军事秘密。

上述物品不体现财产关系，因此尽管可以通过窃取这种方式取得这些物品，并且也被刑法规定为犯罪，但是这些物品不能成为盗窃罪的客体。

第三，其他物品。这里指的是某种物品本身是具有财产价值的，也是财产的一种特殊表现形态，但是物品本身所具有的某种性质，使得它不能成为盗窃罪的客体。这些物品主要指的是不动产、遗弃物、遗忘物和埋藏物。下面分别加以论述。

A. 不动产。在物权法上，根据财产是否可以移动，将财产分为动产和不动产。动产当然可以成为盗窃罪的客体，不动产能不能成为盗窃罪的客体，在理论上是存在争议的。第一是肯定说，第二是否定说，第三是犹豫说。这里所谓的犹豫说也就是对于不动产能不能成为盗窃的客体，没有作出明确的界定，而是采取某种回避的、犹豫的态度。在我国刑法学界，关于不动产能不能成为盗窃罪的客体，通说认为不能。不动产之所以不能成为盗窃罪的客体，主要是由不动产的性质本身所决定的。因为盗窃是秘密窃取，所以盗窃这种犯罪行为往往是和物品的移动有关的。通过财物的移动，物理意义上的移动，使得对财物的占有状态发生转移，从而侵犯他人的财产所有权。但是对于不动产，由它的不可移动性所决定，就不能通过盗窃的方式来取得他人的不动产。像土地，在财产记载上属于张三所有，那么如果李四不改变土地的登记，不把它过户到自己名下，这个土地是搬不走的。你可以把地里面的土给挖走，把这块地里面种的树、庄稼给挖走，但这块地是不可移动的，你是拿不走的。所以在这个意义上说，不动产是不能成为盗窃罪的客体的。当然，不动产不能成为盗窃罪的客体，并不意味着刑法对于不动产的财产所有权不予保护。有些犯罪行为，是可以侵犯到不动产的财产所有权，因此对于这种可以侵犯到不动产财产所有权的犯罪行为，在刑法里面是要予以制裁的，通过这种方式来保护不动产。像诈骗或者侵占这样一种犯罪行为，就可能侵犯不动产的财产所有权，也就是通过诈骗的方式，通过侵占的方法，将他人的不动产秘密地、非法地过户到本人的名下。在这种情况下，就侵犯了他人的不动产的财产所有权。因此，可以构成诈骗罪，可以构成侵占罪。但是，不动产不能成为盗窃罪的客体。盗窃罪、诈骗罪、侵占罪，都是保护财产所有权的法律途径，它们只是侵犯财产所有权的方式不同，财产所有权的表现形态不同，它们采取哪种方法来保护财产所有权在法律规定上、罪名设置上也有所不同。这一点必须要加以明确。

B. 遗弃物。遗弃物是指财产所有人丢弃的物品。这种物品虽然在客观上可能尚有一定的价值，但所有人认为已经没有保存的价值，因而予以遗弃。遗弃物由于先前的所有人放弃了对该物品的所有权，因而就成为无主物。所谓的无主物，是指所有人不明，或者所有人自动放弃了所有关系的财物，例如工厂抛弃的废旧物品、无人继承的遗产等等。无主物的特点在于任何人对其都不享有所有权，或者所有人已经放弃了所有权。由此可见，遗弃物是无主物，因为财物被遗弃了，也就是所有人不要了，于是就变成了无主物。当然，无主物的外延比遗弃物的要大，遗弃物只是先前的所有人明确地放弃对财物的所有权而形成的无主物。在这种情况下，这种无主物既然是无主，也就是财物的所有人放弃了对财物的所有权，那么它就不能成为盗窃罪的客体，也就是最先取得这个财物的人就成为这个财物的新的所有者。这个取得行为并不侵犯他人的财产所有权，因为原先的所有人已经放弃了对它的所有。但我刚才讲到无主物当中还有一种所有人不明的财物，这种所有人不明的财物也处于一种无主状态，但并不是一种遗弃，并不是所有人放弃了财产所有权，只是所有人暂时缺失。因此，这种遗弃物不能成为盗窃罪的客体，也是需要具备一定的条件，也就是行为人必须明知这个物品是被他人所遗弃的，也就是对于这个物品的无主的状态是明知的。在这种情况下，这种物品的取得行为才不构成盗窃。如果在某些情况下，这些物品本身虽然是遗弃物，但是行为人并不知道这是遗弃物，误认为这个财物仍然是他人具有所有权的财物，从而予以窃取。在这种情况下，应当是认识错误的情形，客体不能犯的犯罪未遂。也就是说，他主观上认为这是他人的财物，并且采取秘密窃取的方式来取得，但实际上这种物品本身是遗弃物，这种行为本身是不侵犯他人财产所有权的，因此是一种盗窃的未遂。另外，对于所谓的遗弃物，在理解的时候还需要加以界定。这里面主要涉及某些工厂的有些机器报废了，就丢弃在工厂的大院里面。但机器虽然报废了，也就是不能当作正常机器来使用了，但机器本身是钢铁，卖废铁还能挣钱。因此，工厂把废弃的机器丢在院子里面，不能认为是遗弃物。在这种情况下如果去盗窃废旧的机器的，仍然构成盗窃罪。当然，此时不能按照机器能够正常使用时的价值，而是应当按照它作为废铜烂铁所能获取的价值，作为它的盗窃罪的数额来计算。

C. 遗忘物。遗忘物是指占有人或所有人非出于本意，偶然丧失其占有的动产。刑法第 270 条第 2 款已经将侵占遗忘物的行为规定为侵占罪，因此遗忘物不能成为盗窃罪的客体。当然，某种物品在什么情况下视为遗忘物，因而取得这种遗忘物的行为在什么情况下应当定侵占、在什么情况下应当定盗窃，这个问题涉及侵占罪和盗窃罪之间的此罪与彼罪的界限划分。这是一个相当复杂的问题，我将在侵占罪当中来讨论这个问题。

D. 埋藏物。埋藏物是指所有权不明的，埋藏于地下的或者包藏于他物中的财物。根据我国民法规定，所有权不明的埋藏物归国家所有，也就是说国家对埋藏物享有所有权。因此，我国刑法第 270 条第 2 款将侵占埋藏物的行为规定为侵占罪，因为该种行为侵犯了国家对埋藏物的所有权。但由于埋藏物具有所有人不明的特征，即当时并不在他人的控制之下，因而占有这种埋藏物的行为不属于秘密窃取的行为，因此埋藏物不能成为盗窃罪的客体。

以上所说这些物品之所以不能成为盗窃罪的客体，是这些物品本身所具有的某种状态所决定的。能够成为盗窃罪的客体的财物，必须置于财产所有人或者保管人的合法控制之下，只有在他人的合法控制之下，才存在一个秘密窃取的问题，才需要通过盗窃的方式来取得。而这些财物本身并不处在财物的所有人或者保管人的合法控制之下，因此取得这些财物的行为本身不能成为盗窃行为。这个遗弃物，人家已经丢弃在那了，没有人合法控制，在路上你去取得，你这个取得的行为就不是一个窃取的行为，而是一个拾得的行为。人家不要了，那我要，我就把它捡回来。也就是说，盗窃行为是和财产的状态有关的，只有在财产处于他人合法控制之下的状态，要取得财物，才需要盗窃。而当某种财物处于没有所有人或保管人的合法控制的状态时，取得这种财物的行为就不能被评价为盗窃行为。因此，处于这种状态的财物也就不能成为盗窃罪的客体。

3. 非法占有目的

虽然我国刑法对盗窃罪没有规定以非法占有为目的，但在刑法理论上都认为非法占有目的是盗窃罪成立的必备条件。在这个意义上说，非法占有目的是盗窃罪的主观违法要素。因此，盗窃罪是非法定的目的犯。

非法占有目的是指排除权利人的占有，将他人财物作为自己财物进行支配，并遵从财物的通常用途进行利用或者处分的意思。因此，非法占有目的中包含了排除意思和利用意思。其中，排除意思具有区分盗窃罪与使用盗窃的功能，而利用意思具有区分盗窃罪与故意毁坏财物罪的功能。

使用盗窃是指不以非法占有为目的，而以非法使用为目的的盗窃行为。在客观上，使用盗窃也实施了秘密窃取他人财物的行为，因此属于盗窃的范畴。但在使用盗窃的情况下，行为人并不具有非法占有的目的，只是侵害了他人对财物的使用权。对于盗窃罪与使用盗窃无法从客观上进行区分，而只能从主观违法要素上加以区分。我国刑法没有对盗窃罪规定以非法占有为目的，因此有些学者认为我国刑法中的盗窃罪不需要非法占有的目的，使用盗窃也可以构成盗窃罪。目前，在刑法理论上使用盗窃入罪的观点开始被广泛接受。从我国司法实践情况来看，对于使用盗窃入罪都是持否定态度的。在有关司法解释中，主要涉及对偷开汽车的规定。根据最高人民法院、最高人民检察院《关于办理盗窃刑事案件适用法律若干问题的解释》（以下简称为《盗窃刑事案件解释》）第10条的规定，偷开他人机动车的，按照下列规定处理：(1) 偷开机动车，导致车辆丢失的，以盗窃罪定罪处罚；(2) 为盗窃其他财物，偷开机动车作为犯罪工具使用后非法占有车辆，或者将车辆遗弃导致丢失的，被盗车辆的价值计入盗窃数额；(3) 为实施其他犯罪，偷开机动车作为犯罪工具使用后非法占有车辆，或者将车辆遗弃导致丢失的，以盗窃罪和其他犯罪数罪并罚；将车辆送回，未造成丢失的，按照其所实施的其他犯罪从重处罚。从以上规定可以看出，对于偷开他人机动车的行为，只有在上述三种情况下才能认定为盗窃罪。这里应当指出，偷开机动车和盗窃机动车是两种不同性质的行为。盗窃机动车是以非法占有为目的的窃取机动车的行为，当然构成盗窃罪。但偷开机动车本身是以使用为目的的，因此在一般情况下不能认定为盗窃罪。但在上述解释所规定的三种情形下，可以认定为盗窃罪。其中，第一种情形是偷开机动车而导致车辆丢失的。在这种情况下，偷开的时候并没有非法占有的目的，但行为人对车辆没有尽到妥善保管义务，导致车辆丢失。《盗窃刑事案件解释》规定，对此以盗窃罪论处。严格来说，这种情况下并不符合盗窃罪的构成要件，因而是在一定程度上认同对使用盗窃入罪。第二种情形是为盗窃而偷开机动车，此后又分为两种情形：一是使用后非法占有车辆的。这种情况可以说是从使用盗窃向盗窃罪的转化，将其认定为盗窃罪是没有问题的。二是将车辆遗弃导致丢失的。这种情况与上一种情况相同。第三种情形是为其他犯罪而偷开他人机动车，具体两种情形与第二种情况相同。从以上《盗窃刑事案件解释》对于偷开他人机动车的规定可以看出，确有一定程度将使用盗窃按照盗窃罪论处的含义。但这只是个别情形，由此还不能得出对使用盗窃一概以盗窃罪论处的结论。

非法占有目的中的利用意思对于区分盗窃罪与故意毁坏财物罪具有重要意义。故意毁坏财物罪是我国刑法规定的毁坏型的财产犯罪，行为人主观上不具有非法占有财物的目的，而是具有毁坏财物的目的。从字面上看，盗窃和毁坏是完全不同的两种行为，似乎两者之间没有任何交集。但在司法实践中，盗窃往往成为毁坏财物的手段行为。故意毁坏财物罪的客体——他人的财物可能存在两种不同的情况：第一种情况是他人财物处于一种裸露在公共场所的状态。例如，他人的汽车放在马路上，如果要对该汽车实施毁坏行为，不需要移动该车辆。第二种情况是他人财物处于他人的严密保管之中。例如，他人的车辆放在车库。在这种情况下，要毁坏这辆车，首先需要将车辆从车库偷开出来。在此，就涉及盗窃车辆的问题，它是毁坏车辆的手段行为。

李某强故意毁坏财物案

李某系牌照号为津A849××的“华北”牌HC6790型中巴汽车车主，从事个体客运业务。2004年10月，李某通过职业介绍所与李某强相识，双方口头约定由李某强担任李某的客车司机。后李某表示不再雇用李某强，李某强对此心怀不满。2004年11月24日晚，李某强来到位于红桥区丁字沽一号路××楼附近的天津市公安局红桥分局（以下简称公安红桥分局）下属停车场，趁工作人员不备，持未归还的汽车钥匙，将李某存放于此的津A849××中巴车开走。次日20时许，李某强驾驶该车行驶至河东区红星路向阳楼××号附近时与路边的电线杆相撞，导致车辆受损。李某强将该客车丢弃于河东区晨阳道天池里××号楼附近，随后逃逸。公安机关经侦查，于2004年12月1日将该车找回，当时车内“厦华”牌车载电视及多碟VCD机各一台已经丢失。经天津市红桥区价格认证中心评估，该车辆损坏价值为人民币12 433元，被盗车载电视及VCD机价值为人民币2 250元。2005年2月15日，李某强被抓获归案。

公诉机关天津市红桥区人民检察院认为，被告人李某强的上述行为触犯了《中华人民共和国刑法》第275条的规定，构成故意毁坏财物罪，应依法追究其刑事责任。

天津市红桥区人民法院认为：李某强因李某不再雇用其作司机而心怀不满，继而蓄意泄愤报复，偷开李某所有的涉案机动车，在发生事故后将该车丢弃，造成该车毁损、车上物品被盗。结合李某强在作案前与李某之间发生的纠葛以及其作案手段，同时考虑李某明知李某强尚未归还涉案机动车钥匙，案发前李某强曾经有过偷开涉案机动车行为的事实，并根据李某强本人供述等在案证据，可以认定李某强的主要目的是报复李某，而非故意非法占有他人财产，构成故意毁坏公私财物罪，且造成损失数额较大，检察机关指控的事实及罪名成立。李某强对其犯罪事实能够如实供述，认罪态度较好，但其曾因盗窃罪受过刑事处罚，可在量刑时酌情予以考虑。李某强因偷开涉案机动车给刑事附带民事诉讼原告李某造成经济损失，依法应承担刑事附带民事赔偿责任。李某强的犯罪行为给刑事附带民事诉讼原告李某造成的直接经济损失包括涉案车辆毁损的价值以及所丢失的车载音像设备的价值，共计人民币 14 683 元。

综上，天津市红桥区人民法院依照《中华人民共和国刑法》第 275 条、第 36 条第 1 款，《中华人民共和国民法通则》第 106 条第 2 款之规定，判决如下：(1) 被告人李某强犯故意毁坏财物罪，判处有期徒刑 2 年；(2) 被告人李某强赔偿刑事附带民事诉讼原告李某经济损失人民币 14 683 元。

一审宣判后，被告人李某强、刑事附带民事诉讼原告李某在法定期间内均未提起上诉，检察机关未提起抗诉，一审判决发生法律效力。

本案的裁判理由指出：

本案是一起偷开机动车的犯罪案件。对于偷开机动车行为的定性问题，最高人民法院 1998 年《关于审理盗窃案件具体应用法律若干问题的解释》第 12 条第 4 项作出了明确的规定，即：为练习开车、游乐等目的，多次偷开机动车辆；并将机动车辆丢失的，以盗窃罪定罪处罚；在偷开机动车辆的过程中发生交通肇事构成犯罪，又构成其他罪的，应当以交通肇事罪和其他罪实行数罪并罚；偷开机动车辆造成车辆损坏的，应当按照刑法第二百七十五条（即故意毁坏公私财物罪——作者注）的规定定罪处罚。

(二) 罪责

盗窃罪的责任形式是故意。这里的故意是指，明知是秘密窃取而有意实施的主观心理状态。

(三) 罪量

盗窃罪的罪量要素是数额较大，或者多次盗窃、入户盗窃、携带凶器盗窃、扒窃。以上 5 项内容是并列的关系，对于多次盗窃、入户盗窃、携带凶器盗窃、扒窃构成盗窃罪来说，不要求达到数额较大的程度。因此，后 4 项内容是对数额较大的补充。但如果盗窃数额已经达到较大，同时具有后 4 项内容之一或者多项的，应当以数额较大作为入罪根据，其他内容可以作为量刑情节考虑。

1. 数额较大

这里的数额较大，根据《盗窃刑事案件解释》第 1 条的规定，以 1 000 元至 3 000 元为起点，各地可以根据本地的经济发展情况和犯罪情况来自行确定盗窃的数额较大的具体标准。我们把这样一个具体标准往往称为起刑点。

尽管根据我国刑法的规定，数额较大是构成犯罪的标准，但在盗窃罪数额问题上，也不是完全的唯数额论。根据《盗窃刑事案件解释》第 2 条的规定，盗窃公私财物，接近数额较大的起点，具有下列情形之一的，数额较大的标准按照规定标准的 50%确定：(1) 曾因盗窃受过刑事处罚的；(2) 1 年内曾因盗窃受过行政处罚的；(3) 组织、控制未成年人盗窃的；(4) 自然灾害、事故灾害、社会安全事件等突发事件期间，在事件发生地盗窃的；(5) 盗窃残疾人、孤寡老人、丧失劳动能力人的财物的；(6) 在医院盗窃病人或者其亲友财物的；(7) 盗窃救灾、抢险、防汛、优抚、扶贫、移民、救济款物的；(8) 因盗窃造成严重后果的。

2. 多次盗窃

这里的多次盗窃，根据《盗窃刑事案件解释》第 3 条的规定，是指 2 年内盗窃 3 次以上。多次一般来说是 3 次以上，该解释对多次盗窃作了时间上的限制：2 年以内。

3. 入户盗窃

这里的入户盗窃，根据上述解释第 3 条的规定，是指非法进入供他人家庭生活、与外界相对隔离的住所盗窃。

4. 携带凶器盗窃

这里的携带凶器盗窃，根据上述解释第 3 条的规定，是指携带枪支、爆炸物、管制刀具等国家禁止个人携带的器械盗窃，或者为了实施违法犯罪携带其他足以危害他人人身安全的器械盗窃。

5. 扒窃

这里的扒窃，根据《盗窃刑事案件解释》第 3 条的规定，是指在公共场所或者公共交通工具上盗窃他人随身携带的财物。该解释对扒窃作了双重限制：一是地点上的限制：扒窃只能发生在公共场所或者公共交通工具上。二是盗窃客体上的限制：扒窃盗窃的是随时携带的财物。对这里的随身携带的财物应当作限制性的解释。例如，在乘坐长途汽车的时候，放在行李架上的财物，就不能认定为随身携带的财物。只有放在口袋里的财物或者随身的拎包里的财物，才能认定为随身携带的财物。车浩老师对扒窃提出了一个诠释的用语——贴身禁忌，认为人的身体不是一具简单的肉身，而是个人履行社会约定、承担社会任务的工具，也是个人以特定的方式拒绝或亲近他人的工具。身体的沟通功能使得贴近身体肌肤表面的那一层物理空间，生发出规范层面的意义，即贴身禁忌：这个空间是作为一个生物体和社会体的个人，对自己身体进行保护、避免与他人接触的最低界限和最后防线。当行为人未经他人允许，侵入他人贴身空间进行盗窃时，正好违反了作为人际交往底线的贴身禁忌。只有这一点，才能为扒窃在普通的盗窃之外，奠定升高的可罚性基础。

三、盗窃罪的认定

（一）盗窃财物的数额计算问题

盗窃财物的数额计算是一个非常重要的问题，也是一个非常复杂的问题。它不仅对于盗窃罪的定罪量刑具有重要的参考作用，而且对于其他的侵犯财产犯罪的定罪量刑也具有重要的参考价值，因为在我国刑法中，大部分的财产犯罪都是以赃计罪，也就是按照赃物所反映出来的财产价值作为定罪量刑的标准。在盗窃犯罪中，在相当一部分情况下，盗窃的是货币、现金，这就不需要再另行转换，因为盗窃 2 000 元是货币的数量。在古代社会，由于所处的经济发展的情况不一样，虽然也采用以赃计罪，但赃的一般等价物会不一样。例如在《唐律》中，它的一般等价物就是布匹，量刑按照盗窃多少匹布计算，盗窃其他物品的要换算为布匹。

关于盗窃物品的数额计算问题，有关司法解释作了非常全面具体的规定，我来作一个介绍：

1. 一般物品的数额计算

盗窃的数额，按照下列方法认定：

（1）被盗财物有有效价格证明的，根据有效价格证明认定；无有效价格证明，或者根据价格证明认定盗窃数额明显不合理的，应当按照有关规定委托估价机构估价。

（2）盗窃外币的，按照盗窃时中国外汇交易中心或者中国人民银行授权机构公布的人民币对该货币的中间价折合成人民币计算；中国外汇交易中心或者中国人民银行授权机构未公布汇率中间价的外币，按照盗窃时境内银行人民币对该货币的中间价折算成人民币，或者该货币在境内银行、国际外汇市场对美元汇率，与人民币对美元汇率中间价进行套算。

（3）盗窃电力、燃气、自来水等财物，盗窃数量能够查实的，按照查实的数量计算盗窃数额；盗窃数量无法查实的，以盗窃前 6 个月月均正常用量减去盗窃后计量仪表显示的月均用量推算盗窃数额；盗窃前正常使用不足 6 个月的，按照正常使用期间的月均用量减去盗窃后计量仪表显示的月均用量推算盗窃数额。

（4）明知是盗接他人通信线路、复制他人电信码号的电信设备、设施而使用的，按照合法用户为其支付的费用认定盗窃数额；无法直接确认的，以合法用户的电信设备、设施被盗接、复制后的月缴费额减去被盗接、复制前 6 个月的月均电话费推算盗窃数额；合法用户使用电信设备、设施不足 6 个月的，按照实际使用的月均电话费推算盗窃数额。

（5）盗接他人通信线路、复制他人电信码号出售的，按照销赃数额认定盗窃数额。

盗窃行为给失主造成的损失大于盗窃数额的，损失数额可以作为量刑情节考虑。

2. 财产凭证的数额计算

盗窃有价支付凭证、有价证券、有价票证的，按照下列方法认定盗窃数额：

(1) 盗窃不记名、不挂失的有价支付凭证、有价证券、有价票证的，应当按票面数额和盗窃时应得的孳息、奖金或者奖品等可得收益一并计算盗窃数额。

(2) 盗窃记名的有价支付凭证、有价证券、有价票证，已经兑现的，按照兑现部分的财物价值计算盗窃数额；没有兑现，但失主无法通过挂失、补领、补办手续等方式避免损失的，按照给失主造成的实际损失计算盗窃数额。

盗窃财物的数额计算是一个较为复杂的问题，计算结果直接影响到对犯罪分子的定罪量刑。随着社会的进步发展，财物的表现形态越来越多样化，尤其是在市场经济的情况下。对于这些被盗财物如何来合理地定价，以便对盗窃犯罪分子进行合理的惩罚，这是一个值得研究的问题。现在一般都是由财物的价格鉴定机构来对财物价格进行鉴定，然后司法机关将鉴定的结果作为定罪量刑的标准。

(二) 盗窃未遂的认定

盗窃未遂，存在较为复杂的问题。首先是盗窃犯罪有没有未遂，或者说刑法对于盗窃的未遂是否处罚。这是一个问题。另外一个问题是：如果盗窃的未遂需要处罚，那么对于盗窃的未遂和既遂如何来划分？这两个问题是需要解决的。

首先，我们来看盗窃的未遂是否需要处罚。在我国刑法中盗窃罪是数额犯，只有达到数额较大才能构成犯罪。以北京为例：盗窃 2 000 元构成盗窃罪，没有达到这个数额就不构成犯罪。如果对盗窃未遂处罚，那么就意味着在既遂的情况下，如果没有达到起刑点，例如 2 000 元，就不构成盗窃罪，即使是盗窃财物数额为 1 999 元，也不构成盗窃罪，但如果盗窃 2 000 元财物未遂，却要以盗窃罪论处。这显然不合理。为此，2013 年最高人民法院、最高人民检察院《盗窃刑事案件解释》第 12 条规定：盗窃未遂，具有下列情形之一的，应当追究刑事责任：(1) 以数额巨大的财物为盗窃目标的；(2) 以珍贵文物为盗窃目标的；(3) 其他情节严重的情形。由此可见，司法解释对盗窃未遂的处罚作了某种限制。据此，在一般情况下，盗窃数额较大财物的未遂是不处罚的。当然，即使是对盗窃数额巨大或者特别巨大的财物未遂进行处罚，在一般情况下似乎是合理的，但如果与既遂对比，又呈现出不合理之处。例如，对某企业财务室的保险柜进行盗窃，这种盗窃可以认定为以数额巨大的财物为目标的盗窃，如果打开保险柜，发现里面只有200元，则因为数额没有达到较大的标准而不构成盗窃罪。但如果保险柜里面一分钱也没有，在这种情况下盗窃行为属于未遂，而且符合以数额巨大的财物为盗窃目标的情形，因此应当追究刑事责任。这就出现了偷到200元钱不构成盗窃罪、一分钱也没有偷到却构成盗窃罪的不合理现象。

其次，我们再来讨论盗窃的既遂和未遂如何划分。这也是一个较为疑难的问题。关于盗窃的既遂和未遂没有一个统一的区分标准，主要的分歧还是失控说和控制说。失控说认为，盗窃罪是对他人财产所有权的侵犯，因此，只要他人丧失对财物的控制，即使没有实际控制财物也是既遂，因为被害人的财产所有权已经受到侵犯。控制说认为盗窃罪既遂、未遂是盗窃行为既遂、未遂的问题，应当站在盗窃人本身的角度来说：盗窃犯实施盗窃行为使财产所有人或者保管人丧失对财物的控制，但他本身没有实际控制财物，在这种情况下盗窃仍然是未遂而不是既遂。只有盗窃犯罪分子实际控制了财物，才能认定为盗窃既遂。我个人比较赞同控制说，还是要把盗窃犯罪分子是否实际取得对财物的实际控制作为既遂与否的标准。从总体上来说，赞同这种观点的人可能稍微多一点，但它不是通说。当然，在司法实践中，对于如何正确认定对财物的实际控制，还是存在争议。

申某盗窃案

2007年2月12日11时许，被告人申某在北京市海淀区羊坊店路某通信技术有限公司北京分公司库房内，在与北京某搬家有限责任公司送货员崔某宝、李某办理货物交接手续的过程中，趁崔某宝、李某不备，窃取二人负责运送的三星SCH-W579型手机1箱，内有三星SCH-W579型手机10部，经鉴定价值人民币55 000元。崔某宝、李某发现手机丢失后报警，民警在库房内起获被盗的手机，并将被告人申某抓获归案。现赃物已发还。

北京市海淀区人民法院经审理认为：被告人申某以非法占有为目的，秘密窃取他人财物，数额巨大，其行为已构成盗窃罪，应予惩处。被告人申某作为库房管理员，在没有他人在场的情况下将涉案手机藏于库房的其他位置后，便已完成盗窃行为，实际控制了手机；而崔某宝、李某作为物流公司的送货员，库房并非他的控制范围，丢失手机后即丧失了对手机的控制，如不报警寻求公安机关的帮助，其无法重新取得对手机的控制。因此，被告人申某窃取手机的行为已经实施完毕并实际控制了手机，具备了盗窃罪的构成要件，属盗窃既遂。鉴于被告人申某在被抓获归案后及庭审过程中均能如实供述犯罪事实，认罪态度较好，且被盗手机已全部发还，未给被害人造成实际经济损失，故对其酌予从轻处罚。据此，以盗窃罪判处申某有期徒刑5年，罚金人民币5 000元。

一审判决后，被告人申某不服，提出上诉。上诉理由为其行为是犯罪未遂，原判刑罚过重。

北京市第一中级人民法院认为：上诉人申某以非法占有为目的，秘密窃取他人财物，数额巨大，其行为已构成盗窃罪，应依法惩处。鉴于其系盗窃未遂，可比照既遂犯从轻处罚。原审人民法院根据申某犯罪的事实、犯罪的性质、情节及对于社会的危害程度所作出的判决，定罪正确，审判程序合法，但认定申某系盗窃既遂不当，应依法改判。考虑本案被盗手机已全部发还，未给被害人造成实际经济损失，并根据申某的犯罪情节和悔罪表现，可对其适用缓刑。据此，本院依照《中华人民共和国刑事诉讼法》第一百八十九条第（二）项及《中华人民共和国刑法》第二百六十四条、第六十一条、第七十二条之规定，判决如下：(1) 撤销北京市海淀区人民法院（2007）海法刑初字第2003号刑事判决书。(2) 上诉人（原审被告人）申某犯盗窃罪，判处有期徒刑3年，缓刑4年，并处罚金人民币3 000元。（缓刑考验期限，从判决确定之日起计算，即自2007年10月10日起至2011年10月9日止。）

在申某盗窃案中，对于申某是否控制了手机，一审法院和二审法院就存在不同见解。一审法院认为申某将涉案手机藏于库房的其他位置后，便已完成盗窃行为，实际控制了手机。但二审法院则认为，手机还在库房，并没有转移，因此还不能认为是控制了手机。由此可见，对某控制的理解确实存在争议。对此，应当结合案件的具体情况进行分析。一审判决把盗窃行为的完成等同于对财物的控制，这是不能成立的。盗窃的未遂其实也有两种情形：一是未实行终了的未遂，二是实行终了的未遂。在盗窃行为没有实施完毕的情形下被制止，这当然是盗窃的未遂。但盗窃行为已经实施完毕，行为人已经占有财物，但还没有稳定地控制财物，也应当视为盗窃的未遂。

（三）共同盗窃的认定

在盗窃犯罪当中，有相当一部分属于共同犯罪。在单独犯罪情况下，应当对行为人本人所盗窃的财物的数额来计算。但在共同盗窃情况下，到底是应当按照盗窃总数额来计算还是按照分赃所得来计算盗窃数额。从我国的刑法理论来看，在共同盗窃情况下，应当按照盗窃的总数额来计算，而不是按照个人分赃所得来计算。这是一个基本原则。也就是盗窃的数额较大、数额巨大、数额特别巨大，在共同盗窃的情况下，都指的是共同盗窃的总数额数额较大、数额巨大、数额特别巨大。因此，在一般情况下，在共同盗窃中，不仅要对本人盗窃所得承担责任，也不仅对本人分赃所得承担刑事责任，而且对于共同盗窃的总数额也承担责任，包括对他人盗窃的总数额承担责任。但是，在某些情况下，他人在盗窃当中隐瞒了部分盗窃财物，比方说，甲、乙两个人一起去盗窃，甲盗窃了1万元，乙到另一个屋子里盗窃了2万元，但乙出来只说拿到了1万元。在这种情况下，隐藏者乙当然应当对他所隐藏的财物承担盗窃责任，但甲对于被乙所隐藏的一部分财物，要不要承担责任？对于这个问题，观点也是有所分歧。我个人倾向于主张，在这种情况下，被隐藏的部分不应当计入盗窃总数额。因此，他人就不应当对被隐藏的部分承担盗窃责任。这里面有一个主观故意的问题：由于这个财物被同案犯所隐瞒，他不知道盗窃了这个财物，因此对于这个财物他不应当负责任。但是，也有相当一部分学者认为，在这种情况下，尽管隐瞒了，也应当对总数额负责。

（四）盗窃罪与其他犯罪的想象竞合

盗窃罪与其他犯罪的想象竞合主要包括以下情形：

(1) 盗窃罪与破坏广播电视设施、公用电信设施罪的想象竞合。这种现象在现实生活中时有发生。破坏广播电视设施、公用电信设施的行为通常表现为盗割通讯电缆。在行为人明知是正在使用中的通讯电缆而盗割的情况下，属于想象竞合，应以其中的重罪处断。

(2) 盗窃罪与破坏电力设备罪的想象竞合。这种现象在实践当中也经常有发生。有的人去盗窃变压器，或者盗窃变压器里面的铜丝或者其他有价值的零件。他这个行为一方面是一个盗窃行为，另一方面又是破坏行为，破坏了电力设备。在这种情况下，按照司法解释的规定，盗窃使用中的电力设备，同时构成盗窃罪和破坏电力设备罪的，择一重罪处罚。因此，在这种情况下，属于盗窃罪和破坏电力设施罪的想象竞合，应当按照重罪来处罚，也就是哪个处罚重，就定哪个罪。

(3) 盗窃罪与故意毁坏财物罪的想象竞合。这种情况主要是指采取破坏性的手段来进行盗窃。这种破坏性的手段一方面是盗窃行为的一部分，另外一方面它又故意毁坏了财物，因此就形成了盗窃罪和故意毁坏财物罪的想象竞合。在这种情况下，也应当按照想象竞合的一般处理原则，也就是说按照从一重罪来处断。

(五) 盗窃罪与其他犯罪的法条竞合

盗窃罪和其他犯罪之间存在某种法条竞合关系，主要是有以下情形：

(1) 盗窃罪与盗窃枪支、弹药、爆炸物、危险物质罪的法条竞合。枪支、弹药、爆炸物和危险物质都属于财物的范畴，并且具有财产价值，但这些财物涉及公共安全，因此刑法另设罪名加以惩治。在行为人实施盗窃枪支、弹药、爆炸物、危险物质的情况下，就会与盗窃罪之间发生法条竞合关系。这是普通法与特别法的竞合。

(2) 盗窃罪与侵犯商业秘密罪的法条竞合。在侵犯商业秘密罪当中，包含了窃取商业秘密这种行为，而商业秘密本身是有财产价值的，比如说技术秘密，如果转让某种技术可能要花 100 万元、200 万元，但是窃取了这个技术秘密，就直接使用了，这就等于省了 100 万元、200 万元，使技术秘密的持有人就受到了财产损失。因此，这种盗窃商业秘密的行为实际上具有财产犯罪的性质，但由于刑法已经另外规定了，因此它和盗窃罪之间存在着法条竞合关系。

(3) 盗窃罪与盗伐林木罪的法条竞合。森林或者其他林木都是财物，具有财产价值。盗伐森林或者其他林木同样具有盗窃的性质，侵犯了他人对森林或者其他林木的所有权。因此，在盗窃罪与盗伐林木罪之间存在法条竞合的关系。

(六) 近亲盗窃的处理

所谓近亲盗窃，是指盗窃自家的财物或者近亲属的财物。在近亲盗窃的情况下，盗窃人和财产所有人之间存在着某种亲属关系，由此而影响到对这样的行为的处理。因此近亲盗窃和一般的盗窃是有所不同的。在这种情况下，财物虽然不能等同于本人的财物，但又不能完全等同于一般外人的财物。因此，对于这种近亲盗窃行为应当采取特殊的处理原则。根据司法解释的规定，对于近亲盗窃，应当按照以下两种情形分别处理：

第一，一般可不按照犯罪处理，尤其是盗窃本人家庭财物的。一般可不按照犯罪处理，主要是基于以下两点理由：(1) 按照我国目前的家庭状况，家庭财产一般是共同共有的，很少有按份共有的，共有财产在分割前很难确定哪些是其他家庭成员所有、哪些是行为人所有。因此，如果追究行为人的刑事责任，盗窃数额难以计算、难以确定。(2) 在我国目前的社会中，家庭是社会的细胞，家庭成员之间有着特殊的关系，一般的家庭成员都不希望自己的亲属受到刑事追究。在司法实践当中，也经常出现这样的情况：发现家里财物被盗了，然后就报案。但是破案后发现盗窃者是本人的亲属。在这种情况下，失窃者往往要求司法机关不要将这样的案件作为犯罪来追究刑事责任，因为家庭成员之间的关系毕竟不同于一般的关系，他们具有感情上的、利益上的紧密联系。出于以上两点理由，对于盗窃同居亲属财物的行为，一般可不按照犯罪来处理。

第二，需要追究刑事责任的情况。对于近亲盗窃行为，一般不按照犯罪来处理，但这并不排除在少数或者个别情况下追究刑事责任。一般来说，在以下三种情况下可以追究刑事责任：(1) 家庭成员勾结外人盗窃家庭成员财物的案件，这种盗窃犯罪属于共同犯罪。(2) 行为人既盗窃公私财物又盗窃自己家庭成员财物或近亲属财物的案件。(3) 盗窃数额巨大且其他家庭成员坚决要求追究刑事责任的。在上述三种情况下，尽管是近亲盗窃，也可以作为犯罪来处理。当然，在处理的时候，应当和普通盗窃加以区分。一般来说，应当予以从轻处理。

文某近亲盗窃案

被告人文某之母王某是文某的唯一法定监护人。1999 年 7 月间，文某因谈恋爱遭到王某反对，被王某赶出家门。之后，王某换了家里的门锁。数日后，文某得知其母回娘家，便带着女友撬锁开门入住。过了几天，因没钱吃饭，文某便同女友先后三次将家中康佳 21 寸彩电 1 台、荣事达洗衣机 1 台、容声冰箱 1 台、华凌分体空调 4 台变卖，共得款3 150 元。案发后，公安机关将空调 1 台和洗衣机 1 台追回并发还其母，其余物品获得退赔 14 500 元。

法院认为：法定代理人王某是被告人文某的唯一法定监护人，在文某成年以前王某有抚育义务。文某过早谈恋爱，固有不对，但王某把他赶出家门，不给生活费，管教方法不当，有悖我国婚姻法和未成年人保护法的规定，没有正确履行监护人的职责。被告人文某尚未成年，是家庭财产的共有人，偷拿自己家中物品变卖，不属非法占有。公诉机关指控被告人文某犯盗窃罪不能成立，辩护人的辩护意见予以采纳。遂依照《中华人民共和国刑法》第十三条、《最高人民法院关于审理盗窃案件具体应用法律若干问题的解释》第一条第（四）项、《中华人民共和国刑事诉讼法》第一百六十二条第（二）项的规定，判决如下：被告人文某无罪。

宣判后，文某服判，未上诉；检察机关亦未抗诉。判决发生法律效力。

本案的裁判理由指出：

偷拿自己家的财物或者近亲属的财物，与在社会上作案的盗窃犯罪不同，具有特殊性。一方面，家庭的财产关系比较复杂，家庭成员对于共有财产拥有平等的占有、使用、收益和处分的权利，相互之间还具有抚养、赡养、监护、继承等人身和财产方面的权利义务关系。由于长期共同生活和财产在生产、交换、分配、消费过程中的频繁流转，家庭成员之间的财产权利往往很难划分清楚。发生在家庭成员之间的偷盗，一般难以区分偷盗的哪些属家庭共有财产、哪些属其他家庭成员的个人财产，难以确定犯罪的具体对象。即使财产能够区分清楚，盗窃自己家里和近亲属的财物与在社会上作案的盗窃相比，行为人的主观恶性相对不深，社会危害的范围和程度也相对较小，一般不影响社会公众的利益和安全感。

另一方面，家庭成员和近亲属之间发生偷盗行为的原因和情况也比较复杂，而且受害人报案后，一旦知道系由自己的近亲属所为，出于亲情或者其他种种原因，一般都不愿继续诉诸司法程序，追究作案亲属的刑事责任。在这种情况下，如果司法机关主动进行刑事追诉，将给受害人及其家庭带来不必要的消极影响，社会效果也并不好。因此，《最高人民法院、最高人民检察院关于审理盗窃刑事案件适用法律若干问题的解释》第 8 条明确规定："偷拿自己家的财物或者近亲属的财物，获得谅解的，一般可不认为是犯罪。"

当然，在司法实践中也并不排除对发生在亲属之间的某些严重的盗窃行为进行刑事追究的可能性，比如，多次盗窃亲属财物屡教不改，或者盗窃亲属财物数额巨大，或者盗窃亲属财物进行违法犯罪活动，被盗的亲属强烈要求司法机关追究其刑事责任的案件等。即使在这种情况下，司法机关处理相关具体案件，也应当充分注意行为人盗窃的毕竟是自己近亲属的财物这一特殊性，以及其亲属气愤、反感情绪也会变化的因素，根据案件事实、法律规定和刑事政策，综合考虑行为人盗窃的次数、盗窃财物的价值、给被盗亲属造成的损失、行为人和被盗亲属关系的远近及案发后的反应等情况，予以从轻处罚。例如，上述司法解释第 8 条明确规定："追究刑事责任的，应当酌情从宽。"这一规定体现了将近亲盗窃与社会上盗窃相区分的政策精神。之所以对此类案件与在社会上盗窃的案件实行区别对待，作出不同的处理，从实质上讲是因为盗窃自己家庭和近亲属的财物的社会危害范围和程度是有限的，也就是刑法第 13 条规定的"情节显著轻微危害不大"，故一般情况下司法机关不作为犯罪追究。司法机关认为确有追究必要的，也主要是从更有效地教育惩戒行为人方面考虑的。从实际上来看，偷拿自己家里和近亲属财物的行为人一般主观恶性都不深，案发后也容易取得受害人的谅解，在大多数情况下，对其不予判刑往往比判刑的社会效果要好，判处轻刑比判处重刑的社会效果要好，判处缓刑或管制刑比判处监禁刑的社会效果要好。这样可以使其不脱离家庭和亲属，放在社会上改造，更有利于家庭和亲属关系的缓和，更有利于对其进行教育挽救，从而更好地实现刑罚特殊预防和一般预防的双重目的。从本案来看，被告人文某在作案时年龄为 17 周岁。虽然已经符合追究刑事责任的年龄要求，但仍属于未成年人，且没有固定的经济收入和独立生活的能力，其母亲作为唯一法定监护人，对其负有抚养和监护的义务。即使其母亲对文某过早谈恋爱有权提出批评和进行管教，但不应当放弃抚养的义务和监护的职责，让其脱离监护单独居住，更不应该迫使其离家出走。被告人文某因谈恋爱引起其母亲不满而被赶出家后，无生活来源，于是趁其母亲不在家的时候，与其女友撬开家门入住，并将家中物品偷出变卖。其目的是自己及女友的生活所用，其偷拿自己家庭财产的行为与在社会上作案不同，社会危害性不大，被盗财物已追回或已赔偿，损失也不大，依法不应当追究刑事责任。南昌市西湖区人民法院对被告人文某宣告无罪的判决，符合最高人民法院《关于办理盗窃刑事案件适用法律若干问题的解释》第8条规定，是完全正确的。

（七）盗窃处于他人保管之中的本人财物的认定

盗窃罪的客体是公私财物——他人财物，因此本人财物不能成为盗窃罪的客体。这是一般原则。但在某些情况下，本人财物置于他人的保管之中，采取秘密手段窃取本人财物，则可能构成盗窃罪。这是一种较为特殊的盗窃罪，除了窃取行为以外，还要求具有事后索取本人财物的行为，否则不构成盗窃罪。例如，本人财物被有关的司法机关扣押，由此获得了扣押凭证，然后将被司法机关扣押的物品秘密窃取。对此能不能认定为盗窃罪，关键在于有没有非法侵害他人财产所有权的后续行为？如果存在后续行为，可以构成盗窃罪。

叶某言等人盗窃案

2000年10月5日，被告人叶某言驾驶与叶某语、林某忠共同购买的浙CD35××号桑塔纳轿车进行非法营运，轿车被苍南县灵溪交通管理所查扣，存放在三联汽车修理厂停车场。后叶某言、叶某语与被告人王某科、陈某居、叶某惠合谋将该车盗走，并购置了两套与交通管理部门制服类似的服装。10日晚，叶某言驾车将叶某语、王某科、陈某居、叶某惠送至三联汽车修理厂停车场，由叶某语、王某科爬墙进入，换掉被链条锁住的轿车轮胎，陈某居乘停车场门卫熟睡之机打开自动铁门，与王某科、叶某惠一起将价值9.2万元的轿车开走，并由叶某言与陈某居销赃得款2.5万元。

2001 年 1 月 8 日，被告人叶某言、叶某语以该车被盗为由，向灵溪交通管理所申请赔偿。经多次协商，获赔 11.65 万元。获赔后，叶某言分给共有人林某忠 5.5 万元。案发后，赃车已追回。被告人陈某居协助公安机关抓获同案犯，被告人叶某惠向公安机关投案自首。

一审法院认为：被告人叶某言、叶某语、王某科、陈某居、叶某惠以非法占有为目的，结伙窃取已被交通管理部门扣押的车辆，而后骗取赔偿款，其行为均已触犯刑律，构成盗窃罪，且数额特别巨大。各辩护人关于本案构成诈骗罪的意见，与事实和法律不符，不予采纳。考虑到叶某言、叶某语系盗窃的提议者，又是导致交管部门被骗这一盗窃行为引发的实际危害结果的直接责任人，在共同犯罪中起主要作用，应认定为主犯。王某科、陈某居、叶某惠仅参与秘密窃取并予以藏匿、销赃，在共同犯罪中起次要、辅助作用，系从犯。陈某居有立功表现，叶某惠有自首情节，依法均予以减轻处罚。遂依照《中华人民共和国刑法》第二百六十四条、第二十五条第一款、第二十六条第一款、第二十七条、第六十七条第一款、第六十八条第一款的规定，于 2002 年 7 月 11 日判决如下：(1) 被告人叶某言犯盗窃罪，判处有期徒刑十年六个月，剥夺政治权利二年，并处罚金五千元；(2) 被告人叶某语犯盗窃罪，判处有期徒刑十年，剥夺政治权利二年，并处罚金五千元：(3) 被告人王某科犯盗窃罪，判处有期徒刑九年，并处罚金五千元；(4) 被告人陈某居犯盗窃罪，判处有期徒刑五年，并处罚金三千元。(5) 被告人叶某惠犯盗窃罪，判处有期徒刑四年六个月，并处罚金三千元。

宣判后，叶某言、叶某语、王某科、陈某居均不服，以“一审判决定性不当，量刑畸重”为由，提起上诉。

二审法院经审理认为：本案各原审被告人以非法占有为目的，结伙窃取已被交通管理机构扣押的车辆，而后骗取赔偿款，其行为均已构成盗窃罪，且数额特别巨大。上诉人关于不构成盗窃罪及量刑畸重、要求改判的意见，不予采纳。依照《中华人民共和国刑事诉讼法》第 189 条第 1 项的规定，裁定驳回上诉，维持原判。

对于叶某言等人窃取被交通管理部门扣押的自己所有的车辆后进行索赔的行为如何定性，在本案审理过程中存在三种不同的意见：

第一种意见，认为盗取所有权属于自己的车辆，并没有侵犯他人的财产所有权，不构成盗窃罪，但其后隐瞒车辆已自盗的事实，骗取赔偿款，其行为构成诈骗罪。第二种意见，认为被交通部门扣押的车辆，以公共财产论，窃取自有物也构成盗窃罪；其后骗取行为又单独构成诈骗罪，应予数罪并罚。第三种意见，认为自有物在特定的情况下可成为盗窃罪的犯罪对象，叶某言等人窃取已被扣押的所有权属于自己的车辆后进行索赔的行为，实际上是以非法占有为目的的盗窃，符合盗窃罪的构成要件，应以盗窃罪一罪论处。

本案的裁判理由认为：

本人所有的财物在他人合法占有、控制期间，能够成为自己盗窃的对象。根据刑法第264条的规定，盗窃罪的犯罪对象是“公私财物”。这里的公私财物实际上是指他人占有的公私财物。所谓他人，是指行为人以外的人，包括自然人、法人和其他组织。他人占有意味着他人对该财物可能拥有所有权，也可能没有所有权。对没有所有权的财物，他人基于占有、控制之事实，负有保管和归还财物的义务。如果在占有期间财物丢失或毁损，占有人依法应负赔偿责任。从这个意义上说，没有所有权的财物在他人占有、控制期间应当认为是他人即占有人的财物。这样理解基于以下理由：第一，刑法第91条第2款规定，“在国家机关、国有公司、企业、集体企业和人民团体管理、使用或者运输中的私人财产，以公共财产论”。这里所言“管理、使用或者运输”，都有占有的含义。既然由国家或者集体占有之私人财产以公共财产论，那么由他人占有之财物以他人财物论，亦在情理、法理之中。第二，“以公共财产论”或“以他人财物论”是针对所有权人以外的人而言的，并未改变财物的权属，意在强调占有人对该财物的保管责任。盗窃罪侵犯的客体是公私财产所有权。刑法第91条第2款之所以如此规定，正是考虑到如果这类财物被盗或者灭失，国家或集体负有赔偿的责任，最终财产受损失的仍是国家或集体。同理，他人占有但非所有的财物被盗或者灭失，他人依法承担赔偿责任，实际受损失的仍是占有人即他人的财产所有权。可见，行为人自己所有之物以及行为人与他人共有之物，在他人占有期间的，也应视为他人的财物，可以成为盗窃罪的对象。对此，有的国家的刑法作了明确规定。如日本刑法第235五条规定，窃取他人财物的，是盗窃罪。第242条规定，“虽然是自己的财物，但由他人占有或者基于公务机关的命令由他人看守的，就本章犯罪，视为他人的财物”。该立法例值得借鉴。当然，本人所有的财物在他人合法占有、控制期间，能够成为自己盗窃的对象，并不意味着行为人秘密窃取他人占有的自己的财物的行为都构成盗窃罪。是否构成盗窃罪，还要结合行为人的主观目的而定。如果行为人秘密窃取他人保管之下的本人财物，是为了借此向他人索取赔偿，这实际上是以非法占有为目的，应以盗窃罪论处。相反，如果行为人秘密窃取他人保管之下的本人财物，只是为了与他人开个玩笑或逃避处罚，或者不愿将自己的财物继续置于他人占有、控制之下，并无借此索赔之意的，因其主观上没有非法占有的故意，不以盗窃罪论处；构成其他犯罪的，按其他犯罪处理。就本案而言，被告人叶某言、叶某语在自己的轿车被交通管理部门扣押后，虽拥有所有权，但在交管部门扣押期间，被扣车辆处于交管部门管理之下，属于公共财产。叶某言伙同叶某语、王某科、陈某居、叶某惠在深夜将被扣押车辆盗出后藏匿、销售，进而以该车被盗为由向交管部门索赔，从中可以看出五被告人将被扣的桑塔纳轿车盗出并非为了帮助叶某言逃避行政处罚，而是具有获取非法财产利益的主观故意。因此，叶某言、叶某语等人的行为，实质上侵犯了公共财产所有权，符合盗窃罪的构成特征，应当以盗窃罪定罪处罚。

以上裁判理由对于盗窃在他人保管之中的本人财物并事后索赔的行为应当以盗窃罪论处的观点，作了较为充分的论处。取其要点在于：第一，在客体上，处于他人保管之中的本人财物，应当以他人财物论。第二，在主观上，非法占有目的由事后索赔得到体现。第三，在后果上，被索赔会造成财产损失。据此，对于这种盗窃处于他人保管之中的本人财物，并事后进行索赔的行为，认定为盗窃罪，具有合理的根据。

（八）盗窃虚拟财产的认定

这里的虚拟财产是指在网络虚拟空间中形成的、具有真实价值的并以虚拟形式存在的财产。例如在网络社会通行的虚拟货币例如Q币，在网络游戏当中使用的某些装备例如兵器，以及在网络空间使用的某些数据例如QQ号以及其他一些虚拟物品，这些物品本身具有一定的价值。由虚拟财产这个词本身可以看出来，它有一定的虚拟性，这种虚拟性是相对于真实财产的真实性而言的。因此，虚拟财产和真实财产是有所不同的。但是，虚拟财产之所以是一种财产，之所以能够成为盗窃罪的客体，主要是因为这种虚拟财产本身是具有价值的。也就是说虚拟财产的虚拟性主要表现在这种财产存在方式的虚拟性，而就其价值而言是真实的。如果价值也是虚拟的，那就不能称之为财产，也就不能成为盗窃罪的客体。而且在这种虚拟财产和真实财产之间，在网络上存在着自发的换算和交易机制，也就是说虚拟财产可以通过一定的换算机制转变成为真实财产，因此这种虚拟财产只不过是财产的一种存在方式而已。随着网络游戏或者其他一些网络活动越来越普及，侵犯虚拟财产这样一种行为在现实生活中也时有发生。这就带来一个法律的问题，也就是如何在法律上保护这些虚拟财产。这里面核心的一个问题是：对虚拟财产的保护，能不能按照保护传统财产的法律方式来加以保护？如果能够按照保护传统财产的法律方式来保护，就可以直接把虚拟财产视同财产，就可以予以民事的、刑事的保护。从刑法的角度来说，如果盗窃这种虚拟财产，就可以按照盗窃罪来处理；如果诈骗这种虚拟财产，就可以按照诈骗罪来处理。这里的关键还是对虚拟财产的法律性质的认定：虚拟财产是否具有财产的本质特征，能不能视同财产？关于这个问题，在刑法理论上是存在争议的。但目前比较主流的观点还是认为，尽管虚拟财产具有不同于传统财产的存在形态，但就本质特征而言，它具有价值性，并且可以通过一定的转换机制转化为传统意义上的财产。因此，虚拟财产也可以成为盗窃罪的客体。从司法实践的情况来看，存在一个反复的过程。在刚开始遇到这种盗窃虚拟财产案件的时候，是以妨害通信自由罪判处的。

曾某、杨某侵犯通信自由案

曾某于2004年受聘于腾讯公司，后被安排到公司安全中心负责系统监控工作。2005年3月初，曾某通过购买QQ号在淘宝网上与被告人杨某认识，二人遂合谋通过窃取他人的QQ号出售获利。2005年3月至7月间，由杨某将随机选定的他人的QQ号（主要为5、6位数的号码）通过互联网发给曾某。曾某私下破解了腾讯公司离职员工柳某使用过但尚未注销的账号的密码（该账号拥有查看QQ用户原始注册信息，包括证件号码、邮箱等信息的权限）。曾某利用该账号进入本公司的计算机后台系统，根据杨某提供的QQ号查询该号码的密码保护资料，由杨某将QQ号密码保护问题答案破解，并将QQ号的原密码更改后将QQ号出售给他人，造成QQ用户无法使用原注册的QQ号。经查，二被告人共计修改密码并卖出QQ号约130个，获利61650元。

2006年年初，深圳市南山区人民法院审理曾某、杨某盗窃QQ号一案。在审理中，法院没有接受公诉机关关于被告人的行为构成盗窃罪的公诉意见，而以QQ号不属于刑法意义上的财产保护对象为由，认定以QQ号作为代码所提供的网络通信服务才是其核心内容，QQ号应被认为主要是一种通信工具的代码，最终以触犯侵犯通信自由罪，以盗卖QQ号销赃获利作为量刑情节，作出判决。法院判决被告人的行为构成侵犯通信自由罪，被告人曾某和杨某分别被判处拘役6个月，并没收违法所得。

本案的裁判理由认为：

从公诉机关指控的盗窃罪的构成要件看，本案的犯罪主体、犯罪主观故意以及犯罪的客观方面均符合盗窃罪的构成要件，争议焦点在于，QQ号码是否可以构成盗窃罪的犯罪对象，即QQ号码是否属于刑法第264条中所规定的公私财物。如果QQ号码是刑法分则中第264条中所规定的公私财物，那么本案应定为盗窃罪；反之，则不能定为盗窃罪。刑法第264条本身没有解释何为公私财物，也没有列举公私财物的类型。刑法总则中的第91条主要是从财产所有者这个角度对公共财产进行了分类解释，即国有财产、劳动群众集体所有的财产以及用于公益事业的捐助或者专项基金财产、拟制的公共财产。刑法总则中第92条将私有财产分为4类：公民的生活资料；个人、家庭所有的生产资料；个体户、私营企业的合法财产；个人所有的股份、股票、债券和其他财产。这两条关于财产的规定虽然对公私财物进行了一定程度的细分，但依然是粗线条的，需要进一步解释适用。

刑法学从某种意义上说就是刑法解释学。根据刑法解释的一般原理，可归纳财物的三个基本特征：客观性、专有性、经济性。客观性就是指财物是客观存在的，不是存在于人们的想象当中。QQ 号码是客观存在的，尽管是虚拟的网络服务代码，但也是不以人们的意志为转移的客观存在。专有性就是指财物有归属，不是无主的，而且能够被人们所控制，不能被人控制、支配的必然无归属，如阳光、空气、风力等就不能成为盗窃罪中的财物。QQ 号码有归属，可以被控制、支配。根据腾讯公司与 QQ 号码用户之间达成的协议，"QQ 账号的所有权归腾讯，用户完成注册申请手续后，获得 QQ 账号的使用权"，"用户注册 QQ 账号后如果长期不使用，腾讯公司有权回收账号，以免造成资源浪费"，据此可以认定 QQ 号码的所有权归腾讯，用户获得 QQ 号码的使用权（QQ 账号与 QQ 号码同义）。

QQ 的客观性、专有性比较容易判断，但其经济性即 QQ 号码是否有价值争议较大。价值，指的是经济价值，不是精神权益。价值在不同的学科领域的内涵与外延并不同。哲学领域的价值是指主、客体之间的适配关系，即客体对主体的有用性。经济学领域提出了价值和使用价值。劳动创造价值，价值是凝结在商品中的人类无差别劳动，使用价值就是物品能满足人的某种需求的有用性。法学领域的价值概念与经济学领域的价值概念相关。在司法层面上，价值概念是静态的，侧重研究如何用一般等价物计量换算，对价值来源、本质、变化等价值规律则不深究。《最高人民法院关于审理盗窃案件具体应用法律若干问题的解释》详细罗列了被盗物品数额的计算方法。这里需要特别指出的是，即便在法学内部体系里，民法意义上的财物与刑法意义上的财物也有所区别，虽然两者的特征一致，但是民法关于物的解释是开放的，只要不是法律所明确禁止的都可以构成民法意义上的财物。而刑法基于罪刑法定的基本原则，其对财物的解释必然是相对封闭的，只有刑法明确规定的才能构成刑法意义上的财物。QQ 号码是劳动的产物，凝结了人类的无差别劳动，能满足人们即时通讯的需要，即有价值和使用价值。不仅如此，QQ 号码还有实际交易价格。虽然用户申请 QQ 号码是免费，但是腾讯公司用于维护 QQ 号码的运营是有成本的。虽然腾讯公司与 QQ 号码用户之间的协议禁止转让或继受、售卖，但是客观上存在 4 亿 QQ 用户群体以及 QQ 号码的交易市场。特别是一些位数较少或者有特别意义的号码，需求量很大，市场交易价更高。如在 2005 年年初，腾讯公司总裁将其拥有的 QQ 号“88888”拍卖，成交价格超过 26 万元！本案两被告盗卖 QQ 号约 130 个，获利超过 6 万元。综上，否认 QQ 号码的价值、使用价值以及其是民法意义上的物，显然依据不足。

那么，QQ 号码是不是刑法意义上的财物？对此，有两种截然不同的观点。肯定说的理由如下：(1) QQ 号码具备财物的一般特征，所以 QQ 号码应当也是刑法意义上的财物。(2) 对同一财物作出民法意义或者刑法意义的区分，既没有意义，也没有依据。即便存在所谓的民法意义或者刑法意义的区分，根据刑法与民法的关系，这种财物的区分也只有量的差异，没有本质区别。以盗窃罪为例，如果数额达到刑法的标准，那么就是盗窃行为，否则，可能构成民法上的不当得利。(3) 刑法体系是相对封闭的，但是不能理解为只有明确列举出来才是明确规定。以财物为例，不可能无穷列举，对财物的理解不能局限于列举规定，所以，根据刑法第 92 条第 4 项规定——“依法归个人所有的股份、股票、债券和其他财产”，QQ 号码属于其他财产。

否定说的理由是：(1) QQ 号码是否有价值，争议很大，如何用一般等价物计量换算，标准不一。(2) 对财物作出民法意义或者刑法意义的区分，符合法律原则和立法精神。特别是成文法体系下，因为法律的天然滞后，以调整平等主体之间的人身关系和财产关系为己任的民法，必然以开放的姿态面对急剧变化的社会现实，而奉行“罪刑法定”的刑法必须始终保持谦抑、消极的面孔。因此，对财物作出民法意义或者刑法意义的区分不仅在法理上顺理成章，在司法实践中也应当一以贯之。(3) 刑法体系是相对封闭的，刑法的解释不能等同类推。QQ 号码是否是刑法意义上的财物只能根据现行刑法及有关司法解释作出是否相符的判断。刑法第 92 条第 4 项规定的“其他财产”，根据文义解释，应理解为与股份等并列而未罗列的其他财产权利凭证。QQ 号码显然不是与股票相并列的财产权利凭证。现行最相关的盗窃罪的规定是《最高人民法院关于审理盗窃案件具体应用法律若干问题的解释》中的关于盗接他人通讯线路、复制他人电信码号的规定，显然本案被告的行为不符合上述规定。

反复权衡两种观点，我倾向于第二种观点，即在现行法律体系内，QQ号码是民法意义上的物，但不是刑法意义上的财物，被告不能定为盗窃犯。

在现实生活中，互联网正日益成为许多人重要的通信联络工具。从腾讯QQ软件的功能来看，主要是对外联络和交流，因此，以QQ号码作为代码所提供的网络通信服务才是其核心内容。公诉机关在庭审中出示的被害人陈述的内容，对此也予以了证实。被害人刘某华陈述其“经常要用QQ和一些同行、朋友、同事交流来谈工作，（QQ号码）丢失后，和很多聊友都联系不上，严重影响了工作”。被害人秦某陈述“（QQ）是我的主要联系方式，平时和朋友语聊、发送文件，是我生活、工作不可缺少的通信工具。有些朋友只有QQ这一种联系方式，与同事之间主要通过QQ来交流，（丢失后）造成我永远都联系不上他们”。本案中，无论从腾讯QQ软件的主要功能还是本案被害人所感受到的被损害的内容来看，QQ号码应被认为主要是一种通信工具的代码。

我国刑法第252条规定：“隐匿、毁弃或者非法开拆他人信件，侵犯公民通信自由权利，情节严重的，处一年以下有期徒刑或者拘役。”随着科技的进步和互联网的普及，书信在通信方式上的统治地位逐渐削弱，而以互联网为媒介的电子邮件和其他文字、语音、视频日益成为重要的通信联络方式。为此，全国人民代表大会常务委员会于2000年12月28日通过的《关于维护互联网安全的决定》第4条第2项规定：“非法截获、篡改、删除他人电子邮件或者其他数据资料，侵犯公民通信自由和通信秘密的，依照刑法有关规定追究刑事责任。”在本案中，二被告人作为熟悉互联网和计算机操作的QQ用户，篡改了一百三十余个QQ号码密码，使原注册的QQ用户无法使用本人的QQ号与他人联系，造成侵犯他人通信自由的后果，其行为符合上述法律规定。

法院认为，被告人曾某、杨某采用篡改他人电子数据资料的方法，侵犯公民通信自由，情节严重，其行为构成侵犯通信自由罪，且系共同犯罪。公诉机关指控的犯罪事实清楚，证据确实充分，但指控罪名不当，依据《最高人民法院关于执行〈中华人民共和国刑事诉讼法〉若干问题的解释》第176条第2项之规定："起诉指控的事实清楚，证据确实、充分，指控的罪名与人民法院审理认定的罪名不一致的，应当做出有罪判决。"法院对公诉机关指控的罪名予以纠正。辩护人所提不构成盗窃罪的辩护意见，予以采纳，但认为不构成犯罪的意见不符合法律规定，不予采纳。在共同犯罪中，二被告人通过内外勾结实施犯罪行为，各有分工，作用相当，故不区分主、从犯。二被告人销赃获利6万余元的行为虽不足以构成盗窃罪，但应作为侵犯通信自由罪的量刑情节进行评价，并属违法所得，依法应予追缴。二被告人在庭审中均承认自己的行为错误，有一定的悔过表现，量刑时亦酌情考虑。法院遂作出上述判决。

因为QQ号码是一种通信工具的代码，因此法院在不承认其具有财产属性的同时，认为其具有通信工具的属性，因此将被告人的行为认定为妨害通信自由罪。但与此同时，还出现了盗窃其他虚拟财产的案例。对此，法院以盗窃罪论处。其中，具有重大影响的是孟某等人盗窃案，该案刊登在《最高人民法院公报》2006年第11期。自此以后，司法实践中盗窃虚拟财产的案件，一般都以盗窃罪论处。

孟某等人盗窃案

被害单位茂立公司通过与腾讯科技（北京）有限公司（以下简称腾讯公司）、广州网易计算机系统有限公司（以下简称网易公司）签订合同，成为腾讯在线Q币以及网易一卡通在上海地区网上销售的代理商。

2005年6、7月间，被告人孟某通过互联网，在广州市利用黑客程序窃得茂立公司登录腾讯、网易在线充值系统使用的账号和密码。同年7月22日下午，孟某通过网上聊天方式与被告人何某康取得联系，向何某康提供了上述所窃账号和密码。二人预谋入侵茂立公司的在线充值系统，窃取Q币和游戏点卡后在网上低价抛售。

2005年7月22日18时许，被告人孟某先让被告人何某康为自己的QQ号试充1只Q币。确认试充成功后，孟某即在找到买家并谈妥价格后，通知何某康为买家的QQ号充入Q币，要求买家向其中国工商银行牡丹灵通卡（卡号

955882360200××××770，以下简称770号牡丹卡）内划款。自2005年7月22日18时32分至次日10时52分，何某康陆续从茂立公司的账户内窃取价值人民币24 869.46元的Q币32 298只，除按照孟某的指令为买家充入Q币外，还先后为自己及朋友的QQ号充入数量不等的Q币。自2005年7月23日0时25分至4时07分，何某康还陆续从茂立公司的账户内窃取价值人民币1 079.5元的游戏点卡50点134张、100点60张。以上二被告人盗窃的Q币、游戏点卡，共计价值人民币25 948.96元。

被害单位茂立公司发现被盗后，立即通过腾讯公司在网上追回被盗的Q币15 019个。茂立公司实际损失Q币17 279个，价值人民币13 304.83元。连同被盗的游戏点卡，茂立公司合计损失价值人民币14 384.33元。

法院认为：Q币和游戏点卡是腾讯公司、网易公司在网上发行的虚拟货币和票证，是网络环境中的虚拟财产。用户以支付真实货币的方式购买Q币和游戏点卡后，就能得到发行Q币和游戏点卡的网络公司提供的等值网上服务，因此，Q币和游戏点卡体现着网络公司提供网络服务的劳动价值。被害单位茂立公司是Q币和游戏点卡的代理销售商，按照合同约定的折扣、通过支付真实货币，从腾讯公司、网易公司得到Q币和游戏点卡。茂立公司付出对价后得到的Q币和游戏点卡，不仅是网络环境中的虚拟财产，也代表着茂立公司在现实生活中实际享有的财产，应当受刑法保护。

刑法第2条规定："中华人民共和国刑法的任务，是用刑罚同一切犯罪行为作斗争，以保卫国家安全，保卫人民民主专政的政权和社会主义制度，保护国有财产和劳动群众集体所有的财产，保护公民私人所有的财产，保护公民的人身权利、民主权利和其他权利，维护社会秩序、经济秩序，保障社会主义建设事业的顺利进行。"刑法所指的犯罪行为，是发生在现实生活中的行为；刑法所要保护的财产，也是现实生活中的财产。网络环境是对现实生活的虚拟，网络中充斥着大量凶杀、打斗、抢劫、盗窃等在现实生活中被法律禁止的虚拟行为。如果网络环境中的虚拟行为没有危害现实生活中刑法所保护的客体，则不是需要刑法来规范的行为。但是，如果虚拟行为对现实生活中刑法所保护的客体造成危害、构成犯罪，就应当受刑罚惩罚。刑法第264条规定："盗窃公私财物，数额较大或者多次盗窃的，处三年以下有期徒刑、拘役或者管制，并处或者单处罚金；数额巨大或者有其他严重情节的，处三年以上十年以下有期徒刑，并处罚金；数额特别巨大或者有其他特别严重情节的，处十年以上有期徒刑或者无期徒刑，并处罚金或者没收财产。"被告人孟某、何某康以非法占有为目的，在网上实施侵入茂立公司账户并秘密窃取Q币和游戏点卡的行为，这个行为侵犯了茂立公司在现实生活中受刑法保护的财产权利，当然构成盗窃罪，应该受刑罚惩罚。

…… ……

四、数额是盗窃罪定罪量刑的关键情节。如何计算网上秘密窃取Q币和游戏点卡的盗窃数额，目前没有明确规定。网络用户取得Q币和游戏点卡的方式，除了支付现实货币购买外，还可以通过网络游戏中的不断"修炼"而获得。这后一取得方式使Q币和游戏点卡的价格变得模糊。前已述及，网络公司在网上发行Q币和游戏点卡，目的是回收网络用户对其提供的网上服务支付的报酬，Q币和游戏点卡体现着网络公司提供网络服务的劳动价值。因此，Q币和游戏点卡在现实生活中对应的财产数额，可以通过其在现实生活中的实际交易价格来确定。至于网络用户在网络游戏中通过不断"修炼"而获得的Q币和游戏点卡，只是网络公司吸引客户用的一种手段。这部分Q币和游戏点卡由于不参加网络公司与网络用户之间的交换，因此不影响Q币和游戏点卡的交易价格。Q币和游戏点卡在现实生活中的交易价格有多种：(1) 网络公司在网上标出的销售价格；(2) 网络用户在网外互相交易形成的价格；(3) 网络公司与代理商之间交易的价格；等等。具体到本案说，应当以网络公司与代理商之间的实际交易价格来确定被盗Q币和游戏点卡在现实生活中对应的财产数额。因为行为人实施盗窃行为，被害人的财产一般就会受到相应的损失，盗窃数额与被害人受到的财产损失密切相关。毕竟只有现实生活中受犯罪行为侵害的公私财产，才是刑法要保护的客体。本案中，用被害单位茂立公司与腾讯公司、网易公司在合同中约定的交换价格来计算被盗Q币和游戏点卡在现实生活中代表的财产数额，能准确反映茂立公司遭受的财产损失。在目前对Q币和游戏点卡的盗窃数额如何计算没有明确规定的情形下，起诉书没有按网上公认的Q币和游戏点卡销价计算，而是按照茂立公司购进时实际支付的价格认定盗窃数额，不仅有其合理性，而且也有充分的证据，应予认定。本案被盗Q币和游戏点卡在现实生活中对应的财产数额，无须经权威机构作价格鉴定。（编者注：根据最高人民法院《关于审理盗窃案件具体应用法律若干问题的解释》第5条第1项第1目规定，盗窃传统流通领域里的商品，按市场零售价的中等价格计算盗窃数额。）

综上所述，被害单位茂立公司作为腾讯公司、网易公司的代销商，其账户内的Q币和游戏点卡对应着其在现实生活中享有的财产，一旦失窃便意味着所有人丧失了对这些财产的占有、使用、收益和处分的全部财产权利。被告人孟某、何某康以非法占有为目的，通过互联网共同窃取茂立公司的价值人民币25 948.96元的Q币和游戏点卡，侵犯了茂立公司的财产权利，构成盗窃罪，且盗窃数额巨大。公诉机关指控孟某、何某康犯盗窃罪的事实清楚，证据确凿、充分，罪名成立，依法应当对孟某、何某康予以刑事处罚。孟某、何某康是初犯、偶犯，到案后能如实坦白自己的犯罪事实，在家属帮助下退赔了茂立公司的全部损失，且何某康还有自首、立功表现，依法均可从轻处罚。辩护人关于二被告人犯罪情节较轻、确有认罪悔罪表现、依法可适用缓刑的辩护意见，应予采纳。

据此，上海市黄浦区人民法院于2006年6月26日判决如下：

(1) 被告人孟某犯盗窃罪，判处有期徒刑三年，缓刑三年，并处罚金人民币三千元；

(2) 被告人何某康犯盗窃罪，判处有期徒刑一年六个月，缓刑一年六个月，并处罚金人民币二千元；

(3) 扣押在案的被告人孟某犯罪所用的电脑硬盘两块和770号牡丹卡，予以没收。

一审宣判后，被告人孟某、何某康在法定期限内未提出上诉，公诉机关也未抗诉，一审判决发生法律效力。

孟某等人盗窃案对于此后处理此类案件具有指导意义，该案所确定的对侵犯虚拟财产的行为按照财产犯罪处罚的规则，成为各地法院遵循的司法规则。除了盗窃虚拟财产以盗窃罪论处以外，还有抢劫虚拟财产以抢劫罪论处、抢夺虚拟财产以抢夺罪论处、诈骗虚拟财产以诈骗罪论处的各种类型案件。这种情况，在2014年以后发生了变化，变化来自2014年4月22日最高人民法院研究室《关于利用计算机窃取他人游戏币非法销售获利如何定性问题的研究意见》（以下简称2014年《意见》）："有关部门就利用计算机窃取他人游戏币非法销售获利如何定性问题征求最高人民法院研究室意见。我室经研究认为：利用计算机窃取他人游戏币非法销售获利行为目前宜以非法获取计算机信息系统数据罪定罪处罚。"在解读该意见时，最高人民法院有关人士指出：关于虚拟财产能否归入传统意义上的财物，在2013年最高人民法院、最高人民检察院出台《关于办理盗窃刑事案件适用法律若干问题的解释》后，最高人民法院的意见如下：该解释起草过程中，有意见提出，应当在该解释中明确，对于盗窃游戏币等虚拟财产的，以盗窃罪定罪处罚。经研究认为，此意见不妥。对于盗窃虚拟财产的行为，如确需刑法规制，可以按照非法获取计算机信息系统数据等计算机犯罪定罪处罚，不应按盗窃罪处理。主要考虑是：其一，虚拟财产与金钱财物等有形财产、电力燃气等无形财产存在明显差别，将其解释为盗窃罪的犯罪对象——公私财物，超出了司法解释的权限。其二，虚拟财产的法律属性是计算机信息系统数据，对于非法获取计算机信息系统数据的行为当然可以适用非法获取计算机信息系统罪定罪量刑。其三，对盗窃网络虚拟财产的行为适用盗窃罪会带来一系列棘手问题，特别是盗窃数额的认定，目前缺乏能够被普遍接受的计算方式。而最高人民法院、最高人民检察院《关于办理危害计算机信息系统安全刑事案件应用法律若干问题的解释》对非法获取计算机信息系统数据罪明确了具体定罪量刑标准，适用该罪名可以罚当其罪，实现罪责刑相适应。其四，从境外刑事立法和司法来看，鲜有将盗窃网络虚拟财产的行为以盗窃罪论处。

在2014年《意见》出台以后，各地司法机关对于盗窃虚拟财产的案件，不再按照盗窃罪定罪处罚，而是认定为非法获取计算机信息系统数据罪。

岳某伟等人非法获取计算机信息系统数据罪

2012 年 10 月至 2013 年 4 月，被告人岳某伟伙同王某（在逃），在泗洪县开设的游戏工作室内，雇用了被告人张某榕、陈某达、谢某龙等十余人。岳某伟伙同王某先后多次按一个游戏账号及密码以 5.5 元至 7 元的价格从张某（在逃）处购得 8.2 万余个游戏账号及密码，然后指使张某榕、谢某龙、陈某达等人使用购得的账号及密码进入游戏操作系统，窃得账号内的游戏金币 7.9 亿余个，再通过“5173”网络游戏交易平台等方式以 1 万个游戏金币 9 元至 16 元的价格进行销售。根据已查获的“5173”网络游戏交易平台记录，被告人岳某伟等人得款 72 万余元。其中，张某榕、谢某龙负责从账号内盗取游戏金币，张某榕亦负责对岳某伟所雇人员进行考勤，二人分别从岳某伟处得报酬 1.1 万元和 6 000 元；陈某达负责在“5173”网络游戏交易平台上出售游戏金币，从岳某伟处得报酬 1.3 万元。被告人岳某伟、张某榕、谢某龙、陈某达到案后如实供述上述犯罪事实，并分别退出违法所得 2 万元、1.1 万元、6 000 元和 1.3 万元。

江苏省泗洪县人民检察院以盗窃罪提起公诉。

江苏省泗洪县人民法院经审理认为：被告人岳某伟、张某榕、谢某龙、陈某达明知是非法获取计算机信息系统数据犯罪所获取的数据而予以收购，后利用该数据非法获利 72 万余元，情节严重，其行为已构成掩饰、隐瞒犯罪所得罪。本案系共同犯罪，被告人岳某伟在共同犯罪中起主要作用，是主犯，依法应当按照其所参与的全部犯罪处罚。被告人张某榕、陈某达、谢某龙在共同犯罪中均起次要作用，系从犯，应当从轻或者减轻处罚。四被告人归案后，如实供述自己的罪行，依法可以从轻处罚；退出部分违法所得，可酌情予以从轻处罚。据此，依照刑法第 312 条第 1 款，第 25 条第 1 款，第 26 条第 1 款、第 4 款，第 27 条，第 72 条第 1 款、第 3 款，第 73 条第 2 款、第 3 款，第 64 条，最高人民法院、最高人民检察院《关于办理危害计算机信息系统安全刑事案件应用法律若干问题的解释》第 7 条第 1 款、第 2 款的规定，以犯掩饰、隐瞒犯罪所得罪，分别判处被告人岳某伟有期徒刑 5 年，并处罚金 5 万元；判处被告人张某榕有期徒刑 2 年，缓刑 3 年，并处罚金 2 万元；判处被告人陈某达有期徒刑 2 年，缓刑 3 年，并处罚金2万元；判处被告人谢某龙有期徒刑1年6个月，缓刑2年，并处罚金1万元。同时对被告人岳某伟未退出的违法所得67万元予以追缴；对被告人岳某伟、张某榕、谢某龙、陈某达分别退出的违法所得予以没收，上缴国库。

一审判决后，江苏省泗洪县人民检察院提出抗诉，江苏省宿迁市人民检察院支持抗诉。

江苏省泗洪县人民检察院抗诉认为：原审被告人岳某伟等人通过购买他人非法取得的计算机信息系统数据，然后登录他人游戏空间窃取游戏金币，其收购他人非法取得的计算机信息系统数据的行为系手段行为，其窃取他人游戏空间内金币的行为系目的行为，应以其目的行为论罪。此外，由于网络游戏中的金币既属于计算机信息系统数据，又具有财物的性质，可以成为盗窃罪的犯罪对象，故原审被告人岳某伟等人的行为同时构成盗窃罪和非法获取计算机信息系统数据罪，应择一重罪处罚。原审被告人岳某伟等人盗窃财物72万余元，数额特别巨大，以盗窃罪论处较非法获取计算机信息系统数据罪重，因此本案应以盗窃罪对原审被告人岳某伟等人定罪处罚。

江苏省宿迁市人民检察院认为：原审被告人岳某伟等人主观目的是窃取游戏金币，主要犯罪行为是登录其他玩家的游戏账号并窃取大量游戏金币，因游戏金币属于虚拟财产，其法律属性为计算机信息系统数据，故对原审被告人岳某伟等人的行为应当以非法获取计算机信息系统数据罪追究其刑事责任。

江苏省宿迁市中级人民法院经审理认为：原审被告人岳某伟、张某榕、陈某达、谢某龙等人利用购得的账号、密码，侵入他人计算机信息系统获取数据，其行为均已构成非法获取计算机信息系统数据罪，且属情节特别严重。原审被告人岳某伟等人窃取他人游戏账号内的游戏金币属网络游戏中的虚拟财产，其法律属性是计算机信息系统数据，将游戏金币解释为盗窃罪的犯罪对象——公私财物——缺乏法律依据，故江苏省泗洪县人民检察院提出的该抗诉意见不能成立，江苏省宿迁市人民检察院提出的抗诉意见成立。原审被告人岳某伟等人的犯罪目的是盗售他人游戏金币牟利，其实施的主要犯罪行为亦是肆意侵入他人计算机信息系统，窃取游戏金币并出售，并非仅收购游戏账号、密码的行为，根据主客观相一致原则，原审被告人岳某伟等人的行为应构成非法获取计算机信息系统数据罪。原审法院认定原审被告人岳某伟等人行为构成掩饰、隐瞒犯罪所得罪，未能全面评价原审被告人岳某伟等人所实施的犯罪行为，亦与原审被告人岳某伟等人的犯罪意图不符。鉴于本案中非法获取计算机信息系统数据罪和掩饰、隐瞒犯罪所得罪的法定刑幅度相同，原审法院所处刑罚与各原审被告人的犯罪事实、情节以及对社会的危害程度能够相符，各原审被告人亦无异议，对原审法院的量刑可不予调整。据此，依照《中华人民共和国刑法》第二百八十五条第二款，第二十五条第一款，第二十六条第一款、第四款，第二十七条，第六十四条，第六十七条第三款，第七十二条第一款、第三款，第七十三条第二款、第三款，以及《最高人民法院、最高人民检察院关于办理危害计算机信息系统安全刑事案件应用法律若干问题的解释》第一条第一款、第二款，《中华人民共和国刑事诉讼法》第二百二十五条第一款第（二）项之规定，判决：(1) 撤销江苏省泗洪县人民法院(2013) 洪刑初字第 0698 号刑事判决；(2) 以非法获取计算机信息系统数据罪判处原审被告人岳某伟有期徒刑 5 年，并处罚金 5 万元；(3) 以非法获取计算机信息系统数据罪判处原审被告人张某榕有期徒刑 2 年，缓刑 3 年，并处罚金 2 万元；(4) 以非法获取计算机信息系统数据罪判处原审被告人陈某达有期徒刑 2 年，缓刑 3 年，并处罚金 2 万元；(5) 以非法获取计算机信息系统数据罪判处原审被告人谢某龙有期徒刑 1 年 6 个月，缓刑 2 年，并处罚金 1 万元；退出的违法所得予以没收。

本案的裁判理由认为：

从物理属性上分析，虚拟财产在物质形态上是磁信息。虚拟财产系一定虚拟环境的产物，而虚拟环境为计算机环境，因此，虚拟财产是一种包含特定信息的电磁记录。而（服务商）客户端技术对虚拟财产分为三个层次：物理层、数据层、应用层。物理层即网络财产只是存储在游戏服务器上的电磁记录；数据层即装备对应的数据代码所处的层面，通过解释物理层来获得数据意义；应用层，即虚拟财产图像的可感知和应用形式层面。所以虚拟财产其本身不过是一组数据、电磁信息，这些数据本质是光电物质媒介所支撑的数据，从而形成一定的图像或者应用形式，满足玩家的特定需要、精神上的娱乐或者物质上的追求。

本案的裁判理由指出：

盗窃虚拟财产的行为不应认定为盗窃罪，主要基于以下理由：一是虚拟财产不具有法律意义上的财产属性。首先，虚拟财产不具有法律财产中管理、自由交易的可能性，也不能独立性地存在。网络财产的虚拟性表现为虚拟财产依赖于网络而生、依附于网络环境，行为人盗窃的是代码，脱离网络环境并不存在。其次，虚拟财产存在的期限性是网络运营商决定的，期限的长短完全取决于游戏服务经营状况，并非像现实财产那样存在一个自然消亡的过程。二是以盗窃罪认定也存在法律障碍。虚拟财产保护的第一重困境即虚拟财产的价值和价格难以确定。财产的本质属性在于它的价值性，价值通过使用价值来体现，用交换价值来衡量。虚拟财产的价值不仅难以被普遍接受，而且难以流通。三是适用非法获取计算机信息系统数据罪更有利于保护网络环境。盗窃罪仅仅将造成的损害后果局限于财产损失，而盗窃虚拟财产更多地影响个人计算机信息系统的正常运转，即使财产损失有限或者行为人并没有获利，只要侵害了计算机信息系统功能的安全，仍然可以定罪处理。

岳某伟案中对虚拟财产所进行的否定性论证具有典型意义。岳某伟案明确将盗窃虚拟财产的行为认定为非法获取计算机信息系统数据罪。应该说，在物理上虚拟财产属于计算机信息系统数据，这是没有问题的。关键还是虚拟财产是否具有财产属性。如果肯定虚拟财产具有财产属性，那么，盗窃虚拟财产的行为属于非法获取计算机信息系统数据罪和盗窃罪的想象竞合，而不是牵连犯。因为，在这种情况下，行为人只是实施了一个行为。该行为一方面触犯了非法获取计算机信息系统数据罪，另一方面又触犯了盗窃罪，属于想象竞合。当然，如果否定虚拟财产的财产属性，则盗窃虚拟财产的行为只构成非法获取计算机信息系统数据罪，而不构成盗窃罪。

关于虚拟财产是否具有财产属性的问题，首先涉及对财产的本质的界定。从民法理论上说，财产作为财产权的客体，具有以下三个共同特征：一是价值性。这里的价值包括使用价值和交换价值。具有一定的价值，是财产成为一种权利的基础。二是稀缺性。只有稀缺的物品，才能成为财产。如果某种物品取之不尽、用之不竭，则不可能成为财产。三是排他性。作为财产权的客体，物品必须被所有人所支配，而且是排他性的支配。根据以上财产的三个特征，我认为所谓虚拟财产具有财产属性。首先，虚拟财产具有一定的价值，这是没有问题的。如果它没有任何价值，也就不会引发对其的争夺。在相当多的情况下，虚拟财产是以货币交换而来的。在其他情况下，虚拟财产也可能是通过一定的劳动获得的。例如，网络游戏中的玩家装备，有些是直接用钱买来的，其被他人盗窃，就会遭受财产损失。还有些是通过玩游戏而获得的，相对于劳动所得，这也是具有财产价值的。虚拟财产的财产属性否定说认为，这些虚拟财产尤其是网络游戏中的玩家装备的价值取决于游戏服务商对在线游戏的支持，一旦丧失这种支持，其价值就会消失，因此，玩家装备的财产属性是相对的，不同于一般财物。由此否定虚拟财产具有财产属性。我认为，这种论证是不能成立的。玩家装备的财产属性确实具有相对性，只是在这个相对的限度内承认其具有财产属性。如果其丧失了财产价值，也就没有人会去盗窃，当然也就无须法律保护。其次，虚拟财产具有可支配性。无论何种虚拟财产都属于一定的个人，而不是网络中的共享资源。综上所述，我认为虚拟财产具有财产属性，应当按照财产进行保护，包括民法保护和刑法保护。在民法理论上，主流观点还是肯定虚拟财产的财产属性，只不过虚拟财产到底属于物权、债权、知识产权还是新型财产权，还没有形成统一的观点。至于在法律上对虚拟财产没有明文规定的情况下，对盗窃虚拟财产的行为以盗窃罪论处，是否违反罪刑法定原则的问题，我的观点是否定的。这里涉及的只是刑法解释的问题。如果能够将虚拟财产解释为财物，就没有违反罪刑法定原则的问题。从历史演变过程来看，物这个概念的发展变化是巨大的。从最开始的有形物到后来出现的无形物，物在外在形态上经历了重大变化。随着电、燃气等现代财产形态的出现，物的内容也发生了巨大改观。可以想象，在电、燃气等财物形态出现的时候，对物的传统观念带来何等的冲击。最终，法律上的物的概念还是接纳了这些前所未有的工业社会的产品。虚拟财产的出现，再次带来对物的观念的冲击。我相信，法律上的物的概念还是会再次接纳虚拟财产这些信息社会的产品。

四、盗窃罪的处罚

根据我国刑法第264条第1款的规定，犯盗窃罪的，处3年以下有期徒刑、拘役或者管制，并处或者单处罚金；数额巨大或者有其他严重情节的，处3年以上10年以下有期徒刑并处罚金；数额特别巨大或者有其他特别严重情节的，处十年以上有期徒刑或者无期徒刑，并处罚金或者没收财产。

盗窃罪的加重处罚事由是数额巨大或者有其他严重情节。根据《盗窃刑事案件解释》第1条的规定，以盗窃3万元至10万元以上作为数额巨大的起点。也就是说，盗窃3万元至10万元就是盗窃数额巨大，应当处3年以上有期徒刑。

盗窃罪的特别加重处罚事由是数额特别巨大或者有其他特别严重情节。根据《盗窃刑事案件解释》第1条的规定，以30万元至50万元以上作为数额特别巨大的起点。也就是说，盗窃30万元至50万元以上属于盗窃数额特别巨大。

根据《盗窃刑事案件解释》第6条的规定，盗窃公私财物，具有本解释第2条第3项至第八项规定情形之一，或者入户盗窃、携带凶器盗窃，数额达到本解释第1条规定的“数额巨大”“数额特别巨大”50%的，可以分别认定为刑法第264条规定的“其他严重情节”或者“其他特别严重情节”。本解释第2条第3项至第8项规定情形，是指：组织、控制未成年人盗窃的；自然灾害、事故灾害、社会安全事件等突发事件期间，在事件发生地盗窃的；盗窃残疾人、孤寡老人、丧失劳动能力人的财物的；在医院盗窃病人或者其亲友财物的；盗窃救灾、抢险、防汛、优抚、扶贫、移民、救济款物的；因盗窃造成严重后果的。

第二十六讲

诈骗罪

诈骗罪是一种智能型犯罪，并且在现实生活中呈现出各种表现形态。在我国刑法中，相当一部分犯罪都是和诈骗有关的，可以说诈骗罪是一个基本罪名。在本讲中，我主要对普通诈骗罪进行讨论，同时也涉及刑法中所规定的特殊诈骗罪，尤其对合同诈骗罪结合案例进行较为深入的分析。

一、诈骗罪概述

诈骗罪是指以非法占有为目的，采用虚构事实或者隐瞒真相的方法骗取公私财物，数额较大的行为。

在现代社会，诈骗罪作为一种智能犯罪，越来越多地出现，令人防不胜防。随着市场经济的发展，诈骗罪客体的范围越来越宽，过去诈骗罪客体的范围是较窄的，是单纯地骗取财物。现在不仅骗取财物，还骗取服务，骗取各种利益。诈骗手段也越来越多样化，难以被识破。前些年我们法学院有两位老师去广州监考，事先讲好有人接机。两位老师一下飞机就看见有两个人举着一个大牌子，上面写着接北大法学院某某老师，真名实姓。这两位老师一看是来接自己的，想也没想就跟他们走了。正好是中午吃饭时间，接机的人就说先找个饭店吃饭吧，这两位老师就跟他们进了一个饭店。围着餐桌坐下后，接机的人就点了一大桌酒菜。点完了以后，一个人说领导让他们给两位老师买点礼品但钱没带够，可不可以先借 3 000 元钱，回单位报销以后马上就还。其中一位老师就把钱借给他们了。另一个人又说要打电话向单位领导汇报人已接到，但手机没电了，向另外一位老师借手机用一下。这个老师同意了，说“用我北京的电话，漫游费太贵”，就把北京的电话卡换下来将手机交给接机的人，说“用你的本地电话卡打”。这个人就拿了手机到一旁打电话去了，打着打着，人就不见了。过了一会儿，另一个人说上厕所，也不见了。这两个老师等了很久，接机的人也没有回来，才发现上当，酒菜又付了一千多元。你们想象不到这两个人是如何冒充接机人的吧？原来这两个人在机场看到有人接机，拿牌子写着我们法学院两个老师的名字，就赶紧写一个相同的牌子跑到出口前面，抢先把人接走了，真正的接机人等了半天也没有接到人，电话又联系不上。这两个人把人接走后就骗吃骗喝再骗钱，连带还骗了一部手机，又让真正的接机人联系不上。这一套诈术太高明了，一般人确实很难识破。最近微信朋友圈上被一个案件“刷屏”，说是楼下的小店抓到一个小偷，他把店里的支付二维码偷偷换成自己的，店主直到月底结款的时候才发现。据说这个月他通过在几家店采取这种手段默默地在家收了 70 万元。这个案件引起了到底是构成盗窃罪还是构成诈骗罪的争议，在客观上推动了对诈骗罪与盗窃罪如何区分问题的理论研究。可惜后来有人站出来说：这个案件是虚构的，不可能真实发生。因为一般二维码支付，在扫了二维码以后，商家都会看一下货款是否到账。不可能二维码扫完以后，商家也不看一下是否到账就让买货人走了。如果真有这样的诈骗案件，犯罪分子也真是与时俱进。有些诈术确实很有技术含量，处于骗与非骗之间，似骗非骗，让你不得不佩服。据说美国曾经发生过这样一个案件：斯密斯以能够预测球队胜负为名敛财。如果能够预测胜负，就能在赌球中获利。斯密斯给 1 000 个赌球者发信，说：我能够预测输赢，预测错了不要钱，预测正确只要付 1 元钱。这些人一想，这也不错。其实斯密斯并没有预测的本领，只是根据概率，对其中的 500 人说甲队赢，对其中的另 500 人说乙队赢，甲乙两队必有一队赢，这样，对 500 人预测正确，斯密斯就收到了预测正确这 500 人的

500美元，对预测错误的500人则不收钱。接着，斯密斯又对预测正确的这500人进行第二轮球赛的预测：对其中的250人说甲队赢，对另外250人说乙队赢。同样，对其中的250人预测正确，这次每人收费10美元，结果收到2 500美元。接下去，斯密斯再对预测正确的这250人进行第三轮球赛的预测：对其中的125人说甲队赢，对另外125人说乙队赢。同样，对其中125人预测正确，这次每人收费100美元，结果收到12 500美元。接着，斯密斯再对预测正确的这125人进行第四轮球赛的预测：对其中的63人说甲队赢，对另外62人说乙队赢。同样，对其中的62人预测正确，这次每人收费1 000美元，结果收到62 000美元。最后，斯密斯对预测正确的这62人进行第五轮球赛的预测：对其中的31人说甲队赢，对另外31人说乙队赢。同样，对其中的31人预测正确，这次每人收费10 000美元，结果收到310 000美元。为什么预测费逐渐增加还有人交呢？一方面是因为这些人前面都预测对了，后来越来越相信预测结果。另一方面是因为随着球赛的进行，赢的钱也越来越多，预测费总是要比赢的钱少很多。通过以上操作，斯密斯共收入384 500美元。现在的问题是：斯密斯的行为构成诈骗罪吗？斯密斯确实有欺骗行为，因为他所谓的预测都是虚假的。但如果他的行为构成诈骗罪，那被骗的人是谁？那些交钱的人吗？不是，这些人根据斯密斯的所谓预测都赢了钱，根本就没有财产损失，怎么可能被骗呢？感谢都来不及呢。当然，你也可以说他本来就会猜对，根本就没有必要支付所谓预测费。但如果不是斯密斯事先告诉你押某一球队赢，你也可能会押另外一支球队。怎么能说就一定会押赢的那支球队呢？即使是阴差阳错押对了，也是斯密斯给你提供的机会呀。那么，被骗的人是预测错误的人吗？不对。这些人并没有因为预测错误而支付财物，也没有财产损失，怎么可能被骗呢？在这个案件中，全部参加赌球的人输赢的概率本来就是各50%，只不过因为斯密斯所谓预测的介入，使得这个50%的人按照一定规律分布，斯密斯由此而赚钱。在这里，甚至赌球的庄家都没有财产损失。

当然，犯罪分子的狡猾也是相对的，也存在被害人愚昧的问题。这里套用“不是我们太愚笨，而是敌人太狡猾”的句式，也可以说，“不是犯罪分子太狡猾，而是被害人太愚笨”。在有些案件中，被害人的愚昧简直到了难以想象的程度。前些年发生过犯罪分子冒充孙中山诈骗70万元的案件，令人感觉被害人生活在民国时代；2016年又发生了犯罪分子冒充玉皇大帝的二儿子诈骗了三个“90后”20万元的案件，令人感觉被害人还生活在神话世界。据说在美国也曾经发生过这样一个案件：唐纳是一名知名律师。一天他正在办公室，来了一个客户，对唐纳说：我是欧文，我正在被火星人跟踪，如果你能够使我摆脱火星人的跟踪，我给你10万美元。唐纳想都没想，对欧文说：中情局的局长罗伯特是我的老朋友，我给他打个电话，让他把火星人赶走。说着就拿起办公室的电话，当着欧文的面，给罗伯特打电话。打完电话他对欧文说：你回去吧，罗伯特已经答应派警员保护你。欧文说：什么时间给你钱？唐纳说：等事成以后再给钱。这就把欧文打发走了。其实，唐纳根本就不认识中情局的局长，也没有打电话，只是装模作样蒙骗欧文。因为欧文一开口，唐纳就知道这是一个幻想症患者，就想个办法把他打发走。结果事情还没完，给了几天，欧文又到唐纳办公室来了，对唐纳说：谢谢你，我发现中情局的警员已经跟踪火星人，把火星人引走了。说着就付给唐纳10万美元。唐纳收还是不收呢？他毫不犹豫地收下了10万美元，后来欧文再也没有来找他，因为幻想症已经消失了。现在的问题是：唐纳对10万美元构成诈骗罪吗？同学们在学习了诈骗罪的构成要件以后，可以想一下这个案例。这是一个典型的所谓被害人愚昧的案件。

因为被害人过于愚昧，在德国刑法理论上提出了一种称为被害人教义学的理论，并将其运用于诈骗罪。被害人教义学是一种刑法教义学理论，准确说来是一种将被害人学的理论成果运用于刑法教义学的典范，是一种合理地限缩处罚范围的教义学理论，或者说是一种法内出罪的理论。被害人教义学的核心命题是应保护性与需保护性。那些太过愚昧的人丧失了保护必要性，因此可以成为诈骗罪的被告人的出罪事由。根据被害人教义学原理，诈骗行为的认定要考虑一般人的智商，只有对一般人能够产生诈骗效果的才能构成诈骗行为。如果某种欺骗对一般人不会产生诈骗效果，只有极个别智商太低的人被欺骗，被告人就不能构成诈骗罪。我们北大刑法专业博士生申柳华撰写的博士论文，题目是《德国刑法被害人信条学研究》，这里的信条学就是教义学的意思。该博士论文2011年在中国人民公安大学出版社出版，全书46万字。其中重点研究的就是被害人教义学在诈骗罪中的运用。德国学者认为，并非所有欺骗行为都应当被纳入诈骗罪的惩罚范围之内，仅仅是那些具有一定强度、聪明的欺骗行为才能作为诈骗罪加以处罚，因此，应当将简单、拙劣、容易识破的欺诈行为排除于诈骗罪的犯罪构成要件之外。德国学者举了一个例子：在电视台性广告板块中，一个大胸脯的妇女在电视屏幕上宣称，在得到付款后将提供性服务，屏幕下方提供了联系地址。当有人与这个地址联系后，会得到一封回信，表示对于邮寄了50马克差旅费的旅客，这个妇女将会上门服务。但付款后，并没有任何人到来。实际上，做广告的是一个饭店的厨师，回信的人也是这个厨师。在本案中，德国学者认为欺骗手段实在是拙劣至极，它只能对那些做好准备被骗的人、准备承担被骗风险的人产生效果，因此，饭店厨师并没有运用刑法关于诈骗罪的规定所充足的方法进行欺骗，不构成诈骗罪。如果人们去信任那些明显拙劣和虚假的骗术，那么，刑法就没有保护这种信任的必要。值得注意的是，德国学者在此提出，诈骗罪的保护法益是信任，而我们通常认为诈骗罪的保护法益是财产权。对于被害人教义学，我国接受起来还是有困难的，因为过于超前了。我们想一想：发一封请将货款打到工商银行某某账户的诈骗短信，居然就能收到数十万元的汇款；散发一些“包小姐＋手机号码”的传单，就会有人上当被骗。这简直不可思议。在我国，拙劣的骗子和愚昧的被骗人，是相生相济的。因此，被害人教义学在我国短时间内还难以适用。

二、诈骗罪的构成

（一）罪体

1. 诈骗罪的行为

诈骗罪的行为是采用虚构事实或者隐瞒真相的方法骗取公私财物。诈骗罪在犯罪学上属于被害人有过错的犯罪，被害人的上当受骗是诈骗罪得以成立的重要条件之一。诈骗罪的基本构造是：诈骗行为导致被害人产生错误认识，被害人基于这种错误认识而交付财物，诈骗人获得或者使他人获得财物，从而使被害人遭受财产损失。因此，在诈骗罪的构造中存在着诈骗人和被害人之间的行为互动。在某种意义上来说，诈骗罪是一种被害人参与的犯罪。在这一点上诈骗罪就与盗窃罪不同：盗窃罪是背着被害人实施的犯罪，是采用秘密窃取的方式，盗窃人与被害人之间不存在行为互动。而诈骗行为的得逞往往有赖于被害人某种程度上的配合，因此整个诈骗包含了以下四个环节：

（1）虚构事实或者隐瞒真相。

虚构事实是指捏造客观上并不存在的或者不可能发生的事实，是最为常见的诈骗方法。在刑法理论上，虚构事实是一种作为形式构成的诈骗罪，例如，甲以给乙购买紧俏商品的名义骗取乙的钱财。虚构事实只是获取财物的手段而已，行为人并不存在兑现的条件。在上述情况下，甲并不具有为乙代购紧俏商品的现实可能性，只是以此为名来获取乙的财物。在虚构事实的情况下，被害人的认识错误是行为人的积极举动造成的，在行为人的虚构事实与被害人的认识错误之间存在着因果关系。应该说，在现实生活中，绝大多数诈骗罪都是以虚构事实的形式构成的。

虚构事实一般是采取言词的方式，因此，在通常情况下，虚构事实的诈骗行为具有言词犯罪的特征。在刑法理论上存在一种所谓举动诈骗，即以举动而不是言词所实施的诈骗行为。举动诈骗也是作为的诈骗，举动诈骗通常发生在无钱食宿的案件中。所谓无钱食宿，也就是日常生活中所说的吃霸王餐，吃饭不给钱。无钱食宿是日本刑法学界经常研究的一个问题，一般分为犯意先行型的无钱食宿和非犯意先行型的无钱食宿。犯意先行型的无钱食宿是指在食宿之前已经决定不给钱，在这种主观心理支配下的点餐这个举动就是诈骗行为。因为餐饮企业通行的交易规则是先吃饭后付款，因此，行为人进入饭店点餐实际上就是承诺饭后会付款。但行为人点餐时已经决定饭后不付款，而这个点餐举动使饭店工作人员误以为饭后会付款，因此这是一种通过举动所实施的诈骗。另外一种是非犯意先行型的无钱食宿，也就是说，在点餐的时候并没有不想付款，而是吃饭以后忽然发现没有钱，于是产生不付款的意思。因为在点餐的时候还是想付款的，所以点餐行为不是诈骗。在吃完以后不想付款，这是一种逃费行为，相当于赖账。这种行为一般认为不构成犯罪，也有人认为在具备条件的情况下，可以构成侵占罪。无钱食宿的举动诈骗被认为是一种作为的诈骗，但它与不作为诈骗十分容易混淆，它们之间的区分是相对的。因为，犯意先行型的无钱食宿也可以说是隐瞒不想付款的主观意思，所以，它与隐瞒真相的诈骗具有关联性，两者之间的区分只是在于在点餐的时候行为人是否具有告知义务。

隐瞒真相是指行为人有义务告知对方真实事实而故意不告知，从而使他人陷入错误认识。在刑法理论上，隐瞒真相是一种不作为构成的诈骗罪。例如，甲向乙隐瞒自己的一套房屋已经抵押给银行用于贷款的事实，将该房屋卖给乙获得50万元，乙到房屋管理部门办理手续时发现，甲的房屋已经抵押给银行不能办理房屋过户手续，并且由于甲不能及时归还银行贷款，银行通过诉讼程序将该房屋拍卖。本案中，甲以隐瞒真相的方法骗取50万元购房款的行为就是典型的诈骗。在本案中，甲的诈骗行为并不是向乙出卖房屋，而是在向乙出卖房屋时隐瞒了该房屋已经抵押给银行这一事实，因此，甲的诈骗行为是不作为而不是作为。

关于隐瞒真相的诈骗罪，存在着一个争议问题，这就是，如果他人已经产生某种错误认识，行为人不告知而获取财物的，是否构成诈骗罪？例如，甲乙之间曾经存在债务关系，乙欠甲1万元。乙曾经将1万元归还给甲，但乙忘记了，再次归还甲1万元。甲明知乙已经归还了，第二次归还是重复归还。但甲不告知乙，仍然收取乙交付的1万元。那么，甲第二次获取的1万元是否属于诈骗所得？有的学者认为，诈骗中的隐瞒真相包括他人已经产生某种错误认识，行为人不告知，使这种错误延续而获取财物。但我不赞同这种观点。在上述案例中，被害人的错误认识并不是行为人造成的，利用他人错误而获得财物是民法上的不当得利，而不是刑法上的诈骗罪。不当得利行为在某些情况下可以构成侵占罪，但不能构成诈骗罪。例如，甲到银行取款，取款凭条上载明取款1万元，营业员乙因为疏忽误认为是取10万而给了甲10万元。甲明知这个营业员乙给错了，但仍然将10万元取走了。尽管9万元是利用营业员乙的工作失误而获得，但该错误并不是甲的欺骗行为导致的，因此甲获取9万元不是诈骗而是不当得利。以上行为之所以不能认定为诈骗，是因为，甲不返回乙的错误给付是在取得了甲给付的财物以后。该财物不是甲通过诈骗行为而取得的，因此不符合诈骗罪的占有转移型财产犯罪的特征。

隐瞒真相的诈骗通常都是对客观事实的隐瞒，那么，对主观心理的隐瞒是否属于隐瞒真相呢？例如，在合同诈骗罪中，隐瞒没有履行合同的能力，这是对客观事实的隐瞒，构成诈骗没有问题。但类似于无钱食宿案件中，没有吃饭付款的意思，是否也能构成诈骗？这在刑法理论上是存在争议的。从逻辑上来说，隐瞒主观心理当然是可以构成诈骗的，但问题在于如何认定这种隐瞒主观心理的诈骗行为。因为隐瞒客观事实，这是容易证明的。但隐瞒主观心理如何进行证明，这是一个难题。如果这个问题不解决，以隐瞒主观心理而认定构成诈骗罪，容易发生差错。这是值得注意的。

(2) 认识错误。

认识错误，是指被害人的认识错误，并且是由于欺骗行为而产生，两者之间存在因果关系。被害人的认识错误是指与客观事实不相符合的认识。如果某种认识错误不是由于欺骗行为而产生就不是诈骗。例如，甲有一件珠宝，但甲并不识宝，乙一眼就看出这是价值不菲的珠宝。乙仅用 1 万元就把甲的珠宝买下来，从而获得巨大利益。事后甲知道珠宝的价值而反悔，指控乙诈骗珠宝。在这种情况下，能不能说乙诈骗珠宝？显然不能。在这个案件中，甲确实对珠宝的价值存在错误认识，更确切地说是无知。乙确实也利用了甲对珠宝价值的错误认识而获取了巨大的利益。但甲对珠宝价值的错误认识并不是乙的欺骗行为所导致的，因此不存在诈骗的问题。乙是通过交易行为获利，至于这个交易行为是否显失公平也只是一个民事问题，不涉及刑事犯罪，即只是涉及商业交易中的诚信问题。商业交易中没有绝对的诚信，卖方不可能告诉买方进货价，总是希望卖得越贵越好，买主自当小心，如果买贵了不能说卖方诈骗。这里强调的一点是：错误认识必须是对方的欺骗行为所导致的。再比如，甲有一件珠宝，但并不知道价值，便拿到乙那里（由于乙是鉴定专家，甲请乙对珠宝做鉴定）。乙一看就知道珠宝价值连城，但向甲隐瞒了珠宝的价值，谎称珠宝不值钱，从而导致甲对珠宝价值发生错误认识，乙又利用甲对珠宝价值的错误认识而低价购买。在这种情况下，乙的行为就是一种诈骗。因此，强调被害人的认识错误是欺骗行为所导致的是非常重要的。

还有一点值得强调的是：被骗的必须是人，因为只有人才会产生错误认识。在刑法理论上有一个原理：机器不能被骗。在日常生活中人们大量使用各种机器，例如自动贩卖机：人们投入钱后贩卖机就会提供某种物品。由于投入的都是金属货币，有人投入金属物品，机器以为这就是钱，就提供了物品。这种行为是不是诈骗？如果这是诈骗的话，机器不是被骗了吗？又如自动柜员机：行为人冒用他人的信用卡去取款，这种取款行为到底是诈骗还是盗窃？又如投币电话机：人们投入金属货币就可以打电话，计时收费。行为人在硬币上钻个洞，通过这个洞在硬币上系一根绳子，把硬币投入电话机，打完电话以后，用绳子把硬币拉回来，这等于打了免费电话。这种行为是否构成诈骗呢？基于机器不能被骗这个原理，这些行为都只能是盗窃而不能是诈骗。行为人投入类似硬币的金属物品，自动贩卖机就滚出相应的物品，这就相当于利用万能钥匙把他人的门锁打开，把家里的财物偷走，这是盗窃行为。投币电话机也是如此。在自动柜员机上的情况稍微复杂一些，现实生活中存在这样的案件：一个人去取款，信用卡插在取款机上面忘了拿走，后来取款的人看到他人的信用卡和密码都在，就把卡里的钱转到自己卡里去了。这一行为到底是信用卡诈骗还是盗窃？我认为还是盗窃，相当于一个人看见别人家里没有锁门，大门洞开，就贸然进入把财物拿走。在这种情况下，财物保管者有某种疏漏，犯罪分子利用这种疏漏来窃取财物，仍然是盗窃。因此，机器能否被骗，就成为诈骗罪与盗窃罪的分野，使诈骗罪与盗窃罪的范围发生消长：主张机器能够被骗的，则扩张了诈骗罪的范围而限缩了盗窃罪的范围；反之，主张机器不能被骗的，则限缩了诈骗罪的范围而扩张了盗窃罪的范围。

(3) 处分行为。

处分行为是指被害人由于认识错误而对财物进行了某种处分，我国刑法上描述为仿佛自愿地把财物交给了他人。仿佛自愿是指被害人是基于认识错误而将财物交给他人，因此其行为与其真实的愿望是相悖的。诈骗罪中的处分财物和抢劫罪中因受到他人的暴力或胁迫而交出财物，在性质上是完全不同的：抢劫罪中的交出财物，是在被害人完全丧失意志自由情况下实施的，是违背其意志的。但在诈骗罪中，基于认识错误的交付财物，并不是在被害人完全丧失意志自由情况下的交付，而是在其陷于认识错误情况下的交付。这种交付是认识有瑕疵的交付，但被害人只是部分而没有完全丧失意志自由。因此，抢劫罪是取得型的财产犯罪，而诈骗罪是交付型的财产犯罪。

在大陆法系刑法中，通常将诈骗罪中交付财物的行为称为处分行为，而处分行为是个民法上的概念，是指会使权利发生某种变动的行为。这里的处分行为既包括直接处分财物的物权行为，又包括其他准物权行为，例如债务的免除或者债权的设立等情形。

在理解诈骗罪中的处分行为的时候，应当注意以下三点：

第一，有处分能力与无处分能力。

在理解诈骗罪中的处分行为的时候，事先需要考察被害人是否具有处分能力。如果被害人没有处分能力，则这种处分是无效的，行为人也就不能构成诈骗罪。只有在被害人具有处分能力的情况下，行为人才有可能构成诈骗罪。这里的处分能力是指民法上的民事行为能力。民事行为能力是指民事主体通过自己的行为取得民事权利和设定民事义务的能力。如果说民事主体具有民事权利能力是具备了参与民事活动的资格的话，那么民事行为能力是其现实地进行民事活动的资格。民事主体的民事行为能力主要包括以下两方面的内容：(1) 主观方面，民事主体具有相应的意思表达能力，具有认识能力和判断能力，能正确表达自己的意愿。(2) 客观方面，民事主体能够以自己的行为取得民事权利，能够对自己的不法行为或应尽义务承担责任。判断是否具有民事行为能力的标准主要有两个：一是年龄，二是精神状态。不满 10 周岁* 的未成年人，一般来说处于生长、发育的最初阶段，智力水平普遍较低，一般难以进行民事行为，故将他们归为无民事行为能力人。虽然在现实生活中，不满 8 周岁的未成年人的智力水平相差较大，不

* 《中华人民共和国民法典》修改为 8 周岁。——编辑注

能否认个别未成年人的智力水平较高，如八九岁的大学生、五六岁的儿童音乐家等，但总体来说，他们仍不具有综合的认识能力和判断能力，故应由其法定代理人代理民事活动。在实践中，不满8周岁的未成年人虽然是无民事行为能力人，但是在进行与他的年龄、智力相适应的民事活动时，根据日常生活习惯，应认定其民事行为的效力。例如，不满8周岁的未成年人到商店购买文具盒、练习本以及买票乘坐公共汽车等，应确认其效力。此外，不能辨认自己行为的精神病人由于其心智丧失，不具有认识能力和判断能力，从保护他们的自身利益出发，法律规定他们为无民事行为能力人，由他们的法定代理人代理民事活动。由于判断精神病人是否能够辨认自己的行为比较困难，故《民法通则意见》规定，经利害关系人申请，由人民法院根据司法精神病学鉴定或者参照医院所作的诊断、鉴定宣告其为无民事行为能力人。这种无民事行为能力的人所做的处分行为是无效的，相对应的行为人也不构成诈骗罪，但可能构成其他犯罪，例如盗窃罪。例如，甲见一个6岁小孩的脖子上戴了一条项链，甲就哄小孩，用一把玩具手枪和小孩交换项链。小孩答应了，把自己的项链给了甲。事后鉴定，该项链价值数千元。在这种情况下，甲是否构成诈骗罪呢？甲是通过小孩同意交换项链的，在此存在小孩的处分行为。分析该问题的关键在于，小孩是否具有处分能力。显然，因为小孩不满10周岁，不具有处分能力，所以这种处分是无效的。因此，在该案中甲不构成诈骗罪而构成盗窃罪。

第二，终局性处分与非终局性处分。

诈骗罪中的处分行为导致财物的占有转移，这是一种终局性的处分。因此，这里的终局性处分与非终局性处分是以占有是否转移为标准的。如果导致占有转移，那就是终局性处分；如果没有导致占有转移，那就是非终局性的处分。只有终局性的处分才能构成诈骗罪，非终局性的处分不能构成诈骗罪。

水某等诈骗案

2004年12月的一天晚上，被告人水某、郝某伙同郭某（另案处理）预谋后，由郭某以与以前的男友冯某和好为由，将冯某约至三门峡市商业街“老兵”酒吧。席间，水某给冯某打电话称要找郭某，郭某以在酒吧内说话不方便为由，将冯某的一部三星 T408 型手机拿出酒吧外，交给水某、郝某，后二人将手机销赃，得赃款六百余元，经估价鉴定，该手机价值 1 330 元。2005 年 1 月初的一天下午，被告人孙某、水某、郝某伙同郭某预谋后，孙某与郭某到三门峡市某中学门口找到郭某的朋友李某，孙某趁郭某和李某说话之机，以借用电话为名，将李某的一部熊猫 700 型手机拿走，后孙某、水某、郝某将手机销赃，得赃款四百余元，经估价鉴定，该手机价值 1 530 元。

本案争议的焦点是：被告人孙某等人假借手机伺机逃离，占为己有的行为如何定性，是定诈骗还是盗窃？对此存在两种不同意见。第一种意见认为，被告人孙某等人的行为应定性为诈骗。理由是：盗窃取财具有秘密性，而在本案的两起犯罪中，被告人获得手机的主要手段是虚构事实，被害人是自愿交付手机，被告人并没有采取秘密窃取的方法。鉴于本案两部手机的价值只有 2 860 元，没有达到河南省对诈骗罪规定的 3 000 元的定罪标准，故被告人孙某等人的行为不构成犯罪。第二种意见认为，被告人孙某等人的行为应定性为盗窃。理由是：其假借手机的欺骗行为只是为盗窃行为做掩护，在非法占有手机的过程中起关键作用的不是假借行为，而是秘密逃离行为。这种秘密逃离行为虽非传统意义上的伸手窃取，但从本质上看，它使手机的主人在非自愿的情况下丧失了对手机的控制，该手机的价值已超过河南省对盗窃罪规定的 800 元的定罪标准，故被告人孙某等人的行为已构成盗窃罪。

本案在审判中采纳了第二种意见，认定被告人的行为构成盗窃罪。本案的裁判理由认为：

盗窃罪是以非法占有为目的，秘密窃取数额较大公私财物的行为；而诈骗罪是以非法占有为目的，用虚构事实或者隐瞒真相的方法，骗取数额较大公私财物的行为。诈骗罪与盗窃罪的关键区别在于：受骗人是否基于认识错误处分了财物，也就是说，被害人是否将财物转移给行为人占有和支配：倘若被害人自愿处分了财物，则构成诈骗罪；倘若被害人没有自愿处分财物，则构成盗窃罪。具体到本案：首先，从主观上看，受骗人没有将手机转移给被告人支配和控制的意思。受骗人将手机交给被告人，只是让他暂时使用，等接听或者呼叫结束，就要当场归还。其次，从社会的一般理念来看，在当时的情况下，虽然手机已交由被告人使用，但是被害人仍然没有丧失对手机的支配和控制，被告人并没有占有手机，其取得手机的支配与控制完全是后来的秘密逃离行为所致。最后，从物的特性来看，手机是用来打电话的，借手机“使用一下”意味着在很短的时间内用后即还，被告人不可能因假借行为而取得对手机的支配和控制，因此，本案不应定性为诈骗。但是，倘若被告人欺骗被害人说借手机使用一天、一周或者一月等，则应定性为诈骗。再假设被告人欺骗被害人，借被害人的摩托车“使用一下”而后非法占有，则由于摩托车的特性不同于手机，只要被害人将摩托车交由被告人使用，被害人就丧失了对摩托车的支配和控制，被告人的行为只能构成诈骗，不可能构成盗窃。

综上所述，虽然本案的被告人实施了欺骗行为，但本案的被害人没有基于认识错误将自己的手机交由被告人占有和控制，而是被告人随后的秘密逃离行为才导致被害人丧失了对手机的占有和控制。因此，被告人的行为应构成盗窃罪。

以上裁判理由将本案认定为盗窃罪的论证，是正确的。其实，本案被告人确实存在欺骗行为，即以借用手机为名，骗取他人的手机。但本案之所以不能被认定为诈骗罪，关键在于他人对手机的处分不是终局性处分而是非终局性处分。正如本案裁判理由所说，如果是欺骗被害人借手机使用一天、一周或者一月等，则应定性为诈骗。因为在这种情况下，他人必须将手机的占有转移给被告人，属于终局性处分。而在本案中，被告人只是说借用一下，这里的借用是指在他人的监视下使用，因此，手机的占有没有转移，这是一种非终局性处分。所以，本案不能被认定为诈骗罪。

第三，有意识处分与无意识处分。

诈骗罪中的处分行为是否要有处分意思，也是一个存在争议的问题。对此，在刑法理论上存在有意识处分说和无意识处分说。其中，有意识处分说认为，诈骗罪中被害人基于认识错误而对财物的处分必须具有处分该财物的意思。如果被害人没有处分该财物的意思而将财物转移给他人，行为人不构成诈骗罪。无意识处分说则认为，诈骗罪中的处分财物并不要求被害人具有处分该财物的意思，只要被害人在客观上处分了财物，就具有处分行为，行为人构成诈骗罪。以上两种观点的争议涉及不知情交付是否属于诈骗罪中的处分行为的认定，因而对于诈骗罪与盗窃罪的区分具有重要意义。

王某盗窃案

2011年7月9日1时许，王某申请了一个QQ号，在网上聊天室发布虚假广告，谎称有视频裸聊服务。王某通过QQ与邵某聊天时，谎称付费1元即可以参与裸聊，并要求邵某传发其网银卡余额截图，以表示其有支付能力。王某根据邵某发出的网银卡余额截图，知晓其网银卡余额达10万余元。王某便在事先编写好的软件程序中填写盗取数额9.8万元，并将该软件程序发给了邵某。邵某按照王某告知的账号及登录口令登录，并看到在支付页面显示付款1元，然后输入了自己的网银卡号及密码并确认后，其网上银行卡中的9.8万元自动转入王某的银行卡中。

在以上这个案件中，邵某的9.8万元到底是被王某骗走的还是被盗走的？我们很容易得出是被骗走的结论。因为在本案中，王某对邵某实施了欺骗行为，并且使邵某产生错误认识，邵某基于认识错误而交付了财物。在这种情况下，诈骗罪的构成要件几乎全部都具备了。但是，这里还差了一点：邵某在支付的时候，主观上以为支付的是1元，对于9.8万元并没有支付的意思，换言之，邵某对于9.8万元是无意识的处分。如果根据无意识处分说，王某的行为是可以构成诈骗罪的。但根据有意识处分说，则王某的行为不构成诈骗罪，而构成盗窃罪。这就是有意识处分说与无意思处分说之间的差别。我赞同有意识处分说，而且在我国司法实践中，主要采用的也是有意识处分说。例如，周某进入超市，将价格便宜的肥皂包装箱私自打开，然后把贵重的照相机等电子产品装入肥皂包装箱，并将包装箱恢复原状。然后，周某拿着装有照相机的肥皂包装箱到收银台交钱。收银员见是肥皂包装箱，就按照包装箱上的价签收取货款。在本案中，周某采取的是调包的手段，使收银员被骗，误以为是肥皂而收了货款。但本案不能构成诈骗罪，在我国司法实践中将此都认定为盗窃罪。由此可见，我国司法实践中是采有意识处分说的。对于这种不知情交付案件，虽然应该认定为盗窃罪，但它与普通的盗窃罪还是有所不同的。普通盗窃罪是被告人秘密窃取，这里存在一个取得的行为。但在不知情交付的案件中，财物在客观上是他人交付而不是被告人取得。因此，有的学者认为不知情交付是一种利用他人的自害行为，这是一种特殊类型的间接正犯。在不知情交付案件中，被告人通过使用各种欺骗的手段，使被害人在没有正确理解事实真相的情况下实施了交付财物的行为，这种行为使自己遭受财产损失，因而是一种自害行为。在这种案件中，被告人对被害人具备压制性的意思支配能力，被害人已经彻底沦为被告人随心所欲而任意操作的工具，因而可以归之于“利用他人的自害行为”类型的间接正犯。在这些不知情交付案件中，被告人在主观上具有优越性认知的意思支配能力，客观上也处于支配案件操作流程的主导性地位，其欺诈性的指使行为对于被害人在不知情的状态下交付财物的行为起到了决定性作用，因此就形成了间接正犯中的“幕后操作者与被利用工具”的事实支配关系。因此，在被害人不具有处分意识的前提下，应当将不知情交付财物的案件视为间接正犯形式的盗窃罪。应该说，这种观点是能够成立的，对于间接正犯的类型应当具有拓展性的认知。

(4) 取得财物。

取得财物是诈骗罪的结果。行为人通过诈骗方法取得他人财物，由此造成了被害人的财产损失。因为在结果中还要专门讨论这个问题，所以在此不再展开论述。

2. 客体

诈骗罪的客体是财物。这里的财物是个广义的概念，不仅包括物品而且包括财产性利益，既包括动产也包括不动产。于此诈骗与抢劫罪或盗窃罪不一样，抢劫罪或盗窃罪的客体只限于动产，而诈骗罪的客体包括不动产。此外，还存在一个利益诈骗的问题。日本刑法对利益诈骗作了明确规定：以诈骗手段取得非法的财产性利益，或者使得他人取得该利益，就构成利益诈骗罪。这里的财产性利益，是指财物以外的一切财产性利益，包括获得债权或者担保权、获取劳务、免除债务、延缓履行债务等。在日本刑法中，财产性利益不能成为盗窃罪的客体，但可以成为财物诈骗罪的客体。我国刑法对利益诈骗没有明文规定，但在司法实践中，对于采取诈骗手段非法取得财产性利益的行为，如果该利益是以一定的财产数额体现的，也以诈骗罪论处。

时甲等人诈骗案

2008年年初，被告人时甲经营河沙生意，为骗免高速公路通行费，先后找到某单位干部李某、张某（均另案处理），并通过李某取得了伪造的车辆号牌、车辆行驶证、驾驶证、士兵证及作废的派车单等物品。2008年5月4日至2009年1月1日，被告人时甲使用上述假牌证及两辆"斯太尔"牌货车，经由郑尧高速部分路段运送河沙。运行过程中，车辆多次被查扣，由李某、张某出面协调，使得两辆货车顺利通行。经会计师事务所审计：2008年5月4日至2009年1月1日，悬挂"WJ19-30055""WJ19-30056"号牌的两辆货车在郑尧高速公路通行共计2 363次，骗免高速公路通行费（按核准装载量计算）计人民币492 374.95元。

被告人时乙在明知拉沙车辆所用车辆号牌、证件等均系伪造的情况下，从2008年10月底开始全面参与沙场经营活动。2008年11月1日至2009年1月1日期间，骗免高速公路通行费（按核准装载量计算）计人民币117 660.63元。

法院审理后认为：(1) 被告人时甲在共同犯罪中起主要作用，系主犯，依法应按照其所参与的全部犯罪处罚。因其自动投案，如实供述自己的犯罪事实，系自首，且认罪态度较好，依法可对其从轻处罚，故判处时甲犯诈骗罪，判处有期徒刑7年、罚金5万元。(2) 被告人时乙在共同犯罪中起次要作用，系从犯，认罪态度较好，有悔罪表现，依法应对其减轻处罚，以诈骗罪判处其有期徒刑2年6个月，并处罚金1万元。(3) 被告人时丙、王某对与案件有重要关系的情节故意作虚假证明，隐匿罪证，其行为均已构成伪证罪。被告人时丙、王某均当庭自愿认罪，有悔罪表现，且其犯罪情节较轻，没有再犯罪的危险，适用缓刑对所居住的社区没有重大不良影响，依法可对被告人时丙、王某宣告缓刑。据此，以伪证罪判处时丙、王某有期徒刑1年，缓刑1年。

以上案件是一个骗免高速公路通行费的案件，曾经被作为"河南天价过路费案"而轰动全国。当时引起关注的是天价通行费，河南省平顶山市中级人民法院一审判决认定被告人逃费368万元，以诈骗罪判处无期徒刑，并处罚金200万元。宣判以后该案受到公众的广泛关注，公众对天价通行费表示质疑。实际上，这个数额包括了超载的罚款。最终，本案在河南省鲁山县人民法院重审，逃费数额被认定为49万元，这是基本通行费。其实，这个案件真正应当引起我们关注的是诈骗财产性利益，因为本案是骗免高速公路通行费，而高速公路通行费就是一种财产性利益。法院定罪的规范根据是2002年4月10日公布的最高人民法院《关于审理非法生产、买卖武装部队车辆号牌等刑事案件具体应用法律若干问题的解释》，这一解释的第3条明确规定："使用伪造、变造、盗窃的武装部队车辆号牌，骗免养路费、通行费等各种规费，数额较大的，依照刑法第二百六十六条的规定定罪处罚。"由此可见，财产性利益是我国刑法中的诈骗罪的客体。

3. 结果

通过欺骗行为使被害人产生错误认识而处分财产，诈骗人由此非法获得他人财物并使被害人遭受财产上的损失，这是诈骗的结果。这里的获得财物，既可以是本人获得财物，也可以是诱使被害人将财物交给第三人。在绝大多数情况下，诈骗人和财产获取人是同一个人，但是在实践中也有不少诈骗人通过欺诈使被害人将财物交付给第三人的情况，尤其是在一些复杂的诈骗类型中。例如，在保险诈骗中，购买保险的人是投保人，而保险的受益人既可以是投保人本人，也可以是第三人，有的人购买巨额的保险并指定受益人为自己的小孩或者其他亲人，之后故意地制造保险事故，甚至故意自杀，死后巨额的保险赔偿金就使家人受益。这里的诈骗人和受益人不是同一个人。

(二) 罪责

诈骗罪是故意犯罪，因此行为人主观上必须具有诈骗的故意。这里的诈骗故意是指明知是诈骗行为而实施的主观心理状态。除了故意以外，诈骗罪还必须有目的，必须是以非法占有为目的。从这个意义上来说，诈骗罪是目的犯。

(三) 罪量

根据刑法第266条的规定，只有骗取他人数额较大的财物才能构成诈骗罪。根据2011年3月1日最高人民法院、最高人民检察院《关于办理诈骗刑事案件具体应用法律若干问题的解释》第1条的规定，诈骗公私财物价值3 000元至1万元以上的属于诈骗罪的数额较大。

三、诈骗罪的认定

（一）刑事诈骗和民事诈欺的区别

从表面上来看，刑事诈骗和民事诈欺的区别好像是罪与非罪的区别，但实际上这种民事上的诈欺也越来越多地被规定为犯罪。民事诈欺犯罪化后的犯罪还是和刑事诈骗犯罪有所不同。

这里我首先从诈骗的用语开始说明这个问题。现代刑法中称为诈骗罪，而古代刑法中叫诈欺罪。我们刑法中称为诈骗，民法仍然称为诈欺，还有的法律称为欺诈、欺骗。因此，不太可能通过用语的不同把不同性质的诈骗或者诈欺区分开来。在这里，我想把这个用语的演变过程作一个梳理。

诈骗这个用语在我国古代《唐律》中称为诈欺，在日本刑法中也称为诈欺。诈骗这个词是我国现代刑法所特有的。刑事诈骗和民事诈欺到底怎么区分？古罗马法中诈欺分为两种：第一种是作为法律行为瑕疵的诈欺（dolus faudus），是指行为人以欺骗手段使相对人陷于错误认识或者利用相对人的错误认识使之成立不利的法律行为。第二种是作为私犯的诈欺（dolus malus）。古罗马法区分公犯和私犯，私犯基本上是一个侵权行为，是指行为人使用欺骗手段使相对人为或不为某种行为。在现代民法中，则称为法律行为制度中的诈欺和侵权行为法中的诈欺，两者的构成要件是不相同的：法律行为制度中的诈欺以导致被诈欺人的错误意思表示为最终的构成要件；侵权行为法中的诈欺以导致被诈欺人的实际损失为最终的构成要件。并且两者的法律后果有不同：法律行为制度中的诈欺的法律后果仅限于导致无效的法律行为，而侵权行为法中的诈欺的法律后果在于使诈欺人承担赔偿责任。这对于我们理解刑事诈骗和民事诈欺是有帮助的。

传统意义上的刑事诈骗相当于侵权行为法中的诈欺，是一种以非法占有为目的的诈骗，以特定的财产作为诈骗的对象。因此在传统的法律中，以非法占有为目的的诈骗才属于刑事犯罪，是一种财产犯罪。其他以虚假陈述为内容的诈欺属于民事诈欺，而不涉及刑事责任，只是导致无效的法律行为。例如，在商品交易中隐瞒商品的瑕疵而出卖，属于民事诈欺，只是导致买卖行为无效。我们在日常生活中对于刑事诈骗和民事诈欺没有区分，老百姓只知道是受骗了。但是是由于刑事诈骗而受到财产损失还是由于民事诈欺而受到财产损失，两者在法律上的构成要件是不一样的。

随着市场经济的发展，出现了以虚假陈述为目的的经济诈欺，这些经济诈欺行为严重地扰乱了市场经济秩序。在这种情况下，诈骗的定义就不够用了，难以涵盖经济诈欺行为：因为诈骗犯是结果犯，要求证明诈骗结果的存在。而经济诈欺往往是针对不特定的市场参与者进行的，其真正造成的损害难以计算。在这种情况下，基于刑事政策的考虑，出现了将虚假陈述诈欺犯罪化的立法趋势，这体现了对市场经济的保护。在刑事立法上越来越多地将本来是民事诈欺的行为规定为犯罪，例如生产、销售伪劣产品的行为本来都是诈欺，但现在将其犯罪化。生产、销售伪劣产品的犯罪隐瞒商品瑕疵，确实具有欺骗性，但这种犯罪毕竟出现在商品交易中，从行为人的主观来说，并不是以非法占有为目的，而是以营利为目的。诈骗罪是财产犯罪，以非法占有他人财物为目的，而虚假陈述诈欺犯罪是营利犯，以营利为目的。两者的区分在于有没有实际交易发生，如果没有实际交易发生，以交易为名行诈骗之实，那就是诈骗。例如，有人买了一种药，本来只值1元钱，但是卖药的人说值1万元钱。在这里虽然表面上还是有一个交易，但是由于货品的实际价值和所获取财产之间差距悬殊，我们就不认为存在实际交易。这1元钱的药我们只认为是诈骗的道具而已，不是实际商品，应当此行为认定为诈骗。但在药店将伪劣的药品作为正规药品出卖的情况下，仍然存在交易行为，销售假药或者劣药就是虚假陈述的诈欺犯罪。在经济领域，大量的经济诈欺被犯罪化。在金融犯罪中，有编造并传播期货交易信息罪，诱使投资者买卖期货、证券、投资罪，等等。行为人传播虚假的信息就必然使他人财产受到损失，其最终是为了营利，营利和欺诈之间是有一定关系的，因此，这就是一个金融诈欺，而不是一个金融诈骗。这里要说到我国刑法中的一个罪名，这就是骗购外汇罪，以前称为套汇罪。这个罪名是套汇罪的时候，人们没有觉得它是一种欺骗行为，认为就是行为人从国家外汇管理部门套取外汇，只是一种违反外汇管理制度的行为。但后来这个罪名被改为骗购外汇罪，从罪名就体现出欺骗性。所谓骗购外汇罪是违反外汇管理制度，伪造外汇购买的相关材料，采取欺骗手段购买外汇的行为。购买外汇是要出钱，但仅仅因为在购买外汇的条件上作假，就将其设置为犯罪，是不合适的。这个罪名中虽然也有“骗”字，但与诈骗罪在性质上是全然不同的，因为诈骗是无对价取得他人财物，而民事诈欺是有对价取得他人财物。

在现代社会，为了保护经济秩序，越来越多的民事诈欺被犯罪化，尤其是在金融领域。这些民事诈欺以虚假陈述为特征，不存在对财产的非法占有目的。刑法为了保护特殊的利益，往往把诈骗和诈欺都规定为犯罪，从而形成高度犯罪和低度犯罪的衔接，例如我国刑法有一个罪名叫集资诈骗罪，又有另外一个罪名，叫做非法吸收公众存款罪。非法吸收公众存款实际上也是表现为集资的形式，但这里的集资是指利用欺诈性手段进行集资，并不具有非法占有的目的，它和集资诈骗是有所不同的，集资诈骗是以集资的名义非法占有他人财物。因此，在现实生活中发生非法集资的时候就要深入分析：如果行为人具有非法占有的目的，就认定为集资诈骗罪；如果行为人不具有非法占有的目的，只是利用虚假陈述手段获得集资款，还是要将集资款用于某种经营活动，意图通过经营活动来归还集资款，就应认定为非法吸收公众存款罪。在我国刑法中，有的罪名设置存在一些值得研究的问题。例如，对于某些行为只规定了以非法占有为目的的诈骗罪，而没有规定以非法营利为目的的欺诈犯罪。比如我国刑法中规定的贷款诈骗罪，是指以非法占有为目的，采取欺骗手段，骗取银行或者其他金融机构的贷款的行为。而在现实生活中存在一种贷款舞弊的行为：行为人往往采取欺骗手段获得贷款，但是并不具有占有的目的，而只是一种骗用行为。将这种骗用行为认定为诈骗罪存在法律上的障碍，导致司法机关对于这种行为要么束手无策，要么拔高，作为贷款诈骗罪处理。我国刑法过去并没有把贷款过程中的舞弊欺诈行为规定为犯罪，这就给司法机关认定此类犯罪带来了很大困难。如今，在《刑法修正案（六）》中，专门规定了骗取贷款罪，但是条文的表述我认为还值得商榷。因为骗取贷款罪和贷款诈骗罪从罪名上来说就很容易混淆，但实际上这里讲的骗取贷款是指在贷款过程中弄虚作假，通过舞弊手段来获取银行贷款，行为人在主观上并不具有非法占有的目的。我认为这种行为应该称为贷款舞弊罪，在贷款舞弊行为中就存在虚假陈述。例如，一个企业本来是亏损的，如果它把真实状况告诉银行，银行是不会发放贷款给它的。该企业为了获取贷款就做假账，使银行认为它符合发放贷款条件。这样，骗取贷款罪就和贷款诈骗罪之间形成高度犯罪和低度犯罪的衔接，就有利于保障银行贷款的安全。

随着大量的民事欺诈被规定为犯罪，刑法中的刑事诈骗和民事诈欺就越来越成为一个此罪和彼罪的问题，而不是一个罪与非罪的问题。当然，存在一些民事欺诈没有被规定为犯罪的，此时刑事诈骗和民事诈欺的区分就是一个罪与非罪的问题，例如刑法中有合同诈骗罪，但并没有把合同欺诈规定为犯罪，合同诈骗和合同欺诈最根本的区分就在于：合同诈骗是以签订合同、履行合同为名来骗取他人财物，而合同欺诈是在合同的签订或履行过程中存在某种虚假的因素，例如合同标的存在瑕疵或者缺斤短两，行为人还是想通过履行合同来获取利益，也就是说是以营利为目的而非以非法占有为目的。在理论上作出这种区分很简单，但在具体的案件中要认定很复杂。例如，合同诈骗罪的认定可能是一个最为复杂的问题，尤其是如何来认定行为人主观上有非法占有的目。在实践中采取了司法推定的规则，即只要行为人具有某些行为之一就被推定为主观上具有非法目的。由此可见刑事诈骗和民事诈欺在性质上是有区分的。

这个问题关系到诈骗罪的司法认定，诈骗罪在司法实践中是最难认定的。例如，北京出现过会务诈欺案件，有些人在全国各地大量散发一些会议通知，参加会议要交数千元的会务费，可见，这种会议是以营利为目的的。会议主办方说该会议将邀请一些国家领导人、著名专家学者出席会议，然后收取高额的会务费。与会者来了以后发现根本就没有领导人出席或者是低级别的领导人出席。主办方说是著名的专家学者来讲课，结果来了一些非著名的专家学者甚至博士生讲课。这显然是一种会务诈欺，属于民事诈欺问题，因此，这种行为的法律后果是退还多收的会议费。如果主办方在收到高额会务费以后，携款逃跑，根本就不开会，即以开会为名骗取会务费，这才是会务诈骗行为，应以诈骗罪论处。

刘某诈骗案

2004年11月14日，郑州航空工业管理学院参加国家人事部举办的全国第六届高级人才洽谈会，刘某对该院谎称自己是北京大学在读博士生，声称自己将于2005年7月毕业，并提交了其编造的个人工作简历。在简历中，刘某称，其于1994年考入北京大学，1998年考取北京大学经济学专业（硕博连读）。在研究生在读期间，其曾先后任中国证监会基金部助理研究员、信息产业部电信规划院电信规划咨询师、北京大学经济学院教员、天津开发区管委会主任助理等职，主持过东风汽车与日产合资的改制和并购、上海浦东发展银行股份有限公司股权转让定价说明、中国电信企业的管理方案与投融资策略研究等13项活动，并有科研成果、论文等21项。郑州航空工业管理学院信以为真，即与刘某谈招聘事宜。该学院为能让刘某毕业后到其学院工作，决定刘某毕业前即可上班。

2004年12月份，刘某被当成高级人才招聘至该院工作。学院按博士待遇付给刘某4万元安家费、6 000元工资，共计46 000元，并分给其一套120平方米的住房。刘某上班后多次以自己是北京大学博士生，要进一步提高待遇为由，不断向学院提出配置电脑、打印机和提供科研启动资金等要求，郑州航空工业管理学院经向北京大学查询发现刘某未在北京大学攻读博士。2005年2月2日，刘某再次向该院提出上述待遇时被抓获。归案后，公安机关追回赃款40 630元和分配给他的住房钥匙一套，已发还被害单位。

被告人的辩护律师为被告人刘某作无罪辩护。其认为，被告人刘某的行为属于一般民事欺诈行为，是一种诚信的缺失，应该受到谴责，但是其主观上并没有非法占有他人财物的直接故意，而是为了谋取一份稳定、高薪的工作，且在得到安家费后，并未携款逃跑，仍然在院校工作了两个月。因此，其行为并不具备诈骗罪的构成要件，应通过民事诉讼予以解决。

刘某在庭审中表示：虽然自己没有北京大学学籍，但自己的知识和水平已达到了北京大学博士水平。之所以要编造虚假简历是为了给自己寻找一个施展才华的平台。

法院认为：被告人刘某以非法占有为目的，采用虚构事实、隐瞒真相的方法，骗取公共钱财，数额巨大，其行为已构成诈骗罪。被告人刘某及其辩护人均认为刘某的行为不构成诈骗罪。经当庭查证，被告人刘某主观上具有骗取被害单位钱财的故意，客观上采用了虚构事实的方法，以虚假的在读博士身份，隐瞒真实情况，施行骗取公共钱财的行为，其行为符合诈骗罪的构成要件，且数额巨大，应当以诈骗罪追究其刑事责任。故被告人及其辩护人的意见、理由均不成立，法院不予采纳。法院判决被告人刘某犯诈骗罪，被判处有期徒刑 3 年 6 个月，并处罚金 4 000 元；责令其退赔被害单位郑州航空工业管理学院经济损失 5 370元。

在以上案例中，被告人刘某的行为到底是构成诈骗罪还是民事欺诈，是存在争议的。我认为，如果在求职简历中对学历和学位弄虚作假，以期获得工作职位，属于民事欺诈，还不能构成诈骗罪。但通过伪造学历或者学位，获得如果没有该学历或者学位就不能享受的物质待遇，就像在本案中因为是北京大学博士而获得安家费或者其他待遇，则可以构成诈骗罪。至于所发放的 6 000 元工资，如果刘某确实承担了教学工作，就不能计入诈骗数额。

(二) 电信资费诈骗的认定

2000 年 4 月 28 日最高人民法院《关于审理扰乱电信市场管理秩序案件具体应用法律若干问题的规定》第 9 条规定："以虚假、冒用的身份证件办理入网手续并使用移动电话，造成电信资费损失数额较大的，依照刑法第二百六十六条的规定，以诈骗罪定罪处罚。"这就是一种电信资费诈骗行为。电信的移动电话的特点是先使用后付款，行为人利用了这一点，先使用不付款。如果是一般的不付款就只是一个拖欠电信资费的问题。但行为人是以虚假、冒用的身份证件办理入网手续，这和利用真实的身份证件办理入网手续使用移动电话后不付款，是有区分的，后者是一个债权债务问题，电信部门可以讨债、追债。而使用虚假、冒用的身份证件办理入网手续后使用电信资源而不付费就是诈骗，司法解释明确规定这种电信资费诈骗行为是犯罪。当然，如果充值以后再使用，就不存在各种电信资费的诈骗问题。

（三）诉讼诈骗的认定

诉讼诈骗是指通过诉讼活动，骗取他人财物的行为。诉讼诈骗具有三角诈骗的性质，因此，在此需要对三角诈骗进行分析。在一般情况下，诈骗罪涉及的是两人之间的关系，即行为人采取诈骗手段致使他人产生错误认识，他人基于错误认识而交付财物，由此造成财产损失。在这种情况下，被害人与财产损失人是相同之人。但在某些情况下，诈骗罪涉及三个人之间的关系：行为人、被害人和财产损失人。在这种三角诈骗的情况下，被害人与财产损失人是两个不同之人，即甲对乙实施诈骗行为，乙基于错误认识，处分了丙的财物。三角诈骗是诈骗罪的一种特殊类型，符合诈骗罪的特征，应以诈骗罪论处。诉讼诈骗，又是三角诈骗的一种特殊情形，其特征是行为人利用虚假证据提起民事诉讼，通过法院判决非法占有对方当事人财物，即通过伪造证据骗取法院民事裁判对其诉求的支持而占有他人财物。在诉讼诈骗的情况下，行为人利用虚假证据欺骗法官，因此法官是被害人。但法官并不是财产损失人，财产损失人是诉讼的对方当事人。诉讼诈骗不仅具有财产犯罪的性质，而且在诉讼中使用虚假证据，因此具有妨碍司法活动的性质。对此，最高人民检察院于2002年发布的《关于通过伪造证据骗取法院民事裁判占有他人财物的行为如何适用法律问题的答复》中规定："以非法占有为目的，通过伪造证据骗取法院民事裁判占有他人财物的行为所侵害的主要是人民法院正常的审判活动可以由人民法院依照民事诉讼法的有关规定作出处理，不宜以诈骗罪追究行为人的刑事责任。"最高人民法院于2006年发布的《关于伪造证据通过诉讼获取他人财物的行为如何适用法律问题的批复》中规定："该问题在最高人民检察院法律政策研究室2002年10月24日发布的《关于通过伪造证据骗取法院民事裁判占有他人财物的行为如何适用法律问题的答复》中已经明确。……（人民法院）在审理此后发生的有关案件时可参酌适用该《答复》的规定。"在这种情况下，对诉讼诈骗行为往往没有按照诈骗罪定罪，而是作为妨碍证据的犯罪处理。但在司法实践中，也还是有些法院将诉讼诈骗行为仍然认定为诈骗罪。

李某某诈骗案

1997年5月20日，李兆某与即墨市通济街道办事处李家西城西村（以下简称李家西城西村）签订土地租赁协议，约定由李兆某租赁村委会64.5亩土地用于发展畜牧种植业，租赁期限为20年。2007年即墨市人民政府对墨水河进行综合治理，并占用了李兆某上述租赁土地，针对李兆某租赁土地的地上房屋、鱼塘、玉米地等对李兆某进行了补偿。2008年9月9日，李家西城西村以与李兆某签订的上述租赁协议期限应为10年且已届满为由，向法院提起民事诉讼，要求解除租赁协议。诉讼期间，李兆某因病重，将畜牧场及所积累资产、厂房、64亩土地的承包权等移交给赵某某。2010年3月李兆某去世。曾任李家西城西村村委会委员的李某某作为李兆某的证人出庭作证。该案终审判决驳回了李家西城西村的诉讼请求。

2012年8月，李某某与赵某某预谋由赵某某作为原告起诉李家西城西村，要求偿还土地补偿款，从中骗取钱财。后李某某通过律师代理诉讼，于2012年9月24日向法院提交了伪造的填有“土地32亩，单价25 600元，价值819 200元”的“墨水河治理评估明细”复印件，及内容为“补偿81.92万元，一年内结清，如拖欠则按月息1.5分计息”、落款时间为2007年7月6日、落款单位为“西城西村委会”的“即墨市治理墨水河一期工程补偿兆明畜牧厂董事会的土地补偿意见”原件，请求法院判决李家西城西村偿付其土地补偿款81.92万元及利息共计人民币143.155 2万元。法院在审理该案过程中，从即墨市水利局提取了评估明细原件，经比对后认定，赵某某提交的评估明细中多列81.92万元土地补偿款，系伪造证据。经法院释明，赵某某同意撤诉。李某某得知后为继续诉讼，于2013年春节后又将一份伪造的内容为“村委对征用李兆某的32亩承包地，每亩补偿25 600元，共计819 200元，到期按月息1.5分钱计算”的“村委会对征用李兆某承包地承诺补偿意见”的复印件交给赵某某，让赵某某提交给法院。2013年3月6日法院以该案涉嫌经济犯罪为由驳回赵某某的起诉，并将案件移送至公安机关。

法院认定李某某、赵某某以非法占有为目的，虚构事实，隐瞒真相，以提起民事诉讼为手段，提供虚假证据，骗取公共财产，数额特别巨大，构成诈骗罪，遂判处李某某有期徒刑1年，并处罚金人民币10万元；赵某某有期徒刑1年，缓刑1年，并处罚金人民币10万元。

值得注意的是，《刑法修正案（九）》第35条增设了刑法第307条之一：以捏造的事实提起民事诉讼，妨害司法秩序或者严重侵害他人合法权益的，处3年以下有期徒刑、拘役或者管制，并处或者单处罚金；情节严重的，处3年以上7年以下有期徒刑，并处罚金。单位犯前款罪的，对单位判处罚金，并对其直接负责的主管人员和其他直接责任人员，依照前款的规定处罚。有第1款行为，非法占有他人财产或者逃避合法债务，又构成其他犯罪的，依照处罚较重的规定定罪、从重处罚。司法工作人员利用职权，与他人共同实施前3款行为的，从重处罚；同时构成其他犯罪的，依照处罚较重的规定定罪从重处罚。

该条增设了虚假诉讼罪，因为诉讼诈骗也具有虚假诉讼的性质。因此，在行为构成诉讼诈骗的情况下，该罪与虚假诉讼罪之间存在竞合关系，根据刑法规定，依照处罚较重的规定定罪、从重处罚。

在认定诉讼诈骗的时候，诈骗行为应当符合诈骗罪的本质特征：具有非法占有他人财物的目的和通过诈骗非法获取他人财物。在司法实践中有这样一个案件：被告人李某采用分期付款的方式向某汽车销售公司购买了价值两百多万元的5辆斯太尔大货车用于运输。经营一年多以后，因货源不足亏损，李某就不想再付车款，于是与张某相勾结，以欠张某巨款为名，让张某将李某告上法庭，并将5辆汽车诉讼保全。由于李某与张某伪造了债务，法院判决李某败诉，并将5辆汽车折价给张某用于抵债。李某付给张某一定的费用，汽车仍在李某的控制之下。某汽车销售公司找到李某要钱，李某以无钱为由不再付款。由于汽车被判给了张某，某汽车销售公司遭受巨大的经济损失。对于本案，检察院以诈骗罪向法院提起公诉。从表面上看，法院确实受骗，因为债务关系是虚构的，并且某汽车销售公司在经济上受到了损失，似乎符合诉讼诈骗罪的特征。但本案并非诉讼诈骗，李某的行为是一种通过虚假诉讼恶意逃避债务的行为。本案之所以不能定诈骗罪，是因为不符合诈骗罪通过诈骗取得他人财物的特征。在本案中，李某向某汽车销售公司赊购汽车，两者形成债权债务关系，汽车已经在李某的控制之下。李某不付款，某汽车销售公司有权将汽车要回，但由于李某与张某相勾结，通过诉讼的方式将汽车转移到张某处，从而逃避了债务。由此可见，虚假诉讼并非都属于诉讼诈骗。

（四）赌博诈骗的认定

赌博诈骗是指行为人在赌博当中进行欺诈（也就是俗话所说的“出老千”），以让他人赌博输钱的方式非法占有他人财物的行为。赌博诈骗和赌博输钱是有区别的：赌博是根据一定的规则所进行的博弈，输赢是有一定概率的。但在赌博诈骗中，行为人造假使得这种概率消失了，被害人的输赢受他人操纵。在这种情况下，是以赌博之名行诈骗之实，我认为应该认定为诈骗罪。当然，如果行为人仅仅是采取欺骗的方法诱使他人参加赌博，但在赌博中并没有造假，而是纯粹以博弈确定输赢的，则只能认定为赌博罪。对此，1991 年 3 月 12 日最高人民法院研究室《关于设置圈套诱骗他人参赌获取钱财的案件应如何定罪问题的电话答复》指出：“对于行为人以营利为目的，设置圈套，诱骗他人参赌的行为，需要追究刑事责任的，应以赌博罪论处。”1995 年 11 月 6 日最高人民法院《关于对设置圈套诱骗他人参赌又向索还钱财的受骗者施以暴力或暴力威胁的行为如何定罪问题的批复》规定：“行为人设置圈套诱骗他人参赌获取钱财，属赌博行为，应当以赌博罪定罪处罚。”如果行为人既诱使他人参加赌博，又在赌博过程中采取欺诈手段非法占有他人财物，则其行为属于赌博罪与诈骗罪的牵连犯，应以其中的重罪论处。

王甲诈骗案

被告人王甲、王乙、王丙、毋某、郭某、刘某、程某相互之间熟识。2015 年 11 月 16 日，7 名被告人共谋采取摆象棋残局的方式骗取他人钱财，并进行了分工。同年 11 月 17 日上午 10 时许，7 名被告人来到重庆市渝中区两路口地铁站 4 号出入口通道，由被告人王甲负责摆象棋残局“坐庄”赌博，其余 6 名被告人均假装互不认识，围着被告人王甲所摆残局进行议论并观察周围形势，同时假装与王甲进行互有输赢的对局，诱使他人相信多人在参与该残局赌博且互有输赢。

同日中午12时许，被害人李某在被告人的游说下参与押注破解被告人王甲所摆象棋残局。其间，被告人母某谎称自己是象棋高手，指点被害人李某下棋让其感觉有赢钱的希望，其余被告人郭某、王乙、王丙、刘某、程某则在一旁围观造声势，诱使被害人李某先后4次下注博赌象棋残局，从而被骗取现金1万元，而后被告人又借故将被害人李某带离现场。随后，所骗现金由被告人王甲提取5%后，剩余部分由7人平分。

同日中午1时许，被害人发现被骗后向公安机关报案，同日下午，7名被告人被公安机关捉获归案。被告人母某、郭某、王乙、王丙、刘某、程某在庭审前如实供述犯罪事实，被告人王甲在庭审中如实供述犯罪事实。7名被告人的家属代为赔偿被害人李某1万元，被害人李某表示对被告人的行为予以谅解。

法院经审理认为：被告人王甲、王乙、王丙、母某、郭某、刘某、程某以非法占有为目的，设局诱骗他人参赌并骗取他人钱财，数额较大，侵犯了公民的财产权，其行为均已构成诈骗罪。被告人母某、郭某、王乙、王丙、刘某、程某归案后如实供述犯罪事实，依法予以从轻处罚。被告人王甲在庭审中认罪态度较好，依法酌情从轻处罚。鉴于被告人王乙、王丙、刘某、程某在共同犯罪中的参与程度较低及具有法定从轻量刑情节，上述4名被告人具备适用缓刑的法定条件，依法适用缓刑。为此，法院以被告人王甲犯诈骗罪，判处有期徒刑十个月，并处罚金二千元；被告人母某、郭某犯诈骗罪，均判处有期徒刑九个月，并处罚金二千元；被告人王乙、王丙、刘某、程某犯诈骗罪，均判处有期徒刑八个月，缓刑一年，并处罚金二千元。

以上案例是所谓利用象棋残局进行的诈骗。象棋残局是相对于全局而言的，象棋残局可分为实用残局和江湖残局两种。其中，江湖残局源于民间，多是民间艺人的杰作。其作品有的出自古代象棋棋谱，有的源于流传民间的手抄象棋棋谱，有的是以古代象棋棋谱为蓝本，加以整理、凝练，精心改排而成。江湖残局的特点是：布局结构新颖、简练，给人一种随便下几手即可获胜的假象，颇为诱人。实则棋路变化无穷、曲折深奥，巧设陷阱，引人入彀。街头经常有人摆设象棋残局，招来象棋爱好者，虽说是以棋会友，但象棋残局的对弈一般都有输赢。

如果设局者仅仅是以诱惑方法吸引他人参与象棋残局的对弈，但输赢不是设局者所控制的，则即使是他人只要参加对弈，必然输钱，也不能认定为诈骗罪。反之，即使设局者没有诱惑，是他人自愿参加对弈，但象棋的输赢被设局者控制，就能构成诈骗罪。因为赌博诈骗是以赌博为名所实施的诈骗行为，在利用象棋残局诈骗的情况下，该象棋残局具有赌博的性质，但设局者并不是靠象棋残局的对弈获利，而是通过控制象棋残局的输赢而获利，因此才构成诈骗罪。在本案中，王甲等人具有诱惑被害人李某参加象棋残局对弈的意图和行为，这是没有问题的。但被害人李某先后4次下注博赌象棋残局输钱，到底是下注失利还是王甲等人从中操纵的结果，案情并没有给出具体事实。我认为，判决是仅仅根据李某被诱惑下注输钱就认定其被骗，这是值得推敲的。

（五）骗逃规费的认定

骗逃规费是指采取欺骗方法，免除或者减少规费的支付的行为。这种行为与诈骗方式相关，并且涉及诈骗罪的客体是否包括财产性利益的问题。对此，我在前面已经结合相关案例进行了讨论。在此需要说明，骗逃规费还是诈骗罪的一种特殊类型，因此有必要加以专门论述。

在一般情况下，诈骗罪是指采取诈骗方法将他人财物非法占为己有的行为。诈骗罪为一种交付型的财产犯罪，被害人是在被欺骗以后，基于其主观上的认识错误而交付财物。这里存在一个财物从被害人到诈骗人的转移过程：首先在被害人那里存在一个财物，然后其被诈骗以后该财物转移到诈骗人这里。这个财物的非法转移过程就是诈骗。这是一种典型的诈骗形式，我们称之为物的诈骗。在司法实践中还存在另一种诈骗的情形，就是采取诈骗手法免除或者减少债务。例如甲欠乙10万元，甲是债务人，乙是债权人：甲具有向乙归还欠款的义务，乙具有要求甲归还欠款的权利。但甲采取诈骗方法，例如伪造其已经还款的收条，免除债务，或者变造借条减少借款数额或者变造还款收条增加其还款数额。在这种情况下，虽然不是被害人向行为人交付财物，但免除或者减少了行为人向被害人交付财物的数额。从逻辑上说，这与被害人向行为人交付财物在性质上是等同的，认定为诈骗罪也没有问题。但在骗逃规费的情况下，是免除或者减少行为人所要支付的规费。这种情况十分类似于逃税：行为人逃避缴纳所应当缴纳的国家税款。一般认为，逃税罪与诈骗罪还是有所区别的：诈骗罪是采用诈骗的方法将他人财物占为己有，而逃税罪是采取欺骗的方法将应当缴纳的税款逃避缴纳。因此，诈骗罪是有所得，逃税罪是无所失。这里的“有所得”，是指不应得而得；这里的“无所失”，是指应失而未失。两种行为的性质还是不同的，不能简单地把逃税行为视为诈骗行为。从这个意义上说，骗逃规费行为不能等同于诈骗行为。但2002年4月10日最高人民法院《关于审理非法生产、买卖武装部队车辆号牌等刑事案件具体应用法律若干问题的解释》第3条第2款规定，使用伪造、变造、盗窃的武装部队车辆号牌，骗免养路费、通行费等各种规费，数额较大的，依照刑法第266条的规定定罪处罚。这一司法解释实际上肯定了骗逃规费行为具有诈骗罪的性质。在这种情况下，对于骗逃规费的行为在我国刑法中应以诈骗罪论处。

应当指出，这里的规费是一个极为宽泛的概念，不仅是指应当向国家或者其他部门缴纳的各种具有行政性的规费，而且包括应当向有关单位缴纳的具有经营性的规费。

（六）两头诈骗的认定

两头诈骗是指前后两个互相关联的合同诈骗案件，在司法实践中俗称两头骗。在两头骗中，存在前后两个欺骗行为：通过第一个行为骗取财物以后，又以此为工具，实施第二个欺骗行为。两头骗并不是两个欺骗行为的简单相加，而是在两个欺骗行为之间存在一定的关联性。两头骗具有民刑交叉的性质，其法律关系较为复杂。而且，两头骗涉及人员较多，在赃物处理上也有一定难度。在此，拟以司法实践中的相关案件为线索，对两头骗的定性与处理问题，进行刑法教义学的分析。

（1）骗租车辆质押贷款案：相同案件的不同处理。

在两头骗的情况下，对于被告人的行为究竟如何定罪，存在较大的争议。在司法实践中，甚至对于案情基本相同的两头骗案件，司法机关在行为性质的认定上也各不相同。例如，在司法实践中，行为人骗租车辆以后将他人车辆进行质押以获取贷款，就是一种较为常见的两头骗案件。然而，各地司法机关对此在定性上做法有所不同。

吴甲合同诈骗案

2009年4月8日晚7时许，被告人吴甲到泉州市顺达汽车租赁服务中心，以骗借的李某驾驶证向被害人吴乙承租一辆东南菱帅小轿车。同年4月22日，被告人吴甲又到该租赁服务中心，以承租的东南菱帅小轿车不好驾驶为借口，再次向吴乙承租一辆丰田花冠小轿车。尔后，吴甲窜到石狮市向蔡某谎称家中火灾急需用钱，以东南菱帅小轿车系其家人所有，愿以该车作抵押为由，向蔡某借款人民币12 500元；又通过黄某伪造一本户名为吴甲的行驶证，并经他人介绍，以家中火灾急需用钱为由，将该车作抵押向陈某借款人民币20 000元。

林某合同诈骗案

2007年1月6日林某以租金每天人民币200元、租期1天向许甲租得一辆奇瑞小轿车，并当场支付租金人民币200元。当日，林某即将该车开至厦门市同安区汀溪路路口许乙的摩托车修理店，谎称该车车主许甲委托自己将车向其抵押借款，并指使他人冒充车主许甲与许乙通电话，使许乙相信其有车辆的处分权。而后林某以该奇瑞小轿车为抵押物，约定还款期限为1个月，向许乙借款人民币25 000元，预先扣除利息3 000元，实得22 000元。事后车主许甲催讨该车时，被告人林某先谎称因交通事故拖延交车，后关闭通讯工具逃匿。

曹某合同诈骗案

2013年1月30日至同年2月27日期间，被告人曹某在与南通吉欣汽车运输有限公司汽车租赁部、上海爱梦汽车租赁有限公司等汽车租赁公司签订、履行租车合同过程中，以租车自用为名，骗得丰田凯美瑞、别克君越、广本雅阁、丰田城市越野车、奥迪A6共5辆汽车，并伪造个人身份证及车辆行驶证等资料，将上述车辆质押给他人，得款人民币41万元。经价格认证中心鉴定，上述5辆汽车合计价值人民币83万元。

以上三个案件的案情大体上是相同的，都是被告人以租车的名义骗取车辆，然后将租赁的车辆进行质押向他人借款。在此，存在被告人以租车的名义骗取车辆和将租赁的车辆进行质押向他人借款这两个行为。以下分别加以分析：

第一，以租车的名义骗取车辆行为的分析。

以租车的名义骗取车辆的行为，被法院认定为合同诈骗罪。那么，其欺骗行为表现在何处呢？在吴某合同诈骗案中，法院认为，欺骗行为主要表现为在以骗借的他人驾驶证向被害人承租车辆的行为中，存在合同主体的假冒。而在林某合同诈骗案和曹某合同诈骗案中，被告人都是以本人名义租车，因而并不存在假冒他人的问题。在这种情况下，被告人的欺骗行为又如何认定呢？

在吴某合同诈骗案中，法院认为欺骗行为表现在被告人并不具备履行租赁合同的真实意思，而在林某合同诈骗案和曹某合同诈骗案中，法院认为被告人以租车自用为名进行诈骗。因此，对于上述后两个案件中被告人的诈骗行为，法院认为表现在其隐瞒租车的目的是进行抵押贷款。从刑法理论上来说，这是所谓就自己意思的欺骗，即对自己的意思作虚假表示。例如，张明楷教授指出："在采取'借用'的形式骗取他人汽车时，声称日后归还的，或者根本没有偿还贷款的意思而谎称一定偿还贷款的，属于就自己的意思进行欺骗。"当然，在此首先需要确定被告人在签订租车合同时就没有归还车辆的意思，这是一个需要证据证明的问题。租车合同中一般都存在关于车辆使用方面的约定，例如禁止租车人将出租车辆转卖给他人或者进行抵押。在这种情况下，被告人在签订合同之前就不想履行合同的约定，因此也就没有履行合同的真实意思。就此而言，租车合同只是被告人骗取车辆的一个手段，并不具有租车的真实内容。因此，在刑法理论上，对于以租车的名义骗取车辆的行为构成合同诈骗罪，并不存在争议。在租车的时候，虽然被告人也支付了租赁费，但这只是其在租赁期间车辆的使用费，而不是车辆的对价。被告人以租车名义取得车辆，却将租赁车辆非法予以占有。这种通过租车合同非法占有车辆的行为，完全符合合同诈骗罪的特征。

第二，将车辆质押向他人借款行为的分析。

将租赁车辆进行质押向他人借款行为是否构成合同诈骗罪，在案件审理过程中，引发较大争议，主要有以下两种意见：第一种意见认为，将车辆质押向他人借款行为构成合同诈骗罪，因为在这种情况下，被告人隐瞒了其对车辆没有处分权的真相，以抵押借款的名义骗取他人财物。第二种意见则认为，将车辆质押向他人借款行为不构成合同诈骗罪，因为在这种情况下，被告人只不过是将骗取的车辆进行变现，不另外构成犯罪。由此可见，这两种意见是相互对立的。

在上述三个合同诈骗案中，法院对于以租车的名义骗取车辆行为的认定是相同的，都认为构成合同诈骗罪；但对于将车辆进行质押向他人借款行为性质的认定，是有所不同的。

在吴某合同诈骗案中，法院认为："行为人出于骗租车辆后变现的动机，通过第一个环节的欺诈行为，已非法占有了车辆，这时其诈骗行为已经得逞。至于其是直接通过销赃，还是通过抵押借款的方式变现，只是对赃物的处置问题，不影响非法占有的成立。因此，汽车租赁诈骗案件中，行为人的实际取得应是指所骗租的车辆的价值，而不是行为人将所骗租车辆变现的实际所得数额。因此，被告人吴某为达到非法占有的目的，将车辆以租赁的形式骗出后又采取隐瞒真相的手段，以家人或车主的身份将车辆抵押给他人以获取现金，其所实施的抵押诈骗行为，是其为最终非法占有他人租赁财物这一结果的手段行为，属于前一行为的牵连犯罪，由于触犯的是同一罪名，应当从重。"在本案中，法院认定的合同诈骗数额是骗取车辆的价值，至于以车辆为抵押的借款行为，虽然法院认为是对赃物的处置，但又认为是牵连犯罪。牵连犯罪这一提法，较为模糊，是否就是指刑法理论上的牵连犯呢？从裁判理由的叙述来看，似乎就是指牵连犯。因为裁判理由明确把第二个行为表述为抵押诈骗行为，这显然是构成合同诈骗犯罪的。只是因为它与前一个汽车租赁诈骗行为之间存在着牵连关系，才从一重罪处断。但是，牵连犯是指前后具有牵连关系的两个行为分别触犯不同的罪名。而在本案中，裁判理由也说触犯的是同一罪名。在这种情况下，两个行为怎么可能构成牵连犯呢？由此可见，这种牵连犯罪的说法是值得质疑的。但裁判理由将第一个骗租车辆的行为认定为合同诈骗罪，是正确的。

在林某合同诈骗案中，法院认为："被告人林某虚构事实，隐瞒真相，与被害人许甲签订了汽车租赁合同并交纳了租金，取得了车辆的使用权。其并不具备履行租赁合同的真实意思，而是为达到非法占有他人财物的目的。故而，被告人随即又采用欺骗手段，使被害人许乙相信其有车辆的处分权，与许乙签订了抵押合同，实现了将车辆抵押获得借款的意图，随后逃匿。前后两次行为依照《刑法》第224条第5、第4项之规定，均构成合同诈骗罪。从本案被告人前后两次实施的合同诈骗行为来看，乃是基于一个概括的犯罪故意，连续实施两个独立的犯罪行为，触犯同种罪名的犯罪，从罪数理论上属于连续犯，司法实践中按一罪论处为妥。”由此可见，在林某合同诈骗案中，法院将以租车的名义骗取车辆，然后将车辆进行质押向他人借款这两个行为都认定为合同诈骗行为，并且认为这是刑法理论上的连续犯。在这种情况下，其合同诈骗数额也是骗取车辆的价值和所借款项的数额之总和。相对来说，将前后两个行为理解为连续犯，似乎要比理解为牵连犯更符合法理。但对于将租赁车辆进行抵押借款行为构成合同诈骗罪的法理根据，法院并没有加以充分阐述。

在曹某合同诈骗案中，法院认为：“被告人曹某以非法占有为目的，在签订、履行合同过程中，骗取他人财物，数额巨大，其行为构成合同诈骗罪，依法应追究刑事责任。质押汽车骗钱的诈骗行为应当认定是对骗取汽车的合同诈骗的赃物的非法处置和变现行为，刑法不再作重复评价。”在此，法院只是将第一个行为认定为合同诈骗罪。至于第二个行为，法院定性为对骗取汽车的合同诈骗的赃物的非法处置和变现行为，认为对此刑法不再作重复评价。这里所谓刑法不再作重复评价，是指不以犯罪论处。因此，法院在本案中对第二个行为的认定显然不同于前两个案件中法院的认定。

那么，将骗取的车辆抵押借款行为是否构成合同诈骗罪呢？当然，这是在骗取车辆行为已经构成合同诈骗罪的前提下讨论这个问题的。在这一前提下，用来抵押的车辆属于赃物，也是没有疑问的。从以上三个案件的具体案情来看，被告人在向他人抵押借款过程中都存在一定的欺骗行为，例如，在吴某合同诈骗案中，被告人伪造了行驶证；在林某合同诈骗案中，被告人谎称受车主委托进行抵押借款；在曹某合同诈骗案中，被告人伪造个人身份证及车辆行驶证等资料。正因为如此，法院认为被告人是骗取抵押借款，所实施的是一种合同诈骗行为。然而，在刑法理论上，即使存在欺骗行为，也还不能等同于诈骗罪。

这里涉及刑法中的合同诈骗罪与民法中的欺诈之间的区别，这是一个较为复杂的问题。以往我国刑法理论一般都是采取综合分析方法，以列举方式说明两者的区别。例如，我国学者在论述合同诈骗罪与民事欺诈的区别时，从主观目的、行为方式、履约能力、履行合同的态度、标的物的处置情况等方面进行了说明，认为在区分合同诈骗罪与民事欺诈的时候，应当结合上述情况，进行综合的分析、比较后再作出判断与认定。这种所谓综合分析方法，看似全面，实则似是而非，并不能为正确地区分合同诈骗罪与民事欺诈提供清晰可见的标准。我认为，合同诈骗罪与民事欺诈的根本区别在于：合同诈骗罪是利用签订、履行合同而无对价地占有他人财物；而民事欺诈则是在签订、履行合同过程中，通过欺诈方法，谋取非法利益。因此，是否无对价占有他人财物，是两者区别之所在。例如，行为人根本就没有履行合同的意思，签订合同取得对方当事人货物以后，在不交付货款的情况下，将货物非法占有。在这种情况下，合同只是一种诈骗的道具，双方当事人之间并不存在真实的合同关系，因此是一种典型的无对价占有他人财物。即使在行为人先履行小额合同或者部分履行合同，诱骗对方当事人继续履行合同，然后非法予以占有的情况下，也应当认定为无对价占有他人财物。因为虽然先前的合同已经履行或者部分履行，但这种合同的履行只是一种钓鱼手段。就此后的合同而言，根本就没有得到履行，双方当事人之间同样不存在真实的合同关系。与之不同，在民事欺诈的情况下，行为人只是在合同的某些方面弄虚作假进行欺诈，例如合同标的质量存在瑕疵或者缺斤短两，但行为人还是意图通过签订、履行合同来谋取利益。在这种情况下，双方当事人之间存在真实的合同关系，因此，行为人就不是无对价地占有他人财物。

根据以上分析，在以骗取的车辆抵押借款的情况下，出借人的借款具有车辆的抵押担保，而一般来说，抵押物的价值都大于借款，因此，尽管出借人受到一定的欺诈，但借贷关系还是真实存在的。在被告人不能归还借款的情况下，出借人可以通过以抵押物受偿的方式实现自己的债权。就此而言，被告人与出借人之间的民事法律关系是客观存在的。因此，我认为将骗取的车辆抵押借款行为并不构成合同诈骗罪。基于这一分析，在吴某合同诈骗案和林某合同诈骗案中，法院将抵押借款行为认定为合同诈骗罪，而在林某合同诈骗案中，法院还将抵押借款数额认定为合同诈骗数额，显然是难以成立的。这是将民事欺诈行为混同于合同诈骗罪，混淆了罪与非罪的界限。应该说，在曹某合同诈骗案中，法院明确地将采取欺诈方法抵押借款行为认定为一种赃物的变现行为，认为不构成合同诈骗罪。这是完全正确的。当然，其理由还有待于进一步展开。

(2) 骗取房屋过户抵押借款案：处分赃物行为不为骗。

在两头骗案件中，一般第一个欺骗行为都较为容易被认定为合同诈骗罪。当然，即使是第一个欺骗行为是否构成合同诈骗罪，也还是需要在刑法理论上加以解释的，因为，第一个行为也往往是以民事行为的形式出现的。至于第二个行为，在一般情况下都是行为人对赃物的处分。如果赃物本身并不存在法律上的瑕疵，则处分赃物并不需要采取欺诈手段。在这种情况下，则处分赃物行为是构成合同诈骗罪还是属于民事欺诈，就是一个值得研究的问题。

周某、陈某合同诈骗案

2010 年 5 月至 10 月间，被告人周某、陈某以非法占有为目的，假借购买二手房，先向被害人支付购房首付款，谎称已向银行贷款支付购房余款，骗取被害人将房产过户后，将房产抵押给他人借款，所得款项用于偿还个人欠款及挥霍。

法院认为，被告人周某、陈某以非法占有为目的，在签订、履行合同过程中，骗取卖房人财物，数额特别巨大，其行为均构成合同诈骗罪。

在周某、陈某合同诈骗案中存在两个行为：第一个是骗取被害人房产的行为；第二个是以房产为抵押，向他人借款的行为。周某、陈某的第一个行为构成合同诈骗罪，对此定性并无争议。但对于本案中究竟谁是被害人，在法院审理过程中存在以下三种意见：

第一种意见认为，本案被害人应仅认定为最初的卖房人即原房主，因为被告人根本不是为了买房，被害人损失的房屋余款从一开始就注定无法追回，而抵押权人因为已经在房管部门登记过房屋抵押，该抵押权是受法律保护的，故其债权的实现有保障。第二种意见认为，本案被害人应仅认定为后来的抵押权人，因为原房主将来可以依据生效的刑事判决书要求撤销原来的产权转让登记，这样原房主就没有损失，而抵押权人在不知抵押行为可能不受法律保护的情况下付出了巨额资金，将来其债权的实现没有保障。第三种意见认为，本案被害人既包括原房主，也包括后来的抵押权人，因为：被告人先通过诈骗手段骗取原房主配合房屋过户登记，原房主最终也拿不到剩余房款；被告人接着又用其本质上无处分权的房产去抵押借款，该抵押权也不受法律保护，抵押权人实际是在没有任何有效担保的情况下出借了资金，其损失同样无法弥补。

以上三种意见虽然是从谁是本案的被害人这个角度提出的，但实际上讨论的还是第二个环节的行为能否被认定为诈骗这个案件定性问题。那么，本案第二个行为如何定性与谁是本案的被害人这两个问题之间，到底存在什么关系呢？显然，这是同一个问题的两个不同侧面。所谓本案应当如何定性，并不是一般意义上本案被告人的行为是否构成合同诈骗罪，而是指被告人的前后两个诈骗行为是否同时构成合同诈骗罪。而所谓谁是本案的被害人，是说本案到底是只有一个被害人还是有两个被害人，而对此的判断也直接关系到对本案前后两个诈骗行为的定性。因此，以上三种意见是在“谁是本案的被害人”的名义下，讨论了本案前后两个诈骗行为的定性问题。

法院同意上述第一种意见，其结论是：“在本案中，作为合同诈骗犯罪的被害人只能认定为原房主，抵押权人不是被害人。……从表面上看，原房主和抵押权人都是欺骗对象，也都遭受了经济损失：首先，从欺骗对象角度看，被告人存在两头骗的行为，即先是骗了原房主，被告人并非真实想买房；之后又骗了抵押权人，被告人隐瞒了其对房屋的处分权是通过欺骗原房主得来的这一事实。其次，从经济损失角度看，原房主只收到房屋首付款，余款未能收回；抵押权人出借的巨额资金被被告人挥霍，至案发也未能收回。然而，从被告人的行为模式及案件最终处理结果分析，只有原房主是本案的被害人。”对于上述观点，法院作了以下论证：

犯罪行为完成即犯罪既遂，通常是指行为发生了行为人所追求的、行为性质所决定的犯罪结果。例如，诈骗犯罪的既遂，是以犯罪是否得逞为认定标准的，即被害人是否失去对财物的控制或者行为人是否控制了财物，但在适用这一标准时仍应根据所诈骗财物的形态、被害人的占有状态等进行判断。

在本案中，被告人的最终目的是用房产抵押套现以满足其个人需求。为实现该目的，被告人的行为包括了两个环节：第一个环节是选择卖房人，再想办法将卖房人的房产转变为其自己可以支配的状态；第二个环节是用其已经可以支配的房产抵押向他人借款，以实现其挥霍的目的。在被告人实现其最终目的的一系列行为中，有“骗”的成分，也有真实的部分。“骗”的行为集中在第一个环节，即找好傀儡人物冒充买房人，通过房产中介找到卖房人，假装要买房，让卖房人相信确实有人想从事二手房交易直至配合被告人完成所有的产权过户手续。至此，该房产已实际处于被告人的控制之下，卖房人既失去了房屋的产权又处于无法拿回剩余房款的被侵害状态，至此被告人的诈骗犯罪已经既遂。

在第二个环节中，被告人已实际控制的房产只是其后续行为的工具，用房产抵押借款是其真实意思表示，其没有再实施欺骗行为，签订借款协议和抵押合同、办理抵押登记手续都是在按程序进行，抵押权人出借钱款则是基于有真实的房子并办理抵押登记手续的前提。被告人的借钱行为和抵押权人的出借行为均是双方真实意思表示。若把被告人最终用房产抵押套现作为犯罪行为结束的节点，就难免会把被害人确定为抵押权人。

应该说，法院对本案的分析结论是正确的。在本案中，行为人只对原房主存在诈骗行为，该行为构成合同诈骗罪。在这一房屋买卖法律关系中，原房主在收到首付款的情况下，即将房屋过户给被告人。被告人在取得房屋产权以后，将房屋用于抵押向抵押权人借款。在此，如果被告人用借款归还了购买房屋的余款，当然也就不存在诈骗问题。但被告人并没有这样做，而是将所得款项用于偿还个人欠款及挥霍。在这种情况下，被告人对于原房主就不再是一个借款不还的违约问题，而是构成合同诈骗罪。

在周某、陈某合同诈骗案中，值得讨论的是被告人对抵押权人的借款行为是否构成借款诈骗。对此，法院认为其行为并不构成诈骗，抵押权人不是被害人；并论证如下：

在本案中，因被告人无法归还欠款，抵押权人的债权也受到了侵害，但该种侵害源于被告人不按期履行还款的合同义务，应当定性为民事上的违约，其与刑事意义上的犯罪具有本质区别。本案抵押权人不具备诈骗犯罪中的被骗特征。成立诈骗犯罪要求被害人陷入错误认识之后作出财产处分，在欺诈行为与处分财产之间，必须介入被害人的错误认识。如果被害人不是因欺诈行为产生错误认识而处分财产，就不成立诈骗犯罪。在本案中，抵押权人出借钱款是因为双方在房产交易中心办理了真实的房屋抵押担保。正因如此，抵押权人并未过多了解被告人借款的真实目的和实际用途，被告人将来还不还钱或者能不能还钱并非抵押权人决定出借与否的主要原因。据此可以认为，抵押权人出借钱款并不是基于错误认识而作出的处分，而是实现其个人利益（收取利息）的民事行为。与此同时，本案抵押权人的损失不同于诈骗犯罪中被害人的损失。诈骗犯罪中，欺诈行为使被害人处分财产后行为人便获得财产，从而使被害人的财产受到损害，即被告人控制财产意味着被害人丧失财产，两者基本具有同时性。在本案中，被告人与抵押权人之间的借款合同是主合同，抵押合同是从合同。如前所述，借款合同是有效的，抵押合同自然也有效，抵押权人在收不回借款时可以实现其抵押权以维护其权利。因此，被告人对借款的控制并不意味着抵押权人对该借款的损失。相反，在房产登记过户后，被告人即控制了原房主的房产，原房主只拿到首付款而无法拿到剩余房款的受损状态也同时形成。因此，被告人的行为看似两头骗，但真正受骗的只有原房主。

这里涉及借款诈骗问题，有必要加以分析。借款诈骗，又称为借贷诈骗，是指以虚构借款事由或者其他欺骗方法，以借款名义骗取他人财物的行为。借款是一种民事行为，在借款诈骗的情况下，行为人的目的是非法占有他人的借款。在借款诈骗的情况下，如何将其与借款不还的行为加以正确的区分，是一个十分困难的问题。对以上两者的区分，还是要从行为人客观上是否存在诈骗行为和主观上是否具有非法占有的目的这两个方面进行界分。在一般情况下，如果是没有约定用途的借款和具有抵押担保的借款，只要其用途和担保都是真实的，就不存在诈骗问题。在本案中，被告人以具有产权的真实房屋作为抵押，向他人借款。在这一借贷关系中，行为人根本不存在使用欺骗。因此，不仅不存在合同诈骗犯罪，而且不存在民事欺诈。换言之，被告人对抵押权人没有任何欺骗。因此，在本案中不存在两头骗。

把被告人隐瞒其对房屋的处分权是通过欺骗原房主得来的这一事实，视为一种诈骗的观点，也是不能成立的。这里涉及隐瞒真相的诈骗方法如何认定的问题。在刑法理论上，虚构事实属于作为形式的诈骗方法，而隐瞒真相属于不作为形式的诈骗方法。在一般情况下，虚构事实的诈骗方法较为容易认定而隐瞒真相的诈骗方法往往不太容易认定。对于隐瞒真相的诈骗方法来说，关键问题在于它是以行为人具有披露真相的义务为前提的。对此，日本学者山口厚教授指出："明明知道对方就要陷入错误，或者已经陷入错误，却不告知真相以消除错误，就可以认定属于不作为的诈骗。要成立不真正不作为犯的诈骗罪，必须有告知真相的作为义务（告知义务），还必须能认定，不作为人处于属于这种作为义务之根据的保障人地位。"被告人在向他人借款的时候，已经向出借人提供了房屋的产权证明作为抵押。在这种情况下，被告人还会具有告知房屋是诈骗所得的财物的义务吗？再说，在被告人获得借款并将该款用于归还购房款之前，根本就无法确定其取得房屋的行为是否为诈骗。从民事法律的观点来看，其房屋作为抵押物没有任何瑕疵，出借人出借款也是具有法律保障的。

如果从周某、陈某合同诈骗案进一步引申，则存在一个处分赃物行为是否构成诈骗的问题。在现实生活中，财产犯罪的被告人在获得赃物以后，除了作为种类物的货币，对其他的特定物，一般都会通过销赃的方法，将其转化为货币。这种对赃物的处分行为，在刑法上称为销赃。销赃行为在我国刑法中是一种掩饰、隐瞒犯罪所得及其收益的行为，刑法对此设立了专门罪名。但我国刑法关于掩饰、隐瞒犯罪所得以及收益罪的规定，以行为人代为销售为行为特征。这就排除了财产犯罪的本犯构成该罪的可能性，换言之，本犯对其财产犯罪所得赃物进行销赃，并不构成掩饰、隐瞒犯罪所得以及收益罪，而是一种不可罚的事后行为。不可罚的事后行为之所以不可罚，正如张明楷教授所指出的，是因为没有侵害新的法益。张明楷教授指出："不可罚的事后行为（或共罚的事后行为）之所以不可罚，主要是因为事后行为没有侵犯新的法益（缺乏违法性），也可能是因为事后行为缺乏期待可能性（缺乏有责性）。例如，甲将盗窃的财物予以毁坏的行为，没有侵犯新的法益，所以，不另成立故意毁坏财物罪。再如，乙盗窃财物后予以窝藏的，因为缺乏期待可能性而不可罚。因此，如果事后行为侵犯了新的法益，且不缺乏期待可能性，则应认定为数罪。例如，将盗窃的仿真品（价值数额较大）冒充文物出卖给他人，骗取财物的，应将盗窃罪与诈骗罪实行并罚。”也就是说，在本犯处分赃物的情况下，如果其向购买者说明了物品的来源，他人就不会购买。若他人是在本犯隐瞒了物品的赃物性质的情况下而购买的，则本犯具有对他人的欺骗性。但一方面这种欺骗只是民事欺诈，不具有诈骗罪所要求的通过欺骗方法无对价地取得他人财物的根本特征，由此而得以与诈骗罪区分。另一方面，处分赃物行为没有侵害新的法益。如果侵害了新的法益，是可以构成其他犯罪的。例如，行为人盗窃毒品以后将毒品予以出卖，其出卖毒品行为虽然是盗窃罪的销赃行为，但由于其侵害了新的法益，因此另行构成贩卖毒品罪。因此，在周某、陈某合同诈骗案中，将骗取的房屋予以出卖的行为，只是单纯的处置赃物行为，不另行构成对善意购买者的合同诈骗罪。

那么，究竟应当如何看待抵押权人在本案中的地位呢？法院对此进行了正确的阐述：

本案抵押权人取得抵押权的行为属于善意取得，抵押权应当受到法律保护。从我国物权法对善意取得制度的规定来看，善意第三人除取得所有权的受让人之外还包括其他善意的物权人。就抵押权而言，只要抵押权人在抵押物上设置抵押权时未故意损害他人利益，出借款项与抵押物价值相当，且已办理抵押登记手续，即可认定抵押权人是善意的，该抵押权应当受到法律保护。在本案中，目前尚无证据证实抵押权人与被告人之前有串通行为，抵押权人掏出的是与抵押房产价值相当的真金白银，且已办理了抵押登记手续，应当认定其为善意的物权人。此外，最高人民法院、最高人民检察院于 2011 年 3 月联合出台的《关于办理诈骗刑事案件具体应用法律若干问题的解释》第 10 条第 2 款明确规定：“他人善意取得诈骗财物的，不予追缴。”可见，无论是从民事相关制度还是刑事司法解释考虑，本案抵押权人的善意抵押行为应当受到法律保护。

根据以上分析，周某、陈某合同诈骗案中，于前后两个行为，前一个行为构成合同诈骗罪并无争议，而后一个行为不存在欺骗：既没有民事欺诈，也没有刑事诈骗。因此，法院的判决是正确的。

(3) 骗取房屋产权证书抵押借款案：前骗与后骗不能两立。

在司法实践中，两头骗的情况是极为复杂的。在一般情况下，前一行为构成合同诈骗罪。但在某些案件中，到底是前一行为构成合同诈骗罪，还是后一行为构成合同诈骗罪，并不是那么容易认定的。因此，需要根据合同诈骗罪的构成要件，对相关案情作进一步的分析，才能得出正确的结论。

陈乙等合同诈骗案

被告人陈乙因长期从事“后账还前账”的高利贷循环运作而背负巨额债务。从2010年7月开始，被告人陈乙伙同明知被告人陈乙根本履约不能的被告人章某，对外宣称有大量资金可供以低息出借，借款人只需提供房屋产权证作抵押即可；并通过中介人员招揽他人借款。同时，被告人陈乙、章某以保证出借资金安全为由，骗取借款人在签订抵押借款合同的同时，办理委托被告人陈乙等人抵押、处置房产的公证手续。而后，被告人陈乙、章某持从借款人处骗取的房产证、公证书等文件，隐瞒房屋产权的来源、虚构委托代理处置房产的文件、隐瞒实际借款人的借款数额及利息，以房屋产权人代理人的身份与他人签订抵押借款合同，以高额利息为诱饵骗取资金。从2011年8月至2012年5月，被告人陈乙、章某先后使用章乙等人提供的多套房产作抵押，骗取陈甲、楼某、吴某、邵某、郑乙、杨乙等人资金1 433余万元。在骗取资金后，被告人陈乙、章某以借款形式支付给房屋产权人689余万元，实际占有资金785余万元。被告人陈乙、章某将实际占有资金用于归还先前个人债务、购买名车等挥霍行为、支付犯罪成本、维系犯罪运作等活动。

浙江省杭州市中级人民法院认为：“被告人陈乙、章某以非法占有为目的，隐瞒已身负巨额债务无法归还要占有部分借款的真相，以可办理房产抵押贷款为由，诱骗借款人（房屋产权人）签署授权抵押房产的委托书，后在借款人不知情的情况下，以代理人的名义，利用上述房产与资金出借人签订抵押借款合同、办理抵押登记手续，骗取借款后大部分被其实际占有，用于还债、购车等非经营性处置并无法归还，数额特别巨大，其行为均已构成合同诈骗罪。”一审判决以后，被告人陈乙、章某均不服，分别提起上诉。

浙江省高级人民法院认为：“被告人陈乙、章某以非法占有为目的，在签订、履行借款合同过程中，隐瞒已负有巨额债务并无资金可供出借的真相，在低息诱骗他人向其借款时，以保证资金安全为由骗取借款人的房屋产权证书、授权委托书及公证书后，又私自利用借款人的房产向资金出借人抵押借款并非法占有其中大部分款项，其行为均已构成合同诈骗罪，且数额特别巨大，应依法惩处。原判定罪及适用法律正确，量刑适当。审判程序合法。因此裁定驳回被告人陈乙、章某的上诉，维持原判。”

陈乙等合同诈骗案与前面所讨论的两头骗案件有所不同，其案情更为复杂。在陈乙等合同诈骗案中，被告人同样存在前后相连的两个行为：前一个行为是以低息借款为名骗取房产证、房屋抵押委托书及公证书等文件；后一个行为是将骗取的房产证办理抵押以获得高息贷款，并且用获取的款项支付此前的出借款。在此，存在两个借贷关系：在前一个借贷关系中，被告人是出借人。在后一个借贷关系中，被告人是借款人的委托代理人。显然，这两个环节都是被告人事先设计的，以此进行资金循环，自己从中使用一部分资金。从客观情况来看，这样的资金链是不能长久循环的，必然会发生断裂。

在本案处理过程中，对于被告人的前后两个行为如何定罪，各方存在三种不同意见：(1) 公诉机关及借款人认为，被告人利用借款人的房产作抵押骗取资金出借人的钱款拒不归还，使资金出借人遭受了经济损失，故资金出借人应列为被害人。而借款人并未遭受实际经济损失，故不应列为被害人。(2) 辩护人及资金出借人认为，被告人骗取借款人的房屋产权证书及房屋抵押委托书、公证书，并设定抵押权，侵犯了借款人的合法权益。而资金出借人可以通过实现抵押权受偿，届时借款人将损失房产，故应认定借款人为被害人。(3) 一、二审法院认为，借款人的房产所有权和资金出借人的财产权利均被侵害，故借款人、资金出借人均为被害人。被告人隐瞒无自有资金可供出借的真相，采取欺骗手段获取借款人的产权证书、公证委托手续，用借款人的房产作抵押，以超出借款人的实际借款金额向资金出借人高息借款后非法占有部分借款。这既侵害了借款人的房产所有权，又损害了出借人的财产权利，故双方均为本案的被害人。

这里应当指出，以上分歧意见是围绕着谁是被害人这个问题展开的。这个问题的背后问题还是在于：在本案前后两个借贷关系中，哪一个借贷关系是合同诈骗？对此，各方的分歧意见出现了十分诡异的情形：借款人和出借人各自否定其为被害人而指称对方是被害人。这一说法的实质含义是：自己作为当事人一方的借贷关系不构成合同诈骗罪。例如，前一个借贷关系中的借款人说自己不是被害人，是指自己的房产没有被骗。而后一个借贷关系中的出借人说自己不是被害人，是指自己的借款没有被骗，因为可以通过实现抵押权受偿。因此，在这两者之间存在着明显的利益冲突。就控辩双方而言，控方说出借人是被害人，就是认定后一个借贷关系构成合同诈骗罪，因为该借贷关系中获取的数额较大而且数额明确，便于对被告人定罪量刑。而辩方说借款人是被害人，就是认定前一个借贷关系构成合同诈骗罪，因为该借贷关系中被告人获取的只是房屋的产权证书，数额难以计算，对被告人较为有利。最终，法院认定前后两个借贷关系都构成合同诈骗罪，原因在于便于案件的善后处理。因为法院认为只有认定借款人和出借人均系被害人，才能公平地维护双方的合法权益，做到案结事了。这里所谓公平，就是借款人和出借人按照各自过错的比例共同承担经济损失。可见，法院更多的是从维稳的角度出发考虑问题的。

毫无疑问，以上各种意见都有先见在内，难免有所偏颇。我们还是要回归法律层面，具体分析前后两个借贷关系是否构成合同诈骗罪。当然，本案掺杂了民事因素，给对刑事问题的分析带来一定难度。在此，我们还是要分别对前后两个借贷关系是否构成合同诈骗罪进行法理分析。

第一，对前一个借贷关系的分析。

在前一个借贷关系中，被告人是出借人，而对方当事人是借款人。通过这一借贷关系，被告人要向对方当事人支付借款。就此而言，被告人不可能构成合同诈骗罪，对方当事人也不可能是被害人。因此，如果被告人在出借款项之前并没有其他目的，但在取得借款人的房屋产权证书以及其他抵押借款委托手续以后，没有将该手续用于为本人的出借款进行抵押担保，而是以此为抵押担保向他人借款，则这种行为只是一种民事上的违约。但在本案中，被告人借款给他人的目的是获取对方当事人的房屋产权证书及房屋抵押借款委托书、公证书以为自己向他人借款进行抵押担保。被告人是以自己所出借的是低息借款，需要借款人提供上述文件，以便为该借款进行抵押担保为由，取得抵押担保文件的。因此，被告人从一开始就不是为了对该借款进行抵押担保，而是为了以此向他人高息借款时进行抵押担保。在此，被告人的欺骗行为到底表现在何处？这是一个需要认真研究的问题。法院认为，被告人的诈骗行为表现在隐瞒无自有资金可以出借的真相，骗取借款人的房屋产权证书及房屋抵押借款委托书、公证书。

在刑法理论上，隐瞒真相是一种不作为的诈骗方式，它是以行为人具有披露真相的义务为前提的。这种将隐瞒无自有资金可以出借的真相作为诈骗手段的观点，实际上是设定了一个前提：出借的款项必须是自有资金。显然，这是难以成立的。因为在借贷关系中，并没有法律规定出借款项只能是出借人的自有资金。只要出借人履行了出借义务，无论是出借自有资金还是出借从他人那里筹集的资金，都可以成立借贷关系。而且，出借人也没有必须披露其出借款项是否属于自有资金的义务。因此，在本案中不能将隐瞒无自有资金可以出借的真相认定为诈骗行为。在这个借贷关系中，可以认定为诈骗行为的是被告人虚构要对出借款项进行房屋产权抵押的事实，而这仍然是一种作为的诈骗形式：被告人对于其所出借给对方当事人的款项实际上并没有想要进行抵押，其要求借款人提供房屋产权证书及房屋抵押借款委托书、公证书是为了在后一个借贷关系中使用。在此，被告人明显具有欺骗行为。但这一欺骗行为是否构成诈骗罪的关键问题是：房屋产权证书及房屋抵押借款委托书、公证书是否属于诈骗罪的对象？于此，我们要对上述文件的法律性质进行分析。

房屋产权证书是房屋的产权凭证，这是没有问题的。但我国对房屋产权实行登记制，取得房屋产权证书并不等于取得房屋产权。从案件的具体情况来看，被告人不仅骗取了房屋产权证书，而且骗取了房屋抵押借款委托书和公证书。根据上述文件，被告人获得了办理房屋产权抵押的代理权。如果被告人只有他人的房屋产权证书，那么他并不能对房屋产权进行处置：既不能出卖，也不能设置抵押担保。但在本案中，被告人不仅骗取了房屋产权证书，而且骗取了房屋抵押借款委托书和公证书。这样，被告人就可以对他人的房屋产权进行抵押担保。因此，在前一个借贷关系中，被告人骗取的是办理房屋产权抵押的代理权。据此，被告人可以利用这些文件进行房屋产权抵押贷款。在一定意义上说，这种房屋产权抵押代理权是一种财产性利益。

在此，涉及财产性利益是否可以成为合同诈骗罪对象的问题。其他国家的刑法规定，诈骗财产性利益的行为，可以构成诈骗罪。例如，日本刑法典第 246 条就规定了财产性利益的诈骗罪。日本判例认为，财产性利益是指财物以外的一切财产性利益，例如，取得债权或担保权、获取劳务、免除债务、延缓履行债务等。我国刑法并没有明确规定财产性利益可以成为诈骗罪（包括合同诈骗罪）的对象，但我国通说认同骗取财产性利益的行为可以构成诈骗罪的观点，例如张明楷教授对此进行了论证。但骗取财产性利益构成合同诈骗罪，在我国刑法的语境之下，还要受到某些制约，例如，我国刑法是按照诈骗数额对诈骗犯罪进行定罪量刑的，如果不能转换为一定的财产数额，也就无法对该诈骗财产性利益的行为定罪量刑。

那么，能不能将该房产的价值认定为诈骗数额呢？我认为，虽然被告人利用该房产进行抵押担保以后，如果其不能归还贷款，出借人就有可能以房产进行受偿，从而使房产所有权人丧失房产，由此而遭受损失，但该损失是在被告人骗取房屋产权证书及房屋抵押借款委托书、公证书以后，利用这些文件进行抵押贷款的行为造成的，不是诈骗行为所造成的。那么，换一个思路，能不能将以房屋产权抵押担保以后获得的贷款数额认定为诈骗数额呢？我的答案也是否定的。因为，本案被告人的欺骗行为只是为了取得上述文件，至于被告人利用这些文件进行抵押并且通过抵押贷款而获取的财产数额，不能认为是骗取房屋产权证书及房屋抵押借款委托书、公证书行为的结果。因此，将骗取房屋产权证书及房屋抵押借款委托书、公证书的行为按照诈骗罪定罪量刑，是存在法律障碍的。在本案的裁判理由中，法院只是简单地说取得房屋产权证书及房屋抵押借款委托书、公证书的行为构成诈骗罪，既没有明确骗取的对象，又没有确定诈骗的数额，更没有说明法律根据和法理根据。这是一种缺乏说理和论证的裁判。

而且，即使骗取房屋产权证书及房屋抵押借款委托书、公证书的行为构成诈骗罪，也不是合同诈骗罪。这里涉及普通诈骗罪与合同诈骗罪之间的区分。在我国刑法中，普通诈骗罪与合同诈骗罪之间具有普通法与特别法之间的法条竞合关系。根据特别法优于普通法的原则，在发生上述法条竞合的情况下，应当优先适用特别法；只有在不符合特别法的情况下，才能适用普通法。这种骗取房屋产权证书及房屋抵押借款委托书、公证书的行为，虽然与借贷关系具有一定联系，但不是借贷合同的内容。因此，不能认定被告人是利用签订借贷合同而骗取房屋产权证书及房屋抵押借款委托书、公证书等文件。对上述文件的骗取，是被告人虚构要对借贷办理抵押担保手续的结果。如同法院所述，被告人在招揽他人借款时，以保证资金安全为名诱骗借款人提供房屋产权证书，并承诺当借款到期无法归还时授权被告人通过抵押等手段处置房产，即借款人委托房产抵押借款的前提是不能按期还款，方将自有房产作为借款的担保。由此可见，这些文件的骗取并非基于某个合同，因此不符合合同诈骗罪的特征。法院将此认定为合同诈骗罪完全没有考虑合同诈骗的合同关系，因而缺乏根据。

第二，对后一个借贷关系的分析。

在后一个借贷关系中，被告人是借款人的代理人，即被告人是以前一个借贷关系中的借款人的名义与他人签订借款协议的，而对方当事人是出借人。因为这是房屋产权抵押担保的借款，所以抵押担保的真实性是极为重要的。这些房产本身是客观存在的，各种抵押担保文件也都是真实的，被告人并没有伪造。在这个借贷关系中，被告人作为借款人的代理人提供了房屋产权的抵押担保，而对方当事人作为出借人提供了出借款，双方都履行了各自的义务，形成合法的民事借贷关系。

在陈乙等合同诈骗案中，法院将出借人认定为被害人。那么，被告人的欺骗行为又表现在何处呢？对此，法院认为，被告人的欺骗行为就在于：利用骗取的借款人的房产作抵押，以超出借款人的实际借款金额的数额向资金出借人高息借款。在此，涉及两个欺骗行为：一是被告人利用骗取的借款人的房产作抵押，二是被告人超出借款人的实际借款金额的数额向资金出借人高息借款。对此，需要进行具体分析。首先，被告人利用骗取的借款人的房产作抵押进行借款这一行为是否属于诈骗，关键在于该房屋产权是否真实。显然，该房屋产权是真实的。在这种情况下，不能以房屋产权是骗取的而认定该借款行为是诈骗行为。而且，在本案中被告人不是以自己的名义借款，而是以房屋产权所有人的名义借款。因此，这种借款行为不能被认定为诈骗行为。其次，所谓被告人以超出借款人的实际借款金额的数额向资金出借人高息借款，这里的借款人是第一个借贷关系中的借款人。在这一借贷关系中，被告人作为出借人只是借给对方数额较小的款项。但被告人以其代理人的名义向第二个借贷关系中的出借人借得数额较大款项。这一行为只构成对借款人的权利侵害，但并不构成对出借人的诈骗。因此，就后一个借贷关系而言，被告人不存在诈骗行为，从而不构成合同诈骗罪。

值得注意的是，法官在论述时，认为本案不同于被告人通过支付部分预付款等手段骗取他人房产、完成过户手续后，再以该房产办理抵押手续向第三方借款并占为己有的情形。这种情形也就是周某、陈某合同诈骗案。法官认为："这种不同就在于本案出借人存在过错，这种过错表现在：出借人受赚取高息的利益驱使，轻信房产抵押和授权委托的真实可靠性，未经核实、查证授权委托的真实意思，忽视债权无法实现的风险。而在以已经过户的房产进行抵押贷款的案件中，因为根据房产交易及房产抵押的法定程序设置，没有必要，也不可能要求房产抵押权人再去核实房产所有权人（即抵押人）和其前手之间的交易是否存有问题，房产所有权人是否还欠其前手房款未付清。质言之，这些抵押权人没有任何过错，其取得房产抵押权的行为属于善意取得。因此，不能把抵押权人认定为被害人。"在以上论述中，对于在骗取房产已经过户的情况下被告人以该房产抵押借款时出借人没有过错的认定是完全正确的。由此也可以说明，不能认为在本案中只要是利用骗取的借款人的房产作抵押，其贷款行为就构成诈骗罪。因为这种诈骗罪是所谓隐瞒真相的诈骗，也就是不作为的诈骗。要构成此种诈骗，需要行为人负有披露真相的义务。而在此类案件中，要求行为人披露其用来进行抵押担保的房产是诈骗所得，显然是不可能的，也没有法律作此规定。因此，即使被告人以骗取的房产进行抵押担保，也不能认为抵押权人被骗。

在陈乙等合同诈骗案中，被告人骗取了房屋产权证书及抵押担保委托书、公证书等文件，这些文件的真实性没有疑问。在这种情况下，抵押权人是否还要对房屋所有权人授权委托的真实意思进行核实查证，否则就存在过错呢？我的回答是否定的。出借人只有对房屋产权证书及委托书的真实性进行审查核实的注意义务，而且在已经办理公证的情况下，这种审查核实的注意义务已经转嫁给公证机关。至于所谓对授权委托的真实意思进行核实查证，是完全不现实的。真实意思只能通过文件体现出来，当事人也只能通过文件核实、查证授权委托人的真实意思。难道还存在文件之外的真实意思吗？这是根本就不存在的，否则，文件就变成了一堆废纸，其证明力也就处于不确定状态：只有当文件的内容与授权委托人的所谓真实意思一致时，文件才具有证明力；如果文件的内容与授权委托人的所谓真实意思不一致，则文件就没有证明力。因此，我认为，在本案中出借人基于被告人提供的房屋产权证书及抵押贷款委托书、公证书而进行抵押借款，没有任何过错。在陈乙等合同诈骗案中，出借人完全是善意取得，法院应当维护抵押权人的合法权利，维护担保的法律效力，这也是担保法的基本精神。例如，在王某诉李某、中国民生银行股份有限公司天津分行一案中，裁判结果是："夫妻一方未经另一方同意以共同房屋作为抵押物签订抵押借款合同，如果合同相对方为善意，履行了给付款项的义务，并且已经办理抵押登记手续，应当认定合同有效。另一方主张撤销抵押权的，人民法院不予支持。"由此可见，共同财产的某一共有人未经其他共有人同意对共同财产进行抵押的，其抵押合同都被法院判决有效。更何况，在陈乙等合同诈骗案中，出借人已经办理了房屋产权抵押贷款的委托手续，虽然被告人违约，改变了抵押担保的标的，但由于委托手续是真实的，所以该抵押合同也应当被认定为是有效的。

事实上，出借人没有过错这一点也得到了民事判决的支持。陈乙等合同诈骗案的背景资料表明，在案件发生初期，部分法院因案件性质不明，受理资金出借人的民事诉讼，进而判决资金出借人胜诉。随着案件真相逐步被揭开，房屋所有权人又否定其系刑事案件被害人，进而要求法院撤销房屋抵押权。发展到最后，资金出借人、房屋所有权人都极力向法院主张权利，且法院于不同时期先后作出的部分民事判决和刑事判决存在冲突，于是，法院处于风口浪尖，极大地考验司法权威。因为本案涉及的人数众多，如果引发群体性事件，将对法院的处理带来极大压力，这是可以理解的。但在这种社会效果和法律效果可能发生冲突的情况下，在目前的司法氛围之下，法院往往把社会效果放在优先的位置上。

根据以上分析，被告人在第二个借贷关系中并不存在对出借人的欺骗。因此，对出借人来说，也就不存在被骗的问题。出借人完全可以通过抵押房产的受偿实现其债权。

第三，对前一个借贷与后一个借贷之差额占有行为的分析。

这里还存在一个前后两个借贷关系中借贷款项的差额问题，即被告人在第一个借贷关系中借给房屋产权人的款项较少。但在第二个借贷关系中，被告人以委托人名义向出借人所借到的款项较多。上述两者之间存在一个差额。这个差额的款项是被告人以房屋产权人的代理人名义所借，因此，该差额的款项的所有权归属于借款人。但被告人将这些款项予以侵占，由此构成我国刑法中的侵占罪。

我国刑法中的侵占罪分为普通侵占罪和职务侵占罪。普通侵占罪是指行为人将代为保管的他人财物据为己有，数额较大，拒不退还的行为。而职务侵占罪是指公司、企业或者其他单位的人员，利用职务上的便利，将本单位财物据为己有，数额较大的行为。由此可见，上述两种侵占罪的主要区别在于主体的不同。在陈乙等合同诈骗案中，被告人陈乙等人并非利用公司、企业或者其他单位的人员的职务便利实施侵占行为，其与借款人之间具有代理关系，这是一种平等主体之间的关系。因为代理关系，被告人获取了借款人的抵押贷款，并且具有了对该款项的保管关系。被告人利用这一保管关系，将部分款项非法据为己有。这完全符合普通侵占罪的构成要件，应以该罪论处。

通过对以上五个两头骗案件的分析，我认为，在所谓两头骗案件中，根本就不可能存在前后两个欺骗行为同时构成合同诈骗罪的情形。换言之，前后两个诈骗罪是难以两立的，只有其中一个行为可能构成合同诈骗罪。当然，两头骗这种现象还是存在的，它具有不同于普通合同诈骗罪的特点。

根据司法实践经验的总结，两头骗具有以下特征：(1) 行为人对两个人实施了欺骗行为。在两头骗的情况下，行为人实施了两个欺骗行为，这也是两头骗案件的主要特征。如果没有实施两个欺骗行为，就不存在两头骗的问题。(2) 前后两个欺骗行为之间存在着紧密连接性，即将第一个欺骗行为所取得的财物作为第二个欺骗行为的道具，由此而获取他人的财物。(3) 被骗人与被害人之间具有一定的分离性。在两头骗案件中，虽然存在两个被骗人，但通常来说，只有一个实际遭受财产损失的被害人。因此，在两头骗案件中，两个被骗人之间往往存在着利益冲突。(4) 在两头骗案件中，既存在着刑事诈骗又存在民事欺诈，这也为这类案件的司法处理带来极大的困难。两头骗中的所谓骗，既可能是刑事诈骗，也可能是民事欺诈。对于这种欺骗行为性质的正确认定，直接关系到对两头骗案件的定性。根据以上对两头骗案件的界定，我认为，那些只有一个欺骗行为的案件根本就不是两头骗。例如，周某、陈某合同诈骗案中就只是第一个购房行为构成合同诈骗罪。至于在骗取房产过户以后被告人对房产进行处置的第二个行为，根本不构成合同诈骗罪。因此，周某、陈某合同诈骗案不属于两头骗。

最后应该指出，两头骗与连环诈骗是两个不同的概念。连环诈骗也称为拆东墙补西墙的诈骗，是指诈骗分子连续诈骗，不断地以后一次诈骗所得的财物偿还前一次诈骗所得的行为。连环诈骗的特点是边骗边还，因此也简称为拆骗。对于连环诈骗来说，定罪并没有问题，即连续实施的每一次诈骗都构成犯罪；存在争议的只有如何计算诈骗数额的问题。对于这个问题，最高人民法院《关于审理诈骗案件具体应用法律的若干问题的解释》第 9 条规定，对于多次进行诈骗，并以后次诈骗财物归还前次诈骗财物，在计算诈骗数额时，应当将案发前已经归还的数额扣除，按实际未归还的数额认定，量刑时可将多次行骗的数额作为从重情节予以考虑。因此，连环诈骗的诈骗数额采取未偿还数额说：将最后一次诈骗使得被害人实际支出的数额加上前数次诈骗尚未偿还的数额，计算实际诈骗数额；前数次诈骗已经偿还的累积数额，作为量刑情节考虑。连环诈骗与两头骗，虽然在存在多次欺骗行为这一点上具有共同性，但两者之间的差别也是极为明显的，表现在欺骗行为的性质和数次欺骗之间的关系有所不同：就连环诈骗而言，前后两个欺骗行为都构成刑事诈骗。但对于两头骗来说，前后两个欺骗行为中只有一个欺骗行为构成刑事诈骗，而另一个欺骗行为只是民事欺诈。此外，两头骗是将第一个欺骗行为所取得的财物作为第二个欺骗行为的道具，因此，第二个欺骗行为是以第一个欺骗行为为基础的。在连环诈骗的情况下，数个诈骗行为是相互独立的，只不过将后一个诈骗所得的财物归还给前一个诈骗的被害人。

（七）双重诈骗的认定

双重诈骗是相对于单一诈骗而言的。单一诈骗是指针对一个对象所实施的合同诈骗；而双重诈骗则是指针对两个对象所实施的诈骗。双重诈骗具有以下特征：

(1) 诈骗行为的双重性。

双重诈骗是指两个互相依存的诈骗行为，因此，双重诈骗具有诈骗行为的双重性。如果行为人对同一个人或者不同的人分别同时实施了两个互相独立的合同诈骗行为，那就应该构成两个合同诈骗罪，不属于双重诈骗。在双重诈骗的情况下，虽然行为人实施了两个诈骗行为，但这两个诈骗行为之间具有依存性。

双重诈骗区别于两头诈骗。两头诈骗的行为人实施了前后衔接的两个诈骗行为，并且后一个诈骗行为以前一个诈骗行为所骗取的财物为诈骗的道具。例如，在骗租汽车后以骗租汽车为抵押物骗取他人贷款的情况下，第一个诈骗行为所骗租的汽车就是行为人实施第二个诈骗行为的道具。如果没有骗租的汽车，诈骗贷款的行为就无法实施。就此而言，两头诈骗实际上就是一种连环诈骗。两头诈骗的行为人分别与前后两个被骗人签订了合同，分别利用合同骗取了两个人的财物。与之不同，在双重诈骗的情况下，虽然也存在两个合同，但只有其中一个合同是行为人与合同相对方签订的，在另一个合同中行为人并不是合同当事人。

(2) 诈骗对象的双重性。

双重诈骗的双重性还表现在诈骗对象的双重性。在司法实践中，双重诈骗都发生在骗取担保的情况下，即行为人在与他人签订合同的时候，对合同相对方实施了欺骗行为，同时又欺骗他人为其合同提供担保，最终将损失转嫁给担保人。因此，这种合同诈骗案件具有诈骗的双重性。

在双重诈骗案件中，利用合同进行诈骗的合同是主合同，同时行为人又欺骗担保人与主合同的相对方签订从合同。因此，在双重诈骗的情况下，存在主合同与从合同之分。在民法理论上，主合同是指能够独立存在，不依附于其他合同而存在的合同。反之，从合同是不能独立存在，只能依附于其他合同而存在的合同。从合同只能依附于主合同的存在而存在，所以从合同又被称为附属合同。从合同的主要特点在于其附属性，即它不能独立存在，必须以主合同的存在并生效为前提。主合同不能成立，从合同就不能有效成立；主合同转让，从合同也不能单独存在；主合同被宣告无效或被撤销，从合同也将失去效力；主合同终止，从合同亦随之终止。主、从合同是相对而言的，没有主合同就没有从合同，没有从合同也就无所谓主合同。尽管主合同的存在并生效将直接影响到从合同的成立及效力，但从合同不成立或失效一般并不影响主合同的效力。在通常情况下，合同都是单一合同。在某些较为复杂的交易活动中，在签订主合同的同时还要签订从合同。担保合同就是一种典型的从合同，对此我国《担保法》作了明确规定。《担保法》第5条规定，担保合同是主合同的从合同，主合同无效，担保合同无效。主合同是债权人与债务人之间订立的经济合同，担保合同是债权人与债务人或者第三人订立的保证主合同债权实现的合同，因此，担保合同以主合同的存在为前提。只有存在主合同，担保合同才有存在的必要。没有主合同，也就不需要担保合同。正是从这个意义上说，主合同与担保合同的关系是主从关系，担保合同的性质是从合同。根据我国《担保法》的规定，担保的种类包括保证、抵押、质押、留置和定金。同时，《担保法》还规定，设立以下各种形式的担保，担保人和债权人都必须签订书面的担保合同，包括保证合同、抵押合同和质押合同等。

在双重诈骗的情况下，行为人与合同相对方签订的是主合同，在主合同中行为人实施了诈骗行为；同时，行为人又欺骗他人为该合同提供担保，从而在担保人与债权人即合同相对方之间签订了担保合同，该担保合同是主合同的从合同。

因此，这里存在行为人对合同相对方的诈骗与对担保人的诈骗，这就是双重诈骗的内容。

(3) 诈骗罪名的择一性。

在双重诈骗的情况下，虽然存在两个被害人，但这两个被害人在财产的损失上具有择一性，即只有其中的一个被害人遭受财产损失，这就是担保人。虽然主合同的相对方也被行为人所诈骗，但其与担保人签订了担保合同。因此，主合同的相对方可以通过实现担保而避免财产损失，最终的损失只能由担保人承受。在这个意义上，双重诈骗也可以说是诈骗担保。

在这种双重诈骗的情况下，客观上存在两个诈骗行为，对两个诈骗行为是否应当分别定罪，在刑法理论上是存在争议的。其中一种观点认为，在双重诈骗的情况下，主合同的诈骗在合同签订、行为人骗取财物以后就已经既遂，因此，当然构成主合同的诈骗罪。至于对担保的诈骗，如果行为人对担保人实施了诈骗行为，则在担保人与主合同的相对方签订担保合同之时，诈骗也已经构成，只不过这是一种利益诈骗而不是财物诈骗。因此，根据这种观点，在双重诈骗的情况下，两个诈骗是可以同时成立的。而我国司法实践中较为认可的观点则认为，在双重诈骗的情况下，尽管存在两个诈骗行为，但也只能构成一个诈骗罪，因为只有一个被害人受到财物损失。至于利益诈骗，虽然在刑法理论上可以成立，但在我国关于诈骗罪的立法采取以赃计罪的情况下，事实上无法对利益诈骗进行定罪量刑。因此，在双重诈骗的情况下只能对其中一个诈骗罪进行定罪，这是我国目前通行的司法规则。

卢甲合同诈骗案

2010 年 3 月份，被告人浙江万盛燃料有限公司（以下简称万盛公司）的法定代表人卢甲因资金需求欲向渤海银行杭州分行贷款，但因不能提供有效的抵押担保而未成功。同时，被害人卢乙也因资金需求欲向银行贷款，但其控制的富阳市绿槟榔商贸城不符合贷款条件，因而无法从银行获得贷款。2011 年 7 月份，卢甲隐瞒其和万盛公司背负巨额债务且资不抵债的事实，与被害人卢乙约定：卢乙委托卢甲以万盛公司的名义向渤海银行杭州分行申请贷款，同时提供富阳市绿槟榔商贸城名下的房产作为抵押，贷款资金到账后7个工作日内，由卢甲转给富阳市绿槟榔商贸城使用，富阳市绿槟榔商贸城拿出部分资金给卢甲使用。随后，卢甲向渤海银行杭州分行申请贷款，并提供了虚假的审计报告、会计报表以及作废的煤炭购销虚假合同等贷款资料。

同年7月20日，被告人卢甲与卢乙隐瞒没有真实贸易背景和资金真实用途的事实，以卢甲及其妻子杨某、万盛公司和富阳市绿槟榔商贸城的名义与渤海银行杭州分行签订综合授信合同、流动资金借款合同、银行承兑协议、不动产最高额抵押协议等合同和协议。同月26日，渤海银行杭州分行按照约定，委托中国工商银行武林支行开具5张出票人为万盛公司、收款人为嘉兴港区浙燃煤炭公司、票面总金额为5 000万元的银行承兑汇票。获取承兑汇票的当日，卢甲使用伪造印章，通过背书形式套取现金4 725.212 0万元。而后，卢甲将套取的现金绝大部分用于归还个人债务等，导致绝大部分资金灭失。事后，卢甲向渤海银行杭州分行提供了46份增值税专用发票复印件，用以证明该5 000万元承兑汇票已全部购买煤炭的虚假事实。因卢甲在约定的期限内未将套取的贴现款转给卢乙所控制的富阳市绿槟榔商贸城，卢乙为此多次向卢甲催讨该笔款项。除归还300万美元（约合人民币1 860万元）外，卢甲拒绝将其余钱款支付给卢乙。银行承兑汇票到期后，卢甲及万盛公司拒绝偿还该5 000万元。2012年1月16日，渤海银行杭州分行向法院提起民事诉讼。同年1月17日，卢乙所控制的富阳市绿槟榔商贸城作为担保人，向渤海银行杭州分行偿还了人民币100万元，其余款项至案发时未归还。

浙江省杭州市人民检察院以合同诈骗罪指控被告人卢甲。浙江省杭州市中级人民法院经审理认为，被告人卢甲以非法占有为目的，编造虚假事实，隐瞒真相，骗取被害单位富阳市绿槟榔商贸城提供贷款担保，并对贷款资金进行非法处置，无力归还贷款，造成被害单位数额特别巨大经济损失，其行为已构成合同诈骗罪。

一审宣判后，被告人卢甲不服，提起上诉。

浙江省高级人民法院经审理认为：(1) 被告人卢甲以获得贷款资金后将款项

交与卢乙控制的绿槟榔商贸城使用为诱饵，诱使卢乙提供绿槟榔商贸城名下的房产作为抵押，以万盛公司的名义向银行申请贷款，并向银行提交了虚假的审计报告、会计报表、过期的煤炭交易合同等。在取得银行承兑汇票当日即予贴现，卢甲控制、占有所得款项并将大部分款项用于归还个人债务，足以证实卢甲具有非法占有该笔款项的故意。(2) 卢甲以非法占有为目的，骗取卢乙提供绿槟榔商贸城的房产为其贷款提供抵押担保，骗取贷款资金。鉴于卢乙提供的抵押物真实，银行可通过抵押物的受偿实现债权，且因渤海银行已提起民事诉讼，法院也已查封了被害人的抵押物，故本案实际承受损失的是卢乙的绿槟榔商贸城。原判认定卢甲的行为构成合同诈骗罪，定性并无不当。据此，浙江省高级人民法院裁定驳回上诉、维持原判。

杨某贷款诈骗案

2011 年 4 月，被告人杨某在明知自己没有还款能力的情况下，利用伪造的购车合同及首付款收据取得山东泛亚达担保有限公司淄博分公司的担保，于同年 5 月 5 日从中国银行淄博分行骗取购车贷款 329 000 元。因 4S 店不允许提取现金，杨某遂用该款购买了价值 322 000 元的奥迪 A4L 汽车一辆，余款 7 000 元由 4S 店支付给杨某。杨某按期归还银行 3 个月欠款后未再还款，后将该车以 250 000 元的价格转卖他人，并将得款用于其他用途。案发前，杨某归还银行 30 508.88 元。

2011 年 6 月，被告人杨某在明知自己没有还款能力的情况下，利用伪造的购车合同及首付款收据取得山东金擎联担保公司的担保，于同年 6 月 14 日从交通银行张店支行骗取购车贷款 299 000 元。后杨某通过车行直接将该款提出，用于非法采矿及偿还个人欠款等其他用途。案发前，杨某归还银行 28 904.06 元。

山东省淄博市张店区人民法院认为，被告人杨某以非法占有为目的，采用虚假的购车合同及首付款证明，骗取银行贷款，数额特别巨大，其行为构成贷款诈骗罪。

一审宣判后，被告人杨某提起上诉。

山东省淄博市中级人民法院二审审理后，裁定驳回上诉、维持原判。

在本案审理过程中，对于杨某为骗取银行贷款同时骗取担保公司担保的行为的定性，存在两种不同意见。第一种意见认为：杨某使用伪造的购车合同及首付款收据，既骗取了银行贷款，也骗取了担保公司为其贷款提供担保。因银行与担保公司之间存在担保保证金约定，杨某未归还的贷款已由相关担保公司代为清偿，故银行并没有实际损失。杨某的行为从表面上看是骗取银行贷款，但实际侵害的是担保公司的财产利益，犯罪对象并非银行贷款而是担保合同一方当事人的财产，对此种行为应以合同诈骗罪论处。第二种意见认为：杨某在骗取银行贷款及担保公司提供担保过程中均使用伪造的购车合同及首付款收据等欺诈方法，因其骗取担保公司为其提供担保的目的是骗取银行贷款，按照主客观相一致原则，对此种行为应以贷款诈骗罪论处。

在以上两种意见中，法院判决采用的是第二种意见，其裁判理由是：

第一，从贷款诈骗罪与合同诈骗罪的法条竞合关系考察本案定性。刑法第193条规定的贷款诈骗罪往往以贷款合同的形式体现，而这种以合同为表现形式的诈骗犯罪，在犯罪构成上完全符合刑法第224条规定的合同诈骗罪的构成要件，在此意义上，两者之间形成法条包容竞合关系，合同诈骗罪的规定包容贷款诈骗罪的规定。根据相关刑法理论，一个行为同时符合同一法律的普通条款与特别条款规定的犯罪构成时，应依据不同情况分别适用特别法条优于普通法条、重法优于轻法的原则。结合本案，按特别法条优于普通法条原则，杨某的行为无疑构成贷款诈骗罪。从两罪量刑轻重来看，虽然贷款诈骗罪与合同诈骗罪的法定最高档刑期均为10年以上有期徒刑或无期徒刑，但前者法定最低档刑期为5年以下有期徒刑或者拘役，并处2万元以上、20万元以下罚金，后者法定最低档刑期为3年以下有期徒刑或者拘役，并处或者单处罚金；前者法定第二档刑期为5年以上、10年以下有期徒刑，并处5万元以上、50万元以下罚金，后者法定第二档刑期为3年以上、10年以下有期徒刑，并处罚金。依照上述法定刑设置，杨某的行为定贷款诈骗罪要重于定合同诈骗罪，故本案以贷款诈骗罪判处亦不违背重法优于轻法原则。第二，从被告人犯罪的整体过程考察本案定性。本案被告人杨某基于骗取银行贷款的主观故意，不仅使用了虚假购车合同等诈骗方法，而且骗取了相关担保公司为其提供担保，其骗取担保公司提供担保的行为与其骗取银行贷款的行为之间具有手段与目的的牵连关系，根据目的行为定罪的一般原则，其整体行为仍符合贷款诈骗罪的构成要件。第三，担保公司代偿是否影响定性？本案与一般贷款诈骗犯罪的重要区别在于，被害单位在案发后依据民事法律向担保公司追偿了剩余贷款，实际损失由担保公司承担，银行表面上并无损失。有观点据此认为，本案应定合同诈骗罪。实践中，贷款银行往往通过扣划担保公司预存在银行的保证金或先提起民事诉讼后刑事报案等方式，向担保人追偿全部或部分剩余贷款，从而避免或减少自身损失。我们认为，第三人这种代偿行为是建立在担保合同合法有效的基础上，且本质上属于事后的救济行为，而并非行为人归还贷款，故不影响对贷款诈骗行为的认定。贷款诈骗犯罪一经认定，作为“贷款合同”从合同的担保合同并非合法有效，银行据此要求担保人承担全部保证责任缺乏法律依据。根据《担保法》及其司法解释的相关规定，主合同无效而导致担保合同无效的，担保人应根据过错程度承担相应的民事责任（担保人有过错的，担保人承担民事责任的部分，不应超过债务人不能清偿部分的三分之一）。据此，银行向担保公司追偿全部剩余“贷款”的做法并不必然合法，也就意味着银行并非绝对没有损失。因此，本案不能以银行没有实际损失为由定性为合同诈骗罪。

(八) 诈骗未遂的认定

在一般情况下，诈骗罪的未遂是依据行为人所欲指向的财物数额定罪量刑的。诈骗罪是数额犯，诈骗数额对于定罪量刑具有重要意义。即使在诈骗未遂的情况下，也应当以未获取财物的数额作为定罪量刑的标准。但在某些诈骗未遂犯罪中，诈骗数额难以查证。对于这种诈骗罪的未遂如何定罪量刑呢？对此，2011年3月1日最高人民法院、最高人民检察院《关于办理诈骗刑事案件具体应用法律若干问题的解释》第5条规定：“诈骗未遂，以数额巨大的财物为诈骗目标的，或者具有其他严重情节的，应当定罪处罚。利用发送短信、拨打电话、互联网等电信技术手段对不特定多数人实施诈骗，诈骗数额难以查证，但具有下列情形之一的，应当认定为刑法第二百六十六条规定的‘其他严重情节’，以诈骗罪（未遂）定罪处罚：（一）发送诈骗信息五千条以上的；（二）拨打诈骗电话五百人次以上的；（三）诈骗手段恶劣、危害严重的。”根据这一规定，虽然没有犯罪数额，但诈骗行为符合司法解释所规定情形的，应以诈骗罪的未遂论处。

（九）共同诈骗的认定

共同诈骗是指诈骗罪的共同犯罪，对此应当适用共同犯罪的一般原理进行定罪量刑。在共同诈骗中，对诈骗罪的共犯的认定情况稍微复杂一些。诈骗罪的共犯包括教唆犯和帮助犯，其中，对诈骗罪的帮助犯如何认定，在刑法理论上更值得研究。

随着诈骗手法多元化，某些诈骗产业逐渐形成，行为人之间的分工也更为复杂。例如，在某些诈骗案件中，犯罪分子之间存在严密的分工，有些犯罪分子专门发放诈骗信息，有些犯罪分子专门对上钩的被害人进行欺诈，而另外一些犯罪分子则专门取钱。这些犯罪分子之间甚至相隔千里，互相之间根本不认识。在这种情况下，按照传统的共犯理论进行处理，往往存在一定的难度。因此，在有些情况下，一个诈骗案件并不是把诈骗的实行犯、教唆犯与帮助犯都抓获了才定罪，而可能是没有抓获实行犯，只抓获了帮助犯就进行定罪。在这种情况下对诈骗罪的帮助犯进行定罪，帮助犯就是“没有正犯的共犯”，处理起来无论是在证据上还是在定性上，都较为复杂。

在以诈骗罪共犯论处的情形，如果这里的共犯主要是指帮助犯，那么在一般情况下是指对实行犯的帮助，因此是直接帮助。在现实生活中，也存在着帮助犯之帮助犯，即对帮助犯进行帮助的情形。这在刑法理论上称为共犯之共犯，是一种连锁共犯。对帮助犯进行帮助的行为，对于促成他人犯罪起到了一定的作用，对此按照共犯处理也没有问题。但如果一链条拉得太长，相关人员能否被认定为诈骗罪的共犯就不无疑问。

张某诈骗案

2013 年年底至 2014 年年初，被告人张某与他人计划开办公司从事网络呼叫中心业务，并以杭州徽派科技有限公司的名义与中国电信股份有限公司合肥分公司（以下简称电信公司）签订相关通信协议和安全承诺书，租用电信公司的数字中继线路，购买服务器、加装 VOS 软件（具有计费和改号功能），架设通信平台，对外出租电信线路（支持“透传”和“群拨”功能）。2014年2月，被告人张某通过网络发展了客户陈甲（另案处理，网名“银河”），陈甲通过IP对接租用了相关电信线路并进一步出租给他人使用。同年3月，电信公司因出租的相关电信线路涉嫌诈骗被投诉，多次通过电子邮件、电话等方式告知杭州徽派科技有限公司、张某，要求进行整改。张某在明知其向陈甲出租的电信线路涉嫌诈骗的情况下，为谋取经济利益，仅针对具体被投诉的电话号码进行技术屏蔽，仍继续为陈甲提供通信线路。

2014年4月1日，他人通过被告人张某出租给陈甲的通信线路拨打诈骗电话，从被害人华某处骗得13万元。

2014年5月27日，被告人张某至公安机关投案，并如实供述了上述主要的犯罪事实。案破后，被告人张某主动退出13万元。

江苏省无锡市锡山区人民法院审理认为：被告人张某明知他人实施诈骗犯罪，为他人提供通讯传输通道，诈骗数额巨大，其行为已构成诈骗罪。在共同犯罪中，被告人张某起辅助作用，系从犯；张某犯罪后主动向公安机关投案，并如实供述主要的犯罪事实，系自首。案破后，被告人张某主动退出13万元，可酌情从轻处罚。被告人张某违反相关通信合作安全承诺规定，架设VOS软件，对外出租可以改号后进行“群拨”和“透传”业务的通讯线路，利用网络招揽网名为“银河”的客户后没有进行必要的身份、资质审核，甚至连客户的真实姓名亦不知晓，且在电信公司因张某提供给“银河”的通讯线路涉嫌诈骗被投诉而多次联系其要求整改的情况下，为了经济利益而继续为“银河”提供通讯线路，最终导致本案诈骗犯罪结果的发生。从张某的客观行为来看，其对诈骗结果的发生持放任的态度，构成主观上的故意，根据相关法律的规定，其行为应当以诈骗犯罪的共犯论处。故依照《中华人民共和国刑法》第二百六十六条、第二十五条第一款、第二十七条、第六十七条第一款、第六十四条及最高人民法院、最高人民检察院《关于办理诈骗刑事案件具体应用法律若干问题的解释》第七条之规定，于2015年3月13日作出（2014）锡法刑二初字第00251号刑事判决：（1）被告人张某犯诈骗罪，判处有期徒刑二年，并处罚金人民币二万元。（2）扣押在公安机关的退赔款人民币13万元，发还给被害人华某。

一审宣判后，被告人张某不服，提起上诉。

张某及其辩护人的上诉理由和辩护意见是：张某被告知其所租赁电信路线涉嫌诈骗后，客观上已经对电信线路进行了屏蔽，不应认定其明知他人实施诈骗犯罪仍提供通讯传输通道。且张某与其他人事前无诈骗合谋、事中未同谋、事后亦未分利，其不应构成诈骗罪共犯。

江苏省无锡市中级人民法院审理认为：上诉人张某明知其租赁给他人的电信线路涉嫌诈骗仍继续提供该线路供他人使用，诈骗数额巨大，其行为已构成诈骗罪，且在共同犯罪中起帮助作用，系从犯。张某主动向公安机关投案，并如实供述主要的犯罪事实，系自首，且主动退出13万元，依法可以减轻处罚。关于上诉人张某及其辩护人提出的上诉理由、辩护意见，经查，张某违反相关通信合作安全承诺规定擅自架设VOS软件，对外出租可以改号后进行"群拔"和"透传"业务的通讯线路，且对网络招揽的客户未进行必要的资质审核。在电信公司多次通过短信、邮件等形式告知其所租赁的通讯线路涉嫌诈骗、要求整改时，张某明知其违规转租给"银河"的电信线路被他人用于冒充公、检、法等单位实施诈骗的情况下，为谋取私利，仅屏蔽涉嫌诈骗的号码，未停止客户的账号，仍继续提供该线路供涉嫌诈骗的人员使用。其虽未实际参与实施诈骗行为，但主观上对诈骗犯罪结果的发生持放任态度，客观上提供通讯线路的行为帮助诈骗犯罪结果的发生，应构成诈骗罪的共犯。故上述辩解辩护意见不能成立。综上，一审判决定罪准确、量刑适当、审判程序合法。据此，依照《中华人民共和国刑事诉讼法》第225条第1款第1项之规定，作出裁定：驳回上诉，维持原判。

在本案中，张某被认定为诈骗罪的帮助犯。根据共同犯罪理论，帮助犯是指明知他人实施特定的犯罪活动而为其提供支持和帮助。最高人民法院、最高人民检察院《关于办理诈骗刑事案件具体运用法律若干问题的解释》第7条规定，"明知他人实施诈骗犯罪，为其提供信用卡、手机卡、通讯工具、通讯传输通道、网络技术支持、费用结算等帮助的，以共同犯罪论处"。这里首先涉及对"明知他人实施诈骗犯罪"中的"他人"的理解。这里的"他人"应当是指具体的、明确的特定人，而不能是泛泛的、不特定的“他人”。如果行为人是对自己也不知道的、不特定的某个人提供帮助，就无法认定共同犯罪人之间存在相互的犯意联络，而这一点，是成立共同犯罪的基本条件。事实上，在本案中，张某是上家，其下家是陈甲，陈甲将电信线路出租给马某，而马某又继续向宋某提供电信线路，最终诈骗犯利用该电信线路实施了诈骗行为。因此，张某客观上对陈甲的行为有一定的帮助作用，但是，陈甲并不是本案中诈骗罪的正犯，其并没有实施诈骗罪的实行行为。因此，张某的帮助并不是对诈骗罪的实行行为的帮助。张某为下线客户提供线路，导致他人通过其下线客户的线路冒充公安机关拨打诈骗电话实施了诈骗，这说明张某只是向其下线客户提供了帮助，而非直接对本案中的诈骗行为提供帮助。对于那个实施诈骗实行行为的正犯而言，张某的下线客户的下线客户才是真正意义上的帮助犯，而张某是对帮助犯的帮助犯的帮助。在刑法理论上，不是直接对他人的实行行为进行帮助，而是对他人的帮助行为进行再帮助的，一般不宜按照帮助犯处理，否则，共犯的成立范围将无边无际。在本案中，张某提供线路的行为，不是对正犯的实行行为的直接帮助，客观上经过多个环节，仅仅是对他人的帮助行为的再帮助，因而不符合上述司法解释第 7 条的规定，不能按照诈骗罪的共犯处理。

共同诈骗的犯罪数额认定应该依据行为人参与共同诈骗的数额，并结合行为人在共同犯罪中的地位、作用、所得数额等情节对其依法处罚。共同诈骗的核心知识点是参与共同诈骗的人都要对共同诈骗的总数额承担责任，然后根据共同犯罪中的地位、作用来区分主犯、从犯，依照法律规定分别定罪量刑。

（十）多次诈骗的认定

多次进行诈骗，并以后次诈骗的财物归还前次诈骗的财物的，计算诈骗数额时应当将案发前已经归还的数额扣除，按实际未归还的诈骗数额认定。但是，可将多次取得的数额作为从重情节予以考虑。行为人后面诈骗已经不是为了个人占有，而是为了归还前面诈骗所得的款项，这就是所谓拆东墙补西墙的诈骗。行为人的每次诈骗都是单独构成犯罪，例如甲从乙那儿诈骗来 100 万元，这是一个诈骗行为；因为乙向甲追讨，甲又从丙处诈骗 100 万元用来归还给乙。这是在甲非法占有乙的100万元以后的一种处分行为，因此，甲实际上诈骗了200万元。但根据司法解释，对甲的诈骗数额不认定为200万元，而只认定为100万元，这100万元是实际没有归还的数额。我认为，这是一种刑事政策上的考量，而不是一个法理的逻辑。

（十一）诈骗罪与盗窃罪的区分

一般来说，诈骗罪与盗窃罪是两种不同的犯罪方式，应该能够区分。但在某些特定情况下，诈骗罪与盗窃罪很容易混淆。例如，在柜台上选看项链，趁营业员不注意，采取掉包的手法将假项链归还给营业员而将真项链据为己有。这是诈骗罪还是盗窃罪？对此，关键要看占有财物是通过什么方法。显然，在这种情况下，项链是行为人通过秘密窃取的方法取得的，其将假项链归还给营业员只是一个欺骗行为，真项链并不是采用欺骗行为取得的，是在行为人实施欺骗行为以前取得的。这个欺骗行为可以称为犯罪后的掩盖行为，这个行为的目的只是延缓营业员发现项链被窃的时间。如果行为人已经购买了项链，以退货为名，将假项链归还给营业员，营业员以为还是刚才那根项链就把货款退还给行为人，那就构成诈骗。但是在这种情况下，行为人诈骗的标的物不是项链而是货款，诈骗了退还给他的货款。因此，在这些案件中，对行为人之行为到底是定盗窃罪还是定诈骗罪，关键要看财产是通过什么方法取得的，以欺骗形式出现的掩盖行为不能单独构成诈骗罪。

臧某等盗窃、诈骗案

1. 盗窃事实

2010年6月1日，被告人郑某骗取被害人金某195元后，获悉金某的建设银行网银账户内有30.5万余元存款且无每日支付限额，遂电话告知被告人臧某，预谋合伙作案。臧某赶至网吧后，以尚未看到金某付款成功的记录为由，发送给金某一个交易金额标注为1元而实际植入了支付30.5万元的计算机程序的虚假链接，谎称金某点击该1元支付链接后，其即可查看到付款成功的记录。金某在诱导下点击了该虚假链接，其建设银行网银账户中的30.5万元随即通过臧某预设的计算机程序，经上海快钱信息服务有限公司的平台，支付到臧某提前在福州海都阳光信息科技有限公司注册的“kissal23”账户中。臧某使用其中的116 863元购买大量游戏点卡，并在“小泉先生哦”的淘宝网店上出售套现。案发后，公安机关追回赃款187 126.31元发还被害人。

2. 诈骗事实

2010年5月至6月间，被告人臧某、郑某、刘某分别以虚假身份开设无货可供的淘宝网店铺，并以低价吸引买家。三被告人事先在网游网注册一个账户，并对该账户预设充值程序，充值金额为买家欲支付的金额，后将该充值程序代码植入到一个虚假淘宝网链接中。与买家商谈好商品价格后，三被告人各自以方便买家购物为由，将该虚假淘宝网链接通过阿里旺旺聊天工具发送给买家。买家误以为是淘宝网链接而点击该链接进行购物、付款，并认为所付货款会汇入支付宝公司为担保交易而设立的公用账户，但该货款实际通过预设程序转入网游网在支付宝公司的私人账户，再转入被告人事先在网游网注册的充值账户中。三被告人获取买家货款后，在网游网购买游戏点卡、腾讯Q币等，然后将其按事先约定统一放在臧某的“小泉先生哦”的淘宝网店铺上出售套现，所得款均汇入臧某的中国工商银行卡中，由臧某按照获利额以约定方式分配。

被告人臧某、郑某、刘某经预谋后，先后到江苏省苏州市、无锡市、昆山市等地网吧采用上述手段作案。臧某诈骗22 000元，获利5 000余元，郑某诈骗获利5 000余元，刘某诈骗获利12 000余元。

浙江省杭州市中级人民法院于2011年6月1日作出（2011）浙杭刑初字第91号刑事判决：(1) 被告人臧某犯盗窃罪，判处有期徒刑十三年，剥夺政治权利一年，并处罚金人民币三万元；犯诈骗罪，判处有期徒刑二年，并处罚金人民币五千元，决定执行有期徒刑十四年六个月，剥夺政治权利一年，并处罚金人民币三万五千元。(2) 被告人郑某犯盗窃罪，判处有期徒刑十年，剥夺政治权利一年，并处罚金人民币一万元；犯诈骗罪，判处有期徒刑六个月，并处罚金人民币二千元，决定执行有期徒刑十年三个月，剥夺政治权利一年，并处罚金人民币一万二千元。(3) 被告人刘某犯诈骗罪，判处有期徒刑一年六个月，并处罚金人民币五千元。

宣判后，臧某提起上诉。

浙江省高级人民法院于2011年8月9日作出（2011）浙刑三终字第132号刑事裁定：驳回上诉，维持原判。

法院生效裁判认为：盗窃罪是指以非法占有为目的，秘密窃取公私财物的行为；诈骗罪是指以非法占有为目的，采用虚构事实或者隐瞒真相的方法，骗取公私财物的行为。对既采取秘密窃取手段又采取欺骗手段非法占有财物行为的定性，应从行为人采取的主要手段和被害人有无处分财物意识方面区分盗窃罪与诈骗罪。如果行为人获取财物时起决定性作用的手段是秘密窃取，诈骗行为只是为盗窃创造条件或作掩护，被害人也没有"自愿"交付财物的，就应当认定为盗窃罪；如果行为人获取财物时起决定性作用的手段是诈骗，被害人基于错误认识而"自愿"交付财物，盗窃行为只是辅助手段的，就应当认定为诈骗罪。在信息网络情形下，行为人利用信息网络，诱骗他人点击虚假链接而实际上通过预先植入的计算机程序窃取他人财物构成犯罪的，应当以盗窃罪定罪处罚；行为人虚构可供交易的商品或者服务，欺骗他人为支付货款点击付款链接而获取财物构成犯罪的，应当以诈骗罪定罪处罚。本案中，被告人臧某、郑某使用预设计算机程序并植入的方法，秘密窃取他人网上银行账户内巨额钱款，其行为均已构成盗窃罪。臧某、郑某和被告人刘某以非法占有为目的，通过开设虚假的网络店铺和利用伪造的购物链接骗取他人数额较大的货款，其行为均已构成诈骗罪。对臧某、郑某所犯数罪，应依法并罚。

关于被告人臧某及其辩护人所提非法获取被害人金某的网银账户内30.5万元的行为不构成盗窃罪而是诈骗罪的辩解与辩护意见，经查，被告人臧某和被告人郑某在得知金某网银账户内有款后，即产生了通过植入计算机程序非法占有目的；随后在网络聊天中诱导金某同意支付1元钱，而实际上制作了一个表面付款"1元"实际支付30.5万元的假淘宝网链接，致使金某点击后，其网银账户内30.5万元即被非法转移到臧某的注册账户中。对此金某既不知情，也非自愿。可见，臧某、郑某获取财物时起决定性作用的手段是秘密窃取，诱骗被害人点击"1元"的虚假链接系实施盗窃的辅助手段，只是为盗窃创造条件或作掩护，被害人也没有"自愿"交付巨额财物，获取银行存款实际上是通过隐藏的事先植入的计算机程序窃取的，符合盗窃罪的犯罪构成要件，依照刑法第264条、第287条的规定，应当以盗窃罪定罪处罚。故臧某及其辩护人所提上述辩解和辩护意见与事实和法律规定不符，不予采纳。

以上案例是最高人民法院颁布的第12号指导性案例，涉及诈骗罪与盗窃罪的区分问题。该案的盗窃部分就是前面我们讨论的被害人不知情交付，因为被害人没有有意识处分行为，因此不能认定被告人的行为构成诈骗罪。该案的诈骗部分是，被告人开设虚假网络商铺，以销售商品或者提供服务为名，欺骗他人为支付货款点击付款链接，从而获取财物。在这种情况下，被害人对于支付货款具有意识，其处分行为是有意识的处分，因此，被告人的行为构成诈骗罪。应当指出，在网络空间所实施的盗窃行为和诈骗行为具有复杂性，在认定的时候还是要严格把握盗窃罪和诈骗罪的本质特征，从而对这两种不同的财产犯罪加以正确的区分。

（十二）诈骗罪与抢夺罪的区分

诈骗罪与抢夺罪，如果仅从行为方式上看，区分是极为明显的：诈骗罪是以欺骗方法取得他人财物，而抢夺罪是以夺取的方法占有他人财物。但在司法实践中，存在着两种行为交错的案件，在这种情况下，到底是定诈骗罪还是定抢夺罪就会引发争议。

何某诈骗案

1999年10月16日下午，被告人何某遇到陈某（在逃），在闲聊中陈某提出去搞一辆摩托车，何某表示同意。后陈某去寻找目标，何某在东兴市东兴镇北仑大道建安加油站处等候。当晚8时许，陈某雇请宋某驾驶两轮摩托车到加油站载上何某一同到东兴镇东郊村罗浮附近，以等人为由让宋某停车等候。陈某趁宋某下车未拔出钥匙之际，将摩托车开走，宋某欲追赶，何某则以陈某用其车去找人、会回来还车等理由稳住宋某。后何某又以去找陈某为由，叫宋某在原地等候，自己趁机逃跑。经鉴定，该摩托车价值人民币4 905元。

法院认为：被告人何某以非法占有为目的，虚构事实骗取他人财物，数额较大，其行为已构成诈骗罪。依照《中华人民共和国刑法》第266条的规定，于2000年1月25日判决如下：被告人何某犯诈骗罪，判处有期徒刑2年，并处罚金人民币 2 000 元。

宣判后，何某没有上诉，检察机关未抗诉，判决发生法律效力。

在本案处理过程中，对被告人何某的行为如何定性存在两种不同意见：第一种意见认为，被告人何某以非法占有为目的，伙同他人用虚构事实的方法，骗取他人财物数额较大，其行为符合诈骗罪的构成要件，构成诈骗罪。第二种意见则认为，虽然何某与其同伙在非法占有摩托车前隐瞒真相，在占有摩托车后又虚构事实，对被害人进行欺骗，使之产生错觉，从而在摩托车被开走后不再追赶，但从何某及其同伙占有宋某摩托车的方式来看，并非宋某上当受骗后“自愿”将摩托车交给陈某，在此真正起着关键作用的是公然抢夺。正是通过公然抢夺，何某与其同伙才完成了对宋某的摩托车的非法占有。当陈某通过公然抢夺方式将宋某的摩托车抢走后，陈某与何某的抢夺行为已经完成，抢夺罪已经成立。至于何起明在陈某夺车已完成之后虚构事实的行为，对被害人虽然有欺骗性质，但不同于诈骗罪中行为人为了获取财物而实施的欺骗行为，其仅是为了拖延时间以便陈某逃离现场，而不再是骗取财物。被告人何某伙同他人以非法占有为目的，乘人不备，公然夺取他人财物，数额较大，其行为符合抢夺罪的构成要件，构成抢夺罪。

本案的裁判理由指出：

无论是诈骗罪还是抢夺罪，作为侵犯财产的犯罪，其目的均为非法获取、占有公私财物。但从犯罪构成的客观方面来看，诈骗罪是以虚构事实或者隐瞒真相的方法，骗取财物；而抢夺罪则表现为乘人不备，公然夺取他人财物。两罪的区别是明显的，一般情况下不容易发生混淆。但在本案中，被告人何某非法占有他人财物的手段具有复合性：一方面，何某与其同伙通过乘人不备骑走摩托车的方式将宋某的摩托车非法占有；另一方面，何某与其同伙在非法获取财物前隐瞒真相，在占有宋某的摩托车后又虚构事实，在犯罪过程中采用了欺骗手段。正是这种犯罪手段的复合性，导致了对本案定性问题的不同认识。诚然，陈某与何某正是通过公然抢夺实现了对摩托车的非法占有，此时，两作案人的抢夺行为已经完成。如果在陈某骑走摩托车后，何某也径行逃跑，两人的行为毫无疑问应以抢夺罪定罪处罚。但在本案中，何某并没有在陈某完成抢夺行为后立即逃跑，而是留下来虚构“陈某用其车去找人，还会回来还车”这一事实稳住被害人宋某，宋某信以为真，也就不追赶，更没有报警。因此，虽然陈某与何某占有的摩托车不是被害人自愿交出的，似不符合诈骗罪中被害人因受骗上当“自愿地”交出财物这一典型特征，但是被害人宋某没有呼喊、追赶和报警，不是因为其不能或者不敢呼喊、追赶和报警，而是因为何某虚构事实，并且仍与宋某待在一起，没有逃跑，宋某完全有理由相信何某所言的真实性，因此，实际上默认了陈某对摩托车的占有。也就是说，被害人宋某丧失摩托车，实际上是因其受骗上当而“自愿”交出，是诈骗的另一种表现形式。从陈某与何某的主观故意的内容来看，虽然在陈某提起犯意“去搞一辆摩托车”时，主观故意的内容不明确，可能是偷、骗、抢等，但从陈某与何某为实现其非法占有目的而采取的一系列行为来看，先是隐瞒真相，没有真实的租车目的，却以租车为名，骗取被害人宋某的信任，租乘宋某的摩托车；再虚构事实，以等人为由让宋某停车等候，为非法占有他人的摩托车创造了条件；然后虚构“陈某用其车去找人、会回来还车”的事实，使被害人宋某不呼喊、不追赶，也没有报警，以实现非法占有财物的目的；最后又虚构“去找陈某”这一事实，逃离作案现场。这些事实充分反映了陈某与何某具有诈骗他人财物的主观故意。

综合全案情况，陈某与何某在主观上具有诈骗财物的故意，在客观上实施隐瞒真相和虚构事实的手段非法占有了他人的财物，完全符合刑法规定的诈骗罪构成要件，应以诈骗罪定罪处罚，而不应仅根据陈某与何某实施犯罪行为的手段之一即认为其行为构成抢夺罪。

以上案例中法院最终是以诈骗罪对何某等人定罪的。在该案中，被害人的摩托车被陈某夺走，这一事实是没有争议的。裁判理由也说，如果没有此后何某的欺骗行为，本案理所当然构成抢夺罪，但裁判理由又认为本案存在双重行为：抢夺行为和欺骗行为。这里所谓欺骗行为，是指在被害人的摩托车被陈某夺走以后，何某欺骗被告人陈某会回来换车，以此稳住被害人，使其不去报案。这里何某对被害人确实存在欺骗行为，但这个欺骗行为构成诈骗罪吗？我在前面已经讲过，诈骗罪的构成要件除了诈骗行为以外，还要有被害人产生错误认识，并基于错误认识而交付财物的行为。这里的交付财物就是处分财物，而且是有意识的处分行为。显然，在本案中这种处分行为根本就不存在，因为被害人的摩托车早就已经被陈某夺走。在这种情况下，被害人根本就没有财物可以处分。其实，何某的欺骗行为并不是诈骗罪的诈骗行为，而是在陈某抢夺摩托车既遂以后，为了使陈某能够安全脱身的掩护行为。因此，本案应当认定为抢夺罪而不是诈骗罪。由此可见，司法机关对诈骗罪的构成要件把握得并不是十分准确。

（十三）诈骗罪与职务侵占罪的区分

职务侵占罪是指公司、企业或者其他单位的工作人员，利用职务上的便利，侵占本单位财物，数额较大的行为。在我国刑法中，职务侵占罪相当于非国家工作人员贪污罪，即，职务侵占罪与贪污罪的区分主要在于主体的不同，而其他要件是相同的。职务侵占罪的手段包括了诈骗，即利用职务上的便利骗取本单位的财物，因此，在某种意义上说，职务侵占罪与诈骗罪之间存在着某种竞合关系。

成某诈骗案

2006年2月至11月期间，被告人成某、被告人黄某使用假身份证和驾驶证在佛山市各地的一些工厂应聘司机一职，进厂后即利用外出送货之机将被害单位的车辆开走，并将部分赃车销售给被告人唐某。被告人成某共侵占财物价值272 080.7元，被告人黄某参与侵占财物价值221 419.6元，被告人唐某收购赃物价值133 799.6元。

广东省佛山市南海区人民法院经审理认为：被告人成某身为被害单位的司机，利用职务上的便利，伙同被告人黄某将被害单位的财物非法占为己有，数额较大，其行为均已构成职务侵占罪；被告人唐某明知是车辆犯罪所得的赃物而予以收购，其行为已构成收购赃物罪。公诉机关指控被告人成某、黄某构成诈骗罪罪名有误，予以纠正。被告人成某是犯意的提出者及主要犯罪行为的实施者，在共同犯罪中起主要作用，是主犯；被告人黄某在共同犯罪中起次要作用，是从犯，依法应对其从轻处罚。被告人成某因涉嫌犯罪被抓获后，如实供述了公安机关尚未掌握的同种较重罪行，且协助公安机关抓捕同案犯，有立功表现，依法应对其从轻处罚。采纳辩护人辩称成某有立功表现的辩护意见。辩护人辩称成某归案后供述同种罪行的行为构成自首不符合法律规定，本院不予支持。被告人黄某、唐某自愿认罪，酌情予以从轻处罚。该院遂以职务侵占罪分别判处被告人成某、黄某有期徒刑三年六个月、二年；以收购赃物罪判处唐某有期徒刑一年，并处罚金人民币一千元。

一审宣判后，广东省佛山市南海区人民检察院提起抗诉及广东省佛山市人民检察院支持抗诉称：一审判决对原审被告人成某、黄某的行为定性有误。理由是：主观上，原审被告人成某、黄某在进入各被害单位之前就已具有骗取被害单位车辆的犯罪故意；客观上，两被告人在意图非法占有被害单位车辆的思想指导下，首先使用假身份证和驾驶证到职介所登记，再去被害单位应聘，既虚构了其身份及遵纪守法的事实，又隐瞒了其"并非想从事司机职务"及曾经诈骗其他单位车辆的真相，骗取了被害人的信任，使被害人陷入错误认识，"自愿"将车辆交其保管，从而实现其非法占有被害单位财物的目的。综上，原审被告人成某、黄某的行为已构成诈骗罪，且诈骗数额巨大。一审判决将原审被告人成某、黄某的行为定性为职务侵占罪，脱离了两原审被告人主观上具有诈骗犯罪故意的事实，割裂了两原审被告人实施诈骗行为的整体性，忽视了本案作为整体对社会的危害程度，从而直接造成了量刑畸轻的结果。

广东省佛山市中级人民法院经审理认为：原审被告人成某伙同原审被告人黄某，以非法占有为目的，虚构事实，隐瞒真相，骗取他人财物，数额巨大，其行为均已构成诈骗罪。原审被告人唐某明知是车辆犯罪所得而予以收购，其行为已构成掩饰、隐瞒犯罪所得罪。在共同犯罪中，原审被告人成某起主要作用，系主犯，依法应当按照其所参与的全部犯罪处罚；原审被告人黄某起辅助作用，是从犯，依法应当减轻处罚。原审被告人成某因涉嫌犯罪被抓获后，如实供述了公安机关尚未掌握的同种较重罪行，依据有关司法解释，一般应当从轻处罚。原审被告人成某归案后，协助公安机关抓捕其他同案犯，依据有关司法解释，应当认定为有立功表现，依法可以从轻处罚。广东省佛山市南海区人民检察院及广东省佛山市人民检察院认为原审被告人成某、黄某的行为应定性为诈骗罪的抗诉及支持抗诉意见有事实和法律依据，予以采纳。至于原审被告人成某的辩护人提出原审被告人成某的行为应构成职务侵占罪的辩护意见，经查，原审被告人成某伙同原审被告人黄某，以非法占有为目的，使用假身份证和驾驶证骗取被害单位招聘成某做司机，后成某利用给被害单位送货之机，伙同黄某将被害单位的车辆非法占为己有；成某没有为被害单位从事司机一职的主观愿望，其骗取司机一职只是其骗取被害单位财物的一种手段，原审被告人成某、黄某的行为已构成诈骗罪。故对原审被告人成某的辩护人提出原审被告人成某的行为构成职务侵占罪的辩护意见不予采纳。原审判决认定事实清楚，证据确实、充分，审判程序合法，对原审被告人黄某、唐某的量刑适当，但对原审被告人成某、黄某的行为定罪不准及对原审被告人成某的量刑稍轻，应予纠正。另外，依照新的司法解释，原判认定原审被告人唐某犯收购赃物罪应改判为掩饰、隐瞒犯罪所得罪。依照《中华人民共和国刑事诉讼法》第一百八十九条第（二）项、《中华人民共和国刑法》第二百六十六条、第三百一十二条，第二十六条第一款、第四款，第二十七条、第六十八条第一款、第五十二条、第五十三条，《最高人民法院关于处理自首和立功具体应用法律若干问题的解释》第四条、第五条，最高人民法院、最高人民检察院《关于执行〈中华人民共和国刑法〉确定罪名的补充规定（三）》的规定，判决如下：(1) 维持广东省佛山市南海区人民法院（2007）南刑初字第851号刑事判决第二项及第三项的量刑部分。(2) 撤销广东省佛山市南海区人民法院（2007）南刑初字第851号刑事判决的定罪部分及第一项的量刑部分。(3) 被告人成某犯诈骗罪，判处有期徒刑四年，并处罚金人民币四千元。(4) 被告人黄某犯诈骗罪，判处有期徒刑二年，并处罚金人民币二千元。(5) 被告人唐某犯掩饰、隐瞒犯罪所得罪，判处有期徒刑一年，并处罚金人民币一千元。

本案的一、二审关于对被告人成某等的行为如何定性，存在两种不同意见。一审认为应认定被告人成某等构成职务侵占罪，而二审认为应当认定被告人成某等构成诈骗罪。以上分歧意见的存在反映出关于职务侵占罪与诈骗罪之间究竟如何区分，在刑法理论上还存在一些模糊认识，当然，也还存在着定罪方法论不同的问题。对于本案，主张认定为诈骗罪的意见是对于被告人从利用虚假材料应聘，到担任司机以后将车辆占为己有的整个过程进行整体性考察的结果，从而认为被告人从应聘之初就具有骗取相关单位车辆的主观故意，在这种故意的支配下，所实施的虚假应聘和担任司机以后占有车辆的行为，就是诈骗罪。而主张认定为职务侵占罪的意见则把本案被告人的行为分为两个阶段：第一阶段是利用虚假材料骗取司机职位，这是犯罪预备。第二阶段是利用担任司机的职务上的便利，将本单位的车辆非法予以占有。这是犯罪实行。从本案的案情来看车辆是被告人通过职务上的便利非法占有的，符合职务侵占罪的构成要件。

我赞同上述第二种意见，认为本案应当认定为职务侵占罪。在此，涉及一个法律问题，即通过虚假身份证明等材料而取得的单位职务，能否被评价为职务侵占罪中的职务。我的观点是肯定的，而且最高人民法院研究室《关于对行为人通过伪造国家机关公文、证件担任国家工作人员职务并利用职务上的便利侵占本单位财物、收受贿赂、挪用本单位资金等行为如何适用法律问题的答复》明确指出："行为人通过伪造国家机关公文、证件担任国家工作人员职务以后，又利用职务上的便利实施侵占本单位财物、收受贿赂、挪用本单位资金等行为，构成犯罪的，应当分别以伪造国家机关公文、证件罪和相应的贪污罪、受贿罪、挪用公款罪等追究刑事责任，实行数罪并罚。"由此可见，不仅合法取得的职务可以据以构成职务犯罪，而且非法取得的职务也可以据以构成职务犯罪。

（十四）诈骗罪的法条竞合

刑法第 266 条规定："本法另有规定的，依照规定。"这就是对普通诈骗罪与其他诈骗犯罪之间法条竞合关系的规定。除了第 266 条关于普通诈骗罪的规定以外，我国刑法还规定了一些特殊类型的诈骗罪。

1. 集资诈骗罪

根据刑法第 192 条的规定，集资诈骗罪是指以非法占有为目的，使用诈骗方法非法集资，数额较大的行为。集资诈骗罪是以诈骗集资款为内容的。集资诈骗罪不仅诈骗手段特殊——采取集资方式进行诈骗，而且诈骗对象特殊——骗取的是集资款。集资诈骗罪与诈骗罪之间存在特殊法与普通法的竞合关系。

2. 贷款诈骗罪

根据刑法第193条的规定，贷款诈骗罪是指以非法占有为目的，采取虚构事实或隐瞒真相的方法，骗取银行或者其他金融机构的贷款，数额较大的行为。刑法列举了以下五种贷款诈骗的表现方式：(1) 编造引进资金、项目等虚假理由的；(2) 使用虚假的经济合同的；(3) 使用虚假的证明文件的；(4) 使用虚假的产权证明作担保或者超出抵押物价值重复担保的；(5) 以其他方法诈骗贷款的。贷款诈骗罪的特殊性表现为诈骗的对象特殊——银行或者其他金融机构的贷款。因此，贷款诈骗罪与诈骗罪之间存在特殊法与普通法的竞合关系。

3. 票据诈骗罪

根据刑法第194条第1款的规定，票据诈骗罪是指采取虚构事实或隐瞒真相的方法，利用金融票据骗取财物，数额较大的行为。刑法列举了以下五种票据诈骗的表现方式：(1) 明知是伪造、变造的汇票、本票、支票而使用的；(2) 明知是作废的汇票、本票、支票而使用的；(3) 冒用他人的汇票、本票、支票的；(4) 签发空头支票或者与其预留印鉴不符的支票，骗取财物的；(5) 汇票、本票的出票人签发无资金保证的汇票、本票或者在出票时作虚假记载，骗取财物的。票据诈骗罪区别于普通诈骗罪的主要特征在于利用金融票据进行诈骗，它和诈骗罪之间也存在特殊法与普通法的竞合关系。

4. 金融凭证诈骗罪

根据刑法第194条第2款的规定，金融凭证诈骗罪是指使用伪造、变造的委托收款凭证、汇款凭证、银行存单等其他银行结算凭证，骗取财物的行为。金融凭证诈骗罪的特殊性在于手段特殊，它和诈骗罪之间存在特殊法与普通法的竞合关系。

5. 信用证诈骗罪

根据刑法第195条的规定，信用证诈骗罪是指采取虚构事实或隐瞒真相的方法，利用信用证骗取财物的行为。刑法列举了以下四种信用证诈骗的表现方式：(1) 使用伪造、变造的信用证或者附随的单据、文件的；(2) 使用作废的信用证的；(3) 骗取信用证的；(4) 以其他方法进行信用证诈骗活动的。信用证诈骗罪的特殊性在于手段特殊，它和诈骗罪之间存在特殊法与普通法的竞合关系。

6. 信用卡诈骗罪

根据刑法第196条第1款的规定，信用卡诈骗罪是指采取虚构事实或隐瞒真相的方法，利用信用卡进行诈骗，数额较大的行为。刑法列举了以下四种信用卡诈骗的表现方式：(1) 使用伪造的信用卡，或者使用以虚假的身份证明骗领的信用卡的；(2) 使用作废的信用卡的；(3) 冒用他人信用卡的；(4) 恶意透支的。信用卡诈骗罪的特殊性也在于手段特殊，它和诈骗罪之间存在特殊法与普通法的竞合关系。

7. 有价证券诈骗罪

根据刑法第197条的规定，有价证券诈骗罪是指使用伪造、变造的国库券或者国家发行的其他有价证券，进行诈骗活动，数额较大的行为。有价证券诈骗罪的特殊性也在于手段特殊，它和诈骗罪之间存在特殊法与普通法的竞合关系。

8. 保险诈骗罪

根据刑法第198条第1款的规定，保险诈骗罪是指投保人、被保险人或者受益人违反保险法的规定，采取虚构事实或隐瞒真相的方法，骗取保险金，数额较大的行为。刑法列举了以下四种保险诈骗的表现方式：(1) 投保人故意虚构保险标的，骗取保险金的；(2) 投保人、被保险人或者受益人对发生的保险事故编造虚假的原因或者夸大损失的程度，骗取保险金的；(3) 投保人、被保险人或者受益人编造未曾发生的保险事故，骗取保险金的；(4) 投保人、被保险人故意造成财产损失的保险事故，骗取保险金的；(5) 投保人、受益人故意造成被保险人死亡、伤残或者疾病，骗取保险金的。保险诈骗罪的特殊性在于对象特殊——保险金，它和诈骗罪之间存在特殊法与普通法的竞合关系。

9. 骗取出口退税罪

根据刑法第204条的规定，骗取出口退税罪是指以假报出口或者其他欺骗手段，骗取国家出口退税款，数额较大的行为。骗取出口退税罪的特殊性在于对象特殊——出口退税款，它和诈骗罪之间存在特殊法和普通法的竞合关系。

10. 合同诈骗罪

我国刑法第224条对合同诈骗罪作了明文规定，为司法机关正确地认定合同诈骗罪提供了法律依据。在司法实践中，合同诈骗罪往往呈现出十分复杂的情形。就合同诈骗罪与诈骗罪的关系而言，两罪之间存在法条竞合关系。根据我国刑法第224条的规定，合同诈骗罪是指以非法占有为目的，在签订、履行合同过程中，骗取对方当事人财物，数额较大的行为。同时，刑法还对合同诈骗的方法明文列举如下：（1）以虚构的单位或者冒用他人名义签订合同的；（2）以伪造、变造、作废的票据或者其他虚假的产权证明作担保的；（3）没有实际履行能力，以先履行小额合同或者部分履行合同的方法，诱骗对方当事人继续签订和履行合同的；（4）收受对方当事人给付的货物、货款、预付款或者担保财产后逃匿的；（5）以其他方法骗取对方当事人财物的。

11. 组织、领导传销活动罪

根据刑法第224条之一的规定，组织、领导传销活动罪是指组织、领导以推销商品、提供服务等经营活动为名，要求参加者以缴纳费用或者购买商品、服务等方式获得加入资格，并按照一定顺序组成层级，直接或者间接以发展人员的数量作为计酬或者返利依据，引诱、胁迫参加者继续发展他人参加，骗取财物，扰乱经济社会秩序的传销活动的行为。因此，组织、领导传销活动罪实际上是一种诈骗罪。根据刑法第224条之一的规定，组织、领导传销活动罪在客观上表现为组织、领导以拉人头、收取入门费为特征的传销活动，骗取财物的行为。

12. 招摇撞骗罪

根据刑法第279条的规定，招摇撞骗罪包含了诈骗财物的行为，因此与诈骗罪之间是一种交互竞合。也就是说，当行为人采取冒充国家机关工作人员的方法，骗取他人财物数额较大以上时，该行为既符合招摇撞骗罪的特征，又符合诈骗罪的特征。由此可见，在上述两个罪名之间具有构成内容的部分重合，这是一种交互竞合。

四、诈骗罪的处罚

根据刑法第 266 条的规定，诈骗公私财物，数额较大的，处 3 年以下有期徒刑、拘役或者管制，并处或者单处罚金；数额巨大或者有其他严重情节的，处 3 年以上 10 年以下有期徒刑，并处罚金；数额特别巨大或者有其他特别严重情节的，处 10 年以上有期徒刑或者无期徒刑，并处罚金或者没收财产。

根据司法解释的规定，3 万元至 10 万元以上是诈骗罪的数额巨大，30 万元至 50 万元以上是诈骗罪的数额特别巨大。司法解释还规定，诈骗数额接近其规定的数额巨大、数额特别巨大的标准，并具有规定的情形之一或者属于诈骗集团首要分子的，应当分别认定为刑法第 266 条规定的其他严重情节、其他特别严重情节。

第二十七讲

侵占罪

侵占罪是侵犯财产罪中较为独特的一种犯罪。由于在我国 1979 年刑法中没有设立侵占罪，在 1997 年刑法中才设立侵占罪，因而我国刑法学界对侵占罪的理论研究还较为薄弱。在本讲中，我对侵占罪的特征，尤其是侵占罪与其他侵犯财产罪之间的区分进行讲解。

一、侵占罪概述

侵占罪是一种较为常见的侵犯财产的犯罪。随着我国经济的发展，财产关系日益复杂化，各种侵占犯罪也有所增加，需要从法律上加以规定。

根据我国刑法第 270 条的规定，侵占罪是指以非法占有为目的，将代为保管的他人财物非法占为己有，数额较大，拒不退还或者将他人的遗忘物或者埋藏物非法占为己有，数额较大，拒不交出的行为。

侵占罪在我国刑法当中是一个较新的罪名，在 1979 年刑法中，并没有专门设立侵占罪。1995 年全国人大常委会颁布了《关于惩治违反公司法的犯罪的决定》，其第 9 条首次在我国刑法中设立了侵占罪。这个侵占罪的主体是公司、企业人员，因而这个罪实际上是一种职务侵占罪或者业务侵占罪，只是由于当时我国刑法中还没有设立普通的侵占罪，因而把这种公司、企业人员的侵占犯罪称为侵占罪。1997年刑法修订的时候，首次在我国刑法中增设了普通侵占罪，因而公司、企业或者其他单位人员的侵占犯罪就被称为职务侵占罪。随着侵占罪的设立，盗窃罪和诈骗罪的范围有所缩小，也就是说在侵占罪设立之前，某些情节严重的侵占行为，根据它的手段不同，实际上被分别按照盗窃罪和诈骗罪来处理。在侵占罪设立以后，在某种意义上来说，盗窃罪和诈骗罪的内涵有所缩小。

侵占罪是我国刑法中一个较新的罪名，在侵占罪设立以后，对于侵占行为如何认定，尤其是如何划分侵占罪和盗窃罪、诈骗罪等其他财产犯罪的界限，是一个较为复杂的问题。在司法实践中，侵占罪和其他财产犯罪之间的界限往往容易混淆。因此，侵占罪有很多问题值得我们研究。

侵占罪设立以后，我国刑法中的财产犯罪的罪名体系相对完善。这里之所以说是相对完善，是因为我国刑法中至今还缺少一个较为重要的罪名，这就是背信罪。而其他国家的刑法中都有背信罪。例如，日本刑法典中的背信罪是指为他人处理事务的人，意图为自己孩子或第三人谋取利益，或出于损害委托人利益的目的，实施违背其任务的行为，从而给委托人造成财产上的损失。背信罪的主体是受委托为他人处理事务的人，客观上实施了违背其任务的行为。侵占罪的主体也是受委托代为保管他人财物的人，与背信罪的主体相同。侵占是将他人财物据为己有，这也是一种违背任务，造成委托人财产损失的行为。因此，侵占罪就是一种背信罪，是背信罪的特别规定，两者之间存在普通法与特别法之间的法条竞合关系。我国刑法中的职务侵占罪、贪污罪、挪用资金罪和挪用公款罪，都是背信罪的特别法。我国刑法第169条之一规定的背信损害上市公司利益罪，是唯一一个以背信为罪名的犯罪。由此可见，背信罪是财产犯罪中一个起到兜底作用的罪名，对于财产权的保护具有重要意义。

二、侵占罪的构成

（一）罪体

1. 行为

侵占行为，根据刑法条文的表述，是将代为保管的他人财物占为己有，或者将遗忘物或者埋藏物占为己有。

这里应当指出，侵占罪是以财物的所有与占有的分离为前提的。如果没有这种所有与占有的分离，就不可能出现侵占这种犯罪行为。因此，在理解侵占罪的构成要件之前，我们首先需要了解民法中的所有权理论。所有权是民法中的一个基本概念，也是民法保护的客体。同样，刑法中的财产犯罪在很大程度上也体现为对财产所有权的保护。所有权具有四项权能，这就是占有、使用、收益与处分。在这四项权能中，占有是基础。在一般情况下，所有与占有是同一的，即所有者占有，这是常态。但为了物尽其用，也存在着所有与占有的分离现象。例如，我自己不用的财物，我就借给他人使用或者出租给他人使用。在这种情况下，所用非其物或者所居非其屋。这就是典型的所有与占有的分离。越是经济发展，这种所有与占有的分离状态越是普遍。在这种所有与占有分离的情况下，就出现了占有者将其所占有的他人之物非法据为己有的犯罪，这就是侵占罪。侵占罪是以事先已经占有他人财物为前提的，因此属于非占有转移型财产犯罪，这也是侵占罪与盗窃等其他占有转移型财产犯罪的根本区分之所在。

对于侵占行为在刑法教义学上存在一种传统的表述，即合法持有、非法占有。这样一种表述在将侵占罪与侵占遗失物、漂流物或者其他脱离占有物等同的法律语境下是正确的。例如，日本除了设立侵占罪以外，还设立了侵占遗失物等罪。在侵占罪中持有他人物品都是合法持有。而在侵占遗失物、漂流物等情况下，这些物品属于不当得利，持有它们就不能说是合法持有。我国刑法中的侵占罪，不仅包括合法持有的物品，还包括漂流物、埋藏物等物品，行为人对后者并非合法持有。因此，在我国刑法的语境中就不能说是合法持有非法占有。在我国刑法中，侵占罪的持有实际上并不限于合法持有，还包括一些没有正当理由的或者没有正当根据的持有。这种持有不一定要求具有合法性。在某种意义上来说，只要没有采取其他犯罪手段而持有，就可以构成侵占的前提。所以这里的持有，不应当对它加以规范的评价，而是作一种事实的判断。这种事实的判断就是指，在非法占有之前，他人财物是否处在本人的保管之中，或者本人的持有之中。因此，我把合法持有非法占有改为已然持有继而占有。在已然持有当中，强调的是一种持有关系，并且这种持有关系发生在占有之前。

已然持有这种持有状态只是构成侵占行为的一个逻辑前提，这种持有本身并不是侵占的行为要素，它是一个前提，在这个前提下非法占有他人财物。因而，侵占行为的本质是将已然持有的他人财物继而占为已有。这里首先涉及一个问题，这就是持有和占有的关系。在民法理论上持有是指占有的客观状态，即财物处于人的事实支配关系下而被承认的客观性关系。而占有的概念则比较复杂，有客观说与主观说之分。根据客观说，持有即占有，无须考虑主观要素。但根据主观说，除了客观上的持有以外，占有还需要主观上有占有的意思，即主观要素。因此，在采用主观说的情况下，持有是占有的客观层面，持有不等于占有。因此，根据主观说，占有是指基于为自己的目的而持有财物。现在民法理论对占有一般采用主观说。从客观层面来看，占有与持有实际上是同一种状态，持有本身也是一种占有。应该说，侵占罪中讨论占有，主要就是讨论持有。

占有是一个民法的概念，是民法中所有权的一项权能。在刑法中也广泛使用占有这个术语，但在刑法中使用占有这个词有时候和民法中是不一样的。在民法中，占有到底是一种权利还是一种事实，这是存在争议的问题。但毫无疑问，占有既是一种权利，又是一种事实。在民法中是在这两个层面进行讨论的。但在刑法中，对占有更多的是在事实层面讨论的。如果把占有视为权利，那么，非法给付的占有就无法定罪了。因此，刑法中更为关注的是作为事实的占有，而不是作为权利的占有。我们可以说，已然持有中的持有主要是指事实上的占有，而继而占有中的占有主要是指法律上的占有。因此，在侵占罪中，需要讨论两种占有，而这两种占有是存在区分的。虽然在表述上我们有时以持有与占有加以区分，但在具体论述的时候，又将持有说成是占有。在已然持有这个侵占罪的构成要件中，我们还是在讨论占有，即作为事实的占有，而不是作为权利的占有。

下面我对已然持有继而占有这样一种侵占行为进行具体讨论。

(1) 已然持有。

这里所谓的已然持有，是指基于某种非犯罪原因而获得对他人财物的支配状态。这种支配状态包括事实上的支配和法律上的支配这两种情形。在我国刑法当中，把这种事实上的支配状态表述为代为保管，但实际上这种支配状态并不限于狭义上的保管关系，因此我们需要对刑法第 270 条所规定的代为保管这一用语作广义的理解，它实际上是指对他人财产所具有的一种事实上的支配状态。根据持有的原因和根据的不同，我们可以分为以下一些情形来加以讨论：

第一种是委托关系，基于委托关系而持有他人财物。在这种委托关系中，委托人出于一定的目的，基于对受托人的信任，将某一事项交给受托人完成，受托人由此而获得了在委托期间对他人财物的保管权。在现实生活当中，这种委托关系是极为常见的，委托事项也是多种多样的。其中最为常见的就是委托他人代为保管财物，另外还包括委托他人代购代卖某种物品，委托他人代为转交转送某种物品，委托他人代为接收某种物品，委托他人代办邮寄财物，等等。基于这种委托关系而获得对他人财物的实际支配状况，是已然持有中最常见的一种方式。

第二种是租赁关系。租赁是指行为人基于租赁合同持有他人财物。租赁合同是指出租人将出租财物交给承租人有偿使用，承租人按照约定向出租人交付租金，并在租赁关系终止时将所租财物交还给出租人的一种协议。在租赁合同成立以后，承租人和出租人之间就形成了一种租赁关系，承租人根据这种租赁关系而合法地取得对租赁物的持有。在租赁期间，承租人可以合法地使用出租物，但是租赁合同期满以后，承租人就应当将租赁物返还给出租人。如果承租人违反上述返还义务，非法地将承租物据为己有，就属于一种侵占行为。

第三种是担保关系。担保是指以确保债务的履行为目的，而在债务人或者第三人的物上设定物权的行为。由担保而形成的物权称为担保物权，担保物权中包括质权和留置权。这里的质权是指债权人占有债务人或第三人为担保债务履行而移交的财物，在债务人不履行债务时，就该财物的变卖价优先受偿的一种权利。在质权关系中，债务人或第三人将质物，也就是设定质权的标的物，交给质权人占有，从而不再享有对质物的占有、使用及收益。留置权是指，债权人因合同关系占有债务人的财物，在由此产生的债权得到清偿以前，留置该项财物，并在超过一定期限仍未得到清偿时，依法变卖留置财物，从价款中优先受让的权利。在质权和留置权的情况下，行为人都因这种担保关系而获得了对他人财物的占有，但这种占有和所有权当中的占有是有所不同的，也就是说虽然质权人、留置权人占有了财物，但财物的所有权仍然属于他人。只有在特定的条件下，例如他人没有偿还债务，被质押或者留置的他人财物才能转为质权人、留置权人本人的财物。如果他人已经偿还了债务，那就应当把质权的标的物和留置权的标的物返还给他人。因此，这种担保关系也可能产生对他人财物的事实上的支配关系。

第四种是借用关系。借用是指出借人将出借物无偿地交给借用人使用，借用人在一定期限内或使用完毕后将出借物返还给出借人。这里的出借物包括两种，一种是特定物，另外一种是种类物。在借用的是特定物的情况下，借用人通过借用关系获取了对他人特定财物的使用权，因而这里只发生使用权的转移而不发生所有权的转移。也就是说，在借用他人财物期间，虽然借用人占有了他人财物，但这个财物仍然是他人财物而不是借用人本人的财物。在借用期满或者使用完毕以后，借用人就应当将出借物返还给他人，因此借用人具有返还义务。如果在使用完毕或者借用期满以后，借用人没有履行返还义务，而是将借用物非法占为己有，这就是一种侵占行为。如果借用的是种类物，例如借用的是现金，现金是种类物，则借用人就可以把它当作自己财物一样来进行使用或者处分，此即所谓占有即所有。在这种情况下，如果借用人没有按照约定的时间返还，那只是一个债务问题而不构成侵占。欠债不还只是一个民事问题，是一个债务的纠纷，应当通过民事的渠道来解决，在刑法当中没有特别规定的情况之下，不能按照侵占罪处理。

第五种是无因管理。无因管理是指未受他人委托，也没有法律上的义务，为避免他人利益受损失而自愿为他人管理事务或者提供服务的一种事实行为。在无因管理的情况下，行为人对他人财物形成了事实上的管理或者支配关系，但由于他人并未放弃对该物品的所有权，因而无因管理者只是对该物形成占有状态，而不改变该物的所有权。例如，在农村有一头牛，主人没有看管好，牛走失了。有人发现这头牛，就对它加以看管。这样一种行为就是无因管理的行为。在无因管理的情况下，管理人获得了或者形成了对他人财物的事实上的管理或者支配关系，但是他人并没有放弃对该财物的所有权。在无因管理中，由于管理人付出了一定的劳动，他人要想重新获得对该财物的实际的所有，就要支付一定的费用。如果将无因管理的他人财物非法据为己有，也是一种侵占行为。

第六种是不当得利。不当得利是指没有法律上或者合同上的根据，使他人受到损害而自己获得某种利益的一种事实行为。不当得利这种现象在现实生活当中也是比较常见的，例如去银行取钱，由于银行的营业员操作上的失误，本来是取5万元，结果给了10万元，多出的5万元就是不当得利。在不当得利的情况下，按照大陆法系的民法规定，应当无偿地予以返还。如果不当得利人予以非法占有，那么也可能构成侵占。

在司法实践中，已然持有这种持有的根据主要有以上六种。

在以上六种情况下，前四种持有可以说是合法持有，因为都是具有某种合法根据的持有，但是后两种情况，也就是由于无因管理或者不当得利而持有他人财物的，就不能说是合法持有。

以上是对某些特殊的持有或者占有类型的分析。在侵占罪的认定中，还存在以下这些较为复杂的占有状态需要讨论：

第一是物理占有与精神占有。这里物理占有比较容易理解，是指占有人对财物具有物理上的实际支配。例如，把财物锁在保险柜中，这是典型的物理占有。大部分占有都是物理占有，由于占有人对财物采取了实力支配，因此占有关系的认定较为简单。而精神占有，也可以说是非物理占有，也就是说，从物理上来说，并没有实力支配，因此不存在占有的标志，但从精神层面来看，仍然属于占有。这是一种基于社会观念的占有。例如，农村散养的鸡鸭牛羊，自由自在地在山间林地觅食，并没有人予以看管，从客观上看不存在实力支配。这一点与关在鸡鸭笼子里或者圈养在牛栏羊圈里的状态是完全不同的，没有物理上的占有。但我们也不会将这些无人看管的鸡鸭牛羊视为无主物，即无人占有的财物，而是当然地认为这是有主物，主人对这些鸡鸭牛羊具有基于社会观念上的占有。

第二是单独占有与共同占有。单独占有是一个所有人或者占有人对财物的占有。这是典型的占有。但也还存在数个所有人或者占有人对财物的占有，这是一种复杂的占有。在存在数个所有人的情况下，也可能是单独占有。例如两个人出钱买了一架照相机，约定只给一个人使用，使用者具有对照相机的占有。但也存在数人所有而且数人占有的情形，这就是共同占有。这种共同占有，在刑法理论上又称为对等关系人之间的占有。例如两人共同购买一台笔记本电脑并且共同使用，这就是典型的共同占有。在这种共同占有的情况下，如果其中一个占有者将财物据为己有，例如非法处置，应如何处理？在刑法理论上，关于对这种行为如何定罪，存在三种观点：第一种观点认为应当定盗窃罪，因为在共同占有的情况下，非法处置共同占有物的行为侵犯了占有关系。第二种观点认为应当定侵占罪，因为在共同占有的情况下，共同占有人是利用自己占有的便利将财物予以非法处置。第三种观点认为这些行为属于盗窃罪与侵占罪的想象竞合，因为就侵犯他人占有而言，属于盗窃；但就处置自己占有的财物而言，又是侵占，两者之间存在竞合关系，一行为触犯数罪名。如果是想象竞合，最终结果还是认定为盗窃罪，当然盗窃的数额只能是共同占有中属于他人的份额。

第三是自己占有与辅助占有。根据占有人是否亲自占有，占有可以分为自己占有与辅助占有。自己占有是指占有人自己对财物进行事实上的管领和控制。而辅助占有称为具有上下主从关系的占有，是指他人根据他人的指示而事实上控制财物。例如，工厂主雇用工人对机器设备进行操作，因而工人具有对机器设备的占有，但这种占有不是真正的占有，而只是辅助占有。如果只是辅助占有而不是真正占有，利用这种辅助占有而将财物据为己有的，应当认定为盗窃罪而不是侵占罪。例如，个体商店中只有老板和一个雇员，两个人站店卖货。在这种情况下，老板对货物具有自己占有，而雇员只是辅助占有。即使在某些情况下，老板出去进货办事，只有雇员一个人站店，也不能认为雇员具有对货物的自己占有。如果雇员利用老板不在店里而私拿货物，应当构成盗窃罪而不是侵占罪。当然，在某些规模较大的企业或者工厂，雇员基于职务或者业务支配财物，形成事实上的占有。在这种情况下，雇员利用职务上或者业务上的便利占有财物的，应当认定为侵占，即职务侵占。但是，如果雇员不是利用职务或者业务的便利，而仅仅是利用熟悉环境等条件，将财物转移占有的，则应当认定为盗窃罪，这就是所谓监守自盗。

第四是死者的占有。占有者只能是活人，死者不再具有对财物的占有，这是没有问题的。那么，在这里为什么还要讨论死者的占有呢？主要是因为在有些杀人案件中，凶手将人杀死以后，临时起意，将死者的财物予以占有，以及非杀人情境下发现他人已经死亡，而将死者财物予以占有的。对此如何定罪？以往，我国刑法中没有设立侵占罪，对这种情况一般都定盗窃罪，理由是：虽然人死了，但死者的财物并没有变成无主物，根据继承法的规定，死者的财物已经基于继承关系而转归继承人所有。行为人在继承人不知情的情况下，将财物予以占有，就是一种秘密窃取，构成盗窃罪。这一论证思路似乎有理，但继承人虽然基于继承关系取得死者财物的所有权，但并没有实际占有财物。在死者去世以后，死者的财物处于无人占有的状态，属于脱离占有物。在这种情况下，行为人取得财物并非盗窃，因为没有侵犯占有，而是在不当得利以后，将死者财物据为已有，因而构成侵占罪。侵占罪的客体不仅包括基于保管关系取得的他人财物，而且包括遗忘物、埋葬物、漂流物或者其他脱离占有物。日本刑法关于侵占罪的规定中有脱离占有物的概念，我认为具有重要意义，死者财物也属于脱离占有物。

第五是缄封物的占有。这里的缄封物又称为包装物，是指委托保管人已经封口或者上锁的财物。例如，甲将一个上了锁的密码箱交给乙保管，但并没有告知密码。如果乙将整个密码箱予以占有，当然应当认定为侵占罪，因为密码箱是委托保管的财物。但如果乙没有将整个密码箱侵占，而是偷偷打开密码箱，侵占了密码箱中的部分财物如其中的5万元予以占有，届时把密码箱归还给甲。对这种行为如何定罪呢？是定盗窃罪还是侵占罪？对此，存在两种不同的观点：第一种观点认为应当认定为盗窃罪。这是区分说的观点，即把财物的整体与作为财物部分的缄封物予以区分，认为财物整体属于委托保管的财物，因此，据为已有构成侵占罪。但缄封物属于委托人占有，其占有关系没有因委托而转移，因此，占有缄封物构成盗窃罪。第二种观点认为应当认定为侵占罪。这是一体说的观点，即认为不能将财物的整体与缄封的内容物加以分割。在委托的情况下，不能认为只是转移了整体财物的占有，但没有转移缄封物的占有。以上两种观点各有道理。从委托人的主观意思来说，虽然委托他人保管密码箱，但却没有告知密码箱的密码，这就是没有将密码箱中的财物委托他人保管。因此，将占有缄封物的行为认定为盗窃罪似乎更符合委托人的主观意思。但根据区分说，行为人把整个财物予以占有，同时也就占有了缄封的所有财物，构成较轻的侵占罪，但把缄封物的部分予以占有，构成较重的盗窃罪，似乎两者之间难以平衡，换句话说就是不合理。对此，就有纠正的观点，认为无论是占有整个委托物还是占有缄封物，要么都认定为盗窃罪，要么都认定为侵占罪。我倾向于都定侵占罪，尽管这不太符合委托人的主观意思但更有利于被告人。但我国刑法选择都定盗窃罪的观点，例如我国刑法第 253 条规定：邮政工作人员私自开拆或者隐匿、毁弃邮件、电报的，处 2 年以下有期徒刑或者拘役。犯前款罪而窃取财物的，依照本法第 264 条的规定定罪从重处罚。这里的“犯前款罪而窃取财物”，既包括将整个邮寄包裹据为己有，又包括将邮寄包裹中的部分财物据为己有。当然，如果把这个规定视为特别规定，对于其他占有缄封物的行为仍然可以认定为侵占罪。事实上，对于上述窃取邮件的行为，在 1979 年刑法中是规定为贪污罪的，因当时的邮政工作人员都是国家工作人员。现在邮政工作人员不都是国家工作人员，本来应该将该类行为规定为职务侵占罪，但 1997 年刑法修改为以盗窃罪论处，这是改轻为重。

第六是存款的占有。存款的占有是日本刑法学界首先从错误汇款案件开始讨论的问题。甲将款项错误汇入乙的账户，乙明知系他人错误汇款，仍然从自己的账户中将款项取出予以占有。在这种情况下，对乙的取款行为如何定罪？对此，存在两种不同观点：第一种观点是银行占有说，认为即使是在自己账户上的款项，也是银行占有，存款人对此只有债权而并未占有。因此，将他人错误汇款予以支取的，属于占有转移型财产犯罪。根据转移手段或者认定为盗窃罪或者认定为诈骗罪。第二种观点是存款人占有说，认为行为人对于自己账户上的存款具有占有的关系，因此他人将款项错误汇入自己的账户，已经完成了占有转移。行为人从自己的账户支取他人错误汇入的款项，属于不当得利，如果符合侵占罪的构成要件，应当认定为侵占罪。在日本，存款人占有说是通说。我认为，随着电子支付日益普及，存款人的存款从过去的纸质存单到后来的磁卡，再到现在以电子钱包形式出现的手机支付，货币的数字化和电子化成为大趋势。在纸质货币的年代，存款不能直接使用，还要从银行支取纸币才能进入流通，因此，银行占有说尚有道理。那么，现在各种存款根本不通过银行就可以直接刷卡使用，存款处于一种随存随用的即时使用的便利状态。在这种情况下，存款人占有说越来越具有合理性。

(2) 继而占有。

在已然持有中，我们讨论的是在侵占之前财产所处的占有状态，即他人财产已经处于本人占有之中。那么，这里的已然持有继而占有，从持有变为占有，这种区别到底在哪里？这种区别在物理的形态上实际是不存在的，而仅仅在于一种所有权的变更。也就是说，本来是行为人基于某种合法的或者其他的正当根据而持有他人财物，行为人所占有的仍然是他人的财物。在这样一个前提下，行为人把所占有的他人财物变为自己的财物，这才是占有的本质。

如何理解继而占有中的占有？对于这里的占有，在大陆法系的刑法理论中存在以下两种不同的理解：第一种是占有行为说，另外一种是越权行为说。根据占有行为说，所谓侵占，是指以非法占有的意思违反他人委托宗旨而使用和处分他人财物；而根据越权行为说，就不需要非法占有的意思，只要对占有物实施了超越职权的行为，就构成了侵占。因此，越权行为说认为，以暂时挪用的目的而处分占有物或者单纯地损毁占有物也形成侵占。由此可见，占有行为说和越权行为说对于侵占当中占有的理解是不一样的。从我所介绍的占有行为说和越权行为说看来，越权行为说对于占有的理解较为广泛，行为人不一定要有这种所有关系转移的意思，即使是暂时挪用或者毁损他人财物，也视为这里的占有。我认为越权行为说对占有的理解过于宽泛，因而我主张占有行为说。也就是说，侵占的本质就是非法占有他人财物。就是这一点体现了侵占罪所具有的侵犯财产罪的共同性质。这里应当指出，侵占的占有行为必须表现为行为人具有一定的作为，例如将代为保管的他人财物予以出卖或者加以转移等。如果仅是表现为不作为，例如拒不交出代为保管的他人财物，则仅是一个民事纠纷，尚不构成侵占。至于我国刑法规定侵占代为保管的他人财物拒不返还才构成犯罪，这里的拒不返还是在实施了侵占行为以后的罪量要素。当然，在侵占遗忘物、埋藏物的情况下，只要拒不交出就构成侵占。

在司法实践中，侵占方式一般有以下两种情形：

第一种是处分。所谓处分是指以处分权利为内容，并直接发生权利变动效果的民事法律行为。也就是说，对他人财物行使了某种处分权。这个处分权一般情况下只能对本人财物行使处分权。行为人对所持有的他人财物行使处分权，这就表明行为人占有了他人财物，侵犯了他人财产所有权。因为行为人对他人财物进行处分以后，他人就丧失了对这个财物的所有权，因而就发生了侵占的效果。当然，这种处分又可以分为两种情况：一种是法律上的处分，另外一种是事实上的处分。法律上的处分往往是采取了某种法定的方式，如抵押、买卖等，将代为保管的他人财物予以处分。在这种采取法律的形式来处分他人财产的情况下，财产的所有权发生了法律上的转移，侵占的特征表现得极为明显。比如说甲借用他人财物，比如借用他人一辆汽车，按理说甲用完了就要将汽车归还给他人，但是甲在借用期间就把他人汽车给卖掉了。在这种情况下，汽车的所有者就丧失了对汽车的所有权，汽车的所有权在法律上发生了转移，因此，可以说甲侵占了他人的汽车。另外一种是事实上的处分，在这种情况下，行为人虽然没有通过法律上的方式予以处分，但将代为保管的他人财物作为本人财物加以消费或者隐匿。在这种情况下，虽然财物的所有权在法律上没有发生转移，但是由于行为人将他人财物进行了消费，进行了隐匿，事实上侵犯了他人对财物的所有权。同样是一辆汽车，在汽车的借用期间，故意将它隐匿起来，然后说汽车丢失了，没有了，还不了。就是一种事实上的处分，意图侵犯他人对汽车的财产所有权。

第二种是所有权的非法转移。侵占除了将代为保管的他人财物予以非法处分以外，还包括将本人持有的他人财物转归已有，也就是发生了所有权的非法转移，从而使他人形式上丧失了对财物的所有权。这种情形在现实生活当中比较常见的，比如，对于代为保管他人的房屋，行为人通过伪造证件的手段，到房屋的管理部门，将他人的房屋过户到本人名下。这就是一种典型的所有权的非法转移，行为人获得了对他人财物的非法占有。

以上两种侵占的方式，处分和所有权的非法转移——在现实生活当中比较常见的还是处分他人财物，所有权的非法转移的这种侵占行为是比较少见的。

2. 客体

根据我国刑法第 270 条的规定，侵占分为三种情形：第一种是侵占代为保管的他人财物，第二种是侵占遗忘物，第三种是侵占埋藏物。因此，我国刑法中的侵占罪有三种客体：第一种是代为保管的他人财物，第二种是遗忘物，第三种是埋藏物。

（1）代为保管的他人财物。

在这里重点需要讨论的是财物的性质和形式，从刑法理论上来说涉及以下几个需要讨论的问题：

第一，这里的财物是否包括不动产？在侵犯财产犯罪当中，有些犯罪的客体只能是动产，不包括不动产。像盗窃罪，就只能是盗窃动产，而不能盗窃不动产。但有些侵犯财产犯罪，它的犯罪对象既包括动产，又包括不动产，如诈骗罪，就有可能诈骗不动产。侵占罪的客体，这里的财物，是否包括不动产呢？我认为侵占罪的客体是可以包括不动产的。就像我刚才所讲的，将代为保管的他人房屋，通过伪造证件的方式转到自己名下，这就是对不动产的侵占。

第二，这里的财物是否包括公共财物？这个问题实际上涉及普通侵占罪和职务侵占罪的区分。关于这个问题，我将在职务侵占罪的有关内容中进行讨论。在通常情况下，侵占罪所侵占的他人财物，是指个人财物，而职务侵占罪所侵占的是本单位财物。因此，在普通侵占罪和职务侵占罪中，侵占人和财物所有人的法律关系是不一样的。在普通侵占罪当中，侵占人和被侵占的财物的所有人之间是一种平等主体之间的法律关系，也就是一种民事法律关系。而在职务侵占罪的情况下，侵占人和被侵占财物的所有人的关系是一种行政隶属关系，因为他侵占的是本单位财物。我刚刚所讲的普通侵占罪所侵占的财物是否包括公共财物这个问题的本质是什么呢？这个问题的本质是侵占人和有关单位是不是有可能依照某种法律方式来形成一个平等主体之间的民事法律关系，如果可以的话就能够成立普通侵占罪，如果不行的话就不能构成普通侵占罪。比如说东北某产粮地区，国家粮库负责收购和管理粮食。粮库收购农民的粮食，并进行储藏、进行保管。但是某一年粮食丰收了，粮库收购了农民大量的粮食。但是由于保管的能力有限，粮库保管不了。在这种情况下，粮库就通过签订委托保管的协议，把粮食交由农户来保管，然后支付给农户一定的保管费。在这种情况下，农户就和一个国有单位——粮库——形成了一种保管关系，如果这个农户将他所保管的粮食据为己有，那就是一种侵占。可见，在这种情况下，农户基于保管协议而获得了对公共财物的保管，他与粮库之间是平等的民事法律关系，而不是行政隶属关系，因为农户并不是粮库的职工，侵占的也不是本单位财物。可见，公共财物也能成为侵占的对象。

第三，侵占的财物是否包括本人财物。在刑法理论上讲，侵占是指侵占他人财物。但是，他人财物和本人财物之间怎么来划分？在某种特定情况下本人财物能不能成为侵占对象？这也是值得研究的。关于这个问题，日本刑法第 350 条第 2 款有这样一个规定：虽然是自己的财物，但在公务机关命令其保管的情形下，侵占该财物的与前项同。也就是说，在公务机关命令其保管之下的本人财物，应当视同他人财物，因为侵占了以后，公务机关具有赔偿之责，有赔偿的责任。当然在这种情况下，虽然表面来看该物是本人财物，但实质上已经不是本人财物。另外一个问题是，在共有关系的情况下侵占共有财产是否构成侵占罪。依民法理论，这里所谓的共有是指两个以上的权利主体对同一物共享所有权。对同一物享有所有权的公民或法人、非法人组织为财产共有人。共有可以分为按份共有和共同共有。在共有的情况下，共有人对共有物按照各自的份额或者平等地享有权利。行为人非法侵占共有物的，侵害了其他共有人的财物所有权，因而也能够成立侵占罪。当然，这里的侵占数额，应当按照它的份额来确定。也就是说，在共有的情况下，行为人所侵犯的只能是共有人他的份额之下的财产。

根据上述分析，我认为，侵占罪的对象应当是他人财物，而不能是本人财物，对于本人财物不存在侵占问题。

第四，财物是否包括非法财物，也就是对非法财物能不能构成侵占？这就是所谓非法给付的占有问题。最为典型的是，在介绍贿赂（介绍贿赂就是受行贿人的委托，接受行贿人的贿赂款，然后向受贿人去行贿）当中，介绍贿赂人受他人委托去行贿而获得了对他人贿赂款的一种暂时的控制，之后侵占贿赂款物的一部分比如甲给乙50万元去向丙行贿，但是乙从中自己侵占了30万元，只是拿了20万元去向丙行贿。这种行为是一种什么性质？实际上也是一种侵占的性质。这种情形下贿赂款是非法财物，从这个意义上来说，非法财物也能够成为侵占罪的客体。这种情况在实际生活当中发生得很多，但很少被作为侵占罪来处理。我认为，这个行为仍然是一个侵占行为，在数额较大的情况之下，可以作为侵占罪来处理。现在之所以不把它作为侵占罪来处理，是担心在这种情况下把这个行为认定为侵占罪是不是保护了行贿人的财物所有权。我认为，对这种行为按照侵占罪来处理，并非对行贿人的财产所有权的保护，因为贿赂款是非法财物，按照法律规定应当予以追缴，上交国库，因此对这种行为按照侵占罪来处理实际上是保护某种国有财物。再如，抢赌场，赌博的财物是非法财物，抢劫赌场的行为能否构成抢劫罪？有人说构成抢劫罪就意味着对赌资所有人的所有权的保护。这种认识都是不对的。因为赌博是非法的，因此赌资应当收缴为国有。可见，对于非法财物同样不能采取犯罪的方式来予以非法占有，如果按照犯罪的方式来非法占有，仍然可以构成侵占罪。因此，非法财物它也可以成为侵犯财产罪的客体，同样也可以成为侵占罪的客体。

(2) 遗忘物。

遗忘物的问题是一个比较复杂的问题，首先涉及的是一个用语的问题。我国刑法所称遗忘物，在民法中叫遗失物。那么由此就出现了一个问题：刑法中的遗忘物和民法中的遗失物是同一物还是不同物？关于这个问题，我国刑法学界的通说认为遗忘物和遗失物是有区分的：遗忘物是物的所有人仅暂时丧失对财物的控制，但知道财物丢失在什么地方；遗失物是物的所有人永久丧失对财物的控制，并且不知道财物丢失在什么地方。根据这样一种观点，遗忘物和遗失物，都是财物的所有人丧失了对财物的控制，但是丧失控制的程度不一样。于遗失物控制丧失得比较彻底，丢在什么地方都不知道了，很难找回来了；于遗忘物虽然丧失了控制，但是只是暂时丧失，而且知道物品在什么地方，采取措施是可以重新获得控制的。基于这样一种理解，如果捡拾的是遗失物，并予以非法占有，则不管这个遗失物的数额多大，都是民法上的问题，而不构成犯罪。但如果占有的是遗忘物，那就有可能构成犯罪。这样就能把刑法中的侵占遗忘物的犯罪和民法中的占有他人遗失物的民事违法行为加以区分。

我个人是不太赞同这种观点，我认为遗失物和遗忘物就是同一物。尽管这意味着立法者的本意是把遗忘物和遗失物加以区分，但是我认为，这种区分事实上是不可能的。如果根据财产所有人能不能记得财物丢失在什么地方来界分遗忘物和遗失物，那就意味着占有他人丧失控制的财物的行为是否构成侵占罪，就取决于财物所有人对财物丢失状态的一种主观的想象。也就是说，对于占有人来说，他看到这里面有个东西，他就据为己有，都是一样的。至于这个东西是遗忘物还是遗失物，取决于丢失人的说法：如果他说知道丢失在这个地方，那就是犯罪；如果他说不知道丢失在这个地方，那就是民事违法行为。但这样一种区分显然是不合理的，因为对于行为人来说，他并不知道财物的所有人是知道财产丢失在什么地方，还是不知道财产丢失在什么地方。如果失主根据知道还是不知道这一点来决定他的行为是罪与非罪，也就是说，一个行为是否构成犯罪行为不是取决于行为人的行为和行为人的主观意图，而是取决于一个偶然的因素，显然，这样一种做法是不妥的。另一方面，从日本的刑法和民法用词来看，它们使用的都是遗失物这个词，并没有遗失物与遗忘物这样的区分。（遗忘物这个词是我国在 1997 年刑法修订时另外取的一个名），在日本的刑法当中，只要是侵占遗失物就构成侵占。总之，我个人觉得，不应当对遗忘物和遗失物作出这样的区分，这种区分事实上也是不太可能的。根据这种区分划定罪与非罪的界限，显然也不符合犯罪构成的一般原理。

另外一个问题是如何界定遗忘物。这个问题也是一个比较复杂的问题。这个问题涉及侵占罪和盗窃罪的区分，在后面侵占罪和盗窃罪的区分里面我再专门去讲。我们在理解遗忘物的时候，应当注意把遗忘物和丢弃物加以区分。丢弃物指的是他人主观上已经放弃了其所有权而加以遗弃的物品。如果行为人取得他人丢弃物，则这种行为就不是一种侵占行为。当然，对丢弃物也要具体分析，比如说一台机床，作为机床它已经无法使用了，已经被淘汰了，但是作为废铁它还是有用的，把机床当作废铁卖还能卖好几百块钱甚至好几千块钱。因此工厂把这个废弃的机床丢在院子里面，行为人把它给拿走，那就不能简单地把这个机床理解为遗弃物，仍然是一种有用的物品，只不过这个用处不是作为一台机床的正常用处。

此外，遗忘物和无主物也是不一样的。有些物品是没有主人的，这种没有主人的物品即使占有了，也不能认为是侵占。因为无主物意味着这个财物是没有所有人的，对它的占有就不存在对这个财物的所有人的财产所有权的侵犯。但是在理解无主物的时候，还要注意，有些财物只是没有一个具体的所有人，但是按照有关法律规定它们可能是属于国家的，在这种情况下，你占有这个财物，就可能侵犯了国家财产所有权，仍然可能构成侵占罪。

(3) 埋藏物。

埋藏物是指埋藏于地下或者埋藏于他物之中的物。埋藏物中有些属于有主物，有些属于无主物。但无主的埋藏物只是所有权人不明，有些可能属于国家所有，地下的文物就属于一种比较典型的属于国家的埋藏物。行为人将发现的地下文物据为己有，就可能构成侵占埋藏物的犯罪。

(二) 罪责

罪责主要是讲的责任形式。侵占罪是一种故意犯罪，主观上要求具有侵占他人财物的故意，并且要有非法占有他人财物的目的。

侵占罪的故意当中，有时候故意产生的时间也很重要。(有关故意产生的时间问题，我在讲故意的时候没有专门来讲，但这个问题也是较为重要的。)在刑法理论上，往往把故意分为事前故意、事后故意、事中故意，当然这种故意的区分本身不一定很科学，但是在认定某种犯罪的时候，故意的产生时间对于界定犯罪性质是有帮助的。比如我举一个例子，现在有汽车租赁公司，公民持有合法证件就可以租赁一辆汽车来开，然后交付一定的租赁费。有的人租了汽车以后就把汽车给变卖掉了，不仅不还车，也不交租赁费。这种行为肯定是构成犯罪的，但是到底构成什么犯罪呢？构成诈骗罪还是构成侵占罪，就要看具体情况。其中很重要的一点就要看非法占有他人财物的故意产生在什么时间。如果是在去租车之前，就已经产生了非法占有他人财物的故意，就想租一辆车，租来就不还了，就据为己有了，而且在租赁当中使用虚假的身份证等假证件，则显然是诈骗。但如果在租赁之前并没有产生非法占有车辆的故意，而是在租车以后产生了非法占有车辆、将车辆予以变卖的故意，并且实施了处分行为，那就是侵占行为。在这种情况下取得车辆这个行为并不是犯罪，取得车辆以后非法处分的行为才是侵占。但是仅凭故意的产生时间还很难来判断行为的性质，还得结合客观行为，这里有以下四种情况：第一种情况是故意产生在租车之前，并且使用假证件来租车。这种情况下诈骗的性质较为明显。第二种情况是租车的时候虽然使用假证件，但是用假证件租车时还没有产生非法占有车辆的故意，在获得车辆以后才产生非法占有的故意。在这种情况下，尽管车是用假证件租的，但严格来说由于侵占的故意产生在获得车辆以后，所以仍然是一种侵占。这种情况比较难以认定。第三种情况是车是用合法证件租的，但取得车辆以后予以非法处分。这是一种侵占，比较容易认定。第四种情况是租车的时候使用合法的证件，但租车的时候就有非法处分的意图，并且取得车辆后就处分了。这种情况下，是构成诈骗罪和侵占可能就不好认定。这辆车是欺骗所得的还是侵占所得的？笔者认为，这种情况应认定为侵占罪。

(三) 罪量

在我国刑法中，并不是只要实施侵占行为就构成侵占罪。按照刑法规定，侵占行为必须要达到数额较大，并且拒不返还或者拒不交出，才构成犯罪。

1. 数额较大

根据有关司法解释的规定，侵占罪的数额较大一般是指，侵占他人财物数额1万元至3万元。侵占罪的数额标准比盗窃罪、诈骗罪的要高一些，主要是因为侵占罪和盗窃罪、诈骗罪相比较，社会危害性小一些。侵占罪的一个最大特点是这种犯罪容易被发现。它和盗窃罪不一样，盗窃是秘密的，失窃者往往不知道谁偷了东西，所以破获盗窃案件、追究盗窃犯罪分子的刑事责任，需要耗费大量的司法资源。相对而言，诈骗这个犯罪，一般来说被骗人知道被谁骗了，而且被骗人对于自己被骗有一定过错，因此诈骗罪的社会危害性比盗窃罪要轻一些，诈骗罪的起刑点也比盗窃罪的要高一些。侵占这个犯罪，由它的行为性质所决定，其社会危害性比诈骗罪要轻一些，因为财物本来就在侵占人的控制之中，而且，侵占犯罪实际上是由一种比较严重的民事违法行为转化而来的。因此在侵占当中，民事违法和刑事犯罪的界限需要划分清楚。考虑到侵占行为具有民事违法的特征，在将其认定为犯罪的时候，数额标准比较高一些，也就是说有一部分按照民事违法来解决，只有一小部分按照犯罪来解决。

2. 情节

数额较大还不足以构成侵占罪，还必须有拒不退还或者拒不交出这样的情节。拒不退还指的是，侵占他人代为保管的财物，他人要求返还而拒不返还。如果返还了就是民事问题，只有不返还才构成刑事犯罪。拒不交出指的是，在侵占遗忘物或者埋藏物的情况下，有关机关或者有关个人要求交出而拒不交出。如果交出了就不构成犯罪，就是一个民事问题。

拒不退还、拒不交出作为侵占罪的一个构成条件，是我国刑法当中所特有的。这里涉及一个问题：拒不退还、拒不交出在侵占罪的构成要件当中到底处于一种什么样的地位？有人认为，拒不退还、拒不交出是侵占罪的行为，因此得出一个结论：侵占罪是由不作为构成的，因为拒不交出、拒不退还都是不作为。但是我认为这种理解是错误的，拒不退还、拒不交出并不是侵占罪的行为本身，而是侵占行为构成犯罪的一个罪量的要素，相当于情节严重；它是一个情节的具体化，是一个特定的情节。

这里的拒不退还或者拒不交出主要有以下三种情况：第一种是公然拒绝，也就是你跟他要，他不给你。第二种是拒不承认，也就是根本不承认持有这个东西。侵占遗忘物，有证据证明这个物品被行为人占有了，但是他不承认，说没看见这个东西，不承认持有这个财物。从这里可以看出来，对拒不交出要作实质的理解：从字面上来看，拒不交出是以承认持有这个东西为前提的，而不承认本身就是拒不交出。第三种是擅自处分。虽然承认持有这个东西，但是给处分掉了。当然，处分后如果予以赔偿，那么也属于一种交出。行为人借用他人车辆，把车辆卖掉了，卖了 4 万元钱，人家跟他要车辆，他说我卖了 4 万元钱，我把 4 万元钱还给你。这也算交出。不一定要交出特定物原物。但是如果擅自处分之后，并不予赔偿，那就是拒不交出。

三、侵占罪的认定

（一）侵占罪和职务侵占罪的区分

根据我国刑法第271条的规定，公司、企业或者其他单位的人员，利用职务上的便利，将本单位的财物非法占为己有的，构成职务侵占罪。职务侵占罪的特点是，它是一个身份犯，具有特定身份的人才能构成，只有公司、企业或者其他单位工作人员才能构成。这也是职务侵占罪和普通侵占罪的第一个区分：普通侵占罪的犯罪主体是一般主体，而职务侵占罪的犯罪主体是特定主体是公司、企业或者其他单位的工作人员。第二个区分是，职务侵占罪必须是利用职务便利实施的，而普通侵占罪不存在利用职务便利问题，它是利用了代为保管他人财物这样一个便利。所以职务侵占罪是一种职务上的犯罪，普通侵占罪并不是职务上的犯罪。第三个区分是，职务侵占罪所侵占的财物是本单位财物，普通侵占罪所侵占财物是他人财物。这是它们之间的一个最典型的区分。

在一个具体案件中，到底是定职务侵占罪还是定普通侵占罪，关键还是要看侵占人和被侵占的财物所属单位之间的关系。在普通侵占罪情况下，两者是一种平等主体之间的关系，是一种民事关系；在职务侵占罪当中，两者之间是一种行政隶属关系，这是两者的根本区分。

张某侵占案

2003年2月20日上午8时许，被告人张某利用其任佛山市禅城区红太阳不锈钢加工厂（以下简称红太阳加工厂）司机的职务之便，在该厂安排其独自一人开车将一批价值人民币87 840.2元的不锈钢卷带送往本市源鸿福不锈钢制品有限公司之际，将该批货物擅自变卖他人，并弃车，携变卖所得款40 000元逃匿，后被抓获。另查明，红太阳加工厂的注册性质系个体工商户，投资人为朱某。

佛山市禅城区人民法院认为：被告人张某将代为保管的自诉人价值87 840.2元

的财物非法占为己有，数额较大，拒不退还，其行为已构成侵占罪。依照《中华人民共和国刑法》第二百七十条第一款、第六十四条的规定，作出如下判决：被告人张某犯侵占罪，判处有期徒刑一年；缴获的赃款40 000元返还给自诉人朱某。

一审宣判后，自诉人及被告人均没有提出上诉，判决已发生法律效力。

本案涉及的法律争议问题是：雇员利用职务之便将个体工商户的财产非法占为己有的行为如何定性？对此，本案的裁判理由认为，个体工商户的雇员不属于职务侵占罪的主体。理由在于：

根据刑法第271条第1款的规定，职务侵占罪是指公司、企业或者其他单位的人员，利用职务的便利，将本单位财物非法占为己有，数额较大的行为。可见，职务侵占罪的主体应当是公司、企业或者其他单位的人员。本案被告人张某是红太阳加工厂的一名司机（雇员），能否成为职务侵占罪的主体，关键看红太阳加工厂是否属于刑法第271条第1款规定的企业或其他单位。在审理中，有一种意见认为，所谓企业，是指依法成立、以营利为目的，从事商品生产、经营或社会服务的经济组织。红太阳加工厂虽注册为个体工商户，但该厂实际上是按照企业的运作进行管理，雇工人数也较多，名称也类似企业，具有企业的全部特征，故应视为企业。即使囿于注册性质的限制，也应认定属于"其他单位"，即将刑法第271条第1款规定的"其他单位"的范围作扩大解释，理解为可以包括类似于本案红太阳加工厂这样规模的个体工商户。裁判理由认为，个体工商户是《中华人民共和国民法通则》所规范的，属于个人投资经营，用个人财产承担责任的特殊民事主体。首先，个体工商户与《中华人民共和国个人独资企业法》中提到的个人独资企业有所不同，它不属于企业。其次，作为特殊民事主体的个体工商户在民事法律上之所以不同于自然人，其中一个特征就是，个体工商户既可以是公民个人投资经营，也可以由家庭成员一部或全部投资经营。就前者而言，个体工商户在刑法意义上应被视为个人；就后者而言，从刑法意义上看也不能被视为单位。再次，刑法意义上的单位有两种类型：一是作为犯罪主体的单位（刑法第30条）；二是作为特定犯罪被害人的单位，如职务侵占罪中的单位等。对这两类单位是作同一解释还是作区别解释，目前仍无定论。但无论如何，能称其为单位的，都必须是依法成立的，具有一定经费和财产，有相对独立性的社会组织。个体工商户是特殊的民事主体，具有自然人的全部特征，却不具备单位的组织性特点。因此，在刑法意义上，个体工商户是实质的个人，而不是企业或单位。所以，个体工商户所聘的雇员、帮工、学徒，无论其称谓如何，均不能成为职务侵占罪的主体。本案个体工商户红太阳加工厂虽然规模较大，管理方式类似于企业，但法律意义上仍为个人。因此，该加工厂所聘用的专职司机不属于职务侵占罪的主体，其利用职务之便侵吞本厂的财物不构成职务侵占罪。

本案的裁判理由认为：

个体工商户雇员将代为保管的户主财产占为己有，数额较大，拒不退还的，构成侵占罪。根据刑法第 270 条第 1 款的规定，构成代为保管物类型的侵占罪，是指将代为保管的他人数额较大以上的财物非法占为己有，拒不退还的行为。该类侵占罪的对象只能是行为人代为保管的他人财物。代为保管物类型的侵占罪与盗窃罪的根本区别之一在于：盗窃罪是直接采用秘密窃取的方法将他人占有下的财物变为己有；代为保管物类型的侵占罪则是先合法地保管、占有他人财物，进而将该项财物非法据为己有且拒不退还。本案定为侵占罪，理由就在于被告人张某不是采用秘密窃取的方法将他人占有下的财物占为己有，其行为的实质是将自己临时代为保管的财物非法占为己有且拒不退还。实践中，能够就他人财物形成刑法意义上的代为保管关系的情形很多，而不限于基于正式的保管合同所产生的代为保管关系。本案被告人张某作为个体工商户户主朱某所雇用的司机，受托负责将户主所有的货物运交他人。这种雇佣委托关系，使双方就所交运的货物已形成一种实质意义上的代为保管关系。很明显，被告人张某作为为个体工商户送货的司机，对车上的货物负有代为保管的义务，但其非法占有代为保管的他人财物而逃匿，拒不退还或拒不交出，侵犯了个体工商户朱某的财产所有权，完全符合侵占罪的构成。

以上张某侵占案的裁判理由对侵占罪与职务侵占罪的区分作了正确的解读。侵占罪与职务侵占罪都具有侵占行为，即将代为保管的他人财物据为己有。侵占罪与职务侵占罪的区分在于：这种代为保管关系是平等主体之间的关系，还是一个单位内部的行政隶属关系？在本案中，被告人张某是个体工商户的雇用人员，而不是企事业单位的聘用人员。个体工商户并不是一个单位，而是被视为从事经营活动的个体。这就决定了个体工商户对他人的雇佣关系只是一种平等主体之间的委托关系，而不是单位对员工的聘用关系。张某对财物的占有并不是基于职务，而是基于民事委托。在这种情况下，张某的行为构成侵占罪而不是职务侵占罪。

(二) 侵占罪和盗窃罪的区分

侵占罪和盗窃罪的区分可能是最为复杂的。由于侵占罪有三种情况，因此就这两种情况分别如何与盗窃罪加以区分，我来加以讲解：

1. 侵占代为保管的他人财物与盗窃罪的区分

侵占代为保管的他人财物这种犯罪和盗窃的区分，关键在于行为人对财物的控制状态。也就是说，在盗窃罪中，财物是在财产所有人或者财产保管人的合法控制之下，行为人通过盗窃的手段而获得对他人财物的控制。因此，盗窃罪是一种取得型的犯罪，通过秘密窃取而将他人合法占有的财物据为己有。而在侵占罪中，他人财物本来就置于本人的合法或者基于其他原因的一种持有当中，在这样一个前提下，行为人非法据为己有。这是两者根本的区别。例如，一个乘客上了一辆出租车，要去机场，并且随身携带一个手提包，包里面有些贵重的物品。在去机场的途中，这个乘客突然想起要去单位拿什么东西，就让出租车司机把车开到单位的门口，让这个司机等一下，并且把这个包放在座位上，就上楼去取东西。但这个出租车司机看到有个包放在车上，就不等，把车开走了，从而把这个包据为己有。像这样一个行为，是一种盗窃还是一种侵占？关键就要看这个包放在出租车上这样一种情况，到底是这个包的所有人丧失了对包的控制还是司机通过一种秘密窃取的方法来取得这个包。在这种情况下，保管关系是不是成立？如果存在保管关系，那就是侵占；如果不承认这种保管关系，那就是盗窃行为。对于这样的案件往往存在争论。有观点认为，这就是一个盗窃行为，出租车司机是利用财产所有人对财物疏于保管而将财物据为己有。另外一种观点认为，这是一个侵占行为，也就是说虽然乘客没有明确委托让他人来保管自己的包，但是实际上存在默示的保管这样一种事实上的保管关系，基于这种保管关系，这个出租车司机暂时地获得了对包的一种占有状态，利用这种持有状态而非法据为己有，就是一种侵占。从司法实践中的情况来看，这样的案件定盗窃的可能性比较大一些。

杨某盗窃案

自诉人赵某诉称：其系大唐卫达袜厂业主，自2007年上半年开始，其将袜子分批交由杨某父亲杨某新的定型厂定型。同年8月下旬，其发现有人在出售自己厂里生产的袜子，遂报案。公安机关经侦查发现，系杨某将赵某交付杨某新定型的袜子盗卖给他人。公安机关追回袜子62包，每包300～500双，价值共计87 420元以上。为此，赵某以被告人杨某犯侵占罪，向浙江省诸暨市人民法院提起诉讼。

被告人杨某及其辩护人提出：侵占罪的对象限于代为保管的他人财物，而杨某没有接受自诉人赵某的委托，且不存在拒不退还情节，故杨某的行为不构成侵占罪，请求宣判杨某无罪。

诸暨市人民法院经审理查明：被告人杨某的父亲杨某新系从事袜子加工业务的个体工商户，系家庭经营，但主要由杨某新夫妇二人负责经营。从2007年上半年始，自诉人赵某将部分袜子委托杨某新加工定型。其间，杨某将赵某委托加工定型的袜子盗卖给他人。经公安机关追回的袜子共计62包，每包300～500双，均已发还自诉人。

诸暨市人民法院认为，自诉人赵某将袜子委托给被告人杨某之父杨某新加工定型，尽管杨某新经营的袜子加工厂在组织形式上系家庭经营，但实际上系由其夫妇共同经营，二人并未将自诉人委托加工的袜子交由杨某保管，杨某对该批袜子未形成事实上的占有，故杨某将这些袜子予以盗卖的行为不符合侵占罪的构成特征。据此，依照《中华人民共和国刑法》第二百七十条第一款、《中华人民共和国刑事诉讼法》第一百六十二条第（二）项、《最高人民法院关于执行〈中华人民共和国刑事诉讼法〉若干问题的解释》第二百零五条之规定，判决被告人杨某无罪。

一审宣判后，自诉人赵某向浙江省绍兴市中级人民法院提出上诉。

绍兴市中级人民法院认为：原审被告人杨某对上诉人赵某委托杨某新加工定型的袜子并未形成事实上的占有，杨某在其父杨某新不知情的情况下，采取秘密窃取的手段，盗卖其父实际占有的财物，其行为不构成侵占罪。原判认定事实清楚，适用法律正确，审判程序合法。遂依照《中华人民共和国刑事诉讼法》第一百八十九条第（一）项之规定，裁定驳回上诉、维持原判。

在本案中，涉及如何理解和认定侵占罪中代为保管他人财物的问题，而对这个问题的正确理解又关系到侵占罪与盗窃罪如何区分的问题。本案的裁判理由认为，被告人杨某不具有代为保管他人财物的主体身份，也不具有拒不返还情节，其行为不构成侵占罪；并指出：

刑法第270条第1款规定，将代为保管的他人财物非法占为己有，数额较大，拒不退还的，是侵占罪。据此，代为保管他人财物和拒不退还，是构成侵占罪的两个重要条件。具体而言，首先，构成侵占罪要求行为人对他人的财物存在代为保管事实。如不具有这种主体身份特征，则缺乏构成侵占罪的基本条件。典型意义上的代为保管关系产生于保管合同之中，此外，加工承揽合同、委托合同、租赁合同、使用借贷合同、担保合同等众多的合同关系均可能存在代为保管关系。本案中的代为保管关系产生于加工承揽合同，即承揽人按照定作人的要求完成工作、交付成果，定作人给付报酬的合同。承揽合同有两种情形：一种是加工的原材料由承揽人自己选用，另一种是由定作人提供。在第一种情形下，定作人不负责提供原材料，承揽人先行支付购买材料费用，对自己选用的材料享有所有权，对于利用该材料加工完成的工作成果，若承揽人不将其交付给定作人，不成立侵占罪，只构成民事上的违约。在第二种情形下即定作人提供原材料的情形下，原材料被交付给承揽人之后并未发生所有权转移，承揽人只是暂时地享有占有、支配、按照合同目的使用原材料的权利。在履行合同时，承揽人负有返还利用原材料加工完毕的工作成果的义务，此时原材料就处于代为保管的状态，拒不返还便属于侵占。本案自诉人赵某与被告人杨某的父亲杨某新之间存在加工承揽合同，究其合同约定内容属于上述第二种承揽模式。虽然杨某新的袜子加工厂系家庭经营模式，杨某系家庭成员之一，但由于杨某新的袜子加工厂的实际经营者是杨某新夫妇，杨某并未参与到经营活动中，对家庭经营活动中所涉及的财物没有控制管理的权利，故事实上杨某并不占有这些财物。而侵占罪中的代为保管关系要求被告人对他人财物存在事实上的占有关系。故对于自诉人赵某委托加工的袜子，只有从事经营并实际占有这些袜子的杨某新夫妇才有可能构成侵占罪的主体，杨某不具有构成侵占罪的主体资格，其行为不符合侵占罪中代为保管他人财物的主体特征。

其次，被告人杨某不具有拒不退还的情节。认定行为人拒不退还，要求行为人主观上不想退还，客观上以实际行动表明不退还的意思。如果行为人以出卖、赠与、使用等形式实际处分代为保管的他人财物后，表示愿意赔偿财物所有人的经济损失的，一般不能认定为拒不返还。因为多数情况下，财物的价值可以通过货币来体现，在原物不能退还时，行为人愿意用货币或者种类物来赔偿的，表明其不具有非法占有的意思，不应认定为侵占罪。在本案中，公安机关在自诉人报案后，即根据被告人杨某的交代，从该批袜子的收购处将袜子追回并已退还给自诉人，没有发生自诉人要求杨某或者其父杨某新返还袜子而他们拒不返还的情况。相反，案件发生后，被告人及其家属从一开始就表示愿意进行等价赔偿，但遭到自诉人拒绝。由于袜子是种类物，自诉人委托杨某新加工袜子的目的也是出售谋利，被告人以货币形式完全可以赔偿自诉人的经济损失，故虽自诉人拒绝接受赔偿，但不能由此否定被告人具有赔偿意愿和赔偿能力。据此，被告人杨某的行为也不符合侵占罪所要求的拒不退还的要件，其行为不构成侵占罪。

对于被告人杨某的行为是否构成盗窃罪，本案的裁判理由指出：

被告人杨某的行为虽不构成侵占罪，但杨某在其父母不知情的情况下，采取秘密窃取的手段，将自诉人委托其父母加工而由其父母实际占有的袜子盗卖出去，形式上完全符合盗窃罪的构成特征。那么，对杨某的行为是否应以盗窃罪追究刑事责任？我们认为，根据本案的具体情况，对杨某的盗窃行为可以不追究刑事责任。主要理由是，被盗袜子虽然是自诉人赵某的财产，但因系其委托杨某的父亲杨某新进行加工而实际上由杨某新保管占有，杨某新对袜子的毁损、灭失负有赔偿责任，故本案实际上属于发生在家庭内部的盗窃案件。对于此类盗窃案件的处理，司法实践中一直采取慎重态度。最高人民法院、最高人民检察院1984年联合印发的《关于当前办理盗窃案件具体应用法律若干问题的解答》规定，处理具体案件时，要把偷窃自己家里或者近亲属的，同在社会上作案的加以区别。最高人民法院、最高人民检察院1992年制定的《关于办理盗窃案件具体应用法律若干问题的解释》进一步明确规定："盗窃自己家里的财物或者近亲属的财物，一般可不按犯罪处理；对确有追究刑事责任必要的，在处理时也应同在社会上作案有所区别。"1997年刑法修订后，最高人民法院制定的《关于审理盗窃案件具体应用法律若干问题的解释》延续了这一政策精神，规定："偷拿自己家的财物或者近亲属的财物，一般可不按犯罪处理；对确有追究刑事责任必要的，处罚时也应与在社会上作案的有所区别。"

我认为，以上裁判理由对杨某行为的认定是完全正确的。其实，在本案中，自诉人赵某与杨某的父亲杨某新之间存在委托关系，而杨某对涉案财物并不具有保管关系。杨某将其父亲代为保管的他人财物秘密窃取，构成的是对家庭财物的盗窃。该盗窃行为并没有直接侵犯自诉人赵某的财产权利，赵某应当向杨某新主张权利。本案被告人杨某不构成侵占罪的根本原因就在于其与涉案财物之间不存在事实上的占有关系，这也是侵占罪与盗窃罪的根本区分之所在。

2. 侵占遗忘物的犯罪和盗窃罪的区分

侵占遗忘物的犯罪和盗窃罪区分的关键在于如何来判断一个财物是不是遗忘物。我举最典型的一个例子：一辆出租车上，有一个乘客把一部手机忘在了出租车的后排座上，但是司机并没有发现，这个乘客下车走了，后一个乘客上来以后，就发现有一部手机，他肯定知道这部手机是前一个乘客丢下的，但他仍据为己有。像这种情况，到底是盗窃还是侵占遗忘物？有一种观点认为，这是一种侵占遗忘物的行为，因为手机是遗忘物，行为人予以占有就是侵占遗忘物。但另外一种观点认为这个行为是盗窃，因为虽然手机是被遗忘的，但它是被遗忘在一个特定的场所，处于出租车司机的保管之下，后面的这个乘客所谓的秘密窃取，是背着出租车司机来取得这个财物，因此是一个盗窃行为。这个观点顺带提出了一个双重控制的观点，也就是说，在这个财物所有人对财物丧失控制外，还要看这个财物是不是被置于他人的控制之下，如果这个财物被置于某个特定的人的控制之下，则予以占有仍然是盗窃。比如说在一个特定的公共场所，比如说在银行，取钱之后把东西遗忘在这个场所，虽然丢失的这个人是遗忘了，但是东西是被遗忘在特定场所，该特定场所的有关人员就获得了对这个东西的支配权，则占有这个东西的行为实际上仍然是一个盗窃行为。我个人比较赞同这种观点。

梁某盗窃案

2008年12月9日，深圳机场清洁女工梁某看到一个小纸箱在行李车上无人看管，以为是乘客丢弃的，就顺手把小纸箱当作丢弃物清理到清洁车里，并放置在机场一残疾人洗手间内。后经同事打开查看，发现里面是一包包的黄金首饰。梁某获知后并未将该纸箱上交，而是于下午下班之时带回家中。梁某所拿纸箱其实是东莞一珠宝公司职员王某携带的价值261万元的黄金首饰。王某因机场不予办理托运，便暂时离开纸箱去往远处其他柜台找值班主任咨询，回来后发现纸箱不在即以被盗报案。

公安机关随后查明是梁某拿走了纸箱，并前往梁某家带走了纸箱和梁某。该案告破。负责侦破此案的公安机关曾以涉嫌盗窃罪建议检察机关提起公诉。如果以盗窃罪对梁某提起公诉，那么按照法律规定，该案涉案金额特别巨大，梁某将有可能面临最低刑为有期徒刑10年、最高刑为无期徒刑的刑事处罚。

宝安区人民检察院于2009年4月3日受理该案后，为查证核实有关情节，曾两次退回公安机关补充侦查，公安机关于8月13日第二次补查重报。因案情疑难复杂，该院于9月13日延长审查起诉期限，现已审查终结。

宝安区人民检察院在审查起诉阶段发现，根据当时的事实和证据，经对全案的事实证据进行审查研究，认为梁某的行为虽然也有盗窃的特征，但构成盗窃罪的证据不足，更符合侵占罪的构成特征。根据“刑疑唯轻”的原则，从有利于梁某的角度出发，该院认定梁某不构成盗窃罪。

检察机关解释说，由于侵占罪不是检察机关管辖的公诉案件，属于自诉案件，根据《刑事诉讼法》和《人民检察院刑事诉讼规则》的有关规定，宝安区人民检察院决定解除对梁某的取保候审，将本案退回公安机关，并建议公安机关将相关证据材料转交自诉人，并告知自诉人相关的权利、义务：是否对梁某的行为提出自诉由自诉人（受害人）决定，是否构成犯罪由法院依法判决。

对于本案，主张梁某不构成盗窃罪的观点认为：如果媒体报道的案件情况属实，按照我国刑法第 264 条的规定和相关刑法理论，梁某的行为不构成盗窃罪，不应当以盗窃罪被提起公诉。

所谓盗窃罪，是指以非法占有为目的，秘密窃取公私财物数额较大或多次盗窃等的行为。非法占有的目的作为一种主观的超过要素，是构成盗窃罪必不可少的构成要素。在盗窃案件中，认定行为人是否具有非法占有的目的时需要特别注意的是，必须是行为人实施盗窃行为时就具有非法占有的目的，而不是在行为实施完成后才产生这一目的。亦即要求“责任与行为同存”，这是责任主义的题中应有之义。就本案而言，虽然梁某在事后（即在知悉小纸箱内装的是黄金首饰后）产生了非法占有他人财物的意图，但应当把梁某此时（行为实施完毕后）产生的非法占有的意图与其行为开始时（处理小纸箱时）的意图区分开来。而盗窃罪中非法占有的目的只能根据梁某实施行为时的意图来认定。因此，尽管梁某在事后将黄金首饰带回家中时其主观心态发生了转化，产生了非法占有的意图，但并不代表其在首次接触小纸箱时也具有非法占有的目的。这两者应当严格区分，不可混淆。对于装有黄金首饰的小纸箱，梁某主观上发生了认识错误，在行为时并未认为她处理的是他人合法控制的财物，不属于将公私财物转移到自己的控制之下并非法占为已有的行为，因而谈不上是盗窃罪中的秘密窃取。那么梁某的行为到底应该如何定性？是否构成侵占罪呢？梁某的行为在本质上属于民事违法性质，也就是说，梁某没有合法根据而取得了不当利益，造成他人损失，其负有将取得的不当利益返还失主的义务。

从本案来看，梁某在知悉小纸箱内装的是黄金首饰后，不但没有履行返还失主财物这一义务，反而将黄金首饰带回家中占为已有，显然是具有民事违法性的，但是不承担侵占犯罪的刑事责任。因为从刑法第 270 条关于侵占罪的规定来看，梁某的行为并不符合侵占罪客观方面的构成要件。侵占罪的客观方面表现为将代为保管的他人财物或者合法持有的他人遗忘物、埋藏物非法占为己有，拒不退还的行为。从本案案情来看，梁某在派出所民警找上门后即交出了财物，不存在拒不退还的情形（按照对侵占罪法条的当然解释，所谓拒不退还，是指失主或者有关机关要求退还或交出财物时拒不退还或交出，以此表明行为人具有非法占有该财物的目的，其行为也才具有严重的社会危害性，应当由刑法予以规制），而在本案中，梁某不存在“拒不退还”的客观情形，况且其行为的社会危害性也不大，自不应以侵占罪论处。

以上梁某案最后不了了之，并没有进入司法程序。以下韦某占有他人未上锁的汽车案则最终以盗窃罪论处。

韦某盗窃案

2004年4月10日凌晨5时许，陕西省某房地产开发公司司机郑某驾驶辛C－13116（另一副地方牌照为陕A－L5408）白色凌志400轿车返回位于西安市文艺北路的陕西省××家属院的住处。郑某因醉酒，在家属院南约200米的陕西省××剧院门口将车停放在快行道上，车大灯、车窗玻璃未关，车钥匙未拔，就回家睡觉。当日凌晨6时30分许，被告人韦某骑摩托车前往西安市××小区接夜班司机出租车，途经西安市文艺北路时，发现陕西省××剧院门口快车道上停放一辆白色凌志400型轿车，车大灯未熄，4个车窗玻璃未关，车中无人。约一小时后，韦某开出租车再次途经此路段，发现该车仍然停放原处，即将自己所驾驶的出租车停放好后，走到该车旁，发现车钥匙也未拔，且无人对其干涉，便将车开走，将车停放于西安市建设西路××医院停车场，将车锁好。两三天后的一个晚上，韦某将车开出，停放在西安市朱雀路××学院内，翻找车内物品，发现了该车行驶证和地方牌照，车主王某的驾驶证、身份证和名片，一部“三星”手机，钱夹、银行卡和200美元，一双皮鞋，以及一套高尔夫球杆等物品。随后，韦某将车辆行驶证及地方牌照和军牌照、王某身份证、银行卡等扔弃，将手机、皮鞋及200美元使用和挥霍，将高尔夫球杆藏匿于其姐家中。为了便利其使用，韦某后将车更换一个外地车牌，使用过程中先后将车停放于西安市东郊黄河厂、东方厂、青龙小区等地，且对车辆进行了维修、保养。直至2005年1月，被害人郑某发现了自己丢失的车辆，公安机关才将韦某抓获。丢失的车辆、高尔夫球杆、手机等物品已发还被害人。

西安市中级人民法院认为：被告人韦某采取秘密手段，盗窃他人财物，数额特别巨大，其行为已构成盗窃罪。西安市人民检察院指控被告人韦某的犯罪事实成立，罪名及法律适用正确，应予支持。考虑到被告人韦某能主动赔偿被害人经济损失，且被盗车辆已被追回，并未给失主造成太大经济损失，可依法酌情从轻处罚。为维护社会治安秩序，保障公民的合法财产免遭不法侵害，依照《中华人民共和国刑法》第264条的规定判决如下：被告人韦某犯盗窃罪，判处有期徒刑10年，并处罚金1万元。

宣判后，韦某不服，上诉于陕西省高级人民法院。

韦某上诉提出，其没有非法占有的主观故意，只是对他人遗忘物的非法侵占，不构成盗窃罪。

陕西省高级人民法院经审理认为：上诉人韦某以非法占有为目的，采取秘密窃取手段窃取他人财物，其行为已构成盗窃罪。且盗窃数额特别巨大，唯其所盗车辆被追回，能主动赔偿被害人的经济损失，可依法酌情从轻处罚。对韦某上诉提出其没有非法占有的主观故意，只是对他人遗忘物的非法侵占，其不构成盗窃罪的理由，经查，上诉人韦某在自认为采取不会被财物的所有人发觉的方法，在发现车辆长时间无人管理后潜入车中，并在确认不会被人发觉的情形下，秘密将车开走，其手段符合盗窃罪的行为特征，并且又更换车牌照，长期占有使用，不予归还，其行为说明了其具有非法占有该车的主观故意。而且车辆为具有特殊属性的登记物，不能因为车辆所有人忘记关闭车窗和将车钥匙忘记在车上就认为是遗忘了汽车，就推定为是他人的遗忘物。因此，韦某的上诉理由不能成立，不予支持。原审判决定罪准确，量刑适当，审判程序合法。遂根据《中华人民共和国刑事诉讼法》第一百八十九条第（一）项的规定，于2005年12月26日裁定驳回上诉、维持原判。

本案涉及暗自开走他人忘记锁闭的汽车的行为如何处理的问题。对此，本案在处理过程中，有三种不同意见：

第一种意见认为，被告人韦某的行为更接近民事法律关系上的不当得利，应由民事法律关系调整，而不应按犯罪处理。理由是：首先，被告人韦某的行为不符合盗窃罪的构成特征。(1) 盗窃罪是指以非法占有为目的，秘密窃取公私财物数额较大的行为。盗窃罪的行为人在实施盗窃他人财物行为时，并不具备实际持有或者控制他人财物的前提条件，换言之，在实施盗窃行为前，被盗窃财物处于物主的实际持有或直接控制之下，由于盗窃者的秘密窃取行为才使被盗财物脱离物主的实际持有或控制。本案被害人郑某在喝醉酒后将车遗忘在快车道上，车灯、车窗未关，车钥匙未拔，且第二日酒醒后也回想不起自己将车放置何处，即在韦某开走车之前，郑某失去了对该车的控制，该车属于遗忘物，韦某的行为不符合盗窃罪的客观方面特征。(2) 盗窃罪是直接故意犯罪，其行为受主观上非法占有的故意的支配。本案中，被告人控制车以后将车前后放在××医院、××学院，据其讲目的是看有无人来认领。这说明韦某非法占有该车的主观故意产生于已经控制车以后，而不是控制车之前。或者说，韦某对该车非法占有目的的产生有一个发展过程，是随着车辆无人查找、认领非法占有的目的越来越明确或越来越强烈的。(3) 韦某虽控制了车辆，对车占有和使用，并将车内物品使用和挥霍，但并没有将车处分。(4) 如果认定韦某的行为构成盗窃罪，则因盗窃数额特别巨大，法定最低刑应在10年有期徒刑以上，但从韦某的具体行为和本案的具体情况来看，判处其10年有期徒刑显然畸重，不符合我国刑法规定的“罪刑相适应”原则。其次，被告人韦国权的行为也不构成侵占罪。根据刑法第二百七十条的规定，侵占罪是指以非法占有为目的，将代为保管的他人财物非法占为己有，数额较大，拒不退还，或者将他人的遗忘物、埋藏物非法占为己有，数额较大，拒不交出的行为。本案中驾驶人因醉酒将车遗忘在快车道上，自己也不知将车停放何处，故涉案车辆应属于遗忘物。在郑某发现自己丢失的车辆报案后将韦某抓获时，韦某即承认，并向被害人赔偿2万元，没有经索要拒不交出的情节，不符合侵占罪“拒不交出”的法定构成要件，而且，侵占罪是告诉才处理的犯罪，非公诉案件，故韦某的行为不构成侵占罪。

第二种意见认为，被告人韦某的行为构成盗窃罪。理由是：(1) 韦某采取秘密手段占有他人财物，符合盗窃罪的客观行为特征。秘密窃取是指行为人主观上采取自认为不会被财物的所有人、保管者或者经手者发觉的方法，将财物非法占有的行为。这种秘密手段是相对于财物的所有人、保管者或者经手者而言，并非旁人不知或者不能发现。本案中涉案车辆车窗未关、车门未锁、钥匙未拔的不正常状况，只是为被告人实施盗窃行为创造了便利条件，也使得其采取的秘密手段的表现形式与一般盗窃犯罪中秘密手段的表现形式（如撬门、砸窗等）有所不同，但并不能据此认为韦某的行为不是秘密的，因为对该车的所有人而言，其行为仍然是秘密的。本案中被告人就是在发现车辆长时间无人管理后才潜入车中，并在确认不会被人发觉的情形下，将该车开走、藏匿的。(2) 本案的犯罪对象汽车不是遗忘物。遗忘物是侵占罪特有的犯罪对象，是指本应携带，因遗忘而没有带走的财物。所有人主观上应认识到自己将财物遗忘，并失去了对该财物的控制。要确定本案车辆是否为遗忘物，首先应从被害人主观认识上分析。经查，郑某酒后驾车回家，并将车辆停在其住处附近的公路上，因其饮酒过量这一特殊原因，未关车门和车窗，并将钥匙遗留在车上，但其并未失去对车的控制。数小时后，被害人郑某就发现车辆被盗，随即向公安机关报案。从停车到发现车辆被盗后报案，时间很短。这足以证明，被害人郑某主观上并没有将该车遗忘。其次，郑某的醉酒行为，使其对车辆的控制能力减弱，但如果没有被告人的盗窃行为介入，其完全能够恢复对车辆的控制。本案中，自郑某将车停放在路旁直至被韦某窃取，有两个小时之余，期间，车辆安然无恙。如果郑某此时酒醒，自然能够恢复对车辆的控制，但当其酒醒后，却发现车丢失，真正丧失了对车辆的控制，而这一结果的发生，恰恰是因为韦某将车开走、藏匿的行为。所以，韦某的窃取行为是被害人对车辆失控的根本原因。再次，遗忘物是指本应携带因遗忘而没有带走的财物。汽车作为财物，具有特殊物的物质属性，不可能随身携带，经常要与所有人分离。若不考虑其特殊的物质属性以及在人们生活中的地位、作用，仅因财物所有人忘记关车窗、车门、没拔钥匙等一些表面现象，就推定其是遗忘物，有悖常理，公众难以认同。(3) 被告人对该车有非法占有的故意。韦某在窃取车辆后，即发现了车主的身份证和联系电话，其兄也多次敦促其归还，但韦某置之不理，继续占有、使用该车，且在使用车辆期间，更换车牌，对车进行伪装，还为了其使用便利，对该车多次维修，占有和使用长达9个月之久，直至被抓获归案。另外，韦某还将车中的生活用品自己使用或藏匿，将美元挥霍，其非法占有的故意明显。综合以上情节，韦某的行为构成盗窃罪。

第三种意见认为，韦某的行为构成侵占罪。理由是：(1) 本案车辆应属遗忘物。被害人郑某酒醉驾车回家，在无意识的情形下，将车遗忘在公共行车道上，未关车门、车窗、车灯，并将钥匙遗留在车上，已失去了对车的控制。造成对车辆失去控制的原因为被害人的醉酒行为，不是被告人的行为，而且被害人直至酒醒后报案时也不知自己将车遗忘在何处，所以该车辆应属于遗忘物。(2) 被告人韦某对该车具有非法占有的故意。其控制车辆长达9个月之久，期间更换车牌、对车进行维修等行为，均能证明韦某对该车具有非法占有的目的。但是，韦某对该车非法占有目的的产生是有一个发展过程的，非法占有的目的是随着车辆无人查找而越来越明确或越来越强烈的。韦某在控制该车后将车隐匿，予以侵占，符合侵占罪的特征。(3) 韦某有拒不交出的行为。车内有车及车主的信息，韦某完全可以通知车主而不通知，符合侵占罪拒不交出的特征。综上，韦某的行为构成侵占罪。

本案的裁判理由认为，被告人韦某的行为构成盗窃罪。主要理由如下：

（一）以非法占有为目的，偷开走他人忘记锁闭的汽车，具有较大的社会危害性，应当由刑法予以调整。

暗自开走他人汽车，目的可以是占为己有，也可以是临时使用。如果是临时使用，并没有侵犯他人财产的所有权，仅属于民事纠纷，不应通过刑法干预。但本案中，被告人韦某将被害人的汽车开走后，即发现了车主的身份证和联系电话，且其兄也多次敦促其归还，但韦某不是积极联系被害人归还车辆，而是藏匿汽车，并抛弃能够证实该车合法身份的车辆行驶证和牌照。为达到非法占有该车辆的目的，又更换汽车牌照，对车辆进行伪装。韦某的非法占有目的明显，已严重侵犯了他人财产的所有权，具有较大的社会危害性，应当按照刑法的有关规定追究其刑事责任。

（二）驾驶人忘记锁闭的汽车不是遗忘物，被告人韦某的行为不构成侵占罪。

刑法第二百七十条第二款规定的遗忘物，通常是指本应携带因遗忘而没有带走的财物，即财物的所有人或者持有人有意识地将财物放于某处，只是由于疏忽而在离开时忘记带走，从而失去对财物的控制。本案中的汽车确系驾驶人郑某因其饮酒过量的特殊原因，有意识地将车辆停在其住处附近的公路上，并且未关车门和车窗，将钥匙遗留在车上，为被告人韦某将该车开走创造了便利条件，但汽车作为财物，具有财物的特殊属性，即驾驶人在离开时不仅不可能将其带走，而且是有意识地让其保留在停放处，汽车经常要与驾驶人分离。如果不考虑汽车这种特殊的物质属性，将因驾驶人忘记关车窗和车门、没拔钥匙、便于他人开走的汽车认定为遗忘物，既有悖常理，还会使人们对汽车这种财产所有关系的认识产生混乱。因此，汽车不属于刑法第二百七十条第二款规定的"遗忘物"，对本案不能以侵占罪定罪处罚。

（三）被告人韦国权以非法占有为目的，偷开他人忘记关窗锁门的汽车的行为，符合盗窃罪的构成特征，应当以盗窃罪定罪处罚。

"秘密窃取"作为盗窃罪的客观行为方式，是指行为人采用自己认为不会被财物的所有人、保管者或者经手者发觉的方法，将财物非法占有的行为。这种秘密手段是相对于财物的所有人、保管者或者经手者而言，并非旁人不知或者不能发现。本案中涉案车辆车窗未关、车门未锁、钥匙未拔的不正常状况，只是为被告人实施盗窃行为创造了便利条件，也使得其采取的秘密手段的表现形式与一般盗窃犯罪中秘密手段的表现形式（如撬门、砸窗等）有所不同。但并不能据此认为韦某的行为不是秘密的，因为秘密窃取是针对车主没有发觉而言。在车主不在场的情况下，将其汽车开走就是秘密窃取。被告人韦某就是在发现车辆长时间无人管理后才潜入车中，并在确信不会被人发觉的情形下，将车开走、藏匿的，即采取秘密手段窃取他人财物。

综上，对于被告人韦某非法占有他人忘记锁闭的汽车的行为，应当以盗窃罪定罪处罚。

从以上韦某盗窃案的裁判理由来看，主要是从汽车所具有的特殊性的角度，确认忘记上锁的汽车不是遗忘物，由此而否认本案属于侵占罪。确实，汽车与一般财物之间存在较大的差异。除了少数具有封闭车库的情形以外，汽车都被保管在开放的场所，这与在大马路上发现一个钱包明显不同，大马路显然不是钱包待的地方。但私人汽车停放在大马路上则是十分正常的。本案之所以辩解为侵占罪，主要是因为汽车没有上锁，处于一种随时可以开走的状态。但涉案车辆的司机没有上锁，是否使车辆成为了遗忘物，因此本案可以认定为侵占罪呢？本案的裁判理由以将忘记上锁的汽车解释为遗忘物违背常理为由，否定忘记上锁的汽车是遗忘物。这是较为武断的。一间房子没有上锁，没有人会认为它是遗忘物。但一个钱包即使上锁，还是会被认为是遗忘物。同样，一辆汽车上锁和不上锁都不会被认为是遗忘物，这是汽车本身所具有的停放在路上的属性所决定的。遗忘物的特征是丧失控制，而汽车没有上锁并不等于丧失了控制。是否上锁，只是是否采取了防盗措施的区别，而不能说只要占有没有上锁的汽车就不是盗窃。

（三）侵占罪和诈骗罪的区分

诈骗罪与侵占罪的性质有所不同：诈骗罪是以诈骗方法使他人交付财物，因此属于占有转移型的财产犯罪；而侵占罪是将代为保管的他人财物据为已有，因此属于非占有转移型的财产犯罪。这两种财产犯罪的根本区分就在于，在犯罪之前，财产处于谁的占有之中：如果处于他人占有之中，通过诈骗的方法取得，就是诈骗罪；如果处于本人占有之中，则即使是通过欺骗的方式将他人财物据为已有，也是侵占罪。例如，甲、乙是朋友关系，甲对乙十分信任。一天，甲持一张9万元的支票要到银行取钱，但又有急事，甲就委托乙持自己的支票去取9万元钱。乙取钱后见财起意，就找来另外一个丙。两人预谋采用报假案谎称钱被抢了的方法占有该9万元钱。为此，乙还让同伙丙把自己打了一顿，打得身上都流血了。报案以后，公安机关经过调查发现这是个假案。乙和丙非法占有甲的9万元钱是一种财产犯罪行为，对此没有争议。争点在于，本案到底应定诈骗罪还是侵占罪。这里有乙占有甲的9万元钱的侵占行为，但这9万元钱是乙和丙通过报假案的欺骗方式来取得的。我认为，这个案件还是应定侵占罪。诈骗犯罪是取得型的财产犯罪，因此，在实施犯罪之前财物一定是在财产所有人或者财产保管人那儿，行为人通过诈骗方式取得这些财物。但这个案件并不具有取得的特征，在欺骗之前，财物已经处于乙的合法持有状态。这个道理也可以用于解释前述的犯罪，关键都是看财物是如何取得的，应依取得财物的行为定罪。

(四) 侵占罪和抢夺罪的区分

侵占罪和抢夺罪也是有区分的，在司法考试中有一个案例就涉及这个知识点。这一个案例就是说，有一个路人要搭乘顺风车，并拿一个提包，提包里面有10万元钱。顺风车司机知道他提包里面有10万元钱，想占有这个钱，就谎称车坏了，让这个路人下去推车，这个路人信以为真，就把包放在车上，人下去推车。在推车过程中，顺风车司机就想逃跑，就加速。下去推车的路人刚一下去就觉察出了这个司机的用意，就拉住车门不放，就跟着跑。顺风车司机后来一下子把车开得很快，把这个人摔伤了，把财物占为己有了。像这样一个情况，涉及到底是一种侵占还是一种抢夺抑或是一种抢劫。我认为，区分的关键还是要看在实施这样一个行为之前，这个财物到底是置于谁的控制之下：如果说这个财物已经置于司机的控制之下，那么他后面的驾车逃跑并致路人重伤的行为只是占有财物的一种方法，因此倾向于认定侵占。但如果说虽然提包的主人下车了，但他并没有丧失对提包的控制，顺风车司机利用把路人甩开这个方法来占有财物，可能构成抢夺或者抢劫。像例子中这种情况，我的观点是，虽然路人把提包放在车上人下来了，但刚一下来他就发现情况不好，就拉住车门。在这种情况下，不能认为路人丧失了对提包的控制，因此司机是通过抢夺或者抢劫的犯罪手段取得提包的，因此应当按照顺风车司机获取财物的手段来定罪，而不能认为其行为是对他人丧失控制的财物的一种侵占。

四、侵占罪的处罚

根据刑法第270条的规定，犯侵占罪的，处2年以下有期徒刑、拘役或者罚金；数额巨大或者有其他严重情节的，处2年以上5年以下有期徒刑，并处罚金。另外，侵占罪是亲告罪，也就是所谓告诉乃论，不告诉就不处理。这表明侵占罪是一种比较轻微的犯罪。但同时我们也要看到，将侵占罪作为一种告诉才处理的犯罪，有时候会给追究侵占犯罪分子的刑事责任带来一定的困难，尤其是在没有明确的被害人的情况下。

第二十八讲

贪污罪

贪污罪是一种职务犯罪，在司法实践中是比较常见的。在当前反腐倡廉形势下，贪污案件的处理是比较多的。贪污罪的主体是国家工作人员，对贪污罪如何来定罪处罚涉及一些比较复杂的问题，需要从法理上加以阐述。在本讲中，我根据刑法和司法解释的有关规定，对贪污罪进行讲述。

一、贪污罪概述

贪污罪是指国家工作人员或者受委托经营管理国有资产的工作人员，利用职务上的便利，侵吞、窃取、骗取或者以其他手段非法占有公共财物的行为。

贪污有广义和狭义之分。广义上的贪污指的是掌有一定公共权力的人员利用职务上的便利非法获取个人的利益，因此广义上的贪污包括所有腐败行为，即贪污、受贿、挪用公款等行为。而狭义上的贪污是指利用职务上的便利非法将公共财物据为己有，因此，狭义上的贪污不包括受贿、挪用公款等利用职务便利为个人谋取利益的行为。我国刑法是在狭义上使用贪污这个词的，因此贪污罪和受贿罪、挪用公款罪是并列的犯罪。但在国际公约中，往往是在广义上使用贪污这个词的。这点是我们在阅读国际反贪文件的时候应该加以注意的。例如，联合国专门制定了《反腐败公约》，对腐败犯罪作了专门的界定，这里的腐败犯罪就是指贪污犯罪。我在这里讲的是我国刑法关于贪污罪的规定，因此是在狭义上使用贪污这个词的。

二、贪污罪的构成

（一）罪体

1. 贪污罪的主体

根据我国刑法的规定，贪污罪的主体包括以下两类人。

（1）国家工作人员。

刑法第 93 条规定："本法所称国家工作人员，是指国家机关中从事公务的人员。""国有公司、企业、事业单位、人民团体中从事公务的人员和国家机关、国有公司、企业、事业单位委派到非国有公司、企业、事业单位、社会团体从事公务的人员，以及其他依照法律从事公务的人员，以国家工作人员论。"由此可见，我国刑法中的国家工作人员可以分为以下四种人员：

第一种人员是在国家机关中从事公务的人员。这里的国家机关包括国家的立法机关、司法机关、行政机关以及根据中央和国务院有关规定参照国家机关管理的各级党委、政协机关。在上述机关中从事公务的人员属于国家工作人员。这部分人是国家机关工作人员，是国家工作人员中的一部分。在我国刑法中有些犯罪的主体被明确规定为国家机关工作人员，例如刑法分则第九章规定的渎职罪的主体是国家机关工作人员。国家工作人员的范围要比国家机关工作人员宽泛一些。贪污罪的主体是国家工作人员，而国家工作人员的第一种人员就是国家机关工作人员。在贪污罪的主体中，国家机关工作人员的范围是较为明确的，在贪污罪主体的认定上也不存在争议。

第二种人员是国有公司、企业、事业单位、人民团体中从事公务的人员。这里的国有公司是指依照公司法成立，财产全部属于国家所有的公司，即国有的独资公司。国有资本控股、参股的股份有限公司不属于这里的国有公司。这里的国有企业是指财产全部归国家所有，从事生产经营活动的营利性的非公司化经济组织。这里的国有事业单位是指受国家机关领导，财产属于国家所有的非经营单位，例如医院、科研单位以及广播、广播电视等新闻出版单位。这里的人民团体是指由国家组织成立的，财产属于国家所有的各种群众性组织，包括乡级以上的工会、共青团、妇联等组织。国有公司、国有企业、国有事业单位、国有人民团体这些机构的财产属于国家所有，在这些国有单位中从事公务的人员，应当视为国家工作人员。

第三种人员是国家机关、国有公司、企业、事业单位委派到非国有公司、企业、事业单位、社会团体从事公务的人员，即受委派从事公务的人员。这里的委派是指受有关国有单位委任、派遣而到非国有单位从事公务。这种受委派从事公务的人员的特点是他所担任职务的单位本身并非国有单位，但是他们是受国家机关、国有公司、企业、事业单位委派到非国有单位从事公务，因此这部分人也应该被视为国家工作人员。委派的形式是多种多样的，包括任命、指派、提名、批准等。在司法实践中认定是否属于受委派不能仅看形式，而必须结合具体案情，充分把握是否系代表国家机关、国有公司、企业、事业单位或者人民团体行使管理职权，在非国有单位行使管理职权到底是代表谁的利益，是不是代表国家机关、国有公司、企业、事业单位或者人民团体的利益。比如国有公司和非国有公司组成股份有限公司，因为国有公司在股份有限公司中占有一定的股份，它就会委派某一个国工作人员到这个股份有限公司中行使管理职权。股份有限公司要按照公司法的规定来选举董事会、总经理以及其他的高级管理人员，受委派人员可能被选为或任命为高级管理人员。从形式上看，这些人担任总经理以及其他的高级管理人员是由股份有限公司任命的，实质上这些人是受国有公司的委派到股份有限公司中去行使管理职权，因此，他们的权力最终来源于国有单位，因此应该认为他们是国家工作人员。在股份有限公司中只有受非国有一方委派担任职务、行使职权的这部分人才不属于国家工作人员。另外，这里的“委派”指的是直接委派，是国有公司委派到股份有限公司去行使管理职权，是第一次的委派。股份有限公司还会组建其他的公司，受股份有限公司的委派到下属公司行使管理职权者就不具有国家工作人员身份，因为是受股份有限公司的委派。由此可见，这里的“委派”情形比较复杂，在认定的时候需要特别加以注意。

第四种人员是其他依照法律从事公务的人员。这是刑法的一种概括性规定。这里的“其他依照法律从事公务的人员”应当是指在一定条件下，代表国家行使国家管理职权的人员，例如人民陪审员：按照《法院组织法》的规定，人民陪审员本来的身份是一般的公民，但是被遴选为人民陪审员参加人民法院的审判活动，并且行使和审判员相同的职权，当这部分人在法院行使职权的时候就具有了国家工作人员的身份，但是他们在审判工作以外就不属于国家工作人员。因此，这部分人的特点是在特定条件下，由于行使有关的职权而被视为国家工作人员。另外，根据 2002 年月 29 日全国人民代表大会常务委员会关于刑法第 93 条第 2 款的立法解释，村民委员会等村基层组织人员协助人民政府从事下列行政管理工作时，属于刑法第 93 条第 2 款规定的其他依照法律从事公务的人员：1）救灾、抢险、防汛、优抚、移民、救济款物的管理和发放；2）社会捐助公益事业款物的管理和发放；3）土地的经营、管理和宅基地的管理；4）土地征用补偿费用的管理和发放；5）代征、代缴税款；6）有关计划生育、户籍、征兵工作；7）协助人民政府从事的其他行政管理工作。村民委员会、居民委员会是群众性自治组织，这些组织本身并不是国家机构的一部分，他们行使的权力也不属于行政管理的权力。但是群众性自治组织的工作人员可能会利用本人从事管理活动的职务上的便利而占用公共财物。在这种情况下，对占有财物的行为到底应该如何定性？对此过去在司法实践中是存在分歧的，上述立法解释对这个问题作了明确的界定，也就是当群众性自治组织的工作人员在从事立法解释所列举的 6 种工作的时候，他们利用职务上的便利占有公共财物，就应当按照贪污罪来处罚。除此以外，他们在从事其他管理活动中，利用职务上的便利占有公共财物，就不应当定贪污罪，而应该定职务侵占罪。

以上的四种人员就是刑法第 93 条规定的国家工作人员，由此可见，国家工作人员的身份和所担任职务、所在单位是有一定联系的，即单位的性质在一定程度上决定了这个人是否属于国家工作人员，但是国家工作人员的身份又不完全是由单位的性质所决定，例如委派到非国有公司、企业、事业单位、社会团体从事公务的人员按照刑法第 93 条的规定也属于国家工作人员。在这种情况下，他从事公务的单位并不是国有单位，但是由于他是受国有单位的委派而从事某种管理活动，因此依照法律他也被视为国家工作人员。另一方面，即使是在国有单位从事一定的工作，但不是从事公务的，也不能被视为国家工作人员。据此，国家工作人员的本质特征是依法从事公务。这里的"从事公务"是指代表国家机关、国有公司、企业、事业单位、人民团体履行组织、领导、监督职责或具体负责某项工作，而履行组织、领导、监督职责的人通常都会担任一定的职务，主管本单位或者本部门的工作，例如国有公司的董事、经理、监事等。具体负责某项工作的人员通常就某一方面或某一项事务行使法律赋予或者国有单位授予的职权，例如国有公司的会计、出纳、保管人员等。

国家工作人员在我国是个相当复杂的问题，这和我国的干部管理体制有很大关系。在过去的计划经济条件下，干部和工人两者之间的界限是非常明确的，干部是一种身份。后来随着国家的经济体制改革，尤其是随着混合型经济成分的出现，例如国有公司和非国有公司组成股份有限公司，或者中外合资、中外合作企业，国家工作人员的身份发生很大变化。如果按照过去关于干部身份的界定，很难对贪污罪的主体作出规范。因此，随着管理体制的变化，对国家工作人员的认定就不再强调行为人的身份，而强调他所从事的活动，强调他是否行使某种国家职权。现行刑法第 93 条关于国家工作人员的界定也基本体现了这样的思路，即只要某一个人是依法从事公务活动，就应当被视为国家工作人员。

这里值得注意的是国家出资企业中的国家工作人员的认定问题。在 2008 年 10 月 28 日全国人大常委会通过、2009 年 5 月 1 日起施行的《企业国有资产法》之前，我国并无国家出资企业这个概念。此前的《公司法》只有关于国有独资公司的规定，2005 年《公司法》第 65 条第 2 款规定："本法所称国有独资公司，是指国家单独出资、由国务院或者地方人民政府授权本级人民政府国有资产监督管理机构履行出资人职责的有限责任公司。"在国有独资公司中从事管理活动的人员，当然属于国家工作人员，对此并无争议。除了国有独资公司，还有其他国有企业，也属于国有单位，在其中从事管理活动的人员也是国家工作人员。以上国有独资公司和国有企业都是指国家全资的公司或者企业。此外，在现实生活中还存在着国家占有一定股份的合资公司或者企业，这些公司、企业被称为国有资本控股、参股的公司、企业，对于其中从事管理活动的人员如何认定国家工作人员，刑法并没有规定。对此，相关司法解释作了规定。根据颁布时间的顺序，规范这种国家工作人员的司法解释主要有以下三个：

一是 2001 年 5 月 23 日最高人民法院《关于在国有资本控股、参股的股份有限公司中从事管理工作的人员利用职务便利非法占有本公司财物如何定罪问题的批复》(以下简称 2001 年《批复》)。该批复中规定："在国有资本控股、参股的股份有限公司中从事管理工作的人员，除受国家机关、国有公司、企业、事业单位委派从事公务的以外，不属于国家工作人员。"由此可见，该批复根据是否受委派作为认定国有资本控股、参股的股份有限公司中国家工作人员的标准。

二是 2003 年 11 月 13 日最高人民法院《全国法院审理经济犯罪案件工作座谈会纪要》(以下简称 2003 年《纪要》)。该纪要对国家机关、国有公司、企业、事业单位委派到非国有公司、企业、事业单位、社会团体从事公务的人员的认定问题作了以下规定："所谓委派，即委任、派遣，其形式多种多样，如任命、指派、提名、批准等。不论被委派的人身份如何，只要是接受国家机关、国有公司、企业、事业单位委派，代表国家机关、国有公司、企业、事业单位在非国有公司、企业、事业单位、社会团体中从事组织、领导、监督、管理等工作，都可以认定为国家机关、国有公司、企业、事业单位委派到非国有公司、企业、事业单位、社会团体从事公务的人员。如国家机关、国有公司、企业、事业单位委派在国有控股或者参股的股份有限公司从事组织、领导、监督、管理等工作的人员，应当以国家工作人员论"。该纪要明确地界定了委派的概念，即委派是指委任和派遣。无论是委任还是派遣，都是从国有单位委派到非国有单位，而这里的非国有单位包括国有控股或者参股的股份有限公司。

三是 2005 年 8 月 1 日最高人民法院《关于如何认定国有控股、参股股份有限公司中的国有公司、企业人员的解释》(以下简称 2005 年《解释》)。该解释规定："国有公司、企业委派到国有控股、参股公司从事公务的人员，以国有公司、企业人员论。"这一规定的精神与2003年《纪要》是完全一致的。

根据以上三个司法解释的规定，国有控股、参股的公司属于非国有公司、企业，只有受委派从事公务的人员是国家工作人员，其他人员均属非国家工作人员，即公司、企业工作人员。

及至2008年10月28日全国人大常委会颁布《企业国有资产法》，该法首次提出国家出资企业的概念，于第5条指出："本法所称国家出资企业，是指国家出资的国有独资企业、国有独资公司，以及国有资本控股公司、国有资本参股公司。"在此，《企业国有资产法》将国有独资的公司、企业和国有资本控股、参股的公司、企业相提并论，同等对待。值得注意的是，《企业国有资产法》还对履行出资人职责的机构作了专门规定。这里的履行出资人职责的机构，根据该法第11条的规定，是指代表各级人民政府履行出资人职责的机构、部门，主要是指国有资产监督管理机构。

在《企业国有资产法》颁布以后，2010年最高人民法院、最高人民检察院颁布了《关于办理国家出资企业中职务犯罪案件具体应用法律若干问题的意见》（以下简称2010年《意见》）。该司法解释的制定，是为了与《企业国有资产法》相衔接，进一步对国家出资企业中国家工作人员职务犯罪的法律适用问题加以规定。其中，该意见所涉及的国家出资企业国家工作人员的规定，主要有以下两项：

第一，经国家机关、国有公司、企业、事业单位提名、推荐、任命、批准等，在国有控股、参股公司及其分支机构中从事公务的人员，应当认定为国家工作人员。具体的任命机构和程序，不影响国家工作人员的认定。

第二，经国家出资企业中负有管理、监督国有资产职责的组织批准或者研究决定，代表其在国有控股、参股公司及其分支机构中从事组织、领导、监督、经营、管理工作的人员，应当认定为国家工作人员。

上述第一项是对受委派到国家出资企业从事公务的国家工作人员的规定。应该说，这一规定的内容甚至表述，都与以往的司法解释相同。在这个意义上可以说，这是对以往司法解释规定的一种重复，并没有新意。因此，对此也不存在争议。

关键在于第二项，该项规定，经国家出资企业中负有管理、监督国有资产职责的组织批准或者研究决定的人员，只要代表其在国有控股、参股公司及其分支机构中从事组织、领导、监督、经营、管理工作，就应当认定为国家工作人员。显然，这种人员并非受国家机关、国有公司、企业、事业单位的委派，而是由国家出资企业中负有管理、监督国有资产职责的组织批准或者研究决定。因此，这种人员难以说是受委派的国家工作人员。当然，这一规定也没有完全将国有控股、参股公司等国家出资企业等同于国有单位，否则，国有控股、参股公司等国家出资企业中从事管理活动的人员将一概被认定为国家工作人员。2010年《意见》将国有控股、参股公司等国家出资企业中从事管理活动的人员分为两部分：一部分是国家出资企业中负有管理、监督国有资产职责的组织批准或者研究决定的人员，另一部分是国家出资企业其他机构任命的人员：前者属于国家工作人员，后者属于非国家工作人员。

2010年《意见》关于国家出资企业中负有管理、监督国有资产职责的组织批准或者研究决定的人员属于国家工作人员的规定，明显扩大了国家出资企业中国家工作人员的范围。我们可以对比2001年《批复》对国家出资企业中国家工作人员的规定："在国有资本控股、参股的股份有限公司中从事管理工作的人员，除受国家机关、国有公司、企业、事业单位委派从事公务的以外，不属于国家工作人员。"根据2001年《批复》的规定，在国家出资企业中，只有受委派从事公务的人员才是国家工作人员。但按照2010年《意见》的规定，在国家出资企业中，除了受委派从事公务的人员是国家工作人员以外，经国家出资企业中负有管理、监督国有资产职责的组织批准或者研究决定，代表其在国有控股、参股公司及其分支机构中从事组织、领导、监督、经营、管理工作的人员，也被认定为国家工作人员。

在这种情况下，为了使经国家出资企业中负有管理、监督国有资产职责的组织批准或者研究决定，代表其在国有控股、参股公司及其分支机构中从事组织、领导、监督、经营、管理工作的人员获得国家工作人员身份具有法条上的根据，参与2010年《意见》研究讨论并起草的有关人员提出了间接委派的概念：这里的间接委派，是指对委派概念所进行的扩大解释。据此将过去通常认为不属于国家工作人员的部分间接委派的人员，有条件地纳入委派人员的认定范畴。[①] 所谓间接委派是相对于直接委派而言的，直接委派是指国家机关、国有公司、企业、事业单位向非国有公司、企业、事业单位的委派，包括向国家出资企业的委派。本来在刑法当中并没有间接委派的说法，只是在2010年《意见》颁布以后，经国家出资企业中负有管理、监督国有资产职责的组织批准或者研究决定，代表其在国有控股、参股公司及其分支机构中从事组织、领导、监督、经营、管理工作的人员被扩大解释为国家工作人员。为了使这种解释活动有合法依据，方提出了间接委派的概念。严格来说，间接委派的概念并不科学。因为委派是从外部派遣有关人员到内部，因此，站在被委派单位的角度来说，被委派人员来自外部的委派单位。在此，存在委派单位与被委派单位的内外之别，这是两个单位之间的关系。间接委派实际上是把内部的任命也理解为委派，突破了委派存在于两个单位之间这一基本特征。因此，与其说这是对委派的扩大解释，不如说是对国家出资企业国家工作人员作了超出原先范围的重新规定。

(2) 受国家机关、国有公司、企业、事业单位、人民团体委托管理、经营国有财产的人员

这部分人本身并不是国家工作人员，但是由于受国有单位的委托，管理、经营国有财产，因此根据刑法第382条第2款的规定，而被作为贪污罪的主体。在司法实践中，这些人员主要是指以承包、租赁经营方式管理整个国有公司、企业或者其中的某个部分，以承包人、租赁人的身份在承包、租赁合同约定的时间、权限范围内管理、经营国有财产的人员。受委托从事公务的人员和受委派从事公务的人员是有所不同的。委派是行政法律关系，委派者与被委派者之间存在行政隶属关系。被委派者无论在委派前是不是国家工作人员，在接受委派后都属于国

① 参见刘为波：《〈关于办理国家出资企业中职务犯罪案件具体应用法律若干问题的意见〉的理解与适用》，载最高人民法院刑事审判第一、二、三、四、五庭主办：《刑事审判参考》，第77集，133页，北京，法律出版社，2010。

家工作人员。而委托关系是民事法律关系，委托者与被委托者之间并不存在行政隶属关系，是平等主体之间的法律关系。例如，某一个国有企业和某一个人签订一个承包合同，由承包人承包该国有企业的经营管理活动，该人由此而担任了国有企业的经理，由此取得了这个国有企业的财产的管理职权。这个承包人如果在承包期间利用职务上的便利非法占有国有企业的财产就可以成为贪污罪的主体。在具体案件中，这种关系到底是委托关系还是委派关系直接关系到犯罪性质的认定。

刘某贪污案

2004年9月5日，刘某与北港市有奖募捐委员会办公室签订了由其销售福利彩票的协议，规定：刘某在缴纳1万元保证金后，福利彩票发行中心将1台投注机交刘某经营；刘某应将销售款准时、足额上缴市有奖募捐委员会办公室指定的银行账号，福利彩票发行中心按照销售金额的6.5%作为代理费结付给刘某。据此，刘某开始经营顺风福利彩票投注站。之后，刘某产生了通过自己投注福利彩票中大奖的想法。自2005年1月5日至30日，刘某先后从自己经营的投注站打出每张售价1.5万元的彩票20张、每张售价3.5万元的彩票15张，总金额82.5万元，但这些彩票仅中奖5万元。由于无法及时支付其投注的彩票款，刘某逃匿，后被抓获。

福利彩票是国家垄断的活动，由民政局下属的募捐委员会从事彩票工作，本案被告人和募捐委员会签订了一个协议，由他来负责福利彩票的一个销售点。刘某的行为是否构成贪污罪，关键在于他是否属于国家工作人员，是否属于受委托管理、经营国有财产的人员。对此存在分歧意见：第一种意见认为，被告人刘某和国有单位签订了销售彩票的合同，而获得了对彩票的经营管理权。因此，刘某属于国家工作人员。第二种意见认为，被告人刘某和募捐委员会签订的销售协议只是一般的民事合同，双方之间是平等主体之间的关系，并且彩票的销售并不是一种公务的活动，只是劳务的合同，故两者之间是民事法律关系：销售款上缴给募捐委员会，然后根据卖彩票的款项提取一定比例的费用返还。现在被告人刘某和募捐委员会之间存在民事上的债务关系。这个问题的确比较复杂：认定被告人刘某是否具有贪污罪的主体身份，主要看被告人刘某从事的活动是劳务活动还是公务活动，另外刘某私自打出的82.5万元的彩票的性质是什么？是侵吞国有资产还是未经过有关部门同意侵犯国有资产的使用权？对此，我认为，被告人刘某不构成贪污罪。被告人刘某和募捐委员会之间属于债权债务关系，应该通过民事诉讼程序索要被他占用的82.5万元募捐款。

此外，尽管在承包后，从主体来讲，承包人属于贪污罪的主体，但并非承包人在承包中的行为都构成贪污，还要具体看承包是死包还是活包。死包就是每年上缴固定的承包款，即国有单位在法律上获得的利益是确定的。在这种情况下，即使承包人弄虚作假，将承包人的财产据为己有而使发包人没有及时获取承包款，也不能认为是贪污，因为不论承包人怎么弄虚作假，每年都是要上交一定数额的承包款。此时，双方存在一个民事法律关系。如果承包不是死包而是活包，即按照利润的一定比例上缴给发包人承包款，则承包人弄虚作假，隐瞒利润款的话，就会使发包人的利益受损，隐瞒的部分就应该作为贪污的部分。例如隐瞒了100万元利润，就使发包人损失了60万元的承包款，即这60万元就是贪污的数额。

2. 贪污罪的行为

贪污罪的行为是指利用职务上的便利，侵吞、窃取、骗取或者以其他手段非法占有公共财物的行为。

(1) 行为前提：利用职务上的便利。

严格来说，利用职务上的便利并不是一种贪污行为，而是贪污行为得以成立的逻辑前提。根据我国刑法规定，如果行为人没有利用职务上的便利，贪污行为就不可能成立。在我国刑法中，有许多职务犯罪都是以利用职务上的便利作为构罪前提的，例如挪用公款罪、受贿罪。但在不同的犯罪中，对“利用职务上的便利”的理解是不完全相同的。例如，对贪污罪中的利用职务上的便利和挪用公款罪中的利用职务上的便利的理解基本上是一致的，但是对受贿罪中的利用职务上的便利的理解就有不同，受贿罪中的利用职务上的便利的范围更为宽泛一些。对利用职务上的便利应当结合具体行为来理解。贪污罪中的利用职务上的便利是指利用本人职务范围内主管、管理、经营、经手公共财物的便利条件，因此，贪污罪中的利用职务上的便利可以分为以下四种情形：

一是利用主管公共财物的便利。这里的主管是指国家工作人员虽然不具体负责经手、管理公共财物，但以其职权有调拨、管理、使用或者以其他方式支配公共财物的权力，指的是对公共财物有一种支配权。这种职务便利往往是国有单位的领导具有的职务便利。

二是利用管理公共财物的便利。管理是指坚守或者保管公共财物的职权。

三是经营公共财物的便利。这里的经营是指将公共财物投放市场进行营利活动，或者利用公共财物从事非营利活动。经营者在经营期间往往同时行使管理职权，对公共财物具有处置权。

四是利用经手公共财物的便利。这里的经手是指具有领取、支出、具有经办公共财物流转事项的权力。经手人虽然不负责公共财物的管理和处置，但具有基于职务产生的对公共财物的临时控制权，例如国有单位的会计、出纳，他们在履行职责的时候就具有对公共财物经手的职务便利，在其经手期间公共财物就在其控制之下。

杨某贪污案

被告人杨某1996年8月任浙江省义乌市委常委，2003年3月任义乌市人大常委会副主任，2000年8月兼任中国小商品城福田市场（2003年3月改称中国义乌国际商贸城，以下简称国际商贸城）建设领导小组副组长兼指挥部总指挥，主持指挥部全面工作。2002年，杨某得知义乌市稠城街道共和村将列入拆迁和旧村改造范围后，决定在该村购买旧房，利用其职务便利，在拆迁安置时骗取非法利益。杨某遂与被告人王某（杨某的妻妹）、被告人郑某（王某之夫）共谋后，由王、郑二人出面，通过共和村王甲，以王某的名义在该村购买赵某的3间旧房（房产证登记面积为61.87平方米，发证日期为1998年8月3日）。按当地拆迁和旧村改造政策，赵某有无该旧房，其所得安置土地面积均相同，事实上赵某也按无房户得到了土地安置。2003年3、4月份，为使3间旧房所占土地确权到王某名下，在杨某指使和安排下，郑某再次通过共和村王甲，让该村村民委员会及其成员出具了该3间旧房系王某1983年所建的虚假证明。杨某利用职务便利，要求兼任国际商贸城建设指挥部分管土地确权工作的副总指挥、义乌市国土资源局副局长吴某和指挥部确权报批科人员，对王某拆迁安置、土地确权予以关照。国际商贸城建设指挥部遂将王某所购房屋作为有村证明但无产权证的旧房进行确权审核，上报义乌市国土资源局确权，并按丈量结果认定其占地面积为64.7平方米。

此后，被告人杨某与郑某、王某等人共谋，在其岳父王乙在共和村拆迁中可得25.5平方米土地确权的基础上，于2005年1月编造了由王某等人签名的申请报告，谎称"王乙与王某共有三间半房屋，占地90.2平方米，二人在1986年分家，王乙分得36.1平方米，王某分得54.1平方米，有关部门确认王乙房屋25.5平方米、王某房屋64平方米有误"，要求义乌市国土资源局更正。随后，杨某利用职务便利，指使国际商贸城建设指挥部工作人员以该部名义对该申请报告盖章确认，并使该申请报告得到义乌市国土资源局和义乌市政府认可，从而让王某、王乙分别获得72平方米和54平方米（共126平方米）的建设用地审批。按王乙的土地确权面积仅应得36平方米建设用地审批，其余90平方米系非法所得。2005年5月，杨某等人在支付选位费24.552万元后，在国际商贸城拆迁安置区获得两间店面72平方米土地的拆迁安置补偿（案发后，该72平方米的土地使用权被依法冻结）。该处地块在用作安置前已被国家征用并转为建设用地，属国有划拨土地。经评估，该处每平方米的土地使用权价值35 270元。杨某等人非法所得的建设用地90平方米，按照当地拆迁安置规定，折合拆迁安置区店面的土地面积为72平方米，价值253.944万元，扣除其支付的24.552万元后，实际非法所得229.392万元。

此外，2001年至2007年间，被告人杨某利用职务便利，为他人承揽工程、拆迁安置、国有土地受让等谋取利益，先后非法收受或索取57万元，其中索贿5万元。

浙江省金华市中级人民法院于2008年12月15日作出（2008）金中刑二初字第30号刑事判决：(1) 被告人杨某犯贪污罪，判处有期徒刑15年，并处没收财产20万元；犯受贿罪，判处有期徒刑11年，并处没收财产10万元；决定执行有期徒刑18年，并处没收财产30万元。(2) 被告人郑某犯贪污罪，判处有期徒刑5年。(3) 被告人王某犯贪污罪，判处有期徒刑3年。

宣判后，三被告人均提起上诉。

浙江省高级人民法院于2009年3月16日作出（2009）浙刑二终字第34号刑事裁定，驳回上诉，维持原判。

法院生效裁判认为：关于被告人杨某的辩护人提出杨某没有利用职务便利的辩护意见，经查：义乌国际商贸城指挥部系义乌市委、市政府为确保国际商贸城建设工程顺利进行而设立的机构，指挥部下设确权报批科，工作人员从国土资源局抽调，负责土地确权、建房建设用地的审核及报批工作，分管该科的副总指挥吴某是国土资源局的副局长。确权报批科作为指挥部下设机构，同时受指挥部的领导，作为指挥部总指挥的杨某具有对该科室的领导职权。贪污罪中的“利用职务上的便利”，是指利用职务上主管、管理、经手公共财物的权力及方便条件，既包括利用本人职务上主管、管理公共财物的职务便利，也包括利用职务上有隶属关系的其他国家工作人员的职务便利。本案中，杨某正是利用担任义乌市委常委、义乌市人大常委会副主任和兼任指挥部总指挥的职务便利，给下属的土地确权报批科人员及其分管副总指挥打招呼，才使王某等人虚报的拆迁安置得以实现。

综上，被告人杨某作为国家工作人员，利用担任义乌市委常委、义乌市人大常委会副主任和兼任国际商贸城指挥部总指挥的职务便利，伙同被告人郑某、王某以虚构事实的手段，骗取国有土地使用权，非法占有公共财物，三被告人的行为均已构成贪污罪。杨某还利用职务便利，索取或收受他人贿赂，为他人谋取利益，其行为又构成受贿罪，应依法数罪并罚。在共同贪污犯罪中，杨某起主要作用，系主犯，应当按照其所参与或者组织、指挥的全部犯罪处罚；郑某、王某起次要作用，系从犯，应减轻处罚。故一、二审法院依法作出如上裁判。

杨某贪污案的裁判要旨确立了以下司法规则：

贪污罪中的利用职务上的便利，是指利用职务上主管、管理、经手公共财物的权力及方便条件，既包括利用本人职务上主管、管理公共财物的职务便利，也包括利用职务上有隶属关系的其他国家工作人员的职务便利。

以上是对贪污罪中的利用职务上的便利的具体解释，在杨某贪污案中，杨某是通过利用职务上具有隶属关系的其他国家工作人员的职务便利完成贪污行为的。这时，被告人的利用职务上的便利属于哪一种形式呢？有人认为这是间接利用本人职务上的便利，因此拓宽了贪污罪中的利用职务上的便利这一要件的范围。我不赞同这一观点。我认为，这是关于利用本人职务上主管公共财物的便利条件，也就是主管的职务便利的具体说明。本案例中杨某正是利用“主管”的职务便利，给确权报批科的科长及分管副总指挥打招呼，利用了与其职务上有隶属关系的其他国家机关工作人员的职权，才使虚假的土地确权得以实现。

(2) 行为表现之一：侵吞。

侵吞是指利用职务上的便利采取涂改账簿，或者将收入不记账的方法将本人基于职务而主管、管理、经营、经手的公共财物非法占为已有。侵吞是贪污罪中较为常见的手段，与侵占有一定的相似性。在采取侵吞手段非法占有公共财物之前，公共财物就在行为人的直接控制之下。

(3) 行为表现之二：窃取。

窃取是指利用职务上的便利采取监守自盗的方法，将公共财物非法占为已有。监守自盗就是一种利用职务便利的盗窃，但在司法实践中如何认定监守自盗构成的贪污罪，是一个值得研究的问题。盗窃是将他人控制下的财物通过秘密窃取非法据为己有。监守自盗是否要具有盗窃的特征？一种观点认为监守自盗是将本人保管的财物非法据为己有。如果把这种情形理解为监守自盗，那么监守自盗和侵吞有什么区别？于是在刑法理论上有人认为监守自盗是指在某一公共财物处在本人和他人的共同保管的情况下，行为人利用职务便利将公共财物非法占为已有。在这种情况下，存在一个窃取的问题，即背着其他的保管人员而予以窃取。我个人觉得后一种理解比较符合窃取的行为特征，并且能把它和侵吞区别开来。

(4) 行为表现之三：骗取。

骗取是指利用职务上的便利采取虚构事实或者隐瞒真相的方法，将公共财物非法据为己有。利用职务上的便利骗取也必须符合诈骗的特征。诈骗是采取虚构事实或者隐瞒真相的方法将处于他人保管之下的财物非法据为己有。贪污罪中的骗取也是将他人保管之下的财物非法据为己有，最常见的骗取就是国有单位人员出差或者从事其他活动，用一些假发票、假的支付凭证到单位报账，从而骗取国有财产。

从侵吞、窃取、骗取这三种主要的行为方式来看，侵吞实际上就是侵占，窃取就是盗窃，骗取就是诈骗，只不过是利用职务上的便利来进行侵占、盗窃、诈骗。因此在理论上一般认为贪污罪和侵占罪、盗窃罪、诈骗罪之间存在法条竞合的关系，即贪污罪是一种特别规定，如果没有贪污罪的特别规定，对侵占、盗窃、诈骗这三种行为完全可以按照侵占罪、盗窃罪、诈骗罪来处罚。

(5) 行为表现之四：其他手段。

这里所说的其他手段是指采取侵吞、窃取、骗取以外的方法非法占有公共财物，例如挪用公款后携款逃跑。根据有关司法解释，对于携带公款逃跑的，应当认定为贪污。这是从挪用公款罪转化为贪污罪。按照刑法第 394 条的规定，国家工作人员在国内公务活动或者对外交往中接受礼物，依照国家规定应当交公而不交公，也是一种贪污。

由于贪污的手段多种多样，在法律当中不可能完全予以列举，为此刑法规定了贪污的其他手段。

徐某、罗某贪污案

路桥燃料公司原系国有企业。1998 年，路桥燃料公司进行产权制度改革。在资产评估过程中，被告人徐某明知公司的应付款账户中有三笔共计 47.435 738 万元系上几年虚设，但未向评估人员作出说明，隐瞒该款项的真实情况，从而使评估人员将该三笔款项作为应付款评估并予以确认。同年 12 月，路桥区政府路政发 (1998) 147 号文件同意路桥燃料公司产权制度改革实施方案。此后，路桥燃料公司在 21 名职工中平均配股。2000 年 4 月，被告人罗某从徐某处得知公司资产评估中存在虚报负债的情况。同年 6 月，二被告人在部分职工得知内情要求私分的情况下，商定召开职工大会，经讨论并确定虚报负债部分用于冲减企业亏损或上交国有资产管理部门。6 月 30 日，路桥燃料有限公司股东大会选举产生董事会，董事长为徐某，副董事长为罗某。而后，二被告人和应某等 5 人收购了其他16名股东的全部股份，并于2000年8月17日正式成立路桥燃料有限公司。自2000年4月份以来，罗某明知公司资产评估中存在虚报负债的情况，而未向有关部门报告，并继续同徐某一起到有关部门办理企业改制的后继手续。2000年9月7日，路桥燃料有限公司向路桥区财政局交清路桥燃料公司国有资产购买款465.396 9万元。随后，被告人徐某、罗某等人积极办理公司产权转移手续。案发时，手续尚在办理之中。

案发以后，路桥燃料有限公司于2000年11月28日将47.435 738万元上交给路桥区财政局国资科。

台州市路桥区人民法院认为：被告人徐某身为国有公司工作人员，为达到非法占有的目的，在国有企业改制的资产评估中，对公司虚设负债款不作说明，从而骗取评估人员的确认；被告人罗某明知该公司在资产评估中存在着虚报负债的情况，而积极与徐某一起到有关部门办理企业改制后继手续，造成国有资产即将转移。被告人徐某、罗某的行为均已构成贪污罪（未遂）。在共同犯罪中，被告人徐某起主要作用，系主犯；被告人罗某起次要、辅助作用，系从犯。被告人徐某、罗某系贪污未遂，依法予以减轻处罚。被告人罗某认罪态度好，具有一定的悔罪表现，符合适用缓刑的条件。遂依照《中华人民共和国刑法》第三百八十二条第一款、第三百八十三条第一款第（一）项、第二十三条、第二十五条第一款、第二十六条第一、四款、第二十七条、第七十二条的规定，于2001年3月28日判决如下：(1) 被告人徐某犯贪污（未遂）罪，判处有期徒刑三年，并处没收财产人民币三万元；(2) 被告人罗某犯贪污（未遂）罪，判处有期徒刑一年，缓刑一年，并处没收财产人民币一万元。

宣判后，徐某不服，以原判量刑畸重为由，向台州市中级人民法院提出上诉。其辩护人辩称，徐某在国有资产评估后是民事法律关系的一方当事人，不是国有资产管理者；没有贪污故意；评估结论中隐瞒的47万余元已在职工大会上宣布，没有实施秘密占有的行为；徐某的行为不构成贪污罪。

台州市中级人民法院经审理认为：原审人民法院根据上诉人徐某和原审被告人罗某犯罪的事实、性质、情节和对社会的危害程度所作出的定罪和适用法律正确，量刑适当；上诉人徐某请求在原审判决已对其减轻处罚的基础上再予以从轻处罚的理由不能成立。遂依照《中华人民共和国刑事诉讼法》第一百八十九条第（一）项的规定，于2001年5月31日裁定：驳回上诉，维持原判。

本案是一起十分典型的企业改制中的贪污案，被告人徐某等人采取隐瞒虚设的债务的方法，非法占有国有财产。企业改制中的贪污犯罪是前些年常见多发的一种贪污犯罪类型，这种贪污犯罪发生在企业改制过程中，具有相当的复杂性。就本案而言，虚假债务是企业前几年因其他原因而设立的，并不是贪污手段。在改制中需要对国有资产进行评估，此时就应当将虚设的债务向评估机构披露，以便客观地评估国有资产的价值。但被告人徐某等人隐瞒了虚假债务，致使国有资产流失，该行为应当认定为贪污。至于贪污手段，我认为是侵吞。

2010年《意见》对国家出资企业工作人员在改制过程中隐匿公司、企业财产归个人持股的改制后公司、企业所有的行为的处理问题作了专门规定："国家工作人员或者受国家机关、国有公司、企业、事业单位、人民团体委托管理、经营国有财产的人员利用职务上的便利，在国家出资企业改制过程中故意通过低估资产、隐瞒债权、虚设债务、虚构产权交易等方式隐匿公司、企业财产，转为本人持有股份的改制后公司、企业所有，应当依法追究刑事责任的，依照刑法第三百八十二条、第三百八十三条的规定，以贪污罪定罪处罚。贪污数额一般应当以所隐匿财产全额计算；改制后公司、企业仍有国有股份的，按股份比例扣除归于国有的部分。""所隐匿财产在改制过程中已为行为人实际控制，或者国家出资企业改制已经完成的，以犯罪既遂处理。""在企业改制过程中未采取低估资产、隐瞒债权、虚设债务、虚构产权交易等方式故意隐匿公司、企业财产的，一般不应当认定为贪污；造成国有资产重大损失，依法构成刑法第一百六十八条或者第一百六十九条规定的犯罪的，依照该规定定罪处罚。"

3. 贪污罪的客体

贪污罪的客体主要是公共财物或者国有财物。所谓的公共财物，根据刑法第91条的规定包括以下财产：国有财产；劳动群众集体所有的财产；用于扶贫和其他公益事业的社会捐助或者专项基金的财产；在国家机关、国有公司、企业、集体企业和人民团体管理、使用或者运输中的私人财产。在这里，尤其要注意第四种财产。这种财产本来是私人财产，但是处于国家机关、国有公司、企业、集体企业和人民团体管理、使用或者运输中，因此，如果这些财产受到损失，国有单位负有赔偿的责任，因此，利用职务便利侵占这些财产仍然属于贪污行为。例如，在邮政局邮寄包裹，包裹里的财物是私人财物，但处于邮政局的邮递过程中时就应当视为公共财产，因为如果包裹受到损害遗失了，邮政局就需要向邮寄人赔偿。这样的公共财产又叫拟制的公共财产，即本来是私人财产，但是在特定的条件下，被认为是一种公共财产。

国有财产，是指国家所有的财产，包括国家机关、国有公司、企业、事业事业单位、人民团体拥有的财产，以及国家机关、国有公司、企业、事业单位在合资企业、股份制企业中的财产。一般来说国有财产的范围要比公共财产的范围要窄一些。刑法第 382 条第 1 款规定贪污的客体是公共财产，而第 382 条第 2 款规定受委托从事经营、管理国有财产人员贪污的客体是国有财产。因此在认定第 382 条第 2 款受委托从事经营、管理国有财产人员构成贪污罪时，不仅要对受委托这种身份加以认定，而且要对其占有的是否为国有财产加以认定。

在某些特定的情况下，贪污罪的客体也包括非国有财产，甚至非公共财产。传统的贪污罪不仅主体是特殊的，而且客体也是特殊的：公共财物。而现在的贪污罪主要是根据主体身份来划分的，对客体并没有特别加以限制。例如，刑法规定，国家机关、国有公司、企业、事业单位委派到非国有公司、企业、事业单位、社会团体从事公务的人员也是贪污罪的主体，但他们占有的财物并不是国有的财产，而是一般的公共财物；在某些特定的情况下，占有非公共财物按照刑法规定也可以构成贪污罪。另一方面，公共财物并不意味着它 100%具有公共属性，例如受委派到国有控股、参股公司从事管理工作，所占有的股份公司的财产，按照国有参股、控股的比例的不同，有可能一部分是国有财产、另一部分是非国有财产，但是在认定贪污数额的时候，是全额认定，而不是按照国有参股、控股的比例来认定。因此贪污数额中，就包括一部分非国有、非公有的财物。

从形式来看，作为贪污罪客体的财产可以是动产，也可以是不动产，在某些情况下，甚至可以是财产性的权利，例如股权。

在杨某贪污案中，涉及集体土地使用权是否可以成为贪污客体的问题。对此，该案的裁判理由指出：关于被告人杨某等人及其辩护人提出被告人王某应当获得土地安置补偿，涉案土地属于集体土地，不能构成贪污罪的辩护意见，经查：王某购房时系居民户口，按照法律规定和义乌市拆迁安置有关规定，不属于拆迁安置对象，不具备获得土地确权的资格，其在共和村所购房屋既不能获得土地确权，又不能得到拆迁安置补偿。杨某等人明知王某不符合拆迁安置条件，却利用杨某的职务便利，通过将王某所购房屋谎报为其祖传旧房、虚构王某与王乙分家事实，使王某骗得旧房拆迁安置资格，骗取国有土地确权。同时，由于杨某利用职务便利，杨某、王某等人弄虚作假，既使王某所购旧房的房主赵某按无房户得到了土地安置补偿，又使本来不应获得土地安置补偿的王某获得了土地安置补偿。《中华人民共和国土地管理法》第2条、第9条规定：我国土地实行社会主义公有制，即全民所有制和劳动群众集体所有制，并可以依法确定给单位或者个人使用。对土地进行占有、使用、开发、经营、交易和流转，能够带来相应经济收益。因此，土地使用权自然具有财产性利益，无论国有土地还是集体土地，都属于刑法第382条第1款规定中的“公共财物”，可以成为贪污的对象。王某名下安置的地块已在2002年8月被征为国有并转为建设用地，义乌市政府文件抄告单也明确该处的拆迁安置土地使用权登记核发国有土地使用权证。因此，杨某等人及其辩护人所提该项辩护意见，不能成立。

由此，该案的裁判要旨确立了以下司法规则：

土地使用权具有财产性利益，属于刑法第382条第1款规定中的“公共财物”，可以成为贪污的对象。

（二）罪责

贪污罪的责任形式是故意，并且具有非法占有公共财物的目的。贪污罪的故意是指明知是公共财物而利用职务便利非法占有的主观心理。

（三）罪量

贪污罪的罪量要素是指贪污数额或者有其他严重情节。2016年4月18日最高人民法院、最高人民检察院《关于办理贪污贿赂刑事案件适用法律若干问题的解释》(以下简称2016年《解释》)第1条第1、2款规定:贪污数额在3万元以上不满20万元的,应当认定为刑法第383条第1款规定的"数额较大",依法判处3年以下有期徒刑或者拘役,并处罚金。贪污数额在1万元以上不满3万元,具有下列情形之一的,应当认定为刑法第383条第1款规定的"其他较重情节",依法判处3年以下有期徒刑或者拘役,并处罚金:(1)贪污救灾、抢险、防汛、优抚、扶贫、移民、救济、防疫、社会捐助等特定款物的;(2)曾因贪污、受贿、挪用公款受过党纪、行政处分的;(3)曾因故意犯罪受过刑事追究的;(4)赃款赃物用于非法活动的;(5)拒不交代赃款赃物去向或者拒不配合追缴工作,致使无法追缴的;(6)造成恶劣影响或者其他严重后果的。在以上贪污罪的定罪量刑情节中,第一种情形,即贪污救灾、抢险、防汛、优抚、扶贫、移民、救济、防疫、社会捐助等特定款物,是从贪污对象上所作的规定。贪污的对象在一般情况下是公共财物,对于财物的用途并没有限制。但上述具有特殊用途的款物不同于其他款物,我国刑法对于改变这些款物的特定用途的行为规定了挪用特定款物罪,对于挪用这些特定款物归个人使用的,规定以挪用公款罪从重处罚。在刑法中并没有规定贪污这些特定款物的应当从重处罚,但2016年《解释》将贪污这些特定款物作为贪污罪的定罪量刑情节,这是完全正确的。第二种和第三种情形,即曾因贪污、受贿、挪用公款受过党纪、行政处分,以及曾因故意犯罪受过刑事追究,都是犯罪前的表现,反映了行为人的人身危险性。尤其是曾因故意犯罪受过刑事追究,类似于前科,在量刑时是一个从重处罚的情节。2016年《解释》将这些个人表现规定为贪污罪定罪量刑的情节,试图从人身危险性方面为贪污罪的定罪量刑提供根据。第四种情形,即赃款赃物用于非法活动,是从赃款赃物的去向上所作的规定。在一般情况下,赃款赃物的去向并不影响定罪,但在某些情况下影响量刑,例如,刑法对挪用公款罪就根据挪用公款的不同用途,设置了不同的数额标准和量刑幅度。2016年《解释》将贪污的赃款赃物用于非法活动作为贪污罪的定罪量刑的情节,认为这种情形对社会具有较大的危害性。第五种情形,即拒不交代赃款赃物去向或者拒不配合追缴工作,致使无法追缴,是从行为人犯罪后的表现方面所作的规定。退缴赃款赃物是犯罪以后认罪态度较好的表现，而拒不交代赃款赃物去向或者拒不配合追缴工作则是认罪态度不好的表现。赃款赃物无法追缴，将使国家损失不能挽回，因此具有较大的社会危害性。第六种情形，即造成恶劣影响或者其他严重后果，是一个兜底条款，赋予法官在对具体贪污案件的定罪量刑中一定的自由裁量权。

三、贪污罪的认定

(一) 贪污罪的共犯认定

贪污罪的共犯，也就是刑法第 382 条第 3 款规定的情形："与前两款所列人员勾结，伙同贪污的，以共犯论处。"贪污罪是身份犯，只有国家工作人员或者受委托经营、管理国有财产的人员才能成为贪污罪的主体。不具有这种身份的人不能单独构成贪污罪，但是他们教唆或者帮助国家工作人员或者受委托经营、管理国有财产的人员进行贪污，就可以成为贪污罪的共犯。在这种情况下，对非国家工作人员就该以贪污罪的共犯论处。

在现实生活中，共同贪污的情况是十分复杂的，经常存在着内外勾结进行贪污的现象，即不具有贪污罪主体身份的人利用国家工作人员的工作便利实际实施了窃取、骗取或者侵吞国有资产的行为。对此应该怎么认定？刑法第 382 条第 3 款规定的"以共犯论处"应该是指以帮助犯和教唆犯论处。内外勾结进行贪污，是国家工作人员与非国家工作人员共同实施了窃取、骗取或者侵吞公共财产的行为。以往司法解释规定，在这种情况下应该依照主犯的身份定罪：如果主犯是国家工作人员，全案都定贪污；如果主犯是非国家工作人员，全案都定盗窃。但 2000 年 6 月 27 日最高人民法院《关于审理贪污、职务侵占案件如何认定共同犯罪几个问题的解释》规定第 1 条："行为人与国家工作人员勾结，利用国家工作人员的职务便利，共同侵吞、窃取、骗取或者以其他手段非法占有公共财物的，以贪污罪共犯论处。"这里的共犯指的是共同正犯，而不是指教唆犯、帮助犯。可以理解为司法解释对刑法第 382 条第 3 款规定的共犯作了扩大解释，使这里的共犯不仅包括教唆犯、帮助犯，而且包括共同正犯。非国家工作人员一方面是盗窃的正犯，另一方面又是贪污的帮助犯，因此，对他的行为到底是按照盗窃罪来处理还是按照贪污罪来处理在理论上分歧也比较大。现在司法解释明确规定，在这种情况下，以贪污罪共犯论处。

除此以外，还经常发生国家工作人员与公司、企业工作人员勾结，贪污或者共同侵占本单位财产的行为，例如在国有控股的股份公司中，担任管理职务的既有国家工作人员又有非国家工作人员，按照刑法规定，国家工作人员是贪污罪的主体，而非国家工作人员是职务侵占罪的主体。那么这两种人共同贪污或者共同职务侵占时应该怎样来定？上述司法解释也作了规定："公司、企业或者其他单位中，不具有国家工作人员身份的人与国家工作人员勾结，分别利用各自的职务便利，共同将本单位财物非法占为己有的，按照主犯的犯罪性质定罪。"（第3条）这是司法解释的规定，但是刑法理论一般认为，主犯和从犯是解决共同犯罪量刑的概念，而到底是定贪污罪还是职务侵占罪是一个定罪的问题，用一个量刑的概念来解决定罪的问题，在理论上是缺乏依据的。根据上述司法解释，如果国家工作人员利用不具有国家工作人员身份的人的职务便利来占有单位财物，应以职务侵占罪论处；如果是非国家工作人员利用国家工作人员的职务便利来占有单位财物，以贪污罪的共犯论处。但问题是：各自利用职务便利，应该如何定罪？按照司法解释的规定，应该按照主犯的身份来定。

（二）共同贪污中个人贪污数额的认定

在共同贪污中个人贪污数额如何计算？对这个问题的解答也有一个演变的过程。刑法对贪污数额的表述是个人贪污所得，但在其他的侵犯财产罪中都没有讲个人数额，都是概括地讲数额较大、巨大等。因此，过去，在共同犯罪中，都是强调个人所得数额，即分赃数额，行为人只对个人所得数额承担刑事责任。1988年《关于惩治贪污罪、贿赂罪的补充规定》规定，"对贪污集团的首要分子，按照集团贪污的总数额处罚；对其他共同贪污犯罪中的主犯，情节严重的，按照共同贪污的总数额处罚"。按照这个规定，如果不是这两种人，那么行为人就按照分赃的数额来承担刑事责任。在这种情况下，贪污罪中数额的认定和其他侵犯财产罪中数额的认定在原则上就不一样。现在这种情况有所变化，无论是主犯还是从犯，在共同贪污的情况下都应该将共同贪污的总数额来作为划定量刑档次的标准，主犯、从犯只是在量刑的时候，在相同量刑档次中予以考虑。

（三）贪污罪未遂的认定

贪污罪存在未遂，但是对未遂的标准存在着不同的观点：（1）实际取得说。（2）控制说。（3）失控说。（4）失控＋控制说。在我国司法实践中一般采控制说，即只有当犯罪人实际控制了公共财物才构成贪污的既遂。对于行为人利用职务上的便利实施了虚假平账等行为，但公共财物尚未实际转移，或尚未被行为人实际控制就案发的，仍应认定为未遂。贪污的情况很复杂，有的时候是先实际控制公共财物，然后再去平账；有时先平账，然后再去转移公共财物。如果先实际控制公共财物，然后再去平账，但在平账前被发现了，那么还是贪污的未遂，因为没有平账，在账目上还能显示出来；如果使用了公款，那么是挪用公款而不是贪污的问题。如果先平账，然后再去转移公共财物，在实际控制公共财物前就案发了，那还是贪污的未遂。对此，按照失控说，如果平账了，那么这笔财产已经不是国有单位的财产了，应认定既遂；按照控制说，由于行为人还没有实际控制公共财物，仍然认定为贪污的未遂。

（四）贪污罪和职务侵占罪的区分

贪污罪与职务侵占罪的区分也是一个较为复杂的问题。刑法第271条规定："公司、企业或者其他单位的人员，利用职务上的便利，将本单位财物非法占为己有，数额较大的，处五年以下有期徒刑或者拘役；数额巨大的，处五年以上有期徒刑，可以并处没收财产。""国有公司、企业或者其他国有单位中从事公务的人员和国有公司、企业或者其他国有单位委派到非国有公司、企业以及其他单位从事公务的人员有前款行为的，依照本法第三百八十二条、第三百八十三条的规定定罪处罚。"由此可以看出，贪污罪和职务侵占罪的区分主要在于主体身份不同。如果是国家工作人员或者国有公司、企业或者其他国有单位委派到非国有公司、企业以及其他单位从事公务的人员利用职务上的便利，将本单位财物非法占为己有的，就应该认定为贪污。如果是国家工作人员或者国有公司、企业或者其他国有单位委派到非国有公司、企业以及其他单位从事公务的人以外的单位人员利用职务上的便利，将本单位财物非法占为己有的，就应该认定为职务侵占。

张某等人职务侵占案

被告人张某通过与国有的储运公司签订临时劳务合同，受聘担任储运公司承包经营的海关验货场门卫，当班时负责验货场内货柜及物资安全，凭司机所持的缴费卡放行车辆，晚上还代业务员、核算员对进出场车辆进行打卡、收费。受聘用期间，张某多次萌发纠集他人合伙盗窃验货场内货柜之邪念，自结识了在厦门市象屿胜狮货柜有限公司任初验员的被告人黄某后，两人经密谋商定作案。

1999年4月29日，五矿公司将欲出口的6个集装箱货柜运入海关验货场等待检验。是日，正值被告人张某当班。张某即按与被告人黄某的约定，通知黄某联系拖车前来行窃。当日下午7时许，黄某带着联系好的拖车前往海关验货场，在张某的配合下，将场中箱号为NEWU 5111199、NEWU 5111120、NEWU 5111218的3个集装箱货柜（内装1 860箱涤纶丝）连同3个车架（总价值659 878元）偷运出验货场，并利用其窃取的厦门象屿胜狮货柜公司货物出场单，将货柜运出保税区大门，连夜运往龙海市港尾镇准备销赃。黄某走后，张某到保税区门岗室，乘值班经警不备，将上述3个货柜的货物出场单及货物出区登记表偷出销毁。

次日上午储运公司报案。5月3日，二被告人被公安机关抓获。被告人黄某交代了赃物去向，并带公安人员前往石狮市祥芝镇东园村取获被盗的3个集装箱、3个车架和999箱涤纶丝，前往龙海市港尾镇取获229箱涤纶丝。同时，公安机关又将港尾镇工商所在黄某转移赃物过程中查扣的345箱涤纶丝取回。上述赃物均已发还被窃单位，尚有价值76 715元的287箱涤纶丝无法追回。

厦门市中级人民法院认为：本案证据证实，储运公司在承包经营海关验货场后，对进入验货场的货物负有保管责任，因此，货物在受储运公司保管期间，视同储运公司所有的财产。《中华人民共和国刑法》第三百八十二条第二款规定："受国家机关、国有公司、企业、事业单位、人民团体委托管理、经营国有财产的人员，利用职务上的便利，侵吞、窃取、骗取或者以其他手段非法占有国有财物的，以贪污论。”储运公司是两家国有公司投资设立的股份公司，该公司保管的财产虽可列为经手、管理的国有财产，但被告人张某只是该公司雇用的工作人员，从事的只是看管验货场的劳务工作，其身份是一般工勤人员，对场内货物不具有管理权，既不属于在“公司、企业或者其他国有单位中从事公务的人员”，也不属于“受委托管理、经营国有财产的人员”，因此不能成为贪污罪的主体。故起诉指控被告人的行为构成贪污罪，是定性不当，应当纠正。张某、黄某以及他们的辩护入关于本案定性不当的辩解和辩护意见，可以采纳。

《中华人民共和国刑法》第二百七十一条规定：“公司、企业或者其他单位的人员，利用职务上的便利，将本单位财物非法占为己有，数额较大的，处五年以下有期徒刑或者拘役；数额巨大的，处五年以上有期徒刑，可以并处没收财产。”被告人张某通过与储运公司签订临时劳务合同，受聘为储运公司承包经营的海关验货场门岗。受聘期间，张某利用当班看管场内货物和核对并放行车辆，代理业务员、核算员对进出场货柜车进行打卡、收费的职务便利，与被告人黄某共谋，内外勾结，共同窃取储运公司负责保管的货柜。其行为触犯了刑法第二百七十一条第一款的规定，构成职务侵占罪。依照刑法第二十五条的规定，张某、黄某是共同犯罪，且犯罪数额巨大，至今尚有价值76 715元的货物无法追回，依法应予惩处。

被告人张某、黄某为了达到共同的犯罪目的，在本次作案中，既由张某利用职务便利实施了允许拖车进入海关验货场和窃取成功后允许拖车离开验货场的行为，又二人分别实施了利用窃取的货物出场单将货柜运出保税区大门，以及销毁门岗室保存的货物出场单和货物出区登记表的非利用职务便利的行为。此次犯罪之所以能够得逞，与张某利用职务便利有着必然的因果关系，二人非利用职务便利的行为占据次要地位，故应以职务侵占定罪。在此次共同犯罪中，二人缺一不可，作用相当，故不宜区分主犯、从犯。张某的辩护人关于张某没有管理货物的权利、义务，也就不可能利用职务之便，充其量是秘密窃取，以及张某、黄某的辩护人各自认为自己的委托人是本案从犯的辩护意见，与事实不符，不予采纳。

最高人民法院在《关于审理盗窃案件具体应用法律若干问题的解释》（法释

〔1998〕4号）第5条中规定，对被盗的进出口货物，按照流通领域的商品以市场零售价的中等价格计算。故被告人张某的辩护人提出应以保税品价格计算本案被盗货物价值的辩护意见，缺乏法律依据，不予采纳。鉴于二被告人归案后认罪态度较好，被告人黄某还协助公安机关追回大部分赃物，挽回了失主的大部分经济损失，故均可酌情从轻处罚。被告人张某、黄某的辩护人关于从轻处罚被告人的请求，可以采纳。

据此，厦门市中级人民法院判决：(1) 被告人张某犯职务侵占罪，判处有期徒刑九年，并处没收财产1万元；被告人黄某犯职务侵占罪，判处有期徒刑八年，并处没收财产1万元；(2) 继续追缴二被告人的犯罪所得76 715元，发还给被害单位。

一审宣判后，被告人张某、黄某没有提起上诉，公诉机关也未抗诉，判决发生法律效力。

在本案定性上，公诉机关与审判机关之间存在分歧。检察院以贪污罪起诉，而法院最终认定为职务侵占罪。因此，本案涉及贪污罪与职务侵占罪的区分。如前所述，贪污罪与职务侵占罪的根本区分在于主体身份。对于本案被告人的主体身份，公诉机关认为，被告人张某是受国有公司委托管理国有资产的人员，应当认定为国家工作人员，但法院判决认为，本案被告人是否属于国家工作人员，关键是看他们是依法从事公务活动还是从事劳务活动。在本案中，张某从事门岗工作，其具体的职责范围是：负责验货场内货柜及物资安全，凭司机所持的缴费卡放行车辆，晚上还代业务员、核算员对进出场车辆进行打卡、收费。上述职责范围体现了张某的工作性质是从事看管验货场的一般劳务性工作，而不是从事负有组织、监督、领导、管理职权的公务性工作。因此，张某不属于其他依照法律从事公务的人员。在本案中，张某与储运公司签订的是临时劳务合同，受储运公司聘用，担任公司承包经营的海关验货场门岗。即使他在下班后还代业务员、核算员打卡、收费，但他从事的是看管货场的一般劳务工作，对看管的货物不具有处置权利，故其身份仍属一般的工勤人员，他与储运公司的关系是普通的雇用与被雇用的关系。所以张某也不是受委托管理、经营国有财产的人员。根据以上分析，本案被告人不具有国家工作人员身份，不能认定为贪污罪。

在本案中，公诉机关指控被告人张某利用其负责检查、看管象屿保税区海关验货场内集装箱货柜之职务便利，伙同被告人黄某盗窃五矿公司寄存在海关验货场的货物，属于利用职务上的便利监守自盗公司财物。而辩护意见则认为，根据储运公司的规定，被告人张某作为门卫的职责只是一般性劳务，不具有管理的性质，谈不上利用职务之便。法院判决则认为：联系被告人张某的身份情况，张某对于海关验货场内的货物显然不具有管理职权，但由于承担看管货场的业务工作，因而具有因这种职责而产生的职务上的便利却是不能否认的。因此，无论是认为被告人张某对验货场的货物具有公务意义上的管理职权，还是否认其具有因业务工作而产生的职责意义上的便利条件的说法，都是缺乏根据的。也就是说，被告人张某尽管不具有贪污罪所要求的利用职务上的便利，但却具有职务侵占罪所指的利用职务上的便利。综上所述，被告人张某利用岗位职责的便利，与黄某内外勾结，共同非法将储运公司负责保管的货柜占为己有，其行为符合刑法第271条第1款规定的职务侵占罪的特征，因此应认定为职务侵占罪。公诉机关指控被告人利用职务上的便利，当然是在贪污罪的意义上而言的。法院判决认同被告人的侵占行为是利用职务上的便利实施的，这里的职务上的便利是职务侵占罪的职务上的便利。值得注意的是，法院判决认为，被告人不具有贪污罪的利用职务上的便利，但却具有职务侵占罪的利用职务上的便利。这里涉及贪污罪的利用职务上的便利和职务侵占罪的利用职务上的便利是否相同的问题。按照判决书的观点，两者似乎是不同的。但我认为，两种利用职务上的便利应当是相同的，只不过贪污罪的利用职务上的便利一般具有公务性，而职务侵占罪的利用职务上的便利一般具有业务性。辩护人认为，被告人不具有职务上的便利，因此，被告人的行为应当构成盗窃罪。从本案情况来看，还是利用被告人张某的职务便利所实施的内外勾结的职务侵占罪这个结论是正确的。

（五）贪污罪和盗窃罪的区分

前面讲贪污罪的时候我说过贪污行为包括了监守自盗，即利用职务上的便利窃取公共财物，由于是利用职务上的便利来实施的，因此属于贪污罪。而盗窃罪中，行为人本身并不具有职务上的便利。但有时候国家工作人员并不是利用职务上的便利来窃取公共财物，而是利用对财物的存放地点比较熟悉或者对保管的情况比较了解等条件而窃取公共财物，此时就应当定盗窃，而非贪污。例如，财务人员利用职务便利窃取单位财物就是贪污，但本单位的其他人基于对财务室的情况比较了解，采取秘密窃取方法将财务室的财产据为己有，就是盗窃。

徐某盗窃案

徐某系银行营业部后台柜员，具体从事电子联行、票据管理、日终报表打印等工作。2000年下半年，徐某所在的银行启用新计算机操作系统，但该系统管理不够健全，只要是该行营业部柜员均可用自己或他人的柜员号及计算机操作密码在自己的电脑上进入主机中的任何模块（包括储蓄模块）。徐某欲借机窃取储蓄存款，遂于11月9日以假名“程某”在该营业部开设活期存折账户。2001年1月4日，徐某在其他工作人员下班后，盗用会计钱某的柜员号及计算机密码（该密码系初始密码，徐某事先通过猜测试出钱某仍使用初始密码），通过自己电脑进入储蓄模块，将储户赵某存在该行的5万元定期存款（本息共计51 365.92元）转账至其事先开设的程某活期存折账户上。2001年2月徐某将上述款项取出，据为己有。

江苏省溧水县人民法院认为：徐某的行为构成盗窃罪。理由是：本案中徐某系银行后台柜员，具体从事电子联行、票据管理、日终报表打印等工作。该营业部人员分成前台柜员和后台柜员：前台直接对外办理业务，包括个人储蓄和转账、对公现金和转账等。后台业务包括电子联行、交换清单、贷款业务、内部划款等。根据银行的习惯做法，前台柜员不做后台的业务，后台柜员不做前台的业务。徐某作为后台柜员，既没有主管、管理、经手公共财物的便利和条件，也没有办理储蓄转账业务的职责。当日他在打印日终报表后，在自己电脑上盗用他人的柜员号及计算机密码进入储蓄模块，将该行账户资金51 365.92元转账至其预先开设的账户上。这一行为是利用了单位管理上的漏洞和因工作关系而对作案环境、作案手段的熟悉这一工作上的便利条件，而非利用职务之便。其行为符合盗窃罪的构成要件，构成盗窃罪。

江苏省溧水县人民法院根据《中华人民共和国刑法》第 264 条之规定，作出如下判决：徐某犯盗窃罪，判处有期徒刑 5 年 6 个月，并处罚金 2.5 万元。

在本案审理中，主要有两种不同意见。第一种意见认为，被告人的行为构成贪污罪，因为被告人所工作的单位县农业银行是国有企业，该银行营业执照、被告人被银行录用的审批表及转正定级审批表等证实被告人系国家工作人员，被告人符合贪污罪的主体条件；被告人以非法占有为目的，利用职务上的便利，窃取本单位客户的储蓄存款，数额巨大，符合刑法中贪污罪的犯罪构成，应当以贪污罪论处。第二种意见认为，被告人的行为构成盗窃罪，因为被告人虽然在国有单位工作，也是国家工作人员，但是被告人在窃取本单位客户的储蓄存款时并没有利用职务之便，而是利用了单位管理上的漏洞和因工作关系而对作案环境、作案手段的熟悉这一工作上的便利条件，其行为符合盗窃罪的构成要件，应当构成盗窃罪。

对于以上两种意见，法院采纳的是第二种意见。这是完全正确的。在本案中，被告人具有国家工作人员的身份，但之所以不构成贪污罪而构成盗窃罪，主要原因在于：被告人对本单位财物实施的窃取行为没有利用职务上的便利，而只是因为工作关系了解现场情况和环境。这种情形在理论上被称为利用工作之便。显然，利用工作之便与利用职务之便是存在区分的，这种区分主要表现为是否占有公共财物。除了利用职务上的便利骗取公共财物的情形以外，利用职务上的便利侵吞或者窃取公共财物情形中，主体也是基于其职务上的便利，具有对公共财物的占有。如果不具有这种占有，而只是因工作关系而了解或者熟悉环境，由此而将他人占有的公共财物占为己有的，应当认定为盗窃罪而不是贪污罪。

(六) 贪污罪与非法经营同类营业罪的区分

根据刑法第 165 条的规定，国有公司、企业的董事、经理利用职务便利，自己经营或者为他人经营与其所任职公司、企业同类的营业，获取非法利益，数额较大的，构成非法经营同类营业罪。这是一种竞业经营，即利用在这个公司经营的特定业务来为自己经营的公司谋取非法利益。从表面来看，非法经营同类营业罪和贪污罪类似，但实际上是不一样的：贪污是直接利用职务便利将公共财物占为己有，是财产性的犯罪，是以非法占有为目的的；非法经营同类营业罪以营利为目的，虽然也利用了职务便利来获取非法利益，但这种非法利益必定是通过经营活动获取的，所以不是以非法占有为目的。

王某贪污案

王某原系A房产公司（系国有公司）总经理，其利用主管公司房产销售的职务便利，操纵由其妻张某担任法定代表人的B公司参建A房产公司的建设项目，在参建款未到位的情况下，以B公司名义将A公司10套产权房进行销售、置换。除以参建款名义支付A房产公司人民币一千余万元外，王某从中侵吞公款及住房财物合计人民币二百余万元。

公诉机关指控被告人王某犯贪污罪，向法院提出公诉。被告人对于指控其犯贪污罪的事实提出异议，认为：B公司系全民所有制企业，是独立的法人，并非虚设。其没有侵吞国家公款行为，不构成贪污罪。其辩护人认为住房系B公司参建，故被告人没有非法占有公共财物的故意，不构成贪污罪；同时认为，被告人利用职务之便，采用不正当竞争的方式将经营权交给其他公司，造成国有资产损失，构成非法经营罪。

在本案审理过程中形成了两种不同的处理意见。第一种意见认为，王某作为国有房产公司的总经理，其利用职务便利设立私营的公司，开展与其任职的国有公司之营业相竞争的营业，应当认定非法经营同类营业罪；第二种意见认为，王某的行为实质上属于侵吞公款的行为，构成贪污罪。最终法院认为，王某利用其担任国有房产公司总经理的职务便利，通过操作公司合作这一较为隐蔽的方式侵吞公款，依法应当认定贪污罪。

本案之所以会混同于非法经营同类营业罪，原因主要还是在贪污手段上，是一种所谓虚设环节的贪污。虚设环节的贪污是指主体不是利用职务上的便利直接将公共财物据为己有，而是设立一个中间环节，例如在本案中以妻子的名义设立一个公司，但该公司既无营业资金，又无实际经营场所和固定工作人员，并且没有投入参建资金，所谓参建A公司的住宅建设项目完全是虚假的。被告人王某通过操纵B公司实施的侵吞公款行为，依法应当以贪污犯罪论处。当然，如果主体设立公司，并且该公司也确实从事了实际的经营活动，通过经营活动获取利益，则该行为不能构成贪污罪，而是构成非法经营同类营业罪。

（七）贪污罪与私分国有资产罪的区分

私分国有资产罪是经集体研究决定将国有资产私分给本单位的有关人员。私分国有资产罪从表面来看也具有贪污罪的特征，也是使国有资产受到损害，但私分国有资产罪与贪污罪不同。贪污罪是秘密进行的，而私分国有资产罪是经过集体研究决定的，所私分的财产是国有资产，暗含违反国有资产管理规定这样一种含义，并且私分的范围较广，不能简单地以贪污论处。对于私分国有资产的，只追究直接责任人员的刑事责任，对一般分得资产的人只是要求退还。

杨某私分国有资产案

2000年6月6日，中共太白县委办公室和县政府办公室联合下发太办字〔2000〕9号《关于成立"太白县姜眉公路建设协调领导小组"的通知》，成立了"太白县姜眉公路建设协调领导小组"，组长由时任太白县委副书记、县长的杨某兼任，领导小组成员由太白县交通局、土地局、计经局、财政局、林业局、水利局等有关政府部门领导组成。领导小组下设办公室，时任太白县交通局局长的杨某任协调办主任，太白县财政局干部乔某和土地局干部谢某任该办副主任（均另案处理）。同年8月，杨某与乔某、谢某在得知太白县广电局有五套在建的职工集资住宅单元房向外出售时，三人商议以协调办的名义购买这五套房。后被告人杨某指使协调办出纳向某于同年9月25日、10月25日、11月20日，三次从协调办账户上向县广电局各转款10万元，共30万元作为购房首付款，广电局给协调办开具了"购房集资款"的收款收据。2001年6月，在广电局催要购房款的情况下，杨又与乔、谢二人商议，指使向某将协调办在姜眉公路征地拆迁补偿费中以虚构补偿人和补偿项目、签订虚假补偿协议方式套出的84 015元中的5万元再次付给县广电局作为购房付款，广电局开具了5万元收据。同年11月，为了应付财务审计，杨与乔、谢商议，以与广电局签订虚假广电杆线迁改协议支付广电局广电杆线修复款的名义将30万元的集资购房款做账处理。后与广电局签订广电杆线再次迁改协议，并将该虚假协议的签订日期提前为2000年9月15

日，由广电局给协调办出具了三张各10万元的“姜眉公路广电线路修复款收款收据”，换回原开具的30万元的集资购房款的收款收据。后该收据由杨某报太白县姜眉公路建设协调领导小组副组长、太白县人民政府副县长宫某签字核报后，杨某交协调办出纳向金某做账处理。同年底，杨与乔、谢商议，将五套住房除每人一套外，其余二套分给太白县交通局纪检委书记苟某和向某各一套，并具体确定了房屋。2002年2月，广电局催交剩余房款，杨某经与乔某、谢某商议，明确了已付35万元购房款的各自份额，杨某、乔某、谢某、向某为7.75万元，苟某4万元。后在房屋交付前，五人分6次自缴了余款。同年4月，五人与广电局补签了“出售集资房的协议”，并出具由广电局盖章的个人向广电局交纳全部集资购房款的收款收据，向房屋管理机关申请办理房屋产权登记，领取了个人房屋产权证。此外，杨某还利用职务上的便利，为他人谋取利益，先后16次收受他人财物，共计61230元。案发后，杨某全部退回了上述私分款和受贿款。

宝鸡市中级人民法院认为：被告人杨某身为太白县姜眉公路建设协调领导小组办公室直接负责的主管人员，违反国家规定，以单位名义将国有资产集体变相私分给个人，数额较大，其行为已构成私分国有资产罪。公诉机关指控杨某犯贪污罪罪名不当。杨某身为国家工作人员，利用职务上的便利，非法收受他人财物，为他人谋取利益，其行为又构成受贿罪，应数罪并罚。鉴于杨某有自首、立功情节，并且全部退赃，认罪态度好，应减轻处罚。遂依照《中华人民共和国刑法》第93条第1款、第385条、第386条、第396条第1款、第67条、第68条第1款、第69条之规定，判决如下：被告人杨某犯私分国有资产罪，判处有期徒刑1年，并处罚金1万元；犯受贿罪，判处有期徒刑4年，并处没收财产1万元，决定执行有期徒刑4年，并处罚金1万元，没收财产1万元。

一审宣判后，检察院以杨某利用职务之便与他人共谋，采取伪造虚假补偿协议套取国家建设资金予以侵吞的行为构成贪污罪，有关私分国有资产罪判决部分定罪错误、适用法律不当为由，提出抗诉。

杨某及其辩护人提出，原审判决认定杨某犯私分国有资产罪的定罪并无不妥，要求二审法院维持原判。

陕西省高级人民法院经开庭审理认为：杨某身为国家工作人员，伙同他人，利用其管理国家建设专项资金职务上的便利，采取虚构事实的方法，将国家公路建设专项资金用于为自己和少数人谋取私利，非法占有国家公路建设资金，其行为构成贪污罪。且贪污数额巨大，情节严重，依法应予严惩。对于抗诉机关提出的意见和杨某及其辩护人提出的理由和意见，经查：(1) 协调办只是太白县委、县政府为姜眉公路建设而成立的协调领导小组的内设办事机构，其虽代表政府管理着国家用于征地、拆迁、安置的国有资产，但其只是在姜眉公路建设领导小组领导下开展工作，它的一切活动应以姜眉公路建设领导小组的名义进行，其不能直接支配所管理的国有资金。协调办人员均抽调于县政府各职能部门，没有独立的财政拨款和经费预算，其人员工资待遇由原单位负责，不能因其受委托代表政府行使职能而将其扩大或上升为独立的国家机关。协调办与私分国有资产罪主体要件不符。(2) 杨某等人在作案过程中采取虚构事实、虚列支出，以正常支出名义骗得主管领导同意，将购房款在协调办账目上以拆迁补偿费用核报，从而使该笔非法支出在单位账目上得以合法支出反映，符合贪污罪客观方面的特征。(3) 杨某等人主要是为给自己和少数人购买住房，且杨某等人在分房后隐瞒协调办支出大部分购房款的事实，捏造其个人全部出资的事实，向房屋管理部门办理了个人房屋所有权证，具有非法占有公共财物的主观故意。故抗诉机关的抗诉意见正确，应予采纳；杨某及其辩护人的理由和意见不能成立，不予采纳。另外，被告人杨某身为国家工作人员，利用职务上的便利，非法收受他人财物，为他人谋取利益，其行为又构成受贿罪，应数罪并罚。鉴于被告人杨某有自首、立功情节，且能全部退赃，认罪态度好，可从轻处罚。一审判决认定杨某犯受贿罪，定罪准确，量刑适当，审判程序合法。但认定杨某犯私分国有资产罪定罪、量刑不当，应予更正。遂依照《中华人民共和国刑事诉讼法》第一百八十九条第（一）（二）项，《中华人民共和国刑法》第三百八十二条第一款，第三百八十三条第（一）（二）项，第三百八十五条第一款、第三百八十六条、第六十七条、第六十八条第一款、第六十九条之规定，判决如下：(1) 维持宝鸡市中级人民法院(2003) 宝市中法刑二初字第 028 号刑事判决对被告人杨某犯受贿罪的刑事判决，即杨某犯受贿罪，判处有期徒刑四年，并处没收财产一万元。(2) 撤销宝鸡市中级人民法院（2003）宝市中法刑二初字第028号刑事判决对被告人杨某犯私分国有资产罪的刑事判决，即被告人杨某犯私分国有资产罪，判处有期徒刑一年，并处罚金一万元。(3) 被告人杨某犯贪污罪，判处有期徒刑十一年，并处罚金一万元，与受贿罪判处有期徒刑四年、并处没收财产一万元合并，决定执行有期徒刑十二年，并处罚金一万元，没收财产一万元。

本案的裁判理由指出：

对于被告人杨某伙同他人，将所管理的部分国家建设专项资金用于少数人购买住房的行为，一审法院是以私分国有资产罪进行定罪处罚的，二审审理期间则存在贪污和私分国有资产两种不同定罪意见的分歧。主张以私分国有资产罪定罪意见的理由主要有两点：一是协调办以太百县政府的名义行使行政管理职权，代表政府对外进行征地、拆迁、安置活动，管理着一定的国有资产，可以视为国家机关；二是杨某身为协调办主任，与副主任乔某、谢某集体研究决定，以协调办的名义将国家用于姜眉公路建设拆迁补偿的资金用于数人而非个人购买住房，符合私分国有资产罪"以单位名义集体私分"的行为特征。我们认为，根据贪污罪与私分国有资产罪的区分界限，结合本案具体事实，对杨某应以贪污罪定罪处罚。理由说明如下：

作为侵占类职务犯罪，贪污罪与私分国有资产罪的行为构成具有一定的相同之处，如对于国有财产或者公共财产的侵害，利用职务便利化公为私等。但是，根据刑法的规定，私分国有资产罪为独立于贪污罪之外的一个新设罪名，两者之间不属于特殊与一般的关系，更不存在私分国有资产罪优先适用的问题。两者的界限是清楚的，司法实践中应注意加以区分，做到准确定罪量刑，尤其应注意避免因理解上的不当，错误地将共同贪污犯罪作为私分国有资产罪处理。

根据刑法第396条规定，私分国有资产罪是指国家机关、国有公司、企业、事业单位、人民团体，违反国家规定，以单位名义将国有资产集体私分给个人，数额较大的行为。较之于贪污罪，两者在以下三个方面的差别是明显的：第一，实施主体方面。私分国有资产罪是单位犯罪，贪污罪则是自然人犯罪。不能因为刑法规定仅处罚相关责任人员以及非为单位谋取利益，而否认私分国有资产罪是单位犯罪。认定是否单位犯罪的关键在于行为的实施是否以单位的名义，代表单位的意志。这一点，最高人民法院《全国法院审理金融犯罪案件工作座谈会纪要》已有明确规定。第二，行为方式方面。私分国有资产罪一般表现为本单位领导集体研究决定并由单位统一组织实施，尽管往往需要采取一定的欺骗手段以逃避有关部门的监管，但就本单位内部而言是相对公开的，因而具有较大程度和较大范围的公开性；贪污罪表现为行为人利用职务便利，以侵吞、窃取、骗取等不为人所知或者他人不知实情的方式实施，除了行为人或者共同行为人之外，其他人并不知情，因而具有相当的秘密性和隐蔽性。第三，受益人员的数量、构成方面。私分国有资产属于集体私分行为，表现为单位多数员工甚至所有员工均实际分取了财物，在受益人员的数量上具有多数性特征，而且，一般不以某一特定层面为限，在受益人员的构成上具有广泛性特征。在私分国有资产行为当中，决策和具体执行的人员可以不是实际受益人，但是，实际受益人员不能仅仅局限在决策和具体执行等少数人员。贪污罪属于个人侵占行为，分取赃物人与贪污行为人是直接对应的，具有一致性。在共同贪污犯罪中，分取赃物人仅限于参与决策、具体实施贪污行为以及为贪污行为提供帮助等共同犯罪人。实践中也存在部分共同贪污犯罪人未分取赃物或者将赃物交给共同犯罪人之外的其他人的情形，但这属于赃物的事后分割和处理问题。在本案中，杨某等人套取国家建设专项资金向其他单位购买集资住房的整个行为表面上是以协调办的名义作出的，分取住房得到好处的人数达5人之多，且其中一人未实际参与该行为，这是对本案以贪污罪定性存在疑虑的地方，也是主张本案应认定为私分国有资产罪的主要理由所在。

裁判理由认为：

根据上述三点关于贪污罪与私分国有资产罪区分界限的说明，本案不符合私分国有资产罪的行为构成，有关以贪污罪定性的疑虑也完全可以消除：首先，本行为不具有单位意志的代表性，不属于单位行为。私分国有资产行为必须是代表单位意志的行为，否则，假借单位名义谋个人之私利的个人侵占行为将不能得到排除。在本案中，一方面，作为协调办主任，杨某对国家建设资金并无自主支配、使用权，无权决定资金的具体用途，这一点，从其虚构事由骗取协调领导小组负责领导的签字同意可以得到证明；另一方面，将套取出来的资金用于购买住房也非为多数人谋利，除了具体主管人员和出纳之外，协调领导小组和协调办的其他人并没有分取任何利益。所以，即便考虑到本案所涉协调办的特殊性，将其连同协调领导小组一并视为国家机关，本案也不具备“以单位名义”的法定要件。其次，本行为不具有相对的公开性。一方面，协调领导小组对此不知实情，相关领导是在杨某虚构事实，误认为正常支出的情况下签字同意的；另一方面，在协调办内部，除了具体参与人员外，其他人员并不知情。此外，杨某等事后以个人名义补签购房协议，有意隐瞒实情，谎称全部购房款系个人支付，进一步佐证了非公开性。最后，实际分取财物人员不具有多数性和广泛性特点。如前所述，多数性和广泛性的判断，不能单纯地以人数的多寡为依据，应当结合决策、执行人员与其他人员的比例关系加以具体分析，从而区分出究竟是为了个人利益，还是为了单位多数人利益。在本案中，尽管受益人员有5人，但协调办内部实际分取财物的人员仅为协调办主任、副主任及出纳等作出决定和具体执行的4人，明显不具有“集体私分”所要求的为多数人谋取利益的特点。至于本案存在1人未参与实施任何行为却分取了房屋的情形，因其非“单位”人员，故不能说明其具有广泛性，相反，这种财物处分上体现出来的随意性更进一步佐证了本案行为属于个人行为。

从本案定罪的前后变化来看，贪污罪和私分国有资产罪的界限把握是有一定难度的。本案是将贪污罪认定为私分国有资产罪，但在司法实践中更多的还是将私分国有资产罪认定为贪污罪。之所以出现上述定性错误，主要原因还是对两罪之间的界限未能准确地把握。在区分私分国有资产罪和贪污罪的时候，主要根据以下三点：第一，是否以单位名义私分给个人？私分国有资产罪是纯正的单位犯罪，即以单位名义将国有资产私分给相关人员，通常都是采用发放奖金或者给个人买保险等形式进行私分，而且在单位的账目上体现这些资金的支出。第二，是否具有公开性？贪污罪通常具有秘密性，是国家工作人员私下实施的侵占本单位公共财物的行为。而私分国有资产罪则具有公开性，因为它是以单位名义实施的，在单位账目上能够体现出来。第三，是否具有广泛性？私分国有资产罪的私分范围是单位的所有人员，至少是大多数人员，虽然不同层级的人员所分到的财物数额有所不同。而贪污罪通常是个人犯罪，在某些情况下是共同犯罪。即使是共同贪污，也不可能是单位所有人都参与贪污。在某些案件中，单位的一定级别的人员私分国有资产，在这种情况下，是认定为共同贪污罪还是私分国有资产罪，存在一定困难。如果不是所有人员参与分配，这种情形认定为贪污罪的可能性是较大的。

四、贪污罪的处罚

《刑法修正案（九）》对原刑法第 383 条对贪污罪的处罚规定作了修订，将刑法第 383 条修改为："对犯贪污罪的，根据情节轻重，分别依照下列规定处罚：（一）贪污数额较大或者有其他较重情节的，处三年以下有期徒刑或者拘役，并处罚金。（二）贪污数额巨大或者有其他严重情节的，处三年以上十年以下有期徒刑，并处罚金或者没收财产。（三）贪污数额特别巨大或者有其他特别严重情节的，处十年以上有期徒刑或者无期徒刑，并处罚金或者没收财产；数额特别巨大，并使国家和人民利益遭受特别重大损失的，处无期徒刑或者死刑，并处没收财产。""对多次贪污未经处理的，按照累计贪污数额处罚。""犯第一款罪，在提起公诉前如实供述自己罪行、真诚悔罪、积极退赃，避免、减少损害结果的发生，有第一项规定情形的，可以从轻、减轻或者免除处罚；有第二项、第三项规定情形的，可以从轻处罚。""犯第一款罪，有第三项规定情形被判处死刑缓期执行的，人民法院根据犯罪情节等情况可以同时决定在其死刑缓期执行二年期满依法减为无期徒刑后，终身监禁，不得减刑、假释。"

第二十九讲

挪用公款罪

挪用公款罪是一种较为常见的经济型职务犯罪，也就是我们通常所说的腐败犯罪。在市场经济的条件下，有权保管公款或者有权支配公款的国家工作人员往往利用职务上的便利，为谋取个人利益而擅自挪用公款。对此我国刑法规定为犯罪。本讲对挪用公款罪中的疑难问题进行讨论。

一、挪用公款罪概述

挪用公款罪是指国家工作人员利用职务上的便利，挪用公款归个人使用，进行非法活动的，或者挪用公款数额较大、进行营利活动的，或者挪用公款数额较大、超过 3 个月未还的行为。

挪用公款的行为是国家工作人员利用职务便利实施的，因此，挪用公款罪属于职务犯罪。在我国 1979 年刑法中，并没有规定挪用公款罪。在 20 世纪 80 年代中期以后，随着我国实行市场经济，在现实生活中出现了某些国家工作人员利用管理、保管公款的便利条件，将公款挪用给个人使用。这是一种所谓借鸡下蛋的行为。最初，在刑法对挪用公款行为没有专门规定的情况下，司法解释规定对挪用公款行为以贪污罪论处。但实际上，挪用公款罪与贪污罪在性质上是不同的：贪污罪是直接把公共财物占为己有，行为人主观上具有非法占有的目的。而挪用公款罪只是盗用公款，侵犯了国家对公款的使用权。随着挪用公款现象的大量增加，1988年全国人大常委会《关于惩治贪污贿赂罪的补充规定》首次把挪用公款行为设置为独立的犯罪。在1997年刑法修订中，挪用公款罪被正式地纳入刑法典，规定在刑法分则第八章贪污贿赂罪。因此，相对于贪污罪和受贿罪而言，挪用公款罪在我国刑法中还是一个较为新型的犯罪。

我国刑法对挪用公款罪设置了较为复杂的构成要件，这为挪用公款罪的司法认定带来了一定的难度。随着我国经济改革的深入发展，经济形态越来越呈现出一种国有经济和民营经济混合化的趋势。在这种情况下，挪用公款归个人使用如何正确认定，在司法实践中引发较大的争议。有关司法解释对这个问题作了多次规定，后来立法解释对此又专门作了规定。应该说，这些立法解释和司法解释为挪用公款罪的认定提供了法律根据，对此必须加以准确理解。

二、挪用公款罪的构成

（一）罪体

1. 主体

挪用公款罪的主体是国家工作人员，通常是指公款的保管者和使用者。关于国家工作人员的概念，我在贪污罪当中已经作了较为深入的讨论，作为挪用公款罪主体的国家工作人员的含义和作为贪污罪主体的国家工作人员，两者的含义是相同的。

这里还需要加以注意的是：贪污罪的主体除了国家工作人员以外，还包括刑法第382条第2款规定的“受国家机关、国有公司、企业、事业单位、人民团体委托管理、经营国有财产的人员”。但挪用公款罪的主体却不包括这部分人员，挪用公款罪的主体只能是国家工作人员。也就是说，刑法第382条第2款关于受委托管理、经营国有财产的人员的规定，是刑法对贪污罪主体的特别规定。在这种情况下，受委托管理、经营国有财产的人员只是在刑法具有特别规定的情况下，成为贪污罪的主体。而刑法对挪用公款罪的主体并没有作出这样的特别规定，因此，受委托管理、经营国有财产的人员不能成为挪用公款罪的主体。这是挪用公款罪的主体和贪污罪的主体在其范围上的差别，大家需要加以注意。

2. 行为

挪用公款罪的行为是利用职务上的便利挪用公款。挪用公款罪的行为当然是挪用，但这种挪用是以利用职务上的便利为前提的。利用职务上的便利本身不是该罪的实行行为，而是挪用行为的逻辑前提。

(1) 利用职务上的便利。

利用职务上的便利是挪用公款行为的前提条件，也是挪用公款罪作为职务犯罪的重要标志。挪用公款行为是利用职务上的便利而实施的，因此，离开了利用职务上的便利就不可能实施挪用公款行为。

这里的利用职务上的便利，是指利用主管或者保管公款的便利条件。所谓主管是指某些国家工作人员在有关国有单位担任一定的领导职务，因此对公款具有使用支配权。因此，这些公款的使用者具有挪用公款的职务便利。此外，公款的保管者对于公款也具有挪用的职务便利。例如，出纳、会计等国有单位的财务人员，虽然没有权力决定如何使用公款，但具有对公款的保管权，因此可能利用保管公款的便利条件挪用公款。应该说，挪用公款罪的利用职务上的便利和贪污罪的利用职务上的便利，两者的含义也基本上是相同的。

(2) 挪用。

挪用实际上是盗用，即所谓使用盗窃。使用盗窃区别于占有盗窃：占有强盗是以非法占有为目的的盗窃，而使用盗窃是以非法使用为目的的盗窃。我国刑法并没有一般性地设立使用盗窃罪，但对公款的使用盗窃被规定为犯罪。

挪用公款，就行为方式而言，是指无权动用而不经批准、许可，违反财经制度，擅自将公款挪作私用；或者虽有权动用，但违反财经制度，私自将公款挪作私用。因此，这里的挪用行为和职务便利的类型是紧密联系的。前面讲到，挪用公款罪的利用职务上的便利存在两种情形：第一种表现形式是利用主管公款的便利条件。在这种情况下，国家工作人员有权动用公款，但公款的使用必须符合财经制度，只能为谋取单位利益而使用公款。在这种情况下，违反财经制度，私自将公款挪作私用。第二种表现方式是对公款具有保管职责的财务人员，他们无权使用公款，只是由于他们担任出纳、会计等职务而对公款具有保管职责。在这种情况下，利用保管公款的便利，违反财经制度，擅自将公款挪作私用。

在司法实践中，如何正确认定挪用行为，由此将违反财经制度行为与挪用公款行为加以区分，是一个较为复杂的问题。挪用行为的本质特征是改变公款的用途，即没有按照公款的本来用图使用公款。在某些情况下，虽然使用公款是违反财经制度的，甚至是滥用职权的，但并没有改变公款的性质，则该行为不能被认定为挪用。例如，刘某系某国有公司的法定代表人，有权使用本单位的公款。刘某私下与他人成立了所营业务与其所任职国有单位的业务相近的私人公司，从事相关经营活动。因为业务需要，该私人公司要购买一套价值350万元的设备，但该私人公司没有资金。为此刘某擅自决定以国有公司的名义购买该设备，并出租给私人公司使用，后又将该设备出卖给该私人公司。对于此案，检察机关指控刘某构成挪用公款罪，理由是：刘某实质上是挪用国有公司的公款为私人公司购买设备，这是一种变相的挪用公款行为。这一判断似乎有理，因为刘某决定使用国有公司的公款购买设备的时候，确实是为了私人公司使用而非国有公司使用。如果该设备登记在私人公司名下，则是典型的挪用公款行为。但该案的特殊性在于：设备并没有登记在私人公司的名下，而是登记在国有公司的名下。在这种情况下，形式上仍然是国有公司使用公款购买设备。当然，如果刘某将该设备无偿地交给私人公司使用，则是一种挪用公物的行为。而挪用公物是否构成挪用公款罪，是一个值得探讨的问题。但在该案中，刘某是以出租的形式将设备交给私人公司使用的。在这种情况下，私人公司和国有公司之间就形成了一种具有对价的经济关系。因此，从法律上来看，是国有公司使用公款而不是私人公司使用公款，这里不存在挪用问题。当然，刘某的行为是一种滥用职权行为，如果符合国有公司人员滥用职权罪的成立条件，可以按照该罪论处。

3. 归个人使用

归个人使用是挪用公款罪的主观违法要素，对于挪用公款罪的认定具有十分重要的意义。从刑法理论上说，归个人使用作为挪用公款罪的主观违法要素，只是一种主观意图而并不要求具体使用行为。换言之，使用行为不是挪用公款罪的实行行为。但在现实生活中，大多数挪用公款案件中，国家工作人员都已经实际使用公款。尤其是，我国刑法还根据归个人使用的三种情形分别设置了构成犯罪的不同条件。由此可见，该使用行为对于认定国家工作人员主观上的公款私用的意图具有价值。

刑法明确规定挪用公款必须是归个人使用，因此，归个人使用是认定挪用公款罪的重要特征。挪用公款归个人使用就表明它是一种公款私用，因此它和违反专款专用的原则，将用于特定用途的公款改变用途，用于其他事项的行为有所不同。我国刑法第273条规定了挪用特定款物罪，是指挪用用于救灾、抢险、防汛、优抚、扶贫、移民、救济款物，情节严重，致使国家和人民群众利益遭受重大损害的行为。这里的挪用特定款物仍然属于公款公用的范畴，它所违反的只是专款专用的原则。国家工作人员将救灾、救济等特定款物挪作他用，如用来为单位购买小汽车、修建办公楼或者作其他使用的行为违反财经制度，刑法将这种行为规定为一个特定的罪名，这就是挪用特定款物罪。挪用特定款物罪和挪用公款罪的挪用在性质上是不同的，这种不同就在于挪用公款罪的挪用是将公款挪作私用，即归个人使用。正因为挪用公款是归个人使用，所以，挪用公款罪是一种为个人谋取利益的犯罪。

歹某挪用公款案

新郑市农业机械供应公司（以下简称农机公司）系国有企业。1999年5月16日，被告人歹某与新郑市农机局签订了一份承包农机公司的“承包经营责任书”。同年5月26日，新郑市农机局正式任命歹某为农机公司的承包人和经理，歹某具有法定代表人资格。1999年6月7日，歹某开办了个体企业新郑市金华机械厂（以下简称金华机械厂）。同年6月16日，农机公司与金华机械厂签订了一份“关于组建河南省新郑市金华机械厂的协议”，约定：“农机公司为了安排下岗职工，减少失业人员，愿将修整完好的场地600平方米、厂房300平方米供给金华机械厂使用，使用期为5年，金华机械厂必须安排农机公司3人以上职工上班，使用期满后，必须保证厂房完好无损，农机公司不承担金华机械厂的任何债权债务。”1999年年底，农机公司开始对旧房改造，成立了建房指挥部，万某任指挥长，马某任副指挥长，刘某任会计（其同时兼任金华机械厂现金出纳），共收建房集资款六十余万元。

2000年1月26日至2000年7月11日，被告人万某让刘某先后15次从建房指挥部借用现金38.71万元入金华机械厂账内，用于购车和购材料，其中购桑塔纳轿车和农用汽车共花去22.5万多元，入金华机械厂固定资产账。案发前，此款已全部退还。

另查，金华机械厂营业执照记载：负责人为万某，经济性质为个体（个人经营），资金数额为10万元，经营范围是农业机械、配件，经营方式为自产自销。建立金华机械厂之初，农机公司向金华机械厂提供集资款2万元，万某集资5.5万元，其他农机公司职工集资3.7万元，计11.2万元。据此，郑州市新郑人民法院于2001年4月5日作出判决，被告人万某犯挪用公款罪，判处有期徒刑5年。

河南省郑州市中级人民法院认为：被告人万某身为国有公司的经理，在任职期间将本公司387 100元挪至金华机械厂使用的事实清楚、证据充分。万某虽然是以个人名义注册登记金华机械厂的，但本案的大量证据证实，成立金华机械厂是经农机公司集体研究后作出的决定，并曾经多次向上级行政主管部门的领导汇报，是在取得了上级行政主管部门同意后办理的相关手续，并非万某个人的决定。从金华机械厂的资金来源、职工组成、生产场地、利润分配、管理经营方式及挪用款项用途等各方面证据看，均不能证明金华机械厂为万某个人所有。故一审判决仅根据该厂在工商营业执照中的记载认定金华机械厂属个体性质，证据不足。

挪用公款罪的主要特征是挪用公款归个人使用。万某在担任国有公司经理职务期间，因所在单位经营的需要，经集体研究决定，将公款划拨到名为个体实为集体的其他企业使用，虽情况属实，但其本人并没有从中谋取私人的利益，其行为不符合刑法规定的挪用公款罪的构成要件，不构成挪用公款罪。万某及其辩护人的辩解理由成立，予以采纳。郑州市人民检察院认为应以工商营业执照为依据，认定金华机械厂属私营企业的意见，经调查核实不符合该厂的实际情况，故不予采纳。

综上，郑州市中级人民法院依照《中华人民共和国刑事诉讼法》第一百八十九条第（三）项、第一百六十二条第（三）项之规定，于2001年10月30日判决：(1) 撤销新郑市人民法院的刑事判决；(2) 上诉人歹某无罪。

歹某的行为是否构成挪用公款罪，关键就在于是否具备归个人使用的要件。本案的使用人是金华机械厂，而该厂在营业执照上是歹某个人经营的个体企业，因此检察机关以挪用公款罪起诉歹某。但二审法院查明，金华机械厂名为个体、实为集体，本案中挪用公款不是归个人使用，因而宣告歹某无罪。本案实实是将国有资金挪用给下属的集体企业使用，这是明显违反财经制度的，但尚不构成挪用公款罪。

挪用公款归个人使用，从字面来看，是容易理解的。虽然在司法实践中，有些挪用公款案件是将公款用作个人消费，这当然属于归个人使用，但在大量挪用公款案件中，挪用公款不是直接用作个人消费，而是将公款挪给他人使用，甚至将公款挪给其他单位使用。那么，这种将公款挪给他人使用或者挪给其他单位使用，是不是属于挪用公款归个人使用呢？这是一个在挪用公款罪认定中需要认真对待的问题，涉及挪用公款罪的特殊性。在一般情况下，某种犯罪行为的性质由行为本身决定。例如贪污罪，它是利用职务上的便利，侵吞、窃取、骗取或者采取其他手段将公共财物非法据为己有。只要实施了贪污行为，就构成贪污罪。至于贪污以后，公共财物如何使用——是自己使用还是给他人使用，则是一个赃物的处分问题，并不影响贪污罪的成立。但挪用公款罪并不同：挪用公款是否归个人使用，也就是公款的去向，对于挪用公款罪的成立具有决定性意义。如果挪用公款不是归个人使用，而是给其他单位使用，可能就不构成挪用公款罪。这里主要涉及挪用公款罪与单位之间的资金拆借如何区分的问题。按照我国法律规定，单位之间不能进行资金拆借，但在市场经济条件下，单位之间资金拆借的现象实际上是大量存在的。能不能把单位之间的资金拆借行为都认定为挪用公款行为呢？显然不能。这里的法律界限如何划分，确实是一个十分复杂的问题。关于这个问题，最高人民法院前后出台过多个司法解释，前后意见都有所不同。而且，最高人民检察院和最高人民法院在这个问题上存在意见分歧。最高人民法院的观点基本上倾向于对挪用公款归个人使用作较为狭义的理解，从而对挪用公款构成犯罪的界限作较为严格的限制。但最高人民检察院倾向于对挪用公款给其他单位使用而构成挪用公款罪作较为宽泛的解释。最高人民法院、最高人民检察院鉴于在挪用公款归个人使用这个问题的理解上存在较大的分歧，最后报请全国人大常委会对挪用公款归个人使用的问题进行立法解释。2002 年 4 月 28 日全国人大常委会对挪用公款归个人使用的含义作出了立法解释，根据立法解释的规定，挪用公款归个人使用是指以下三种情形：

第一，将公款供本人、亲友或者其他自然人使用的。在这种情况下，公款的使用者都是自然人，包括本人、亲友或者其他自然人。根据立法解释的规定，只要挪用公款供本人、亲友或者其他自然人使用，就属于挪用公款归个人使用。将公款给本人使用当然属于归个人使用；将公款供亲友或者其他自然人使用，应当看作是在挪用公款以后对公款的一种处置，是对公款使用权的一种非法转移。按照立法解释的规定，只要是将公款借给亲友或者其他自然人使用的，无论个人是否谋取利益，都可以构成挪用公款罪。

第二，以个人名义将公款供其他单位使用。也就是说，将公款给其他单位使用，只有在以个人名义的情况下才属于挪用公款归个人使用。如果不是以个人名义而是以单位名义，将公款借给其他单位使用，就不属于挪用公款归个人使用。这一规定有助于将挪用公款行为和单位之间的资金拆借行为区分开来。以单位名义将公款借给其他单位使用的，属于单位之间的一种资金拆借。在以往法律规定中，是禁止单位之间的资金拆借的。单位有富余资金必须存银行，单位需要资金也只能向银行贷款。这一规定体现了金融垄断。现在规定已经有所松动。在单位之间资金拆借过程中，个人从其他单位获取非法利益，符合受贿罪的，应当按照受贿罪加以处罚，但这种以单位名义将公款借给其他单位使用的行为，并不构成挪用公款罪。只有在以个人名义将公款供其他单位使用的情况下，才应当认定为挪用公款归个人使用。在以个人名义挪用公款供其他单位使用的情况下，虽然直接使用者是其他单位，但行为人是以个人名义将公款供其他单位使用，因此在这种情况下，是将公款挪给个人以后，然后个人将公款的使用权转移给其他单位，因此它属于挪用公款归个人使用。那么如何来理解这里的以个人名义？对这里的以个人名义在司法实践认定当中不能只看形式，而要从实质上把握：对于行为人超越职权，逃避财务监管，或者与使用人约定以个人名义进行，或者虽然通过单位经集体研究决定，但借款、还款都是以个人名义进行的，应当认定为以个人名义。这是一种较为宽泛的理解。狭义上理解的以个人名义指的是公款是以个人的名义借给其他单位，最为常见的表现形式就是个人和用款单位之间签订了借款协议或者以其他方式出现的协议，在协议当中借款人就是某个特定的国家工作人员。在一些特殊情况下，虽然借款并不是直接以个人名义借出，但国家工作人员超越职权，逃避财务监管，而擅自将公款以单位的名义借给其他单位使用的，也应当视为以个人名义。因为公款的使用有一定程序，要遵守有关财务制度的规定，并且需要经过一定的审批，国家工作人员超越权限，擅自决定将公款给其他单位使用的，即使没有直接以个人名义，实质上也属于以个人名义，应当认定为挪用公款归个人使用。上述对以个人名义的理解是在最高人民法院所召开的有关的座谈会纪要当中所规定的，这一规定在性质上相当于司法解释，对于我们理解以个人名义有一定帮助。但这个规定对以个人名义还是作了相对宽泛的解释，甚至在相当程度上扩大了以个人名义的范围，那么这样一种规定是不是符合立法解释的原意，在理论上是值得研究的。

第三，个人决定以单位名义将公款供其他单位使用，谋取个人利益的。这是指在以单位名义将公款供其他单位使用的情况下，只有由个人决定并为个人谋取利益的，才属于挪用公款归个人使用。这里的个人决定，既指依照职权来决定，也包括超越职权或者滥用职权决定。那么，在司法实践中，对于这种个人决定和集体研究决定到底如何来区分？有时候这就关系到某一个案件能不能被认定为挪用公款罪。例如，在某一个案件当中被告人要将公款给另一单位使用，便召集部分单位领导班子成员碰头，把他的意见说明了。与会的领导班子其他成员对此没有提出异议，被告人就将公款以单位名义借给其他单位使用，并且从中谋取了私利。在这种情况下能不能认定为挪用公款归个人使用，关键就是在这种情况下到底属于个人决定还是集体研究决定。如果是集体研究决定，这种行为就不能认定为挪用公款归个人使用，因而不能认定为构成挪用公款罪；如果属于个人决定，那就应当认定为挪用公款归个人使用，因而被告人的行为就构成挪用公款罪。对于这个问题，控方和辩方有不同意见。控方认为：被告人以单位名义将公款借给其他单位使用前虽然召集了单位领导班子部分成员碰头，但是这并不是一个正式的会议，也没有会议纪要，而且被告人在提出将这部分公款以单位名义给其他单位使用的时候隐瞒了他的真实意图，因为他的真实意图有个人利益包含在里面，并且领导班子其他成员也没有正式地表示同意，只是没有提出异议而已，因此这种行为不属于经单位集体研究决定，而是被告人个人决定。基于控方的这样一种意见，被告人的行为仍然属于挪用公款归个人使用。但是辩方则认为：被告人专门召集了单位领导班子部分成员碰头，就这一问题进行讨论，尽管不是正式会议、没有会议纪要，但是将公款以单位名义借给其他单位使用在这个碰头会上明确提出来了，领导班子其他成员没有提出异议实际上就是表示了同意。在这种情况下就不应当认定挪用公款归个人使用，因此被告人的行为不构成挪用公款罪。从这个案件我们可以看出，尽管法律规定明确但在具体的案件当中情况相当复杂。个人决定和经单位集体研究决定两者的界限从法律上来说似乎非常明确，但在具体案件当中可能就会出现模棱两可的情况。对于这种问题，法律上到底应当如何来认定，控辩双方就会存在不同意见，而且控辩双方的意见都有一定道理。我个人认为，这种情况下还是要作出有利于被告人的判断。那么像这个案件中，虽然牵涉被告人个人利益，但毕竟被告人将领导班子其他成员召集在一起，就公款借给其他单位使用的问题进行了讨论，领导班子其他成员对此并没有表示异议，就应当视为一种集体决定。

此外这种个人决定以单位名义将公款供其他单位使用，还要求谋取个人利益。这里的谋取个人利益既包括行为人与使用人事先约定谋取个人利益实际尚未取得的情况，也包括虽然没有事先约定但实际已获取个人利益的情况，其中个人利益既包括不正当利益也包括正当利益，既包括财产性利益也包括非财产性利益。在这种利益是非财产性利益的情况下，应当是具体的、可以用证据证明的利益，如升学、就业等。因此，这里的为个人谋取利益的含义是较为宽泛的。

以上就是我们所讲的归个人使用的理解。

在挪用公款罪的问题当中，归个人使用是一个最为复杂的问题，也是争议最大的问题。关于这个问题应当将2002年全国人大常委会的立法解释作为法律根据来进行理解。刚才我介绍了立法解释关于挪用公款归个人使用所规定的三种情形，这三种情形中，包含了若干要素，我们在对它进行理解时应当把各个要素结合起来。这里主要涉及使用人是自然人还是单位。在使用人是自然人的情况下，无论是个人决定还是集体研究决定，无论是否为个人谋取利益，都可以构成挪用公款罪，也就是说只要是挪用公款供本人、亲友或者其他自然人使用，就构成犯罪。这就是立法解释第一点所讲的。而挪用公款给单位使用的情况下是否属于挪用公款归个人使用，就比较复杂，在立法解释当中对此作出了某种限制。判断挪用公款给单位使用的情况下是否属于挪用公款归个人使用，主要考虑的是以下因素：第一个因素是个人决定还是集体决定，第二个因素是以个人名义还是以单位名义，第三个因素是是否为谋取个人利益。根据立法解释的规定，如果是以个人名义将公款供其他单位使用，无论是个人决定还是集体决定，也无论是否为谋取个人利益，都属于挪用公款归个人使用。这就是立法解释第二点的含义。在以单位名义将公款供其他单位使用的情况下，只有个人决定并且为谋取个人利益的情况下才属于挪用公款归个人使用。这是立法解释第三点所讲的含义。我们在理解上述法律规定时，一定要将这个规定作系统理解，比如我在这里讲的第二点和第三点，它们都是指将公款挪给其他单位使用。第二点讲的是以个人名义将公款供其他单位使用，在理解这点时要结合第三点，第三点讲的是个人决定以单位名义将公款挪给其他单位使用谋取个人利益，从第三点我们可以看出它要具备个人决定和谋取个人利益这样两个条件，第二点从字面来看光是讲以个人名义将公款供其他单位使用，但是结合对第三点的理解，我们可以发现，在第二点第二种情况下只要是以个人名义将公款供其他单位使用，无论是个人决定还是集体决定，无论是否为个人谋取利益，都可以构成挪用公款罪。因为法律的规定是个整体，在这些法律规定之间存在着某种逻辑关系，对这些法律规定不能割裂开来理解。

根据刑法规定，挪用公款罪根据挪用公款的用途设置了不同的构罪条件，具体有以下三种情形：

第一，进行非法活动。这里的非法活动，是指赌博、吸毒、嫖娼、非法经营、发放高利贷等为国家法律、行政法规所禁止的行为。挪用公款进行非法活动是挪用公款用途当中一种较为恶劣的情形。根据刑法第384条的规定，只要是挪用公款进行非法活动的，就构成挪用公款罪，而没有要求数额较大。而根据刑法第383条的规定，即使是贪污罪，也要求贪污数额在5 000元以上才构成犯罪，贪污数额没有达到5 000元的，只有在情节严重的情况下才构成贪污罪。因为从行为性质来说，挪用公款比贪污要更轻一些，如果挪用小额公款比如1 000元、2 000元，进行非法活动，也构成挪用公款罪，显然无法和贪污罪相协调。因此，根据有关司法解释的规定，挪用公款进行非法活动的，以挪用公款5 000元至1万元作为追究刑事责任的数额起点。也就是说，根据刑法第384条的规定挪用公款归个人使用进行非法活动是没有数额规定的，但是考虑到挪用公款罪和贪污罪的协调，根据司法解释的规定，挪用公款归个人使用进行非法活动的，以挪用公款5 000元至1万元作为构成犯罪的条件。

第二，进行营利活动。这里营利活动是指存入银行、集资，购买股票、国债等。用于营利活动是挪用公款最为常见的一种用途，在绝大部分情况下，国家工作人员挪用公款是为了进行营利活动，从中谋取个人利益。我们在理解这里的营利活动的时候，要从广义上来理解，但对于将挪用的公款用于归还个人在经营活动中的欠款的情况，要根据欠款的原因作具体分析：如果他所归还的是在经营活动当中的欠款，那么这种归还欠款就应当属于进行营利活动；如果他所归还的是个人消费的欠款，那么就不能认为是进行营利活动。另外，将挪用的公款用于公司出资等营利的预备活动的，也属于进行营利活动。根据司法解释的规定，挪用公款数额较大，归个人使用，进行营利活动的，构成挪用公款罪。挪用公款进行营利活动比进行非法活动在性质上稍微轻一些，因此，根据刑法规定在进行营利活动的情况下只有挪用公款数额较大才构成挪用公款罪。根据司法解释的规定，这里所谓的数额较大是指挪用公款1万元至3万元。但此类情形构成挪用公款罪不受挪用时间的限制，也不受案发前是否归还的限制。根据有关司法解释的规定，在案发前部分或者全部归还本息的，可以从轻处罚；情节轻微的，可以免除处罚。

第三，个人使用。这里的个人使用是指挪用公款用于自己或者其他个人的合法生活、非经营性支出等合法用途，也就是用于个人消费，如个人看病、个人购房或者个人其他消费。根据刑法第384条的规定，挪用公款归个人使用，数额较大，超过3个月未还的，才构成犯罪。挪用公款归个人使用这种情形比挪用公款进行非法活动和进行营利活动危害性要更轻一些，因此刑法第384条对挪用公款归个人使用设置了更为严格的构罪条件，要同时具备数额较大、超过3个月未还这样一些条件。这里的数额较大根据司法解释的规定应当是指5万元以上。这里的超过3个月未还，是指自挪用公款之日起至案发之日，超过3个月未还。也就是说，如果挪用公款归个人使用，挪用时间没有超过3个月就归还了，那就不能构成挪用公款罪。根据司法解释的规定，挪用正在生息或者需要支付利息的公款归个人使用，数额较大，超过3个月，但在案发前全部归还本金的，可以从轻处罚或者免除处罚；给国家、集体造成利息损失的，应予追缴。挪用公款数额巨大，超过3个月，案发前全部归还的，可以酌情从轻处罚。

4. 客体

挪用公款罪的客体是公款。公款在一般情况下是指国有款项，即国家机关、国有公司、企业、事业单位、人民团体所有的款项。但由于国家机关、国有公司、企业、事业单位委派到非国有公司、企业、事业单位、社会团体从事公务的人员也可以构成本罪，因此，上述非国有公司、企业、事业单位、社会团体的款项也可以成为挪用公款罪的客体。公款的表现形式，一般为现金，但也可以是股票、国库券、债券等有价证券，或者定期存单等金融凭证。挪用上述有价证券或者金融凭证为他人提供质押担保，侵犯了相应款项的使用权并有可能使被挪用单位遭受经济损失，因而对这种行为也应当以挪用公款罪论处。使用公款也不仅仅是拿现金来进行消费，也包括将现金用于某种特殊的用途。像我在前面所讲的，一个国家工作人员欲成立公司，而成立公司需要验资，验资是成立公司的一个前提条件，但这个国家工作人员本身并没有钱，因此他就挪用公款来进行验资，验资完后又把公款打回到本单位，这种将公款用于验资本身也是使用公款的一种情形。由于他成立公司是为了进行经营活动，而成立公司是营利活动的一种预备，因此这种行为也应当认定为挪用公款进行营利活动。此外，根据 2003 年 1 月 28 日最高人民检察院《关于挪用失业保险基金和下岗职工基本生活保障资金的行为适用法律问题的批复》的规定，国家工作人员利用职务上的便利，挪用失业保险基金和下岗职工基本生活保障资金归个人使用，构成犯罪的，应当依照刑法第 384 条的规定，以挪用公款罪追究刑事责任。因此，失业保险基金和下岗职工基本生活保障资金也可以成为本罪的客体。从刑法的规定来看，挪用公款罪的客体是公款，这里的公款指的是某种款项，显然它不包括公共财物。1988 年全国人大常委会《关于惩治贪污贿赂罪的补充规定》当中首次规定了挪用公款罪。1989 年最高人民法院、最高人民检察院《关于执行〈关于惩治贪污罪贿赂罪的补充规定〉若干问题的解答》规定，挪用公物，情节严重的，也应当以挪用公款罪论处。那么在 1997 年刑法修订以后对这种挪用公物的行为还能不能按照挪用公款罪追究刑事责任？关于这个问题，2000 年 3 月 15 日最高人民检察院《关于国家工作人员挪用非特定公物能否定罪的请示的批复》指出："刑法第 384 条规定的挪用公款罪中未包括挪用非特定公物归个人使用的行为，对该行为不以挪用公款罪论处。如构成其他犯罪的，依照刑法的相关规定定罪处罚。"这个规定对 1989 年司法解释中关于挪用公物情节严重的也可以构成挪用公款罪的规定是一个修改。因此，按我国目前的法律，挪用公物是不构成挪用公款罪的。但我们应当注意刑法第 384 条第 2 款的规定：挪用用于救灾、抢险、防汛、优抚、扶贫、移民、救济款物归个人使用的，从重处罚。由此可知，如果挪用救灾、抢险、防汛、优抚、扶贫、移民、救济款物归个人使用，是可以构成挪用公款罪的，并且应当按照挪用公款罪来从重处罚。因此，在我国刑法当中，挪用特定财物可以构成挪用公款罪，而挪用非特定财物是不能构成挪用公款罪的。这也是在理解挪用公款罪的客体的时候需要注意的一个问题。

王某挪用公款案

1993年10月至1998年1月，王某任实业公司出口材料部经理，负责经营有色金属、黑色金属等原材料业务。1995年11月，经单位领导同意，王某将实业公司99.235吨电解铜出借给铜带分公司使用，1997年4月借铜合同履行完毕，但这批铜仍置放在铜带分公司。

1995年年初，被告人王某经人介绍认识了兰州公司个人承包经营者邱某。至同年8月，由被告人王某经手实业公司与兰州公司两次发生购销业务。在履约过程中，兰州公司违约，欠实业公司货款180万元。实业公司领导于1996年专门责成王某和单位职工孙某向邱某追讨，经多次催讨未果。不久，邱某去向不明。同年年底，王某和孙某至南京总公司，要求确认兰州公司的债务。负责接待的人员告知兰州公司名义上挂靠在南京总公司，实际上是邱某个人承包经营，债权、债务应由兰州公司自行负责。

为了找到邱某，被告人王某于1997年5月在南京通过他人认识了邱的朋友胡某，同时，又认识了胡的朋友姚某。胡、姚分别系南京情侣服饰设计中心和扬子江资源经济开发总公司（以下简称扬子江公司）的个人承包者，当时均发生经营资金短缺的困难。王某通过胡与在外地的邱某通了电话，邱某要王某想办法替他先向实业公司归还100万元的货款，并答应在同年7、8月间归还王某垫付的钱款。为了减轻未追回货款的压力，王某产生了将铜带分公司归还本单位的近100吨电解铜变价后替邱某还债的意图。王某同胡、姚策划，由扬子江公司出面将置放在铜带分公司的电解铜借用变价，变价后，其中40吨电解铜的变价款由王某用于为邱归还所欠实业公司的部分货款，其余变价款归姚、胡在经营活动中使用。

1997年5月12日，王某按照与姚、胡的策划，在南京擅自以实业公司出口材料部的名义与扬子江公司签订了出借电解铜100吨的协议。至同月底，王某与姚、胡一起将99.235吨电解铜分4次予以变卖，得226.975 309万元，用于替邱归还所欠实业公司的部分货款和姚、胡的经营活动。

至案发时止，王某归还了124万元，尚有102万元未予归还。

静安区人民法院审理后认为：王某系国家工作人员，利用职务之便，擅自挪用公款，归个人用于营利活动，情节严重，且至今未予归还的数额巨大，严重侵犯国有企业的资金使用权，损害了国家工作人员理应遵守的廉政制度，其行为已构成挪用公款罪，依法应予惩处。检察机关指控王某的犯罪事实清楚，证据确凿充分，定性准确。依照《中华人民共和国刑法》第十二条第一款、第三百八十四条第一款和第六十四条的规定，判决如下：(1) 被告人王某犯挪用公款罪，判处有期徒刑 13 年；(2) 追缴赃款 102 万元，发还实业公司。

宣判后，被告人王正言不服，上诉于上海市第二中级人民法院。

上海市第二中级人民法院经审理认为：一审判决认定上诉人王某犯挪用公款罪的事实清楚，证据确实、充分，定罪准确，量刑适当，适用法律正确，审判程序合法。遂依照《中华人民共和国刑事诉讼法》第一百八十九条第（一）项的规定，裁定如下：驳回上诉，维持原判。

本案涉及王某挪用本公司公物——电解铜——予以变卖，将所得款项归个人使用的行为是否构成挪用公款罪的问题。对于这个问题，存在两种对立意见：第一种意见认为，对被告人的行为不能以犯罪论处。理由是：第一，挪用公款罪的客观方面通常表现为行为人从挪用行为实施时直指公款，最后使用的也是被挪用的公款，是一个从公款到公款的过程。而本案被告人虽然最终使用的是电解铜的变价款，即公款，但从其行为一开始，指向的是特定物电解铜，是公物，它是一个从公物到公款的过程，因而被告人的行为不符合挪用公款罪的客观方面的特征。第二，从现在查明的事实和证据看，被害单位的账上损失的是近 100 吨电解铜的库存，是物，而不是近 100 吨电解铜的价款。因此，事实上也应认定被告人挪用的是被害单位的公物。第三，被告人的行为发生在 1997 年刑法颁布之前，最高人民法院、最高人民检察院 1989 年《关于执行〈关于惩治贪污罪贿赂罪的补充规定〉若干问题的解答》第 2 条第 5 项规定，挪用公物归个人使用，一般由主管部门按政纪处理，情节严重，需要追究刑事责任的，可以折价按挪用公款罪处罚。1997 年刑法对挪用公物行为未有定罪科刑的规定，依照刑法第 12 条从旧兼从轻的原则和第 3 条法律无明文规定不得追究刑事责任的原则，对被告人的行为不能以犯罪论处。第二种意见认为，被告人的行为构成挪用公款罪，因为：被挪用的电解铜不是被害单位的物品，而是商品，可以在流通领域变价，并且被告人的挪用行为从一开始，就明白无误地指向电解铜的变价款。事实上，被告人最终也使用了电解铜的变价款，而不是电解铜。因此，被告人的行为符合挪用公款罪的特征。

本案的裁判理由指出：

侵犯财产使用权的挪用性质犯罪，在我国刑法中共有三种，分属侵犯财产罪和贪污贿赂罪，前者为挪用资金罪、挪用特定款物罪，后者为挪用公款罪。对于国家工作人员挪用公物的行为，如何适用刑法？一般认为，如果挪用救灾、抢险、防汛、优抚、扶贫、移民、救济等特定物品归非个人使用的，可以按照刑法第273条规定的挪用特定款物罪追究刑事责任；如果挪用特定款物归个人包括私有公司、企业使用的，则按照刑法第384条规定的挪用公款罪定罪处刑。由于1997年刑法没有规定挪用一般公物罪，所以挪用一般公物的，不能以犯罪论处。实践中，往往有国家工作人员挪用公物然后予以变卖并使用所得款项的情况发生，这种行为从形式上看，与纯粹的挪用公款或者挪用公物行为不同，有一定的特殊性，因此，必须把行为过程联系起来，整体把握行为的本质，才能准确判定行为的性质。我们认为，挪用公物予以变现归个人使用的行为，其本质与一般的挪用公款行为是一致的，构成犯罪的，应以挪用公款罪论处。就本案而言，被告人王某的行为构成挪用公款罪。主要理由是：

其一，公物一旦进入流通领域，它就成了商品。商品具有价值和使用价值两个基本属性。区分行为人的行为是挪用公物还是挪用公款，必须与商品的属性联系起来判断。如果行为人在实施行为时追求的是公物的使用价值，那么其行为构成挪用公物，反之，如果追求的是公物的价值，那么其行为就构成挪用公款。挪用公物予以变现、使用的行为追求的是公物的价值，其性质应是挪用公款。

其二，挪用公物是指利用职务之便，挪用国家机关、国有企事业单位的物品，擅自归自己使用，超过一定期限未归还的行为。行为人在实施挪用行为时追求的是公物的使用价值。正因为追求的是公物的使用价值，因而被挪用的公物一般不会进入流通领域，不会实现其价值，案发时往往还在行为人的实际控制之下，社会危害相对较轻，因此，一般由主管部门按政纪处理。最高人民检察院2000年3月公布的《关于国家工作人员挪用非特定公物能否定罪的请示的批复》中对“挪用非特定公物归个人使用的行为”不以挪用公款罪论处的规定，就是指这种以追求公物使用价值为目的的挪用非特定公物的行为，而不应当理解为也包括以追求实际使用公物的变价款为目的的挪用非特定公物的行为。

其三，挪用公物予以变现并使用的行为，行为人在实施挪用行为时追求的就是公物的价值，公物被挪用后，往往通过进入流通领域实现其价值，变现的款项又为行为人擅自使用。在这种情况下，可以说行为人挪用的公物已不是具有使用价值意义上的物，而是公物价值的载体，即公款。行为人将公物予以变现，则公物转化为公款，而且行为人最终也使用了该公款，这尽管是一个从公物到公款的过程，但本质上与挪用公款是一样的，完全符合挪用公款的一切特征，故应当依法以挪用公款罪论处。

其四，就本案而言，王某从实施挪用行为时起，追求的就不是近100吨电解铜的使用价值，事实上王某和姚某、胡某也根本不需要电解铜，其追求的是近100吨电解铜的价值，此时的近100吨电解铜已成为相应价款的载体，直接体现为226万余元公款，最后王某将电解铜予以变卖，擅自将所得款项用于他人的经营活动，并有巨额资金至案发时未能归还。可以说，被告人的行为完全具备了挪用公款罪的主、客观要件。

其五，透过将挪用公物变现归自己使用的现象看清其挪用公款的本质，对于正确和充分运用刑法打击各种形式的利用职务便利侵犯公共财产犯罪，具有重要意义。如果行为人利用职务之便，将公共财物恣意变卖，并擅自使用变卖价款而不受到刑事追究的话，那么国有资产的管理将实际不再存在，也放纵了有意或者无意规避法律的犯罪分子，属于机械执行法律，执法者成了“法律的工匠”，无疑有悖于刑法的立法本意。因此，一、二审法院适用刑法第12条第1款、第384条第1款和第64条之规定，以挪用公款罪判处被告人王某有期徒刑，追缴赃款发还被害单位是正确的。

以上裁判理由将挪用公物界定为未经同意而使用公物，并且把变卖公物排除在挪用公物的范畴之外，是正确的。如果是将公物变卖，然后将公物的变卖款予以挪用，这就是挪用公款而不是挪用公物。

（二）罪责

挪用公款罪的责任形式是故意，并且具有非法使用公款的目的。这里的故意，是指明知是公款而予以挪用的主观心理状态。由于刑法对挪用公款的三种用途构成犯罪的条件作了不同的规定，因此要求国家工作人员对挪用公款的用途应当具有认识。此时就涉及对刑法所规定的三种公款的用途主观上也应当有认识，因为这三种用途构成犯罪的条件是不一样的。在本人使用情况下，他对自己使用公款的用途当然是很清楚的，但是在挪用公款给他人或者其他单位使用的情况下，国家工作人员所认识的公款的用途和他人或者其他单位所实际使用的用途可能是有区别的。比如他人以进行营利活动为名让国家工作人员挪用公款归他使用并且许诺给予好处，但实际上他用公款去进行赌博或进行其他的违法犯罪活动，在这种情况下，实际用途和国家工作人员所认识的用途不一致，那么对于国家工作人员而言，是不是构成挪用公款罪应当将他的主观认识作为认定的根据。

（三）罪量

挪用公款罪的罪量要素是指挪用公款达到一定的数额标准。我国刑法第384条将挪用公款分为三种用途，这三种用途构成犯罪的罪量要素是有所不同的。根据有关司法解释的规定，挪用公款的三种用途各自具有不同的数额标准：（1）挪用公款进行非法活动的，以挪用公款3万元作为构成犯罪的数额标准。（2）挪用公款进行营利活动的，以挪用公款5万元作为构成犯罪的数额标准。（3）挪用公款归个人使用的，以挪用公款5万元作为构成犯罪的数额标准，同时还应当具备超过3个月未还的条件。

三、挪用公款罪的认定

（一）挪用公款数额的累计计算

挪用公款罪具有一定的数量要素，挪用公款要达到一定的数额标准。从这个意义来说，挪用公款罪是数额犯，挪用公款的数额对于挪用公款罪的构成以及挪用公款罪的量刑是具有重要意义的。在现实生活中经常发生多次挪用公款的情形，在这种情况下就存在一个对多次挪用公款如何进行累计计算的问题。对此，有关司法解释明确规定："多次挪用公款不还，挪用公款数额累计计算，多次挪用公款，并以后次挪用的公款归还前次挪用的公款，挪用公款数额以案发时未还的实际数额计算。"这是一个很重要的规定。根据这一规定，多次挪用公款的数额，在一般情况下应当累计计算。也就是说，一个国家工作人员今天挪用了5万元进行营利活动，明天又挪用10万元进行营利活动，那么，案发的时候就应当将他多次挪用的数额进行累计计算。但是，有一个例外：如果是以后次挪用的公款归还前次挪用的公款，对这个数额就不累计计算，而是按照最后没有归还的实际数额进行计算。这个规定应当说是有利于被告人的一个规定。严格从法律角度来说，既然每次挪用都已经既遂了，那么公款被挪去做什么用，并不影响这个罪的成立。作出这样一种规定是基于刑事政策的考虑。和我前面所讲的在诈骗的情况下拆东墙补西墙，用后次诈骗的数额来归还前次诈骗的数额，对多次诈骗的数额也不是累计计算，而是按照最后诈骗的数额来计算的基本精神是相通的。当然，在挪用公款的数额累计计算当中还有一个问题不太好办：刑法规定了挪用公款的三种用途，这三种用途构成挪用公款罪的条件是不一样的，如果多次挪用公款都是用于一种用途，如就是用于营利活动，那么累计计算是比较简单的。但如果多次挪用公款但每次挪用公款的用途不一样，如有一部分是进行个人消费，有一部分是进行非法活动，有一部分是进行营利活动，那么这个数额怎么样来进行计算？我个人认为刑法关于挪用公款罪的构成条件设置得过于复杂，完全没有必要。只要规定挪用公款就可以构成犯罪了，然后再把挪用公款进行非法活动作为一个从重处罚的因素考虑。根据不同用途设置不同的构罪条件，就使得这种犯罪构成要件太复杂，给司法机关认定这种犯罪带来一定困难。

（二）挪用公款不退还的处理

这个问题也涉及挪用公款罪和贪污罪的区分。对于挪用公款不退还的，1988年全国人大常委会《关于惩治贪污罪贿赂罪的补充规定》规定以贪污罪论处，

1989年最高人民法院、最高人民检察院《关于执行〈关于惩治贪污罪贿赂罪的补充规定〉若干问题的解答》规定，这里的不退还，既包括主观上不想还的，也包括客观上不能还的。对于挪用公款主观上不想还的，以贪污罪论处是合理的。但对于挪用公款客观上不能还的，以贪污罪论处，则有客观归罪之嫌。因此，1997年刑法修订的对这一规定作了修改，于第384条明确规定：挪用公款数额巨大不退还的，定挪用公款罪。但是规定了一个较重的法定刑：处10年以上有期徒刑或者无期徒刑。对于这一规定，1998年最高人民法院《关于审理挪用公款案件具体应用法律若干问题的解释》指出，"挪用公款数额巨大不退还的"，是指挪用公款数额巨大，因客观原因在一审宣判前不能退还的。因此，挪用公款数额巨大，客观上能还而主观上不想还的，仍应以贪污论处。这是从挪用公款转化为贪污，也就是先前虽然是利用职务便利挪用公款归个人使用，但是后来在具备归还条件的情况下仍拒不归还的，表明行为人的主观意图发生了变化，就应当定贪污罪。

（三）挪用公款携款潜逃的认定

在现实生活中，往往发生挪用公款后携款潜逃的情形。对此应如何定罪？是定挪用公款罪还是定贪污罪？根据1998年最高人民法院《关于审理挪用公款案件具体应用法律若干问题的解释》的规定，携带挪用的公款潜逃的，应以贪污论处。因为携款潜逃，表明犯罪分子主观上不想归还挪用的公款，定贪污罪是适当的。这也涉及贪污罪和挪用公款罪的区分，这个问题我后面会专门谈一下。接下来要讲的问题是：如何理解这里的携带挪用的公款潜逃？如何来认定这里的贪污罪？如何认定这里的贪污数额，是对所携带的部分定贪污，还是对整个挪用的数额定贪污？在北京曾经发生过一起案件：有一个国有单位的出纳，是个女的，她的丈夫因为要进行营利活动，就指使她挪用公款，先后挪用公款的数额达到八百多万元，数额非常之大。当然，这个单位的财务监管也存在非常重大的漏洞，挪用这么多钱，前后几年都没被发现。她丈夫就拿着钱去经商，结果都赔了。后来她丈夫想通过赌博赢回来，结果也输了，最后还不了了。在这种情况下，夫妻两个人就携带20万元潜逃了，最后被抓回来了。该案涉及一个问题：她这个行为怎么来认定？按照司法解释的规定，携款潜逃的，应当定贪污。但定贪污，是对她携带的20万元定贪污，还是对她挪用的800万元都定贪污？这是一个重大的理解问题。这个案件中最后将800万元都定为贪污，并且对这两个人都判处了死刑。我认为，这个判决是有问题的。也就是说，只能将她携带的这20万元定为贪污，对于20万元以外的其他挪用的800万元只能认定为挪用公款，应当实行数罪并罚，而不能将她过去挪用的所有款项仅仅因为她潜逃而都认定为贪污。我们可以假设，如果她挪用了800万元但是她在潜逃的时候未携带任何公款，那么这种情况显然不属于司法解释所规定的携款潜逃，因此将800万元都应当认定为挪用公款数额而不是贪污数额。仅仅因为她携带了20万元，将挪用的800万元都认定为贪污，这样一种认定显然是有问题的。因此，司法解释里面所讲的挪用公款后携款潜逃的以贪污罪论处，只能对所携之款以贪污罪论处，而对于挪用的其他公款，不能认定为贪污。这是在理解这个司法解释时需要掌握的一个界限。

（四）挪用公款罪的共犯

挪用公款罪的主体是国家工作人员，因此挪用公款罪是身份犯，非国家工作人员不能成为挪用公款罪的正犯，但是可以成为挪用公款罪的共犯。1998年最高人民法院《关于审理挪用公款案件具体应用法律若干问题的解释》规定："挪用公款给他人使用，使用人与挪用人共谋，指使或者参与策划取得挪用款的，以挪用公款罪的共犯定罪处罚。"这是关于使用人构成挪用公款罪的共犯的一个规定。我们必须要注意：在挪用公款给他人使用的情况下，公款的使用人并不是在任何情况下都构成挪用公款罪的共犯。因为使用行为并不是挪用行为，不能把使用行为等同于挪用行为，所以公款的使用人只在某些特定的情况下，才构成挪用公款罪的共犯。这个特定情况就是，与挪用人共谋，指使或者参与策划取得挪用款。也就是说，使用人必须要有教唆国家工作人员挪用公款的行为，或者有帮助国家工作人员挪用公款的行为，使用人才构成挪用公款罪的共犯。那么，非使用人能不能构成挪用公款罪的共犯？关于这一点，司法解释并没有规定。那么，可不可以认为司法解释只规定了使用人能构成挪用公款罪的共犯而没有规定非使用人能构成挪用公款罪的共犯，因此，非使用人不能构成挪用公款罪的共犯？我认为这种理解是错误的。非使用人只要教唆或者帮助国家工作人员挪用公款，符合挪用公款罪的共犯条件的，也应当以挪用公款罪的共犯论处。

（五）挪用公款罪的牵连犯

在挪用公款罪当中，挪用公款是为个人谋取利益，如果挪用公款归个人使用，那么使用人就直接从使用当中获取利益，比如说将公款存到个人名下，占有公款孳生的利息。在挪用公款给其他个人使用的情况下，或者给其他单位使用的情况下，行为人可能会收受其他单位给予的财物，在这种情况下就涉及其他罪名。根据 1998 年司法解释的规定，因挪用公款索取、收受贿赂构成犯罪的，依照数罪并罚的规定处罚；挪用公款进行非法活动，构成其他犯罪的，依照数罪并罚的规定处罚。在上述情况下，挪用公款罪与受贿罪以及其他犯罪之间存在着牵连关系，是刑法理论上所谓牵连犯。对于牵连犯在一般情况下应当从一重罪处断，但是在法律或者司法解释有明确规定的情况下应当实行数罪并罚。

（六）挪用公款罪与贪污罪的区分

关于挪用公款罪与贪污罪的区分，我在前面的讲述实际上都已经涉及。挪用公款主观上不想还的，以及携带挪用的公款潜逃的，这两种情形都应当认定为贪污罪。但是这种贪污是从挪用公款转化而来的，是一种转化型的贪污。我在这里所讲的挪用公款罪与贪污罪的区分，主要是就这两种犯罪的性质上而言的。贪污罪的主体除了国家工作人员以外还包括刑法第 382 条第 2 款规定的受委托管理、经营国有财产的人员，在客观上，贪污罪的主体范围要比挪用公款罪的大。除此以外，这两者一个重要的区分就在于它们所侵害的法益不一样：贪污罪所侵害的是公共财物的所有权，它以非法占有为目的；挪用公款罪所侵犯的是公款的使用权，它以使用为目的而不是以非法占有为目的。这是贪污罪与挪用公款罪这两种犯罪最本质的区分。在司法实践当中如何来认定某一行为是以非法占有为目的的贪污行为还是以非法使用为目的的挪用行为？在司法实践当中，尤其是在法院的审判过程当中，往往以是否平账作为区分贪污罪和挪用公款罪的一个界限：贪污往往是要平账，做假账或者收入根本没有入账就把公共财物给侵吞了，账目上反映不出来；如果行为人擅自使用公款，但是账目上还能反映出来，这就表明它是一种挪用，侵犯的是公款的使用权，而没有侵犯公款的所有权。这样一个区分，表明行为人到底是以非法占有为目的还是以非法使用为目的。这里的占有和使用是行为人的主观意图，这个主观意图很难区分：在挪用公款不能归还的情况下，怎么来证明行为人是主观不想还还是客观不能还？这个问题是一个比较复杂的问题。因此，以是否平账作为区分贪污罪和挪用公款罪的一个依据有一定的合理性。当然，在一些比较复杂的情况下，光凭是否平账是无法区分贪污罪和挪用公款罪的，还要结合其他因素。

（七）挪用公款罪与挪用资金罪的区分

挪用资金罪是指公司、企业或者其他单位的工作人员，利用职务上的便利挪用本单位资金归个人使用或者借贷给他人，数额较大，超过 3 个月未还，或者未超过 3 个月，但数额较大，进行营利活动或者进行非法活动的行为。可见，挪用资金和挪用公款都是一种挪用，这两者的根本区分就在于主体的不同。也就是说，如果是国家工作人员挪用公款，那么就定挪用公款罪；如果是非国家工作人员，即公司、企业或者其他单位的工作人员挪用本单位资金，那么就应当定挪用资金罪。2000 年 2 月 13 日最高人民法院《关于对受委托管理经营国有资产人员挪用国有资金行为如何定性问题的批复》规定，对于受国家机关、国有企业、事业单位、人民团体委托管理、经营国有财产的非国家工作人员利用职务上便利挪用国有资金归个人使用构成犯罪的，应当按照刑法第 272 条第 1 款的规定定罪处罚。这个就是我们前面所讲的，像这种受委托管理、经营国有财产的人员侵吞这些财物的话，是应当定贪污罪的；如果这些人挪用国有资金，却不能定挪用公款罪，而应该定为挪用资金罪，因为这些受委托管理、经营国有财产的人员是贪污罪的主体，却不是挪用公款罪的主体。

四、挪用公款罪的处罚

根据刑法第 384 条的规定，犯本罪的，处 5 年以下有期徒刑或者拘役；情节严重的，处5年以上有期徒刑；挪用公款数额巨大不退还的，处10年以上有期徒刑或者无期徒刑。此外，刑法还规定，挪用用于救灾、抢险、防汛、优抚、扶贫、移民、救济款物归个人使用的，从重处罚。

根据2016年最高人民法院、最高人民检察院《关于办理贪污贿赂刑事案件适用法律若干问题的解释》的规定，挪用公款归个人使用，进行非法活动，且具有下列情形之一的，应认定为挪用公款罪“情节严重”：（1）挪用公款数额在100万元以上的；（2）挪用救灾、抢险、防汛、优抚、扶贫、移民、救济特定款物，数额在50万元以上不满100万元的；（3）挪用公款不退还，数额在50万元以上不满100万元的；（4）其他严重的情节。

根据司法解释的规定，挪用公款归个人使用，进行营利活动或者超过3个月未还，且具有下列情形之一的，应认定为挪用公款罪的“情节严重”：（1）挪用公款数额在200万元以上的；（2）挪用救灾、抢险、防汛、优抚、扶贫、移民、救济特定款物，数额在100万元以上不满200万元的；（3）挪用公款不退还，数额在100万元以上不满200万元的；（4）其他严重的情节。

根据司法解释的规定，挪用公款数额巨大是指数额在500万元以上。

第三十讲 受贿罪

受贿罪是一种职务犯罪，也是最为常见的一种腐败犯罪。我国刑法对国家工作人员的受贿罪作了专门规定。在司法实践中对受贿罪的认定存在一些疑难复杂的问题，需要从理论上加以研究。在本讲中，我将根据刑法规定和司法解释对受贿罪的定罪量刑问题进行讲解。

一、受贿罪概述

受贿罪是指国家工作人员利用职务上的便利，索取他人财物，或者非法收受他人财物，为他人谋取利益的行为。

我国刑法中的受贿犯罪，根据主体的不同，分为受贿罪、非国家工作人员受贿罪、利用影响力受贿罪和公司、企业人员受贿罪、单位受贿罪。我在这里所说的受贿罪是指国家工作人员受贿罪，它和利用影响力受贿罪、单位受贿罪规定在刑法分则第八章贪污贿赂罪中。而公司、企业人员受贿罪、非国家工作人员受贿罪分别规定在刑法分则第三章第三节妨害对公司、企业的管理秩序罪和第四节破坏金融管理秩序罪中。

这里还存在一个概念值得研究，这就是商业贿赂。商业贿赂，顾名思义，就是指发生在商业领域的贿赂犯罪。与商业贿赂相对应的是公务贿赂，公务贿赂是指发生在公共管理领域的贿赂犯罪。在我国的刑法中并没有商业贿赂罪的规定，故它不是一个刑法用语。商业贿赂这个词最初出现在1996年国家工商行政管理局公布的《关于禁止商业贿赂行为的暂行规定》中。其第2条第1款规定："经营者不得违反《反不正当竞争法》第八条规定，采用商业贿赂手段销售或者购买商品。"第2款规定："本规定所称商业贿赂，是指经营者为销售或者购买商品而采用财物或者其他手段贿赂对方单位或者个人的行为。"这个商业贿赂的概念是从行贿的角度予以界定的，并且把商业贿赂限制在商品的销售和购买环节即商品流通领域，因而是狭义上的商业贿赂概念。目前所称的商业贿赂不仅发生在商品流通领域，而且发生在工程建设、资源开发、金融服务、医疗采购等经济活动的所有领域。后一意义上的商业贿赂是广义上的商业贿赂，实际上指经济贿赂，即在经济活动中发生的贿赂犯罪。我过去曾经使用经济受贿、经济行贿等概念，目前较多地采用了商业贿赂这个概念。经济贿赂实际上就是广义上的商业贿赂，指在经济活动中经营者通过贿赂手段来获取交易机会或者经济利益的行为。商业贿赂具有三个特征：(1) 主体特征：主体是所谓的经营者，即经济活动中的从业人员。《反不正当竞争法》第2条第3款规定："本法所称的经营者，是指从事商品经营或者营利性服务（以下所称商品包括服务）的法人、其他经济组织和个人。"(2) 主观特征：为谋取经济利益。这里的经济利益既包括已经从中获取现实的经济利益，也包括通过贿赂手段进行不正当竞争以获取交易机会。(3) 发生在经济领域：这是商业贿赂区别于其他贿赂的主要特征。受贿方是从事一定的业务或者担任职务的商业人员，因此这种犯罪具有业务犯罪或者职务犯罪的特征。另一方面，这种贿赂犯罪又具有不正当竞争性，对市场竞争秩序具有一定的侵害性。

商业贿赂和刑法中的贿赂罪及非国家工作人员受贿罪是一种什么关系？有人认为，商业贿赂指的就是非国家工作人员受贿罪，而不包括受贿罪。受贿罪是公务贿赂，它和商业贿赂是不同的。这样的认识到底对不对？我个人不赞同这种观点。非国家工作人员受贿罪和受贿罪是按照受贿主体所作的划分，而商业贿赂和公务贿赂是按照贿赂发生的领域对受贿罪所作的划分。上述两种分类存在一定的重合，非国家工作人员受贿罪未必都是商业贿赂，例如收受本单位下属的财物为其升职、提薪或者谋取其他利益，就不能说是商业贿赂。同样，国家工作人员在商业活动中收受财物或者索要财物的行为同样是一种商业受贿行为。因此，商业贿赂这个概念既包含了非国家工作人员受贿罪的一部分，也包含了国家工作人员受贿罪的一部分。刑法第 163 条第 1 款规定的是非国家工作人员受贿罪，第 2 款规定："公司、企业或者其他单位的工作人员在经济往来中，利用职务上的便利，违反国家规定，收受各种名义的回扣、手续费，归个人所有的，依照前款的规定处罚。"该款规定指的就是公司、企业或者其他单位的工作人员的商业贿赂行为。刑法第 385 条第 1 款规定的是国家工作人员受贿罪，第 2 款规定："国家工作人员在经济往来中，违反国家规定，收受各种名义的回扣、手续费，归个人所有的，以受贿论处。"该款是关于国家工作人员商业贿赂的规定。因此，我们要把商业贿赂这个概念与刑法中的受贿罪和非国家工作人员受贿罪的关系厘清。商业贿赂并不是我国刑法中的独立罪名，它是对发生在经济活动中的行贿、受贿犯罪的一种概括。对商业贿赂应该根据其主体身份的不同，分别按照受贿罪和非国家工作人员受贿罪定罪处罚。

二、受贿罪的构成

(一) 罪体

1. 主体

受贿罪的主体是国家工作人员。关于国家工作人员的概念在刑法第 93 条有具体规定，本书贪污罪部分作了较为详细的讲述。

我们特别需要注意的是离退休人员能不能成为受贿罪的主体。在 1989 年的司法解释中曾经规定，国家工作人员离退休以后利用本人原有职权、地位形成的便利条件，通过在职的国家工作人员职务上的行为，为请托人谋取不正当利益，而本人向请托人收取财物的，应按照受贿罪处罚。按照这个规定，离退休的国家工作人员也是受贿罪的主体。我认为，受贿罪的本质特征是侵害职务行为的廉洁性，或者侵害职务行为的不可收买性。国家工作人员离退休以后，已经不再具有国家工作人员的身份，也不再行使职权，因而不存在侵害职务行为的廉洁性的问题。从这个意义来说，离退休的国家工作人员不能成为受贿罪的主体。根据2000年6月30日最高人民法院发布的《关于国家工作人员利用职务上的便利为他人谋取利益离退休后收受财物行为如何处理的问题的批复》，国家工作人员利用职务上的便利为请托人谋取利益，并与请托人事先约定，在其离退休后收受原请托人财物，构成犯罪的，应当以受贿罪定罪处罚。在这种情况下，离退休的国家工作人员可以成为受贿罪的主体，即受到处罚的主体是已经离退休的国家工作人员，但为他人谋取利益是在在职的时候。这种行为侵害了职务行为的廉洁性，因此按照受贿罪定罪处罚是完全应该的。如果没有这种事先的约定，在职时利用职务上的便利为请托人谋取利益，在离退休后收受原请托人财物的，也不能定受贿罪。至于离退休的国家工作人员利用曾经担任一定职务的影响力受贿，则涉及利用影响力受贿罪。

2. 行为

在受贿罪的行为中，主要包括以下方面。

(1) 利用职务上的便利。

利用职务上的便利，是受贿罪的重要构成条件。在我国刑法中许多的犯罪都是以利用职务上的便利为条件的，不同的犯罪对职务上的便利有不同的理解。受贿罪中的利用职务上的便利是指利用职权以及利用与职务有关的便利条件。

第一，利用职权。

这里的利用职权是指利用某人权力范围内的权力，即利用自己职务上主管、负责或者承办某项公共事务的职权。某一国家工作人员主管某项事务，对某项事务具有决定或者其他权力，利用这些权力为他人谋取利益的，构成受贿罪。这种利用职权属于直接利用本人职务上的便利。

第二，利用与职务有关的便利条件。

这里的利用与职务有关的便利条件是指不是直接利用职权，而是利用本人的职权或者地位形成的便利条件。这种利用与职务有关的便利条件属于间接利用本人职务便利，即要求有职务上直接隶属、制约关系的其他国家工作人员利用职权为行贿人谋取利益。在这种情况下，从表面上看是通过他人的职务为请托人谋取利益，从而收受财物，但实际上是利用了本人职务产生的制约关系，这种制约关系可以影响被利用者的利益，使之就范。对此，2003 年《纪要》指出，受贿罪的利用职务上的便利还包括利用职务上有隶属、制约关系的其他国家工作人员的职权。2003 年《纪要》还指出，担任单位领导职务的国家工作人员通过不属自己主管的下级部门的国家工作人员的职务为他人谋取利益的，应当认定为“利用职务上的便利”为他人谋取利益。

李某受贿案

被告人李某身为国家工作人员，在担任中共河北省委办公厅秘书、副主任，河北省国家税务局副局长、局长期间，利用职务上的便利，接受他人请托，为他人谋取利益，索取、非法收受他人财物人民币 676.658 4 万元、美元 16.57 万元，共计折合人民币 814.816 4 万元，其行为已构成受贿罪。李某受贿数额特别巨大，所犯罪行严重破坏了国家机关正常工作秩序，侵害了国家工作人员职务的廉洁性，败坏了国家工作人员的声誉，情节特别严重，虽然其主动坦白了部分受贿犯罪事实，认罪态度较好，但不足以对其从轻处罚。据此，唐山市中级人民法院作出以下判决：被告人李某犯受贿罪，判处死刑，剥夺政治权利终身，并处没收个人全部财产。

一审判决以后，被告人李某提起上诉。

河北省高级人民法院经审理认为：对于上诉人李某以及辩护人所提为王某联系唐山百货大楼装修工程，为卢某、刘某联系担保、贷款，没有利用职务上的便利，并且为三人谋取的不是不正当利益，不构成受贿罪的上诉理由及辩护意见，经查：李某在为王某联系工程，为卢某、刘某联系担保、贷款时，其职务为省委办公厅副主任，对所涉单位的领导人均有一定的职务影响，系利用职务便利为他人谋取利益。

李某受贿案中涉及利用职务便利的认定问题，这也是部分受贿事实引发控、辩争议的焦点所在。关于这个问题，本案的裁判理由认为：

李某的受贿事实大部分属于直接利用本人职务上的便利，特别是其在省国税局任职期间，为请托人谋取的利益，基本上属于利用担任副局长、局长的职务便利谋取利益，对这一部分事实的定性基本不存在争议。但对于李某在担任省政府、省委办公厅秘书、副主任期间，为请托人谋取利益，如为王某联系唐山百货大楼装修工程，为卢某、刘某联系担保、贷款，为张某活动解除强制措施等，是否属于利用职务上的便利，则存在较大争议。究其原因，在于如何界定李某在此期间的职权范围。如果仅从法律明文规定的角度，李某作为省政府、省委办公厅秘书、副主任，其本身的权力是非常有限的，但由于长期与省政府、省委主要领导相处，是领导"身边的人"，甚至与领导形成一种特殊关系，因而其实际职权远远大于法定职权，对许多单位的领导和工作人员形成了一定的制约关系。正是基于这种制约关系，李某成为能够"呼风唤雨"的人物，并通过这种制约关系大搞权钱交易。应当说，这是一种极不正常的现象，与我们国家的法治建设极不相称，但在具体考察李某是否构成受贿罪时，这种实际职权又是不得不考虑的。这也是一、二审法院认定李某作为"省委办公厅副主任，对所涉单位的领导人均有一定的职务影响，系利用职务便利为他人谋取利益"的原因所在。

裁判理由将李某的行为认定为利用与他人的职务之间存在制约关系而收受财物，具备受贿罪的利用职务上的便利这一要件，是正确的，但在具体论述中，把法定职权与实际职权牵扯进来，则有所不妥。法定职权与实际职权，是一个利用职权的问题。无论是利用法定职权还是利用实际职权，都是利用职权，属于利用职务上的便利。但在李某受贿案中，李某不仅存在利用职权（法定职权与实际职权）的受贿，而且存在利用与职务有关的便利条件的受贿。在担任省政府、省委办公厅秘书、副主任期间，李某利用与这些职务有关的便利条件，即与他人职务之间具有制约关系，通过其他国家工作人员的职权为请托人谋取利益，从中收受财物。

（2）受贿行为。

我国刑法将受贿行为表述为"索取他人财物……或者非法收受他人财物"，

据此受贿行为分为以下两种：索取他人财物，或者收受他人财物。

第一种行为是索取他人财物。这里的索取是指主动地索要。由索取他人财物而构成的受贿，通常称为索贿。这里的索取可以是明示的，也可以是暗示的。索取，不仅仅包括索要，在某种情况下，甚至包括利用职务上的便利的勒索。在一般情况下，贿赂指的是权钱交易，即国家工作人员利用职务便利为他人谋取利益，他人向国家工作人员交付钱财。但是在利用职务上的便利勒索的情况下，已经不具有权钱交易性质，而是职务上的一种勒索行为。在后一种情况下，不是“你给我钱，我给你某些利益”，而是“你给我钱，我不损害你利益”。在刑法中，因被勒索而交付财物的，不以行贿罪论处，但是勒索者显然构成受贿罪。在这种情况下，显然不存在受贿和行贿的对合。严格来说，这已经超出了受贿范围，但我国刑法仍然把这种行为放在受贿罪中。索取他人财物和收受他人财物尽管都构成受贿罪，但索取他人财物的性质比较严重，利用职务上的便利勒索他人财物的性质更为严重，因此索取他人财物是受贿罪的从重处罚情节。

第二种行为是收受他人财物。这里的收受是指被动地收取，即请托人向国家工作人员主动交付财物，国家工作人员被动地收受财物。

收受他人财物实际上有两种情况。

第一，事前收受。贿赂犯罪的本质是一种权钱交易，事前收受即先收钱后办事，先收受他人财物，再利用职务上的便利为他人谋取利益。这种贿赂在理论上称为收买性的贿赂，权钱交易的性质体现得比较明显。

第二，事后收受，也就是通常所说的事后受财。事后受财是否构成受贿罪是比较复杂的问题：如果事后受财是事先有约定的，那么其贿赂性质也是显而易见的。国家工作人员与请托人之间约定，国家工作人员利用职务上的便利为请托人谋取利益以后，请托人向国家工作人员交付财物。这是所谓收买性贿赂。那么，在事前没有约定情况下，国家工作人员在客观上为他人谋取了利益，受惠者为了表示感谢，向国家工作人员交付财物，国家工作人员明知他人感谢而收受财物能不能构成受贿罪？这是一个值得研究的问题。国家工作人员行使职权后，收受他人送来的好处，如果这种行为构成犯罪的话，应该在刑法中有明确的规定。在外国刑法中，有收受赠贿罪，即国家公务人员不能接受他人礼物，只要接受了就构成收受赠贿罪；但如果是因为为他人谋取利益而收受礼物，和他人进行权力交易，则构成受贿罪。可见，收受贿赂和收受赠贿的性质是有所不同的。但是我国刑法中没有设立收受赠贿罪这样的低度罪名，就往往把收受赠贿行为按照受贿罪来处理。

3. 客体

我国刑法将受贿罪的客体规定为财物，这个范围是比较窄的，比外国刑法中规定的贿赂的客体窄得多。在日本的刑法中，贿赂既包括财产性利益，还包括非财产性利益。所谓非财产性利益是指能够满足人的精神需求，或者其他需求的一些，包括提升职务、提供性服务。在我国刑法中，将贿赂限制为财物，但刑法理论上对贿赂作了某种扩大解释，即除了金钱、物品、财产凭证以外，还包括财产性的利益。这里所谓的财产性的利益是指他人所提供的能得到经济利益的某种交易机会或者其他一些利益，例如债权的设立、债务的免除或者免费旅游、免费装修、吃喝等等。值得注意的是，2008 年 11 月 20 日最高人民法院、最高人民检察院《关于办理商业贿赂刑事案件适用法律若干问题的意见》第 7 条明确规定："商业贿赂中的财物，既包括金钱和实物，也包括可以用金钱计算数额的财产性利益，如提供房屋装修、含有金额的会员卡、代币卡（券）、旅游费用等。具体数额以实际支付的资费为准。"这一规定只是将贿赂犯罪中的财物扩大到财产性利益，但并未扩大到非财产性利益。2016 年《解释》沿袭了上述司法解释对贿赂犯罪中的财物的解释于第 12 条指出："贿赂犯罪中的财物，包括货币、物品和财产性利益。财产性利益包括可以折算为货币的物质利益如房屋装修、债务免除等，以及需要支付货币的其他利益如会员服务、旅游等。后者的犯罪数额，以实际支付或者应当支付的数额计算。"根据这一规定，贿赂犯罪中的财物包括：（1）货币。货币是贿赂犯罪中最为常见的权钱交易的媒介，因此，贿赂犯罪的数额也是根据货币数额计量的。这里的货币，既包括人民币，又包括外币。在通常情况下，外币应当折算为人民币以便计算贿赂的数额，计算依据是受贿当日的外汇价格。（2）物品。物品是指具有使用价值的各种用品，主要是指生活用品，也包括其他用品。物品是财物的本来之意，其表现形态是各种各样的。应当指出，由于我国刑法对贿赂犯罪采取以数额作为定罪量刑根据的立法体例，因此，在司法活动中，贿赂犯罪中的物品都应当折算为一定的货币数额。(3) 财产性利益。这里的财产性利益是指具有财产价值的利益，以此区别于非财产性利益。因为我国刑法对贿赂犯罪以一定的货币数额作为定罪量刑的根据，因此如果没有一定的财产性质、不能折算为一定的货币数额，就无法进行定罪量刑活动。在这种情况下，我国刑法以及司法解释将贿赂犯罪中的财物限于财产性利益，是有一定道理的。当然，非财产性利益在逻辑上是可以成为贿赂犯罪的媒介的，国外一般都认同其为贿赂犯罪的媒介。在我国，一方面，以非财产性利益作为贿赂犯罪的媒介的案件极为罕见，尚没有将其入罪的必要性；另一方面，如前所述，我国刑法对贿赂犯罪采取以赃论罪的处罚方法，在客观上也排斥了收受非财产性利益行为入罪。当然，如果对于此类贿赂案件确有惩治的必要，就需要通过刑法的特别规定加以解决。2016 年《解释》就财产性利益列举了以下这些情形：(1) 房屋装修；(2) 债务免除；(3) 会员服务；(4) 免费旅游。这些情形的共同特点是可以折算为一定的货币数额。那些虽然没有被列举但具有可以折算为一定货币数额这一特点的其他利益，也可以归入财产性利益。例如，出资为国家工作人员召妓，该出资款就可以直接认定为受贿数额，没有必要理解为性贿赂。在司法实践中收受财产性利益而构成犯罪的案例还是比较少的。最近从媒体披露来看，出现了这样的案例，例如接受免费的旅游而构成受贿罪。

王某受贿案

被告人王某是某县地矿局的副局长，主管采矿证的发放工作。个体煤矿老板钟某为了顺利办理采矿许可证，以考察为名，邀请王某夫妇免费到香港、澳门旅游，旅游费用 1.3 万元全部由钟某支付。之后，钟某顺利办到了采矿许可证。王某因他人举报被捕归案。

接受免费的旅游能不能构成受贿罪？对此存在争议，有两种不同观点：第一种观点认为王某的行为不构成犯罪，其接受免费旅游和接受吃喝一样，只是违反了党纪、政纪，应予党纪、政纪处罚。第二种观点认为王某的行为构成受贿罪。

最终，法院是按照受贿罪处理的。法院认为，王某接受免费旅游，钟某花费 1.3 万元，等同于王某接受 1.3 万元，遂对王某判处有期徒刑 1 年零 8 个月，并处罚金 1 万元。

接受性服务能不能构成受贿罪？这是一个在刑法理论上和司法实践中一直存在争议的问题。对此存在两种不同的观点。肯定说认为，性交可以被视为某种利益，基于其特性，此种利益乃是无形的非物质性利益，但又与有形的物质性利益有着密切关系，因为性交的背后隐藏着某种利益的交换。这种观点主张接受性服务可以构成受贿罪，意思是背后存在某种利益关系，通常情况下有关人员都花钱雇人给国家工作人员提供性服务。花钱雇人给国家工作人员提供性服务和出钱为国家工作人员买机票去旅游是一样的，从这个角度来说，这种情况可以构成受贿罪。否定说认为，接受性服务构成受贿罪显然不符合我国刑法的规定，我国刑法的受贿罪是以收受一定数额的财物为定罪量刑依据的。如果性行为作为贿赂，则无法确定受贿数额。在性贿赂中，实际可以分为两种情况：一种是出钱雇人；另一种是当事人本身就是女性，她为了从国家工作人员那里获得某种利益，主动为其提供性服务，这样就无法用金钱来衡量。还有一些情况就更为复杂：一些当事人为了从国家工作人员那里获得某种利益，就给国家工作人员提供一个情人。也就是说，他不是直接花钱市场上雇人，怎么认定财产数额？这是一个难题。这些都是腐败现象，要将它们都归入到受贿犯罪中来，还是有一定的难度，尤其是我们现在刑法将受贿罪的对象限定为财物，为将性贿赂纳入贿赂的范围造成了法律上的障碍，因为要把接受性服务作为受贿罪来论处，必须有刑法的明确规定。

4. 为他人谋取利益

为他人谋取利益是收受财物型受贿罪的一个要件。在刑法理论上，对于为他人谋取利益这个要件的内容和性质都存在较大的争议。2016 年《解释》第 13 条规定："具有下列情形之一的，应当认定为'为他人谋取利益'，构成犯罪的，应当依照刑法关于受贿犯罪的规定定罪处罚：（一）实际或者承诺为他人谋取利益的；（二）明知他人有具体请托事项的；（三）履职时未被请托，但事后基于该履职事由收受他人财物的。”“国家工作人员索取、收受具有上下级关系的下属或者具有行政管理关系的被管理人员的财物价值三万元以上，可能影响职权行使的，视为承诺为他人谋取利益。”这一规定，为认定受贿罪的为他人谋取利益要件提供了法律根据。

(1) 实际或者承诺为他人谋取利益。

为他人谋取利益是我国刑法规定的受贿罪的成立条件之一，仅从条文表述来看，这一受贿罪成立条件更像是对客观行为的描述。因此，在该要件被刑法规定之初，将为他人谋取利益理解为客观行为的观点较为流行。根据这种观点，国家工作人员虽然收受了他人的财物，但没有为他人谋取利益的，不构成受贿罪。这种观点称为客观说。显然，根据这种观点，只有国家工作人员为他人谋取利益而收受财物的，才构成受贿罪；如果国家工作人员没有为他人谋取利益，即使收受财物，也不构成受贿罪。可以说，这种观点在一定程度上限缩了受贿罪的范围。值得注意的是，张明楷教授把上述将为他人谋取利益理解为客观行为的观点称为旧客观说，而将其所主张的观点称为新客观说。根据张明楷教授的新客观说，为他人谋取利益仍然是受贿罪的客观构成要件要素，其内容的最低要求是许诺为他人谋取利益。这种观点将承诺为他人谋取利益理解为“为他人谋取利益”的行为，显然是名不副实的。因为承诺为他人谋取利益并不等同于实施了为他人谋取利益的行为。更何况，2003 年《纪要》明确规定，明知他人有具体请托事项而收受财物的，视为为他人谋取利益。这种情况不仅没有为他人谋取利益的行为，而且也没有口头承诺，但同样被 2003 年《纪要》推定为具备为他人谋取利益的要件。同时，如果把为他人谋取利益理解为受贿罪的客观要件，则还存在一个其在受贿罪的构成要件中的体系性地位问题，即为他人谋取利益行为与收受财物行为之间的关系问题。而对于这个问题，客观说未能给出合理的论证。

关于对为他人谋取利益的理解，在与客观说对立的意义上出现了主观说。主观说认为：为他人谋取利益，只是行贿人与受贿人之间就货币与权力交换达成的一种默契。就行贿人来说，是对受贿人的一种要求；就受贿人来说，是对行贿人的一种许诺或曰答应。因此，为他人谋取利益只是受贿人的一种心理状态，属于主观要件的范畴。在此，主观说将为他人谋取利益的承诺界定为“为他人谋取利益”这一主观要件的客观征表。就其实质而言，为他人谋取利益是受贿罪的主观要件而非客观要件。

为他人谋取利益从客观要件到主观要件，是理解上的重大变化。然而，只是将为他人谋取利益理解为主观要件还是未能彻底解决该要件的司法认定问题，因为还存在一个为他人谋取利益在受贿罪的构成要件中的体系性地位问题，即为他人谋取利益到底是受贿故意的内容还是主观违法要素？如果这个问题得不到解决，则对于为他人谋取利益这一受贿罪的要件在认识与理解上仍然难以到位。

从受贿故意的内容来说，为他人谋取利益并不是受贿故意不可或缺的要素。因为受贿故意受到受贿罪的构成要件的规制，只有纳入受贿罪构成要件的要素才能成为受贿故意的认识对象。因此，如果要求受贿人认识到为他人谋取利益，则必然要把为他人谋取利益确定为受贿罪的构成要件要素，但主观说已经排除了这种。在为他人谋取利益不是受贿罪的客观构成要件要素的前提下，将其纳入受贿故意予以讨论是缺乏逻辑根据的。既然为他人谋取利益的意图不是受贿故意的内容，那么，它只能是主观违法要素。也就是说，为他人谋取利益虽然是主观要素，但并不是主观责任要素，而是主观违法要素，应当在受贿罪的构成要件中予以讨论。为他人谋取利益具有限缩受贿罪的构成要件的功能：将那些虽然收受他人财物但不具备为他人谋取利益要素的情形排除在受贿罪的构成要件之外。

我国司法解释对为他人谋取利益进行了规定，从而为司法机关认定为他人谋取利益这一要件提供了法律根据。例如 2003 年《纪要》规定：“他人谋取利益包括承诺、实施和实现三个阶段的行为。只要具有其中一个阶段的行为，如国家工作人员收受他人财物时，根据他人提出的具体请托事项，承诺为他人谋取利益的，就具备了为他人谋取利益的要件。”在此，2003 年《纪要》把承诺、实施和实现这三种情形并列，认为只要具有这三种情形之一，就应当认为具备了为他人谋取利益的要素。承诺、实施和实现虽然被 2003 年《纪要》表述为客观行为，但这只是为他人谋取利益这种主观违法要素的客观征表。在 2003 年《纪要》将承诺规定为“为他人谋取利益”的客观征表的情况下，更表明构成受贿罪并不需要国家工作人员在客观上实施了为他人谋取利益的行为。如果说2003年《纪要》还只是一种准司法解释，其效力要低于严格意义上的司法解释，那么2016年《解释》正式将实际或者承诺作为为他人谋取利益的客观征表，对于正确认定受贿罪的为他人谋取利益具有重要意义。

(2) 明知他人有具体请托事项。

明知他人有具体请托事项，在2003年《纪要》中推定为承诺为他人谋取利益。2003年《纪要》规定：“明知他人有具体请托事项而收受其财物的，视为承诺为他人谋取利益。”这里的“视为”，就是一种推定。推定是英美法系中的一个概念，在其司法活动中被广泛地采用。法官应该对陪审团作出这样的指示，即它有权从被告人已经实施的违禁行为的事实中，推定出被告人是自觉犯罪或具有犯罪意图，如果被告人未作任何解释，推断通常成立。应该指出，推定不是主观臆断，而是以客观事实为根据进行推定，并且往往是能够证明被告心理状态的唯一手段，因而在刑事司法中推定起着非常重要的作用。在英美法系国家的法律中，推定可以分为立法推定与司法推定、法律推定与事实推定，对目的犯之目的的推定属于司法推定中的事实推定。事实推定可以理解为，根据对某个事实的证明可以认定另外某个事实（通常称推定事实）的存在。只要证明基础事实的存在，推定事实即可成立，除非有足够的反证。因此，推定是一种间接的证明方法，并且是允许反证的。当然，推定一经成立，即具有法律上的效果。可以说，推定为司法机关认定行为人的主观要素提供了一种科学方法，同时也减轻了控方的举证负担。对于某些无法通过直接证明方法证实的证明对象利用推定予以证明，可以有效走出诉讼证明的困境，降低诉讼证明成本，提高诉讼效率。例如，《联合国反腐败公约》第28条规定：作为犯罪要素的明知、故意或目的，可以根据客观情况推知。由此可见，推定是证明被告人主观要素的一种普遍接受的司法技术。

2003年《纪要》之所以将明知他人有具体请托事项而收受其财物视为承诺为他人谋取利益，是因为在这种情况下，国家工作人员与请托人之间虽然没有就权钱交易进行具体协商、达成口头协议，但双方心知肚明、存在默契。在明知他人有具体请托事项的情况下，收受财物本身就是对为他人谋取利益的一种承诺。

值得注意的是，在最高人民法院颁布的指导性案例中，涉及明知他人有具体请托事项的情形。在指导性案例3号潘某、陈某受贿案中，包含以下这起受贿事实：

潘某受贿案

2004年上半年，被告人潘某利用担任迈皋桥街道工委书记的职务便利，为南京某发展有限公司受让金桥大厦项目100万元费用提供帮助，并在购买对方开发的一处房产时接受该公司总经理许某为其支付的房屋差价款和相关税费61万余元（房价含税费121.0817万元，潘支付60万元）。2006年4月，潘某因检察机关从许某某的公司账上已掌握其购房仅支付部分款项的情况而补还给许某55万元。对于这起受贿事实，被告人潘某及其辩护人提出潘某没有为许某实际谋取利益的辩护意见。法院经查，请托人许某向潘某行贿时，要求在受让金桥大厦项目中减免100万元的费用，潘某明知许某有请托事项而收受贿赂；虽然该请托事项没有实现，但"为他人谋取利益"包括承诺、实施和实现不同阶段的行为，只要具有其中一项，就属于为他人谋取利益。承诺"为他人谋取利益"，可以从为他人谋取利益的明示或默示的意思表示予以认定。潘某明知他人有具体请托事项而收受其财物，应视为承诺请托人谋取利益。至于是否已实际为他人谋取利益或谋取到利益，只是受贿情节问题，不影响受贿的认定。因此，法院判决这起受贿事实成立受贿罪。

上述指导性案例确立了以下裁判要点："国家工作人员明知他人有请托事项而收受其财物，视为承诺为他人谋取利益，是否已实际为他人谋取到利益，不影响受贿罪的认定。"值得注意的是，在上述裁判要点中，表述为"有请托事项"而不是"有具体请托事项"，因此与2003年《纪要》的表述存在些微差异。我认为，这里的请托事项必须是具体的，以此区别于没有具体请托事项而交付财物的所谓感情投资的情形。从潘某受贿案的案情来看，许某为南京某发展有限公司受让金桥大厦项目100万元费用而有求于潘某，虽然潘某没有明确承诺，但其收受财物本身就应当视为承诺为他人谋取利益。

现在，2016年《解释》将“明知他人有具体请托事项”列为应当认定为为他人谋取利益的情形，对于认定受贿罪的为他人谋取利益提供了司法解释的根据。但2016年《解释》不同于2003年《纪要》，它没有像2003年《纪要》那样表述为“视为为他人谋取利益”，而是直接认定为具有为他人谋取利益的要件。也就是说，“明知他人有具体请托事项”不再推定为承诺为他人谋取利益，而是直接推定为具有为他人谋取利益的主观意图。在此，我认为还是具有一种推定的性质，因为只有实际或者承诺为他人谋取利益才能直接认定国家工作人员主观上具有为他人谋取利益的主观意图。在明知他人有具体请托事项的情况下，可以推定国家工作人员主观上具有为他人谋取利益的主观意图。但这种推定不以承诺为他人谋取利益为中介。因此，这是从间接的推定改为直接推定，并不改变推定的性质。

(3) 履职时未被请托，但事后基于该履职事由收受他人财物。

2016年《解释》第13条第1款第3项规定，履职时未被请托，但事后基于该履职事由收受他人财物的，认定为具有为他人谋取利益的要素。这里涉及事后受财行为的定性问题，而关于这个问题在我国刑法中始终存在较大的争议。

在我国刑法中，事后受财是指国家工作人员事前没有与他人约定，在正常履行职务以后，他人为表示感谢而向国家工作人员交付财物，国家工作人员明知该财物系他人对此前履职行为的酬谢，并收受财物的行为。因此，这里的事后受财之“事”，是指国家工作人员履行职务的行为。在刑法理论上，一般认为，贿赂可以分为收买性贿赂与酬谢性贿赂。所谓收买性贿赂是指请托人先向国家工作人员交付财物，国家工作人员在收受财物以后，再为请托人谋取利益；而所谓酬谢性贿赂则是指国家工作人员先为请托人谋取利益，请托人在获取利益以后，再向国家工作人员交付财物。酬谢性贿赂通常以事先约定为前提，即在国家工作人员为请托人谋取利益之前，双方已经就权钱交易达成合意。因此，事后交付的财物名曰酬谢，实为收买。贿赂的根本特征在于侵犯职务行为的不可收买性，那种事先没有约定，事后以感谢名义交付财物的事后受财行为，并不能简单地定性为酬谢性贿赂。事后受财行为是否构成事后受贿，关键还在于刑法有无明文规定，这恰恰是此处所要讨论的焦点问题之所在。

这里应当指出，我国刑法中所讨论的事后受财，与日本刑法规定的事后受贿罪是两个完全不同的概念。日本刑法对受贿犯罪，除了规定单纯受贿罪以外，还另外规定了特殊类型的受贿罪，其中就包括事前受贿罪与事后受贿罪。根据日本刑法第197条之3第2项的规定，事前受贿罪是指将要成为公务员或者仲裁员的人，就其成为公务员仲裁员之后所要担任的职务，接受请托，收受、要求或约定贿赂的行为。根据日本刑法第197条之3第3项的规定，事后受贿罪是指曾任公务员或者仲裁员的人，就其在任职期间接受请托而在职务上曾实施不正当行为，或者未曾实施适当行为，而收受、要求或约定贿赂的行为。由此可见，日本刑法中的事前受贿罪与事后受贿罪之所谓“事”，是指担任一定职务。而我国刑法中所讨论的事后受财之所谓“事”，不是指担任职务，而是指为他人谋取利益。

日本刑法对事后受财行为之所以没有专门规定，是因为不需要规定，可以直接按照单纯受贿罪论处。单纯受贿罪是日本刑法中贿赂犯罪的基本罪名。根据日本刑法第197条之3第1项的规定，单纯受贿罪是指公务员或者仲裁员有关其职务收受、要求或者约定贿赂的行为。由此可见，日本刑法中的单纯受贿罪在其贿赂犯罪体系中的地位，相当于我国刑法中的受贿罪。然而，日本刑法中的单纯受贿罪的构成要件却与我国刑法中的受贿罪的构成要件存在重大差异。日本刑法中的单纯受贿罪的成立仅要求与其职务相关，而并不要求为他人谋取利益。公务员或者仲裁员只要基于其职务而收受请托人的财物，就可以构成该罪。而我国刑法第385条规定的受贿罪，是指国家工作人员利用职务上的便利，索取他人财物，或者非法收受他人财物，为他人谋取利益的行为。从以上规定可以看出，我国刑法中的受贿罪在受贿行为上表述为索取或者收受财物，与日本刑法中的单纯受贿罪表述为收受、要求或者约定贿赂的行为存在较大的区别。此外，这两个罪名之间最大的不同还是在于是否要求为他人谋取利益的主观要素。日本刑法中的单纯受贿罪并不要求为他人谋取利益，而我国刑法中的受贿罪要求为他人谋取利益。

在日本刑法中，单纯受贿罪的成立并不要求为他人谋取利益，受贿故意表现为明知是贿赂而收受的主观心理状态。在这种情况下，只要明知他人交付的是贿赂而收受，主观上就具有受贿故意，就可以成立受贿罪，而不需要在受贿故意之外另行要求为他人谋取利益的主观违法要素。这里的贿赂是指作为公务员或者仲裁员的职务行为的对价的不正当的报酬。就单纯受贿罪的认定而言，只要客观上所收受的财物具有职务关联性，那么，这种财物就属于贿赂。公务员或者仲裁员只要主观上对此具有认识，就具有受贿故意。在这种情况下，无论是先交付财物后为请托人谋取利益的收买性贿赂，还是先为请托人谋取利益后交付财物的酬谢性贿赂，公务员或者仲裁员主观上都具有受贿故意。对于所谓酬谢性贿赂来说，如果事先约定在公务员或者仲裁员为请托人谋取利益以后再交付财物，则公务员或仲裁员主观上当然具有受贿故意。即使是在事先没有约定的情况下，公务员或者仲裁员明知对方交付财物因具有与其职务行为的对价性而属于贿赂而收受，则主观上同样具有受贿故意，对于这种情况完全可以按照单纯受贿罪论处。张明楷教授曾经援引日本学者论证事后受财行为的性质，指出：从行为性质而言，收受财物是“事前”还是“事后”，并不影响行为的性质。正如日本学者在解释日本刑法中的单纯受贿罪的构成要件时所说：“所谓‘收受’，是指接受贿赂……不问收受的时间是在职务执行之前还是之后。”即使是将受贿罪的本质理解为权钱交易关系，也没有必要限定为事前受财，因为事后受财也会存在权钱交易关系。换言之，事前有约定的事后受财与事前没有约定的事后受财只是形式上不同，没有实质区别。[①] 这一观点当然适用于日本刑法中的单纯受贿罪，但并不适用于我国刑法中的受贿罪，这是因为我国刑法中的受贿罪具有不同于日本刑法中的单纯受贿罪的构成要件。在法律语境不同的情况下，参照日本刑法学者的观点解释我国刑法的规定，我认为存在不相容之处。

事后受财在我国刑法中有所不同，因为我国刑法规定的受贿罪，不仅要求主观上具有受贿故意，而且要求具有为他人谋取利益的意图。这里的为他人谋取利益，如前所述，属于主观违法要素而非客观要素，司法解释的规定也印证了这一点。在这种情况下，收买性贿赂，即先收受财物后为请托人谋取利益，因为国家

① 参见张明楷：《刑法学》，4版，1072页，北京，法律出版社，2011。

工作人员在收受财物时就具有为他人谋取利益的意图，具备受贿罪的构成要件，而且，国家工作人员主观上具有受贿故意，因而构成受贿罪。此外，在国家工作人员履行职务之前，事先约定国家工作人员先为请托人谋取利益然后收受财物的情况下，国家工作人员在客观上实施的为他人谋取利益的行为已经印证了国家工作人员主观上所具有的为他人谋取利益的意图，而且国家工作人员主观上具有受贿故意，故可以构成受贿罪。而在事先没有约定的情况下，国家工作人员履行职务时并没有为他人谋取利益以作为对方交付财物的对价的意思，他人是因为国家工作人员正常履行职务行为而获得实际利益，但为表示感谢而交付财物。在这种情况下，国家工作人员在客观上具有利用职务上的便利收受他人财物的行为，主观上具有明知该财物是其职务行为的对价而收受的故意，但却没有为他人谋取利益并以之作为收受他人财物的对价的意图。在这种情况下，为他人谋取利益的要素，在所谓事后受财的情况下如何认定，是一个值得商榷的问题。对此，无论是在司法实践中还是在刑法理论上，都曾经展开争论，陈某受贿案就是这一争论的集中反映。

陈某受贿案

被告人陈某，自1986年至1996年间担任中国电子物资公司安徽公司（以下简称安徽公司）总经理。1992年年初，安徽公司正式下达公司各部门承包经营方案。1992年4月，安徽公司下属单位能源化工处处长兼庐海实业有限公司（以下简称庐海公司）经理李某向被告人递交书面报告，提出新的承包经营方案，建议超额利润实行3：7分成。被告人陈某在没有通知公司其他领导的情况下，与公司党委书记、副总经理徐某（另案处理）、财务处长吴某及李某4人研究李某提出的建议，决定对李某承包经营的能源化工处、庐海公司实行新的奖励办法，由被告人陈某亲笔拟草，并会同徐某签发《关于能源化工处、庐海实业有限公司试行新的奖励办法》，以中电皖物办字（92）049号文件的形式加以明确。该办法规定超额利润的70%作为公司利润上缴，30%作为业务经费和奖金分成，并由承包人支配。发文范围仅限于财务处、能源化工处、徐某及陈某个人。

李某依据中电皖物办字（92）049号、（93）019号文件规定，于1992年提取超额利润分成21万余元，1993年提取超额利润提成160万余元。李某为感谢陈某为其制定的优惠政策及在承包经营业务中给予的关照，于1993年春节前、1994年春节前后三次送给陈某33万元人民币、15万元港币，陈某予以收受。

检察机关认为，陈某利用职务上的便利，为李某谋取利益，收受李某财物，其行为已构成受贿罪。

被告人陈某及其辩护人辩称，陈某的行为不构成犯罪。理由是：主持制定《关于能源化工处、庐海实业有限公司试行新的奖励办法》、申请原油配额、协调李某与财务部门之间的关系等行为，均是陈某履行职务的正当行为；陈某未利用职务之便为李某谋取利益；没有受贿故意；李某所送的33万元人民币、15万元港币，其中20万元是陈某之子在庐海公司的工作所得，其余钱款系李某馈赠。

合肥市中级人民法院经审理认为：被告人陈某系由中国电子物资总公司任命的安徽公司总经理，是领导和管理国有企业相关事务的工作人员，其主持制定《关于能源化工处、庐海实业有限公司试行新的奖励办法》，出发点是为了公司利益，不是为他人谋取利益。被告人陈某帮助李某承包的能源化工处向省计委申请并获得进口原油配额，是其正当的职务行为，不是为李某谋取利益。现有证据无法证实被告人陈某主观上具有权钱交易的受贿故意。陈某的行为在客观上给李某带来一定的个人利益，李某在事后给付陈某钱财表示感谢而陈某予以收受，这是一种事后收受财物行为。故认定被告人陈某的行为构成受贿罪的证据不足，起诉书指控的罪名不能成立。遂依照《中华人民共和国刑事诉讼法》第一百六十二条第（三）项的规定，于1998年10月8日判决被告人陈某无罪。

一审宣判后，合肥市人民检察院认为，一审判决认定事实错误、适用法律不当，显系错判，提起抗诉。

安徽省高级人民法院经审理认为，原判认定事实不清，遂依照《中华人民共和国刑事诉讼法》第一百八十九条第（三）项的规定，于1999年12月10日裁定如下：(1) 撤销合肥市中级人民法院的刑事判决；(2) 发回合肥市中级人民法院重新审判。

合肥市中级人民法院依法重新组成合议庭，经重新审理以后认为：原审被告人陈某身为国家工作人员，利用职务便利，根据下属部门承包经营人李某建议，制定新的承包经营政策，协调、帮助李某承包经营，在李某获取巨额利润后，非法收受李某所送33万元人民币、15万元港币。其行为侵害了国家工作人员公务活动的廉洁性，已构成受贿罪，依法应予惩处。公诉机关指控犯罪成立。遂依照《中华人民共和国刑法》第十二条第一款、第三百八十五条第一款、第三百八十六条、第三百八十三条第一款（一）项、第六十四条的规定，于2000年1月10日判决如下：(1) 原审被告人陈某犯受贿罪，判处有期徒刑10年。(2) 原审被告人陈某以违法所得购买广东珠海市××花园房屋1套，予以没收。

宣判后，原审被告人陈某没有上诉，检察机关也未抗诉。

对于陈某受贿案的事实本身，控、辩、审三方并没有分歧，关键是对陈某的行为如何定性。我们看到，辩护方认为陈某无罪的理由是：陈某实施的是履行职务的正当行为；未利用职务之便为李某谋取利益；没有受贿故意。这一辩护意见存在值得推敲之处：虽然陈某履行职务的行为是正当的，当然也存在程序上的瑕疵，但它在客观上给李某带来了好处，这就是为他人谋取利益的行为。不能认为，只要是正常履行职务就不存在为他人谋取利益的问题，因为，为他人谋取利益既可以是正当履行职务为他人谋取利益，也可以是违背职务为他人谋取利益。在该案中，辩护方同时还以没有受贿故意来否定陈某构成受贿罪。对于这一观点，法院在判决中予以采信。原一审判决认定：现有证据无法证实被告人陈某主观上具有权钱交易的受贿故意。据此，陈某无罪的理由主要就是没有受贿故意。我认为，受贿故意和为他人谋取利益是两种性质完全不同的主观要素。毫无疑问，在陈某受贿案中，辩护方和法院都将这两者等同起来。这是难以成立的。

这里涉及为他人谋取利益在犯罪构成体系中的体系性地位问题。如果认同为他人谋取利益是主观违法要素的观点，那么，为他人谋取利益就是构成要件要素而不是责任要素，应当在三阶层犯罪构成体系的第一阶层进行考察，对其考察的顺序是先于受贿故意的，因为对受贿故意是在第三阶层进行考察的。在这种情况下，首先需要确定的是被告人是否具有为他人谋取利益的意图，而不是是否有受贿故意。如果没有为他人谋取利益的意图，则受贿罪的构成要件不具备，也就不再需要讨论被告人是否具有受贿故意的问题。如前所述，陈某在收受财物之前确实因为其正常履行职务而使李某获得利益，这当然是为李某谋取利益的行为。那么，陈某在收受财物的时候是否具有为他人谋取利益的意图呢？换言之，能否将已经为李某谋取利益作为认定陈某主观上具有为他人谋取利益的事实根据呢？答案是否定的。问题在于：为他人谋取利益作为受贿罪的主观违法要素，并不是价值中立的履行职务行为，而是将职务行为作为收受财物的对价，具有主观违法的意思。这种意思，也可以说是出卖权力以换取对方财物，即权钱交易的主观心理状态。但在这种事后受财的情况下，履行职务行为时，并没有权钱交易的意思，因此没有为他人谋取利益的主观违法要素。由此可以得出结论，这完全不是一个受贿故意的问题，而是一个为他人谋取利益的问题。在检察机关抗诉以后，合肥市中级人民法院在重审中，对陈某受贿案作出了完全不同于原一审判决的有罪判决。这也充分说明关于事后受财的定性问题，在我国司法实践中存在重大分歧。

当然，陈某受贿案的情况较为复杂。如果仅是一次性的事后受财，则为他人谋取利益的要件就成为一个问题。但陈某受贿案并不是一次交付与收受财物，而是 1993 年春节前、1994 年春节前后三次收受财物。第一次收受时陈某已经知道是为感谢自己的履行职务行为而交付的财物，在这种情况下，此后两次继续收受，就应当认为陈某已经明知有具体请托事项而收受财物，因此可以推定陈某主观上具有为他人谋取利益的意图。因此，经检察机关抗诉，法院最终认定陈某构成受贿罪，还是具有事实根据与法律根据的。由此可见，对于类似陈某这样的案件，要真正吃透案情，在此基础上再进行法律上的判断。在这个意义上说，认定陈某构成受贿罪，并不能就此认为事后受财行为在我国刑法中被认定为受贿罪具有法律根据。

2016 年《解释》第 13 条第 1 款在对为他人谋取利益的规定中，明确地将履职时未被请托，但事后基于该履职事由收受他人财物的情形认定为具有为他人谋取利益的要素。根据该规定，对于事后受财行为，应当按照受贿罪论处。这在司法解释的层面，统一了对事后受财行为的处理规则。当然，从刑法教义学上看，这一规定还是存在商榷的空间。2016 年《解释》的这一规定，实际上是将刑法对受贿罪所规定的为他人谋取利益要件取消了，因而不适当地扩张了受贿罪的构成要件范围，从而与罪刑法定原则之间存在一定的抵牾。

(4) 收受具有上下级关系的下属或者具有行政管理关系的被管理人员的财物，可能影响职权行使。

2016 年《解释》第 13 条第 2 款规定："国家工作人员索取、收受具有上下级关系的下属或者具有行政管理关系的被管理人员的财物价值三万元以上，可能影响职权行使的，视为承诺为他人谋取利益。"对于这种收受具有上下级关系的下属或者具有行政管理关系的被管理人员的财物的情形，是以没有具体请托事项为前提的。如果有具体请托事项，根据 2016 年《解释》就可以直接认定为具有为他人谋取利益的意图。只有在没有具体请托事项的情况下，才需要推定为承诺为他人谋取利益，由此而间接认定为具有为他人谋取利益的意图。

在司法实践中，这种收受具有上下级关系的下属或者具有行政管理关系的被管理人员的财物的情形，一般被称为感情投资。感情投资是一种十分形象的描述，意在说明，在这种情况下他人对国家工作人员目前暂时无所求，但为了与国家工作人员建立亲密关系，以便在有所求时，能够利用国家工作人员的职务上的便利为其个人谋取利益，而事先给予国家工作人员财物。当然，感情投资是一个范围较为宽泛的概念，既包括 2016 年《解释》所规定的具有上下级关系者相互之间或者具有行政管理关系的管理人与被管理人员之间的经济往来，也包括不具有上下级关系者相互之间或者不具有行政管理关系者相互之间的经济往来。从 2016 年《解释》只是将接受具有上下级关系的下属或者具有行政管理关系的被管理人员的财物规定为构成受贿罪来看，还是作了一定的限制。

应当指出，在 2016 年《解释》颁布之前，我国司法实践中对于这种收受具有上下级关系的下属或者具有行政管理关系的被管理人员之财物的行为如何处理，做法是较为混乱的。在多数情况下，只要累计的数额较大，对于这种行为一般都直接认定为受贿罪。只有较少情况，未按受贿罪论处。因此，罪与非罪的界限处于一种模糊状态。在我国司法实践中存在着将没有具体请托事项的收受财物行为，按照明知有具体请托事项而视为承诺为他人谋取利益论处的情形。

刘某受贿案

2000年4月的一天，一建公司经理王某在被告人刘某（时任四川省大邑县人民政府副县长）驾驶的汽车上，送给刘某5万元，请其多关照。2001年8—10月间的一天，市政公司经理张某（另案处理）到被告人刘某家，以装修房子“送礼”为名给其5万元，要其今后在承建工程等事情上多关照。刘某收下此款后，全部用于装修私人住宅。

成都市中级人民法院认为：控方的证据，只能证明王某、张某各给刘某送现金5万元，不能证明刘某收受这些钱财与其签字付款之间存在刑法上的因果关系，即不能证明刘某因收受这些钱财而通过签字付款为二人谋取了利益。刘某及其辩护人关于“未给王某、张某实际谋取利益”的辩解和辩护意见，与查明的事实相符，应予采纳。刑法第385条第1款规定：“国家工作人员利用职务上的便利，索取他人财物的，或者非法收受他人财物，为他人谋取利益的，是受贿罪。”王某、张某是一建公司、市政公司的负责人，二人给当时分管建委和城建工作的刘某分别送钱时请刘某多关照，送钱的意图是明显的，即想在项目承建上得到刘某的照顾。刘某在供述中承认，其明白二人送钱的这一意图，但仍收取了这10万元现金，是以收钱的行为向送钱人承诺，要为送钱人谋取利益。虽刘某后来未实际给王某、张某谋取利益，但其收取二人钱财的行为，符合受贿罪中权钱交易的本质特征。该行为已触犯刑法第385条第1款的规定，构成受贿罪，未给行贿人谋取实际利益，可在量刑时酌情考虑。起诉书指控刘某犯受贿罪的事实清楚，证据充分，指控的事实和罪名成立。刘某及其辩护人认为，刘某未给王某、张某实际谋取利益，行为不构成受贿罪的该辩解和辩护意见不能成立。遂于2003年12月11日判处刘某有期徒刑10年。

一审宣判后，被告人刘某不服，向四川省高级人民法院提起上诉，请求从轻处罚。

四川省高级人民法院认为：刑法第385条第1款规定的“为他人谋取利益”，应当包括承诺、实施和实现三个阶段。行为人只要实施了其中一个阶段的行为，就构成“为他人谋取利益”这一要件。被告人刘某身为国家工作人员，明知他人因其具有能在建设工程方面给予关照的职务而送钱，仍利用职务之便接受所送的钱款，是承诺为他人谋取利益。事后，虽然刘某没有给送钱人谋取实际利益，但却否定不了收受这笔钱财时的权钱交易情形。刘某收受王某、张某所送钱款的行为符合受贿罪的本质特征，应依法处罚。刘某的受贿罪是其自首，且受贿后没有给行贿人谋取实际利益，并已在案发后退清全部赃款，有悔罪表现。在此情况下，原判尽管是依照刑法第 385 条第（一）项规定的最低刑罚对刘某判刑，仍显过重。根据本案具体情节，对刘某可减轻处罚。刘某上诉请求从轻处罚一节，应酌情考虑。原判认定事实和定罪正确，审判程序合法，但量刑不当，应当改判。依照刑事诉讼法第 189 条第 2 项的规定，于 2004 年 2 月 4 日判决上诉人刘某有期徒刑 6 年。

在刘某受贿案中，法院判决明确认定刘某没有给送钱人谋取实际利益，而且送钱人在当时也没有提出具体请托事项。但判决又认为："被告人刘某身为国家工作人员，明知他人因其具有能在建设工程方面给予关照的职务而送钱，仍利用职务之便接受所送的钱款，是承诺为他人谋取利益"。我认为，送钱人仅仅抽象地提出予以关照但并没有提出具体请托事项，国家工作人员也没有提供实际帮助，就认定为承诺为他人谋取利益，是对 2003 年《纪要》规定的误解。2003 年《纪要》规定的承诺为他人谋取利益，是针对具体请托事项而言的。在没有具体请托事项的情况下，即使具有为他人谋取利益的职务，也不能认定为具有为他人谋取利益的意图。刘某受贿案中的情形，实际上就是所谓感情投资，即在没有具体请托事项的情况下，向国家工作人员交付财物，笼络感情，以期在将来有所求时，国家工作人员能够利用职务上的便利，为其谋取利益。

这种所谓的感情投资，不具有为他人谋取利益的意图，因此在认定构成受贿罪时存在一定的法律障碍。对此，可以选择的做法有二：一是取消我国刑法中受贿罪的为他人谋取利益这一要件，这就相当于将我国刑法中的受贿罪修改为日本刑法中的单纯受贿罪，这当然就可以涵摄基于职务而收受他人财物这种感情投资情形。二是在我国刑法中增设收受礼金罪。对于前一种做法，我国刑法学界早就有人提出。例如，在 1997 年刑法修订过程中，对于为他人谋取利益是否应当被规定为受贿罪的要件，存在两种不同的意见：一种意见主张删除“为他人谋取利益”的要件，认为：只要是利用职务上的便利，索取或者非法收受他人财物的，就构成受贿罪。这样规定，更能体现对国家工作人员的严格要求。另一种意见认为：“为他人谋取利益”应作为受贿罪的要件，这样规定才能体现权钱交易的特征。“索取”和“非法收受”，都是受贿，都是权钱交易，因此，构成犯罪的条件不应有区别，即均应以“为他人谋取利益”为要件。[①] 其实，删除“为他人谋取利益”要件并不等于否定受贿罪的权钱交易的性质。无论是事后受财还是感情投资，即使国家工作人员主观上没有为他人谋取利益的意图，其收受财物的行为仍具有权钱交易的性质。在事后受财的情况下，国家工作人员明知他人交付的财物系对先前职务行为的报偿，因而其予以收受就是事后认可了权钱交易，构成事后受贿。在感情投资的情况下，他人交付财物意在将来让国家工作人员利用职务上的便利，为其谋取利益。国家工作人员在收受财物时，因为没有具体请托事项而不具有为他人谋取利益的意图，但这并不能排除权钱交易的性质。将为他人谋取利益规定为受贿罪的要件，其实是对犯罪成立限定了更为严苛的条件：只有那种承诺为他人谋取利益、已经实施或者已经谋取利益的情形，才具备这一要件。这样就把事后受财和感情投资等较为边缘的受贿行为排除在受贿罪的构成要件范围之外。1997 年刑法最终还是采纳了保留为他人谋取利益这一要件的意见。我国学者认为，感情投资型受贿犯罪是以人情往来为名、行权钱交易之实的新型受贿犯罪类型。随着感情投资型受贿罪逐渐成为当前常见多发的受贿罪类型，阻碍其司法认定的为他人谋取利益要件备受争议与批判。出于反腐败的现实需要，司法机关与理论界在事实上采取了对该要件进行实质消解的策略，这是突破罪刑法定原则的危险行为。要解决感情投资型受贿犯罪的司法认定难题，应当取消受贿罪中的“为他人谋取利益”要件，这一方案比增设收受礼金罪更具合理性。[②]

---

① 参见高铭暄：《中华人民共和国刑法的孕育诞生和发展完善》，608 页，北京，北京大学出版社，2012。

② 参见李琳：《论“感情投资”型受贿犯罪的司法认定——兼论“为他人谋取利益”要件之取消》，载《法学论坛》，2015（5）。

如果不能删除受贿罪的为他人谋取利益的要件，又要将感情投资行为入罪，则不得已的选择就是在刑法中增设收受礼金罪。礼金是我国司法实践中的一种表述，它是指国家工作人员基于其职务而收受的财物。因为这种收受财物没有形成与职务行为的对价关系，并且是以送礼的名义交付和以收礼的名义收受的，因此称为收受礼金。其实，将这种行为称为收受赠贿更为合适，赠贿这个用语显然要比礼金更能反映收受行为的贿赂性。例如，我国学者曾经指出："赠贿是指送贿人在行贿当时并没有谋求某项具体的、现实的利益，只是单纯地给予贿赂，在形式上类似'赠与'，不是具体的对职务行为的'买卖'。正是由于送贿人没有提出谋利的要求，收贿人也无必要做出'利用职务行为为其谋取利益的承诺'。因此，收受赠贿罪有别于典型的受贿罪。"①

在《刑法修正案（九）》的制定过程中，曾经将收受礼金罪纳入草案。但最终未能入罪，主要还是考虑到政策界限不好划分。确实，在现实生活中国家工作人员收受礼金的情形较为普遍而常见，如果一概入罪，可能会产生打击面过宽的副作用。当然，也还有些人士担忧：设立收受礼金罪，而且其刑低于受贿罪之刑，是否会出现将受贿罪降格为收受礼金罪处理，从而削减惩治贿赂犯罪的刑罚效果。

2016 年《解释》对感情投资的情况作了一定的区分，将收受具有上下级关系的下属或者具有行政管理关系的被管理人员的财物的行为推定为承诺为他人谋取利益，因而以受贿罪论处。这是一种有条件地将感情投资行为入罪的方式，以此作为处理感情投资问题的一种解决方案。我认为，对这个问题如果采取刑事立法的方式解决，可以避免违反罪刑法定原则的责难，因为司法解释毕竟有其限度，不能超出刑法规定的范围。

我们可以看到，2016 年《解释》对这个问题采取了拟制而非推定的解释方法。这里涉及推定与拟制之间的区别，值得从法理上加以探讨。

如前所述，推定是对主观要素的一种证明方法。在推定的情况下，主观要素本来就是客观存在的，通过推定而使其获得证明。但拟制则有所不同，拟制是对

① 肖扬主编：《贿赂犯罪研究》，318 页，北京，法律出版社，1994。

不同行为赋予相同的法律后果。刑法中的拟制通常包括两种情形：一是对此种犯罪行为按照彼种犯罪行为处理，二是对非犯罪行为按照犯罪行为处理。拟制可以分为立法拟制与司法拟制。立法拟制是一种立法方式，例如我国刑法第 236 条第 2 款规定，奸淫不满十四周岁的幼女的，以强奸论。这就是一种典型的立法拟制：强奸是以暴力、胁迫或者其他方法强行与妇女发生性行为的犯罪。而奸淫幼女包含并不采用暴力、胁迫或者其他方法，而是在幼女的同意之下与其发生性行为。由此可见，奸淫幼女与强奸在行为特征上是不同的，但立法机关将奸淫幼女拟制为强奸，适用强奸罪的法定刑。立法拟制是合法的，因为立法机关具有立法权，这种立法权就包括了法律拟制权，既包括对此种犯罪行为按照彼种犯罪行为处理的权力，又包括对非犯罪行为按照犯罪行为处理的权力。与立法拟制不同，司法拟制是指司法机关在法律解释或者法律适用中采用拟制的方法。拟制具有逻辑上的推导性，因此，在刑法的解释与适用中采用拟制方法，就会混淆或者扩张法律界限，尤其是采用不利于被告人的拟制，与罪刑法定原则的矛盾就不可避免。例如，在刑法已经明文规定为不同罪名的情况下，司法机关就不得对此种犯罪行为按照彼种犯罪行为处理。在刑法对某一行为没有明文规定犯罪构成要件的情况下，更不能对非犯罪行为按照犯罪行为处理，否则，就会违反罪刑法定原则。因此，在刑法明确将为他人谋取利益规定为受贿罪的构成要件的情况下，不能将不具备为他人谋取利益的行为拟制为具备为他人谋取利益的行为。在刑法没有修改或者增设其他罪名的情况下，我认为不得虚化乃至消解为他人谋取利益的意图在受贿罪构成要件中的地位。

（二）罪责

受贿罪的责任形式是故意，即明知是利用职务上的便利索取或者收受他人财物而有意为之的主观心理状态。收受他人财物的情况下，不能把受贿的故意简单地等同于收受财物的故意。在受贿的故意中，除了收受财物的故意外，还包括明知是利用职务上的便利为他人谋取利益的报答物而予以收受的故意，在故意中应当具有对财物的贿赂性质的认识。

在司法实践中，经常发生国家工作人员的亲属或者特定关系人收受财物，国家工作人员知情以后未予制止的案件，例如在薄熙来受贿案中就有这种情形。对此，如何认定国家工作人员的受贿故意呢？2016 年《解释》对此作了明确规定："特定关系人索取、收受他人财物，国家工作人员知道后未退还或者上交的，应当认定国家工作人员具有受贿故意。"（第 16 条第 2 款）

（三）罪量

在我国 1997 年刑法中，受贿罪与贪污罪共用一个法定刑。这固然有节省法条的考虑，但也是因为贪污与受贿往往相提并论。不过，贪污和受贿虽然都是职务犯罪，但在性质与情节上还是有些不同，完全适用同一法定刑并不十分妥当。一般来说，贪污罪的轻重主要取决于贪污数额的大小。而受贿罪的轻重除了依据受贿数额大小以外，还取决于为他人谋取利益是否对国家和人民利益造成损失。有些受贿案件，虽然受贿数额大，但受贿不枉法，因此没有造成国家和人民利益的损失。而有些受贿案件，虽然受贿数额小，但受贿枉法，因此造成国家和人民利益的重大损失。对于这两种受贿案件，就不能简单地根据受贿数额大小进行量刑。

1997 年刑法对贪污受贿罪的罪量要素规定了单纯的数额，并且规定了具体的数额标准，即在一般情况下，以受贿 5 000 元作为入罪标准。随着货币贬值，5 000 元的数额标准已经不适应当前的实际情况。而且，对于立法规定的具体数额，无法通过司法解释及时进行调整。为此，《刑法修正案（九）》废除了具体数额的规定，采取概然性的数额加情节的立法方式，至于具体数额和情节则由司法解释加以明确。2016 年《解释》对此作了具体规定，根据 2016 年《解释》的规定，受贿罪的数额较大标准是 3 万元以上，受贿数额在 1 万元以上不满 3 万元，具有下列情形之一的，认定为受贿具有其他较重情节：（1）曾因贪污、受贿、挪用公款受过党纪、行政处分的；（2）曾因故意犯罪受过刑事追究的；（3）赃款赃物用于非法活动的；（4）拒不交代赃款赃物去向或者拒不配合追缴工作，致使无法追缴的；（5）造成恶劣影响或者其他严重后果的；（6）多次索贿的；（7）为他人谋取不正当利益，致使公共财产、国家和人民利益遭受损失的；（8）为他人谋取职务提拔、调整的。

三、受贿罪的认定

（一）商业受贿的认定

刑法第 385 条第 2 款规定："国家工作人员在经济往来中，违反国家规定，收受各种名义的回扣、手续费，归个人所有的，以受贿论处。"这种发生在经济往来中的受贿行为就是商业受贿，它是受贿罪的特殊表现形式。在认定国家工作人员的商业受贿行为时，应当注意以下几点。

1. 正确界定回扣和手续费

这里的回扣是指经营者销售商品时，在账外暗中以现金、实物或者其他方式退给对方单位或者个人的一定比例的商品价款。收受或者交付回扣指的是商品的出卖方或者服务的提供方向商品的购买者或者服务的接受者返还其所收取的价款的一部分，并且不在账面上显示。回扣和折扣、手续费不一样。折扣是比如原价 100 元，打 7 折，购买者就只需要支付 70 元。而回扣情形下，商品还是用 100 元买，发票上也是写的 100 元，而商品的出卖方只收了 70 元，将 30 元返还给购买商品的代办人。回扣具有贿赂的性质，因为回扣往往是交给购买商品的代办人，不是购买者本人。如果是交给购买者本人，那么通过打折就可以完成这样的交易，没有必要通过回扣的方法。但在单位要买商品，或者委托人要买商品的情形下，如果打折，代办人一分钱也捞不到；如果采取给付回扣的方法，代办人仅支付了 70 元，却将一张 100 元的发票交到单位，那么代办人实际上获利 30 元。所以回扣一定是在账外暗中收受的财物。手续费是在从事经济活动中收取对方单位或者个人的一定费用。

2. 在经济往来中

在我国现在的体制下，有大量的国家工作人员参与实际的经济交往，然而，国家工作人员参与实际的经济交往实际上是在从事公务。发生在经济活动中是商业贿赂和其他受贿主要的区分。从刑法条文表述来看，并没有直接规定经济活动中的商业贿赂要利用职务上的便利，只是表述为违反国家规定。但这并不意味着在经济交往中发生的商业贿赂不需要利用职务上的便利，而是指这种利用职务上的便利直接包含在其中。

3. 违反国家规定

这里的违反国家规定主要是指违反《反不正当竞争法》的规定。《反不正当竞争法》第 8 条第 1 款规定："经营者不得采用财物或者其他手段进行贿赂以销售或者购买商品。在帐外暗中给予对方单位或者个人回扣的，以行贿论处；对方单位或者个人在帐外暗中收受回扣的，以受贿论处。"根据这一规定，在账外暗中收受回扣是违法的，以受贿论处。这里的账外暗中是指未在依法设立的反映其生产经营活动或者行政事业收支的财务账上按照财务制度明确如实记载，包括不计入财务账、转入其他财务账或者做假账等。因此，如果在账上有反映，并且公开收受，就不构成商业受贿，也不构成犯罪。

4. 归个人所有

归个人所有是经济受贿构成受贿罪的一个重要特征。回扣、手续费如果在账外暗中归单位所有，通常是指转入单位的小金库，就是一种单位受贿；如果归个人所有，就是个人受贿行为。如果受贿归单位所有，并且在单位正规的财务账上有反映，单位就不构成受贿罪。因此，归个人所有，是个人受贿与单位受贿的一个主要区分。

(二) 间接受贿的认定

刑法第 388 条规定："国家工作人员利用本人职权或者地位形成的便利条件，通过其他国家工作人员职务上的行为，为请托人谋取不正当利益，索取请托人财物或者收受请托人财物的，以受贿论处。"这种行为在刑法理论上称为间接受贿，也称为斡旋受贿。在日本刑法中就专门规定了斡旋受贿罪。我国刑法第 388 条专门对间接受贿行为作了规定，但又规定对于这种间接受贿行为，以受贿论处。因此，在我国刑法中间接受贿不是独立罪名，而是受贿罪的一种表现方式。在认定间接受贿的时候应当注意以下三个问题。

1. 利用本人职权或者地位形成的便利条件

这是间接受贿和普通受贿的一个主要区分。普通受贿有两种情况：直接利用本人职务便利和间接利用本人职务便利。在间接利用本人职务便利的情况下，尽管为他人谋取利益的行为是通过其他国家工作人员的职务行为完成的，但是本人职务对他人职务存在着制约关系。在间接受贿中，为他人谋取利益的行为是通过其他国家工作人员的职务行为完成的，但是本人职务对他人职务不存在这种制约关系。因此，是否存在这种制约关系是间接受贿和普通受贿在构成上的重要区分。例如，某届最高人民检察院组织的最佳公诉人论辩赛当中有道论辩题就涉及间接受贿和普通受贿的区分问题。这道论辩题是这样的：2004 年 10 月《商海》杂志的记者王某找到中南市医药公司总经理赵某，称可以在其杂志上发表一篇公司业绩的报道，但需要新闻费 30 万元。赵某为了扩大影响就同意了这个提议。双方约定于报道刊出后交钱。后《商海》杂志刊登了王某撰写的相关报道，但赵某却不愿意付 30 万元。为此，王某找到了省公安厅的厅长李某帮忙解决。李某得知中南市公安局消防分局局长张某与赵某认识，遂打电话给张某，要张某帮忙找赵某要这 30 万元。张某告知赵某李某所托事项。不久，赵某就安排公司人员偿还了 30 万元。为了感谢李某，王某用李某情妇的名义买了一套价值 15 万元的套房并告知李某，李某遂让其情妇入住。该住房首付 2 万元，案发前分期付款 10 万元，均由王某支付。李某的行为是否构成受贿罪？如果构成，那么是刑法第 355 条规定的还是第 385 条规定的受贿罪？这个案件比较复杂。李某和张某当然存在职务上的制约关系，但是能不能说李某是一种直接受贿？如果李某让张某支付 30 万元，张某支付了，李某的受贿行为就是直接受贿行为。但现在支付 30 万元的是医药公司总经理赵某，张某与赵某两人之间是否具有职务上的制约关系，是个争议的焦点。应该说，这两人之间不具有职务上的制约关系，因此本案即使构成受贿，也不是第 385 条规定的直接受贿，而是第 388 条规定的间接受贿。另外本案还有一个争议点：因为刑法第 388 条规定的受贿罪是要谋取不正当利益，这 30 万元是正当利益还是不正当利益也是一个问题。另外还有一个有没有收受财物的问题，因为住房是给李某情妇住的，能不能等于是李某本人收受财物；收受财物的数额到底多少，是 12 万元还是 15 万元？这些问题都是辩点，也是受贿罪认定中的疑难问题。

2. 利用其他国家工作人员的职务

在直接受贿中，尽管也有通过其他国家工作人员的职务行为为他人谋取利益的情形，但本人职务对他人职务存在着制约关系，实际上是利用本人职务。而在间接受贿中，本人职务对他人职务不存在这种制约关系，因此是利用他人职务。

3. 为请托人谋取不正当利益

直接受贿情形下无论为他人谋取正当利益还是谋取不正当利益都构成犯罪，但间接受贿情形下只有为他人谋取不正当利益才构成犯罪，如果为他人谋取的是正当利益，则不构成受贿罪。这是间接受贿区分于直接受贿的一个重要特征。

那么，什么是不正当利益？根据有关司法解释的规定，这里的不正当利益是指违反法律法规、国家政策和国务院部门规章规定的利益，以及违反法律法规、国家政策和国务院部门规章规定的帮助或者方便条件。也就是说，不正当利益不仅指这种利益本身是违反法律法规、国家政策和国务院部门规章规定的利益，而且指违反法律法规、国家政策和国务院部门规章规定而提供帮助使他人获取某种利益。在某种情况下，利益本身是正当的，但是通过违反程序来使他人获取的利益，也应当视为不正当利益。

王某受贿案

2002年3月至9月间，被告人王某利用担任中国证券监督管理委员会（以下简称证监委）发行监管部发审委工作处助理调研员的职务便利，通过时任东北证券有限公司（以下简称东北证券公司）工作人员的被告人林某介绍，接受福建凤竹纺织科技股份有限公司（以下简称凤竹公司）的请托，通过证监委发行监管部其他工作人员职务上的行为，为凤竹公司在申请首次发行股票的过程中谋取不正当利益，为此，王某收受请托人通过林某给予的贿赂款人民币72.6万元。期间，被告人林某利用在东北证券公司工作的职务便利，在参与东北证券公司承销凤竹公司首次发行股票的业务的过程中，收取凤竹公司给予的贿赂款人民币67.4万元。

北京市第一中级人民法院根据上述事实和证据认为：被告人王某身为国家工作人员，利用本人职权或地位形成的便利条件，通过其他国家工作人员职务上的行为，为请托人谋取利益，收受请托人给予的贿赂款人民币 72.6 万元，其行为已构成受贿罪，且受贿数额巨大，依法应予惩处。被告人林某向王某介绍贿赂人民币 72.6 万元，构成介绍贿赂罪；林某收受凤竹公司给予的 67.4 万元，构成非国家工作人员受贿罪。

北京市第一中级人民法院依照《中华人民共和国刑法》第三百八十八条、第三百八十六条、第三百八十三条第一款第（一）项、第一百六十三条第一款、第三百九十二条第一款、第六十九条、第六十一条、第六十四条，作出如下判决：(1) 被告人王某犯受贿罪，判处有期徒刑十三年，并处个人财产人民币 12 万元；(2) 被告人林某犯非国家工作人员受贿罪，判处有期徒刑九年，并处没收个人财产人民币 10 万元；犯介绍贿赂罪，判处有期徒刑一年六个月，决定执行有期徒刑十年，并处没收个人财产人民币 10 万元。

一审判决以后，两被告人提起上诉。

北京市高级人民法院依照《中华人民共和国刑事诉讼法》第一百八十九条第（一）项的规定，作出了驳回上诉、维持原判的裁定。

在上述案件中，法院判决是依刑法第 388 条规定的间接受贿加以认定的。间接受贿与直接受贿之间的主要区别，除了是否为他人谋取不正当利益以外，就在于利用职务时的便利这一要件的不同。直接受贿中的利用职务上的便利，是指利用国家工作人员本人的职务便利，在一般情况下，是利用本人职权；即使是通过其他国家工作人员的职务便利为他人谋取利益，也是基于本人职务与其他国家工作人员的职务之间存在制约关系，因此，这仍然是一种利用本人职务上的便利。但在间接受贿的情况下，虽然也是通过其他国家工作人员的职务便利为请托人谋取利益，但由于本人职务与其他国家工作人员的职务之间不存在制约关系，因此是真正意义上的利用他人职务上的便利。在本案中，检察机关指控被告人王某接受凤竹公司的请托，通过证监委发行监管部其他工作人员职务上的行为，为凤竹公司在申请首次发行股票的过程中谋取不正当利益。这是一种间接受贿，而不是直接受贿。在庭审过程中，被告人王某及其辩护人辩称，王某没有利用职权或地位形成的便利条件为他人谋取利益，其行为不符合受贿罪利用职务便利的客观要件。对此，本案的裁判理由指出：

我们应该认识到，受贿罪中的利用职务上的便利有不同的情形：一是单纯的行贿人有求于国家工作人员的职务行为；二是国家工作人员已经或者正在为行贿人谋取利益。无论是哪一种情形，都表现了贿赂是职务行为的一种不当报酬，都侵害了受贿罪所保护的公职行为的不可收买性。那么，只要国家工作人员收受的财物是与其职务行为有关的，就应当认为是利用了职务上的便利。因为这样的行为侵犯了职务行为的不可收买性，所以，即使没有实际利用职务行为为他人谋取利益，也是成立受贿罪的。在本案中，王某及其辩护人都认为王某的工作职位与凤竹公司上市是没有直接联系的，所以王某不具备凤竹公司请托事项的职务便利。但是，王某是证监委的工作人员，凤竹公司也正是看到了王某的这一工作特殊性，才给予其钱财的。王某所收受的钱财和其职务具有直接的关联，因此，认定其是利用了职务便利是没有疑问的。

以上裁判理由对本案被告人王某具备利用职务上的便利这一要件作了论证，但更多的是从受贿罪的本质特征以及职务行为的不可收买性出发进行论证的，只是强调了王某收受财物与其职务具有直接关联性，而没有论证这种关联性的具体表现。从法院判决认定的受贿事实来看，被告人王某是利用其担任证监委发行监管部发审委工作处助理调研员的职务便利，通过时任东北证券公司工作人员的被告人林某介绍，接受凤竹公司的请托，通过证监委发行监管部其他工作人员职务上的行为，为凤竹公司在申请首次发行股票的过程中谋取不正当利益。由此可见，被告人王某是通过证监委发行监管部其他工作人员职务上的行为为请托人谋取利益的。由于被告人王某的职务和证监委发行监管部其他工作人员的职务之间不存在制约关系，因此认定为间接受贿。对于间接受贿来说，在论证利用本人职权或者地位形成的便利条件的时候，应该从本人职务与其他国家工作人员职务的关系出发，而不是泛泛地指出收受财物与其职务具有关联性。

(三) 变相受贿的认定

随着市场经济的发展，在现实生活中出现了以交易或者其他形式为掩护的变相受贿行为，这些受贿行为具有隐蔽性和复杂性，为查处受贿犯罪案件带来了一定的困难。为此，2007年7月8日最高人民法院、最高人民检察院颁布了《关于办理受贿刑事案件适用法律若干问题的意见》(以下简称2007年《意见》)，针对现实生活中出现的受贿犯罪的新类型，对日常生活中常见的8种变相的受贿犯罪行为作了专门规定，对于我们正确地认定受贿行为具有重要指导意义。根据2007年《意见》的规定，变相受贿行为包括以下8种情形。

1. 交易型受贿

2007年《意见》第1条规定：国家工作人员利用职务上的便利为请托人谋取利用，以下列交易形式收受请托人财物的，以受贿罪论处：(1) 以明显低于市场的价格向请托人购买房屋、汽车等物品的；(2) 以明显低于市场的价格向请托人出售房屋、汽车等物品的；(3) 以其他交易形式非法收受请托人财物目的。受贿数额按照交易时当地市场价格与实际支付价格的差价计算。

马某等受贿案

被告人马某在担任铜梁县委书记期间，利用其职务之便，多次分别收受熊某贿赂现金共计12.36万元、刘某贿赂现金共计5.7万元人民币，在该县干部人事调整中为二人谋取了利益。

1996年前后，时任黔江县副县长的马某及其妻沈某与叶某相识。2000年年初，叶某被重庆市天龙房地产开发有限公司(以下简称天龙公司)聘为公司副总经理。后经叶某引见，该公司总经理刘某认识了二被告人。马某、沈某在与天龙公司的多次房产交易中共同收受天龙公司财物共计折合人民币205.5763万元。在此期间，天龙公司总经理刘某等人于2003年年初向马某提出到铜梁县投资水泥项目，马某多次利用其职务之便为天龙公司在铜梁县投资的金江水泥项目的引进、文件审批、用地审批、办理采矿许可证、贷款、道路建设等方面谋取利益。

重庆市第一中级人民法院认为：被告人马某身为国家机关工作人员，在担任铜梁县委书记期间，利用职务之便，收受熊某、刘某、天龙公司贿赂共计折合人民币223.6363万元，并为其谋取利益。被告人沈某身为国家机关工作人员，伙同马某收受天龙公司贿赂共计折合人民币205.5763万元，其行为均已构成受贿罪。鉴于在共同犯罪中，被告人沈某起帮助作用，系从犯，综合其在案件中的地位和作用，对沈某可予减轻处罚。

重庆市第一中级人民法院根据《中华人民共和国刑法》第三百八十五条第一款、第三百八十六条、第三百八十三条第一款第（一）项、第二十五条第一款、第二十七条、第九十三条第一款、第六十四条之规定，判决如下：(1) 被告人马某犯受贿罪，判处有期徒刑十三年；(2) 被告人沈某犯受贿罪，判处有期徒刑五年；(3) 对被告人马某受贿所得赃款人民币 18.06 万元继续予以追缴，对被告人马某、沈某共同受贿赃物折合人民币 205.576 3 万元继续予以追缴。

一审宣判后，被告人马某、沈某不服，向重庆市高级人民法院提起上诉。

重庆市高级人民法院经审理认为：上诉人马某身为国家工作人员，在担任铜梁县委书记期间，利用职务之便，在干部人事调整和私人购买商品房过程中，收受熊某、刘某、天龙公司贿赂折合人民币共计 223.636 3 万元，并为其谋取利益；上诉人沈某身为国家工作人员，伙同马某收受天龙公司贿赂折合人民币205.576 3 万元，并利用马某的职务之便为天龙公司谋取利益。二上诉人的行为均已构成受贿罪。马某、沈某及其辩护人上诉提出的相关无罪的意见均不能成立，不予采纳。马某及其辩护人提出马某有检举他人犯罪的立功表现的意见，与所查证的事实不符，不予采纳。在共同犯罪中，马某起主要作用，系主犯；沈某起辅助作用，系从犯，对其可予以减轻处罚。原判决认定事实清楚，证据确实、充分，定罪准确，审判程序合法。原判决对马某的量刑适当。鉴于在共同受贿犯罪中沈某并未利用其本身国家工作人员的身份，而是其丈夫马某利用县委书记的身份受贿，沈某只是作为家庭成员在共同受贿中办理具体事项等情节，可对沈某在原判刑罚的基础上酌情从轻处罚。

重庆市高级人民法院依照《中华人民共和国刑事诉讼法》第一百八十九条第（二）项和《中华人民共和国刑法》第三百八十五条第一款、第九十三条第一款、第三百八十六条、第三百八十三条第一款第（一）项、第二十五条第一款、第二十六条第一款和第四款、第二十七条、第六十四条之规定，判决如下：(1) 维持重庆市第一中级人民法院（2006）渝一中刑初字第 327 号刑事判决第一项、第三项以及第二项中对被告人沈某的定罪部分，即被告人马某犯受贿罪，判处有期徒刑13年；对被告人马某受贿所得赃款人民币18.06万元继续予以追缴，对被告人马某、沈某共同受贿赃物折合人民币205.5763万元继续予以追缴；被告人沈某犯受贿罪。(2) 撤销重庆市第一中级人民法院 (2006) 渝一中刑初字第327号刑事判决第二项中对被告人沈某的量刑部分，即被告人沈某因犯受贿罪判处有期徒刑五年。(3) 上诉人沈某犯受贿罪，判处有期徒刑三年。

本案被告人马某、沈某采取了以房地产交易的方式收受贿赂，由此而涉及受贿数额的计算问题。根据2007年《意见》的规定，对于交易型受贿的，受贿数额应当按照交易时该房产的市场价格与实际支付价格的差额计算。对此，本案的裁判理由指出：

在本案中，二被告人以明显低价购买行贿方天龙公司开发的住宅、商业大厦商铺和天龙广场门面的行为，较之于直接收受财物的典型受贿手法虽有所不同，但只不过是以形式上支付一定数额的价款来掩盖其受贿犯罪行为的一种手段，并不能改变双方权钱交易的实质，应以受贿论处。对此，有关司法解释已有定论。最高人民法院、最高人民检察院早在1985年7月18日发布的《关于当前办理经济犯罪案件中具体应用法律的若干问题的解答（试行）》（以下简称《解答》）第二条第（二）项中就规定："国家工作人员利用职务上的便利，为他人谋取利益，收受物品，只付少量现金。这往往是行贿、受贿双方为掩盖犯罪行为的一种手段，情节严重，数量较大的，应认定为受贿罪。"2007年7月8日最高人民法院、最高人民检察院发布的《关于办理受贿刑事案件适用法律若干问题的意见》（以下简称《意见》）亦明确规定："国家工作人员利用职务上的便利为请托人谋取利益，以下列交易形式收受请托人财物的，以受贿论处：(1) 以明显低于市场的价格向请托人购买房屋、汽车等物品的；(2) 以明显高于市场的价格向请托人出售房屋、汽车等物品的。"需要指出的是，根据《意见》的规定，这里的市场价格包括商品经营者事先设定的不针对特定人的最低优惠价格，如果根据商品经营者事先设定的各种优惠交易条件，以优惠价格购买商品的，不属于受贿。

关于受贿数额的认定，《解答》规定，"受贿金额以行贿人购买物品实际支付的金额扣除受贿人已付的金额来计算，行贿人的物品未付款或无法计算行贿人支付金额的，应以受贿人收受物品当时当地的市场零售价格扣除受贿人已付现金额来计算”。《意见》规定，“受贿数额按照交易时当地市场价格与实际支付价格的差额计算”。从上述规定可以看出，对于以房产交易形式收受贿赂如何认定受贿数额的基本原则，两个解释的精神是一致的，司法实践中一般应当按照交易时当地市场价格与实际支付价格的差额计算。这里的“交易时当地市场价格”，指的是交易双方签订房产买卖合同并开始依约支付价款之时的价格。本案涉及的房产交易中，由于被告人取得产权证时或实际处分房地产时与签订房屋买卖合同、支付对价时存在较长的时间差异，导致同一房产在这些时点之间的市场价格差异甚大，根据《意见》的规定，应当将每笔房产交易签订合同并按约支付对价时的市场价格认定为“交易时当地市场价格”。其与实际支付价格的差额认定为受贿数额。这是因为，从签订合同并履约时起，以后房产价格的涨跌幅度属于市场规律起作用的范畴，既有可能上涨，亦有可能下跌，并非行、受贿人所能控制，究竟应以哪个时点的价格认定不能统一、难以操作；另一方面，从主客观相一致的定罪原则出发，以签约并支付对价时的市场价格与实际支付价格之差认定为受贿数额符合行贿、受贿双方的客观认识，更具实质合理性。

被告人马某、沈某在与天龙公司的多次所谓房产交易中，利用行贿人免除部分房款、低价出售高价返购、明显低价出售门面的手段获取不正当利益共计人民币 205.576 3 万元。在此期间，马某多次利用其职务之便为天龙公司在铜梁县投资的金江水泥项目的引进、文件审批、用地审批、办理采矿许可证、贷款、道路建设等方面谋取了利益，已构成受贿罪。被告人沈某在主观方面有与马某共同受贿的故意，客观上实施了与行贿人商谈购房事宜、具体签订合同、交款、办理结算、产权手续等行为，其与马某构成受贿的共犯，但考虑到沈某在受贿犯罪中所起的实际作用，在共同受贿犯罪中沈某并未利用其本身的国家工作人员身份受贿，只是作为家庭成员在共同受贿中进行了协助，二审法院对沈某在原判刑罚的基础上酌情从轻处罚是恰当的。

在交易型受贿的情况下，最为复杂的问题是明显低于或者明显高于市场价的认定。这个问题既关系到交易型受贿罪的定罪又关系到交易型受贿罪的量刑。这里涉及的是基准价的确定问题。在2007年《意见》制定过程中，曾经存在以成本价或者象征性价格作为计算基准的观点，但因为抬高了交易型受贿罪的入罪门槛而没有被采纳。[①] 但在司法实践中，当地市场价格与实际支付价格之间的差价在认定上还是存在一定难度的。在具体案件中，实际支付价格都是明确的，关键是如何确定当地市场价格。我认为，当地市场价格应当根据不同情形，分别加以确定。例如，我国学者提出，对于以低价购买房屋的案件，就要区分新房、二手房和特价房等情形，考虑各种因素加以确定。[②] 在本案中，被告人以低价购买了多套房屋，司法机关针对不同房屋，采取了不同的计算方法。例如，被告人购买商铺的，由于存在返售商铺的情形，因此，根据返售商铺价格减去购买价格所得的差价，作为被告人实际受贿数额；被告人购买门面房的，根据会计师事务所房价鉴定报告、门面区域平均销售价来计算受贿数额。我认为，这些计算方法都具有合理性，可以在处理低价购买房屋的受贿案件时予以参考。

2. 干股分红型受贿

2007年《意见》第2条中规定，国家工作人员利用职务上的便利为请托人谋取利益，收受请托人提供的干股的，以受贿论处。这里的干股，是指未出资而获得的股份。关于干股分红型受贿的数额的计算，2007年《意见》根据股权是否转让，区分为以下两种情形：（1）进行了股权转让登记，或者相关证据证明股份发生了实际转让的，受贿数额按转让行为时的股份价值计算，所分红利按受贿孳息处理。（2）股份未实际转让，以股份分红名义获取利益的，实际获利数额应当认定为受贿数额。

高某等受贿案

2001年12月，廖家坪锑钨矿决定将该矿八宝山工区的采矿权向内部职工发包。经投标，被告人李某以向该矿上交100万元风险抵押金的“出价”中标，取

① 参见刘为波：《〈最高人民法院、最高人民检察院关于办理受贿刑事案件适用法律若干问题的意见〉的理解与适用》，载《刑事审判参考》，第57集，87～88页，北京，法律出版社，2007。

② 参见黄祥青：《如何认定低价购房类受贿犯罪》，载《刑事审判参考》，第59集，125页以下，北京，法律出版社，2008。

得八宝山工区3年的承包权。2002年1月，李某与廖家坪锑钨矿签订合同，李某与合伙人刘某成为八宝山工区两大股东。八宝山工区正式开工后，廖家坪锑钨矿矿长高某之妻罗某找刘某要求入股。刘某与李某商量后，决定在原来配股的基础上，另加10万元干股给罗某，并重新签订了合伙协议。此后，在短短4年时间内，李某、刘某共以入股分红的名义，向高某夫妇行贿百余万元。高某则利用矿长的职务之便，大肆为李某等人谋利。

2007年《意见》第2条规定：干股是指未出资而获得的股份，国家工作人员利用职务上的便利为请托人谋取利益，收受请托人提供干股的，以受贿论处；收受干股，以股份分红名义获取利益的，实际获利数额应当认定为受贿数额。故该案检察机关按照查实的红利总额向法院起诉。

湖南省益阳市中级法院最终采纳了检察机关的控诉意见，认定二人行贿的金额为高某夫妇实际所得的“红利”总额114万元。

湖南省益阳市中级法院对本案分别以受贿罪，判处被告人高某有期徒刑13年，并处没收财产20万元；判处被告人罗某有期徒刑12年，并处没收财产20万元，追缴的赃款45万余元和赃物两间住房依法予以没收，上缴国库。

两被告人在法定期限内没有上诉，一审判决已生效。

以上是我国第一起干股分红型受贿案，被告人按照2007年《意见》的规定，受到了法律的惩罚。从本案的案情来看，被告人未出资而获取了10万元的股份，后以分红的名义收受了现金114万元。因此，法院将被告人的行为认定为干股分红型受贿。但我国学者认为本案中法院的认定是不妥的，存在一些法律问题需要研究，指出：

在本案中，高某之妻罗某与请托人李某、刘某签订了一个虚假的合伙协议，罗某获得10万元股份，成为股东之一，却并未进行任何出资并且用借条进行掩护，后以红利名义收受对方114万元人民币。实际上，由于三人之间签订的只是一个合伙协议，经营的实体也最多是合伙性质，根本不具有公司法规定的公司的性质，也就没有什么股份、股东，行、受贿双方所谓的股份、分红都是民间俗称而已，并非法律用语，也不符合2007年《意见》第2条规定的干股概念。因此，我认为法院的认定实在不妥：其一方面按照干股受贿的规定将该案认定为干股受贿案，但另一方面又不遵照 2007 年《意见》的规定认定犯罪数额。2007 年《意见》第 2 条规定，已转让股权的，按转让行为时股权价值计算受贿数额，未实际转让股权的，受贿数额按照所分红利计算。本案中三方已就股权分配达成书面协议，应属转让成功，应按股份价值计算，但法院最后实际是按照红利来计算受贿数额的。所以，对于国家工作人员收受合伙或个体经营者等非公司经营实体所谓的“干股”“股份”，由于此类经营主体根本不具有公司法上公司的主体资格，也就没有真正法律意义上的“股份”，实践中一般也就是以“干股分红”为幌子而行行贿之实，实际属于传统的财物受贿行为，直接按照所谓的“分红”计算受贿数额即可，不应当适用 2007 年《意见》第 2 条规定。

以上论述涉及干股分红型受贿罪中的有关问题，对于正确适用 2007 年《意见》具有重要意义。这里首先提出的问题是：干股分红型受贿行为是否只能发生在正规的公司？股份和股权是否必须符合公司法的规定？如果回答是肯定的，那么，如同论者所说，干股分红型受贿罪不可能发生在一般的合伙经营等场合。如果回答是否定的，干股分红型受贿罪才有可能发生在合伙经营等场合。我认为，不能把干股分红型受贿罪中的股份理解为公司法意义上的股份，由此否认在合伙经营中干股分红型受贿罪的存在，否则的话，就会极大地限制 2007 年《意见》关于干股分红型受贿罪的规定的适用范围。因此，本案应该属于 2007 年《意见》所规定的干股分红型受贿案件。既然本案属于干股分红型受贿案件，并且股权已经登记在被告人罗某的名下，那么为什么法院没有按照股权的价值认定受贿数额，而是按照以分红名义获得的金钱计算受贿数额呢？确实，对于股权已经转让的，按照 2007 年《意见》的规定，应该按照股权所对应的公司财产的价值计算其受贿数额。但在合伙经营的情况下，经营实体本身并没有太多的财产价值，也就无法根据股权价值认定受贿数额。因此，像在本案中这样按照以分红形式取得的财物来计算受贿数额，我认为是合适的。当然，类似本案以借款的名义入股，但实际没有出资，因此把股权分红的数额认定为受贿数额是没有问题的。但如果行为人以借款的方式入股，在获得分红以后，以分红款归还所欠出资，此后所获得的分红款是否合法呢？从公司法来说，这是一种借款出资，只要归还了出资款，其股权就是合法的，此后的分红也被认为是合法收入。但从刑法来看，在这种情况下，行为人没有任何出资，其以借款名义获得的股份仍然应当视为干股，其分红应该认定为受贿数额。

3. 合作投资型受贿

2007年《意见》第3条第1款规定：国家工作人员利用职务上的便利为请托人谋取利益，由请托人出资，“合作”开办公司或者进行其他“合作”投资的，以受贿论处。受贿数额为请托人给国家工作人员的出资额。

潘某、陈某受贿案

2003年8、9月间，被告人潘某、陈某分别利用担任迈皋桥街道工委书记、迈皋桥办事处主任的职务便利，为南京某房地产开发有限公司总经理陈某在迈皋桥创业园区低价获取100亩土地等提供帮助，并于9月3日分别以其亲属的名义与陈甲共同注册成立南京多贺工贸有限责任公司（以下简称多贺公司），以“开发”上述土地。潘某、陈某既未实际出资，也未参与该公司经营管理。2004年6月，陈甲以多贺公司的名义将该公司及其土地转让给南京某体育用品有限公司，潘某、陈某以参与利润分配名义，分别收受陈甲给予的480万元。2007年3月，陈某因潘某被调查，在美国出差期间安排其驾驶员退给陈某80万元。案发后，潘某、陈某所得赃款及赃款收益均被依法追缴。包括以上480万元在内，被告人潘某收受贿赂人民币792万余元、美元50万元（折合人民币398.1234万元），共计收受贿赂1190.2万余元；被告人陈某收受贿赂559万元。

江苏省南京市中级人民法院于2009年2月25日以（2008）宁刑初字第49号刑事判决，认定被告人潘某犯受贿罪，判处死刑，缓期2年执行，剥夺政治权利终身，并处没收个人全部财产；被告人陈某犯受贿罪，判处无期徒刑，剥夺政治权利终身，并处没收个人全部财产。

宣判后，潘某、陈某提起上诉。

江苏省高级人民法院于2009年11月30日以同样的事实和理由作出（2009）苏刑二终字第0028号刑事裁定，驳回上诉，维持原判，并核准一审以受贿罪判处潘某死刑，缓期2年执行，剥夺政治权利终身，并处没收个人全部财产的刑事判决。

法院生效判决认为：关于被告人潘某、陈某及其辩护人提出二被告人与陈某共同开办多贺公司开发土地获取“利润”480万元不应认定为受贿的辩护意见，经查，潘某时任迈皋桥街道工委书记，陈某时任迈皋桥街道办事处主任，对迈皋桥创业园区的招商工作、土地转让负有领导或协调职责，二人分别利用各自职务便利，为陈甲低价取得产业园区的土地等提供了帮助，属于利用职务上的便利为他人谋取利用；在此期间，潘某、陈某与陈甲商议合作成立多贺公司用于开发上述土地，公司注册资金全部来源于陈某，潘某、陈某既未实际出资，也未参与公司的经营管理。因此，潘某、陈某利用职务便利为陈甲谋取利益，以与陈甲合办公司开发该土地的名义而分别获取的480万元，并非所谓的公司利润，而是利用职务便利使陈甲低价获取土地并转让后获利的一部分，体现了受贿罪权钱交易的本质，属于以合办公司为名的变相受贿，应以受贿论处。

上述潘某、陈某受贿案是最高人民法院发布的指导性案例，其中就涉及合作投资型受贿罪的认定。这一指导性案例确立了以下司法规则：“国家工作人员利用职务上的便利为请托人谋取利益，并与请托人以‘合办’公司的名义获取‘利润’，没有实际出资和参与管理的，以受贿论处。”应该说，这一司法规则与2007年《意见》的精神是完全一致的。这里需要注意的是，上述司法规则强调了在以合办公司获取利润的名义受贿的情况下，行为人必须没有实际出资和参与管理。因此，如果国家工作人员与他人合办公司，但实际出资，或者虽然没有实际出资但参与管理，或者既实际出资又参与管理等较为复杂的情况下，其行为能否被认定为合作投资型受贿，就需要根据案件的具体情况具体分析。

4. 受托理财型受贿

2007年《意见》第4条规定，受托理财型受贿根据是否实际出资分为以下两种情形：(1) 国家工作人员利用职务上的便利为请托人谋取利益，以委托请托人投资证券、期货或者其他委托理财的名义，未实际出资而获取“收益”，以受贿论处。这种情况下，受贿数额以收益额计算。(2) 国家工作人员利用职务上的便利为请托人谋取利益，以委托请托人投资证券、期货或者其他委托理财，虽然实际出资，但获取的“收益”明显高于出资应得收益的，以受贿论处。在这种情况下，受贿数额以“收益”额与出资应得收益额的差额计算。

于某受贿案

被告人于某，1992年4月被任命为乌鲁木齐市计划委员会（后更名为乌鲁木齐市发展计划委员会）主任、党组成员；2001年3月任乌鲁木齐市政协副主席、党组成员，并继续担任乌鲁木齐市计划委员会主任、党组成员；2002年2月任乌鲁木齐市发展计划委员会党组书记、副主任。在任职期间，于某利用职务上的便利为他人谋取利益，收受、索取贿赂人民币241.45万元、美元1000元。其中两起涉及以投资回报的名义收受他人财物。

(1) 1995年11月，于某以其叔叔委托投资为名，向新疆德隆公司负责人唐甲提出要求投资德隆公司，并拿出50万元交给唐某。于某自己起草投资入股证明，向唐甲提出无期限索取每年30%（即每年15万元）的回报。唐甲为感谢于某利用职务之便给予公司的帮助，同意了于某的要求。该款实际并未直接投入新疆德隆公司运营，由唐甲个人使用了。1997年年初唐甲从个人掌握款中支付给于某第一笔回报时，于某以这50万元的投资款是借其台湾叔叔的以及自己儿子上学需要花钱为由，要求每年多支付5万元。唐甲迫于无奈，答应了于某每年支付40%（即每年20万元）回报的要求。从1997年1月至2003年4月，于某每年从新疆德隆公司收取所谓投资回报20万元，7年共计140万元。

(2) 1999年在上海，于某向上海德隆国际战略投资有限责任公司负责人唐乙提出投资50万元给德隆公司，唐乙为感谢于某利用职务之便给予新疆德隆公司的帮助及考虑其地位，同意了于某的要求，答应按年20%的回报，并告知了新疆德隆公司负责人唐甲。于某回新疆乌鲁木齐市后，将前期收到的新疆德隆公司给的回报50万元以其妻的名义交给了新疆德隆公司。该款实际并未直接投入新疆德隆公司营业，而是带往上海由唐甲使用了。2000年6月，于某在患病住院期间，为确保其本人死后，德隆公司的回报不变，书写了“投资德隆年固定收益20%”的书面材料，并将唐乙叫到病房，让唐乙签字确认。从2000年至2002年，于某每年从新疆德隆公司收取所谓投资回报10万元，3年共计30万元。

在本案审理过程中，对于某以其叔叔和妻子名义先后两次交给新疆德隆公司共计100万元，并索要固定收益，至案发收取170万元的行为应当如何认定，是公诉人与辩护人、检察机关与审判机关争议主要集中的问题。

于某的辩护人认为：于某先后分两次交给新疆德隆公司共计100万元并收取回报的行为，是名为投资、实为借贷，回报款是借贷利息。于某与新疆德隆公司间是平等的民事主体关系，经协商一致双方达成合意，所得回报利率也未超过同期银行贷款利率的4倍，符合司法解释的规定。不能因为于某是行政领导，与新疆德隆公司有工作往来，就将民间借贷利息认定是受贿所得，法律并不禁止公务人员通过民间借贷获取回报。因此，于某收取170万元回报是合法行为，不是犯罪。

一审判决认为：于某以其叔叔和妻子名义先后两次交给新疆德龙公司共计100万元，并约定了较固定的收益比率。于某以投资回报的形式从德隆公司领取170万元投资回报款的行为虽有不当，但公诉机关指控于某的行为构成受贿罪的证据不足，不能成立。

检察机关认为：于某的所谓投资是利用职务上的便利，以其职务行为为筹码与财物交换，双方主体地位并不平等，该行为存在着权钱交易的受贿本质，应依法追究其受贿罪的刑事责任。首先，于某是基于其乌鲁木齐市计划委员会主任的地位与职务，才有了向新疆德隆公司的所谓"投资"。没有其特殊的地位、职务，于某不可能要求他人接受其"投资"，并自定回报的利率。新疆德隆公司也是看中这一点才"接受投资"。其次，于某是在为新疆德隆公司已经谋取了利益的前提下，提出了所谓的"投资"并索要高额"回报"。新疆德隆公司也是基于此才"同意"了于某的所谓"投资"并给予高额"回报"。这与于某的职务行为具有明显的利益对价交换和因果关系，这种利益对价交换的实质是权钱交易，是以表面形式上的合法掩盖其实质上的非法，所谓的"投资"是掩盖其收受贿赂的手段。最后，一审判决认定于某以投资回报的形式从德隆公司领取170万元，行为不当，却又认为公诉机关指控于某的行为构成受贿罪的证据不足，认定矛盾。

二审判决最终认定：正当的投资是平等主体间的民事行为，而本案中于某因其职权和德隆公司之间形成了管理者与被管理者之间的关系。正常的投资行为是双方合意、意思表示一致的民事法律行为，而本案证据证明投资、回报的具体内容是于某个人主动提出的，德隆公司只是被迫服从，德隆公司实质是感谢于的帮助而支付酬谢款；正当的投资应当有合理的投资期限、投资项目，接受投资方也有接受投资的合法资格，而本案所谓的投资在形式上和实质上均无确定期限，直到案发为止，于某仍然在收取所谓的回报款；双方没有约定投资项目，100万元投资款也没有用于德隆公司的任何项目；回报款不是从德隆公司的经营利润中支付，而是唐甲的个人掌握款中支付的。德隆公司本身并未从事代客理财，是其控制的具有法人资格的公司如金新信托公司等法人在非法从事代客理财业务。于某明知这一点，却硬要将100万元“投资”到德隆公司，完全是因为其曾向德隆公司提供过很多“帮助”，德隆公司不敢拒绝其“投资”并支付报酬的要求。检察机关认为于某以向德隆公司“投资”100万元，索取高额回报170万元的行为构成受贿罪的抗诉意见成立。

本案发生在2007年《意见》颁布以前，因此围绕着本案的定性展开争议，也是可以理解的。从本案认定的事实来看，被告人于某是以投资理财的形式将这100万元交给新疆德隆公司的唐甲，并先后获取了170万元的回报。这种行为和那种赤裸裸的收受财物相比较，确实具有一定的迷惑性。在此的关键问题是，如何区分民事上的投资理财和受贿犯罪之间的关系。检察机关从职务便利、谋取利益和权钱交易等方面论证了于某的行为是以投资理财为名的受贿行为，是具有说服力的。最终二审法院采纳了检察机关的抗诉意见。当然，对于本案如何说理仍然可以探讨。我国学者对本案进行了如下评论：

二审判决虽然采纳了检察机关的抗诉意见，但所持理由仍然是可质疑的：一是德隆公司有无投资主体资格，不一定影响到行为性质的认定。事实上，德隆公司旗下的子公司当时主要就在从事投资理财业务。二是于某的款项是否实际被用于投资理财，回报款是否为德隆公司的经营利润，同样不能作为定罪依据。因为，对于某而言，他不一定清楚唐甲将其投资款用于何处，更不清楚回报款的出处。三是投资回报是谁先提出，也无关紧要。因为委托理财本是一个民事行为，成立的基础主要是意思表示一致，谁先提出来都不会影响到行为性质的判断。关键问题是于某提出的回报要求明显高于应得收益，根据当时的投资理财回报率，于某提出的30%（后40%）回报率如明显高于应得收益，客观上又具有利用职务之便为请托人谋利益的行为，则构成受贿；如果并没有明显高于应得收益，则不构成受贿。①

我认为，以上分析是有道理的，指出了本案被告人于某的行为是否构成受贿罪的关键之所在。根据2007年《意见》第4条的规定，委托理财型受贿可以分为两种情形：一是未实际出资而获取“收益”的。这种情况下受贿的性质比较明显，其受贿数额应以“收益”额计算。二是虽然实际出资，但获取“收益”明显高于出资应得收益的。在这种情况下，受贿数额以“收益”额与出资应得收益额的差额计算。本案显然属于上述第二种情形，被告人于某已经实际出资。在这种情况下，其行为是否构成受贿罪，就要看其所获取的“收益”是否明显高于出资应得收益，而且只有差额部分才能被认定为受贿数额。但在本案审理中，尚未能围绕这一问题展开，认定的受贿数额也没有减去实际出资部分。这是十分遗憾的。

5. 赌博型受贿

2007年《意见》第5条第1款规定，国家工作人员利用职务上的便利为请托人谋取利益，通过赌博方式收受请托人财物的，构成受贿。这种受贿款是以赌博赢钱的方式获取的，它以赌博为掩护，是一种变相的受贿行为，应以受贿罪论处。赌博型受贿和那种以赌博为名向他人索取财物的行为是有所不同的。例如，被告人马某、宁某为他人谋取利益，向他人索要50万元美金，于1998年2月至1999年6月，十余次到香港、澳门进行赌博，将该款挥霍殆尽。这种以收受赌资为名实施的受贿行为，就是普通受贿。将贿赂款用于赌博，只是对赃款的处置问题。而赌博型受贿，则是指采用赌博赢钱的方式收取贿赂款。其名为赌博，实为受贿。根据2007年《意见》的规定，司法实践中认定赌博型受贿的时候，应当结合以下因素进行判断：（1）赌博的背景、场合、时间、次数；（2）赌资的来源；

① 孙国祥：《新类型受贿犯罪疑难问题解析》，141页，北京，中国检察出版社，2008。

(3) 其他赌博参与者有无事先通谋；(4) 输赢钱物的具体情况和金额大小。

6. 干薪型受贿

2007年《意见》第6条规定，国家工作人员利用职务上的便利为请托人谋取利益，要求或者接受请托人以给特定关系人安排工作为名，使特定关系人不实际工作却获取所谓薪酬的，以受贿论处。在这种干薪型受贿的情况下，国家工作人员不劳而获，故是一种变相的受贿行为。例如在国家药品食品监督管理局原局长郑甲受贿案中，被告人郑甲利用职务便利为某公司谋取利益，该公司负责人以给郑甲儿子郑乙发工资及为郑甲家报销装修款的方式给予郑甲、妻子刘某人民币共计98万元。这就是一种典型的干薪型受贿。在认定干薪型受贿的时候，必须注意，只有在特定关系人只是挂名没有实际参加工作的情况下才能成立。如果特定关系人实际参加了工作，即使在聘任和薪酬支付上存在一定的瑕疵，国家工作人员也不构成干薪型受贿罪。

周某华受贿案（一）

2006年上半年，湖州市东迁建筑工程有限公司直巷巷分公司（以下简称东迁分公司）经理周某荣因无照经营而被南浔工商经检大队查处。事后，被告人周某华［时任浙江省湖州工商局南浔区分局经检科副科长兼经检大队副大队长（主持工作）］通过东迁建筑有限公司总经理董某富，安排其妻子张某仙的妹妹张某莲到东迁分公司担任会计。从2006年4月起至2007年年底，无会计从业资格的张某莲出面担任东迁分公司的会计。期间，张某莲在具有会计证的姐姐张某仙的帮助和指导下，完成了东迁分公司2006年度及2007年度的会计工作。周某荣分别在2006年及2007年年底，先后两次以工资名义交付给被告人周某华现金3万元（其中2006年度为2万元，2007年年底，周某荣以2007年度工作量较少为由，给付1万元）。被告人周某华拿到钱后将钱交给其妻张某仙，张某仙将其中的一部分给予张某莲。

南浔区人民法院对于以上这起事实，经审理认为：张某仙、张某莲为东迁分公司做账，是基于被告人周某华的原因，但张某莲和张某仙共同完成了两年的会计工作，并不属于“仅是挂名，不实际工作却获取所谓薪酬”之情形，故公诉机关指控被告人周某华收受周某荣3万元构成受贿罪，不能成立。

本案裁判理由指出：

我们认为，根据《意见》第6条规定，国家工作人员利用职务上的便利为请托人谋取利益，要求或者接受请托人以给特定关系人安排工作为名，使特定关系人不实际工作却获取所谓薪酬的，才以受贿论处。反之，如果特定关系人从事了正常工作并领取相应正常薪酬的，所领取薪酬为合法劳动所得，不存在非法收受财物问题，不能以受贿处理。当然，虽从事了一定的实际劳动工作，如果薪酬明显不成比例的则另当别论。本案中，东迁分公司原有会计做账，但因工作不能令人满意而遭辞退。被告人周某华通过董某富安排其妻妹张某莲担任会计。虽然张某莲没有会计从业资格，但张某莲在其有会计证的姐姐张某仙的帮助和指导下，完成了东迁分公司2006年度及2007年度的会计工作，应当视为实际进行了工作。董某富给原来的会计每年几千元，但是给周某华妻妹的工资分别是2万元和1万元，工资交给周某华，由周某华转交。虽然领取的薪酬高于该单位相应职位的过去薪酬水平，但在本案中，不能认为是变相受贿。因为当前一些企业，特别是私营企业，薪酬发放标准仍不规范，完全由老板说了算，认定该职位正常应发放标准可以参考，但又不能完全按照原来的发放标准，因为两者在工作能力上有所区别，原来的会计并不能胜任该工作，因而被辞退。综上，在不能认定本案所领取薪酬明显不成比例，而特定关系人从事了实际相应工作的情况下，不能认定该3万元系被告人周某华受贿所得。

上述裁判理由确立了在干薪型受贿认定问题上的一些司法规则：

国家工作人员利用职务便利要求给特定关系人安排工作，但特定关系人实际付出相应劳动的，不属于挂名领取薪酬的情形，不能认定被告人受贿。

7. 特定关系人收受型受贿

2007年《意见》第7条规定，国家工作人员利用职务上的便利为请托人谋取利益，授意请托人将有关财物给予特定关系人的，以受贿论处。

周某华受贿案（二）

2007年年初，被告人周某华妻子的表弟沈某准备购买湖州巨赢置业有限公司（以下简称巨赢公司，系私营企业）开发的巨赢花园小区的住房。为此，被告人周某华多次向巨赢公司董事长冯某要求给予沈某以购房优惠。后沈某购买标价为人民币335 088元的住房1套，享受销售单位的优惠后，房价为327 423元，并以此价与巨赢公司、湖州远大房地产代理经营有限公司签订了购房合同，购房的首付款收据开票额为人民币147 098元，但沈某实付人民币117 098元。对该套房屋，沈某实付总房款为人民币297 423元（比签订合同的价格少人民币30 000元）。

南浔区人民法院对于以上这起事实，经审理认为：冯某应被告人周某华的要求，而给予沈某买房3万元优惠，沈某因被告人周某华的身份而获利。鉴于沈某既非被告人周某华的近亲属，且本案亦无证据证明被告人周某华与沈某之间具有共同利益关系，故公诉机关指控被告人周某华对沈某所获得的3万元购房优惠构成受贿罪，不能成立。

在本案中，周某华的行为是否构成受贿罪，关键问题在于沈某是否属于特定关系人。因为本案属于本人不直接收受财物，而是授意他人将有关财物直接交给其指定的第三人的情形。在这种情况下，行为人的行为是否构成受贿罪，就要认定实际收受财物的人是否属于特定关系人。在认定特定关系人的时候，除了近亲属是一种法律上的事实关系，因此容易认定以外，“其他共同利益关系”是不太好认定的。这里的共同利益关系，主要是指经济利益关系。因为存在经济利益关系，因此，他人收受就等同于本人收受。如果没有这种经济利益关系，而是纯粹的同学、同事、同乡等关系，则不能认定第三人为特定关系人。本案的裁判理由指出：

在本案中，被告人周某华妻子的表弟沈某购买商品房，周某华利用自己的身份和职务便利，向房产销售老板提出购房优惠的要求。老板明知购房人为沈某，但为了与周某华搞好关系，在周某华提出优惠的要求下被迫答应，主动提出并落实了3万元优惠。沈某因周某华的身份而获利，周某华实际并未获得利益。沈某因为周某华的出面说情而得到了3万元的购房优惠，其系周某华妻子的表弟，显然与周某华并非近亲属关系，沈某购买房屋并实际付款和居住，在事前事后周某华均未和沈某商量其要从这优惠的3万元中得到什么利益，事实上也确实没有得到任何经济利益。因此，沈某不属于周某华的特定关系人，也不属于双方通谋后，对收受财物共同占有的情形，根据《意见》的有关规定，被告人周某华的行为不构成受贿罪。

我认为，以上裁判理由是完全正确的。因为利用特定关系人收受财物，是本人收受财物的一种变相形式，必然包含本人的经济利益在内。换言之，行为人是利用或者与特定关系人通谋而利用职务上的便利收受他人财物。但在本案中，虽然周某华利用其职务便利为沈某谋取了利益，但由于沈某不是近亲属，而且其与周某华之间也不存在经济利益关系，所以不能认定周某华受贿。

此外，2007年《意见》还对特定关系人与特定关系人以外的请托人构成受贿罪的共犯作了规定。该规定涉及受贿罪的共犯问题，拟在下文探讨。

8. 权属未变更型受贿

2007年《意见》第8条规定，国家工作人员利用职务上的便利为请托人谋取利益，收受请托人房屋、汽车等物品，未变更权属或者借用他人名义办理权属变更登记的，不影响受贿的认定。

(四) 受贿罪的未遂

受贿罪的未遂问题，也是在受贿罪的认定与处理中经常涉及的一个问题。在刑法理论上，关于受贿罪的未遂与既遂的标准，一般都采取收取说，即以是否取得财物作为未遂与既遂的区分标准。根据这一标准，只要索贿才有未遂，即所谓索而未得的情形。而收受贿赂，如果收取则为既遂，如果不收则为拒贿，所以没有未遂问题。现在看来，这种认识有些简单化。对于行贿人交付一般财物来说，收与不收的界限是明确的，在司法实践中也容易认定。但在一些复杂的受贿案件中，例如收受银行卡或者收受房屋等，即使是收受财物，其未遂与既遂的区分仍然会引起争议，需要从法理上予以解决。

赵某受贿案

2003年2月，福建至理律师事务所律师魏某向厦门船舶重工股份有限公司(以下简称厦船重工)董事长赵某许诺，如让其承揽建造船舶的非诉讼法律业务，在按造船合同标的3‰收取律师费后，将把所得费用在扣除税费后送一半给他。为此，赵某先后与福建至理律师事务所签订汽车运输船、散货船、集装箱运输船的非诉讼法律业务委托协议书共三份。魏某告诉赵某为了规避法律风险，以自己的名字先后开户办理了香港汇丰银行和厦门招商银行的银行卡各一张交给赵某使用，卡的密码都为591592，所送的钱打入卡内。从2003年开始魏某共为厦船重工11艘船的造船合同提供非诉讼法律业务。到2007年1月案发时，厦船重工已支付给魏某所在的至理律师事务所律师费总计723.9万元人民币。在魏某送给赵某的香港汇丰银行贵宾卡、厦门招商银行银联卡中，魏某共为赵某存入其许诺送给的非诉讼律师费计美元85 180.12元、港币70万元、人民币1 657 951.54元，魏某已替赵某取出人民币80万元、港币5 000元。至案发时两张银行卡内尚有未支取的美元85 180.12元、港币544 078.30元（部分港币已转兑成人民币）、人民币1 207 951.54万元。

2009年11月27日，福建省南平市中级人民法院一审判决认定，赵某利用职务便利收受魏某送给的贿赂共计人民币315万元构成受贿罪，判处有期徒刑13年，并处没收财产人民币80万元。法院以受贿罪、挪用公款罪、贪污罪数罪判处赵某总和刑期37年，决定执行有期徒刑20年，并处没收个人财产人民币100万元。

在收受银行卡或者其他财产凭证的受贿案件中，如何区分受贿罪的未遂与既遂，就是一个存在较大争议的问题。银行卡、存折以及其他财产凭证，从外在表现形态来看，与一般的财物是有所不同的，尤其是记名并可设密码的财产凭证，所有人通常还可以通过挂失等方式避免损失。因此，在收受银行卡或者其他财产凭证构成受贿罪的案件中，存在一些认定上的疑难问题。在有些案件中，行贿人以受贿人的名义办理银行卡，并在银行卡中存入一定数额的现金。对于这种情形，受贿人收受了该银行卡就应当视为受贿罪的既遂。收受某些不记名的财产凭证，例如购物卡等，更是如此。例如，在2006年司法考试中曾经出过一个题目：国家工作人员甲利用职务便利为某单位谋取利益。随后，该单位的经理送给甲一张购物卡，并告知其购物卡的价值为2万元，使用期限为1个月。甲收下购物卡后忘记使用，导致购物卡过期作废，卡内的2万元被退回到原单位。关于甲的行为，主要涉及是构成受贿罪未遂还是既遂的知识点。本题的参考答案是甲构成受贿罪的既遂，理由是取得购物卡就是取得财物，因而已经构成受贿罪既遂，至于钱款退回原单位，只是处理时应当考虑的情节。对于收受不记名购物卡作以上理解，我认为是正确的。但收受记名的尤其是以行贿者的名义办理的银行卡，并且款项并没有从银行卡中取出的，到底是未遂还是既遂呢？我认为，这里涉及对银行卡内款项的所有关系的分析。

关于银行卡内的款项的所有关系，在理论上是存在争议的，争议的焦点是银行占有还是持卡人占有。银行占有说认为，银行卡中的款项是银行占有，持卡人对于银行卡中的款项只具有债权而不具有物权。而持卡人占有说则认为，银行卡中的款项不是银行占有，而是持卡人占有，因为持卡人可以随时取出卡内的款项，持有银行卡与持有货币并无实质上的区分。对于以上两种观点，我赞同持卡人占有说。我国刑法第196条第3款规定："盗窃信用卡并使用的，按照本法第二百六十四条的规定定罪处罚。"这里的第264条的规定是指盗窃罪的规定。根据这一规定，行为人窃取信用卡就等于占有了信用卡内的款项，应以此认定为盗窃罪，至于使用行为则是一种不可罚的事后行为。最高人民法院《关于审理盗窃案件具体应用法律若干问题的解释》（现已失效）第10条规定："盗窃信用卡并使用的，以盗窃罪定罪处罚，其盗窃数额应当根据行为人盗窃信用卡后使用的数额认定。"由此可见，盗窃信用卡并使用的，虽然定盗窃罪，但盗窃数额按照使用的数额认定。这里应当指出，刑法中的信用卡与银行法中的信用卡，其含义是有所不同的，而且盗窃信用卡的情况与收受他人的信用卡（即银行卡）也不完全相同，但有些原理是相通的。对于收受银行卡的未遂与既遂以及数额计算问题，应当根据有关刑法理论加以正确认定。

在赵某受贿案中，被告人赵某收受的是行贿人魏某以自己名义开户的银行卡，卡内存有美元、港币和人民币若干，银行卡及密码被交给赵某使用。案发时，魏某已替赵某取出人民币80万元、港币5 000元，卡内尚有未支取的美元85 180.12元、港币544 078.30（部分港币兑换成人民币）、人民币1 207 951.54

元。在此，涉及的第一个问题是收受以魏某的名义开户的银行卡是否属于受贿罪。之所以提出这个疑问，原因在于：银行卡是以他人名义开户的，从法律上来说，卡内的款项是归开户人所有的，收受这样的银行卡是否已经将他人的财物转变为本人财物？根据持卡人占有说，只要对银行卡内的款项具有完全的支配权，例如掌握密码、可以随时提取等，则无论持卡人是否为银行卡的名义人，都应当认定为占有了银行卡内的款项。那么，如何看待案发时银行卡内尚未取出的部分款项？能否将其认定为受贿未遂的数额，或者参照关于盗窃罪司法解释的规定，认为其属于未使用部分，不计入受贿数额呢？对于这个问题，我认为不能简单地引用有关盗窃信用卡的数额计算的司法解释，因为盗窃信用卡的数额计算与收受银行卡的数额计算还是有所不同的。盗窃信用卡的，对于未使用部分，可以视为尚未对信用卡所有人造成财产损失，因而可以不计入盗窃数额。但在收受银行卡的受贿案件中，银行卡是名义人主动交付的，该交付行为可以视为银行卡内的款项的所有关系转移的标志，因而即使没有将款项从银行卡中取走，也应视为受贿数额，并且属于受贿罪的既遂而非未遂。对此，最高人民法院、最高人民检察院《关于办理商业贿赂刑事案件适用法律若干问题的意见》第8条规定：“收受银行卡的，不论受贿人是否实际取出或者消费，卡内的存款数额一般应全额认定为受贿数额。使用银行卡透支的，如果由给予银行卡的一方承担还款责任，透支数额也应当认定为受贿数额。”根据这一司法解释的规定，赵某应当对魏某以其名义开立的银行卡内的所有数额，无论是已经取出还是尚未取出的数额，承担受贿罪既遂的刑事责任。

杨某受贿案

2002年春节前至2008年4月初，被告人杨某在担任阜宁县经济体制改革办公室主任、阜宁县产权交易中心负责人等职期间，利用职务之便，多次将阜宁县产权交易中心保管的资金借给江苏富建集团有限公司及其下属单位从事经营活动。2006年上半年，被告人杨某以女儿在盐城中学读书为由，请江苏富建集团有限公司董事长姜某帮助其在盐城市区购买房屋。经姜某与江苏亨达房地产开发有限责任公司（以下简称亨达公司）联系，亨达公司同意在被告人杨某缴纳部分房款后，将房屋交付给被告人杨某，其余房款由姜某结算。2006年12月份，在被告人杨某以其妻李某的名义向亨达公司缴纳人民币140 000元后，亨达公司即将该公司在盐城市区开发的价值人民币318 815.5元的青年苑6号楼206室住房1套及车库交付给被告人杨某，被告人杨某对该房进行了装修并入住。

阜宁县人民检察院指控被告人杨某犯受贿暨挪用公款罪，于2008年12月5日向阜宁县人民法院提起公诉。

阜宁县人民法院认为：被告人杨某利用职务上的便利，非法收受他人财物，并为他人谋取利益；且利用职务上的便利，擅自挪用公款归个人进行营利活动，情节严重，其行为已触犯刑律，构成受贿罪暨挪用公款罪。遂依照有关法律规定，判决如下：（1）被告人杨某犯受贿罪，判处有期徒刑10年，并处没收财产人民币6万元；犯挪用公款罪，判处有期徒刑7年；决定执行有期徒刑15年，并处没收财产人民币6万元。（2）依法没收被告人杨某已退出的受贿犯罪所得，上缴国库；继续追缴被告人杨某的其他受贿犯罪所得，上缴国库。

一审宣判后，被告人杨某不服，向盐城市中级人民法院提起上诉称：原审认定收受姜某贿送的房屋差价款证据不足，不应认定为受贿。

盐城市中级人民法院认为：原判决认定事实的证据均经原审法院庭审，来源合法，内容真实，相互印证。遂判决：驳回上诉，维持原判。

在司法实践中，收受房屋、汽车等需要进行权属登记的物品的案件如何区分未遂与既遂，也是一个较为突出的问题。房屋、汽车等物品不同于一般财物，一般的财物除非另有约定的，按照占有即所有的原则加以认定，也就是说，只要占有某一物品，除非存在借用关系，一般可以认定为所有。因此，在收受一般财物构成受贿的案件中，只要国家工作人员非法收受了他人财物，不能证明存在借用关系的，就应认为财物所有权发生了转移，受贿罪就应当视为既遂。但在收受房屋、汽车等需要进行权属登记的物品的案件中，如果办理了权属变更，应当认定为已经收受了该财物，并认定为收受既遂。这是没有问题的。如果国家工作人员已经占有房屋、汽车等物品，但并未进行权属变更登记，即房屋、汽车仍在他人名下而不在国家工作人员名下的，按照物权法的一般理论，对这些物品按照登记来确定权属：登记在谁的名下就是谁所有。因此，如果国家工作人员虽然占有（通常是指实际控制使用）这些物品，那么就仅具有使用权，并不具有所有权。在国家工作人员辩解为借用的情形下，这种行为往往被认定为一种民事法律关系而不构成受贿罪。2007 年《意见》第 8 条第 1 条规定："国家工作人员利用职务上的便利为请托人谋取利益，收受请托人房屋、汽车等物品，未变更权属登记或者借用他人名义办理权属变更登记的，不影响受贿的认定。"根据上述司法解释，收受房屋、汽车等以登记作为所有权转移的认定标志的物品，同样可以认定为受贿行为。应该说，这一司法解释的规定对行为作了实质判断。这对于严厉惩治腐败当然是具有积极意义的。但与此同时带来一个问题：这种收受房屋、汽车等物品的行为构成受贿罪没有问题，那么到底是认定为受贿未遂还是受贿既遂？对此，在刑法理论上是存在争议的。关于这个问题，在上述司法解释中并没有明确规定。上述司法解释只是规定这种情形"不影响受贿的认定"，但认定为未遂还是既遂都属于认定为受贿。在这种情况下，就应当根据受贿罪的构成要件进行分析。

我认为，收受房屋、汽车等物品而未办理权属变更登记的，应当认定为受贿罪的未遂而不是既遂。由物权法上的登记制度所决定，房屋、汽车等物品的权属是否登记在收受者的名下，对其权利行使是会有较大影响的，因而将这种收受物品的行为认定为受贿性质，同时以未遂论处，是符合法理的。

回到杨某受贿案：杨某授意姜某帮助其在亨达公司购房，商定在被告人杨某缴纳部分房款后，将房屋交付给被告人杨某，其余房款由姜某结算。在本案中，首先涉及的一个问题是：杨某收受的到底是房屋还是购房款？如果收受的是房屋，才有房屋未过户到杨某的名下是否属于受贿罪的未遂的问题。如果收受的是购房款，则只要姜某代为结算，杨某受贿就是既遂。从本案的情况来看，我认为杨某收受的不是房屋而是剩余的购房款（178 815.5 元）。应当指出，剩余的购房款和差价不是同一个概念：差价是指房价与低价之间的价差，而剩余的购房款则是购房款中除去已经支付部分，剩下的还应交付部分。在本案中，杨某授意姜某为其在亨达公司购房，价格为 318 815.5 元。在上述购房款中，杨志祥只缴纳了

140 000元，剩余的178 815.5元由姜某结算。在这种情况下，缴纳剩余购房款的义务就转移给姜某。由于这一约定是亨达公司同意的，因而在亨达公司与姜某之间发生了178 815.5元的债务关系。对于杨某来说已经不再需要缴纳剩余的购房款，因而其受贿罪属于既遂。

在司法实践中，还存在着一种情形，即约定收受财物，但财物的占有并没有转移给国家工作人员。对此，是否能够认定为受贿罪的既遂？

王某受贿案

1991年10月至2007年3月，被告人王某在担任亳县“古井”酒厂厂长、亳州“古井”酒厂（原亳县“古井”酒厂）厂长、安徽“古井”集团有限责任公司（以下简称“古井”集团）董事长兼总裁期间，利用职务之便，为他人谋取或承诺谋取利益，先后69次非法收受李某等20人的钱财，共计人民币507万元、美元67.694 2万元及港币5万元。

安徽省宿州市人民检察院以被告人犯受贿罪向安徽省宿州市中级人民法院提起公诉。

被告人王某对公诉机关指控其收受贿赂的犯罪事实不持异议，但当庭提出未实际收到李某承诺的美元55.194 2万元，要求法庭对该项事实的性质给予准确认定。

安徽省宿州市中级人民法院经审理认为：被告人王某承诺收受李某“好处费”美元55.194 2万元的行为应认定为受贿既遂。根据王某的供述和李某的证言，二人在事前约定了收受“好处费”一事，每年年底李某均按照约定计算出“好处费”，并将计提的“好处费”具体数额告诉王某，多次表示王某可使用该款或将钱兑现给王。应王某的要求，为帮助王某的儿子王乙完成存款任务，李某还以自己和陶某名义将美元15.1万元存入王乙工作的L银行，并告诉王某以后可直接变更户名，存入银行的钱算作兑现给王的部分“好处费”，王某表示同意。这样，李某成为“古井”集团的基础酒供应商。由此可见，李某对王某并不仅仅是一种虚假承诺，王某随时都可兑现此笔“好处费”。该款在案发时虽未转入王某的账户，但并不影响王某对该款的控制。因此，王某承诺收受贿赂的行为已达到既遂状态。

被告人王某身为国家工作人员，在担任原亳县“古井”酒厂厂长、亳州“古井”酒厂厂长、“古井”集团董事长兼总裁期间，利用职务之便，为李某、潘某、陈某、申某、白某、杨某等20人在原材料采购、合股经营、企业收购、企业经营、资金拆借、广告承揽等方面谋取或承诺谋取利益，非法收受李某等20人贿赂共计507万元、美元67.6942万元、港币5万元，其行为已构成受贿罪。公诉机关指控被告人王某受贿的事实清楚，证据确实、充分，指控的罪名成立。鉴于被告人王某在办案单位办案期间主动交代纪检机关已掌握的同种罪行，在检察机关立案侦查阶段和本院审理阶段认罪、悔罪态度较好，能够积极配合组织动员家人退回涉案赃款，可对其酌情从轻处罚。

安徽省宿州市中级人民法院依照《中华人民共和国刑法》第十二条第一款、第六十一条、第一百六十三条第三款、第三百八十五条第一款、第三百八十六条、第三百八十三条第一款（一）项、第二款、第五十七条第一款、第九十三条第二款、第六十四条，以及《最高人民法院关于处理自首和立功具体应用法律若干问题的解释》第四条之规定，判决如下：(1) 被告人王某犯受贿罪，判处无期徒刑，剥夺政治权利终身，并处没收个人全部财产。(2) 被告人王某违法所得人民币507万元、美元67.6942万元、港币5万元予以追缴，上缴国库。

一审宣判后，被告人王某不服，向安徽省高级人民法院提出上诉。王某及其辩护人提出：王某承诺收受李某的美元55.1942万元不构成受贿；王主动交代受贿的主要犯罪事实并一直供认，应系自首，原判量刑过重。

安徽省高级人民法院经审理认为：上诉人王某在担任原亳县“古井”酒厂厂长、亳州“古井”酒厂厂长、“古井”集团董事长兼总裁期间，利用职务之便，为他人谋取利益，非法收受李某等20人贿赂共计507万元、美元67.6942万元、港币5万元，其行为构成受贿罪，应依法惩处。关于王某及其辩护人提出的王某承诺收受李某的美元55.1942万元不构成受贿的上诉理由和辩护意见，经查，自王某承诺收受李某给予的“回扣”的8年中，李某每到年终均根据其酒厂供应“古井”集团的原浆酒数量，按照与王约定的标准计算出“回扣”金额，从其厂里“内账”上将该款提出，兑换成美元后存入李或李家人的个人账户上，并逐年将美元的具体数额向王报告，申明王能够随时转存、使用，王均予以接受。同时，李某也如愿成为“古井”集团的独家原浆酒供应商。从犯罪构成来看，王某受贿55.1942万美元已经实行完毕，并达到既遂状态。至于王某尚未将该款转入其账户，并不影响王某已经实际占有、控制该款的事实。原审判决认定事实清楚，证据确实、充分，定罪准确，量刑适当，审判程序合法。遂依照《中华人民共和国刑事诉讼法》第一百八十九条第（一）项之规定，裁定：驳回上诉，维持原判。

对王某口头承诺收受李某“好处费”美元55.1942万元的行为应如何定性是本案的定性争议焦点。在本案审理过程中对此有四种观点：

第一种观点认为，口头承诺收受的“好处费”美元55.1942万元，不构成受贿罪。理由是：此55.1942万美元是李某与王某达成的口头协议，王某答应收受该款并为李某谋取了利益已查证属实，但该款至案发前一直没有交付给王某。受贿罪是结果犯，应当以特定危害结果的发生为构成要件，即受贿人必须是收受了他人贿赂，并且该贿赂物由行贿人转移到受贿人一方。如果财物没有发生转移，特定的危害结果就没有发生，受贿罪的构成要件就不具备，受贿罪就不能成立。第二种观点认为，口头承诺收受的“好处费”美元55.1942万元中的15.1万元构成受贿罪（未遂）。理由是：李某以自己和陶某名义将美元15.1万元存入王某儿子王乙工作的L银行，并告诉王某以后直接变更户名，存入银行的钱算作兑现给王的部分“好处费”，王某表示同意。可见，对于此笔钱款王某已在受贿犯罪的过程中，后因其意志以外的原因未能实际收受，其行为应构成受贿罪（未遂）。对于其余部分钱款，李某虽向王某作出承诺，但王某是否能够实际收受具有不确定性，王某并未处于受贿犯罪的过程中，故不应将此数额计入受贿数额。第三种观点认为，口头承诺收受的“好处费”美元55.1942万元构成受贿罪（未遂）。理由是：李某对王某计提的“好处费”并不仅仅是一种虚假承诺，后因其意志以外的原因，王某未能实际收受到，其行为应构成受贿罪（未遂）。第四种观点认为，口头承诺收受的“好处费”美元55.1942万元构成受贿罪（既遂）。理由是：

李某对王某并不仅仅是一种虚假承诺，王某随时都可兑现此笔“好处费”。该款在案发时虽未转入王某的账户，但并不影响王某对该款的占有、控制。因此，王某承诺收受贿赂的行为已达到既遂状态。

裁判理由认为：

王某口头承诺收受李某“好处费”美元55.1942万元的行为构成受贿罪。本案的关键是判断王某口头承诺收受李某“好处费”美元55.1942万元的行为是否属于受贿罪构成要件中的“非法收受他人财物”。口头承诺收受有别于普通的收受行为，其更加隐蔽，给打击职务犯罪带来新的挑战，也给我们准确定罪量刑提出新课题。口头承诺收受钱款的行为属于“非法收受”行为，能构成受贿罪。理由如下：(1)《现代汉语词典》中对“收受”的解释是“接受、收取”。可见，《刑法》中对受贿罪的表述中的“收受他人财物”既包括收下他人送的财物，也包括对他人送的财物不拒收。本案中王某对李某每年报送的钱款及对钱款的处置均同意，可见王明知收受此钱款是不廉洁的行为而并不拒收，是符合受贿罪犯罪构成表述中“非法收受”情形的。(2)该承诺为真实意思的表示。结合本案具体案情，王某愿意接收李某所给付的“好处费”，接收“好处费”是王真实意思的表示。从给付者来说，也是其真实意思的表示。李某为了长期向“古井”集团供应基础酒，是愿意给付这笔“好处费”的。(3)口头承诺背后双方都有具体行为。从此案的全过程来看，在该笔钱款的来源、计提的标准、存放地点等方面双方都事前约定好或事后达成一致意见。根据王某的供述和李某的证言，二人在事前约定了收受“好处费”一事。李某8年间每年都按约定的标准计算出计提的具体数额，并且把每年的计提数额记录在笔记本上，把该款从公司“内账”中提出，兑换成美元后存到自己或自己家人的个人账户，向王某汇报该款数额，听从王对该钱款的安排，并按王的意思办理。王某对李某每年计提的钱数以及处理方式均表示接受，并且指示李某动用其中的15.1万美元，帮助儿子王乙完成存款任务。(4)承诺收受该“好处费”有相应的对价，即王某利用自己职务的便利，使李某的公司能够长期向“古井”集团供应基础酒，为李某的公司谋取了巨大利益。综上所述，王某承诺收受财物的行为实质上是一种权钱交易的行为，符合受贿罪的客观构成要件。

对于以上所述口头承诺收受财物等同于收受财物，因此具备受贿罪的构成要件行为的论断，我认为是难以成立的。这里涉及对收受财物型受贿罪的构成要件行为的理解。这里的构成要件行为当然是收受行为，只有着手收受财物，该收受财物行为才进入实行阶段。裁判理由把不拒收理解为收受，实际上是采取了不作为的论证进路。那么，收受是否存在不作为呢？如果他人在国家工作人员不知情的情况下将贿赂款打入国家工作人员的账户，国家工作人员知情以后不退还的，认定为不作为的收受还有一点道理。但本案中，他人向国家工作人员承诺给予财物或者保存财物，但并没有实际交付，国家工作人员也没有占有财物，收受财物行为并未着手。承诺收受财物只是收受财物的预备行为，而不是收受财物的实行行为。以上裁判理由通过论证承诺收受财物具有收受财物的性质来认定承诺收受财物就是收受财物的行为，而没有考虑行为的阶段。这是不符合逻辑的。其实，日本对于受贿犯罪，根据行为阶段的不同，设立了具有衔接性的罪名，包括要求贿赂罪、期约贿赂罪和收受贿赂罪。相应地，行贿罪分为行求贿赂罪、期约贿赂罪和交付贿赂罪。在这种情况下，没有受贿罪的预备和未遂之分，根据贿赂行为发展的不同阶段认定为不同罪名，而低级阶段的罪名被高级阶段的罪名所吸收。但我国刑法对受贿行为的描述，分为索取和收受，并没有区分不同阶段。因此，我国刑法中的受贿罪仍然存在预备和未遂之分。以上裁判理由将承诺收受财物而并未实际收受财物的情形认定为受贿罪的实行行为，是违反犯罪实行行为的一般原理的。

在论证了王甲口头承诺收受李某“好处费”美元55.194 2万元的行为构成受贿罪的前提下，裁判理由接着论证承诺收受财物是受贿罪的既遂：

对贿赂财物的控制是判断构成受贿罪既遂还是未遂的标准。在“丧失说”“占有说”和“控制说”三种判断标准中，我们采用“控制说”的标准判断受贿罪既遂与未遂。所谓控制是指对财物的支配、处分的能力，它不同于对财物的占有、使用或者收益。所以即便行为人对财物没有占有、使用或者得到收益，但只要他拥有对财物支配、处分的能力，我们就认为他拥有对该财物的控制权。原因一：《刑法》规定“索取他人财物的，或者非法收受他人财物”的行为实施者是“国家工作人员”，而不是行贿者。所以，认定受贿既遂的标准应以受贿者对财物的控制为标准，而不应以行贿者对财物丧失控制为准。原因二：把“索取他人财物的，或者非法收受他人财物”理解为财物被受贿者控制，实践中便于操作。原因三：如果以实际占有为标准来认定受贿未遂，无形之中会放纵犯罪。

在以上裁判理由中，对控制与占有进行了区分，认为控制不同于占有。但裁判理由对控制内容的描述是对财物的支配和处分，这不正是占有的要素吗？很难想象，对财物的控制和支配不以占有为前提。裁判理由认为，从每年年底李某向王汇报每年的提成，听从王对该钱款的安排，并且王指示李某动用其中的15.1万美元为王的儿子完成存款任务等各种行为，结合王某自身所处的地位、所拥有的职权以及由此而产生的各种有利条件，行贿者与受贿者之间的利害关系及行贿者的具体行为等因素综合分析，王某已具有对该款的控制权。虽该款在案发时未转入王某的账户，但并不影响王某对该款的控制。我认为，这种说法是值得商榷的。

在没有占有贿赂款的情况下，仅仅根据约定认定为受贿既遂，我认为并不符合刑法关于犯罪未遂的规定，这是值得研究的。

（五）受贿罪的共犯

受贿罪是身份犯，其主体是国家工作人员，非国家工作人员不能单独构成该罪。但国家工作人员与非国家工作人员勾结，共同利用国家工作人员职务上的便利索取他人财物或者非法收受他人财物的，对非国家工作人员应该以受贿罪的共犯论处。在受贿罪的共犯中，国家工作人员的亲属在什么情况下可以构成受贿罪的共犯，是一个值得研究的问题。

在现实生活中，国家工作人员的家往往成为交付贿赂的一个主要场所，于是，国家工作人员的家属在许多情况下就成为贿赂的接受者。那么，国家工作人员的亲属接收财物的，在什么情况下可以构成受贿罪的共犯呢？国家工作人员的家属不能因为明知国家工作人员收受财物而不加以阻止，共同享受贿赂物，就构成受贿共犯。受贿罪的共犯必须在国家工作人员收受财物中起到了策划、唆使或者帮助等作用，即参与了国家工作人员收受贿赂的活动。这种活动主要表现为与国家工作人员商议收受贿赂，积极出谋划策，传递信息，沟通关系并收受财物，帮助国家工作人员向行贿人索要财物，诱导、劝说、催促甚至威逼国家工作人员索取财物，致使国家工作人员产生受贿犯罪的故意并实施受贿行为，等等。家庭成员代请托人转达请托事项，国家工作人员明知收受了请托人的财物，仍按家庭成员的要求实施职务行为的，应认定为受贿罪，对家庭成员以收受贿赂罪的共犯论处。如果家庭成员没有以上行为，只是明知其收受了贿赂而与之共享，属于知情不举，不构成受贿罪的共犯。因此，国家工作人员亲属构成国家工作人员受贿罪的共犯，必须具备以下两个方面的条件：一是要有促成国家工作人员受贿的客观行为。根据2003年《纪要》的规定，这里的客观行为表现为：国家工作人员的近亲属向国家工作人员代为转达请托事项，收受请托人财物并告知该国家工作人员。

另外，与国家工作人员没有财产共有关系，而与国家工作人员相勾结，由国家工作人员利用职务上的便利为他人谋取利益，双方共同收受并占有请托人财物的，构成受贿罪的共犯。与国家工作人员没有财产共有关系，而与国家工作人员相勾结，促使行贿人向国家工作人员行贿，但没有与国家工作人员共同占有请托人财物的，不能以受贿罪的共犯论处，构成其他罪的，以其他罪论罪处罚。这里的“与国家工作人员没有财产共有关系”，实际上就是指国家工作人员的情妇。这种情况现在比较普遍。如果与国家工作人员没有财产共有关系的情妇占有了这种财物，国家工作人员是否构成受贿罪？如果双方共同占有，可以构成受贿罪，成克杰的案件就是如此。成克杰收受的贿赂款几千万元都是由其情妇李某在保管，为什么能说成克杰构成受贿？因为他们之间有约定，将来结婚共同来享受这个财产，因此尽管财产在李某保管之下，但是由双方共同享有，因此可以认定他们两人构成受贿罪的共犯。但是如果财物全部归了情妇，国家工作人员并没有实际获得，国家工作人员是否需要对财物负责？这个问题就比较复杂，司法实践中分歧很大。前几年一个高官的受贿案件中有一笔两百多万元的购房款，行贿人交给了被告人的情妇，被告人也知道，就让她用于购买房屋。那么，这两百多万元能不能构成国家工作人员的受贿罪？最高人民法院两次征求意见来讨论这个问题：一次向5位刑法专家，一次向各省高级人民法院主管刑事审判的副院长。最后分歧很大。我认为是构成受贿罪的：行贿人之所以把钱给情妇主要还是冲着被告人来的。被告人也知道把钱给情妇了，因此是对财产的一种处分。但在5位专家里面，有3位反对、2位赞同；在5位副院长里面，有2位反对、3位赞同。意见分歧很大。最后最高人民法院出于谨慎对这个案件中的两百多万元还是没有认定。在这个案件中，房子产权肯定落在情妇名下，但能否认定是被告人收受贿赂存在疑问。因此，在没有财产共有关系的情况下，如何认定是否成立受贿、是否构成共犯，是一个相当复杂的问题。

（六）受贿罪的罪数

国家工作人员收受财物为他人谋取利益的行为往往又触犯其他罪名，因而构成牵连犯。1988年全国人大常委会《关于惩治贪污罪贿赂罪的补充规定》中规定，因受贿而违反规定构成其他犯罪的，应当实行数罪并罚。受贿以后挪用公款归他人使用就涉及受贿罪和挪用公款罪的牵连。在现行刑法中没有这样的规定，因此刑法理论上对这种情况是否应该数罪并罚还存在争议，但在司法实践中，对这种牵连犯通常实行并罚。

（七）受贿罪与非国家工作人员受贿罪的区分

非国家工作人员受贿罪和受贿罪的区分主要是主体的不同。如果主体是国家工作人员，那就应该构成受贿罪；如果是公司、企业、其他单位人员索取、收受财物，就应该构成非国家工作人员受贿罪。在一般情况下，国家工作人员与非国家工作人员之间的界限是很清晰的。但在某些情况下，两者之间区分起来就有相当的难度。例如，如何区分国家出资企业中的国家工作人员和非国家工作人员，就是一个较为复杂的问题。对此，2010年最高人民法院、最高人民检察院《关于办理国家出资企业中职务犯罪案件具体应用法律若干问题的意见》（以下简称2010年《意见》）规定，经国家出资企业中负有管理、监督国有资产职责的组织批准或者研究决定，代表其在国有控股、参股公司及其分支机构中从事组织、领导、监督、经营、管理工作的人员，属于国家工作人员。这一规定对于区分国家出资企业中的国家工作人员与非国家工作人员具有重要意义，也是区分受贿罪和非国家工作人员受贿罪的法律根据。

宋某非国家工作人员受贿案

2009年年底至2012年8月，被告人宋某在担任上海国际港务（集团）股份有限公司（以下简称上港集团）生产业务部生产调度室副经理、经理期间，利用负责上港集团下属港区码头货物装卸、船舶到港、浮吊作业计划分配、调度和管理等职务便利，先后多次收受上海铨兴物流有限公司负责人丁某给予的价值人民币1.5万元的联华OK消费积点卡及LV皮包1只，收受上海顶晟国际货物运输代理有限公司负责人陈某给予的现金20万元。上述收受的消费积点卡、贿赂款共计价值21.5万元，均被宋某用于个人消费。

另查明，上港集团于2005年改制为国有控股、中外合资的股份有限公司，并于2006年10月在上海证券交易所上市。上港集团的高层领导列入上级领导部门管理范围；集团总部部门领导的任命，由集团人事组织部根据相关规定，向集团领导部门提出任用人选，经集团领导部门扩大会议讨论同意，然后发文任命。同时，按照上港集团的公司章程，公司员工的聘用和解聘，由公司总裁决定。宋某在上港集团生产业务部下设的生产调度室从主管到副经理、经理的职务变动，均由其上级部门领导个人提出聘任意见，由人事组织部审核后，由公司总裁在总部机关职工岗位变动审批表上签署同意意见即成，无须经过人事组织部提名、领导部门扩大会议讨论决定的程序。

上海市虹口区人民法院认为：被告人宋某身为上港集团工作人员，利用职务上的便利，非法收受他人财物，为他人谋取利益，数额巨大，其行为构成非国家工作人员受贿罪。上海市虹口区人民检察院指控宋某犯罪的事实清楚，但是指控的罪名不当，应予纠正。宋某具有自首情节，且在家属帮助下退缴全部赃款，确有悔罪表现，可以减轻处罚并适用缓刑。关于宋某提出的非国家工作人员的辩解以及其辩护人提出的宋某不构成受贿罪、请求从宽处罚并适用缓刑的辩护意见，有事实及法律依据，应予采纳。据此，依照《中华人民共和国刑法》第一百六十三条第一款，第六十七条第一款，第七十二条第一款、第三款，第六十四条之规定，判决如下：被告人宋某犯非国家工作人员受贿罪，判处有期徒刑 3 年，缓刑 4 年，并处没收财产人民币 3 万元；退缴的赃款予以没收。

一审宣判后，被告人宋某未提起上诉，检察机关亦未抗诉，该判决已发生法律效力。

在宋某案的定性上，检察机关指控的罪名是受贿罪，但法院却以非国家工作人员受贿罪定罪。由此可见，检法两家在该案的定罪上存在分歧，这种分歧主要来自于对宋某身份的认定上，即宋某到底是否属于国家工作人员。

在宋某案中，其所任职的上港集团属于国家出资企业，这是没有问题的。在 2010 年《意见》颁布之前，上港集团可以定性为非国有公司。对于非国有公司的国家工作人员的认定，就在于其是否属于受委派从事公务的人员。从宋某任职的具体情况来看，宋某不存在委派关系，这也是明确的。因此，宋某会极为容易地被认定为非国家工作人员。但在 2010 年《意见》颁布以后，宋某是否属于国家工作人员这个问题就变得比较复杂。检察机关将宋某认定为国家工作人员，其实是在一定程度上把国家出资企业等同于国有企业，因此，只要是在国家出资企业中任职的人员，都属于国家工作人员。显然，这种理解不适当地扩大了国家出资企业中的国家工作人员的范围。这样理解的话，则国家出资企业中的管理人员基本上都会被认定为国家工作人员，因为，除了经国家机关、国有公司、企业、事业单位提名、推荐、任命、批准等，在国有控股、参股公司及其分支机构中从事公务的人员以外，其他人员都是国家出资企业的股东会、董事会、监事会任命的。但是，2010 年《意见》并没有把所有在国家出资企业任职的人员都界定为国家工作人员，而是把是否经国家出资企业中负有管理、监督国有资产职责的组织批准或者研究决定而在国家出资企业中担任职务，作为国家出资企业中国家工作人员与非国家工作人员区分的标准：凡是经国家出资企业中负有管理、监督国有资产职责的组织批准或者研究决定而在国家出资企业中担任职务的，就是国家工作人员，否则，就是非国家工作人员。在国家出资企业中，股东会、董事会、监事会作为国家出资企业中的决策部门、执行部门和监督部门，要对整个企业的资产承担经营责任，并不只是对国有资产负有管理、监督职责，因此其所任命的人员，如果未经国家出资企业中负有管理、监督国有资产职责的组织批准或者研究决定，则不能被认定为国家工作人员。宋某案的裁判理由在论及宋某不具有国家工作人员的身份时指出：

股东会、董事会、监事会等都不是负有管理、监督国有资产职责的组织，总裁更不能被认定为上述组织，其对宋某的任命是基于其代表股份公司行使总裁职权，而非代表负有管理、监督国有资产职责的组织行使职权。因此，就宋某而言，其职务的任命并不具有“经国家出资企业中负有管理、监督国有资产职责的组织批准或者研究决定”的形式要件。

章某受贿案

交通银行股份有限公司（以下简称交通银行）是国有参股的股份制银行。2003年7月至2012年2月26日，被告人章某系交通银行湖州分行的合同制职工。经交通银行湖州分行党委研究决定，2008年8月至2011年3月，章某担任交通银行湖州新天地支行（以下简称新天地支行）的业务管理经理。2011年3月至2012年2月，章某担任新天地支行行长助理，主要负责公司类客户的营销和日常管理工作，以及公司客户经理队伍的日常管理。2011年2月至9月，章某利用担任新天地支行业务管理经理、行长助理职务上的便利，为李某谋取利益，先后多次非法收受李某贿送的现金，共计人民币（以下未特别注明的均为人民币）49 200元。

湖州市吴兴区人民法院认为：被告人章某身为国家工作人员，利用职务上的便利，非法收受他人财物，为他人谋取利益，其行为构成受贿罪。公诉机关指控的罪名成立，依法应予惩处。章某到案后，能如实供述犯罪事实，且当庭认罪，依法可以从轻处罚。章某已退缴全部赃款，酌情可以从轻处罚。据此，依照《中华人民共和国刑法》第三百八十五条第一款、第三百八十六条、第三百八十三条第一款第（三）项、第九十三条第二款、第六十七条第三款、第六十四条之规定，判决如下：被告人章某犯受贿罪，判处有期徒刑2年6个月。扣押在案的赃款，予以追缴，上缴国库。

一审宣判后，被告人章某未提起上诉，公诉机关亦未抗诉，该判决已发生法律效力。

在该案审理过程中，对被告人章某的行为定性，存在两种不同意见：第一种意见认为：章某的行为构成非国家工作人员受贿罪。根据刑法第93条、2001年最高人民法院《关于在国有资本控股、参股的股份有限公司中从事管理工作的人员利用职务便利非法占有本公司财物如何定罪问题的批复》，以及2005年最高人民法院《关于如何认定国有控股、参股股份有限公司中的国有公司、企业人员的解释》的规定，交通银行系国有资本参股的股份有限公司，不属于国有公司，而且章某与交通银行湖州分行签订的是聘用合同，二者之间系劳动合同关系，故章某既不属于国家机关中从事公务的人员，亦不属于受委派的人员，不能认定为国家工作人员。章某利用职务之便收受他人财物，为他人谋取利益的行为，构成非国家工作人员受贿罪。第二种意见认为：章某的行为构成受贿罪。2010年《意见》规定："经国家出资企业中负有管理、监督国有资产职责的组织批准或者研究决定，代表其在国有控股、参股公司及其分支机构中从事组织、领导、监督、经营、管理工作的人员，应当认定为国家工作人员。"章某经交通银行湖州分行党委研究决定，先后担任新天地支行的业务管理经理、行长助理的职务，其工作内容主要是通过对贷款客户的调查、贷款的申报，以及贷款发放后的监控与实地查访，对国有财产进行监督、经营、管理。被告人章某属于国家工作人员，其利用职务之便，收受他人财物，为他人谋取利益的行为，构成受贿罪。

以上两种意见的争议，其实是新旧司法解释之争，因此，严格来说，无所谓对错。因为，在2010年《意见》颁布之前，按照2001年《批复》和2005年《解释》的规定，章某确实应当认定为非国家工作人员。但在2010年《意见》颁布以后，根据其第6条的规定，是否属于国家出资企业中的国家工作人员，就应当重新界定。从该案的实际情况来看，虽然章某系合同制聘用的人员，但其担任经理、行长助理的管理职务，是经党委研究决定的，因此，其具备了国家出资企业国家工作人员的第一个要件，即经国家出资企业中负有管理、监督国有资产职责的组织批准或者研究决定。这是没有疑问的。现在的问题是：是否符合国家出资企业国家工作人员的第二个要件，即代表其在国有控股、参股公司及其分支机构中从事组织、领导、监督、经营、管理工作？相关人员把这个要件分解为代表性和公务性两个要素。关于代表性，相关人员指出：有无代表性是认定委派来源的一个内含要件。虽经有关组织研究决定，但任职与该组织没有必然联系，被委派人对该组织亦无职责、义务关系的，不应认定为国家工作人员。关于公务性，相关人员指出：国家出资企业的公务活动主要体现为国有资产的组织、领导、监督、经营、管理活动，企业中的具体事务活动一般不应当被认定为公务。应该说，这个界定还是十分严格的。但是，在具体案件中，所谓代表性和公务性能否起到界分作用，还是值得讨论的。就代表性而言，是指代表党委在国家出资企业对国有资产进行管理、监督，使之增值、保值。这种代表性，主要表现为其所担任的职务。只要是经国家出资企业党委或者联席会研究决定或者批准担任某项职务的，一般来说都会被认定为国家出资企业国家工作人员。因此，代表性这一要素的界分功能其实是极弱的，甚至根本就没有这种界分功能。就公务性而言，是指在国家出资企业中从事公务活动。公务本来不仅是与劳务相区分的一个概念，而且是与国家管理活动相联系的一个概念。国家工作人员不仅在从事工作的内容上具有非劳务性，而且在从事工作的性质上具有国家性。因此，公务的概念对于定义国家工作人员的主体身份具有一定的意义。但是，随着1997年刑法关于国家工作人员的概念中出现了受委派从事公务的内容，更强调的是委派的形式，从事公务这一内容只是保留了与劳务的区别性，国家性被虚化了。例如，国家机关、国有公司、企业、事业单位、人民团体委派到非国有公司、企业、事业单位、社会团体从事公务的人员，这里所谓从事公务只是指非劳务的管理活动，包括会计、出纳等。同样是会计、出纳，如果是受委派的人员，其会计、出纳工作就被认为是公务；如果不是受委派的人员，而是非国有单位自身聘任的会计、出纳，就会被认为不是从事公务。因此，对于这种情况下的受委派从事公务的国家工作人员的认定而言，根本标志在于受委派而不是从事活动的性质。

在章某案中，其担任交通银行湖州新天地支行业务管理经理、行长助理，职责是负责公司类客户的营销和日常管理工作，以及公司客户经理队伍的日常管理。这些业务活动可以说是银行的普通业务。不仅在国有出资银行存在这种业务，而且在其他任何银行都存在这种业务。在宋某案中，其裁判理由将所谓公务活动区分为公司性公务和国家性公务，并且认为："行为人的身份如果符合形式要件，即经国家出资企业中负有管理、监督职责的组织批准或者研究决定，即使从事的是公司性的公务，也应以国家工作人员从事公务论。"因此，对于公务性这一要件来说，是不需要专门加以考察的，只要区别于劳务性活动即可。但在章某案中，其裁判理由对于从事管理活动与公务的相关性进行了以下论述："实践中，国家出资企业中的受委派人员本质上往往存在两种身份的融合，即国家工作人员身份和公司管理人员身份，身份的融合也随之导致工作性质的融合，换言之，受委派人员在国家出资企业中不仅要从事最本质的公务性工作，也要从事一般的事务性工作。本案中，章某作为新天地支行的业务管理经理和行长助理，其工作职责可以分为两部分：一部分是对客户经理的日常考核和管理，以及协助行长从事一般的管理工作，该部分工作可以理解为一般的事务性工作。另一部分则是其工作的重点，即对贷款的审查和监督，通过对贷款客户进行评估和初审等贷前审查，确定贷款客户的经济状况和信誉度，再将贷款申报到授信部和审贷会进行最终的贷款审批。章某在供述中也提到，通常情况下，只要贷款客户能够通过其负责的贷前审查，基本上都是可以通过贷款审批取得贷款的，而如果贷款客户经济状况较差，其也会在调查报告中帮助企业作出相应的调整，使企业能够贷到款。行贿人之所以送予其财物主要是为了得到其关照和帮助，能够顺利取得贷款。章某在贷款客户审批通过之后，再根据贷款通知书具体和企业进行放贷操作，并在贷款发放后，通过对贷款的贷后监控与实地查访，考察贷款客户的经济状况是否正常稳定，以确保国有资产的保值增值。章某对贷款审查和监管的工作职责属于对国有资产的管理、监督，属于'从事公务'，系代表委派组织从事监督、经营、管理工作，符合国家工作人员的本质要求。"以上论证将章某的工作分为两部分：一是日常管理活动，认为这属于事务性的活动；二是对贷款审查和监管活动，认为这属于公务性的活动。但就活动的内容来说，不仅国家出资银行存在对贷款审查和监管的活动，而且其他具有发放贷款业务的银行都存在这种对贷款审查和监管的活动。劳务活动相区分的意义上，可以认其为公务活动。决定其具有确保国有资产的保值增值这一性质的，不是这种活动本身，而是国家出资银行这一性质。由此可见，所谓代表性是从国家出资企业这一单位性质获得的，而不是从管理活动的性质获得的。

（八）受贿罪与单位受贿罪的区分

单位受贿罪是指国家机关、国有公司、企业、事业单位、人民团体索取、非法收受财物，为他人谋取利益，情节严重的行为。单位受贿的犯罪行为在实践中也是非常常见的。媒体曾报道：乌鲁木齐铁路运输中级人民法院被指控构成单位受贿，主要的案情是：2000年至2005年，乌鲁木齐铁路运输中级人民法院接受请托，索取、接受相关中介机构财物，为其谋取利益，以拍卖佣金分成、评估作价费分成及感谢费的名义，向乌鲁木齐新发拍卖有限公司等单位索取、收受人民币451万余元。法院作为一个司法机关被指控构成单位受贿罪，引起了很大的反响。单位受贿和个人受贿的主要区分就在于收受的财物是归单位所有还是归个人所有：如果归单位所有，就是单位受贿；如果归个人所有，就是受贿罪。在单位受贿情况下，对单位中的直接负责的主管人员和直接责任人员当然应该按照受贿罪来追究刑事责任。

（九）受贿罪与贪污罪的区分

在一般情况下，受贿罪与贪污罪是容易区分的，因为两罪的客观行为和客体都是不同的：受贿罪是利用职务上的便利，索取或者收受他人财物，为他人谋取利益。因此，受贿罪是收取他人的财物，它所侵犯的是职务行为的不可收买性，但并没有侵犯公共财物的所有权。而贪污罪是利用职务上的便利侵占公共财物，所侵犯的是公共财物的所有权。据此，就可以把受贿罪与贪污罪加以正确的区分。但在有些案件中，国家工作人员收取他人财物为他人谋取利益，利用国家工作人员的职务上的便利骗取公共财物。在这种情况下，对于国家工作人员是定受贿罪，并对他人认定为行贿罪，还是对国家工作人员认定为贪污罪，而对他人认定为贪污罪的共犯？对于这种案件，在司法实践中存在较大的争议。

张某、黄某贪污案

2008年4月，被告人张某在原居住的屋基上新建了四间一层砖混结构房屋。

在房屋粉刷阶段，汶川大地震发生了，但张某新建的房屋没有受到损坏，按国家政策规定张某不能申报为严重受灾户。被告人张某为了能得到国家灾后重建救济款，便找到时任村委会主任的被告人黄某，请其将自己上报为严重受灾户，并承诺所领救济款由双方分。被告人黄某说："我想办法给你报上，只要你们组的村民不反对就行。"同年5月下旬，黄某在该组召开地震受灾情况统计会议时，把张某的情况告知了该组村民。张某同时向村民许诺：事成之后给每户村民买条烟，上级检查时给打个掩护，就说是地震后才修的房。村民们认为："反正不影响自己申报为严重受灾户，给他报上也行。"后被告人黄某把被告人张某列为地震严重受灾户（灾后重建户）上报镇民政办，并通过了验收审核。2008年12月，被告人张某将领取的灾后重建补助款2.025 3万元存入镇信用社，存单由被告人黄某保管。为了不被村民举报，被告人黄某于2009年4月16日才将钱取出，在其家中分给被告人张某灾后重建补助款1.5万元，其本人分得灾后重建补助款5 253元。

案发后，县人民检察院以被告人黄某、张某犯贪污罪向法院提起公诉。

本案被告人张某在向黄某提出骗取国家灾后重建救济款的犯意后，黄某、张某积极策划，虚构事实、隐瞒真相，骗得了国家的救济款。可见，两被告人在共同骗取救济款的犯罪中均起主要作用，均应为主犯。而两被告人骗取救助款的犯罪行为，必须依靠被告人黄某利用协助人民政府从事救济款申请管理工作的职务便利来实现，根据全国人大常委会《关于〈中华人民共和国刑法〉第九十三条第二款的解释》的规定，被告人黄某属于刑法第93条第2款规定的"其他依照法律从事公务的人员"，故其行为应构成职务犯罪，被告人张某应为黄某的共犯。

然而，对于被告人黄某的犯罪行为构成何种职务犯罪却存在两种不同的认识。第一种观点认为，被告人黄某应构成贪污罪。其理由为：从犯罪的客体上看，被告人黄某帮张某骗取救济款的行为，侵犯了国家工作人员的职务廉洁性和国家对救济款的所有权。从犯罪的客观方面来看，被告人黄某存在利用职务上的便利，骗取国家救济款的行为。从犯罪的主观方面来看，被告人黄某明知自己的行为侵犯了职务行为的廉洁性，会发生侵占国家救济款的结果，在心理态度上积极希望并追求这种结果发生。因被告人黄某的犯罪行为符合贪污罪的构成要件，故应成立贪污罪。第二种观点认为，被告人黄某构成受贿罪。其理由为：从犯罪的客体上看，被告人黄某利用其管理救济款申报的职务便利帮助张某骗取救济款，侵犯了国家工作人员的职务廉洁性。从犯罪的客观方面上看，被告人黄某存在利用管理救济款申报的职务之便为张某谋求非法利益，并且收受张某财物的行为。从犯罪的主观方面上看，被告人黄某明知利用职务便利非法收受被告人张某的财物并为张某谋取利益的行为损害国家工作人员的职务廉洁性，其心理态度上仍希望并追求该结果的发生。因被告人黄某的犯罪行为符合受贿罪的构成要件，故应成立受贿罪。

本案涉及贪污罪和受贿罪的区分问题。显然，在本案中，如果黄某的行为被认定为受贿罪，则张某的行为就构成行贿罪。反之，如果黄某的行为构成贪污罪，则张某的行为就构成贪污罪的共犯。对于本案，法院判决认定黄某和张某构成贪污罪的共犯。从客观上来看，类似案件的定性确实存在一定的难度。我认为，对于此类案件，区分的关键还是在于：在共同犯罪中，犯意是谁发起，并且在犯罪中起主要作用？如果是国家工作人员主动提出犯意，并且与他人预谋利用其职务上的便利，骗取救济款，共同分赃，则国家工作人员构成贪污罪，他人构成贪污罪的共犯。如果是他人主动提出犯意，向国家工作人员许诺给予财物，要求国家工作人员利用职务上的便利，为其骗取救济款提供条件，则国家工作人员的行为一方面构成受贿罪、另一方面构成诈骗罪的共犯，他人的行为一方面构成行贿罪，另一方面构成诈骗罪。

（十）受贿罪与利用影响力受贿罪的区分

利用影响力受贿罪是指国家工作人员的近亲属或者其他与该国家工作人员关系密切的人，通过该国家工作人员职务上的行为，或者利用该国家工作人员职权或者地位形成的便利条件，通过其他国家工作人员职务上的行为，为请托人谋取不正当利益，索取请托人财物或者收受请托人财物，数额较大或者有其他较重情节的行为。我国 1997 年刑法并未规定利用影响力受贿罪，《刑法修正案（七）》增设了本罪。从受贿罪与利用影响力受贿罪的构成要件来看，我认为，两罪之间的区分主要表现在以下三个方面。

1. 主体的区分

受贿罪的主体是国家工作人员，而利用影响力受贿罪的主体是以下三种人：(1) 国家工作人员的近亲属。根据2012年《中华人民共和国刑事诉讼法》第106条的规定，近亲属是指夫、妻、父、母、子、女、同胞兄弟姐妹。这里的近亲属应当和上述规定的内容一致，因此，国家工作人员的近亲属是指国家机关中从事公务的人员，国有公司、企业、事业单位、人民团体中从事公务的人员和国家机关、国有公司、企业、事业单位委派到非国有公司、企业、事业单位、社会团体从事公务的人员，以及其他依照法律从事公务的人员的夫、妻、父、母、子、女、同胞兄弟姐妹。(2) 其他与该国家工作人员关系密切的人。其他与该国家工作人员关系密切的人是指除了国家工作人员的近亲属外，与该国家工作人员具有密切关系的人。这里的关系密切的人，不同于司法解释规定的特定关系人。2007年《意见》第11条对特定关系人的范围作了界定，指出：本意见所称“特定关系人”，是指与国家工作人员有近亲属、情妇（夫）以及其他共同利益关系的人。这里强调了共同利益关系是特定关系人的本质特征。而对关系密切的人则强调了对国家工作人员的影响力。对“关系密切”的判断应该根据社会一般人的观念，认为行为人与国家工作人员之间的联系是否对行使职务行为的国家工作人员具有足够的影响力。一般来说，关系密切的人是指同学、战友、老部下、老上级或者有着某种共同的利益关系或者过从甚密，具有足够的影响力的人。(3) 离职的国家工作人员或者其近亲属以及其他与其关系密切的人。离职的国家工作人员是指离休、退休、辞职、辞退的国家工作人员，这些人现在已经不再行使国家管理职权，因而不属于现职的国家工作人员。退居二线的国家工作人员虽然不再担任领导职务，但只要没有离退休，仍然属于国家工作人员。此外，转任其他职务的国家工作人员也仍然具有国家工作人员的身份，因而不属于离职的国家工作人员。

从以上利用影响力受贿罪的主体来看，明显不同于受贿罪的国家工作人员，而是与国家工作人员具有亲属关系、密切关系的人，或者离退职的国家工作人员以及与其具有亲属关系、密切关系的人。

2. 行为的区分

受贿罪的行为是利用职务便利，索取或者收受他人财物，为他人谋取利益。这是一种直接受贿行为。而利用影响力受贿罪的行为是利用影响力，通过国家工作人员职务上的行为，为请托人谋取不正当利益，索取请托人财物或者收受请托人财物的行为。具体而言，是指国家工作人员的近亲属或者其他与该国家工作人员关系密切的人，通过该国家工作人员职务上的行为，或者利用该国家工作人员职权或者地位形成的便利条件，通过其他国家工作人员职务上的行为，或离职的国家工作人员或者其近亲属以及其他与其关系密切的人，利用该离职的国家工作人员原职权或者地位形成的便利条件，通过其他国家工作人员职务上的行为，为请托人谋取不正当利益，索取请托人财物或者收受请托人财物的行为。由此可见，利用影响力受贿罪的行为可以分解为以下要素：

(1) 利用影响力。

这里的利用影响力首先表现为国家工作人员的近亲属或者其他与该国家工作人员关系密切的人，通过该国家工作人员职务上的行为，为请托人谋取不正当利益。这实际上是利用行为人与国家工作人员的密切关系所形成的影响力，例如利用父母与子女之间的关爱，配偶、情人之间的感情，朋友之间的友谊，同事之间的信任等产生的影响力，使与之有密切关系的国家工作人员通过职务行为，为他人谋取利益。这一利用影响力的方式包括两种情况：一种情况是行为人通过自身与国家工作人员的密切关系所形成的影响力，使该国家工作人员利用自己的职权和地位形成的便利条件，通过其他国家工作人员的职务行为，为请托人谋取不正当利益。另一种情况是行为人直接利用有密切关系的国家工作人员的职权和地位形成的便利条件，通过其他国家工作人员的职务行为，为请托人谋取不正当利益。利用影响力其次还表现为离职的国家工作人员或者其近亲属以及其他与其关系密切的人，利用该离职的国家工作人员原职权或者地位形成的便利条件。这里的利用原职权或地位形成的便利条件，是指离职的国家工作人员曾经具有一定的职权或地位，而且这种职权或地位也曾经对其他国家工作人员产生影响。虽然国家工作人员离职后不再直接具有上述影响，但这种影响的结果仍然现实地、具体地继续存在，而且这种影响的结果会直接或间接地对其他国家工作人员形成意志上的作用力，在其实施职务行为时会成为重要考虑因素。这也是利用离职的国家工作人员的影响力与利用国家工作人员的影响力的不同之处。

(2) 利用与之有密切关系的国家工作人员或其他国家工作人员的职务上的行为。

利用影响力受贿罪，无论是何种形式的利用影响力的行为，最终都是要通过行为人以外的国家工作人员的职务上的行为发生作用。首先，职务行为必须是国家工作人员的职务行为。如果行为人通过非国家工作人员例如非国有公司、企业的管理人员的职务行为为请托人谋取利益，则不构成本罪。其次，这里的职务行为与受贿罪中规定的职务上的便利条件存在明显的区别，它仅仅包括利用职务上主管、负责、承办某项公共事务的职权而实施的行为，而不包括间接利用职务上的便利的情形。由于该职务行为是为请托人谋取不正当利益，而正当行使职权的行为基本上都是为他人谋取正当利益的行为，所以这里的职务行为一般表现为滥用职权、超越职权、严重违反程序与故意不履行职权等情形。最后，行为人没有直接为请托人谋取利益。因为无论是与国家工作人员有密切关系的人还是离职后的国家工作人员及其关系密切人，都不具有相应职权，即使是与现任或离职后的国家工作人员关系密切的人员具有国家工作人员的身份，也并不直接主管、负责、承办请托人请托的事项，因此只有利用其他国家工作人员职务的行为。

(3) 索取或收受请托人财物。

索取贿赂包括要求、索要财物，既包括以明示的方式向请托人要求、索要，也包括以暗示的方式向请托人索要。索取具有两个特点：一是主动性，是受贿人先提出贿赂的要求。二是由索要与收取两个行为构成。应该说这是一种复合行为。收受，是指被动地收取。因此，与索取相比，收受的最大特点就是其被动性。索取是受贿人主动提出，而收受则是在行贿人主动交付贿赂的情况下消极地接受。

从以上利用影响力受贿罪的行为来看，其与受贿罪的行为之间的区分也是十分明显的。受贿罪是利用本人的职权或者地位形成的便利条件索取或者收受财物，而利用影响力受贿罪是利用他人的职权或者地位形成的影响力索取或者收受财物。

3. 主观违法要素的区分

受贿罪的主观违法要素是为他人谋取利益，这里的利益既包括正当利益，又包括不正当利益。而利用影响力受贿罪的主观违法要素是为他人谋取不正当利益。这里的不正当利益，应当根据有关司法解释予以认定。1999年最高人民法院、最高人民检察院《关于在办理受贿犯罪大要案的同时要严肃查处行贿犯罪分子的通知》规定："谋取不正当利益"是指谋取违反法律、法规、国家政策和国务院各部门规章规定的利益，以及要求国家工作人员或者有关单位提供违反法律、法规、国家政策和国务院各部门规章规定的帮助或者方便条件。因此，不正当利益可以分为两种：一种是非法利益，另外一种是以非法手段获取的利益。后一种利益又包括两种情况：第一种是不应得利益，即请托人在正常情况下没有条件取得的利益；第二种是不确定利益，即根据法律、政策等，任何人采取合法、正当的手段都可以取得的利益，但利益的归属尚处于不确定之中。[①] 这两种利益本身可能并不违背法律、法规的要求，属于合法利益，但是请托人却利用国家工作人员不正当的职务行为予以谋取，从而侵犯了本罪的法益——国家工作人员职务行为的正当性和纯洁性，因此谋取该利益也属于本罪所指的谋取不正当利益。从以上受贿罪与利用影响力受贿罪的主观违法要素的内容来看，两罪存在明显的区分。

在周某华受贿案（二）中，沈某利用其表姐夫周某华的职务便利，在购房中获得3万元的优惠。因为沈某既非周某华的近亲属，两人之间也不存在共同经济关系，因此，不能认定周某华构成受贿罪，沈某也不构成受贿罪的共犯。但2009年2月28日《刑法修正案（七）》设立了利用影响力受贿罪，在这种情况下，沈某可能构成该罪。本案的裁判理由指出："如果本案发生在《刑法修正案（七）》实施之后，则被告人周某华妻子的表弟沈某作为与周某华关系密切的人，

① 参见马克昌：《论斡旋受贿罪》，载《浙江社会科学》，2006（3），70页。

通过周某华利用其职务便利条件向房产销售老板索要购房优惠的行为，在一定条件下可以构成利用影响力受贿罪。同时，司法实践中应当注意的是，在《刑法修正案（七）》实施以后，由于增加了新的罪名，在认定国家工作人员与其近亲属及关系密切的人是否构成受贿罪共犯的问题上有所不同。”这里的一定条件，主要是指以下两点：第一，客观上必须存在利用行为。利用影响力受贿罪的行为是利用影响力，通过国家工作人员职务上的行为，为请托人谋取不正当利益，索取请托人财物或者收受请托人财物。因此，只有在实施了利用行为的情况下，沈某才能构成利用影响力受贿罪。第二，主观上必须存在为请托人谋取不正当利益的意图。利用影响力受贿罪的主观违法要素是为他人谋取不正当利益，因此，只有在主观上存在利用周某华职务上的行为谋取不正当利益意图的情况下，沈某才能构成利用影响力受贿罪。

此外，上述裁判理由还论及设立利用影响力受贿罪以后，在认定国家工作人员与其近亲属及关系密切的人是否构成受贿罪共犯的问题上有所不同。这是指国家工作人员的近亲属及关系密切的人在《刑法修正案（七）》设立利用影响力受贿罪之前，只有在国家工作人员构成受贿罪的前提下，方以受贿罪共犯的形式构成犯罪。但在《刑法修正案（七）》设立利用影响力受贿罪之后，即使国家工作人员不构成受贿罪，国家工作人员的近亲属及关系密切的人也可以构成利用影响力受贿罪。当然，是否构成共犯，关键之处在于区分特定关系人与关系密切的人。如果是特定关系人，则可能与国家工作人员构成受贿罪的共犯。如果不是特定关系人而只是关系密切的人，则不可能与国家工作人员构成受贿罪的共犯，而构成利用影响力受贿罪。

四、受贿罪的处罚

根据刑法第 386 条的规定，对犯受贿罪的，根据受贿所得数额及情节，依照刑法第 383 条的规定处罚；索贿的从重处罚。根据刑法第 383 条的规定，受贿罪的处罚分为以下三个量刑幅度：

（1）受贿数额较大或者有其他情节的，处3年以下有期徒刑或者拘役，并处罚金。根据有关司法解释的规定，受贿数额在1万元以上不满3万元，具有下列情形之一的，认定为受贿具有其他较重情节：1）曾因贪污、受贿、挪用公款受过党纪、行政处分的；2）曾因故意犯罪受过刑事追究的；3）赃款赃物用于非法活动的；4）拒不交代赃款赃物去向或者拒不配合追缴工作，致使无法追缴的；5）造成恶劣影响或者其他严重后果的；6）多次索贿的；7）为他人谋取不正当利益，致使公共财产、国家和人民利益遭受损失的；8）为他人谋取职务提拔、调整的。

（2）受贿数额巨大或者有其他严重情节的，处3年以上10年以下有期徒刑，并处罚金或者没收财产。根据有关司法解释的规定，受贿数额在10万元以上不满20万元，具有下列情形之一的，认定为受贿具有其他严重情节：1）曾因贪污、受贿、挪用公款受过党纪、行政处分的；2）曾因故意犯罪受过刑事追究的；3）赃款赃物用于非法活动的；4）拒不交代赃款赃物去向或者拒不配合追缴工作，致使无法追缴的；5）造成恶劣影响或者其他严重后果的；6）多次索贿的；7）为他人谋取不正当利益，致使公共财产、国家和人民利益遭受损失的；8）为他人谋取职务提拔、调整的。

（3）受贿数额特别巨大或者有其他特别严重情节的，处10年以上有期徒刑或者无期徒刑，并处罚金或者没收财产；数额特别巨大，并使国家和人民利益遭受特别重大损失的，从无期徒刑或者死刑，并处没收财产。根据有关司法解释的规定，受贿数额在150万元以上不满300万元，具有下列情形之一的，认定为受贿具有其他特别严重情节：1）曾因贪污、受贿、挪用公款受过党纪、行政处分的；2）曾因故意犯罪受过刑事追究的；3）赃款赃物用于非法活动的；4）拒不交代赃款赃物去向或者拒不配合追缴工作，致使无法追缴的；5）造成恶劣影响或者其他严重后果的；6）多次索贿的；7）为他人谋取不正当利益，致使公共财产、国家和人民利益遭受损失的；8）为他人谋取职务提拔、调整的。

第三十一讲

重大责任事故罪

重大责任事故罪是一种责任事故的犯罪，当前在我们的社会当中矿山企业事故频发，这些事故的防范，当然主要依赖于加强矿山企业的管理工作，尤其是加强矿山企业的安全管理。但是在责任事故发生以后，对事故的责任人依法追究刑事责任，也是十分必要的。在本讲中，我将根据刑法和司法解释的规定，阐述重大责任事故罪定罪量刑中的有关问题。

一、重大责任事故罪概述

重大责任事故罪是指在生产、作业中违反有关安全管理的规定，因而发生重大伤亡事故或者造成其他严重后果的行为。

重大责任事故罪存在一个立法上的演变过程。1979 年刑法第 114 条规定了重大责任事故罪。根据 1979 年刑法的规定，重大责任事故罪是指工厂、矿山、林场、建筑企业或者其他企业、事业单位的职工，由于不服管理，违反规章制度，或者强令工人违章冒险作业，因而发生重大伤亡事故造成严重后果的行为。我们都知道，1979 年刑法的制定是在经济体制改革之前，因此当时所讲的工厂、矿山、林场、建筑企业或者其他企事业单位都是指的国有的或者集体的矿山、企业和其他单位。在经济体制改革以后，出现了私营的公司、企业，还出现了所谓混合型的经济组织，包括公私混合的公司、企业，也包括中外合资、合作的公司、企业。这些单位的职工能不能成为重大责任事故罪的主体，在当时就成为一个在法律上需要解决的问题。这个问题在当时是通过司法解释的方式解决的，司法解释把重大责任事故罪的主体扩大到了其他经济组织的从业人员。因此，在1997年刑法修改当中，对重大责任事故罪没有作任何的修改，其第134条保留了重大责任事故罪的规定。

到了2006年的《刑法修正案（六）》，对重大责任事故罪作了较大的修改。修改的主要背景是当时的矿山企业出现了许多重大的事故，造成重大人员伤亡。《刑法修正案（六）》第1条规定："在生产、作业中违反有关安全管理的规定，因而发生重大伤亡事故或者造成其他严重后果的，处三年以下有期徒刑或者拘役；情节特别恶劣的，处三年以上七年以下有期徒刑。强令他人违章冒险作业，因而发生重大伤亡事故或者造成其他严重后果的，处五年以下有期徒刑或者拘役；情节特别恶劣的，处五年以上有期徒刑。"《刑法修正案（六）》的这一规定，对刑法第134条作了修改，主要表现为两个方面：一方面是取消了重大责任事故罪主体的规定，将矿山企业所有的从业人员都纳入本罪的主体当中来。另一方面是提高了强令他人违章冒险作业，因而发生重大事故行为的法定刑。取消重大责任事故罪的主体限制，实质是扩大了重大责任事故犯罪的主体范围。当然，这种主体范围的扩大只是一种形式上的扩大，对重大责任事故罪的影响并不是很大，因为如我在前面所讲，有关的司法解释已经通过对法律的规定作司法解释的方法扩大了重大责任事故罪的主体范围。当然，对于本罪的认定来说，取消重大责任事故罪的主体范围，仍然具有一定的意义。提高强令他人违章冒险作业，因而发生重大事故行为的法定刑，才是《刑法修正案（六）》对重大责任事故罪进行修改的根本目的。在刑法第134条的规定当中，重大责任事故罪包含了两种行为：一种行为是违反规章制度进行违章作业，因而发生重大责任事故；另一种行为是强令工人违章冒险作业，因而发生重大责任事故。显然这两种行为的性质是不一样的。第一种行为指的是生产者、作业者本人违反规章制度进行违章作为，因而发生重大责任事故；第二种行为指的是矿山企业有关的生产管理人员强令工人违章冒险作业，因而发生重大责任事故。修改前的刑法第134条把这两种行为规定在一起，并且它们的法定刑也是相同的。《刑法修正案（六）》第1条把这两种行为分两款加以规定，对于强令工人违章冒险作业这种行为提高了它的法定刑，体现了从严惩处的基本精神。可见，《刑法修正案（六）》对第134条的修改，主要是希望通过提高法定刑来对强令工人违章冒险作业这种犯罪行为加强惩戒。从《刑法修正案（六）》的规定来看，将强令工人违章冒险作业的法定刑提高到5年以上有期徒刑，也就是最高刑可以达到15年。这个法定刑在刑法规定的业务过失犯罪的法定刑中是最高的。当然，这里面也存在一个和其他的过失犯罪的法定刑的协调问题。在刑法当中，一些过失危害公共安全犯罪的法定最高刑只有7年，但是强令工人违章冒险作业的最高法定刑达到15年。当然，这样一种规定主要是对当前矿难事故突出这样一种现实所作出的法律回应。

在《刑法修正案（六）》颁布以后，还出现罪名的设置问题。因为在刑法第134条规定中，尽管存在两种行为但只有一个罪名。《刑法修正案（六）》第1条分两款分别对违章冒险作业的行为和强令工人违章冒险作业的行为作了规定，并且对强令工人违章冒险作业的行为规定了较重的法定刑。在这种情况下，《刑法修正案（六）》第1条第1款规定的是重大责任事故罪，而第2款规定的是强令违章冒险作业罪。但把这两种行为分别规定为两个罪名，带来另一个问题，这就是重大责任事故罪和其他的责任事故犯罪之间的关系问题。在我国刑法当中，关于责任事故的犯罪方面分设了许多罪名，除了刑法第134条所规定的重大责任事故罪以外，另外还有交通肇事罪、重大劳动安全事故罪、危险物品肇事罪、工程重大安全事故罪、教育设施重大安全事故罪、消防责任事故罪，等等。也就是说，我国刑法对于责任事故犯罪规定的罪名达到五六个之多。在这些责任事故的犯罪当中，重大责任事故罪是一个基本罪名，其他责任事故罪都是刑法所规定的特殊领域的特殊人员的责任事故犯罪。因此，在重大责任事故罪和其他责任事故犯罪之间，原本是存在着一种特别法和普通法的法条竞合关系。但是，《刑法修正案（六）》第1条对重大责任事故罪的罪名作了分解，在这种情况下，重大责任事故罪和其他责任事故犯罪之间的这种法条竞合的关系，到底是否还存在？这个问题是值得研究的。关于这个问题，我在后面还要专门来探讨。

从以上我所介绍的关于重大责任事故罪的演变过程来看，随着我国经济体制改革的发展、生产经营主体的多元化以及责任事故的大量发生，我国刑法的应对方法是，对重大责任事故罪不断通过司法解释和立法的方式加以解释和修改，使之适应惩治重大责任事故犯罪的实际需要。当然这里也必须指出，重大责任事故的发生，它的原因是多方面的，最根本的原因还是生产安全工作、管理工作没有到位。另外的原因是安全生产的有关条件没有完全具备。在后一种情况下，有些矿山或者其他企业的管理人员，为了片面追求利润，而置工人的生命安全于不顾，由此而造成了重大责任事故。我们必须要看到，对于这些重大责任事故，刑罚的惩罚只是一种治标的办法，不能从根本上解决重大责任事故频发的问题。重大责任事故频发问题的根本解决，还是有赖于我国安全生产管理工作的提高。因此，我认为，刑法对重大责任事故犯罪的反应应当是理性的、适度的，否则就会违反刑法的谦抑性原则。现在矿难频繁发生，死亡的人数越来越多，因此有关的管理部门和社会上要求对这些矿山企业的责任人员进行严厉惩处的呼声也很高。但是我们必须要反思，对这些问题能不能仅通过严刑苛法来解决。我认为是不可能的。

二、重大责任事故罪的构成

（一）罪体

1. 主体

刑法对重大责任事故罪的主体未作规定，但从实际情况来看，重大责任事故罪的犯罪主体主要有两种人：第一种是直接从事生产、作业活动的从业人员，第二种是从事生产、作业活动的管理人员。《刑法修正案（六）》第1条将重大责任事故罪分解为重大责任事故罪和强令违章冒险作业罪以后，重大责任事故罪的主体只能是生产、作业活动的从业人员，也就是实际从事生产、作业活动的人员。从这个意义上来说，我认为，尽管《刑法修正案（六）》在条文表述上没有对重大责任事故罪的主体进行专门的、特殊的描述，但其犯罪主体仍然是特殊主体，而不是一般主体。这种犯罪行为的性质就决定了这种犯罪行为并不是所有的人都可能实施，故只有从事生产、作业活动的人员才有可能成为本罪的主体。

值得注意的是，《刑法修正案（六）》颁布以后，最高人民法院、最高人民检察院《关于办理危害矿山生产安全刑事案件具体应用法律问题若干问题的解释》（已失效——编辑注）第1条对重大责任事故罪的主体作了以下规定："刑法第一百三十四条第一款规定的犯罪主体，包括对矿山生产、作业负有组织、指挥或者管理职责的负责人、管理人员、实际控制人、投资人等人员，以及直接从事生产、作业的人员。"这一规定虽然是针对危害矿山生产安全刑事案件的，但对于办理所有的重大责任事故犯罪案件都具有指导意义。此后，最高人民法院、最高人民检察院《关于办理危害生产安全刑事案件适用法律若干问题的解释》又进一步将重大责任事故罪的主体规定为：对生产、作业负有组织、指挥或者管理职责的负责人、管理人员、实际控制人、投资人等人员，以及直接从事生产、作业的人员。根据上述司法解释的规定，重大责任事故罪的主体，主要指以下三类人员。

（1）管理人员。

这里的管理人员，是指在企业中担任管理职务的人员，例如矿山企业的矿长、副矿长等。这些人是企业的管理人员，对于企业的生产安全负有法定的管理职责。因此，这些管理人员违反有关安全管理规定，造成重大责任事故的，应当对此承担刑事责任。对此，一般来说，不存在疑问。应当注意的是，有些人虽然担任了企业管理职务，但实际上并不参与企业经营管理，只是在企业挂名。虽然这些人名义上是企业管理人员，似乎符合重大责任事故罪的主体要件，但由于这些人并未实际参与企业经营管理活动，因此不能构成重大责任事故罪。这样的企业发生重大责任事故的，应当追究实际承担企业管理职责的相关人员的刑事责任。

（2）实际控制人、投资人。

这里的实际控制人，是与那些名义上是企业负责人但并不参与企业经营管理或者没有最终决策权的人员相对的一类人员。这类人员虽然不是法定代表人或者具体管理人员，但实际上指挥、控制企业的生产、经营、安全、投资和人事任免等重大事项和重要事务，或者对重大决策起决定作用，是企业的真正负责人。在现实生活中，这种实际控制人现象的存在，有的是为了逃避承担安全生产责任，有的是为了规避国家工作人员不得从事个人经营活动的规定，还有的是为了某种商业上的目的。我认为，无论出于何种原因，实际控制人都是企业安全生产的责任人。例如，2005 年 9 月 3 日国务院《关于预防煤矿生产安全事故的特别规定》第 2 条规定："煤矿企业是预防煤矿生产安全事故的责任主体。煤矿企业负责人（包括一些煤矿企业的实际控制人，下同）对预防煤矿生产安全事故负主要责任。"由此可见，在我国的政策、法律中，把实际控制人视同企业负责人，以之为企业生产安全的责任人。这些人对企业生产、作业负有组织、指挥或者管理职责的，可以成为重大责任事故罪的主体。

这里的投资人，是指企业的股东或者其他实际出资的人员。投资人对劳动安全设施或者安全生产条件的投入和维护负有资金投入义务。基于投资权益，投资人享有生产经营管理权，因而应当对企业生产安全事故负责。当然，也并不是所有的投资人都对企业发生的重大责任事故承担刑事责任，而只有那些对企业生产、作业负有组织、指挥或者管理职责的投资人，才应当对重大责任事故承担刑事责任。如果虽然是投资人，但根本就不参与企业的经营管理，则不一定被追究刑事责任。

（3）直接从事生产、作业活动的人员。

这里的直接从事生产、作业活动的人员，通常是指在企业从事生产、作业活动的工作人员，例如生产一线的工人。

2. 行为

重大责任事故罪在客观上表现为在生产、作业中违反有关安全管理规定的行为。重大责任事故罪的客观行为具有以下三个特征：

（1）业务相关性。

重大责任事故罪的客观行为的业务相关性，是指其行为发生在生产、作业中。生产、作业可以说是本罪的时空要素，表明违反有关安全管理规定的行为发生在生产、作业的过程中以及生产、作业的场所。这里的生产，是指企业所从事的制造、加工、施工等带有体力性的劳动，而作业则是指企业、事业单位所从事的设计、化验、操作等带有脑力性的劳动。生产和作业的含义是较为接近的，但两者又存在一定的区分。相对来说，生产的含义较窄，而作业的含义较宽。行为如果不是发生在生产、作业场所，则不构成本罪。因此，某种事故是否发生在生产、作业中，对于认定重大责任事故罪具有重要意义。

马某等人重大责任事故案①

1997年6月，被告人马某向某县林业投资公司承包了该县600亩集体山场的造林任务。同年9月5日，被告人马某与发包方签订了造林准备工程保证合同，合同要求承包方必须于当年12月30日前按质按量完成该山场的造林准备工作，否则予以经济处罚。此后，马某又以每亩40元的价格将清山造林的任务转包给被告人姜某。双方约定，姜某负责完成全部清山造林工作，马某负责办理与此相关的一切手续事宜。11月1日，马、姜二人于当天晚上炼山，由姜某到山场做炼山的准备工作，马某到该县林业站办理炼山手续。

当天下午，该县林业站召开会议，传达上级有关森林防火的指示。马某应邀参加了会议。会议对炼山造林事宜强调了三点：(1) 炼山前应由有关人员进行全面的防火路质量检查，并须领取用火许可证；(2) 炼山时应有林业站人员到位指挥；(3) 炼山应上足劳力，防止炼山事故的发生。下午会后，马某要求林业站派人到山场验收防火路并准许其炼山，但该站因故未能派人前往检查，也没有发给用火许可证。被告人马某和姜某认为他们所开的防火路已经够宽，炼山不会跑火，为争取按期完成山场造林的林地准备工作，遂擅自组织民工20人，于当晚12时进行炼山。后因炼山山场刮大风引起跑火导致山林火灾，给国家或集体造成经济损失12万余元。案发后，被告人马某到公安局自首。

关于本案，主要存在重大责任事故罪与失火罪这两种观点。主张本案应当认

① 参见陈兴良主编：《刑法疑难案例评释》，193页以下，北京，中国人民公安大学出版社，1998。

定为失火罪的观点认为：被告人马某、姜某为了保证按期完成山场的准备工作，在自己的防火准备工作还没有做好的情况下，未经县林业站的批准，擅自进行炼山，结果造成山林火灾，给国家造成了巨大损失。被告人马某、姜某认为自己炼山的行为不会跑火，才进山炼山的，主观上具有虽预见自己的行为可能造成危害社会的结果但轻信能够避免的过失，所以对两被告人应定失火罪。主张本案应当认定为重大责任事故罪的观点认为：被告人马某、姜某在承包造林山场生产中，明知点火需经有关人员全面检查防火路的质量并按规定领取野外用火许可证、炼山时应有有关人员到场指挥及上足劳力等，但两被告人不服从管理，违反规章制度，强令工人冒险作业，点火炼山，造成山林火灾，使国家、集体遭受重大经济损失，其行为均已构成重大责任事故罪。

本案涉及重大责任事故罪和失火罪之间的关系。这两个犯罪都是危害公共安全的犯罪，但前罪是业务过失犯罪，后罪是普通过失犯罪。举凡发生在生产、作业中的失火、爆炸、决水、投放危险物品以及其他过失危害公共安全的行为，都应以重大责任事故罪论处。因此，上述两罪之间存在特别法和普通法之间的法条竞合关系。在本案中，马某、姜某的行为符合失火罪的构成要件，这是没有问题的。但如果该失火行为发生在生产、作业中，则不能定失火罪，而应当定重大责任事故罪。根据本案的案情，我认为，本次火灾发生在炼山当中，而炼山是造林活动的重要组成部分，属于生产的范畴，因此，本案认定为重大责任事故罪是完全正确的。

(2) 规范违反性。

重大责任事故罪的规范违反性，是指违反有关安全管理规定。因此，违反有关安全管理规定是本罪的规范要素。可以说，违反有关安全管理规定，是构成重大责任事故罪的前提。如果行为人并未违反有关安全管理的规定，即使造成了事故，也不能以本罪论处。这里的有关安全管理规定，是指保障生产、作业安全的法律、法律、规章以及其他规定。这种有关安全管理的规定包括以下三类：一是国家颁布的与安全生产有关的各种法律、法规等规范性文件。例如，我国《矿山安全法》和《矿山安全法实施细则》对矿山安全的保障与管理作了明确规定，这是矿山企业在从事矿产资源开采活动中必须遵守的法律规范。二是企业、事业单位及其上级管理机关制定的反映安全生产客观规律的各种规章制度，包括工艺技术、生产操作、技术监督、劳动保护、安全管理等方面的规程、规则、章程、条例、办法和制度。三是虽无明文规定，但反映了生产、科研、设计、施工中安全操作的客观规律和要求，在实践中为职工所公认的行之有效的操作习惯和惯例等。上述各种规定对于保证生产安全，防止重大责任事故的发生具有重要意义。违反这些规定往往导致重大责任事故的发生。

（3）行为的多样性。

违反有关安全管理规定的行为既可以是作为，也可以是不作为。所谓作为是指违反有关安全管理的禁止性规定，而所谓不作为是指违反有关安全管理的命令性规定。例如，《矿山安全法实施条例》第18条规定："煤矿和其他有瓦斯爆炸可能的矿井，应当严格执行瓦斯检查制度，任何人不得携带烟草和点火用具下井。"在这一规定中，既包括命令性规定又包括禁止性规定。命令性规定是指应当严格执行瓦斯检查制度，应当检查而没有检查的就是不作为。禁止性规定是指任何人不得携带烟草和点火用具下井，携带下井的，就是作为。从有关安全管理规定的内容来看，绝大多数都属于命令性规定，即对生产、作业的安全保障和安全管理提出了各种具体要求，这些具体要求就是有关安全管理的法定义务，不履行这些有关安全管理的法定义务造成重大责任事故的，应当追究责任人的刑事责任。

3. 结果

重大责任事故罪的结果表现为某种事故。这里的事故是指人们在生产、科研等社会活动中发生的某种损失或者灾祸，因此事故总是表现为某种损害的结果。在重大责任事故罪当中，重大事故作为犯罪结果对于该罪的构成具有重要的意义。重大责任事故罪是一种结果犯，也就是说违反有关安全管理规定，必须要造成重大事故，才构成犯罪。如果在生产、作业当中，虽然违反了有关安全管理规定，但没有造成重大事故的，只能按照一般的违反安全生产的行为来加以处罚，但不构成重大责任事故罪。只有这种违反安全管理规定的行为造成了重大事故，才构成本罪。

根据刑法和有关司法解释的规定，重大事故的损害结果表现为以下三种情形：

(1) 致人死亡。

致人死亡是重大责任事故罪中最为严重的损害结果。在大多数重大责任事故案件中，往往都具有致人死亡的后果。有些重大责任事故案件，甚至造成数十人乃至数百人的死亡。例如曾经发生在新疆特拉玛依的重大火灾案件，造成中小学生和有关的老师三百多人死亡。在 1995 年，我曾作为这个案件的被害人的代理人参与了案件的审理过程。这个案件当中，就存在着有关生产、作业人员违反安全管理规定的严重的违章行为。比如说在发生火灾的友谊馆，在装修时，没有遵守有关的安全管理规定，其装修材料中有大量的易燃、有毒的物品，因而在火灾发生以后就散发出很多毒气，使人窒息死亡。另外在演出的过程当中，有关的值班人员也没有遵循大型演出场所的安全管理规定，把有的门都给锁上了，导致火灾发生以后不能及时地疏散人员。有的值班人员甚至脱岗。这些有关的从业人员对于这样一种重大伤亡事故的发生负有直接的责任，最后他们都受到了法律的追究。

根据有关司法解释的规定，致人死亡 1 人以上的，就可以构成重大责任事故罪。

(2) 致人伤害。

致人伤害的损害结果也是重大责任事故罪当中非常常见的。我国司法解释规定，致人重伤 3 人以上的，构成重大责任事故罪；但对于造成轻伤如何定罪，并没有明确规定。当然，在重大责任事故中，一般都是造成死亡或者重伤，只造成轻伤这种情况是十分罕见的，因此司法解释并没有规定。

(3) 经济损失。

经济损失也是重大责任事故罪中较为常见的损害后果，在某些重大责任事故案件中，没有致人死亡或者伤害的损害后果，但造成了重大的经济损失，同样可以定罪。根据司法解释的规定，造成直接经济损失 5 万元以上，或者经济损失虽不足规定的数额，但情节严重，使生产、工作受到严重损害的，就可以构成重大责任事故罪。在我国的司法实践当中，一般把经济损失区分为直接经济损失和间接经济损失。所谓直接经济损失，是指与行为有直接关系，也就是由行为直接造成的财产损失，包括财产的损毁、实际价值的减少，例如由于事故而造成的建筑、设备、产品等的损坏，因人员伤亡而支付的医疗、丧葬、抚恤费等。而所谓间接经济损失，是指由直接经济损失引起和牵连的其他经济损失，包括失去在正常情况下可能获得的利益，例如因停工停产而带来的损失，被毁的产品如果正常出售所能带来的利润，等等。从司法解释的规定来看，直接经济损失 5 万元以上才构成本罪。也就是说作为定罪的标准，这里讲的经济损失应当是指直接经济损失，而不包括间接经济损失。间接经济损失只是对重大责任事故罪的量刑有一定影响。当然，根据有关司法解释的规定，虽直接经济损失未达到 5 万元，但间接经济损失特别巨大，一般认为损失在 100 万元以上的，也可以视为情节严重，在这种情况下仍然可以定罪。

由经济损失引发的一个问题是：如果是一个私营企业发生了重大责任事故，它的财产损失达到了 5 万元以上，但是如果这个损失是责任人本人的损失，能不能计算在损失里面？这个问题确实是值得研究的。关于这个问题可能会有不同的看法。有的人就会认为这里的损失只能是指他人的损失或者国家共同财产损失，而不应当包括本人财产损失。本人财产损失由本人来承受，不应当计算到定罪的数额里面。也有人会认为：这种损失都是违反有关安全管理规定造成的，因此不论是他人的损失还是自己的损失，都应当计算在重大责任事故罪当中。关于这个问题，在现在的法律和有关司法解释中没有一个明确的规定。

4. 因果关系

这里所谓的因果关系是指重大伤亡事故或者其他严重后果是由违反有关安全管理规定的行为直接造成的。

重大责任事故罪是一种过失犯罪，因而违反有关安全管理规定的行为与损害结果之间的因果关系具有过失性，表现为一种过失的因果关系。这种过失的因果关系和故意的因果关系在表现形态上是有所不同的。过失犯罪的因果关系有它的共性，重大责任事故罪的因果关系又有它的特殊性，因此我们在认定的时候需要特别加以注意。这种特殊性可能就涉及一个判断的技术性问题，也就是在对重大责任事故罪因果关系的判断当中，包含了一些技术性的因素，需要作出某种专门的鉴定，通过这种鉴定来确定违反安全管理规定的行为和损害结果之间到底有没有因果关系。

重大责任事故罪中违反有关安全管理规定的行为，在大多数情况下都表现为不作为，因此重大责任事故罪的因果关系具有不作为的特征。不作为的因果关系和作为的因果关系也是存在较大区分的。重大责任事故罪是一种业务过失犯罪，这种损害结果是由违反有关安全管理规定的行为造成的，因此在认定这种不作为的因果关系的时候，更要关注这种作为义务的违反。在损害结果直接由不作为的违反有关安全管理规定的行为造成的情况之下，要看行为人是否履行了作为义务。如果行为人履行了作为义务就不会引起危害结果，那么这种作为义务的不履行对于结果发生来说就是具有因果关系的。

重大责任事故罪的因果关系通常表现为多因一果的关系，是数个违反安全管理规定的行为共同造成了某个损害后果，也就是说不是由一个违反安全管理规定的行为所引起的，而是由数个不同岗位的人在不同的环节、不同的阶段的违反安全管理规定的行为所共同导致的。因此，在追究重大责任事故罪的刑事责任的时候，需要一并对各个环节、各个岗位的人的违反安全管理规定的行为追究刑事责任。

吴某等重大责任事故案①

1999年6月9日柳州市建设局根据“柳江大桥、壶东大桥维修专家研讨会会议纪要”，决定对壶东大桥（亦称柳州市“三桥”）伸缩缝全部更换。经柳州市人民政府批准后，将此项工程任务下达给柳州市市政设施维护管理处（以下简称“市政”），具体由其下属施工部门第四工程处实施施工。2000年7月3日，该工程进入桥面施工，郝某、吴某在组织夜间施工时，未按安全规范指导农民工安装

① 参见赵秉志主编：《中国刑法典型案例研究》，第2卷，180页以下，北京，北京大学出版社，2008。

隔离栅，且明知潘某、彭某、刘某无柳州市就业凭证、未经过安全教育培训进入工地施工亦不制止，对半幅施工区与行车道之间用摆成直线的水泥墩代替隔离栅，又未安装夜间标志灯，不予检查纠正。李某、罗某对农民工潘某、彭某、刘某的情况明知，也未到该施工现场进行安全检查、管理和督促。同年7月7日18时许，吴某电话通知潘某阳于19时许摆置隔离栅、隔离墩，并向郝某讲“工地那边已安排好了”，便与郝某一同到金××酒家用餐，使施工现场无人监督。19时许，潘某阳安排潘某、彭某、刘某上桥摆置隔离栏后离开施工现场回工地宿舍。21时50分许，因雷电大风，桥上及施工现场照明灯熄灭，无法施工，潘某、彭某、刘某知道应将桥面上的隔离栅、隔离墩清理完毕，但三人仅将被风刮倒的部分隔离栅拆除后离开工地，留下5个水泥墩在桥面上。22时许，于某与本处职工万某、周某、刘某津、唐某乘车经过该桥面，发现留置的水泥墩已成为事故隐患，不立即下车搬离，而是电话通知施工部门清除隔离墩。22时30分许，柳州市公交公司司机周某华驾驶桂B-00512号公交大客车运营路过该桥面时，与一侧倒地的水泥墩相撞，使该车失控左转冲上该桥北侧人行道，撞开护栏后坠入柳江河，造成司乘人员79人死亡、该车报废的特大事故。

一审法院即广西壮族自治区柳州市人民法院判决认定吴某等9名被告人构成重大责任事故罪。

一审法院宣判后，吴某等9名被告人均不服，提起上诉。吴某、潘某阳、潘某、彭某、刘某均提出事故发生的必然原因是司机资格有问题、行为能力不合格，且驾驶的车辆系非法改造、迅速制动性能不好，加上驾驶员处置不当，导致乘客、车辆摔下河，这是规律之中的事；而水泥墩只是一个条件，并非原因。郝某及其辩护人、于某及其辩护人提出：根据清华大学的鉴定意见和国家经贸委的批复意见，市公交公司及其驾驶员与施工单位双方都有责任，一审法院将上述证据割裂开来使用，只追究一方的责任，将另一方应承担的责任推卸给他们。

二审法院即广西壮族自治区高级人民法院作出了驳回上诉、维持原判的裁定。

上述案例涉及的主要就是重大责任事故罪中的因果关系的认定问题，尤其是多因一果的认定。在本案中，重大伤亡后果是由各方的违章行为造成的，包括施工方和驾驶方。即使是施工方，也存在多种违章行为，这些违章行为共同造成了重大伤亡后果。在本案中，被告人提出辩解，认为水泥墩只是一个条件，并非原因。在此，被告人试图通过区分条件与原因，否认其行为与重大伤亡后果之间的因果关系，从而否认其应对重大伤亡后果应当承担的刑事责任。对此，我国学者作了以下论述，指出：

在本案中，由于吴某等9名被告人违反规章制度和施工惯例的行为共同作用，致使本应全部撤离的水泥隔离墩被非正常地放置在正常行车道上，客观上造成了交通安全上的隐患。这个隐患就是，在一定条件下，会必然地、合乎规律地产生危害后果；这个隐患包含了产生危害后果的根据，是内在的、本质的因素。事实证明，在本案发生之前，已有3辆不同类型的汽车碰撞了该水泥隔离墩，分别造成了不同的后果。可见，在当时的条件下，发生事故是必然的，不同的只是由于不同条件介入会产生不同的后果。但是无论出现什么样的后果，都是因为碰撞了水泥隔离墩；没有水泥隔离墩这个隐患，就不会产生上述后果。可见，水泥隔离墩是产生事故的直接的、必然的原因。

本案被告人吴某、潘某阳、潘某、彭某、刘某之所以认为“水泥墩只是一个条件，并非原因”，关键在于他们没有正确理解作为因果关系判断标准的原因说的真正含义以及原因与条件之间的区分标准。①

上述论述肯定了本案中被告人的违章行为与重大伤亡后果之间的因果关系，这是正确的。但是，这一论述是以原因说为理论根据的，它主张区分原因与条件，认为没有安全撤离水泥墩这一隐患对于重大伤亡事故来说不是条件而是原因。换言之，在主张原因与条件的区分上，上述观点与被告人的辩解是一致的，区别只是在于如何区分原因与条件。我们认为，在事实因果关系问题上应当坚持条件说。② 这样可以减少在原因与条件区分上的无谓争议。应当指出，因果关系的判断是在行为认定之后进行的。例如在本案中，首先认定是否存在违章行为。

① 参见赵秉志主编：《中国刑法典型案例研究》，第2卷，184页，北京，北京大学出版社，2008。

② 参见陈兴良主编：《刑法总论精释》，2版，230页，北京，人民法院出版社，2011。

如果不存在违章行为，就不会发生需要判断因果关系问题。只有在认定存在违章行为的基础上，才考虑是否存在因果关系。如果虽然存在违章行为，但违章行为与结果之间并不存在因果关系，则行为人同样不应当对后果承担刑事责任。在这种情况下，我认为对于因果关系没有必要区分原因与条件，而只要根据“若无前者，即无后者”的原理认定事实因果关系。在事实因果关系的基础上，再考虑法律因果关系，即判断是否具有相当性。

(二) 罪责

重大责任事故罪的责任形式是过失，对于这一点在我国刑法理论上并没有争议。也就是说，只要是责任事故犯罪，它的主观罪过形式必然是过失。而且，重大责任事故罪的这种过失不是一种普通过失，而是一种业务过失，因而具有不同于普通过失的特点。在刑法理论上，一般认为责任事故犯罪当中，违反有关安全管理规定的行为通常是故意的，当然也不排除有些违反安全管理规定的行为是过失的，但对于重大责任事故的损害结果则是过失的。因此不能以违反有关安全管理规定的故意作为重大责任事故罪的罪过内容。也就是说，违章是故意的，但不能因为违章是故意的而将这种故意作为罪过内容。罪过内容主要体现在对于重大事故的发生主观上是具有过失的。在故意违章的情况下，行为人可能对于损害结果是轻信能够避免或者没有预见到它会发生，因此实施了违章行为。但不能因为违章是故意的，因而把主观罪过也认定为是故意。重大责任事故罪的主观过失分为两种，这就是疏忽大意的过失和过于自信的过失。

1. 疏忽大意的过失

认定疏忽大意的过失时，需要从预见义务和预见能力这两方面来考察。首先是重大责任事故罪中的预见义务。这里的预见义务是指预见危害结果可能发生的义务。在刑法理论上，预见义务可以分为一般注意义务和特别注意义务。对于普通过失来说，行为人所具有的注意义务是一般注意义务，而对于业务过失来说，这种注意义务是特别的注意义务。重大责任事故罪当中所具有的注意义务应当是特别的注意义务，也就是说这种注意义务往往和行为人所从事的业务活动紧密相连。行为人由于从事某种特定的业务活动，因而承担了该种业务活动所应当履行的某种注意义务。特定的业务活动设立了与它相关的某种注意义务，因此在认定重大责任事故罪当中的预见义务时要和行为人所从事的某种特定的业务活动紧密联系起来，要看这种业务活动当中提出了或者设立了何种注意义务以及它的注意内容，要看行为人是否履行了这样一种注意义务或是否意识到注意内容。只有这样，才能正确查明行为人的预见义务。

其次是重大责任事故罪中的预见能力。这里的预见能力是指对于结果发生的可能性的认识。只有行为人在预见可能性的情况下，没有预见到危害结果的发生，才能表明行为人主观上具有疏忽，因而才能作为犯罪来处理。在重大责任事故罪当中，行为人不仅要违反预见义务，而且必须是在具有预见能力的情况下，没有履行预见义务，才具备主观上的过失。在判断这种预见能力的时候，还是要根据案件具体情况，结合行为人所从事的特定的业务活动的内容，来作出科学的判断。

2. 过于自信的过失

第二种过失是过于自信的过失。重大责任事故罪的主观罪过在大多数情况下可能是疏忽大意的过失，但是也有一部分是过于自信的过失。过于自信的过失通常是指，行为人已经预见到了损害结果可能发生，已经预见到了自己的违章行为可能会引起某种危害结果，但轻信能够避免，以至于这种结果发生。

在认定重大责任事故的过于自信的过失的时候，需要从以下两方面来考虑：第一是避免义务。避免义务是指在已经预见损害结果可能发生的情况下，避免这种损害结果发生的义务。在重大责任事故罪中，避免义务是和行为人所从事的某种特定业务相联系的，具有业务过失的特点。对于避免义务应当从有关的法律、法规和规章制度的规定当中去寻找。第二是避免能力。这里的避免能力是指在已经预见损害结果可能发生的情况下，具有避免这种损害结果发生的可能性。只有在具有避免能力的情况下，由于过于自信而未能避免危害结果发生，才能构成过于自信的过失犯罪。在重大责任事故罪中，避免能力主要应当根据行为人的主观状况加以确定。在重大责任事故往往掺杂一些自然的因素和技术的因素，因此确认某一已经预见到的损害结果是否能够避免，应当注意把责任事故和不可抗力所造成的自然事故或者技术事故正确地加以区分。

三、重大责任事故罪的认定

（一）责任事故与非责任事故的区分

在认定重大责任事故罪的时候，首先要正确区分责任事故与非责任事故。也就是说，并不是所有发生过损害结果的一定属于责任事故，在某些情况下，可能属于自然事故或者技术事故。在后一种情况下，就不能追究行为人的刑事责任。在判断事故到底是责任事故还是非责任事故的时候，需要注意以下三个问题：

1. 责任事故与自然事故的区分

所谓的自然事故是指由自然的原因引起的事故。这种自然的原因是不以人们的意志为转移的，是非人力所能控制的，因而，行为人对于由自然原因引起的危害结果，客观上没有因果关系，主观上没有罪过，不应对其承担刑事责任。自然事故有两种情形：第一种是意外事件引起的自然事故，行为人对于损害结果没有预见，在当时情况下也不可能预见；第二种是不可抗力引起的自然事故，行为人对于损害结果已经预见但当时情况下不可避免。

对于责任事故和自然事故的区分，应当从以下两个方面来考察：第一，是否存在违反有关安全管理规定的行为。自然事故的发生往往与违反有关安全管理规定的行为无关。在没有违反有关安全管理规定的情况下，可以排除责任事故。第二，是否存在主观过失。自然事故的发生是超出人们的主观意志的，属于意外事件或者不可抗力。在司法实践中，造成了重大损害结果的并非都属于责任事故，只有在排除自然事故的情况下，根据行为人的主观和客观情况才能认定是否属于重大责任事故。因此，主观上是否具有过失，对于判断到底是责任事故还是非责任事故是有重大意义的。

2. 责任事故与技术事故的区分

技术事故是指因技术、设备条件不良而发生的事故。技术事故是由技术设备条件造成的，因此具有不可避免性。因此，对于技术事故造成的损害结果，只要行为人主观上没有过失，就不能以重大责任事故罪来追究其刑事责任。当然，并非所有由设备原因所引起的事故都是技术事故，因为技术是由人操作的，同样也是由人维护的。如果设备出现障碍，操作者或者维护者应当发现而未能发现，因而造成重大事故的，仍然应当以重大责任事故罪论处。只有在事故是由设备原因引起，并且是人所不能预见或不可避免的情况下，才应当认定为技术事故。

3. 免责事由

这里有一个允许的危险的问题。在认定重大责任事故罪的时候，存在一个如何正确认识业务风险的问题。也就是说，某些业务本身不可避免地带有一定程度的风险，这是一种业务风险，例如工程建筑业、工矿产业、交通运输业等等。随着开采得越来越频繁，煤炭资源越来越稀少。过去煤矿企业的矿井可能有个一两百米深就能开采到煤炭，但现在要深到几千米。成百上千人在几千米的地下深处从事作业活动，风险是很大的。也正因为有风险，对这些行业的安全要求也是很高的。只有具备一定的安全条件，才能从事这样一种作业活动。这种作业活动本身带有一定的风险，这是不可避免的。这种风险有些是允许的，有些是不允许的。如果是允许的风险，即使造成损害结果，也不能追究行为人的刑事责任。如果是禁止的风险，只要造成这个风险，就应当追究行为人的刑事责任。因此，这里面就有一个风险的限度的问题。这个问题，还得由有关的法律、法规、规章制度加以界定。一般的情况下，如果遵守有关的法律法规或者规章制度，还造成了一定的伤亡后果，那这样的风险可能就是允许的，就不能追究行为人的刑事责任。但是，一般来说，违反法律法规或者规章制度所造成的人员伤亡或者财产损失，就是法律所不允许的。

(二) 重大责任事故罪与强令违章冒险作业罪的区分

强令违章冒险作业罪是指强令他人违章冒险作业，因而发生重大伤亡事故或者造成其他严重后果的行为。这里的强令他人违章冒险作业是指，在生产、作业当中，有关的管理人员明知自己的决定违反有关安全生产、作业的法律、法规或者规章制度，可能发生事故，却心存侥幸，自认为不会出事，而强行命令他人违章冒险作业的行为。这种强令他人违章冒险作业的行为在 1997 年刑法当中是规定在重大责任事故罪当中的，《刑法修正案（六）》把它单独设立为一款，规定了较重的法定刑，因而它就变成了一个独立的罪名。在这种情况下，强令违章冒险作业罪和重大责任事故罪之间就是此罪和彼罪的关系，变成了两个不同的犯罪。

这两个不同的犯罪的主要区分在于主体的不同：重大责任事故罪的主体是生产、作业的从业人员；而强令违章冒险作业罪的主体是生产、作业的管理人员。管理人员既包括有关安全方面的管理人员，比如煤矿负责瓦斯测量的，或者负责安全技术的这些人员，也包括生产、作业的管理人员，比如矿长或者有关的班长。这些人员和直接的生产、作业人员还是不一样的，因为他们负有某种管理职责，他们对生产、作业的安全进行负有某种特定的法律义务。因此，法律对于这些人提出更高的注意义务或者避免义务，如果他们违反注意义务或者避免义务构成犯罪，应当从重处罚。

除了主体的区分以外，这两罪在主观的罪过责任形式上也是有区分的。重大责任事故罪通常来说都是出于疏忽大意的过失，而强令违章冒险作业罪通常来说都是出于过于自信的过失，也就是说，管理人员已经预见到了损害后果可能发生，但是自认为能够避免，或者自认为危害结果不会发生，但最终导致了损害后果的发生。

（三）重大责任事故罪与交通肇事罪的区分

交通肇事罪是指违反交通运输管理法规，因而发生重大事故，致人重伤、死亡，或者公私财产受到重大损失的行为。重大责任事故罪和交通肇事罪也是有一定的区分的，但是这两种犯罪有时候又是紧密联系的。也就是说，在某些情况下，重大责任事故表现为交通肇事的情形。比如说某些从事交通运输的人员，在交通运输过程中违反有关安全生产管理规定，造成责任事故。在这种情况下，一方面构成交通肇事，另一方面又构成重大责任事故。重大责任事故和交通肇事到底如何来区分，过去在理论上引发一些争论，这种争论主要有两种观点：一种观点认为应根据场所来区分：事故发生在厂矿企业内的就是重大责任事故罪，发生在厂矿企业外的就是交通肇事罪。另外一种观点认为应根据业务性质来区分：如果发生在特定的生产活动当中，就应当定重大责任事故罪；如果不是发生在特定的生产活动当中，就应当定交通肇事罪。关于这个问题，1992 年 3 月 23 日最高人民法院《关于在厂矿区内机动车造成伤亡事故的犯罪案件如何定性处理问题的批复》指出：在工矿区内机动车作业期间发生伤亡事故案件，应当根据不同情况区别对待。在公共交通管理范围内因违反交通运输规章制度发生重大事故，应按交通肇事罪处理；违反安全生产规章制度发生重大伤亡事故造成严重后果的，应按重大责任事故罪处理；在公共交通管理范围外发生的，应当定重大责任事故罪。根据这个司法解释的规定，在区分重大责任事故罪和交通肇事罪的时候，主要还是要考虑到这样一种事故是不是发生在公共交通管理范围内：如果发生在公共交通管理范围内，就应当定交通肇事罪；如果是发生在厂矿区内，在生产、作业当中，就应当定重大责任事故罪。

尽管在一般情况下，根据事故发生的场所可以对重大责任事故罪与交通肇事罪加以正确的区分，但在某些较为复杂的疑难案件中，到底如何区分重大责任事故罪与交通肇事罪，还是会存在争议。

江某等重大责任事故案①

江某、甘某为粤 CJ0378 号大客车的专职司机。2003 年 6 月 17 日早上，江某、甘某轮换驾驶粤 CJ0378 号大客车从广东省珠海市开往广西桂平市，行至肇庆停车吃饭后，区某抢先坐上驾驶室要驾驶该大客车，江某、甘某没有采取有效的措施加以制止，放任由区某驾驶该大客车。行驶中，区某一边驾驶一边与女乘客聊天。至下午 4 时 40 分左右，当该客车驶至南梧二级公路 346KM＋800M 处（藤县潭东镇松塘路口附近）时，区某占道超速行驶，与相向行驶的由刘某驾驶的车牌号码为桂 D30116 的中巴客车（载客 31 人）发生侧面碰撞，致使两车上的梁某等 15 名乘客受伤（其中重伤 1 人、轻伤 5 人、轻微伤 9 人）、戴某等 19 名乘客死亡，尾随中巴客车行驶的由李某驾驶的桂 DT8647 号两轮摩托车在后亦因此发生碰撞，致使李某死亡、中巴客车严重损坏，另外两车有不同程度的损坏。经交通警察部门作出责任认定，在此事故中区某负主要责任，刘某负次要责任。

① 参见赵秉志主编：《中国刑法典型案例研究》，第 2 卷，164 页以下，北京，北京大学出版社，2008。

另查明，粤CJ0378号大客车挂靠珠海信禾公司经营，桂D30116号的中巴客车挂靠藤县埌南镇莫埌村公所经营。江某、甘某均是珠海信禾公司招聘的司机，均具有驾驶大客车资格（A牌驾驶证），并为信禾公司下属的粤CJ0378号大客车的专职司机。区某只有驾驶大型货车资格（B牌驾驶证）。

广西壮族自治区藤县人民法院认为：被告人区某违章驾车及行驶并造成特大交通事故的行为已构成了交通肇事罪，并属于“有其他特别恶劣情节”；被告人江某、甘某违反国家及本单位对交通运输管理有关规章制度，明知区某没有驾驶大客车资格，却没有采取有效的措施加以制止，放任区某驾驶大客车，从而造成特大交通事故，其行为均构成重大责任事故罪，属情节特别恶劣。

一审法院判决后，被告人区某、甘某、江某均提起上诉。区某上诉称：其只负事故的主要责任，且本案的经济损失已全部获赔，原判刑罚过重。请求二审法院对其从轻处罚。甘某上诉称：本案的交通事故与其无法律上的因果关系，且其不是信禾公司招聘的专职司机，不构成重大责任事故罪的犯罪主体。请求二审法院宣告其无罪。甘某的二审辩护人认为：甘某的行为只构成交通肇事罪，但由于不是其直接驾车肇事，且发生交通肇事时其不在车上，出现事故后能投案自首，积极参与救人，故应得到减轻处罚，并同时适用缓刑。江某上诉称：其是粤00378号大客车车主聘用的司机，与信禾公司无关，且其亦严肃制止了区某驾客车，但区某是老板，故制止未果。请求二审法院宣告其无罪。

二审法院作出了维持一审判决、驳回上诉的裁定。

本案涉及重大责任事故罪与交通肇事罪的区分。在本案中，对区某认定为交通肇事罪当然没有问题。但对于甘某、江某为什么不定交通肇事罪而定重大责任事故罪呢？对此，我国学者指出：

甘某放任区某驾车的行为也违反了相关的规章制度，并且他和江某的违章行为也导致了交通事故的发生。所以，从表面上看，将甘某的行为认定为交通肇事罪，并无不妥。实则不然。因为，甘某的行为之所以能以犯罪论处，原因在于他不履行亲自驾车的作为义务，从而导致了重大责任事故的发生。就他不亲自驾车这种行为而言，他并没有违反交通运输管理法规，所违反的只是驾驶员应对客车安全负责并亲自驾车的管理规定。并且，交通肇事罪的立法目的，倾向于督促与交通安全相关的人员履行相应注意义务以避免交通事故的发生；重大责任事故罪的立法目的，则在于保证企业、事业单位中的生产性工作人员对其所使用的设备、设施在生产、作业过程中的正常运转，以避免重大事故的发生。本案中，肇事车辆就是甘某所使用的生产性设备，所以，本案中，甘某不亲自驾车的行为并没有违反交通运输管理法规，不能对他以交通肇事罪论处；他没有履行对其所使用信禾公司的生产设备的安全保障义务，以致发生重大事故，对他以重大责任事故罪论处是恰当的。①

我认为，以上观点是值得商榷的。这里涉及重大责任事故罪与交通肇事罪之间的关系。如前所述，在专职司机驾驶车辆进行运营的情况下，违章驾驶的行为就是一种违规作业，具有业务性。因此而发生交通事故的，被告人的行为同时具备重大责任事故罪和交通肇事罪的构成要件，这是一种特别法与普通法的法条竞合关系。基于特别法优于普通法的原则，对被告人应以交通肇事罪论处。在本案中，被告人甘某作为大客车的专职司机，放弃其职守，任由不具有大客车驾驶资格的区某驾驶大客车，这本身就是一种交通违章行为。至于甘某没有亲自驾驶车辆，因而并没有违反交通管理法规的见解也是难以成立的。事实上，不仅没有亲自驾驶的司机可以成为交通肇事罪的主体，根据有关司法解释的规定，甚至非司机也可以成为交通肇事罪的主体。例如，2000 年 11 月 15 日最高人民法院《关于交通肇事刑事案件具体应用法律若干问题的解释》第 7 条规定："单位主管人员、机动车辆所有人或者机动车辆承包人指使、强令他人违章驾驶造成重大交通事故，具有本解释第二条规定情形之一的，以交通肇事罪定罪处罚。"由此可见，是否亲自驾驶车辆对于构成交通肇事罪并无影响。

对本案被告人的行为定罪，涉及重大责任事故罪与交通肇事罪之间的关系。我国学者在论及本案时指出："被告人江某、甘某作为客车的专职司机放任没有驾驶客车资格的区某驾驶客车，而且未尽监督责任，对事故的发生负有监督过失

① 赵秉志主编：《中国刑法典型案例研究》，第 2 卷，170 页，北京，北京大学出版社，2008。

责任，完全能够以监督过失追究二被告人交通肇事罪的刑事责任（对交通事故承担责任不仅包括直接责任人员，还应包括对事故发生负有监督过失责任的人员），因而二被告人的行为既构成重大责任事故罪，又构成交通肇事罪，应从一重处罚。”[①] 以上论述认为，被告人对交通事故存在监督过失，因而应当对交通事故承担刑事责任。这是完全正确的。实际上，在重大责任事故罪和交通肇事罪之间存在竞合关系，但这种竞合是法条竞合而不是想象竞合。交通肇事罪是发生在交通运输中的责任事故犯罪，因此，重大责任事故罪是普通法，而交通肇事罪是特别法。根据特别法优于普通法的原则，对此应以交通肇事罪论处。而上述观点认为应当按照从一重处罚的原则处理，实际上是把上述两罪之间的竞合视为想象竞合。

基于以上分析，我认为，本案中，除了对被告人区某应以交通肇事罪论处以外，对其他两名被告人甘某、江某——也应当以交通肇事罪论处。

（四）重大责任事故罪与重大劳动安全事故罪的区分

我国刑法第 135 条根据《刑法修正案（六）》增设了重大劳动安全事故罪，主要是指对安全生产设施和条件负有某种特定的责任而没有履行，因而导致事故的发生。重大劳动安全事故罪和重大责任事故罪还是有所不同的：重大责任事故罪是在一定的安全生产、作业的条件下发生的，起因是行为人违反了有关的安全管理规定。重大劳动安全事故罪主要是在安全生产设施及条件的提供上存在过失，因而导致了安全生产事故的发生。

尚某国等重大劳动安全事故案[②]

2004 年 4 月，唐山恒源实业有限公司法定代表人朱某友购买唐山市刘官屯煤矿后，任命被告人尚某国担任矿长助理，主持煤矿全面工作，行使矿长职责；任命被告人李某耕担任生产副矿长兼调度室主任；任命被告人李某新担任技术副矿长兼安全科科长，进行矿井基建。2005 年 4 月，朱某友任命尚某国为矿长。2005 年 12 月 2 日尚某国取得矿长资格证。被告人吕某增原系唐山市刘官屯煤矿

① 陈洪兵：《公共危险犯解释论与判例研究》，222～223 页，北京，中国政法大学出版社，2011。

② 参见最高人民法院：《刑事审判参考》，第 64 集，北京，法律出版社，2008。

矿长，被告人朱某友购买该矿后仍担任矿长职务，同时担任该矿党支部书记兼保卫科科长，负责保卫工作，没有行使矿长职责。2005 年 11 月份吕某增的矿长资格证被注销。在矿井基建过程中，该矿违规建设，私自找没有设计资质的单位修改设计，将矿井设计年生产能力 30 万吨改为 15 万吨。在《安全专篇》未经批复的情况下，擅自施工。河北煤矿安全监察局冀东监察分局于 2005 年 7 月 18 日向该矿下达了停止施工的通知，但该矿拒不执行，继续施工。在基建阶段，在未竣工验收的情况下，1193 落垛工作面进行生产，1193（下）工作面已经贯通，开始回柱作业。从 2005 年 3 月至 11 月该矿累计出煤 63 300 吨，存在非法生产行为。该矿“一通三防”管理混乱，采掘及通风系统布置不合理，无综合防尘系统，电气设备失爆存在重大隐患，瓦斯检查等特种作业人员严重不足；在没有形成贯穿整个采区的通风系统的情况下，在同一采区同一煤层中布置了 7 个掘进工作面和一个采煤工作面，造成重大安全生产隐患。此外，该矿劳动组织管理混乱，违法承包作业，无资质的承包队伍在井下施工，对各施工队伍没有进行统一监管。2005 年 12 月 7 日 8 时，该矿负责人无视国家法律法规，拒不执行停工指令，继续安排井下 9 个工作面的基建工作。176 名工人下井作业后，担任调度员兼安全员的被告人周某义没有按照国家有关矿井安全规章制度下井进行安全检查，只是在井上调度室值班。负责瓦斯检测的通风科科长刘某成违反安全生产规定，安排无瓦斯检测证的李某刚、郑某华在井下检测瓦斯浓度。当日15 时 10 分许，该矿发生特别重大瓦斯煤尘爆炸事故，造成 108 人死亡、29 人受伤、直接经济损失 4 870.67 万元。经事故调查组调查报告认定，刘官屯煤矿“12·7”特别重大瓦斯煤尘爆炸事故是一起责任事故。事故的直接原因是：刘官屯煤矿 1193（下）工作面切眼遇到断层，煤层垮落，引起瓦斯涌出量突然增加；9 煤层总回风巷三、四联络巷间风门打开，风流短路，造成切眼瓦斯积聚；在切眼下部用绞车回柱作业时，产生摩擦火花引爆瓦斯，煤尘参与爆炸。事故的间接原因是：刘官屯煤矿违规建设，非法生产，拒不执行停工指令；采掘及通风系统布置不合理，无综合防尘系统；特种作业人员严重不足，无资质的承包队伍在井下施工。事故发生后，尚某国、李某新、吕某增等及时向有关部门进行了汇报，并积极组织抢救；朱某友积极配合、参与矿难的善后处理工作，对遇难矿工和受伤矿工的经济损失进行了赔偿。

唐山市开平区人民法院认为：唐山市刘官屯煤矿的劳动安全设施不符合国家规定，在《安全专篇》未经批复的情况下擅自施工；河北煤矿安全监察局冀东监察分局于2005年7月18日向该矿下达了停止施工的通知，但该矿拒不执行，继续施工，因而发生特别重大伤亡事故，造成108人死亡。被告人尚某国身为该矿矿长，主持该矿全面工作；被告人李某新身为技术副矿长兼安全科科长，对排除事故隐患、防止事故发生负有职责义务。上述被告人无视国家安全生产法律、法规，忽视安全生产，拒不执行停工指令，对事故的发生负有直接责任。被告人吕某增作为矿长（2004年4月至2005年11月间）未履行矿长职责，在得知煤矿安全监察部门向该矿下达了停止施工的通知后，对该矿继续施工不予阻止，对事故的发生亦负有直接责任。被告人尚某国、李某新、吕某增的行为均已构成重大劳动安全事故罪。被告人朱某友作为唐山恒源实业有限公司法定代表人、煤矿投资人，对该矿的劳动安全设施是否符合国家规定负有管理义务，对事故负有直接责任，其行为亦构成重大劳动安全事故罪。被告人尚某国、李某新提出的刘官屯煤矿不存在违规建设、《安全专篇》有批复、该矿不存在非法生产行为、电气设备不存在失爆现象的辩解，缺乏事实依据，不予采纳。对于辩护人提出本案不应适用2006年《刑法修正案（六）》和2007年《关于办理危害矿山生产安全刑事案件具体应用法律若干问题的解释》的相关规定的辩护意见，因此起事故发生在2006年《刑法修正案（六）》施行之前，根据“从旧兼从轻”的原则，辩护人的上述辩护意见成立，予以采纳。对于辩护人提出依照本案现有证据不足以认定被告人朱某友犯有重大劳动安全事故罪的辩护意见，唐山恒源实业有限公司法定代表人朱某友购买刘官屯煤矿后，该矿转变成民营企业，名称改为唐山恒源实业有限公司，工商营业执照没有注册登记，被告人朱某友作为唐山恒源实业有限公司的法定代表人及该矿的投资人对该矿的劳动安全设施是否符合国家规定负有管理义务，被告人朱某友失于管理，在2005年7月18日河北煤矿安全监察局冀东监察分局向该矿下达停止施工的通知后，该矿继续施工，因而发生特别重大伤亡事故，被告人朱某友主观上具有犯罪过失，其行为符合重大劳动安全事故罪的构成要件，辩护人的上述辩护意见不能成立，不予采纳。被告人朱某友未直接参与刘官屯煤矿的经营管理，不知悉煤矿安全监察部门向该矿下达停产通知的情况，对事故的发生其责任相对较小。对于辩护人提出李某新、吕某增具有自首情节的辩护意见，经查事故发生后，被告人李某新、吕某增及时向上级汇报，积极组织抢救，配合事故调查组和公安机关接受调查，系履行职责，不属于自动投案，故辩护人的上述辩护意见不能成立，不予采纳。事故发生后，被告人尚某国、李某新、吕某增、刘某成、周某义、李某刚、郑某华等及时向有关部门汇报，积极组织抢救；被告人朱某友积极配合、参与矿难的善后处理工作，对遇难矿工和受伤矿工的经济损失全部进行了赔偿，故可酌情对上述被告人从轻处罚。根据各被告人犯罪的事实、犯罪的性质、情节和对社会的危害程度，结合被告人的认罪表现，依照《中华人民共和国刑法》第一百三十四条、第一百三十五条、第二百八十条、第七十二条、第七十三条的规定，判决如下：(1) 被告人尚某国犯重大劳动安全事故罪，判处有期徒刑六年。(2) 被告人朱某友犯重大劳动安全事故罪，判处有期徒刑三年。(3) 被告人李某新犯重大劳动安全事故罪，判处有期徒刑五年。(4) 被告人吕某增犯重大劳动安全事故罪，判处有期徒刑三年。

一审宣判后，各被告人未上诉，检察机关亦未抗诉，判决发生法律效力。

在本案中，被告人尚某国身为该矿矿长，主持该矿全面工作，既对安全生产设施、安全生产条件是否符合国家规定负有直接责任，又对生产、作业负有组织、指挥、管理职责。其无视国家安全生产法律、法规，忽视安全生产，拒不执行有关停工指令，因而造成重大伤亡事故的行为同时构成重大劳动安全事故罪和重大责任事故罪。在这种情况下，就出现了重大劳动安全事故罪与重大责任事故罪的竞合。那么，重大劳动安全事故罪与重大责任事故罪出现竞合时应如何处理？对此，本案的裁判理由指出：

从《刑法修正案（六）》和《解释》看，重大责任事故罪与重大劳动安全事故罪在罪名上的区别是明显的，但在司法实践中，在某些情况下，会出现难以区分的情况。从客观方面讲，重大责任事故罪的行为特征是“在生产、作业中违反有关安全管理的规定”，重大劳动安全事故罪的行为特征是安全生产设施或者安全生产条件不符合国家规定。然而，在安全生产设施或者安全生产条件不符合国家规定的情况下进行生产、作业，其本身就是在生产、作业中违反有关安全管理的规定，这种情况客观方面实际上是竞合的。从主体上讲，重大责任事故罪的犯罪主体包括对矿山生产、作业负有组织、指挥或者管理职责的负责人、管理人员、实际控制人、投资人等人员，以及直接从事矿山生产、作业的人员；重大劳动安全事故罪的犯罪主体是对矿山安全生产设施或者安全生产条件不符合国家规定负有直接责任的矿山生产经营单位负责人、管理人员、实际控制人、投资人，以及对安全生产设施或者安全生产条件负有管理、维护职责的电工、瓦斯检查工等人员。然而，对矿山生产、作业负有组织、指挥或者管理职责的负责人、管理人员、实际控制人、投资人等人员，对矿山安全生产设施或者安全生产条件是否符合国家规定都负有不同程度的直接责任，同时又是对矿山安全生产设施或者安全生产条件不符合国家规定负有直接责任的矿山生产经营单位负责人、管理人员、实际控制人、投资人。在这种情况下，主体实际上也存在一定竞合。而对安全生产设施或者安全生产条件负有管理、维护职责的电工、瓦斯检查工等人员，同时又是直接从事矿山生产、作业的人员，也是竞合的。在客观方面和主体都出现一定竞合的情况下，如何区分重大责任事故罪与重大劳动安全事故罪，就成为司法实践必须要解决的问题。

在司法实践中，当工厂、矿山、林场、建筑企业或者其他企业、事业单位发生重大伤亡事故或者造成其他严重后果，当重大责任事故罪与重大劳动安全事故罪的客观方面和主体都出现上述竞合时，我们认为，应当按照下列原则处理：

1. 在完全是由于在安全生产设施或者安全生产条件不符合国家规定的情况下进行生产、作业，因而发生重大伤亡事故或者造成其他严重后果的情况下，应当以重大劳动安全事故罪定罪量刑。因为这是立法规定的典型重大劳动安全事故犯罪，即使这种行为本身也是一种违反有关安全管理规定的行为，从罪名评价的最相符合性考虑，一般不以重大责任事故罪认定。

2. 在安全生产设施或者安全生产条件不符合国家规定的情况下，在生产、作业中又违反具体的安全管理规定，因而发生重大伤亡事故或者造成其他严重后果的，应区分不同情况选择较为妥当的罪名定罪量刑。(1) 当二罪中某一罪的情节明显重于另一罪时，应按情节较重的罪名定罪量刑。(2) 当二罪的情节基本相当的，对于实际控制人、投资人，他们对安全生产设施或者安全生产条件是否符合国家规定负有直接责任，在无法查清他们对生产、作业是否负有组织、指挥或者管理职责时，以重大劳动安全事故罪定罪量刑。如果对生产、作业同时负有组织、指挥或者管理职责时，我们认为，为了司法实践的统一，一般仍以重大劳动安全事故罪定罪为宜，而将在生产、作业中违反有关安全管理的规定的行为作为从重处罚的情节。对于负责人、管理人员，他们既对生产、作业负有组织、指挥或者管理职责，又对安全生产设施或者安全生产条件是否符合国家规定负有直接责任。出于同样的考虑，对他们一般也以重大劳动安全事故罪定罪为宜，而将在生产、作业中违反有关安全管理的规定的行为作为从重处罚的情节。对于对安全生产设施或者安全生产条件负有管理、维护职责的电工、瓦斯检查工等人员，亦参照上述原则处理。

上述情况处理的考虑是，在构成重大劳动安全事故罪的前提下又构成重大责任事故罪，由于二罪的法定刑是相同的，安全生产设施或者安全生产条件不符合国家规定和在生产、作业中违反有关安全管理的规定的罪责也不好区分轻重，无法重罪吸收轻罪。而审判中只能定一个罪名，因此，从维护司法统一的角度考虑提出上述原则。再则，如果以重大责任事故罪定罪就无法全面评价“安全生产设施或者安全生产条件不符合国家规定”的罪责，因为重大责任事故罪并不以安全生产设施或者安全生产条件不符合国家规定为前提。以重大劳动安全事故罪定罪，将在生产、作业中违反有关安全管理的规定的行为作为从重处罚的情节，可以做到两种罪责兼顾评价。但是，当出现法律规定的强令他人违章冒险作业的情况时，由于法律有特别规定且法定刑较重，应以强令违章冒险作业罪定罪量刑。

本案中，被告人尚某国身为该矿矿长，主持该矿全面工作，既对安全生产设施、安全生产条件是否符合国家规定负有直接责任，又对生产、作业负有组织、指挥、管理职责，其无视国家安全生产法律、法规，忽视安全生产，拒不执行有关停工指令，因而造成重大伤亡事故的行为同时构成重大劳动安全事故罪和重大责任事故罪，且其在二罪中的犯罪情节基本相当，参照上述原则，对其应以重大劳动安全事故罪定罪处罚。被告人朱某友是该矿的投资人和实际控制人，对安全生产设施、安全生产条件是否符合国家规定负有管理义务和直接责任，但其失于管理，因而造成重大伤亡事故，鉴于其未直接参与煤矿的经营管理，对其直接以重大劳动安全事故罪定罪量刑。被告人李某新身为该矿技术副矿长兼安全科科长，其身份和行为亦符合两罪的特征，但其作为技术和安全方面的主要负责人，对安全生产设施、安全生产条件是否符合国家规定，以及排除安全生产设施隐患，防止事故发生负有更重要的责任，参照上述原则，对其以重大劳动安全事故罪定罪处罚。被告人吕某增作为煤矿党支部书记兼保卫科科长，虽不直接参与生产管理，但作为该矿的负责人之一，在得知安全监察部门因该矿安全生产设施不符合国家规定而下达停工通知后，未履行职责，对该矿继续施工不予阻止，对事故的发生亦负有直接责任，故以重大劳动安全事故罪定罪处罚。

以上定罪均符合我们提出的对此类案件的处理原则，既体现了罪刑相适应的原则，又达到了统一司法操作的目的，符合有关立法和司法解释的规定精神。

以上裁判理由认为在本案中，存在重大责任事故罪与重大劳动安全事故罪的竞合，对此只能以其中的一罪论处。但裁判理由没有指出，这种竞合到底是一种什么性质的竞合，例如，是法条竞合、想象竞合还是实质竞合？如果是法条竞合与想象竞合，以一罪论处当然是正确的。但如果是实质竞合，就应当实行数罪并罚。从本案的案情来看，被告人尚某国的行为实际上是重大责任事故罪和重大劳动安全事故罪的想象竞合，对此论以一罪是正确的。

（五）重大责任事故罪与危险物品肇事罪的区分

危险物品肇事罪是指违反爆炸性、易燃性、放射性、毒害性、腐蚀性物品的管理规定，在生产、储存、运输、使用中发生重大事故，造成严重后果的行为。可见，这种危险物品肇事罪实际上是一种特殊的责任事故犯罪，它与重大责任事故罪之间存在着特殊法和普通法的法条竞合关系。如果是在危险物品的生产、作业当中，违反有关安全生产的管理规定，造成危险物品的肇事，就应当定危险物品肇事罪，不再定重大责任事故罪。

郑某危险物品肇事案

1990年12月初，某乡办烟花厂厂长郑某，不顾本厂设备技术条件的限制，决定试制烟花新品种“连升三级”。“连升三级”烟花的生产工艺、技术复杂，依照有关规定，应将危险工序和一般工序分车间作业，成品、半成品及原料隔离存放。郑某在安排生产时，严重违反上述规定，把生产“连升三级”的包括危险工序在内的所有5道工序的28人容在30平方米的一个车间里作业，并把成品、半成品及原料都堆放在同一车间里。因该车间不是专门的危险工序车间，所以没有防湿、防爆、灭火和紧急疏散的设施。另由于技术条件差，在生产过程中已发生多起打白药起火烧伤工人的事故，工人也多次反映车间的不安全因素，但郑某均未予以重视，仍让工人继续生产“连升三级”。1991年1月18日，由于一工人用铁器打白药起火，引起车间内堆放的火药燃烧，进而引起“连升三级”的成品、半成品爆炸。火药燃烧和烟花爆炸来势猛烈，车间工人因车间无太平出口，无法疏散和躲避，致使3人烧死、5人被烧残、15人受轻伤，并造成直接经济损失5万余元。

某县人民检察院对被告人郑某以重大责任事故罪提起公诉。某县人民法院经公开审理，以危险物品肇事罪判处被告人郑某有期徒刑3年。

本案虽然是在生产、作业中发生的责任事故，但由于发生在危险物品的生产过程中，故应以危险物品肇事罪论处。

在司法实践中，除了重大责任事故罪与危险物品肇事罪竞合的情形以外，在某些案件中，虽然被告人的行为表面上符合危险物品肇事罪的构成要件，但实际上涉案的物品并非危险物品，因而不能认定为危险物品肇事罪；如果符合重大责任事故罪的构成要件的，应以重大责任事故罪论处。

林某重大责任事故案

2000年11月份，从事龙眼种植研究的海南省农科院水果所副所长林某发现卢某种植的龙眼长势较好，便向卢询问原因。卢称系用氯酸钾和硫黄作肥料产生的效果。被告人林某便向卢某购买上述物品进行试验。卢某在卖给被告人林某上述物品的同时告诉林某氯酸钾易燃、易爆，不能碰撞、敲打，否则易发生危险等。被告人林某带水果所临时工吴某等人拿上述物品到白沙、东方等地搞试验。2001年4月和5月份，被告人林某又两次向卢某购买氯酸钾共1 500千克、硫黄共450千克运回省农科院存放在水果所仓库内，用于试验。至案发前，该水果所仓库内尚存氯酸钾400千克及硫黄等物。

2001年7月7日上午，被告人林某交250元给吴某，让其购买硫黄三包、每包40千克，并要吴某将仓库里存放的氯酸钾分成小包，每包0.5千克，以便次日运到临高龙眼基地进行试验。吴某提出活太多，被告人林某便同意吴找一个民工帮忙。吴某当日中午购回硫黄三包存放于水果所仓库，并于当日下午找来民工李某帮忙将仓库中的氯酸钾分包。由于有部分氯酸钾结块，吴某便用铁锤将其砸碎。当日下午17时20分许，吴某、李某在分包过程中发生氯酸钾和硫黄爆炸，造成吴某、李某及李某的女儿周某、农科院职工林某当场死亡，吉林某某、胡某、田某、周某宇、陈某、肖某、朱某、吴某受伤，吉林某某后不治死亡，农科院办公楼被炸塌的严重后果。

经鉴定，伤者周某宇所受损伤属重伤，肖某、田某、陈某所受损伤属轻伤，省农科院经济损失人民币345.457万元。

关于爆炸事故原因，经公安部专家现场勘察分析后出具的“物证检验意见书”的分析意见认定：(1) 氯酸钾、硫黄同存放一个空间若有外力作用可引发爆炸；(2) 根据爆炸现场破坏情况以及炸坑的直径，炸药重量相当于120公斤TNT炸药当场爆炸破坏的威力。海南省公安厅出具的“刑事科学技术分析意见书”的分析结论是：(1) 爆炸点是由省农科院水果所仓库内存放物质爆炸所产生的；(2) 爆炸的原因是在同一仓库内存放的氯酸钾和硫黄发生化学作用而产生。

另查明，2002年9月30日，氯酸钾被国务院办公厅通知正式列入民用爆炸物品。此前，氯酸钾只属于化学危险物品中的氧化剂类物品。

公诉机关认为：被告人林某的行为触犯了《中华人民共和国刑法》第一百三十六条的规定，构成危险物品肇事罪，请求依法判处。

被告人林某辩称：自己不知道“催花药”是氯酸钾，卢某对这些药是保密的。自己也想搞清楚药是由什么构成，所以自己送去化验，还让工人专门跟着卢某学习具体操作，最后这次分装药也是叫他按照卢某的方法分装的。

被告人林某的辩护人的辩护意见是：(1) 起诉书对本案主要事实认定不清且缺乏依据，本次爆炸的直接原因不清。(2) 公诉机关指控被告人林某“指使吴某违章操作，以致发生爆炸”与本案事实不符，且没有相关证据予以证实。被告人林某的行为不构成犯罪，一是被告人林某不了解使用的白色肥料就是氯酸钾及其性能，二是爆炸发生时氯酸钾并不属于国家明文规定的爆炸物品，被告人林某也就不存在触犯《刑法》分则第136条，根据罪刑法定原则，被告人林某不构成危险物品肇事罪。

一审法院认为：林某身为科研工作者，在进行项目研究中，没有严格遵守《化学危险物品安全管理条例》，违反了氯酸钾与硫黄应当分开存放的规定；并指令其工人对违章存放的氯酸钾冒险进行分装，导致同存一仓库内的氯酸钾、硫黄发生爆炸，造成五死七伤的重大伤亡事故，及一幢三层的办公楼被炸毁的严重后果。被告人林某对爆炸事故负有责任，已构成重大责任事故罪。公诉机关起诉指控的主要事实清楚，证据充分，但定性为危险品肇事罪不准确，应当纠正为重大责任事故罪。鉴于被告人林某是曾为海南水果农业作出过贡献的科研工作者，为使其能继续为海南的农业发展服务，且对其适用缓刑确实不致再危害社会，可以对其适用缓刑。依照《中华人民共和国刑法》第一百三十四条、第七十二条第一款的规定，作出如下判决：被告人林某犯重大责任事故罪，判处有期徒刑三年，缓刑四年。

一审宣判后，被告人林某未上诉，公诉机关未抗诉。

我国学者在分析本案时，指出：

本案行为人对危险物品管理不当，有关人员又操作不当引起爆炸，造成五人死亡、七人重伤，财产损失价值人民币3 454 570元的严重后果，引起社会的广泛关注。本案行为人先是被检察院以重大责任事故罪逮捕，由于证据不足作不起诉处理，后又以危险物品肇事罪向法院提起公诉，最终法院以重大责任事故罪对行为人进行定罪量刑。

一、本案应定危险物品肇事罪、重大责任事故罪还是无罪是控辩双方的争议焦点。公诉机关认为，行为人组织安排购买的氯酸钾、硫黄存放在同一仓库内，其行为违反了危险物品储存管理规定，爆炸事件与其违反储存管理规定有一定的因果关系，且造成的后果特别严重，行为人对此负有不可推卸的责任，应当以危险物品肇事罪追究其刑事责任。辩方则认为爆炸发生时氯酸钾并不是爆炸物品，也不是其他危险物品，故行为人不构成危险物品肇事罪。一审法院认为，根据刑法第136条规定，危险物品肇事罪，只是违反爆炸性、暴燃性、放射性、毒害性、腐蚀性的管理规定，在生产、储存、运输、使用中发生重大事故，造成严重后果，危害公共安全的行为。造成爆炸的氯酸钾在爆炸发生时既不是爆炸性物品，又不是其他危险物品。氯酸钾于2002年9月30日被列为爆炸物品，其没有溯及力。根据“法无明文规定不为罪”的罪刑法定原则，法院不以危险物品肇事罪究其刑事责任体现了罪刑法定原则。

二、林某的行为构成重大责任事故罪。重大责任事故罪是指工厂、矿山、林场、建筑企业或者其他企业、事业单位的职工，由于不服管理、违反规章制度，因而发生重大伤亡事故或者造成其他严重后果的行为。重大责任事故罪的犯罪主体是特殊主体，只限于工厂、矿山、林场、建筑企业或者其他企业、事业单位的职工；主观方面表现为过失；客观方面表现为行为人在生产、作业中不服管理、违反规章制度，因而造成重大伤亡事故或者其他严重后果的行为。林某身为科研工作者，在进行项目研究中，没有严格遵守《化学危险物品安全管理条例》，违反了氯酸钾与硫黄应当分开存放的规定；并指令其工人对违章存放的氯酸钾冒险进行分装作业，导致同存一仓库内的氯酸钾、硫黄发生爆炸，造成严重后果。被告人林某对爆炸事故负有责任，已构成重大责任事故罪。

从上述案例来看，对林某的行为到底是认定为重大责任事故罪还是危险物品肇事罪，首先需要正确地判断涉案物品是否为危险物品，而危险物品的认定主要是根据国家关于危险物品管理的规定。本案发生的时候，氯酸钾并没有被列为危险物品，因此对于被告人林某的行为以重大责任事故罪论处是正确的。

（六）重大责任事故罪与以危险方法危害公共安全罪的区分

在我国刑法中，以危险方法危害公共安全罪是指使用放火、决水、爆炸、投放危险物质以外的其他方法，造成不特定多数人的伤亡或者公私财产重大损失，危害公共安全的行为。

以危险方法危害公共安全罪的行为是放火、决水、爆炸、投放危险物质以外的其他危害公共安全的行为，这些行为在危险性质上具有与放火、决水、爆炸、投放危险物质的相当性，一旦实施足以危害公共安全，例如驾车撞人、私架电网等。相对于以放火、决水、爆炸、投放危险物质等特定手段实施的危害公共安全罪来说，以危险方法危害公共安全罪是一个兜底的罪名。应该说，以危险方法危害公共安全罪是故意犯罪，而重大责任事故犯罪是过失犯罪，这两者之间的区别是较大的。在一般情况下，两罪是不会混淆的。但近些年来，在我国司法实践中，由过失性的责任事故犯罪向以危险方法危害公共安全罪转化的案例时有发生，某些司法解释亦对此作了规定。例如，2009 年 9 月 11 日最高人民法院《关于醉酒驾车犯罪法律适用问题的意见》规定："行为人明知酒后驾车违法、醉酒驾车会危害公共安全，却无视法律醉酒驾车，特别是在肇事后继续驾车冲撞，造成重大伤亡，说明行为人主观上对持续发生的危害后果持放任态度，具有危害公共安全的故意。对此类醉酒驾车造成重大伤亡的，应依法以以危险方法危害公共安全罪定罪。"随着这一意见一同印发的有关醉酒驾车犯罪案例，包括被告人黎某以危险方法危害公共安全案和被告人孙某以危险方法危害公共安全案①，提供了案例指导。在这种情况下，重大责任事故罪向以危险方法危害公共安全罪转化。

李某等以危险方法危害公共安全案②

新华四矿因处于"技改"阶段，没有安全生产许可证，且营业执照、煤炭生产许可证均已过期。2009 年 3 月 20 日，河南省安全生产领导小组下发文件，明确规定该矿为停工停产整改矿井。在长期"技改"和停工整改期间，被告人李某、韩某（原技术副矿长）、侯某（原安全副矿长）、邓某（原生产副矿长）明知

---

① 参见最高人民法院：《关于印发醉酒驾车犯罪法律适用问题指导意见及相关典型案例的通知》，载《中华人民共和国最高人民法院公报》（2009 年卷），246～250 页。

② 参见《人民法院报》，2010-11-17。

该矿属于煤与瓦斯突出矿井、存在瓦斯严重超标等重大安全隐患，不仅不采取措施消除隐患，反而为应对监管部门的瓦斯监控，多次要求瓦斯检查员确保瓦斯超标时瓦斯传感器不报警；指使检查员将井下瓦斯传感器的传输线拔脱或置于风筒新鲜风流处，使其丧失预警、防护功能；指使他人填写虚假瓦斯数据报告表，使真实数据不能被准确及时掌握，有意逃避监管，隐瞒重大安全隐患；并擅自开采已组煤层，以罚款相威胁，违规强令大批工人下井采煤。被告人袁某（原矿长助理）明知井下瓦斯传感器位置不当，不能准确检测瓦斯数据，安全生产存在重大隐患，仍按照李、韩二人的安排，强行组织工人下井作业。

2009年9月5日，新华四矿发生冒顶。9月8日，侯某、袁某等人在收到限期整改通知书的第二天仍强行组织93名矿工下井。由于井下因冒顶造成局部通风机停止运转，积聚大量高浓度瓦斯，而瓦斯传感器被破坏无法正常预警，煤电钻电缆短路产生高温火源引发瓦斯爆炸，致76人死亡、2人重伤、4人轻伤、9人轻微伤。

另查明，2008年，李某指使陈某（另案处理）等人私刻“河南理工大学”印章、伪造证照，骗取了矿长安全资格证书。

河南省平顶山市中级人民法院认为：李某等四被告人为谋取非法暴利，拒不执行各级监管部门严禁组织生产、责令停工整改等一系列规定，在明知矿井存在重大安全隐患、随时可能发生瓦斯爆炸等重大事故的情况下，不仅不采取措施解决瓦斯超标问题，反而指使他人破坏瓦斯传感器，强令大批工人下井作业，长期置井下矿工于无瓦斯预警防护的高度危险之中，最终导致瓦斯爆炸，造成严重伤亡事故。其行为已构成以危险方法危害公共安全罪。被告人袁某作为生产矿长助理，明知井下存在重大安全隐患，仍违反安全生产法规，强令他人违章冒险作业，因而发生重大伤亡事故，其行为已构成强令违章冒险作业罪。被告人李某指示他人伪造事业单位印章，开具虚假证明，最终骗取矿长安全资格证，其行为又构成伪造事业单位印章罪。

李某等四被告人犯罪情节恶劣，后果特别严重，依法应予严惩。鉴于四被告人主观上属间接故意，事发后主动报告、积极抢救遇难者，且侯某、邓某系受雇于李、韩等情节，对李某、韩某判处死刑，可不立即执行，对侯某、邓某可酌情从轻判处。被告人袁某所犯强令违章冒险作业罪情节严重，应依法惩处。据此，以以危险方法危害公共安全罪、伪造事业单位印章罪数罪并罚，决定执行李某死刑，缓期二年执行，剥夺政治权利终身；以以危险方法危害公共安全罪判处韩某死刑，缓期二年执行，剥夺政治权利终身，判处侯某无期徒刑，剥夺政治权利终身，判处邓某有期徒刑十五年，剥夺政治权利五年；以强令违章冒险作业罪判处袁某有期徒刑十三年，剥夺政治权利三年。

上述案件被称为对矿难事故以以危险方法危害公共安全罪定罪的全国第一案。2010 年 11 月 16 日该案一审宣判以后，河南省平顶山市中级人民法院召开新闻发布会，相关审判人员对本案为何要定性为以危险方法危害公共安全罪进行了说明，指出："本案之所以有四名被告人的行为最终被定性为以危险方法危害公共安全罪，是因为本案中该四名被告人主观上具有放任不特定多数人伤亡后果发生的间接故意，客观上实施了破坏安全设施、强令工人下井、谎报生产情况等一系列积极、主动行为，符合以危险方法危害公共安全罪的构成要件，构成以危险方法危害公共安全罪。"此后，又有学者对本案涉及的法理问题进行了阐述，例如，赵秉志教授认为本案应否定性为以危险方法危害公共安全罪的关键在于李某等四名被告人的主观心态，指出：

在我国刑法中，重大责任事故罪是过失犯罪，行为人对危害结果的发生是一种过失心理；而以危险方法危害公共安全罪则是故意犯罪。本案中，李某等人对矿难的发生显然不具有希望和追求的心态，不是直接故意。因此，本案定性的关键在于李某等人对矿难的发生是否成立间接故意。对此，答案是肯定的。首先，李某等人对 9·8 矿难的发生具备明知的要素。李某等人非常清楚地知道，发生 9·8矿难的新华四矿处于"技改"阶段，没有安全生产许可证，且营业执照、煤炭生产许可证均已过期，并被河南省安全生产领导小组明令为停工停产矿井，而且在事发前 3 天，该矿还发生冒井，并为此收到限期整改通知书。因此本案中，李某等人对新华四矿存在的重大安全隐患及矿难发生的可能性在其主观上是明知的。其次，李某等人放任了矿难的发生。在明知新华四矿存在重大安全隐患的情况下，李某等人不仅没有采取有效的措施防患矿难的发生，反而通过种种手段逃避监管，多次要求瓦斯检查员确保瓦斯超标传感器不报警，指使检查员将井下瓦斯传感器传输线拔脱或置于风筒新鲜风流处，从而使瓦斯传感器丧失预警、防护功能，指使他人填写虚假瓦斯数据报告表，使真实数据不能被准确及时掌握，并强令大批工人下井采煤。李某等人的种种积极作为，促成了矿难的发生，其主观上的放任心态明显。概言之，李某等人明知新华四矿存在重大安全隐患，可能发生矿难事故，但他们不仅不采取有效措施防止矿难的发生，而且采取各种方法逃避监管，最终导致了9·8矿难的发生。李某等人主观上具有危害公共安全的故意，客观上实施了以其他危险方法危害公共安全的行为，构成了以危险方法危害公共安全罪。①

此外，黎宏教授对本案侧重从客观行为上进行了法理分析，认为被告人李某等是以破坏瓦斯传感器的方法危害了公共安全，指出：

按照判决书记载：本案发生的场所"属于煤与瓦斯突出矿井，存在瓦斯超标等重大安全隐患"，但行为人"不仅不采取措施消除隐患，反而为应对监管部门的瓦斯监控，多次要求瓦斯检查员确保瓦斯超标时瓦斯传感器不报警"，更有甚者，还"指使瓦斯检查员将井下瓦斯传感器传输线拔脱或者置于风筒新鲜风流处，使瓦斯传感器丧失预警、防护功能；指使他人填写虚假瓦斯数据报告表，使真实瓦斯数据不能被准确及时掌握，有意逃避监管，隐瞒重大安全隐患"。这种在瓦斯浓度超标的危险状况下，反而将已安装好的传感器加以破坏或者使监控装置不能正常发挥作用的行为，就是使原本相对安全的采煤环境变得不安全的行为。

或许有人会说，破坏瓦斯传感器只是为瓦斯爆炸提供了一个条件而已，瓦斯并不会因为传感器遭到破坏就马上会发生爆炸，这和放火、决水、爆炸等不一样。在后者，该种行为一旦实施，就会产生无可估量的严重后果。确实，仅仅破坏传感器并不会马上导致不特定或多人伤亡的严重后果，但必须注意的是，瓦斯

① 赵秉志：《略谈平顶山9·8矿难案的定罪量刑》，载《人民法院报》，2010-12-02。

爆炸的条件是，只要其积聚到一定浓度，再遇到一点明火就足够了。前面一再说明，本案中发生爆炸的矿井“属于煤与瓦斯突出矿井”，存在瓦斯超标等重大安全隐患；同时，由于瓦斯传感器被破坏或不能正常发挥作用，工人无法感知自己所处的险境，无法采取任何防范措施。加上井下使用机械采煤的过程中，不可避免地会使用到电力或者金属器具，电线漏电、金属摩擦都会迸出火花，甚至工人在井下的违规用火，也不是不可能（从媒体报道中无法判断火花来源，本文只能从一般常识角度推测）。在瓦斯严重超标并且难以避免迸发火花的危险环境下，破坏瓦斯监控装置，在本质上是利用已经自然存在的危险，导致危害结果的行为，这和行为人主动引起结果发生的放火等行为，从因果关系的角度来看，没有任何区别。[①]

应该说，以上分析对于我们区分重大责任事故罪与以危险方法危害公共安全罪具有一定的参考价值。当然，由于这个问题的复杂性，我们还应该更为细致地从理论上加以把握。我认为，上述两罪的区分，并不仅仅是过失与故意的区分，还是客观行为的区分。从客观行为来说，重大责任事故罪是违章作业，在通常情况下，违章作业都是违反规章制度，置危险于不顾，容易造成事故。在本案中，李某等被告人的行为可以说是极为恶劣的：他们不仅不消除事故隐患，而且为了不被监管部门发现，还使瓦斯传感器丧失预警防护功能，以此隐瞒重大安全隐患，以致造成重大事故。这种行为在性质上仍然属于违章作业，只不过使用了一些恶劣手段来隐瞒重大安全隐患。这里的问题是，这种隐瞒重大安全隐患的恶劣手段是否使违章作业的行为性质发生了根本性的变化。换言之，在这种情况下，已经不再是违章作业的行为，而是成为以破坏瓦斯传感器的方法危害公共安全的行为。我认为，这里的法律界限尚有待于具体划分。至于行为人主观上的心理状态，这里应当指出，即使是重大责任事故罪，行为人对于违章也是故意的，但这并不是犯罪故意。只要行为人对事故后果是过失的，则仍然应以过失犯罪论处。在本案中，李某等被告人对于采取恶劣手段隐瞒重大安全隐患具有故意，这是毫

① 黎宏：《平顶山9·8矿难案判决的法理分析》，载《人民法院报》，2010-12-02。

无疑问的。但被告人对于造成事故是否具有放任态度，也还值得斟酌。这里涉及过于自信的过失与以放任为内容的间接故意之间的区分。在过于自信的过失的情况下，被告人虽然对于结果的发生是有预见的，但自以为不会发生。被告人对结果不仅是不希望其发生，而且其发生是违背被告人的意志的。在间接故意的情况下，被告人对结果的放任，不仅表现在对结果的不希望，而且表现为对结果的容认，即结果发生并不违背其意志，以此区别于过于自信的过失。在本案中，被告人李某等不希望结果发生，这是没有问题的。那么，结果发生是否违背其意志呢？如果从这一角度考虑，很难得出肯定性的结论。将被告人的行为定性为破坏，则与其主观上的间接故意又是矛盾的。也就是说，在客观上实施了破坏公共安全行为的情况下，其主观上只能是直接故意而不可能是间接故意。黎宏教授一方面认为本案被告人主观上具有间接故意，另一方面又认为将在瓦斯浓度超标、存在严重隐患的条件下破坏瓦斯传感器的行为认定为本案中的实行行为，因此，即便没有发生爆炸、死伤 90 多人的严重后果，被告人的行为也可以构成以危险方法危害公共安全罪，只不过是构成刑法第 114 条所规定的“尚未造成严重后果的”犯罪而已。[①] 但这一观点与间接故意不存在未遂的通说不能两立。[②] 因此，我认为对于事故案件以以危险方法危害公共安全罪论处时，应当严格把握其法律界限。

四、重大责任事故罪的处罚

根据《刑法修正案（六）》修改后的刑法第 134 条第 1 款的规定，犯重大责任事故罪的，处 3 年以下有期徒刑或者拘役；情节特别恶劣的，处 3 年以上 7 年以下有期徒刑。

---

① 参见黎宏：《平顶山 9·8 矿难案判决的法理分析》，载《人民法院报》，2010-12-02。

② 当然，黎宏教授认为间接故意犯罪是否就一定不存在未遂，尚有商榷的余地。参见黎宏：《刑法总论问题思考》，417 页，注③，北京，中国人民大学出版社，2007。

第三十二讲

非法经营罪

非法经营罪是一种破坏市场秩序的犯罪，属于经济犯罪。在现实生活中，非法经营罪的情况是十分复杂的，涉及各个经济领域。刑法在罪状上对非法经营罪采取了概括性的规定，因此，对哪些行为可以作为非法经营行为加以处罚，是个需要研究的问题。本讲中我将结合法律和司法解释的规定，对非法经营罪的定罪量刑问题加以讲解。

一、非法经营罪概述

非法经营罪是指违反国家规定，非法经营，扰乱市场秩序，情节严重的行为。在我国刑法中，非法经营罪是从1979年的投机倒把罪修改而来的，在投机倒把中就包含了非法倒卖的行为。投机倒把罪是在计划经济的背景下规定的一个罪名，在计划经济的条件下，投机倒把的要害就是破坏计划经济。因为在当时个人是禁止从事经济活动的，投机倒把的客观行为就是非法从事工商业活动。例如，在1982年出版的刑法教科书中，列举了以下11种投机倒把行为：（1）非法开设工厂、商店，非法组织包工队、运输队，雇工剥削他人。大家注意这种行为就是一种投资经商行为，现在说得时髦一点，就是个人创业。这在当时可是犯罪行为。这里还提到“剥削”这个词，只要是雇工就是剥削，剥削就是犯罪。这是当时的观念，也就是在经济活动中深受意识形态的影响。(2) 抬价抢购国家计划收购物资，破坏国家收购计划。这种行为是典型的破坏计划经济的行为。在计划经济下，实行统购统销，个人不得收购，否则就是犯罪。(3) 从国营和供销合作社零售商店套购商品，转手加价出售。这种行为也是破坏计划经济的，转手加价出售，就是所谓非法倒卖，也是犯罪。(4) 个人坐地批发。这里的“坐地”两字特别有意思，是指坐在地上吗？不是，是指没有挪动地方。也就是说，如果是从他人那里进货，你只能零售不能批发。如果要批发也不能就地而是要运输到其他地方去批发。(5) 黑市经纪，牟取暴利。这是对经纪行为的规定，现在经纪已经成为一个行业。但在当时经纪可是犯罪。(6) 买空卖空，转包渔利。这是市场上常见的两种交易行为。买空卖空是指买卖双方都没有货款进出，只就进出之间的差价结算盈亏。买空卖空在股票市场上是一种正常的交易行为。买空指的是投资者预测股价会上涨，但由于受自身资金所限，拿不出更多的钱大量买进股票，于是以交纳保证金的方式通过证券公司向银行融资以买进股票，待股价果然上涨到某一理想价位时再卖出，以此获取差价收益。通过买空卖空行为进行股票交易的行为就叫做空。因此，买空卖空是借用他人的资金进行交易活动，用现在时髦的话说，是利用资金杠杆进行交易。在20世纪80年代初我国还没有股市，因此投机倒把罪中的买空卖空肯定不是指股市中的买空卖空，而是指在现货交易中没有资金而利用市场信息进行冒险交易，这就是所谓投机，以此牟利。而转包渔利就容易理解了，是指将某项工程承包以后，不是自己进行建设，而是再次将工程转包给其他企业进行建设，从中获取转包的费用。现在转包是一种十分正常的经济活动，转包者并不是一转了之，而是要对转包承担一定的责任，由此收取管理费，具有一定的合理性。当然，多次转包会影响到工程质量，故是法律所禁止的。但在20世纪80年代初这是一种犯罪。(7) 欺行霸市，囤积居奇，哄抬物价。这是违反价格法规的行为，在市场经济下，价格秩序也还是要维持的，欺行霸市、哄抬物价也是不被允许的。但正常的价格涨落，并且利用价格波动赚取利润，还是合法的。至于这里的囤积居奇，因奇货可居，故是一种正常的交易策略，不会被认为是犯罪。(8) 倒卖金银、外币、珠宝、文物、外货、贵重药材。这是典型的所谓倒卖行为。以上列举的禁止倒卖的对象中，除了外币和文物以外，其他的在现在都是可倒卖的。在这里还出现了一个现在十分罕见的用语，外货，也就是外国货，只要买卖外国货就是犯罪。(9) 偷工减料、掺杂使假、以假充真，骗钱牟利。这是生产、销售伪劣商品的犯罪，现在仍然是犯罪。(10) 以替企业、事业等单位办理业务为名，巧立名目，招摇撞骗，掠取财物。这种行为就是代理业务，帮人办事，收取报酬，当时也是犯罪。现在大量律师业务是代理业务，例如专利代理、商标代理或者工商代理，这在以前都是犯罪。(11) 出卖证明、发票、合同，代出证明、代开发票、代订合同，提供银行账户、支票、现金，从中谋取非法收入。出卖证明的行为现在还是犯罪。在以上这 11 种投机倒把行为中，大部分行为如今都合法化了，极少数行为属于一般违法行为。

如今在市场经济条件下，个人可以正当地从事经济活动，故投机倒把罪与市场经济的背景不相符合，尤其是投机倒把罪采取的空白罪状的方式和罪刑法定原则之间存在一定的矛盾。因此，在 1997 年修订刑法时取消了投机倒把罪，另行设置了非法经营罪。在非法经营罪中，除了列举非法经营行为以外，采取了一个兜底式的条款，即“其他严重扰乱市场秩序的非法经营行为”。如何认定“其他严重扰乱市场秩序的非法经营行为”，在司法实践中存在较大争议。因此，在遵循罪刑法定原则下，非法经营罪的认定是需要认真研究的一个问题。

二、非法经营罪的构成

(一) 罪体

1. 违反国家规定

非法经营中的非法，是指违反国家规定。对于违反国家规定这个要件，应当特别加以注意。非法经营罪以违反国家规定作为其重要的行为特征，由此表明非法经营是一种法定犯，而非自然犯。这种行为本身是经营行为，之所以作为犯罪来处理，主要因为是一种违反国家规定的非法经营行为。违反国家规定，主要是指违反国家的法律、法规的规定。因此，非法经营罪具有双重违法性的特征：行政经济的违法性和刑事违法性。任何一种犯罪都具有刑事违法性，但某些犯罪，尤其是自然犯，其违法性就是单一的刑事违法性，而不具有法定犯的特征。非法经营罪是法定犯，其刑事违法性是以行政经济的违法性为前提的，只有在违反国家的法律——主要指行政和经济法律的前提下才存在着刑事违法性问题。因此我们在认定非法经营行为时，必须确定其具有行政经济的违法性。

2011年4月8日最高人民法院颁布了《关于准确理解和适用刑法中"国家规定"的有关问题的通知》。该通知作出了以下三点规定：(1) 根据刑法第96的规定，刑法中的"国家规定"是指，全国人民代表大会及其常务委员会制定的法律和决定，国务院制定的行政法规、规定的行政措施、发布的决定和命令。其中，"国务院规定的行政措施"应当由国务院决定，通常以行政法规或者国务院制发文件的形式加以规定。以国务院办公厅名义制发的文件，符合以下条件的，亦应视为刑法中的"国家规定"：第一，有明确的法律依据或者同相关行政法规不相抵触；第二，经国务院常务会议讨论通过或者经国务院批准；第三，在国务院公报上公开发布。(2) 各级人民法院在刑事审判工作中，对有关案件所涉及的"违反国家规定"的认定，要依照相关法律、行政法规及司法解释的规定准确把握。对于规定不明确的，要按照本通知的要求审慎认定。对于违反地方性法规、部门规章的行为，不得认定为"违反国家规定"。对被告人的行为是否"违反国家规定"存在争议的，应当作为法律适用问题，逐级向最高人民法院请示。(3) 各级人民法院审理非法经营犯罪案件，要依法严格把握刑法第225条第4项的适用范围。对被告人的行为是否属于刑法第225条第4项规定的"其他严重扰乱市场秩序的非法经营行为"，有关司法解释未作明确规定的，应当作为法律适用问题，逐级向最高人民法院请示。根据上述通知的规定，违反国家规定，必须是违反全国人大及其常委会制定的法律和国务院制定的行政法规等的规定。国务院各部门制定的规章和地方人大制定的法规都不属于这里的国家规定。尤其是对于刑法第225条第4项"其他严重扰乱市场秩序的非法经营行为"，有关司法解释未作明确规定的，应当作为法律适用问题，逐级向最高人民法院请示。这一规定，对于非法经营罪的认定，并且限制所谓其他非法经营行为，具有十分重要的意义。

非法经营中的经营，并不是一般意义上的经营，而是指违反国家特许规定的一种经营，即未经许可经营法律法规特许经营活动的行为，因此非法经营与一般的无照经营、超范围经营等违反工商行政法规的违法经营行为，是存在根本区分的。无照经营、超范围经营也是违反工商行政法规的非法经营，但这种非法经营并不是非法经营罪中的非法经营，非法经营罪中的非法经营是指未经国家特许的经营。这与国家干预经济的广度和深度有关系。市场经济本身是自由经济，在市场经济中会形成自发的秩序，因此国家的法律不应该过多地对经济加以干预，但是市场经济本身具有某些局限性，为了使经济健康发展，或者为达到特殊的目的，需要国家通过法律对经济加以适当的干预。在国家法律对经济生活的干预中就包含着特许经营的方式，即这种经营活动只能由特定的主体来经营，并且需要特殊的准许才能经营，如果没有特殊的准许这种经营就被禁止。这种违反特许经营的经营活动才是这里讲的特许经营。由此可见，非法经营罪与1979年刑法中的投机倒把罪是有着重要区分的。在1997年刑法修订以后，随着经济的发展，在经济生活中出现了一系列的不正当或者不健康的行为，因此有关的司法解释对非法经营行为的解释和规定也越来越宽泛，对这个问题需要特别予以关注。

2. 行为

根据刑法第225条的规定，非法经营罪主要有以下四种行为：

(1) 未经许可经营法律、行政法规规定的专营、专卖物品或者其他限制买卖的物品。

这里的许可是指行政许可。《行政许可法》第2条规定，本法所称的行政许可，是指行政机关根据公民、法人或者其他组织的申请，经依法审查，准予从事特定活动的行为。行政许可是行政权的一种表现方式。在经济活动中同样存在行政许可的问题，某些经营活动必须经过有关行政部门的行政许可。这里的专营、专卖物品是指由法律、行政法规规定由专门机构经营的物品；这里的限制买卖的物品是指国家在一定时期实行限制经营的物品。至于上述物品的具体种类，根据法律、行政法规进一步明确。在司法解释中涉及上述物品的具体规定如下：

1）非法经营食盐。根据有关司法解释的规定，应当在特许以后才能经营食盐。2002 年 7 月 8 日最高人民检察院《关于非法经营食盐刑事案件具体应用法律若干问题的解释》第 1 条明确规定："违反国家有关盐业管理规定，非法生产、储运、销售食盐，扰乱市场秩序，情节严重的，应当依照刑法第二百二十五条的规定，以非法经营罪追究刑事责任。"由此可见，非法经营食盐也是违反特许经营的行为，应当以非法经营罪论处。

2）非法经营盐酸、克仑特罗等禁止在饲料和动物饮用水中使用的药品。2006 年 8 月 16 日公布的最高人民法院、最高人民检察院《关于办理非法生产、销售、使用禁止在饲料和动物饮用水中使用的药品等刑事案件具体应用法律若干问题的解释》第 1 条规定："未取得药品生产、经营许可证件和批准文号，非法生产、销售盐酸克仑特罗等禁止在饲料和动物饮用水中使用的药品，扰乱药品市场秩序，情节严重的，依照刑法第二百二十五条第（一）项的规定，以非法经营罪追究刑事责任。"

3）非法经营烟草制品。2003 年 12 月 23 日最高人民法院、最高人民检察院、公安部、国家烟草专卖局发布的《关于办理假冒伪劣烟草制品等刑事案件适用法律问题座谈会纪要》第 3 条规定："未经烟草专卖行政主管部门许可，无生产许可证、批发许可证、零售许可证，而生产、批发、零售烟草制品，具有下列情形之一的，依照刑法第二百二十五条的规定定罪处罚：……"

以上三种是在司法解释中明确规定专营、专卖物品或者限制买卖的物品，未经许可经营上述物品的，可以认定为非法经营罪。但在司法实践中，是否只要未经许可从事某种经营活动就是非法经营呢？这是一个值得研究的问题。

王某非法经营案

王某是临河区白脑包镇的一名农民。为在农闲期间赚些"活钱儿"，王某便想出了收购玉米倒卖的主意。2014 年 11 月至 2015 年 3 月间，王某在未经粮食主管部门许可及工商行政管理机关核准的情况下，从周边农户手中非法收购玉米，非法经营数额达到 21 万余元。王某随后将非法收购的玉米陆续卖到巴彦淖尔市粮油公司杭锦后旗分库，非法赚取利润。2015年年底，经群众举报，王某的违法行为被工商等相关部门当场查获，随后王某到公安机关投案自首。公安机关经过侦查，将王某涉嫌非法经营罪的事实与证据固定，并移送检察机关审查起诉，检察机向法院提起公诉。

内蒙古巴彦淖尔市临河区人民法院经审理认为：被告人王某违反国家《粮食流通管理条例》的规定，非法经营玉米收购，非法经营数额达到21万余元，数量较大，构成非法经营罪。综合考虑量刑情节后，对被告人王某因无证无照大量非法收购玉米触犯非法经营罪，判处有期徒刑1年，缓刑2年，并处罚金2万元。

这个案件在媒体上披露以后，也引起了社会公众的广泛关注。对于本案被告人王某的行为是否构成非法经营罪，存在争议。法院对被告人王某定罪的前置法根据是2016年修订的《粮食流通管理条例》第40条的规定："未经粮食行政管理部门许可擅自从事粮食收购活动的，由粮食行政管理部门没收非法收购的粮食；情节严重的，并处非法收购粮食价值1倍以上5倍以下的罚款；构成犯罪的，依法追究刑事责任。"临河区人民法院刑事审判第二庭法官张利军说，小麦、玉米等粮食是涉及民生和社会稳定的重要基础资源，国家在收购、买卖等各环节均规定有严格的专营制度，凡涉及基础粮食或农资收购、批发等经营行为的，一定要取得相关部门许可。从形式上来看，被告人王某的行为似乎符合上述规定，是一种非法经营行为，但违反许可经营的物品是否就属于专营专卖或者限制买卖物品？这是值得研究的问题。具体来说，粮食是否是我国法律或者行政法规所规定的专营专卖或者限制买卖的物品，应当根据法律或者行政法规的规定进行具体判断。事先需要加以明确的是何谓专营专卖或者限制买卖物品？在法律上，国家规定的专营、专卖物品，是指国家法律、行政法规明确规定必须由国家主管部门确定的机构进行经营、买卖的物品，主要有食盐、烟草等。(1) 国家专营物品：食盐。根据我国《食盐专营办法》(国务院令第197号)的规定，国家对食盐实行定点生产制度，对食盐批发实行批发许可证制度。(2) 国家专卖物品：烟草制品。根据我国烟草专卖法的规定，烟草制品包括卷烟、雪茄烟、烟丝、复烤烟。

(3) 其他限制买卖的物品。这是指国家根据经济发展和维护国家、社会、人民群众利益的需要，规定在一定时期实行限制性经营的物品，一般是指重要的生产资料和紧俏消费品，如化肥、农药、种子、棉花以及易燃易爆品等。由此可见，专营是指国家垄断经营，由国家指定的企业从事专营物品的生产、流通等经营活动。专卖是指国家不垄断生产但垄断销售，由国家指定的企业从事专卖物品的流通活动。对于粮食来说，在历史上其确实曾经被规定为专营物品，例如已经废止的1998年的《粮食收购条例》第5条第1款就规定：只有经县级人民政府粮食行政管理部门依照本条例第6条规定条件批准的国有粮食收储企业，方可按照国家有关规定从事粮食收购活动。未经批准，任何单位和个人不得直接向农民和其他粮食生产者收购粮食。根据这一规定，粮食是专卖物品，但还不是专营物品。及至《粮食流通管理条例》第3条第1款明确规定："国家鼓励多种所有制市场主体从事粮食经营活动，促进公平竞争。依法从事的粮食经营活动受国家法律保护。严禁以非法手段阻碍粮食自由流通。"根据这一规定，粮食经营已经放开，粮食不再是专卖物品。《粮食流通管理条例》第7条规定："粮食经营者，是指从事粮食收购、销售、储存、运输、加工、进出口等经营活动的法人、其他经济组织和个体工商户。"根据这一规定，各种市场主体都可以从事粮食经营活动，都受法律的平等保护。当然，从事粮食经营活动，要具备一定的条件。《粮食流通管理条例》第8条规定："从事粮食收购活动的经营者，应当具备下列条件：(一)具备经营资金筹措能力；(二)拥有或者通过租借具有必要的粮食仓储设施；(三)具备相应的粮食质量检验和保管能力。"与此同时，从事粮食经营活动，还要申请取得粮食收购资格，获得行政许可。对此《粮食流通管理条例》第9条也作了具体规定："依照《中华人民共和国公司登记管理条例》等规定办理登记的经营者，取得粮食收购资格后，方可从事粮食收购活动。""申请从事粮食收购活动，应当向办理工商登记的部门同级的粮食行政管理部门提交书面申请，并提供资金、仓储设施、质量检验和保管能力等证明材料。粮食行政管理部门应当自受理之日起15个工作日内完成审核，对符合本条例第八条规定具体条件的申请者作出许可决定并公示。"但这种行政许可和某种物品是否属于专营专卖物品并没有关系。换言之，即使违反行政许可经营某种物品，也不等于违反法律规定，从事非法经营活动。虽然《粮食流通管理条例》第 40 条规定，未经粮食行政管理部门许可擅自从事粮食收购活动，依法追究刑事责任，但这一规定并非附属刑法，不能成为定罪的法律根据。

经过以上分析，我认为本案被告人王某不构成非法经营罪。

应当指出，在我国司法实践中，只要是违反法律或者行政法规设定的经营许可，而不论该种物品是否属于专营专卖物品或者限制买卖物品，按照刑法第 225 条第 1 项规定以非法经营罪处罚的情形已经十分普遍，其主要根据还是相关法律中关于违反行政许可从事经营活动的依法追究刑事责任这一规定。例如，违反药品经营许可从事药品经营活动的，在我国司法实践中一般以非法经营罪论处。

薛某非法经营案

被告人薛某于 2006 年 11 月至 2007 年 11 月间，在没有取得“药品经营许可证”的情况下，将其承租的、位于潮州市湘桥区南较路南溪巷 9 号的金洽药店（属擅自挂名）作为经营场所，将其承租的、位于湘桥区前街安场路安和园 C 栋楼下的储藏室和湘桥区南较路南溪巷 9 号对面 23 号的车库作为仓库，采取借用具有药品经营许可资质的广东省潮安县正人药业有限公司的名义购进、销售药品或以直接购进、销售药品的方式，先后向深圳致君制药有限公司（原深圳制药厂）、普宁市鹏源药业有限公司、揭阳盛达药业有限公司等单位购买复力磷酸可待因溶液（联邦止咳露）、盐酸曲马朵等药品，这些药品部分被销售给普宁市一个叫“楚西”的人（身份不明），部分被放置在金洽药店零售，还有部分被直接送到潮州市区的网吧及娱乐场所销售，并从中牟利。在此期间，薛某非法经营复方磷酸可待因溶液等药品的交易金额为人民币（以下币种均为人民币）2 133 350.5 元，从中获利 7 万多元。

其中，被告人薛某于 2006 年 11 月与潮安县正人药业有限公司签订协议，挂靠该公司，借用该公司的“药品经营许可证”等证件，由该公司授权其为代理人，与深圳致君制药有限公司签订联邦止咳露等药品的购销合同，向深圳致君制药有限公司等单位购进联邦止咳露等药品。2007 年 4 月 29 日，薛某因非法经营被潮州市食品药品监督管理局行政处罚。潮安县正人药业有限公司也因非法出租“药品经营许可证”被行政处罚。不久，潮安县正人药业有限公司口头宣布与薛某中止合作。但薛某假借潮安县正人药业有限公司名义继续向深圳致君制药有限公司和其他单位购进药品及销售药品。2007年8月15日，薛某再次被潮州市食品药品监督管理局行政处罚。此后，薛某继续非法经营同类药品。2007年11月3日，潮州市食品药品监督管理局在薛某非法经营的药店及仓库查获药品、银行汇单、送货单、汽车等。

潮州市湘桥区人民法院认为：被告人薛某，无视国家法律，非法经营药品，扰乱市场秩序，其行为构成非法经营罪。鉴于联邦止咳露系处方药，非法流入社会后可能造成本地区青少年滥用联邦止咳露，且其经二次行政处罚后仍不思悔改，继续非法经营联邦止咳露等药品，非法经营药品的总交易额达2 133 350.5元，依法应认定其非法经营情节特别严重。薛某当庭认罪态度较好，依法可以酌情从轻处罚。依照《中华人民共和国刑法》第二百二十五条第（一）项、第五十二条、第五十三条、第六十四条之规定，判决如下：(1) 被告人薛某犯非法经营罪，判处有期徒刑五年，并处罚金人民币十万元，该罚金应于本判决生效次日缴纳。(2) 随案移送手机3部、扣押于潮州市食品药品监督管理局的作案工具汽车1辆予以没收，上缴国库；2007年11月3日扣押于潮州市食品药品监督管理局的涉案药品予以没收，上缴国库。

一审宣判后，被告人薛某没有上诉，检察机关没有抗诉，判决已发生法律效力。

在本案审理过程中，对于被告人的行为是否构成非法经营罪，存在两种不同意见。第一种意见认为，鉴于目前尚无相关立法和司法解释对非法经营联邦止咳露的行为予以明确定性，法无明文规定不为罪，因此，对被告人薛某的行为应通过行政手段规制，不应追究刑事责任，对诸如被告人的这类行为，只有在司法机关制定相关司法解释后，才能追究刑事责任。第二种意见认为，本案被告人非法经营药品的数额在公安机关、检察机关所规定的追诉标准数额以上，且社会危害性巨大，应以非法经营罪追究被告人的刑事责任。

本案的裁判理由认为：

本案被告人的行为构成非法经营罪。理由如下：（一）没有取得“药品经营许可证”等有效证件而从事药品经营的，应当认定为非法经营。《中华人民共和国药品管理法》第73条规定：“未取得《药品经营许可证》经营药品的，依法予以取缔，没收违法销售的药品和违法所得，并处罚款；构成犯罪的，依法追究刑事责任。”《药品流通监督管理办法》第10条第1款规定：“药品生产企业、药品批发企业销售药品时，应当提供下列资料：（一）加盖本企业原印章的《药品生产许可证》或《药品经营许可证》和营业执照的复印件……”《中华人民共和国药品管理法》第14条规定：“开办药品批发企业，须经企业所在地省、自治区、直辖市人民政府药品监督管理部门批准并发给《药品经营许可证》；开办药品零售企业，须经企业所存地县级以上地方药品监督管理部门批准并发给《药品经营许可证》，凭《药品经营许可证》到工商行政管理部门办理登记注册。无《药品经营许可证》的，不得经营药品。”从上述规定可知，国家对药品实行经营许可管理制度，经营者必须取得经营许可证才能从事许可证规定范围内的经营活动。潮州市食品药品监督管理局证实被告人没有取得药品经营许可证。本案被告人违反上述法律、行政法规的规定，在没有取得药品经营许可证的情况下，借用其他企业的经营条件进行药品经营，其行为应认定为非法经营。

从以上裁判理由的分析可以看出，根据《药品管理法》的相关规定，生产、经营药品，必须获得药品监督管理机构的许可。本案被告人薛某违反这种许可从事药品经营活动，是没有问题的。但在本案中提出的是和李某非法经营粮食案相同的问题，即：是否只要违反行政许可从事某种物品的经营活动，就属于非法经营专营专卖或者限制买卖物品。正如我在前面所说，违反行政许可经营某种物品和这种物品是否属于专营专卖或者限制买卖物品，是两个不同的问题。也就是说，经过许可才能经营的物品并不等同于专营专卖物品或者限制买卖物品。但在我国司法实践中，这两种被等同起来了，由此而扩张了非法经营罪的范围，这是违反罪刑法定原则的。

应当注意：关于专营专卖物品的范围，国家是在不断地进行调整，某种物品按照规定不属于专营专卖物品后，经营该种物品就不属于非法经营，因此应该对国家的有关规定有一个很明确的了解。但是在司法实践中，对某些物品是否属于专营专卖物品仍然存在争议，从而会影响对某些案件的定性。

于某非法经营案

2000年9月15日至2002年9月15日，被告人于某承包吉林省桦甸市老金厂金矿东沟二坑坑口，共生产黄金约23 000克。2002年9月21日，于某自驾车辆将其承包金矿自产和收购的共46 384克黄金运往吉林省长春市。途中从桦甸市沿吉桦公路行驶至吉林市南出口（红旗）收费站时，被公安人员抓获，涉案黄金全部由吉林市公安局扣押，后出售给中国人民银行吉林市中心分行，总售价为人民币（以下币种同）3 843 054.58元，出售款上缴国库。

审理期间，公安部办公厅就现阶段如何认定非法经营黄金行为向中国人民银行办公厅发函征求意见。2003年9月19日中国人民银行办公厅向公安部办公厅发出的《〈关于对“非法经营黄金行为”现阶段如何认定的函〉的复函》（银办函［2003］483号）提出三点意见：“一、中国人民银行发布的《关于调整携带黄金有关规定的通知》（银发［2002］320号）不适用于个人。二、国发［2003］5号文件后，企业、单位从事黄金收购、黄金制品生产、加工、批发、黄金供应、黄金制品零售业务无须再经中国人民银行的批准。三、《中华人民共和国金银管理条例》与国发［2003］5号文件相冲突的规定自动失效。但在国务院宣布《中华人民共和国金银管理条例》废止前，该条例的其他内容仍然有效。”参照上述复函，吉林市丰满区人民法院认为，被告人于某在未获取黄金经营许可证的情况下大量收购、贩卖黄金的行为，构成非法经营罪；虽然国发［2003］5号文件取消黄金收购许可制度，但其他行政法规、部门规章仍对国内黄金市场秩序进行规制；在《中华人民共和国金银管理条例》（以下简称《金银管理条例》）废止前，该条例的其他条款仍然有效，而根据其他条款，对于某的行为应当认定为非法经营。

2004年4月29日，吉林市丰满区人民法院遂依照《中华人民共和国刑法》第二百二十五条第一项、第十二条、第三十七条之规定，认定被告人于某犯非法经营罪，但免予刑事处罚。

被告人于某不服，向吉林市中级人民法院提起上诉。

吉林市中级人民法院经审理认为：一审判决认定的事实清楚，证据确实、充分，但定性不准，适用法律错误。具体理由如下：(1) 国发［2003］5号文件发布后，个人经营黄金的行为不构成非法经营罪。刑法第二百二十五条中的“国家规定”，具体到本案，是指《金银管理条例》。刑法第二百二十五条第（一）项中的“许可”，具体到本案，是指中国人民银行批准经营黄金的专项许可。国发［2003］5号文件发布后，中国人民银行对黄金的经营许可制度被取消，《金银管理条例》关于黄金由中国人民银行统购统配的规定不再适用，单位或者个人经营黄金无须经由中国人民银行审核批准。因此，国发［2003］5号文件发布后，单位或者个人经营黄金的行为不适用刑法第二百二十五条的规定，不构成非法经营罪。(2) 依照刑法第十二条所确定的从旧兼从轻原则，通常情况下应当按照行为发生当时已有的法律对行为进行定性。但是，如果审判时法律发生了变化，按照变化后新的法律，不认为是犯罪或者处刑较轻的，应当适用新的法律。上诉人于某经营黄金的行为发生在2002年8月至9月间，即国发［2003］5号文件发布前，按照当时的法律，构成非法经营罪。然而，在一审法院审理期间，国务院发布了国发［2003］5号文件，取消了中国人民银行关于黄金经营许可的规定。按照现行规定，其经营对象不属于“未经许可经营法律、行政法规规定的专营、专卖物品或者其他限制买卖的物品”，不构成非法经营罪。

吉林市中级人民法院依照《中华人民共和国刑事诉讼法》(1996年) 第一百八十九条第（二）项、第一百六十二条第（二）项，刑法第十二条及《最高人民法院关于执行〈中华人民共和国刑事诉讼法〉若干问题的解释》第一百七十六条第（三）项之规定，撤销吉林市丰满区人民法院（2003）丰刑初字第218号刑事判决，改判上诉人于某无罪。

2006年6月30日丰满区人民法院和丰满区人民检察院共同作出吉市丰检法赔字（2006）第1号共同赔偿决定：“于某实施非法经营行为时，按照当时的法律规定构成非法经营罪。但在案件审理期间，由于法律、法规发生变化，于某的行为又不构成犯罪，决定共同对2003年2月27日国发［2003］5号文件下发后于某被羁押的56天承担赔偿责任。”吉林市中级人民法院于2006年9月22日作出（2006）吉中法委赔字第5号决定书，维持了吉市丰检法赔字（2006）第1号共同赔偿决定。

此后，于某多次上访，要求返还被扣押的涉案黄金。吉林市相关部门要求复查此案，决定由吉林市中级人民法院启动再审程序。2012年8月13日，吉林市中级人民法院作出（2012）吉中刑监字第25号再审决定，以判决确有错误为由对本案进行再审。同日作出刑事裁定，以事实不清、证据不足为由，发回丰满区人民法院重审。

再审一审法院（丰满区人民法院）经再审认为，被告人于某的行为构成非法经营罪。理由是：(1) 原审被告人于某在未获取黄金经营许可的情况下，大量收购、销售黄金的行为，严重扰乱黄金市场秩序，情节严重，构成非法经营罪。虽然国发［2003］5号文件取消黄金收购许可制度，但并不意味着黄金市场可以无序经营，其他相关行政法规、《金银管理条例》等部门规章依然对国内黄金市场发挥监管规制功能。(2) 刑法第十二条是有关刑法溯及力的规定，该条规定并未对现行行政法规发生变化的情况下如何适用刑法明确适用原则，且国发［2003］5号文件也未明确其是否具有溯及力。因此，应当依照刑法第二百二十五条第（一）项之规定追究于某非法经营罪的刑事责任。(3) 鉴于本案审判时国家关于黄金经营管理的行政法规发生变化，于某的犯罪情节轻微，且其收购黄金在途中被依法扣押，没有给黄金市场带来不利后果，可以从轻处罚。

2012年10月15日再审一审法院依照刑法第二百二十五条第（一）项、第十二条、第三十七条之规定，判决如下：(1) 被告人于某犯非法经营罪，免予刑事处罚；(2) 没收被告人于某非法经营涉案黄金46 384克，上缴国库。

再审一审判决后，检察机关以量刑畸轻为由提起抗诉，于某以其无罪为由再次向吉林市中级人民法院提起上诉。

再审二审法院（吉林市中级人民法院）经审理，基于与原审二审裁定基本相同的理由，改判再审上诉人于某无罪。

本案历时 12 年之久，原审一审、再审一审均认定被告人于某构成非法经营罪，而原审二审、再审二审均认定于某无罪。这种认定差异，根源于对于行政审批项目的取消对行为是否构成犯罪的定性存在不同认识。在本案原审一审、二审，再审一审、二审的审理过程中，对于某贩卖黄金的行为均存在不同认识，大致可以概括为两种意见。

第一种意见认为，于某非法经营黄金的行为，数额巨大，严重扰乱市场秩序，构成非法经营罪，应当依照刑法第 225 条第 4 项之规定追究其刑事责任。理由是：(1)《金银管理条例》规定的黄金经营者不包括个人。根据《金银管理条例》第 3 条、第 4 条的规定，在国务院未取消黄金收购许可，黄金制品生产、加工、批发业务审批，黄金供应审批，黄金制品零售业务核准四项制度之前，国家对金银统一管理、统购统配的政策及审批经营的对象为境内机构或者经营单位，并不包括个人。因此，国发［2003］5 号文件关于取消上述许可、审批和核准的规定，针对的对象是机构和单位，不包括个人。(2)《金银管理条例》规定经营金银的单位必须取得工商行政管理部门的营业执照。国发［2003］5 号文件发布后，《金银管理条例》与其相冲突的规定自动失效，但在国务院宣布《金银管理条例》废止前，该条例的其他内容仍然有效。根据《金银管理条例》第 19 条的规定，经营黄金虽然不必经中国人民银行审批许可，但仍必须经由有关主管部门审核批准，在工商行政管理机关登记发给营业执照后方可营业，而于某并未向有关主管部门申请发放营业执照，且非法经营数额已达到法定追诉标准。

第二种意见认为，于某的行为不构成非法经营罪。理由是：(1) 根据刑法从旧兼从轻的原则，于某买卖黄金的行为在国发［2003］5 号文件发布后，不构成非法经营罪。通常情况下应当按照行为发生当时已有的法律对案件定性处理，但是，如果审判时法律发生了变化，按照变化后新的法律，不认为是犯罪或者处刑较轻的，应当适用新的法律。于某收售黄金的行为发生在国发［2003］5 号文件发布前，按照当时的法律，构成非法经营罪，但在一审法院审理时，国务院发布了国发［2003］5 号文件，取消了中国人民银行关于黄金管理经营许可制度，导致刑法第 225 条第 1 项所依据的行政法规《金银管理条例》发生了变化。由于相关行政法规发生重大变化，按照新的规定，个人经营黄金的行为不属于“未经许可经营法律、行政法规规定的专营、专卖物品或者其他限制买卖的物品”的行为。也就是说，如果国发［2003］5号文件发布后，个人收购、买卖黄金的行为不被认为构成非法经营罪，那么该文件发布前，个人收购、买卖黄金的行为，在审理时也不应按非法经营罪处理。(2) 虽然案发时于某无营业执照，但《金银管理条例》并未规定无营业执照经营黄金就要追究刑事责任，而《无照经营查处取缔办法》直到2003年3月1日才开始实施。该办法第14条“对于无照经营行为，由工商行政管理部门依法予以取缔，没收违法所得；触犯刑律的，依照刑法关于非法经营罪、重大责任事故罪、重大劳动安全事故罪、危险物品肇事罪或者其他罪的规定，依法追究刑事责任”的规定不能适用于本案。故于某的行为未违反国家规定。

本案的裁判理由认为：

于某从事黄金经营期间，黄金属于刑法第二百二十五条第（一）项规定的“专营专卖物品”，但在原审一审期间，国发［2003］5号文件发布后，黄金不再属于上述规定中的“专营专卖物品”。同时，于某的行为虽然违反《无照经营查处取缔办法》（国务院令370号）等相关国家规定，但根据实践中相关案件的普遍做法，并结合当时当地政府筹建黄金市场的特殊政策等因素，于某的行为也不属于刑法第二百二十五条第（四）项规定的“其他严重扰乱市场秩序的非法经营行为”，因此不构成非法经营罪。具体理由如下：(1) 行政法的溯及力亦实行“从旧兼从轻”原则。本案其实不涉及刑法的溯及力问题。非法经营罪的认定，必须以行为“违反国家规定”为前提，此处的“国家规定”主要是指行政法律、法规及国家规定层面的行政性规定，除涉及设定标准、规则等的规定外，行政法律、法规（包括国家层面的行政性规定）的溯及力与刑法的溯及力一样，均适用“从旧兼从轻”原则。行政法理论界将行政法的溯及力概括为“程序从新，实体从旧，有利被告的除外”。根据相关解释性规定，国发［2003］5号文件属于国家层面的行政性规定。国发［2003］5号文件发布于2003年，而《金银管理条例》出台于1983年，两者相冲突的地方，应当适用国发［2003］5号文件的规定。

(2) 于某经营的对象不属于限制买卖的物品。国发［2003］5 号文件发布后，《金银管理条例》中关于黄金由中国人民银行统购统配的规定不应再适用，单位或者个人经营黄金均无须经由中国人民银行审核批准，黄金不再属于刑法第二百二十五条第（一）项规定中的“专营、专卖物品或者其他限制买卖的物品”。2003 年中国人民银行办公厅《〈关于对“非法经营黄金行为”现阶段如何认定的函〉的复函》（以下简称《银办复函》）所提，中国人民银行发布的《关于调整携带黄金有关规定的通知》（银发［2002］320 号）针对的是企业、不包括个人的观点是正确的，但不能基于《银办复函》推出国发［2003］5 号文件取消行政审批针对的是单位而不是个人的观点。“法无明文授权即禁止，法无明文禁止即自由”，是现代法治通行的理念，前者是针对有限政府而言，后者是针对法治社会权利保障而言。国发［2003］5 号文件发布后，没有任何法律法规规定禁止公民个人从事黄金经营，于某从事黄金经营没有违反相关行政许可的国家规定。原审一审、再审一审判决基于《银办复函》得出国发［2003］5 号文件关于取消许可的规定所针对的不包括个人的观点，属于理解错误。(3) 于某的行为不属于严重扰乱市场秩序的经营行为。无照经营行为虽然违反《无照经营取缔办法》等相关国家规定，但从一些相关司法实践看，一般不将无照经营、超地域经营、零售变批发经营认定为“严重扰乱市场秩序的非法经营行为”。对该类行为，实践惯例一般是作为行政违法行为进行处理。更何况，本案中，关东金世界是经桦甸市政府批准设立，并由桦甸市个体劳动者私营协会为其办理了集体所有制企业法人的营业执照，且中国人民银行吉林市支行、桦甸市支行对其在业务上、经营上进行经常性指导。于某作为关东金世界名下的业户之一，虽然没有独立的营业执照，但需向关东金世界交纳管理费，同时也需向税务机关交税。上述情况表明，于某实际是挂靠关东金世界从事黄金经营，有当地政府认同和支持的特定背景，应当视为具有营业执照。

被告人于某因非法经营黄金而涉嫌非法经营罪被起诉。公诉机关指控：被告人于某在无黄金收购许可证的情况下，收购黄金并进行倒卖，被告人于某违反国家规定，未经许可经营限制买卖的物品，其行为触犯了《刑法》第 225 条第 1 项之规定，已构成非法经营罪。辩护人认为：起诉书指控被告人于某的犯罪行为，因国家黄金管理体制的重大改革和国家关于黄金行政法规的重大变化，依法不构成犯罪。2003 年国务院发布《关于取消第二批行政审批项目和改变一批行政审批项目管理方式的决定》，该决定第 3 项取消了根据《中华人民共和国金银管理条例》设立的黄金收购许可。这使得被告人于某的行为不具有构成非法经营罪所要求的“违反国家规定”的必备条件，故被告人于某的行为依法不构成犯罪。一审法院判决认定：被告人于某在无黄金经营许可证的情况下大肆收购、贩卖黄金的行为，严重地扰乱了黄金市场秩序，情节严重，已构成非法经营罪。虽然 2003 年年初国务院下发了国发［2003］5 号文件取消黄金收购许可证审批制度，但对于国内黄金市场的发展运行，还有行政法规、政策及相关部门的规章加以规范，不许其无序经营。在《金银管理条例》废止前，该条例的其他内容仍然有效，被告人于某的行为在目前的情况下也属于违法行为，故公诉机关指控的事实清楚，证据充分，罪名成立。

法院的判决中涉及对国家法律的理解问题。在《金银管理条例》中规定的特许制度只是对有关的单位有特许制度，单位在特许后可以收购黄金，对于个人买卖黄金根本没有特许问题，即根据《金银管理条例》个人买卖黄金是应当禁止的，但在 2003 年国务院取消了黄金的特许经营。现在的问题在于：国务院在 2003 年取消了单位对黄金的特许经营，那么黄金还是不是特许经营的物品？辩护人认为：取消了单位对黄金的特许经营，黄金就不是特许经营的物品，买卖黄金就不构成非法经营罪。当然，经营黄金仍受工商行政管理法规的管理，但非法经营黄金是一个违反工商行政管理法规的问题，而不是非法经营罪的问题。这个案件中实际上涉及对特许经营物品的认定问题。国家的法律经常对特许经营物品的范围进行调整，但在调整以后，如何对特许经营物品进行认定，经常是罪与非罪的问题。这个案件由基层人民法院层层上报到最高人民法院，最高人民法院研究室在这个问题上的意见也非常明确：对这种行为就不能按照非法经营罪来处理。因此这个案件应该宣告无罪。

(2) 买卖进出口许可证、进出口原产地证明以及其他法律、行政法规规定的经营许可证或者批准文件。

进出口许可证是指国家许可对外贸易经营者进出口某种货物或者技术的证明；进出口原产地证明是指在国际贸易中对某一特定产品的原产地进行确认的证明文件；其他法律、行政法规规定的经营许可证或者批准文件是指法律、行政法规规定的所有的经营许可证或者批准文件，例如矿产开发许可证、森林砍伐许可证、野生动物狩猎许可证等。买卖这些许可证或者批准文件也是非法经营行为。这与第一种非法经营行为有一定联系，违反的也是国家的一种特许经营制度。第一种非法经营行为经营的是专营、专卖物品或者其他限制买卖的物品，第二种行为经营的是特许经营的证明文件。

(3) 未经国家有关主管部门批准，非法经营证券、期货或者保险业务，或者非法从事资金支付结算业务。

这是《刑法修正案（一）》第8条增加的内容。1997年刑法对非法经营罪的行为只规定了3项，但是《刑法修正案（一）》第8条增加了一项，就是非法经营证券、期货或者保险业务。此后，《刑法修正案（七）》又增加规定了非法从事资金支付结算业务。非法经营证券、期货或者保险业务是指未经国家主管部门批准而擅自经营证券、期货或者保险业务。证券、期货或者保险业务也是特殊的经济活动，未经批准不得擅自经营。非法从事资金支付结算业务是指违反国家规定，通过使用票据、信用卡和汇兑、托收承付、委托收款等结算方式，进行货币支付及资金清算业务。

(4) 其他严重扰乱市场秩序的非法经营行为。

这是一个空白的规定。立法机关主要考虑到非法经营的情况十分复杂，尤其是随着经济的发展会出现一些新的非法经营行为，因此作了一个兜底的规定。但是，对于其他严重扰乱市场秩序的非法经营行为如何认定？这主要涉及罪刑法定原则问题。一种观点认为，关于其他严重扰乱市场秩序的非法经营行为，可以在个案中由法官来认定，只要法官认定这种行为是其他严重扰乱市场秩序的非法经营行为，就可以按照这一项加以处罚。另一种观点则认为，对于其他严重扰乱市场秩序的非法经营行为，必须根据有关的法律和司法解释加以认定，只有在有关的法律、司法解释明确地对某一种非法经营行为予以规定的情况下，才能根据法律、司法解释的规定认定为其他严重扰乱市场秩序的非法经营行为。如果在法律、司法解释中没有明确规定，就不得认定为其他严重扰乱市场秩序的非法经营行为。我个人赞同第二种观点，认为应该对其他严重扰乱市场秩序的非法经营行为作出严格的限制，因为这是一种堵截的构成要件。这个规定本身具有一定的开放性，可以根据实际的情况不断地把没有明文列举的非法经营行为纳入非法经营罪。我国实行罪刑法定原则，尽管这种堵截性的规定与罪刑法定原则不是直接矛盾，但是如果不对这种空白规定或堵截的构成要件作出严格的限制，就可能会和罪刑法定原则存在冲突。因此我个人赞同对其他严重扰乱市场秩序的非法经营行为作出限制性的解释，只有在法律对其有明确规定的情况下，才能认定为一种严重扰乱市场秩序的非法经营行为。

关于其他严重扰乱市场秩序的非法经营行为在实践中是存在很大争议的。有些地方的司法机关把法律、司法解释没有规定的一些违法行为也按照非法经营罪来处理，例如有的地方法院把未经批准擅自经营出境留学的行为认定为非法经营罪，还有的地方法院把发放高利贷的行为也认定为非法经营罪。这些行为都只是违反工商行政管理法规的问题，不构成非法经营罪。这样的判决是不当的。如果允许地方法院在没有法律、司法解释规定的情况下把这种未经法律批准的经营行为都按照其他严重扰乱市场秩序的非法经营行为来定罪处罚，就会使非法经营罪逐渐演变为一个口袋罪，就会破坏罪刑法定原则，应该加以制止。

从总体上来看，关于其他严重扰乱市场秩序的非法经营行为的规定越来越复杂。对其他严重扰乱市场秩序的非法经营行为只能根据法律、司法解释加以认定。根据法律、司法解释的规定，以下行为被视为其他非法经营行为。

(1) 非法买卖外汇。

1998 年 12 月 29 日全国人大常委会《关于惩治骗购外汇、逃汇和非法买卖外汇犯罪的决定》第 4 条规定：“在国家规定的交易场所以外非法买卖外汇，扰乱市场秩序，情节严重的，依照刑法第二百二十五条的规定定罪处罚。”非法买卖外汇作为一种非法经营行为，指的是倒卖外汇的行为，即以营利为目的，低价买入高价卖出。此外，我国《外汇管理条例》（2008年修订）第45条规定："私自买卖外汇、变相买卖外汇，倒买倒卖外汇……的，由外汇管理机关给予警告，没收违法所得，处违法金额30%以下的罚款……构成犯罪的，依法追究刑事责任。"应当指出，这里的非法买卖外汇或者倒卖外汇，都是指以营利为目的的外汇交易活动。如果个人以自用为目的的私下换汇，则不构成犯罪。

非法买卖外汇行为在行政法上是一种违法行为，这是没有问题的。该行为在何种情况下构成刑法上的非法经营罪，则是一个在司法实践中存在较大争议的问题。对此的不同理解，直接导致罪与非罪的重大差异。如果对于这个问题不能在思想认识上求得一致，必然会导致个案处理上的失衡，从而影响司法统一与司法公正。关于非法买卖外汇行为，手头就有罪与非罪的两个案例，形成鲜明对比。其中被判有罪的是黄光裕案，被判无罪的是刘汉案。这两起都是具有全国性影响的案例，在入罪与出罪之间存在重大差别。这是令人瞩目的，值得对此深入思考。

黄光裕被指控于2007年9月至11月间，为归还赌债，将人民币8亿元直接或通过北京恒益祥商业咨询有限公司转入深圳市盛丰源实业有限公司等单位，通过郑某（另案处理）等人私自兑购并在香港得到港币8.22亿余元（折合美元1.05亿余元）。对于上述行为，一审认定黄光裕构成非法经营罪。二审维持原判。

刘汉被指控于2001年12月至2010年6月，为归还境外赌债，通过汉龙集团及其控制的相关公司，将资金转入另案处理的范某控制的公司账户，范某后通过地下钱庄将5亿多元人民币兑换成港币为刘汉还债。对于上述行为，一审认定刘汉构成非法经营罪，二审改判无罪。

以上两个案件所涉及的非法买卖外汇的行为方式是相同的，都是采用人民币结算在境内、港币结算在境外的方式，归还境外发生的赌债。那么，为什么前者有罪而后者无罪呢？其原因在于：有罪判决没有考虑被告人主观上是否具有营利目的。我们可以看到，在黄光裕案的一审和二审判决书中，主要讨论的是这种以人民币偿付外汇赌债的行为是否属于买卖外汇，并没有就被告人主观上是否具有营利目的展开讨论。例如，黄光裕案的判决指出："被告人黄光裕违反国家外汇管理制度，在国家规定的交易场所以外非法买卖外汇，破坏国家金融管理法规，扰乱金融市场秩序，其行为已构成非法经营罪，且数额特别巨大，情节特别严重。"这一判决只是以非法买卖外汇作为认定非法经营罪的根据，没有涉及被告人是否具有营利目的的问题。而在刘汉案中，虽然辩护人论及以人民币偿付外汇赌债只是一种支付行为，并没有营利，但一审判决并没有采纳辩护人的意见，也是径直将买卖外汇行为认定为非法经营罪。但是，刘汉案的二审判决以刘汉没有营利目的为由改判非法经营罪不能成立。从刑法理论上来说，刘汉案的二审判决对刑法的理解是准确的，值得肯定。

我国刑法第225条规定的非法经营罪，虽然在刑法条文中并没有明确规定该罪的成立必须以营利为目的，但是，既然本罪是非法经营罪，那么其构成要件行为必然只能是非法的经营行为，因此，行为人主观上的营利目的是不言而喻的。没有营利目的的行为根本不可能是经营行为，因此，在刑法条文中完全没有必要赘述以营利为目的。这里的营利，是指通过交易活动换取一定的利益回报。应当指出，营利与盈利还是有所不同的：营利是指活动的性质，而盈利是指营利活动的其中一种结果，因为营利活动还可能有另外一种结果，即亏损。在刑法理论上，营利目的是一种主观违法要素：只要其行为具有营利性质即可，而并不要求盈利，即使亏损，也不能否定被告人主观上的营利目的。

非法买卖外汇行为是否构成非法经营罪，必须从相关的法律规定进行溯本追源的分析。国务院1996年1月29日颁布的《外汇管理条例》（以下简称《条例》）第45条规定："私自买卖外汇、变相买卖外汇或者倒买倒卖外汇的，由外汇管理机关给予警告，强制收兑，没收违法所得，并处违法外汇金额30%以上3倍以下的罚款；构成犯罪的，依法追究刑事责任。"可见，《条例》将私自买卖外汇、变相买卖外汇、倒买倒卖外汇和非法介绍买卖外汇这四种行为规定为外汇违法行为。虽然《条例》规定，构成犯罪的，依法追究刑事责任，但并没有明确规定定罪处罚的具体根据。因此，这一规定只是一种提示性的规定，不能成为定罪量刑的法律根据。以上四种行为中的三种行为，即私自买卖外汇、变相买卖外汇和非法介绍买卖外汇，行为人主观上不以营利为目的，而只是单纯地兑换外汇。但倒买倒卖外汇行为，是一种外汇经营行为，其特点是低价买入外汇、高价卖出外汇，从中牟取非法利益。由此可见，《条例》第45条根据非法买卖外汇是否以营利为目的，作出了行为类型上的区分。此后，最高人民法院于1998年8月28日颁布了《关于审理骗购外汇、非法买卖外汇刑事案件具体应用法律若干问题的解释》(以下简称1998年《解释》)，其中第3条规定："在外汇指定银行和中国外汇交易中心及其分中心以外买卖外汇，扰乱金融市场秩序，具有下列情形之一的，按照刑法第二百二十五条第（三）项［现为第（四）项——引者注］的规定定罪处罚：（一）非法买卖外汇二十万美元以上的；（二）违法所得五万元人民币以上的。"这是司法解释首次规定对非法买卖外汇行为应当按照非法经营罪定罪量刑。此后不久，全国人大常委会于1998年12月29日颁布了《关于惩治骗购外汇、逃汇和非法买卖外汇犯罪的决定》(以下简称1998年《决定》)，其中第4条规定："在国家规定的交易场所以外非法买卖外汇，扰乱市场秩序，情节严重的，依照刑法第二百二十五条的规定定罪处罚。""单位犯前款罪的，依照刑法第二百三十一条的规定处罚。"1998年《决定》的这一规定基本上是对前述司法解释的确认，两者除了在文字表述上存在差异以外，精神完全一致。

值得注意的是，将1998年《解释》和1998年《决定》与《条例》相对照，可以看出，《条例》规定了四种行为，但1998年《解释》和1998年《决定》都只规定了一种行为，即买卖外汇。那么，1998年《解释》和1998年《决定》所规定的买卖外汇，在与《条例》第45条相对应的意义上，是指私自买卖外汇、变相买卖外汇和非法介绍买卖外汇呢，还是指倒买倒卖外汇？如果是指前者而不包括后者，那么，不以营利为目的的买卖外汇行为构成犯罪，以营利为目的的倒卖外汇行为却不构成犯罪，这显然不合乎法理。换言之，1998年《解释》和1998年《决定》所规定的买卖外汇，虽然在文字上与《条例》第45条中的私自买卖外汇、变相买卖外汇和非法介绍买卖外汇相符，但其结论并不合理。而将1998年《解释》和1998年《决定》所规定的买卖外汇解释为《条例》第45条规定的倒买倒卖外汇，则虽然文字上不对应，但在内容上具有合理性。

更为重要的是，如前所述，我国刑法第 225 条规定的非法经营罪要求行为人主观上具有营利目的，而符合这一要求的只能是倒卖外汇的行为。因此，我们应该把 1998 年《解释》和 1998 年《决定》所规定的买卖外汇理解为以营利为目的的倒卖外汇。只有这样，才能准确地将外汇违法行为加以区分：具有营利目的的倒卖外汇行为构成非法经营罪，而不以营利为目的的买卖外汇行为只能被处以行政处罚。

刘汉案的二审判决虽然是以被告人主观上没有营利目的为由认定非法经营罪不能成立，但实际上也否定了单纯的买卖外汇行为可以构成非法经营罪，而确认了只有以营利为目的的倒卖外汇行为才能构成非法经营罪。这一判决的裁判理由对于正确理解 1998 年《解释》和 1998 年《决定》关于买卖外汇行为构成非法经营罪的规定，具有重大的参考价值。和刘汉案一样，黄光裕案中的行为也是在境内以人民币支付其在境外发生的外汇赌债，该支付行为即使如该案判决所认定，是一种变相买卖外汇的行为，但因行为人主观上没有营利目的，故在客观上根本就不是外汇经营行为，因此同样不能构成非法经营罪。

(2) 非法经营出版物。

1998 年 12 月 17 日最高人民法院公布的《关于审理非法出版物刑事案件具体应用法律若干问题的解释》规定了两种非法经营出版物的行为。第一种是该解释第 11 条的规定："违反国家规定，出版、印刷、复制、发行本解释第一条至第十条规定以外的其他严重危害社会秩序和扰乱市场秩序的非法出版物，情节严重的，依照刑法第二百二十五条第（三）项的规定，以非法经营罪定罪处罚。"这里指的第 225 条第 3 项是在《刑法修正案》之前的第 3 项、现在的第 4 项即"其他严重扰乱市场秩序的非法经营行为"。第二种是该解释第 15 条的规定："非法从事出版物的出版、印刷、复制、发行业务，严重扰乱市场秩序，情节特别严重，构成犯罪的，可以依照刑法第二百二十五条第（三）项的规定，以非法经营罪定罪处罚。"第一种情况是非法经营出版物的内容违法，即经营具有反动性政治内容的出版物、侵权复制品、淫秽物品等以外的严重扰乱社会秩序的非法出版物；第二种情况是非法经营出版物的程序违法，即未经国家主管部门许可擅自经营出版物的出版、印刷和发行。

(3) 非法经营电信业务。

2000年4月28日最高人民法院《关于审理扰乱电信市场管理秩序案件具体应用法律若干问题的解释》第1条规定："违反国家规定，采取租用国际专线、私设转接设备或者其他方法，擅自经营国际电信业务或者涉港澳台电信业务进行营利活动，扰乱电信市场管理秩序，情节严重的，依照刑法第二百二十五条第(四)项的规定，以非法经营罪定罪处罚。"这种经营港澳台电信业务和国际电信业务未经主管部门批准，因而属于非法经营行为。在1998年前后有的地方就出现了个人经营国际电信业务，价格非常便宜。当时福建有两兄弟，在被举报以后就被抓起，法院要按照非法经营罪来认定。但是我认为，当时这个案件不能定非法经营罪，因为虽然经营国际电信业务也是未经批准，但是在刑法中对此是没有明确规定的，不能将这种没有规定的行为按照其他严重扰乱市场秩序的非法经营行为处理。到了2000年4月28日最高人民法院颁布了《关于审理扰乱电信市场管理秩序案件具体应用法律若干问题的解释》，就将擅自经营国际电信业务的行为规定为非法经营行为。在这种情况下，才可以将擅自经营国际电信业务的行为按照非法经营罪来处理。

(4) 在生产、销售的饲料中添加盐酸、克仑特罗等禁止在饲料和动物饮用水中使用的药品，或者销售明知是添加该类药品的饲料。

这也是被有关司法解释规定为非法经营行为的行为。这种行为和前面第一种行为是不一样的。前面讲到的第一种行为是未经许可经营法律、行政法规规定的专营、专卖物品或者其他限制买卖的物品，其中包括非法销售盐酸、克仑特罗等禁止在饲料和动物饮用水中使用的药品。第一种行为是未经许可销售该物品，重在销售行为。这里的这种行为重在添加，在生产、销售的饲料中添加该种物品或者销售明知添加了该种物品的饲料。因此，这两种行为是不一样的。盐酸、克仑特罗等物品是特许经营，生产、销售这种物品属于第一种非法经营行为，但是在生产、销售的饲料中添加该种物品或者销售明知添加了该种物品的饲料，则是第4种其他非法经营行为。

（5）非法经营互联网业务。

2004年7月16日最高人民法院、最高人民检察院、公安部发布的《关于依法开展打击淫秽色情网站专项行动有关问题的通知》规定，“对于违反国家规定，擅自设立互联网上网服务营业场所，或者擅自从事互联网上网服务经营活动，情节严重，构成犯罪的，以非法经营罪追究刑事责任”。

（6）非法经营彩票。

2005年5月11日最高人民法院、最高人民检察院发布的《关于办理赌博刑事案件具体应用法律若干问题的解释》第6条规定：“未经国家批准擅自发行、销售彩票，构成犯罪的，依照刑法第二百二十五条第（四）项的规定，以非法经营罪定罪处罚。”

（7）非法经营非上市公司股票。

2008年1月2日发布的最高人民法院、最高人民检察院、公安部、中国证券监督管理委员会《关于整治非法证券活动有关问题的通知》规定，对于中介机构非法代理买卖非上市公司股票，涉嫌犯罪的，应当依照刑法第225条之规定，以非法经营罪追究刑事责任。

（8）违反国家规定，使用销售点终端机具（POS机）等方法，以虚构交易、虚开价格、现金退货等方式向信用卡持卡人直接支付现金。

根据2009年12月3日发布的最高人民法院、最高人民检察院《关于办理妨碍信用卡管理刑事案件具体应用法律若干问题的解释》第7条第1款的规定，对于上述行为，情节严重的，应当依照刑法第225条的规定，以非法经营罪定罪处罚。

（9）擅自发行基金份额募集资金。

2010年12月13日发布的最高人民法院《关于审理非法集资刑事案件具体应用法律若干问题的解释》第7条规定，违反国家规定，未经依法核准擅自发行基金份额募集资金，情节严重的，依照刑法第225条的规定，以非法经营罪定罪处罚。

（10）非法生产、销售非食品原料。

2013年5月2日发布的最高人民法院、最高人民检察院《关于办理危害食品安全刑事案件适用法律若干问题的解释》第 11 条第 1 款规定，以提供给他人生产、销售食品为目的，违反国家规定，生产、销售国家禁止用于食品生产、销售的非食品原料，情节严重的，依照刑法第 225 条的规定，以非法经营罪定罪处罚。

（11）非法生产、销售农药、兽药、饲料、饲料添加剂，或者饲料原料、饲料添加剂。

最高人民法院、最高人民检察院《关于办理危害食品安全刑事案件适用法律若干问题的解释》第 11 条第 2 款规定，违反国家规定，生产、销售国家禁止生产、销售、使用的农药、兽药、饲料、饲料添加剂，或者饲料原料、饲料添加剂原料，情节严重的，依照刑法第 225 条的规定，以非法经营罪定罪处罚。

（12）非法从事生猪屠宰、销售等经营活动。

最高人民法院、最高人民检察院《关于办理危害食品安全刑事案件适用法律若干问题的解释》第 12 条第 1 款规定，违反国家规定，私设生猪屠宰厂（场），从事生猪屠宰、销售等经营活动，情节严重的，依照刑法第 225 条的规定，以非法经营罪定罪处罚。

（13）非法生产、销售赌博机或者其专用软件。

2014 年 3 月 26 日发布的最高人民法院、最高人民检察院、公安部《关于办理利用赌博机开设赌场案件适用法律若干问题的意见》第 4 条第 1 款规定，以提供给他人开设赌场为目的，违反国家规定，非法生产、销售具有退币、退分、退钢珠等赌博功能的电子游戏设备或者其他专用软件，情节严重的，依照刑法第 225 条的规定，以非法经营罪定罪处罚。

以上是对非法经营行为的阐述，主要是根据有关的法律、司法解释的规定，对非法经营行为的方式进行了列举。

（二）罪责

非法经营罪的责任形式是故意。非法经营罪是法定犯，因此在确定非法经营罪的主观故意的时候，要求具有违法性认识。这里的违法性认识是指明知某一活动是为国家法律所禁止的。如果不具有违法性认识或者发生了违法性认识错误，就不能认为行为人主观上具有非法经营的故意。因为非法经营的范围是根据国家法律随时加以调整的，因此只有行为人认识到自己的经营活动是为国家法律所禁止的，仍然要从事此项非法活动，才能认定行为人主观上具有违法性认识。如果不具有违法性认识或者发生了违法性认识错误，即使实施了非法经营行为，也不能认定为非法经营罪。

（三）罪量

非法经营罪的罪量要素是情节严重，因此并不是只要实施了非法经营行为就一定构成非法经营罪。非法经营行为首先是行政、经济的违法行为，因此应当首先受到行政、经济法律法规的处罚，只有在情节严重的时候才构成非法经营罪，才受到刑法的处罚。有关的法律、司法解释对罪量因素也作了具体规定。

1. 非法经营食盐

根据有关司法解释的规定，非法经营食盐有下列情形之一的，应当追究刑事责任：（1）非法经营食盐数量在20吨以上的；（2）曾因非法经营食盐行为受过2次以上行政处罚又非法经营食盐，数量在10吨以上的。

2. 非法经营证券、期货或者保险业务的

根据有关司法解释的规定，非法经营证券、期货或者保险业务，非法经营数额在30万元以上或者违法所得数额在5万元以上的，应当追究刑事责任。

3. 非法经营外汇

根据有关司法解释的规定，非法经营外汇涉嫌下列情形之一的，应予追诉：（1）在外汇指定银行和中国外汇交易中心及其分中心以外买卖外汇，数额在20万美元以上的，或者违法所得数额在5万元人民币以上的；（2）公司、企业或者其他单位违反有关外贸代理业务的规定，采用非法手段，或者明知是伪造、变造的凭证、商业单据，为他人向外汇指定银行骗购外汇，数额在500万美元以上的，或者违法所得数额在50万元人民币以上的；（3）居间介绍骗购外汇，数额在100万美元以上，或者违法所得数额在10万元人民币以上的。

4. 非法经营出版物

根据有关司法解释的规定，违反国家规定，出版、印刷、复制、发行非法出版物，涉嫌下列情形之一的，应予追诉：(1) 个人非法经营数额在5万元以上的，单位非法经营数额在15万元以上的；(2) 个人违法所得数额在2万元以上的，单位违法所得数额在5万元以上的；(3) 个人非法经营报纸5 000份或者期刊5 000本或者图书2 000册或者音像制品、电子出版物500张（盒）以上的，单位非法经营报纸1.5万份或者期刊1.5万本或者图书5 000册或者音像制品、电子出版物1 500张（盒）以上的。

5. 非法经营电信业务

根据有关司法解释的规定，违反国家规定，采取租用国际专线、私设转接设备或者其他方法，擅自经营国际电信业务或者涉港澳台电信业务进行营利活动，涉嫌下列情形之一的，应予追诉：(1) 经营去话业务数额在100万元以上的；(2) 经营来话业务造成电信资费损失数额在100万元以上的；(3) 虽未达到上述数额标准，但因非法经营国际电信业务或者涉港澳台电信业务，受过行政处罚2次以上，又进行非法经营活动的。

6. 非法经营烟草制品

根据有关司法解释的规定，非法经营烟草制品具有下列情形之一的，应当予以追诉：(1) 个人非法经营数额在5万元以上的，或者违法所得数额在1万元以上的；(2) 单位非法经营数额在50万元以上的，或者违法所得数额在10万元以上的；(3) 曾因非法经营烟草制品行为受过2次以上行政处罚又非法经营的，非法经营数额在2万元以上的。

7. 其他非法经营行为

根据有关司法解释的规定，从事其他非法经营活动涉嫌下列情形之一的，应当予以追诉：(1) 个人非法经营数额在5万元以上的，或者违法所得数额在1万元以上的；(2) 单位非法经营数额在50万元以上的，或者违法所得数额在10万元以上的。

以上司法解释的规定都提供了非常具体的标准，在对非法经营罪进行认定的时候，应该根据司法解释加以认定。值得注意的是，在这些认定标准中都提供了两个数额：一个是非法经营数额，另一个是违法所得数额。这两种数额是有所不同的，在有些案件中只有非法经营数额，或者只有违法所得数额。在只有一个数额的情况下，就要看有关司法解释对构成犯罪的数额规定。在一个案件中既有非法经营数额又有违法所得数额的，只要有一个数额符合法律的规定，就应当追究刑事责任。另外，非法经营罪既可以由单位构成，又可以由个人构成，因此，在有关的司法解释中对单位和个人构成该罪分别作了不同的规定，因此在适用司法解释时，首先要判断是个人犯罪还是单位犯罪，再依据司法解释进行判断。

三、非法经营罪的认定

（一）非法经营罪与生产、销售伪劣商品犯罪之间的想象竞合

刑法分则第三章第一节规定了生产、销售伪劣商品罪，刑法第 140 条规定了生产、销售伪劣产品罪，第 141 条至第 148 条规定了各种具体的生产、销售伪劣产品的犯罪，当行为人生产、销售的伪劣产品属于国家专营专卖物品，或者其他限制买卖物品时，例如生产、销售伪劣烟草制品，行为人的行为同时触犯生产、销售伪劣产品罪和非法经营罪。未经许可生产烟草制品的行为本身就是一种非法经营行为，如果生产的烟草制品是伪劣的产品，则构成了生产、销售伪劣产品罪。在这种情况下，就属于一个行为触犯两个罪名，就出现了生产、销售伪劣产品罪和非法经营罪的想象竞合。按照最高人民法院、最高人民检察院 2001 年 4 月 10 日实行的《关于办理生产、销售伪劣商品刑事案件具体应用法律若干问题的解释》第 10 条的规定，应当依照处罚较重的规定定罪处罚。

（二）非法经营罪与侵犯知识产权犯罪之间的想象竞合

刑法第 274 条规定了销售假冒注册商标的商品罪，刑法第 217 规定了侵犯著作权罪，刑法第 218 条规定了销售侵权复制品罪。这些犯罪都属于侵犯知识产权的犯罪，这些犯罪的行为都表现为制作、出售、销售，而制作、出售、销售实际上也是经营行为，当行为人制作、出售、销售的是专营专卖物品或限制买卖物品时，这非法经营罪侵犯知识产权犯罪就形成了竞合关系。例如，非法经营出版物的印刷、复制、发行业务，严重扰乱市场秩序，根据司法解释规定应当以非法经

营罪论处。如果这种出版物属于侵权复制品，未经作者的许可，也未经出版社的授权，则又构成了销售侵权复制品罪。按照司法解释的规定，这种情形下应当依照处罚较重的规定定罪处罚。但是根据现行法律的规定，往往是非法经营罪比侵犯知识产权犯罪处罚要重一些，相对来说，非法经营罪的认定比较容易，而侵犯知识产权犯罪的认定比较困难。因此在司法实践中，大量的侵犯知识产权犯罪都按照非法经营罪来处理。我们现在强调严厉惩治侵犯知识产权犯罪，但司法实践中按照侵犯知识产权犯罪来定罪处罚的案件数量很少，大量的侵犯知识产权案件都定了非法经营罪。

（三）非法经营罪与买卖国家机关公文、证件罪之间的想象竞合

刑法第 280 条规定了买卖国家机关公文、证件罪。刑法第 225 条第 1 款第 2 项规定："买卖进出口许可证、进出口原产地证明以及其他法律、行政法规规定的经营许可证或者批准文件的"，构成非法经营罪。因此，当行为人买卖进出口许可证、进出口原产地证明以及其他法律、行政法规规定的经营许可证或者批准文件时，其行为既触犯非法经营罪，又触犯买卖国家机关公文、证件罪，属于想象竞合。例如，最高人民法院 2000 年 12 月 11 日颁布的《关于审理破坏野生动物资源刑事案件具体应用法律若干问题的解释》第 9 条规定："伪造、变造、买卖国家机关颁发的野生动物允许进出口证明书、特许猎捕证、狩猎证、驯养繁殖许可证等公文、证件构成犯罪的，依照刑法第二百八十条第一款的规定以伪造、变造、买卖国家机关公文、证件罪定罪处罚。""实施上述行为构成犯罪，同时构成刑法第二百二十五条第二项规定的非法经营罪的，依照处罚较重的规定定罪处罚。"这既是买卖法律、行政法规规定的经营许可证或者批准文件的行为，又是买卖国家机关公文、证件的行为，两者之间有种想象竞合关系，应该按照处罚较重的规定定罪处罚。

（四）非法经营罪与组织、领导传销活动罪的区分

组织、领导传销活动罪是《刑法修正案（七）》增设的罪名，该罪的设立为惩治组织、领导传销活动的行为提供了法律依据。应当指出，组织、领导传销活动罪虽然是《刑法修正案（七）》新增的罪名，但并不意味着在《刑法修正案

(七)》设立组织、领导传销活动罪之前，该种行为不受处罚。事实上，此前，我国行政法规就明文禁止传销活动，司法解释明确规定对传销行为以非法经营罪论处。

对于传销活动的禁止，始于1998年4月18日国务院《关于禁止传销经营活动的通知》(以下简称《禁止传销通知》)。鉴于传销活动在社会生活中产生的负面影响，国务院发出通知明令禁止传销活动。值得注意的是，上述通知第2条指出："自本通知发布之日起，禁止任何形式的传销经营活动。此前已经批准登记从事传销经营的企业，应一律立即停止传销经营活动，认真做好传销人员的善后处理工作，自行清理债权债务，转变为其他经营方式，至迟应于1998年10月31日前到工商行政管理机关办理变更登记或注销登记。逾期不办理的，由工商行政管理机关吊销其营业执照。对未经批准登记擅自从事传销经营活动的，要立即取缔，并依法严肃查处。"这一规定向我们透露了这样一个信息：在《禁止传销通知》发布之前，传销是被法律所允许的，并且从事传销经营的企业还经过工商行政管理机关批准登记。那么，这里的传销与此后被禁止的传销是否属于同一个概念呢？这是令人疑惑的。《禁止传销通知》并没有对传销这个概念进行定义，因此也就无从了解法律所允许的传销的含义。在此，似乎混淆了这两个概念，这就是传销与直销。

传销与直销是两种不同的商品销售模式，在现实生活中两者往往被混同。2005年8月23日年国务院颁布了《禁止传销条例》，同日，国务院还颁布了《直销管理条例》：两个条例分别代表了对传销的禁止和对直销的允许的截然相反的法律立场。

根据《禁止传销条例》第2条的规定，传销是指组织者或者经营者发展人员，通过对被发展人员以其直接或者间接发展的人员数量或者销售业绩为依据计算和给付报酬，或者要求被发展人员以交纳一定费用为条件取得加入资格等方式牟取非法利益，扰乱经济秩序，影响社会稳定的行为。该条例第7条还采取列举方式规定，下列行为，属于传销行为：(1) 组织者或者经营者通过发展人员，要求被发展人员发展其他人员加入，对发展的人员以其直接或者间接滚动发展的人员数量为依据计算和给付报酬（包括物质奖励和其他经济利益，下同），牟取非法利益的；（2）组织者或者经营者通过发展人员，要求被发展人员交纳费用或者以认购商品等方式变相交纳费用，取得加入或者发展其他人员加入的资格，牟取非法利益的；（3）组织者或者经营者通过发展人员，要求被发展人员发展其他人员加入，形成上下线关系，并以下线的销售业绩为依据计算和给付上线报酬，牟取非法利益的。在以上三种传销行为中，第一种行为属于拉人头，第二种行为属于收取入门费，第三种行为属于团队计酬。在以上三种行为中，收取入门费的传销较为容易认定，而拉人头和团队计酬的传销则不太容易区分，两者的区别在于：拉人头是单纯地以直接或者间接滚动发展的人员数量为依据计算和给付报酬；而团队计酬则是以发展人员的销售业绩为依据计算和给付报酬。传销活动的特点在于发展人员，在组织者或者经营者与被发展的人员之间形成上线和下线的关系，上线从下线获取一定的报酬。

根据《直销管理条例》，直销是指直销企业招募直销员，由直销员在固定营业场所之外直接向最终消费者（以下简称消费者）推销产品的经销方式。因此，直销的特点在于：直销员向消费者直接销售商品。这种销售方式免除了中间环节，是一种无店铺的销售，因此具有经济性。从层级上来说，直销可以分为单层次直销和多层次直销，但根据我国《直销管理条例》，单层次直销是经批准允许存在的直销经营模式，而多层次直销属于传销，是《禁止传销条例》明令禁止的经营行为。应该说，法律允许的直销和法律禁止的传销之间还是存在明显的区分，从计酬方式上看：直销人员之间没有连带关系，依赖个人业绩计酬。而传销人员之间具有连带关系，实行团队计酬。此外，传销活动的组织者或者经营者要求参加者通过缴纳入门费或以认购商品等变相缴纳入门费的方式，取得加入、介绍或发展他人的资格，并从中获得回报。而直销公司不收入门费，只要符合一定条件，即可依法取得直销员的资格。

虽然《禁止传销条例》是2005年颁布的，但如前所述，对传销活动的治理始于1998年，当年4月18日国务院颁布了《禁止传销通知》。此后，2000年8月13日国务院办公厅转发了国家工商行政管理局、公安部、中国人民银行《关于严厉打击传销和变相传销等非法经营活动的意见》(以下简称《打击传销意见》),该意见第2条规定:“工商行政管理机关对下列传销或变相传销行为,要采取有力措施,坚决予以取缔;对情节严重涉嫌犯罪的,要移送公安机关,按照司法程序对组织者依照《刑法》第225条的有关规定处理:(一)经营者通过发展人员、组织网络从事无店铺经营活动,参加者之间上线从下线的营销业绩中提取报酬的;(二)参加者通过交纳入门费或以认购商品(含服务,下同)等变相交纳入门费的方式,取得加入、介绍或发展他人加入的资格,并以此获取回报的;(三)先参加者从发展的下线成员所交纳费用中获取收益,且收益数额由其加入的先后顺序决定的;(四)组织者的收益主要来自参加者交纳的入门费或以认购商品等方式变相交纳的费用的;(五)组织者利用后参加者所交付的部分费用支付先参加者的报酬维持运作的;(六)其他通过发展人员、组织网络或以高额回报为诱饵招揽人员从事变相传销活动的。”该意见已经明确规定,对于上述六种非法传销行为应当根据刑法第225条的有关规定处理,而刑法第225条是关于非法经营罪的规定。按照该意见的规定,不仅团队计酬的经营型传销行为应以非法经营罪论处,而且拉人头、收取入门费的诈骗型传销行为也应以非法经营罪论处。虽然该意见只是经国务院办公厅转发的一个部门规章,并不具有刑事立法效力,但在当时我国刑事法制还不健全的背景之下,对于传销活动的定罪无疑具有重要的推动作用。

传销活动入罪的法律根据是司法解释,这就是2001年4月10日发布的最高人民法院《关于情节严重的传销或者变相传销行为如何定性问题的批复》(以下简称《传销定性批复》)。该批复指出:“广东省高级人民法院:你院粤高法[2000]101号《关于情节严重的传销和变相传销的行为是否构成非法经营罪问题的请示》收悉。经研究,答复如下:对于1998年4月18日国务院《关于禁止传销经营活动的通知》发布以后,仍然从事传销或者变相传销活动,扰乱市场秩序,情节严重的,应当依照刑法第二百二十五条第(四)项的规定,以非法经营罪定罪处罚。实施上述犯罪,同时构成刑法规定的其他犯罪的,依照处罚较重的规定定罪处罚。”对于这一规定值得注意的是以下三点:

(1) 入罪的行为是从事传销或者变相传销活动，扰乱市场秩序，情节严重的。

在此，《传销定性批复》把入罪的行为表述为从事传销或者变相传销活动，扰乱市场秩序，情节严重的。从该批复对构成要件行为的表述来看，并没有区分传销的组织者或者经营者，只要参加传销活动，即具备了入罪的行为要件。由此可见，打击范围还是较为宽泛的。当然，该批复还是对入罪条件作了某种限制性规定，即只有情节严重才能构成犯罪。此外，《打击传销意见》对传销行为的表述涉及变相传销活动。也就是说，除了典型的传销活动以外，还包括变相传销活动。那么，如何界定所谓变相传销活动呢？变相传销活动的提法来自《禁止传销通知》，该通知提出加大执法力度，严厉查禁各种传销和变相传销行为。在该通知第 3 条列举的行为中，就包含了假借专卖、代理、特许加盟经营、直销、连锁、网络销售等名义进行变相传销的；采取会员卡、储蓄卡、彩票、职业培训等手段进行传销和变相传销，骗取入会费、加盟费、许可费、培训费的；以及其他传销和变相传销的行为。因此，这里的变相传销是销售手段、入门费的称谓等形式上的不同表现。就此而言，这种所谓变相传销行为还不能与典型传销行为相提并论。

(2) 以非法经营罪定罪处罚。

对传销行为以非法经营罪定罪处罚，是《传销定性批复》最为重要的内容。我国刑法第 225 条对非法经营罪的规定，采取的是空白罪状的立法方式，其中第 4 项规定的是“其他严重扰乱市场秩序的非法经营行为”。这是一个兜底式的规定，为《传销定性批复》的入罪解释留下了极大的余地。因此，将刑法所没有规定的传销行为解释为非法经营行为，也就成为不经刑事立法程序而将传销行为入罪的最佳选择。

当然，这里存在一个问题，即《禁止传销通知》本身并没有对传销或者变相传销加以界定。如果对这里的传销承袭《打击传销意见》的理解，那么，在该意见规定依照刑法第 225 条的有关规定处理的 6 种行为中，除了第一种传销行为，即经营者通过发展人员、组织网络从事无店铺经营活动，参加者之间上线从下线的营销业绩中提取报酬，具有经营性质以外，其他 5 种传销行为都没有经营内容，实际上属于以传销为名的诈骗犯罪。

从司法实践的情况来看，按照非法经营罪定罪处罚的还是具有经营内容的传销行为。对于诈骗性质的传销则以诈骗罪或者集资诈骗罪论处。当然，因为没有法律的明文规定，这一界限也不明确。因此，司法实践中存在某些定罪混乱的现象，也是在所难免的。

(3) 实施传销行为，同时构成刑法规定的其他犯罪的，依照处罚较重的规定处罚。

《传销定性批复》的最后还有一句话："实施上述犯罪，同时构成刑法规定的其他犯罪的，依照处罚较重的规定定罪处罚。"应该说，这句话在当时并没有引起应有的重视。其实，这是一个十分重要的规定。这一规定表明，在实施传销行为的时候，可能触犯其他罪名。对此应当从一重罪处断。那么，在实施传销行为的时候，会触犯什么罪名呢？在有关传销的法律规定中，其实已经有蛛丝马迹。例如，《禁止传销通知》第1条在论及禁止传销活动的根据时，指出："不法分子利用传销进行邪教、帮会和迷信、流氓等活动，严重背离精神文明建设的要求，影响我国社会稳定；利用传销吸收党政机关干部、现役军人、全日制在校学生等参与经商，严重破坏正常的工作和教学秩序；利用传销进行价格欺诈、骗取钱财，推销假冒伪劣产品、走私产品，牟取暴利，偷逃税收，严重损害消费者的利益，干扰正常的经济秩序。因此，对传销经营活动必须坚决予以禁止。"在此，《禁止传销通知》提及传销行为可能触犯的其他罪名，包括诈骗罪、销售伪劣产品罪、走私罪、偷税罪（现已改为逃税罪）等。

传销行为在性质上的复杂性，也为此后的立法带来一定的争议。在《传销定性批复》颁布以后，我国司法实践中对于从事传销活动的行为，一般都以非法经营罪论处；在少数情况下，论以诈骗罪或者集资诈骗罪。而两者区分的界限，就在于是否存在实际的经营活动。

朱某等非法经营案

2004年9月底，朱某与王某以广西大顺公司、顺昌大顺公司的名义，共同策划，制订了"周周乐IC卡"发售计划。朱某先后纠集、雇用了被告人洪某等人参与实施该计划。该计划以消费者直接向该公司购买螺旋藻、灵芝胶囊等保健品取得会员资格，后享受每周一次的高额返还营销款，然后以消费者所购IC卡金额、份额多少将会员分为业务员、业务主管、加盟商，业务主管与业务员之间存在上下线关系，上线可从其发展的下线的营销业绩中按不同比例提成，享受津贴。“周周乐IC卡”分为三种，即面值360元的健康卡、面值1 200元的金卡和面值3 000元的白金卡。高额返款即消费者每购买一份健康卡，除可提取同等价值的保健品外，每周还可获取返还的劳务费90元，17周内最高返款累计1 500元；购买一份白金卡，除可直接提取同等价值的保健品外，每周还可获取返还的劳务费249元，20周内最高返款累计4 980元。

泉州市丰泽区人民法院经审理认为：被告人朱某等人违反国家规定，合伙进行传销，通过发展人员，要求被发展人员以认购商品等方式变相缴纳费用，同时要求被发展人员发展其他人员加入，形成上下线关系，并以下线的销售业绩为依据计算和给付上线报酬，牟取非法利益，进行非法经营，严重扰乱市场秩序，情节特别严重，其行为已经构成非法经营罪。

泉州市丰泽区人民法院依照《中华人民共和国刑法》第二百二十五条第（四）项、第二十五条第一款、第二十六条、第二十七条、第六十四条、第六十七条第一款、第七十二条，最高人民法院《关于情节严重的传销或者变相传销行为如何定性问题的批复》的规定，判处被告人朱某有期徒刑十三年，并处没收个人财产人民币1 000万元。其他被告人也被分别判处二年零六个月至十年不等的有期徒刑。

一审判决以后，被告人不服，提起上诉。

福建省泉州市中级人民法院二审维持原审判决。

上述案例是《刑法修正案（七）》颁布之前，根据最高人民法院《传销定性批复》，对传销行为以非法经营罪论处的一个典型案例。该案的“解说”（相当于裁判理由）在论及该案为什么定非法经营罪而不定诈骗罪或集资诈骗罪的依据时指出：（1）该案传销行为存在货物买卖行为，消费者可以用“周周乐IC卡”刷出保健产品，朱某在博白龙潭有螺旋藻生产基地，向绿冬公司购买保健产品。而诈骗一般没有或者很少有货物经营行为。(2) 传销的利益主要依靠传销人自己层层发展下线来获取，没有下线就没有利益。行为人陈述的“周周乐 IC 卡”推广计划的利润来源，主要是在购卡者能在消费完原面额后仍继续充值消费的基础上产生，但这种假设是不现实的。诈骗则虚构事实、隐瞒真相，承诺以定期利息、红利等形式返还巨额利益相引诱。(3) 报表、审计报告、账户清单和行为人供述、证人的证言可证实，行为人已经返还业务员几千万余元的本金及劳务费，可见确有返还大量劳务费，而诈骗返还的款项一般较小。

以上对以非法经营罪论处的传销行为与诈骗性犯罪的区分的论述，是完全正确的。由此可见，当时《禁止传销通知》所规范的是具有经营内容的传销行为。这个意义上的传销行为，是一种法律所禁止的经营行为。在上述解说中，就明确地把传销界定为一种未获得直销经营许可的行为，指出：“传销，在国外又称直销，即指用传递方式进行销售，一般是指企业不通过店铺经营等流通环节，将产品或服务直接销售、提供给消费者的一种营销方式。”在此，解说把传销视为直销的营销方式，朱某的大顺公司所实施的传销行为之所以构成非法经营罪，是因为未获得直销经营许可。这一对传销行为的理解，把它与以传销为名所实施的各种诈骗犯罪加以区分。

然而，上述对传销的界定不仅与《打击传销意见》关于传销的界定不同，而且与《禁止传销条例》关于传销的概念也不一致。《禁止传销条例》第 7 条所列举的三种传销行为中，所谓拉人头和收取入门费实则并无经营内容，只有团队计酬具有经营内容。当然，在司法实践中也存在着拉人头、收取入门费与团队计酬竞合的情形。

如前所述，在《刑法修正案（七）》单独设立组织、领导传销活动罪的罪名之前，根据司法实践的规定，对于具有经营内容的传销行为（区别于以传销为名实施的诈骗犯罪）是按照非法经营罪定罪处罚的，由此而满足法律根据缺乏的一时之需。但这不是长久之计，司法实践要求对传销行为专门设立罪名。我国学者指出：仅仅以司法解释的形式对传销和变相传销的性质加以规定，将传销行为纳入非法经营罪的范畴，很难适应传销和变相传销的新特点，必须独设非法传销罪，明确设定非法传销的刑罚。对传销犯罪进行立法的建议得到立法机关的回应，并且在《刑法修正案（七）》中落实。

在《刑法修正案（七）》的制定过程中，对于传销犯罪如何设立罪名，存在争议，并且前后发生了重大的变更。在2008年8月25日《刑法修正案（七）》草案第一稿第4条中，对于传销犯罪是这样规定的：在刑法第225条后增加一条，作为第225条之一："组织、领导实施传销犯罪行为的组织，情节严重的，处三年以下有期徒刑或者拘役，并处罚金；情节特别严重的，处三年以上七年以下有期徒刑，并处罚金。""犯前款罪又有其他犯罪行为的，依照数罪并罚的规定处罚。""传销犯罪行为依照法律、行政法规的规定确定。"这一规定将传销犯罪的组织行为规定为犯罪，因此这是一种组织罪。我国刑法中的组织行为，可以分为两种：一种是作为共犯的组织行为，另一种是规定为正犯的组织行为。于前者根据刑法总则的规定，以共犯论处，而并没有独立的罪名和法定刑；于后者根据刑法分则的规定，以单独犯罪论处，例如我国刑法第120条规定的组织、领导恐怖组织罪以及第294条规定的组织、领导黑社会性质组织罪。《刑法修正案（七）》草案第一稿对组织、领导传销组织罪的规定，就属于以单独犯罪论处的情形罪。值得注意的是，该草案还规定："犯前款罪又有其他犯罪行为的，依照数罪并罚的规定处罚。"这就是说，对于具体实施传销犯罪活动的，还是按照非法经营罪、诈骗罪或者集资诈骗罪定罪处罚。这一规定，显然也是参照刑法第120条和第294条第2款的规定。如此，则组织、领导传销组织的行为构成一个组织犯罪。如果该传销组织又从事传销活动的，则根据传销的性质又分别定罪：传销而具有经营内容的，以非法经营罪论处；传销而具有诈骗或者集资诈骗性质的，以诈骗罪或者集资诈骗罪论处，并实行数罪并罚。

立法机关在论及这一规定的背景时，指出："国务院法制办、公安部、国家工商总局提出，当前以'拉人头'、收取'入门费'等方式组织传销的违法犯罪活动，严重扰乱社会秩序，影响社会稳定，危害严重。目前在司法实践中，对这类案件主要是根据实施传销行为的不同情况，分别按照非法经营罪、诈骗罪、集资诈骗罪等犯罪追究刑事责任的。为更有力打击组织传销的犯罪，应当在刑法中对组织、领导实施传销组织的犯罪作出专门规定。经同有关部门研究，建议在刑法中增加组织、领导实施传销行为的组织的犯罪。对实施这类犯罪，又有其他犯罪行为的，实行数罪并罚。”① 因此，《刑法修正案（七）》草案的上述规定是在原有司法解释将传销行为纳入非法经营罪规定的基础上，对组织、领导传销组织行为的特别规定。

那么，如何理解这里传销组织中的传销一词呢？换言之，这里的传销是指具有经营内容的传销还是指以传销为名的诈骗？对此，《刑法修正案（七）》草案虽然并未明确，但草案有“传销犯罪行为依照法律、行政法规的规定确定”的专款规定，而这里的行政法规包括前述《禁止传销条例》，《禁止传销条例》明确把诈骗型传销和经营型传销都纳入传销的范围。因此，这是一种含义较为宽泛的传销概念。

针对《刑法修正案（七）》草案的上述规定，有关人员在法案审议中提出了一些意见，主要是认为该罪的规定过于笼统，尤其是对传销行为按照行政法规确定，使该罪的构成要件呈现空白状态，不符合罪刑法定原则。为此，2008 年 12 月 25 日草案第二稿第 4 条中，对该罪的规定作了修改：在刑法第 224 条后增加一条，作为第 224 条之一：“组织、领导以推销商品、提供服务等经营活动为名，要求参加者以缴纳费用或者购买商品、服务等方式获得加入资格，并按照一定顺序组成层级，直接或者间接以发展人员的数量作为计酬或者返利依据，引诱、胁迫参加者继续发展他人参加，骗取财物，扰乱经济社会秩序的传销活动的，处五年以下有期徒刑或者拘役，并处罚金；情节严重的，处五年以上有期徒刑，并处罚金。”《刑法修正案（七）》最后定稿也采纳了这一规定。从定稿的规定来看，不仅对传销活动进行了界定，更为重要的是将组织罪修改为诈骗性质的传销犯罪。并且，该条也从刑法第 225 条之一变更为刑法第 224 条之一，而刑法第 224 条是关于合同诈骗罪的规定，从而将组织、领导传销活动罪的性质确定为诈骗犯罪。

① 李适时：《关于〈中华人民共和国刑法修正案（七）（草案）〉的说明》。

如前所述，根据《禁止传销条例》第7条对传销的列举式规定，存在拉人头、收取入门费和团队计酬这三种传销方式。但在《刑法修正案（七）》第4条关于传销的概念中，只规定了拉人头和收取入门费的传销形式，恰恰没有规定具有经营内容的团队计酬的传销形式。至此，《刑法修正案（七）》关于传销犯罪的规定，在性质上发生了逆转：从经营型传销改变为诈骗型传销。传销这个概念在我国刑法中的界定也发生了根本性的转变：传销本来是一种经营方式，就此而被我国刑法确定为一种诈骗方式。

四、非法经营罪的处罚

根据刑法第225条的规定，犯非法经营罪的，处5年以下有期徒刑或者拘役，并处或者单处违法所得1倍以上5倍以下罚金；情节特别严重的，处5年以上有期徒刑，并处违法所得1倍以上5倍以下罚金或者没收财产。第231条还规定，单位犯非法经营罪的，对单位判处罚金，并对其直接负责的主管人员和其他直接责任人员，依照本节各该条的规定处罚。

从非法经营罪的处罚来看，刑法对此规定了两个量刑单位，情节特别严重是非法经营罪的加重处罚事由。这里所谓"情节特别严重"是指非法经营数额或者违法所得数额特别巨大，造成特别严重后果，造成恶劣影响，对国民经济和社会安定造成严重破坏。在有关司法解释中对情节特别严重的情况作了一些规定，主要是以下两项规定：一是非法经营出版物。根据有关司法解释，具有下列情形之一的，属于个人非法经营行为情节特别严重：（1）经营数额在15万元至30万元以上的；（2）违法所得数额在5万元至10万元以上的；（3）经营报纸1.5万份或者期刊1.5万本或者图书5 000册或者音像制品、电子出版物1 500张（盒）以上的。具有下列情形之一的，属于单位非法经营行为情节特别严重：（1）经营数额在50万元至100万元以上的；（2）违法所得数额在15万元至30万元以上的；（3）经营报纸5万份或者期刊5万本或者图书1.5万册或者音像制品、电子出版物5 000张（盒）以上的。该司法解释还规定：经营数额、违法所得数额或者经营数量接近非法经营行为“情节特别严重”的数额、数量起点标准，并具有下列情形之一的，可以认定为非法经营行为情节特别严重：(1) 两年内因出版、印刷、复制、发行非法出版物受过行政处罚两次以上的；(2) 因出版、印刷、复制、发行非法出版物造成恶劣社会影响或者其他严重后果的。二是非法经营电信业务情节特别严重。根据有关司法解释，具有下列情形之一的，属于非法经营行为情节特别严重：(1) 经营去话业务数额在500万元以上的；(2) 经营来话业务造成电信资费损失数额在500万元以上的。该司法解释还规定，经营数额或者造成电信资费损失数额接近非法经营行为情节特别严重的数额起点标准，并具有下列情形之一的，可以认定为非法经营行为“情节特别严重”：(1) 两年内因非法经营国际电信业务或者涉港澳台电信业务行为受过行政处罚两次以上的；(2) 因非法经营国际电信业务或者涉港澳台电信业务行为造成其他严重后果的。在司法解释对情节特别严重有明确的数额标准的情况下，应按照司法解释认定情节特别严重。在法律、司法解释对“情节特别严重”没有明确标准的情况下，应该参照相关的标准进行认定。

第三十三讲

寻衅滋事罪

寻衅滋事罪是我国刑法所规定的妨碍社会管理秩序罪中的一个罪名，其内容较为庞杂，涉及行为较为宽泛。如何正确地认定寻衅滋事罪，避免其滥用，成为司法实践中的一个重要问题。在本讲中，主要围绕寻衅滋事罪的行为类型和主观违法要素进行展开。

一、寻衅滋事罪概述

寻衅滋事罪是指出于发泄情绪、逞强耍横的动机，在公共场所无事生非，起哄闹事，随意殴打、追逐、拦截、辱骂他人，强夺硬要，任意损毁，占用公私财物，破坏公共秩序，情节恶劣，后果严重的行为。

寻衅滋事罪是我国刑法中的一个引人注目的罪名，以往并不是一个常用罪名。近些年来，随着劳动教养制度被取消，那些以往按照劳动教养处理的扰乱社会秩序的行为被纳入寻衅滋事罪的范围，寻衅滋事罪在司法实践中大有被滥用的倾向，同时也导致寻衅滋事罪被污名化。寻衅滋事罪被滥用的一个典型案例是甘肃初中生杨某（16岁）寻衅滋事案：2013年9月12日，张家川回族自治县张川镇某歌厅从业人员高某非正常死亡。在高某死因未确定的情况下，杨某在其微博、QQ空间发布所谓高某死亡真相误导群众，造谣发布虚假信息，煽动游行，导致高某系他杀的言论大量传播。当日，部分社会闲散人员转载、浏览杨某QQ空间信息后听信误导，纠集数十人在案发现场呼喊口号，散布关于高某死因的虚假信息，致使案发现场数百群众聚集，交通堵塞，现场失控，社会秩序严重混乱，严重干扰公安机关依法办案。公安机关认为，杨某散布谣言、煽动群众游行，严重妨害了社会管理秩序，同时给公安机关处理高某非正常死亡一案造成极大被动，造成恶劣社会影响。据此，张家川公安机关对杨某涉嫌寻衅滋事案立案侦查，并于9月17日将杨某刑事拘留。该案在媒体披露以后，引起公众哗然。2013年9月23日杨某被释放，其寻衅滋事刑事案件被撤销，改为行政拘留7天。就杨某寻衅滋事这个案件而言，引起社会关注当然与其未成年有关。如果不考虑年龄这个因素，仅从其行为本身来看，确实是一种较为严重的扰乱社会秩序的行为。在劳动教养制度被废除之前，公安机关很可能对杨某适用劳动教养。但在劳动教养制度被取消以后，按照寻衅滋事罪论处，就涉及杨某在网络空间传播谣言的行为能否被认定为寻衅滋事罪的问题。

在司法解释的推动下，寻衅滋事罪的内涵不断扩张，构成要件所容纳的行为多种多样，几乎成为破坏社会管理秩序犯罪的兜底罪名。对此，我国学者提出了“寻衅滋事罪在司法适用中的口袋化”的命题，揭示了寻衅滋事罪沦落为口袋罪的深刻背景。在这种情况下，我认为亟待从法理上重塑寻衅滋事罪的法教义学形象。

二、寻衅滋事罪的构成

在我国1979年刑法中并没有设立寻衅滋事罪，在当时的流氓罪中包含了寻衅滋事行为。流氓罪的三种基本行为是：聚众斗殴、寻衅滋事、侮辱妇女。在1997年刑法修订的时候，鉴于流氓罪具有口袋罪的性质，将以上三种基本流氓行为予以分解，由此在1997年刑法中设置了寻衅滋事罪。立法者对寻衅滋事罪采取了列举的方式。一般认为，列举方式的立法能够体现法律的明确性，有利于司法机关的正确适用，符合罪刑法定原则的精神。但是，寻衅滋事罪中所列举的四种行为之间差异十分巨大。如何正确地理解寻衅滋事罪，就成为一个较为复杂的问题。以下，从保护法益、行为类型和主观违法要素三个方面，对寻衅滋事罪的构成要件进行论述。

（一）保护法益

在一般的犯罪中，保护法益，也就是所谓犯罪客体问题，并不是一个需要专门讨论的问题，因为在这些犯罪中，保护法益都较为单一和明确，对定罪没有太大的影响。但在寻衅滋事罪中却不是如此，它是一个复杂而重要，需要首先讨论的问题。

关于寻衅滋事罪的保护法益，在刑法第293条总括性的规定中，立法机关将社会秩序作为本罪的保护法益："有下列寻衅滋事行为之一，破坏社会秩序的，处五年以下有期徒刑、拘役或者管制：……"因此，这里规定的破坏社会秩序是本罪下列各种寻衅滋事行为必须具备的共同特征，也可以说是本质特征。接着在刑法第293条列举了四种具体的寻衅滋事行为，其中第一项是随意殴打他人，情节严重的。该行为属于侵犯人身权利的犯罪，所保护法益是他人的身体健康权。第二项是追逐、拦截、辱骂、恐吓他人，情节恶劣的。该行为也属于侵犯人身权利的犯罪，所保护法益是他人的人格权。第三项是强拿硬要或者任意损毁、占用公私财物，情节严重的。该行为属于侵犯财产权利的犯罪，所保护法益是他人的财产权利。第四项是在公共场所起哄闹事，造成公共场所秩序严重混乱的。该行为属于侵犯公共场所秩序的犯罪，所保护法益是公共场所秩序。从以上分析可以看出，寻衅滋事罪的客体存在种客体与属客体之分：种客体是社会秩序，这四种具体寻衅滋事行为的属客体又分别是健康权、人格权、财产权和公共场所秩序。换句话说，这四种寻衅滋事行为的属客体与本罪的种客体是不相一致的。在这种情况下，如何协调寻衅滋事罪的种客体与具体行为的属客体之间的关系呢？

在此，首先需要正确界定作为寻衅滋事罪种客体的社会秩序。寻衅滋事罪规定在我国刑法分则第六章第一节，第六章是关于妨害社会管理秩序的犯罪，因此该章的保护法益是社会管理秩序。这里的社会管理秩序是一个复合概念，是秩序的社会性与管理性的统一。首先，社会管理秩序包含了社会秩序。这里的社会秩序是与政治秩序、经济秩序相对应的概念，其内容是社会生活秩序。同时，社会管理秩序是指经过管理所形成的社会秩序，具有国家对社会秩序进行管理的内容。社会管理秩序的社会性与管理性处于一种融合的状态，两者不可分离。任何社会秩序都不是自发的、原始的秩序，而是包含了国家的管理性。同样，社会秩序是国家管理活动的对象，因此国家管理活动不能脱离社会秩序。尽管如此，在社会管理秩序当中，社会秩序与管理活动这两者还是具有相对独立性的。因此，在妨害社会管理秩序的犯罪中，某些犯罪是破坏社会秩序本身的，另外一些犯罪则是妨害国家对社会秩序的管理活动的。例如，刑法第 290 条规定的聚众扰乱社会秩序罪，就是以破坏社会秩序为内容的犯罪。而刑法第 277 条规定的妨害公务罪，就是以妨害国家对社会秩序的管理活动为内容的犯罪。显然，寻衅滋事罪属于前者，是以破坏社会秩序为内容的犯罪。

寻衅滋事罪规定在刑法分则第六章第一节扰乱公共秩序罪，该节罪名中既有破坏社会秩序的犯罪，又有妨害国家对社会秩序管理活动的犯罪。值得注意的是，该节的保护法益是公共秩序，这里的公共秩序含义是相当宽泛的，涉及了社会生活的各个领域。公共秩序包括公共场所秩序与社会秩序。在该节规定的犯罪中，也确实存在某些以妨害公共场所秩序为内容的个罪，例如第 291 条规定的聚众扰乱公共场所秩序罪，这里的公共场所是指车站、码头、民用航空站、商场、公园、影剧院、展览会、运动场等特定的场所。同时，在该节规定的犯罪中，还存在某些以妨害社会秩序为内容的犯罪，例如第 290 条规定的聚众扰乱社会秩序罪，这里的社会秩序是狭义上的，指工作、生产、营业和教学、科研秩序。显然，在我国刑法中公共场所秩序与狭义上的社会秩序这两者是一种并列关系，其界限是明确的。但在刑法第 293 条规定的寻衅滋事罪中，作为本罪的总客体的社会秩序，又是广义上的，其包括公共场所秩序。这是通过对刑法第 293 条关于保护法益的规定进行分析以后，得出的必然结论。

应当指出，破坏社会秩序作为寻衅滋事罪的本质特征，对于该罪的性质具有决定作用，并且制约着具体寻衅滋事行为的性质。因此，刑法第 293 条第 1 至第

4项规定的寻衅滋事行为，并不是简单的侵犯人身权利、侵犯财产权利或者侵犯公共场所秩序的行为，而必然同时具有破坏社会秩序的性质。或者说，行为人是通过对人身权利、财产权利和公共场所秩序的侵害来达到对社会秩序破坏的目的。这一点，在具体的寻衅滋事行为的认定当中具有重要意义。例如殴打他人的行为，如何认定其所具有的破坏社会秩序的性质呢？也就是说，如何把单纯地侵犯人身权利的殴打他人和破坏社会秩序的殴打他人区分开来呢？我认为，可以从三个方面考察：(1) 殴打对象是特定的还是不特定的。一般来说，对不特定的他人进行殴打，往往具有破坏社会秩序的性质。(2) 殴打地点是否在公共场所。一般说来，在公共场所殴打，即使是殴打特定的对象，也具有破坏社会秩序的性质。(3) 主观上是否具有流氓动机。行为人出于流氓动机的殴打他人具有破坏社会秩序的性质。由此可见，寻衅滋事罪中的侵犯人身权利、侵犯财产权利的行为，都必须具有破坏社会秩序的性质，才能归属于寻衅滋事罪，否则，只是一般的侵犯人身权利或者侵犯财产权利的行为。寻衅滋事罪所具有的具体行为与侵害客体之间的这种复杂关系，增加了寻衅滋事罪认定的难度。

保护法益是设置罪名的重要根据，对于正确地塑造某个个罪的法教义学形象具有指导意义。应该指出，在犯罪构成中，保护（的）法益与侵害（的）客体之间具有相对性，是从不同角度对犯罪性质所作的描述。保护法益主要是德日刑法学三阶层的犯罪论体系的话语，而侵害客体主要是苏俄及我国传统刑法学四要件的犯罪构成体系的言说，两者尽管存在着一定的语境差别，但其功能还是相同的。刑法教义学中的法益概念是李斯特所强调的，李斯特提出了“作为法益保护的刑法”的命题，将“法益”以及对法益进行规范保护的“规范”这两个概念称为刑法的基本概念。传统的法益分为个人法益、社会法益和国家法益，由此将犯罪分为侵害个人法益的犯罪、侵害社会法益的犯罪与侵害国家法益的犯罪。当然，目前在刑法理论上，对法益的分类更倾向于将法益分为个人法益与超个人法益。在这一分类中，社会法益与国家法益都归入超个人法益。就个人法益与超个人法益的关系而言，强调的是个人法益的基础性地位，而不能把超个人法益理解为一个凌驾于个人法益之上，甚至优越于个人法益的法益。

在设置罪名的时候，如何处理侵害个人法益的犯罪与侵害超个人法益的犯罪之间的关系，确实是一个值得考虑的问题。在德日刑事立法中，都尽量避免侵害不同法益的犯罪之间的重合，具体做法是：以侵害个人法益的犯罪为核心设置罪名，只有对于那些无法被纳入侵害个人法益的犯罪的行为，才单独设置罪名，并且并不包含侵害个人法益的内容。例如，日本刑法典是按照针对个人法益的犯罪、针对社会法益的犯罪与针对国家法益的犯罪进行分类的，其中后两种犯罪就是所谓侵害超个人法益的犯罪。但侵害超个人法益的犯罪并不与侵害个人法益的犯罪在具体内容上发生重合。例如，日本刑法典设立了公共危险罪，包括放火罪、决水罪等罪名。日本学者三口厚教授指出："公共危险罪，是指引起针对不特定或者或者多数人的生命、身体或者财产的侵害危险的犯罪（危险犯）。这里考虑的，并非针对特定个人的侵害行为，而是针对不特定或者多数人（公众）这种具有一定广度的对象的加害行为，在侵害发生之前的引起危险的阶段，就已经属于处罚对象。这正是公共危险罪的特点之所在。"[①] 由此可见，在日本刑法典中，公共危险罪是危险犯，并不包括实害犯，只有个别过失犯才是结果犯。例如，放火罪作为公共危险罪，包括抽象危险犯与具体危险犯。如果发生了实害结果，例如放火将人烧死或者烧伤，则侵害了个人法益，应以杀人罪或者伤害罪论处，由此避免了作为公共危险罪的放火罪与侵害个人法益的犯罪之间的重合。但在我国刑法中，根据犯罪所侵害的客体对犯罪进行分类：危害公共安全罪侵害的客体是公共安全，侵犯人身权利罪侵害的客体是人身权利，侵犯财产权利罪侵害的客体是财产权利，妨碍社会管理秩序罪侵害的客体是社会秩序。在这些客体之间存在着重合，因此，设置的罪名在其构成要件上也出现了大量的重合，由此导致各种法条竞合现象的存在。例如，我国刑法中的放火罪，不仅包括危险犯，而且包括实害犯。在实害犯中包含了致人重伤、死亡的严重后果，由此而与故意伤害罪、故意杀人罪以及过失致人重伤罪、过失致人死亡罪的重合。

寻衅滋事罪也是如此。该罪所保护的法益是社会秩序，但其行为方式包含了

---

① ［日］三口厚：《刑法各论》，2版，王昭武译，425页，北京，中国人民大学出版社，2011。

侵害人身、侵害财产等内容，由此而必然与侵犯人身权利罪、侵犯财产权利罪发生重合。正是基于此，我国学者甚至提出了废止寻衅滋事罪的观点，认为从立法论来说，寻衅滋事罪没有独特的法益存在，这也正是废止该罪的理由之一。当然，从刑法教义学的立场出发，我们还是要以现行立法为根据，对寻衅滋事罪的保护法益进行合理解释，使之在塑造寻衅滋事罪的法教义学形象中发挥重要作用。从我国刑法对寻衅滋事罪的规定来看，立法机关明确地把破坏社会秩序确定为寻衅滋事罪的构成要件要素，对于法条所规定的具体寻衅滋事行为具有解释根据的功能。殴打他人、辱骂他人以及强拿硬要等侵害人身权利与财产权利的行为，只有当其具有破坏社会秩序的性质的时候，才能构成寻衅滋事罪。如果不具有破坏社会秩序的性质，则上述行为并不构成寻衅滋事罪。

应该指出，在日本刑法中并没有类似我国刑法中的寻衅滋事罪之设，但我国刑法所规定的寻衅滋事行为，在日本刑法中一般都被规定为侵犯人身权利或者侵犯财产权利的犯罪。例如，日本刑法第208条规定了暴行罪，这里的暴行也就是没有达到伤害程度的一般殴打，与我国刑法规定的寻衅滋事罪中的殴打行为相似。只不过，在日本刑法中只要是殴打他人，就可以构成暴行罪。但在我国刑法中，只有破坏社会秩序的无故殴打他人才构成寻衅滋事罪，一般性的殴打只是治安管理处罚的行为。此外，日本刑法第222条规定了胁迫罪，这里的胁迫是指以加害生命、身体、自由、名誉或者财产相威胁而胁迫他人，与我国刑法规定的寻衅滋事罪中的恐吓行为相似。由此可见，日本刑法的罪名设置更为具体，其行为特征更为明确。更为重要的是，日本刑法对侵害个人法益的犯罪优先立法，对于能够被侵害个人法益的犯罪所容纳的犯罪行为都不再另行设置罪名，而侵害超个人法益的犯罪的内容都是侵害个人法益的犯罪所没有涵括的行为，由此较好地避免了侵害个人法益的犯罪与侵害超个人法益的犯罪之间的重合。

(二) 行为类型

在刑法教义学中，构成要件是一种行为类型，每一种犯罪都具有其特殊的行为类型。这里涉及对具体犯罪的构成要件行为的归类与定型。在刑法中，立法机关对行为的规定都具有类型性的特征。但各种不同的犯罪在其类型性上是有所不同的：有些犯罪的类型化程度较高，而另外一些犯罪的类型化程度较低。相对来说，寻衅滋事罪的寻衅滋事行为是类型化程度较低的一种犯罪行为。那么，为什么寻衅滋事行为的类型化程度较低呢？我认为，这是由寻衅滋事罪的构成要件行为的性质所决定的。

寻衅滋事罪中的寻衅滋事，作为一种构成要件行为，并不是以其行为的外部特征而显现，而是以该行为所具有的性质而呈现的。在这种情况下，寻衅滋事行为的类型化根据不是行为的事实性要素，而是行为的评价性要素。毫无疑问，以评价性要素为根据的构成要件行为，其类型化程度显然要比以事实性要素为根据的构成要件行为的类型化程度要差得多。我们可以比较杀人行为与侮辱行为：杀人行为是以剥夺他人生命这一事实性要素为内容的，该行为较为直观与具体，其类型化程度较高。而侮辱行为是以贬低他人的人格这一评价性要素为内容的，该行为较为宏观与抽象，其类型化程度较低。显然，寻衅滋事行为并不是以事实性要素为根据的构成要件行为，而是以评价性要素为根据的构成要件行为，因此，相对来说，寻衅滋事罪的构成要件行为的类型化程度较低。

此外，寻衅滋事罪之所以类型化程度较低，还与刑法对寻衅滋事行为的立法设定直接相关联。德国学者李斯特曾经在讨论立法机关对构成要件的描述时论及原因犯与行为犯的区分：原因犯是指立法机关将任何促成外界发生变化的行为规定为构成要件的行为（如“杀人”＝造成死亡），行为犯是指立法机关以犯罪的外部特征来描述犯罪行为（宣示，通奸等）。[①] 这些概念对于立法机关对构成要件行为的规定具有一定的说明意义。当然，原因犯的提法不如结果犯更为合适。结果犯是以结果为中心加以规定的，因此也是所谓助成犯。在这种犯罪类型中，立法机关主要对法定结果作了规定，对于行为则没有更为详细的描述。只要能够引起某种结果发生，就是该结果犯的构成要件行为。因此，结果犯的构成要件行为的类型化主要依赖于结果。与之相反，行为犯是以行为为中心加以规定的，立法机关对行为特征予以详细的描述。对于行为犯而言，其构成要件行为的类型化

① 参见［德］李斯特：《德国刑法教科书》（修订译本），徐久生译，207页，北京，法律出版社，206。

并有依赖于结果，而是其行为自身所决定的。在结果犯中，故意犯的结果犯的行为本身还相对比较清晰。例如杀人行为，是通过死亡结果加以类型化的。但因为杀人罪已经深入人心，所以杀人行为即使离开了死亡结果，也具有较强的定性性。反之，于过失犯的结果犯，离开了结果，其构成要件行为缺乏应有的类型性。例如，失火罪中的失火行为，就不像放火行为那样具有明确性。于放火行为可以想见行为人的点火动作，由此引发火灾。但失火行为通常都是以违反放火的生活准则或者规章制度为特征的，凡是过失引起火灾的行为，就是失火行为。换言之，失火行为的类型化完全依赖火灾发生这一结果。

寻衅滋事罪并不是结果犯，因此不能依赖某种结果来实现本罪的构成要件行为的类型化。寻衅滋事罪是行为犯，只有通过行为本身才能完成其构成要件行为的类型化。正是考虑到寻衅滋事行为是以评价性要素为根据设立的行为类型，具有框架性的特征，立法者对寻衅滋事行为采取了列举的立法方式。因此，刑法所列举的四种行为方式构成的寻衅滋事罪，不同于一般意义上的行为犯。一般意义上的行为犯都是单一的行为，这种行为犯的内容是极为容易把握的。但寻衅滋事罪作为一种行为犯，可以说是行为的聚集犯，即数种不同的行为聚集而成的犯罪。这数种行为之间并不是通过行为的自身性质而聚合为一罪的，而是因数种行为侵害了相同客体而聚合为一罪的。在这种情况下，寻衅滋事罪的构成要件具有其不同于其他犯罪的特殊性。

一般而言，列举是最为明确的立法方法，受到司法人员的青睐。因此，我国刑法对大量犯罪采取了列举方式。我们发现，我国刑法中的列举立法在性质上存在较大的区分。有些列举立法只是对构成要件某一要素的列举，这种列举具有提示性功能。例如第 193 条规定的贷款诈骗罪，列举了以下 5 种贷款诈骗的方法：(1) 编造引进资金、项目等虚假理由的；(2) 使用虚假的经济合同的；(3) 使用虚假的证明文件的；(4) 使用虚假的产权证明作担保或者超出抵押物重复担保的；(5) 以其他方法诈骗贷款的。对于贷款诈骗罪而言，虽然立法者列举了 5 种贷款诈骗的方法，但其贷款诈骗的方法并不限于法律所规定的方法，因为该罪的类型化是依赖于诈骗这一行为类型，而刑法关于贷款诈骗方法的规定只是一种提示性规定。而另外有些列举规定是对构成要件行为的具体规定，这种规定就具有法定性，是在认定犯罪的时候必须予以依照的，属于罪刑法定原则中的法律明文规定。寻衅滋事罪中对四种行为的规定就属于这种情形。虽然在第293条有关于寻衅滋事的总括性规定，但因为寻衅滋事行为本身较为抽象、不够明晰，因此，立法机关采取明文列举的方式对寻衅滋事行为进行了具体规定。行为只有符合刑法所列举的寻衅滋事行为的规定，才能被认定为犯罪。当然，这里也必须指出，刑法关于寻衅滋事行为所列举的四种情形之间跨度较大，互相之间缺乏密切的关联性。在这种情况下，仅仅根据刑法所列举的寻衅滋事行为本身还难以认定为犯罪。在认定本罪的时候，还要根据保护法益以及下文所要论及的主观违法要素等辅助性的标准。

（三）主观违法要素

主观违法要素并不是故意或者过失等主观责任要素，其所要解决的并不是主观责任问题，而是违法性问题。因此，我们首先要把主观违法要素与主观责任要素加以区分。寻衅滋事罪是故意犯罪，当然具有主观上的责任要素，这是毫无疑问的。那么，寻衅滋事罪是否还需要具备主观违法要素呢？对此，刑法并没有规定，因此显然不存在法定的主观违法要素。所谓法定的主观违法要素，是指刑法明文规定的主观违法要素。例如刑法第152条对于走私淫秽物品罪，规定主观上必须具有传播或者牟利的目的。这就是一种法定的主观违法要素，该主观要素限定了走私淫秽物品罪的构成要件范围。其功能与故意或者过失完全不同：故意或者过失是在确定了行为的违法性以后，为主观上的责任追究提供根据。没有故意或者过失，就没有责任。但没有责任并不改变违法性存在这一客观事实。因此，主观违法要素具有确定行为的违法性及其程度的功能，而主观责任要素具有确定行为人的责任及其程度的功能。这是两种不同的功能，不同混为一谈。

主观违法要素，除了法律明文规定的以外，还包括非法定的情形。非法定的主观违法要素是刑法条文没有具体规定，但在刑法教义学上通过目的性限缩解释而确定的。关于寻衅滋事罪是否存在主观违法要素，在刑法理论上存在争议。通说是肯定寻衅滋事罪的主观违法要素的，认为这一要素来自本罪的前身——流氓罪。流氓罪的一个重要的特征是厚颜无耻、卑鄙下流，藐视国家法纪和社会公德。这里的“厚颜无耻，卑鄙下流，藐视国家法纪和社会公德”，就是刑法理论上所谓流氓动机。在流氓犯罪中，犯罪动机和犯罪目的具有一致性，所以我们认为用流氓动机一词来代表流氓犯罪的目的，也未始不可。寻求下流无耻的精神刺激，反映了一切流氓犯罪的共同属性。我认为，这种流氓动机就是刑法教义学上的主观违法要素。

1997年寻衅滋事罪从流氓罪分解出来以后，是否还需要具有这种主观违法要素呢？从目前我国的刑法理论著作的叙述来看，一般都肯定寻衅滋事罪的动机，认为寻衅滋事罪的犯罪动机多种：有的是为了逞强争霸，显示威风；有的是为了发泄不满情绪，报复社会；有的是为了开心取乐，寻求精神刺激，获取某种精神上的满足。这种关于寻衅滋事罪的动机的论述沿袭了流氓罪的流氓动机的观点，也是沿革解释的应有之义。当然，我国也有个别学者对此持相反的观点，认为所谓流氓动机并不是寻衅滋事罪的主观违法要素，不将流氓动机作为寻衅滋事罪的责任要素，也完全可以从客观上判断某种行为是否属于寻衅滋事行为，从而据此否定寻衅滋事的动机具有认定犯罪的功能，包括区分功能。在我看来，情况并非如此。寻衅滋事行为主要通过客观要素加以认定，这是没有疑问的。但在某些情况下，所谓流氓动机也会起到对于寻衅滋事行为的定性作用。例如，从客观上考察，殴打是一种没有达到伤害程度的暴力打击行为，无故殴打行为可以在一定程度上区别于事出有因的殴打。然而，据此还是难以准确地认定寻衅滋事行为。在此基础上，再参考主观上是否具有流氓动机，可以为最终认定寻衅滋事行为提供根据。因此，流氓动机作为寻衅滋事罪的主观违法要素具有对该罪的构成要件的限缩功能，对于寻衅滋事罪的正确认定具有重要意义而非没有意义。

我国关于寻衅滋事罪的司法解释确认了寻衅滋事罪的主观违法要素。2013年7月15日公布的最高人民法院、最高人民检察院《关于办理寻衅滋事刑事案件适用法律若干问题的解释》（以下简称《寻衅滋事案件解释》）第1条第1款规定：“行为人为寻求刺激、发泄情绪、逞强耍横等，无事生非，实施刑法第二百九十三条规定的行为的，应当认定为‘寻衅滋事’。”这里的“寻求刺激、发泄情绪、逞强耍横”指的就是所谓流氓动机。这是一种无事生非型的寻衅滋事罪。除此以外，《寻衅滋事案件解释》还规定了借故生非型的寻衅滋事罪，指出：“行为人因日常生活中的偶发矛盾纠纷，借故生非，实施刑法第二百九十三条规定的行为的，应当认定为‘寻衅滋事’，但矛盾系由被害人故意引发或者被害人对矛盾激化负有主要责任的除外。”（第1条第2款）那么，这种所谓借故生非型的寻衅滋事罪，主观上是否也需要流氓动机呢？从司法解释的行文来看，似乎是根据行为的起因认定的，但这种借故生非的行为起因还是反映了行为人主观上的流氓动机。以上司法解释的规定都表明，行为人只是在客观上实施了刑法第293条所规定的行为，还不足以构成寻衅滋事罪，还需要同时具备主观上的流氓动机。由此可见，流氓动机这一主观违法要素对于寻衅滋事罪的性质认定具有不可或缺的作用。

当然，在刑法教义学上，对于寻衅滋事罪的主观违法要素如何表述也是一个值得推敲的问题。在我国传统刑法理论上，都将其称为流氓动机。流氓动机不仅存在于寻衅滋事罪当中，而且存在于聚众斗殴罪当中。将司法解释所概括的“寻求刺激、发泄情绪、逞强耍横”等主观要素称为流氓动机，可能会招致的一个诘难是：我国刑法中已经废除了流氓罪，怎么还有流氓动机呢？但若将其称为寻衅滋事动机，又不能超越本罪而适用于聚众斗殴罪。在这种情况下，我认为仍然将已经约定俗成的流氓动机用来描述寻衅滋事罪以及聚众斗殴罪的主观违法要素，也是一种无奈之举。

三、寻衅滋事罪的认定

我国刑法第293条对寻衅滋事罪采取了明文列举的方式，这有利于对寻衅滋事罪的司法认定。但对寻衅滋事罪并不能仅仅根据客观行为加以认定，还需要结合保护法益与主观违法要素进行综合判断。尤其是，刑法第293条规定的四种寻衅滋事行为之间存在着较大的差异，对此的司法认定具有一定的难度。在此根据刑法规定和司法解释，结合具体案例，对寻衅滋事罪的四种具体行为的司法认定问题进行探讨。

（一）随意殴打型寻衅滋事罪

我国刑法规定了故意伤害罪，要求达到伤害程度。对于没有达到伤害程度的殴打行为，并没有一般性地规定为犯罪，而是作为治安管理处罚的行为。例如《治安管理处罚法》第 43 条对殴打他人行为作了明文规定，由此可见，殴打行为并没有达到犯罪程度。但刑法第 293 条却将随意殴打他人，情节恶劣的行为以寻衅滋事罪论处。因此，随意殴打他人，情节恶劣的行为是对殴打行为的一种例外规定。在这种情况下，如何区分治安管理处罚的殴打他人的行为与寻衅滋事罪的殴打他人行为，就涉及罪与非罪的界限。在此，除了情节恶劣的数量界限以外，还要从随意这一要素上加以限定。

这里的随意，是指为所欲为或者没有理由，因此随意殴打他人首先是指那种无事生非型的寻衅滋事罪。我国学者认为随意是寻衅滋事罪的核心要素，这一要素包括主观随意和客观随意两个方面，只有在把被害人置换为其他人时行为人仍会滋事、把行为人置换为其他人时其他人不会滋事并符合有关客观表现时，才能认定随意的存在。我国学者把这一判断寻衅滋事罪中的随意的标准称为双重置换原则。应该说，这一原则具有一定的参考价值，可以成为判断殴打他人是否随意的一个标准。

至于借故生非型的寻衅滋事罪是否具备随意这一特征，还需要进行解释。在某种意义上说，“借故”是指没有正当理由，因此还是无故的一种特殊情形。无论是无故还是借故，都说明其行为没有理由或者没有正当理由。无故与借故都在一定程度上反映了殴打的随意性。而且，这种殴打的随意性还体现了行为人主观上的流氓动机，即寻求刺激、发泄情绪、逞强耍横。只有结合以上各种主、客观要素，才能对寻衅滋事的随意殴打行为进行准确的认定。例如被告人杨永志、封松生伙同他人，于 2004 年 5 月 4 日到某工厂门前，以该厂有人打伤其同伙为由，持刀、棍追打并致被害人李某等人受伤（1 人轻伤、2 人轻微伤）：被告人杨永志持刀对被害人一方进行了追砍，被告人封松生推开铁闸门，让其同伙冲入工厂院内。同伙打烂了李某停放在该厂值班室附近的小型普通客车的玻璃（玻璃价值人民币 2 694 元，人工费 5 810 元)。关于本案，一审判决认为：被告人杨永志、封松生无视国家法律，随意殴打他人，致 1 人轻伤、2 人轻微伤，并在公共场所任意损毁公私财物、起哄闹事，造成公共场所秩序严重混乱，已构成寻衅滋事罪。被告人上诉以后，二审判决认为：上诉人杨永志、封松生无视国家法律，伙同他人持刀对被害人进行追打，致 1 人轻伤、2 人轻微伤，其行为均已构成故意伤害罪。

在以上案件中，一审判决与二审判决之间存在着定罪上的差异。一审判决认定被告人的行为包括随意殴打他人、任意损毁公私财物和起哄闹事。但实际上能够进入刑法评价的也只是随意殴打他人，打碎的汽车玻璃价值才 2 694 元，但人工费达 5 810 元，明显存在疑问。至于起哄闹事也缺乏事实根据，因为被告人进入厂区主要就是为了报复打人。那么，二审判决为什么改判为故意伤害罪呢？其裁判理由指出："两上诉人的行为不符合寻衅滋事罪的构成要件。两上诉人报复伤害的意图极为明显，二人均是在被告知并相信有朋友被人打伤的情况下，临时被纠合在一起参与打架，意图对被害方进行伤害报复；两上诉人报复伤害的对象也较为明确，并非针对不特定的人。"由此可见，二审判决改判的主要理由在于以下三点：(1) 本案的动机是报复殴打他人，而不是寻求刺激、发泄情绪、逞强耍横。换言之，被告人没有流氓动机。所以，虽然也是殴打他人，但不构成寻衅滋事罪。被告人应对轻伤后果承担故意伤害罪的刑事责任。本案发生在《寻衅滋事案件解释》颁布之前，被告人的行为不属于该解释所规定的无事生非型的寻衅滋事罪，这是没有问题的。那么，被告人的行为是否属于该解释所规定的借故生非型的寻衅滋事罪呢？这里涉及对报复殴打的法律性质判断。报复是事出有因，因此属于有因行为，而不是无事生非。这是没有问题的，关键在于，报复是否属于借故生非。如果是无理取闹地报复，当然可以认定为借故生非，例如许军令等寻衅滋事案：被告人许军令等人因承揽生意遭拒绝，即怀恨在心，为泄愤随意殴打他人、任意损毁公私财物、破坏社会秩序。因此当然可以构成寻衅滋事罪。可以说，该案是典型的借故生非型的寻衅滋事罪。但不能说只要是报复殴打他人，就一定属于借故生非，还要看是否具有针对性地报复。如果是具有针对性地报复，就不能认为是借故生非。例如在杨永志案中，被告人以该厂有人打伤其同伙为由对该厂的人进行殴打。如果“该厂有人打伤其同伙”这一事实存在，则这就是一种具有针对性的报复。以上两种报复存在着明显的不同：前者是因为承揽生意被拒而报复泄愤，后者是因为同伙被打而报复打人。在前者具有流氓动机，在后者则不具有流氓动机。(2) 临时纠合去参与打架。这一点并不能成为否定寻衅滋事罪的根据。只要是为寻求刺激、发泄情绪、逞强耍横而随意殴打他人，则无论是事先预谋还是临时纠合，都不影响寻衅滋事罪的成立。(3) 殴打对象较为明确，并非针对不特定的人。在刑法中，特定与不特定始终是一个存在争议的问题，可以说，既没有完全的特定，也没有完全的不特定。特定与不特定都是相对的，并且要根据案情进行具体判断。在无事生非的情况下，对象通常是不特定的。但在借故生非的情况下，对象就是特定的。但是，也不能简单地说，只有针对不特定的人进行殴打才是寻衅滋事；而针对特定的人进行殴打，就不是寻衅滋事。在杨永志案中，报复对象是该厂工人，这是特定的，但又没有具体到报复对象是该厂的某一个人，这又是不特定的。因此，不能单纯地将殴打对象是否特定作为认定寻衅滋事中的随意殴打他人的根据。

从杨永志案可以看出，在寻衅滋事罪的认定上，容易发生意见分歧。公安机关一般都倾向于认定为寻衅滋事罪，主要原因在于：(1) 在某些案件中，只有轻微伤，没有轻伤以上的伤害，难以认定为故意伤害罪。只有认定为寻衅滋事罪，才能入罪。(2) 在某些案件中，虽然存在轻伤以上的伤害，但在数人共同伤害的情况下，具体伤害行为的实施者难以查清。而寻衅滋事罪的构成并不需要查清具体实施者。(3) 在某些案件中，存在侵犯人身权利与侵犯财产权利等多种行为，但情节都不严重，单独论罪难以判处较重刑罚。而将上述行为综合评价为寻衅滋事罪，可以将数种行为一并评价，更容易判处较重刑罚。以上原因导致随意殴打他人的寻衅滋事罪在一定程度上被滥用。就杨永志案而言，一审判决认定为寻衅滋事罪，二审改判为故意伤害罪，我认为二审改判是正确的。但二审之所以能够改判，在一定程度上是因为在本案中存在 1 人轻伤的事实。如果本案 3 人均是轻微伤，二审法院是否还能够像现在这样改变寻衅滋事罪的定性，就是一个未知数。

在司法实践中，如果对于随意殴打他人的入罪界限不加以严格把握，一般的殴打行为被以寻衅滋事罪大量入罪就是必然的结果。例如肖传国寻衅滋事案就是一个典型的案例：被告人肖传国系华中科技大学同济医学院附属协和医院泌尿外科主任、同济医学院泌尿外科研究所所长。肖传国因对被害人方是民（笔名方舟子）、《财经》杂志记者方玄昌等人在互联网和其他媒体上质疑其学术成果"肖氏反射弧"手术不满，便接受了戴建湘找人殴打方是民和方玄昌的提议。2010年6月24日22时许，受肖传国指使，被告人许立春、龙光兴在北京市海淀区增光路持铁管殴打被害人方玄昌，导致其头皮血肿、多处软组织挫伤、头皮裂伤，经鉴定为轻微伤。8月29日17时许，许立春、龙光兴在北京市石景山区七星园小区北门附近持铁管、铁锤、喷射防卫器殴打方是民，导致其腰骶部皮肤挫伤。本案发生以后，引起社会广泛关注。2010年10月9日，北京市石景山区人民法院一审宣判，被告人肖传国、戴建湘、许立春、龙光兴、康拥军犯寻衅滋事罪，分别判处肖传国、戴建湘拘役5个半月，许立春拘役4个月，龙光兴拘役3个月，康拥军拘役1个半月。一审判决以后，被告人提起上诉。二审驳回上诉、维持原判。

关于本案，被告人及其辩护人认为被告人的行为属于故意伤害罪，但没有造成轻伤以上结果，因此不构成犯罪，只是应当受到治安管理处罚的行为。但被害人则认为被告人的行为构成故意杀人罪的未遂。由此可见，对于本案定性，在诉讼当事人之间存在着重大的意见分歧。

应该说，肖传国案的事实是清楚的，证据也是充分的，关键是如何定罪。肖传国出于报复的目的，指使他人对被害人进行殴打。如果造成轻伤以上的结果，当然构成故意伤害罪。但在本案中，并没有造成轻伤以上结果，而只是轻微伤。不能说本案被告人主观上没有造成伤害结果的故意，但对于故意伤害罪来说，根据司法实践中通行的做法，只有在采用特别恶劣手段进行伤害，而且具有重伤他人的意图，但没有造成重伤结果时，才有可能被认定为故意伤害罪的未遂。如果只是一般的伤害，都是以结果论：凡是造成重伤或者轻伤的，构成故意伤害罪。

如果没有造成轻伤以上结果的，则不构成故意伤害罪，只能予以治安管理处罚。但对于肖传国案，司法机关以寻衅滋事罪定罪判刑，是明显不适当地扩张了寻衅滋事罪的范围。以该案全国性的影响而言，这一司法判决的后果是极其负面的。

根据刑法规定与司法解释分析，肖传国案是一起报复伤害的案件，其主观目的是要伤害他人。尽管殴打行为发生在街区或者社区等公共场所，但行为人主观上并不具有流氓动机。因此，就本案而言完全不符合寻衅滋事罪的构成要件。当然，肖传国案的性质是极为恶劣的：虽然没有造成伤害的结果，但行为人事先准备了铁管等足以致人伤害的凶器。在这种情况下，考量全案的法益侵害性，即使需要动用刑罚处罚，也应该以故意伤害罪的未遂论处，而不是认定为寻衅滋事罪。虽然以往的司法实践中，只有将出于重伤的故意，例如泼洒硫酸等意图对他人毁容的未遂行为，按照故意伤害罪未遂论处的案例，而没有将一般性的、没有造成伤害结果的伤害行为，按照故意伤害罪未遂论处的做法，但这只是对司法惯例的一种突破，并不违反罪刑法定原则以及其他法律的禁止性规定。但对于明显不符合寻衅滋事罪的构成要件的伤害未遂行为，按照寻衅滋事罪论处，在法律效果和社会效果上都不是令人满意的。

随意殴打他人行为同时也是违反治安管理处罚的行为，因此，这里存在一个两者如何界分的问题。我国刑法第 293 条以情节恶劣作为界分的根据，故也可以说情节恶劣是罪量要素。对于这里的情节恶劣，《寻衅滋事案件解释》第 2 条作了以下规定：随意殴打他人，破坏社会秩序，具有下列情形之一的，应当认定为“情节恶劣”：（1）致 1 人以上轻伤或者 2 人以上轻微伤的；（2）引起他人精神失常、自杀等严重后果的；（3）多次随意殴打他人的；（4）持凶器随意殴打他人的；（5）随意殴打精神病人、残疾人、流浪乞讨人员、老年人、孕妇、未成年人，造成恶劣社会影响的；（6）在公共场所随意殴打他人，造成公共场所秩序严重混乱的；（7）其他情节恶劣的情形。应该说，这一司法解释的规定，为将随意殴打他人认定为寻衅滋事罪提供了较为明确的法律根据。

按照目前我国司法解释，在随意殴打他人的结果中包括轻伤害，但并不包括重伤害。当然，这里也存在一个表述上的窘境：就殴打行为本身而言，其结果不是对人身的伤害。如果造成伤害结果，那么其行为就是伤害行为而不是殴打行为。因此，如果随意殴打他人行为容纳轻伤害的结果，则行为的性质与结果不相对称。司法解释之所以在寻衅滋事罪中容纳轻伤结果，一方面是因为这是一种司法惯例，另一方面也是出于司法便利的考虑。但这种做法本身存在着副作用：使各种犯罪之间在内容上存在复杂的交错关系，导致罪名之间纠缠不清。这个问题，在我国刑法中是普遍存在的一种法律现象。这与我在前文所讨论的保护法益问题相关。各种法益之间是存在重合的，法益作为犯罪的分类标准，只限于类罪，而个罪的划分主要以行为类型为标准。但在我国刑法中，虽然大多数个罪是以行为类型为标准的，但有些个罪是以保护法益甚至主观要素为划分标准的。例如，我国刑法中的偷盗婴幼儿的行为，根据主观目的的不同被分别归入三种不同的犯罪：以勒索财物为目的的，构成绑架罪（第 239 条）；以出卖为目的的，构成拐卖儿童罪（第 240 条）；以抚养为目的的，构成拐骗儿童罪（第 262 条）。此外，我国刑法中凡是以暴力为手段行为的犯罪，基本上都包含了轻伤的内容，因此伤害罪被各个犯罪所广泛地涵括。这种设罪方式，不可避免地使各罪之间发生法条竞合关系。在目前这种一种既定的法律语境之下，确实很难把轻伤从随意殴打他人中予以排除，尽管这是一种更为符合各罪之间的逻辑关系的处理方法。

在寻衅滋事罪的四种行为类型中，随意殴打他人是最为常见的情形，同时也是法律界限最不明确的情形。在很大程度上，随意殴打他人已经演变成为伤害罪的兜底罪名，是寄居在寻衅滋事罪的构成要件中的暴行罪。与其如此，不如在刑法中单独设立暴行罪。

（二）追逐、拦截、辱骂、恐吓型寻衅滋事罪

在 1997 年刑法中，只规定了追逐、拦截、辱骂三种情形。2011 年 5 月 1 日开始实施《刑法修正案（八）》增加了恐吓他人的情形。应该指出，对于上述行为在《治安管理处罚法》中都有规定，例如其第 26 条规定了追逐、拦截他人，第 42 条规定了恐吓他人等。上述行为之所以构成寻衅滋事罪，并不仅仅是因为妨害了公民的自由和人格，更为重要的原因是破坏了社会秩序。韩广寻衅滋事案是追逐、拦截妇女的寻衅滋事的一个典型例子：2005 年 4 月 20 日 23 时许，被告人韩广窜至某地，无故尾随素不相识的两女子赵某、孙某。被二人发现后，韩广对二人进行追赶。当赵某、孙某二人乘出租车欲离开时，韩广追上前打开该车副驾驶旁车门，无故辱骂、殴打坐在副驾驶位置上的赵某，后又争抢赵某的手机，因赵反抗而未得逞。赵某随即将该手机交给坐在出租车后座上的孙某，被告人韩广又窜至该出租车后座上，将孙某推倒在后座上，与孙争抢手机，孙某拼命反抗，韩广逃离现场。当赵某、孙某乘该出租车沿道跟踪时，发现韩又尾随另外两名女子刘某和王某，刘、王二人发现韩广跟踪，遂躲避韩广，韩广即追二人。刘、王二女子被赵某、孙某二人所乘出租车搭救。对于本案，法院认为：被告人韩广追逐、拦截、辱骂他人，情节恶劣，其行为已构成寻衅滋事罪。

在司法实践中，追逐、拦截、辱骂、恐吓他人构成的寻衅滋事罪的案件不是特别多，主要是因为这些行为本身都比较轻微，大多被按照治安管理处罚处理，而没有进入刑事诉讼程序。因此，如何把握追逐、拦截、辱骂、恐吓型的寻衅滋事罪与非罪的界限是一个较为重要的问题。《寻衅滋事案件解释》第3条对追逐、拦截、辱骂、恐吓型的寻衅滋事罪的情节恶劣作了以下规定：(1) 多次追逐、拦截、辱骂、恐吓他人，造成恶劣社会影响的；(2) 持凶器追逐、拦截、辱骂、恐吓他人的；(3) 追逐、拦截、辱骂、恐吓精神病人、残疾人、流浪乞讨人员、老年人、孕妇、未成年人，造成恶劣社会影响的；(4) 引起他人精神失常、自杀等严重后果的；(5) 严重影响他人的工作、生活、生产、经营的；(6) 其他情节恶劣的情形。应该说，这规定为认定追逐、拦截、辱骂、恐吓型的寻衅滋事罪提供了较为明确的法律根据。

在追逐、拦截、辱骂、恐吓型寻衅滋事罪中，包含了四种具体行为，可以说是在大类中又涵盖了小类。由此可见本罪构成要件的复杂性。以下，对各种行为进行具体分析。

1. 追逐

追逐是一种妨碍他人行动自由的行为。在现实生活中，追逐的对象往往是女性，因此，这种行为具有侮辱妇女的性质。像在上述韩广寻衅滋事案中，被告人韩广先后两次对行走的女性进行追逐，严重地妨碍了妇女的人身自由。当然，在司法实践中，对妇女的追逐一般都是作为实施其他犯罪的手段，例如强奸罪，如对陌生女性的强奸，往往始于对其追逐。在这种情况下，追逐行为就被强奸罪所吸收，不再另行定罪。但如果没有着手实施强奸行为，并不能查明追逐女性的目的就是强奸妇女，则该追逐妇女的行为就不能被认定为强奸罪的预备或者未遂。但是，这种行为人主观上出于流氓动机的追逐行为，情节恶劣，破坏了社会秩序，因此刑法规定其构成寻衅滋事罪。

2. 拦截

拦截也是一种妨碍他人行动自由的行为。在现实生活中，追逐与拦截往往是同时实施的，其目的都是实现对他人的人身控制。拦截的对象既可以是人员，主要是妇女，也可以是车辆或者其他交通工具。拦截在某些犯罪中是其手段，例如拦路抢劫或者拦路强奸，都是以对过往的人员进行拦截为其手段的。在这种情况下，拦截行为包含在这些犯罪之中。寻衅滋事罪中的拦截，是出于流氓动机，对人员或者车辆进行骚扰，破坏公共场所秩序。

3. 辱骂

辱骂行为也是寻衅滋事行为之一。在现实生活中，辱骂作为一种不文明的行为，还是大量存在的。辱骂行为侵害了他人的人格与名誉，属于侵犯人身权利的行为。对此，《治安管理处罚法》也作了专门规定。在通常情况下，只对其予以治安管理处罚，就足以惩治这种行为。但是，如果是出于流氓动机的辱骂，造成恶劣影响或者产生严重后果，破坏社会秩序的，则应当以寻衅滋事罪论处。这里应当指出，单独的辱骂行为构成寻衅滋事罪的情况还比较少，除非引起他人自杀等严重后果。大多都像韩广寻衅滋事案中那样，行为人在追逐、拦截过程中具有辱骂行为，对此视为一个整体进行刑法评价。

4. 恐吓

恐吓行为是极为常见的一种侵犯他人意思决定自由的行为，在各国刑法中都有恐吓罪之设。如前所述，日本刑法典第 222 条第 1 款规定了胁迫罪，其实就是恐吓罪，是指以告知加害他人生命、身体、自由、名誉以及财产的方式胁迫他人的行为。日本学者指出："这里的胁迫是指告知能够使对方恐惧程度的不利后果。

虽然对方必须认识到这种不利后果，但不要求对方产生了恐惧心理。因此，本罪是抽象的危险犯。”① 我国刑法对恐吓只是简单列举，对其内容未加详尽描述。从语义来看，恐吓是指以不利后果威胁他人，使他人产生恐惧心理，因而侵犯了他人的意思决定自由。恐吓一般都是其他犯罪的预备行为，也就是说恐吓本身不是目的，恐吓只是实施其他犯罪或者非犯罪的手段。例如，实施严重犯罪之前往往伴随着事先的恐吓，使他人心生畏惧而屈从，若他人不屈从则继之以伤害或者杀人等更为严重的犯罪。因此，恐吓本身虽然还没有直接侵害到他人的人身权利，但已经使他人的人身权利受到威胁。日本学者将其视为抽象危险犯，是完全正确的。我国刑法因为注重实害结果，并未将恐吓行为入罪。《刑法修正案（八）》将恐吓行为补充规定在寻衅滋事罪当中，并不是将一般性的恐吓入罪，而是将那些破坏社会秩序的恐吓行为入罪。这是具有一定限制性的入罪规定。为此，在认定恐吓型的寻衅滋事罪时，应当考察其恐吓行为是否破坏社会秩序。例如，在恋人之间发生矛盾，女方要求分手，男方以威胁方法要求继续保持恋爱关系。这种威胁也是一种恐吓行为，但并不破坏社会秩序，只是一种单纯的侵犯人身权利的行为，因此不能被认定为寻衅滋事罪。而破坏社会秩序的恐吓一般都发生在公共场所或者其他场所，并且是对不特定的他人实施，行为人主观上具有流氓动机。据此，可以将破坏社会秩序的恐吓行为与其他恐吓行为正确地加以区分。

（三）强拿硬要或者任意损毁、占用公私财物型寻衅滋事罪

强拿硬要或者任意损毁、占用公私财物型寻衅滋事罪，也是较为常见的犯罪类型。这里涉及三种行为：强拿硬要、任意损毁、占用公私财物。这三种行为分别对应于三种财产犯罪的类型，并可能与之发生重合：强拿硬要对应于占有型财产犯罪，其与抢劫罪之间存在一定的重合。任意损毁对应于毁坏型财产犯罪，其与故意毁坏财物罪之间存在一定的重合。占用公私财物对应于使用型财产犯罪，我国刑法没有关于一般使用型财产犯罪的规定，但立法者将破坏社会秩序的占用

① ［日］大谷实：《刑法讲义各论》（新版第2版），黎宏译，78页，北京，中国人民大学出版社，2008。

公私财物的行为规定为犯罪。由此可见，我国刑法关于寻衅滋事罪的规定，体现了对社会秩序的保护高于对个人的人身权利和财产权利的保护的立法倾向。

1. 强拿硬要

强拿硬要，就是未经他人许可而强取他人财物。这是一种侵犯他人财产权利的行为。那么，这种强拿硬要行为与抢劫罪之间如何加以区分呢？这是一个较为疑难的问题。从对象上无法区分，因为强拿硬要当然主要是针对不特定的对象，但抢劫罪也并不限于对特定对象的抢劫。从发生地点也无法区分，因为强拿硬要主要发生在集市、商店等公共场所，但抢劫罪同样可能发生在这些公共场所。从数额上也无法区分，不能认为数额较少的构成强拿硬要，数额较大的构成抢劫罪。我国刑法规定的抢劫罪本身就没有数额限制，《寻衅滋事案件解释》反而规定强拿硬要公私财物数额达到 1 000 元以上才能构成寻衅滋事罪。

那么，到底根据什么标准对强拿硬要型寻衅滋事罪与抢劫罪加以区分呢？在刑法教义学上，抢劫罪的强制性要求达到致使被害人不能抗拒的程度，据此似乎可以将其与强拿硬要型寻衅滋事罪相区分。但敲诈勒索罪的强制性也不要求达到足以压制被害人反抗的程度，而这也正是敲诈勒索罪与抢劫罪的区分之所在。因此，如果仅以强制性程度没有达到压制被害人反抗的程度作为强拿硬要型寻衅滋事罪的认定标准，那么，该类型寻衅滋事罪与敲诈勒索罪又不好区分。

在司法实践中，一般也是把强拿硬要型寻衅滋事罪作为抢劫罪与敲诈勒索罪的兜底罪名来适用的，但因为其界限不够明确，因此也往往引发较大分歧意见。为此，最高人民法院《关于审理抢劫案件具体应用法律若干问题的解释》第 9 条第 4 款，对抢劫罪与强拿硬要型寻衅滋事罪的界限作了以下界分：“寻衅滋事罪是严重扰乱社会秩序的犯罪，行为人实施寻衅滋事的行为时，客观上也可能表现为强拿硬要公私财物的特征。这种强拿硬要的行为与抢劫罪的区别在于：前者行为人主观上还具有逞强好胜和通过强拿硬要来填补精神空虚等目的，后者行为人一般只具有非法占有他人财物的目的；前者行为人客观上一般不以严重侵犯他人人身权利的方法强拿硬要财物，而后者行为人则以暴力、胁迫等方式作为劫取他人财物的手段。司法实践中，对于未成年人使用或者威胁使用轻微暴力强抢少量财物的行为，一般不以抢劫罪定罪处罚。其行为符合寻衅滋事罪特征的，可以寻衅滋事罪定罪处罚。”这一司法解释的规定对于抢劫罪与强拿硬要型寻衅滋事罪的界限从主、客观这两个方面作了描述：在主观方面强调了流氓动机的界分功能。应该说，这一点是比较明确的。在客观方面主要对强制性方法在程度上作了区分。当然，其界限仍然不够清晰。我认为，对于强拿硬要型寻衅滋事罪与抢劫罪以及敲诈勒索罪的区分，应当结合主、客观要素进行综合判断，例如强制性是否明显、财物数额是否少量、是否利用借口进行强行索要、是否具有流氓动机等。

应该指出，在强拿硬要型寻衅滋事罪中，上述司法解释所提及的未成年人强抢少量财物的行为具有寻衅滋事罪的品格特征是极为确定的。对此，2006 年 1 月 11 日发布的最高人民法院《关于审理未成年人刑事案件具体应用法律若干问题的解释》第 8 条规定：“已满十六周岁不满十八周岁的人出于以大欺小、以强凌弱或者寻求精神刺激，随意殴打其他未成年人、多次对其他未成年人强拿硬要或者任意损毁公私财物，扰乱学校及其他公共场所秩序，情节严重的，以寻衅滋事罪定罪处罚。”据此，这种未成年人之间的强拿硬要行为与抢劫罪之间的界限划分得极为清楚。其他强拿硬要型寻衅滋事罪与抢劫罪之间的界限还是具有一定的模糊性，在司法实践中拿捏把握仍然存在一定的难度。

强拿硬要型寻衅滋事罪与抢劫罪的区分，还有一个重要标准，就是有因还是无因。抢劫罪的目的在于非法占有他人财物，在客观上表现为直接以暴力或者胁迫方法取得他人财物，因此，抢劫行为一般来说都是无因的行为。强拿硬要型寻衅滋事罪系基于流氓动机，行为人虽然具有取得财物的意思，主要还是意图通过取得财物来满足其流氓动机，因此，行为人往往以收取保护费、虚设债权或者其他借口强取他人财物。王新强强拿硬要寻衅滋事案，就是一个典型案例：某地某男王甲与某女王乙因纠纷自愿解除同居关系，被告人王新强得知后，主动要帮助王乙前往王甲家中搬走生活用品。到王甲家后，被告人以威胁手段，逼迫王甲给王乙写下 5 000 元欠条，作为“名誉损失费”。过后被告人又电话威胁王甲不准报案。约 20 天后，王甲通过刘某等人找被告人说情，在某酒店宴请被告人并给被告人 900 元后才得以摆脱。被告人拿回 900 元后，谎称拿到 700 元，并自称花掉

400元，将余款300元交给了王乙的父亲王丙。

对于上述行为，检察机关以敲诈勒索罪起诉。一审法院认为，王新强为逞强好胜，非法插手他人婚姻纠纷，强拿硬要，其行为构成寻衅滋事罪。一审宣判后，检察机关以一审法院改变敲诈勒索罪的定性不准，并以被告人非法介入他人纠纷，强行向他人索要财物，数额较大，其行为已构成抢劫罪为由提起抗诉。二审法院驳回抗诉、维持原判。本案的裁判理由指出："本案被告人以向王甲要名誉损失费为借口，威胁王甲打下5000元欠条，并从中牟利的行为应定寻衅滋事罪，其主要表现为：主观上，被告人主动插手他人纠纷，其动机在于逞强好胜、寻求刺激，显示其在邻里乡间的威风和能耐；客观方面，本起犯罪发生时，被告人已滋事成性，经常随意殴打、辱骂他人，强拿硬要，无事生非，其行为具有连贯性；客体方面，被告人以威胁手段，不顾王乙和其父等人的反对，逼迫王甲写下欠条，是藐视国家法律和社会公德，破坏社会管理秩序的表现，侵犯的是公共秩序。"我认为，法院的判决是正确的。本案被告人王新强的行为既不能被认定为抢劫罪，也不能被认定为敲诈勒索罪。其中，本案行为与抢劫罪的主要区分除了主观上的流氓动机以外，在客观上被告人是以索要名誉损失费为借口强行向他人索要财物，这与抢劫罪在性质上是存在区别的。

2. 任意损毁

任意损毁公私财物，是指出于流氓动机损毁公私财物的行为。在我国刑法中有故意毁坏财物罪之设，这是一种毁坏型财产犯罪，以区别于盗窃罪等占有型财产犯罪。可以说，在客观表现方式上，任意损毁公私财物型的寻衅滋事罪与故意毁坏财物罪是相同的，只是罪量要素不同而已。根据我国司法解释的规定，故意毁坏财物罪造成公私财物损失5 000元以上的构成犯罪，但任意损毁公私财物型的寻衅滋事罪造成公私财产损失2 000元以上即可构成犯罪。我认为，任意损毁公私财物型的寻衅滋事罪与故意毁坏财物罪的根本区分还是在于流氓动机：行为人出于寻求刺激、发泄情绪、逞强耍横的动机而损毁公私财物，尤其是酒后滋事，毁坏他人财物的，应以寻衅滋事罪论处。如果行为人出于其他个人目的例如报复他人而损毁公私财物的，应以故意毁坏财物罪论处。

3. 任意占用

任意占用公私财物，是指出于流氓动机占用公私财物的行为。对于占用他人财物的行为，我国刑法并没有规定为犯罪。例如，我国刑法只是规定了以非法占有为目的的盗窃罪，并没有规定以使用为目的的盗窃罪。我国刑法对于出于流氓动机的占用他人财物的行为，规定以寻衅滋事罪论处。在司法实践中，不能将任意占用公私财物型的寻衅滋事罪当作故意毁坏财物罪的兜底罪名——凡是毁坏财物数额没有达到 5 000 元但是已经达到 2 000 万元以上的，都以寻衅滋事罪论处——而是要将是否具有流氓动机作为区分上述两种犯罪的标准。只有这样，才能将任意占用公私财物型的寻衅滋事罪和故意毁坏财物罪正确地加以区分。

（四）起哄闹事型寻衅滋事罪

在寻衅滋事罪的四种具体行为方式中，在公共场所起哄闹事是极为特殊的：其他三种行为都是破坏社会秩序的行为，但起哄闹事是破坏公共场所秩序的行为，因为刑法明确地将造成公共场所秩序严重混乱作为其构成犯罪的标准。而且，其他三种行为都涉及对他人的人身权利、财产权利的侵害，唯独起哄闹事行为是单纯地破坏公共场所秩序的行为。这里的起哄闹事，是指出于流氓动机，在公共场所无事生非，制造事端。可以说，制造事端，吸引众人聚集围观，或者造成公众恐慌离散，从而扰乱公共场所秩序，是该行为的本质特征。如果说出于个人目的而在公共场所聚集，以较为极端的方法吸引公众注意，对于这种行为即使扰乱了公共场所秩序，也不应以寻衅滋事罪论处，例如张数文寻衅滋事案：2006 年 3 月 16 日 5 时许，被告人张数文为制造影响，在北京市东城区天安门广场国家博物馆西门外，将事先准备的汽油泼在身上，并点燃自焚，造成现场群众围观。被告人张数文被值勤民警、武警和群众及时制止并被当场抓获。法院认为，被告人张数文为解决个人问题，在公共场所起哄闹事，造成公共场所秩序严重混乱，其行为妨害了社会管理秩序，已构成寻衅滋事罪，依法应予处罚。在本案中，被告人张数文出于个人目的，而没有寻求刺激、发泄情绪、逞强要横的流氓动机，虽然其在公共场所自焚的行为扰乱了公共场所秩序，但该行为不能被认定为起哄闹事，因此不应以寻衅滋事罪论处。当然，如果行为人并非真想自杀、自残，而是以此为借口制造事端，吸引公众的围观，故意破坏公共场所秩序的，则可以构成寻衅滋事罪。

随着信息时代的到来，网络越来越成为社会生活的重要组成部分，由此而形成网络秩序。与此同时，网络犯罪也随之而出现。网络犯罪作为一种发生在虚拟空间的犯罪，具有不同于发生在现实空间的犯罪的特殊性。在我国刑法第 293 条所规定的四种寻衅滋事行为中，有些行为只能在现实空间实施，有些行为可以在网络空间实施。例如，殴打、追逐、拦截他人，是一种针对人身的侵害行为，其只能在现实空间实施。通常来说，侵犯人身权利的犯罪，往往是以存在具体的犯罪客体——人为前提的，因此都不能在网络空间实施。换言之，网络空间实施的行为与现实空间实施的行为具有性质上的根本差异。例如，网络上的杀人，当然不能等同于现实生活中的杀人。同样，网络上的结婚也不能等同于现实生活中的结婚。但其他一些犯罪行为，无论是在现实空间实施还是在网络空间实施，具有性质上的同一性。例如，网络空间中的盗窃与现实生活中的盗窃别无二致：行为人潜入他人资金账户将款项划归自己所有，就是一种典型的盗窃行为，只不过发生在网络空间而已。由此可以得出结论，并非所有在现实空间实施的犯罪都能在网络空间实施。当然，网络犯罪只是现实空间犯罪的一种反映，因此，只有在现实空间构成犯罪的行为，才能在网络空间构成犯罪。如果一种行为，在现实空间不能构成犯罪，那么，在网络空间也是不能构成犯罪的，除非刑法对于网络空间的行为具有特别规定。因此，如何为网络寻衅滋事罪的认定与处罚提供法律根据，是一个在刑法理论上值得研究的问题。

为了有效地惩治网络寻衅滋事犯罪，2013 年 9 月 21 日最高人民法院、最高人民检察院颁布了《关于办理利用信息网络实施诽谤等刑事案件适用法律若干问题的解释》，对以下两种网络寻衅滋事行为作了规定：第一种是网络辱骂、恐吓型寻衅滋事罪。该解释第 5 条第 1 款规定：“利用信息网络辱骂、恐吓他人，情节恶劣。破坏社会秩序的，依照刑法第二百九十三条第一款第（二）项的规定，以寻衅滋事罪定罪处罚。”第二种是网络起哄闹事型寻衅滋事罪。该解释第 5 条第 2 款规定：“编造虚假信息，或者明知是编造的虚假信息，在信息网络上散布，或者组织、指使人员在信息网络上散布，起哄闹事，造成公共秩序严重混乱的，依照刑法第二百九十三条第一款第（四）项的规定，以寻衅滋事罪定罪处罚。”这一规定将编造、散布网络编造的虚假信息以及其组织、指使行为解释为起哄闹事的寻衅滋事犯罪行为。在以上两种行为中，辱骂和恐吓行为在网络空间确实是可以实施的，因此，该解释关于网络辱骂、恐吓型寻衅滋事罪的规定是没有问题的。但该解释在起哄闹事名义之下将编造、散布编造的网络虚假信息以及其组织、指使行为规定为寻衅滋事罪，却引发较大的争议，主要争议在于：能否将这种网络传谣行为认定为起哄闹事型寻衅滋事行为？当然，该司法解释系有权解释，在被明令废止之前，它是具有法律效力的，司法机关应当一体遵循。

四、寻衅滋事罪的处罚

我国刑法第293条对寻衅滋事罪规定了两个量刑档次，基本犯是处5年以下有期徒刑、拘役或者管制，加重犯是处5年以上10年以下有期徒刑，可以并处罚金。根据刑法规定，寻衅滋事罪的加重事由是纠集他人多次寻衅滋事。由此可见，寻衅滋事罪的加重事由必须同时具备“纠集他人”和“多次”这两个情节。纠集他人，表明加重的寻衅滋事罪只存在于纠集型共同犯罪当中，单独的寻衅滋事犯罪不存在加重构成的问题。这里还有一个问题值得研究，即：在纠集型寻衅滋事罪中，是否只有纠集者才能构成加重型寻衅滋事罪？对此，我的观点是肯定的。对于被纠集者来说，即使寻衅滋事也不能适用加重条款。另外一个情节是多次：只是纠集他人寻衅滋事尚不能适用加重条款，还必须同时具备多次寻衅滋事的情节。这里的多次，一般是指3次以上。

第三十四讲

玩忽职守罪

玩忽职守罪是一种渎职犯罪，规定在我国刑法分则第九章。玩忽职守罪也是渎职罪中一种比较常见的犯罪。在司法实践当中，对于玩忽职守罪在认定上也存在一些疑难、复杂的问题，需要从刑法理论上加以探讨。在本讲中，我将结合刑法和司法解释的规定，对玩忽职守罪的定罪量刑问题进行讲解。

一、玩忽职守罪概述

玩忽职守罪是指国家机关工作人员严重不负责任，不履行或者不认真履行职责，致使公共财产、国家和人民利益遭受重大损失的行为。

我国1979年刑法就规定了玩忽职守罪，但当时刑法当中只有一个玩忽职守罪，而玩忽职守罪的主体是国家工作人员，因此，对所有国家工作人员的玩忽职守行为都定本罪，从而使玩忽职守罪成为我国刑法中的一个口袋罪。大家认为，在1979年刑法中有三个口袋罪，一个是投机倒把罪，另一个是流氓罪，还有一个是玩忽职守罪。在1997年刑法修订当中，投机倒把罪和流氓罪被取消了，对这两个罪当中的具体犯罪行为分别设立了其他的罪名。针对投机倒把罪涵括的非法经营行为设立了非法经营罪，针对在流氓罪中几种主要的流氓行为单独设立了罪名，至于第三个口袋罪玩忽职守罪，1987 年最高人民检察院《关于正确认定和处理玩忽职守罪的若干意见（试行）》这个司法解释当中，将玩忽职守行为分为 13 个方面，共计 64 种玩忽职守行为，所以这个口袋可想而知非常之大；并且由于当时的刑法之中并没有设立滥用职权罪，因此有些滥用职权的行为也都作为玩忽职守罪来处理。在 1997 年的刑法修订之中，其中的修改重点之一就是将玩忽职守罪加以具体规定。从 1997 年刑法修改的情况来看，另外设立了一个滥用职权罪，从而将玩忽职守行为具体化、条文化，缩小口袋的范围，但仍然保留了玩忽职守罪的罪名，而且把一些较为特殊的玩忽职守行为独立出去，另外设立了一些罪名，例如失职致使在押人员脱逃罪、环境监管失职罪、传染病防治失职罪、履行合同失职被骗罪、商检失职罪、动植物检疫失职罪、失职造成珍贵文物损毁流失罪等 8 个具体罪名。这 8 个具体罪名都是一些特殊的玩忽职守行为。另外，在 1997 年刑法修订当中，将玩忽职守罪的主体从过去的国家工作人员缩小为国家机关工作人员，所以它的主体范围也大大缩小了。将国家机关工作人员以外的其他国家工作人员比如说国有公司、事业单位的工作人员的玩忽职守行为也单独设立罪名，主要是规定在刑法分则第三章第三节关于妨害对公司企业的管理秩序罪当中，比如第 167 条规定的签订履行合同失职被骗罪、第 168 条规定的国有公司、企业、事业单位人员失职罪，等等。玩忽职守罪本身的成立范围大大缩小。

二、玩忽职守罪的构成

(一) 罪体

1. 主体

在 1979 年刑法中，玩忽职守罪的主体是国家工作人员。1997 年刑法将玩忽职守罪的主体从国家工作人员修改为国家机关工作人员，使得玩忽职守罪的主体范围有所缩小。这里的国家机关工作人员，是指在国家各级权力机关、各级行政机关、各级司法机关以及军事机关中从事公务的人员。此外，其他根据法律规定参照《国家公务员法》进行管理的人员，也应当以国家机关工作人员论。例如，在乡镇以上中国共产党机关和政协机关从事公务的人员，也属于国家机关工作人员。

在司法实践中，在如何认定国家机关工作人员的问题上，还存在一些争议。这主要是指某些人员虽然在国家机关从事公务，但并没有被列入国家的编制，例如合同制民警。合同制民警在公安机关行使一定的职权，从他所行使职权的性质来看属于国家公务，但这种合同制的民警并没有被列入国家编制，没有正式取得国家机关工作人员的这种身份或者这种资格。这种人能不能成为玩忽职守罪的主体，就是一个值得研究的问题。还有些单位本身不是国家机关，但受国家机关委托代表国家机关行使职权，例如，银监会、电监会、证监会等等。这些机构本身并不是国家机关，但这些单位的人员实际上是在行使某种国家管理职权，因此这些人能不能成为玩忽职守罪的主体？这些问题都是在实践当中存在，需要解决的。针对这些问题。2002 年 12 月 28 日全国人大常委会颁布了《关于〈中华人民共和国刑法〉第九章渎职罪主体适用问题的解释》。这个立法解释专门对刚才所讲的这些问题作了规定。在依照法律、法规规定行使国家行政管理职权的组织中从事公务的人员，或者在受国家机关委托，代表国家机关行使职权的组织中从事公务的人员，或者虽未列入国家机关人员编制，但在国家机关行使职权时有渎职行为，构成犯罪的，依照刑法关于渎职罪的规定追究刑事责任。这个立法解释的规定实际上在一定程度上扩大了渎职罪的主体范围，将渎职罪的主体从国家机关工作人员扩大到以下三种人：第一种是在依照法律、法规规定行使国家行政管理职权的组织中从事公务的人员，也就是这种组织本身并不是国家机关，但这些组织行使某种国家机关行政管理职权，在这些组织中从事公务的人员可以成为渎职罪的主体。第二种是在受国家机关委托、代表国家机关行使职权的组织中从事公务的人员。也就是说这种组织本身并不是国家机关，但它受国家机关委托行使某种行政管理职权。第三种是虽未列入国家机关人员编制，但在国家机关行使职权的人员。这种人员就是我们前面所讲的类似于合同制民警这样一些人员。这些人员在履行职务当中存在着渎职行为的，应当按照玩忽职守罪来定罪处罚。

2. 行为

根据刑法的规定，玩忽职守行为主要有以下两种情形：第一种是不履行职责，第二种是不认真履行职责。这里的不履行职责实际上是指职务上的不作为。也就是说，某一个国家机关工作人员依照他的职责，应当实施某种行为，但是由于严重不负责任而没有履行职责。在这种情况下，他的行为是一种玩忽职守的行为。从实践的情况来看，玩忽职守的行为大部分都是不履行职责的行为，都是由不作为来构成的。这种职务上的不作为破坏了国家机关的正常活动，损害了国家机关的威信，具有较大的社会危害性，因此刑法把它规定为玩忽职守罪来加以处置。在认定职务上的不作为的时候，还是要根据他的职责来加以认定，也就是他到底有没有这个职责。职责由有关法律、法规或者有关单位的规章制度等等这样一些规范性文件来加以规定，因此，对于是不是履行了这种职责，在认定的时候就要参照这些文件。只有在存在这种职责的情况之下，他不履行，才能按照职务上的不作为来处理。如果他本来就没有这个职责，就不存在不履行职责的问题，因此也就不存在职务上的不作为。第二种是不认真履行职责。这种情况和不履行职责还是有区分的。在这种情况下，行为人实际上是履行了职责，只是没有认真履行职责。这里的不认真履行职责实际上也是不正确地履行职责。对这种职责不仅要履行，而且要按照法律法规的规定认真地履行，只有这样才能避免危害结果发生。因此，一个国家机关工作人员即使履行了职责，但是没有认真履行职责，造成危害后果的，仍然应当按照玩忽职守罪来处理。

3. 结果

玩忽职守罪的结果是致使公共财产、国家和人民利益遭受重大损失。这里的致使公共财产、国家和人民利益遭受重大损失，参照最高人民检察院《关于渎职侵权犯罪案件立案标准的规定》（以下简称《立案标准》），主要是指具有下列情形之一：(1) 造成死亡 1 人以上，或者重伤 2 人以上，或者重伤 1 人、轻伤 3 人以上，或者轻伤 5 人以上。这个标准规定得特别细：致使一个人死亡就可以构成玩忽职守罪，如果是致人重伤，则重伤 3 人以上方构成玩忽职守罪，但如果是致人轻伤，就是轻伤 10 人以上方能构成玩忽职守罪。但是如果既有重伤又有轻伤，怎么算呢？它里面有规定：重伤2人、轻伤4人以上，或者重伤1人、轻伤7人以上。可见，这个司法解释关于玩忽职守行为造成人员伤亡的情况在什么情况下构成犯罪，规定得特别细。（2）导致10人以上严重中毒的。（3）造成个人财产直接经济损失10万元以上，或者直接经济损失不满10万元，但间接经济损失50万元以上的。（4）造成公共财产或者法人、其他组织财产直接经济损失20万元以上，或者直接经济损失不满20万元，但合计间接经济损失100万元以上的。（5）虽未达到（3）（4）两项数额标准，但（3）（4）两项合计直接经济损失20万元以上，或者合计直接经济损失不满20万元，但合计间接经济损失100万元以上的。这个讲的是什么呢？前面第3项讲的是对个人造成损害，直接经济损失多少，间接经济损失多少；第4项讲的是对单位，直接经济损失多少，间接经济损失多少；第5项讲的是既造成了个人损失又造成了单位损失，如果既没有达到对单位造成损失的数额标准，又没有达到对个人造成损失的数额标准，但两项合计达到一定的标准，直接经济损失多少，间接经济损失多少，则也可以构成本罪，这是第5项内容。（6）造成公司、企业等单位停业、停产6个月以上或者破产。（7）弄虚作假，不报、缓报、谎报或者授意、指使、强令他人不报、缓报、谎报情况，导致重特大事故危害结果继续、扩大，或者致使抢救、调查、处理工作延误的。（8）严重损害国家声誉，或者造成恶劣社会影响的。（9）其他致使公共财产、国家和人民利益遭受重大损失的情形。这是刑法关于玩忽职守罪的结果的规定。也就是说符合这些标准，就构成了玩忽职守罪。

从刑法的这些规定来看，司法解释关于玩忽职守罪的追诉标准，实际是指它的结果，规定得非常具体。这种具体的规定为司法机关认定玩忽职守罪带来了一定的便利。但尽管如此，由于玩忽职守犯罪的具体情况是相当复杂的，在一个具体案件当中，有时候仍然很难确定是否达到了这一标准。因此，这里的每一个规定在具体案件当中在理解上可能都会引发一些分歧。比如说前几年一些地方在矿难发生以后，地方的政府官员隐瞒矿难的死亡人数，这种隐瞒矿难死亡人数的这种行为是不是一种玩忽职守的行为？关于这一点在具体案件当中可能就会有争议。如果它是一种玩忽职守的行为，那它符合哪一规定？这里就很可能适用“严重损害国家声誉或者造成恶劣社会影响”这个标准。但这里的隐瞒人数到底达到隐瞒多少、隐瞒几个人才能构成玩忽职守罪，就没有法律上的规定。所以，法律的、司法解释的这种非常具体的规定，一方面有它的好处，比较明确，可操作，但另一方面也带来了一定的问题，因为这个具体规定不可能将每一种具体的玩忽职守行为都作出明文列举，在没有列举的情况下怎么来认定，也是在司法实践当中需要认真考虑的问题。

在玩忽职守罪结果的各种情况中，主要涉及两方面：一方面是人员伤亡，另一方面是财产损失。在财产损失当中，又分为直接经济损失和间接经济损失。如何来界定这里的直接经济损失和间接经济损失？直接经济损失是指与行为有直接因果关系而造成的财产损毁、减少的实际价值；间接经济损失是指由直接经济损失引起和牵连的其他损失，包括失去的在正常情况下可以获得的利益，以及为恢复正常的管理活动或者挽回所造成的损失而支付的各种开支、费用等。间接经济损失不是由玩忽职守行为直接造成的，而是直接经济损失所附带的。2003 年《纪要》规定，在司法实践中，有以下情形之一的，虽然公共财产作为债权存在，但已无法实现债权的，可以认定为已经造成了经济损失：(1) 债务人已经法定程序被宣告破产且无法清偿债务；(2) 债务人潜逃，去向不明；(3) 因行为人责任，致使超过诉讼时效；(4) 有证据证明债权无法实现的其他情况。这里所讲的有债权存在，往往是比如说签订合同的公司被骗，可能被骗几千万元甚至是上亿元，有的向法院起诉，法院的判决也确认了对方应当归还这个财物。但是如果这种债权无法实现，也可以认定为已经造成了经济损失。该司法解释列举了四种情况，在这四种情况下，就认为债权无法实现。像这种情况，债权到底是否能够实现，因此财产损失是否实际造成，对于玩忽职守罪是否成立，都具有重大影响。因此，在具体案件当中，都要根据案件的具体情况来进行具体分析。

此外，直接经济损失和间接经济损失是指立案时确已造成的经济损失，涉及一个时间的确定问题。在什么时间这种损失没挽回就算损失造成了，即使后来损失挽回了也应当视为已经构成犯罪了。如果时间点不确定，这个司法程序就很难往下进行。如果你在开始的时候钱没有追回来，但是到了一审判完了钱追回来了，这时候是不是把一审有罪判决再否定掉？这给司法判决带来了很大的不确定性。因此，有关的司法解释就明确规定，这里的经济损失是立案时确已造成的经济损失。移送审查起诉前，犯罪嫌疑人及其亲友自行挽回的经济损失以及由司法机关或者犯罪嫌疑人所在单位以及上级主管部门挽回的经济损失，不予扣减，但可以作为对犯罪嫌疑人从轻处理的情节来考虑。也就是说，玩忽职守造成的经济损失的数额，在立案的时候就已经是确定的，因为要根据数额多少来确定立案还是不立案，因此立案时造成的损失是一个确定的数字，应当按照这个数字来定罪处刑。如果在立案以后，在审查起诉的过程中，经过被告人或者他的亲属努力，追回来一部分财产，或者经过被告人所在的单位和他的上级有关部门努力，追回来一部分财产，对这一部分财产的数额不予扣减，不能从玩忽职守行为造成的经济损失的数额中减去，但可以作为量刑情节予以考虑。作出这样一个规定主要是为了保证司法活动的确定性，是有一定的道理的。

(二) 罪责

玩忽职守罪的责任形式是过失，这一点和滥用职权罪不同。关于玩忽职守罪和滥用职权罪的区分，下文还要讲到。这里的过失是指，应当预见自己玩忽职守的行为可能致使公共财产、国家和人民利益遭受重大损失，因为疏忽大意而没有预见，或者已经预见而轻信能够避免，以致发生这种结果的主观心理状态。这里应当指出，玩忽职守的过失是以行为人没有履行或者没有认真履行职责为前提的。如果行为人已经认真履行了职责，即使造成了一定的损害结果，也不存在玩忽职守的问题。而在行为人没有履行职责或者没有认真履行职责的情况下，是否构成玩忽职守罪，还要看行为人对于损害后果主观上是否存在过失。

玩忽职守罪的过失是针对损害结果而言的，但是就玩忽职守行为本身来说可能是故意的，也可能是过失的，甚至在相当一部分情况下，玩忽职守行为本身是故意的。比如说不履行职责，不履行职责最常见的一种表现就是擅离职守，值班时溜号，去办私事。由于擅离职守，因此没有履行职责。对于这种不履行职责行为人主观上当然是故意的。他认为脱一脱岗，不会发生后果，无所谓，但恰恰在他脱岗期间，发生了重大事项。由于未能及时履行他的职责，导致重大危害结果发生。行为人对擅离职守虽然是故意的，但是对这种擅离职守所可能造成的危害结果主观上仍然是过失的，属于应当预见而没有预见。就不认真履行职责而言，在很多情况下也是故意的。也就是说，他知道要认真履行就应当如何来履行，但是他马马虎虎，不认真对待自己的职责，因此没有按照有关的法律法规和规章制度的规定来正确履行职责，以致造成了危害后果。在这种情况下，尽管不认真履行职责是故意的，但是对于危害结果来说行为人主观上仍然是过失的。当然，在少数情况下，这种不履行职责或者不认真履行职责的玩忽职守行为本身也可能是过失的。我们说玩忽职守是一种过失犯罪，主要是指行为人对于玩忽职守行为所造成的危害后果在主观上是过失的。

在刑法理论上，过失存在着业务过失和普通过失之分。业务过失是指在业务活动中所发生的过失，而普通过失是指在日常生活当中发生的过失。这两种过失是不一样的，这种不同主要是指它所违反的注意义务不同：业务过失它违反的注意义务是存在于特定的业务活动当中，是这种业务或者职务本身所要求的注意义务；而普通过失所违反的注意义务是在社会生活当中所形成的注意义务。显然，玩忽职守罪的过失应当属于业务过失，它发生在履行职责过程当中。在理解玩忽职守罪的业务过失的时候，大家特别需要加以注意的是监督过失或者管理过失。这个内容我在过失理论当中没有讲，在这里需要特别加以强调。关于监督过失或者管理过失的概念，在以往我国刑法理论上较少涉及。这主要是日本刑法理论上的一个概念。这个概念对于我们理解玩忽职守罪的主观过失以及它的性质，包括对这种过失的认定，我认为是具有重要的参考价值的。

首先我来讲一下什么是监督过失和管理过失，以及监督过失和管理过失两者之间到底是一种什么关系。监督过失是指监督者对被监督者的过失行为没有尽到其监督义务时所构成的过失。在监督过失当中，存在着监督者和被监督者，并且被监督者实施了过失行为，造成了损害结果，但监督者没有尽到监督职责。因此，不仅被监督者的行为与损害结果间有因果关系，被监督者应当承担责任，而且监督者对于被监督者的这种过失行为以及造成的损害结果也存在因果关系，监督者也应当承担过失的刑事责任。与监督过失相并列的一个概念，就是管理过失。管理过失是指管理者对被管理事项没有尽到其管理职责时所构成的过失。监督过失和管理过失之间到底是一种什么样的关系？监督过失与管理过失两者之间是存在一定区别的：在监督过失中必然存在着一个被监督者，存在着监督者和被监督者的关系。被监督者实施了过失行为，被监督者实施的这种过失行为，或者说被监督者所具有的这种过失是一种直接过失。监督者对被监督者没有尽到监督义务，在这个意义上，监督过失是一种间接过失，并且与被监督者的过失存在着过失竞合。所谓的过失竞合，实际上是指共同过失。在现实生活当中，这种共同过失的案件广泛存在，但是在我国刑法当中，对共同过失犯罪行为并不按照共同犯罪来处理，而是由过失人按照所实施的过失行为来各自承担刑事责任。在这种共同过失的情况下，如果在各个过失人之间存在着监督和被监督的关系，且这种损害结果是由被监督者的过失行为直接造成的，则被监督者的过失是一种直接过失，而监督者对于被监督者的过失是有责任的，他没有尽到监督义务，因此监督者的过失就是一种间接过失，也就是监督过失。日本学者大塚仁曾经举例来说明监督过失，例如现场的工作人员错误地操作管道，使某工厂含有毒物的废液流入海洋，住在附近的多数居民不知道鱼贝类已经被污染而捕食，后来健康受到损害。在这种情况下，要考虑工作人员的过失，这是一种直接的业务过失，也就是操作管道的工作人员他是有过失的；还要考虑其他人员对存在错误操作管道的危险状态置之不管的过失；在事故起因于公司管理体制不完备时，甚至要考虑公司最高管理层即经理等的过失。直接对工作人员的过失行为负有监督职责者的过失就是一种监督过失，相对于直接过失而言，这也是一种间接过失。至于更为上层的人，平时管理不善，而与过失没有直接因果关系时，其过失就是一种管理过失。所以，管理过失距离直接过失更远一点。管理过失当中主要是管理不善的过失，因此，管理过失和监督过失还是存在着某些微妙差别。管理者在命令从业人员完善物资设备、人事制度的时候，也存在着对该从业人员的行为进行监督的问题，因此管理过失与监督过失存在一定的重合。也就是说，在某些特定的情况下，管理过失和监督过失存在着重合。

监督过失和管理过失的概念，对于认定玩忽职守罪这样一种业务过失犯罪，是有重要意义的。它实际上是使过失的范围更广了。我记得在前些年，在某一地方发生了一起炸药仓库管理不善发生爆炸，炸死了好几十个人的责任事故。因此，公安机关把仓库的直接保管者抓起来了，把单位的领导抓起来了，甚至把它上级主管部门的分管领导也抓起来了。当时这个案件的律师就来咨询，说：这个界限在什么地方，抓到哪个等级算够了？直接保管人的过失显然和爆炸是有直接关系的，但单位的领导他又不具体管炸药，上级主管部门的领导更不直接管炸药，这些人也要根据玩忽职守罪来承担责任，它的根据在什么地方？他就提出这个问题，可能他主要是为领导作辩护的。当时我头脑当中没有监督过失、管理过失这样的概念，但是当时我就告诉他一个原理：这是由损害后果的大小决定的。如果死 2 个人，可能把单位领导抓起来就够了；但死了三十多个人，那要把上级主管部门的领导抓起来；如果死三百人、四百人，那要把市委领导抓起来；如果死两千人、三千人，那要把省级领导抓起来；如果死了好几万人，那国家总理都要引咎辞职，甚至承担责任。当时觉得这里面没有太多道理好讲，就这么简单。也就是说损失大小和承担责任的范围是成正比的：损失越大，承担责任越多；损失小，承担责任越小。我当时就告诉他这么一个很简单的道理。但是这个道理是个常识，没有什么理论支撑。现在想起来这里面的理论就是监督过失、管理过失。也就是一个事故发生了，不仅事故的直接过失者应当被追究责任，而且对这个事故具有监督义务的监督者或者具有管理职责的管理者也应当承担责任。

上一次我曾经讲到新疆克拉玛依大火案件。这个大火案件当中一共有 14 个被告人。在这 14 个被告人当中职务最高的被告人是一个女副市长，主管克拉玛依市教育工作的，叫赵秀兰。这个姓赵的副市长当时也在场看节目，坐在第一排。大火烧起来以后，当时有报道说有人说让领导先走，所以把孩子给烧死了，但这一点没有明确证据来证明。当时这个姓赵的市长的手当时也被火给烧坏了，也受伤了，后来被救出去了。当时国务院的工作组在确定被告人的时候，并没有把她纳入被告人的名单里面。我们作为被害人的代理人，到克拉玛依去听取被害人的家属的反映，后来我们向工作组反映被害人家属要求增加一些被告人，最后就把赵秀兰给加上了。我们在论证她为什么要承担责任的时候，应该说当时也没有像监督过失或者管理过失这样一些理论。在这种情况下根据什么来对赵秀兰定罪？对于赵秀兰来说，实际上不是根据她的现场表现来定罪，而是基于她在火灾发生前的管理过失、监督过失。因为她是克拉玛依市主管教育的副市长，上级部门对普及九年制义务教育来验收，在验收当中，教委在当地的友谊馆举行汇报演出。作为主管教育的副市长，赵秀兰对教委的管理包括安全管理都是要负责的；而且她是接待小组的组长，全面负责这次接待工作。在接待过程中，她显然没有履行监督义务，没有尽到管理职责。正是基于这一点应当追究赵秀兰的责任，而不是根据她的现场表现。只有那些现场工作人员，比如那些友谊宫的值班人员，是直接过失，根据其在火灾发生的现场是否有职责懈怠行为来认定是否构成重大责任事故罪，然而对赵秀兰不是定重大责任事故罪而是定玩忽职守罪，这里的玩忽职守行为就是在火灾发生前的一系列工作环节当中，其没有尽到管理职责。像这种过失，就是一种监督过失。对于这样一些案件，采用监督过失理论就能够较好地解决行为人的刑事责任根据问题，如果用一般的理论可能就解决不了或者解决不好。

三、玩忽职守罪的认定

（一）玩忽职守罪与滥用职权罪的区分

滥用职权罪是指国家机关工作人员超越职权，违法决定、处理其无权决定、处理的事项，或者违反规定处理公务，致使公共财产、国家和人民利益遭受重大损失的行为。滥用职权表现为超越职权和违反程序行使职权，因而属于无权滥用，就是他没有权力这么做，而他要这么做。我在前面已经讲了，在1997年刑法设立滥用职权罪之前，这种滥用职权的行为是作为玩忽职守罪来处理的。但玩忽职守罪表现为不履行或者不认真履行职责，因而，玩忽职守罪属于有权不用，而滥用职权属于无权滥用，可见两者在客观表现上是不一样的，更重要的是，两者在主观责任形式上不同。

在我国刑法当中，关于玩忽职守罪的责任形式是过失这一点是没有争议的，但对于滥用职权罪的主观罪过形式到底是故意还是既包括故意也包括过失这一点，存在着极大的争议。从刑法第 397 条第 1 款的规定来看，它是把滥用职权罪和玩忽职守罪在同一个条文当中来加以规定。关于滥用职权罪的主观罪过，有些学者认为，滥用职权主观上是故意的，是一种故意犯罪，也就是说他明知道没有权力这么做还要这么做，或者他明知道这种权力行使方式是违反程序的，他还要这么行使。但是另外一种观点则认为：在滥用职权当中，尽管滥用职权的行为是故意的，这一点和玩忽职守行为可能是故意的是一样的，但对于滥用职权所造成的危害后果有可能是过失的。当然，在某些情况下，对于滥用职权所造成的损害后果也可能持一种放任的心理态度。这种观点就认为，滥用职权罪的主观罪过是一种复合罪过，既包括故意，也包括过失。复合罪过这个概念为我国刑法学界一部分学者所主张，它是和单一罪过相对应的，单一罪过是指对于危害结果或者是故意的，或者是过失的。这种观点认为，我国刑法中的绝大部分犯罪都是单一罪过，对于结果要么基于故意要么基于过失，但是，在某些犯罪当中存在着复合罪过，对于结果可能是故意也可能是过失。我个人并不赞同复合罪过的观点，我认为某一种犯罪对于危害后果要么是故意的要么是过失的，不可能既可能是故意也可能是过失。我认为这种复合罪过在理论上是不能成立的。另外，我个人觉得滥用职权罪主观上只能是故意。对于滥用职权罪来说，确定他的主观故意主要就在于他对滥用职权行为本身是明知的，因此对滥用职权所造成的危害后果是应当有所认识的，至少持一种放任态度。

最后，关于造成对国家和人民利益的重大损害，前面在玩忽职守罪里面讲过，这种损害对玩忽职守罪来说，是一种结果，但对于滥用职权罪来说，这种损害后果，我认为，并不是滥用职权的结果，而是罪量的要素。因此并不是对于所有的滥用职权的行为都要追究刑事责任，只有当滥用职权的行为情节比较严重，造成了一定的损害时才追究。当然这样的区分只是一种理论上的阐述。这种理论阐述好像和法律规定之间不是完全吻合的，因为刑法第 397 条是把滥用职权、玩忽职守作相同的规定。根据刑法第 397 条第 1 款的规定，国家机关工作人员滥用职权或者玩忽职守，致使共同财产、国家和人民利益遭受重大损失的，处 3 年以下有期徒刑或者拘役。对于致使公共财产、国家和人民利益遭受重大损失，在法条当中是作相同的规定，但这样的一种损失在玩忽职守罪中被解释为一种结果，而在滥用职权罪中被解释为一种罪量要素，这样，好像理论上的解释是有一点在曲解法律。但这样一种解释是出于一种不得已，也就是这个法律规定本身就有问题。滥用职权、玩忽职守完全是两种不同性质的行为，应当分两款来加以规定。而且滥用职权、玩忽职守的主观罪过不一样，因此它的法定刑也不应当一样，但立法者就非得把这两种性质不同、危害程度也不同的犯罪行为规定在一起，这就给理论解释带来很大困难，这种理论的窘迫状态恰恰是立法不完善本身所造成的。

(二) 玩忽职守罪与国有公司、企业、事业单位人员失职罪的区分

国有公司、企业、事业单位人员失职罪是指国有公司、企业的工作人员由于严重不负责任造成国有公司、企业破产或者严重损失，致使国家利益遭受重大损失，或者国有事业单位的工作人员由于严重不负责任致使国家利益遭受重大损失的行为。国有公司、企业、事业单位人员失职罪的主体为国有公司、企业、事业单位人员，这些工作人员属于国家工作人员。而玩忽职守罪的主体是国家机关工作人员，国家机关工作人员同样属于国家工作人员。在 1979 年的刑法中，对于这些国有公司、企业、事业单位人员的玩忽职守行为是按照玩忽职守罪来处理的。在 1997 年刑法修订中，考虑到国有公司、企业、事业单位人员的失职行为具有不同于国家机关工作人员渎职的特殊性，其从玩忽职守罪中分离出来，规定在刑法分则第三章第三节“妨害对公司企业的管理秩序罪”当中。因此玩忽职守罪和国有公司、企业、事业单位人员失职罪这两种犯罪之间的主要区分就在于主体的不同，对此应当正确地加以把握。

(三) 玩忽职守罪的法条竞合

前面我已经讲了，在 1997 年的刑法修订当中，除了保留玩忽职守罪以外，对一些特殊主体的玩忽职守行为作了一些特别规定。例如刑法第 400 条第 2 款将司法工作人员由于严重不负责任，致使在押的犯罪嫌疑人、被告人或者罪犯脱逃的行为规定为失职致使在押人员脱逃罪；刑法第 406 条将国家机关工作人员在签订、履行合同过程中，由于严重不负责任被诈骗，致使国家利益遭受重大损失的行为规定为国家机关工作人员签订、履行合同失职被骗罪；第408条将负有监督管理职责的国家机关工作人员严重不负责任，导致发生重大环境污染事故，致使公私财产遭受重大损失或者造成人身伤亡的严重后果的行为规定为环境监管失职罪；第409条将从事传染病防治的政府卫生行政部门的工作人员严重不负责任，导致传染病传播或者流行，情节严重的行为规定为传染病防治失职罪；第412条第2款将国家商检部门、商检机构的工作人员严重不负责任，对应当检疫的物品不检疫，或者延误检验出证、错误出证，致使国家和人民利益遭受重大损失的行为规定为商检失职罪；第413条第2款将动植物检疫机关的检疫人员严重不负责任，对应当检疫的检疫物不检疫，或者延误检疫出证、错误出证，致使国家和人民利益遭受重大损失的行为规定为动植物检疫失职罪；第419条将国家机关工作人员严重不负责任，造成珍贵文物损毁或者流失的行为规定为失职造成珍贵文物损毁、流失罪。此外，在刑法分则第十章"军人违反职责罪"中，还规定了擅离玩忽军事职守罪。这是对军人的玩忽职守行为的一种特别规定。

上述规定和刑法关于玩忽职守罪的规定之间存在着法条竞合关系，是特别法与普通法的竞合。对此，最高人民检察院《立案标准》规定：国家机关工作人员玩忽职守，符合刑法分则第九章所规定的特殊渎职罪构成要件的，按照该特殊规定追究刑事责任；主体不符合刑法第九章所规定的特殊渎职罪的主体要件，但玩忽职守涉嫌《立案标准》所规定的情形的，应当按照刑法第397条的规定以玩忽职守罪追究刑事责任。这个司法解释就明确地阐述了玩忽职守罪和特殊的玩忽职守犯罪之间的普通法与特别法的法条竞合关系。在有特别法规定的情况下，应当按照特殊主体的玩忽职守犯罪来追究刑事责任；如果没有特别规定，就应当按照刑法第397条所规定的玩忽职守罪来追究刑事责任。两者之间的普通法和特别法的罪名设置我认为是比较科学的：一方面，它考虑到某些特殊主体的玩忽职守行为具有特殊性，在刑法当中作出具体规定，设置单独罪名。如果具有这种玩忽职守行为，就应当按照有关的罪名来追究刑事责任。但是国家机关工作人员行使职权的范围是极为宽泛的，不可能将每一种国家机关人员的玩忽职守行为一一加以列举。在这种情况下，如果对于国家机关工作人员玩忽职守行为刑法没有特别规定的，就应当按照玩忽职守罪来定罪。因此，玩忽职守罪就成了一个兜底的罪名。有特别规定的，依照特别规定；没有特别规定的，按照玩忽职守来定罪。这样一种普通法和特别法之间的罪名的设置，以及两者之间的这种配合，就为追究渎职犯罪编制了一张严密的法网。这是 1997 年刑法修订当中我觉得在罪名设置上比较科学的一个地方。

四、玩忽职守罪的处罚

根据刑法第 397 条第 1 款的规定，犯玩忽职守罪的，处 3 年以下有期徒刑或者拘役，情节特别严重的，处 3 年以上 7 年以下有期徒刑。这里所谓情节特别严重，主要是指造成经济损失数额特别巨大，造成人员死亡或者多人重伤的特别严重后果，以及造成特别严重的政治影响等。在有关的司法解释里面，对这里的情节特别严重并没有作出明文规定。在这种情况下，情节是否特别严重，我个人觉得，可以按照情节严重的 5 倍到 10 倍来考虑。

图书在版编目（CIP）数据

口授刑法学/陈兴良著. —2 版. —北京：中国人民大学出版社，2017.11
（陈兴良刑法学）
ISBN 978-7-300-25036-6

Ⅰ.①口… Ⅱ.①陈… Ⅲ.①刑法-法的理论-中国 Ⅳ.①D924.01

中国版本图书馆 CIP 数据核字（2017）第 240374 号

陈兴良刑法学
口授刑法学（第二版）（上下册）
陈兴良 著

出版发行	中国人民大学出版社		
社　　址	北京中关村大街 31 号	**邮政编码**	100080
电　　话	010－62511242（总编室）		010－62511770（质管部）
	010－82501766（邮购部）		010－62514148（门市部）
	010－62515195（发行公司）		010－62515275（盗版举报）
网　　址	http://www.crup.com.cn		
经　　销	新华书店		
印　　刷	北京捷迅佳彩印刷有限公司	**版　　次**	2007 年 7 月第 1 版
开　　本	720 mm×1000 mm　1/16		2017 年 11 月第 2 版
印　　张	72.5 插页 7	**印　　次**	2024 年 5 月第 4 次印刷
字　　数	1 087 000	**定　　价**	288.00 元